国家古籍整理出版专项经费资助项目

清代律例汇编通考

3

柏桦 编纂

人民出版社

刑律·杂犯

（计 11 条）

律 376：拆毁申明亭〔例 1 条，事例 1 条，成案 8 案〕

凡拆毁申明亭房屋，及毁〔亭中〕板榜者，杖一百、流三千里〔仍各令修立〕。（此仍明律，顺治三年，添入小注。顺治律为 398 条。）

条例 376.01：凡钦奉教民敕谕

凡钦奉教民敕谕，该督抚率属员缮写刊刻，敬谨悬挂于申明亭，并将旧有一切条约，悉行刊刻木榜晓谕。

（此条系乾隆九年，刑部奏准定例。）

薛允升按：此良法也，其如不行何。《律例通考》云：此律置于杂犯篇首者，罪其违法擅废也。若钦奉教民敕谕，缮写刊刻，敬谨悬挂于申明亭中，原属劝戒化导之善政。若因刻于申明亭板榜，即列于杂犯篇中，似属猥亵，拟将此条移载《吏律·公式·讲读律令》条后，庶与古人象魏悬书，月吉读法之意相符云云。议论不为无见。《周礼·布宪》：“掌宪邦之刑禁，正月之吉，执旌节以宣布于四方，而宪邦之刑禁，以诘四方邦国及其都鄙，达于四海。”注：“宪，表也，谓悬之也。大司寇、小司寇亦既悬而布之矣，犹恐未遍布宪，又持旌节于道路，以宣布之。盖王者重刑，故不惮反复丁宁也。”此所谓禁之于未然也。此条例文颇得此意，长民者如果认真行之，亦不无少有裨益。观于乡，而知王道之易，易者，此类是也。

事例 376.01：乾隆九年议准

向来府州县设有申明亭，为申明教化之所，刊置教民榜文于内，凡有不孝不弟与一应为恶之人，书姓名于亭，能改过自新者即去之，既彰罚恶之条，复予自新之路，法至善也。律载拆毁申明亭房屋及毁板榜者，杖一百、流三千里，诚以风教所关非同浅鲜，乃相沿日久，视为具文。现今直省州县向立申明亭处所，或虽有亭而木榜未设者，有仅存基址而房屋倾圮者，更有年久不清而为胥役民人侵占租赁者。应通行直隶各省督抚，转饬所属查明现在所有申明亭，俱行修整，将所奉教民敕谕，缮写刊刻，敬谨悬挂，并将旧有一切晓民条约，悉行刊刻木榜，俾郡邑士民瞻仰传诵。其旧有申明亭而现在为胥役民人侵占者，查出悉行交官修葺。至原无申明亭之处，及倾圮仅存基址，毋庸靡费重建，应令各该督抚即于该地方城市通衢，可以安置木榜之所，酌量办理，所需修理工料及添设木榜等费，不得任听地方官藉端苛派，应令该督抚照例报明户部、工部，核议饬遵。

成案 376.01：损毁龙牌〔康熙二十三年〕

刑部覆浙抚王国安疏：孝丰县革职典史余玫，捏款扳毁龙牌一案。查余玫于大计该县知县赵廷嘉以浮躁揭报入册，余玫怀恨，听革职教谕张尚纲主唆捏款，康熙二十二年正月初一，叩贺元旦之时，折扳龙牌喊诉，以致损毁龙牌，张尚纲收折挟诈。该抚审余玫所控赵廷嘉勒诈私派等项属虚，余玫诬告轻罪不议外，余玫、张尚纲，俱合比照凡冲突仪仗妄行奏诉者，追究主使教唆之人，各杖一百，发边卫充军，所奏情词，不分虚实。立案不行律，应各佥妻发边卫充军。王耀如牵连无辜，依凡申诉不实者杖一百律，杖一百，事在赦前，王耀如免罪。朱家仕代写书札，依不应重杖。

成案 376.02：江西司〔嘉庆十九年〕

江抚咨：金冬生因邓开万买食私盐，被盐快截拿，该犯纠众往讨不给，喝令拒殴盐快，打毁卡房，欲使盐快不能在彼驻缉，比照拆毁申明亭例，满流。

成案 376.03：贵州司〔嘉庆二十二年〕

本部奏：蓝翎长双福在东华门外大栅栏内该班，饮醉嚷骂，将队长额尔登布推搡，经本管前锋侍卫六十八听闻斥阻，双福不服，举拳欲殴，经人劝散。额尔登布因挟推搡之嫌，即将陈设枪杆，踏拆图赖，复怂令六十八装伤捏告，并纠约该班众兵丁到官，同声诬陷。查双福虽无伤官毁械情事，惟在附近禁门该班处所滋事，应照旗人酗酒行凶滋事例，发黑龙江当差。额尔登布毁弃军械，图赖人罪，应比照拆毁申明亭板榜律，杖一百、流三千里，不准折枷，发新疆当差。六十八听装伤诬禀，应照溺职例，革职。奉旨：额尔登布著先在刑部枷号三个月，满日，重责三十板，再发伊犁充当苦差。侍卫六十八，著即革职，发往盛京，充当苦差。

成案 376.04：直隶司〔道光五年〕

库伦办事大臣奏：请将笔帖式祥麟等解京治罪一案。查已革笔帖式祥麟，赴街市听唱秧歌，已属有玷官箴，复因与诺敏争殴，心疑是海清阿唆使，同弟祥懋，赴海清阿衙署，踢落门窗，推歪公案，碰落签筒、笔架，实属妄为，若依毁官屋坐赃论，罪止笞杖，不足示惩，应照拆毁申明亭例，杖一百、流三千里，折枷号六十日。祥懋照为从，减一等，徒三年，折枷号四十日。领催诺敏，逞凶将祥麟殴伤，应于吏卒殴非本管九品以上官、加凡斗二等杖六十罪上，酌加枷号一个月，等因具奏。奉旨：此案已革笔帖式祥麟，前在库伦当差，辄赴街市游荡，已属有玷官箴，复因被领催诺敏殴打，疑系员外郎海清阿唆使，赴署嚷闹，并踢倒门窗，将堂上官物碰落，任性妄为，情殊可恶，刑部按律拟以满流，照例折枷，尚觉轻纵，祥麟著即实发，该部查明应配地方，照例办理，余依议。钦此。查旗人问拟军流情节较重，不准折枷者，酌发驻防当差，祥麟一犯，即交兵部定地转发。

成案 376.05：安徽司〔道光八年〕

安抚奏：杨乔因闻匿名揭帖，指称县堂悬匾有失书义，前往观看，见人拾砖掷匾未下，该犯辄取木篙，将匾撞落，例无部民打毁本管官堂上匾额，作何治罪明文。惟匾额悬挂县堂，即与官物无异，该犯见人掷匾未下，取篙掷落，即属为从，应比照拆毁申明亭板榜者杖流律，为从，减一等，闻拿投首，又减一等，杖九十，徒二年半。

成案 376.06：浙江司〔道光十一年〕

景运门大臣奏送：护军德楞额先因误差旷班，被本管侍卫斥革报逃，嗣该犯于神武门外见一人在前行走，误认系本管侍卫，触起前嫌，欲向不依，因其走进屋内，未经追及，辄将神武门外长枪扳折，欲向图赖，实属目无法纪。查神武门，系禁城重地，警卫綦严，该犯胆敢扳折安设长枪，若仅照寻常扳毁枪架之案，比例拟流，殊不足以昭炯戒。德楞额应于拆毁申明亭中板榜满流律上，加重拟发近边充军。

成案 376.07：广西司〔道光十一年〕

提督咨送：王老与关七斗殴，碰坏官厅栏杆，律例内并无治罪明文，惟官厅与申明亭无异，其因行走慌忙，以致误碰，尚与有心拆毁者不同，自应比例减等问拟。王老应比照拆毁申明亭流罪上量减一等，杖一百、徒三年。

成案 376.08：陕西司〔道光十二年〕

镶蓝满咨送：仲连保，逞醉将官厅窗户扳落，堂谕撕破，殊属不法，惟查律例，并无作何治罪明文，自应比律问拟。仲连保，比依拆毁申明亭房屋，及毁亭中板榜者，杖一百、流三千里。

律 377：夫匠军士病给医药

凡军士在镇守之处，丁夫杂匠在工役之所，而有疾病，当该〔镇守、监督〕官司不为〔行移所司〕请给医药救疗者，笞四十。因而致死者，杖八十。若已行移所司而不差拨良医，及不给对证药饵医治者，罪同。

（此仍明律，顺治三年，添入小注。顺治律为 399 条。）

律 378：赌博〔例 37 条，事例 32 条，成案 39 案〕

凡赌博财物者，皆杖八十。〔所〕摊〔在〕场〔之〕财物入官。其开张赌坊之人〔虽不与赌列亦〕同罪。〔坊亦入官。〕止据见发为坐，职官加一等。

若赌饮食者勿论。

（此仍明律，顺治三年添入小注。顺治律为 400 条。）

条例 378.01：凡赌博人犯

凡赌博人犯，若自来不务正业，专一沿街酗酒撒泼，或曾犯诓骗、窃盗、不孝、不弟等项罪名，及开张赌坊者，为第一等，问罪枷号两月。若平昔不系前项人犯，止是赌博，但有银两衣服财物者，定为第二等，问罪枷号一月各发落。若年幼无知，偶被人诱引在内者，定为第三等，照常发落。其职官有犯一等、二等者，奏请问罪。文官革职为民。武官革职，随舍余食粮差操。

（此条系明代问刑条例。雍正三年奏准，今犯赌博，无分等第枷责之例，亦无武官食粮差操之事，因删除此条。）

条例 378.02：凡军民人等擅入宗室府内

凡军民人等，擅入宗室府内，教诱为非，及赌博诓哄财物者，俱问发近边充军。

（此条系明代问刑条例，原载"工乐户及妇人犯罪"门，雍正三年移改删节。顺治十六年裁革女乐，京城教坊司并无女子。）

薛允升按：此条最严，不分教诱之轻重，及赌博诓哄，即拟军罪。应参看教诱人犯法律。军民人等仍明例也。

条例 378.03：凡赌博不分兵民俱枷号（1）

凡赌博不分兵民，俱枷号两月。开场窝赌，及抽头之人，各枷号三月，并杖一百。官员有犯，革职，枷责不准折赎，在场财物入官。奴仆犯者，家主系官，交与该部；系平人，责十板。该管各官不行严查缉拿，别经发觉者，交该部议处，总甲答五十。若旁人出首，或赌博中人出首者，自首人免罪，仍将在场财物，一半给首人充赏，一半入官。凡以马吊、混江赌财物者，俱照此例治罪。赌饮食者，坐不应重律。系官交部议处。以上俱拿获牌骰，现发有据者方坐，不许妄扳拖累。

（此条系顺治初年、顺治六年、顺治十一年、顺治十五年、康熙二年、康熙七年、康熙十一年、康熙十二年、康熙十五年节次定例，康熙十九年并纂为通例〔不分旗民〕。康熙三十年议准造卖牌骰通例。康熙三十一年遵旨严定旗民犯赌，及造卖赌具之例。雍正三年将旗民分作二条〔造卖赌具另为一条〕。乾隆五年修改为条例 378.04。）

条例 378.04：凡赌博不分兵民俱枷号（4）

凡赌博不分兵民，俱枷号两月，杖一百。偶然会聚，开场窝赌，及存留之人抽头无多者，各枷号三月，杖一百。官员有犯革职，枷责不准折赎。奴仆犯者，家主系官，交与该部；系平人，责十板。该管各官不行严查缉拿，别经发觉者，交部议处，总甲答五十。若旁人出首，或赌博中人出首者，自首人免罪，仍将在场财物，一半给首人充赏，一半入官。凡以马吊、混江赌财物者，俱照此例治罪。赌饮食者，坐不应重律。以上俱拿获牌骰，现发有据者方坐，不许妄扳拖累。

（此条系乾隆五年，将条例378.03修改。道光五年，管理镶黄旗满洲都统英和等，奏准旗人窝赌及造卖赌具者，俱销除旗档，照民人问拟。将旗人开场聚赌，及造卖赌具之例删除。）

薛允升按：此条与下将自己银钱开场一条，俱系赌博通例，似应修并为一。偶然会聚，与下条经旬累月，系以开赌之久暂，定罪名之轻重。惟下条止云，放头抽头并无赃数，此条抽头无多句，尚未分明。《唐律》所以有计赃重者，各以已分准盗论也。赌博原例，开场之人在家存留赌博之人，将自己银钱放头、抽头之人，各枷号三个月。旗人原例，开局之人、抽头之人、容留赌博房主，俱拟绞候。是存留之人即房主也。现定之例又另有房主专条，则专言图利，租给房屋矣。官员一层似应摘出另为一条，并入下现任职官条内。民人将自己银钱条同。奴仆一层似应删去。盖奴仆之于家长，犹子弟之于父兄也，子弟赌博，父兄无治罪之条，何奴仆赌博而独责家主耶。盖专为八旗而设也。存留之人指房主言，亦即律文所谓开张赌坊者也。放头、抽头则系赌博正犯，存留之人下紧接抽头无多一语，殊不明晰。再，原例系不分旗民，是以有枷号两个月、三个月之语，以旗人折枷之法计之，其罪名已在军流以上矣。后改为不分兵民，似无庸加以枷号，或称开场诱赌之人，照下条徒罪量为减科，其赌博之人，均拟满杖，似尚得平。不然，忽而徒流，忽而枷杖，亦觉杂乱无章，"犯奸"门枷号与此相同，应参看。

条例378.05：凡旗人赌钱事发

凡旗人赌钱事发，开场抽头，及容留房主，俱照光棍为从例，拟绞监候；赌博之人，枷号两月，鞭一百。如系官员革职，枷号三月，鞭一百，不准折赎，永不叙用，发令披甲当下贱差役。有世职者，给应袭之人承袭；有世管佐领者，给予兄弟内才能之人承管，俱不得令伊子袭替。如系三品以上官，仍追银二百两；有顶带官以上，追银一百两；护军披甲闲散人，追银四十两，给拿获之人充赏。其失察该管各官，俱交部议处。领催鞭五十，族长鞭二十五，系官亦交部议处。余俱照前例科断。

（此条系康熙三十年现行例。雍正三年定例。乾隆五年修并入条例378.08。）

条例378.06：凡旗人造卖纸牌骰子（1）

凡旗人造卖纸牌、骰子者，照开场抽头存留赌博例，拟绞监候。失察该管各官，亦照失察赌博例治罪，但必有制造牌骰器具，及开铺贩卖确据，方许拿送，不得藉端讹诈。

（此条康熙三十一年现行例，雍正三年定例。乾隆五年修定为条例378.07。）

条例378.07：凡旗人造卖纸牌骰子（2）

凡旗人造卖纸牌、骰子，为首者发极边烟瘴充军；为从及贩卖为首者，发边远充军；为从贩卖者，发边卫充军，俱照名例折枷月日发落。失察该管各官，亦照失察赌博例治罪，但必有制造牌骰器具，及开铺贩卖确据，方许拿送，不得藉端讹诈。

（此条系乾隆五年，将条例 378.06 修定。乾隆二十七年修定为条例 378.08。）

条例 378.08：旗人造卖赌具为从及贩卖为首为从者

旗人造卖赌具为从，及贩卖为首为从者，仍照例办理外，其造卖赌具为首之旗人，系初犯亦照定例发落。若系再犯，除照例发落外，再加枷号一月，俱交该管官严加管束。三犯者，即拟以实遣，不准折枷。系在京八旗、各省驻防旗人，俱照例发遣黑龙江等处当差。系盛京等处旗人，俱照例发遣西安等处驻防当差。该管各官，如有隐匿不报者，交部严加议处。

（此条系乾隆二十七年，盛京刑部侍郎朝铨条奏，将条例 378.07 修定。乾隆五十三年修定为条例 378.09。）

条例 378.09：旗人造卖纸牌骰子（1）

旗人造卖纸牌、骰子，为首者，发极边烟瘴充军；为从及贩卖为首者，发边远充军；为从贩卖者，发近边充军，俱照名例折枷月日发落。其造卖赌具为首之旗人，若系再犯，除照例发落外，再加枷号一月；三犯者，即拟以实遣，不准折枷。系在京八旗、各省驻防旗人，俱照例发遣黑龙江等处当差。系盛京等处旗人，俱照例发遣西安等处驻防当差。失察该管各官，照失察赌博例议处。如有隐匿不报者，交部严加议处。但必有制造牌骰器具，及开铺贩卖确据，方许拿送，不得藉端讹诈。

（此条系乾隆五十三年修定为条例 378.09。道光五年删除。）

条例 378.10：凡民人造卖纸牌骰子（1）

凡民人造卖纸牌、骰子，为首者，发边卫充军。为从及贩卖为首者，杖一百、流二千里。贩卖为从者，杖一百、徒三年。如藏匿造赌器物，不行销毁者，照贩卖为首例治罪。地方保甲知造卖之人不首报者，杖一百。将自己银钱，开场诱引赌博，放头抽头，及开场存留赌博之人，该地方官分别等次，详记档案，初犯开场诱博放头抽头者，杖一百、徒三年。开场存留赌博者，杖八十、徒二年。再犯诱赌之人，杖一百、流三千里。存留赌博之人，杖一百、徒三年。输钱者，据实出首免罪，仍追所输之钱给还。若官员，无论赌钱、赌饮食等物，有打马吊、斗混江者，俱革职，满杖，枷号两月。上司与属员斗牌、掷骰者，亦均革职，满杖，枷号三月，俱永不叙用。如该管上司并督抚容隐属员赌博，及地方官弁疏纵赌博，俱交部严加议处。稽察兵役，亦照例治罪。

（此条系雍正三年定例。乾隆五年删修为条例 378.11。）

条例 378.11：民人造卖纸牌骰子

民人造卖纸牌、骰子，为首者，发边远充军。为从及贩卖为首者，杖一百、流二千里。为从贩卖者，杖一百、徒三年。如藏匿造赌器物，不行销毁者，照贩卖为首例治罪。地方保甲知造卖之人不首报者，杖一百。

（此条系乾隆五年，将条例378.10删修。嘉庆十四年修并入条例378.16。）

条例378.12：凡旗人将自己银钱开场诱引赌博

凡旗人将自己银钱，开场诱引赌博，经旬累月，聚集无赖，放头抽头者，初犯发极边烟瘴充军，再犯拟绞监候。容留房主，初犯发近边充军，再犯发极边烟瘴充军，俱照名例折枷月日发落。赌博之人，枷号两月，鞭一百。如系官员革职，枷号两月，鞭一百，不准折赎，永不叙用。其失察该管各官，俱交部议处。领催鞭五十，族长鞭二十五，系官亦交部议处。余俱照前例科断。

（此条系乾隆五年，将条例378.05删定。道光五年删除。）

条例378.13：凡民人将自己银钱开场诱引赌博

凡民人将自己银钱，开场诱引赌博，经旬累月，聚集无赖，放头抽头者，初犯杖一百、徒三年，再犯杖一百、流三千里。存留赌博之人，初犯杖八十、徒二年，再犯杖一百、徒三年。输钱者，据实出首免罪，仍追所输之钱给还。若官员，无论赌钱、赌饮食等物，有打马吊、斗混江者，俱革职，满杖，枷号两月。上司与属员斗牌、掷骰者，亦均革职，满杖，枷号三月，俱永不叙用。如该管上司并督抚容隐属员赌博，及地方官弁疏纵赌博者，俱交部严加议处。稽查兵役，亦照例治罪。

（此条系乾隆五年删定。）

薛允升按：此条例首云云，均系赌博通例，似应并入前例之内，以省繁复。"民人"二字系别于旗人而言，既不分旗、民一例科罪，则"民人"二字即应删去。此条存留赌博，与上条存留之人，似均指房主而言，上条与开赌之人罪同，此条与开赌之人罪异，未免参差。官员一层，似应摘出，并入现任职官条内。再，开场窝赌必有帮同照料收钱之人，例内并无为从罪名，似应添入。开设花会，例有为从罪名，应参看。

条例378.14：奸民私造赌具（1）

奸民私造赌具，其左右紧邻有能据实出首，照例给赏。如有通同徇隐，不即举首者，杖一百。若得财，准枉法从重论，罪止杖一百、徒三年，所得之赃，照追入官。若于未获之先，本犯自首，准予免罪，仍详记档案。傥免罪之后，又复造卖，发边远充军。如同居之父兄伯叔等据实出首，本犯亦准免罪。

（此条系雍正九年定例。嘉庆十四年修并入条例378.17。）

条例378.15：经旬累月开场窝赌之左右两邻

经旬累月开场窝赌之左右两邻，如有通同徇隐，不即举首者，照不应重律，杖八十。得财者，计赃准窃盗从重论。

（此条系乾隆二十五年，刑部议覆浙江布政使明山条奏定例。嘉庆十四年修并入条例378.17。）

条例 378.16：凡民人造卖纸牌骰子（2）

凡民人造卖纸牌、骰子，为首者，发边远充军。为从及贩卖为首者，杖一百、流二千里。贩卖为从者，杖一百、徒三年。如藏匿造赌器具，不行销毁者，照贩卖为首例治罪。若于未获之先，本犯自首，准予免罪，仍详记档案。傥免罪之后，又复造卖，发边远充军。如同居之父兄伯叔等据实出首，本犯亦准免罪。地方保甲知造卖之人不首报者，杖一百；受财者，计赃准枉法从重论，罪止杖一百、流三千里。

（此条系嘉庆十四年，将条例 378.10 等条修并。）

条例 378.17：奸民私造赌具（2）

奸民私造赌具，或经旬累月，开场窝赌，其左右紧邻有能据实出首，照例给赏。如有通同徇隐，不即举首者，杖一百。若得财，准枉法从重论，罪止杖一百、徒三年，所得之赃，照追入官。

（此条系嘉庆十四年，将条例 378.14 及 378.15 修并。）

薛允升按：此例及上条均有"民人"二字，系别于旗人而言，后将旗人赌博及造卖赌具例文删除，有犯与民人一体定拟，此二处"民人"字样均应删去。

条例 378.18：凡开鹌鹑圈斗鸡坑蟋蟀盆并赌斗者

凡开鹌鹑圈、斗鸡坑、蟋蟀盆并赌斗者，照开场赌博例治罪，其该管官亦照开场赌博之该管官员例议处。

（此条系雍正元年，兵部议准定例。乾隆五年改为"照开场赌博加责例"。乾隆五十三年修并入条例 378.20。）

条例 378.19：凡压宝诱赌者

凡压宝诱赌者，将拿盒及同赌之人，俱照开场赌博例治罪。

（此条系乾隆二十五年，刑部议覆山东按察使沈廷芳条奏定例。乾隆五十三年修并入条例 378.20。）

条例 378.20：凡压宝诱赌以及开鹌鹑圈斗鸡坑蟋蟀盆赌斗者

凡压宝诱赌，以及开鹌鹑圈、斗鸡坑、蟋蟀盆赌斗者，将开场及同赌之人，俱照赌博例治罪。其失察之该管官，亦照赌博之该管官员例议处。

（此条系乾隆五十三年，将条例 378.18 即 378.19 修并。）

薛允升按：此与用纸牌骰子赌博相同，故一例治罪，似应修并于第二条之内，分注于赌博之下云，或压宝，或用纸牌骰子，或鹌鹑圈、蟋蟀盆、斗鸡坑等类。

条例 378.21：京城有犯赌博者

京城有犯赌博者，务将何处造卖赌具之人，严究治罪，将该管地方官及督抚一并处分。

（此条系雍正六年，刑部议覆庄亲王等拿送董五等造卖纸牌骰子等案内，奉旨定例。乾隆五年改定条例 378.22。）

条例 378.22：八旗直省拿获赌博

八旗直省拿获赌博，务必穷究牌骰之所由来，如不能究出，或被他处查出，将承审官交部议处。倘将无辜之人混行入罪，照不能查出造卖牌骰例，加一等治罪。其究出造卖之地方官，交部议叙，或所属地方有造卖之家，未经发觉，能缉拿惩治，亦交部议叙。

（此条系乾隆五年，将条例 378.21 改定。）

薛允升按：与不严追赌具来历一条参看，修并为一亦可。

条例 378.23：内外大小衙门书役人等

内外大小衙门书役人等，犯聚赌诱赌等罪，例应枷号两月者，加为枷号三月；例应徒二年者，加为徒二年半，以此递加，罪止边卫充军。其失察并知情隐匿之地方官，及别衙门书役犯赌，已经察出，瞻徇隐匿者，交部分别议处。

（此条系雍正九年定。乾隆五年，查书役惟恐吓索诈，招摇撞骗，照民人加重，其命盗等案，均照民人定拟，此条赌博加等例删除。）

条例 378.24：拿获赌博人犯到案（1）

拿获赌博人犯到案，不肯将造卖之人据实供出，即将案内出具牌骰之人，依不应重律，杖八十。如系在场赌博人犯，仍照赌博本例，从重治罪。若已将造卖之人供出，该地方官规避失察，朦胧结案，或该犯狡词支饰，承审官不根究实情，后经查出，交部分别议处。

（此条系雍正十三年定例。原例"照贩卖为从定罪"，乾隆五年奏准：改依不应重律问拟。乾隆三十二年修并入条例 378.26。）

条例 378.25：地方官拿获赌博

地方官拿获赌博，务向各犯严追赌具来历，如不将造卖之人据实供出，即将出有赌具之人，照贩卖为从例，杖一百、徒三年。

（此条系乾隆二十五年，刑部议覆浙江布政使明山条奏定例。乾隆三十二年修并入条例 378.26。）

条例 378.26：拿获赌博人犯到案（2）

拿获赌博人犯到案，务向各犯严追赌具来历，如不将造卖之人据实供出，即将出有赌具之人，照贩卖为从例，杖一百、徒三年。若已将造卖之人供出，该地方官规避失察，朦胧结案，或该犯狡词支饰，承审官不根究实情，后经查出，交部分别议处。

（此条系乾隆三十二年，将条例 378.24 及 378.25 修并。）

薛允升按：与上八旗直省一条，均系追究赌具来历，似可修并为一。

条例 378.27：凡文武生员如有聚赌诱赌等事

凡文武生员，如有聚赌诱赌等事，将生员革退，照常人加一等治罪。有造卖赌具者，将生员革退，分别首从，亦照常人加一等治罪。该教官失于觉察，及知而不行举报，分别议处。

（此条系雍正十三年定例。乾隆五年，查名例加不至死，今定例初次犯赌及开场诱赌已问拟军流，罪无可加，且文武生员寻常罪犯，已于乾隆二年奏准免其加等，此条删除。）

条例 378.28：民人开宝诱赌

民人开宝诱赌，其拿盆之人，初犯枷号一月，再犯枷号两月，均责四十板，交乡保收管。压宝之人，各杖一百，在场财物入官。乡保总甲容隐不报，照不应轻律，笞四十。兵役贿纵，计赃治罪。

（此条系乾隆五年定。乾隆三十二年，查压宝诱赌，已于乾隆二十五年奏准，悉照开场赌博治罪，此条分别初犯再犯枷杖发落之例删除。）

条例 378.29：凡描画纸牌照印板造卖之犯

凡描画纸牌，照印板造卖之犯，减一等治罪。造卖牌骰未成，照造卖已成者减一等治罪。

（此条系乾隆三年，刑部奏准，并四川按察使李如兰条奏之例，乾隆五年纂定。）

条例 378.30：在京轿夫有借名依附潜匿别处开场诱赌

在京轿夫，有借名依附，潜匿别处开场诱赌，经旬累月者，将为首开场及放赌抽头之犯，均发边远充军。同赌之人，俱枷号三月，杖一百，递回原籍拘束。其现用轿夫之王、大臣，有轿夫在家赌博，不加约束，及任其居住遥远，开场放赌，将坐轿之本主，照例议处。

（此条系乾隆二十二年，刑部奏准条例。）

薛允升按：此专指在京轿夫而言，外省有犯自不在内。如内有非轿夫者，似亦不应照此科罪。轿夫无不赌博者，而办罪者绝少，以坐轿之人不免处分故也。定例不可过严，严则不办者反多，赌博各条，何尝不严，而地方各官均视为具文，成例几成虚设矣。凡事皆然，不止赌博一项也。

条例 378.31：无赖匪徒串党驾船

无赖匪徒，串党驾船，设局揽载客商，勾诱赌博，折没货物，揹留行李者，初犯到案，审系仅止一、二次者，照开场诱赌例，杖一百、徒三年。三次以上及再犯者，发云、贵、两广极边烟瘴充军，并将首犯先于拿获之沿河马头地方，加枷号一月。其船户知情分赃者，初犯仍照为从论，再犯亦与犯人同罪，船价入官。

（此条系乾隆二十九年，江西按察使廖瑛条奏定例。）

薛允升按：此专指水路而言。《处分则例》："各处沿江匪船，设局诱赌，未获人犯，令枭司摘出姓名，记档统计，该地方官一年之内，能拿获若干名，分别功过，于年终汇册咨部。"刑例无文，似应于此例内添入。

条例 378.32：凡容留制造赌具之房主

凡容留制造赌具之房主，除讯不知情，仍照不应重律治罪外，如审系贪得重租，知情包庇，但在一年以外者，将房主与造卖赌具为首之犯一例问拟，发边远充军。即在一年以内，亦将房主照制造为从，及贩卖为首例，杖一百、流二千里。若在半年以内，将房主照贩卖为从例，杖一百、徒三年。倘地方官拿获造卖赌具之犯，不将窝留造卖月日研究明确，从重定拟者，将承审之员严行参处。

（此条系乾隆三十四年，刑部议覆广西按察使吴虎炳条奏定例。）

薛允升按：此专言容留制造赌具房主之罪。此例以一年、半年分别科断，下条京城内外存留赌博之人，则以经旬累月科断。彼条有房屋入官之语，此例无文，应参看。

条例 378.33：凡现任职官有犯屡次聚赌（1）

凡现任职官，有犯屡次聚赌，加重发往乌鲁木齐等处效力赎罪者，仍先照赌博本例枷号，俟满日再行发往。

（此条系乾隆四十年，刑部审拟中书六十七等两次聚赌一案，奉旨纂为例。嘉庆六年改定为条例 378.34。）

条例 378.34：凡现任职官有犯屡次聚赌（2）

凡现任职官，有犯屡次聚赌，经旬累月开场者，发往乌鲁木齐等处效力赎罪。若偶然犯赌，及聚赌一、二次者，仍革职，照例枷责，不准折赎。

（此条系嘉庆六年，将条例 378.33 改定。）

薛允升按：应将本门官员犯赌各节，均并入此条之内。

条例 378.35：凡旗人有邀集抓金钱会者

凡旗人有邀集抓金钱会者，将起意邀约之人，照违制律，杖一百，随同入会者，照为从律减一等，杖九十。失察之该管官，交部查议。

（此条系乾隆四十年，步军统领衙门奏送骁骑校海文因争讨会钱斗殴案内，奏准定例。）

薛允升按：此非赌博，而类于赌者也，故特禁之。

条例 378.35：闽省拿获花会案犯

闽省拿获花会案犯，讯明起意为首者，照造卖赌具例，发边远充军。其伙同开设辗转纠人之犯，照贩卖赌具为首例，杖一百、流二千里。其有场帮收钱文等犯，均照为从例，杖一百、徒三年，仍各尽赌博本法，于开设花会处先行枷号两月，满日定地发配。其被诱入会之人，俱枷号三月、杖一百。地保、汛兵若有贿庇情事，即照为首本犯一体问拟，如赃重于本罪者，仍计赃从重论。其知情容隐者，虽无受贿情事，亦科以为从之罪，杖一百、徒三年。若甫经开设，实系失于查察者，比照造卖牌骰之保甲知而不首例，杖一百，革役。失察之文武各官，俱照失察赌具例，交部议处。如匪徒另立名色，诱赌聚众，数在三十人以上，与花会名异而实同者，均照此例办理。

（此条系乾隆四十四年，刑部奏准定例。）

薛允升按：广东省亦续定有新章。

条例 378.36：京城内外拿获赌博

京城内外拿获赌博，除讯系偶然聚赌窝赌，存留之人照例治罪，房屋免其入官外，如开场聚赌，经旬累月，其租给房屋、棚座之房主、铺户，均照容留旗民开场聚赌定例，分别治罪。邻佑亦按例定拟，房屋、棚座概行入官。如业主所置房屋，交家人经手，有赁给聚赌，伊主实不知情者，罪坐经手之人。傥系官房，即将知情租给经手官房之人，亦照前例治罪。

（此条系嘉庆十六年，遵旨议准定例。）

薛允升按：此专言赌博房主、邻佑之罪，与容留制造赌具房主一条参看。上条偶然会聚存留之人，枷号三个月、杖一百。此条除律云云，似即照彼例也。下条经旬累月，存留赌博之人，初犯徒二年，再犯徒三年，似亦应照彼例定拟矣。而又云照旗民开场聚赌定例，分别治罪。查旧例，旗人赌钱事发，开场抽头，及容留房主，俱照光棍为从例，拟绞监候。乾隆五年，改为旗人开场诱赌，经旬累月，放头、抽头者，初犯烟瘴军，再犯绞候。容留房主初犯，发边远充军，再犯发烟瘴充军。尔时赌博之罪重，故容留之罪亦重。嗣于道光年间，将旗人犯赌之例删除。此处容留旗民之语，即不明晰，是否仍拟军罪，抑系照下条拟徒之处，似应修改详明。

条例 378.37：奉天吉林二省如有设局放头开场聚赌

奉天、吉林二省，如有设局放头，开场聚赌，经年累月，以致奸宄讬迹，酿成重案，除实犯抢夺杀人，及窝藏强盗，各照本例治罪外，将设局开赌之犯，照棍徒扰害例科断。其寻常赌博，仍照旧例办理。

（此条系同治四年，吉林将军皂保，并同治六年盛京将军都兴阿先后条奏，并纂为例。同治六年增奉天省，同治九年改定。）

薛允升按：较通例为严。此门条例，均系随时添纂，故不免有参差繁复之处，似应通行修改，将赌博通例并为一条，造卖赌具并为一条，房主邻佑并为一条，职官赌博并为一条，其余各自为一条，以免混淆。第二及第十四条系赌博通例，第三、第六条系追究赌具来历之例，第七、第十五条系造卖赌具之例，第五、第十三、第十六三条均系房主邻佑治罪之例，似均应各以类相从，修并为一。第八条亦系赌博，特名目不同耳，亦可修并于第二条内。十二条及十七条系外省专例。第一条专言教诱宗室，第四条专言串党驾船，第九条专言在京轿夫，第十条专言现任职官，第十一条非赌博而类于赌博，故各为一条，似应仍从其旧可也。从前赌博罪名最重，且有问拟绞候者，其造卖赌具，及房主窝留治罪亦严，原以赌，博不但为风俗之害，且为盗贼渊薮，治赌博正所以清盗源也。近数十年以来，止有禁赌博之名，而认真查拿者，百无

一、二，其因赌博问拟徒流之案绝无仅有，而因赌致成命案，不曰弹钱，即曰检拾废具，千篇如一，冀免失察处分。其实赌具、赌场到处皆是，地方各官从不过问，吏治之坏，一至于此，此风俗之所以日偷，而盗风之所以愈炽也。即此一端而论，今昔已觉相悬，其它更可知矣。虽然抑又有说焉，现在广东等省，花会、白鸽等局，习以为常，而闱姓一事，又彰明较著，形诸奏牍，其余寻常赌博，久已度外置之矣。又谁从而禁止耶。世风日下，尚可问乎。尔时禁令何等严肃，未几而改从宽典矣。又未几而视为具文矣，上下相蒙，不但赌博一条然也。再，保甲之例，本为稽察盗贼及赌博等类而设，此门止有制造赌具，保甲知而不首者，杖一百之例，闽省花会亦然，其余均无明文。设立保甲，则是专为稽查盗贼，赌博并不在内矣。其实盗贼又何能减少耶。

事例 378.01：顺治初年定

凡犯赌博者，枷号鞭责，被获财物，一分给首告人充赏，二分入官。

事例 378.02：顺治六年定

凡旗下官民人等赌博者，严拿治罪，追银十两给拿首人充赏。该管佐领、领催知而不举者问罪。

事例 378.03：顺治十一年覆准

凡开立赌场之人，照律枷号两月，系旗下人鞭一百，民人责四十板。赌博之人，枷号八日，照例鞭责，仍追银给赏。

事例 378.04：顺治十五年覆准

凡赌博人犯，系民，杖一百、徒三年；系旗下，枷号一月、鞭一百。开立赌场之人，系民，杖一百、流三千里；系旗下，枷号两月、鞭一百。两邻知而不举者，系民，责四十板；系旗下，鞭一百。五城司坊官不行严拿者，交部议处。

事例 378.05：顺治十八年覆准

凡甲兵在出征处赌博及开场者，俱照例治罪。两邻知而不首者鞭一百，该管领催鞭五十。将现获银钱，一分给出首之人，二分入官。

事例 378.06：康熙二年定

将赌博银钱，一半给予出首之人，一半入官。

事例 378.07：康熙七年题准

凡招集赌博之人放头抽头者，系旗下，枷号两月、鞭一百；系民，责四十板、流三千里。官员有犯赌博枷责者，不准折赎。

事例 378.08：康熙七年议准

凡赌博之人，系旗下，枷号两月、鞭一百；系民，责四十板、流三千里。其开场及放头抽头者，系旗下，枷号三月、鞭一百；系民，责四十板充军。该管官不行查拿，被人首发，系旗下人犯赌博，将失察之佐领、骁骑校，每一起罚俸一月；每参领下至二起者，参领罚俸一月；每旗下至三起者，该管都统、副都统俱罚俸一月；领催每起鞭五十。民犯赌博，将失察之司坊官，每起罚俸三月；巡城御史至三起者，罚俸三月；总甲每起责二十板。巡捕营兵犯赌博，将失察之把总，每起罚俸三月；游击、参将至二起者，罚俸三月。内佐领下有犯赌博，将失察之佐领内管领，照在外佐领、骁骑校例处分；领催鞭五十。至家仆有犯赌博，其主系官罚俸三月，民人责十板，该管员役俱免议。在外屯庄有犯赌博者，将屯领催鞭五十，该管官并领催及本主俱免议。府佐领下人有犯赌博者，该管都统等免议。此等人犯，系应管查拿之人拿送者，俱免议。至失察赌博之领催、屯领催、总甲人等应鞭责者，概不准折赎。

事例 378.09：康熙十一年覆准

凡以财物打马吊、斗混江者，照赌博例治罪。其赌饮食等物者，照不应重律，系民折责三十板，系旗下鞭八十，系官罚俸一年，俱以现发有据为坐。

事例 378.10：康熙十二年题准

民人犯赌博者，照旗下人例，分别枷号责四十板，免其军流。

事例 378.11：康熙十五年议准

失察赌博之司坊官与把总，照旗下佐领例，每起罚俸一月，二起者将游击、参将、巡城御史，照参领一体罚俸一月。赌博中人出首者免罪，仍将财物赏给一半。

事例 378.12：康熙三十年议准

凡造卖纸牌骰子，俱严行禁止。京城内现在所有之纸牌骰子，俱限一月内销毁。其直隶各省，俟文到日，亦限一月内销毁。若有违禁仍然造卖者，地方官查拿，将制造并贩卖之人，俱照存留赌博例，枷号三月，系旗人鞭一百，系民责四十板。该管官不行查拿，亦照不拿赌博例治罪。查拿之时，必有造牌骰子之器，开铺贩卖确据，方许查拿，不得藉端讹诈。

事例 378.13：康熙三十年又议准

凡赌博不自检束，及一应嫁娶、嘉会、丧葬之越分过费者，令八旗都统、副都统、参领、佐领等官，严行查拿，交与该部照定例治罪。若有酗酒无赖者，拿送该都统，传集众人之前惩责。其该管都统、副都统、参领、佐领、骁骑校、领催、族长等，当不时诫训，务令俭约，各安本业勤生理。

事例 378.14：康熙三十一年谕

近见赌博愈盛，如此虽恩养兵丁，未能有益于生计，此皆大臣等管辖不严所致，且大臣内亦有赌博者。既身系大臣，尚行赌博，焉能管辖以下之人？如果自身不赌，严行管查，有何不能之处。钦此。遵旨议准：赌博开场之人，存留赌博家主，不分官员平人，俱照光棍为从例，拟绞监候。世职承袭，世管佐领，不准与伊子承袭，与兄弟内才能之人管理承袭，犯赌博之大臣俱革职，枷号三月，不准折赎，永不叙用。著令披甲，其造卖纸牌骰子者，应照开场抽头之人例，拟绞监候，余俱照定例遵行。

事例 378.15：康熙三十八年题准

嗣后拿获一起官员赌博，经刑部审实，系旗员拿获，将旗员纪录一次；番役拿获，将步军统领纪录一次；拿获数次者，照次数纪录，永为定例。

事例 378.16：雍正二年议准

嗣后旗下有犯五次赌博，全无发觉者，都统、副都统罚俸一月；参领下有犯三次赌博者，参领罚俸一月；佐领、骁骑校，每次罚俸一月；族长系官每次罚俸两月，系平人鞭二十五，领催每次鞭五十。内府佐领下有犯赌博者，内管领、副管领每次罚俸一月；内参领、佐领、骁骑校、领催、族长，亦照在外之参领、佐领、骁骑校、领催、族长，一体治罪。旗下家人犯赌博者，伊主系官罚俸两月，系平人仍鞭二十五，该管官免其议处。在屯居住之人犯赌博者，领催仍鞭五十，该管官亦免其议处。如应议处各官有因公他往者，免其议处。若该管官员自行拿获者亦免议处。至派出查拿赌博之员，职有专责，应仍照旧例每次罚俸一年。其民人营兵以及在外各州县地方赌博者，该地方文武各官，仍照旧例遵行。

事例 378.17：雍正四年谕

赌博最坏人之品行，若下等之人习此，必致聚集匪类，作奸犯科，放辟邪侈之事，多由此而起。若读书居官之人习此，必致废时误事，志气昏浊，何能立品上进，乃向来屡申禁饬，而此风尚未止息，深可痛恨，若不严禁赌具，究不能除赌博之源。京城内外及各省地方官，将纸牌骰子悉行严禁，不许再卖，违者重治其罪。常有窝赌之家，诱人入门以取其利。嗣后准输钱之人自行出首，免其赌博之罪，仍追所输之银钱还与之，庶使赌博之人，有害而无利，则其风可以止息矣。又见汉军恶习，尝以工于马吊，互相夸尚，且借此为消闲之具。夫既已居官，则应办之事甚多，日夕不遑，尚恐迟误，安有闲工夫为此无益之戏。且闻有上司与属员斗牌为乐者，尤非体统，大玷官箴。嗣后若有官员斗牌赌博之事，著该上司及该督抚指名题参。至禁止赌博作何定例之处，该部议奏。钦此。遵旨议准：嗣后造卖纸牌骰子，为首者发边卫永远充军；为从及贩卖为首者，杖一百、流二千里；为从贩卖者，杖一百、徒三年。已造之赌具，及造赌具之器物，限文到三个月内悉行销毁。如有藏匿者，查出照赌具为首例治罪。如该地方保甲知有造卖赌具之人，不行首报者，杖一百。该地方官不严行查禁，一经发觉，罚俸三月。其开场窝赌抽头者，除旗人并文武官员俱照旧例遵行外，其汉人有开场窝赌者，不分官员平人，俱杖一百、徒三年。若设计诱人入局，将自己银钱放头抽头以取利者，俱杖一百、流三千里。其输钱之人出首者免罪，仍追所输之物给还。至于打马吊、斗混江，无论赌钱赌饮食之物，满汉官员犯者俱革职，永不叙用，仍杖一百、枷号两月，不准折赎。若上司有与属员斗牌、掷骰子为乐者，不分内外文武官员，俱革职永不叙用，仍杖一百、枷号三月，不准收赎，仍令该上司及该督抚不时查参。如有官员犯赌博之事，徇庇不行题参，一经发觉，将该管上司及督抚俱降三级调用。

事例 378.18：雍正四年又谕

嗣后缉拿一切赌博，所获银钱俱著赏给拿获之人。

事例 378.19：雍正六年奉旨

刑部议覆内务府奏：拿获黄五等违禁造卖赌具分别治罪。奉旨：黄五等系严禁赌博之后初次犯法者，著宽减其罪，将应行充发者枷责完结，应行杖流者杖责完结，该部酌量轻重发落，仍将伊等姓名存记档案，傥再违禁，严加治罪。此本内各犯供称骰子系本京造卖，纸牌系外省贩卖等语，令该部将如何根究造卖赌具之处，并未议及。嗣后京城有犯赌博者，务将何处造卖赌具之人严行究出治罪，其该管地方官及督抚一并处分，通著为例。

事例 378.20：雍正七年谕

游惰之民，自昔治天下者之所深恶。若好为赌博之人，又不止于游惰而已。荒弃本业，荡费家资，品行日即于卑污，心术日趋于贪诈。父习之则无以训其子，主习之则无以制其奴，斗殴由此而生，争讼由此而起，盗贼由此而多，匪类由此而聚，其人心风俗之害，诚不可以悉数也。夫凡为不善之事者，虽干犯功令，犹可得微利于一时，而独至赌博，则今日之所得，明日即未必能保。若合一年数月而计之，胜者与负者同归于尽，此天下之人所共知者，而无知邪僻之人，一入其中，即迷而不悟，且甘为下贱而不辞，亦大可悲矣。数年以来，屡次降旨严禁，而此风尚未止息者，则以尚有制造赌具之人，而有司之禁约未曾尽力也。百工技艺之事，可以获利营生者，何事不可为？而乃违禁犯法，制此坏风俗、惑人心之具，其罪尚可言乎！尝思赌博之风所以盛行者，父兄为之，子弟在旁见而效之；家主为之，奴仆在旁而敩之；甚至妇人女子，亦沉溺其中而不以为怪，总因习此者多，故从风而靡者众也。假若严行禁止，使人不敢再犯，则日积月累，后生子弟无从而见，即无从而学，此风自然止息，无事条教号令之烦也。凡地方大吏有司，均有化民成俗之责，而乃悠悠忽忽，视为泛常，安辞溺职之咎！今特定本地官员劝惩之法以清其源。嗣后拿获赌博之人，必穷究赌具之所由来，其制造赌具之家，果审明确有证据，出于某县，将该知县照溺职例革职，知府革职留任，督抚司道等官各降一级留任。如本地有私造赌具之家，而该县能缉拿惩治者，知县著加二级，知府著加一级，督抚司道等官著纪录二次。将此劝惩之法，永著为例，于雍正庚戌年为始。著该督抚通行晓谕，使城邑乡村及远陬僻壤咸各闻知。

事例 378.21：雍正七年又谕

直隶按察使张灿以严禁跌钱具奏。谕：赌牌掷骰，虽为贪钱，然始初多以消遣而渐成者，原系适趣之戏具，至于跌钱以赌输赢，此不过真正好赌棍徒，一时不能遂意，设为此法，暂且为之，日久自然止息，谁肯相率为此无味之戏？况赌法岂止此跌钱也。禁此一端，而下愚不移者又设他法矣。禁款多则繁，繁则难遵。汝等地方大吏，但实心奉行，能力禁牌骰二事足矣，何必波及他事也。此皆轻本重末之举，朕所不取。如果牌骰之禁，人人懔遵，则其它游戏之事，止用一张告条，可保其当下不为也。若禁不止，令不行，似此有名无实之禁，便禁千百条，徒滋纷扰，于事何益！若谓轻亵国宝，更属鄙论，较之以钱文作键毛之底，脚踢为戏，又孰轻而孰重也？况钱文乃民用之宝，朕惟以贤人为宝，余无可宝者。若规避失察赌博之处分，而借不究跌钱之地方官以塞责，便禁跌钱，亦何益之有？此语更属可笑。其平日不能察吏处，昭然自首矣！识见平常，当奋勉学习，况跌钱虽未奉旨明禁，而一切赌具，亦未尝不容汝等禁约也！当禁者汝自饬属员为之，何必渎奏。

事例378.22：雍正九年谕

赌博之事，败坏品行，荡费家资，其为害于人心风俗者，不可悉数。欲杜此恶习，则赌具之禁，自不可以不严。朕为此拳拳训饬，至再至三。凡地方大吏有司，有教养斯民之责者，皆当仰体朕心，奉行唯谨，不当视为具文也。京师户口繁多，五方杂处，年来稽查严密，不肖之徒，颇知敛迹。至于外省之稽查，较京师为易，而督抚以至守令，奉行不力。闻省会之地，有公然制造赌具，列诸市肆而不知畏惧者。百姓之蔑法若此，则大小官吏能辞溺职之罪乎？步军统领衙门屡次拿获私卖赌具之人，供称贩自外省地方，则外省之疏忽废弛，显有证据矣。赌博难禁，而造卖赌具之禁，尚属易行之事。前年定例，凡失察造卖赌具之知县，照溺职例革职，知府革职留任，督抚司道等官各降一级留任，著该部照朕此旨，再行宣谕，倘嗣后有犯者，必照定例处分，不稍宽贷。

事例378.23：雍正十二年谕

从前拿获赌具，议叙从优者，原为力禁地方赌风起见，倘该员等但察究数案，为幸叨议叙之举，其余仍怠于稽查，是徒邀国家之恩，而于地方毫无裨益。嗣后所属地方有赌博之事，失于觉察，除照例议处外，将从前议叙之加级纪录，俱照案销去，永著为例。

事例378.24：雍正十三年谕

各省拿获赌具，查其制造年月，在半年之内者，大小官员有议叙之例，所以奖励臣工，使之实心禁约赌博也。今朕访闻各省拿获赌具，均称造卖在半年以内，迨细心根究，率多不实。盖地方官希冀议叙，未免支饰邀功，即新任、署任，原在半年以内，毋庸支饰，又未免瞻顾前官失察之愆，为之改移迁就，不知造卖年月，既属改移，则贩卖之多寡，伙党之有无，何由得实？是其弊更不止于冒叨议叙也。所恃上司稽核精详，庶几功过不爽。然上司例又并得议叙，苟非公正不欺者，势必苟且雷同矣。夫赌博之害，最关风俗人心，澄源端本，则赌具在所必严；计效责功，则劝惩诚难偏废。然州县身任查拿，而上司则不过申严督率，本属分内之事，今因并得议叙之例，转滋徇捏之端，而不能收劝惩之实效，其应作何分别定例之处，著九卿悉心妥议具奏。

事例378.25：乾隆五年议准

造卖赌具，开场诱赌，年来此风渐已稀少，而游手之徒，又创立压宝名色，引诱乡愚，且恃非赌具，竟敢于稠人闹市之中，明目张胆，开宝围钱，诱致多人，生事滋扰，为害地方，势所必至。查此风到处皆有，屡经严饬查究在案，第未定有治罪之条，而无知玩视者尚多，惟查宝盒，其所剪铜皮纸片，究与赌具有间，而所聚压宝之人，不过偶尔相逢，出钱数文，便可入场，事类跌钱，若竟照赌博例分别治罪，未免过重。嗣后如有开宝诱赌者，将掌盒之人，初犯枷号一月、责四十板，再犯枷号两月、责四十板，交乡保收管。压宝之人，照违制律，各责四十板，止据现在为坐，在场财物入官。乡保总甲容隐不报，照不应轻答。兵役贿纵，计赃治罪。

事例378.26：乾隆四十年谕

六十七、图拉系职官，乃与奎亮等两次聚赌，实属不堪，部议将应行枷责之处，改发乌鲁木齐效力赎罪，虽似从重定拟，而因遣发转得免其枷责，是名为重、实则此轻，尚未允协。六十七、图拉著仍照例枷责，满时再行发往乌鲁木齐效力赎罪。嗣后凡有此等改拟案件，俱著照此办理。

事例378.27：嘉庆十六年谕

步军统领衙门奏：请将出租开设赌局之房间棚座入官惩创，并请嗣后明定规条等语。此等游手匪徒，经年累月，聚赌不散，其房主及搭棚铺户，断无不知，明系将房间棚座重利出租，知情容隐，不可不一并惩创。但从前既未饬禁，此时亦未便坐罪，姑先酌量薄惩。所有此次聚赌各案之房间棚座，著概行入官。至此后若再有似此干禁图利者，则不特将房间棚座入官，并当将房主铺户，治以应得之罪。其应如何分别治罪之处，著刑部酌拟具奏，归入条例。如系租住官房，并著内务府将经管官房之人，查明惩治。

事例378.28：同治十一年奏准

嗣后广东省开设花会、白鸽票厂案内伙开纠人之犯，但经出有资本，合伙开设者，应一律照首犯均发边远充军。其往城乡分收字标，例应满徒。此等收标之人，每多开有店铺，阳为贸易，阴收字标，应将收标之店铺房屋查封入官。至地保汛兵起意纠伙诱赌，即属知法犯法，自应照闽省之例，与首犯一体问拟；计赃重于本罪者，仍从重论。此等开设花会赌匪，有供亲老丁单者，如系聚众诱惑多人，不准声请留养。

事例378.29：光绪二年奏准

粤东赌博之风，甲于他省，闱姓一项，已致奉谕旨严行禁革，余如花会一项，则编造花名三十六个，每日止开一名，听人猜买。白鸽票一项，则以千字文内八十字为字母，每日开二十字，听人猜买十字，以定输赢。近来该匪等多方游赌，愈出愈奇，往往假托房屋买卖，开设山标、田标、屋标等项名目，亦在千字文中检取字母，与白鸽标字数，虽有多寡之分，而其听人猜买，则大同小异。又有斗鹌鹑、蟋蟀二项，在于荒村僻野，搭盖棚寮，聚众互角胜负，剥削民财，贻害地方，实与花会、白鸽标各项无异。至于摇摊、楂摊、纸牌、竹牌各项赌博，动辄滋生事端，为患亦复不浅，应酌量加重罪名，俾得知所儆戒。嗣后广东省设闱姓、花会、白鸽标、山标、田标、屋标、斗鹌鹑、斗蟋蟀八项赌博，起意为首之犯，俱实发云、贵极边烟瘴充军，仍照名例以足四千里为限。合伙出本之犯，拟发边远充军；帮同收标收钱等犯，拟以杖一百、徒三年。如日后另有巧立赌博名色者，首从各犯亦照此例科断，仍各尽赌博本法，先在犯事地方枷号两个月，满日发配。此等徒犯，仿照抢窃计赃计次拟徒之例，毋庸解配，于斗赌处所锁带铁杆石墩五年，限满开释。所有以上八项标厂之地保汛兵，如有起意纠伙诱赌，或并未纠伙，仅止得规包庇者，仍照前拟分别治罪；赃重者从重论。被诱入会买标之人，均照旧例枷号三个月，杖一百。至摇摊、楂摊赌博之案，但经聚集放头抽头，无论是否经旬累月，及银钱多寡，初犯拟杖一百、流三千里，再犯拟发附近充军。存留赌博之人，初犯拟杖一百、徒三年，再犯拟杖一百、流二千里。俟赌风稍息，再行酌办。其赌斗纸牌、竹牌，究系寻常赌博，仍照旧例分别办理。

事例378.30：光绪七年奏准

嗣后广东省开设闱姓赌博，除起意为首之犯，仍照前次奏定章程，实发云、贵极边烟瘴充军，毋庸再议外，其有但经开设分厂，合伙出本，及在厂帮同收标收钱等犯，俱照首犯一律拟发云、贵极边烟瘴充军，照名例以足四千里为限，仍各尽赌博本法，先在犯事地方枷号两个月，满日定地发配。地保汛兵，如有起意纠伙，或并未纠伙，仅止得规包庇者，悉照前拟分别治罪；赃重者从重论。被诱买标之人，照旧例枷号三个月，杖一百。其余各项赌博罪名，均照前次奏定章程一律办理。俟数年后此风稍息，仍照旧例拟办。至奸徒趋避之计，层出不穷，此后凡查有与闱姓名异实同者，均应一体比照闱姓例办理。

事例378.31：光绪八年奏准

窝赌窝娼及开设烟馆之案，其房屋应否入官，例内以时之久暂为断，原以经年累月，聚赌窝娼，烟馆聚集多人，尤为盗贼渊薮，姑将房屋入官，以杜匪徒潜匿。其误行租给，实不知情，或虽知情为日无几，若概行入官，转致无所区别，姑免其入官。定例本有深意，然房主贪图重租，多系知情容隐，近年烟赌娼局，比比皆是，盗窃各案，层见迭出，未必不由于此。及至犯事到官，又恃有偶然开设免其入官之例，以为趋避地步，诚不可不亟加整顿。惟其中亦有实不知情误招匪人者，若遽将房屋查抄入官，致使小民失业，未免过重，自应酌定限制。嗣后凡业主知情将房屋租给赌局、烟馆、窝娼处所，一经事犯到官，讯系经旬累月，仍照例将房屋入官外，若查明实系甫经窝赌、窝娼、开设烟馆，并非经旬累月，其租给房屋之房主，讯系初犯，宽免入官一次，如再有犯，无论是否知情及日月久暂，即系故智复萌，概将房屋入官。

事例 378.32：光绪十三年议准

广西省无业游民，勾结土棍，设局诱赌，有地摊、钱摊、铜盆子、实添飞、花会等名目，不但废时失业，破产倾家，输极无聊，掳卖人口，谋财劫杀，皆由此起。嗣后广西省无论何项开赌人犯，均照常例加一等治罪。

成案 378.01：舟中赌博失察免议〔康熙三十七年〕

刑部覆江抚宋荦疏：景庆之等杀死陈公子一案。该抚疏称，景庆之舟中聚赌，地方官无从稽查，失察职名应免等语。应毋庸议。

成案 378.02：陕西司〔嘉庆十八年〕

中城奏送：郑升向聂芝买获骨骰三副，希图转卖渔利，未经卖出，将郑升依贩卖赌具杖流例上，酌减拟徒。

成案 378.03：广西司〔嘉庆十八年〕

广西抚咨：外结徒犯案内俸攀骥，与俸卫邦，始则串同合伙，将周粤兰局赌，输钱三十千文，继又勒令周粤兰写契，将田作抵，迨后索得钱文分用，虽勾诱赌博，系俸卫邦起意，而勒契押田，系俸攀骥作主，实与匪徒串党设局，诱赌折没客商货物者无异。将俸攀骥、俸卫邦，比照无赖匪徒、串党驾船设局、揽载客商、勾诱赌博、折没货物、初犯仅止一次、照开场诱赌例，俱拟满徒。

成案 378.04：直隶司〔嘉庆十九年〕

直督题：许然案内之刘得，拾骰三颗聚赌，并不成副，照开场窝赌例，枷杖。本部仍将刘得改照出有赌具例，拟以满徒。

成案 378.05：河南司〔嘉庆十九年〕

北城移送：吕四存有骰子，讯系买备希图乘便聚赌，尚未使用，依出有赌具满徒上，量减一等，杖九十、徒二年半。

成案 378.06：直隶司〔嘉庆十九年〕

直督咨：冯泰德价买骨骰，欲图携回原籍掷赌，依出有赌具之人，照贩卖为从例，量减一等，杖九十、徒二年半。

成案 378.07：江西司〔嘉庆十九年〕

江抚咨：深世玟开标纠众聚赌，比照花会案犯，依造卖赌具例，发边远充军。

成案 378.08：浙江司〔嘉庆十九年〕

浙抚咨：杨廷因徐老五造卖纸牌，雇该犯雕刻牌板，讯未伙造分肥，比照贩卖为从例，满徒。

成案 378.09：江苏司〔嘉庆二十一年〕

苏抚咨：孙泳年造卖骰子案内之姜受山，向马大礼转买骨骰，尚未售卖，即被拿获，与业已转卖贻害者有间，应将姜受山照贩卖为首、杖流例上，量减一等，满徒。

成案 378.10：云南司〔嘉庆二十一年〕

南城移送：桂大诱拐宋四姐案内陈大，窝留聚赌，应依存留之人，抽头无多者，枷号三个月，杖一百。该犯闻拿投首，例应减一等，惟例内并无枷号减等明文，应酌减枷号一个月。陈大应枷号两个月，杖九十。

成案 378.11：奉天司〔嘉庆二十一年〕

吉林将军咨：陈傻子造卖赌具一案。查陈傻子系造买宝盒，比照造买纸牌例，拟军。

成案 378.12：直隶司〔嘉庆二十一年〕

直督咨：刘顺恭制造宝盒，未便因其尚未出售，稍为宽减，虽例内并无制造宝盒作何治罪明文，惟宝盒系赌具，自应比照民人造卖纸牌骰子例，发边远充军。

成案 378.13：江苏司〔嘉庆二十二年〕

提督咨送：王三造卖赌具案内买骰之史大，希图赌钱使用，讯非图利贩卖，旋被拿获，聚赌未成，即将造卖之人，据实供出，自应酌量问拟。史大依违制律，杖一百。

成案 378.14：贵州司〔嘉庆二十二年〕

本部咨：罗文亮起意邀集抓金会。查律例并无民人邀集抓金会，作何治罪明文，将罗文亮比照旗人邀集抓金会例，照违制律，杖一百。

成案 378.15：山东司〔嘉庆二十五年〕

东抚奏：李增等扎死郭在发案内刘兴元，出有赌具，邀令李占荣赌博，以致起衅酿命，又不能将造卖赌具之人供出，未便以骰子二颗，并未成副，稍为宽减。刘兴元应照赌博人犯、不将造赌具之人、据实供出、即将出有赌具之人、照贩卖为从例，满徒。

成案 378.16：浙江司〔嘉庆二十五年〕

浙抚咨：外结徒犯内应李氏制造竹牌，该氏以竹为牌，用色点染，实与描画无异，应比依描画纸牌，照造卖纸牌军罪上，减一等，杖一百、徒三年，收赎。

成案 378.17：直隶司〔道光元年〕

提督咨：魏良吉于途间检拾纸牌，欲行售卖，与贩卖有间，依造卖纸牌、贩卖为首、杖流例上，量减一等，满徒。

成案 378.18：湖广司〔道光元年〕

北城咨：拿获贩卖赌具人犯韩二，讯得韩二携带宝盒，欲行来京售卖，即被拿获，系属贩卖未成，于贩卖赌具为首、杖流律上，量减一等，满徒。

成案 378.19：山东司〔道光元年〕

南城移送：萧科自等赌博一案。讯得该犯用竹牌连赌二次，互有输赢，虽无竹牌例禁明文，惟既有输赢，即属赌博，仍照赌博例，枷杖。

成案 378.20：江西司〔道光二年〕

江抚咨：余时保因在荒货担上，买有凭天倒骰子，辄行开场诱赌，并将其余赌具，分给周组善等开赌，逐日领取摊场分得赢钱，即与贩卖无异。将余时保比照贩卖纸牌骰子为首例，杖一百、流二千里。

成案 378.21：江西司〔道光二年〕

江抚咨：余绍连等局赌威逼余以幸自尽。查余绍连等串商局赌抽头，复因逼索赌欠，致余以幸被逼自缢，未便照赌博威逼本例，科以枷杖。讯系余绍连起意于酒肆局赌，即与驾船诱赌无异，将余绍连比照驾船赌博一次，杖一百、徒三年。余绍魁照为从例，减一等，杖九十、徒二年半。均系比例问拟，免其刺字。

成案 378.22：四川司〔道光四年〕

川督咨：荣昌县邓荣描画纸牌未成，例无作何治罪明文，惟造卖牌骰未成，既得照已成者减等治罪，则描画纸牌未成，自应酌减问拟。邓荣，应于描画纸牌照印板造卖之犯，减一等，满徒上再减一等，杖九十，徒二年半。

成案 378.23：广西司〔道光四年〕

广西抚咨：赖兴起意纠同黎邦现等，捏造花名，刻成木戳，伙开花会未成，律例内并无作何治罪明文。赖兴，应比照花会案犯，起意为首，拟军例上，减一等，杖一百、徒三年。

成案 378.24：浙江司〔道光四年〕

浙抚咨：姚芝理以竹为牌，用色点染，并非印板制造，实与描画无异。姚芝理应比依描画纸牌，照印板造卖之犯，减一等治罪例，于造卖纸牌为首，发边远充军罪上，减一等，杖一百、徒三年。

成案 378.25：陕西司〔道光五年〕

提督奏送：大祥即珠隆阿，引诱宗室福山出外住庙，后复搬入庙内，与福山同居，怂恿往找阎大讹钱，并于讹诈福嵩阿一案同行助势，自应从重问拟。大祥即珠隆阿，合依军民人等擅入宗室府内教诱为非例，拟发近边充军，虽系旗人，不准折枷，从重发往黑龙江当差，以为引诱宗室为非者戒。

成案 378.26：云南司〔道光五年〕

北城移送：楮三聚赌案内之冯四等，或在场照应，或数钱巡风，例无治罪专条，惟冯四图得工钱，已至数月之久，即属为从，应于楮三满徒上，减一等，杖九十，徒二年半。

成案 378.27：河南司〔道光五年〕

北城移送：崔一身带铁铳，验系断坏不全，尚非例禁凶器，其携带宝盒，讯系买自打鼓担上，并非自行制造，希图贩卖，亦无聚赌情事，惟该犯既将赌具藏放身边，以备赌钱使用，自应比例问拟。崔一应比照藏匿造赌器具，不行销毁者，照贩卖为从例，杖一百、徒三年。

成案 378.28：河南司〔道光五年〕

河抚奏：孟津县于保林等，诱赌索欠，威逼于鳌自尽，复捏告病故，以致尸亲于祥舟怀疑妄控，该犯等到案后，又不据实供明，情殊狡恶，自应从严惩办。于保林，应仍照原拟，依出有赌具之人照贩卖为从例，杖一百、徒三年；马生富，除威逼人致死，罪止满杖，并前拟赌博本例，杖枷业已发落外，该二犯均各再加枷号两个月，满日重责三十板。

成案 378.29：福建司〔道光五年〕

福抚题：赖应连听从黄喜仔设局诱赌，继因郑泳才输欠往索，辄剥取其衣服，并声言，欲搬店物作抵，未便仅照赌博本例问拟。应比照设局诱赌，折没货物，审止一、二次者，照开场诱赌例，拟杖一百、徒三年。

成案 378.30：河南司〔道光六年〕

河抚咨：李添林等制造纸牌案内之张九经、苏小利得受些微雇值，听从帮工，讯非同谋合伙，较之为从者，情稍有间，应于造卖纸牌为从，流罪上，量减一等，各杖一百、徒三年。

成案 378.31：福建司〔道光七年〕

提督咨送：石二等因王二起意聚赌，该犯等听从同赌，并在场照料，例无作何治罪明文，自应依赌博本例定拟。石二等，应依赌博，不分兵民，俱枷号两个月，杖一百。

成案 378.32：直隶司〔道光八年〕

直督咨：董培臣因赌赢王纯如钱文，诱令立契卖地还钱，致王纯如愁急，自缢身死，若仅照出有赌具，不将造卖之人供出，拟以满徒，核与未经酿命者，无所区别，自应酌量加等问拟。董培臣，依赌博人犯，不将造卖之人供出，即将出有赌具之人照贩卖为从，满徒例上，量加一等，杖一百、流二千里。

成案 378.33：直隶司〔道光九年〕

直督咨：胡义方因向甄得富逼讨赌钱无偿，致甄得富愁急，自缢身死。若仅照赌博，问拟枷杖，转置人命于不议，未免轻纵，遍查律例，并无因赌威逼人命，作何治罪明文，自应酌量加等问拟。胡义方，合依赌博，不分兵民，枷号两个月，杖一百例上，加一等，杖六十，徒一年，仍追埋葬银一十两，给付尸亲收领，以资营葬。

成案 378.34：浙江司〔道光十年〕

浙抚咨：程茂记向程可容诱赌，逼讨赌欠，以致程可容愁急，自缢身死，若仅照诱赌本条，拟以杖徒，置人命于不问，未免轻纵，自应酌量加等问拟。程茂记，应于开场诱引赌博，经旬累月，放头抽头，初犯杖徒例上，量加一等，杖一百、流二千里。

成案 378.35：广东司〔道光十年〕

广抚咨：颜联璧伙同林亚火、谢华远开设字标，诱人猜赌，定期开场，尚未发标收钱，即经被获。核其情节，与花会无异，惟尚未收钱发标，即被访拿，与开标已成者有间。颜联璧，应照花会为首，边远充军例上，减一等，杖一百、徒三年；林亚火、谢华远，应照伙同开设，辗转纠人，杖流例上，量减一等，杖一百、徒三年。

成案 378.36：福建司〔道光十一年〕

提督咨：闻玉拾获纸牌，不即销毁，辄图利，央人代售，实属不法，惟牌系捡拾，尚未出售，与贩卖已成者有间。闻玉，应于贩卖纸牌为首，杖流例上，量减一等，杖一百、徒三年。

成案 378.37：山西司〔道光十一年〕

晋抚咨：张彻等开场聚赌，案内总甲祁明，讯无包庇情事，惟查知张彻等，开场聚赌，听央不报，亦属玩法。祁明，应照经旬累月，开场窝赌之邻佑，通同徇隐，不即举首例，杖一百，革役。

成案 378.38：直隶司〔道光十一年〕

直督咨：蠡县陈之英，身充里书，并不奉公守法，乃因买有宝盒，辄敢起意开场赌博，殊属不法，自应按例加等问拟。陈之英，应依赌博人犯，不将造卖之人供出，即将出有赌具之人照贩卖为从例，杖徒，系书役，知法犯法，应加一等，杖一百、流三千里。

成案 378.39：直隶司〔道光十二年〕

北城察院移送：张世清身带骰子，讯系在途拾获，并无赌博贩卖情事。第骰子系例禁赌具，辄敢藏在身边，不行销毁，殊属不法，惟究未行用，自应量减问拟。张世清，应于出有赌具，不将造卖之人供出，即将出有赌具之人照贩卖为从例上，量减一等，杖九十，徒二年半。

律 379：阉割火者〔例 12 条，事例 5 条〕

凡官民之家，不得乞养他人之子阉割火者〔惟王家用之〕，违者，杖一百、流三千里。其子给亲〔罪其僭分私割也〕。

（此仍明律，顺治三年，添入小注。顺治律为 401 条。）

条例 379.01：净身人曾经发回

净身人曾经发回，若不候朝廷收取官司明文起送，私自来京图谋进用者，问发边卫充军。

条例 379.02：敢有私自净身者

敢有私自净身者，本人并下手之人处斩，全家发边远充军，两邻及歇家不举首者同罪。有司里老人等，仍要时常访察，但有此等之徒，即行捉拿送官，如或容隐，一体治罪。

条例379.03：民间有四五子以上愿以一子报官阉割者听

民间有四、五子以上，愿以一子报官阉割者听。有司造册送部，候收补之日选用。

（条例379.01至379.03，均系明代原例。乾隆五十三年，查私自净身拟斩之例，已于乾隆五十一年奉旨删除。又，新例投充太监者，报明有司阉割后自投内务府验送当差，不必由州县送部。此三条业已不用，全部删除。）

条例379.04：凡诓骗阉割强勒阉割者

凡诓骗阉割强勒阉割者，仍照例治罪外，其父母及本身情愿报官阉割者，免其治罪。

（此条系康熙二十三年现行例。雍正三年定例。乾隆五年，将"照例治罪"句改为"照私割例治罪"。乾隆五十三年修改为条例379.05。）

条例379.05：凡诓骗强勒阉割者

凡诓骗强勒阉割者，俱照毁败人阴阳以致不能生育律，杖一百、流三千里，将犯人财产一半，断给被伤之人养赡。致死者，拟斩监候。

（此条乾隆五十三年，将条例379.04修改。咸丰三年改定为条例379.06。）

条例379.06：凡诓骗阉割之案

凡诓骗阉割之案，讯系和诱知情者，为首发近边充军。若系设计略诱，讯明被诱之人，并不知情，致被强勒阉割者，即照诱拐子女被诱之人不知情例，将为首之犯，拟绞监候，均将犯人财产一半，断给被伤之人养赡。为从者，各减一等。如略诱阉割，因伤致死者，为首拟斩监候。其有用药饼及一切邪术迷拐阉割者，各依迷拐本例从重论。

（此条系咸丰二年，将条例379.05增定。）

薛允升按：既照诱拐例定拟，即应发极边足四千里充军，近边二字似应修改。诓骗强勒阉割，必有所为，从前或间有此等案件，近则绝无矣。私自净身，例禁极严，代为下手者，亦与同罪，是以又定有诓骗强勒之例。后将私自净身各例，全行删除，则净身本人，即属无罪可科，诓骗强勒阉割，意欲为何？更属必无之事矣。

条例379.07：内务府并诸王贝勒等门上放出为民之太监

内务府并诸王、贝勒等门上，放出为民之太监，除効力年久，本管本主保留外，不许仍留京师居住。违者，将容留之人从重治罪，将内务府总管、步军统领、巡城御史，一并交部议处。如保留为民之太监，有生事犯法者，将保留之人交部议处。

（此条系雍正五年，遵旨议准定例。）

薛允升按：保留一层，似系指効力年久之太监，准其保留京城而言，以别于不许在京居住者也。例文尚未明晰。

条例 379.08：投充太监（1）

投充太监，听其报明有司，阉割后，即令其自行投报总管内务府验明，送内当差，仍行文该地方官取皆存案，不必由该管州县造册送部。

（此条系乾隆四十一年，奉旨纂辑为例。嘉庆二十一年节删为条例 379.09。）

条例 379.09：投充太监（2）

投充太监，听其报明有司，阉割后，即令其自行投报总管内务府验明，送内当差，不必由该管州县造册送部。

（此条系嘉庆二十一年，将条例 379.09 节删。）

条例 379.10：新进太监

新进太监，由内务府验明，年在十六岁以下，并未娶有妻室者，交地方熟火两处首领太监管教。其应学艺者，交各该处首领太监，各派年陈老成之人，作为本管太监，照管衣食，查其行止，如堪供策使，告知总管太监等，分拨各处当差。有不安本分者，该本管太监告知总管太监等交出，与年十六岁以上，净身投充之太监，均分给亲王、郡王府内，更换年十六岁以下者送进。该本管及首领太监，若不经心查看，率行分拨，经各该处查出该太监劣迹，将本管及首领太监等交内务府治罪。各该王交进太监时，详加审察，并著落同居之太监，出具切实甘结，一并交进。傥换进太监有疏忽弊混，将王府出结之太监治罪。

（此条系嘉庆十九年，刑部会同内务府大臣遵旨定例。嘉庆二十二年改定。）

薛允升按：此二条俱系收用太监之例，报明有司所以别于私自净身者也。

条例 379.11：凡私自净身人犯（1）

凡私自净身人犯，刑部于年终将各案开列事由，汇奏一次，请旨分别核办。

（此条系乾隆四十四年，刑部遵旨纂为例。乾隆五十年与条例 379.01 至 379.03 删并为条例 379.12。）

条例 379.12：凡私自净身人犯

凡私自净身人犯，审明委系贫难度日，别无他故者，照例令其自投内务府验看，派拨当差。如因伤致死者，将代情下手之犯，照过失杀人律科断。若系畏罪情急，起意阉割，希图漏免者，除实犯死罪，及例应外遣无可再加外，余俱按其原犯科条，各加一等定拟。其受雇代情下手阉割之人，与犯人同罪。因而致死者，减斗杀罪一等。

（此例原系四条：1.明代问刑条例，言须候朝廷取用，方许起送进京也。2.私自净身者，本身并下手之人处斩，系明弘治五年遵旨定例。3.有四、五子准以一子报官阉割，系明万历十六年遵旨定例。4.乾隆四十四年，刑部遵旨纂为例。乾隆五十年删并。）

薛允升按：明洪熙初上谕曰："自宫以求用者，唯图一身富贵耳，而绝祖宗父母，古人求忠臣于孝子，彼父母且不顾，岂有诚心事君。今后有自宫者，必不贷。"明初私自净身之罪，其严如此。中叶以后则不然矣。观万历十六年例文可知。此专指私自净身而言，与上条参看。上层系贫难阉割，下层系畏罪阉割者。私自净身向不论是否贫难、畏罪，俱拟斩候。此例贫难者免罪，有罪者仅加一等，宽之至也。

事例379.01：乾隆四十一年谕

向例太监先由礼部报明记档，再交内务府大臣验看后，分派各处充役。近来报名者甚少，或因部中胥役需索，致伊观望不前，亦未可定。此例盖沿明季旧习，本朝内廷诸务，既由内务府大臣管辖，其收录太监一节，自应总归内务府大臣画一办理，以专责成。嗣后太监报名，不必仍由礼部。

事例379.02：乾隆四十四年谕

刑部查开私自净身共七家，朕详核案情，其实系贫难度日。私自净身者三案，别无他故，著该部移交内务府充当太监，令其在外围当差。其余四案，均系犯有盗窃等事，畏罪情急，起意阉割者，仍著该部照原拟办理。嗣后并于年终汇奏一次，请旨分别核办。

事例379.03：乾隆五十年谕

向来刑部定律，凡有私自净身人犯，俱问拟斩候，因念此等人犯，大抵因贫所致，是以加恩释放，发在热河当差。现有太监王成一名，朕面加询问，伊系直隶安肃县民，原报十六岁，实年十三岁，前年因家中贫苦，父母为之净身，问拟斩罪，在县监禁一年，上年始发至热河当差。初次报县时，该县胥役，因向伊父王二格需索，遂捏填王成年十五岁，定拟详报等语。此事经朕亲问询明，且看其身躯幼小，应对明白，实无虚饰。知县为亲民之官，虽不至昧良舞弊，贪图微利若此，必胥役乡约人等，因私自净身，有干例禁，希图讹诈，又缘诈不遂，为之加增年岁以入其罪，并将伊父无辜久羁，闻之殊觉恻然，而该县竟漫无觉察，任凭胥吏勒索捏报，种种弊混，亦难辞咎。现因各处当差太监之人，尚晓谕招充，且向例太监于投进当差时，止赏给银五两，其每月坐得分例，不过二两，若未经投进之先，胥吏已向其需索，则是得不偿失，谁复肯将子弟充当太监耶？近日进宫太监短少之故，必由于此。况王成净身时，实年不过十三，自必系父母穷苦无聊，遂尔将伊阉割，与伊何涉？乃拟以大辟，而滋胥役索诈捏饰之端乎！此案著刘峩详查参奏。因思私自净身人犯律拟斩候者，虽为慎重伤身起见，然一经阉割，便成废人，苟非实在穷苦，孰肯甘心出此？今因有此律，而转致吏胥藉端勒索，甚至加增年岁，故入其罪。况此辈供奔走扫除之役，自古已然，是宫闱在所必需，而反治以罪。从前定例，本未允协，所有私自净身问拟斩候一条，竟应删除，并著直隶总督、顺天府尹，严饬各属州县，嗣后如有并无他故私自净身者，准其投内务府派拨当差，照例验看。如有他故，内务府大臣再行文问之地方官，不得竟拘其家属，致滋扰累。倘有仍前需索滋扰者，即将该州县等据实参处。其现因私自净身，问拟斩候，已未报解，并在监羁禁未经释放者，亦著刑部同直隶总督查明具奏释放，移送内务府分别派拨当差。

事例 379.04：嘉庆十九年谕

刑部、内务府会奏：太监私自净身折内，所议新进太监，先令在外围当差一条，尚未妥协。太监等供役内廷，进身时固不可不加以慎重，必须专人管教，俟其少谙规矩，再行分拨各等处当差。嗣后新进太监，著先交地方熟火两处首领太监。其应学艺者，交各该处首领太监，各派年陈老成之人，作为本管太监，照管衣食，查其行止，如堪供策使，告知总管太监等，分拨各处。如有不安本分者，即告知总管太监等交出，照例分给亲、郡王各该王府太监换进。各该管首领太监，若不经心查看，率行分拨各该处，经各该处查出该太监劣迹，将原管之首领太监等治罪。至太监原籍出结之地方官处分，亦应定以限制。进宫太监，除饮酒赌钱以及逃走等事免其参处外，设犯罪至军流以上者，再将滥行出结之各该地方官参处。

事例 379.05：嘉庆二十二年谕

向例召募太监，取具该地方官印结，殊为具文。嗣后凡召募太监，由内务府验看后，即行交进，不必取具该太监原籍地方官印结。

律 380：嘱托公事〔例 1 条，事例 3 条，成案 2 案〕

凡官使诸色人等〔或为人，或为己〕，曲法嘱托公事者，笞五十，但嘱即坐〔不分从、不从〕。当该官吏听从〔而曲法〕者，与同罪。不从者，不坐。若〔曲法〕事已施行〔者〕，杖一百。〔其出入〕所枉〔之〕罪重〔于杖一百〕者，官吏以故出入人罪论。若为他人及亲属嘱托〔以致所枉之罪重于笞五十〕者，减官吏罪三等。自嘱托己事者，加〔所应坐〕本罪一等。

若监临势要〔曲法〕为人嘱托者，杖一百。所枉重〔于杖一百〕者，与官吏同〔故出入人〕罪，至死者，减一等。

若〔曲法〕受赃者，并计赃〔通算全科〕，以枉法论。〔通上官使人等嘱托者，及当该官吏，并监临势要言之。若不曲法而受赃者，止以不枉法赃论。不曲法又不受赃，则俱不坐。〕

若官吏不避监临势要，将嘱托公事实迹赴上司首告者，升一等。〔吏候受官之日亦升一等。〕

（此仍明律，原有小注，顺治三年修改，第三段小注“俱不坐”后有“乃以嘱托，笞五十”，雍正三年改定。顺治律为 402 条。）

条例 380.01：民人附合结党妄预官府之事者

民人附合结党妄预官府之事者，杖一百。如有降调黜革之员，贿嘱百姓保留者，审实，将与受官民，俱照枉法赃治罪。

（此条系康熙五十二年，吏部会议定例。雍正三年定例。）

薛允升按：与"上言大臣德政"条例参看，似应修并于彼例之内，俱照枉法赃治罪，未免太严，然从无援引者。

事例 380.01：康熙二十五年谕

凡有内外闲散官员人等，及民间豪恶党类，并无职任，乃揽说公事，交结衙门，妄行囮诈，贿嘱关通者，发觉之时，从重治罪。

事例 380.02：康熙二十八年议准

绅宦监生，倚仗势力，作害地方，骚扰百姓〔如霸占田房，强夺妻子，致毙人命，免自己钱粮令百姓代纳等类〕。此等恶棍，访确即行题参，照律从重治罪。若州县徇庇不行呈报者革职。司道府不行转详者，同城各降三级调用，不同城各降一级留任。督抚不行题参者，照不行题参大小官员贪婪例处分。

事例 380.03：康熙二十九年议准

绅宦监生生员等本身及子弟家人，若以私事出入大小衙门，有央求嘱托诈欺银两等弊，将知情纵使并听行之人，均照律例治罪。

成案 380.01：京官子弟挟制〔康熙二十九年〕

吏部议浙抚张鹏翮疏：刑科钱绍隆之子钱某从京来浙，手持试卷拜帖求见，云今岁大比之年，分考各官皆系属吏，曲全功名，自有报答。又差家人投书，内云某学业疏陋，恳曲为我裁，就拔置青云。又夹小单，内开生员叶某、金某，恳送学院录取遗才，明系倚势挟制，除将钱某等拿禁外，相应题参。吏部议：查定例内，科道官员原籍地方，所有子弟挟制，而督抚有据者，在京父兄不行约束，俱革职等语。应将刑科给事中钱绍隆照例革职。

成案 380.02：湖广司〔嘉庆二十四年〕

本部奏：已革贡生周汝桢，因本籍士民互殴案件，即私自寄信于承差回省之便，托带交往在籍之给事中，嘱令探听公事，复于信面注写托交已革湘潭县公馆转寄等情。查该革生系大员子弟，不知安分读书，以绅衿交结地方官，殊属藐法。将周如桢依民人附合结党，妄预官府之事者，杖一百例上，加一等，杖六十、徒一年。

律 381：私和公事〔发觉在官〕〔成案 1 案〕

凡私和公事，〔各随所犯事情轻重〕减犯人罪二等，罪止笞五十。〔若私和人命、奸情，各依本律，不在此止笞五十例。〕

（此仍明律，顺治三年，添入小注，"各依本律"后原有"减二等"，雍正三年删定。）

成案 381.01：湖广司〔道光十二年〕

北抚题：廖大斌因伊姑母廖氏与夫兄刘洪秀通奸，被本夫刘洪年奸所获奸，将奸夫奸妇登时杀死，廖大斌主令私埋匿报，与私和应抵人命不同。廖大斌，比照私和公事罪，止笞五十律，笞五十。

律 382：失火〔例 4 条，事例 6 条，成案 12 案〕

凡失火烧自己房屋者，笞四十。延烧官民房屋者，笞五十。因而致伤人命者〔不分亲属、凡人〕，杖一百。〔但伤人者，不坐致伤罪，其〕罪〔止〕坐〔所由〕失火之人。若延烧宗庙及宫阙者，绞〔监候〕。

社，减一等〔皆以在外延烧言〕。

若于山陵兆域内失火者〔虽不延烧〕，杖八十、徒二年，〔仍〕延烧〔山林兆域内〕林木者，杖一百、流二千里。若于官府公廨及仓库内失火者，亦杖八十、徒二年。主守〔仓库〕之人因而侵欺财物者，计赃以监守自盗论〔不分首从〕。其在外失火而延烧者，各减三等。〔若主守人因而侵欺财物，不在减等之限。若常人因火而盗取，以常人盗论。如仓库内失火者，杖八十、徒二年，比仓库被窃盗，库子尽其财产，均追赔偿之例。〕

若于库藏及仓廒内燃火者〔虽不失火〕，杖八十。

其守卫宫殿及仓库，若掌囚者，但见〔内外〕火起，皆不得离所守，违者，杖一百。〔若点放火花爆仗，问违制〕。

（此仍明律，顺治三年，添入小注。顺治律为 404 条。）

条例 382.01：凡出征行猎处失火者

凡出征行猎处失火者，杖一百。

（此条系康熙年间现行例。雍正三年定例。）

薛允升按：较别处失火为重，然出征处仅拟满杖，似嫌太宽。

条例 382.02：凡京城当行失火

凡京城当行失火，除所当货物未被焚烧者，仍按律准其取赎外，其已被烧毁者，俱按票价量减，以七成赔还。倘奸商店伙人等，有乘机偷盗情弊，审实照窃盗律治罪。

（此条乾隆三十四年定。乾隆四十二年增修为条例 382.03。）

条例 382.03：凡典商收当货物

凡典商收当货物，自行失火烧毁者，以值十当五，照原典价值计算，作为准数。邻火延烧者，酌减十分之二，按月扣除利息，照数赔偿。其米麦、豆石、棉花等粗重之物，典当一年为满者，统以贯三计算，照原典价值，给还十分之三。邻火延烧者，减去原典价值二分，以减剩八分之数给还十分之三，均不扣除利息。倘奸商店伙人等，于失火时，将当不及五贯重器物贪利隐匿，及乘机盗卖情弊，照所隐之物，按所值银数计赃准窃盗论治罪，追出原物给主。其未焚烧及搬出各物，仍听当主照号取赎。

（此条乾隆四十二年，将条例382.02增定。道光二十四年，移并入"费用受寄财产"门内，修并为条例150.03。）

条例382.04：失火延烧官民房屋及官府公廨

失火延烧官民房屋及官府公廨、仓库失火等案，各照本律笞杖充徒定拟，应否赔修，亦照律办理外，失火延烧官民房屋，如数至一百间者，加枷号一个月；至二百间者，加枷号两个月。若延烧官府公廨、仓库官物，及官民房屋至三百间以上者，加枷号三个月。均于失火处所枷示。

（此条系嘉庆十一年，刑部遵旨定例。）

薛允升按：《唐律》失火延烧人宅舍财物，杖八十。《明律》笞五十。《唐律》在外延烧仓库等类，减在内一等，《明律》减三等，俱比《唐律》为轻。此例房间较多，又加以枷号，自系因情节较重，谨照本律科罪，不足蔽辜之意。然《唐律》原有计赃重者坐赃论，分别减等不减等之文，《明律》删去不用，是以诸多参差，可见古法之不可轻改也。不加罪而加枷，亦原其出于无心也。不以被烧之物计算，而以房间计算，亦系画一办理之意。应与染店当铺失火一条参看。然总不如《唐律》计赃坐赃论，分别减等不减等为妥当也。《唐律》："诸水火有所损败，故犯者征偿，误失者不偿"。

事例382.01：康熙九年议准

凡官员该管地方有失火延烧房屋者，罚俸三月。延烧文卷仓廒者，罚俸一年。如将钱粮文册擅藏私家以致焚毁者，降一级调用。

事例382.02：康熙十五年议准

凡文武官员，有违禁在紫禁城内及仓库坛庙等处吃烟者革职。旗下人，枷号两月、鞭一百；民人，责四十板、流三千里。该管官不行捕首者，罚俸六月。宗室觉罗有犯，交与宗人府议。

事例382.03：康熙二十二年议定

五城巡捕营所属地方，有失火延烧房屋十间以下即行扑灭者免议，自十一间以上至三十间者，吏目、守备，罚俸九月；兵马司指挥、参将、游击，罚俸六月；巡城御史，罚俸三月。延烧至三十一间以上者，吏目、守备，罚俸一年；兵马司指挥、参将、游击，罚俸九月；巡城御史，罚俸六月。

事例382.04：康熙二十二年议准

失火延烧房屋二百间以上者，吏目、守备，降一级调用；兵马司指挥、参将、游击，降一级留任；巡城御史，罚俸一年。延烧至四百间以上者，吏目、守备，降二级调用；兵马司指挥、参将、游击，各降一级调用；巡城御史，降一级留任。延烧至六百间以上者，吏目、守备，各降三级调用；兵马司指挥、参将、游击，各降二级调用；巡城御史，降一级调用。

事例 382.05：康熙二十六年议准

雇倩之人，失火致烧本主房屋，延烧他人房屋，因而致伤人命者，照房主自己失火律治罪。

事例 382.06：嘉庆十一年谕

禄康奏：本月二十三日亥刻，正蓝旗汉军地方民人金瑞烟铺失火，督率官兵前往扑救，因火势往北，延烧东江米巷牌楼一座，并烧毁房屋一百零八间，内烧毁内务府官房四十五间，官厅五间，请分别饬令修理，并将失火延烧之金瑞一犯，照例杖责，加枷号一月，以示惩儆等语。此次民人金瑞烟铺失火，延烧牌楼，并烧毁官民房屋共计一百余间，禄康请将该铺户于照例杖责外，加枷号一月，所议尚未允协。居民等自不小心，以致失火延烧，自当加以惩治，但应核其延烧者，或系官廨官物，或系民房，分别多寡轻重，予以惩处，若因失火之犯，一时延烧房屋较多，即于例外加罪，转似意为轩轾。此等失火延烧之事，向来自办有成案可稽。著刑部详查酌定罪名轻重，定议具奏。所有金瑞一犯，姑著照禄康所奏办理。

成案 382.01：仓廒失火〔康熙三十八年〕

吏部议：通州西仓失火情由。查定例，该管地方失火，延烧文卷及官仓米石者罚俸一年等语。应将新旧监督等看仓镶白旗八品官均照例各罚俸一年。仓役合依若于仓库内失火者律，杖八十、徒二年。看守甲兵攒典俱系巡查看守人役，难免疏忽之咎，俱依不应重杖。其烧毁不堪及亏折米石，著新旧监督及仓役攒典各名下，照数追赔。

成案 382.02：失火延烧仓粮〔康熙三十二年〕

兵部议：岳州卫居民失火延烧常平仓积谷、衙署文卷、诰封等项，应将守备孙某照例罚俸一年，积贮谷石，先经该抚具题，应一半备贮，一半照时价粜卖易银，因何不行粜卖，以致烧毁，且仓粮亏折，有赔补之例，应行令该抚，著落该管官名下赔补。又，康熙三十四年十二月，吏部覆偏抚杨起凤，岳州失火延烧常平仓谷一万二千余石，著经管名下赔补，一年限满无完，将承追不力之知府宁恩圣、赔补之守备孙某咨参，将知府罚俸一年，仍令督催，先经守备火烧仓粮因无一定处分，照兵饷以怠缓稽迟例降三级戴罪完纳在案。再查兵饷定例内，欠七分者戴罪督催，限满又不完者，比照屯粮限满欠七分之例革职。

成案 382.03：衙署失火〔康熙三十一年〕

吏部议安抚江有良疏称：臣署书吏厨房失火，延烧卷房二间，当即救灭，检查原贮卷案，除搬出现存外，焚污者见在，移行各衙门查取存案，惟查本年填用旧火牌五张，亦被焚烧等因。吏部议：查定例，官员失火以致延烧文卷者，罚俸一年等语，应将安抚江有良罚俸一年，被焚卷案，该抚自移行各衙门查写注册。

成案 382.04：烧毁火药等物〔康熙三十五年〕

工部覆湖抚年遐龄题：火药等项关系紧要军需，都司陈正国亲进药局，不行谨防，以致烧毁火药房屋等物，不便照常例，相应将陈正国降三级调用。

成案 382.05：失从地发烧毁火药〔康熙三十六年〕

工部覆福督郭世隆题：福州府北门内火药库，二更火发，烧毁火药硝磺，震倒民房。查定例，失火烧毁官兵房屋盔甲等物者，该管官罚俸六个月等语。又查康熙三十五年九月内，据湖抚年遐龄将都司陈正国验看药局，扳倒药坛，击石触起火星烧毁等因题参，部议陈正国降三级调用在案。今该督既称福州府火药库被火烧毁之处，系二更火从地发所致，既非人事触击，事出意外等语，不便比照都司陈正国例，应将同知王骏、知县谭述，照失火烧毁盔甲等物定例，俱各罚俸六个月。再查前以烧毁火药，勒限四个月，因限内未完情由，降三级调用，戴罪赔完在案，今应行该督勒限四个月，作速赔完。

成案 382.06：安徽司〔嘉庆十八年〕

安抚奏：李建听从成志孔拆毁窑棚，不料棚上秫秸芳草，落下窑口，被灯火延烧，以致燻毙四命，未便仍照失火致伤人命律拟杖。将李建应照不应拟抵之人命，如至三命，于本罪上加一等，三命以上，递加一等例，首犯应于杖一百罪上，加二等，杖七十、徒一年半，为从减一等，杖六十、徒一年。宫大理以失火之案，报为放火毙命，系属诬轻为重，惟烧棚属实，究与有心诬陷者有间，照诬轻为重，致死罪未决杖流上，量减一等，满徒。

成案 382.07：四川司〔嘉庆十八年〕

川督题：朱幅俸至田洪佐家饮酒，与田洪佐口角争殴，田洪佐之妻田张氏，取高粱旁所放锄柄向殴，朱幅俸夺锄柄，殴伤田洪佐身死，因田张氏取锄柄时，误将旁边高粱碰倒火炉，被火引燃，延烧房屋，致将田张氏之女田双儿、田躲疤等烧毙，田洪佐尸身亦被烧煨。将朱幅俸比照殴死一家三命斩决例，量减为斩监候。本部以田双儿等烧毙与朱幅俸无干，仍依斗殴杀人律，拟绞监候。田张氏照失火延烧自己房屋、因而致死人命律，杖一百。

成案 382.08：山东司〔嘉庆二十年〕

东陵奏送：膳房失火一案。查于老于奉差打扫膳房，并不谨慎当差，辄因身子疲乏，点灯睡熟，以致失火延烧膳房五间，惟查此项膳房，系在行宫大墙以外，尚非宫阙可比，照失火延烧官府公廨者，杖八十、徒二年。

成案 382.09：直隶司〔嘉庆二十三年〕

直督咨：僧人昌玉住持灵雨寺，庙墙贴近行宫重地，并不加意防范，辄敢于上供后，点放花炮，致火炮纸被风吹散，延烧行宫游廊值房。惟行宫为巡幸驻跸之所，究与宫阙稍有区别，且烧毁仅止游廊值房，将昌玉比照延烧宫阙绞罪上，量减一等，杖一百、流三千里。

成案 382.10：直隶司〔嘉庆二十四年〕

本部奏：文颖馆失火延烧房屋一案。查厨役李海元，于煤炉酥裂，烧透板壁，该犯不能先事预防，第文颖馆修纂书籍之所，非宫阙重地可比，惟在紫禁城内，与在外衙署不同，将李海元于失火延烧宫阙绞监候律上，量减一等，满流，仍枷号两个月。

成案 382.11：广东司〔道光二年〕

内务府奏：内阁中书鲍唐，轮应值宿，至夜未经熄烛睡熟，以致烛花爆燃柜纸，焚烧房屋。汉票签乃中书办事处所，系属公廨，惟在紫禁城内，仅依公廨失火律，拟杖八十、徒二年，与在外衙署失火者，漫无区别。将鲍唐革去中书，于公廨内失火律上，加二等，杖一百、徒三年。

成案 382.12：陕西司〔道光二年〕

内务府奏：御书处失火一案。查曾禄充当裱作匠役，因制造油纸，不谙制法，以致油性发作，自行生火，延烧房屋，虽与遗失火种有间，亦应按律治以应得之罪。虽御书处非宫阙可比，惟在紫禁城内，与在外衙署不同，将曾禄于失火延烧宫阙绞监候律上，量减满流。

律 383：放火故烧人房屋〔例5条，事例3条，成案19案〕

凡放火故烧自己房屋者，杖一百。若延烧官民房屋及积聚之物者，杖一百、徒三年。而盗取财物者，斩〔监候〕。杀伤人者，以故杀伤论。

若放火故烧官民房屋及公廨、仓库，系官积聚之物者，〔不分首从〕皆斩〔监候。须于放火处捕获有显迹证验明白者，乃坐〕。其故烧人空闲房屋，及田场积聚之物者，各减一等。

并计所烧之物减价，尽犯人财产，折到赔偿，还官给主。〔除烧残见在外，其已烧物，令犯人家产折为银数，系一主者，全偿。系众主者，计所故烧几处，将家产剉为几分而赔偿之，即官民亦品搭均偿。若家户罄尽者，免追。赤贫者，止科其罪。若奴婢雇工人犯者，以凡人论之。〕

（此仍明律，原有小注，顺治三年增修。顺治律为405条。）

条例 383.01：凡各边仓场

凡各边仓场，若有故烧系官钱粮草束者，拿问明白，将首犯枭首示众，烧毁之物，先尽犯人家产折锉赔偿，不敷之数，著落经收看守之人，照数均赔。

（此条系明代成化八年奉旨定例。顺治三年删定。）

薛允升按：《集解》："律斩监候，例加枭示。律尽犯人财产，例著落经收看管之人均赔。以事关边防，故特重之。"律系不分首从俱拟斩候，此例自亦应不分首从。特首犯加枭，从犯仍应照律定拟。既系比律加严，万无忽又从轻之理。

条例383.02：凡放火故烧自己房屋

凡放火故烧自己房屋，因而延烧官民房屋，及积聚之物，与故烧人空闲房屋，及田场积之物者，俱发边卫充军。

（此条系明代旧例，雍正三年以此条与律不符，删除。）

薛允升按：《辑注》云："故烧己房，而延烧官民房屋，积聚者，本律是徒。故烧空闲房屋、田野积聚者，本律是流。例内问发充军。盖延烧虽轻，而非空房，田野积聚之比。故烧虽重，而非官民房屋。积聚之比。其罪应同也。"此等议论最为平允，强盗例内自首充军一条，即本于此，此例似不可删。

条例383.03：凶恶棍徒纠众商谋计图得财放火（1）

凶恶棍徒，纠众商谋，计图得财，放火故烧官民房屋，及公廨、仓库系官积聚之物，并街市镇店人居稠密之地，已经烧毁抢夺财物者，均照强盗律，不分首从拟斩立决。杀伤人者，枭示。因焚压致死者，将为首之人枭示。仍照强盗例，将法所难宥、情有可原者，于疏内声明。其本非同伙，借名救火，乘机抢掠财物者，照抢夺例，分别治罪。若故烧孤村旷野，并不毗连民居之空闲房屋，及田场积聚之物，均照律科断，为首者仍枷号两月。其恶徒谋财放火，有已经延烧，尚未抢掠财物，又未伤人者，将为首之人拟斩监候。为从商谋下手燃火者，枷号两月，发边卫充军。诱胁同行者，杖一百、徒三年。如谋财放火，随即救熄，尚未延烧，将为首之犯拟绞监候。为从谋商下手燃火者，杖一百、流三千里。诱胁同行者，枷号两月，责四十板。若非图劫财，止挟仇放火延烧，因而杀人及有焚压致死者，即将为首之犯拟斩立决。为从商谋下手燃火者，拟绞监候。其未伤人及伤而不死者，将为首之犯拟斩监候，为从者发边卫充军。诱胁同行者，并杖一百、徒三年。如挟仇放火，当被救熄，尚未延烧，为首之犯枷号两个月，发边卫充军。为从者枷号三月，杖一百。若地方文武官弁，遇有此等恶徒放火，不即赴援扑灭，协力擒拿，照例议处，地方保甲人等一并治罪。

（此条系雍正七年定例。乾隆五年、乾隆三十二年修改。嘉庆六年增改为条例383.04。）

条例383.04：凶恶棍徒纠众商谋计图得财放火（2）

凶恶棍徒，纠众商谋，计图得财，放火故烧官民房屋，及公廨、仓库，或官积聚之物，并街市镇店人居稠密之地，已经延烧抢夺财物者，均照强盗律，不分首从拟斩立决。杀伤人者，枭示。因焚压致死者，将为首之人枭示。仍照强盗例，将法所难宥、情有可原者，于疏内声明。若本非同伙，借名救火，乘机抢掠财物者，照抢夺律加一等，分别首从治罪。其恶徒谋财放火，有已经延烧尚未抢掠财物，又未伤人者，为首拟斩监候；为从商谋下手燃火者，枷号两个月，发近边充军；诱胁同行者，杖一百、徒三年。如谋财放火，随即救熄，尚未延烧，为首拟绞监候；为从谋商下手燃火者，杖一百、流三千里；诱胁同行者，枷号两个月，责四十板。若并非图财，而怀挟私仇放火延烧，因而杀人及焚压人死者，为首拟斩立决；为从商谋下手燃火者，拟绞监候。其未伤人及伤而不死者，为首拟斩监候；为从者发近边充军；诱胁同行者，并杖一百、徒三年。如挟仇放火，当被救熄，尚未延烧，为首枷号两个月，发近边充军；为从者枷号三月，杖一百。若图财挟仇，故烧空地闲房，及场园堆积柴草等物者，首犯枷号两个月，杖一百、流三千里。如系孤村旷野内，并不毗连民居闲房，及田场积聚之物者，杖一百、徒三年，为从各减一等。当被救熄，尚未延烧者，又各减一等。地方文武官弁，遇有此等恶徒放火，不即赴援扑灭，协力擒拿，照例议处。地方保甲人等，照不应重律治罪。

（此条系嘉庆六年，将条例 383.03 增定。道光六年，将案内从犯原拟枷号三月杖一百，改为"枷号两月，杖一百、徒三年"。道光十年，将例内"延烧"二字改为"烧毁"。）

薛允升按：图财放火与图财谋命情节相等，谋命得财之案，虽不下手亦拟斩候，此放火业已抢得财物，又有何情可原耶。至已将房屋烧毁，即与已经杀人无异，其下手燃火之犯，岂得拟军罪。律不分首从均拟斩罪，例以抢夺财物及杀人等项，分别拟以斩决枭示，本属较律加重，其尚未抢掠，及未伤人，或伤人未死，为从之犯，均无死罪，反较律为轻，殊未妥协。再查律重例轻各条，或系遵奉谕旨，或系臣工条奏，断无无故改轻之理。此例因何改轻，按语内并未叙明。记考。

《唐律疏议》问曰："有人持仗烧人宅舍，因即盗取其财，或烧伤物主，合得何罪。答曰。依杂律故烧人舍屋，徒三年。不限强之与窃。然则持仗烧人舍宅，止徒三年。因即盗取财物，便是元非盗意。虽覆持仗而行事，同先强后盗，计赃以强盗科罪。火若伤杀者同。"

条例 383.05：挟仇放火

挟仇放火，除有心烧死一家三命，或一家二命者，仍各按律例拟以斩决、凌迟外，其止欲烧毁房屋、柴草泄忿，并非有心杀人者，如致死一二命，应照挟仇放火因而杀人，及焚压人死例，首犯拟斩立决，为从商谋下手燃火者拟绞监候。若致死一家三命以上，首犯斩决枭示，从犯拟绞立决。

（此条系嘉庆十三年，直隶总督温承惠奏，民人刘五挟嫌放火烧毙史大一家四命一案，奉谕旨纂为例。）

薛允升按：放火故烧房屋因而杀人，律既以故杀论，即与有心杀人无异。此例于挟仇放火之犯，仍分别是否有心杀人，似与明例称以者与实犯同之意未协。有心放火杀人，如死系一家三命，首犯即应凌迟，从犯亦应斩决。非有心杀人，首犯斩枭，从犯绞决，所以略示区别也。杀一家二命，首犯斩枭，不言为从加功之犯，则绞候矣。此致死二命，首犯免其枭示，从犯仍拟绞候，似无区别。然犹可云，下手燃火与加功无异，虽无心亦难末减也。至一命则情更轻矣，与一家二命无别，未知何故。亦与贼犯遗火烧毙事主之例，互相参差。既以有心无心为罪名轻重之分，按语意在从轻，而一命何又从严，殊不可解。上层分别人数改定之例，指明一家三命、一家二命。下层分别人数改定之例，指明一家三命及一家二命。下一层自系指一家三命及一家二命言方合，乃止有一家三命，而无一家二命，则一、二命似系一家二命之误，或缮写时脱一家字耳。此条系因刘五并非有心放火杀人以致烧毙一家四命，故酌定此例。一家三命，首犯改为斩枭，不问凌迟。从犯改为绞决，不问斩决。则一家二命，首犯亦当改为斩决，免其枭示。若致毙一命之案，为首亦问斩决，为从亦问绞候。是以并非有心杀人之犯，与挟仇放火，有心杀人者一例同科，不特罪名歧异，文义亦不甚顺，其为脱一家字无疑。再律内明言，放火因而杀人者，以故杀论。则欲烧毁房屋、柴草泄忿，以致烧死一命，正与以故杀之律相符，问拟斩候，自属允当，又何首犯斩决，从犯绞候之有。"威逼"门，窃贼遗落火煤烧毙事主一条，与此情节相类。彼条事主一、二命，及三命，非一家，为一等，一家三命为一等，三命以上为一等。应参看。

事例 383.01：雍正十年谕

铁岭城内民房失火，因一时风烈，延烧官署仓廒，事出不意，乃众目共见，非有意捏饰者可比，著格外加恩，照部议免其赔补，不为定例。若官吏等有亏缺粮石等情，而借附近失火乘机作弊者，于赔补粮石赔修仓廒外，仍从重治罪。

事例 383.02：嘉庆七年谕

此案孙才与药王庙住持道士刘一成口角微嫌，辄敢起意放火延烧庙宇，欲图泄忿，致将庙内所贮宝花焚毁，实属不法。但该犯放火时，若果明知此项存贮宝花，系供献各陵所用，有意燃烧，希图陷刘一成于重辟，是则法无可贷，即照议予以立决，亦属罪所应得。今细阅案情，该犯因刘一成有庙住持，意在焚烧庙宇，使之无处栖身，尚无有心陷害情事，且寻常庙宇，佛前亦有花供，该犯并不知供献山陵所用，不过因一时泄忿起见。核其情节，尚有一线可原。孙才著从宽免其即行正法，即照本律应斩监候，秋后处决，仍于本年秋审情实，以示法外施仁至意。

事例 383.03：光绪十三年议准

嗣后奉天省遇有恶徒放火之案，除罪应斩决斩枭外，其迭次放火为首为从，问拟斩绞监候，均照例拟罪具奏，请旨即行正法。为从罪应军流之犯，均从重发往云、贵、两广极边烟瘴充军。俟数年后此风稍息，应即归复旧制。其仅一时一事，及谋财尚未烧毁房屋，或误烧他人房屋者，仍照向例办理，不得率行援引，以慎刑章而重民命。

成案 383.01：四川司〔嘉庆二十年〕

川督咨：陈三广子、宋老六等，听从郭老么图窃张瑞图家财物，放火焚烧草房，旋即救息，尚未延烧。其三次放火，均系郭老么下手，陈三广子听从同行，例无听从图窃，放火三次，均未下手治罪明文，惟该犯等意在图财，虽当时未经下手，而听从三次，情节较重。陈三广子、宋老六均比照谋财放火、随即救息、尚未延烧、为从、商谋下手仍火者，杖一百、流三千里，照例刺字。

成案 383.02：江西司〔嘉庆二十二年〕

江西抚咨：李德向在县署派管杂务，嗣经查出该犯，系捏籍投充撵逐，该犯因另无雇主坏忿，潜至署内放火，尚未延烧，合依凶恶棍徒、挟仇放火、当被救息、尚未延烧为首，枷号两个月，发近边充军，惟该犯敢于县署放火，情罪较重，应量加一等，发边远充军。

成案 383.03：山东司〔嘉庆二十二年〕

东抚咨：郭虎听从行窃高际昌家粮食未遂，商同放火烧毁，以致烧毙高际昌夫妇二命。查郭虎仅止同谋，并未帮同下手燃，将郭虎于挟仇放火、因而杀人、及焚压致死、为从、商谋下手燃火者、绞候例上，量减一等，满流。

成案 383.04：贵州司〔嘉庆二十五年〕

贵抚咨：王文秀因挟王文孝告官被责之嫌，向王文孝两次讹诈，并将王老二殴伤，嗣因索诈不遂，起意放火，故烧空闲草房，实属凶恶，无故扰害，应照棍徒扰害例，拟军，仍照放火本例，加枷号两个月。郭庭玉等依故烧空地闲房为从，各枷号五十五日、杖一百、徒三年。

成案 383.05：湖广司〔嘉庆二十五年〕

东陵咨：和舍里氏因花尚阿系挑补伊翁五十五革退甲快，心怀怨恨，起意向伊夫存福商允，俟花尚阿该班之时，乘空将礼部库放火，希图革退马甲泄忿，旋即乘空放火，尚未延烧被获，和舍里氏系一家共犯，应罪坐其夫存福，合依故烧仓库、如挟仇放火、当被救息、拟军加枷号例，发驻防当差，仍加枷号两个月。

成案 383.06：浙江司〔嘉庆二十五年〕

浙抚咨：外结徒犯内翁景璜，挟嫌故烧朱其追山种树木，应比照挟仇故烧孤村旷野田场积聚之物，杖一百、徒三年。

成案 383.07：直隶司〔嘉庆二十五年〕

直督咨：二十四年春季外结徒犯李春挟嫌故烧缌麻服叔李文焕田场积聚之物，例无卑幼犯尊明文，仍照挟嫌故烧田场例，杖一百、徒三年。

成案 383.08：安徽司〔道光元年〕

安抚奏：宋青挟仇放火延烧，致毙杨谭氏一家三命，案内杨花典，被胁同行，并未下手燃火。查挟仇放火，因而杀人从犯，罪止绞候，被胁同行，罪止拟徒。案关一

家三命，若仍照本律拟徒，尚觉轻纵。于从犯绞罪上，减一等，满流。〔案例载挟仇放火致死一家三命，首斩枭，从绞决。〕

成案 383.09：山东司〔道光元年〕

东抚咨：马二行窃尚未得赃，因事主惊觉，畏惧仓惶逃走，致失落火煤，延烧事主空房。该犯行窃，意在得赃，与谋财无异，而遗火则与放火有间，比照恶徒谋财、放火延烧、尚未抢掠财物、首犯斩候例上，量减一等，拟流。

成案 383.10：广东司〔道光元年〕

广抚题：关能举偷窃雇主当铺银两图掩窃情，放火延烧，核其情节，与图财放火无异，惟该犯行窃在前，放火之时并未抢掠，依恶徒谋财放火、已经延烧、尚未掠财、又未伤人例，绞候。

成案 383.11：直隶司〔道光二年〕

直督咨：外结徒犯内王大声等，行窃事主伊进忠闲院草束，并放火灭迹一案。查王大声于行窃伊进忠草束得赃后，虑恐查知败露，辄起意放火，将草棚烧毁，希图灭迹，将王大声比依图财故烧空地闲房、及堆积柴草、首犯、枷号两个月、杖一百、流三千里、当被救息、尚未延烧，减一等例，拟徒。

成案 383.12：四川司〔道光四年〕

川督题：巴县雷开润等挟仇放火案内之胡聋子，听从放火，虽系同谋同行，究未下手燃火，例内并无作何治罪明文，若遽照为从商谋，下手燃火，例拟以绞候，未免情轻法重，且与下手燃火者无所区别，自应量减问拟。胡聋子，应于为从商谋，下手燃火者，绞候例上，量减一等，杖一百、流三千里。

成案 383.13：山西司〔道光四年〕

晋抚咨：白之林因缌麻服兄之妻白乔氏，不允借钱，并称告究，辄挟恨乘间放火，将白乔氏厂栅烧毁。遍查律例，并无亲属挟雠放火故烧，作何治罪明文，自应按凡人挟雠放火例问拟。白之林，合依挟雠放火，当被救熄，尚未烧毁，为首例，发近边充军。

成案 383.14：江苏司〔道光七年〕

苏抚咨：王阿大起意独窃，尚未得财，被事主邵长生惊觉起捕，该犯逃走，遗落火煤，延烧事主房屋三间，例无治罪明文，自应酌减问拟。王阿大，应于恶徒谋财，放火已经烧毁房屋，尚未抢掠财物，为首，斩候例上，量减一等，杖一百、流三千里。

成案 383.15：浙江司〔道光八年〕

浙抚咨：王以婆等行窃事主叶友运家，遗火延烧仓房谷石，例无治罪专条，自应比例酌减问拟。王以婆，应比照图财故烧空地闲房，杖流例上，量减一等，杖一百、徒三年。

成案383.16：山东司〔道光九年〕

东抚咨：陈秋因挟小功服叔陈玉振不允借粮之嫌，辄将场园堆积秫秸放火泄忿，当被救熄，尚未烧毁，查有服卑幼挟嫌放火，例无明文，自应比照问拟。陈秋，应比照亲属相盗，有犯杀伤之案，以凡论，例依挟嫌放火，故烧场园，堆积柴草，枷号两个月，杖一百、流三千里，当被救熄，尚未烧毁，减一等例，杖一百、徒三年。

成案383.17：奉天司〔道光十一年〕

步军统领衙门咨送：方黻堂，因被董二讥诮，辄用木匣装盛爆竹，暗拴香火，寄放铺内，冀图惊吓，虽讯无实在放火情事，而居心阴险，实属可恶，例无治罪明文，自应酌量问拟。方黻堂，应比照挟雠放火，当被救熄，尚未烧毁，为首，枷号两个月，发近边充军罪上，量减一等，杖一百、徒三年。

成案383.18：四川司〔道光十四年〕

川督咨：江由县王士学因挟王登潮不给烟叶，并阻放田水之嫌，辄即放火，将王登潮空闲草房烧毁，希图泄忿，殊属不法，惟王士学系王登潮无服族叔祖，服制虽尽，而尊卑名分犹存，若照平人一律拟流，未免漫无区别，遍查亲属相盗律，凡亲属行强盗者，尊长犯卑幼无服之亲得减一等，今该犯故烧王登潮闲房，并无图财杀伤情事，其情较行强盗为轻，自应酌减问拟。王士学，应于挟雠放火，故烧空地闲房，首犯枷号两个月，杖流例上，量减一等，杖一百、徒三年，枷号五十五日。

成案383.19：奉天司〔道光十四年〕

吉林将军咨：卢美因奸拐张李氏，起意放火烧房灭迹，不期致毙刘张氏等一家四命，张张氏等一家二命。声请比照图财放火，焚压致死者，照强盗律治罪，查图财放火例内，并无致死一、二命及三、四命以上之分，且有有心与无心之别。卢美，应比照挟雠放火，止欲烧毁房屋，并非有心杀人，若致死一家三命以上，首犯斩决，枭示例，拟斩立决，枭示；张李氏，讯止知情，并未下手燃火，应于下手燃火，从犯绞罪上，量减一等，拟杖一百、流三千里，系妇人，情节较重，不准收赎，实发驻防为奴。

律384：搬做杂剧〔例3条〕

凡乐人搬做杂剧戏文，不许装扮历代帝王后妃，及先圣先贤、忠臣、烈士、神像，违者，杖一百。官民之家容令装扮者，与同罪。其神仙道扮及义夫、节妇、孝子、顺孙劝人为善者，不在禁限。

（此仍明律，原文首句"凡乐人搬做杂剧戏文，不许妆扮历代帝王、后妃、忠臣、烈士、先圣、先贤、神像，违者，杖一百"，雍正三年修改。）

条例 384.01：城市乡村如有当街搭台悬灯唱演夜戏者

城市乡村如有当街搭台，悬灯唱演夜戏者，将为首之人，照违制律，杖一百，枷号一月。不行查拿之地方保甲，照不应重律，杖八十。不实力奉行之文武各官，交部议处。若乡保人等，有藉端勒索者，照索诈例治罪。

（此条系雍正十三年定例。）

薛允升按：一经唱演夜戏，即拟满杖，傥因演戏致滋事端，应否加重，并无明文。似应改为唱演夜戏，为首之人，问不应轻；致滋事端，问不应重；或分别问违令亦可。《处分则例》："因唱演夜戏，致生斗殴、窃盗、诱拐、赌博等事者，地方官罚俸一年。"

条例 384.02：凡旗员赴戏园看戏者

凡旗员赴戏园看戏者，照违制律，杖一百。失察之该管上司，交部议处。如系闲散世职，将该管都统等，交部议处。

（此条系乾隆四十一年，因员外郎德泰等往赴戏园观看演剧，参革送部，将德泰等拟照违制律，杖一百，奏准在案。所有该管上司，应行议处。奉谕旨交军机大臣会同都察院议奏定例。）

薛允升按：专言旗员而未及汉员，自应勿论矣。既设戏园，即无禁人往看之理，乃禁旗员而未禁汉员，已嫌参差。究之旗员，又何尝能禁止耶。照违制律，应满杖，官员有犯，即应革职，乃处分中之极重者。犯别项私罪，尚应议罚、议降，而一经赴园看戏，遽拟革职，殊觉太严。

条例 384.03：凡旗人因贫糊口登台卖艺

凡旗人因贫糊口，登台卖艺，有玷旗籍者，连子孙一并销除旗档，毋庸治罪。该管参、佐领限三个月内据实报出免议，逾限不报，照例分别议处。

（此条系道光五年，管理厢黄旗满洲都统英和等条奏惩劝旗人折内，纂辑为例。）

薛允升按：凡旗人逃走后，甘心下贱，受雇佣工，不顾颜面者，销除旗档，发黑龙江等处严加管束。见"徒流迁徙地方"，较此条治罪为重，彼例在先，且系遵旨纂定，是以治罪不同耳。

律385：违令

凡违令者，笞五十。〔谓令有禁制而律无罪名者。如故违诏旨，坐违制。故违奏准事例，坐违令。〕

（此仍明律，原有小注，顺治三年增修"如故违诏旨，及奏准事例，并坐违制"，雍正三年改定。顺治律为407条。）

律386：不应为〔成案58案〕

凡不应得为而为之者，笞四十。事理重者，杖八十。〔律无罪名，所犯事有轻重，各量情而坐之。〕

（此仍明律，原有小注，顺治三年修改。顺治律为408条。）

成案386.01：浙江司〔嘉庆二十三年〕

提督咨：王老儿聘娶觉罗之女赵氏为妻，照不应重律，杖八十。

成案386.02：湖广司〔嘉庆二十四年〕

本部奏：世袭三等轻车尉奇成额，呈禀以伊师赵淳亮病故，伊欲缢死随侍一案。查奇成额因感赵淳亮平日教导，并为伊塾发账务之恩，于赵淳亮病故之后，起意自尽，即写具呈帖，本旗投递，冀免死后相验。惟律例并无欲行自尽殉师，作何治罪明文，将奇成额酌量拟以不应重杖，系有职人员，例得纳赎，第该员秉性愚拙，形类痴呆，未便仍令回任当差，请旨将奇成额交旗领回管束。

成案386.03：河南司〔道光四年〕

河抚题：商水县监生贾文太，因知义子贾亥儿殴毙窃贼，串属事主顶认容隐，照不应重律，杖八十，惟按其致罪之由，并非行止败类，贾文太，监生免其斥革，杖罪准其纳赎。

成案386.04：山东司〔道光四年〕

东抚题：蒋幅荣因贫难度，欲将伊妻邱氏嫁卖，致邱氏不甘失节，自缢身死，例内并无作何治罪明文，自应比例定拟。蒋幅荣，比照不应重律，杖八十，再枷号一个月。

成案386.05：山西司〔道光四年〕

晋抚题：方珍殴伤伊妻王氏身死，案内之方佩，因伊嫂王氏呼其乳名，理论被骂，辄用铁铲将王氏殴伤，致王氏被方珍殴伤身死，肇衅酿命，未便仅照弟殴兄妻律，拟笞方佩，应照不应重律杖八十。

成案386.06：山西司〔道光四年〕

晋抚咨：梁广与郭氏通奸，诱逃至吴尚吉家，捏称夫妇，吴尚吉实不知梁广和奸诱拐情由，暂留数日，嗣梁广邀同抢夺，亦止知郭氏系梁广之妻，并无知情，伙谋情事，未便照抢夺犯奸妇女为从例科断，惟该犯与孙二秃子冒昧听信往抢，究有不合，自应酌量问拟。吴尚吉、孙二秃子均照不应重律杖八十。

成案386.07：陕西司〔道光四年〕

顺天府尹呈送：杨玉、康宏仁，俱身充皂捕，奉票传唤田平。杨玉向田平族弟田英查询田平住址，田英以田平业经大兴县传去之言回答，杨玉等疑其即系田平，捏词躲避，且因田英面有刺字痕迹，将其锁带庙内盘问。嗣田英之母王氏、伊妻薛氏，向该犯等拦阻，该犯等先后将薛氏推跌倒地，致被垫碰成伤，虽讯无勒索情事，惟奉票拘传案犯，并不详细访拿，辄将案外平民妄行销带，并将妇女推跌致伤，未便仅照手足殴人成伤律拟笞，致滋轻纵。杨三即杨玉，康四即康宏仁，均革役，照不应重律，杖八十。

成案386.08：贵州司〔道光五年〕

提督咨送：观太呈控福禄醉闹一案。查定例，义子过房在十五岁以下，恩养年久，若于义父有犯，即照子孙取问，系专指民人乞养义子而言，至旗人与民间子弟有旗籍之分，例应分别旗民办理，旗人既不得将民人抱养为嗣，则福禄虽经观太恩养年久，配有家室，即不得同子孙取问，所有观太呈送之处，应毋庸议，惟福禄蒙观太恩养三十余年，辄因求助钱文不允，屡次吵闹，殊属昧良，应照不应重律，杖八十，递籍管束。

成案386.09：河南司〔道光五年〕

河抚咨：商城县张升等扎伤高耀宗平复，案内之樊立刘，先因索增工价，将张四殴伤，虑恐报复，属张升等剜瞎张四眼睛未成，殊属不法，应照不应重律，杖八十，加枷号一个月。

成案386.10：陕西司〔道光五年〕

陕督咨：永昌县已革文生王基远，与赵宗三，因受托图得财礼，向魏世法劝买水利，未允，饮醉口角，辄即推殴，并揪落魏世法发辫，迨范希志劝解，犹敢迁怒向殴，又将魏世法揪住，毁衣咒骂，虽非无故扰害，惟行同无赖，若仅照殴人成伤，及拔发方寸问拟笞罪，殊不足以示惩儆。王基远、赵宗三均照不应重律，杖八十，各加枷号一个，月满日折责发落，王基远所犯行止，有亏衣顶，业已斥革，应不准其开复。

成案386.11：云南司〔道光五年〕

云抚咨：唐荣因王添锡与伊女通奸，起意毒毙伊女，图赖该抚将。唐荣，照故杀子孙，图赖人军罪上，量减拟徒，本部以唐荣毒毙伊女，与捉奸杀死，同一义忿，其所诬赖者，系奸淫罪人，衡情酌断，改照不应重律杖八十。

成案386.12：山东司〔道光五年〕

东抚咨：张成位因子张纯仁外出，家贫难度，起意将伊媳宋氏嫁卖，因宋氏在于母家，恐氏母宋葛氏与宋氏不依，商令宋凤彩将宋氏领出，言明再为寻主，经宋凤彩将宋氏领至张立端家，向宋氏告知情由，当即允从，旋经张立端凭媒卖与茹元为妾，得钱分用。是张成位因贫卖媳，虽未向宋氏商允，迨令宋凤彩领出之后，即向告知宋氏，亦即允从，与略卖子媳者不同，律例并无因贫卖媳，作何治罪专条，自应酌量问拟。张成位，应照不应重律杖八十。

成案386.13：浙江司〔道光五年〕

提督咨送：富明阿将契买之喜儿赏给刘氏，作为义孙，该氏因贫，欲将喜儿卖钱使用，致被王五将喜儿拐逃。检查律例，并无卖抱养义孙作何治罪明文，自应酌量问拟。刘氏，应照不应重律杖八十。

成案386.14：陕西司〔道光五年〕

镶红旗满洲都统咨送：幅昌前因被父呈送发遣，嗣伊父病故，该犯在配，闻知心生哀痛，潜逃来京，先在伊父坟前哭奠，旋即赴旗投首，揆厥情状，确有闻丧哀痛之心，检查被呈原案，只系偶尔触犯，并无屡次触忤，亦与奏请释放之例相符。若因其由配脱逃，不予查办，则是该旗漏未行知，遂致该犯终身遣戍，未免向隅，自应照例查办，方昭平允。该犯闻知伊父病故之时，不在配所呈明，辄即潜逃回京，究有不合，未便照自首之例，应行免罪，致滋轻纵。幅昌，应照不应重律，杖八十，先行交旗管束。俟奏，奉谕旨，再行鞭责。

成案386.15：河南司〔道光六年〕

河抚咨：荆仓听从伊父荆钦兴主使，向卢中谦讹诈不遂，致荆钦兴畏罪投崖自尽，将荆仓比照祖父母、父母教令子孙犯奸盗后，因发觉，畏罪自尽例，拟以满徒。本部详核案情，荆钦兴因索添工费不允，藉端讹诈，系其自行起意，而主使伊子向卢中谦讹诈，与教令犯奸盗不同，荆钦兴亦有应得之罪，即其投崖自尽，系由畏罪所致，并非由荆仓贻累，该犯听从伊父主使，前往讹诈未成，罪止不应，该抚将荆仓比例拟徒，系属错误。荆仓，应改依不应重律杖八十。

成案386.16：陕西司〔道光六年〕

陕抚咨：唐思淳，因许五十儿偷窃榅桲，路遇唐登高，顺取一枝，经唐思淳查询，唐登高向伊告知，唐思淳忆及许五十儿曾窃伊地内辣子，其所窃榅桲，疑系窃自许增幅园内之物，并向许增福告知，许增福未及赴园看视，即向追赶唐思淳，潜至园内，看知榅桲并未被窃，恐其不依，起意装点窃情，随将树枝扳坏，以实其言，许增幅将许五十儿捆问，许五十儿不认，许增幅禀县查讯，许五十儿将伊父许自幅教令窃自陈新敬园内实情供吐，讵许自幅闻知忧惧，自缢殒命。查许自幅之死，虽由该犯多事妄言而起，第榅桲实系许五十儿偷窃之物，即该犯在许增幅园内装点窃情，系因怀疑指窃在先，意在欲实其言，亦非栽赃诬窃，而许自幅之死，实由教令伊子行窃，忧惧所致，自未便以诬窃论。惟该犯以不干己事，妄言肇衅，殊属不应，该抚以例无治罪明文，将该犯比照诬窃出于无心，死系旧匪，仅止空言查问，死由抱忿轻生，拟流例上，量减一等，拟徒，殊未允协。应将唐思淳改依不应重律，杖八十，酌加枷号一个月。

成案386.17：浙江司〔道光七年〕

提督咨：胡吉升因与同主雇工陈勇和口角，致被雇主一并逐出，陈勇和无处佣工，情急自尽，实属肇衅酿命。该犯与陈勇和同主服役，系属平等，并无可畏之威，自难科以威逼之罪，胡吉升应照不应重律，杖八十。

成案386.18：江西司〔道光七年〕

北城移送：杜五儿因与妻计氏口角，将其殴责，致氏气忿投河溺毙。检查原验计氏各伤，均非重伤，与殴有重伤，致妻自尽者不同，自应酌量问拟。杜五儿，照不应轻律，笞四十。

成案386.19：浙江司〔道光八年〕

浙抚奏：仓书王大宇经县派令采买谷石，因粮户未经赴厂领价缴谷，恐误限受责，辄商同门丁钟五，私造白簿，按粮派谷，发保传催，即属转发里递派买。查滕玉山等，三十九户缴卖谷六十石六斗，每石给价银一两，共六十两六钱，折半科罪，计赃罪止笞五十，惟该犯瞒官私派，虽未染指，已属玩法。王大宇，照不应重律，杖八十，再加枷号一个月。

成案386.20：河南司〔道光八年〕

河抚咨：贾有德与魏辛女通奸，系本夫图利，纵容该犯，因挟丁清兰劝斥之嫌，辄敢纠约寻殴，实属藐法，未便仅科奸罪，致滋轻纵。贾有德，应照不应重律，杖八十，加枷号一个月。

成案386.21：河南司〔道光九年〕

提督咨送：马德升因张大以伊所买之刀不好，欲行往换，被张大拉住，劝令将就使用，该犯持刀回身，不期误划同桌喝茶之丁庆儿左额角，平复，划由失误，非其意料所及，讯无争斗情形，未便科以金刃伤人之罪。马德升，应照不应重律，杖八十。

成案386.22：山西司〔道光九年〕

提督咨送：索住与李三口角，辄将李三揪倒踢伤右肘等处，迨李三挣起逃跑，该犯复向追赶，将李三推入河内，情殊凶狠，未便仅照手足殴人成伤律，拟笞。索住，应从重照不应重律，杖八十。

成案386.23：山西司〔道光九年〕

提督咨送：王二明知窦大，即窦幅，偷窃官铜，辄图转卖渔利，迭窃收买，至二百余斤之多，未便仅照知窃盗赃而故买坐赃论拟笞，致滋轻纵。王二，应照不应重律，杖八十，加枷号一个月。

成案386.24：山西司〔道光九年〕

晋抚奏：师在午等京控该县知县汪杜葆，于县民史传清等，私开水渠，审断不公，并牵告浮收勒索等情。查师在午等，因争水渠起衅，滋讼不休，并添砌该县浮收勒索等款，冀图耸听，虽牵控该县各款俱属失实，惟事出有因，并非有心捏造，其所控史传清等贿通丁役，勾串舞弊，并非指有赃据，应免坐诬，但以细故，辄敢撮拾砌词，赴京呈告，殊属健讼。师在午等，合词具控，应照不应重律，各杖八十，再加枷号一个月。

成案 386.25：山西司〔道光九年〕

提督咨送：安寿系贝子奕续家奴，经伊主谕令，进府当差，辄敢推诿，迨伊主训责，该犯犹敢不服管教，情殊可恶。安寿，应照不应重律，杖八十，酌加枷号一个月。

成案 386.26：山西司〔道光九年〕

晋抚咨：雷文运等听从雷文连，打毁王光荣饭铺，虽均系被逼免从，究属不合，雷文运等，系雷文连弟侄，惟系侵损于人，应与听从雷文连帮殴之靳明世等，均照不应重律，杖八十，酌加枷号一个月。

成案 386.27：山西司〔道光十年〕

晋抚奏：乔万金赴京诬告堂弟乔万亨，抗债不偿，威逼伊母，自缢身死等情，案内之乔栋，怂恿乔薛氏前往乔万亨家图赖，殊属不合，惟究因代乔万亨之母争讼赔累，不允认还所致，尚非平空讹诈，应照不应重律杖八十，再加枷号一个月。

成案 386.28：山西司〔道光十年〕

晋抚咨：李和等呈控快役李潮阳藉案索诈钱文，案内之刘大贵，听从李潮阳两次取钱，讯明并不知情，亦无帮同索诈，及说合过钱情事，惟事后查知，辄敢分用钱文，实属不法。刘大贵，应照不应重律，杖八十，酌加枷号一个月。

成案 386.29：山西司〔道光十年〕

晋抚咨：王依春听从王嘉善主使，私挖引河水渠，及私筑拦河坝堰，又违断不即填塞，实属不合，应照不应重律，杖八十，再加枷号一个月。

成案 386.30：山西司〔道光十年〕

晋抚题：李向溁违犯教令，致生父李景奎气忿，自缢身死，案内之李董氏，当其夫缢死之后，并不报官，私自作主棺殓，实属不合，第该氏系不忍其夫经官相验起见，且李景奎系属自尽，亦与被人杀死者不同，未便照私和律科断，自应酌量问拟。李董氏，应照不应重律杖八十。

成案 386.31：山西司〔道光十年〕

提督咨送：喀拉奔阿平日酒醉，时常与人吵闹，已属不安本分，又无故向不识人混骂，迨查隆阿向劝，辄与争吵，经李本贞劝息后，复向查隆阿指名斥骂，并用本棍将查隆阿迭殴多伤，复欲将李本贞殴打，实属强横，若仅照他物殴人成伤律，拟笞，殊觉轻纵，自应酌量从重问拟。喀拉奔阿，应照不应重律，杖八十，再加枷号一个月。

成案 386.32：浙江司〔道光十年〕

浙抚咨：刘元宏行窃刘明宏家，本系罪人，捕役徐勒等将刘元宏拿获，辄行私自锁铐，又不小心押解赴县，以致刘元宏在途带铐脱逃，畏罪投水溺毙，实属玩误，固不便照罪囚因追逐窘迫而自杀之律勿论，亦未便仅科以不应锁扭之罪。惟查，例内并无捕役拿获在押脱逃贼犯，私行锁铐，复被脱逃自尽，作何治罪明文。徐勤等，应俱照不应重律，杖八十，加枷号一个月。

成案 386.33：陕西司〔道光十年〕

陕督咨：崔天章因见张七行走慌张，心疑窃贼，拦住盘问，追张七不依揪扭，复起意纠人寻殴，并将捕役及路过之人一并殴伤，虽讯非有心诬窃，亦不知冯顺系属官人，惟无端纠众群殴，至伤多人，实属目无法纪，仅照他物殴人律拟笞，未免情重法轻。崔天章，应照不应重律，杖八十，酌加枷号一个月。

成案 386.34：河南司〔道光十年〕

南城移送：李八即李全幅，探知吕梁氏家有韩幅成等饮酒，前往讹诈钱文，吕梁氏理说不允，韩幅成向斥，互相争角揪扭，辄用铁锨殴伤韩幅成额颅，平复，殊属藉端滋扰，未便仅照他物殴人成伤律拟笞，致滋轻纵。李八应照不应重律，杖八十，酌加枷号一个月。

成案 386.35：河南司〔道光十年〕

提督咨送：田全因借穿托凌阿纱袍，既经交还其父，托凌阿不知，复向讨要，彼此分辩争吵，被托凌阿摔跌倒地，该犯挣起，咬伤托凌阿右腿，平复。虽讯明田全并未在托凌阿家受雇佣工，惟其父田幅现随托凌阿之兄任所服役，该犯究系雇工之子，未便以凡斗手足伤，仅拟笞责。田全，应照不应重律杖八十，酌加枷号一个月。

成案 386.36：河南司〔道光十年〕

河抚题：滑县魏芬等共殴李淙峣身死，案内之杜上林，讯止用言向魏芬耸激，虽与原谋不同，惟魏芬本无寻殴之心，因杜上林用言激忿，以致纠殴酿命，一死一抵，迥与寻常多言酿命者不同，将杜上林比照共殴人致死，原谋杖流律上，量减拟徒。本部查，杜上林以不干己事，向魏芬耸激，致魏芬纠人将李淙峣殴毙，系属肇衅酿命，若因其无故多言，以致一死一抵，亦不过拟以不应重杖，酌加枷号，该抚将杜上林照原谋流罪上减徒，未免拟不于伦。杜上林，应改照不应重律，杖八十，酌加枷号一个月。

成案 386.37：河南司〔道光十年〕

提督咨送：杨太向双喜借当衣服不遂，辄将双喜揪跌，发辫拔去二分，复嚷说将双喜拉至井池灌水吓唬，以致双喜投河碰伤，情殊可恶。杨太，应照不应重律，杖八十，酌加枷号一个月。

成案 386.38：河南司〔道光十年〕

提督咨送：宋六因央托同主雇工王四告假不允，彼此争骂，经伊主觉罗龄长听闻，斥责之后，辄敢恃醉将王四揪跌倒地，咬伤王四手指，平复，现经伊主呈送，以雇工恃醉凶闹，未便仅照手足伤人，拟笞，致滋轻纵，应照不应重律，杖八十。

成案 386.39：河南司〔道光十年〕

提督咨送：松寿，系巴哈纳缌麻服侄孙，巴哈纳时常资助，兹因借钱不遂，辄敢倚醉混骂，并上房揭瓦吓掷，殊属不合，未便仅照骂缌麻尊属本律，拟以杖六十，致滋轻纵。松寿，应照不应重律，杖八十。

成案 386.40：山西司〔道光十一年〕

提督咨：孟四，因张文秉向伊索欠，致相争闹，该犯辄将张文秉殴踢致伤，迨胡文进、长兴、金大先后拢劝，该犯复将胡文进等三人按倒踢伤，殊属凶横，未便仅照手足殴人成伤律，拟笞，致滋轻纵。孟四，应照不应重律，杖八十，加枷号一个月。

成案 386.41：山西司〔道光十一年〕

晋抚奏：斩犯张臭子殴死同监人犯宋成小，并将监犯蔡房房殴伤等情，案内之禁卒赵存，讯无受贿松刑，亦无金刃他物与囚情事，惟于监禁重犯，并不小心防范，致张臭子与苏幅义争吵，酿成人命，殊属忽忽。赵存，应照不应重律，杖八十，再加枷号两个月。

成案 386.42：山西司〔道光十一年〕

晋抚咨：梁材京控丁攀梅，将伊典给之女转典与马喜为妾等情。查梁材，将伊女二姐系卖给丁攀梅为婢，其所立约据，经杜永春认明笔迹，系梁材央伊故父杜芝代写，即伊女二姐到案，供词亦甚确凿，其为是卖非典，实属可信，梁材屡次捏告，经讯明断结之后，复因马喜不许进门，与伊女相认，辄砌词赴京具控，尚非重情，究属不合，未便因其到案供明，从宽免议，应请照不应重律，杖八十。

成案 386.43：山西司〔道光十一年〕

提督咨送：刘得因向李兰瑞赊买西瓜不允，辄捏称官人，不许在彼售卖，并将李兰瑞殴跌致伤，情殊可恶，未便仅照手足殴人成伤拟笞，致滋轻纵。刘得即刘和尚，应照不应重律，杖八十。

成案 386.44：山西司〔道光十一年〕

晋抚题：王进位因被王显青辱骂不甘，后至王显青楼下跳骂，目睹王显青，因妻王白氏拦阻，已将王白氏砍伤，尚骂不止，致酿人命，实属不合。王进位，应照不应重律，杖八十，再加枷号一个月。

成案 386.45：河南司〔道光十一年〕

河抚咨：商邱县石与亭铺内被劫，拿获知情分赃之陈三，讯止分受胡得刚盗赃钱票八十二千余文，并未取用，系属虚赃，未便计赃科罪。陈三，应照不应重律，杖八十，惟被获到官，饬差押同查起钱票，该犯在途脱逃，自应再加逃罪二等，应于杖八十罪上，加二等，杖一百。

成案 386.46：山西司〔道光十二年〕

直督咨：差役巩华发等押解那旺等，中途脱逃，虽据讯无贿纵情弊，第奉差押解人犯，并不小心管解，致令脱逃，实属罪有应得，乃辄敢隐匿不报，并于本官奉文查讯时，捏词掩饰，实属胆玩，若仅照押解人犯失囚律科断，罪止杖六十，未免轻纵，自应酌量从重问拟。巩华发等，均应照不应重律，杖八十，各加枷号一个月。

成案 386.47：山西司〔道光十二年〕

南城移送：叶荣，因酒醉路经旧主李培文门首，欲行走进，经杨升拦阻，辄将院门踢落，迨伊主母向斥，该犯犹敢不服争吵，嗣被李培文喊控，该犯复以聚赌等情，气忿混供，殊属刁玩。叶荣，应照不应重律，杖八十，酌加枷号一个月。

成案 386.48：山西司〔道光十二年〕

晋抚题：弓兵任学俊奉票传唤赌博人证，掷伤薛右，越日抽风身死。案内之李金栋，虽讯无帮殴情事，惟当任学俊与薛右等争吵之时，未能阻止，致酿人命，事后又复扶同捏禀，殊属不合，应照不应重律，杖八十加枷号一个月。

成案 386.49：河南司〔道光十二年〕

提督咨送：觉罗福志因尹五向伊索欠，口角争闹，辄用木棍将尹五迭殴多伤，未便仅照他物殴人成伤律，拟笞，致滋轻纵，应照不应重律杖八十。

成案 386.50：山西司〔道光十三年〕

北城奏送：拿获赵坤等私卖兵米案内之李大，知情代卖，已非一次，应与知情拉米之车夫李芳等，均照不应重律，杖八十，酌加枷号一个月。

成案 386.51：四川司〔道光十三年〕

北城察院移送：邹大见伊父邹九与外委张长清争扭，拢劝被斥，辄将张长清发辫揪起一分，该犯明知张长清系属汛弁，辄行揪辱，殊属不法，若照殴九品官加等，拟笞，尚觉轻纵。邹大，应照不应重律，杖八十，酌加枷号一个月。

成案 386.52：河南司〔道光十四年〕

提督咨送：郑三因被王七车上帐杆误碰，彼此口角，辄用砖块等物先后将王七额颅、眼胞等处迭殴多伤。若仅照他物殴人成伤律，拟笞，殊觉轻纵。郑三，应照不应重律，杖八十，酌加枷号一个月。

成案 386.53：河南司〔道光十四年〕

提督咨送：阚大与弟阚二经苏二属令看管庙宇，阚二辄将庙内树株、砖块窃卖，阚大亦将木植节次窃卖，计赃均在一两以上，惟查该犯等窃卖看守之物，究与实犯窃盗者有间，若仅照费用受寄财物，计赃科断，罪止拟笞，殊觉轻纵。阚大、阚二，均应照不应重律，杖八十，酌加枷号一个月。

成案 386.54：河南司〔道光十四年〕

提督咨送：吉朗阿因旷误差使，被门领驳回本旗，不知愧悔，辄以泳泰得钱包差，挟嫌赴控，虽讯明不至虚诬，惟当时并不首明，嗣因斥退，始行讦控，实属刁诈。吉朗阿，应革去步甲，照不应重律，杖八十；泳泰以门军头目，不能约束，辄代立柱等当差，其所得薪水钱文，讯未入己，究属不合，若仅照替班律，拟笞，尚觉轻纵，泳泰，应革去步甲，并门军头目，亦应照不应重律，杖八十。

成案386.55：贵州司〔道光十四年〕

北城察院移送：左大用秤锤殴伤大功堂弟左二额颅偏左，业已结痂，嗣因伤处发痒，左二自行抓破，以致伤口溃烂，越一百十三日身死，系在破骨伤，保辜正余限外，惟左二之死，实因被该犯殴打，以致戕命，原验伤系骨损，若仅科伤罪，又依服制递减，拟杖七十，尚觉情浮于法，左大应照不应重律，杖八十，加枷号一个月。

成案386.56：直隶司〔道光十四年〕

直督咨：牛常兴与郑文祥之女通奸败露，致氏羞愧自尽，郑文祥受贿，私和匿报，并无治罪专条，自应酌量问拟。郑文祥，照不应重律，杖八十。

成案386.57：山西司〔道光十四年〕

晋抚咨：张雨淋因与李朱氏通奸败露，致氏羞愧自尽，案内之程金斗，非例应捉奸，因与李朱氏家一门出入，欲杜绝往来起见，即其勒剪奸妇、奸夫头发，亦为获奸之据，尚非意图索诈，惟因此肇衅酿命，自应酌量问拟。程金斗，应请照不应重律，杖八十，酌加枷号一个月。

成案386.58：浙江司〔道光十四年〕

提督咨：褚套儿用刀切菜，满吉太从背后用两手朦遮伊眼，褚套儿用手扳拉，不期手往后扬，致刀尖误行划伤满吉太左耳，限内平复，验明仅止浮皮微破，且衅非伊起，伤由误划，例内亦无金刃误划之条，若竟照刃伤人限内平复律减等拟徒一年，似觉情轻法重。褚套儿，应照不应重律，杖八十。

刑律·捕亡

（计8条）

律387：应捕人追捕罪人〔例12条，事例18条，成案4案〕

凡〔在官〕应捕人承〔官〕差追捕罪人，而推故不行，若知罪人所在，而不〔即〕捕者，减罪人〔所犯〕罪一等，以〔最重之罪人为主减科之，仍戴罪〕限三十日内，能自捕得一半以上。虽不及一半，但所获者最重〔功足赎罪〕，皆免其罪。虽一人捕得，余人亦同。若〔于限内虽未及捕获，而〕罪人已死，及自首各尽者，亦免罪。〔其罪人或死或首，犹有〕不尽者，止以不尽之人〔犯罪减等〕为坐。其非〔专充〕应捕人，临时差遣者，〔或推故不行，或知而不捕，〕各减应捕人罪一等。〔仍责限获免。其应捕人及非应捕人，有〕受财故纵者，不给捕限，各与囚〔之罪重者〕同罪。〔亦须犯有定案可与同科。所受之〕赃重〔于囚罪〕者，计赃〔全科〕，以〔无禄人〕枉法从重论。

（此仍明律，顺治三年，添入小注，原句尾小注有“亦分首从”，雍正三年删定。顺治律409条。）

条例387.01：隔属隔省密拿强盗及人命案内

隔属隔省密拿强盗及人命案内，应拟斩、绞重犯，有纵令劫夺，及徇庇不解〔按：彼处地方官〕，其该管官题参解任。如在隔省，移咨会参解任，俟获犯审明具题开复〔按：此句可删〕，该管之乡地甲邻严拿究治。若本无抢犯徇庇等弊，而捕役贿纵捏称被劫者，将捕役照诬告律治罪，原参之员即行开复。误听捕役之员，交部议处。

（此条雍正六年，河南巡抚田文镜条奏定例，载于“劫囚”律后，乾隆五年，因以类相从，改移此律。）

薛允升按：此例专为隔省地方官纵令劫夺盗犯而设，其余均带言之耳。“盗贼捕限”门交界地方失事一条，与此相同，应参看。捕役虽照诬告治罪，而于贿纵重情，反置不问，殊属疏漏。似应添贿纵罪重者，仍从重论。至乡地甲邻应治何罪，亦未明晰。再隔省隔属关提人犯，均载在“盗贼捕限”门，惟此条独见于此，亦不画一。

《处分则例》："隔属关拿人犯原差，得赇纵放，迨销差时，转以夺犯捏禀，该管官误行听信，致将隔属官详揭题参者，审明，将被参之员，即行开复。误信捏禀之员，照误揭属例，分别议处。"

条例 387.02：步军统领衙门番役

步军统领衙门番役，止许于京城内外五城所属地方缉拿人犯。既经拿获，属提督管辖者，限即日送该管营弁，转送提督衙门；属五城管辖者，限即日送该管官，转送御史衙门。如稽留数日，始行送官，将番役究明私拷勒索情弊，分别定拟。如有得财纵放，照衙役犯赃例治罪。其地属州县者，行文州县会差擒捕。或有密拿要犯，州县不能擒捕，必须番役擒捕者，奏闻请旨后行。

（此条系雍正七年、乾隆元年定例，乾隆五年并辑一条。）

薛允升按：捕役拿获窃贼，限即日禀报，见"窃盗"门。缉捕官役，惟于京城内外，察访不轨妖言、人命、强盗重事，见"军民约会词讼"门，均应参看。从前止有衙役犯赃例，后添蠹役诈赃一条，则衙役犯赃之例，即属赘文。"受财故纵"律系与囚同科，此照衙役犯赃，未免参差。无私拷勒索情弊，仅止稽留数日，亦应添入。

条例 387.03：脱逃要犯务将该犯年貌籍贯开明

脱逃要犯，务将该犯年貌、籍贯、有无须痣，详细开明，行文通缉。各州县于文到之日，差捕认缉，一面填写印票，分给各乡总甲，遍行察访。如果遍缉无踪，年底取具印甘各结，转详咨部，仍令接缉务获，知照销案。

（此条雍正十二年定。乾隆三十一年议准：一切案件，不必于文外复取印结，将例内"出具印甘各结"改为"取具甘结"四字。乾隆四十二年改定。）

薛允升按：此通缉之定例，逃犯所包者广，凡命盗等案及逃军、逃流皆是，不分已未到官，均在其内。"盗贼捕限"门，命盗等案要犯，负罪在逃，承缉官开明年貌事由，差役密拿，一面具详云云。与此条事例相同，似应修并一条，以省烦冗。此条系指各直省言，下条系指京城内言。此处既改出具印甘为甘结矣，嗣后仍取具印结者，不一而足，或云甘结，或加具印结，亦不画一。

《处分则例》："一、内外通缉命盗凶犯，令该管地方官查明该犯姓名、年貌、有无须痣，逐细开载造册，详送上司，转咨各省一体按照查缉，如开造遗漏者，该管官罚俸九个月。""二、各直省奉旨缉捕要犯，令各州县实力访拿，如查明所属境内并无藏匿，地方官于年底，申报督抚具奏。若日后获犯，审出该犯是年曾在境内隐藏，将申报之州县官革职，府州降二级调用，道员罚俸一年，督抚罚俸九个月。"

条例 387.04：缉捕强盗人命

缉捕强盗人命，或关系紧要案内人犯，如有逃逸，一面行文八旗并提督、五城协力缉捕，一面牌行直隶附近京城之涿州、良乡、通州、昌平州、河间等处州县，部文到日，即行捕缉，再行补报督抚。

（此条雍正六年遵旨定例。）

薛允升按：此例系专指京城而言。上谕内有护军吴正额于三月初三日殴毙人命，经十日该旗始行其具奏行文，怠玩已极等语，则专指京城明矣。《处分例》京城与各直省分列二条。此条京城内奉旨缉捕关系紧要人犯云云，与"盗贼捕限"门各条参看，亦即移咨邻封邻省，一体缉拿之意。

条例 387.05：八旗三品以上文武大臣之家人

八旗三品以上文武大臣之家人，及王公等之辛者库家人等，有犯命盗重案脱逃者，该衙门查拿之时，即行文知会伊主，协同缉捕。一年限满不获，该衙门即行题参，声明凶犯伊主是何职衔，即将协缉不力之家主，罚俸一年。若系王公等辛者库家人，将办理包衣事务官，罚俸一年。其各该管王、贝勒、贝子、公等，各罚俸一月。未获逃犯，仍照案协同缉拿。

（此条雍正七年定，原因王公等家人或倚庇藏匿，地方官无由缉捕，故设此例。但旗下三品以上大臣，官非世袭，非比王公家员役众多，势难尽令协同缉捕，并恐地方捕役，反得藉以推诿。乾隆五年，因将此例删定为条例 387.06。）

条例 387.06：凡王公等之辛者库家人等

凡王公等之辛者库家人等，有犯命盗重案脱逃者，该衙门查拿之时，即行文知会伊主，协同捕缉，一年限满不获，将办理包衣事务官，交部议处。其该管王、贝勒、贝子、公等，各罚俸一个月。未获逃犯，仍照案协同缉拿。

（此条乾隆五年，将条例 387.05 删定。）

薛允升按：罪犯入各旗辛者库，系国初旧例，近来并不照办，"刨参"门内旧例，为从系盛京包衣佐领下另户，解京入辛者库当差，家人给辛者库穷披甲人为奴。后经删去，即无此等人犯矣。惟"给没赃物"门载八旗应入官之人，令入各旗辛者库。其包衣领人送来入官者，亦照此例入辛者库。辛者库人犯入官之罪者，刑部枷责完结，亦系尔时办法，应参看。《处分则例》与此例相同。后将此例修改，《处分例》仍从其旧，似嫌参差。

条例 387.07：五城司坊等官

五城司坊等官，若于途次遇有凶徒不法等事，不论何城，并准当时拘执，录取口供，详解该城御史审讯，一面报明本城御史存案。其有暧昧隐避等事，亦许密详该城御史查拿，仍密详本城存案，造册送院注销。倘该役藉端讹诈，驾词妄禀，及司坊官擅作威福，拘拿自审，或纵役滋扰，该御史题参，分别议处治罪。〔按：此防其妄拿也。〕若押坊捕役，因非本管地方，明知故纵，及有受贿情弊，严加治罪。〔按：此防其故纵也。〕大、宛二县，亦不论五城及该县所属，遇有凶犯不法等事，亦一体缉拿。

（此条雍正十二年定。）

薛允升按：此许其不分畛域，一体拘拿也。第一层系立时拘执者，第二层系密详查拿者。押坊捕役数语，盖因官而及于捕役也。然此项名目，今不多见。

《处分则例》："赌博等案，凡五城御史及该司坊官，除在所属地方随拿随审外，即别城隔属夜宿途行，但遇酗酒骂街、角口打架、开场聚赌、小绺窃物等事，亦准随见随拿，移交该管衙门审理。不得以地非所属，过而不问。至民间一切词讼，仍遵定例，不许擅受，皆归该城御史审理。"

条例 387.08：步军统领衙门正身番役

步军统领衙门正身番役，俱照各部院经承、贴写送查之例，将番役年貌籍贯，按季造册，并出具并无白役、圆扁子印结，移送河南道御史考核。傥番役私用白役，别经发觉，将番役及所用白役，照吏典人等额外滥充律治罪；该统领及不行详查之该御史，一并交部议处。至番役缉拿窃盗、斗殴之类，每名预给印票一张，开明款项，发交收执，并将豫给印票款项，移明河南道查核。如系提拿审案人犯，务必给与印票，将应拿人犯姓名，逐一开明。有应密拿者，给与密票，亦于票内开明人犯姓名。如无票私拿，即将该番役解送刑部究讯治罪，失察该管官，交部严加议处。

（此条系乾隆六年，刑部议覆左都御史刘吴龙条奏定例，乾隆八年删定。嘉庆年间《会典事例》，此下有官司勾摄罪人一条。道光四年，改移《刑律·贼盗·劫囚》条下。）

薛允升按：此亦指正身番役而言，与上第二条缉拿人犯参看。此例专为预给印票及密票而设，似应修并于第二条内。杖一百迁徙，比流减半，准徒二年，仍前明特创之律，并非古法，今引用者绝少，且与私带白役一条，科罪轻重悬殊，似嫌参差，说见"滥设官吏"门。

条例 387.09：州县广缉重犯不得滥给缉票

州县广缉重犯，不得滥给缉票，先将该犯年貌案由，并差役年貌籍贯，及所差名数，一面详明督抚，知照各该省；一面改用通关，给予差役携带在身，密行侦缉。如有踪迹，即将通关呈报该地方官，添差拿解。如缉无踪迹，仍投换回文以为凭验。傥有滥给印票，及差人雇倩白役代缉，以及藉端勒索，除差人照例治罪外，仍将滥给印票，及佥差不慎之承缉官，照例严加议处。

（此条系乾隆二十五年，刑部议覆江西布政使汤聘条奏定例。道光十二年，因原例止将佥差不慎之承缉官严加议处，其滥给印票之州县，未经议及，是以增入"滥给印票"四字。）

薛允升按：此专为正役情人代缉，因而籍端索诈而设。州县官将差票故赏衙役者，革职。州县官滥给白役牌票，差遣公事者，降三级调用。致有恋赃索民者，照故纵例，革职。

条例 387.10：官役奉公缉捕罪人

官役奉公缉捕罪人，除受财故纵，照例与囚同罪外，其未经得贿，潜通信息，致罪人逃避者，如所纵之囚，罪在军流以下者，亦与囚同科，不准减等。若系斩、绞、外遣等罪，将该犯减发极边烟瘴充军。

（此条系乾隆五十八年，刑部议覆两广总督郭世勋审奏差役梁姜潜通信息致逃军黄汉章复逃一案，遵旨纂为例。）

薛允升按：此较律加重者。与"强盗"门内兵役奉差承缉，走漏消息一条参看。所纵之人，如未获案，即难遽定罪名，官役凭何定拟，应与"主守不觉失囚"各例参看。《唐律》："诸捕罪人有漏露其事，令得逃亡者，减罪人罪一等。未断之间，能自捕得，除其罪。即他人捕得，若罪人已死及自首，又各减一等"云云。系专指捕役而言。此律不载"知情藏匿罪人"门，则又专指平人言，遂致捕人漏信，以致犯逃转无律文可引，是以又定有此例，可见古法不可轻易删改也。

条例 387.11：山东省地方如有兵役通盗之案

山东省地方，如有兵役通盗之案，除实犯死罪，无可再加，仍照旧办理外，其罪未至死，各于应得本罪上加一等定拟。若不分赃，不漏信，但知盗窝所在，纵不即捕者，讯出故纵情节，即照寻常强窃盗窝主之例加一等，分别治罪。俟该省盗风稍息，再奏明复归旧例。

（此条系嘉庆二十五年，军机大臣会同刑部议覆山东巡抚程国仁，奏准定例。）

薛允升按：兵役通盗之案，所在多有，不独山东一省为然。然此等案件不特各省罕见即山东省亦百不获一矣。知情故纵，本与知情存留不同，照存留例问拟，已属从严，此例又加一等，似不画一。且窝藏窃盗一名，即应满徒，较窃盗本罪已有重至数等者，纵不即捕，遽拟流罪，满徒加一等，即流二千里，似嫌未能允协。亦与豢窃兵役之条，互相参差。山东省窝窃一、二名，满徒，三名以上近边军，五名以上烟瘴军。强盗一名，近边军，二名以上，新疆为奴，见"窝主"。豢窃兵役，坐地分赃，或得受月规，于本罪上加一等，见"窃盗"。兵役为盗，斩决，起意者，枭示，分赃通贼，及与巨盗交结往来，并漏信致令脱逃，均照本犯一体治罪。知情故纵，照窝主知情存留例，分别治罪，见"强盗"门，均应参看。

条例 387.12：各省团练除奸细土匪并盗贼

各省团练，除奸细、土匪并盗贼，及遇有要犯，经官札令协缉者，准其拿解外，其余逃军逃流，并一切寻常案犯，仍责成地方官拿解。倘该团练私拿酿命，即照谋故斗杀各本律定拟。

（此条系同治四年，湖南巡抚李瀚章咨称，浏阳县逃流周三伢即周代鳌潜回原籍被邻村团总陈沅吉捕拿殴伤后被迫失足落塘身死一案，纂辑为例。）

薛允升按：恐其倚恃团众，妄拿无辜也。然逃军逃流岂无辜之人乎。盗贼准拿，而逃军、逃流不准拿，抑又何也。此等例文，殊不可解。

事例 387.01：雍正六年谕

护军吴正额于三月初三日殴毙人命，比时即应行文提督捕缉。今经十日，该旗始具奏行文，怠玩已极。魏腊著交部察议，仍令开具逸犯形貌，行文直隶总督及提督衙门，严行盘缉务获。嗣后凡系奉旨捕缉人犯，及此等殴毙人命，或关系要案人犯内，如有脱逃，著即行文八旗，并提督衙门，及五城察院，令各竭力缉获。并谕直隶总督行文附近京畿之涿州、良乡、通川、昌平、河间等处州县官员，将缉捕人等，派定豫备。傥各旗有应捕人犯，部文到日，即行捕缉，一面申报该督。若有应捕人犯，俟行文总督，而总督转行属员，耽延时日，必至有误。著即行文刑部、都察院，一面转行附近州县严行盘缉，其获犯藏匿何地，及容隐情由，一经审出，该旗及地方各官作何处分，其缉获之大臣官员作何处议叙之处，该部议奏。

事例 387.02：雍正六年又谕

贼犯蔡三脱逃，该县将捕役张秀家属监比，张秀之兄张公裕缉获蔡三。因蔡三凶悍，张公裕恐其复逃，用麻绳系颈，行至沿河狭路，失足落水，绳绕咽喉殒命，张公裕将尸抛弃隐匿。该抚及部议皆引罪人不拒捕而擅杀之例，将张公裕拟绞具奏。凡捕役借缉盗之名扰害平民，或有诬良为盗私行拷掠等情，自应从重治罪。若拿获实在盗贼，凶恶难制，不得已而至于殒命者，概引罪人不拒捕而擅杀之例拟绞抵偿，是将有罪之人，与寻常斗殴致死者同一科条，毫无分别，恐捕役畏首畏尾，难于缉贼，且恐匪徒情急，或转有伤害公差之事。此案内贼犯蔡三狡猾已极，张公裕拿获之后，误伤其命，情有可原，但不应弃尸隐匿，然其所以隐匿者，亦以定例抵偿，故畏避重罪而为此耳。嗣后应如何定例，方于情理允协，著九卿详悉定议。将此案一并确议具奏。

事例 387.03：雍正六年再谕

于胜因已获之盗供出滕方叔为同伙，是以将伊擒拿，乃滕方叔持棍殴伤公差，自行奔逸跌伤左膝，于胜等始将伊逼打，以致殒命。此等乃误伤之罪，今该抚及法司，皆以故杀定拟不合。凡捕役拿获实在盗贼凶悍难制，不得已而至于殒命者，已降旨九卿详悉定例。此案著三法司另议具奏。

事例 387.04：雍正十二年谕

五城司坊等官，各有管辖之地，越界拿人，因不免滋扰。然路遇斗殴、酗酒、拐骗、吓诈之徒，若因地非管辖，遂置而不问，以致逃遁无踪，亦非稽察整饬之道。似应不论何地，皆准其拘执，移送该城司坊官，听详该御史审讯发落。至暧昧隐避不法等事，虽访问的确，犹非刻不可缓，则准其密详该城御史查拿，并密详本城御史存案。如此庶无推诿，亦不致搀越。应如何定例饬行之处，著九卿议奏。

事例 387.05：乾隆元年奏准

大小案件，止宜著落差捕，按拘本犯，不宜旁及无辜，扰害平民。乃各省名为著犯者，若百姓具状，于所开犯证之下，添注"某人著某人要"字样，或批准词状，差役向原告开写犯证住址，注明"某人著某人要"字样，概名曰"著犯"。于是差役择肥而噬，肆意吹求，良善之民，初不知事从何来，犯在何处，而凭空拘系。始而跋涉拖累，继而勒限比追，经年累月，失业废时。或差役弥缝说合，卖甲换乙，则又改砌他人名下，辗转株连，其弊无穷。在地方各官，以为重案著犯，难于轻纵，至其人家破人亡，所著之犯，仍无影响。似此著犯名色，徒滋差役勾串索诈之端，于公务毫无裨益，而累民日甚，应令各该督抚严行禁止。嗣后除犯人有交明乡保地方看守，或系亲族保领，遇有疏脱者，许其向原乡长地方及保领之人追要。其余一切词讼，及各项案犯，止许开写本犯名姓住址，按照缉拿。如有混开"著于某人名下追要"字样，其呈概不准行。如差役私向原告开报，许被害之人禀明，即治以违禁之罪。至于果系窝藏之家，须据实禀官查究，讯系虚诬，原禀反坐，庶株连勒索之风可息，而无辜被害之弊可除。

事例 387.06：乾隆二年议准

嗣后州县凡盗贼、矿徒、盐枭通报案件，有应开明伙犯数目、姓名、住址、籍贯，及曾否审结，并未获名数，令该州县移知该管汛弁，该汛弁即具文申报提、镇，以便责令该管汛弁设法蹦缉。

事例 387.07：乾隆五年谕

弭盗为安民之要务，朕闻各省联界之处，多有积窝巨匪，久惯豢盗殃民。隔省往拿，必须赴地方官挂号添差，稽迟时日。又或地方官不能上紧协拿，以致要犯闻风远遁，盗案久悬不结。向蒙世宗宪皇帝洞悉其弊，特降谕旨，凡地方失事，无论隔府、隔省，一面差役执持印票即行密拿，一面移文关会。圣谕煌煌，实为息盗安民之良法，乃近年各省督抚奉行不力，以致被盗之省，办理掣肘，即如豫省近日盗案，于邻省关提查拿者颇多。夫膺牧民之任者，均有弭盗之责，原不容有此疆彼界之分。著嗣后凡有邻省联界地方，积窝逃盗，访实之后，或径行差捕，或知会密拿，庶盗案易结，盗源渐清，而邻境彼此均受其益。如有司等仍以为具文，歧视怠忽，经朕访闻，必于该督抚是问。

事例 387.08：乾隆六年议准

各省州县捕役，多非良善之辈，若令盘踞一方，分地坐缉，时与彼处匪徒熟识往来，则豢盗、纵奸、索费、敛财诸弊皆所不免，诚宜严行禁止，以除积习。但州县所辖地方，城乡远阔，居民散处，盘奸诘匪，最为紧要，亦不得不责令捕役，分布巡查。若无事之时，概令在衙门供役，不使在外巡访，则于防范地方，严缉匪类之法，不无懈驰，亦有未便。嗣后各省州县捕役，俱不得令其分地坐缉，经年盘踞，致有敛费护匪之事，并行令该督抚严行稽察。傥有仍照从前设立路快、坊快、区捕等项名色，扰累居民者，将该捕役照例严惩；违例之该地方官照例查参。其无事之日，不必概令在衙供役，应听该地方官饬拨分布巡查，毋使懈怠。仍严加约束，频数更替，则捕役既不得久踞一方，作奸串匪，而城乡避处巡缉整严，亦不至于有疏盘诘。至各省捕役不无庇护窃匪，收受年例月规之事，故一遇报窃，差票缉拿，往往朦禀支饰，故意迁延者有之，是以上司定有提比之例。若本官不行严查责究，反以该捕差缉外出为辞，代为申请免比，则捕役玩纵之风，更无忌惮。嗣后州县窃案，如逾限不获，提比衙门，务必按季严查，果有差遣外出者，准其暂免一次。若下次仍无获报，复以免解申请者，该管上司究出捏报情由，将该捕役责革，庇捕之该地方官，即行查参。

事例 387.09：乾隆七年谕

朕常见各省督抚等奏报查拿盗贼，皆称邻封境上崔符潜匿，抢夺横行，而本省则极安静，并无滋事。如江南则指称山东、河南，山东、河南又指称江南、湖广，其它处往往类此。固由于该督抚互相推诿之心，亦有所属官员，欺诳上司，以卸己责，而盗贼因得以肆志无所忌惮矣。独不思督抚皆朕简用大臣，当视国事如家事，视邻省如本省，岂可存此疆彼界之心，蹈恕己责人之习。此风不改，国家何所依赖，伊等又何以副朕委托耶！可即传谕各督抚知之。

事例 387.10：乾隆七年又谕

从来苗地匪类诡名甚多，即如黔粤逆苗石金元、戴老四，乃案内之首犯，一人而有数名，易于蒙混兔脱。今经数省合力查拿，不遗余力，始得正身。似此则为从党与，借诡名而漏网者，恐不少矣！著传谕广西、贵州、湖南等省之督、抚、提、镇，嗣后于始初拿获苗犯之时，将一人几名，详细讯问，开写明白，知会办理此案之邻省员弁，不许稍有隐匿，则彼此易于查察，庶可杜奸宄煽惑之伎俩。

事例 387.11：乾隆十一年奏准

场灶多有赌博、奸匪、斗殴、打降等事，因大使专理盐务，非同正印，故命、盗等重情不令承审。若不许其干预查拿，则商灶凡有作奸犯科，该大使虽深知灼见，亦惟袖手旁观，明知赌博、窝娼、窝匪，而不敢拿；目击斗殴、打降、私宰、私铸、犯禁，而不能禁，任其酿成大案，罹于法网。往往因奸凶乘机远遁，以致案悬莫结。请嗣后随商灶因命盗、赌博、窝娼、奸拐、匪窃、斗殴、打降、私宰、私铸，以及海洋商渔透漏米盐，一应告发案件，仍归地方官查办，大使不得干预外，其未经告发事件，应准该盐场大使先行申禁约束，一有干犯，立即就近查拿，移地方官审理，并将拿讯情由报明运司查核。如或将无干之人，混行捉拿，及有意藉端生事，扰害地方，即将该场员严行题参，照例议处。仍令该盐政不时稽察各场员，不得藉端生事。再，场员应管事件，如有营私扰害，例令地方稽察，则场员与有司，原属一体，场员拿获赌博、奸匪、私宰、犯禁等案，照文武官拿获私铸、赌具互免失察例，即免地方官失察处分。

事例 387.12：乾隆十六年谕

地方官承缉盗案有获盗过半照例开复之条。各省承缉官员，于将及获半之时，暗使捕役贿嘱别案拿获盗犯，俱认本案伙盗，或认盗首，以符过半之数，邀免处分。查定例虽载假借别案搪塞，照讳盗例议处，而印捕承缉之员，似此假借者不少。此等虽不必另设科条，果使该上司等严为查办，自不致因循成习。朕既闻有此弊，不得不行传谕。著于奏事之便，令该上司等留心查察，务绝弊端。

事例 387.13：乾隆二十二年奏准

恭遇巡幸，步军统领衙门兵役缉获窃盗，向来即送行在刑部办理，如有发遣，由行在兵部交发地方官。惟二部俱无看守之人，仍须原缉官兵随营押带。查随从兵役，俱系酌量差派，为数无多，如获数犯，即不敷看守，且恐因看守责重，不肯勇往缉捕。请于经过州县，日派佐杂一员，衙役数名，随处交行在刑部，豫备接收看守人犯，于缉捕甚有裨益。

事例 387.14：乾隆三十一年谕

发遣新疆人犯身获重谴，免死改发，若在遣所脱逃，则情罪实难宽贷，必当缉获正法。恐各犯或有潜回内地者，是以遇有报逃之案，除令该处上紧严拿外，并谕令各督抚于各犯原籍地方一体严行密缉。今据哈密办事萨瀚等奏到，拿获乌鲁木齐逃犯朱国太、傅拉里二名，著即传知山东、江西二省，停其踌缉。此等应缉逃遣要犯，各督抚接奉谕旨，自必饬属尽力访拿。既已弋获，即应知照该省销案，则承缉各员，知事皆核实，更不敢玩忽从事。闻各省向来遇有重犯脱逃，亦皆行知邻省协缉，但获犯以后，竟有不复关白者，协缉省分，何由得知？势必徒劳差役侦访，否或视同海捕具文，苟且塞责，于事转无裨益。嗣后凡有通行缉案，当未获时，务须严紧查拿，毋稍玩视。如犯已就获，即彼此互相关会，使缉案不致悬虚，而协捕亦归实际。将此通行谕之。

事例 387.15：乾隆四十四年议准

定例各省报部难结事件，如通缉已届四十年者，即行查销，毋庸列入等语。应令该督抚将通缉之案，逐一查核，除奉文停缉及通缉已届四十年者，扣除免追，所有现在通缉之案，俱照依部颁册式，于年终报部查核。其奉部通缉别项人犯，及各本省逃凶、逃盗各项案件，自应分析年分名数，登注事由，及已未就获之处，列入汇造通缉册内缉拿，遵照部颁册式，年终报部查核。至各省互相咨缉寻常逃遣并军流凶盗各项逃案，亦系应行缉拿之犯，应令该督抚将各省互相咨缉之案，另立一册，年底报部查核，庶各项逃犯有无就获之处，便于稽核，而查拿亦无疏漏。

事例 387.16：乾隆四十八年议准

查命案重犯脱逃，所有承缉之州县，先于本境实力查拿，并询明踪迹，无论隔

府、隔省，差役携带通关，密行侦缉，及至初参限满无获之日，造具事由清册，分
咨各省通缉，由近及远，办理实为周备。但关缉邻省，必先询明该犯，或有亲戚可
依，或系旧时来往，始可差役往关，而凶徒既经窜逸，凡有可以潜藏之地，亲邻保
甲，未必周知，即属无从关缉。查命案初参以六个月为限，届时始造年貌事由清册申
详督抚，转咨各省，恐顽犷之徒，早已乘间远扬，而他省未接通知，各该犯往来道
路，何从一体盘查？且限至半年，为时已久，该犯等远适他方，亦得从容藏匿，及邻
省接有通缉之名，并无通缉之实也。窃惟凶犯畏罪潜逃，其行踪诡秘，何所不至，岂
复论地之远近？况各省地方官，虽间有留心缉捕，未奉通咨而获破重案者，然不过百
分之一、二。是以设为通缉以绝其逋逃之路，但同一分咨，与其咨缉于后，而致辗转
潜逃，何如咨缉于先，而使克期就获。应请嗣后命案内如有凶犯脱逃，该州县审明属
实，即于初报时，一面在本地缉拿，一面造具年貌事由清册，即详请飞咨各省，协同
缉捕，不必更俟至六个月初参之后，始行通缉。如此立时四面查拿，不论何处道路关
津，俱有捕人稽察，凶犯如敢往来，既不难于弋获，且使凶恶之徒，明知各处截拿，
容身无地，更不敢任意逋逃，自可早就擒获。再，乾隆三十七年，湖北按察使条奏盗
犯脱逃，当即飞咨邻省协缉。经刑部议以邻省通缉文檄，每多视为具文，而本境承缉
官员，因有邻省责成，以致心存怠忽等语。查地方遇有重案，虽飞咨各省，而承缉之
限例綦严，如果逾时不获，本地方官应得处分，断难稍贷，自不敢因详请通缉，稍弛
其查拿之责。如此办理，庶于缉捕之法，益为周密。

事例 387.17：乾隆五十八年奉旨

两广总督审奏：差役梁姜潜通信息，致逃军黄汉章复逃一案。奉旨：向来官役追
捕罪人，受财故纵者，与囚同罪，若并未得贿，止系泄漏其事，致令罪人逃避者，减
罪人罪一等。立法虽有区别，但在官人役，奉公缉捕罪人，胆敢泄漏其事，以致该
犯闻信远扬，有稽弋获，情节较重，若因未经受财，得以减罪人罪一等，则官司人
役，无所儆惧，纵囚之案，必致日多。嗣后除受财故纵者，仍照律与囚同罪外，其未
经得贿，潜通信息，致罪人逃避，若所纵之囚，罪应斩绞，即与同科，未免多一死罪
之条，自应仍准减等问拟。若所纵之囚，系属军流以下等罪，竟当与囚同科，不准减
等，并著为例。

事例 387.18：同治四年奏准

嗣后各省团练，除奸细、土匪、盗贼，及遇有要犯，经官札令协缉者，准其拿
解外，其余逃军、逃流，并一切寻常案犯，仍责成地方官拿办。倘该团练私行拿案，
因捕酿命者，即照谋、故、斗杀各本律定拟。

成案 387.01：恶宦脱逃〔康熙三十年〕

吏部议东抚佛伦疏：武举于可绩兄弟，济恶惧罪潜逃，且于可绩兄弟逼毙伊妹邢
氏等三命，恶宦势大，地方称为紧五道慢五道，所有承缉不力文登县知县，相应题参

等语。应将承缉不力文登县知县徐某，照斩绞重罪人犯越狱者，该管有狱各官革职，戴罪勒限一年督缉。

成案387.02：贿放窃盗〔康熙二十八年〕

兵部议：步军校所属步兵将窃盗贿赂私放，不行查出，作何议处，原无定例，吏部定例内，官员衙役犯赃失于觉察，一两以上降二级调用等语，应将步军校苗来宾照此例降二级调用。

成案387.03：山东司〔道光十年〕

东抚咨：马克宜奉差解递宗魏氏，并不小心管解，致令中途潜逃，已属疏忽，复因畏罪捏报被抢，更属胆玩。惟讯无贿纵情弊，宗魏氏系属递籍娼妇，并非重犯，自应比例量减问拟。马克宜应依隔属隔省密拿重犯捕役贿纵捏称被劫者将捕役照诬告律治罪，于诬告抢夺犯奸妇女已成首犯拟军例上减一等，杖一百、徒三年。

成案387.04：山西司〔道光十四年〕

晋抚奏：已革试用知县王元镇，前署翼城县任内，门丁万太藉案撞骗王文锦银两，嗣王文锦因王淙美吓诈自尽，尸侄控告该员故纵万太逃走。王元镇应比依官役奉公缉捕罪人潜通消息致罪人逃避与囚同科例，应与逃犯万太均拟边远充军，系职官，应从重发往新疆劝力赎罪。

律388：罪人拒捕〔例30条，事例14条，成案67案〕

凡犯罪〔事发而〕逃走〔及犯罪虽不逃走，官司差人追捕，有抗〕拒〔不服追〕捕者，各于本罪上加二等，罪止杖一百、流三千里。〔本应死者，无所加。〕殴〔所捕〕人致折伤以上者，绞〔监候〕。杀〔所捕〕人者，斩〔监候〕。为从者，各减一等。

若罪人持杖拒捕，其捕者格杀之。及〔在禁或押解已问结之〕囚逃走，捕者逐而杀之。若囚〔因追逐〕窘迫而自杀者〔不分囚罪应死，不应死〕，皆勿论。

若〔囚虽逃走〕已就拘执，及〔罪人虽逃走〕不拒捕而〔追捕之人恶其逃走擅〕杀之，或折伤者，〔此皆囚之不应死者，〕各以杀伤论。〔若〕罪人本犯应死〔之罪〕而擅杀者，杖一百。〔以捕亡一时忿激言，若有私谋，另议。〕

（此仍明律，顺治三年，添入小注。原"加二等"后小注"本应死者，无所加"，雍正三年删。顺治律为410条。）

条例388.01：捕役拿获罪犯

捕役拿获罪犯，因其凶悍狡猾，设法制缚，误伤其命者，务研审确据，如实系强盗及凶犯应死之人，将误伤之捕役，照罪人应死而擅杀律，杖一百。如系轻罪不应死之人，将误伤之捕役，照夜无故入人家已就拘执而擅杀律，杖一百、徒三年。若非误伤，仍照本律科断。

（此条系雍正六年，九卿遵旨议准定例。乾隆五年，因律称罪人持杖拒捕者格杀之勿论，例内不言罪犯拒捕，则是已就拘执矣，今又立设法制缚之条，致死者宽以杖徒，将私拷取财、受贿阴害等弊，势难保其必无，因改定此条为条例388.02。）

条例388.02：凡罪犯业经拿获

凡罪犯业经拿获，捕役藉称设法制缚，误伤其命者，仍照已就拘执而杀之律，以斗杀论。傥捕役受人贿嘱，将罪人致死者，照谋杀人首从律治罪。

（此条系乾隆五年，将条例388.01改定。）

薛允升按：原例本极平允，改定之例，故意从严，未免偏枯。命案中情节最轻者，不能因捕役而故行加重，彼拿贼误毙无干之人，尚得照过失论赎，此误毙罪犯之命，反仍以斗杀拟抵，似嫌未协。既经遵奉谕旨，改从轻典，又复无故加重，殊不可解。已就拘执而擅杀，盖有意杀害，及有心殴打致毙皆是，若设法制缚，误毙其命，较有心杀害为轻，是以量从宽典。改定之例，不论是否误伤，及罪犯是否应死，均照斗杀拟绞，似嫌太重。

条例388.03：强盗拒捕杀伤官兵之案

强盗拒捕杀伤官兵之案，除同伙伤人之时，该犯不在一处者，仍照例治罪外，其同在一处，或三、五成群，虽非下手之人，既在旁目观，即系同恶共济，法所难宽，即行斩决。

（此条系雍正六年定例。）

薛允升按：此似指情有可原及罪不至死之伙盗而言。近来盗案，改从本律，即不拒杀官兵，亦应斩决，自无所谓情有可原者矣。其因别故不行之犯，是否一体拟斩。记核。

条例388.04：窃盗拒捕刃伤事主（1）

窃盗拒捕刃伤事主，奸夫拒捕刃伤捉奸之人，依例照折伤以上拟绞外，若伤非事主，并非例得捉奸之人，以及别项罪人拒捕，如殴所捕人至折伤，及残废笃疾在折伤以上者，方依律拟以绞候。其但系刃伤，仍照律加本罪二等问拟。

（此条系乾隆二十四年，福建巡抚吴士功条奏，于旧例内申明添注，纂为定例。嘉庆六年修改为条例388.05。）

条例388.05：窃盗拒捕刃伤事主（2）

窃盗拒捕刃伤事主，奸夫拒捕刃伤应捉奸之人，及折伤以上，依例分别问拟斩绞外，若伤非事主，并非例得捉奸之人，以及别项罪人拒捕，如殴所捕人至残废笃疾，罪在满徒以上者，方依律拟以绞候。其但系刃伤，及刃伤以下，仍照律加本罪二等问拟。

（此条系嘉庆六年，将条例388.04修改。咸丰二年改定为条例388.06。）

条例 388.06：窃盗拒捕刃伤事主（3）

窃盗拒捕刃伤事主，奸夫拒捕刃伤应捉奸之人，及折伤以上，依例分别问拟斩绞外，若伤非事主，并非例得捉奸之人，以及别项罪人拒捕，如殴所捕人至残废笃疾，罪在满徒以上者，方依律拟以绞候。其但系刃伤、火器伤及刃伤以下，仍各加本罪二等问拟。若本罪已至拟流，有拒捕者，即按五军外遣以次递加二等，罪止发往新疆酌拨种地当差。

（此条系咸丰二年，将条例 388.05 改定。因折一齿一指，系在刃伤以下；折人肢体，系在刃伤以上。本律所称罪人拒捕殴人至折伤以上者绞，系统凡折伤及刃伤者在内，例将别项罪人拒捕刃伤以下者加本罪二等，系由重改轻，已非律文，而原例犹存照律字样，未免含混，是以节删，并增入火器伤及本罪已至拟流二层。）

薛允升按：此二条刃伤拟绞，系指当场拒捕者而言。若事后拒捕刃伤，似不在拟绞之列。应参看“贼盗”门“窃贼拒捕”条例，奸夫拒捕刃伤应捉奸之人，照窃盗拒捕殴所捕人至折伤以上者绞，见“犯奸”。细绎此条例意，凡除奸盗二层外，其余皆为别项罪人。如犯罪事发，拒捕刃伤差役，及火器伤并拒捕折伤以上者，自应以别项罪人论矣。格杀则应勿论，拒捕刃伤不问绞罪，未免参差。别项罪人拒捕，盖谓非奸盗两项也。伤非事主，及非应捉奸之人，则专言奸盗二项也。不言差役，而差役自在其内，杀死者，差役较事主等为重。刃伤者，差役又较事主等为轻，未知何故。缘定例之时，因拒捕律文最严，故于律内载明奸盗二项，刃伤拟绞者，仍从其旧，其余别项罪人拒捕，即系奸盗两项，而刃伤非事主，及非例得捉奸之人者，俱得从宽，虽刃伤差役，亦难与事主同科，是同一拒捕刃伤之案，独严于此二项，而宽于差役，已嫌参差。后立有犯罪杀死差役严例，而此条未经修改，以致彼此互异。而以贼犯而论，其逞凶刃伤事主，与逞凶刃伤差役，情节有何轻重。而一则拟绞，一则拟徒，且拒捕杀死差役，与拒捕杀死事主，情节亦无轻重可分，而一拟斩决，一拟斩候，其义安在。律言犯罪殴所捕人至折伤以上者，绞，此所捕人业经注明，官司差人追捕，自系拒捕殴差，正律例内奸盗罪人殴伤事主，及应捉奸之人，均系照此律推广而出。迨后屡经修改，遂为奸盗二项刃伤成例，而别项均加拒捕二等。即刃伤差役，亦不在拟绞之列，以致轻重诸多混淆。一似罪人拒捕，系专为奸盗二项而设，而差役反不在内者，殊属错误。后来因仍未改，未免一误再误。罪人拒捕殴所捕人至折伤以上，即应拟绞，律有明文，刃伤自不待言，一切罪犯均在其内，原不专指奸盗两项也。至窃盗刃伤事主，律系斩罪，例内分别是否临时盗所，问拟斩候，绞候，本系照律酌量办理，并无歧误。乾隆十二年，以奸盗事颇相类，特立有奸夫拒捕刃伤，拟绞专条，均系照律定拟，亦非加重。乾隆四十二年，以刃伤即拟绞罪，未免太重。而奸盗二项，例有明文，未便另生他议，是以将别项拒捕刃伤例改轻，定立此条，以致奸盗二项拒捕罪重，而别项拒捕罪轻。拒伤事主等罪重，而拒伤差役罪轻，彼此参观，其失自见。犯罪事发在逃，均谓之罪人〔如强奸未成、抢窃等类，并逃军、逃流〕，经官司差人往捕，辄敢逞凶拒伤捕人，则乱民矣。此而不为严惩，非奖乱而何。定例之意，往往拘泥，差役多非善良之辈，遂并拒捕之人，亦予从宽，法纪尚安问乎。水懦则民玩，无怪乎藐法者之纷纷皆是也。殴至废疾，本罪应拟满徒，是以加拟绞候。火器伤人罪应拟军，用以拒捕，情节尤为凶恶，止加二等，何也。且言火器而未及凶器，有犯亦难援引。凶器伤人拟军，例文中之最难通者，火器则为害最烈，拒捕伤人，尚得谓情轻可原乎，拟以绞候，自属允当。再，查折一齿一指，《唐律》本系徒罪，而拒捕折伤亦止加二等，不问拟绞罪。《明律》凡斗折伤改轻，拒捕折伤又复改重。是以例文纷纷修改，轻重俱不得其平。

条例 388.07：流罪人犯越狱脱逃

流罪人犯越狱脱逃，按律加二等。二千里者改为三千里，二千五百里者改为附近充军，三千里者改发边卫充军，原犯充军者各以次递加调发，其原犯极边烟瘴充军者改发黑龙江等处给披甲人为奴。

（此条系乾隆二十七年定，原载"狱囚脱监及反狱在逃"律内。乾隆二十九年，山东按察使富尼汉条奏后移附本律，改定为条例 388.08。）

条例 388.08：罪人事发在逃被获时（1）

罪人事发在逃被获时，如犯该军流者，均照军流越狱加等例，递加改发。有拒捕者，若本罪已至满流，而拒殴在折伤以上者，照满流人犯越狱例，改发边卫充军。犯该充军者，各以次递加调发。若犯该极边烟瘴者，改发黑龙江等处给披甲人为奴。其原犯未至满流者，仍依拒捕律，加罪二等。殴所捕人至折伤以上者，拟斩监候。

（此条系乾隆二十九年，山东按察使富尼汉条奏，将条例 388.07 改定。乾隆五十三年改定为条例 388.09。）

条例 388.09：罪人事发在逃被获时（2）

罪人事发在逃被获时，如犯该军流者，照本律加逃罪二等。有拒捕者，如本罪已至满流，而拒殴在折伤以上，照律拟绞监候。折伤以下者，改发近边充军。犯该充军者，各以次递加调发。若犯该极边烟瘴者，改发回疆为奴。其原犯未至满流者，仍依拒捕律，加二等。

（此条系乾隆五十三年，将条例 388.08 改定。嘉庆六年，添入"拒殴在折伤以上"一层。道光六年改定为条例 388.10。）

条例 388.10：罪人在逃除逃在未经到官以前者

罪人在逃，除逃在未经到官以前者，仍照律不加逃罪外，如事发已经到官脱逃之犯，被获时，均照本律加逃罪二等。其犯该军流者，亦递加二等问拟。至此等事发在逃之犯，被获时有拒捕者，如本罪已至满流，而拒殴在折伤以上，或系刃伤及火器伤者，均拟绞监候；折伤以下者，改发近边充军。犯该充军者，各以次递加二等调发。若犯该极边烟瘴者，改发新疆给官兵为奴。其事发到官后在逃，原犯未至满流者，仍依拒捕律，加罪二等。如拒殴在折伤以上，即照别项罪人拒捕例，分别拟罪。

（此条道光六年，调剂新疆遣犯，将原例发回疆为奴，"改发云、贵、两广极边烟瘴充军，到配加枷号三月"。道光二十四年，新疆遣犯照旧发遣，仍复原例。咸丰元年，将发回城为奴人犯，改发新疆给官兵为奴。咸丰二年，于例首增入"逃在未经到官以前"一层；于本罪满流脱逃拒捕者，增"刃伤及火器伤"一层，并例末"如拒殴在折伤以上，即照别项罪人拒捕例，分别拟罪"二十一字。）

薛允升按：此条并乾隆五十三年修例按语，颇极明晰。本罪已至满流〔谓所犯本重，满流即属罪止，无可复加〕，按律虽无可加，而拒殴在折伤以下〔谓拒殴罪轻〕，仍应照例加等拟军。〔律以流罪为止，例加充军，谓满流以下，仍可加等〕充军者，以次递加，亦加以拒捕折伤以下之罪也。原犯未至满流，仍依拒捕律加罪二等，谓有等可照律递加也。皆指拒殴在折伤以下而言。若折伤以上，则无论本罪已至满流、未至满流，均应依律拟绞，原奏分晰甚明。嘉庆六年，改为本罪已到满流，而拒殴在折伤以上，照律拟绞，未至满流者，仍依拒捕律加罪二等。是同一拒捕折伤之案，而以本罪是否已、未至满，分别生死，似非例意。设如有两人于此，一系窃赃逾贯，为从拟以满流。一系窃赃一百一十两，为首拟流二千五百里。论情节不甚悬殊。若同系金刃拒伤捕人，或罪应满流者，殴折捕人一齿一指，流二千五百里者，系刃伤及火器伤，而拒殴伤轻者，科以死罪，拒殴伤重者，仅止加等问拟，情法可谓平乎。是年修纂时，误会例意，咸丰二年修例时，又复因讹成讹，以致相沿至今。此条修改新例，以事发在逃，为已经到官脱逃，而以未经到官以前，仍照律不加逃罪二等，并节去"事发"二字，似专指犯事已经传拘到官，复行脱逃者而言。细绎犯罪事发逃走之律，解者谓犯罪之人，事发到官，差人拘捕之时，或逃走而不听勾摄，故加二等科罪。即名例所云，逃在未经到官之先云云，似系指事发到官而言。谓事尚未发而逃走，即为尚未到官也。若以未经拘犯到案，谓为尚未到官，如有逃走，即不应加以逃罪，恐非律意。且已被拘获，如在徒罪以上，及犯窃等类，均应收禁，其脱逃之应加二等，律有明文，似亦不应重叙。再查越狱人犯，如原犯徒流以上，即应拟死，即笞、杖以下，亦拟发遣军流，又岂止加二等耶。犯罪事发在逃，见于"名例"，此律乃专为加逃罪而设。然必谓人犯已经到官脱逃，方加逃罪，恐非律意。即如娶逃走妇女为妻妾，妇女亦加逃罪二等，岂俱系到官脱逃者乎。乾隆五十三年按语："罪人拒捕，殴所捕人，至折伤以上者绞，杀人者斩"。本门律文内业已详载明晰，无庸于例内复叙，拟合删去，以归简易。嘉庆六年按语云："例内仅言拒殴在折伤以下者，即发近边充军。"其折伤以上，律应拟绞之处，未经申叙等语，按前按语内已经声明删去，而此处又如此云云，是未看见前此按语矣，殊不可解。

条例 388.11：拿获围场内偷打牲口砍伐木植人等（1）

拿获围场内偷打牲口，砍伐木植人等，除照例治罪外，若缉拿时曾经拒捕，不肯就擒者，先加枷号三个月，再行照例发遣乌鲁木齐等处。如敢拒捕致缉拿之人成伤者，拟绞立决。

（此条系乾隆四十一年，奉上谕纂为例。嘉庆六年改定为条例 388.12。）

条例 388.12：拿获围场内偷打牲口砍伐木植人等（2）

拿获围场内偷打牲口，砍伐木植人等，若缉拿时曾经拒捕，不肯就擒者，照拒捕律加本罪二等问拟。犯至发遣者，先加枷号三个月，再行照例发遣。殴所捕人至折伤以上者，拟绞监候；杀人者，拟斩监候。

（此条系嘉庆六年，将条例 388.11 改定。）

薛允升按：因原例拒捕成伤，即拟绞决，未免过重，是以照律改为折伤以上者，拟绞。然较之因别事拒捕者，加重多矣。此例专指一事而言，并非拒捕通例，似应移附本条例文之内，此处无庸加载。犯罪拒捕，刃伤捕人，律应拟绞，例则除奸盗二项外，余俱加二等定拟。惟此条及私盐拒捕，有折伤拟绞之语，与各条不同。应参看。

条例 388.13：凡贼犯罪事发业经官司差人拘捕（1）

凡贼犯罪事发，业经官司差人拘捕，如有藐法抗拒，殴差致死，为首者仍照本律拟斩监候；为从在场助势济恶之犯，俱改发伊犁给兵丁为奴。其余罪人拒捕杀人之案，仍照旧例办理。

（此条系乾隆五十一年，遵旨定例。乾隆五十五年改定为条例 388.14。）

条例 388.14：凡贼犯罪事发官司差人拘捕（1）

凡贼犯罪事发，官司差人拘捕，如有逞凶杀死捕役者，为首者拟斩立决。为从帮殴有伤之犯，不论手足、他物、金刃，俱拟绞监候。在场助势济恶之犯，俱改发伊犁给兵丁为奴。

（此条系乾隆五十五年，将条例 388.13 改定。嘉庆十一年，改定为条例 388.15。）

条例 388.15：凡贼犯罪事发官司差人拘捕（2）

凡贼犯罪事发，官司差人拘捕，如有逞凶杀死捕役者，为首者斩立决。为从帮殴有伤之犯，不论手足、他物、金刃，俱拟绞监候。在场助势济恶未经帮殴成伤之犯，改发伊犁给兵丁为奴。若聚众打夺，仍照聚众中途打夺例问拟。

（此条嘉庆十一年将条例 388.14 改定。嘉庆二十二年修并入条例 388.17。）

条例 388.16：凡犯罪事发奉票差拘

凡犯罪事发，奉票差拘，及签派看守押解之犯，敢于图脱逞凶拒杀差役者，俱拟斩立决。其别项罪人拒捕致死平人，仍照各本律例科断。若案内因事牵连，奉票传唤之人，被追情急，拒殴差役适毙者，仍依拒捕追摄本条办理。如衙役非奉官票，或虽奉票而有藉差吓诈陵虐罪犯情事，致被殴死者，各照平人谋故斗杀本律定拟，均不得以拒捕杀人问拟。

（此条系乾隆五十七年，刑部覆山东省民人刘书图脱拒捕扎伤捕役乔振绪身死案内，奉谕旨议准定例。嘉庆二十二年修并入条例 388.17。）

条例 388.17：凡一切犯罪事发官司差人持票拘捕

凡一切犯罪事发，官司差人持票拘捕，及拘获后签派看守押解之犯，如有逞凶拒捕，杀死差役者，为首无论谋故殴杀，俱拟斩立决。为从谋杀加功，及殴杀下手伤重致死者，俱拟绞立决。其但系殴杀帮同下手者，不论手足、他物、金刃，拟绞监候。在场助势未经帮殴成伤者，改发极边足四千里充军。若案内因事牵连，奉票传唤之人，被迫情急，拒毙差役，以及别项罪人拒捕，并聚众中途打夺，均仍照拒捕、追摄、打夺各本律本例科断。如差役非奉官票，或虽经奉票，而有藉差吓诈陵虐罪犯情事，致被殴死者，各照平人谋故斗杀本律定拟，均不得以拒捕杀人论。

（此条系嘉庆二十二年，将条例 388.15 及 388.16 修并。）

薛允升按：拒杀差役问拟斩决之例，本系指贼犯而言，因贼犯拒杀事主，有问拟斩决者，故拒毙差役亦照拟斩决。其余罪犯拒杀差役，并不在立决之列。此例改贼犯为犯罪事发，是无论原犯罪名轻重，一经拒杀差役，无不问拟立决矣。而下文又有别项罪人拒捕等语，看去殊不分明。查原例别项罪人拒捕，系专指杀伤平人而言，所以别于差役也。删去"平人"二字，殊嫌未协。拒捕杀差，律应斩候，嗣因贼犯拒毙事主，有斩决之例，其从犯亦有绞候之例，是以定有拒毙差役，分别首从问拟斩决。绞候专条，均系指贼犯而言，与一切事发人犯，本系两条，后修并为一。陈笞及王金玉之案，系因贼犯而加重，刘书之案，非贼犯而亦加重，遂不无窒碍之处。贼犯拒毙事主，例应分别是否临时盗所，问拟斩决、斩候。贼犯刃伤事主，例亦分别是否临时盗所，问拟斩候、绞候。奸夫拒捕杀死本夫，例应斩候，刃伤应捉奸之人，例应绞候，罪名大略相同。此条拒杀差役，无论系何项罪名，均拟斩决，较奸盗罪人拒毙事主，及应捉奸之人为重。设如刃伤未死，或殴至折伤，未经议及，惟下条明言伤非事主并例得捉奸之人拒捕，但系刃伤者，仍加本罪二等云云，则差役亦包含在伤非事主之类矣。若以别项罪人拒捕论，加罪二等，是犯罪拒捕刃伤差役之案，不过问拟满徒，较之此条为从之犯，未经帮殴者，科罪转轻至数等。如照殴所捕人至折伤以上律，拟绞，又与下条例意不符。检查办过成案，均系照别项罪人拒捕例加等定拟，一生一死，罪名相去悬绝，司谳者，将何所适从耶。条例愈增而愈烦，愈烦而愈不画一者，此类是也。抢窃贼犯拒杀事主，例以下手伤重者为首，在场帮殴者为从，聚众中途夺犯杀差，例以起意聚众者为首〔不论曾否下手〕，下手帮殴者为从〔伤重致死者，绞决，帮殴有伤者，绞候〕，分晰甚明。此条罪犯拒杀差役，与夺犯杀差罪名相等，第夺犯条内其为首者，有不论曾否下手，拟斩立决之文，此条为首殴杀例内，并无不论曾否下手之语。原以聚众夺犯，本有藐法逞凶之心，其杀伤差役，原在首犯意中，犯罪拒捕，半由图脱情急所致，其杀伤差役，或出首犯意外，此等致毙差役案件，其谋杀者，自应以造意之人为首，若系殴杀，是否以起意拒殴之人为首，尚未明晰。下文有殴杀下手伤重致死者，拟绞立决之语，则已科以为从之罪矣。若起意拒捕之犯，未经动手伤人，亦拟绞决，是与夺犯杀差罪名相等矣，而复将夺犯一层提出另叙，又何说也。

条例388.18：凡凶徒挟仇放火

凡凶徒挟仇放火，及实在凶恶棍徒，无故生事行凶扰害，并强奸未成各罪人，被害之人及本妇有服亲属，登时忿激致死者，均杖一百、徒三年。余人杖八十。如杀非登时，仍照擅杀罪人律，拟绞监候。余人杖一百。

（此条系嘉庆四年，山东巡抚陈大文题准定例。）

薛允升按：有服亲属，止言本妇，而未及本夫，如本夫亲属有犯，即难援引。杀死强奸未成罪人，例无明文，是以定有此条。惟本夫杀死强奸未成罪人，列入“人命”门内，有服亲属又入此门，似嫌参差。杀死挟仇放火，及凶恶棍徒，凡一家之父子、兄弟、叔侄，无论何人，均应一例同科。独强奸之人，本夫及其子杀者勿论，亲属杀死者拟徒，未免参差。即如姑侄姊妹在家被人强奸，与强奸人妻何异。本夫则应勿论，兄弟等仍问徒罪，岂强奸人妻，较重于强奸人姑姊妹耶。因捉奸有本夫亲属之分，此例亦不能不为区别也。“杀奸”律后小注，明言亲属与本夫同，屡经修改，遂大相悬殊矣。如系无夫之妇，又当如何办法。

条例388.19：强奸未成罪人被本妇之子登时杀死者勿论

强奸未成罪人，被本妇之子登时杀死者勿论。若杀非登时，杖一百、徒三年。

（此条系嘉庆七年，刑部议覆直隶总督颜检咨平泉州民田雪子因石勇强奸伊母李氏未成登时殴伤石勇身死一案，纂辑为例。道光五年改定为条例388.20。）

条例388.20：图奸未成罪人被本妇之子登时杀死者

图奸未成罪人，被本妇之子登时杀死者，杖一百、徒三年；非登时杀死者，杖一百、流三千里。

（此条系道光五年，将条例388.19改定。）

薛允升按：《唐律》无子杀母奸之文，而《汉律》有之，见何氏《公羊传》：桓公六年秋，蔡人杀陈佗。传陈佗者何？陈君也。陈君则何为谓之陈佗？绝也。曷为绝之？贱也。其贱奈何？外淫也。乌乎淫？淫于蔡，蔡人杀之。何休注：蔡称人者，与使得讨之，故从讨贼词也。贱而去其爵者，起其见卑贱，犹律文立子奸母，见乃得杀之也。疏云：犹言对子奸母也。此例系杀死强奸、图奸罪人专条，与上条放火不同，似应移入“杀死奸夫”门内。“杀奸”门内，本夫及亲属杀死图奸未成罪人，科罪与此条不同。本夫杀奸，其忿激之情，与本妇之子相等，杀死强奸未成罪人，均拟勿论，而杀死图奸未成罪人，治罪独殊，何也。若谓恐有捏饰情弊，本妇之子独不虑有捏饰情弊耶。图奸较和奸为轻，非奸所登时杀死母之奸夫，仍应拟绞，事后杀死图奸伊母之人，问拟满流，亦嫌参差。

条例 388.21：凡卑幼因奸因盗图脱

凡卑幼因奸、因盗图脱，拒杀缌麻尊长、尊属者，按律问拟斩候，仍请旨即行正法。

（此条系嘉庆八年，河南巡抚马慧裕题杜老刁行窃图脱拒伤缌麻服兄杜景华身死一案，奉谕旨，并嘉庆九年江西巡抚秦承恩题曹炳然与缌麻服兄曹健纯弟妇何氏通奸拒捕杀死曹健纯一案，刑部议准，并纂为例。）

薛允升按：与"亲属相盗"门，因抢窃杀伤尊长，并"人命"门，亲属相好，谋杀本夫各条参看。此条专论拒杀有服尊长，似应移入"殴大功以下尊长"门内。惟彼门又有图奸亲属，故杀有服尊长一条，均系因案纂定，似应修改为一，以省烦冗。

条例 388.22：凡擅伤罪人除殴非折伤勿论外

凡擅伤罪人，除殴非折伤勿论外，如殴至折伤以上，按其擅杀之罪，应以斗杀拟绞者，仍以斗伤定拟。若擅杀之罪止应拟满徒者，亦减二等科断。

（此条系嘉庆十一年，刑部议覆陕西巡抚方维甸咨富平县民韦孝割伤调奸罪人韦秉清脚筋成废一案，纂为定例。道光四年改定为条例 388.23。）

条例 388.23：本夫及本夫本妇有服亲属捉奸

本夫及本夫、本妇有服亲属捉奸，殴伤奸夫，或本妇及本夫、本妇有服亲属殴伤图奸、强奸未成罪人，或男子拒奸殴伤奸匪，或事主殴伤贼犯，或被害人殴伤挟仇放火凶徒，及实在凶恶棍徒，至折伤以上者，无论登时、事后，概予勿论。〔期服以下尊长卑幼，因捉奸、拒奸、或因尊长卑幼强奸、图奸、殴伤尊长卑幼者，悉照此例勿论。此外不得滥引，仍按殴伤尊长卑幼，各本律例问拟。其旷野白日盗田野谷麦者，以别项罪人论。〕其余擅伤别项罪人，除殴非折伤勿论外，如殴至折伤以上，按其擅杀之罪，应以斗杀拟绞者，仍以斗伤定拟。若擅杀之罪，止应拟满徒者，亦减二等科断。

（此条系道光四年，将条例 388.22 改定。）

薛允升按：此指殴伤未死者而言。上一段未免过轻，下一段又未免过重。此条原则，无论奸盗及别项罪人，均包举在内，最为切当，改定之例，强为分晰，已未允协。且例注明言旷野白日盗田野谷麦，以别项罪人论，而例内杀死旷野白日偷窃谷麦之犯，并不科以徒罪，即别条擅杀案件，亦无拟徒明文。此处所云擅杀之罪，止应拟徒之语，亦属错误。擅杀案件有拟绞者，有拟徒者，有勿论者，有于绞罪减等拟流者，未可执一而论。此例上半截所云，殴杀奸盗，及放火等项罪人，即有绞、流、徒罪勿论之别，殴伤概予勿论，是事后殴伤窃贼及图奸罪人，较之登时殴伤别项罪人者，罪名轻重悬绝，似非例意。查奸盗罪人被殴虽不足惜，而致成残废笃疾，亦属可悯，似应酌加修改。殴伤未致残废笃疾者，予以勿论。如殴至笃废以上，或于殴伤凡人，酌减问拟，无庸以奸盗及别项罪人，强为区分。应按照原定例文，改为殴死罪应拟绞者，如殴至残废笃疾，于殴伤本罪上酌减二等。殴死罪应拟徒者，如殴至残疾笃疾，于殴伤本罪上酌减二等。殴死罪应拟徒者，如殴至残废笃疾，于殴伤本罪上再减二等。不然或系用凶器殴伤别项罪人平复，照此例科断，即应拟军，情法果为平允耶。擅杀奸匪，有本夫亲属及强奸、图奸之分，即擅杀窃贼，亦有登时，事后之别。杀死者，罪分等差，殴伤者，概予勿论，似未允协。若谓被伤者究系罪人，或照平人殴伤酌减定拟，已足以示区别，一概予以勿论，不特有畸重畸轻之弊，且毫厘千里，出入甚巨，最宜详加参酌。

条例 388.24：凡擅杀奸盗及别项罪人案内余人

凡擅杀奸盗，及别项罪人案内余人，无论谋杀加功，及刃伤折伤以上，并凶器伤人，悉照共殴余人律，杖一百。正犯罪止拟徒者，余人杖八十。如有挟嫌妒奸谋故别情，乘机杀伤，图泄私忿者，仍照谋故杀及刃伤、折伤、凶器伤人各本律本例问拟。

（此条系乾隆四十五年，刑部议准定例，原载"杀死奸夫门"内。道光五年改定，并移附此律。）

薛允升按：见"杀死奸夫"门，非应捉奸之人一条。此条止言擅杀案内之余人，前条专论擅伤案内之正犯，至擅伤案内为从帮殴之犯，如何科断，例无明文。此余人，大约指应捕之人，杀死奸夫、窃盗，外人听从帮殴而言。其被纠同往捉奸及捕贼之人，杀死奸盗罪人，应捕之人在场帮殴，是否亦照此例问拟，并未分晰叙明。假如本夫闻妻与人通奸，纠人往捉，其被纠之人，奸所登时将奸夫杀死，本夫帮殴伤轻，被纠之人自应依例拟绞。若将本夫仍拟满杖，是杀死者，律得勿论，殴伤者，反有罪名，似非律意。再如听纠之外人，登时杀死强奸未成罪人，本夫，本妇均在场助殴，亦可科以满杖之罪乎。此等案件，似未便拘泥例文，以致轻重失平。

条例 388.25：窃盗被追拒捕刃伤事主者

窃盗被追拒捕刃伤事主者，窃盗拒捕杀人案内为从帮殴刃伤者，窃盗临时拒捕杀人案内为从帮殴刃伤者，窃盗临时拒捕伤人未死为首刃伤者，奸夫拒捕刃伤应捉奸之人者，罪人事发在逃被获时拒捕本罪已至满流而拒殴在折伤以上者，抢夺杀人案内为从帮殴刃伤者，抢夺伤人未死刃伤为首者，以上各项，除审系有心逞凶拒捕刃伤，仍各照本例分别问拟斩绞监候外，如实系被事主及应捕之人扭获，情急图脱，用刀自割发辫、襟带，以致误伤事主、捕人者，各于死罪上酌减一等。应绞候者，减为实发云、贵、两广极边烟瘴充军。应斩候者，减发新疆给官兵为奴。

（此条系道光二年，刑部议覆湖南巡抚左辅具题，赃犯曾三行窃被获脱逃拔刀割辫划伤事主一案，纂为定例。道光六年，调剂新疆遣犯，将原例发新疆为奴，改发云、贵、两广极边烟瘴充军，到配加枷号三月。道光二十四年，新疆遣犯照旧发往，仍复原例。同治九年，本罪已至满流者，方准拟绞，原例未经指明本罪，因增定为此例。）

薛允升按：此例因其并非有心拒捕，故原之也。贼犯敢于逞凶刃伤事主，与行强何异，故分别拟斩绞。若自割发辫、襟带，则图脱而非拒捕，其误伤事主，系属意料所不及，量从未减，最为平允。惟抢窃帮殴刃伤之犯，由于护伙者居多，且以数人拒事主一人，似无此等情节。

条例388.26：豫省南阳汝宁陈州光州四府州所属州县

豫省南阳、汝宁、陈州、光州四府州所属州县，及安徽省属捻匪行凶扰害被害之家，当场致伤及杀死捻匪者，无论是否登时，概予勿论。差役、地保杀死捻匪者，悉杖一百，伤者暨格杀均勿论。如有挟嫌杀害，藉端泄忿情事，仍照谋故斗殴各本律治罪。若差保庇护捻匪，不行拘拿，照故纵律与本犯同罪。受财者，以贿纵论。其捻匪拒捕杀死应捕之人者，依罪人拒捕杀人律，拟斩监候。伤者，但系刃伤及折伤以上，不论是否残废笃疾，各依殴所捕人至折伤以上律，拟绞监候。俟数年后捻匪敛戢，仍各照旧办理。

（此条系道光五年，核议河南巡抚程祖洛奏请定匪徒拒捕暨捕人治罪条例一折，奉旨纂辑为例。咸丰二年改定。）

薛允升按：此条与下山东省捻匪幅匪一条，似应修并为一。拒捕杀死应捕之人以下云云，与下条微有不同。杀死棍徒，登时者拟徒，非登时者拟绞。此例无论登时与否，俱予勿论，较杀死棍徒等犯为更轻。非以宽事主，正所以惩抢匪也。但此辈十百成群，凶横异常，被害良民何能将其杀死也。此处杀死应捕之人，依拒捕律斩候。自统事主在内，与下条照抢夺杀伤事主不同。此杀人者，斩候；折伤者，绞候；系照拒捕律定拟，又与别条例文不同，则杀死差役，亦应问拟斩候，刃伤亦应问拟绞候矣。

条例388.27：山东省捻匪幅匪强劫抢夺讹索扰害

山东省捻匪、幅匪强劫抢夺讹索扰害，被害之人当场将其杀死者，无论是否登时，概予勿论。兵丁、差役、地保及邻佑应捕人等，杀死捻匪、幅匪者，各照擅杀应死罪人律，杖一百。格杀及伤者，均勿论。如有挟嫌杀害，藉端泄忿情事，仍依谋故斗杀各本律治罪。若兵役、地保徇庇不拿，与本犯同罪。受财者，以贿纵论。其捻匪、幅匪杀伤事主，除强劫抢夺例有专条外，如讹索不遂杀伤被害之人，即照抢夺杀伤事主例，分别定拟。杀伤兵役人等，仍依罪人拒捕本律科断。倘数年后，此风稍息，奏明仍照旧办理。

（此条系道光二十五年，山东巡抚觉罗崇恩奏准，纂辑为例。）

薛允升按：与上河南、安徽条，似应修并为一。上条拒捕杀伤，不论事主、差役，均系一律办理。此条杀伤事主照抢夺例，杀伤差役照拒捕律，似不画一。《唐律·捕亡》门："罪人拒殴捕者，加本罪一等。伤者，加斗伤二等。杀者，斩。疏议谓，假有罪人，本犯徒三年，而拒殴捕人，流二千里。拒殴捕者折一齿，加凡斗二等，徒二年之类。"又"贼盗"门："共盗临时有杀伤者，以强盗论。伤人者，绞。杀人者，斩。"《明律·拒捕》门，犯罪拒捕于本罪上加二等。殴人至折伤以上者，绞。杀人者，斩。《贼盗》门："窃盗临时拒捕及杀伤者，皆斩。事主知觉，弃财逃走，事主追逐，因则拒捕者，自依罪人拒捕律。"罪名虽轻重不同，而一指捕人，一指事主，大意尚无歧误，例文则畸重畸轻，迄无一定。窃盗之外，复增以奸匪，又区以别项。杀伤差役及邻佑之案，忽而从严，又忽而从宽，不特与《唐律》不符，亦与《明律》迥异，甚至此条与彼条互相抵牾〔说见各条下〕，例愈多，而益纷歧矣。

条例 388.28：直隶抢窃案犯拒杀差役之案

直隶抢窃案犯拒杀差役之案，除奉票指拿有名者，仍照定例分别斩绞立决监候外，其捕役奉票指案承缉抢窃各犯者，票内虽未指明姓名，而该犯确系本案正贼，及捕役奉票躧缉盗贼票内，并未指明何案，及各犯姓名者，或遇贼犯正在抢窃，或经事主喊指捕拿，赃证确凿，虽未到官，实属事发，并贼犯先经捕役奉票拿获送官，责释有案，并无吓诈凌虐，而该犯挟嫌报复，或纠伙凶殴者，亦属藐法有据。以上三项，凡有杀伤者，各照罪人拒捕本律定拟。若捕殴致死者，亦依本律分别擅杀、格杀科断。如伤未至死者，捕役殴杀伤贼匪，非折伤勿论，折伤以上减二等。贼匪拒伤捕役者，于本罪上加二等治罪。其非奉官票，及奉票而有吓诈陵虐情事者，各照平人谋故斗殴杀伤本律科断。俟该省盗风稍息，仍复旧例遵行。

（此条系道光八年，护理直隶总督布政使屠之申奏准定例。）

薛允升按：此不独直隶一省为然，似可改为通例。事主呈报抢窃案件，不知贼犯姓名者居多，捕役奉票承缉此案，即属应捕票内，亦万不能将贼犯姓名预先填入，但系本案正贼拒杀差役，岂有不照拒捕杀差定拟之理。此层似可删去，归入上文除律之内。改为除奉票指拿有名，及未指明姓名，确系本案正贼，仍照定例云云。刃伤及折伤以上，应否依律，抑仍依例之处，记核。于本罪上加二等治罪，则仍系依例矣。

条例 388.29：奸匪抢窃并罪人事发在逃

奸匪抢窃并罪人事发在逃，犯该满流等犯，如拒捕时，有施放鸟枪、竹铳拒伤捕人，按刃伤及折伤本例，应拟死罪者，悉照刃伤及折伤以上例，分别问拟斩绞监候。若犯非奸匪抢窃，并本罪未至满流，或执持系别项凶器者，仍各照本例办理。

（此条系道光二十五年，议覆江苏巡抚孙宝善奏，抢夺拒捕火器伤人之案例无明文，请定专条一折，纂辑为例。）

薛允升按：此拒捕案之情尤凶暴者，惟止严于此三项，而别条仍照本例，似嫌轻纵。事发在逃，该犯满流，亦系沿前例之讹。

条例 388.30：凡大伙兴贩鸦片烟聚众持械拒敌官兵者

凡大伙兴贩鸦片烟，聚众持械拒敌官兵者，准官兵施放鸟枪，格杀勿论。其拒捕之犯，聚至三人以上，执持器械杀人者，为首并杀人之犯，俱拟斩立决，伤人之犯斩监候。若伤人未死，首犯斩监候。为从下手，如刃伤及折伤以上者，绞监候。伤非金刃又非折伤，及在场助势未曾伤人各犯，俱发往新疆给官兵为奴。其聚众持械未经拒捕之首犯，拟绞监候；为从发极边烟瘴充军。从犯内罪不至死者，如讯系业经售卖鸦片烟贻害，仍从重照兴贩本例拟绞。

（此条系道光十九年定。咸丰九年删除。）

事例 388.01：乾隆七年议准

查窃盗弃财逃走，事主追逐因而拒捕者，依罪人拒捕律科断，而罪人拒捕之条，犯罪逃走及犯罪虽不逃走，官司差人追捕，有抗拒不服追捕者，于本罪上加二等，罪止满流。殴伤所捕之人，至折伤以上者绞；杀所捕人者斩，俱监候。律之所指，皆实系官司差票应捕之人，若有拒捕，加罪二等；殴至折伤以上，方坐绞候，如非应捕之人，即不用此律。至若事主虽非官司差人，而盗必应捕，若犯奸而应行捉奸之人，则奸亦应捉，二者虽非官司，犹官司也。既许其捕，则所捕之盗，有拒捕者，即照此律科断，此律本意也。惟是折伤以上绞候之条，内有刃伤，应在折伤以上，而历来刑部及内外问刑衙门，惟窃盗拒捕刃伤事主，称为折伤以上，拟绞监候。若拒杀官司差捕，惟实系折伤一齿一指以上，方与拟绞。若系刃伤平复者，则又以律称折伤拟绞，未称刃伤拟绞，止于徒二年上加二等徒三年科断，历来行之已久，虽若高下其手，实属轻重有权。盖言罪人，则所包者众，良民一时过误，即系获罪，譬如骂人者，律笞一十亦是罪人，其一时情迫，或致拒捕，顺带小刀戳伤，即拟缳首，实属过重，不比折指毁齿不能平复，是以从轻。至于窃盗因事主知觉，即弃财物逃走，尚有畏惧之心，而无凶暴之状，即因追逐而拒捕，不过欲冀脱身以幸免，故律注止加不得财二等，杖七十。若因其追逐，竟敢转身持刃伤人，则强形已露，已非一拳一棒，折人一齿一指之伦，况盗贼之心叵测，多有金刃随带，止依本罪加等满徒，则势必肆行无忌，何以戢盗风而安良善？是以又将刃伤人者，谓在折伤以上拟以绞候，正《书》经所谓轻重有权，不必混而一之者也。各省追逐拒捕伤非金刃之案，自有加等正条，若有照临时拒捕为从伤非金刃例，问拟充军到部者，刑部自应遵照律例，详核定议改正。至刑部议覆署贵州督臣张允随题：蒙子凡等行窃拒捕戳伤事主戴天俸一案，则又不可以概论。蒙子凡窃盗刃伤事主之案，缘余阿滩等甫经挖洞，尚未入室，即为事主戴天俸持棒往击，余阿滩等奔逸，戴天俸赶上，将余阿滩拉倒按住不放，余阿滩情急喊救，蒙子凡回转，先扯戴天俸之手，总不肯放，蒙子凡始取余阿滩之刀戳伤戴天俸臂膊，戴天俸释手，二贼即逃。余阿滩等并未入室，则未得财可知，事主棒击奔逃，又复追拉倒地，以致二贼先戳其手，继戳其背，是二贼止有求脱之心，并无格斗之意也。且二贼之中，余阿滩已经监毙，若又将为从之蒙子凡拟军，实属过重，是以改照刀伤人徒二年本罪上，加等满徒。此系刑部核案酌情办理，并不敢请著为定例。若拒捕情形，不尽如余阿滩之已经监毙，为从不尽如蒙子凡之情迫可原，则不得概从轻拟也。嗣后各项犯罪拒捕，仍遵照律例分别加等治罪外，其窃盗弃财追逐之案，如有逞凶执持金刃戳伤事主者，应照折伤以上，拟绞监候。其有与余阿滩之案绝相肖似者，仍以犯罪人拒捕加等科断，不必著为定例。

事例 388.02：乾隆四十一年谕

围场内偷打牲口，砍伐木植人等，胆敢拒捕，情殊可恶。嗣后拿获围场内偷打牲口，砍伐木植人等，仍照旧例治罪外，若缉拿之时拒捕不肯就擒者，拿获时著加重治罪。其敢于拒捕致伤缉拿之人者，拟获时著即行正法。钦此。遵旨议定：偷盗围场之犯，本例已应发新疆，今因拒捕加重。查加罪例不至死，谨拟于遣罪上先加枷号三月，再行发遣。其拒捕伤人者，即行正法，照拒捕折伤以上拟绞律，定为绞决。

事例 388.03：乾隆四十六年谕

刑部因经朕看出核覆山西省梁崇禄图奸窦生宜之妻，被窦生宜殴伤身死，将窦生宜援照罪人不拒捕而擅杀律，拟绞监候一本，请另立罪人虽拒捕而并未伤人之例。此案梁崇禄实亦拒捕，但未伤事主，向来办理此等案件，俱有成例可援。如罪人不拒捕而擅杀者，自应照例缓决，数年后遇赦再行减等。若罪人既有拒捕确实证据，致被捕者杀死，则捕者无论已未受伤，均当于本年列入可矜，刑部止须于秋审时就案核办，不必另立科条。窦生宜一案，即照此办理。

事例 388.04：乾隆五十一年奉旨

核覆湖北巡抚奏：贼犯陈其方等被县役缉获拒捕杀差案内，帮同拒捕并未伤人律应拟流之从犯，虽同一拒捕，而事主之与官差，究有区别。如犯罪事发，业经官司，差人拒捕，该犯仍敢藐法抗拒，较之事主追逐临时抵拒者，情罪自为较重，若概以为从并无伤人，一例减流，不足以儆凶顽而昭法纪。嗣后抗拒官差为从者，即照此案定拟，其余仍照旧例办理，著为令。

事例 388.05：乾隆五十五年谕

前据伍拉纳奏：贼犯陈笤因被差役赵荣侦见擒捕，即拔身带小刀戳伤赵荣身死一案，因该犯藐法逞凶杀死捕役，若照例问拟斩候，不足蔽辜。降旨内外问刑衙门，遇有贼犯行凶用刀立毙差役者，俱应请旨即行正法。今阅刑部覆题王金玉致死赵康求子一案，依例将王金玉问拟斩决。夫窃盗之于事主，系属平人，尚以临时拒捕致毙，罪应斩决，乃以奉公缉犯官人，贼犯竟敢抗拒戕害，向例仅止问拟斩候，其罪反轻于拒杀平人之条，定拟未为平允，何以昭法纪而儆凶顽。嗣后如有贼犯拒捕逞凶，立时用刀杀毙捕役者，竟当问拟斩决，著为例。

事例 388.06：乾隆五十七年谕

刑部题覆安徽省奸犯王林远扎伤奸妇夫兄郑瑶典身死，将王林远依罪人拒捕杀所捕人者律，拟斩监候。又，直隶省贼犯黄昆等殴伤事主杨文德身死，将黄昆照窃盗临时拒捕为首杀人例，拟斩立决。二本已照签下矣。又，题覆山东省民犯刘书图脱拒捕砸伤捕役乔振绪身死，将刘书依犯罪逃走拒捕杀所捕人律，仅拟斩候，未为允协。黄昆系属贼犯，临时拒捕杀伤事主，自应照例斩决。至王林远与郑瑶典俱系平民，其捉奸被扎身死，将王林远问拟斩候，已足蔽辜。若刘书系殴伤堂嫂拘押候质之犯，乃敢硬自跑走，及经县役堵拿，辄用石砸，致伤身死。以犯人而拒杀在官人役，一死二伤，岂王林远之拒杀郑瑶典可比，乃仅拟斩候，使之监禁稽诛。从前定例，本未平允，刑部援引定拟，亦未加细酌，以致失当。嗣后除拒杀所捕系属平民者，仍照旧例办理外，其有在官兵役，自应奉票差拘，以及签派看守押解人犯，如无恐吓陵辱索贿情事，犯人敢于图脱殴打致毙者，概不当复拟斩候。其应如何酌行改定之处，著该部悉心妥议具奏。

事例 388.07：嘉庆四年奉旨

山东巡抚审题：时元会殴伤放火凶徒刘二身死，时元会依擅杀罪人律，拟绞监候一案。经刑部奏称，本年十一月，刑部于福建省黄哑仔殴死窃贼许兴早案内，声请凡事主当时追捕，殴死黑夜偷窃及白日入人家内院内偷窃财物之贼，既拟满徒，其隔日殴死者，如贼犯已就拘执，及并未拒捕成伤，将事主仍照擅杀罪人律拟绞。如贼犯不服拘执，及虽就拘执，而拒捕成伤者，量减拟流等因奏准在案。此条刘二挟仇放火，罪应拟军，与贼犯乘间鼠窜者，更属为害地方。时元会系被害之人，当时追捕致毙，事在仓猝，情因切己，正与事主当时追捕殴死贼犯情节相仿，若仍照律问拟绞候，以安分守法之良民，为强横不法之凶徒实抵，情法殊未允协。时元会应改照事主当时追捕殴死贼犯例，杖一百、徒三年。再查军流人犯内，有凶恶棍徒，无故生事行凶，扰害良民拟遣，及强奸未成拟流二项，一则欺陵善良，一则污人名节，均属为害闾阎。今当时殴死挟仇放火之犯，既改拟满徒，则当时殴死无故扰害之凶恶棍徒，及本妇有服亲属当时殴死强奸未成罪人，自应一例拟徒，以昭平允。应请嗣后殴死凶徒挟仇放火，及实在凶恶棍徒无故屡次寻衅扰害，并强奸未成各罪人，被害人及本妇有服亲属，均照事主例，如登时追捕忿激致死者，均杖一百、徒三年，余人杖八十。如凶徒持仗拒捕成伤，登时格杀者，仍照律勿论。如事已隔日，凶徒业已就拘，及并未拒捕成伤，辄复殴打致毙者，拟绞监候，余人杖一百。其未就拘，及被拒殴成伤者，量减一等，杖一百、流三千里，余人杖九十。

事例 388.08：嘉庆六年议准

罪人拒捕，殴所捕人至折伤以上者，律应绞监候，系指斗殴律内折人一齿以上而言。查律载折人一齿及手足一指者，杖一百；折二齿二指以上，杖六十、徒一年；

刃伤人者，杖八十、徒二年；若折人手足腰项皆成废疾者，杖一百、徒三年；至笃疾者，杖一百、流三千里。凡拒捕殴所捕人成伤之案，如殴成残废笃疾，自应照律拟绞监候，若仅刃伤以下，折一齿以上，俱照律折伤以上拟绞，未免情轻法重，是以乾隆二十四年定例，除奸盗罪人，刃伤所捕人，情罪较重，仍照律折伤以上拟绞外，若伤非事主，并非例应捉奸之人，以及别项罪人拒捕，如殴所捕人至残废笃疾者，方依律拟以绞候。其但系刃伤，仍照律加本罪二等问拟。定例已极平允，惟查别项罪人拒捕例内，尚载有折伤及折伤以上数字，恐拘泥例文者，将折人一齿以上律应杖一百者，依殴所捕人至折伤以上律拟绞，而于刃伤律应徒二年者，反依本例加本罪二等问拟，未免轻重倒置。应将例内别项罪人拒捕条内，"折伤及折伤以上"等字删去，改为"殴所捕人至残废笃疾，罪在满徒以上者，依律拟以绞候"，并于下句"但系刃伤下"，增"及刃伤以下"五字，以免牵混。

事例 388.09：嘉庆六年又议准

偷盗围场旧例，无论次数，即行发遣，嗣于嘉庆四年刑部议覆盛京刑部奏请私入围场偷打牲口，砍伐木植，已得者，初次枷号三月，二次杖一百、徒三年，三次发遣乌鲁木齐等处种地等因，奏准在案。是偷打牲口砍伐木植之例，已经奏明修改，其拒捕之处，亦应酌复旧例。嗣后此等人犯，有拒捕者，照拒捕本律加本罪二等问拟。犯至发遣者，先加枷号三月，再行发遣。殴所捕人至折伤以上者，绞监候；杀人者，斩监候。

事例 388.10：嘉庆七年刑部议请

直隶总督咨：平泉州民人田雪子因石勇强奸伊母李氏未成，登时殴伤石勇身死，该督将田雪子依强奸未成罪人，被本妇有服亲属登时忿激致死例拟徒，经刑部查登时杀死强奸未成罪人拟徒之例，系指亲属而言，至其子于父母，不但非有服亲属可比，且较本夫义忿所激，天性更为迫切。律内本夫奸所获奸，登时杀死奸夫者勿论，若人子登时杀死强奸伊母未成罪人，竟不得原情予以勿论，殊未平允。议请嗣后强奸未成罪人，被本妇之子登时杀死者勿论，若杀非登时，杖一百、徒三年。

事例 388.11：嘉庆八年奉旨

河南巡抚题：贼犯杜老刀拟斩监候一案。奉旨：此案杜老刀起意纠约同伙，向缌麻服兄杜景华家行窃，已属不法，迨杜景华追捕时，该犯辄用刀吓戳多伤，复因杜景华扭住不放，情急图脱，将杜景华扎伤右肋倒地殒命，尤属凶恶，刑部问拟斩候，固属按律办理，但该犯先经犯窃，复拒伤缌麻服兄身死，服制攸关，将来秋审时，亦必予勾，毋庸久羁图圄，杜老刀著即处斩。嗣后刑部遇有此等拒捕毙命有关缌麻服制之犯，按律问拟斩候，仍请旨即行正法，不必待秋审办理。著为令。

事例 388.12：嘉庆九年议准

江西巡抚题：长宁县民曹炳然与缌麻服兄曹健纯弟妇何氏通奸拒捕杀死曹健纯，

依律拟斩监候一案。经刑部议准：奸盗拒捕事同一律，曹炳然奸通缌麻服弟妻，复拒捕故杀缌麻服兄，核与杜老刀行窃拒捕，致死缌麻服兄之案，情节尤重，自应钦遵谕旨，将曹炳然按律拟斩监候，请旨即行正法。

事例388.13：嘉庆十一年议准

陕西巡抚咨：富平县民韦孝割伤调奸罪人韦秉清脚筋成废一案，将韦孝依平人折跌人肢体律，拟以满徒，经刑部改照本律满徒上减二等咨覆。嗣据该抚以擅伤减斗伤罪二等，系专指夜无故入人家奸盗未明者而言。韦孝因韦秉清白日调奸伊媳秦氏，越三日捉获，割断脚筋成废，前照斗伤问拟，部改减二等，事属创始，咨请部示，复经刑部查擅杀罪人之案，研讯明确，实系应行减科，无论黑夜白日，俱可原情酌减。行令嗣后遇有此等之案，总视其所犯之罪，分别定拟。如擅杀应以斗杀律拟绞，则擅伤仍应依斗伤论等因咨覆在案。再查擅伤罪人律内，折伤始科伤罪，则殴非折伤，应得勿论。

事例388.14：道光二年谕

刑部等衙门核拟曾三行窃刃伤事主一案，请酌改科条等语。此案湖南湘乡县贼犯曾三，于已经脱逃后，被事主追获，情急图脱，自割发辫，误行割伤事主，核其情节，本无拒捕之心，若依拒捕刃伤例问拟绞候，未免情轻法重。曾三一犯，著照议于绞罪例上，量减为极边烟瘴充军，定地发配，折责安置，余俱照所议行。

成案388.01：聚众拒捕毁屋杀人〔康熙四十二年〕

刑部议福督金世荣疏：朱绍熹因派累扰民，前任巡抚访拿枷责，绍熹杀死解役刘魁，又聚众拒捕，杀人毁屋，见官兵势重，始行挈眷宵遁，应从重拟罪立决枭示，妻子入官，将为从廖盛文等仍援赦邀免等因。查律内，逃避山泽拒敌官兵，以谋叛已行论等语，朱绍熹比照强盗律拟斩，将妻子入官，与例不符，廖盛文等并非应赦之人，仍行该督再拟。奉旨：这事情著照该督所题议结具奏。

成案388.02：广西司〔嘉庆十八年〕

广西抚题：何士信因子何大忠行窃，被事主吴得周获送，何士信率领子侄，持械赶夺，致吴得周惊慌逃走，失足落河溺毙。何士信不能禁约其子何大忠为窃，例应笞责，系属有罪之人，将何士信依犯罪拒捕、杀所捕人律，拟斩监候。何大忠于伊父何士信纠人赶夺，该犯并不知情，惟其父身罹法网，究由该犯行窃所致，照子孙违犯教令、杖一百律上，加一等，杖六十、徒一年。

成案388.03：江苏司〔嘉庆十八年〕

苏抚题：路松观伙同沈百受行窃，经事主邻佑孙正潮出捕，路松观拒伤孙正潮身死。将路松观依罪人杀所捕人，拟斩监候。沈百受在场助势，并未帮拒成伤，于为从帮拒之陈阿大等流罪上，量减一等，满徒。

成案 388.04：湖广司〔嘉庆十八年〕

北抚咨：徐得万因无服族弟徐幅万强奸伊弟妇未成，登时用刀，将徐幅万砍伤，于刃伤人徒二年例上，减二等，以尊犯卑，再减一等，拟杖一百。

成案 388.05：四川司〔嘉庆十九年〕

川督咨：乐文学因张万赘先与其同居小功堂弟媳通奸，嗣经控官，该氏悔过拒绝，张万赘复往，持刀通奸，致被乐文学忿激致死，比照强奸未成罪人、被本妇有服亲属登时致死例，满徒。

成案 388.06：江苏司〔嘉庆十九年〕

张阎氏因李合年拉伊强奸，该氏不从喊嚷，适伊夫张起回归，将李合年捆缚，李合年秽语辱骂，该氏忿恨莫遏，刀砍致毙。原拟比照强奸未成罪人、被本妇杀非登时例满徒。部驳砍由忿激，杀在登时，改依强奸未成罪人、被害之人、登时忿激杀死例，满徒。

成案 388.07：江西司〔嘉庆二十年〕

江西抚咨：朱庆沅伙窃陈惟才牛只，已据自认，实属有罪之人，被陈惟才擦瞎两目，已成笃疾，应以斗杀定拟，虽闻拿投首，系侵损于人，毋庸议减。

成案 388.08：河南司〔嘉庆二十年〕

河抚题：刘保全因素识乞丐刘三汉，抢食筐内蒸馍，随用绳套其脖项拉走，欲告知其父，致刘二汉气闭身死。将刘保全依擅杀拟绞监候。

成案 388.09：河南司〔嘉庆二十年〕

河抚咨：杨骡娃殴死强奸伊母未成之申长富身死。将杨骡娃拟以满徒，余人潘道、王寅娃，俱拟满杖。

成案 388.10：直隶司〔嘉庆二十年〕

直督题：李进忠偷窃侯保地内南瓜被获，虑恐张扬贼名，起意将侯保勒死灭口。将李进忠依罪人拒捕杀死所捕人者、斩监候例，拟斩监候。

成案 388.11：江苏司〔嘉庆二十一年〕

江苏抚题：任学秦捉奸，戳伤妻母尼普真身死。查该犯因伊妻母普真与僧人旭亮通奸，后教令伊妻与旭亮奸好，被该犯撞获，持剪捉拿，被普真抱住，致奸夫脱逃，该犯将普真戳伤身死，是普真教令其女犯奸，与任学秦实已义绝，即属有罪之人。将任学秦依罪人不拒捕而擅杀例，拟绞监候。僧人旭亮与母女通奸，致酿人命，一死一抵，应比照本夫登时捉奸，误杀旁人脱逃之奸夫例，拟以满徒。

成案 388.12：直隶司〔嘉庆二十一年〕

直督那咨：庞振德因乞丐黄大路窃去铁犁，强行索食未遂，挟嫌放火，被该犯捉获，欲行送官，因雨阻，将其捆缚树上，被雨淋濯，冻饿身死，非该犯意料所及，且系放火凶丐，应衡情酌减。将庞振德照凶徒挟仇放火、被害之人、杀非登时、绞监候例上，量减满流。

成案 388.13：湖广司〔嘉庆二十一年〕

南抚咨：杨宕保因夏老六与伊妻通奸，被该犯撞见气忿，邀同杨添保，将夏老六诱至僻处捆缚，刺瞎夏老六两目。该抚将杨宕保依擅伤罪人，以斗伤定拟例，瞎人两目者，杖一百、流三千里。经本部以该犯见夏老六与伊妻在房说笑，实属奸所获奸，若夏老六因伤身死，该犯例止拟徒，将该犯改依擅伤罪人、减斗伤二等例，杖九十、徒二年半。

成案 388.14：广东司〔嘉庆二十二年〕

广东抚题：巡丁陈亚受等，共殴贩私之李什晚身死一案。除将陈亚受依罪人已就拘执而擅杀律，拟绞监候外，查共殴之巡丁黎亚二等，各用刀石，将李什晚致伤，并无损折伤痕，系属擅伤罪人，并非折伤，例得勿论，应毋庸议。

成案 388.15：山东司〔嘉庆二十三年〕

东抚咨：庄仁因缌麻服侄庄寿强奸伊妻马氏未成，登时殴伤庄寿身死。查被杀之庄寿，系该犯缌麻服侄，若问拟满，未免与平人漫无区别。将庄仁依强奸未成罪人、被害之人、及本妇有服亲属、登时忿激致死、满徒例，量减一等，杖九十、徒二年半。

成案 388.16：山东司〔嘉庆二十三年〕

东抚咨：外结徒犯内杨七起意行窃，护伙拒捕，刃伤纪成山平复。查纪成山系事主马昌熙家所觅泥瓦匠，偶尔寄宿，并非马昌熙家雇工，不能以事主论。杨七依窃盗拒捕、伤非事主、但系刃伤、仍照律加本罪二等例，于刃伤人杖八十、徒二年律上，加二等，满徒。

成案 388.17：安徽司〔嘉庆二十三年〕

安抚咨：居怀双抗粮，纠同居毛孜等，拒伤差役缪相平复一案。居怀双应纳积年钱粮，抗欠未完，违限在一年以上，系属有罪之人，经该县差役比追，辄起意纠同居毛孜等多人，各持枪刀拒捕，并用枪扎伤缪相右臂。将居怀双依凶器伤人军罪上，加拒捕罪二等，发极边烟瘴充军。居毛孜虽未欠粮，惟明知居怀双欠粮不纳，差传比追，辄听从帮拒，持枪扎伤具役胡明脊背，实属济恶，应以拒捕为从问拟，居毛孜依凶器伤人边远军罪上，加拒捕罪二等，为从减一等，发极边充军。居怀亮、居庭封，各持枪刀，听从助势，尚未伤人，依执持凶器未伤人杖一百例，加拒捕罪二等，为从减一等，各杖六十、徒一年。居怀赐仅止附和同行，并未持有凶器，应照不应重杖。

成案 388.18：江苏司〔嘉庆二十三年〕

苏抚咨：外结徒犯内徐阿八与郑五姑通奸，因被本夫陆耀宗扭获，欲行送官，辄拒殴成伤。将徐阿八照军民相奸杖枷罪上，加拒捕罪二等，杖七十、徒一年半。

成案 388.19：奉天司〔嘉庆二十三年〕

盛刑咨：逃徒李发被获，仍发原配，解至中途，复行逃走，后被差人隆保住窥破缉获，李发持刀恐吓，致将差人隆保住划伤。将李发依犯罪逃走拒捕加二等律上，于原配满徒罪上，加二等，杖一百、流二千五百里。

成案 388.20：河南司〔嘉庆二十三年〕

河抚咨：贼犯王小喜等抢夺程广演鱼驴，拒伤事主逃逸，嗣经差役捕获，王小喜持棍拒伤差役。将王小喜以抢夺伤非金刃，伤轻平复首犯，改发极边烟瘴充军，被获时有拒捕例，改发回疆为奴。本部查该犯于拒伤事主时，并未被获，即行逃走，与被获到官，复又脱逃者不同，其于被获时，持棍伤差，应于本犯极边烟瘴罪上，加拒捕罪二等，改发新疆当差。

成案 388.21：山西司〔嘉庆二十三年〕

晋抚咨：崔景僖因崔敦子谋杀伊出继胞侄崔曾鼎，伤而未死，崔景僖将崔敦子捆缚送官，行至中途，因捆绳松开，崔敦子在车滚转，停车将其捆缚，被崔敦子辱骂不休，用刀将其砍伤致死，系属忿激一时，将崔景僖依罪人本犯应死而擅杀律，拟杖一百。

成案 388.22：山西司〔嘉庆二十三年〕

晋抚咨：贼犯马九二子、马勺果子，纠伙迭窃，执有器械，本罪应拟极边烟瘴充军，该二犯于窃后撞遇捕役马汉友盘诘，并不俯首就擒，辄起意拒捕，马九二子用刀砍伤捕役马汉友左脚腕，马勺果子用刀扑砍，被马汉友夺刀扎伤逃回，后因乡约马天成追拿，复敢施放铁铳，致伤马天成右肋等处，均在折伤以上。马九二子、马勺果子均依罪人拒捕、殴伤所捕人、至折伤以上律，拟绞监候。

成案 388.23：陕西司〔嘉庆二十三年〕

陕抚咨：乡约杜泳增因孟多广与杜道儿等，到处开场聚赌，输打赢要，均系积惯赌博匪徒，因向杜秀索讨赌欠争闹，胆敢纠伙持刀逞凶，扎伤理劝之人，实属生事行凶，扰害良善恶棍。杜泳增身充乡约，本有应捕之责，主令杜年成等，驾船往捕之时，孟多广业已凫水过河，尽可任意奔逃，乃恃其善于凫水，复行下河，以致误入深潭溺毙，不得谓之擅杀，而案未到官，不能称囚，又未便依囚因追逐仓迫而自杀律勿论。杜泳增应比照棍徒扰害、被害之人，登时忿激致死例，满徒。

成案 388.24：安徽司〔嘉庆二十四年〕

安抚题：戴马川寄顿贼赃，被事主亲戚王大山、王大宽弟兄访知，邀同事主往查。戴马川起意纠同伊弟戴习广等拒捕，致被纠同业已病故之戴溪本将王大宽杀死，戴马川亦将王大山砍伤毙命，例无罪人拒捕，致死一家二命首犯作何治罪明文，将戴马川仍按本例斩候，该犯在逃十年，始行就获，改为立决。戴习广明知伊兄戴马川寄顿贼赃，听纠抗拒，用顺刀将王戴宽砍伤，应照凶器伤人军罪上，加拒捕罪二等，惟拒捕为从，仍应依律减一等，将戴习广于共殴人执持凶器伤人、发近边充军例上，加一等，发近边充军。

成案388.25：四川司〔嘉庆二十四年〕

川督题：周老八因络窃伙犯林九被事主胥在明捕获，起意打夺，约同周贵来等共十六人同往，见胥在明与堂叔胥庭祚及邻佑赵临先等，押送林九行走，周老八令其放还不允，喝令殴打，以致周贵来与该犯，各将赵临先并胥庭祚殴伤毙命，将周老八依罪人拒捕、杀所捕人律，斩候。该犯起意聚众打夺，复当场喝众拒殴，致毙二命，情节较重，请旨即行正法。周贵来听从夺犯，持刀拒捕，致毙事主邻佑二命，系周老八喝令所致，按律以主使之人为首，下手伤重，得减一等，惟系拒捕杀人从犯，较寻常斗殴听从下手者为重，将周贵来改发新疆为奴。

成案388.26：浙江司〔嘉庆二十四年〕

浙抚咨：陆吴氏与僧灿珍通奸，经本夫陆泳才捉获，僧灿珍挣扎不脱，该氏帮护奸夫，将陆泳才咬伤。律无治罪专条，将陆吴氏比照奸夫拒伤应捉奸之人，刀伤以下，加本罪二等例，于军民相奸，奸妇枷号一个月、杖一百罪上，加二等，杖七十、徒一年半，杖决徒赎，交本夫领回。

成案388.27：江苏司〔嘉庆二十五年〕

苏抚题：胡闹与魏三，遇道贫难，胡闹起意扒窃，魏三允从，同在集上闲愰，欲图乘便下手，经快役朱顺窥破形迹，将其赶逐，并声言如再到集，定行送官究治，胡闹气忿，起意殴打泄忿，嘱令魏三纠人相帮，经各纠邀韩结巴等首从九人，各执凶器，至朱顺家，将朱顺殴伤身死。将胡闹比依犯罪拒捕杀所捕人者，斩监候。魏三等依共殴之人，执持凶器伤人例，拟军。韩结巴被纠同往，未经帮殴成伤，应于杀所捕人为从流罪上，减一等，满徒。

成案388.28：江苏司〔嘉庆二十五年〕

苏抚咨：贼犯魏中湶用铁鞭拒伤事主，依凶器伤人加二等，发极边充军。冯玉于魏中湶拒伤事主，该犯在旁目击，即属为从助势，应减一等，满徒。

成案388.29：贵州司〔嘉庆二十五年〕

贵抚题：罗么么行窃马世法家放青猪只，经事主马世法等前往搜拿，该犯起意拒捕，将鸟枪点放，适该犯无服族姊罗喻氏闻闹出视，被枪误伤身死，应照因斗殴而误杀旁人，以斗杀论，故杀者斩监候。

成案388.30：广东司〔嘉庆二十五年〕

广东抚咨：谢鸟妒蜂戳瞎邓连生两目成笃一案。此案邓连生先因偷窃叶亚茂布衫，经叶亚茂查知，将邓连生剪辫割耳放走，嗣邓连生挟嫌，撞遇叶亚茂，欲行殴打，叶亚茂走避，即邀同谢鸟妒蜂前往捉拿，将邓连生捆缚，因其辱骂，谢鸟妒蜂用铁钻将其两眼戳瞎。查邓连生偷窃叶亚茂布衫，本属罪人，叶亚茂将其剪辫割耳，邓连生挟嫌寻衅，叶亚茂同谢鸟妒蜂往捕，已经捉获，因其喊骂，将其两眼戳瞎，系属擅伤。将谢鸟妒蜂依罪人已就拘执而擅伤律，瞎人两目者，杖一百、流三千里，毋庸断付财产。

成案388.31：直隶司〔嘉庆二十五年〕

直督奏：刘四混系商雇巡役，有巡缉之责，王朝臣系扒盐匪犯，即属应捕罪人，设该巡役当王朝臣扒盐时，上前拴拿，即被拒捕，因而格杀，原可照例勿论，乃于禀官差拘之后，因王朝臣持械凶殴，抵扎适毙，若仅照斗杀拟绞，似与不拒捕之罪人无所区别。将刘四混比依罪人已就拘执、及不拒捕而擅杀、照斗杀绞候上，量减一等，拟以满流。经本部以王朝臣系偷盐被禀拘拿之犯，不知畏罪，辄敢持械至原捕人家门首凶殴，因刘四混携刀出御，王朝臣将刀格落，用担连殴，情凶势恶，实属扰害，刘四混拔刀抵扎适毙，核与被害之人，登时殴毙棍徒者，情无二致，应改拟凶恶棍徒、无故扰害、被害之人、登时忿激致死例，满徒。

成案388.32：山东司〔道光元年〕

东抚咨：孟永大图奸无服族叔祖母孟刘氏未成，因孟刘氏与之不依，并孟刘氏之母刘布氏，子刘丙仁，及邻居孟程氏，闻声趋护，该犯情急乱划，将孟刘氏等先后砍伤，例无作何治罪明文，惟图奸与强奸不同，已成者为奸夫，未成者为罪人，则图奸未成罪人，不便与奸夫并论，应照罪人拒捕科断。依卑幼犯尊长加一等，于刃伤人杖八十、徒二年罪上，加一等，再加拒捕罪二等，杖一百、流二千里。

成案388.33：浙江司〔道光二年〕

提督奏送：任二行窃六次，应照积匪猾贼，量减拟徒，其刃伤弁兵李长青等，应加拒捕罪二等，杖一百、流二千五百里，惟该犯刃伤二人，情节较重，应再酌加一等，满流。

成案388.34：浙江司〔道光二年〕

浙抚咨：张遇高、董小老，各贩私盐百十余斤，均用他物拒伤巡弁，应于贩无引私盐满徒罪上，加拒捕罪二等，杖一百、流二千五百里，惟系巡弁，与寻常拒捕者，情节较重，应再加一等，满流。

成案388.35：浙江司〔道光二年〕

提督咨送：赵二纠窃四次，独窃二次，应照积匪量减拟徒，惟该犯于千总毛康龄查拿之时，情急图脱，辄敢用梯木拒伤该弁，按例加拒捕罪二等，应杖一百、流二千五百里，第系官弁，应再酌加一等，满流。

成案388.36：云南司〔道光二年〕

云抚题：戴金发殴死强奸未成罪人熊镇明一案。查戴金发因熊镇明强奸伊妻未成，该犯事后赶至理论，将其迭殴身死，例内并无本夫事后赶至理论，杀死强奸伊妻罪人，作何治罪明文，将戴金发比照强奸未成罪人、被本夫有服亲属、杀非登时例，拟绞监候。

成案 388.37：山东司〔道光二年〕

东抚题：杜文玉勒死已休之妻孙氏。查杜文玉因妻孙氏与人通奸，将孙氏休弃，孙氏复至该犯家央恳收留，该犯不允，因被辱骂，将其勒毙，核与一经离异，转嫁他人，应同凡论者有间，惟孙氏登门辱骂，实属罪人，该犯将其致死，情同擅杀，将杜文玉罪人已就拒执而擅杀律，拟绞监候。

成案 388.38：广西司〔道光四年〕

广西抚题：李亚德先与唐甘氏通奸，本夫唐振凝并不知情，嗣该氏途遇李亚德相约续旧，即在空寮行奸，经唐振凝瞥见，赶进寮内，该犯用刀拒伤唐振凝跌地，该氏见夫受伤，抱住该犯喊人捉拿，该犯图脱，用刀戳伤该氏身死。查唐甘氏虽系奸妇，惟见其夫受伤，当将奸夫抱住喊人帮捕，即与捕人无异。该犯恐被拿获，将该氏戳毙，李亚德合依犯罪拒捕杀所捕人者斩律，拟斩监候。

成案 388.39：直隶司〔道光四年〕

直督咨：差役黄明，奉票查传疯犯丁芝生，因其不服传唤，擅加锁铐，以致丁芝生痰壅气闭身死，是丁芝生之痰壅，究系疯发气闭所致，与实在因锁铐而致死者有间，自应比例酌减问拟。黄明应依罪犯业经拿获捕役借称设法制缚误伤其命者于斗杀绞罪上量减一等，杖一百、流三千里。

成案 388.40：安徽司〔道光四年〕

安抚咨：徐汶和因大功服弟徐汶整，挟伊不允借钱之嫌，放火烧伊场内草堆，该犯登时追殴致毙，照凡人罪应满徒，惟该犯系徐汶整同堂大功服兄，自应减等问拟，将徐汶和于凶徒挟制放火被害之人登时忿激致死者杖一百徒三年例上减一等，杖九十、徒二年半。

成案 388.41：河南司〔道光四年〕

河抚咨：商邱县韩二，因卢凤麟黄夜强奸伊妻乔氏未成，闻喊追捕，用锄砍伤卢凤麟囟门身死，实属登时，韩二应比照强奸未成、罪人被本妇有服亲属登时忿激致死者、杖一百徒三年例，杖一百、徒三年。

成案 388.42：陕西司〔道光五年〕

陕督题：平罗县萧押住，因闻坠姐与高小娃私通，蓄意挟制成奸，乘隙搂抱求奸，坠姐不从，揪住喊嚷，该犯情急图脱，用刀扎伤坠姐身死，检查律例并无图奸妇女不从被揪图脱致死作何治罪明文，自应仍照罪人拒捕科断。萧押住依犯罪拒捕杀所捕人者斩律，拟斩监候。

成案 388.43：广西司〔道光六年〕

广西抚咨：韦帼春被盗持械撞门起捕，一时情急，顺取防夜竹铳，由门缝点放，冀图吓散，适伤盗犯杜刚红身死，实属事在顷刻，势出仓卒，与登时格杀拒捕贼犯无异。韦帼春应比照贼犯持杖拒捕被捕者格杀勿论律，予以勿论。惟所用竹铳，虽讯系旧藏防兽，并非私造，但私藏军器，罪有应得，仍照私藏军器一件杖八十律，拟杖八十。

成案388.44：安徽司〔道光六年〕

安抚咨：巴万凌因高桂喜行窃伊家牛只，用绳捆缚送官，行至中途，高桂喜顿断绳头逃跑，巴万凌追逐，致高桂喜失足落水身死。查死系行窃罪人被事主追逐溺毙，与罪人逃走捕者逐而杀之之律相符，应照律勿论。惟于高桂喜溺毙后，匿不禀报，巴万凌应与听从匿报之巴唐元等，各照不应重律，杖八十。

成案388.45：陕西司〔道光六年〕

陕抚咨：连崇文等共殴连遇城身死，查连崇文系连遇城缌麻服叔，连遇城向连崇文等讹索历年祭祖钱文，已属不经，乃因连崇文不允，辄将该犯高祖神像扯毁，查比引律条，内载弃毁祖宗神主，比依毁弃父母死尸律拟斩，是毁弃祖宗神像即与神主无异。连遇城照律应拟斩候，实属罪犯应死，连崇文气忿，听从其母连贺氏，殴打致毙，实属擅杀，连崇文合依罪人本犯应死而擅杀者杖一百律，拟杖一百。

成案388.46：陕西司〔道光六年〕

乌鲁木齐都统咨：迪化州杨孝，因妻潘氏与何万受通奸，顾惜颜面，以理斥阻，而何万受反带刀前往寻衅，该犯瞥见地放小刀，即行拿起，迨何万受向其扑夺，该犯始用刀扎伤何万受殒命，核与罪人持仗拒捕格杀之律不符，惟何万受于该犯禁其往来后，辄敢带刀拚命，实属势恶情凶，迥非不拒捕之奸夫可比。杨孝合依凶恶棍徒无故行凶扰害、被害之人登时忿激致死者、杖一百徒三年例，拟杖一百、徒三年。

成案388.47：陕西司〔道光六年〕

陕抚咨：袁文贵因罗名益殴伤其妻成废，拟徒释回后，复向袁文贵讹索钱文，持刀寻殴，实属情凶势恶。该犯将其殴伤身死，实属登时致毙，按例罪止满徒。该抚将袁文贵照擅杀律问拟绞候，系属错误。袁文贵合依凶恶棍徒无故行凶扰害、被害之人登时忿激致死者、杖一百徒三年例，拟杖一百、徒三年。

成案388.48：陕西司〔道光六年〕

喀喇沙尔咨：谢永清被人控告不服拘拿，用刀扎伤蒲云海头颅，将该犯照例拟杖八十、徒二年，辜内平复，应减二等，拟杖六十、徒一年，仍加拒捕罪二等，拟杖八十、徒二年等语。查该犯刃伤捕人，与凡斗刃伤人者不同，自应照罪人拒捕加等定拟，即限内平复，亦不准减等。谢永清应改依罪人拒捕、但系刃伤、仍照律加本罪二等定拟，于刃伤人杖八十徒二年律上，加拒捕罪二等，杖一百、徒三年。

成案388.49：安徽司〔道光七年〕

安抚咨：于马孜因王帼训听纠抢夺其母于赵氏图卖，情急救护，登时用叉戳伤王帼训身死，例无作何治罪明文。查于赵氏夫故孀守，王帼训听纠抢卖，强令失节，即与强奸无异。于马孜应比依强奸未成罪人、被本妇之子登时杀死者勿论例，予以勿论。

成案 388.50：湖广司〔道光七年〕

北抚题：赵满生因向尼僧志修求奸不从，扭住喊叫，该犯图脱，用拳将志修殴跌致伤身死。例无图奸拒捕将本妇殴伤身死作何治罪明文，赵满生应比照犯罪拒捕杀所捕人者斩律，拟斩监候。

成案 388.51：湖广司〔道光七年〕

南抚题：袁勇开与小功堂侄袁同华之妻龙氏通奸，经袁同华撞见，持刀赶捉，该犯被砍，夺刀拒捕，将袁同华戳伤身死。例无治罪明文，自应照凡人罪人拒捕科断。袁勇开比照犯罪拒捕杀所捕人者斩律，拟斩监候。

成案 388.52：陕西司〔道光七年〕

陕抚咨：富平县王居儿，因行窃事主刘元平家纸穰，卖钱花用，被刘元平查知，同子刘幅考找寻未获，后被刘幅考途遇，揪住发辫，欲行送官，该犯情急图脱，用刀自割发辫，误划伤刘幅考右胳肘平复，系属事后拒捕窃盗，事后拒捕杀伤人，应仍依罪人拒捕本律科断。查刃伤人杖八十、徒二年，加拒捕罪二等，亦止满徒。该抚将王居儿于窃盗临时盗所拒捕，被事主扭获，情急图脱，用刀自割发辫误伤事主，减等拟军罪上再减一等，拟杖一百、徒三年，罪名虽无出入，引断究未允协，自应依律更正。王居儿应于刃伤人杖八十徒二年律上加拒捕罪二等，杖一百、徒三年。

成案 388.53：河南司〔道光七年〕

河抚咨：郑州陈二妮，因小功服弟陈罗妮强奸其妻宋氏未成，登时忿激，将陈罗妮拉跌殴毙，遍查律例，并无卑幼强奸有服亲属，被尊长登时忿激致毙，作何治罪明文，自应比例量减问拟。陈二妮应比依强奸未成、罪人被本妇有服亲属登时忿激致死者、杖一百徒三年例上，量减一等，杖九十、徒二年半。

成案 388.54：河南司〔道光七年〕

河抚题：新野县陈黑琮，因无服族弟陈德纠同陈重书，黄夜潜往轮奸陈白氏未成，陈黑琮、陈甫德，均系氏夫陈憨小功亲属，激于义忿，听从陈憨邀允帮捕，该犯等于事后将陈德捉获殴伤，越日身死，遍查律例，并无擅杀轮奸未成罪人作何治罪明文，自应即依擅杀强奸未成罪人例问拟。陈黑琮合依强奸未成、罪人被本妇有服亲属忿激致死者、如杀非登时、仍照擅杀罪人律，拟绞监候。

成案 388.55：四川司〔道光七年〕

川督咨：永川县张倡陇，系张倡远同高祖缌麻服弟，张倡远因见张倡陇按住伊妻张龚氏强奸，登时忿激，将张倡陇戳伤身死，遍查律例并无卑幼强奸缌麻尊长之妻，被尊长登时杀死作何治罪明文，惟查卑幼图奸有服亲属，被尊长忿激致死，照擅杀罪人、各按服制于殴杀卑幼本律例上减一等定拟，则杀死强奸有服卑幼，似应比依凡人致死强奸未成罪人减等问拟。张倡远比依强奸未成罪人、被本妇有服亲属登时忿激致死者、杖一百徒三年例上，量减一等，杖九十、徒二年半。

成案 388.56：浙江司〔道光七年〕

浙抚咨：余士伦纠伙行窃，尚未得财，因闻喊捕，先已逃走，后见伙贼黄世来被事主追获扭辫不放，该犯虑恐究出同伙，一时情急，用刀帮割黄世来发辫，欲使脱逃，致将事主误行划伤，并非有心逞凶拒捕，即核与被事主扭获图脱、自割发辫误伤事主者情节相同，自应比照问拟。余士伦应比照窃盗被事主扭获图脱、以致误伤事主者、于死罪上减一等，应绞候者，减为实发云贵两广极边烟瘴充军。

成案 388.57：广西司〔道光八年〕

广西抚咨：韦熙明行窃谷禾，经事主刘会英托令更夫冯忠兴代捕，冯忠兴即有应捕之责。韦熙明将冯忠兴致毙，检查律例，并无窃贼拒捕致死帮捕之更夫作何治罪明文，自应比照问拟。韦熙明应比依犯罪拒捕杀所捕人者斩律，拟斩监候。

成案 388.58：陕西司〔道光九年〕

陕抚咨：洋县贼犯柯老幺，即柯良元，行窃事主高建昌家，被高建昌惊醒，拉住胸衣喊捉，该犯情急图脱，用刀自将衣襟割落，误伤事主右手背连大指平复，系属临时盗所拒捕，与被追拒捕刃伤者不同。该抚将该犯依窃盗被追拒捕刃伤事主罪应绞候例上，减为实发云贵两广极边烟瘴充军，系属错误，自应据咨更正。柯良元应改依窃盗被事主扭获图脱、用刀自割襟带、以致误伤事主者、于死罪上减一等，应斩候者，减发新疆给官兵为奴，仍照奏定调剂章程，改发云贵两广极边烟瘴充军，酌加枷号三个月。

成案 388.59：山西司〔道光十年〕

晋抚咨：王根洸因张春娃与伊母王王氏通奸，嗣经悔过拒绝，张春娃复往逼奸不遂，向王王氏吵闹，被王根洸撞遇，当时用铁铲砍伤身死。查张春娃本系奸夫，王根洸系属亲子，一见张春娃忿激砍伤致死，核与捉奸杀死奸夫无异，惟王王氏究系悔过拒绝，已据邻佑人等供证确凿，未便仍以捉奸科断，遍查律例，并无和奸之案，本妇悔过拒绝，奸夫复往逼奸，被本妇之子登时杀死，作何治罪专条，自应酌量比例问拟。王根洸应比照本妇之子杀死图奸未成罪人，杖一百、徒三年。

成案 388.60：陕西司〔道光十一年〕

陕抚咨：贼犯张喜安，行窃事主张泳积铺内钱文，被张泳积邻佑王万年，将伊发辫揪住声喊，该犯情急图脱，拔刀割辫，划伤王万年左手腕等处平复。查王万年系事主张泳积邻佑，与事主不同，该犯将其刃伤，自应照刃伤人律加拒捕罪二等问拟。该抚将张喜安照窃盗被事主扭获图脱自割发以致误伤事主例，于死罪上酌减一等，减为实发云贵两广极边烟瘴充军，系属错误。张喜安应改依刃伤人杖八十徒二年律上加拒捕罪二等，杖一百、徒三年。

成案 388.61：河南司〔道光十一年〕

河抚题：新乡县王第六，身充地保，因李畅牛恃醉向张魁借钱争殴，该犯因向劝处不服，虑恐李畅牛乘醉滋事，用铁链套住李畅牛项颈，欲图送究，因天色已晚，李畅牛又沉醉难行，将其带至庙内，并将系项余链拴于柱上歇宿，以致李畅牛被链坠勒，气闭殒命，例内并无地保拴系酗酒之犯欲行送究，以致误伤其命，作何治罪明文。查地保本有稽查之责，与捕役无异，自应比例问拟。王第六应比照罪犯业经拿获、捕役借称设法制缚、误伤其命者、照已就拘执而擅杀者、以斗杀论、斗杀者绞律，拟绞监候。

成案 388.62：陕西司〔道光十一年〕

陕抚咨：民人赵百进，因见伊子赵歪子被石祥儿搂抱强奸，登时将石祥儿殴伤身死，自应比例问拟。赵百进应比依强奸未成罪人、被本妇有服亲属登时忿激致死者，杖一百、徒三年。

成案 388.63：安徽司〔道光十三年〕

安抚题：赵怀峰因王连仲与高轩等在别界价买官盐，交王连仲背负，经过门首，赵怀峰指称私盐，硬行截夺，王连仲同高轩等往赵怀峰家索讨，适赵怀峰外出，高轩等寻获盐包，背负先行，王连仲将赵怀峰堂兄赵怀然牛只抢走，赵怀然邀同杨兵等追捕，杨兵等各用库刀枪扎致伤，王连仲逃走，王连仲追赶时，赵怀峰归家查知，赶往拦住，用枪扎伤王连仲身死。查王连仲身死各伤，惟被赵怀峰所扎为重，应以拟抵。已死王连仲，虽系抢牛罪人，该犯赵怀峰截夺盐斤，亦属罪人，当以凡斗论。杨兵等因赵怀然牛只被抢，听从赵怀然追捕，并非赵怀峰纠往，其各用库刀枪扎致伤王连仲，系属擅伤罪人，当以擅杀案内余人论首从本罪各别，自应各科各罪。赵怀峰依共殴人致死以下手致命伤重者绞候律，拟绞监候。杨兵等依擅杀罪人案内余人照共殴余人律，杖一百。

成案 388.64：四川司〔道光十三年〕

提督奏送：李雨子纠同李大狗等，在途行劫，该犯用刀偷割事主年三装钱口袋，年三用手遮护，误碰刀尖，划伤右手掌平复。李雨子于年三被断绳拌跌之后，起意抢夺钱文，该犯初意只图割袋偷窃，致事主自行碰划，实属误伤，并非有心拒捕，其时尚未起意抢夺，应照窃盗科罪。李雨子除抢夺计赃及挟嫌妄扳各轻罪不议外，应比依窃盗临时拒捕伤人、如被获图脱、用刀自割发辫襟带、以致误伤事主者、于死罪上酌减一等例，改发云贵两广极边烟瘴充军，加枷号三个月。

成案 388.65：四川司〔道光十三年〕

川督题：洪雅县已革武生王正川，因逃流邹湘儿系戳伤伊兄王乐膳身死拟绞减流之犯，在配逃回，该犯瞥见，拿送争殴，将其戳伤身死，遍查律例，并无尸弟杀死曾经拟绞减等脱逃凶犯作何治罪明文，惟邹湘儿究属脱逃罪人，该犯系属死者胞弟，本有应捕之责，自应比照问拟。王正川应比依罪人不拒捕而擅杀者以斗杀论斗杀者绞律，拟绞监候。

成案 388.66：四川司〔道光十四年〕

川督题：西昌县陈正辅，因刘善戳毙伊父陈现友，拟绞减流发配，该犯痛父情切，意图报复，商允伊弟陈正道，赶至中途，将刘善戳伤身死。查刘善虽系有罪之人，第系本官押解，并未逃回，即与擅杀无异。前据该督以律例内并无治罪明文，将陈正辅比照父为人所杀，凶犯虽经到官拟抵，或于遇赦减等发配后，辄敢潜逃回籍，致被死者子孙擅杀者，杖一百、流三千里例上量加一等，拟杖一百，发附近充军。本部以案情未符，驳令改正，将陈正辅改照罪人不拒捕而擅杀者以斗杀论斗杀者绞律，拟绞监候。

成案 388.67：河南司〔道光十四年〕

河抚奏：夏邑县已革捕役王明德，为张小海等窝赃，嗣张小海等窃得王怀保家驴头衣物，往向藏匿，该犯因王怀保在后喊追，恐被赶至搜获，即令张小海等牵携他往，被王怀保查知，责令赔赃不允，欲行扭送究治，该犯胆敢抗拒，先则喝令王照帮殴，继因王怀保辱詈不休，起意致死，复刀扎其肚腹等处毙命，殊属凶横。查拒捕杀人与故杀罪名相等，自应从一科断。王明德合依犯罪拒捕杀人者斩律，拟斩监候。该情罪较重，应请旨即行正法，以示炯戒。王照虽非罪人，亦无预谋杀害情事，惟当时既知其父王明德窝窃肇衅，辄听从帮殴，刀扎王怀保左右臂等处，子济父恶，未便仅照凡斗刃伤人拟以杖徒，致滋轻纵，应即照拒捕为从问拟。王照应依为从减一等律，于王明德斩罪上减一等，杖一百、流三千里。

律 389：狱囚脱监及反狱在逃〔例 16 条，事例 11 条，成案 7 案〕

凡犯罪被囚禁而脱监，及解脱自带锁杻，越狱在逃者，〔如犯笞杖、徒、流。〕各于本罪上加二等。〔如〕因〔自行脱越〕而窃放〔同禁〕他囚罪重者，与〔他〕囚〔罪重者〕同罪，并罪止杖一百、流三千里。本犯应死者，依常律。

若罪囚反狱在逃者〔无论犯人原罪重轻，但谋助力者〕，皆斩〔监候〕。同牢囚人不知〔反〕情者，不坐。

（此仍明律，锁杻原系枷锁，雍正三年改定。其小注系顺治三年添入。顺治律为 411 条。）

条例 389.01：各府州县掌印巡捕官

各府州县掌印巡捕官，但有死罪重囚越狱，三名以上，俱住俸带罪勒限缉拿，六名以上调用，十名以上降一级，十五名以上降二级，通限三个月以内，有能尽数拿获者免罪。卫所官遇有失囚，亦照前例。若偶因公事他出，致有疏虞者，减现在主守之人罪各一等。其兵备守巡官，系驻扎处所，失事二次，参奏罚治。抚按官有隐匿不以实开者，听部院该科参究。

（此条系明代问刑条例。雍正三年奏准：今重犯越狱，该管官即革职带罪勒限缉拿，无三名以上始行住俸之例。此条删除。）

条例 389.02：凡杀人盗犯

凡杀人盗犯，及未杀人之首盗，与伤人之伙盗，原拟斩枭及斩决，若越狱脱逃被获者，并于本地方斩决枭示。其未杀伤人之伙盗，原系拟斩免死发遣之犯，如越狱脱逃被获者，于本地方拟斩立决。若因越狱伤害兵役者，亦拟斩枭示。其外省越狱及在途脱逃盗犯，被别省拿获，即令拿获之地方官审报该抚具题，刑部查明原卷奏闻，行令拿获之地方立决。其从部刺字发遣，在途用酒灌醉、用药迷倒解差，乘间远扬者，该地方官报部，亦行令拿获之地方拟斩立决。若因脱逃杀伤兵役者，斩决枭示。其疏纵之该管官，照例议处。刑书、禁卒有无贿纵，与不严加肘锁，少差兵役及差非正身，以致中途脱逃者，地方官及兵役，照例议处治罪。

（此条系雍正三年定例。）

薛允升按：此盗犯越狱，及在途脱逃之专条，与"徒流人逃"各条参看。上层指在外省越狱，及在途脱逃而言。下层指从部刺字发遣在途脱逃而言。此条专论盗犯，其从部刺字发遣一层自系亦指免死盗犯而言。其余并未议及，自系仍照律定拟也。后斩绞、军流人犯越狱，又定有加等治罪专例，应与此条参看。此等免死盗犯，从前均发黑龙江为奴，是以各省均将犯解部刺字，然后发遣，今不行矣。此条有脱逃拒伤差役一层，下条无文，有少差兵役一层，"主守失囚"门并无此层。此例因越狱而并及在途脱逃暨解部刺字，迷倒解差等事，是以禁卒之外，兼及刑书。若在狱脱逃，如非贿纵、故纵，即与刑书无干，乃亦牵连拟罪何耶？此从前旧例也，与现在例文多不相符，似应酌加修改，或修并于下条除律之内。

条例 389.03：各处监狱俱分建内外两处

各处监狱俱分建内外两处，强盗并斩绞重犯俱禁内监，军流以下俱禁外监。再另置一室，以禁女犯。

（此条系雍正七年，九卿议准定例。）

薛允升按：此监禁入犯之通例，与本门专言越狱脱逃不同，似应移于"应禁不禁"门。此条与《处分则例·禁狱》门相同。惟《处分则例》尚有州县官到任之初，即将禁狱查勘，如系坚固完好，造具文册，申送上司存案，傥有废坏，立即修理，及废坏不修议处一层云云。此外，尚有不时巡察看视一条，均应参看。

条例 389.04：获犯到案并解审发回之时

获犯到案并解审发回之时，州县官当堂细加搜检，无有夹带金刃等物，方许进监。并严禁禁卒，不许将砖石、树木、铜铁器皿之类，混行取入。如有买酒入监者，将禁卒严行责治。

（此条系雍正七年定例。）

薛允升按：此条似应移于"与囚金刃解脱"门。禁卒代买鸦片，与犯人吸食，烟瘴军，见"狱囚衣粮"。此处止云严行责治，并未指明何罪，似应添入。

条例389.05：拿获越狱人犯

拿获越狱人犯，务究通线与剃头，并代为销毁刺字情弊，通线之人，与囚同罪。至死者，拟绞监候。其代为剃头，并销毁刺字之人，俱枷号两月，责四十板。

（此条系雍正七年例。原例代为剃头并销毁刺字之人，枷号三月，乾隆五年，改照起除刺字律。）

薛允升按：禁卒贿纵，照囚罪全科，徇情故纵，至死减一等。见"主守不觉失囚"，应参看。与囚同罪，谓同科加等之罪也。本犯系斩绞罪名，则通线之人，亦拟绞候，谓不准减等也。越狱律系加本罪二等，至死者，依常律。此云至死者绞，自系指死罪人犯越狱而言。后越狱例文改重，军流徒犯，亦有加拟绞候者。是否不论军流、斩绞，本犯应拟死罪，亦拟绞候之处，尚未明晰。若以原犯罪名为定，而禁卒受贿故纵，则又照囚罪全科，本犯如应立决，如何科断？一并记核。此处代为剃头，及销毁刺字之人，并未分别事前事后，及是否系越狱之情，俱照寻常代为销毁刺字例，拟以枷杖，似嫌轻纵。设如越狱之先，有人知情代为剃头并销毁刺字，其情亦不轻于通线之人，似未便仅拟枷杖，且是否不论狱卒，平人之处，亦未叙明。此剃头及毁字，自系指越狱以后而言，故仅拟枷杖。若在越狱以前，则与通线之人无异，且非禁卒受贿知情，外人何能在狱代为剃头、毁字耶。

条例389.06：监内疏脱立决人犯

监内疏脱立决人犯，禁卒发边卫充军，提牢典史杖一百、徒三年。疏脱监候人犯，禁卒杖一百、流三千里，提牢典史杖九十、徒二年半。疏脱军流徒罪人犯，禁卒减囚罪一等，提牢典史减罪囚二等。其受财故纵者，与囚同罪，至死者拟绞监候。如一年之内，能令亲属捕获，或囚已死及自首，仍照律各减囚原罪一等。更夫、民壮，俱枷号两月。如有通同受贿故纵情弊，并计赃从重论。其管狱官及有狱各官，遇有重犯越狱脱逃，管狱官革职拿问，有狱官革职带罪勒限一年督缉，限满不获离任，仍留地方协同接任官缉捕，三年限内全获，给咨送部，请旨开复。如三年限满，或不能全获，交与刑部分别治罪。其例应降调之员，亦留地方，与接任官协同缉捕，三年限满不获，按其不获名数，分别议处。

（此条系雍正七年定。乾隆五年奏准：主守不觉失囚律内，疏脱者减囚二等，今例内疏脱立决人犯即拟军流，是止减一等，且不觉失囚律内，疏脱者减二等，故纵者与囚同罪，至死减等，得财故纵者，以枉法从重论，原分二等，此例止有疏脱及受财故纵之罪，未及故纵而不受财一层，设有此等案件与受财同科，则无所区别，不与受财同科，则罪无可拟。此条删除。）

条例 389.07：在监斩绞人犯（1）

在监斩绞人犯，如有强横不法，及赌博等事，一经审实，即行请旨照原拟正法。如提牢官失于觉察，狱官故为徇隐，交部议处。禁卒知情故纵者，从重治罪。

（此条系雍正十一年定例，乾隆五年增改为条例 389.08。）

条例 389.08：在监斩绞人犯（2）

在监斩绞人犯，如有强横不法，及赌博等事，杖一百，仍严加锁铐，俟秋审分别定拟。知情故纵之禁卒，照开局窝赌例，杖一百、徒三年。提牢官失于觉察，狱官故为徇隐，交部分别议处。军流等犯有犯，亦照此问拟。

（此条系乾隆五年，以重犯锁铐在监，自非禁卒疏纵，何由强横赌博，今将犯人照原拟正法，而知情故纵之禁卒，尚未严定罪名，且军流等犯，亦应增入，因将条例 389.07 增改。）

薛允升按：平人赌博，满杖之外，尚应枷号两个月，在监犯赌，止杖一百。强横不法，及越狱脱逃，均系怙恶不悛，乃一经越狱，即从严治罪，〔律止加二等，例改死罪居多。〕而强横及赌博等事，仅止拟杖，未免太轻。斩绞人犯在监仍敢强横不法，自非善良之徒，照原犯即行正法，亦属罪所应得。后改为秋审时，分别定拟，则应情实者，无可再议，应缓决者，不能因此改拟。情实自系仍照原犯定拟之意，设立此条果何为耶。秋审条款内亦未载明此项。监犯行凶致死人命，见"斗殴及故杀人"门。监狱重地，纵令死罪人犯赌博，仅将知情故纵之禁卒，照寻常窝赌例拟徒，亦嫌轻纵。与下自号牢头一层参看。

条例 389.09：斩绞重犯如有越狱脱逃

斩绞重犯如有越狱脱逃，将管狱官及有狱官实时题参，按例分别议处，不得同军流等犯越狱按照疏防定限扣参。

（此条系乾隆二十二年，吏部议覆安徽巡抚高晋条奏定例。）

薛允升按：应与下条修并为一。

条例 389.10：斩绞人犯如有在监年久

斩绞人犯如有在监年久，自号牢头，串通禁卒、捕役，挟制同囚，吓诈财物，教供诬陷，少不遂意，恣意陵虐，凶恶显著者，审实，即照死罪人犯在监行凶致死人命例，依原犯罪名，拟以立决。其寻常过犯，酌量严惩示儆。

（此条系乾隆二十四年，浙江巡抚庄有恭条奏定例。）

薛允升按：与上强横不法一条参看。如非斩绞人犯，或系监候待质，或系永远监禁，有犯此等情节如何科断，记核。《处分则例》亦应参看。

条例 389.11：犯罪囚禁在狱

犯罪囚禁在狱，私纠伙党三人以上，穿穴踰墙，乘禁卒人等一时疏懈，潜行越狱脱逃者，除原犯斩绞立决应即正法外，其原犯斩绞监候人犯，无论首伙，俱改为立决。原犯军流律应加二等调发者，俱改为拟绞监候，秋审时，为首入于情实，为从入于缓决。原犯徒罪律应加二等问拟者，为首改为拟绞监候，秋审时，入于缓决；为从发往伊犁给兵丁为奴。原犯杖笞律应加二等问拟者，为首发往伊犁为奴，为从实发烟瘴充军。若仅止一、二人犯，乘间穿穴逾墙，因而脱逃，并无豫谋纠伙情事者，原犯斩绞立决，即行正法。其原犯斩绞监候应入情实人犯，毋论首伙，俱改为立决。应入缓决者，入于秋审情实。原犯军流律应加等改发者，为首改为拟绞监候，入于缓决，为从发往伊犁给兵丁为奴。原犯徒罪律应加等问拟者，为首发往伊犁给兵丁为奴，为从实发烟瘴充军。原犯杖笞律应加等问拟者，为首改为实发烟瘴充军，为从问拟满流。其盗犯潜行越狱脱逃，仍各按本例定拟。如有劫狱、反狱者，即照劫囚反狱定例办理。

（此条系乾隆五十三年，广西巡抚孙永清奏，拿获越狱监犯梁美焕等一案，奉上谕纂为例。道光六年，调剂新疆遣犯，将原例发伊犁为奴者，改发云、贵、两广极边烟瘴充军；原发烟瘴者，改发极边足四千里充军。道光二十四年，遣军照旧发遣，仍复原例。）

薛允升按：此较律加重者。三人以上越狱徒犯，为首改为拟绞缓决，为从系军流，改为绞候缓决，系斩绞，俱改为立决，则擅杀、误杀，亦改立决矣。且无论首伙，未免太重。斩绞改为立决，军流加拟绞候，已属律外加重，徒罪亦拟绞候，杖笞俱加重发遣，殊嫌过严。上条有脱逃拒伤差役一层，此条无文。此等人犯至死罪者，自属法无可加，如罪不致死之犯，越狱后拒捕刃伤差役，是否仍加二等之处，记参。

条例389.12：罪囚由监内结伙反狱

罪囚由监内结伙反狱，如有持械杀伤官弁役卒，及并未伤人首从各犯，不论原犯罪名轻重，悉照劫囚分别杀伤一例科罪。

（此条系乾隆五十三年，广西巡抚孙永清奏，拿获越狱监犯梁焕美等一案，奉上谕纂为例。）

薛允升按：律系斩候，例改斩决，以越狱罪已加重，故反狱亦从严也。

条例389.13：羁禁罪应凌迟斩绞立决监候重犯（1）

羁禁罪应凌迟、斩绞立决、监候重犯，越狱脱逃，将有狱及管狱各官俱参革，留于该地方协缉。十年限满不获，审系禁役贿纵故纵脱逃者，协缉各官俱发往军台效力赎罪。若审明禁役并无贿纵、故纵情事，果系依法看守，偶致疏纵脱逃者，协缉各官，拟以杖一百、徒三年。如所限十年期内，该员等能将正犯拿获，该督给咨送部引见，请旨开复。傥一犯不获及他人捕获者，仍照例科罪。至军流等犯越狱脱逃，其有狱、管狱各官，仍照旧例交部分别议处。

（此条旧例，重犯越狱，该管官限五年协缉，乾隆五十三年改为定例。嘉庆六年修改为条例389.14。）

条例389.14：羁禁罪应凌迟斩绞立决监候重犯（2）

羁禁罪应凌迟、斩绞立决、监候重犯越狱脱逃，将有狱及管狱各官，俱照旧例参革，留于该地方协缉，五年限满不获，审系禁役贿纵故纵脱逃者，协缉各官俱发往军台効力赎罪。若审明禁役并无贿纵、故纵情事，果系依法看守，偶致疏纵脱逃者，协缉各官，拟以杖一百、徒三年。如所限五年期满，该员等能将正犯拿获，该督抚给咨送部引见，请旨开复。倘一犯不获，及他人捕获者，仍照例科罪。至军流等犯越狱脱逃，及斩绞人犯越狱拿获案内，另有军流人犯未获，其有狱、管狱各官，仍照旧例交部分别议处。

（此条系嘉庆四年，吏部奏准：将重犯解审中途脱逃协缉五年之例删除，仍归协缉一年办理，咨称越狱协缉十年之例，亦应更正画一，因仍复协缉五年旧例。嘉庆六年改定此条，嘉庆十六年改定为条例389.15。）

条例389.15：羁禁罪应凌迟斩绞立决监候重犯（3）

羁禁罪应凌迟、斩绞立决、监候重犯越狱脱逃，将管狱官革职拿问。除五日内拿获，革去顶戴改为革职留任，四年无过，题请开复。四个月限内拿获，即行革职，免其拿问外，如不能拿获，留于地方协缉，五年限满不获，审系禁役贿纵故纵脱逃者，发往军台効力赎罪。若审明禁役，并无贿纵、故纵情事，果系依法看守，偶致疏纵脱逃者，拟以杖一百、徒三年〔按：此自应不论名数多寡〕。有狱官暂行革职留任，俟四个月限满不获，仍留任一年督缉，如再不获，按其未获名数，议降、议革，留于该地方协同接任官缉捕，五年限内拿获，题请开复。限满不获，查系禁役贿纵、故纵者，无论名数多寡，概行革职，发往军台効力赎罪。若并无贿纵情弊，系降调之员，仍照未获名数分别降革完结；系革职之员，拟以杖一百、徒三年。〔按：此以名数分别降革者〕。至一案内止系一名脱逃者，有狱官革职留任，四个月限满不获，仍留任一年督缉，如再不获，即行革任，留于该地方协缉，五年限内拿获，题请开复。限满不获，审系依法看守，偶致疏纵者，仍以革职完结。系禁役贿纵、故纵者，拟以杖一百、徒三年。倘犯被他人捕获者，仍照例科罪。至军流等犯越狱脱逃，及斩绞人犯越狱拿获案内，另有军流人犯未获，其有狱、管狱各官，仍照旧例交部分别议处。

（此条系嘉庆十六年，将条例389.14改定。）

薛允升按：上条言本犯罪名，此条则专言管狱、有狱各官也。此除律详载《处分则例》，故此处从略。《处分例》死罪人犯外，尚有免死问发新疆人犯一层。五日内外，《处分则》列系统管狱、有狱官言，此例无有狱官一层〔五日限内拿获，有狱官降一级留任，一年无罪，题请开复，五日外四个月内拿获者，扣限一年，无过，将革留之案开复〕。至一案内以下专言有狱官，而不及管狱官，以管狱官自系无分人数之多少也。军台满徒，《处分例》内从略，是以现在办法均照《处分则例》，从无援引刑例者矣。无论名数多寡，则一名亦应发军台矣，而下文一名脱逃未获，仅徒三年，似不画一。监犯越狱，不过疏于防范，即失察禁役贿纵，亦系因人连累，与自行作奸犯科不同，拟从军台满徒，似嫌太过。且狱卒不觉失囚，减囚罪二等，司狱官典减囚罪三等，律文本有等差，此例将管狱、有狱官罪名加重，而狱卒并未议及，有犯自应仍照律定拟。设疏脱死囚，狱卒问徒三年，管狱官亦问徒三年矣。殊觉相悬之至。监犯越狱，禁卒有失于防范者，亦有受贿、故纵者，乃自来办案，多以依法看守，偶致疏脱完结，缘处分太重，故不肯照办也。贿纵人犯越狱，非特管狱、有狱官处分綦重，其该管之府州革职，道员降一级调用，臬司降一级留任，督抚罚俸一年，处分亦不为轻，宜此等案件之不多见也。再《处分则例》云："直省监狱，惟按察使、知府衙门设有专员，应以司狱为管狱官，按察使、知府为有狱官，其直隶州厅及各州县监狱，系交吏目、典史等官管理，即照管狱官例，议叙议处，印官照有狱官之例。"若如此例所云，一经贿纵，即按察使、知府亦应发往军台效力矣。能如是办理否耶。此条应与《处分则例》各条参看。

条例 389.16：羁禁罪应凌迟斩绞立决监候重犯越狱脱逃

羁禁罪应凌迟、斩绞立决、监候重犯越狱脱逃，将有狱、管狱各官革职，留于地方，照例限五年协缉。如于限内拿获他处案犯，并非本案正犯，仍按限协缉，限满无获，照例分别治罪。

（此条系乾隆六十年，两江总督苏凌阿奏，已革铜山县知县佟大有先后拿获他案首伙各盗请行宽免案内，奉上谕纂为定例。）

薛允升按：上条例文已严，此则更严矣。然因此拟徒，并无办过成案，即协缉亦属空言，何必定此严例也。

事例 389.01：康熙十五年题准

凡有反叛人犯越狱，不论名数多寡，将狱官革职拿问，该管各官革职，带罪勒限一年督缉，全获者开复，逾限不全获者即行革职。若系斩绞人犯越狱，不论名数，狱官革职拿问。自一名至五名者，将该管各官革职，带罪照限一年督缉，全获者开复，逾限不全获者，即行革职。若系斩绞人犯越狱，不论名数，狱官革职拿问，自一名至五名者，将该管各官革职，带罪照限一年督缉，全获者开复，限外一名不获者降一级，二名者降二级，三名者降三级，四名者降四级，俱调用。五名全不获者革职，六名以上越狱者，亦照例督缉，如限满不获，仍按名数多寡，分别议处。如原参带罪督缉官员，限满降调有抵销留任者，再限一年缉拿，如仍不获，照接缉官例，分别议处；全获者不议叙。至接缉官亦勒限一年缉拿，能全获者不论俸满即升，一名不获者罚俸三月，二、三名者罚俸六月，四、五名者罚俸九月，六名以上者罚俸一年，人犯照案缉拿。若军流徒杖笞等犯越狱者，不论名数，狱官革职，该管各官，自一名至十名者俱住俸，带罪照限一年督缉，全获者开复。逾限不获，一、二名照原品调闲散用，三、四名者降一级，五、六名者降二级，七、八名者降三级，九十名者降四级，俱调用；十一名以上者革职，带罪照限督缉。如限满不获，照例计名数多寡，分别议处。其原参带罪督缉官员，限满降调有抵销留任者，再限一年缉拿，不获者照接缉官例议处，全获者亦不议叙，接缉各官，亦勒限一年督缉，全获者不论俸满即升，一名至四名不获者罚俸三月，五、六名者罚俸六月，七、八名者罚俸九月，九名十名以上者罚俸一年，未获人犯，照案缉拿。凡署印官有越狱之事者，照现任官例处分。其虚革虚降官员，限内有事故离任者，照离任官例，罚俸一年，逃犯责令接管官再限一年缉拿。如能全获者，不论俸满即升，若前官已获一、二名，接管官将所余逃犯全获者，不论名数多寡，纪录一次。逾限不获者，仍按罪犯轻重，名数多寡，照接缉官例议处。至于监犯越狱，该管官当时拿获，或穷追自尽者，俱免处分。若将别案缉或贼犯诈作越狱案内之犯，谎报已获已死者，俱革职，将转详官罚俸一年，具题之该督抚，罚俸六月。如该管官将斩绞重犯越狱隐讳不报者，即行革职。该管官因公出境，有反叛人犯越狱者，照承缉官例处分。若系斩绞人犯越狱，初参免其处分，限一年督缉，逾限一、二名不获者罚俸六月，三、四名者罚俸一年，五、六名者降一级调用，七、八名以上者降二级调用。如系军流徒杖笞等犯越狱，初参免处分，亦限一年督缉，逾限一、二名不获者罚俸三月，三、四名者罚俸六月，五、六名者罚俸一年，七、八名以上者降一级调用。

事例 389.02：康熙三十年谕

越狱已经全获，该管官即行免议。

事例 389.03：雍正元年议准

山海巨盗及斩绞重罪人犯越狱脱逃，将狱官革职拿问，该管官革职，带罪勒限一年督缉，限内全获，准其开复。如逾限一名不获者降一级调用，二名不获者降二级调用，如三名不获一名者革职。至狱卒有受罪人仇家贿嘱谋死本犯者，依谋杀人首从律治罪。其失察之该管官，交与该部从重议处。再狱官果有堪于荐举者，该管督抚据实题奏，交该部酌加议叙。

事例 389.04：雍正四年议准

嗣后凡斩绞重犯越狱，该管官除赴部引见委解钱粮调查案件，承缉要务等件，因公出境及奉调入闱者，该督抚于疏内声明，吏部仍照因公出境例查议，但此等人犯，理应严加监禁，镣铐牢固，该管官或委署邻邑，或檄调赴省等项，公出时，尤当严饬吏卒，委交属员，加谨稽查，小心防守。如有此等公出，而斩绞重犯越狱者，仍照越狱例议处。至军流徒罪等犯，该管官员因公出境，一时防检偶疏，或致越狱脱逃，该督抚务将该员于某月日，因何事公出何处，逐一声明，仍照因公出境例议处。如有并非因公出境，而捏饰具奏者，将该管上司照徇情例，降二级调用。该管有司狱官照规避例革职。

事例 389.05：雍正四年奏准

未杀人之首盗与伤人之伙盗原拟斩决，若越狱脱逃被获者，照杀人盗犯于本地方斩决枭示。其未杀伤人之伙盗，系免死发遣之犯，如越狱脱逃者，照未杀人之首盗，于本地方斩决。若因越狱杀伤兵役者，照未杀人之首盗于本地方斩决。若因越狱杀伤兵役者，亦拟斩枭。文武官有能拿获盗犯越狱，及中途脱逃并从遣所逃回者，照拿获名数，分别加级纪录。

事例 389.06：雍正七年谕

监犯脱逃加等治罪之例，著各省督抚转饬所属刊刻木榜，于狱中张示，犯人进监，便令晓谕，庶免不知误犯。其它禁约监犯之条，亦著详明榜示，俾各懔遵，则受刑者不枉矣。

事例 389.07：雍正七年又谕

张大金棍因伊弟张二金棍为盗被获监禁在狱，伊起意为首，纠约多人，打入桃源县监，将张二金棍劫出，并打伤更夫禁卒人等，似此藐法横行，其罪较强盗有加。查律内强盗打劫牢狱聚至百人以上者斩决枭示。凡用强劫夺在监在途罪囚者，不分首从皆斩监候。夫劫夺平人之财物，尚拟立决，而劫夺监禁之盗犯，转拟监候，此系律条未协之处。凡为首之盗犯，俱系即行正法，则为首劫狱之人，不应从轻。著九卿详确定议具奏。

事例 389.08：雍正七年再谕

刑部奏称越狱之犯，半年内自首供出同伙，尽行拿获者，准减罪一等等语。凡犯人越狱，皆于本罪之外，加倍治罪，此所议减罪一等者，即减其本罪乎？抑减其加倍之罪乎？本内未曾声明，将来难于奉行。至于供出同伙，尽行拿获，则与以减等。傥案内本无同伙，止有一人越狱，于限内自首，又何以处之？若自首而即减其本罪，是因越狱而得利，转开越狱之端，将见犯者愈众矣！又如供出同伙，尽行拿获，减罪一等，傥同伙多人内有一人未获，又不得邀减等之恩，亦非平情之论。著再加详议具奏。

事例 389.09：乾隆二十九年议准

重犯自尽，司狱官例应降调，其已上杻锁者，即得免议，诚恐司狱各官，恃有免议之条，疏于防范。嗣后凌迟斩绞重犯，在狱自尽，不论已未杻锁，一例处分，不得幸邀免议，即载入例册遵行。

事例 389.10：乾隆四十八年谕

何裕城奏：本月二十日奉文处决仪封县盗犯刘刚、王起二名，时有同监盗犯唐二、窦起凤、鹿丕成、赵二及命犯张谋等逞凶拧断锁链，殴伤禁卒，当经祥符县知县及司狱等，督兵役拿获勘讯，即将该犯等先行正法示众等语。此等命盗案犯羁禁在狱，尚敢抗法逞凶，实属黩不畏法，自应即予正法，以儆凶暴，何裕城所办是。近年各省屡奏有监犯越狱之事，现在安徽省王刚等纠伙脱逃至三十七名之多，尤堪骇异。此皆由地方官平日玩视囹圄，毫无防范，督抚等又任听属员层层欺蔽，不加惩饬，以致监禁废弛，但此等斩绞重犯，问罪在狱，其敢于恃强逞凶，结党同逃，固属地方官防范不力所致，而该犯等之玩法越狱，亦因自知罪重，冀藉脱逃幸免，殊不知于脱逃之后，断无不按名弋获，立正刑诛，即如现在王刚案内陆续拿获之二十九名，即罪不至死者，亦俱立行正法，加重办理。其当时在监未同逃之王九、秦四、耿进甫三犯，虽业已情实予勾，念其尚知畏法，加恩免其处决。又如从前山东王伦案内寿张、阳谷等县监犯，无一人逃窜，及上年甘肃苏四十三之事，河州监犯自行投到者，朕俱加恩宽宥，减等发落，则蔑法者无不即罹重辟，畏法者无不予以生全，其事明显易晓。著通谕各督抚转饬臬司，将越狱之犯，于拿获后立即正法，及在监守法各犯加恩宽宥之案，详悉开叙，并将此旨榜示监狱，发交各属，通行晓谕重囚，庶伊等知生死攸关，不敢复萌铤而走险之计，亦未始非辟以止辟之道。

事例 389.11：乾隆六十年奉旨

两江总督奏：已革铜山县知县佟大有先后拿获他案首伙各盗，请行宽免一案。奉旨：据苏凌阿等奏已革铜山令佟大有，因疏脱监犯张三参革，留于地方协缉，该参令先后拿获首伙各盗及窃犯多名，所有限满应拟徒罪，可否功过相抵，量予宽免等语。各省留缉人员，往往于本案正犯，并不认真缉捕，转将他处拿获之犯，作为协缉，希图减罪，该上司亦复瞻徇通融，代为具奏，俾留缉之员，得以免罪释归。此系外省历来陋习，不足以示惩儆。佟大有著展限三年留缉，如能于限内缉获正犯，即予免罪。若再限满无获，仍照原拟问拟，不准减罪，此后各直省留缉人员，除限满无获者，照旧定拟外，其未能缉获正犯，而缉获他处案犯，即著照佟大有之例办理，以昭核实。

成案 389.01：发黑龙江人犯越狱〔康熙三十三年〕

吏部议覆陕抚吴赫题：行劫姜仁修案内盗犯宋盛吾，扭开刑具脱逃，系免死减等发与黑龙江新满洲披甲之人为奴之犯，非寻常军流人犯可比，应将三原县知县俞琏、典史周可模，均照斩绞人犯越狱例革职，限一年督缉。

成案 389.02：奉天司〔嘉庆二十年〕

盛刑咨：王属壮丁崔明道，因凶器伤人，拟军折枷，收禁门监，该犯欲图出监，寻觅盘费，许贿兵丁带领出监，因而脱逃，固属蔑法，核与自行踰墙脱逃者究属有间。崔明道应照犯罪被囚禁而脱监在逃者，于本罪上加二等律，于原犯近边军上，加二等，发极边充军，不准折枷。贿纵之领催云保，依与囚同罪，系旗人折枷。韩玉受海青额雇人替班，照军人不亲出征、雇人代替律，杖八十。

成案 389.03：河南司〔嘉庆二十一年〕

河抚咨：易良贵因斗殴杀人，拟绞监禁，秋审缓决五次，该犯因在监将饭食卖与康发祥等，起意乘机讹诈，将康发祥殴伤，经吏目将其锁铐，该犯将手铐砸开，经该州详办,该抚将该犯依在监人犯,强横不法,杖一百,严加锁铐,并声明赶入本年秋审情实。经本部以易良贵系已入秋审缓决五次之犯,与未入秋审人犯不同,将易良贵改照斩绞人犯、在监年久、有寻常过犯、酌量惩儆例,将该犯重责四十板,在监枷号三个月,仍严行锁铐示儆。

成案 389.04:广东司〔嘉庆二十一年〕

广东抚咨:典史吴就三疏脱监犯,留缉限满一案。查该典史吴就三疏脱斩犯三名,已于留缉限内拿获二名,尚有一名未获,该抚将该革员依例拟徒,声称首伙已获二名,尚有一名未获,缉捕尚属奋勉,听候部议。经本部以例内并未载及弋获过半,得邀宽减明文,行令该抚将该革员,照例拟徒。

成案 389.05:江苏司〔嘉庆二十一年〕

江苏抚咨:流犯吴朝玉在监图脱被获一案。查吴朝玉系原犯绞罪,奉文减流之犯,该犯起意越狱,甫将镣铐挣断,尚未扒出监墙,即被获住,未便以越狱脱逃之例,问拟绞候,但例内并无另有越狱未成治罪专条,应比例问拟。吴朝玉应比依犯罪被囚禁而解脱锁杻越狱,于本罪上加二等律,于满流上加二等,发近边充军。

成案 389.06:浙江司〔道光四年〕

浙抚咨:孙玉佩诱拐骆陈氏被获,越狱脱逃,限内拿获,将孙玉佩拟绞,声明秋后处决。查孙玉佩诱拐骆陈氏,罪应拟军,该犯于被获收禁后,越狱脱逃,并无预谋纠伙情事,自应依例拟绞,入于秋审缓决,该抚声明秋后处决,与例不符。孙玉佩合依犯罪囚禁、在狱乘间踰墙脱逃、并无预谋纠伙情事、原犯军流律,应加等改发者,改为拟绞监候,入于秋审缓决。

成案 389.07:湖广司〔道光六年〕

北抚咨:司狱黄彩,失察禁卒,与罪应斩决犯妇通奸怀孕,比照斩绞重犯越狱脱逃、限内缉获、管狱官改为革职留任四年,无过题请开复。

律 390:徒流人逃〔例 59 条,事例 18 条,成案 42 案〕

凡徒流、迁徙、充军囚人〔已到配所,于所〕役限内而逃者,一日笞五十,每三日加一等,罪止杖一百,仍发配所。其徒囚照依原犯该徒年分从新拘役,役过月日,并不准理。

若〔官司〕起发已经断决徒流、迁徙、充军囚徒,未到配所,中途在逃者〔其计日论〕,罪亦如〔配所限内而逃者论〕之。

〔配所〕主守及〔途中〕押解人不觉失囚者,一名杖六十,每一名加一等,罪止杖一百,皆听一百日内追捕。〔配所〕提调官及〔途中〕长押官,减主守及押解人罪三等。限内能自捕得,或他人捕得,若囚已死及自首,皆免罪。故纵者〔不分官役〕,

各与囚〔之徒流、迁徙、充军〕同罪。受财者，计〔所受〕赃以枉法从重论。〔赃罪重以枉法科之，纵罪重仍以故纵科之。〕

（此仍明律，顺治三年添入小注，原"罪三等"有小注"配所罪责限"，雍正三年删定。顺治律 412 条。）

条例 390.01：积年害民官吏

积年害民官吏，现在各处军者军，工者工，安置者安置，设若潜地逃回，两邻亲戚，即当速首拿赴上司，毋得容隐在乡，以为民害。敢有容隐不首者，亦许四邻首。其容隐者同其罪而迁发之，以本家产业，给赏首者。

（此条系明代大诰之文。雍正三年，奏准删除。）

条例 390.02：凡问发充军人犯逃回（1）

凡问发充军人犯逃回，原犯实犯死罪免死充军者，照依原问死罪处决。杂犯死罪以下充军者，初犯问罪枷号三月，仍发本卫。再犯枷号三月，调极边卫。若犯至三次，通系著伍以后者，即依守御官军律绞〔有一次中途在逃者，即不得绞〕。其有在逃遇恩赦，不分初犯再犯，俱免枷号，仍发原卫。三犯亦并论绞，奏请定夺。

（此条系明代问刑条例。雍正三年奏准：军犯已无著伍之例，与守御官军不同，应将"通系著伍以后者，即依守御官军律绞"十五字，改为"通系著军籍以后者绞"。又犯罪俱分别恩赦前后，并论非例，此条"三犯亦并论拟绞奏请定夺"十一字删。乾隆五年改定为条例 390.03。）

条例 390.03：凡问发充军人犯逃回（2）

凡问发充军人犯逃回，原犯实犯死罪免死充军者，照免死减等发遣人犯逃回例，分别有无行凶为匪定拟。若系杂犯死罪以下充军者，初犯枷号一月，仍发本卫。再犯枷号两月，调极边卫。若犯至三次，枷号三月，调发烟瘴充军。其有在逃遇恩赦，不分初犯再犯三犯，俱免枷号，仍发原卫。

（此条系乾隆五年，将条例 390.02 改定。乾隆十六年，将"杂犯死罪以下"六字，改为"原犯"二字。乾隆三十二年分出为条例 390.04。）

条例 390.04：充军人犯逃回

充军人犯逃回，如原犯实犯死罪免死充军，后复行凶为匪者，依免死减等发遣人犯逃后行凶为匪例，照原犯死罪，即行正法。

（此条系乾隆三十二年，将条例 390.03 删改。其军流在逃遇赦一节，摘出另为条条例 390.06，嘉庆六年修并入条例 390.07。）

条例 390.05：免死减军人犯在配脱逃

免死减军人犯，在配脱逃，拿获之日，审无行凶为匪者，初次枷号两月，调发极边充军；二次枷号三月，调发极边烟瘴充军；犯至三次者，改发宁古塔等处当差。

（此条系乾隆十八年定。乾隆三十二年，将"当差"二字，改为"给披甲人为奴"。嘉庆十四年修并入条例 390.07。）

条例 390.06：军流人犯脱逃遇赦

军流人犯脱逃遇赦，不分初犯、再犯、三犯，俱免枷号，仍发原配。

（此条乾隆三十二年，从条例 390.04 分出。嘉庆十四年修并入条例 390.07。）

条例 390.07：军流人犯脱逃被获遇赦

军流人犯脱逃被获遇赦，核其情节，准其援赦者，不分初犯、再犯、三犯，俱免枷号，仍发原配。如原犯情节较重，不准援赦者，按照逃走次数，照例枷号调发。

（此条系嘉庆十四年，因军流脱逃遇赦应否免其调发，应视情罪轻重，分别办理，并非概准援免，因将条例 390.05 及 390.06 改定。）

薛允升按：明时，以律止言徒流，而无军犯脱逃之文，故定有免死充军，杂犯死罪以下充军逃走，分别治罪之例，以补律之未备。《笺释》云："问发充军人犯，是总句下分真犯死罪免死充军者，及杂犯死罪以下充军者，为二项问罪，依守御军人在逃，初犯杖八十，再犯杖一百，三犯者绞。"通系著五以后六字要紧，若三次中有一次系中途在逃，则不论绞矣。《集解》："此充军人犯，系新犯非祖充，故免死充军而逃者一例，杂犯死罪充军者一例。此条例文，因免死充军人犯，在配敢于脱逃，故原例照原犯罪名，即行处决。其余军犯逃走三次，即属怙恶不悛，亦拟绞。罪未至死者，遇赦得免枷号。已至死者，遇赦亦并论绞。严之至也。与外遣人犯脱逃，即行正法之意相符，后则愈改愈轻矣。"从前流犯不准原赦，已经到配，即不在查办放免之列。是以"流犯在道会赦"律云，其流犯及迁徙安置，人已至配所，不在赦放之限。此例所云，俱免枷号，仍发原配，彼此符合。现在军流到配遇赦，俱准查办。如由配脱逃，遇有减等恩赦，则照例免其枷号，仍发原配。倘遇大赦，则全行援免，不但未脱逃者，准予放免，即脱逃者，亦概行援免矣。例内所云，未便拘泥。此条原例，系专为军犯屡次逃亡，怙恶不悛而设，与赦款无相干涉。改定之例，则专为遇赦言之矣，似非原定此例之意，不知赦款可临时酌定。此例所云，亦与近年条款不符。再原例专为加拟死罪而言，遇赦特带言之耳，既经删改不用，此例亦应删除。

条例 390.08：原犯实犯死罪免死减军人犯（1）

原犯实犯死罪免死减军人犯，在配脱逃，复有行凶为匪者，依免死减等发遣人犯逃回行凶为匪例，照原犯死罪，即行正法。如无行凶为匪者，初次枷号两月，无论近边、边远，俱调发极边地方充军；二次枷号三月，调发极边烟瘴充军；犯至三次者，改发吉林等处给披甲人为奴。

（此条原系乾隆十八年，刑部议覆江西按察使许松佶条奏定例。嘉庆六年与条例 390.05 及 390.06 修并为此条。嘉庆十七年修改为条例 390.09。）

条例 390.09：原犯实犯死罪免死减军人犯（2）

原犯实犯死罪免死减军人犯，在配脱逃，并无行凶为匪者，初次枷号两个月，无论近边、边远，俱调发极边地方充军；二次枷号三个月，调发极边烟瘴充军；犯至三次者，改发新疆酌拨种地当差。如逃后复有行凶为匪，按其后犯情节，仅止枷杖者，仍照脱逃本例加等调发，到配后科以后犯枷杖之罪。若后犯情节，罪应徒流以上者，即于逃罪加等调发本例上，再加一等改发。倘后犯之罪，重于改发罪名者，各从其重者论，仍分别次数，加拟枷号。若后犯已至斩绞监候罪名，应缓决者入于情实，应情实者加拟立决。至强盗自首免死减等充军人犯，在配脱逃，例应正法者，仍照定例办理。

（此条系嘉庆十七年，将条例390.08修定。嘉庆二十四年，因免死减军人犯逃后行凶为匪，原例不论后犯情节轻重，概照原犯死罪即行正法，未免太重，改为按其后犯情节，分别加等治罪，后犯罪应斩绞监候者，始加拟立决。道光六年，调剂新疆遣犯，将发新疆者改发云、贵、两广极边烟瘴充军，到配加枷号三个月。道光二十四年，新疆遣犯照旧发往，仍复原例。咸丰二年，以免死军犯，视邪教案内遣犯为轻，若在逃另犯斩绞监候，即加拟立决，较邪教遣犯另犯死罪，仍视其应得实缓，分别加严者，科罪转重，尚未平允，因此改定。）

薛允升按：此条后犯罪名已至死者，方稍加重，未至死者，仍系枷号调发，殊嫌太宽。与上秋审缓决，免死减遣一条参看。初、二次脱逃，俱加枷号，三次不言枷号若干日，是免其枷号矣。一二次者调发之外，不免枷号，三次者，独免枷号，殊不可解。且止言枷号调发，而不言杖，岂止加枷而不杖责乎。平常遣犯脱逃枷号之外，不免鞭责，此等军犯何以独免杖责耶。有司决囚门内云，五徒三流，照应得杖数折责，其发遣新疆、黑龙江当差为奴者，照例安插，俱不决杖。应参看。旧例免死减军人犯，脱逃复行凶为匪，依免死遣犯逃后行凶为匪例，照原犯死罪，即行正法。嘉庆二十四年，以不论后犯之情节轻重，概行正法，未免无所区别，当将此层删改。惟免死减军人犯，虽与免死遣犯不同，而较之平常遣犯，则情罪为重。平常遣犯逃后行凶为匪，犯该军流发遣者，改为绞监候，犯该徒杖者，递回分别枷号，免死军犯，反较平常遣犯科罪为轻，似未平允。即如因窃拟流，复窃三次以上，罪应拟遣，如内有一次逾贯，即应绞候，将来缓决免死，不能不照例减军。倘在配脱逃行凶为匪，犯该徒流以上，不过加等调发，反较平常发遣脱逃行凶例治罪转轻，似应将免死充军及减流人犯，如脱逃行凶为匪，均照平常遣犯例科罪，庶不至轻重倒置。嘉庆二十四年改定之例，虽逃后行凶为匪，犯至军流亦不正法，必罪至斩绞，方拟立决。咸丰二年之例，虽犯死罪，亦不概拟立决。愈改愈轻，不知何故。

条例390.10：凡行凶发与披甲人为奴之犯

凡行凶发与被甲人为奴之犯，伊主或给亲戚，或亲携来京，或差做买卖来京，永行禁止。若伊主搬移来京，亦留下另给披甲之人为奴。

（此条系康熙由十六年，刑部议准例。雍正三年定例。）

薛允升按：与披甲人上，似应添发遣黑龙江等处。此例与捕亡无涉，似应与为奴人犯，永远不准赎身出户，修并一条，入于"人户以籍为定"门内。

条例 390.11：凡发遣黑龙江宁古塔等处人犯逃走（1）

凡发遣黑龙江宁古塔等处人犯逃走，若拿获时有拒捕者，即行正法。若逃回又拐卖窃盗行凶等罪者，审明即在本地方立行正法。

（此条系雍正三年定例。乾隆五年修定为条例 390.12。）

条例 390.12：凡发遣黑龙江宁古塔等处人犯逃走（2）

凡发遣黑龙江宁古塔等处人犯逃走，若拿获时有拒捕者，查明该犯系免死减等发遣，或系平常发遣人犯，各照逃走后复行凶为匪例，分别定拟。

（此条系乾隆五年，将条例 390.11 修定。后因乾隆元年所定例内，业已赅备，将此条删除。）

条例 390.13：免死减等发遣人犯

免死减等发遣人犯，如非不服伊主管束，脱逃后复行凶为匪，及拿获时有拒捕者，照原犯死罪，即行正法。如非不服伊主管束，或因思家，或因力难受苦，乘间潜逃，并未行凶为匪之处，递回发遣，枷号三月、鞭一百。其非免死减等，系平常发遣人犯，如逃走后复行凶为匪，并拿获时拒捕者，即照现在所犯定拟。如犯该斩候者，改为立决。犯该绞候者，改为立绞。犯该军流发遣者，改为绞监候。犯该徒者，递回发遣处，枷号三月；罪止笞杖者，递回发遣处，枷号两月。并无行凶为匪，亦无拒捕者，递回发遣处，枷号一月，俱鞭一百。其例应立决者，拿获之日，令该地方官审明该犯原犯情罪，逃走年月，并分给为奴之旗分佐领，及伊主姓名，照例定拟，详报督抚具题，刑部逐一查核确实，会议题覆，将该犯即在拿获地方正法，仍行文发遣处出示晓谕。

（此条系乾隆元年定例。嘉庆六年改定为条例 390.14。）

条例 390.14：秋审缓决人犯遇赦免死减等发遣（1）

秋审缓决人犯，遇赦免死减等发遣黑龙江等处者，如不服伊主管束，脱逃后复行凶为匪，及拿获时有拒捕者，照原犯死罪，即行正法。如非不服伊主管束，或因思家，或因力难受苦，乘间潜逃，并无行凶为匪拒捕之处，递回发遣处，枷号三月、鞭一百。其非秋审案内免死减等，系平常发遣人犯，如逃走后复行凶为匪，并拿获时拒捕者，即照现在所犯定拟。如犯该斩候者，改为立斩；犯该绞候者，改为立绞；犯该军流发遣者，改为绞监候；犯该徒者，递回发遣处，枷号三月；罪止笞杖者，递回发遣处，枷号两月。并无行凶为匪，亦无拒捕者，递回发遣处，枷号一月，俱鞭一百。其例应立决者，拿获之日，令该地方官审明该犯原犯情罪，逃走年月，并分给为奴之旗分佐领，及伊主姓名，照例定拟，详报督抚具题，刑部逐一查核确实，会议题覆，将该犯即在拿获地方正法，仍行文发遣处出示晓谕。至军流人犯脱逃后，行凶杀人为

匪，犯该斩绞者，仍按各本律定拟。〔应监候者，监候。应立决者，立决。〕

（此条系嘉庆六年，将条例 390.14 改定。嘉庆十五年改定为条例 390.15。）

条例 390.15：秋审缓决人犯遇赦免死减等发遣（2）

秋审缓决人犯，遇赦免死减等发遣黑龙江等处者，如非不服伊主管束，或因思家，或因力难受苦，乘间脱逃，并无行凶为匪拒捕之处，被获者，五次以内，递回发遣处，枷号三个月，投回者免罪。脱逃至五次以外，被获者，枷号六个月；投回者，枷号三个月。十次以外，被获者，枷号九个月；投回者，枷号六个月；俱鞭一百。若不服伊主管束，脱逃后复行凶为匪，及拿获时有拒捕者，照原犯死罪即行正法。其非秋审案内免死减等，系平常发遣人犯，在配脱逃，并无行凶为匪，亦无拒捕情事，被获者，五次以内，递回发遣处，枷号一个月；投回者，免罪。脱逃至五次以外，被获者，枷号三个月；投回者，枷号一个月。十次以外，被获者，枷号六个月；投回者，枷号三个月；均鞭一百。如逃走后复行凶为匪，并拿获时拒捕者，即照现在所犯定拟。如犯该斩绞监候罪名，应缓决者，入于情实；应情实者，改为立决。犯该军流发遣者，改为绞监候。犯该徒者，递回发遣处，枷号三个月；罪止笞杖者，递回发遣处，枷号两个月；俱鞭一百。其例应立决者，拿获之日，令该地方官审明该犯原犯情罪，逃走年月，并分给为奴之旗分佐领，及伊主姓名，照例定拟，详报督抚具题，刑部逐一查核确实，会议题覆，将该犯即在拿获地方正法，仍行文发遣处出示晓谕。至军流人犯脱逃后，行凶杀人为匪，犯该斩绞者，仍按各本律定拟。〔应监候者，监候。应立决者，立决。〕

（此条系嘉庆十五年，将条例 390.14 改定。咸丰二年，以平常遣犯，视邪教遣犯为轻，原例将平常遣犯逃走后，犯该斩绞监候者，俱改立决，较之邪教遣犯在逃另犯斩绞，仍视其应得实缓分别加严者，科罪转重，因改定为现文。）

薛允升按：遣犯一经脱逃，即应正法，罪名本重，是以分别是否不服伊主管束等情，量从宽典。现在此等人犯，俱不正法，似不必曲为分晰，逃犯均无思家觅食字样，而独见于缓决遣犯，亦嫌未协。乾隆元年定例，系黑龙江将军乌礼布咨免死发遣盗犯李广子脱逃被获，请即正法等因。刑部查核犯供，实系伊主不给饭吃，逃走觅食，与不服伊主管束不同。被获时又无行凶拒捕情事，是以免其正法。若不服伊主管束，乘间脱逃，则应正法明矣。缘免死发遣盗犯脱逃，即应正法，原不分行凶拒捕与否也。后将此条改为缓决减等人犯，而免死盗犯，另立五日内外拿获一条，其不服伊主管束等语，专属此条，未免参差。且此条如果不服伊主管束脱逃，不论五日内外拿获，即应正法，彼条无故脱逃，即不服管束也，如五日内拿获，即可免其正法，尤嫌未协。再，仅止不服管束脱逃，并无行凶及拒捕情事，如何拟罪，例无明文。是否两项俱全方拟正法。或因思家，及力难爱苦脱逃，如有行凶为匪，应否即行正法。均未详晰叙明。再，缓决减等人犯，有减流者，有减军者，即免死流犯、军犯也，并未注明秋审缓决字样。嘉庆六年声明，此条免死减等，系指秋审缓决，以别于免死盗犯而言。惟查乾隆元年原例，即系因免死盗犯李广子配逃纂定，何所据而以为指秋审缓决人犯耶。秋审缓决人犯减为外遣者，百不获一，且有民人减发烟瘴，旗人减发黑龙江等处者，尤与此例不符。缓决减发为奴，与免死盗犯情节，大略相同，而科罪迥异。至脱逃至五次、十次以上，实属藐法，仅止枷号鞭责，轻重太相悬殊。且盗犯一经脱逃，即无拒捕，及另犯为匪情事，亦应正法。此等人犯脱逃至十次以上，得不谓之藐法乎，而俱无死罪，其义安在。至行凶为匪，并未指出何项罪名，则凡犯不法之事，均谓所行凶为匪，即如逃后行窃一次，计赃无几，或与人口角，他物伤人，以逃后行凶为匪论，即应照例正法矣。亦未平允。免死流犯有例，免死军犯有例，免死发遣盗犯有例，此又添秋审缓决免死遣犯，名目愈多，愈成具文矣。军流人犯脱逃，均应按照次数加拟枷号，此例五次以外方拟枷号，未免太轻。且五次十次以上，均有"投回"字样，亦不可解。此等人犯拒捕，是否应以别项罪人论，抑系折伤以上，即拟绞候之处，并未分晰叙明。再，既有不服伊主管束等语，即系指发遣为奴人犯而言。若系当差之犯，如何定拟。亦未分晰。出入攸关甚巨，以本罪已至满流核之，拒殴在折伤以上，即应拟绞矣。平常遣犯在配杀人，仍分别谋故斗杀，按律定拟，载在"徒流人又犯罪"门内，而未及军流人犯，自系举重见轻之意。至在逃杀人遣犯，其科罪与军流大相悬殊，未免参差。况军犯与发遣原犯罪名，亦有互相歧异之处，有本系军流，而加重拟遣者，有原系遣罪，后改为军流者，有名为遣犯，而实系发极边足四千里充军者，纷纷错出，迄无一定。有犯在逃拒捕及行凶杀人，更难办理。实系军流人犯，原可照此例定断，若系遣犯更为充军之犯，是否以遣犯论。抑仍以军犯论之处，罪名出入甚巨，似应详悉注明。再，叛逆案内，发遣为奴人犯脱逃，是否以平常遣犯论之处，一并记核。

条例390.16：凡在京问拟徒罪人犯（1）

凡在京问拟徒罪人犯，除顺天府所属民人，仍令府尹发配外，其余各省民人，俱递回各该督抚，照依原籍应发地方发配充徒，俟年限满日，交原籍地方官严行管束，不许出境。傥有私自出境，及在本处生事者，即将该犯拟流远省。其管束不严之地方官，交部严加议处。仍令五城、大宛二县，并巡捕营严行查拿。傥有匪人容留潜住，发觉者，将地方官交部议处。总甲人役，并知情容留之房主，各依不应重律，杖八十。如有旗人容留居住，将知情容留之房主，若系另户并族长，若系家人并伊主及领催，各鞭八十。该佐领、骁骑校，交部议处。

（此条系雍正三年例。乾隆五年修改为条例390.17。）

条例390.17：凡在京问拟徒罪人犯（2）

凡在京问拟徒罪人犯，除顺天府所属民人，仍令府尹发配外，其余各省民人，俱递回各该督抚，照伊原籍应发地方发配充徒，俟年限满日，交原籍地方官管束。若系强窃盗及光棍案内之犯，不许出境。傥有私自出境，依不应重律，杖八十。其管束不严之地方官，交部议处。仍令五城、大宛二县，并巡捕营严行查拿。傥有前项人犯，容留京城潜住，发觉者，将地方官交部议处。总甲人役并知情容留之房主，各依不应重律，杖八十。如有旗人容留居住，将知情容留之房主，若系另户并族长，若系家人并伊主及领催，各鞭八十。该佐领、骁骑校，交部议处。

（此条系乾隆五年议准：逃回徒犯，非外出不能谋生，约束太严，未免阻其生路，除强窃盗及光棍案内之犯，不许出境外，其余各犯，限满逃回，毋庸禁其出外。又递回后在本处生事，仍应视所犯轻重科罪，未便一概问拟遣流，因将条例 390.16 改定为此条。嘉庆六年修改为条例 390.18。）

条例 390.18：凡在京问拟徒罪人犯（3）

凡在京问拟徒罪人犯，除顺天府所属民人，及各省民人，无应追银两，毋庸递回原籍著追者，仍令顺天府发配外，其余各省民人，有应追之项，俱递回各该督抚著追完日，照伊原籍应发地方发配充徒，俟年限满日，交原籍地方官管束。若系强窃盗及光棍案内之犯，不许出境。傥有私自出境，依不应重律，杖八十，加枷号一个月。其管束不严之原籍地方官，交部议处。仍令五城、大宛二县，并巡捕营严行查拿。傥有前项人犯，容留京城潜住，发觉者，将地方官交部议处。总甲人役并知情容留之房主，各依不应重律，杖八十。如有旗人容留居住，将知情容留之房主，若系另户并族长，若系家人并伊主及领催，各鞭八十。该佐领、骁骑校，交部议处。

（此条系嘉庆六年，将条例 390.17 修改）

薛允升按：别省人民在京犯徒，俱解回原籍，定地充徒，徒满仍交原籍地方官管束，例文本属一线，并无歧异。后"名例"改为有应追银两者解回，无则在犯事地方充徒，徒满后如何办法，例未议及。此例虽依"名例"修改，而限满交原籍地方官管束一层，遂专归于递回充徒之犯，在京定地充徒者，即不交原籍管束矣。盖不解回原籍充徒，本为免其金解往来之累，而徒满仍应递籍，则此累终不能免，亦属无益。若徒满即行开释，不必解回，则办法又属两歧，岂此等人犯即不虑其复行来京。亦岂无强窃盗及光棍案内之犯耶。缘尔时并未定有递籍后复行来京之例，后增定脱逃来京例文时，又未照管此例，是以不免参差耳。一概不许出境，似乎难行，是以专指出强窃盗及光棍等犯，其余均许出境矣。例内所谓前项人犯，是否专指强窃盗及光棍案犯，抑系统指在京拟徒之犯，并未分晰叙明。且杖、笞、枷号人犯，递籍后复行来京，均有治罪明文，万无任听徒犯复行来京之理。乃例止言出境者，枷号一月，杖八十，而不言来京之罪。且专言强窃盗、光棍案犯，而未及别犯，殊嫌疏漏。拟徒罪名颇多，独严于抢窃等三者，恶其扰害平民也。惟光棍案内，首从均应论死，并无拟徒之犯，似应改为棍徒。盗贼曾经刺字者，俱发原籍，收充警迹，该徒者役满充警云云。见"起除刺字"律，应参看。下条枷责杖笞人犯，递籍后脱逃来京，如由枷责递回者，照违制律，杖一百，加枷号一个月。乃此止杖八十，较彼条科罪转轻。房主、邻保治罪，亦与此不同，均应参看。例共五条，系一时修改添纂，而尚不免参差，窃谓欲严徒犯来京之禁，不如仍复原例。别省民人在京，在外犯徒者，一概解回定地充徒，徒满交原籍地方官管束。如脱逃来京滋事，按后犯罪名加等定拟。未滋事者，枷号分别杖责，仍行递回，严加管束。况黔省游匪犯徒，即递回原籍充徒，京城何以不应递籍耶。

《处分则例》："凡徒流军遣年满释回，及递回原籍，取具收管之犯，地方官每月朔望按期点卯。如有脱逃出境者，一名罚俸一月，十名以上罚俸一年。其失察在境潜住之地方官亦照此例议处。仍著落原籍地方，勒限一年缉拿。若逃后不行申报，照应申不申公罪，罚俸六个月。"

条例390.19：在川流民犯罪递回原籍

在川流民犯罪递回原籍，复逃至川者，如无为匪，照逃人例杖一百，递回原籍。如有为匪，所犯在杖一百以下者，并杖六十、徒一年。如所犯在徒一年以上者，各照所犯之罪加一等问拟。其递回原籍之时，行文原籍地方官，严行管束。如有复逃入川，及川省该地方官将逃回人犯失察容隐，俱按逃回名数，交部议处。其原籍地保人等，若于该犯出境之时，随即呈报，在一百日限内，或经该管官拿获，或经别处拿获，俱准免罪。逾限不获，将地保照因人连累致罪例，减罪人罪二等发落。傥有知情隐匿者，与犯人同罪，罪止杖一百。受财故纵者，以枉法计赃治罪。其川省之地保人等，如有知情受贿等弊，亦照原籍地保分别治罪。

（此例系雍正十三年定例。）

薛允升按：此条川省流民专条，现在并不照此办理，且别省并不禁止，而独严于川省，亦不画一，似应删除。黔省查拿游匪一条，系为扰害苗民而设。此例因何禁止，按语并无明文。较由京递回，复逃来京治罪之例反重。

条例390.20：诈为制书诈传诏旨等案内流犯脱逃被获

诈为制书，诈传诏旨，伪造印信，谋反叛逆，强盗私盐，及左道妖言，妄言煽惑，商渔船夹带违禁物件，谋杀出使官吏，漏泄机密，走透消息，走泄事情，采生折割，毒药杀人，以药迷人等案内流犯脱逃被获，于本罪上加等拟绞监候。其承缉不力及拿获之地方官，按初参二参三参及所获人数，分别议处。其盘获之捕役，每一名给赏银五两。

（此条系雍正七年定。因雍正九年定有分别次数问拟新例，乾隆五年将此条删除。）

条例390.21：原犯流罪人犯初次脱逃

原犯流罪人犯，初次脱逃，枷号一月，责四十板，加徒役三年；二次脱逃者，枷号两月，责四十板，加徒役四年；三次脱逃者，发边卫充军。若系免死减等流犯，初次脱逃，枷号两月，责四十板，加徒役四年；二次改发边卫充军，三次调发极边卫充军。

（此条雍正九年定。乾隆五年修改。乾隆三十二年，因已定不论次数加等改发新例，此条删除。）

条例 390.22：兵役人等押解军流罪犯

兵役人等押解军流罪犯，除依法管解，偶致疏脱者，仍照律治罪外，其违例雇替，讬故潜回，或无故先后散行，止任一人押解，致有疏脱者，将押解兵役，照押解在狱罪囚中途不觉失囚律，减囚二等问拟。

（此条系乾隆十五年定。乾隆五十三年，因乾隆二十九年已定有新例，载在"主守不觉失囚"律后，此条声请删除。）

条例 390.23：流犯在配所脱逃

流犯在配所脱逃，一面移咨原籍地方勒限缉拿，一面令配所该管官悬立赏格，勒限一百日严缉。将该犯拿获到案时，先发布政司枷号两月，责四十板，再加徒役三年。其看守之保甲，斥革免罪。逾限不获一名者，将保甲照不应重律，杖八十，每一名加一等，罪止杖一百。该管官并兼辖官，俱交该部分别议处。其流犯原籍地方，亦令悬立赏格，勒限严缉。如该犯之族长、保甲、房主、邻佑人等查出举首免罪，若知情容隐，或经旁人首告，或被别处拿获，将原籍容隐之族长、保甲、房主、邻佑，俱照不应重律，杖八十。如原籍地方及别省将该犯拿获，亦解原发配之布政司枷责加徒。

（此条系清初原例。乾隆十六年，查现例逃流分别次数治罪，初次系枷号一月，将例内"两"字，改为"一"字。乾隆十九年改定为条例 390.24。）

条例 390.24：凡军犯脱逃勒限缉拿

凡军犯脱逃，勒限缉拿，除拿获之日，仍照本例分别定拟外，其失察之该管官，交部照疏脱流犯例议处。看守之保甲，并知情容隐之族长、保甲、房主、邻佑人等，俱照流犯脱逃例治罪。

（此条系乾隆十九年，刑部议覆陕西按察使武忱条奏定例。乾隆二十一年议准：军流罪等，原可比拟引用，今于前条增出军罪字样，则后条毋庸另立，其先发布政司枷号，亦与现例不符，因将例文改定。乾隆三十二年，再改定为条例 390.25。）

条例 390.25：军流罪犯在配所脱逃

军流罪犯在配所脱逃，一面移咨原籍地方勒限缉拿，一面令该管官悬立赏格，勒限一百日严缉，将该犯拿获到案，各照定例分别治罪。其看守之保甲，革役免罪。如逾限不获一名者，杖八十，每一名加一等，罪止杖一百。受财故纵者，计赃以枉法论。失察之该管官并兼辖官，交部议处。如该犯逃回原籍，族长、保甲、房主、邻佑人等，察出举首免罪。知情容隐者，照不应重律，杖八十。逃往别处，其隐匿之人罪亦如之。

（此条系乾隆三十二年，以军流逃回原籍保邻容留不首，已另有专条，将例内"如该犯逃回原籍，族长、保甲、房主、邻佑人等，察出举首免罪。知情容隐者，照不应重律，杖八十。逃往别处，其隐匿之人罪亦如之"删去。）

薛允升按：流犯脱逃，律止拟杖，例则加徒役外，复加枷号，缘徒犯律既加重，故流犯亦从重也。不言军犯者，以另有专条也。此条专论配所看守保甲罪名，其原籍邻保人等，另见下条。律杖六十，而例改杖八十，已稍严矣。惟看守之保甲，究系何项人役，是否即系保长、甲长之处，并未叙明，其实保甲长，又何能约束此辈也。此例不过改律文之杖六十为杖八十耳。其罪止满杖，及受财故纵，皆与律文重复。至疏脱外遗人犯，并未议及。为奴人犯脱逃，不能罪及家主，当差人犯脱逃，岂独无主守及该管官乎，何以并无处分也。下外遣及新疆改发重犯一条，止云知会各该犯原籍地方，并无主守及该管官罪名，是外遣人犯脱逃，即无可议处之人。应与此例参看。

条例 390.26：外遣及新疆改发重犯在配脱逃

外遣人犯脱逃，各将军一面行文报部，一面即知会各该犯原籍地方，一体查拿。

（此条系乾隆五年，河南巡抚雅尔图条奏定例。乾隆五十三年修并入条例390.28。）

条例 390.27：凡新疆改遣重犯在配所脱逃

凡新疆改遣重犯，在配所脱逃，告缉时，即将该犯犯事原案全行钞录，同年貌册一并分咨各直省及盛京、黑龙江、吉林等处将军，一体严缉。获日，查照原案审明办理。

（此条系乾隆三十九年，刑部议覆江西巡抚海成及盛京户部侍郎兼管奉天府府尹事务德风条奏定例。乾隆五十三年修并入条例390.28。）

条例 390.28：外遣及新疆改发重犯在配脱逃

外遣及新疆改发重犯，在配脱逃，一面行文报部，一面知会各该犯原籍地方，并将该犯犯事原案全行钞录，同年貌册一并分咨各直省督抚，及盛京、黑龙江、吉林等处将军，各饬所属，一体严缉。获日，查照原案审明照例办理。

（此条系乾隆五十三年，将条例390.26及390.27修并。）

薛允升按：此例本为拿获后即行正法而设。其云查照原案审明，照例办理，即审明后照例正法也。现在由新疆改发内地之犯颇多，除强盗免死外，其余均不在正法之例。外遣有平常遣犯脱逃之例，新疆改发即属军犯，亦有军犯脱逃专条，且有用重枷枷号之例，此例无关引用，似应修并于免死盗犯条例之内，以免淆混。名例停发新疆，改发内地，二十六项人犯脱逃，照本例加二等调发。同治九年改定，应发回城，乌鲁木齐等处，改发内地，俟新疆道路疏通，再行核办，各犯脱逃照平常遣犯治罪云云。应参看。

条例 390.29：在京问拟枷责杖笞递回原籍人犯（1）

在京问拟枷责杖笞递回原籍人犯，有复逃来京者，除初次、二次，本犯仍递回安插，免其治罪，该管官免其查参。其复逃来京至三次以上，虽审无犯案，亦按其原犯，如系枷责递回，照不应重律，杖八十。笞杖递回，照不应轻律，笞四十，仍交该地方官严加管束。有犯案者，从重归结。疏纵之地方官，照例分别议处。

（此条系乾隆六年，刑部议准提督舒赫德条奏定例。乾隆四十二年，查乾隆三十八年议准：递籍人犯往往潜出为匪生事，地方官藉初次、二次例无处分，遂至听其所之，漫无稽察，应请议处治罪等因，复将例文改定为条例 390.30。）

条例 390.30：在京问拟枷责杖笞递回原籍人犯（2）

在京问拟枷责杖笞递回原籍人犯，取具地方官收管，令该地方官造册，每月朔望点卯。如有私行脱逃来京者，该管官即申报上司，及原犯事地方查拿，仍将疏纵之地方官，照各省递回人犯出境生事例议处。如隐匿不报，将地方官照应申不申公罪例议处。其逃犯被获，审有为匪不法者，从重归结。若但经复逃，不论次数，各按其原犯之罪。如系枷责递回，照不应重律，杖八十。系笞杖递回，照不应轻律，笞四十，仍交该地方官严加管束。

（此条乾隆四十二年，将条例 390.29 改定。嘉庆二十年修改为条例 390.31。）

条例 390.31：在京问拟枷责杖笞递回原籍人犯（3）

在京问拟枷责杖笞递回原籍人犯，取具地方官收管，令该地方官造册，每月朔望点卯。如有私行脱逃来京者，该管官即申报上司，及原犯事地方查拿，仍将疏纵之地方官照例议处。如隐匿不报，将地方官查明，咨部议处。其逃犯被获，审有为匪不法者，从重归结。若但经复逃来京，不论次数，各按其原犯之罪。如由枷责递回者，即照违制律，杖一百。由笞杖递回者，照不应重律，杖八十。其原犯并无罪名者，照不应轻律，笞四十。各加枷号一个月，满日，仍递回原籍，折责发落，严加管束。

（此条系嘉庆二十年，将条例 390.30 修改。道光十二年，以原例枷满折责递籍管束，与毋得先责后解之例未符，因此改定。）

薛允升按：前条徒罪，系专为不许出境而言，此条系专为复逃来京而言。惟此条专言枷责杖笞，而无徒罪。后条又专言递籍人犯，脱逃来京，乡保人等罪名，纷烦极矣。递籍人犯，情节各有不同。惟既问拟枷杖笞责，原犯并非重罪，可知严于此等人犯，而宽于彼犯，似嫌未协。《有司决囚等第》："五城提督各衙门，应行递解之下贱匪类，叙明案由，送交刑部核明，三月汇奏一次。"应与此条参看。京城理应肃清，而五方杂处，无人不有，最易藏奸，稽查亦难周备，此门所载递籍管束之徒犯，以及问过杖笞及仅止递回之犯，均不准来京。与"盗贼窝主"门内条例，及"举用有过官吏"门数语，均系有罪人犯，不准潜来京师之意。立法亦极严密，而认真办理者绝少，无论前项人犯在京住者甚多，即军流凶盗脱逃来京者，亦比比皆是，以致抢劫重案，层见迭出，逃凶逃盗甚且多年未能破获，京城之坏，殊有不堪设想者，而稽查之不力，捕务之废弛，亦可见矣。

条例 390.32：充军常犯到配后责令照例当差

充军常犯，到配后责令照例当差，不得任其闲散。如有脱逃，系附近流充军者，初次枷号一个，调发边卫；二次枷号两月，调发边远；三次枷号三月，调发极边烟瘴。其本犯边卫、边远者，各以次递加调发。至极边烟瘴脱逃者，改发黑龙江等处给予披甲人为奴。即令拿获之州县，一面收禁，一面关查配所原案，究明有无行凶为匪，及脱逃次数，将应行改调之处，申详督抚咨部核议完结，毋庸递回原籍审断。其尚未到配，中途脱逃者，以及流犯三次脱逃例应改调者，均照此例办理。

（此条系乾隆二十四年，山东按察使沈廷芳条奏，并乾隆二十五年安徽按察使王检条奏，乾隆二十六年定例。乾隆三十一年，查流犯脱逃，奏准不计次数加等改发，将例内"以及逃犯三次脱逃例应改调"十二字删去。嘉庆十七年修定为条例390.33。）

条例 390.33：充军常犯至配后责令照例当差

充军常犯，至配后责令照例当差，不得任其闲散。如有脱逃，系附近流充军者，初次枷号一个月，调发近边；二次枷号两个月，调发边远；三次枷号三个月，调发极边足四千里；四次枷号四个月，改发极边烟瘴。其本犯近边、边远、极边足四千里者，各以次递加调发。至烟瘴少轻人犯在配脱逃者，枷号一个月，改发极边烟瘴。极边烟瘴脱逃者，改发新疆酌拨种地当差。即令拿获之州县，一面收禁，一面关查配所原案，究明有无行凶为匪，及脱逃次数，将应行改调之处，申详督抚咨部核拟完结，毋庸递回原配审断。其尚未到配，中途脱逃者，亦照此例办理。

（此条系嘉庆十七年，将条例390.32及烟瘴少轻人犯一条修并，彼时正在调剂黑龙江等处遣犯，将原例发黑龙江为奴，改发新疆酌拨种地当差。道光六年，调剂新疆遣犯，改发云、贵、两广极边烟瘴充军，到配加枷号三月。道光二十四年，新疆遣犯照旧发遣，仍复原例。咸丰二年，以原例附近军犯脱逃三次，即发往极边烟瘴，越等增加，与本条各项加法互异，因此改定。）

薛允升按：遣犯及免死军犯，逃后行凶为匪，例有分别治罪明文，军流徒犯，均无逃后行凶为匪罪名。此例止云究明有无行凶为匪，究应如何治罪之处，并无明文，是否仍行枷号调发之处，记核。例末二句与上重复。此例盖为充军之犯，责令当差，不得任其闲散而设。惟查前明军犯，均系发各卫所当差。本朝沿前明之旧有军之名，而无军之实，与流犯无异。此例犹云照例当差，究竟所当何差，并无例文可稽，不过充当各衙门水草夫而已，而"收养孤老门"内，又载有军流等犯，年逾六十，不能食力者，拨入养济院，按名给与口粮。少壮无手艺者，亦给与口粮等语。则知军流人犯，均无可当之差矣。调发近边等处，俱有枷号，改发新疆，不言枷号，殊不可解。与上免死军犯同。军流发遣人犯，敢于累次脱逃，即属玩法之尤，此而不为重惩，尚有法乎。乃脱逃次数虽多，不过加拟枷号为止，未免太轻。若谓所犯不过逃罪，万无加至于死之理，何以免死盗犯，一经脱逃，即应正法耶。越狱及解审脱逃人犯，何以又加重办理耶。免死减为军流发遣，其情亦不轻于盗犯，不应拟罪，大相悬绝。如此平情而论，寻常脱逃人犯，尚可从宽，免死后复行脱逃，似应加重，纵不必即行正法，或酌定次数拟以绞候，尚非失之过刻。

条例 390.34：递解军流徒遣及发回原籍收管审讯等犯

递解军流徒遣及发回原籍收管审讯等犯，务于批文内载叙事由，开明该犯年貌、疤痣、箕斗，令沿途地方查明转递。如有中途雇倩顶替情事，除本犯解役人等，照例究拟治罪外，将金差不慎之员，分别议处。如原文内未经开载，将原解之员，照例议处。

（此条系乾隆二十四年，刑部议覆湖北巡抚庄有恭条奏定例。乾隆三十七年，将首句改为"解审命盗重犯及军流徒遣，并发回原籍收管审讯等犯"；并将"原解之员"，改为"遗漏开造之员"。）

薛允升按：此条专为开明年貌、疤痣、箕斗而设，无论罪犯轻重，均应一体办理。其雇倩顶替一层，盖本为发回原籍之犯言之也。原奏重在发回原籍一层，是以有雇倩顶替字样。隔省递籍人犯，一面发递，一面关会原籍，并知照经过地方，见稽留囚徒递籍人犯。经过州县分别收监、不收监，见"因应禁不禁"门，应参看。军流徒犯雇倩顶替，应参看主守不觉失囚各条。斩绞犯雇倩顶替，应参看受贿顶凶条例。递籍人犯雇倩顶替，应参看稽留囚徒例。

《处分则例》："命盗重犯，及遣军流徒，并发回原籍收管人犯，均于批解长文内详载原犯事由，开明该犯年貌、疤痣、箕斗，以备沿途查核。如原解官遗漏开载，罚俸九个月。解官不行查出，罚俸三个月。其因起解时遗漏开载，以致中途贿差顶替者，原解官照失察衙役犯赃例议处。如原解之地方官已经开载，乃有贿差顶替情事，将不行查出之添解官，罚俸六个月。"

条例 390.35：发遣云贵两广极边烟瘴刨参人犯（1）

发遣云、贵、两广极边烟瘴刨参人犯，脱逃被获，发往黑龙江等处给予披甲人为奴。

（此条系乾隆二十六年定。乾隆二十七年改定为条例 390.36）

条例 390.36：发遣云贵两广极边烟瘴刨参人犯（2）

发遣云、贵、两广极边烟瘴刨参人犯，脱逃被获，发往伊犁等处给兵丁为奴。

（此条系乾隆二十七年，广东巡抚托恩多条奏，刨参人犯，多系盛京等处民人，若因在配脱逃，转得解回犯事地方，既与加等改遣之义不符，且该处出产人参，难保其不复萌故智，请改发乌鲁木齐等处为奴。乾隆三十二年，军机大臣会同刑部奏准，因新疆遣犯过多，仍将此项人犯，发黑龙江。乾隆四十八年，酌议停止发遣新疆案内，奏明刨参等五项人犯，约束尚易，仍发伊犁等处给兵丁为奴。道光六年，调剂新疆遣犯，将原例发伊犁为奴，改发云、贵、两广极边烟瘴充军，到配加枷号三月。道光二十四年，新疆遣犯，照旧发往，仍复原例。）

薛允升按：烟瘴军犯脱逃，原系改发黑龙江为奴，嘉庆十七年，调剂黑龙江遣犯，将烟瘴军犯脱逃一条，改为发遣新疆种地当差，而刨参人犯，仍发往为奴，似嫌参差。定例之意，因烟瘴军犯脱逃，均应发黑龙江为奴，惟刨参人犯不便改往，是以改发乌鲁木齐。现在烟瘴军犯脱逃，均停发黑龙江，刨参人犯自可一例办理，似无庸另立专条。

条例 390.37：云贵两广烟瘴少轻人犯在配脱逃者

云、贵、两广烟瘴少轻人犯，在配脱逃者，枷号一月，改发极边烟瘴；极边烟瘴脱逃，即发黑龙江等处为奴。

（此条乾隆二十六年定。）

条例 390.38：黔省查拿游匪

黔省查拿游匪，除斩绞、军流照例办理外，其犯该杖、徒者，递回原籍充徒发落，并开明该犯姓名、年貌、籍贯，通饬各属备案，仍令各照定例办理。若本犯回籍之后，复敢潜入黔境，一经拿获，讯无为匪，照逃人例，杖一百，递回原籍。如有为匪，犯在杖一百以下者，并杖六十、徒一年；犯在徒一年以上者，各照所犯之罪加一等。其窝留之人，照知人犯罪藏匿律，减罪人一等问拟。失于查察之原籍，及黔省地保人等，照川省之例，分别知情受贿等弊，一例治罪。原籍失察脱逃，并黔省失察容留地方文武各官，均照例分别议处。

（此条系乾隆二十七年，刑部议覆贵州巡抚乔光烈条奏定例。）

薛允升按：此例本为外来游匪哄诱苗民而设，例内并不见苗民字样，若无原奏可查，几不知例文命意之所在。似应添入因牵涉苗民案内拟徒等语。与在川流民一条参看。然均系尔时办法，似应一并删除。递回原籍充徒与他处不同。

条例 390.39：递回原籍之军流人犯

递回原籍之军流人犯，本籍地方官于咨缉文到，即传该犯亲属、邻保人等，逐一讯问根由下落。如果未逃回，即取确实供结，详请咨送刑部及配所省分存案，仍令保邻不时侦缉，一经回籍，立即首报。傥容留不行举首，别经发觉，即将房主、邻保，照知情藏匿罪人减罪一等律，杖一百、徒三年。其虽不容留，但明知不首者，各杖一百。容留之亲属，除祖父、子孙、夫妻、奴仆外，俱照不应重律，杖八十，不得援亲属得相容隐之条。若逃往别处，其知情容留，及知而不首之人，罪亦如之。牵混详报之地方官，及逃往别处不行查出之地方官，一并交部分别议处。

（此条系乾隆二十八年，湖南巡抚陈宏谋条奏定例。乾隆三十二年修并，乾隆四十二年改定。）

薛允升按：下文既云虽不容留但明知不首者，杖一百，是容留与不首即大有区分。上文容留不行举首，房主、邻保均拟满徒，似未明晰。拟改为知情容留者，拟徒，知而不首者，拟杖。例止言祖父、子孙、夫妻、奴仆，其余均应科罪。是兄逃回而弟容隐，伯叔父逃回而侄容隐，均科以杖八十之罪，似于情理未协。且犯别事有重于逃军逃流者，尚准容隐，何独于此项加严，亦不画一。

条例 390.40：蒙古发遣人犯在配脱逃

蒙古发遣人犯，在配脱逃，如系原发山东、河南者，初次，调发福建、湖广等省，加枷号一月，责四十板；二次，调发云、贵、两广极边烟瘴，加枷号两月，责四十板；三次者，仍发回原调处所，加枷号三月，责四十板。其原发福建、湖广等省者，以次调发极边烟瘴而止。蒙古免死减军在配脱逃者，亦一体加调，仍各分次数枷责刺字，并令拿获之州县，究明逃后有无行凶为匪，照民人例分别定拟。

（此条系乾隆二十九年，刑部奏准定例。嘉庆二十四年改定为条例 390.41。）

条例 390.41：蒙古发内地驿站当差人犯

蒙古发内地驿站当差人犯，在配脱逃原发山东、河南者，初次，调发福建、湖、广等省，加枷号一个月；二次，调发云、贵、两广极边烟瘴，加枷号两个月；三次者，仍发回原调处所，加枷号三个月；各责四十板。其原发福建、湖广等省者，以次调发极边烟瘴而止。如系免死减等人犯，在配脱逃，并无行凶为匪者，亦一体加调。若逃后复有行凶为匪，按其后犯情节，仅止枷杖者，仍照脱逃本例加等调发，到配后科以后犯枷杖之罪。若后犯情节，罪应徒流以上者，即与逃罪加等调发本例上，再加一等改发，仍照例至极边烟瘴而止，均各分次数枷责刺字。傥罪无可加，每一等再加枷号两个月。如原犯免死减等之罪，本应外遣，因系蒙古改发内地者，仍依免死遣犯逃回行凶为匪例，照原犯死罪即行正法。

（此条系嘉庆二十四年，将蒙古免死减军人犯，脱逃后行凶为匪，即照民人免死军犯办理，因将条例 390.40 改定。）

薛允升按：蒙古与民人不同，有犯俱照理藩院例文科罪，并不援引刑律。有罚牲畜者，有交邻盟者，惟偷窃牲畜等类，彼此例文相等。此条专指蒙古发内地后在配脱逃而言，是以照刑例办理。其云调发极边烟瘴而止，犹民人之至新疆而止也。嘉庆年间，以免死军犯脱逃之例太重，因将蒙古人犯一例修改，已较原例为轻。乃蒙古本无免死减发外遣人犯，例内覆添入此层，则又较原例为重。究竟蒙古免死减等，本应外遣，系指所犯何项罪名。是否照刑例定拟。记查。上层系照寻常军犯例，下层系照免死军犯例，其枷号若干日，及行凶为匪，自亦应照彼例也。嘉庆年间，虽将例文改轻，惟既云照民人例分别定拟，援引自无错误。偷窃四项牲畜案犯，有定案时发往山东等省者，有秋审后减发山东等省者，烟瘴之外再无可加，与此条参看

条例 390.42：徒犯脱逃如系在配脱逃被获

徒犯脱逃，如系在配脱逃被获，仍照律治罪外，其有中途脱逃被获者，各于本罪上递加一等。杖六十、徒一年者，加为杖七十、徒一年半，以次递加；至徒三年者，加为总徒四年；总徒四年者，加为准徒五年；各杖一百。准徒五年者，改为杖一百、流二千里。至免死及寻常遣军流犯，有尚未到配中途脱逃者，均即照已经到配脱逃各本例，讯明有无另犯不法别案，分别办理。

（此条系乾隆三十一年，刑部奏准定例。咸丰二年，增"至免死及寻常遣军流犯，有尚未到配中途脱逃者，均即照已经到配脱逃各本例，讯明有无另犯不法别案，分别办理"四十六字。）

薛允升按：军流脱逃，在配与中途科罪，俱同徒犯，则中途与在配迥异，第加等拟徒，犹是从新拘役之意。至总徒、准徒罪名，例内无多。脱逃即拟流罪，虽属律外加重，究系不常有之案，尚不至大有窒碍。惟遇赦减等时，未免彼此参差耳。

条例 390.43：原犯流罪人犯

原犯流罪人犯，如有中途在配脱逃被获，俱不计次数，流二千里者，改为二千五百里；原犯流二千五百里者，改为流三千里；三千里者，改发附近充军，各加枷号两月，责四十板。

条例 390.44：免死减等流犯

免死减等流犯，中途在配脱逃被获者，不计次数，即改边卫充军，加枷号两月，责四十板。

（条例 390.43、390.44 均系乾隆三十年定。乾隆三十二年议准，满流之犯脱逃，改发附近、近边计程止二千里，及二千五百里，未免欲重反轻，应就各犯原配地方定地改发，不得仍从原籍计算。悦原配地方地处边远，改发之所，即系本籍相近之处，又无别处可以改发者，仍从原籍改发。若原籍改发之所，又在军配相近之处，则此拿获地方，定地改发，总使怙恶之犯，终身远离乡土。因将两条例文，俱行改纂。乾隆三十七年，删去"不计次数"四字。乾隆五十三年，又奏准表内配所地方，与原籍相近，他无可改发者，即加一等改发，因分原犯流二千里及二千五百里，应从原籍计程改发者为条例 390.45；原犯流三千里改发附近，及免死减流改发近边，应由配所改发为条例 390.46。）

条例 390.45：凡流罪人犯（1）

凡流罪人犯，如有中途在配脱逃被获，原犯流二千里者，改为流二千五百里；原犯流二千五百里者，改为流三千里。俱从该犯原籍地方，计程发配，各加枷号两月，责四十板。

条例 390.46：凡免死减等流犯（1）

凡免死减等流犯，中途在配脱逃被获者，改发近边充军，及原犯寻常案内流三千里人犯，中途在配脱逃被获者，改发附近充军，均就其现配地方，计程发配。若表内现配应发之所，与该犯原籍相近，而又地处边境，再无别处可以改发者，即加一等改发，各加枷号两月，责四十板。其原犯附近、近边、边远、极边烟瘴各犯，仍各由原籍以次递加，照例调发。

（条例 390.45、390.46 系乾隆五十三年，条例 390.43 及 390.04 修改。嘉庆六年改定为条例 390.47 及 390.48。）

条例 390.47：凡流罪人犯（2）

凡流罪人犯，如有中途在配脱逃被获，原犯流二千里者，改为流二千五百里；原犯流二千五百里者，改为流三千里。俱从该犯原籍地方，计程发配，初次枷号一月，二次枷号两月，三次枷号三月，照例改发。

条例 390.48：凡免死减等流犯（2）

凡免死减等流犯，中途在配脱逃被获者，改发近边充军，及原犯寻常案内流三千里人犯，中途在配脱逃被获者，改发附近充军，均就其现配地方，计程发配。若表内现配应发之地，与该犯原籍相近，而又地处边境，再无别处可以改发者，即照表内应发地方，加一等改发，各按照脱逃次数，分别枷号。其原犯附近、近边、边远、极边烟瘴各犯，仍各由原籍以次递加，照例调发。

（条例 390.47、390.48 系嘉庆六年，将条例 390.45、390.46 改定。）

薛允升按：流犯脱逃，从前均系枷号，加徒系仿照律文徒犯从新拘役之意。原定之例，本极允协，后均改为加等调发，从严而反失之宽，而例文亦纷烦琐碎，不如原例之简净。即如流犯从该犯原籍计程，军犯又从现配地方计程，系指由流加军而言，第此等流犯，名虽附近、近边充军，以道里计算，已在四千里以外矣，与发往极边何异。至逃后行凶为匪，均无作何治罪明文，下充军人犯亦同，岂以业已枷号调发，另犯即可勿论耶。满流人犯脱逃，就配所计程，发附近充军，无可改发者，仍加一等，总缘由流加附近充军之例，未能妥善故也。盖军有役，而流无役，故流犯脱逃，即加徒役，累次脱逃，即改充军，与加徒役之意相符。惟军犯后来并不著役，与流犯无异。满流改为附近及近边充军，本未妥协，后改为由配所计程，虽属加重，与免死军犯一条，亦有互相参差之处，古法讵可轻改耶。军流犯脱逃，有中途及在配之不同。在配脱逃，原犯杖罪，已经论决，复行脱逃，律内仅拟计日加杖，未免太轻，是以枷号调发。盖于杖罪之外，加重办理，非谓其不应加杖也。若中途脱逃，则原犯杖罪尚未决讫，此次脱逃被获，虽不必于满杖之外再加杖罪，乃并其原犯应杖之数，而亦免其实决，是何理也。可知予以杖责，乃系脱逃应得之罪，其拟以枷号调发，系属律外加重耳。且例内枷号，均因杖罪而加，未闻止拟枷号而无杖罪者，此例删去杖罪，殊嫌未协。流犯脱逃两条，旧例本系枷号两个月，责四十板。嘉庆六年修例时，以军犯脱逃例，止加枷号，不加杖，流罪轻于军罪，其脱逃加等调发，亦应一体，毋庸加杖，将例内责四十板之处，均行删去。惟蒙古脱逃调发枷号之外，尚责四十板，徒罪又轻于流罪，何以例内均加杖耶。道光年间，又有逃军逃流被获，一体决杖，通行存以俟参。徒流逃亡，《唐律》本系按日治罪，计日加至徒流以上者，自应照徒流人又犯罪律科断，何等简明，今律改为徒犯，从新拘役，而流犯并无加重之文，已属未协。嗣后条例愈觉纷烦，愈改愈不如前矣。《唐律》："役限内而亡者，一日笞四十，三日加一等，〔十九日合杖一百。〕过杖一百，五日加一等（五十九日合流三千里）。"五十九日以外被获，即所为已流而又犯流也。雍正年间定例，流犯脱逃被获，先发布政司枷号两个月，责四十板，再加徒役三年。尚为近古，后改为加等调发，不惟事涉纷烦，亦与已流而又犯流之律不符。盖律文无所不包，舍律言例，则不免互相参差矣。

条例 390.49：免死发遣盗犯在配脱逃者

免死发遣盗犯，在配脱逃者，无论有无行凶为匪，悉照新疆遣犯脱逃例，于拿获之日，请旨即行正法。

（此条系乾隆三十二年，山东按察使勤尔谨条奏定例。乾隆三十五年改定为条例390.50。）

条例 390.50：免死发遣盗犯在配无故脱逃

免死发遣盗犯，在配无故脱逃，已逾五日拿获者，无论有无行凶为匪，悉照新疆遣犯脱逃例，请旨即行正法。若于五日内拿获，该管将军、大臣严行确查。如系仅在附近处所，暂行躲避，并未远扬，或偶有事故，未向伊主知假，实非逃走者，声明缘由具奏，请旨定夺。

（此条系乾隆三十五年，将条例390.49改定。嘉庆六年，又查新疆寻常逃犯，现已奏准止用重枷枷号三月，毋庸正法，因将例内悉照新疆遣犯脱逃例句节删。嘉庆二十一年改定为条例390.51。）

条例 390.51：免死减等发遣新疆盗犯

免死减等发遣新疆盗犯，并由黑龙江、吉林减回内地充军、拟流之盗犯，及未伤人之首盗，闻拿投首；窝家盗线，闻拿投首；曾经伤人及行劫二次以上之伙盗，闻拿投首；伙盗能将盗首逃匿地方供出，一年限内，拿获四项改发云、贵、两广极边烟瘴充军之犯，如在配无故脱逃，已逾五日拿获者，无论有无行凶为匪，请旨即行正法。若于五日内拿获，该管将军、大臣、督抚严行确审。如系仅在附近处所暂行躲避，并未远扬，或偶有事故，未向伊主及看役告知，实非逃走者，新疆遣犯在配所用重枷枷号三个月、杖一百，责令伊主严加管束。由黑龙江、吉林减回内地充军拟流，并改发云、贵、两广充军四项人犯，俱调发新疆给官兵为奴，均毋庸具奏。如再脱逃拿获，奏请即行正法。

（此条系嘉庆二十一年，遵旨将条例390.50之五日内拿获实非逃走者，改为"仍发原配地方，毋庸奏请定夺。嘉庆二十二年，以仍发原配，系指由黑龙江减回内地者而言，自未便仍发原配，查照现例四项改发烟瘴军犯脱逃，五日内拿获者，改发新疆为奴。嘉庆二十五年，停发黑龙江、吉林遣犯，将应发黑龙江等处原配者，亦改发新疆为奴，因将原发新疆遣犯，增在配所用重枷枷号三月、杖一百。道光六年，调剂新疆遣犯，将黑龙江、吉林减回内地之军流，并四项人犯，俱改发云、贵、两广极边烟瘴充军，到配加枷号三月。道光二十四年，新疆遣犯照旧发往，仍复原例。）

薛允升按：与秋审缓决人犯一条参看。秋审缓决减为发遣人犯，以是否不服伊主管束，或因思家，或因力难受苦，及逃后有无行凶为匪，分别枷号、正法。此处又以五日内外，分别定拟，殊未画一。脱逃即行正法，新例止有伤人首伙各盗，伤轻平复，事未发而自首，未伤人之首伙各盗，及窝家盗线闻拿投首三项。此外，又有强盗行劫数家，止首一家一项。"强盗"门内用药迷人一条云，甫经学习，虽已和药，即行败露，或被迷之人，当时知觉，未经受累者，均发遣为奴，觉到配脱逃，请旨即行正法。此条所列，并无此项人犯，说见彼门。此条所云，各项盗犯，系嘉庆十七年，调剂黑龙江等处遣犯案内，分别到配年分，改回内地充军拟流之盗犯，均系免死发遣。如脱逃被获，例应正法，与寻常军流人犯脱逃，例应加等调发者不同。新疆遣犯系现行例，免死盗犯发新疆者也。由黑龙江、吉林减回内地，系从前发往黑龙江，又由黑龙江配所改回内地者也。烟瘴四项，是例应发黑龙江等处，改发四省烟瘴者也。是年，调剂已到配分别改发遣犯，除强盗到配未及五年，洋盗到配未及二十年之犯，均遵旨仍留黑龙江原配外，其强盗到配已逾二十年者，减流三千里。已逾十年者，减极边足四千里充军。已逾五年者，减极边烟瘴充军。洋盗到配已逾二十年者，减发内地不近海洋省分充军。其余寻常应发黑龙江等处遣犯，情重者，改发新疆为奴。情轻者，改发内地充军。此条由黑龙江、吉林减回内地充军拟流之盗犯，即系指此等人犯而言。二十二年，又将此等应发黑龙江、吉林之犯，改发四省充军。惟《名例》内并无此条例文，且系尔时办法，现在亦无年久盗犯，改回内地人犯，其四项改发烟瘴之犯，新例已经修改，与此条亦不相符

条例390.52：军流徒犯在配及中途脱逃

军流徒犯，在配及中途脱逃，主守押解人等，审无知情贿纵情弊，照例给限追捕，限内能自捕得，准其依律免罪。如系他人捕获，或因已死及自首，均依失囚律治罪，不准宽免。

（此条系乾隆三十五年，浙江巡抚奏军犯陆贵泷越狱脱逃，旋被拿获将禁卒等拟杖加枷。奉旨纂为定例。）

薛允升按：此较律加重者，因疏脱逃狱之禁卒，不准免罪，故疏脱军流徒犯之押解主守人，亦不准免也。均依失囚律治罪，谓照律科以杖六十也。惟例内军流犯脱逃，主守人均杖八十，不与徒犯同科，即押解军流徒犯，偶然疏脱，亦有长解减囚罪

二等，短解减囚罪三等之例。此照失囚律治罪之处，尚未分明。因狱卒而推及押解主守之人，又因他人捕获而推及囚已死，及自首二层，均属与律不符。至他人捕获，尚可云与己无涉。若因已死即无可科罪，囚自首亦可免加逃罪，而狱卒等仍应治罪，来免太严，且与因人连累致罪之律，彼此抵捂。

条例390.53：各省遣犯脱逃

各省遣犯脱逃，内有年老者，以年逾七十为准，如在逃时年已六十，勒限十年；年已五十，勒限二十年。逾限未获，即于汇奏通缉案内开除停缉。倘后经缉获，仍照例质明办理。

（此条系乾隆五十六年，奉谕旨纂辑为例。嘉庆六年，因年终汇奏事件，已奉旨改奏为咨，将例内"汇奏"改为"汇咨"。）

薛允升按：报部难结事件，通缉已届四十年者，即行查销。见"官文书稽程"门，与此例情事相类。应参看。此专指遣犯有关汇奏通缉而言。遣犯年终汇册报部，某处人数若干，逃犯若干，均可按册而稽。独各省军流人犯，并不造册送部，以致此等人犯数目，部中无从稽查，殊不画一。

条例390.54：洋盗案内被掳过船

洋盗案内，被掳过船，随同上盗，问拟发遣之犯，在配脱逃被获者，查明发遣原案，除被掳后甘心从盗者，仍照免死盗犯例正法外，若并非甘心从盗，实系掳捉过船，逼令入伙上盗者，如脱逃后并无行凶为匪，即照平常发遣人犯脱逃被获例，递回原遣处，枷号一个月，鞭一百。如脱逃后行凶为匪，亦照平常发遣人犯，逃后行凶为匪例，分别问拟。

（此条系嘉庆六年定例。）

薛允升按：此洋盗案内，拟遣脱逃分别正法之例。惟查强盗旧例载洋盗案内，被胁接赃瞭望，仅止一次者，照例发新疆给官兵为奴。已至二次者，即行斩决枭示。如投回自首者，仍发新疆为奴云云。此问拟发遣，即系指此等人犯而言。第原例止云被胁接赃瞭望，并无甘心、非甘心之分，且既云甘心从盗，虽瞭望接赃亦应斩枭矣，又何发遣之有。此例于逼胁之中，又分别甘心从盗，殊觉无谓。

条例390.55：回民因行窃窝窃发遣脱逃被获

回民因行窃窝窃发遣，脱逃被获，并无行凶为匪，及拒捕情事者，初次递回配所，用重枷枷号六个月；二次，枷号九个月；三次及三次以外，枷号一年。如逃走后复行为匪，并拿获时有拒捕者，除犯该斩绞监候，改为立决，犯该军流发遣，改为绞候，仍照原例办理外，如犯该徒罪，递回配所，枷号一年。犯该笞杖，递回配所，枷号九个月，满日，俱鞭一百，遇赦俱不准援减。

（此条系嘉庆二十年，顺天府府尹审奏窝窃回民大李三等拟遣一折，奉旨纂为定例。共系三条，一见名例"徒流人又犯罪"。一见"盗贼窝主"。）

薛允升按：上段言仅止脱逃，而未行凶为匪者，下段言脱逃后，又复行凶为匪者，其不言复行犯窃者。以"名例"内已有明文故也。惟行窃亦系为匪，如计赃罪应军流，是否应拟绞候。抑系仍加枷号之处，尚未分明。回民行窃例，止烟瘴充军，此言发遣，盖照名例定拟者也。如窃盗问拟军流，在配在逃复窃之类，若窝窃则专指直隶、山东二省回民，他省并无拟遣明文。回民因窃发遣，脱逃复行凶为匪，并拿获时有拒捕者，较平常遣犯为重，犯该斩绞监候罪名，自应无论应入实缓，均改为立决。咸丰二年修例时，将平常遣犯，及免死军犯二条，均分别应入实缓，改拟罪名，此处未加改修。自应无庸再为分晰。惟除律内仍照原例句，究未妥协，似应将除字并仍照原例办理外，均行删去。

条例 390.56：凡遣军流徒各犯仅止脱逃者

凡遣军流徒各犯，仅止脱逃者，主守之乡保等，及容留军流逃犯之房主、邻佑，仍照各本例治罪外，如遣军流犯，逃后滋事，主守之乡保等杖一百，每一名加一等，罪止杖一百、徒三年。知情容留之房主、邻佑，照知情藏匿罪人减罪人一等律，再加一等治罪。知而不首者，仍杖一百。其徒犯逃后滋事，失察之乡保等杖八十，每一名加一等，罪止杖八十、徒二年。知情容留之房主、邻佑，照知情藏匿罪人律，减本犯罪一等治罪。容留并未滋事之逃徒，照容留滋事逃徒例，再减一等。但知而不首者，各杖八十。受财者，各计赃以枉法从重论。其容留之亲属，除祖父、子孙、夫妻、奴仆外，其余亲属人等，系容留徒罪人犯，照不应轻律，笞四十。容留遣军流犯，俱照不应重律，杖八十。

（此条系嘉庆二十年，遵照谕旨，纂为定例。）

薛允升按：此专为乡保及房主人等而设，应与上在京问拟徒罪一条参看。疏脱军流徒犯律，均拟杖六十。例将疏脱军流者，改为八十，名数虽多，仍罪止满杖。此处逃犯滋事，乡保竟加拟徒罪，殊嫌参差。既照减一等律，又加一等，亦嫌未协。何不云与犯同罪乎。因逃犯滋事而追咎主守之乡保，加重其罪，并罪及房主、邻保，甚且罪及亲属，立法非不严厉。然例虽严，从无照此办理者，不曰尚未抵家，即曰甫经至境，千篇一律，何必定此科条耶。

条例 390.57：传习邪教人犯

传习邪教人犯，除拟发额鲁特为奴各犯，曾奉有谕旨如在配脱逃被获，即行正法者，应钦遵办理外，其余问拟遣军流徒人犯，若仅止脱逃，并未滋事者，于寻常遣军流徒脱逃加等调发例上，各加一等治罪。如逃后滋事，或另犯重罪，及妄行控诉，呈递封章者，各视寻常逃犯所应得罪名加一等定拟。其遣军应加枷号者，按照寻常逃犯，应得枷号月数，递加一等。如已至斩绞罪名，应缓决者，入于情实，应情实者，加为立决，犯至立决无可复加者，仍照原例科断。傥另犯应死罪名，仍各从其重者论。其失察容留之人，于常犯脱逃之失察容留例上，分别是否滋事，各加一等惩处。

（此条系嘉庆二十年，刑部遵旨议准定例。）

薛允升按：此专指传习邪教案内人犯而言。原奏内称除林清案内，传习白阳教，拟发额鲁特为奴各犯，曾奉有谕旨，如在配脱逃拿获时，即行正法外云云。自系尔时办法，今则并无此等人犯矣。平常遣犯脱逃五次以内，枷号一月。五次以外，枷号三月。十次以外，枷号六月。军犯脱逃加等调发，初次枷号一月。二次枷号二月。三次枷号三月。四次枷号四月。流犯脱逃以次加等，亦按次数加以枷号。徒犯在配者，从新拘役，中途者，以次加等。如逃后滋事，平常遣犯，分别犯该徒、杖，酌加枷号，军流徒并无明文。此例云加一等治罪，则本系流二千里者，自应改为三千里。本系附近充军者，自应改为边远充军矣。其枷号是否于一月之外，再加一月。倘二次脱逃，是否于两月之外，再加两月。抑系止加一月。至所云遣罪应加枷号者，按照寻常逃犯应得枷号月数，递加一等，则如犯两月、三月及六月者，应如何加等之处，殊难悬拟。若徒犯在配脱逃，律应从新拘役，如何加等，亦无办法。再遣军以下人犯在逃，呈递封章，及控诉事件本例已加等矣，此例又加一等，未免过烦。逃后滋事，另犯斩绞罪名，已明言缓决者入实，应实者，立决矣。下文另犯应死罪名，仍从重论，亦属重复。

条例390.58：由京递籍人犯脱逃来京

由京递籍人犯，脱逃来京，主守之乡保等笞四十。逃后滋事者，乡保等杖六十，每一名加一等，罪止杖一百。知情容留之房主、邻佑，亦照知情藏匿罪人律，减本犯一等治罪。其容留并未滋事之递籍逃犯，照容留滋事递籍逃犯例，再减一等。知而不首者，又递减一等。受财者各计赃，以枉法从重论。其容留之亲属，除祖父、子孙、夫妻、奴仆外，其余亲属人等，照不应轻律，笞四十。

（此条系嘉庆二十年，遵照谕旨纂为定例。原例无"来京"字样，其知而不首者，系各杖六十。道光十二年，以递籍人犯，逃至他省，并无应行治罪之例。若无论曾否来京，均将乡保等照例治罪，较之脱逃本犯办理转严；再知而不首，本较容留为轻，若概杖六十，亦有重于容留之处，均未平允，因改定。）

薛允升按：上在京问拟枷责杖笞递籍人犯，私行来京一条，专言本犯罪名。此则特为乡保，及知情容留之房主人等而设。惟上条有枷责杖笞等语，此例止云由京递籍，其减一等，及再减一等之处，是否由本犯原犯罪名减等，抑系滋事罪名减等之处，尚未分明。即如无罪递籍之犯，脱逃来京，并未滋事，应拟笞四十，枷号一个月。其余亲属知情容留，亦拟以笞四十，而容留之旁人，减二等科罪，则应笞二十，枷号二十日，殊觉参差。再此等人犯逃后滋事，或在他处，或在京城，必其未在本籍可知，何以有容留之祖父、子孙、妻妾及其余亲属耶。殊不可解。因一人脱逃，而原籍及容留之房主、邻佑，均有罪名，科条亦太烦矣。本门三条，盗贼窝主门一条，举用有过官吏门数语，均系有罪人犯，不准潜来京城居住之意。似应修并为一，以省烦冗。

条例 390.59：发遣免死盗犯

发遣免死盗犯，如脱逃拿获，例应请旨正法者，于审明后即行正法，毋庸候部核覆。

（此条系同治五年定。）

薛允升按：无庸候部核覆，即系无庸请旨也。应与请旨正法各条参看。此门内所载，除免死盗犯一经脱逃，即行正法外，其余军流脱逃，无论免死与否，均加发至外遣为止。遣犯脱逃至十次以上免死者，不过枷号九个月，平常者，亦以六个月为止，〔枷号亦恐未能认真〕别无加重之法，即逃后另犯行凶为匪，加重办理者，亦寥寥无几，此逃犯之所以日多，而法制刑章之益成具文也。朝廷立法本以威众，乃不知畏惧，而反生其玩法之心，可为长太息矣。然就各例而论，法亦未尽允当，而又意在从宽，姑息养奸，其为是与。犯罪者役其身，盖古法也。今则仅迁其地而已，有役之名，而无其实，即迁其地，而亦无良法以处之，故逃亡者多，而办法亦参差不齐，头痛治头，脚痛治脚，此类是也。古法最为简当，弃而不用，遂不免诸多纷扰矣。自唐以后，以笞杖、徒、流、死为五刑之正律。笞杖罪轻，决讫即了，死罪重，而犯者较少于徒、流。情轻免死，及遇赦减等，又俱减为流罪，是徒、流二项为最多，亦且最难安置。然徒犯俱照年限应役，役满即予释回，尚可设法约束。流犯则终身不返，亦并不应役，且无室家田产可以为生，安能禁其不逃走耶。既设立流、徒之刑，必有安置徒犯、流犯之法，非谓徒讫、流讫即可完结，如笞杖、斩绞之决讫，再无别说也。唐时，徒囚均有役可应，是以有徒囚不应役之律。盖其时无事不用民力，徒囚与民人同当力役差使，应役者多，亦可藉省民力，且即在本处应役，故逃亡者甚少。流犯发配之后，应役一年后，即于配所从户口例，入籍为民，是发配某处，即为某处之人，妻妾亦同赴配，并给与口分田亩，征收课役，原处之籍，即行开除，日久即可相安，亦无逃亡之事。今则不但流犯无可位置，即徒犯亦无可应之役，发交某人、某处主守，即为某人、某处之累，本犯即不欲逃，且有教之使逃者，其势然也。宋时，条奏此事者颇多，而迄无良法。前明徒犯虽有煎盐炒铁之律，旋废不行，后改为驿站当差，亦系具文。又创为充军之法，逃则勾丁补伍，徒为严厉，而弊更无穷。今则军与流无异，而逃亡者日多一日，必得官长代为设法足其养赡，尚可少安，否则乘间即逃，逃则重行犯法，习以为常。昔人所谓以刑生刑，以徒生徒者，此也。而地方各官又视为无关紧要，度外置之。刑政为朝廷大法，徒、流二项人犯尤多，处置颇难，不为之筹划尽善，一任其逃，而一切不理，刑章尚可问乎。加等调发，再加枷号，遂可以禁止逃亡耶。肉刑废，而徒、流兴，徒、流之法穷，遂无可如何矣。法久弊生，其信然乎。

事例 390.01：康熙九年题准

凡军罪人犯，在配所脱逃者，将该管官罚俸六月，统辖官罚俸三月。军流徒罪人犯，私自逃回原籍，地方官不行查出者，罚俸一年。

事例 390.02：康熙五十二年谕

凡从发遣处逃回行凶之人，交与该将军正法，来往递送，官兵驿站受累。嗣后此等人犯停止发与该军，在此随即正法。

事例 390.03：雍正五年谕

奉天习俗不好，凡犯罪发遣之人，若发往相近边地，必致逃回又生事端。嗣后犯法之人，应枷责发遣者，著解送来京，照例枷责，满日发与西安、荆州等处满洲驻防之兵丁为奴。向来奉天等处发遣人犯，并彼处旗下家人私逃者甚多，该将军等但有缉捕之名，而无其实。嗣后著该将军等，将每年缉获之犯，与未获之犯，于年底报部奏闻，候旨分别赏罚。其从前逃走之犯，著该将军等通行出示晓谕，令其自首。若伊等于雍正六年五月以前，自行投到，免其逃走之罪，仍照本罪安插。倘不行自首，被人拿获，则严加治罪。以上数条，著该部定议具奏。钦此。遵旨议定：奉天等处人犯有应枷责发遣者，该将军查明送部，照例枷责，满日，若系满洲另户正身，给发西安等处驻防当差。其身为奴仆，及奴仆开户而为另户者，发给西安等处驻防兵丁为奴。至奉天、西安等处旗下家人逃走，及发给为奴当差之人脱逃者，令各该将军年底汇奏。又从前在逃之犯，已奉旨宽限自首，若过限不行投到，获日将减等盗犯，于原发遣处正法。平常发遣之犯，有行凶为匪者，亦于原发遣处正法。如无为匪之处，枷号两月，鞭一百，仍交原发遣处安插。若旗下家人，私自逃走者，加逃罪一等治罪。

事例 390.04：雍正五年议准

嗣后负罪潜逃之犯被获者，犯笞杖之罪，仍照律遵行外，犯该徒一年者，加倍徒二年；徒一年半者，徒三年；徒二年者，流二千里；徒二年半者，流二千五百里，徒三年者，流三千里；流二千里至二千五百里者，发边卫充军；流三千里及发边卫充军者，拟绞监候；该拟绞监候者，立绞；该斩监候者，立斩。

事例 390.05：雍正十年谕

据云南巡抚张允随奏称：昭通镇标汛防千总查出宁古塔逃回人犯嘎虐磨、奈何木业、者嫩蔑所三名，已历八月，尚未准有部文到滇等语。此等充发人犯，原系凶恶之徒，因不便仍留内地，故尔投界遐方，乃发遣之后，不知悛改，复敢潜回生事，而该管官员，又不实时行文缉捕，往往至于兔脱，国法安在？著该部行文宁古塔等处各衙门，嗣后务将遣发人犯严加管束，不时稽察，倘有私自逃回者，立即报部通行查拿，不但稽迟时日。倘该管地方及该部行文稽迟，查出定行议处。

事例 390.06：乾隆二十三年议准

查拉林逃走人犯，有在盛京等处拿获者，亦有在京暨各省拿获者。嗣后在盛京等处被获之犯，即令该将军登讯明情节，一面奏闻，一面选派干员就近解送拉林正法示众。其在京暨各省被获之犯，俱令解部，刑部一面奏闻，一面将该犯严加锁锢，行文该旗都统，拣派才干章京一员，本佐领下领催一名，披甲一名，赴部解领，令该都统即于该旗存公银两内，赏给章京银二十两，领催、披甲银各十两，行文兵部，给予该章京减半驿马，其领披甲，即令与犯人同车押送，归途酌给驿马各一匹。至人犯车辆口粮，沿途护送官兵，兵部仍照例办理。傥有中途疏脱等弊，将派往押解之章京、领催等，严加治罪；护送官兵，分别治罪。其拣选不慎之该都统等，一并交部议处，仍令拉林副都统，遇有此等人犯，即传集众人，令其亲自正法，明白晓谕，俾知儆戒。

事例 390.07：乾隆二十五年议准

查例载军犯脱逃，附近者初次枷号一月，调发边卫；二次枷号两月，调发边远；三次枷号三月，调发极边烟瘴；其本犯边卫者，以次递加调发；至极边烟瘴脱逃者，即改发黑龙江等处给披甲人为奴等语。是拟军之犯，但经脱逃，无分次数，均应改遣，如被拿获，自应即于拿获之处，审详办理。若解回配所再由配所调遣，无论长途辗转疏脱堪虞，即使递解无误，而以照例查办之件，无故迂回，俾其终年不结，亦甚非肃清陈案之意。查本例内原载拿获之日，应归各该州县究审，但其是否配所州县，抑系获犯之处，未经指明，是以外省办理，有就获之处审拟改调者，亦有仍解原配之州县听其办理者，彼此参差，未能画一，以致动辄稽延，濡滞时日。请嗣后军犯脱逃，被获之州县，将该犯一面收禁，一面关查配所原案情节，究其逃后有无生事行凶，照例核拟，详请咨部调遣，仍行知照配所原籍，其有递解过境之犯，尚未到配，而中途脱逃，以及流犯三次脱逃，例应改发边卫者，拿获之日，均照此一体办理，不必仍解配所。

事例 390.08：乾隆三十一年谕

伊犁回疆等处，发往人犯，有逃亡者，拿获后始行定拟具奏，未获之先，仅行知各处查拿，并不具奏。此等遣犯，身获重罪，免死发遣，乃怙恶不悛，复行脱逃，情殊可恶，理宜严拿务获，从重治罪。如并不具奏，仅于行文缉拿，恐各处视为具文，必致缉捕不力。著该将军、各处大臣，嗣后遣犯脱逃，如在二十日以内拿获，仍照旧具奏，一面办理。如逾期不获，即行奏闻，候朕降旨。

事例 390.09：乾隆三十三年议准

定例中途在配脱逃流犯，俱不计次数，原犯流二千里者，改为二千五百里；二千五百里者，改为三千里，已属平允，惟三千里，改为附近充军，免死减等，亦罪应满流，止改发边卫充军，虽由流改军，已属从重，但附近充军计程止二千里，边卫充军计程二千五百里，今以流三千里之犯，因逃加等，反调二千里及二千五百里充军，按道里而论，未免欲重反轻。若以流三千里之犯，一有脱逃，即行改发极边，则更有附近及边卫、边远等军犯，遇有脱逃，递行加等，较之四千里之极边里数反近，亦未平允。查军流发配，定例系各从罪人原籍，计程定地，诚不免有相离转近者。嗣后原犯流三千里及免死减等问流人犯，在配脱逃，俱就各该犯现配地方，计程定地，改发充军，不得仍从原籍计算，并回避各犯本省相近之处，使怙恶之犯，终身远离乡井，既于惩创脱逃之法更为周密，而于军流加等亦各不相妨。

事例 390.10：乾隆五十年议准

定例载旗下另户人等，有犯逃人匪类，发遣黑龙江等处，并奉天、宁古塔、黑龙江等处旗人，发遣各处驻防当差复行犯罪者，即送刑部发云南等省等语。缘黑龙江等处当差旗人复行犯罪者，即解刑部改发云南等省，此条载在督捕则例，嗣于乾隆三十七年，刑部具奏奉天等处发往驻防当差之旗人，与发遣黑龙江之犯，事同一律，复行犯罪，亦改发云南等省，当即纂入徒流人复犯罪条内，而解部改发之文，尚仍其旧，未经分别酌定。查黑龙江等处在京师之东，由黑龙江等处改发云南等省，京师为必经之路，解部转发，事属至便。至各省驻防，改发云南等省，各有相通驿路，原不经过京城，今若拘泥定例，解部转发，不惟往返长途，兵役徒劳解送，且恐稽延时日，凶匪致多疏虞。嗣查乾隆三十七年定例以来，虽尚无办过各省驻防解部发遣之案，但不明定科条，恐致歧误。除黑龙江等处发遣当差人犯复行犯罪改发者，仍照旧例解送刑部转发外，应通行各省驻防，所有应改发云南等省之犯，各该将军、都统等接准部覆后，即移交该省督抚转发起解，毋庸仍解刑部。

事例 390.11：嘉庆十五年奉旨

向来寻常发遣人犯，在配脱逃，其经官拿获者，杖一百、枷号一月，仍发原处。其自行投首者，免其枷杖，发回原处，固属照例办理，但如前日吉林遣犯奇明阿脱逃至六次之多，屡经拿获投首，仍不悛改，若竟任其自去自来，于罪名毫无增加，何以示儆！嗣后此等人犯，除脱逃在五次以内，仍照旧办理外，其脱逃在五次以外者，拿获之后，应照原罪量予增加，即自行投首者，亦当酌议罪名，示以惩儆。倘竟脱逃至十次以外，则拿获投首，均应分别加重，著刑部妥议具奏。钦此。遵旨议定：嗣后脱逃在五次以内，仍照例被获者枷号三月，投回者免罪。如脱逃在五次以外，被获者枷号三月，投回者枷号一月。至十次以外，被获者枷号六月，投回者枷号三月，均鞭一百，严行管束。

事例 390.12：嘉庆二十年谕

此案豢贼之回民，发遣到配后，若复潜逃回籍，必故智复萌，仍为地方之害。著交配所该管官严加管束，如在配脱逃应如何加重定罪，其失察之该管官应如何从重议处之处，著该部酌议条例具奏。此案人犯，即照新例办理。钦此。遵旨议奏：嗣后回民窝窃，罪应发极边烟瘴者，悉改发黑龙江为奴，失察之该管官，照寻常遣犯脱逃之例加等议处，吏兵二部画一办理。

事例 390.13：嘉庆二十一年谕

张映汉奏：黑龙江减回内地流犯龚亚文在配脱逃，于五日内拿获，讯系附近躲避，尚未出境，遵例请旨定夺等语。龚亚文著仍发黑龙江为奴，如再脱逃，拿获即行正法，余俱照所拟完结。嗣后凡免死减等发遣盗犯改发者，如在配脱逃，五日限外拿获，仍照例正法，其五日限内拿获，讯明实系附近躲避，并未远扬者，即仍发原配地方，毋庸奏请定夺，著为令。

事例 390.14：道光二十年谕

前据刑部议覆免死逃遣何洛奉一案，援案请照平常逃遣问拟，降旨令该部核案定拟。兹据奏称，免死盗犯在配脱逃，审照平常逃遣问拟者，有顾守陇等四案，此案何洛奉情节不符，应仍照原拟斩决等语。何洛奉即照该都统原拟斩决，即行正法，所有办理此案之刑部堂司各官，该部自请议处之处，著加恩宽免。嗣后新疆地方，遇有免死减等盗犯脱逃之案，仍照向例问拟，不准援照内地之案声请，以杜两歧。

事例 390.15：道光二十年奏定

到配后逃走，及越狱逃走，并定案后起解在途逃走者，均仍于拿获时照例正法。如尚未定案，解审中途脱逃，系应免死拟遣之罪人，于本罪上加逃罪二等，不入于死。

事例 390.16：咸丰五年谕

刑部奏：黑龙江办理在配逃犯杨六一案，与例不符等语，此等免死发遣盗犯，多系新疆改发，情节较重，又复在配脱逃，实属怙恶不悛。嗣后遇有发遣吉林、黑龙江免死盗犯在配脱逃，一经拿获，著该将军等于审明后即行正法，毋庸候部核覆，以儆凶顽。

事例 390.17：光绪九年奏准

拿获军流徒逃各犯，如系积惯窃贼，案情较重，或系著名匪棍，以及迭次脱逃者，由刑部定案时，解交直隶总督转发府县监严行禁锢，毋任复出滋事。至拿获迭次逃犯内，有同伙复窃未获之犯，应由各衙门将该犯发交大、宛两县监禁，俟伙贼拿获，饬提质讯。惟大、宛两县监狱，为地无多，此项人犯，步军统领衙门所交，每县各以五名为准；五城所交，每县各以十名为准。如逾此数，即将在先收禁人犯提送刑部，转送直隶总督饬属禁锢，抑或由各衙门提回自行发落之处，临时斟酌核办。其寻常初次脱逃，并初次遣犯，仍照例办理。

事例 390.18：光绪十三年议准

前因新疆甫立行省，地广人稀，议将秋审免死减等人犯，发往助兴屯政，是此等人犯，固与实犯遣罪者不同，然既经改发，亦与内地流犯有异，所有在途在配脱逃各犯，自未便仍照寻常军流加等调发，致与定章本意相悖，且使各犯纷纷效尤，脱逃者众，转于屯政有碍。嗣后免死减等发遣新疆在途在配脱逃人犯，照寻常遣犯在配脱逃并无行凶为匪情事被获五次以内例，仍递回新疆，枷号一月，鞭一百；投回者免罪。中途脱逃，由该省酌量安置；在配脱逃，仍发原配。

成案 390.01：流犯假冒贸易逃回〔康熙十七年〕

刑部据奉天府金某疏称：流徙人张七假冒买松子贸易之人，起引进关，并作保刘启伦等，串通朦胧起引经历司吕家齐，擅给路引等因。张七、刘启伦等合依凡不应给引之人而给引及军诈为民、民诈为军，若冒名告给引者，并杖八十律，应各杖八十。经历司擅给路引并告病之处，应交与吏部议。奉旨：流徙人犯冒领路引入关，这所引律，是否相合，著再议具奏。钦此。查先因张七冒领路引拟伊配遣囚徒及军诈为民、民诈为军，若冒名告给引者，并杖八十律，张七虽起路引，但系流犯假冒贸易之人起引逃回原籍，张七合改依凡流犯逃者，罪止杖一百，应杖一百。保人刘启伦等，仍照前拟，各杖八十，余照前议。

成案 390.02：绞犯中途脱逃〔康熙二十九年〕

吏部议东抚佛伦疏：郑三巡系刺死范四儿之凶犯，经臣审明，拟绞具题，发县羁候，行至昌乐地方住宿店内，夜间逃走，选差不慎之黄县知县相应指参等语。应将黄县知县照例革职，戴罪勒限一年督缉。

成案 390.03：少差解役脱逃上司不参〔康熙二十九年〕

督捕疏：从部解递浙江巡抚查审两面有字之刘茂卿二犯，慈溪县知县不遵定例，止差役二名，以致中途脱逃。吏部议，将慈溪县知县照例革职。又该抚竟不查参，先将秀水县比例不合驳回去后，今又称或照刑部军流等犯不加肘锁，少差解役，以致脱逃者，罚俸一年之例，或照督捕条例，每一名不差正身有家产差役二名，以致疏脱者，地方官革职之例。该抚既知慈溪县违例少差解役，竟不参处，不合。查定例，督抚将奉旨驳查事件含糊具题，降一级留任等语，应将巡抚张鹏翮照此例降一级留任。

成案 390.04：知府不将少差解役之处查出〔康熙四十六年〕

吏部议广抚梁世勋疏：莫老八等三贼脱逃，金差不慎阳朔县知县孙维溥，臣部照例议处，其桂林知府点交阳朔县解役时，并不将少差之处查出，移咨该抚查参在案。今该抚咨称，因盗犯常金相等八名，先经该抚疏内，桂林府点交解役时，止有一十四名，因少差二名，随经行查该抚去后，今该抚忽又改称点交时一十六名，以盗犯莫玉病故，少去解役二名咨覆。查点交少差解役在先，盗犯中途病故在后，明系前后矛盾，不合。查定例，斩绞重犯，少差解役，以致脱逃者，降一级调用等语。应将桂林知府侯辉降一级调用。

成案 390.05：杖罪人犯脱逃〔康熙三十年〕

刑部疏：直隶宁晋县金差不慎，以致杖罪犯人脱逃，应交与吏部议，应将宁晋县知县照例住俸，勒限一年督缉。

成案 390.06：军犯中途脱逃〔康熙二十九年〕

吏部议东抚佛伦疏：兵部递发安徽军犯李四，递解至高唐州，随交与差役，半夜李四脱逃等因具题。应将知州谈某照例住俸，勒限一年督缉。

成案 390.07：解犯中途自尽〔康熙四十六年〕

刑部议安抚刘光美疏：拿获逃犯笪老毛，押解中途畏罪自溺。查犯人中途自尽，解役作何治罪之处，律无正条，程用、程奇，应比照狱卒失于检点致囚自尽者杖六十律，杖六十革役。

成案 390.08：斩犯脱逃限满未获〔康熙二十九年〕

吏部议江抚宋荦疏盗犯甘立二中途脱逃一案。一年限满未获，原参上高县知县相应指参等语。应将上高县知县杨寅生照例降一级调用，仍限一年缉拿。

成案 390.09：逃犯别省正法〔康熙四十年〕

刑部等议湖抚年遐龄疏：发遣宁古塔犯人朱闵生递解脱逃，部覆将署县事住俸在案，今该犯在江南省为盗，已经拿获正法，则楚省原参之案，应开复等因。查朱闵生因行劫刘达之家，臣部议覆，将朱闵生拟斩立决枭示。奉旨钦遵咨行在案，应将署黄冈县事、蕲水县县丞原参住俸督缉之案，准其开复，接缉现任之官刘泽溥，无庸议。

成案 390.10：奉天司〔嘉庆十九年〕

提督咨送：遣犯徐五，在逃行窃二次，先经该衙门拿获，捏供民人，将该犯杖一百、枷号二十日发落，兹经访系逃遣获送，例应枷号两个月，鞭一百，因该犯业经犯窃，枷号二十日，罪无重科，枷号四十日，业经决杖，免其鞭责。

成案 390.11：奉天司〔嘉庆二十年〕

黑龙江咨：遣犯陈贵，行窃拒伤事主郑再平复。查此案遣奴陈贵，逃后行窃，拒捕刃伤事主郑再平复，先据该将军，将陈贵依窃盗临时拒捕刃伤例，拟斩监候，咨部。经本部以陈贵拒伤事主时，业已逃至房后，实因被追图脱所致，罪拟绞候，惟该犯从主家逃出，系属逃后行凶，拒捕刃伤事主，应照原犯罪名，拟以绞决，驳令覆审妥拟。兹据遵驳改正，应将陈贵依平常遣犯逃后行凶为犯、拿获时拒捕，照现在所犯绞候者，改为立决例，拟以绞立决。

成案 390.12：陕西司〔嘉庆二十年〕

乌鲁木齐奏：蒙古莫落莫特，原犯偷窃马牛，拟发云贵两广极边烟瘴充军之犯，该犯于解配时，中途脱逃，复窃骑山内牧放之马，例内并无蒙古遣犯，中途脱逃复窃，作何治罪明文，自应比照在配脱逃调发之例问拟。查莫落莫特原发云贵两广极边烟瘴，脱逃调发，亦至极边烟瘴而止，无可再加，仍发云贵两广极边烟瘴，充当苦差。

成案 390.13：江苏司〔嘉庆二十年〕

苏抚奏：军犯杨耀祖，潜逃来京，呈控含冤莫雪等情一案。查军犯杨耀祖前犯抢窃勒赎凶诈，照棍徒扰害拟军，原案本无屈抑，因历次恭逢恩旨，未准减等，妄拟援减，辄敢在配脱逃，赴京捏词混控，如照因已决配，妄诉冤枉本律，及蓦越赴京告重事不实之例，罪止军流，自应仍照军犯脱逃，加等调发本例，酌加问拟。杨耀祖合依烟瘴少轻人犯，在配脱逃，枷号一个月，改发极边烟瘴，仍照名例以足四千里为限，再加枷号一个月。

成案 390.14：浙江司〔嘉庆二十年〕

浙抚咨：谢大升强奸年甫十二之幼女陶大姑未成，将谢大升依例发回城为奴。该犯到官脱逃，律应加等，本罪已发回城为奴，应到配加枷号三个月。

成案 390.15：直隶司〔嘉庆二十一年〕

河抚咨：张二小系巨盗张标之子，比例迁徙，发口外安置，今逃后被获，将该犯照遣犯逃走，并无行凶为匪例，递回发遣处，枷号一个月，鞭一百。

成案 390.16：直隶司〔嘉庆二十一年〕

直督咨：将实发烟瘴充军在配脱逃之李如陵，调发黑龙江为奴。本部改依犯极边烟瘴，调发新疆为奴。

成案 390.17：奉天司〔嘉庆二十二年〕

奉尹咨：乌力棍因行窃三次，犯赃至三十两以下，十两以上，拟发边远充军，即系由新疆改为内地之犯，在配初次脱逃，自应照本例加二等调发。该府尹既误引本犯边远脱逃加调发之例，而又将该犯依附近充军三次脱逃之例调发，罪名虽无出入，引断究属牵混。乌力棍应改依停发新疆改发内地人犯、如有在配脱逃、照本例加二等调发例，于边远罪上加二等，发极边烟瘴充军。

成案 390.18：湖广司〔嘉庆二十二年〕

北抚咨：刘八儿前因命案拟绞减流，恭逢恩诏减徒，于未奉部覆之先，在配脱逃行窃犯案，计赃罪止拟杖，照准减军犯脱逃之例，拟以总徒四年之犯，该犯在配复逃，行窃计赃八十两，惟系逃徒二次犯窃，若仍发原配，似与寻常逃犯无所区别。刘八儿应比照徒犯中途脱逃总徒者，加为准徒五年。

成案 390.19：山东司〔嘉庆二十三年〕

东抚咨：刘三因行窃拒捕拟军，在配潜逃，复伙窃二次，依寻常窃盗问拟军罪，在逃复窃二次，赃未满贯，发云贵两广极边烟瘴充军。

成案 390.20：江苏司〔嘉庆二十三年〕

苏抚咨：拿获逃军蒙二，原系边远充军，依边远充军人犯脱逃、递加调发例，调发极边足四千里充军。

成案 390.21：河南司〔嘉庆二十三年〕

南抚咨：拿获逃军牛大朋，原犯系边远充军，依充军常犯脱逃被获，系边远，调发极边烟瘴充军。

成案 390.22：河南司〔嘉庆二十三年〕

河抚咨：拿获逃军周同，原犯系边远充军，今脱逃被获，依军犯脱逃，本犯边远者，以次递加，调发极边充军。

成案 390.23：河南司〔嘉庆二十三年〕

河抚咨：徒犯赵二，在配脱逃被获，计日加等，罪应杖八十，尚未论决，又复因病取保，脱逃被获，应照犯罪事发逃走律，于杖八十本罪上，加二等，杖一百，从新拘役。

成案 390.24：安徽司〔嘉庆二十三年〕

河抚咨：拿获遣犯郑敏，原犯系安省凶徒聚众毙命案内拟发新疆为奴，中途被抢，虽非知情预谋，其乘抢逃逸，即与为从无异。该犯原拟发遣新疆，罪无可加，应照发往伊犁、乌鲁木齐等处各犯、在途脱逃被获例，在配所用重枷枷号三个月，杖一百。

成案 390.25：直隶司〔嘉庆二十四年〕

贵抚奏：王得意系传习邪教案内旗人迁徙贵州安插，胆敢潜逃，应比照极边烟瘴脱逃者，改发新疆种地当差。

成案 390.26：安徽司〔嘉庆二十四年〕

安抚咨：马二系听从捻匪纠抢案内，拟发伊犁为奴之犯，于解配时在途脱逃被获，罪无可加。将马二酌加枷号一个月，仍发伊犁给官兵为奴。

成案 390.27：贵州司〔嘉庆二十四年〕

贵抚咨：乡保高功于收管军犯，在配脱逃，畏罪不报，每逢查点军流，该犯即捏以患病朦混。将高功依军犯在配脱逃、看守之保甲逾限不获一名例，杖八十，再加枷号两个月，革役。

成案 390.28：直隶司〔道光元年〕

直隶咨：金八因抢窃拟军中途脱逃，改发新疆当差，系初次脱逃，枷号一个月，满日，发配。

成案 390.29：陕西司〔道光四年〕

提督咨送：锺大因梅大行使假钱票犯案送部，拟杖六十，交坊取保，经锺大赴坊将梅大保出后，旋即脱逃，兹据该坊将承保之锺大送部讯明，锺大应比照主守不觉失囚一名律，杖六十。

成案 390.30：山东司〔道光四年〕

安抚咨：陈学明系捕役纠窃，拟发极边烟瘴充军之犯，辄敢听从另案军犯张十五中途得贿易换配所，例内并无解配人犯互相顶替，作何治罪明文，惟顶名解配究与在配在途脱逃者有间，似难加等调发。陈学明应请仍发原配，到配杖一百，加枷号两个月。

成案 390.31：河南司〔道光五年〕

北城移送：坊役刘玉，于本部发交取保罪应递籍之涂玉麟一犯，并不慎择保人，致令脱逃，虽讯无贿纵情事，究属玩忽，自应比照问拟。刘玉比依主守不觉失囚一名律，杖六十。

成案 390.32：河南司〔道光五年〕

河抚咨：阌乡县拿获在逃军流人犯李合等中途行窃案内之余鳖，系扎伤罗正禄余限内身死，拟绞免死减流之犯，该犯逃后复窃，计赃应杖六十，例内并无免死减流人犯在配脱逃行窃，作何治罪明文，自应仍照本例科断。余鳖应依免死减等流犯在配脱逃被获者，改发近边充军，加枷号一个月。

成案 390.33：陕西司〔道光九年〕

陕抚咨：南郑县逃军焦清明，先因纠同张道娃等迭窃犯案，依积匪猾贼例，改发云贵两广极边烟瘴充军，兹该犯在配逃回原籍，复纠同焦瓜子等行窃齐幅泰家衣物，该抚将该犯仍发云贵两广，加枷号三个月，固属依例办理，惟该犯本系改发烟瘴之犯，在配脱逃，已应枷号三个月，兹于脱逃后复又纠伙行窃，若将该犯仍照例于到配枷号三个月，殊与脱逃而未行窃者无所区别，自应酌量再加枷号，以示惩儆。焦清明合依极边烟瘴人犯在配脱逃仍发云贵两广加枷号三个月例上，再加枷号一个月，共枷号四个月。

成案 390.34：河南司〔道光十年〕

河抚咨：光山县拿获逃徒屈学敬，因患病取保，在保脱逃，与中途脱逃无异。屈学敬比照徒犯中途脱逃被获者，于本罪上加一等徒三年者，加为总徒四年。

成案 390.35：陕西司〔道光十年〕

伊犁将军奏：巴柯依逃走被拿，用木棍拒伤兵丁，其拒捕之罪并未犯至军流，该将军将该犯依逃走后犯该军流之条问拟绞候，实属误会例意，自应按例更正。巴柯依应改依寻常发遣人犯、在配脱逃、拿获时拒捕、罪止杖笞者，递回发遣处，枷号两个月，鞭一百。

成案 390.36：贵州司〔道光十年〕

贵抚咨：龙老六原犯边远充军，由配脱逃，调发极边，今又在配逃回，例内并无极边充军常犯脱逃，作何调发明文，惟查调发极边充军之例，系照名例以极边足四千里为限，是由极边脱逃人犯，自应以次递加改发。龙老六应请由极边脱逃者，改发极边烟瘴充军，仍照二次脱逃例，加枷号两个月。

成案 390.37：广西司〔道光十一年〕

广西抚题：陈大五原犯听从行劫入室搜赃，闻拿投首，比照伤人伙盗投首拟军，复因在配脱逃被获，自应按例问拟。陈大五合依曾经伤人伙盗闻拿投首，改发云贵两广极边烟瘴充军，如在配无故脱逃，已逾五日拿获者，无论有无行凶为匪，请旨即行正法。

成案 390.38：陕西司〔道光十一年〕

黑龙江将军咨：沙皮里、爱散爱伊特，俱系喀什噶尔回子，因呢牙斯谋叛案内，发黑龙江为奴，该犯等因在主家不能受苦，各自脱逃，旋被拿获，该将军以此案回奴逃走被获，应否照寻常发遣人犯逃走递回发遣处，枷号一个月，鞭一百；或照回民行窃发遣脱逃被获例，枷号六个月，咨部示覆。查沙皮里系呢牙斯谋叛案内，依未行为从律，杖一百流、三千里，发黑龙江为奴。爱散爱伊特俱系呢牙斯谋叛案内缘坐人犯，发黑龙江为奴，该犯等初次脱逃，并无为匪不法情事，既无调发之例，又非大逆案内发遣伊犁等处为奴人犯可比，且该犯等原拟发遣，已属从重，自应仍照寻常发遣人犯脱逃之例办理。至回民发遣脱逃被获枷号六个月之例，系指回民行窃拟遣在配脱逃者而言，未便援照定拟。沙皮里、爱散爱伊特，俱应照寻常发遣人犯在配脱逃、并无行凶为匪、亦无拒捕情事、被获者五次以内、递回发遣处，枷号一个月、鞭一百。

成案 390.39：河南司〔道光十一年〕

河抚咨：息县逃军黄千，先因听傅白牛与耿大眼等互殴，致伙犯王双全被扎身死案内，审依光州凶徒结伙十人以上例，拟发云贵两广极边烟瘴充军，解至中途脱逃被获，辄敢持枪拒捕，例应由逃罪上加拒捕罪二等，惟该犯脱逃本罪已应改发新疆，无可复加，黄千合依极边烟瘴脱逃者，仍发云贵两广极边烟瘴充军，加枷号三个月，该犯左臁肋伤痕虽成废疾，惟原犯结伙十人以上持械逞凶拟军，不知悛改，中途脱逃被获，复敢拒捕伤差，情节较重，应不准收赎，到配枷责安置。

成案 390.40：陕西司〔道光十一年〕

南城察院移送：张二先因迭窃拟军，解赴广东省发配，该犯中途脱逃，销毁刺字，复偷窃四次，核计各赃，均在一两上下，应照例科罪，惟该犯在逃行窃，既与在配行窃者不同，又与极边烟瘴人犯仅止脱逃而未行窃者有别，自应酌量加重问拟。张二除销毁刺字轻罪不议外，合依改发极边烟瘴脱逃者仍发云贵两广极边烟瘴充军加枷号三个月例上，再加枷号一个月，仍发原定广东省安置，照例刺字，并补刺销毁之字。

成案 390.41：四川司〔道光十三年〕

川督咨：军犯锺星魁，先因捏造断案，刊竖碑文，刻散告白，揽纳钱粮，审拟附近充军，于未发配以前，又遣子锺大鹏赴京呈控。江津县书吏寇维新等，违例浮征，咨解四川，审依告重事不实例，发边远充军，金发江西省安置，辄于中途脱逃，复赴京翻控，实属刁健。惟例内并无发配军犯中途脱逃赴京控告，作何治罪明文，自应比照私自逃回控诉例问拟。核其此次诬告之罪，亦仍止依蓦越赴京告重事不实例，发边远充军，其中途脱逃，应加等调发，自应从其重者。论锺星魁合依充军常犯如有脱逃其本犯近边边远者以次递加调发例，改发极边充军，仍照逃回妄控之例，再加一等，发极边烟瘴充军。

成案 390.42：四川司〔道光十四年〕

川督咨：犯妇周彭氏，遣发湖北驻防为奴，因遣所贫苦，乘间脱逃，讯系初次逃走，并无行凶为匪拒捕情事，遍查律例，并无遣发各省驻防为奴人犯脱逃被获，作何治罪明文，自应比例问拟。周彭氏比照寻常发遣人犯在配脱逃、被获讯无行凶为匪拒捕情事、五次以内、递回发遣处，枷号一个月，鞭一百，系妇人，枷号鞭责，照律收赎。

律 391：稽留囚徒〔例 8 条，事例 13 条，成案 3 案〕

凡应徒、流、迁徙、充军囚徒断决后，当该〔原问〕官司限一十日内，如〔原定〕法式锁杻，差人管押，牢固关防，发遣所拟地方交割。若限外无故稽留不送者，三日笞二十，每三日加一等，〔以吏为首科断〕罪止杖六十。因〔稽留〕而在逃者，就将〔当该〕提调官〔住俸、勒限严捕〕吏抵〔在逃〕犯人本罪发遣，候捕获犯人到官替役，〔以囚〕至〔配所之〕日疏放。

若邻境官司〔遇有〕囚〔递〕到，稽留不即递送者，罪亦如之。〔稽留者验日坐罪，致逃者抵罪发遣。〕

若发遣之时，提调官吏不行如法锁杻，以致囚徒中途解脱自带锁杻，在逃者，与押解〔失囚人〕人同罪。〔分别官吏，罪止杖一百，责限擒捕。〕

并罪坐所由〔疏失之人〕。受财者，计赃以枉法从论〔统承上言〕。

（此仍明律，顺治三年填入小注。第一段后原有"别叙"，雍正三年删定，原有小注，修改。顺治律 413 条。）

条例 391.01：各处有司起解在逃军犯（1）

各处有司起解在逃军犯，及充军人犯，量地远近，定立程限，责令管送。若长解纵容在家迁延，不即起程，违限一年以上者，解人发附近。正犯原系附近，发近边；原系近边，发边极边地方充军。

（此条明代问刑条例，原载"徒流人逃"门。顺治三年，移入兵律"公事应行稽程"门。嘉庆十四年移入本律，修改为条例 391.02。）

条例 391.02：各处有司起解在逃军犯（2）

各处有司起解在逃军犯，及充军人犯，量地远近，定立程限，责令管送。若长解纵容在家迁延，不即起程，违限一年以上者，解人发附近充军。受财者，计赃以枉法从其重者论。正犯原系附近，发近边；原系近边，发边远；原系边远，发极边地方各充军。

（此条嘉庆十四年，将条例 390.01 修改。）

薛允升按：与上条文到后限一月起解参看。上条止言起解之限，并不言程限，故又定立此例。（程限日行五十里，见流犯在道遇赦。《处分则例》亦系日行五十里。）纵容军犯在家，即属故纵，故亦拟军罪，本犯仍加等充军也。上条并无本犯罪名何也。此条违限一年之上，与上条限一月起解之例不符。此条专言军犯，上条则统言军流徒犯。此条专言军犯，故载在兵律，且系前明办法，既经移改附此，似应将徒流遣犯，一并叙入。长解违限一年，即发附近充军，似嫌太重。徒流人犯，违限一年之上作何科罪，亦应添入。此门专言稽留之罪，主守不觉失囚，则专言疏脱之罪，乃疏脱无获，止拟杖责，稽留日久，即拟充军。彼此参观，未见平允。

条例 391.03：凡外遣人犯务令依限解赴

凡外遣人犯，务令依限解赴，如有患病应留养者，山海关以内州县，责成直隶总督查察，山海关以外州县，责成盛京将军及奉天府府尹查察，必验明患病确实，具结申请，方准照例留养。如有本系无病，及病已痊愈，率行捏结，及漫无觉察任其迁延者，即将各该州县及该旗员等严查参处，并饬各属将每年有无患病留养人犯，及已未起解之处，按季报明该督、该府尹，造册报部查核。直省递解人犯，一体照此办理。

（此条系乾隆二十四年，盛京兵部侍郎果尔敏条奏定例。）

薛允升按：与"陵虐罪囚"门内一条参看。彼条系患病不行留养之罪，此条系捏报留养之罪。尔时有捏报患病留养，竟迟至二、三年，始行起解者，是以严定此例。其言山海关内外者，盖专指发遣吉林、黑龙江等处而言。其时并无发往新疆遣犯，故例未议及也。

条例 391.04：凡隔省递籍人犯

凡隔省递籍人犯，该州县一面发递，一面关会原籍，并知照经过地方官，无论长解、短解，务遵定例加差转递。各该州县仍于季底，将有无递解过某省人犯若干名造册，由府汇详督抚，分咨各省转行查核，照案咨覆。其本省递解人犯，亦责成各州县，彼此关覆查结。

（此条乾隆二十八年，江西布政使富明安条奏定例。）

薛允升按：此专为递籍人犯而设。恐其有中途贿差脱冒诸弊也。递籍人犯中途雇倩顶替，见"徒流人逃"，因彼例尚未周密，是以复定有此条。尔时此等人犯甚多，办法亦严，近则绝无仅有矣。由京递回人犯，交刑部核明，见"有司决囚等第"。

条例 391.05：凡军流徒罪以奉文日为始

凡军流徒罪，以奉文日为始，定限两个月起解，如实系患病逾限不能起解，准将缘由详明督抚咨部查核。其病限不得过百日，若过限不行发解者，将州县官及未经行催之上司，分别议处。

（此条系乾隆三十七年，吏部议覆浙江按察使郝硕条奏定例。嘉庆二十年修改为条例 391.06。)

条例 391.06：外省发遣官常各犯

外省发遣官常各犯，及发往军台效力赎罪废员，与军流徒罪人犯，于文到之日，均限一个月即行起解，毋任逗遛。各该督抚将各犯起解月日专咨报部，如有迟逾，即行指参。傥实因患病逾限不能起解者，地方官验看属实，加具并无捏饰印甘各结，详明督抚起限，亦不得过两个月，该督抚亦即咨部查核。如有假捏，及逾限不行起解者，别经发觉，将该州县及失察之各上司，分别交部议处。

（此条系嘉庆二十年，将条例 391.05 修改。例首增"外省发遣官常各犯及发往军台效力赎罪废员与"二十字，并因外省遣犯，多有延不起解，将原例定限两个月，改为一个月；不得过百日，改为不得过两个月；其起解月日，专咨报部，仍逐一分别年终汇报刑部、兵部备查。道光二年，删减册籍，仍于年终汇报之处删节。）

薛允升按：稽留之律，本系为官吏任意迟延，致有淹禁而设。以囚徒系在监收禁，迟留一日，则多受一日之累，故官吏均有罪名。此例限一月起解，是否已经出监，患病是否已经保出之处，并未叙明。细绎例内不得任其逗遛等语，又系专指犯人一边而言。而《处分则例》系州县捏病及故意迟延，至本犯应否科罪，与下纵容在家，不即起程一条参看。旧系两月者，改为一月；旧系不得过百日者，改为不得过两月，均防其迁延逗遛之意。刑例将限期改近，而《处分则例》仍与原例相符，未经修改，殊嫌参差。缘改定之例，系兵、刑二部会议具奏，吏部并未与闻，是以《处分例》仍从其旧。似此者甚多，不独此条然也。从前律例馆兼管各部条例，尚属画一，自各部自设则例，所遂不免互相参差矣。《中枢政考》与此条例文相同，惟例首云遣罪人犯，由刑部定地者，定案后即咨送兵部发遣。如发往军台效力赎罪废员，一经咨送兵部，即日派拨弁兵押解起行，其人犯应由兵部定地者，兵部接准咨文，依限定地，即行提发至外省云云。军流人犯年终汇送清册报部，以备稽查。各省军流人数多寡，部中均可周知，此册一裁，则无从稽查矣。

《处分则例》："徒流军遣并迁徙各处人犯，俱以文到日为始，定限两个月起解，如人犯众多，以五名作一起，先后解送，每日限行五十里。若逾两月之限，无故不行发解者，将州县官降一级调用，未经行催之上司，罚俸六个月。傥人犯实在患病，该州县将未能起解缘由，详明督抚咨部查核。另行扣展，亦不得过一百日之限，如过限仍不发解，仍照前例将州县官及上司分别议处。"

条例 391.07：各省递解人犯

各省递解人犯，如遇前途水阻，及另有事故不能前进，即由附近州县，详报该省督抚，查看情形属实，迅即飞咨邻省截留，不准州县擅自知会。仍饬令最近之州县，将接到人犯，分别监狱大小，酌留一、二十名，再令各上站挨次留禁。由该州县开具犯名事由，申报该省上司，咨部查考。一俟前路疏通，即行起解。如有州县擅用公文私信，知会上站截留，即由该督抚据实严参。

（此条系道光十二年定例。）

薛允升按：此专为递解人犯，中途因事截留而设。令各上站挨次留禁，自系免其拥挤之意。

条例391.08：凡各省距省窎远之各厅州县

凡各省距省窎远之各厅州县，问拟遣军流犯，各督抚于出咨后，即令造册先行定地，并发给咨牌，存俟奉到部覆，即行佥差起解，不准稍有稽滞。仍将发给咨牌，并起解日期，报部查核。

（此条系道光二十九年定。咸丰二年定例。）

薛允升按：此例亦系防其淹滞之意，与前条不得过一个月之限一层参看。"徒流迁徙地方"门，预行咨明应发省分，督抚先期定地，饬知入境首站州县，随到随发，亦此意也。

事例391.01：顺治十八年题准

凡各省审结叛案内流徙入官人口家产，以部文到日为始，限两个月，自该省起解，违限者题参议处。其押解人犯，亦定限起发，迟延者重责革役。

事例391.02：康熙四年题准

凡外省拟定军流人犯，以部咨到日，限一个月起解，仍照律扣定路程。如赃多不完，限内不能起解者，听督抚据实题明。若地方官违限不解，押解人役限内不到，听督抚指名参究。

事例391.03：康熙七年覆准

起解军流人犯，停其新定一月之限，仍照律行。

事例391.04：康熙九年题准

发遣军流徒犯，该管官两月内不行起解者，罚俸一年；过一年者，降一级调用。不行催查之上司，罚俸半年。若起解迟延，致人犯毙狱者，降一级调用，上司官罚俸一年。官员将应解人犯，错解别处者，罚俸六月。若将未经题结军流等犯先行发遣者，降一级留任。

事例391.05：康熙二十九年谕

官员获罪革职，即与民人一体，不必另立限期，仍照现行例行。

事例391.06：乾隆八年议准

查定例流罪以上人犯，府县审明，解司转院。徒罪以下人犯，州县审明，拟议详结，毋庸解司。是犯该徒罪以下，虽非妇女，既经州县审明，尚得拟议详结，毋庸解司转院，以省拖累，况因奸被诱之案，其妇女止应拟徒，而徒罪例得收赎，业经详审明确，犹复解府解省，以致差役陵虐，困顿道途，殊非情理。外省办理此等案件，或将被诱之妇，仍解院司，亦有在府州即行摘释，殊未画一。嗣后一经该州县审明，即交亲属收管，听候发落，毋庸解府解省，各省一体遵行。

事例 391.07：乾隆二十三年谕

据托恩多覆奏：解部遣犯寿抡元，于三月初四日递至武进县，因患病难以起身，饬令上紧医治，于五月二十三日病痊转解等语。此等解部要犯，自应按程速解，何得听其藉端稽迟？于武进一处，即延至两月有余之久，其中不无情弊，且安知其非奉查后始倒提年月发解耶！著该抚陈宏谋严查据实参奏。嗣后凡遇奉旨提解重犯，务须随到随解，不可因病任其沿途逗留，以致别有疏虞也。并将此通饬各督抚知之。

事例 391.08：乾隆二十六年议准

查谳狱不厌周详，而政务期于核实。军流罪犯，臬司审结之日，例应详报督抚核定，逐案咨部，岁底汇题，其中如有情罪未协，案涉疑似，尚须推鞫者，督抚于详报到日，或驳饬发讯，或亲自提审，原可随时查察，核实妥办，但必一概责令督抚亲审，则一省之中，人命强盗，以及官员参革究拟等案，不止一端，且省分有繁简之不同，案情亦轻重之不一，使无关紧要，供证明确者，多此一番招解，而于疑难重大之案，必须详究者，或转不能容研讯，势所不免，殊非核实之道，是以例内原无定有军流等犯不准解院覆审之文，亦无一概解院覆审之语，全在督抚因时就事，留心察核，斟酌办理。嗣后各省军流等犯，臬司审详之日，将人犯暂停发回，候督抚查核，如有应行核讯者，即行就近提讯，其或情罪本轻，供证明确，毫无疑窦者，亦不必概行解送，致有稽迟拖累。

事例 391.09：乾隆二十六年又议准

递解军流遣犯，例应首先起解之地方官，详验年貌、箕斗，填注批解，并备短文，以便沿途接解州县查验。今递解人犯，多有文牌内不填年貌、箕斗，及并无清册短文者，不一而足。接递州县，如不细加查验，即行转递，恐不无顶冒之弊。若羁留人犯，辗转咨查，又未免稽延时日，均有未协。嗣后将一切军流外遣人犯，责令首先起解地方官，详验年貌、箕斗、痣疤、胡须，暨有无刺字，及所刺何项字样之处，备具清册，逐一注明，并将犯罪事由，缮具短文转递。如有仍前玩视，及失备漏开等情事，查出揭参。

事例 391.10：乾隆五十年议准

各省押解军流人犯，由州县会同营弁，派拨兵役，协同押解。今发黑龙江等处人犯，自通州以东，仅止营兵递送，并不会同地方官添差押解，殊非慎重递解重囚之道。嗣后部发黑龙江等处遣犯，无论当差为奴，均令知会地方官，每犯一人，添差干役二名，协同营弁沿途小心递解，以昭严密。如有疏虞，将地方官役与弁兵一体查参治罪。其它省或有似此止有弁兵营解，不由地方官添差护送者，俱照此画一办理。

事例 391.11：嘉庆二十年谕

向来京城发遣人犯，皆奉旨后即日解出都，虽大员获罪拟遣者，亦从不敢耽延。

乃近日外省发遣人犯，竟有藉词迁延，迟至一年半载尚未起解者，殊属怠玩。著兵部刑部堂官查明旧例，如原定例限本宽，即酌改加紧，押令迅速起程，不许藉词逗留，以杜捏饰。

事例 391.12：嘉庆二十五年谕

成格奏：拟遣官犯，具禀妄控，意存挟制，请旨严惩一折。向来京中遇有问拟发遣官犯，刑部于奉旨之日，即送交兵部起解，乃外省遣犯，奉到部文后，往往任其逗留，该犯因得架词翻控，藉延时日。此案已革参将布彦图纵放私盐，拟发新疆呈请留养，及带子赴戍，均与例不符，一经斥驳，即逞刁妄控，计图挟制，复经该抚审明毫无屈抑，布彦图实属刁诈，著加责四十板，即日起解，发往伊犁充当苦差，以示惩儆。嗣后各省拟遣人犯，俱于奉旨之日，即行起解，不准片刻停留。

事例 391.13：道光十二年谕

琦善奏：直省解发各省人犯，请饬湖南等省照依旧章挨次留禁一折。所奏甚是。直隶切近京畿，路居四达，所有解发京控原告及军流人犯，必须逐程转递，方不致有拥挤。兹据奏，河南安阳等县以冻河漫水，及湖南瑶匪滋事，将人犯一并截回。查从前立定章程，各州县如遇水阻，即飞咨邻省截留，不准擅自知会，其应解人犯，由发水最近州县分别留禁。此次送瑶滋事，系在湖南永州府属地方，与河南中隔湖北一省，相距甚远。著河南、湖北、湖南各督抚察看情形，如实有道路难行之处，即照旧定章程，先由湖南附近永州各州县分别监狱大小，将监犯配禁一、二十名，再令上站挨次留禁，由该州县开具犯名事由，申报该省上司咨报查考，一俟前路疏通，即行起解。如有州县擅用公文私信，知会上站截留，著据实严参，以肃政体。

成案 391.01：起解安插奉天人犯故意迟延〔康熙三十一年〕

吏部议东抚佛伦疏：蠹犯王国栋问拟安插奉天，屡催该府，不行起解，假捏孤子具呈行查，业经差确，国栋现有十岁之子，不合留养之例，经差守催，方行解到，故意迟延，不能为青州府知府宽等因，查定例，官员如不起解抗粮人犯者降一级调用等语，应将青州府知府罗大美照此例降一级调用。

成案 391.02：起解垦荒人犯迟延〔康熙二十九年〕

吏部议江督傅腊塔疏：定例内，流徙人犯，部文到日，两月限内流徙。胡简敬等发往河南垦荒之犯，应追银钱米麦，该道自当限内追完起解，今两月已逾，尚未追完，详请发遣，应题参等因。应将淮扬道刘殿邦照例罚俸一年。

成案 391.03：犯人不候提擅解〔康熙二十七年〕

吏部题：宝坻县知县王某竟不候提，擅行起解，以致么和义中途脱逃，应将王某比照提问之犯不监候具题完日，听其散居脱逃之例革职。

律 392：主守不觉失囚〔例 26 条，事例 10 条，成案 24 案〕

　　凡狱卒不觉失囚者，减囚〔原犯之〕罪二等〔以囚罪之最重者为坐〕，若囚自内反狱在逃，又减〔不觉罪〕二等，听给限一百日〔戴罪〕追捕，限内能自捕得，及他人捕得，若囚已死及自首，〔狱卒〕皆免罪，司狱官典减狱卒罪三等。其提牢官曾经躬亲逐一点视罪囚锁杻，俱已如法，取责狱官狱卒牢固收禁文状者，不坐。若〔提牢官于该日〕不曾点视以致失囚〔反逃〕者，与狱官同罪。〔若提牢官、狱卒、官典〕故纵者，不给捕限，〔官役〕各与囚同罪。〔至死减等，罪虽坐定，若〕未断之间，能自捕得，及他人捕得，若囚已死及自首，各减〔囚罪〕一等。受财〔故纵〕者，计赃以枉法从重论。

　　若贼自外入〔狱〕劫囚，力不能敌者，〔官役各〕免罪。

　　若押解〔在狱〕罪囚，中途不觉失囚者，罪亦如之。〔如狱卒减二等，仍责限捕获免罪，如有故纵及受财者，并与囚同罪，系劫者，免科。〕

　　（此仍明律，顺治三年，添入小注，锁杻上原有枷字，雍正三年删。顺治律为414 条。）

　　《处分则例》："一、徒犯到配，以驿丞为专管，州县为兼辖。军流遣犯到配，发交州同、州判、县丞、主簿、吏目、巡检、典史等官收管者，以收管之员为专管，州县为兼辖。（徒犯无驿丞者同）系知县为专管者，即照本管官例核议，无庸以知府、直隶州及丞倅等官为兼辖。若军流遣犯发卫著伍者，以出具收管之员为专管，兼辖卫所之员为兼辖〔俱令每月点卯二次，并造具年貌，籍贯文册稽查〕。""二、徒流军遣等犯，派拔各衙门充当夫役者，如有脱逃，止将本管官议处，兼辖官免议。"刑部无文。应参看。

条例 392.01：凡押人徒犯中途脱逃者

　　凡押人徒犯中途脱逃者，短解及护送营兵，俱照长解治罪

　　（此条康熙四十八年现行例。雍正三年定例。嘉庆六年修并入条例 392.03。）

条例 392.02：疏纵解审军流徒犯之役卒

　　疏纵解审军流徒犯之役卒，如审系受贿故纵者，即以囚罪全科，赃多者以枉法从重论。若止一时疏脱，及因别故致逃，并无受贿故纵者，限百日追捕，限内捕得者，将长解役卒减二等问拟，短解免罪。若限满无获，将长解短解内之违例雇替等项人役，减囚罪一等问拟，余皆照律减免二等治罪。

　　（此条系乾隆二十九年，浙江巡抚熊学鹏咨请定例。嘉庆六年修并入条例392.03。）

条例 392.03：凡解审军流徒犯中途脱逃者

凡解审军流徒犯中途脱逃者，如审系役卒受贿故纵，即以囚罪全科，赃多者以枉法从其重者论。若止一时疏脱，及因别故致逃，并无受贿故纵者，限百日追捕，限内捕得者，将长解役卒减二等问拟，短解免罪。若限满无获，将长解短解内之起意违例雇倩者，减囚罪一等问拟。其同行之长解短解，及受雇之人，皆减二等治罪。

（此条系嘉庆六年，将条例 392.01 及 392.02 修并。嘉庆十九年改定为条例 392.04。）

条例 392.04：凡解审军流徒犯中途脱逃

凡解审军流徒犯，中途脱逃，审系役卒受贿故纵，即以囚罪全科，赃多者以枉法从其重者论。如系依法管解，偶致疏脱者，给限百日，能于限内捕得，均依律免罪。若限满无获，长解减囚罪二等，短解减三等。傥审有违例雇倩情弊，亦限百日，限内捕得，将起意违例雇倩之犯，减囚罪二等，余皆免罪。若限满无获，起意违例雇倩者，减囚罪一等，余皆减二等。

（此条系嘉庆十九年，将条例 392.03 改定。）

薛允升按：与疏脱平常遣犯及下一条参看。此指解审而言，下条似指解配而言，是以拟罪不同，与律文分别已断决、未断决之意，尚属相符。惟上条平常遣犯是否已经断决，例未叙明，玩杖八十，枷号一个月二语，则似已经断决矣，其未经断决解审之犯，并无明文，有犯碍难援引。若不问解审解配，概拟枷杖完结，则解审军流人犯，反较解审遣犯为重，殊未平允，应将平常遣犯摘出，修并于此二条之内。查军流徒犯均系罪人，解审与解配有何分别，乃疏脱解审军流徒犯之解役，照律减囚罪二等，疏脱解配军流徒犯之解役，止拟杖责，况贿纵故纵此等人犯，无论解审解配均应加等，解役又何独不然。律文已误，例亦一误再误，甚至疏脱军犯及免死军流人犯，有较疏脱寻常徒犯轻至数等者矣。法之不平，此其一也。止言违例雇替，而未及托故潜回，无故先后散行，及开放锁镣，与各条俱属参差。

条例 392.05：押解军流罪犯中途脱逃

押解军流罪犯，中途脱逃，押解兵役人等，除有受贿故纵情事仍从重定拟外，如系依法管解，偶致疏脱者，将押解兵役人等，照配所看守保甲例，拟杖八十。佥差不慎及押解之员，交部议处。

（此条系道光二十六年，刑部议覆盛京将军宗室奕湘奏准定例。）

薛允升按：此系指押解人犯赴配而言，与上条解审不同。故上条军流徒并举，而此条专言军流，不及徒犯，以疏脱徒犯律内，已有杖六十明文，故不复叙也。惟违例雇替等事，恐亦不免，似应添入，并将平常遣犯，一体移入。

条例 392.06：凡发遣黑龙江宁古塔等处人犯

凡发遣黑龙江宁古塔等处人犯，沿途官员，亲身不行押解，交与兵丁解送，或不谨慎看守，以致罪人脱逃者，官交部严加议处，将兵丁照律治罪，再加枷号一月。

（此条系康熙四十一年，兵、刑二部议准例，雍正三年定例。嘉庆十四年，因解役疏纵免死减发黑龙江人犯，监禁勒缉，限满无获，减逃犯罪一等问拟，另有专条，此系寻常遣犯，自应照徒流人逃本律问拟，例内"照律治罪"句，易致牵混，改为"照徒流人逃本律治罪"。）

薛允升按：专为官员不亲身押送而设，与下紧要官犯，及押解发遣新疆人犯各条参看。"徒流人逃"律内，主守及押解之人，杖六十。例内军流脱逃，看守之保甲，杖八十。此条照徒流人逃本律治罪，与下条寻常遣犯脱逃，将押解兵役照徒流人逃本律，杖六十相同。后于咸丰二年，将下条改为杖八十，此处漏未改正，似应一并修改。再，例内宁古塔俱改为吉林，此处亦应修改。此条不载处分例内，而彼例所有者，刑例又未载入，故不免彼此参差。《处分则例》："寻常解犯照例佥差押送，其情罪重大者，则于批牌之上注明此系要犯，应令员弁管押递送字样，令千、把总亲身押送，出境交替。若该州县并无武弁，则令吏目，典史亲身押送出境交替。如有疏虞，该督抚查明斥革。"按：发遣黑龙江等处人犯，关外则系旗员带同甲兵解送，关内则仍系派差押解，与别处不同。而发遣新疆人犯，何以并不令沿途官员亲身押解耶。

条例 392.07：枷号人犯脱逃

枷号人犯脱逃，看守人役，亦照律拟断。

（此条系律后总注，乾隆五年，另纂为例。）

薛允升按：疏脱徒犯，止拟杖六十，枷号不应较徒犯更重。此处云照律拟断，自应拟以杖六十矣。从前枷号人犯最少，例亦寥寥无几，旗人犯徒流等罪，均系折枷，是以《兵部处分则例》专指各城门枷号人犯而言。后来条例，枷犯日以增多，而城门枷号之法亦废，今昔情形不同，此又其一也。应参看。《兵部处分则例》："京城内发落各城门看守之枷号人犯，如该管官弁，防范不严，以致乘间脱枷逃走者，将城门领城门吏、门千总，均降一级留任〔公罪〕。若兵丁受贿松枷，致令乘间脱逃者，将兵丁从重治罪，失察之该管官，各降一级调用〔公罪〕。至外省驻防各门枷号人犯脱逃，看守旗员亦照此例议处。"

条例 392.08：凡斩绞重犯在监脱逃

凡斩绞重犯在监脱逃，审系禁卒贿纵者，即视其所纵囚犯之罪，全律科断。如本犯应入秋审情实者，亦入情实；应绞决者，亦拟绞决；应斩决以上者，亦即拟以斩决。其非得贿故纵者，仍照本律科断。

（此条系乾隆十八年，刑部议覆河南巡抚蒋炳题禁卒陈得魁贿纵申玢等越狱一案，奉旨纂为例。嘉庆十四年修并入条例 392.11。）

条例 392.09：禁卒除贿纵狱囚依律全科

禁卒除贿纵狱囚依律全科，果系依法看守偶致疏脱者，仍依律减囚罪二等治罪外，其将在监斩绞重犯松放狱具，以致脱逃，审出松放之人，将该禁卒严行监禁，俟拿获正犯之日，究明贿纵属实，即照所纵囚罪全科。如系徇情松放狱具，或托故擅离，或倩人代守，防范疏懈，乘间潜逃者，亦照故纵律治罪，不准照旧例减囚罪二等问拟。

（此条系乾隆二十九年，直隶按察使裴宗锡条奏定例。嘉庆六年修并入条例392.11。）

条例392.10：监犯越狱如狱卒实系一时疏忽

监犯越狱，如狱卒实系一时疏忽，偶致脱逃，并无贿纵情弊，审有确据者，依律减囚罪二等，仍给限一百日，限内能自捕得，准其依律免罪，如他人捕获，或囚已死及自首，概不准免罪。

（此条系乾隆三十五年，奉上谕核改定例。嘉庆十四年修并为条例392.11。）

条例392.11：凡监犯越狱如狱卒果系依法看守

凡监犯越狱，如狱卒果系依法看守，一时疏忽，偶致脱逃，并无贿纵情弊，审有确据者，依律减囚罪二等治罪。仍给限一百日，限内能自捕得，准其依律免罪，如他人捕获，或囚已死及自首，概不准免罪。其有将在监斩绞重犯松放狱具以致脱逃，将松放之该禁卒严行监禁，俟拿获逃犯之日，究明贿纵属实，即照所纵囚罪全科。本犯应入秋审情实者，亦入情实；应绞决者，亦拟绞决；应斩决以上者，亦即拟以斩决。如系徇情松放狱具，或托故擅离，或倩人代守，防范疏懈，乘间潜逃者，亦照故纵律与囚同罪，至死减一等，不准照旧例减囚罪二等问拟。

（此条系嘉庆十四年，将条例392.09至392.10修并改定。）

薛允升按：囚已死及自首，概不准免，似嫌太苛，说见"徒流人逃"门。受贿故纵，律止绞候，此拟以绞决、斩决，其法过严。管狱、有狱官处分亦重。是以越狱之案颇多，而受贿故纵者绝少，立法太严，反有设法开脱者矣。乾隆十八年，所奉谕旨云云，是不必候逃犯拿获，即可决禁卒之罪也。如不承认贿纵则应监禁，候逃囚得获质明，分别办理。若一概监禁，殊嫌漫无区别，且例内并无监禁年限，设逃囚年久未获，如何办理。是否与解审斩绞重犯脱逃，将解役监禁十年，一体查办之处，记核。再，查监犯越狱脱逃，律止加罪二等，本犯应死者，依常律谓罪已至死无可再加也。狱卒减本犯罪二等，谓流罪则从流减，徒罪则从徒减也。贿纵故纵者，与囚同罪，谓所纵者系流犯，则科以流罪，所纵者系徒犯，则科以徒罪。所纵系斩绞人犯，受贿者科以绞罪。未受贿者仍减一等拟流，此律意也。例内越狱之犯改从重典，军流徒有改拟绞罪者，死罪有加拟立决者，若将贿纵故纵之犯，一例同科，是所纵者本系徒犯，而所得者反系流罪，所纵者本系军流，而所得者反系死罪，以逃囚所加之罪，并加诸禁卒，以逃囚律无可加之罪，亦加诸禁卒，未免过重。即押解新疆免死遣犯亦然。第例虽严，而办者卒鲜，亦具文耳。此条例文系在乾隆五十三年之前纂定，自系均指正犯本罪而言，非加罪亦应一体同科也。惟免死发遣人犯脱逃，即应正法，未脱逃则仍系遣犯，与本犯死罪不同。受贿故纵，亦止纵拟遣人犯，非纵免死人犯也。因纵故脱逃，本犯始有死罪，遂并故纵者，而亦坐以死罪，律贵诛心，试问此等贿纵者之心，系故纵遣犯乎。抑故纵死罪人犯乎。以逃犯所加之罪，并加于解役之身，殊未平允。此处徇情松放刑具，不与贿纵同科，则上条之徇情开放锁镣，自亦不在贿纵之列矣。应参看。此例盖恐禁卒受贿，狡供不认，未便据一面之词，即行减等定拟，故仿照解役之例，严行监禁，非谓究明贿纵情节之案，亦概行监禁也。参看例首除律自明。

条例 392.12：凡解审斩绞重犯在途开放锁镣

凡解审斩绞重犯，在途开放锁镣以致脱逃，本犯未获者，即将解役究审，严行监禁，俟拿获正犯之日，究明贿纵属实，即将该役照所纵囚罪全科。如无贿纵情弊，审有违例雇替，托故潜回，无故先后散行，止任一人押解，以致脱逃者，役照故纵律与囚同罪，不准照旧例减囚罪二等问拟。果系依法管解，偶致疏脱，审有确据者，除依律治罪外，仍勒限缉拿，他人捕得亦不准依律宽免。佥差不慎之地方官，视解役所得之罪，分别从重议处。

（此条系乾隆二十五年，刑部奏准并议覆浙江按察使李治运条奏定例。嘉庆六年修并入条例 392.14。）

条例 392.13：疏脱斩绞重犯之解役

疏脱斩绞重犯之解役，如果系依法管解，偶致疏脱，除短解兵役仍照律减二等问拟外，将长解二名，均暂行监禁，本官另选干役，押同原解之亲属，上紧躧缉，酌限一年。如能限内拿获，审无贿纵别情，仍将该役依例减二等拟徒，或限内无获，即照逃犯本罪减一等问拟满流。

（此条系乾隆二十九年，广西按察使袁守侗条奏定例。嘉庆六年修并入条例 392.14。）

条例 392.14：凡解审斩绞重犯在途开放锁镣以致脱逃

凡解审斩绞重犯，在途开放锁镣以致脱逃，本犯未获者，即将解役究审，严行监禁，俟拿获正犯之日，究明贿纵属实，即将解役照所纵囚罪全科。如无贿纵情弊，审有违例雇替，托故潜回，无故先后散行，止任一人押解，以致脱逃者，役照故纵律与囚同罪，不准照旧例减囚罪二等问拟。果系依法管解，偶致疏脱，审有确据者，除短解兵役依律减二等治罪外，将长解二名，暂行监禁，本官另选干役，押同原解之亲属，上紧躧缉，酌限一年。如果能限内拿获，审无贿纵别情，仍将长解依律减二等拟徒，或限内无获，即照逃犯本罪减一等问拟满流，他人捕得亦不准依律宽免。佥差不慎之地方官，视解役所得之罪，分别议处。

（此条系嘉庆六年，将条例 392.12 及 392.13 修并。嘉庆二十三年改定为条例 393.15。）

条例 392.15：解审斩绞重犯除解役受贿徇情故纵

解审斩绞重犯，除解役受贿徇情故纵，以致脱逃，本犯旋即就获，质审明确，分别依律定拟外，其在途开放锁镣，以致脱逃，本犯未获者，将解役究审，严行监禁，俟拿获正犯之日，究明贿纵属实，将解役照所纵囚罪全科。如无贿纵情弊，仍照故纵律与囚同罪，至死减一等发落。傥监禁已至十年，正犯尚未拿获，将解役照流犯监候，待质十年限满之例，先行发配，俟缉获正犯质明，分别办理。如十年限内遇有恩旨，不准查办。其未开放锁镣，但审有违例雇替，托故潜回，无故先后散行，止任一人押解，以致脱逃者，将违例雇替、潜回、散行之解役，即照故纵律与囚同罪，至死减一等发落，不准照旧例减囚罪二等问拟。果系依法管解，偶致疏脱，审有确据者，除短解兵役，依律减二等治罪外，将长解二名，暂行监禁，本官另选干役，押同原解之亲属，上紧蹿缉，酌限一年。如果限内拿获，审无贿纵别情，仍将长解依律减二等拟徒，或限内无获，即照逃犯本罪减一等问拟满流，他人捕得亦不准依律宽免。金差不慎之地方官，视解役所得之罪，分别议处。

（此条系嘉庆二十四年，将条例 393.14 增定。）

薛允升按：如究出受贿徇情故纵确据，解役供认不讳，且有代为过赃之人，虽逃犯未获，亦应先行定拟，似可无庸监禁。例内本犯旋即就获，质审明确下拟添及犯虽未获，而讯明贿纵属实，该解役供认不讳者云云。长解之外又有短解，且有拨派营兵护解者，以数人押解一人，如果依法管解万无致令脱逃之理。此例将长解监禁，减囚罪一等拟流，不为无见。惟就例论例，究嫌太重。下条有拨兵添差之地方官处分，此例止言解役，未及兵丁，亦嫌疏漏。原例止言受贿故纵，改定之例忽添入"徇情"二字，玩其文义，自系指受贿而徇情者言，受贿徇情，即故纵之由也。系一串说下，非平列也。观下文专言贿纵，而不言徇情，其义可见。然实有徇情而非受贿者，转难科断。上下二段均将长解监禁，中一段独无此层。若以有无开放锁镣，为监禁不监禁之分，第三段明言依法管解，则非开放锁镣矣，亦将长解监禁，又何说也。原例尚觉明晰，愈改愈不分明矣。再，细绎此例罪名虽分三层。而严行监禁一语，直贯至不准照旧例减囚罪二等问拟为止，皆拿获正犯之日究明，分别办法也。一照囚罪全科，一与囚同罪，并无不必监禁之语，例文尚属明显。改定之例，将十年限满，遇有恩旨不准查办等语，均纂入第一段内，而第二段内并无"监禁"字样，又添入"其未开放锁镣"一语，一似开放锁镣者监禁，未开放锁镣者无庸监禁矣。且例首先用除律下接其在途开放锁镣云云。再云其未开放锁镣等语，则全系说成两截矣。试取前后各例观之，其失自见。原例之第一条雇替潜回，无故先后散行，非故纵而情同故纵，是以照故纵律与囚同罪，已属从严惩办。后条并无前项情事，因恐其狡避，复定有监禁一年减囚罪一等之例，则更严矣。第情法贵得其平，前条因究出故纵情形，故可与囚同罪，至死听减一等。此条并未究出故纵情形，亦止减囚罪一等，是取依法管解之供，而科以故纵之罪，且又多加监禁一年，殊未允协。如谓此等多系狡供避就，则改为疏脱解审斩绞重犯，长解二名均与囚同罪，岂不更为简捷乎。既云审有确据，则非故纵矣，何以不照律减囚罪二等耶。如或短解受贿故纵，长解听从狡供，则轻重又属倒置，必谓长解有情弊，而短解无情弊，恐未必然，此层似可删去。旧例凡分三层：一开放锁镣，照囚罪全科；一违例雇替等项与囚同罪，至死得减一等；一照律听减囚罪二等，若依法管解者，亦止减一等；则二层而非三层矣。且第一层如究明无贿纵情弊，亦听减一等，是三层均拟流罪，殊嫌未协。原例二条尚极分明，修并为一，转有未能融洽之处，此类是也。

《处分则例》："人犯起解务必严加锁铐，觉解役人等受贿开放，及添解之地方官，不行查出听其散行，将原解官与添解官，均按人犯罪名轻重，分别议处。系决不待时重犯，革职。系斩绞监候重犯，降一级调用。系发遣新疆等处重犯，降一级留任。系寻常遣犯脱逃拿获，例不正法，及军流徒罪以下人犯，罚俸一年。"

条例 392.16：解审斩绞重犯审有违例雇替等情

解审斩绞重犯，审有违例雇替等情，其例应与囚同罪至死减等发落之解役，仍于本罪上加一等定拟。

（此条系同治九年定例。）

薛允升按：解役违例雇替，凡三见于此门，一云照故纵律与囚同罪，至死减一等发落。一云将解役牢固监禁，俟逃犯拿获定罪，再行照例办理。一即此条。既云减一等发落，则减为满流矣，又云于本罪上加一等，则加拟充军矣。军流相去不远，尚不至彼此歧误。惟牢固监禁一条，与此例均不相符。此由满流加等拟军例内，如此者甚多，惟既减一等，而又加一等，殊嫌琐碎。再，此层加等拟军上，开放锁镣一层，仍照流犯发配，亦不画一。

条例 392.17：押解新疆人犯如有中途脱逃（1）

押解新疆人犯，如有中途脱逃，除有心贿纵，仍照与囚同罪律定拟外，如系疏纵，将解送官兵人役监禁，以俟缉获逃犯，治其应得之罪。若一年限满无获，将为首情重者，改发伊犁等处给予兵丁为奴。其余为从情轻之犯，仍以杖流问拟。其由新疆改发烟瘴及黑龙江等处人犯，如有疏纵，亦照此例办理。

（此条系乾隆二十七年，库车办事大臣鄂宝审奏，解往回城罪犯六十七中途脱逃一案，奉谕旨；及乾隆三十二年，刑部具奏江西省解役杨铭、福建省兵丁张金万疏脱新疆人犯，一年限满无获，请旨正法案内，奉谕旨并纂为例。嘉庆六年修改为条例393.18。）

条例 392.18：押解新疆人犯如有中途脱逃（2）

押解新疆人犯，如有中途脱逃，除有心贿纵，仍照与囚同罪例定拟外，如系疏纵，将解送官兵人役监禁，以俟缉获逃犯，治其应得之罪。若一年限满无获，将为首者照逃犯本罪减一等问拟。其余为从之犯，仍照律减二等发落。其由新疆改发烟瘴及黑龙江等处人犯，如有疏纵，亦照此例办理。

（此条系嘉庆六年，将条例 393.17 修改。道光四年修改为条例 393.19。）

条例 392.19：押解发遣新疆人犯中途脱逃

押解发遣新疆人犯，中途脱逃，系免死减等例应正法之盗犯，除有心贿纵，仍照与囚同罪律定拟外，如审有违例雇替，托故潜回，或在途开放锁镣，止图便于行走，以致脱逃，并无故纵情弊者，将押解兵役，暂行监禁。另选干役，押同该兵役亲属躧缉，百日限内捕得，将起意违例雇替，托故潜回，及开放锁镣之犯，减逃犯本罪一等拟徒。限满无获，杖一百、流二千里。其余兵役及代替之人，限内拿获，各减逃犯本罪二等；限满无获，各减一等发落。如系依法管解，偶致疏脱，亦将该兵役等暂行监禁一年，限满捕得者，各减逃犯本罪二等；限满无获，各减一等发落。如系寻常遣犯脱逃，将押解人等杖八十，再加枷号一个月。故纵贿纵者，仍照律与囚同罪。其由新疆改发烟瘴及黑龙江等处人犯，中途脱逃者，亦照此分别办理。

（此条嘉庆二十四年，将疏脱之兵役，照逃遣本罪分别免死减等，及寻常遣犯办理。道光四年，将违例雇替之解役与依法管解者，分别治罪。咸丰二年，因军流中途疏脱之兵役，照徒流恶逃本律杖六十，较诸脱逃之乡保，例应杖八十者反轻未为平允，是以改定。）

薛允升按：原定之例颇严，后则愈改愈轻矣。与上黑龙江宁古塔一条参看。此条止言贿纵而无故纵，上条开放锁镣，与违例故替等系属二层，此条并作一层，俱属参差。止图便于行走，上条并无此句。此例以遣犯在逃应否正法，为解役罪名轻重之分。惟军犯脱逃，亦有应行正法者，载在强盗自首条内，是脱逃应正法者，不独新疆人犯也。例末由新疆改发烟瘴及黑龙江等处人犯云云，盖谓此等亦以新疆遣犯论，脱逃亦在正法之列也。现在办法与此不同，似应改为如军犯内有脱逃，例应正法者，亦照此例分别办理。发往黑龙江等处者，亦以平常遣犯论，或于例首新疆之下，添入黑龙江等处亦可。称同罪者，至死得减一等。若受财故纵，与同罪者全科。至死者绞，载在"名例"律内。此云与囚同罪，盖科以死罪，亦系照上条二十五年所定之例也。此例贿纵者，与囚同罪，至死全科。疏纵者，亦与囚同罪，发遣为奴，盖即至死减一等之意，亦即故纵之法也。然所纵者遣犯，而与故纵死罪人犯同科，未免过严。上条监禁原例并无年限，此例以一年为限，与上条亦不相符。上条之一年限满，本指依法管解者言，因彼例有一年限满无获之语。嘉庆六年，遂照上第三层例文改定，至所云减一等拟徒，盖照上条第三层减等，而忘却上条之第二层，是将故纵与依法管解，混而为一矣。末后添入违例雇替等项，而又谓为并无故纵情弊，上条何以又照故纵律定拟耶。此例既仿照上条定拟，似应将受贿故纵，照囚罪全科为一层；故纵及虽非故纵，而有违例雇替等情，与囚同罪为一层；依法管解，照律减囚罪二等为一层。疏脱平常遣犯，亦照此例办理。贿纵故纵者，与囚同罪。赃重者，仍从重论。再，由新疆改发烟瘴及黑龙江等处人犯脱逃，从前亦在正法之列，是以有疏纵亦照此例办理之语。此处以免死盗犯，及平常遣犯为罪名轻重之分，相去殊觉悬绝。例内疏脱平常遣犯，枷号一个月、杖八十，自系指依法管解而言，如有违例雇替等情，如何治罪之处，例未叙明，亦未叙及逃犯是否拿获，且与下条疏脱军流徒之例，轻重太相悬殊。疏脱免死遣犯，系依法管解者，监禁一年。限内捕获，减逃犯罪二等。无获，减一等。疏脱军流徒犯，依法管解者，百日限内捕获，免罪。限满无获，长解减囚罪二等，短解减三等。而疏脱平常遣犯，例止枷号杖责，并未叙明限期，与免死遣犯科罪迥殊。疏脱军流徒犯，律分两项，一系已经断决之犯，押解配所者，徒流人逃律内，途中押解人不觉失囚一名，杖六十是也。一系未经断决之囚，或尚候追赃，或停囚待对，或案候归结之类，即此律所云押解在狱罪囚，中途不觉失囚者在罪亦如之是也。如谓此例所云系指押发配所而言，下二条疏脱军流徒犯，一指解审言，一指押发言，是以罪名轻重不同，惟解审例内，并无平常遣犯，而脱逃例应正法之遣犯，亦止言押解，而未及解审，未免彼此参差。似应将情重遣犯脱逃，应行正法者摘出，无论已断决、未断决解役，无论解配、解审，分别情节治罪，列为一条。解审遣军流徒各犯〔未经断决者〕，致令脱逃，列为一条。押发遣军流徒各犯〔已经断决者〕，致令脱逃，列为一条，庶不至彼此混淆。缘从前新疆及由新疆改发之犯，一经脱逃，即应正法。押解此等人犯与斩绞人犯相等，是以严定专条。后来遣犯脱逃，俱不正法，与军犯无异。其应正法者，不过盗犯数项耳。而此数项内尚有改为军犯，而脱逃仍行正法者，例文参差不齐，愈修改愈觉杂乱。遣犯较军犯为重，而军犯脱逃应行正法，又较遣犯为重，例文安能画一耶。

条例 392.20：直隶等省如遇紧要官犯等类

直隶等省，如遇紧要官犯等类，务择现任文武员弁，派委押解，其试用效力未经历练者，概不得滥行派委。如有违例滥派，以致疏失者，除押解之员，按照律例分别议罪外，仍将原委之文武各上司，分别有无误失，交部议处。

（此条系乾隆三十四年，江南道监察御史胡翘元条奏定例。）

薛允升按：《处分例》又有情罪重大之犯于批牌上注明，此系要犯，应令员弁管押递送一条，似应添入此条例内。《处分则例》："各省遇有解送紧要官民重犯，务择现任之文武员弁，亲自押解，其试用效力者，一概不得派委。如违例滥派，虽无疏失，亦将原委官，罚俸一年，若有疏失，原委官降一级调用。"

条例 392.21：解役疏脱应拟斩绞重犯

解役疏脱应拟斩绞重犯，审有违例雇替、托故潜回情事，应照故纵律与囚同罪者，如疏脱之犯案情未定，将解役牢固监候，俟逃犯拿获定罪，再行照例办理。

（此条系乾隆三十五年，刑部审拟河南省解役薛法唐、李奉举递解重犯周四中途脱逃一案，奉旨纂为例。）

薛允升按：此亦指解审而言。例内审有违例雇替，托故潜回情事，应照故纵律与囚同罪者等语，即系上条乾隆二十五年所定之例也。所言牢固监候，即上条之严行监禁也。嘉庆年间，将上条监禁限期，定以十年，此条漏未修改，设逃犯终身未获，转无办法。再，疏脱未定罪名人犯，例无专条，现在办法俱系杖一百、枷号一月。应与此例参看。从前疏脱斩绞重犯，如审有违例雇替等情，逃犯尚未弋获，即将解役从严拟以绞候，薛法唐等之案，即照此办理。后来此等正犯脱逃，差役俱系酌加监禁，获犯时再行定拟，似应与上条修并为一，以免歧异。再，上条止云解审斩绞重犯，此例又添入疏脱之犯，案情未定一层，一似牢固监禁，专为案情未定而设，非专为有违例雇替等情而设，又似上条专指罪名已定者而言，此条专指罪名未定者而言，亦不无少有参差。惟上条有拿获正犯之日究明，此条亦有俟逃犯拿获定罪名等语，则逃犯未获，即不能遽定解役之罪，而例原属相同，似应并入上条，添入无论案情是否已定一句，记核。《处分则例》以多差解役已加肘锁，及少差解役未加肘锁，分别轻重。此处亦应添入。

条例 393.22：押解斩绞立决及秋审入情实重犯

押解斩绞立决及秋审入情实重犯，如不小心金解，致解役违例雇替，开放锁镣，纵囚脱逃者，将金差长解之州县官，照狱卒纵脱重犯管狱官杖八十、徒二年例减一等，杖七十、徒一年半。其拨兵护解之武职，如所拨兵丁亦有雇替情节，即与州县一例杖徒。

（此条乾隆四十三年奉旨议定。乾隆五十三年因为改定新例，将此条声明删除。）

条例 392.23：解审斩绞重犯中途脱逃

解审斩绞重犯，中途脱逃，除原犯斩绞立决者，即行正法外，其原犯斩绞监候之犯，核其情节，如秋审时应入情实者，即改为立决，应入缓决者，即改入情实。

（此条系乾隆五十四年，刑部议覆湖广总督毕沅奏绞犯杨得茂秋审发回中途脱逃案内，附请定例。）

薛允升按：前解审斩绞重犯一条，专言解役罪名，此则逃犯之罪名也，与越狱人犯罪名相等。其不言军流徒犯者，以各有脱逃本例也，与越狱人犯罪名不同。

条例 392.24：解审罪应凌迟斩绞立决监候重犯（1）

解审罪应凌迟、斩绞立决监候重犯，中途脱逃，金差不慎之长解官，及拨兵添差护解之地方文武各官，俱参革留于该处协缉五年，限满不获，审系解役贿纵故纵脱逃，协缉各官，发往军台效力赎罪。若审明解役并无贿纵情事，果系依法管解，偶致疏纵脱逃者，协缉各官，拟以杖一百、徒三年。如所限五年期内，该员等能将正犯全行拿获，该督抚给咨送部引见，请旨开复。一犯不获，及他人捕得者，仍照例科罪。至军流等犯解审脱逃，其金差、护解各官，仍照旧例交部分别议处。

（此条系乾隆四十三年，湖广总督三宝等，奏请定例。此案典史照司狱官减狱卒罪三等，拟徒二年。乾隆五十三年改定。嘉庆四年改定为条例392.25。）

条例392.25：解审罪应凌迟斩绞立决监候重犯（2）

解审罪应凌迟、斩绞立决监候重犯，中途脱逃，金差不慎之长解官，及拨兵添差护解之地方文武各官，俱照旧例参革，留于该处协缉，一年限满不获，审系解役贿纵故纵脱逃者，协缉各官，俱发往军台效力赎罪。审明解役并无贿纵故纵情事，果系依法管解，偶致疏纵脱逃者，协缉各官，拟以杖一百、徒三年。如所限一年期内，该员能将正犯全行拿获，该督抚给咨送部引见，请旨开复。倘一犯不获，及他人捕得者，仍照例科罪。至军流等犯解审脱逃，及斩绞人犯解审脱逃拿获案内，另有军流等犯未获，其金差、护解各官，仍照旧例交部分别议处。

（此条系嘉庆四年奏准，将重犯中途脱逃协缉五年之例删除，仍归协缉一年，因而改定此条。嘉庆八年再改定为条例393.26。）

条例392.26：解审罪应凌迟斩绞立决监候重犯（3）

解审罪应凌迟、斩绞立决监候重犯，中途脱逃，金差不慎之长解官，及拨兵添差护解之地方文武各官，俱照吏部定例，分别议以降留、降调、革职，并革职留任，限一年缉拿。限内全获，题请开复，如限满不获，查系依法管解，偶致疏脱者，即照吏部例以降革完结，毋庸治罪。若审系解役贿纵故纵，概行革职，拟以杖一百、徒三年。倘犯被他人捕得者，仍照例科罪。至军流等犯解审脱逃拿获及斩绞人犯解审脱逃拿获案内，另有军流等犯未获，其金差、护解各官，仍照旧例交部分别议处。

（此条系嘉庆八年，将条例392.25改定。）

薛允升按：解役贿纵故纵斩绞重犯，金差不慎之官，即拟满徒，越狱之案，且有发军台者，官员公罪，此为极重。然法虽严而照此办理者，百无一二，况州县之贤否原不在此一端。因疏脱一犯，即拟徒罪，虽循声卓著之员，亦未能免，反有较之犯别项私罪，科罪为重者。且失察书役犯赃，犯该斩绞者，本管官止降一级留任。纵令作弊得赃者，革职，即捕役窝盗、为盗，失察之州县，亦止降三级调用，诬良为盗，私拷致死者，革职。疏脱一犯，而文武官俱拟徒罪，兵役多人监禁，似嫌太重。解役纵犯脱逃，不特玩法，兼且累及本官，如犯被他人捕得，尚可不准免罪，以示惩警，若金差不慎，究非有心故犯，仍照例科罪，似嫌太刻。由一年而加为五年，后又改五年为一年，则知协缉五年之为非矣。疏脱罪名既经改轻，而故纵罪名，尚拟满徒，免其发往军台，想因原定例文太严，不能遽行改轻耳。立法期在必行，解役贿纵重犯，自属玩法，而该管官则非有心故犯，科以满徒，未免太重。办案者因罪名过重，并贿纵故纵情节，亦多曲为开脱，处分虽严，亦何益耶。贿纵故纵解役之罪名，不可不严。不严则不知警惧，而该管官之处分，则不必从严，过严则认真办理者必少，即实有贿纵故纵情节，亦碍于官之处分，而曲为开脱，投鼠忌器，理固然也。似应将该管官处分改轻，能究出贿纵故纵情节者，并免处分，较为有益，不然徒严处分，终属有名无实。未定严例以前，尚有此等案件，已定严例以后，此等案件绝少，近则千篇一律，其明验也。现在办法均引《处分则例》，从无用刑例者，此例亦系虚设。

《处分则例》："一、决不待时重犯，中途脱逃，系少差解役未加肘锁者，该管官革职，系多差解役已加肘锁者，该管官革职留任，限一年缉拿，限内拿获准其开复，不获即行革职〔俱公罪〕。斩绞监候重犯，中途系少差解役未加肘锁者，该管官降一级调用。系多差解役已加肘锁者，该管官降一级留任，限一年缉拿，限内拿获准其开复，不获照所降之级调用〔俱公罪〕。""二、斩绞重犯中途脱逃，果系依法管解，偶致疏失，金差〔即原解官〕护解〔即添解官〕各官能于限内拿获，题请开复，限满不获，议以降革完结，无庸治罪。若审系解役受贿故纵者，即概行革职治罪。"

《中枢政考》载："遣犯派营兵四名护解；军犯及黑龙江等处改发军犯，派营兵二名，的役二名；流徒及递籍管束人犯，派营兵一名，的役一名。每犯一名至五名，派营弁一员护解。"

事例 392.01：康熙九年题准

官员将斩绞犯人在狱不加肘锁，以致脱逃者革职，上司官不据实申报，降二级调用。若已加肘锁脱逃者，照越狱例，限一年缉获，不获者照罪犯轻重处分。其起解斩绞重犯，不加肘锁，少差解役，以致脱逃者，降一级调用。军流徒罪人犯，罚俸一年缉拿。如已加肘锁，多差解役脱逃者，俱照越狱例，按罪犯轻重处分。若系差役得财将人犯疏纵脱逃者，本管官照失察衙役犯赃例处分。原解未经交付之先，疏纵脱逃者，将原地方官议处。如已经交付明白脱逃者，将承接该管各官议处。

事例 392.02：雍正二年议准

外省解犯，及解京与京发之犯，其情罪重大者，于批上注明"要犯该弁押送"字样，即从首先接递处，该千把总亲督所派兵役，送往交替。若该弁公出，则令伊百队亲押。若该州县无设防武弁，令吏目、典史亲押出境交替，俱于取获收管内注明某官某弁送交。傥有疏虞，该督抚题参斥革。其寻常解犯，仍照例选差押送。

事例 392.03：雍正二年又议准

押解盗犯，中途致有脱逃者，将金差不慎之该县照例议处。其加级、纪录，俱不得抵销。

事例 392.04：雍正三年议准

嗣后该管知府，并直隶州知州所属州县，若山海巨盗，斩绞重犯，越狱脱逃，有一、二案者罚俸一年，三、四案者降一级，五、六案以上者降二级；俱限一年催缉，限内全获，准其开复；逾限不获，照所降之级调用。若军流徒杖答等犯越狱，有一、二案者罚俸六月，三、四案者罚俸九月，五、六案以上者降一级，限一年催缉，限内全获，准其开复；逾限不获，再限一年，如不获，照所降之级调用。

事例 392.05：雍正三年又议准

嗣后该管知府，并直隶州知州所属州县，若山海巨盗，斩绞重犯，中途脱逃，有一、二案者罚俸九月，三、四案者罚俸一年，五、六案者以上者降一级，限一年催缉，限内全获，准其开复；逾限不获，照所降之级调用。若军流徒杖笞等犯中途脱逃，有一、二案者罚俸三月，三、四案者罚俸六月，五、六案以上者住俸，限一年催缉，限内全获，准其开复；逾限不获，降一级留任，仍著照案缉拿。

事例 392.06：雍正三年再议准

山海巨盗，斩绞重犯，州县官已加肘锁，多差解役，有致脱逃者，降一级，限一年督缉，限内全获，准其开复；逾限不获，照所降之级调用。若军流徒杖等轻犯，州县官已加肘锁，多差解役，有致脱逃者，罚俸六月。

事例 392.07：乾隆四十三年谕

据三宝等奏：审拟谷城知县邱德孚于起解斩犯王长时，金差不慎，致解役疏纵脱逃，捏称落水一折，已交该部议奏矣。州县审解重犯，理应金派妥役，饬令小心管押，乃邱德孚浸不经心，听凭解役出钱雇替，以致中途纵放重囚，非寻常金差不慎可比。其点派兵丁，致令雇倩之千总詹如侯亦然。仅予革职，不足蔽辜，著该部将邱德孚、詹如侯另行议罪具奏。钦此。遵旨议准：狱卒纵脱重犯，管狱官例应杖八十、徒二年。解役中途纵脱重犯，其滥行金差之州县，向无治罪专条，实未允协。嗣后遇有押解斩绞立决及秋审拟入情实重犯，如不小心金解，致解役有违例雇替开放锁镣纵囚脱逃者，将金差长解之州县，比照管狱官减一等治罪。如营员拨兵护解，亦有雇替情节，应与州县一例问拟。

事例 392.08：乾隆五十四年议准

斩绞人犯，越狱脱逃，如原犯应入秋审情实者，改为立决；应入缓决者，改为情实。其中途脱逃斩绞人犯，向俱随时酌核，有改立决者，亦有赶入情实者，办理未能画一。虽中途脱逃，与越狱情事不同，但究属藐法，自应一例办理。嗣后斩绞人犯，中途脱逃被获，除本犯斩绞立决者，即行正法外，其原犯斩绞监候之犯，即照越狱人犯之例，核其情节，应入秋审情实者，即改为立决；应入缓决者，即改入情实。如此明立科条，庶免引断参差之弊。

事例 392.09：道光十一年谕

嗣后须责成各省督抚，严饬州县，遇有派出管解差役，务须正身前往。傥有失事，即查明有无雇替情弊，于折内声明。如系雇替，即将原派差役，加等治罪。

事例 392.10：光绪十三年奏准

嗣后如遇紧要军流人犯起解，于例派员弁兵役外，应由该营汛酌量加派二、三名，帮同管押。傥有劫夺情事，仍按例惩办，以昭慎重而责专成。至该遣犯到配后，应令迅取收管，并原发传牌送部，以凭查核。

成案 392.01：禁卒受财故纵〔康熙十一年〕

刑部疏：禁卒马和春等故纵贼犯生坤越狱，东抚袁某将受财故纵之马和春等拟绞，但引固监缓决候逃囚得获审豁之条，臣部以本律狱卒故纵者与囚同罪，至死减等，受财故纵者计赃以枉法从重论等语。马和春止受钱三百文，不至死罪，改依狱卒故纵者与囚同罪，至死减等，应责四十板，流三千里，查取承问职名去后，今据该抚张凤仪疏称：律文名例内，若受财故纵，与同罪者全科，至死者绞等语，且江督麻勒吉题结谢茂亦受财十两故纵胡三元固监缓决之犯，遇赦免罪，将马和春拟绞之承问职名开送前来。查名例条内，受财故纵，与同罪者全科，至死者绞，又注云，凡称同罪者至死减一等。臣部将马和春照本律拟议完结，毋容议。江督麻勒吉具题完结谢茂之案，不引本律而引名例之条，应将原议各官，均应交部，赦前免议。今将马和春等罪而地方官引拟谢茂之案具题，亦免议。

成案 392.02：山东司〔嘉庆二十年〕

东抚咨：押役马忠，管押和诱从犯刘登云，尚未定案，致令乘间潜逃，讯非贿纵，限外自行拿获，应比照解审徒犯，中途脱逃，减囚罪二等，于刘登云满徒上，减二等，杖八十、徒二年。

成案 392.03：湖广司〔嘉庆二十年〕

湖南抚咨：王在添先将孀媳杨氏，凭媒改嫁与邓得元为妻，后因所得财礼过少，复将杨氏抢回另卖。将王在添比照将亲女嫁卖与人作妻妾、骗财后邀人抢人财例，发近边充军。杨氏仍给邓得元完聚，差役陈忠管押人犯刘登言，致令脱逃，失足溺毙，比照狱卒失囚，减囚二等，于刘等言满徒上，减二等，杖八十、徒二年。

成案 392.04：湖南司〔嘉庆二十年〕

南抚题：绞犯喻三越狱脱逃，旋经被获。查喻三脱逃后，即据更夫报官，该县会营，督率典史，带同兵役即禁卒、刑书、家属人等，跟踪追捕，于次早将该犯拿获。喻三系应入缓决之犯，入于情实办理。禁卒周松、锺义、刑书胡泽泳，讯无贿纵情弊，且犯系各家属随同跟踪追获，与限内自捕得无异，应依律免罪，惟究属疏忽，该三犯与更夫叶一、黄二，均照不应重杖，革役。典史改为革职留任。

成案 392.05：湖广司〔嘉庆二十一年〕

北抚咨：徐能进越狱脱逃。查徐能进系该省盘获，与盗犯徐能进同名，监禁待质之犯，越狱脱逃未获，该抚以徐能进尚在候质，罪名未定，将疏防之狱卒黄明等比照军流人犯越狱，减二等定罪，咨请部示。经本部以徐能进罪虽未定，究与盗犯无异，将黄明等均依盗犯越狱，狱卒并无贿纵，减囚二等，于逸盗徐能进斩罪减二等，拟杖一百、徒三年。

成案 392.06：湖广司〔嘉庆二十二年〕

北抚咨：疏脱递解贼犯许洪义，系未经审明定罪之犯，例内并无短解兵役，疏脱未定罪名人犯专条，江太等应比照审解军流人犯、中途脱逃、如依法管解、偶至疏脱者、短解减二等例，杖八十、徒二年。

成案 392.07：福建司〔嘉庆二十五年〕

福抚题：斩犯林别解审，中途脱逃，解役黄芳、兵丁陈金幅，各因遇雨，天色渐晚，恐犯无宿处，致有疏虞，或先赴汛投保报接护，或前往找寻饭店，与无故先后散行者不同，百日限内，经该兵役等各家属，协同拿获，即与自获无异。讯系依法管解，并无贿纵情弊，黄芳应照例于律别斩罪上，减二等，杖一百、徒三年。短解兵役陈金幅等获解罪囚，依法管押，中途不觉失囚，已于限内获犯，例无治罪明文，应照押解罪囚中途不觉失囚、限内自能捕得例，免治罪。

成案 392.08：直隶司〔嘉庆二十五年〕

直督咨：看役张连月，疏脱贼犯范士奎，在押潜逃，将张连月照狱卒不觉失囚，减囚罪二等办理。

成案 392.09：云南司〔嘉庆二十五年〕

山海关副都统奏：兵役疏脱流犯顾进全，讯系该兵丁等押犯投店，西拉肯等四人，看守前半夜，霍隆阿等四人，看守后半夜。顾进全于四更时逃逸，系在霍隆阿等接班之后，应将霍隆阿等四人照解犯中途偶致疏脱、短解减囚罪三等，各杖八十、徒二年。西拉肯等四人，应量减一等，杖七十、徒一年半。

成案 392.10：江苏司〔道光元年〕

苏抚咨：解役陈俊等，解审因奸谋杀亲夫案内奸妇高易氏、奸夫王春赴府，高易氏因身带刑具，吃饭不便，恳请松刑具，该犯等辄行开放，各至船头乘凉，致高易氏复与王春乘间行奸怀孕，比照解审斩绞重犯，解役在途开放刑具，以致脱逃姑纵律，与囚同罪，至死减一等例上，再减一等，满徒。

成案 392.11：奉天司〔道光元年〕

盛刑奏：司狱时亮因进京缺乏盘费，向监禁斩犯，在监饮酒索凑，复带监禁拟徒人犯出监，在街游荡，至晚始回，应照故纵罪囚与囚同罪律，拟徒，该员卑鄙无耻，请旨发新疆充当苦差。

成案 392.12：山东司〔道光元年〕

东抚咨：差役谢玉等押解绞犯，在途潜回，经车夫推送绞犯至下站交替，囚虽未失，实属胆玩，例无解役潜回，犯未脱逃，作何治罪明文，惟该役等已置囚不顾，即情同故纵，比照狱卒故纵罪囚与囚同罪、未断之前，若囚自首、减囚罪一等律上，减一等，满徒。

成案 392.13：直隶司〔道光二年〕

直督咨：监犯王端清越狱脱逃。查王端清经伊父王可昌呈请发遣，中途脱逃，系在大赦以前，查询犯亲王可昌，已愿领回，罪应援免，本属无罪之人，遍查律例，并无疏脱无罪之人，越狱脱逃刑禁，作何治罪明文，应酌量问拟，将禁卒范若昆等，均照不应重杖。

成案 392.14：陕西司〔道光四年〕

喀喇沙尔办事大臣奏：贼犯楚鲁木等，偷窃蒙古马匹案内，罪应拟遣之揣蓁，于在逃后被戕毙命，该大臣将故纵罪囚之莫洛木，照与囚同罪律拟遣。查故纵罪囚与囚同罪之律，原因放囚之人即监囚之人，是以以囚罪罪之，若囚在逃已死，与幸逃法网者，终属有间，自应按律减等问拟。莫洛木应改依故纵罪囚者与囚同罪、若囚已死减一等律，于已死揣蓁应得遣罪上，减一等，杖一百、徒三年。

成案 392.15：广东司〔道光四年〕

江西抚咨：接递回籍讯办犯人吴广琳，中途脱逃，讯明解役张凤志并无贿纵情事，照不觉失囚一名律，拟杖六十。本部查不觉失囚拟杖之律，系指囚已断决者而言，若囚未断决，押解人致有疏脱，应照押解在狱、罪囚中途不觉失囚、减囚罪二等办理。今吴广琳系递籍审办，未经断决之犯，既于中途脱逃，即难悬定其罪，与起发已断结之罪囚不同，是解役未便遽行拟结，该抚率将该役拟以杖六十，系属错误。应令该抚将该役暂行取保严缉，逸犯吴广琳务获归案，拟定罪名，再将解役减二等问拟，

成案 392.16：安徽司〔道光五年〕

安抚咨：兵役王忠等，押解遣犯张滚孜脱逃，监禁期满，犯未拿获，该督将伴解之王忠，以为首论，于张滚孜遣罪上，减一等，杖一百、徒三年。派解之张升等，照为从减一等，杖九十、徒二年半。部查道光四年八月内，核议河南巡抚程条奏，嗣后押解新疆人犯中途脱逃，系免死减等例应正法之犯，如依法管解，偶致疏脱，该兵丁等并无首从可分，如一年限满无获，各减一等发落等因，奏准通行在案。此案兵役王忠等，押解免死发遣新疆盗犯张滚孜，致被脱逃，既据该抚审系依法管解，并无贿纵情弊，现在监禁一年限满，犯未弋获，该犯等事犯固在未经通行以前，监禁限满已在奏改定例以后，自应照通行办理。除杨才病故不议外，兵役王忠、张升、杨春，均应照例减逃犯本罪一等，各杖一百、徒三年。

成案 392.17：广东司〔道光五年〕

广抚咨：监犯锺士兰越狱脱逃，将看守之禁卒邓高等，减囚罪二等问拟。部以锺士兰系拟流加徒人犯，该抚将禁卒邓高等，减囚罪二等，拟以杖九十、徒二年半，与疏脱仅止拟流并无加徒者，毫无区别。邓高等均改依监犯越狱脱逃、并无贿纵情弊者、依律减囚罪二等治罪，于逃犯锺士兰满流加徒罪上，减二等，杖一百、徒三年。

成案 392.18：直隶司〔道光六年〕

直督咨：解役麻升，贿纵审解发回军犯康三，脱逃无获，查解役阚有智，讯因患病不能同往管押，当时并不禀明，私自潜回，任令麻升一人押解，以致贿纵脱逃，自

应比例问拟。阚有智比依解审军犯中途脱逃、审有违例雇倩情弊、若限满无获、将起意雇倩者、减囚罪一等例,应于康三军罪上,减一等,杖一百、徒三年。

成案 392.19：广东司〔道光八年〕

中城呈报:枷犯王凤鸣带枷脱逃。查王凤鸣原犯赌博,拟杖一百,枷号两个月,发坊看守,该犯因官给口粮不敷,哀求坊官,饬令看役王升带同找寻亲友借贷,行至天桥地方,王升路遇蔡姓,邀往酒铺说话,该犯乘间带枷逃逸。王升查寻无踪,禀坊派役协同,将王凤鸣拿获,王升讯无受贿故纵情事,今于限内自行捕获,应照律免罪,仍著革役。惟王凤鸣带枷脱逃,例无治罪明文,自应酌量问拟。王凤鸣应照原拟,从新枷号两个月,杖一百,其从前枷过日期,应不准其除算。

成案 392.20：广东司〔道光九年〕

广抚咨:解役余升、张太,因营兵罗展容、陈坚志押解逃徒廖二仔赴犯事地方审办,雇坐船只,值风雨大作,罗展容、陈坚志,因小船不能开驾,令余升等押同廖二仔登岸前进,以致廖二仔乘间脱逃。解役余升、张太,应依押解罪囚中途不觉失囚减囚罪二等律,于廖二仔满徒罪上,减二等,杖八十、徒二年。兵丁罗展容、陈坚志,金派解犯,因风雨大作,小船不能驶往,乃一任解役独自解犯前进,以致人犯脱逃,殊属违例,查律例内并无作何治罪明文,惟违例不行护解,核其情事,与违例雇倩不行亲解者相同,自应比例问拟。罗展容、陈坚志,均比依解审徒犯中途脱逃、审有违例雇替情弊、限满无获、将违例雇倩者、减囚罪一等例,于廖二仔满徒罪上,减一等,杖九十、徒二年半。

成案 392.21：四川司〔道光十二年〕

川督咨:解役胡贵、陈元、李洪、李高,押解京控案内已革武生牟遇春,交万县审讯,中途脱逃,讯无贿纵情弊,惟不小心防范,致被脱逃,实属疏忽,惟胡贵等管解牟遇春时,牟遇春尚未拟定罪名,似未便照囚罪减等科断。胡贵、陈元、李洪、李高,均应依押解罪囚中途不觉失囚一名律,杖六十。胡贵、陈元,系长解,酌加枷号一个月。

成案 392.22：四川司〔道光十四年〕

川督咨:盐亭县黄启仁,听从胥老五等行窃冯同修绸匹,交保在店,脱逃被获,保户何全,看役何信,虽讯无贿纵情弊,究属疏忽,惟黄启仁系未定罪名之犯,其在保脱逃,即与在途无异,自应比照问拟。何全、何信,均合依押解罪囚中途不觉失囚一名律,杖六十,加枷号一个月。

成案 392.23：奉天司〔道光十四年〕

盛京将军奏:已革防御德克通阿,拿获盗犯李畛,并不依法看守,实时解送,乃因其患病,辄松刑具,令其妻抬回家中调养,仅派兵二名随往看守,以致乘间脱逃,虽无受贿别情,惟情同故纵,自应比例问拟。德克通阿比照将在监斩绞重犯松放狱具、倩人代守、防范疏懈、乘间潜逃者、照故纵律与囚同罪、至死减一等例，于在逃盗犯应得斩罪上，减一等，拟杖一百、流三千里。

成案 392.24：山西司〔道光十四年〕

苏抚咨：差役熊太，因奉差押解未定罪名之史瑞宝赴丹徒县，交替转解晋县质审，中途脱逃，乃因畏罪，主令私自伴送之史盘宝顶冒转递，实属玩法，例无作何治罪明文，自应比例从重问拟。熊太应比照解审军流徒犯中途脱逃限满无获违例，雇倩者减囚罪一等例，杖一百、徒三年。

律 393：知情藏匿罪人〔例 2 条，事例 4 条，成案 6 案〕

〔以非亲属及罪人未到官者言。〕

凡知〔他〕人犯罪事发，官司差人追唤，而〔将犯罪之人〕藏匿在家，不行捕告，及指引〔所逃〕道路，资给〔所逃〕衣粮，送令隐匿〔他所〕者，各减罪人〔所犯〕罪一等。〔各字，指藏匿、指引、资给说。如犯数罪，藏匿人止知一罪，以所知罪减等罪之。若亲属纠合外人藏匿，亲属虽免罪减等，外人仍科藏匿之罪。其事未发，非官司捕唤而藏匿，止问不应。〕其〔已逃他所，有〕辗转相送，而隐藏罪人，知情〔转送隐匿〕者皆坐；〔减罪人一等。〕不知者勿论。

若知官司追捕罪人而漏泄其事，致令罪人得以逃避者，减罪人〔所犯〕罪一等。〔亦不给捕限。〕未断之间，能自捕得者，免〔漏泄之〕罪。若他人捕得，及罪人已死，若自首又各减一等。〔各字，指他人捕得及囚死自首说。〕

（此仍明律，顺治三年，添入小注。原律小注内无如犯数罪，藏匿人止知一罪一段，乾隆五年按总注内如犯数罪，藏匿人止知一罪，以所知罪减等罪之。若亲属纠合外人藏匿，亲属虽免罪减等，外人仍科藏匿之罪。又其事未发，非官捕唤，而藏匿者，止问不应，皆可补律注之所未备，因于第一节各减罪人罪一等，小注后补入。顺治律为 415 条。）

条例 393.01：宛平县属西山门头沟地方

宛平县属西山门头沟地方，开采煤窑，该县设立印簿，给发窑户，令将佣工人等姓名籍贯，来去缘由，十日一报该巡检考查，并令西路同知，就近稽查。如该窑户不将各项工人开报，照脱漏户口律治罪。若各项工人有犯窃、犯赌，或聚众逞凶，致成人命，该窑户知情不行报究，发觉之日，除本犯按律治罪外，该窑户照总甲容留棍徒例，杖八十。其有开设连夏锅伙，诓诱贫民，逼勒入窑，关禁不容脱身者，照凶恶棍徒例，分别首从科断。窑户知情纵容者，照知情藏匿罪人律治罪。各窑锅伙内，若将工作患病之人，忍心抬弃，及病故不即报官者，照夫匠在工役之所有病，官司不给医药救疗，及地界内有死人，不申报官司辄移他处律，分别治罪。其殴打致毙者，仍照谋、故、斗杀各本律问拟。该管县丞失察开设连夏锅伙，及致毙人命私埋匿报等案，分别加等议处；受财故纵者，按枉法赃，及故出人罪各律，严参治罪；得受规礼者，计赃科断；失察病故之人，私埋匿报者，照例议处。

（此条乾隆七年，顺天府尹蒋炳条奏定例。道光二年，将"巡检"二字改为"县丞"，增入"其有开设连夏锅伙"以下二百零六字。）

薛允升按：此专指西山一带煤窑而言。别省似此者亦有，似应一体照办，于例末增入。报明人数，籍贯及去来缘由，此层最要。

条例 393.02：京城地方责成步军统领衙门

京城地方，责成步军统领衙门、顺天府、五城，各按所辖地面，严饬所属，随时访查，遇有兴贩吸食鸦片烟者，无论满洲汉人，官民良贱，一体查拿，分别奏咨，送交刑部审明治罪。其客店、庙宇、会馆，如有知情窝藏留住，或得贿纵容者，查明按律惩治，并严禁番役、兵、捕人等，藉端讹索，以省扰累。

（此条道光十九年定。同治九年删除。）

事例 393.01：康熙九年题准

凡州县官有潜逃反叛正犯，未经查出，或出具并无印结，被人首发者革职，将该管知府降四级调用，司道降二级调用，督抚降一级留任。如系斩、绞要犯未经查出，或具结后被人首发者，降二级调用，该府道罚俸一年。如系反叛牵连之人，及军流人犯，未经查出者，罚俸一年。若将紧要重犯，官员自行藏匿者革职。

事例 393.02：康熙四十四年谕

塞外蒙古，凡犯罪为盗后，俱投入喇嘛藏匿者多。嗣后喇嘛收留此等罪犯者，察出，与犯人一体治罪。

事例 393.03：康熙四十九年覆准

杀人凶犯，藏匿本境，该管官员委不知情，系地方棍徒容隐者，止科容隐之人治罪。如先虽容隐，后仍自行出首，亦准免罪。

事例 393.04：雍正五年议准

嗣后藏匿之家，除不知情者，仍照律遵行外，若系职官知情窝隐者，除革职外，仍照本犯原罪治罪，不准折赎。至于犯罪之人，在于境内隐藏，地方官怠忽因循，不实力稽查，或被旁人首发，或被邻境官司拿获，将该地方官交该部照失察例议处。如有属员藏匿罪人，该管上司不行觉察纠参，亦交该部照失察例议处，仍通行直隶各省督抚，遍行所属州县，饬令悉心稽查，出示晓谕，于文到之日为始，限两个月内，准窝藏之家，自行出首，免其坐罪。如本犯自行出首，免其加罪，仍照伊原犯之罪治罪。倘本犯及窝匿之家，锢为朋比，不行出首，一经发觉，除将本犯及窝隐之家照此所定之例治罪外，仍将该管保长、甲长、地方，及知情紧邻，照不应重律治罪。

成案 393.01：藏匿追银人犯〔康熙三十一年〕

吏部覆福抚卞永誉题：江南山阳县知县薛某应追核减银两，将伊子薛隽押回闽省追报，薛隽潜往侯官县教谕张纯署内藏匿不报，至薛隽之眷口已经回泉，该府县官员不向伊家属追询。查定例内，官员不起解侵欺抗粮人犯者降一级调用，该管官罚俸一年等语。应将藏匿不行举报之张纯照例降一级调用，不行举报之晋江县李慎、泉州府高拱乾，照例各罚俸一年。

成案 393.02：江西司〔嘉庆二十一年〕

江西抚咨：军犯张瞎子系双瞽，跟随乞丐徐文华逃走。律内并无带引在配军犯逃走治罪明文，将徐文华比照知人犯罪、指引所逃道路、送令隐匿，减罪人一等，满徒。

成案 393.03：直隶司〔嘉庆二十四年〕

直督奏：孟广智致死伊父孟来真，图诈钱文，除将孟广智依子殴父杀律，凌迟处死外，查案内之萧大林，明知孟广智杀死其父，不即到官呈报，反敢听从同往，讹诈得钱，私和匿报。将萧大林比照知人、不行捕告、减罪人所犯罪一等律，于孟广智死罪上，减一等，满流。

成案 393.04：直隶司〔嘉庆二十四年〕

直督奏：元大才保因牛讲在地割谷，伊妻元郝氏前往检拾遗穗，被牛讲喝阻争詈，将元郝氏衣裤撕破，元大才保闻知，往向理论，致将牛讲殴伤身死，时有王三拐询知缘由，即教令元大才保捏以强奸元郝氏，扯破衣裤，气忿殴死等语，嗣经牛讲之子牛必显将元大才保用绳缚住呈报，元大才保欲行出恭，央恳王三拐解开缚绳，乘空逃走。除元大才保依斗殴杀人律拟绞监候外，王三拐先经教令捏称强奸，继复为其解绳，虽系元大才保欲行出恭，央其松解，并未主使逃走，惟元大才保乘空脱逃，究因王三拐解绳所致，将王三拐比照知人犯罪、指引隐匿者，减罪人所犯罪一等，满流罪上，量减一等，满徒。

成案 393.05：贵州司〔道光十二年〕

贵抚题：黔西州韦正全，听从余杨氏诱拐谢刘氏家婢女妮子，畏罪谋勒致死，谢刘氏得贿私和案内之乡约王添顺，查知韦正全将妮子谋死，经谢刘氏嘱令报官，该犯因与韦正全交好，辄敢代为私和，并令韦正全逃避，殊属玩法。律例并无在官人役私和人命，纵令凶犯逃逸治罪明文，惟例应报官究办之犯，纵令脱逃与走漏消息，致官司差捕之罪人得以逃逸者无异。王添顺应比照知官司追捕罪人、漏泄其事、致令逃逸者，减罪人罪一等律，于韦正全斩罪上减一等，杖一百、流三千里。

成案 393.06：安徽司〔道光十四年〕

安抚咨：罗建中知王潮雄纠抢贾士成家钱物，事发官司差捕，辄敢藏匿在家。查王潮雄系该犯祖母族曾孙，律图外姻亲属项下，并未载有此项服制，是该犯不在外姻无服之亲得相容隐减等之律。罗建中应照知人犯罪事发、官司差人追唤而藏匿在家者，减罪人罪一等律，于王潮雄满徒罪上减一等，杖九十、徒二年半，系因人连累，正犯已死，照律再减二等，拟杖七十、徒一年半。

律 394：盗贼捕限〔例 47 条，事例 34 条，成案 13 案〕

凡捕强窃盗贼，以事发〔于官之〕日为始，〔限一月内捕获。〕当该捕役、汛兵，一月不获强盗者，笞二十；两月，笞三十；三月，笞四十。捕盗官罚俸两个月。捕役、汛兵，一月不获窃盗者，笞一十；两月，笞二十；三月，笞三十。捕盗官罚俸一个月。限内获贼及半者免罪。

若〔被盗之人〕经隔二十日以上告官者，〔去事发日已远〕不拘捕限，〔缉获〕捕杀人贼，与捕强盗限同。〔凡官罚俸，必三月不获，然后行罚。〕

（此仍明律，原律捕役、汛兵系当该应捕弓兵，后亦系弓兵二字，雍正三年以缉捕强窃盗系州县捕役及防汛兵丁之责，因将应捕弓兵及弓兵，俱改为捕役汛兵，其小注系顺治三年添入。顺治律为 416 条。）

薛允升按：此条盖即弓兵之遗意也，与弓兵捕役互相发明，而刑律不载，殊觉疏漏。《户部则例》："直省州县额设经制民壮，防卫仓库，协缉盗贼，按地方大小，召募三五十名，学习鸟枪、弓箭等器，不时操练。每年册报督捕厅员，转报按察司，该督抚责成厅员，按册调验，仍于公便，亲阅州县，奉行不力，从重参处。"民壮工食银数，详载《赋役全书》。

条例 394.01：凡府州县系有城池

凡府州县系有城池，及设有卫所，被贼打劫仓库狱囚，或杀死职官，或聚至百人以上者，抚按官就将各掌印操备等官，先行参奏，住俸带罪缉捕，限半年以里，尽数拿获，亦准免罪。如过限拿获未尽，再限三个月尽获，亦准免罪。若全无拿获，不分军卫有司，俱问罪，降二级，文官送部，武官仍于本卫所各调用，卫所失事，止坐卫所掌印、操备等官。兵备、守、巡并守备官驻扎本城者，降一级调用；不系驻扎处所，止调用。若自来不曾设有城池者，掌印、巡捕等官，止降一级，兵备、守、巡、守备等官，分别罚治。

（此条系明代问刑条例。雍正三年奏准：今盗案无初限半年，再限三月之例，亦无武官于本卫所调用之处。此例删。）

条例 394.02：各处民间被贼打劫

各处民间被贼打劫，实时擒获者，不分城内城外，各掌印、巡捕等官俱免罪。一月之外不获，通行住俸，候拿获一半以上，方准开支。若中间能获别起，及别府州县正实强盗，及各越狱重囚，亦准抵数，但不许将照捕名数，朦胧捉拿，以图抵饰，仍通计一年之内，除尽数拿获，及拿获一半以上免罪者不计外，城内积至五起，城外及无城去处至十起以上，不分军卫、有司、掌印、巡捕等官，参究问罪，俱降一级，文官送部，武官于本卫所调用，兵备、分巡官，分别罚治。

（此条系明代问刑条例。雍正三年奏准：今盗案无一月之外，方行住俸，失察五起以上，方行降调，及拿获别案盗贼，并越狱犯人，亦准抵算之处。此条删。）

条例394.03：凡强盗打劫

凡强盗打劫，各该有司军卫员役，不分事情轻重，务要登时从实申报。如有隐匿者，抚按官即将各该员役，应提问者提问，应参奏者参奏，酌量情罪，轻则罚治，重则降黜，议拟上请不许容隐。其抚按官遇有报到，若系杀官、劫库、劫狱，并聚至百人以上，或啸聚不散，及城内打劫至杀人者，即行奏报。其民间被劫事情稍轻者，汇入岁报册内，年终具奏，俱不许容隐，违者部院该科参奏重治。

（此条系明代问刑条例。雍正三年奏准：今盗案概行奏闻，并无年底汇奏之例，且讳盗即行革职，亦无酌量情罪降罚之例。此条删。）

条例394.04：京城内外但有强盗得财伤人者

京城内外，但有强盗得财伤人者，巡捕、把总、兵马等官，实时擒获免罪，仍论功叙录。若有脱逃，俱即住俸，限三个月以里，拿获一半以上，始准关俸。过限不获，各罚俸三月，仍总计一年之内，除尽数拿获，及拿获一半免罪者不计外，城内积至五起，城外十起以上，俱问罪，降一级，文官仍调外用。

（此条系明代问刑条例。雍正三年奏准：今京城内外失盗，并无实时拿获将兵马等官叙录，及积至五起、十起方行降调之例。此条删。）

条例394.05：凡京城内有强盗劫财伤人者

凡京城内有强盗劫财伤人者，该汛值宿领催兵丁，俱枷号四十日，斥革发落。步军统领、总尉、副尉、步军校，俱交部分别降罚，贼犯限一年缉拿，获半者，开复。如不获，又失事者，降调。若正阳、崇文、宣武三门关厢内失事者，该汛兼辖武营伍职，及文职兵马司官，俱交各该部降罚。专汛千、把总及马步兵丁，各杖一百；贼犯限一年缉拿，全获者，开复；缉拿一半者，免其议处；不及一半者，仍照定例议处；不获者，兼辖各官俱降调，千、把总俱革职，兵丁枷号四十日，斥革发落。贼犯交接管官缉拿。

（此条系康熙年间吏部现行例。雍正五年改定。）

薛允升按：此京城缉捕盗案，分别定例。京城盗案，文武各官处分，吏部、兵部俱定有专条，此例诸多不符，无关引用，似可删除。

条例394.06：凡隔省关提人犯

凡隔省关提人犯，承问官一面详请督抚移咨，一面差人关会隔省该地方官添差协缉。如擅给批牌，竟行拘提，及隔省地方官徇庇不行协缉，均交部议处。至本省内隔属关提人犯，亦行令该地方官添差拘提。如违例擅自拘拿者，捕役照诬良为盗例治罪，原差地方官交部议处。〔关提人犯，谓关提寻常对质人犯，若盗贼匪人，不用此例。〕

（此条系康熙四十六年，刑部议准定例，乾隆五年改定。）

薛允升按：此无论隔属、隔省，均不准擅自拘拿也。前条系贼盗匪人，故虽关会协辑，并许径自拘提，此系寻常案犯，故不准。小注最明。关提人犯，既系应行对质，自应拘拿，特未详请关会，擅自拘拿，故有不合，照诬良为盗例治罪，未免太重。上交界地方失事例内，亦有此语。应参看。

条例 394.07：凡命盗案件

凡命盗案件，如四个月限者，州县限两月解府州，府州先一月解司，司限二十日解督抚。如六个月限者，州县限三月解府州，府州限半月解司，司限一月解督抚。如一年限者，州县限七月解府州，府州限两月解司，司限个半月解督抚，督抚将州县府司起解年月日期，于疏内声明。如州县承审迟延，及督抚逾限不参者，仍照定例议处。傥州县已解府州，及府州已经解司，而府州臬司迟延者，将迟延之员，计逾限月日，照例分别议处。如上司恃势，将属员解到日期，故为改迟，或肆意苛驳，以致迟延者，许属员详报督抚，据实题参，将改期及苛驳之上司，照例议处。至藩司、粮、盐、驿、河各道衙门，一应钦部案件，亦注明年月日期，如有迟延，亦照此例议处，再盗案如有各省关查口供，必需时日者，许该地方官申详督抚，咨部展限两月，其通省行查之事，令督抚查明，将最后送到逾限之府州县职名附参，照钦部事件例议处。

（此条系雍正五年，河东总督田文镜题准定例。原载"官文书稽程"律内，乾隆五年，移附此律，删节为条例394.08。）

条例 394.08：盗案如有隔省关查口供必需时日者

盗案如有隔省关查口供，必需时日者，许申详督抚咨部，展限两个月。其通省行查之事，令督抚查明，将最后送到逾限之府州县职名附参，照钦部事件例，交部议处。

（此条系乾隆五年，将条例394.07删节。）

薛允升按：此亦盗案展限之例，与下盗案获犯到官一条参看。彼条既有或因隔省行查，限内实难完结之语，与此条关查口供系属一例，似应修并于彼，以免重复。鞫狱停囚待对盗犯已获一条，亦应参看。《处分则例》："隔属查取口供，如系命盗案内紧要犯证，该地方官不行关覆，以致重案不能速结者，革职。"

条例 394.09：凡承缉各官务期必尽获盗首

凡承缉各官，务期必尽获盗首。如限内不获盗首，虽获盗过半，仍罚俸一年；再限不获，罚俸二年；三限不获，降一级调用。如盗首果系病故，必须查验确实，方准免其处分。若有假借别州县所获之盗，指为本案盗首，别州县亦扶同搪塞，或先报盗首脱逃，后仍在该地方隐匿，或捏报盗首病故，后于别案发觉者，将从前假借、扶同、隐匿、捏报之该地方文武各官，照讳盗例革职。其邻境他省之文武官，有能拿获别案内首盗，质审明确者，该地方文武各官，各加一级，兵役由巡抚酌量给赏，令原失事地方文武官捐给；原失事文武官，有已经离任者，令该督抚暨武职统辖官捐给。若拿获别案内伙盗者，按每二名纪录一次，兵役缉获伙盗者，按每三名给予半赏。至伙盗之内，有首出盗首，即行拿获者，地方官从优给赏。再各直省州县捕役，务于本衙门额役工食内，每捕役一名，将他役工食，量为并给，使其养赡充裕。如若盗首不获，将承缉捕役家口监禁勒比。如获盗过半之外又获盗者，地方官亦酌量给赏。若州县贿盗狡供，辗转行查，希图销案者，照易结不结例治罪。

（此条系雍正元年，刑部会同九卿遵旨议准定例。乾隆五年修改。乾隆三十二年，改定为条例394.10。）

条例394.10：凡承缉各官有假借别州县所获之盗

凡承缉各官，有假借别州县所获之盗，指为本案盗首，别州县亦扶同搪塞，或先报盗首脱逃，或捏报盗首病故，后经发觉者，将从前假借、扶同、隐匿、捏报之该地方文武各官，交部议处。其邻境他省之文武官，有能拿获别案内首盗、伙盗，质审明确者，该地方文武各官，交部分别议叙，兵役分别酌量给赏。若不在伙内之人首出盗首，即行拿获者，地方官从优给赏。捕役拿获盗首者，亦从优给赏。若盗首不获，将承缉捕役家口监禁勒比。如获盗过半之外，又获盗者，地方官亦酌量给赏。若州县贿盗狡供，辗转行查，希图销案者，照易结不结例治罪。

（此条乾隆五年，将条例384.09"议处议叙"等句删改。乾隆三十二年，复以伙盗首出盗首，已于雍正五年定有拟流之例，将拿获免罪一节删去，改定为此条。）

薛允升按：此亦捕限。此条兵役分别酌量给赏下，旧例有其伙盗内，有首出盗首，即行拿获者，全免其罪。下接若不在伙内之人，首出盗首，即行拿获者，地方官从优给赏。语意一串而下，后因伙盗供出盗首，另有拟流之例，将此句删去，不在伙内之人首出云云，便不明显。旧例或先报盗首脱逃，后仍在该地方隐匿，或捏报盗首病故，后于别案发觉者云云，语意本极明显，后将仍在该地方隐匿一句删去，似不及旧例之分明。伙盗首出盗首，即行拿获，全免其罪，似系指未被缉获自首而言。雍正五年拟流之例，系指已被获案供出而言。此处混而为一，似未允协。再，原例有直省各州县捕役，务于本衙门额设工食内，每捕役一名，将他役工食量为并给，使其养赡充裕。若拿获盗首者，令州县官从优给赏。按捕役必养赡充裕，方可责令捕盗。今各衙门捕役，果能养赡充裕否耶。责令捕盗且按限提比，而不问养赡是否充裕，捕役将枵腹从公乎。非豢养即贿纵矣，尚望其认真缉捕耶。此例即存，已成虚设，况又删除耶。《处分则例》："州县官将邻封差役，及佐杂等官缉获盗犯，捏称自行拿获者，系例应送部引见之案，将本员革职。例应加级纪录之案，降三级调用。盗犯初获到案，即讯明曾经行劫某处，首伙几人，共劫几次，定拟以后，不许听其任意狡展。傥有续获之盗。复供出另有劫案，仍应行查者，亦以初获之盗供为主。如有不肖州县，贿买盗供，展转行查，希图销案者，革职。盗案参限将满，州县官将拿获别案盗犯，作为本案盗犯者，革职。将邻境所获别案盗犯，嘱令作为本案盗犯者，革职。"均应参看。"强盗"门审明伙盗赃数，其伙盗数目以初供为确一条，亦应参看。

条例 394.11：凡官兵拿获起意捏造谣言

凡官兵拿获起意捏造谣言，煽惑人心，毁坏制钱，容留犯法人在家隐匿不报，及偷窃官银物件等犯，将拿获之兵赏银二十两，官纪录一次。拿获造作纸牌骰子，贩卖纸牌一千以上，骰子五十以上，官员赌博，坐地虎光棍，隐匿入官银两物件等人，兵赏十两，官拿获两次者，纪录一次。拿获配所逃回之人，宰卖牛肉之人，及官员越品用顶马、兵丁、旗下闲散人等赌博，并典当军器，潜卖纸牌骰子之人，兵赏银五两。拿获贩卖牛肉，喜丧事违禁奢华，及违禁使用黄铜器皿，玩鹌鹑、斗鸡、蟋蟀赌钱，并民人跟役等玩纸牌骰子等犯，兵赏银三两。拿获逃人至五案者，亦赏银三两。以上各项，奖赏纪录银两，俱给首先拿获之人。若有不肖官役，藉端讹诈，图赖好人，或将实在犯法之人拿获，受贿释放等弊，该管官严查参奏；将讹诈图赖者，照诬告律治罪；受贿释放罪犯者，照枉法赃治罪。若该都统等不行查参者，罚俸一年。

（此条雍正三年定。乾隆五年，因获盗给赏，应入处分例。至讹诈图赖及受贿释放等情，皆有专条。此条删除。）

条例 394.12：凡交界地方失事探实赃盗之处

凡交界地方失事，探实赃盗之处，无论隔县、隔府、隔省，一面差役执持印票即行密拿，一面移文关会。拿获之后，仍报明地方官添差移解。其一应窃匪、窝赌、窝娼等类，有窜入邻境者，亦照此例，一面差役徒拿，一面关会协缉。傥有疏纵牵制，不行缉拿，交部分别议处。捕役藉端骚扰，越境诬拿平民，照诬良为盗例治罪。

（此条乾隆五年遵照雍正四年谕旨，及雍正十一年所定窝赌窝娼例，并纂此例。）

薛允升按：此条专指盗贼匪类，如寻常人犯不在此例。雍正年间上谕，系专指盗犯而言，故捕役越境诬拿平民，即应照诬良为盗例治罪。后添入一应窃匪、窝赌、窝娼等犯，其诬拿之捕役，似应分别定拟，未便概照诬良为盗例，一体充军。疏纵兼本境、邻境州县，牵制则专指邻境州县也。《处分则例》："一、交界处所失事，呈报到官，地方官即关会接界州县，公同踏勘，将该管地方官开参疏防。限满不获，将该管官按限参处，并将连界协缉之州县官，罚俸一年。二、盗犯窝藏别境确有实据，经承缉承审之员，行关缉捕，该地方官不即严比捕役拿解，致令盗犯转窜他境者，降三级调用〔私罪〕。"应参看。

条例 394.13：直隶各省审理人命事件

直隶各省，审理人命事件，定限六月，盗案定限一年。如案内正犯及要证未获，情事未得确实者，题明展限。按察司自理事件，限一个月完结；府州县自理事件，俱限二十日审结；上司批审事件，限一月审报。若隔属提人及行查者，以人文到日起限。如有迟延情弊，该督抚察参。若该督抚将迟延各官，徇情不行题参，察出一并议处。

（此条系康熙年间，刑部议覆台臣王题准定例，雍正五年定。原载"官文书稽程"律后。乾隆五年，移附此律，并查雍正六年定例，于"审理人命"下，增"及抢夺、发掘坟墓"七字。乾隆十五年，改定为条例394.14。）

条例394.14：直隶各省审理命案

直隶各省审理命案，定限六个月，盗案定限十个月，抢夺、发掘坟墓一切杂案，俱定限四个月。如案内正犯及要证未获，情事未得确实者，题明展限。按察司自理事件，限一个月完结；府州县自理事件，俱限二十日审结；上司批审事件，限一月审报。若隔属提人及行查者，以人文到日起限。如有迟延情弊，该督抚察参。若该督抚将迟延各官，徇情不行题参，察出一并交部议处。

（此条乾隆十五年，将条例394.13改定。嘉庆六年，再改定为条例394.15。）

条例394.15：直隶各省审理案件

直隶各省审理案件，寻常命案限六个月，盗劫及情重命案，钦部事件，并抢夺、发掘坟墓一切杂案，俱定限四个月。其限六个月者，州县三个月解府州，府州一个月解司，司一个月解督抚，督抚一个月咨题。限四个月者，州县两个月解府州，府州二十日解司，司二十日解督抚，督抚二十日咨题。如案内正犯及要证未获，情事未得确实者，题明展限。按察司自理事件，限一个月完结；府州县自理事件，俱限二十日审结；上司批审事件，限一个月审报。若隔属提人及行查者，以人文到日起限。如有迟延情弊，该督抚察参。若该督抚将迟延各官，徇情不行题参，察出一并交部议处。

（此条嘉庆六年，将条例394.14增定。）

薛允升按：此承审命盗等案扣限之通例。《示掌》云："承审应扣封印日期，并扣除解府、解司、解院程限。"通查全书，各律内俱未载入，即《处分则例》亦未载有准扣明文。现办题咨事件，俱准扣除，似应一体纂入，以免挂漏云云，足补律例之未备。何项为情重命案，并未叙明，《处分则例》云："盗劫及斩绞立决命案，并一切抢窃杂案，统限四个月完结，俱以人犯到案之日起限。"应照改。下卑幼杀期功尊长各项，系一个月限，则较此情重之案又重矣。与鞫狱停囚待对一条参看。军流人犯限期，未经叙明，似系赅括于一切杂案之内矣。

条例394.16：凡承审命盗及钦部事件（1）

凡承审命盗及钦部事件，至限满不结，该督抚照例咨部，即于限满之日接算，再限四个月。如逾限不结，该督抚将易结不结情由，详查注明题参，照例议处。至承审官内有升任、革职、降级，及因公他往，委员接审者，准其展限一个月完结，不许又另起限。如有不肖文武官员承审案件，藉端巧为掩饰，不行速结者，令该督抚题参，交该部严加议处；上司徇庇，不行题参，及下属已经解审，混行驳查，以致承审违限，并知属官例限将满，藉端故为派委，希图展限者，一并交部议处。督抚参迟延时，将何月日解审驳查次数声明，听部查核。

（此条系雍正元年，九卿议覆刑部右侍郎卢询条奏定例。原载"官文书稽程"律后。乾隆五年，移附此律。嘉庆六年增定为条例394.17。）

条例394.17：凡承审命盗及钦部事件（2）

凡承审命盗及钦部事件，至限满不结，该督抚照例咨部，即于限满之日接算，再限二参四个月，仍令州县两个月解府州，府州、臬司、督抚，各分限二十日。如逾限不结，该督抚将易结不结情由，详查注明题参，照例议处。〔按：此言承审二参限期。〕至承审官内有升任、革职、降调，及因公他往，委员接审者，如前官承审未及一月者，准其按审过日期扣展，一月以上离任者，准其展限一个月，分限三个月、两个月事件，前官承审历限过半离任者，准其扣半加展。如前官于二参限内离任者，接任官准其以到任之日起，无论六个月、四个月事件，俱扣限四个月审结。〔按：此言接审分限。〕至原问官审断未当，及犯供翻易情节，督抚另委贤员，或会同原问官审理，委审之员，扣限一个月；该管各上司，亦统限一个月核转具题，总以两个月完结。〔按：此言委审限期。〕如官员承审案件，藉端巧为掩饰，不行速结者，令该督抚题参，交该部严加议处；上司徇庇，不行题参，及下属已经解审，混行驳查，以致承审官违限，并知属官例限将满，藉端故为派委，希图展限者，一并交部议处。督抚参迟延时，将何月日解审驳查次数声明，听部查核。

（此条嘉庆六年，将条例394.16增定。）

薛允升按：此条第一及第三段均与《吏部则例》相符，惟第二段彼此互异。现在各省扣限事件，均系按照《吏部则例》声叙，从不援引此条办理，不致歧误。第两例究属参差，殊不画一。查《吏部则例》："承审官未及一月离任者，接审官准其另起审限。〔应分限两月者，仍另扣六十日，三月者，仍另扣九十日。〕一月以上离任者，准其扣限一个月。〔无论分限两月，三月，俱另扣审限三十日，并前官所剩分限日期，俱准其扣展。〕初参逾分限离任者，准其扣半加展。〔分限两月者，准另扣三十日，三月者，准另扣四十五日。〕初参统限外离任者，无论应限六个月、四个月事件，俱另扣统限四个月审结。"既照《吏部则例》添入，而改定之例，又与现在《吏部则例》不符，此类甚多，似应查照修改一律。原限四个月者，再限四月、六个月者，亦再限四月，似无分别。雍正年间旧例颇觉详晰，似应添入。

条例394.18：凡承审土苗案件（1）

凡承审土苗案件，俱以获犯到官日为始，盗案限一年，命案、窃案限六个月，杂案限四个月。限满不结，照例咨参。接扣限期完结，如仍不审结，该督无照例题参。若该犯居土官所辖地方，该土官准州县移会，徇庇不行拿解，经督抚核实题参，将土官革职，择伊子弟之贤者承袭。若该犯居隔省、隔邑者，以文到日为始，限四个月拿解。如庇匿不解，照徇庇例议处。如果凶犯实系在逃，俱限六个月承缉，限满无获，交部分别议处。

（此条雍正五年定。原载"官文书稽程"律后。乾隆五年，移附此律，并将例内"隔省、隔邑"改为"隔属、隔省"；"照徇庇例议处"改为"交部议处"。嘉庆六年改定为条例394.19。）

条例394.19：凡承审土苗案件（2）

凡承审土苗案件，俱以获犯到官日为始，照内地限期审结，限满不结，照例咨参。接扣限期完结，如仍不审结，该督无照例题参。若该犯居土官所辖地方，该土官准州县移会，徇庇不行拿解，经督抚核实题参，将土官革职，择伊子弟之贤者承袭。若该犯居隔属、隔省者，以文到日为始，限四个月拿解。如庇匿不解，交部议处。如果凶犯实系在逃，俱限六个月承缉，限满无获，交部分别议处。

（嘉庆六年，因土苗案件，俱照内地事件限期办理，将条例394.18改定。）

薛允升按：此审办土苗之通例。与下黔省苗疆一条，似应修并为一。湖广衡州等处有苗民县分命盗案件，各展限两个月，与此条参差。《处分则例》载："土苗夷保，凡有命盗抄抢掠拐争讼等事，俱照内地限期审结。"

条例394.20：盗案果有虚实情形未分

盗案果有虚实情形未分，盗赃未确，限内不能完结者，许承审有司据实详报，该管上司核实即行报部，准其展限四个月。傥承审官有将易结之盗案，滥请展限，该督抚漫为咨部者，有司官照易结不结例革职；转详之司、道、府、州，及咨部之督抚，一并交部分别议处。

（此条雍正五年定。原载"官文书稽程"律后。乾隆五年，移附此律。嘉庆六年修并入条例394.25。）

条例394.21：盗案除虚实情形未分

盗案除虚实情形未分，盗赃未确之案，仍照旧例办理外，如盗犯到案之初，业已供认确凿，赃迹显明者，无论首从，缉获几名，即以到案之日起限，审拟完结。若承审期内，遇有续获之犯，如到案在州县承审五个月分限以内者，即行一并审拟，毋庸另展限期。如到案已在州县分限以外，不能并案审拟，照续获盗犯之例，另行展限完结。如间有获犯到案时，在州县分限将满，不能依限审拟者，总不得逾违统限。抢窃等案，一体遵照办理。

（此条乾隆二十七年定。嘉庆六年，修并入条例394.24。）

条例394.22：州县无论初参承审期限

州县无论初参承审期限，及监毙窃犯等案，俱以人犯到案之日起限，如遇犯系盘获，现无事主，及拿获贼犯，究出多案，必须事主到案认赃，方可拟罪者，照例预行咨明展限。如有混行展限者，交部议处。

（此条乾隆二十八年定。嘉庆六年，修并入条例 394.25。）

条例 394.23：盗案获犯到官（1）

盗案获犯到官，无论首盗、伙盗，缉获几名，如供证确凿，赃迹显明者，一经获犯，概照命案例限六个月完结。如果虚实情形未分，盗赃未确，承审官立即据实详报，逐细声明，该管上司核明，预行咨部，准其十个月完结。至已经审定之案，如有续获盗犯到官，在州县分限以外，不能并案审解者，俱扣限四个月审结。倘有迟延，照例查参。

（此条乾隆三十年定，嘉庆六年，修并入条例 394.25。）

条例 394.24：官员审理命盗钦部事件

官员审理命盗钦部事件，及一切杂案，内有余犯到案，因正犯及要证未获，情词未得，或盘获贼犯，究出多案，事主未经认赃，必须等候方可审拟。或因隔省行查，限内实难完结者，承问官将此等情由，预行申详督抚，分别题咨展限。〔按：此者准展限者。〕若正犯要证，及盗窃案内首从人犯，已经到案，间有余犯未获者，即将现获之犯，据情研审，按限完结，不得藉词展限，亦不得延至日久，应就现犯审结之日起限。〔按：此不准展限者。〕若承审期内，遇有续获之犯，如到案在州县分限以内者，即行一并审拟，毋庸另展限期。〔按：分限内一层。〕如到案已在州县分限以外，不能并案审拟者，将续获人犯，另行展案扣限四个月完结。〔按：分限外一层。〕如间有获犯到案时，在州县分限将满者，〔按：将满下似应照旧例，添不能依限审拟一句。〕亦不得逾违统限，〔按：分限将满一层。此句《处分例》系准其扣满统限审解。〕如该上司不遵定例，严加查核，听其藉端迟延，捏词扣展限期者，承审官及各上司，俱交部分别议处。

（此条嘉庆六年，将条例 394.20 至 394.23 等四条内容分定。）

条例 394.25：盗案获犯到官（2）

盗案获犯到官，无论首盗、伙盗，缉获几名，如供证确凿，赃迹显明者，一经获犯，限四个月完结。如果虚实情形未分，盗赃未确，限内不能完结者，承审官立即据实详报，逐细声明，该管上司核明，预行咨部，准其展限两个月完结。倘承审官有将易结之盗案，滥请展限，该督抚漫为咨部者，承审官革职〔按：照易结不结例〕，各该上司，交部分别议处。

（此二例原系四条，一系雍正五年例，原载官文书稽程门，乾隆五年移入于此。一系乾隆二十七年，山西按察使梁翥鸿条奏定例此条。一系乾隆三十年，湖北按察使雷畅条奏定例。一系乾隆二十八年，钦奉上谕，吏部会同刑部奏准定例。嘉庆六年，将条例 394.20 至 394.23 等四条内容分定。）

薛允升按：此二条又系审限，首条系命盗杂案内行查展限，及现获、续获人犯，分别扣限审结之例。《处分则例》系州县官承审事件，如余犯云云。次条系盗案审限，及虚实未分展限之例。盗案限十个月完结，续获盗犯限六个月审结。另行展限完结，谓另扣审限六个月也。总不得逾违统限，谓不得逾十月之限也。后改为另行展案扣限四个月，则指统限而言矣。与下不得逾违统限一句，无甚分别。且续获在分限将满之时，究竟展限若干日，亦未叙明。窃谓盗劫之案，多则数十人，少亦不下八、九人，首伙各犯未必一时全获，是以审限较命案为宽，又定有续获之限，改定之例，以四个月为限，而续获在分限以内，及将满之时，转无展限，殊嫌太促。《处分则例》已有专条。

条例 394.26：苗蛮地方一有失事

苗蛮地方，一有失事，该防汛官即带兵追捕，地方官即差役严拿，一面申报上司，并移会邻近营汛协力穷追。如未能弋获，查明凶犯本名，确系何处贼蛮，会同该衙门添差缉获。如徇庇不发，并承审官不严行追究，及文武官弁明知案犯下落，不实力擒拿，以致逃匿者，并交部议处。若捕役搜捕案犯，牵累良民，照诬指良民为盗例，从重治罪。

（此条雍正六年定。）

薛允升按：内地均应如此，何独于苗蛮地方特立专条耶。《兵部处分例》俱同，交部议处系革职，末段有"该管官失察者，降二级调用"一句。

条例 394.27：刑部行文五城兵马司大宛二县查拿之案

刑部行文五城兵马司、大宛二县查拿之案，如关系偷盗仓库钱粮，并隐匿要紧重犯，即于文内添注"要犯勒限缉拿"字样，限满无获，照京城定例议处。其余寻常命盗，如限满不获，照外省定例议处。倘该管官不行呈报题参，察出一并交部议处。其五城兵马司承追赃罚变产等项，如限满不完，照大、宛二县承追杂项钱粮例议处。如该御史不行开送，察出，将该御史一并交吏部议处。仍令该司坊官，将历年承追之项，造具清册三本，一送刑部，一送都察院，一送该城御史查核。

（此条雍正七年定。）

薛允升按：上层系照京城辑捕要犯例议处，下层系照外省关提人犯例议处。查京城缉捕要犯限满不获，降一级调用。关提人犯逾限不发，照事件迟延例议处。均见《处分则例》，应参看。现在承追赃罚等事件，并不照此例办理，此条亦系虚设。

条例 394.28：凡捕役串通盗犯教供妄认别案盗犯

凡捕役串通盗犯，教供妄认别案盗犯，以图销案，州县官失于觉察，审出交部议处。捕役照诬良为盗发边远充军例，减一等，杖一百、徒三年。如有贿买情弊，以枉法从重论。

（此条系乾隆二年，刑部议覆御史周绍儒条奏定例。）

薛允升按：《名例》："捕役带伺贼犯投首，不准宽减。有教令及贿求，故捏情弊，将捕役照受财故纵律治罪。"应与此条参看。《处分则例》："捕役串通盗犯，教供妄认，希图销案，州县官未能审出者，罚俸一年〔公罪〕。州县官私改盗供，希图销案者，革职。"

条例 394.29：邻县关提人犯限文到二十日拿解

邻县关提人犯，限文到二十日拿解，逾限不发，交部议处。听信地保、差役捏称并无其人，并久经外出，空文回复，揣不发人者，地方官议处外，其地保、差役，照不应律治罪；受财者，以枉法从重论；藏匿要犯，按律究拟，本犯从重问断。

（此条系乾隆三年，甘肃按察使包括条奏定例。）

薛允升按：与下隔省关提人犯条，似应修并为一。《处分则例》："邻省关提人犯，以文到日为始，限四个月拿解；邻境关提人犯，限二十日内拿解。"应参看。

条例 394.30：五城地方有失窃案件

五城地方有失窃案件，该司坊官即申报该巡城御史及都察院。山东道于失事之日起，勒限四个月缉拿，山东道按限提比。如限内贼犯未获，及获不及半者，该城御史即行查参，交部议处。如承缉限满，该城不行报参，及山东道御史不实力稽察者，令都察院查参，一并议处。其三营所辖地方失窃，该营专汛武职，交步军统领，亦照司坊官一体参处。

（此条系乾隆八年，兵部议覆御史吴文焕条奏定例。）

薛允升按：此京城缉捕窃贼之例。此条似应将后五城奴仆偷盗一条，修并为一。《处分则例》："五城地方失窃，均限三个月缉拿"，与此例四个月不符。五城窃犯未经照案缉拿之先，俱令山东道御史按限将坊捕提比，系《处分例》另列一条。《处分则例》："京城外七门以内，五城坊官所管地方失窃，以报官之日起，事主未报者，以发觉之日起，均限三个月缉拿。限内获贼及半，免其察参，获不及半，住俸。再限一年缉拿，逾限不获，罚俸一年〔公罪〕。其有家人偷窃伊主之案，照此一体限缉。"

条例 394.31：凡同通提比捕役

凡同、通提比捕役，除积案久逃之犯，仍照旧例遵行外，其新报之案，同、通不得即行提比，专令该管之府厅比缉，仍将比过各案，并捕役姓名，报明该道查核，按季汇报臬司，转申督抚查核。倘经年累月，总未获报，该府厅有徇隐之处，一并题参，交部议处。

（此条系乾隆十四年，广东道御史黄登贤条奏定例。）

薛允升按：此例亦有名无实。同、通皆捕盗官，犹各县之典史也。此例府厅之厅，自系指同、通而言。惟处分例专言同、通，此例兼有府厅，亦不相符。《处分则例》："同知、通判等官，所属州县盗犯无获，不按限提比捕役者，降二级调用〔公罪〕。州县不解往候比者，降三级调用〔公罪〕。"今则并不知有此事矣。

条例 394.32：凡五城地方事主报有失窃案件

凡五城地方事主报有失窃案件，该司坊官隐讳不报者，照步军校讳窃例议处。

（此条系乾隆十四年，江西道御史范宏宾条奏定例。）

薛允升按：此亦可并于前五城地方例内。《处分则例》："五城地方失窃，令事主于报明坊官后，即赴该城呈报。若司坊官因事主漏报，该城遂即隐讳不报者，降一级留任〔私罪〕。"

条例 394.33：命盗重案内外问刑衙门各宜迅速查办

命盗重案，内外问刑衙门，各宜迅速查办，应缉拿者，上紧缉拿；应定拟者即行定拟。若承审官不能审出实情，以监候待质，迁延时日者，该堂官督抚查出，即严行参处。

（此条系乾隆十七年奉上谕，乾隆三十二年补纂为定例。）

薛允升按：此从前监候待质之案也，均指死罪而言。秋审人犯，有实缓、矜疑之分，此即所谓可疑者也。与"事发在逃"门专言军流以下人犯不同，且彼条指明斩绞人犯，不准监候待质。此例似无关引用，然正可与"强盗"门内，监候处决一条，互相参证。可疑人犯为秋审案内四项之一，此例行而无可疑一项矣。若遇有实在情节可疑之案，非设法开脱，即延搁不办，例有顾此而失彼者，此又其一也。乾隆七年议准：除续获盗首未认，无凭质证，罪关斩决，仍行监候待质外，其有续获盗犯，审与原招相符，并非盗首，又未伤人，止因年久，赃物花费，现在监候待质。此等人犯，供认既经确实，而监禁实无可待，其已入秋审者，不拘年限，会九卿、詹事、科道等会审时核明，即照未伤人伙盗例，拟以遣罪。另订招册进呈。俟命下之日，行令地方官，查明有无妻室，分别发遣，如获犯并无赃证，屡审坚不承认，是其为盗为良尚属未定，并于秋审时九卿、詹事等，核其情节，酌量拟以保释。亦另订招册进呈。俟命下之日，令地方官取具的保释放在外，俟缉获正犯之日，再行质审。如有保后逃脱等弊。除保人重惩外，将该犯从重治罪。此即"强盗"门内所载监候处决之犯也，应参看。自定有此条，遂无前项人犯，而"强盗"门所载监候处决一条，亦从无引用者矣。

乾隆十七年十二月二十六日，内阁奉上谕：朕命刑部查奏命盗等案，因赃证情迹未明，监候待质者，共五十四案，内康熙年间一案，雍正年间十一案，自乾隆元年至十七年，统计已未入秋审者，积至四十五案。虽年远之案渐消渐少，近者则积而见多。然使于办理之初，即能详慎研究，务在得情，则监候之案，何至如此。即此亦可见近来办事诸臣，不如从前之振作矣。此非使无辜之人久系囹圄，即使应辟重犯，久稽显戮，而奸狡之中淹禁多人，亦非所宜。皆因承审各官不能实力查办，又或刑部司员，以有遵驳改正议叙之例，多寻罅漏，外省无以登答，转成疑案。一经题明监候待质，即束之高阁。而接任之员，又以非本任之事，率多因循，殊非明慎用刑，而不留狱之意。著刑部将此沉案速行清理。嗣后内外问刑衙门于一切命盗重案，各宜留心迅速查办。应缉拿者，上紧缉拿，应定拟者，即行定拟，勿致陈案日积。若本非难结之案，承审各官不能审出实情，惟以监候待质为迁延时日之计，且借得邀免处分，希冀录叙，该堂官督抚察出，即行参处。此亦情理庶狱之一法，可通行晓谕知之。钦此。

条例394.34：凡隔省关提人犯

凡隔省关提人犯，承问官务将人犯紧要缘由，及关提月日，通报各上司稽考。如准关之州县迟延不即解送，及听信地保人等，捏称并无其人，揑不发解者，该督抚立即严参。至审结题咨时，亦将关到日期扣明程限，声明有无迟延，听候部议。如承审之州县，将并非紧要案犯，藉称关提不到者，该督抚亦即查明，严参议处。

（此条系乾隆十九年，吏部议覆护理江西巡抚王兴吾条奏定例。）

薛允升按：上文邻县关提人犯一条，系限文到二十日拿解，此条似应将两个月限期叙明。两条情事相类似，应修并一条，以省烦冗，且免重复。或改为隔省、隔属关提人犯云云。稽考下添隔省州县，限文到之两个月拿解，隔属州县，限文到二十日拿解，如准关之州县云云。严参下添彼条地方官议处外，全写至末，再接此条，至审结题咨时。审结题咨下，又系审限。地保人等，亦无治罪明文。

条例394.35：凡命盗一切重案正犯脱逃

凡命盗一切重案，正犯脱逃，即行差役密拿，并开明年貌事由，详请通饬本省州县一体协缉。傥未弋获，于初参限满，即请分咨邻省通缉，不得稽延，致犯远扬，逾限未获，仍将本案承缉官按限查参，照例分别议处。

（此条乾隆二十一年定，嗣于乾隆五十三年另立新例，不待初参限满，始咨邻省通缉，因将此条删除。）

条例394.36：凡各省州县遇有强劫拒捕等重案

凡各省州县，遇有强劫拒捕等重案，立即选差干捕擒拿，一面将失盗情形，申报所辖之府州，及关移接壤别属之州县。其专辖之知府、知州，立即通饬阖属，各选派干捕，悬立赏格，分路侦缉，无获则一体比追。其非本府州所属，而境地相接之州县，如遇移关一到，亦即照此协力差捕搜拿。

（此条系乾隆二十四年，直隶按察使乔光烈条奏定例。）

薛允升按：止言申报所辖之府州，而不言具详督抚。与下命盗等案要犯负罪在逃一条，及应捕追捕罪人要犯脱逃一条，俱应参看。均系脱逃要犯，行文邻境，一体缉拿之意，分列三条未免复杂。

条例394.37：黔省苗疆地方承审命盗案件（1）

黔省苗疆地方承审命盗案件，各照原定分限，命案三个月，盗案五个月，审理完结。其加展两月、三月之例，概行停止。

（此条系乾隆二十五年，贵州按察使彰宝条奏定例。乾隆三十二年改定。嘉庆六年，改定为条例 394.38。）

条例 394.38：黔省苗疆地方承审命盗案件（2）

黔省苗疆地方承审命盗案件，州县各照原定分限，寻常命案三个月；盗案及情重命案，两个月审理完结。其加展两月、三月之例，概行停止。

（此条嘉庆六年，将条例 394.37 改定。）

薛允升按：此黔省苗疆之专条。此又系审限。"断狱"门内载湖广衡州等府，有苗民二十六州县，命盗案件俱于定限外，展限两个月，与此不同，应参看。前条土苗案件，照内地限期审结，与此相同。此专言黔省，前条则浑言土苗，虽稍有不同，惟《处分则例》载：土苗夷徭，凡有命盗、抄抢、掠拐、争讼等事，俱照内地限期审结，自未便过为区分也。

条例 394.39：卑幼擅杀期功尊长子孙违犯教令

卑幼擅杀期功尊长，子孙违犯教令，致祖父母、父母自尽，属下人殴伤本管官，并妻妾谋死本夫，奴婢殴杀家长等案，承审官限一月内审解府、司、督、抚，各限十日审转具题。如州县官于正限届满，尚未审结，即于限满之日，接扣二参限期，州县限二十日，府、司、督、抚仍各限十日完结。如有迟延，分别初参、二参，照例议处。至杀死三命、四命之案，该督抚即提至省城，督同速审，其审解限期，悉照卑幼擅杀期功尊长之例办理。

（此条系乾隆二十八年，广东按察使赫升额，及乾隆三十年江苏巡抚明德条奏，并纂为例。道光十九年，于"卑幼擅杀期功尊长"句下，添"子孙违犯教令，致祖父母父母自尽"二句。）

薛允升按：此条又系审限。"擅"字似应改"殴故"。一月限期未免太促，照情重命案定限亦可。此例在先，情重命案例在后，似应将寻常命案，定限六个月，情重及服制等案，均定限四个月，无庸另立专条。罪名愈重，审办愈应详慎。而限期反促，似觉非宜。《处分则例》并未添入此层，且兼言捕限，而刑例则专言审限。

条例 394.40：五城遇有承缉凶犯

五城遇有承缉凶犯，选差干捕，勒限严缉，如一月不获，照例责比；三月至五月不获者，即将该捕役从重责革，枷号两个月示惩，另选干捕躧缉。如捕役果能实力拿获者，照拿获盗案之例，于赃罚银两内，令巡城科道酌量赏给。至巡城五营所属地方，原与五城联络，遇有不知姓名之人被伤身死，据指挥相验的实，该汛武职即行呈报步军统领衙门，照例勒限严缉正凶，仍于限内报明兵部，俟文职审明是仇、是盗，将武职各官照例查议。其五营捕役，应照五城限缉之例，令该汛武弁选差干捕，报明注册，勒限严缉，按期责比，如逾限不获，即行枷号责革，仍令另差干捕，实力缉拿。如该汛捕役，有能于限内缉获正凶者，量加奖赏，于步军统领衙门房租项下，动支发给，汇入年终奏销。

（此条系乾隆二十九年，山东道御史积善条奏定例。）

薛允升按：此京城缉捕命案凶犯之例。上仇盗未明一条，似应补入此例之内。以上俱系捕限。

条例 394.41：京城遇有仇盗未明之案

京城遇有仇盗未明之案，巡捕五营伍职等官，照文职缉凶之例，一体扣限查参。俟获犯之日，如审系盗案，仍照例将专辖、兼辖各官，补参疏防。

（此条系乾隆三十二年，云南道御史汪新条奏定例。）

薛允升按：此亦捕限。京城遇有下，应添杀伤人命。似应修并于下五城遇有承参凶犯一条之内。《处分则例》："地方遇有受伤身死无名之人，并无失物情形者，扣限六个月查参，将承缉官照命案例议处。如日后查系盗杀，将原参处分查销，改照盗案例，补参疏防。""地方遇有受伤身死无名之人，内有失物情形者，扣限四个月查参，将承缉官照盗案例，题参疏防。如日后查系仇杀，将原参处分查销，改照命案议处。""五城所属地方仇盗未明案件，悉照此例行。"与此条例文参看。

条例 394.42：五城所辖地方

五城所辖地方，如有奴仆偷盗家长财物脱逃者，一经呈报，该坊官即照民人被窃之案，一体通报巡城御史，及都察院山东道，照例比缉，勒限查参。倘隐匿不报，察出照讳窃例参处。其营汛武职，亦照司坊官一体参处。

（此条系乾隆三十七年，刑部会同吏部议覆山东道监察御史郑鸿撰条奏定例。乾隆四十二年纂入。）

薛允升按：坊官上似应添"司"字，下文有"司"字。此条似应修并于前五城地方失窃条例之内。《处分例》系与五城窃案并作一条。

条例 394.43：凡各本省应缉外遣逃犯

凡各本省应缉外遣逃犯，分晰年分名数，登注事由，及已未就获为一册。外省通缉者，于每年汇造寻常军流逃犯册内画出，另为一册，年终由臬司衙门汇册造报。督抚于开印后，咨部查核。该督抚将本省及通缉各案分折具奏，其通缉遣犯，各督抚于文到日，即饬属分差缉拿，将缉役姓名申报，责成该管道府不时稽察。如有怠忽不实力奉行者，该道府揭参，将该地方官议处。

（此条系乾隆四十三年，云南按察使汪圻条奏定例。）

薛允升按：此专为外遣及改发内地逃犯而设。向来此等人犯脱逃被获，即应正法，是以定有此例。现在此等人犯，并不正法，与军流人犯相同，此例亦属具文。

条例 349.44：凡命盗等案要犯负罪在逃

凡命盗等案要犯负罪在逃，承缉官于事发之日，开明年貌事由，一面差役密拿，一面具详。该省督抚接据详文，即径檄邻省接壤之州县，一体实力协缉，仍移咨邻省督抚，彼此督缉。倘接壤州县接奉文檄，以非本管督抚，心存畛域之见，视为通缉具文，致犯藏境内，别经发觉，即听原行之督抚查参，交部照例议处。

（此条系乾隆二十一年，山西按察使拖木齐图条奏定例。乾隆五十三年改定。）

薛允升按：该省督抚接据详文下，似应照原例添入通饬本省州县一体协缉。并径檄邻省云云，或用除律亦可。原例先通饬本省，后分咨邻省，系由近及远之意，后将本省协缉一层删去，似欠周密。"应捕人追捕罪人"门，脱逃要犯，将年貌、籍贯、有无须痣，开明通缉一条，与此大略相同，似应修并为一。惟彼条止系行文通缉，此条则径檄邻省耳。本门内各省州县一条，专言强劫拒捕等重案，而无人命，且止申报所辖之府州，而无详督抚各层，此条命盗等案要犯，则无所不包矣。例文均系随时纂定，自难一律完善也。要犯在逃，别属接壤州县，由本地官关移协缉，本属州县，由该管府州通饬邻省州县，由该省督抚径檄协缉，总系恐要犯远扬，故贵神速缉获之意也。应与上各省州县，遇有强劫拒捕等重案一条参看。

条例394.45：营弁拿获盗劫重犯

营弁拿获盗劫重犯，立即解交该弁所驻之地方有司衙门，严行究诘。如供出首伙姓名，该地方官一面通报各上司，一面迅速移咨该处营弁设法缉拿，毋许稍有迟延。至地方捕役拿获盗犯，该州县讯出伙党姓名，亦即移会地方武弁，一体协缉。其承缉招解，该地方官仍依限办理，毋庸营弁先行会同讯供。

（此条系乾隆五十四年，江南提督陈杰条奏定例。）

薛允升按：此亦捕限。与"窃盗"门五城两县，及五营内务府捕役一条参看。彼条指京城言，此条指外省言。贼犯到县翻供翻异，许会同原获营员质审。见"窃盗"门，与此参看。《处分则例·盗贼》门载有五城窃盗功过年终汇咨，直省窃盗功过年终汇咨各条，俱极详晰，而刑例并无明文。五城功过不咨刑部，各省咨报刑部者颇多。此外，尚有各省沿江匪船设局诱赌，及冒差抢窃案内未获人犯，令臬司摘出姓名，记档统计。该地方官一年之内，能拿获若干名，分别功过，于年终汇册咨部，刑例亦无明文。应参看。屯卫军丁命盗等案，州县官与卫所官弁，一并开参，刑例亦无明文。

条例394.46：各省审办无关人命徒罪案件

各省审办无关人命徒罪案件，即照承审一切杂案定限四个月之例，州县两个月解府州，府州二十日详司，司二十日详督抚，督抚二十日批结。至批结之后，由该臬司按季汇齐，务于每季后二十日内，造册详报该督抚，该督抚务于十日内出咨报部，总不得过一月之限。其报部册内，务逐案详叙供招，并将人犯到案，及州、县、府、司、督抚审转批结各日期，详细注明，听候查核。倘有审办迟逾分限，及造册报部迟延者，交部议处。

（此条道光十二年，刑部会同吏部议覆山东道监察御史周日炳条奏定例。）

薛允升按：此外结徒犯造册报部之例。又，系审限。命盗案及外结徒犯，均有限期，惟有关人命徒犯，因载在"有司决囚"门内，是以并未注明，殊不画一。且均系徒犯，亦不应分列两门，似应并入此条，并将限期叙明。此门审限六条，余俱捕限。此律专言捕限，是以列入"捕亡"门内。例则兼及审限，有与鞫狱停囚待对各条相符者，亦有彼此互异者，似应酌加修改，将捕限专归此门，其审限各条，修并于彼门之内，以免参差。再，此门名例虽不免繁复之处，然无非为严定限期起见，故地方各官尚知畏忌。而例文均系乾隆年以前纂定，可知尔时，讲求此事者最多。近百年以来并无人议及于此，而地方各官遂视成例为具文。此吏治之所以愈不如前也。

乾隆二十七年，吏部奏准承缉命盗案，不扣封印，（吏部议得，湖南按察使严有禧奏称：查官员承办承审各事件，于封印期内，展限一月承缉之件亦然，此定例也。第思审办之案，以民间当度岁之际，匝月之期，尚可宽待，如遇人犯在逃，即或当时缉拿，犹恐奸徒百计弥匿，若以时值封印，宽其督捕，则官役知有封印展限之例，既不上紧跟寻，而刁黠之犯，势必乘机远遁，迨至开印访捕，为日已久，愈难跟缉，官员徒受处分，逃犯究难弋获，此疏懈之端，不可不早为整饬。请嗣后各省承缉事件，停其封印展限之例。若遇封印期内，遇有人犯脱逃，地方官实时通报，勒限严缉，庶官员无所瞻望，自必上紧督捕，俾奸徒不致漏网，而案件亦可速结矣等因。查外省州县承缉命盗等案，以及诱拐脱逃，并一切查拿之犯，本应实时躧缉，随在跟寻，并不以时值封篆，竟可弛其督捕。是以承缉与承审案件，向来扣除封印日期，亦以时当卒岁，稍宽一月处分，而承缉之员，断无藉称不理刑名，一任该犯远扬之理。但恐因有扣除封印日期之处，或官役一时稍懈，以致奸徒乘机兔脱，亦所不免，自应益加整饬，以昭慎重。应如该按察使所奏。嗣后各省承缉案件，俱停其扣除封印日期。若封印期内遇有一切犯逃之案，地方官立即金差追捕，通详各上司，分关邻境地方，一体查拿。各该督捕等，各按限分别查参，不得仍前扣除封印日期。如此则逃犯易于缉获，而案件不致久悬矣等因。乾隆二十七年九月十八日题，奉旨：依议。钦此。）乾隆二十八年奏准承追、承变等案，不扣封印。（吏部议得，江西布政使富明安奏称：窃照办理一切案件定限之外，例得扣展，原为案情难结。正限内已尽力赶办，必再展月日，方能完结者而言，似不应一概宽限，致开废弛之渐。今查封印扣展一月之例，承缉一项已奉议删，而独于交代承查、承追、承办等项，仍无论案之大小，事之难易，适在封印期内，即预有一月可除，旧例相沿，竟似此一月之中，可束案不办者。其实，现在封印期内，何事不可办理。且此一月之中，事机变换，情伪杂出。如新旧交代，为典守攸关，迟则有挪缓迁徇之弊。承查事件，考核所系，迟则有耽延歧误之虞。又如催追帑项，估变物产造册销算，更须及时赶办，方免拖延损坏。臣辗转思维，总不应以此有用之月日，置之闲宕，而使国家考课之规条，转为惰弛之员作迁延之计也。况以上各案，适在封印期内，始得藉以扣展，否则未尝不照正限完结，则愈见封印一月之不应扣除明矣。应请嗣后交代承查、承追、承变等案，概照实在月日，依例扣办，所有从前扣除封印一月之例，悉行停止。如此，庶办理悉归切当，事件可免迁延等因。查各省办理案件，因须查审，而封印内，例不审事，所以向例准其扣除封印日期。今该布政使奏请，嗣后交代承查、承追、承变等案，从前扣除封印一月之例，悉行停止等语，应如所奏。嗣后交代承查、承追、承变，亦照承缉之例，各按限查参议处。俱停其扣除封印日期，则办理事件，均归画一，而于政务愈加严速矣等因。乾隆二十八年十一月初一日题，奉旨：依议。钦此。）余俱展限一月，刑例无文。

条例 394.47：杀人及强盗等罪监候质审人犯

杀人及强盗等罪监候质审人犯，如过三年，逃犯未获者，即入秋审册内，一并详审。其叛逆案内，牵连待质人犯，虽过三年，仍行监候。

（此条系康熙年间现行例，原载"有司决囚等第"门。乾隆十七年，奉谕旨将此例删除。）

薛允升按：是从前之监候待质，与后来之监候待质，迥乎不同。犹之永远枷号前后亦不相符，名虽是而实则非矣。从前监候待质者，死罪人犯居多。因事有可疑，未肯遽然论决，原系慎重人命之意。若流徒以下则应先决从罪，后获逃者鞫问是实，通计前罪以充后数，亦无虞其枉纵。名例律极为详明，此例既经删除，后又定立死罪人犯，不准监候待质专条，而监候待质之例，专为流徒以下人犯而设矣。不惟与原定例意不符，亦与名例互相抵捂，此亦刑典中一大关键也。

事例 394.01：顺治十三年谕

近见各处盗贼生发，人民受害，地方官往往惧罪隐匿，以致益无顾忌。嗣后立刻申报，速图缉捕自赎。若仍前隐讳不报，定行法外治罪。

事例 394.02：康熙九年题准

捕役诬拿良民为盗，私用非刑致死人命者，将该管官革职，道府降二级调用，按察使降一级调用，督抚罚俸一年。如未致死者，该管官降四级调用，道府降一级调用，按察使罚俸一年，督抚罚俸三月。

事例 394.03：康熙九年又题准

武职官获盗，即交有司审理，若不速送，私用非刑审理，及诬良为盗致死者，失察之总督，罚俸九月；未致死者，罚俸六月。

事例 394.04：康熙九年再题准

凡承缉叛犯，将承缉文武各官俱革职，带罪限三年缉拿，如不获，将文职降一级，武职降二级，各调用。如有加级纪录，准其抵销。盗犯仍照案缉拿，武职兼辖各官降二级，带罪限三年缉拿，如不获，亦降一级调用，加级纪录，亦准抵销。该省总兵官罚俸一年，免其停升。其接缉文武各官，于贼犯发觉之日，计算未满三年者，仍停其升转，缉拿人犯。若已满三年，俱各罚俸一年，免其停升。未获贼犯，仍照案缉拿。

事例 394.05：康熙十二年覆准

凡审问强盗，有供出在先行劫之处，即行咨查督抚，当日失主曾经报官者，即将该地方官照讳盗例处分。若失主未报，无有实据者，令该督抚取地方官并无讳盗印结缴报。若具结之后，别有发觉，确查隐讳属实者，仍坐以讳盗不报之罪。

事例 394.06：康熙十二年题准

失主被盗，不报该管官者，照不应重律治罪。

事例 394.07：康熙十三年题准

地方民人，聚众千余，执持器械，两相对敌，焚烧房屋，杀伤多人，州县官虽报司道，未报督抚者，降一级调用。

事例 394.08：康熙十五年题准

凡地方有杀死人命重情该管官知情隐讳不报者，革职。将不行查出之司道，降一级调用，督抚罚俸一年。不知情不行查出，降一级留任，上司官免议。

事例 394.09：康熙二十三年议准

凡失主所报盗犯，止令存案，不为确数，俟严审初获之盗，供出实盗，方为确数，依限缉捕。如限内不能拿获者，照定例计数处分。

事例 394.10：康熙二十三年又议准

叛逆人犯，若令案缉，恐地方官员疏忽，仍令严行缉拿。

事例 394.11：康熙二十四年议准

叛逆人犯，三年未获者，仍照旧例照案缉拿。

事例 394.12：康熙三十二年谕

近见有司官员，欲避盗案参罚，或讳强为窃，或讳盗杀为谋杀，缉捕不力，以致盗贼愈炽，民生不安。著再严议具奏。钦此。遵旨议准：嗣后若再照前避罪，隐讳贼情者，或被部查出，或被科道指参，将隐讳地方官员、督抚，一并交部严加议处。

事例 394.13：康熙三十三年覆准

嗣后将此案拿获之贼，作彼案之贼，影射销案者，官员照例革职。

事例 394.14：康熙三十六年谕

每见广东省所题盗案，纠集伙党，多至数十人，或悉行焚劫，或勒索子女，种种不法，皆由文武大小官员，不能化导百姓，禁戢奸顽所致。嗣后督、抚、提、镇，及有司各官，务实心教养，绥靖地方，以副朕息盗安民至意。该部即行严饬。

事例 394.15：康熙四十七年覆准

凡命案，地方官从前不知不报，后能自行查出通报，将本案审明者，不论年月远近，俱免其议处。若系上司查出，或被旁人告发者，一概不免。

事例 394.16：康熙四十九年覆准

承缉命案凶犯官，初次仍照例以六个月扣限查参，将承缉官住俸，勒限一年缉拿，如限满不获，罚俸一年，准其照案缉拿。接缉之官，比盗案例照案缉拿，免其参处。

事例 394.17：雍正元年谕

览刑部议覆盗案三本，皆以未经拿获之盗，作为首犯，明系地方官吏不肖追捕全伙，严审确情，避重就轻，草率结案。现获各犯，若概置重典，则原非首恶；若悉从未减，又何以惩凶暴而安善良。宽严之义，未得其中，滋盗养奸，莫此为甚。此三案首犯，交与该巡抚著落印捕各官，设立赏格，勒限严缉，务令就擒，毋使漏网。逾限不获，从重议处，庶几法无枉纵，盗风可望少息矣。

事例 394.18：雍正元年议准

嗣后州县官讳盗不报，或以强为窃，或以多为少，或暗嘱事主，通同隐匿者，仍照讳盗例革职外，其该管道府，与捕盗同知、通判等官，漫无觉察者，降二级调用；扶同徇隐者，降四级调用。若州县官以强为窃，以多为少，该管官不行详查，遽以转报，及解审时又不能审出者，亦降三级调用。若督抚不能稽察属员，一任隐讳减报，将该督抚照例降一级留任。再地方失事，文职州县官，与武职专汛官，共事一方，均畏参处，往往商同讳匿。嗣后若文职之该管上司失于觉察，或扶同隐匿，武职之兼辖官查出，即行申报提镇，提镇即移咨督抚，据实题参。若武职之兼辖等官失于觉察，或扶同隐匿，道府等官查出，申报督抚，督抚据实题参。其专汛兼辖之武官，俱照文职例议处。至窃盗，州县官若不照赃究拟，并不依律刺字者，系旗人，枷号两月、鞭一百；系民，枷号两月、责四十板；所毁之字，仍行补刺。再皇城内、畅春园，及凡行在之处，有犯窃三次，与所窃之赃至一百二十两以上者，俱照律究拟，余俱仍照康熙五十二年定例遵行。

事例 394.19：雍正二年议准

凡奉特旨缉拿重犯，该地方官拿获一名者，加一级。其专城、专汛官弁，将奉旨缉拿重犯，拿获一名者，亦照州县官例，准其加一级，赏拿获人银三十两。若该文武各官所属地方无获，即出具印结报部。若于未出具印结之前，与已出具印结之后，如有隐匿，被旁人首告拿获，将该管地方官降二级调用，知府、直隶州罚俸一年，道罚俸九月，巡抚罚俸六月，所有加级纪录，不准抵销。如该管各官知情听其隐藏者，与罪人一体治罪。武职专城、专汛官弁，应照文职例，降二级调用，兼辖官罚俸一年，统辖官罚俸六月，所有加级纪录，亦不准抵销。如该管各官弁知情听其隐藏者，与罪人一体治罪。

事例 394.20：雍正三年议准

嗣后不论本省及别省，有能拿获通缉人犯者，该督抚具奏，官予纪录，兵民等给赏。如拿获者系要犯，另行议叙。

事例394.21：雍正三年又议准（1）

嗣后承缉官初限不获，仍照旧例遵行外，至再限不获，例应调用革职者，今议再留任一年，如一年内能获盗过半，照例开复，如再不获，始调用革职；将一案盗犯全获者，每案纪录二次。

事例394.22：雍正三年又议准（2）

嗣后再限不获盗首者，仍照旧例遵行外，三限不获盗首者，著改为降一级留任。

事例394.23：雍正三年又议准（3）

嗣后遇有盗案，一面申报上司，即一面关会邻境州县营汛等官，遍处察缉，有能一月拿获邻境案内首盗者，加一级再纪录一次；拿获伙盗者，每一名纪录一次；拿获之兵役，令原失事之地方官，给银二十两。至一月后拿获者，仍照旧例议叙给赏。至接缉官能将前官未获盗犯全获者，纪录三次；拿获过半者，纪录二次。

事例394.24：雍正三年又议准（4）

州县官如有讳盗不报，及以强为窃者，该厅官察出，即行揭报者免议。倘有失察者，罚俸一年，徇隐不报者革职。再州县申报盗案，令该厅官遍檄所辖地方，协同缉拿，三月内全获一案盗犯者，将该厅官纪录一次。

事例394.25：雍正三年又议准（5）

嗣后盗贼案件，扣限六个月审结。如逾限不结，照例查参。

事例394.26：雍正三年谕

盗案疏防，文武各有处分，虽著有成例，但中间情事尚有分别。凡山海大盗，聚众多人，土壮苗蛮，成群劫夺，及响马、老瓜贼，聚有窝穴，势难擒捕者，当责之弁兵，如兵无缉获，则文武一例处分，情罪俱当。若盗止十人以下，踪迹散处，则力能擒制，虽事发潜逃，不难蹑探，而管汛弁兵，各有职守，势难远缉。此等盗犯，似当专责州县，武职处分，可否酌量从轻，庶情法得平，中无冤抑。钦此。遵旨议准：嗣后村庄平常盗案，武职各官，凡遇盗贼十人以上，并未经申明伙盗确数者，仍与文职一例处分，如盗止十人以下者，专汛武职，初参到日，应停其升转，限一年缉贼；二参限满不获，罚俸一年；三参满不获，罚俸二年；四参限满不获，降一级；无级可降之官革职，俱留任。其兼辖各官，定例初参罚俸六月，今议罚俸三月；一年限满不获，定例罚俸一年，今议罚俸六月；贼犯照案缉拿。至盗案所重在于盗首，若获贼一半，盗首未获，专汛官应照定例处分。

事例394.27：雍正四年谕

安民必先弭盗，而捕盗之法，在于速拿。闻有交界地方失事，盗贼窜匿邻境，有司官以地非管辖，不便径拘，必用文移关提，挂号添差，方许缉拿，以致迟需时日，闻风远扬，即使日后拿获，而赃已花销，悬案不结。凡系地方官，均有弭盗之责，何分此疆彼界。嗣后交界地方失事，探实赃盗藏匿之处，无论隔县、隔府、隔省，一面差役执印票，即行密拿；一面移文关会；拿获之后，仍报明该管地方官添差移解。倘捕役藉端诬害良民，照例从重治罪，各该有司，务须协力稽查，使奸宄无可潜藏，以副息盗安民至意。

事例 394.28：雍正五年议准

嗣后有劫失饷鞘事发，将该地方文武官员革职留任，勒限一年缉拿，限内全获，准其开复，限内获贼过半，已获盗首者，仍留任缉拿。倘逾限获贼不及过半，及获贼虽经及半，而盗首无获者，革任；未获贼犯，交与接任官照案缉拿。如一经失事，邻汛官员，及地方文武官员，即能获贼过半，已获盗首者，将该地方文武官员，免其处分，其劫失钱粮赔捕分数，并解官道府等员议处各款，仍照旧例遵行。

事例 394.29：乾隆十七年议准

查盗劫与窃贼，均为地方之害，盗案承缉处分，自初参停升住俸，以至四参降调，定例已为严密。至一切窃贼案件，向未定有承缉之例。查窃案赃物多寡不等，则情罪轻重有殊。窃贼赃至满贯，律应拟绞，此等重犯，令其免脱，地方官反得置身事外，不勒限缉捕，泃无以儆奸匪而安善良。嗣后地方遇有被窃案件，一经事主报官，即确核赃数，未至满贯者，仍照旧办理外，如赃数已经满贯，即照承缉诱拐等犯之例，勒限六个月缉拿，限满不获，将承缉之地方官，照不实力察访例，罚俸一年，贼犯照案缉拿。限内全获伙犯，而起意为首之犯未获者，仍照旧例查参议处。地方官如有将窃案满贯赃物，私心冀免处分，勒令事主少报，经上司查参到部者，将该地方官照不应重私罪律，降三级调用。若事主失物，本是无多，刁民有心捏报，故意浮开虚赃累累，计图挟制官府，及经查出，犹复妄控不休者，照律治罪。

事例 394.30：乾隆二十二年议准

嗣后寻常案件，例得监候秋后处决，及案涉疑难，犯逃未获各案，仍照定例办理外，如有卑幼擅杀期功尊长，属下人杀伤本管官，并妻妾谋杀亲夫，奴婢殴杀家长等案，伦常名分所关，应令承审官于人犯到案后，如已鞫讯明确，即行具详上司审转，核其供情确实者，即行具题，不得拘泥定限尚宽，致稽时日。刑部及法司于科钞到日，亦即速行会核，请旨正法。令各该督抚严饬司、府、州、县，遇此等案件，务须作速审理完结，不得稍有迟缓。再查刑部每年封印将届，案件较多，向例自十二月十三日以后，不进立决题本，除现有决本，已经赶办于十三日以前送阁外，但逐日交出科钞，尚有情罪重大之案，而自十四日至封印，尚有数日，谨酌议科钞十五日以前到部者，其重大之案，俱行赶办，于封印以前具题。其十六日以后到部，明年开印后具题。

事例 394.31：乾隆二十三年奏准

命、盗案犯，初获到官，无论案犯曾否缉获齐全，统将到官日期，先行造送，仍将应俟何犯到案起限之处，于册内登明。如因逸犯弋获无期，先就现犯审结者，应俟该州县详到之日，造入汇册，以凭查考。又命盗人犯，初到案时，匿情不吐，及至复审，始将起意同谋下手加功，伙劫分赃之犯供明，必需提犯质认，方可定案者，令该州县详明督抚，造入汇册，以便扣限究拟，仍俟获犯到案之日，将起限日期，分析登明。又监犯患病，定例不得过三个月之限。如于限内在监病毙，案内别无重犯，应将病毙缘由，开具管狱官职名，告请销案；内有余犯，罪止枷杖，随详随结。又案犯解审之时，中途脱逃，除照例查参外，应将该犯脱逃，及脱逃后复获日期，统于册内登明，以凭扣限。又疑难重案，承审官或因初任未谙，或因偏执己见，未能审悉实情，自应遴委能员，秉公会勘，仍照定例，将改委改审缘由，确切声明。未经参展者，咨明刑部查核定议；已经册展者，具疏声明，请旨展限。又现奉部行，似系专言命、盗案件，所有抢夺、伤人，窃赃满贯，及拒捕、殴差等案，无论获犯是否齐全，均照盗案查办咨报外，其余一切奸拐、行凶、私销、私铸等案，罪至斩、绞以上者，应将获犯到官起限日期，一体造送，以昭画一。

事例 394.32：乾隆四十三年议准

各省案件，惟刑部驳审之案，始准另行展限，其由该管督抚驳查者，向无此例。盛京刑部，系奉天等属该管衙门，未便一例加展。嗣后遇有由在京刑部驳审者，即照直省之例，展限一个月。其由盛京刑部驳审者，仍照向例。至盛京刑部有于州县应提应解之案，向例俱由奉天府转行，应并定奉天府以十日之限。

事例 394.33：光绪七年谕

嗣后命、盗等案，例应题否之件，著于各州县通报之后，由该督抚汇齐造册，按月报部一次，毋得视为具文。如查有迟逾等弊，该部立即严参，以儆玩泄。

事例 394.34：光绪八年奏准

嗣后各省督抚、将军、都统、府尹，于所属州县解审命、盗等案到省，督同臬司，按照例定审限，妥速审结。如果有情罪未符，或犯供歧异，必须委审方成信谳者，亦应分别发委首府、首县复审，不得委令近省、近郡实任人员，迭次扣展审限，致违成例。

成案 394.01：缉拿逆属限满不获〔康熙三十六年〕

户部覆广抚萧永藻题：开复原参承缉降级番禺县知县秦桂等。查该抚虽称此案先限一年缉拿，后改照察逃之例缉拿，所有从前违限被参各官应开复等语。但逆属脱逃之人，并未停其缉拿，仍照察逃之例缉拿，应将该抚题请开复之处，无庸议。

成案 394.02：失察番彝抢杀〔康熙二十九年〕

吏部议兵部咨称：抢去宁文炳等牲畜并杀死王扳桂，果系大火儿藏番彝人所为。查大火儿藏之人，系达赖喇嘛纳贡之人，将武职照例治罪，文职交与吏部议。查此案，臣部并无定有正例，兵部定例内，蒙古擅进内地杀人抢掠，专汛官革职，兼辖官降二级调用，统辖官降二级戴罪图功等语。此案武职既经照此例议处，文职亦应照此例议处。

成案394.03：土苗自相仇杀不问疏防〔康熙四十六年〕

兵部议云督贝和诺疏三江农苗杀掳一案。该督疏称：土苗自相仇杀，非野贼盗案可比，原无文武疏防之例等语，俟拿获凶犯黄在汉等，题报到日再议。

成案394.04：劫夺重犯处罚〔康熙四十四年〕

吏部议甘抚高某疏宋三、元祐被劫一案。准兵部咨，秋审重犯宋三、元祐等被数百余人鸣锣执械，打伤兵快，劫夺重犯，所参各官不便照村庄道路时事例议处，将专汛千总革职降级，知会前来。查兵部定例，盗贼聚集一二百人劫掠男妇，杀伤兵民者，专汛官革职，兼辖官降二级调用等语。除洮岷道已经休致毋庸议外，应将专汛伏羌县典史、知县均照此例革职，兼辖巩昌府通判照例降二级调用。

成案394.05：奸犯未获病故不作获贼〔康熙三十六年〕

兵部准刑部咨汶上县刘士纯家被盗一案。伙贼五名已获二名，郭明新病故一名，据该镇呈称，取有印结等因。查拿获贼犯，务必讯取口供，始为真盗，今郭明新虽称病故，但未经拿获，又未取供，所获贼犯仍无一半，应将专汛把总王成玉照例降一级调用，无级可降革职，兼辖参将林风先因此案一年限满罚俸一年，无庸议。

成案394.07：误报因公出境〔康熙三十六年〕

吏部议东抚桑格疏济宁州李濂被盗一案。督缉兖州府通判奉委曲阜县监修圣庙，误为因公出境，今查曲阜县亦系该厅所管地方，非系因公出境可比，将误认因公出境之按察使喻某指参前来。应将按察使喻某照例降一级调用。

成案394.08：扶同讳盗杀人〔康熙三十七年〕

吏部覆江抚马如龙疏：陈裴生等杀死客人刘一升等，奉旨：近见有司官员欲避盗案参罚，或讳强为窃，或讳盗杀为谋杀，缉捕不力，以致盗贼愈炽，民生不安，著再严议具奏。查陈裴生等杀死本客刘一升，又杀死客人查子京、查公麟，彼时江西省官员将所属地方杀死人命，毫无觉察，明系地方官扶同隐匿，将知府、同知等不便照讳盗例议处，应将新建知县、典史、巡检、湖口县知县、典史，均照例革职。南昌府知府、九江府同知、九江府知府，均照所属地方有杀死人命，竟自隐匿不行申报例革职。饶南九道，照例降二级调用。

成案394.09：酷刑讳盗并上司处分〔康熙三十一年〕

吏部议安抚江有良疏：殷敬家被盗，该县希图讳饰，将失主殷敬等刑夹，并将邻佑等亦行夹拶逼供，取无失盗甘结等因，应将酷刑讳盗灵璧县知县荆益祉照例革职提审拟罪，扶同讳饰署典史事任纬照例革职，未获贼犯，接任官缉拿。定例内，上司官员例有处分，应移咨该抚查参。又部议：殷敬家被盗酷刑失主一案，奉部查取上司职名等因，应将凤阳府知府署府事、本府同知，捕盗通判，凤庐道，均照例降二级调用。凤阳府知府沈进，按察使高起龙，将酷刑讳盗情事审出详参，无容议。

成案 394.10：典史讳盗免议〔康熙二十八年〕

吏部议东抚钱钰疏：巨野县知县岑某讳盗不报，应照例革职，典史周尚文原系微员，无径报之例，无庸议。

成案 394.11：地方劫杀访查不申报〔康熙三十二年〕

吏部议河抚闫兴邦疏称：傅子才等卖香被盗劫杀，该县匿不报闻，嗣经磁州拿获范天义等，金称劫杀卖香二人，分得钱布等物，知府、通判先经访查，取有涉县并无失事印结，但未据磁州申报之前，并未将劫杀真情查出通报等因。应将讳盗不报涉县知县杨以兼照例革职，彰德府知府汤傅楷，通判朱图光，先既经访查地方杀死二人，并不申报上司，及磁州获贼申报后，始行转报，明系知而隐匿，均应照例降二级调用。典史陈宗之并无讳盗，无庸议。

成案 394.12：盗犯不收审〔康熙二十九年〕

吏部议直抚于成龙疏：贼犯张胖子与白二等行劫僧人性亮，白二等复劫良乡县张好礼家，旋经缉获，拱极营将张胖子移送良乡县，该县不行收审，致白二等正犯未经对质，良乡县难辞推诿迟延之咎，应将良乡县丁忧知县张某照例于补官日罚俸一年。

成案 394.13：河南司〔嘉庆二十一年〕

河抚奏：杨百勤杀死胡舒氏一家二命案内之巡役侯勤，因凶手无著，虑被比责，辄敢教令尸亲妄认，希图销案。将侯勤比照捕役教供、妄认别案盗犯、以图销案、照诬良为盗减等例，满徒。

刑律·断狱

（计 29 条）

律 395：囚应禁而不禁〔例 9 条，事例 27 条，成案 5 案〕

凡〔鞫狱官于〕狱囚应禁而不〔收〕禁，〔徒犯以上，妇人犯奸收禁，官犯公私罪，军民轻罪，老幼废疾散禁。〕应锁杻而不用锁杻，及〔囚本有锁杻，而为〕脱去者，〔各随囚重轻论之。〕若囚该杖罪，〔当该官司〕笞三十；徒罪，笞四十；流罪，笞五十；死罪，杖六十。若应杻而锁，应锁而杻者，各减〔不锁杻罪〕一等。

若囚自脱去〔锁杻〕，及司狱官典、狱卒私与囚脱去锁杻者，罪亦如〔鞫狱官脱去〕之〔罪〕。提牢官知〔自脱与脱之情〕而不举者，与〔官典狱卒〕同罪；不知者，不坐。

其〔鞫狱官于囚之〕不应禁而禁，及不应锁杻而锁杻者，〔倚法虐民〕各杖六十。

若〔鞫狱、司狱、提牢官、典狱卒〕受财〔而故为操纵轻重〕者，并计赃，以枉法从重论。〔有禄人八十两律，绞。〕

（此仍明律，原律第二句，系应枷〔死罪惟妇人不枷〕、锁〔充军以上〕、杻〔徒罪以上〕，而不枷、锁、杻，杖六十。下系若〔杖罪以下之囚〕应枷而〔但用〕锁，〔及官司罪徒、流之类〕应锁而〔仍用〕枷者。雍正三年删定。其小注系顺治三年添入。顺治律为 417 条。）

条例 395.01：凡枷号人犯（1）

凡枷号人犯，除例有正条，及催征税粮，用小枷枷号，朝枷夜放外，敢有将轻罪人犯用大枷枷号伤人者，奏请降级调用。因而致死者，问发为民。

（此条系明代问刑条例。乾隆五年修并入条例 395.03。）

条例 395.02：凡枷号以满日责放

凡枷号以满日责放，不许先责后枷。若遇患病，即行保释医治，痊日补枷。如不行医治，以致毙命，及违例滥用重枷，并连根带须竹板者，该督抚指参，俱交部严加议处。倘督抚不行察参，或经科道纠参，该督抚司道一并议处。

（此条系康熙年间议覆周清原条奏例。雍正三年定例。乾隆五年修并入条例

395.03。）

条例 395.03：凡枷号人犯（2）

凡枷号人犯，除例有正条，及催征税粮，用小枷枷号，朝枷夜放外，敢有将轻罪人犯，用大枷枷号，及用连根带须竹板伤人者，交部议处。因而致死者，照非法殴打致死律，杖一百、徒三年。应枷号者，定于满日责放，不许先责后枷。遇患病，即行保释医治，痊日补枷。若先责后枷，遇患病不即行保释医治，以致毙命者，交部严加议处。督抚不行察参，或经科道纠参，督抚司道一并议处。

（此条乾隆五年，将条例 395.01 及 395.02 修并。嘉庆六年，复将"问发为民"句，改为"照非法殴打致死律，杖一百、徒三年"。）

薛允升按：此条专论枷号人犯，至连根带须竹板，另见下"故禁、故勘平人"门内，此处似应删去，以免重复。枷号例定尺寸斤数，载于"五刑"门内，惟有重枷，无大枷，此处云大枷系别于催征税粮之小枷也，应参看。不许先责后枷，与不准先责后解之意同，枷号人犯，秋凉补枷，与此意亦同，皆钦恤之意也。再，此门专论应禁与不应禁，枷号人犯似不应列入，修并于秋凉补枷条内尚可。

条例 395.04：侵欺钱粮数至一千两以上

侵欺钱粮数至一千两以上，挪移钱粮数至五千两以上者，令该管官严行锁禁监追。其侵欺在一千两以下，挪移不及五千两者，散禁官房，严加看守，勒限一年催比，如逾限不完，即锁禁监追。若应行监禁之犯，不行监追，及失于防范，以至自尽者，将该管之州县官，均照溺职例革职。其该管之上司官，或徇隐，或失察，交部分别议处。

（此条系雍正六年，九卿遵旨议准定例。原例侵欺钱粮三百两以上，即锁禁监追，乾隆五年，因侵欺钱粮已改定一千两以上，始拟监候斩，奏将三百两监追之例，改为一千两以上。乾隆三十一年，又因限内完赃不准减等，侵欺自一百两以上至一千两，分别拟流，照例俱应监禁，将一千两以上监追之例改为一百两以上。嘉庆四年，复准完赃减等，仍照乾隆五年旧例，一千两以上始行监追。）

薛允升按：原案系不行监禁以致自尽，故将州县官革职。已经监禁，失于防范，致令自尽，亦拟革职，似嫌过重。若应监追而散禁，并未致令自尽，自不在革职之列矣。至监禁后或致自尽，司狱典史岂得置身事外。例内州县官革职，而未及司狱典史，亦未明晰。与"与囚金刃解脱"门科罪，大相悬殊。细绎例意，似系指应禁而不禁，以致自尽而言。若未致令自尽，自有"应禁不禁"本律可引，不然别项应禁不禁者，并无专条，而独严于此二项，似非例意。《吏部处分则例》分析极明，斩绞以下人犯一条，监禁官犯一条，散禁人犯一条。下二条云欺侵、挪移应行监追之官犯，州县官不行监禁，听其在外居住者，降三级调用〔私罪〕。侵欺、挪移案应行散禁官房之官犯，如有疏忽，以致自尽者，看守之员罚俸三个月〔公罪〕。应参看。又，《处分例》有不行监禁，听其在外居住，以致脱逃者革职云云。此例止言自尽，而无脱逃，亦应参看。"狱囚衣粮"门内载，有官者犯私罪，徒、流、锁收，杖以下散禁；公罪，自流以下皆散收，与此例亦不符合。侵欺钱粮至百两以上，所得流罪，非私罪乎。改为锁收，与例相符。侵欺一千两以上，一年完赃，仍应问徒，岂有不监禁之理。《处分例》又云："凡奏参犯罪官员，未经奉旨革职拿问者，不许擅自锁禁，如妄行拿禁者，革职〔私罪〕。"上言不监禁之罪，此则言妄行拿禁之罪也。今则此等官犯，非特不在监狱，亦并有任其所之不知去向者矣。

条例395.05：递回原籍人犯

递回原籍人犯，如系奉特旨，及犯徒罪以上援免解交地方官管束之犯，经过州县，仍照例收监。其犯笞杖等轻罪递回安插者，承审衙门于递解票内，注明"不应收监"字样，前途接递州县，即差役押交坊店歇宿，仍取具收管，毋得滥行监禁。至递解人犯，有应行责惩者，亦于文移内声明，令原籍地方官折责，毋得先责后解，违者，交部分别议处。

（此条系乾隆五年，西安按察使伦达礼条奏定例。）

薛允升按：奉特旨递回之犯，从前甚多，近则绝不经见矣。犯军流、徒罪者，至配所折责，见"五刑"，与此条不准先责后解之意同，与本门不准先责后枷之意亦同，盖宽典也。而奉旨递籍之犯，不问是否徒罪以上，一体收监，则又未免过严。应与《处分例》参看。

条例395.06：山海关外往来解送人犯

山海关外，往来解送人犯，住居歇店，该店主即通知该屯领催、乡约，按户派夫，帮同押解兵丁，看守支更，如有疏脱，即将押解官兵、更夫、领催、乡约等，一并送交盛京刑部审讯，分别治罪。

（此条系乾隆二十六年，盛京刑部侍郎朝铨条奏定例。）

薛允升按：山海关外亦有州县官，管理店主通知领催、乡约，按户派夫似属非宜，与上条办法亦异。惟关外幅员辽阔，究与内地不同，且州县较少，是以定立此条，非可一概而论也。与"稽留囚徒"门内一条参看。

条例395.07：解审军流以上人犯

解审军流以上人犯，令各州县酌量地方情形。如有相距在五十里以外，不及收监者，先期拨役前往，于寄宿递所，传齐地保人等，知会汛兵支更巡逻，往回一体办理。倘有疏虞，地保、营汛，俱照原解兵役治罪，地方官从重议处。

（此条系乾隆二十七年，云南按察使张逢尧奏准定例。）

薛允升按：起解秋审人犯，相聚在七十里以外，与此少异。盖因云南省地方辽阔，州县相距甚远故也。然专言解审，至解配如何办法，徒罪人犯如有关人命之类，亦可有解审者，岂不虞其疏脱乎。何以并不叙明耶。

条例 395.08：直省并无监狱地方遇有解犯到境

直省并无监狱地方，该管官遇有解犯到境，即行接收，多拨兵役，于店房内严加看守，毋致疏虞。如有藉词推诿，不收人犯，仅令原解兵役看守，致犯逃脱者，该督抚即行严参，交部从重议处。

（此条系乾隆二十九年，安徽巡抚托庸审题，解役魏荣等递解遣犯崔国泰在途疏脱一案，附请定例。）

薛允升按：相距数十里以外，尚应派拨兵役看守，岂有已经到境推诿不收之理。《处分例》系照不加肘锁，少差解役例议处。

条例 395.09：各札萨克蒙古徒罪以上人犯

各札萨克蒙古徒罪以上人犯，一面报部，一面委员解送应监禁之地方官监禁。

（此条系乾隆三十年，理藩院奏准定例。）

薛允升按：蒙古犯罪与民人不同，向照理藩院例文办理。此云犯徒罪以上，自系指照刑例问拟者而言，似应修改明晰。

事例 395.01：顺治十六年覆准

五城人犯，有事关重大者，方许羁铺候审，其余小事，不得滥行羁铺。如各役有索诈等情，该御史指名题参，按例治罪。至外省各府州县重犯，应寄监候审，其轻罪人犯，亦不得滥行羁禁。如衙官禁役，将无辜之人，滥送监仓，及有索诈等弊者，该抚按据实纠参。

事例 395.02：顺治十七年议准

凡徒罪以上，带铁锁三条；笞杖以下轻罪，止带铁锁一条。

事例 395.03：顺治十七年覆准

凡遇重大事情，该抚按就近秉公审理，除有罪者监禁具题外，其有扳累无辜之人，即行释放。

事例 395.04：康熙四年覆准

凡将不系重犯违例监禁者，题参治罪。

事例 395.05：康熙八年覆准

部内监禁人犯，止用细链，不用长枷。其应枷号人犯，重者七十斤，轻者六十斤，长三尺，阔二尺九寸。内外问刑衙门，俱照部式遵行。

事例 395.06：康熙九年题准

官员将斩绞人犯，在狱不加杻锁，以致自尽者，降一级调用。上司不申报者，罚俸一年。如已上杻锁，自尽或病死者免议。

事例 395.07：康熙九年覆准

凡情轻事件一应人犯，俱在外候审。若问刑衙门迟延羁禁者，听科道指名参处。

事例 395.08：康熙九年又题准

凡官员将斩绞重犯不行羁禁，令人取保，以致脱逃者革职。将发到监犯，故推别衙门，以致脱逃者，降四级调用。该上司不行揭报，降二级调用。若将军流徒罪人犯取保脱逃者，降一级调用。笞杖人犯脱逃者，罚俸六月。

事例 395.09：康熙九年再题准

督抚所参贪劣属员，责令委官看守，如疏忽以致自尽者，承委官罚俸三月。

事例 395.10：康熙十二年题准

凡关系强盗人命等重罪人犯，脖项手足，应用铁锁杻镣各三条。其余人犯，用铁锁杻镣各一条。

事例 395.11：康熙三十六年议准

凡重犯案内干连人犯，州县官确审果系无辜牵连者，止录原供，申详上司结案，牵连之人，不必起解，即行释放。

事例 395.12：康熙四十五年覆准

问刑衙门设有监狱，将仓铺所店尽行拆毁，除重犯羁监外，其干连轻罪人犯，即令保候审理。如有私设仓铺等项，将轻罪人犯，私禁致毙者，该督抚即行指参，将该管官照例治罪。

事例 395.13：康熙四十五年又覆准

枷犯患病，即行释放医治，病痊之日补枷。

事例 395.14：康熙五十七年议准

拿送人犯，审系徒罪以下者，取具的保，免其收监。旗下交与各佐领，民人交与地方官，保候审结，俟汇题命下之日，照所拟之罪发落。

事例 395.15：雍正元年题准

刑部各司审理事件，不许擅行司坊拘拿，任意收禁释放。若情罪果有关系，回明堂官，唤同司狱谕明，方准收禁。若不回堂，滥行送监者，将该司官并听从收禁之司狱，一并参处。

事例 395.16：雍正三年谕

朕每览审理案件，常有无辜之人，因稍有干连，即行解审，以致往返拖累，守候日久，必待结案之后，始得归业，使无辜之人，枉受拖累，深为可悯。乃承审各官，并不留心民瘼，视为故常，殊非朕爱育黎民之至意。嗣后刑部暨各直省审案，凡系干连之人，作何即行释放，或有待质者作何取保之处，刑部详议具奏。钦此。遵旨议准：嗣后京城八旗、提督衙门、五城、顺天府所属大兴、宛平二县解部案件，刑部审明，除无干之人即行释放，应拟死罪并军流徒人犯监禁，俟具题完结外，其笞杖人犯，先行惩责发落。至直隶所属霸州、东安等十四州县，山海关、古北口等八关口驻防总管、城守尉、防守御、防御、热河理事同知，陵寝各总管、游牧各总管、太仆寺羊马群各总管等，应解部完结之案，令各该处审明，将应拟死罪，并军流徒罪正犯，照常解部审理完结外，其案内应拟笞杖人犯，并证佐干连待质及无干之人，俱免解部，取具确供，缮写文册，连正犯一并送部，将无干之人，竟行释放；证佐干连待质之人，取保释放。笞杖人犯，亦暂取保，俟刑部审结之日，饬令先行发落。如部审时罪犯改供，别有应质之处，饬取供词送部。傥另有供出必须审讯之要犯，亦止饬取供词送部。至命案内尸亲，亦止申送口供，免其解部。若有情愿随审者，听其赴部。至直隶各省州县衙门，其应申解上司之案，亦如解部之例遵行。其细事不应申解之案，俱令即行审结。如不能随即完结者，取保候审，不得滥行监禁，差押看守。

事例 395.17：雍正三年议准

案内干连人犯，既免解送，则审断全凭供词，如承审各官，不细心研鞫，讯取确供，以及徇情受贿，改捏口供等弊，致有情词互异，案件久悬者，或经首告，或于别案发觉，将承审官令各该上司题参，交与该部严加议处。

事例 395.18：雍正五年议准

嗣后提督五城拿获轻犯，未经审理之先，应行收禁者，仍令该衙门照常收禁。若情罪甚轻，令取具的保候审，不必监禁。如有疏纵等弊，即将原保之人，一并究治。

事例 395.19：雍正七年谕

据岳浚称：山东观城县有盗犯林琳拘禁在狱，其妻入监私给伊夫银两，林琳将银付禁卒李玫，恳其照看，李玫即乘众人睡熟，将林琳锁铐放开，令其越狱脱逃等语。夫盗犯乃秉性凶恶之徒，身虽系囹圄，而作奸犯科之念，未尝止息，况强盗之罪，律应立斩，伊自料难逃国法，往往铤而走险，妄希免脱，则防范吏当严紧，今乃许其妻子家口入监探视。此等不良之人乘机滋弊，如串口供，暗通信息，种种奸计，不可枚举。嗣后当严行禁约，不许往来。再如盗犯劫夺，其嫡属岂不知情？若果能劝阻于平时，未必不可使之改恶从善。其听从为盗而不行劝阻者，皆希图得财分赃，助盗为恶也。嗣后积惯为盗，与屡次为行劫之人，其妻子嫡属，应如何分别治罪之处，著九卿一并定议具奏。

事例 395.20：雍正十一年谕

直省州县重囚轻犯，例应分别监禁，不许混杂一处。其余干连人犯，即令取保候审，不得滥行监禁，定例昭然，且朕屡降谕旨，严饬奉行。乃近闻州县中有将一切斩绞流徒罪犯，混杂监禁，全无分别，并将未经审结之笞杖轻罪，与大案干连人犯，一概混行收禁。狱官监卒，以流徒杖罪之人，不至于死，可无意外之虞；干连人犯，指日省释，谅无脱逃之事，因而任其亲属馈送探望，又利其出入之贿赂，不为严禁，此牵彼引，借探视轻犯为由，代重囚传递消息，或密送挖墙、断锁、行凶之具，致令重囚脱逃，种种弊端，总由轻重罪犯混杂监禁所致。著各省督抚严饬府州县等官，务将重囚轻犯，分别监禁，不许混杂，致滋弊端。或有州县房屋甚少，不能分别者，酌量另造数间于监狱之外，以收禁流徒等犯，其杖罪以下及干连人犯，仍照定例取保看守，毋得滥禁。如不肖州县，仍蹈前辙，即行参处。

事例395.21：雍正十三年议准

查律内妇女除犯奸及死罪收禁外，其余杂犯，责付本夫收管；如无夫者，责付有服亲族邻里保管，不许一概监禁，违者笞四十。又例内妇女有犯奸盗人命等重情，及别案牵连，身系正犯，仍行提审，其余小事牵连妇女者，提子侄兄弟代审等语，原所以全妇女之廉耻而励风俗也。至亏空赔累追赃搜查家产杂犯等案，在妇女原不与知，提讯家属，自得实情，拘拿妇女，殊属无益。嗣后内外各衙门承审案件，除律例内应行提取妇女收禁，照例提讯，其余小事牵连妇女，仍照例提子侄兄弟代审外，如遇亏空赔累追赃搜查家产杂犯等案，概不许提审妇女，将提审妇女之处，永行禁止。嗣后倘有刻薄官员，阳奉阴违，仍蹈前辙，或经告发，或各该上司觉察，照违制律治罪。倘该上司有徇庇及失察等情，一经发觉，并将各该上司分别议处。

事例395.22：乾隆四十八年谕

逆匪盗案重大立决之要犯，该督抚于审明题奏后，即交按察使监严行收禁，俟奉旨后，即于省城正法。其应行枭示者，于正法后传首犯事地方示众。著为令，钦此。遵旨议定：向例发回原监者，止有寻常谋故杀应入秋审情实之犯，一切罪干立决者，概禁司监，惟盗案内人数众多，其法无可贷之犯，因决不待时，自应留禁司监，俟奉到部覆，即于省城正法。若情有可原例应免死之犯，情罪与立决重犯有间，司监窄狭，同禁一监，防范既虑难周，且若辈性非善良，聚集一处，亦多未便，应于审明后，将此项人犯仍发回犯事地方监禁，俟奉到部覆，分别请咨起解。至于误伤尊长等项，因有服制入罪问拟立决，奉旨改为监候者，即与寻常谋故杀人应入秋审人犯无异。又同谋杀死亲夫，罪应凌迟及斩决之奸妇，虽系决不待时之犯，但究属妇女，照例递解，中途易于防范。以上二项，均毋庸留禁司监，致免拥挤。应请将前项人犯，仍行递回犯事州县监禁，俾与逆匪盗案重大立决要犯，有所区别。

事例395.23：乾隆四十八年议准

秋审情实应禁省监之犯，如谋杀人命者，故杀人命者，一人连毙二命者，夺犯伤差者，盐枭拒捕杀人者，左道妖言惑众者，贿买顶凶者，光棍为从者，强盗自首者，聚众械斗者，共殴各毙一命者，诬良为盗逼毙人命者，捕役私拷吓诈非刑毙命者，因奸因盗威逼人致死者，偷盗蒙古牲畜十匹以上者，谋杀加功情重者，抢夺金刃伤人者，死罪重犯中途脱逃者，枉法赃实犯死罪者，开棺见尸者。窃盗满贯情重应禁省监之犯，如窃盗衙署仓库饷鞘军装、及将本章公文烧溺者，蓄谋放火窃财者，结伙入室肆行窃拿者，考棚丢包撞骗者，积匪猾贼在配犯窃多次者，一夜连窃数家者，奴仆忘恩负托勾引外贼及婢女同窃主财者，窃盗军流在配脱逃肆窃者，僧道喇嘛回民番民结伙肆窃者、店家、船户、车夫、雇夫钻舱等贼积惯为匪、贻害行旅者，蓄意谋窃官员客商沿途潜行乘机窃取者，犯案被获扭锁逃窜后肆窃者，屡次枪窃赃俱满贯者，乘人遭风失火肆窃者，以上三十四条，俱于犯案招解到省时，即留禁省监。其余服制缘坐奸窃拐骗寻常斗殴共殴及妇女老幼之犯，易于防范者，仍于招解后发回各州县牢固监候。

事例 395.24：乾隆五十一年议准

刑部原定三十四条，款目稍多，恐省监羁禁人犯愈众，兹将原定条款，核其情罪，分别应禁省监者十二条〔一、夺犯伤差；一、盐枭拒捕杀人；一、左道妖言惑众；一、抢夺金刃杀人；一、聚众械斗；一、死罪重犯中途脱逃；一、窃盗衙署仓库饷鞘军装及将本章公文烧溺；一、积匪猾贼在配犯窃多次；一、窃盗军流在配脱逃肆窃；一、犯案被获扭锁逃窜后肆窃；一、光棍为从；一、强盗自首〕，仍发原监收禁者二十二条，分缮清单，恭呈御览，并将逆匪劫盗案情重大立决之凶恶要犯，俱遵前奉谕旨，留禁司监。其秋审情实案内应禁省监人犯，俱发交该督抚酌量人数，分拨省城府县各监分禁，则凶因散处，防范更易，并令将监墙加高培厚，房屋栅栏修整坚固，一切应禁刀绳木石等物，屏除净尽，并行令各省臬司，将省城府县各监，照川省之例，自行酌添禁卒，严密巡察，不得稍有疏虞。

事例 395.25：乾隆五十六年谕

各省秋审情实人犯，解审后仍发回各州县监禁，中途每致脱逃，曾经降旨将应入情实要犯，概留司监，以免疏脱，嗣因保宁、季世杰及御史刘绍锦纷纷条奏，以留禁司监，人犯众多，恐致滋事。经军机大臣会同刑部分别条款议奏，择其情罪重大者，在司监收禁，其寻常案犯，仍令发回原监，乃定例未及数年，云南宝宁县斩犯萧光祖，即于解审发回后，在邱北县地方脱逃，可见更定新例，究未妥善。其所云留禁司监人犯过多，自知必死，恐致商同越狱之说，不过藉词推卸。试思各省司监，近在省城，墙垣坚固，禁卒众多，臬司为总理刑名大员，并无别项要务，亲加督察，严密巡查，原不致有意外疏虞之事，今不收禁司监，往返递解，距省较远州县，多有至千余里者，长途解送，要犯乘间脱逃，势所必至，傥不急为更正，留禁司监，使此等桀骜凶徒，得以稽诛漏网，更复成何事体？且省城为督抚大员驻扎之地，若司监重犯，尚不能留心防范，又安用此督抚臬司为耶！嗣后各省秋审情实人犯，解审后俱即留于司监羁禁，不必发回各州县，并著该督抚就近派拨本标及城守营兵丁帮同巡逻，责成按察使督率兵役，实力稽查，傥有疏虞，必将该督抚臬司一体治罪，决不稍为宽贷。

事例 395.26：乾隆五十六年又谕

前因各省秋审情实人犯，解省后仍发回各州县监禁，中途每致脱逃，特降旨令将各犯概留司监收管，以专责成。今阅各省秋审秋审人犯黄册，如直隶一省，监犯一百九十余名，虽司狱较大，足资羁禁，究恐人犯过多，一处拥挤，难于防范。嗣后各省情实人犯，解审后，若仍照旧发回各州县，往返递解要犯乘间脱逃，其事断不可行，应令在司监及首府首县监狱分禁。司监墙垣坚固，禁卒众多，该臬司自可督率兵役，严加管束，即府县各监，近在省城，亦必较外府州县监狱宽敞严密，该督抚等近在同城，再派拨本标及城守营兵丁帮同巡逻查察，自可不致意外疏虞，于防禁要犯，更昭慎重而免拥聚。傥再有疏失之事，必将该督抚臬司及该管府县一体治罪，决不稍为宽贷。

事例 395.27：嘉庆四年覆准

秋审情实人犯，应仍照旧例分禁各州县，毋庸留禁省监，除台湾府斩较监候人犯，系远隔重洋，仍照例留禁省监，并离省窎远府分，秋审仍照例由巡道审勘外，其余各省斩较重犯，俟督抚审勘后，俱照旧例发回各州县监禁，即于犯事地方处决示众，如此省监不致多聚凶因，且在本处正法，不特乡党可以触目儆心，即尸亲人等，见凶犯伏法，亦可以消其冤忿。其往返递解重囚，仍严饬沿途地方官，照例委员差派兵役，逐程小心护解，不得稍有疏虞。

成案 395.01：凶犯不收禁脱逃〔康熙三十二年〕

吏部议：程之栋等勒死程保定三命一案，并疏纵脱逃之署蒲城县事知县钮琇交与部议。查定例，提问之犯，不监候具题完结，听其散居脱逃者革职，逃犯交与接管官照越狱例，限一年缉拿等语。署蒲城县事白水县知县钮琇将凶犯程之超等不行羁禁，纵令脱逃，应照例革职，逃犯交与接管官照越狱例，限一年缉拿。

成案 395.02：逃犯全获不准开复〔康熙二十七年〕

吏部为奸棍串骗等事覆直抚于成龙疏称：原任清苑县知县金绍祖因奉旨提问之犯史启望脱逃革职，今已缉获，应否复还原职等因。查定例内，提问之犯，不监候具题完结，听其散居脱逃者革职等语，并无革职之后将脱逃人犯全获开复之处，应将该抚所请毋庸议。

成案 395.03：贼犯患病放保身死〔康熙四十年〕

吏部议直抚李光地疏：贼犯王玉等县窃杀死李小七等案内，贼犯李应时先经该卫取供，原系无辜，后沧州知州佟国瑞未经审明，因病发店病故，与已经定案发保重犯不同等语，仍应照重犯不禁例，将佟国瑞革职。

成案 395.04：枷责人犯脱逃〔康熙二十九年〕

刑部疏林茂堂杀死张怀林一案。疏脱同赌张希圣之元城县，应交吏部议。查定例，将笞杖人犯脱逃者，罚俸六个月。元城县知县既将枷号两个月、责四十板之犯张希圣等脱逃，应照此例罚俸六个月。

成案 395.05：山西司〔道光十二年〕

提督奏送：步军校联禧呈解宗室瑞林赴厅喊骂等情。查步军校联禧，于瑞林在厅嚷骂，将其解送步军统领衙门，尚无不合，惟解送之时，瑞林称系宗室，该步军校并不查讯明确，辄因其未经戴顶，将其锁项，实属非是，应比律定拟。联禧应比照鞫狱官于因之不应锁而锁者，杖六十。

律396：故禁故勘平人〔例19条，事例16条，成案7案〕

凡官吏怀挟私仇，故禁平人者，杖八十。〔平人系平空无事与公事毫不相干，亦无名字在官者，与下文公事干连之平人不同。〕因而致死者，绞〔监候〕。提牢官及司狱官、典狱卒，知而不举首者，与同罪，至死者减一等；不知者，不坐。若因〔该问〕公事，干连平人在官，〔本〕无招〔罪，而不行保管〕误禁致死者，杖八十。〔如所干连事方讯鞫〕有文案应禁者，〔虽致死〕勿论。

若〔官吏怀挟私仇〕故勘平人者，〔虽无伤〕杖八十。折伤以上，依凡斗伤论。因而致死者，斩〔监候〕。同僚官及狱卒知情，〔而与之〕共勘者，与同罪，至死者减一等；不知情〔而共勘〕及〔虽共勘而但〕依法拷讯者，〔虽致死伤〕不坐。若因公事干连平人在官，事须鞫问，及〔正犯〕罪人赃仗证佐明白，〔而干连之人独为之相助匿非〕不服招承，明立文案，依法拷讯，邂逅致死者，勿论。

（此仍明律，顺治三年，添入小注。顺治律为418条。）

条例396.01：内外问刑衙门

内外问刑衙门，一应该问死罪，并窃盗抢夺重犯，须用严刑拷讯，其余止用杖扑常刑。若酷刑官员，不论情罪轻重，辄用梃棍、脑箍、非刑等项惨刻刑具，若但伤人不曾致死者，俱奏请，文官降级调用，武官降级于本卫所带俸。因而致死者，文官发原籍为民，武官革职随舍余食粮差操。若致死至三命以上者，文官发附近，武官发边卫，各充军。

（此条系明代问刑条例。雍正三年奏准：官员酷刑伤人及致死者，文武一体依律治罪。此条删除。）

条例396.02：内外在监人犯概不用枷

内外在监人犯，概不用枷，俱照常用细链。其在外大小衙门所用刑杖，并应枷罪犯，所用木枷，俱照部式遵行。

（此条系雍正三年定例。乾隆五年，以监犯用链及刑具，应照部式，均已载名例，此条重复，因此删除。）

条例396.03：凡强窃盗人命等事

凡强窃盗人命等事，先已招认明白，后竟改供，或证据已明，再三详究，不吐实情者，始行夹讯。其余小事，不得乱用夹棍，违者题参治罪。在外衙门，除督抚、按察使、正印官，于强盗人命，许酌用夹棍外，其余大小衙门，不许私用。

（此条系雍正三年定例。乾隆五年修并入条例396.06。）

条例 396.04：佐贰等官不准乱用夹棍挵指等刑

佐贰等官，不准乱用夹棍、挵指等刑，若系正印官批发审理者，呈请批准，方许刑审。若不呈请而擅用，及佐贰等官并武弁擅设夹棍、挵指等刑具者，该督抚题参，交部议处。该管正印官，亦照失察例处分。

（此条系雍正五年定例。乾隆五年修并入条例 396.07。）

条例 396.05：凡谋反叛逆十恶

凡谋反、叛逆、十恶，并实犯死罪及抢夺、强窃盗、贪污、蠹役、人命、光棍、赌博等情罪重大案件正犯，及干连有罪人犯，仍准夹讯外，其别项小事，概不许滥用夹棍。若内外问刑官，将案内不应夹讯之人，擅用夹棍，及虽系应夹之人，而因夹身死，并恣意叠夹致死者，将问刑官题参，交部分别议处。如有别项情弊，从重论。若属官将不应夹讯人犯，呈明堂官上司夹讯者，其不详慎之堂官上司，亦交该部议处。

（此条系雍正五年定例。乾隆五年修并入条例 396.06。）

条例 396.06：强窃盗人命及情罪重大案件正犯

强窃盗人命，及情罪重大案件正犯，及干连有罪人犯，或证据已明，再三详究，不吐实情，或先已招认明白，后竟改供者，准夹讯外，其别项小事，概不许滥用夹棍。若将案内不应夹讯之人，滥用夹棍，及虽系应夹之人，因夹致死，并恣意叠夹致死者，将问刑官题参治罪。若有别项情弊，从重论。

（此条系乾隆五年，将条例 396.03 及 396.05 修并。）

薛允时按：此条不得滥用也。此条专言夹棍，下条兼及挵指，均刑之极重者。但系因夹身死，即应题参，则恣意叠夹，自不待言，究竟有无分别，及治以何罪之处，尚未明晰。上层言不应夹而滥夹，下层言应夹而恣意叠夹致死。与《处分则例》参看。

条例 396.07：内而法司外而督抚按察使正印官

内而法司，外而督抚、按察使正印官，许酌用夹棍、挵指外，其余大小衙门，概不准擅用。若堂官发司审理事件，呈请批准，方许用夹棍、挵指。若不呈请而擅用，及佐贰并武弁衙门，擅设夹棍、挵指等刑具者，该堂官及督抚题参，交部议处。正印官亦照失察例处分。

（此条乾隆五年，将条例 396.04 改定。乾隆三十二年，将"上司官批发佐贰"句节删。道光十二年，因原例不准擅用掌嘴，系指佐贰奉上司批发审理而言，现行例已将"上司官批发佐杂"七字删去，自未便令问刑衙门，于掌嘴轻刑，亦待呈请，因节删"掌嘴"字样；改"方许承审"句，为"方许用夹棍、挵指"七字；而擅用下删"夹棍、挵指等刑"六字；"督抚题参"句上，增"该堂官及"四字。）

薛允升按：此条不得擅用也。夹棍、挵指为刑之重者，故不许轻用，虽发司审理之案，亦必呈请批准而后用，慎之至也。题参治罪，不论应夹讯，与不应夹讯之人，一经因夹致死，即应治罪矣。究竟治以何罪，并未叙明，按语内亦未议及。下条将干连人犯，不应拷讯，任意叠夹致毙者，照非法殴打律，杖一百、徒三年。诬告平人，被诬之人不肯招承，因而叠夹致毙，照非法殴打致死律定拟云云，自系均治以徒罪矣。惟应讯与不应讯，一体科断，究嫌无别。

条例396.08：凡大小衙门问刑官员

凡大小衙门问刑官员，将刑狱供招，无故迟延，不行速结，及无故淹禁平人者，承审官革职。因而致死及故勘致死者，俱依律治罪。

（此条雍正五年定。乾隆五年，以无故迟延，有易结不结例，淹禁故勘，皆有本律，此条删除。）

条例396.09：凡内外大小问刑衙门设有监狱

凡内外大小问刑衙门设有监狱，除监禁重犯外，其余干连并一应轻罪人犯，即令地保保候审理。如有不肖官员，擅设仓、铺、所、店等名，私禁轻罪人犯，及致淹毙者，该督抚即行指参，照律拟断。

（此条系康熙四十五年，刑部议覆都察院左副都御史周清源条奏定例。雍正五年定例。）

薛允升按：重罪监禁，轻者交保候审，不准另设名目，私禁轻罪人犯，原恐累及无辜之意。然亦实有虽非重罪，而确系紧要犯证者，暂行看押，亦所时有，"检验尸伤不实"门内，载有差役奉官暂行看押人犯身死一条，应参看。"鞫狱停囚待对"门，刑部发城取保，犯证无保人亲识者，酌量交城看守，亦系暂行看押之犯也。与本门末一条例文重复，似应修并为一。乾隆五十三年，钦奉上谕一道，《处分例》又有差役私设班馆一条，均应参看。

条例396.10：凡问刑衙门不照题定夹棍式样造用者

凡问刑衙门，不照题定夹棍式样造用者，用刑官照酷刑例治罪；上司各官，照徇庇例治罪。

（此条系雍正五年定例。乾隆五年改定为条例396.11。）

条例396.11：凡问刑衙门一切刑具

凡问刑衙门一切刑具，不照题定式样造用，致有一、二、三号不等者，用刑官照酷刑例治罪；上司各官不即题参，照徇庇例治罪。

（此条系乾隆五年，将条例396.10改定。嘉庆四年改定为条例396.12）

条例396.12：凡问刑衙门一切刑具须遵照题定尺寸式样

凡问刑衙门一切刑具，须遵照题定尺寸式样，官为印烙颁发，如有私自创设，致有一、二、三号不等，及私造小夹棍等名目，或擅用数十斤大锁者，即行题参，照违制律，杖一百。因而致毙人命者，照非法殴打致死律治罪。上司各官不即题参，照徇庇例议处。

（此条系嘉庆四年，遵旨将条例396.11改定。嘉庆十二年，于"小夹棍"下增"木棒棰"三字。嘉庆十四年，于"大锁"下增"并联枷及滥置非刑"八字。嘉庆十五年修并入条例396.13。）

条例396.13：凡问刑各衙门一切刑具

凡问刑各衙门一切刑具，除例载夹棍、挴指、枷号、竹板，遵照题定尺寸式样，官为印烙颁发外，其拧耳、跪链、压膝、掌责等刑，准其照常行用。如有私自创设刑具，致有一、二、三号不等，及私造小夹棍、木棒棰、连根带须竹板，或擅用木架撑执，悬吊敲踝，针刺手指，或数十斤大锁并联枷，或用荆条互击其背，及例禁所不及赅载，一切任意私设者，均属非刑，仍即严参，照违制律，杖一百。其有将无辜干连之人滥刑拷讯，及将应行审讯之犯，恣意陵虐，因而致毙人命者，照非法殴打致死律治罪。上司各官不即题参，照徇庇例议处。

（此条系嘉庆十五年，将条例396.12增定。嘉庆十九年，于"并联枷"句下，增"或用荆条互击其背"八字；将乾隆元年定例，原载"决罚不如法"门内永禁荆条击背之例，移删于此。）

薛允升按：有例准用之刑，有例不准用之刑。准用者，防其改造；不准用者，防其私设，皆所以惩酷也。然严于官吏，必致过宽于匪类凶徒矣。夹棍、挴指，系刑之极重者，若不照定式造用，则残酷甚矣，故严其禁。自设立滥用夹棍例文，而一切应用刑具，遂不免违式造用，且有另立别项名目者。平情而论，木棒棰、荆条及连根带须竹板，未必即重于夹棍、挴指，特不应施之于轻罪，及寻常案犯耳。若例应夹讯之犯，如上条所云情罪重大案件等类，即用此刑具敲踝击背，亦属无碍。若不用夹讯之犯，不敢显用夹棍，而改用此等刑具，即以滥用夹棍论，庶有区别。不然夹棍准用，而此等刑具不准用，亦属轻重失平。现在强盗匪类均不夹讯，改用别项刑具，有何违碍。不然，名目随时添造，恐未能概行禁止也。《处分则例》于刑律所载应用刑具之外，私设非刑者革职。又，承审命盗抢窃及一切要案，如实系有罪之人，证据明确，而犯供狡展，或用拧耳、跪链、压膝等刑者，免其置议。若系案内干连人犯，或被扳无罪之人，以及审理寻常事件，辄用跪链等刑者，降一级调用。因而致死者，仍照擅用非刑例革职。又，以长木将各犯同系，令其不能转动者，革职。亦系联枷之类，应参看。再，此例因而致毙，照非法殴打律，应拟满徒。《处分例》照擅用非刑例革职，并无治罪二字，亦应参看。

条例396.14：直隶各省督抚设立用刑印簿

直隶各省督抚设立用刑印簿，分发问刑衙门，将某案、某人、何事用刑讯，及用刑次数，逐细填注簿内，于年终申缴督抚查阅。如有滥用夹棍，及用多报少情弊，即将用刑各官指参议处。并设立循环簿，将每日出入监犯名姓，填注簿内，按月申送该府查对。如有滥行监禁，及怀挟私仇，故禁平人，照律拟罪。

（此条系雍正六年定例。其每月将监犯名姓，填注循环簿，系乾隆元年定例。因并为一条。乾隆二十一年，以设立印簿等事，具文无益，奏准删除停止。）

薛允升按：此例与《处分例》大略相同，此处删除而彼例犹存，似嫌参差。

条例 396.15：承审官吏凡遇一切命案盗案

承审官吏，凡遇一切命案盗案，将平空无事，并无名字在官之人，怀挟私仇，故行勘讯致死者，照律拟罪外，觉事实无干，或因其人家道殷实，勒诈不遂，暗行贿嘱罪人诬扳，刑讯致死者，亦照怀挟私仇故勘平人致死律，拟斩监候。如有将干连人犯，不应拷讯，误执己见，刑讯致毙者，依决人不如法因而致死律，杖一百。其有将干连人犯，不应拷讯，任意迭夹致毙者，照非法殴打致死律，杖一百、徒三年。如有将徒、流人犯，拷讯致毙二命者，照决人不如法加一等，杖六十、徒一年；三命以上，递加一等，罪止杖一百、徒三年。其有将笞、杖人犯致毙二命者，照非法殴打致死律加一等，杖一百、流二千里；致毙三命以上者，递加一等，罪止杖一百、流三千里。若因公事干连人犯，依法拷讯，避近致死，或受刑之后，因他病而死者，均照避近致死律勿论。如有奸徒挟仇诬告平人，官吏知情受其嘱托，因而拷讯致死者，本犯依诬告律拟抵，官吏照为从律满流。如有诬告平人，官吏不知情，依法拷讯致死者，将诬告之人拟抵，官吏交部议处。若被诬之人，不肯招承，因而迭夹致毙，照非法殴打致死律定拟。均不得删改律文内"怀挟私仇"字样，混引故勘平人，概拟重辟。在外不按实具题，在内含糊照覆，照官司出入人罪律，分别治罪。

（此条系乾隆元年，刑部议覆尚书傅鼐条奏定例。）

薛允升按：用刑拷讯人犯，即难保无致死之事，而挟仇故勘平人致死，其法颇严，一涉疑似毫厘千里，此例分晰极明，亦详慎之意也。因不承招而夹毙，与上误执己见相等，问拟徒罪，似嫌太过。以有诬告之人，拟抵绞罪，承审官似可稍减也。知情受嘱拷讯，与贿嘱罪人诬扳不同，故拟罪有生死之殊。

条例 396.16：直省州县有曾经夹讯人犯

直省州县有曾经夹讯人犯，招解时，务将夹讯缘由，于招册内详细声明。佐贰奉上司批发审理事件，有应夹讯者，详明上司，改委印官审理；系印官批发者，呈明印官，掣回自行审理。如有违例用刑者，督抚题参，交部严加议处。

（此条系乾隆五年，河南巡抚雅尔图并御史永寿条奏定例。乾隆五十三年修并入条例 396.18。）

条例 396.17：凡州县自理之案不得擅用夹讯

凡州县自理之案，不得擅用夹讯。其申报事件，将夹讯几次，或案内未曾夹讯之处，据实声明，该官上司于解审时，详加察验。如有朦胧隐匿情弊，即行题参。

（此条系乾隆九年，湖南巡抚蒋溥条奏定例。乾隆五十三年修并入条例 396.18。）

条例396.18：直省州县自理之案

直省州县自理之案，不得擅用夹讯。其申报事件有曾经夹讯者，将夹讯几次，或未曾夹讯之处，于招册内据实声明，该官上司于解审时，详加察验。如有朦胧隐匿情弊，即行题参。至佐贰奉上司批发审理事件，有应夹讯者，详明上司，改委印官审理；系印官批发者，呈明印官，掣回自行审理。如有违例用刑者，督抚题参，交部严加议处。

（此条系乾隆五十三年，将条例396.16及396.17修并。）

薛允升按：近来案件不特绝无夹讯之事，亦不声明未曾夹讯之处，印官批发佐贰事件，亦不多见。一则宽之又宽，一则严之又严矣。从前夹讯之案颇多，自严定例文以后，非有重大案件，不肯轻用，近则全无有夹讯者矣。初则恐其不应夹讯而率行夹讯，后则将应行夹讯者，而亦不敢夹讯，矫枉过正，大率如此。

条例396.19：直省审办案件

直省审办案件，轻罪及干连人证，交保看管。倘该书差串通需索陵虐，于陵虐罪囚本律上加一等治罪。赃重者，以枉法从重论。其押保店名目，严行禁革。

（此条系咸丰五年，四川总督黄宗汉奏准例。同治九年定例。）

薛允升按：近来各省城立有待质公所，而各府州县恐难遍及。此条交保，即上条文之地保也。此亦系在官人役，若案犯过多，地保将用何法看管耶。与本门第四条例文重复。此门所载，均系钦恤之意，亦肃杀中之和风霁日也。

事例396.01：康熙四年覆准

凡地方官将殷实平民指称土豪，拘禁勒财者，督抚题参，从重治罪。

事例396.02：康熙九年题准

官员将重罪要犯致死，以图灭口者，革职提问。该上司不据实揭报，降二级调用。

事例396.03：康熙十二年覆准

凡司道府厅批审州县事件，将人犯发该州县监禁。其自审事件，将人犯即在本衙门监禁，本衙门无监者，方发州县。若有监而故发州县者，督抚查参议处。

事例396.04：康熙四十年议准

问刑官员，违例用刑，故勘平人，诬指良民为盗，擅责无罪生员者，该督抚指名题参，交该部严加议处。如督抚容隐，一并交部议处。

事例396.05：乾隆元年议准

查例载官吏怀挟私仇，故勘平人，因而致死者，斩监候；因公事干连平人在官须鞫问，依法拷讯，邂逅致死者勿论。又律内官员决人不如法，因而致死者，杖一百；若因公事非法殴打致死者，杖一百、徒三年等语。盖官吏有承审之责，谳狱有拷讯之条，刑罚为法吏所当用，特恶其草菅人命，以报复私仇，情同故杀，拟偿其命，以示重惩，是必因实有私仇怀挟，而后故勘，因怀挟故勘致死平空无事之人，而后拟斩。律文律注，本极明晰周详，按律定罪，不容稍有假借。若因公事在官，依法拷讯致死，及决人不如法致死，非法殴打致死，则其人非平人，并无私仇怀挟，各有本条定律应拟，乃删去"怀挟私仇"四字，概以故勘平人朦胧援引，平情核罪，按之本律，实属未孚。嗣后承审官吏，凡遇一切命盗等案，如有将平空无事并无名字在官之人，怀挟私仇，故行勘讯致死者，被参审实，依怀挟私仇故勘平人因而致死律，拟斩监候。倘有事实无干，或因其人家道殷实，官吏起意勒诈，不遂其欲，暗行贿嘱罪人诬扳，因而刑讯致死，后经被害之家告发，或上司自行查出，此等不法之员，因私图贪婪，戕贼人命，亦与怀挟私仇无异，应照故勘平人致死律拟斩。至有干连人犯，不应拷讯，误执己见，刑讯致毙者，应依决人不如法因而致死律，杖一百。其有将干连人犯，不应拷讯，任性迭夹致毙者，照非法殴打致死律，杖一百、徒三年。如将徒流人犯，拷讯致毙二命者，照决人不如法加一等，杖六十、徒一年；三命以上者，递加一等，罪止杖一百、徒三年。其有将笞杖人犯致毙二命者，照非法殴打致死律加一等，杖一百、流二千里；致毙三命以上者，递加一等，罪止杖一百、流三千里。若因公事干连人犯，依法拷讯，邂逅致死，或受刑之后，因病而死者，均依邂逅致死律勿论。再如奸徒挟仇诬告平人，官吏知情，受其嘱托，因而拷讯致死者，将诬告人拟抵；不肯招承，因而迭夹致毙者，照非法殴打致死律定拟，均不得删改律文内怀挟私仇字样，混引故勘平人，概拟重辟。嗣后各衙门定拟此等案件，务细心参酌，毋纵毋忽。倘不按实具题，及含糊照覆，以致轻重失平，照官司出入人罪律，分别治罪。

事例 396.06：乾隆元年奏准

嗣后各省每府设立循环簿，饬令所属各州县，将每日出入监犯姓名，填注簿内，按月申送该府，逐一查阅。如有不应收禁之人，滥行收监，及怀挟私仇故禁平人者，均照律拟罪外，倘州县故将收禁人犯，隐漏不行填注者，照蒙混造册例，降一级调用。如系遗漏未造，照造册遗漏例议处。再查监狱之设，止以拘系罪犯，勿令逋逃，原不容吏卒人等索诈铺监使费，吓骗财物。嗣后虽系应禁人犯，亦令该管官严行查禁，将一应铺监使费，永行革除。如有仍敢藉端需索者，除将该犯计赃以枉法从重治罪外，并将失察之该管官，照失察衙役犯赃例议处。如知情故纵者，照纵役犯赃例革职。又定例内番役将盗犯及死罪人犯私拷取供者，俱枷号一个月、杖一百；如将军流以下等犯私拷取供者，各递加一等治罪；如有逼索银钱，计赃以枉法从重论；倘该犯有诬指捏诳情弊，照诬告例治罪；该管官失于觉察者，照失察衙役犯赃例，分别议处；如知情故纵者，照纵役贪赃例革职等语。嗣后捕役人等，有将平素曾经犯窃业经改悔，仍勒馈送，及地方遇有失事，任意私拿拷打者，将捕役照例治罪，该管之州县照例议处外，将不行查察之典史，亦照失察衙役犯赃例，分别议处；故纵者，仍照纵役犯赃例革职；并失察之总捕，照失于查察例，罚俸一年。再吏目、典史等官，除捕务外，不许滥行差调，久经著有定例。嗣后如滥行差委之上司，仍照定例议处外，其吏目、典史，如遇缉限届期，例当降革，谋差展限者，将该员照规避例革职。

事例396.07：乾隆九年议准

嗣后凡犯奸妇女到案录供后，即交与本夫或亲属保领，不许仍行羁禁。至犯该死罪收禁者，必须另设女监，毋得纷纭杂处，并申报上司文内，将另禁之处，明白声叙，以备查核。

事例396.08：乾隆五十八年谕

山东参革诸城县知县王佩葵，审究宋起富行窃傅继魁家韭菜一案，因宋起富不肯承认，辄将宋起富迭加杖责，并将砖块支架脚腕，以致宋起富因伤毙命。宋起富偷窃韭菜，事甚微细，该县王佩葵迭杖致毙，虽与故勘平民有间，究属滥刑毙命，仅予革职，不足示惩。王佩葵著发往军台效力赎罪，以为酷暴者戒。

事例396.09：嘉庆四年谕

都察院奏：湖北安陆县生员沈从隆，控告知府盛德昌挟嫌锁押伊子沈逢巽一案，已降旨交姜晟前往审办矣。朕阅原呈内有将伊子押入内监，用数十余斤大锁脚镣手肘之语，前因地方官私设班馆及自新所，曾降严旨饬禁。至刑具等项，皆系按刑部制度，官为印烙颁发，有一定尺寸式样，若私创刑具，任用非刑，例干严禁。苏州有新造小夹棍等名目，湖北又有数十斤之大锁，非私造而何？况官设刑具，原视犯者情罪之轻重，分别责罚，即施之邪教，亦应概用官刑，何况审办寻常案件。自设非刑，任情妄逞，借严峻之法，济贪酷之私，此而不严行查禁，何以肃吏治而服民心？著通谕直省各督抚，严饬所属，嗣后一切刑具，即用官定尺寸颁发印烙，如有私自创设刑具，非法滥用者，即行严参治罪，决不宽贷。

事例396.10：嘉庆八年谕

给事中汪镛奏称：刑部接收步军统领以及五城送到案犯，将牵连待质之人，时或絷系在狱，并轻罪笞杖等犯，于讯供后不暂行发保，遂致久淹囹圄，请敕令酌量案情，分别宁释，以寓矜恤一折。所奏尚是。办理刑名事件，原应细核案情之大小，遵照定限，依期完结，庶一应牵连待质人证，不至久羁犴狱，有拖累瘐死情事，所谓明慎用刑而不留狱，实钦恤之务也。惟治狱固期敏速，然亦不可急图完结，致有草率，又不免有冤抑矣。其案内应行详加研鞫，并一切应备质讯之人，原当悉心推究，但毋令株连拖累耳。至接收人犯内，或应锁禁，或应散收，或应保释，自有一定章程，岂能任意轻重？其锁禁之犯，均按照情罪轻重，分用一路三路，成例本自昭然，并非漫无区别。此惟在该部堂官平日督率司员，于各司当月，及承审事件，务当详核案情，分别妥办，毋任胥役从中需索，牵累无辜，以副朕矜恤庶狱至意。

事例396.11：嘉庆十二年谕

汪镛奏：请禁止非刑一折。据称各省问刑衙门，于定例刑具外，往往私造刑具，如木棒棰一物，专蔽内外脚踝，动至数十击，或百余击不等，以致骨节损折，殊属违例等语。所奏甚是，著通谕各省大小问刑衙门，如有似此滥置非刑，速行除毁，违者以违制论。

事例 396.12：嘉庆十四年谕

御史王开云奏：请清理积案以免冤抑一折。各省呈控案件，由府州县审拟详报，本有一定期限，岂可任意迟延，致多拖累，自应申明旧例，以肃纲纪。嗣后各督抚于所属详报案件，均著按限招解，其有上控之案，毋得再行批发原官，任令回护。至非刑拷讯，例禁甚严，屡经降旨饬谕，今该御史奏，外省竟有私用联枷及敲击踝骨等刑，胥役等亦有私押人犯，非刑拷逼者，恶习未除，殊为可恨。著该督抚随时访查参办，毋稍姑息瞻徇。

事例 396.13：嘉庆十五年议准

承问官员审办案件，果能虚衷研鞫，原不专事刑求，惟案情百出，遇有案犯狡黠，匿情不吐，或证据已明，而忽认忽翻，碍难定谳，临时酌加熬讯，或拧耳、跪链，或继以压膝，即可迅得实情。但此数项，并非例内载明应用之刑，若遇上司指摘，或被刁民藉词讦告，竟与实在残酷滥刑者，同干吏议，殊不足以昭平允。谨将前项应用之刑，于例内明著其文，俾内外通行遵守。

事例 396.14：道光元年谕

本日张映汉等奏：钟祥县知县王余菖，因户书私雕假印，伪造串票，诓骗钱粮，该县以犯供狡展，辄用木棒棰敲击脚踝，以致案未审定，先将正犯拷毙，已降旨将王余菖革职讯问矣。凡问刑衙门审理案件，皆当平情推鞫，其犯罪至死者，亦于狱成之后方丽于法。若于取供时，辄用非刑敲讯，加以惨毒，甚有因以致死者，是狱囚不死于法，而死于问刑之官，岂称祥刑之意。前御史余本敦曾奏近闻各省问官，多于常刑之外，擅用非刑，有天平架、阎王架、鹦哥架、燕子飞、美人桩等名目，皆以严酷勒供等语。刑具设有定制，不容私行增减，若于定制之外，各以新意创造，此以施于情真罪当者，犹且不可，况酷虐相寻，或致无辜枉服，其冤滥更何可言！著通谕各直省督抚，各饬所属，如有私设一切非刑，概行禁绝，地方有司遇案，务各虚心研究，期得实情。倘有仍前滥用非刑者，查明据实严参，毋稍徇纵，以副朕明慎用刑之意。

事例 396.15：道光十六年谕

御史黄宗远奏：请饬禁各省班馆一折。州县为亲民之官，办理词讼，务宜速审速结，小民庶免拖累。即地方囹圄之设，所以待有罪，寻常案件，原不准其私押。近来外省州县，竟有设立班馆，羁押人证，甚至经年累月，随意拖延，以致胥役勒索，民冤难伸，不可不严行查禁。著各直省督抚饬各州县，毋得设立班馆，审理词讼，务须遵照定限，即行审结。倘仍有久羁未结案件，即将该州县据实奏参；本管道府，扶同捏饰，即由该上司一并参处。

事例 396.16：光绪二年覆准

查提督审办命盗等案，所有轻罪人犯，及干连人证，应保候审理者，不得私行禁押，例有明文。各省每于轻罪人犯，及干连人证，因一时骤无妥保，即交地方官派役看管，拥挤拘押，甚于牢狱，迨案延数载不结，该役等需索陵虐，百弊丛生，致令拖累瘐毙，殊堪矜悯。兹贵州巡抚与司道府厅州县，共捐廉五千两，交贵阳府发商生息，嗣后该省臬司提案，将干连人证，另建房屋，每日准支每名口食若干文，按季支销，派仁明廉干一员，专司其事。凡待质之人，径发该所，每月由委员造具清册，详载旧押、新收、开释、实存各人数，随时详报院司，以年终核计瘐毙人数之多寡，定委员之功过，诚属善举，应饬各直省就地方察看情形，仿照筹办。

成案 396.01：责打免议人犯〔康熙三十三年〕

吏部覆晋抚噶礼题：猗氏县知县李澍，将民南大振于布政司批县免议之后，仍责打三十板，照定例，将不应夹案内之人行夹例，降一级留任。

成案 396.02：武职刑审〔康熙二十八年〕

兵部议：卢二等县劫张文翰当铺一案，蒋三等营官行审，虽有自认县劫之供，各犯坚供并未为盗，卢二等亦供非同伙，将违例行审之守备王弘祖不行查出参将熊兆斗交与部议。查定例，武弁不准滥用夹棍、拶指等重刑等语。守备王弘祖擅自用刑，应比照武职拿获盗贼应送有司审理，不许越俎擅用非刑，不论已致死未致死，俱革职，若该管兼辖上司各官不据实察报者，降二级调用之例，将守备王弘祖革职。参将熊兆斗不行查报，降二级调用。

成案 396.03：武职刑审毙命〔康熙三十一年〕

兵部议东抚佛伦疏：李涵家被窃，姚达子扳出成三等为贼，该卫守备拘审，将干连之人，恣意叠夹，双腿毁烂，以致毙命，成三等窃盗毫无实据等因。查成三等虽系应行夹讯之人，但守备张信非系应审之员，恣意叠夹，以致毙命，应将张信照例革职。

成案 396.04：武弁擅用刑拶〔康熙三十二年〕

刑部看得：淮安卫革职千总黄宏擅用拶刑，纵兵虐民。据江抚宋荦疏：研讯黄宏纵兵虐民，擅用拶刑，原招众证明白，应照律拟杖前来。黄宏合依制书有所施行而违者杖一百，原系职官，照例折赎。

成案 396.05：福建司〔嘉庆十八年〕

福抚题：县丞马士鸿带领胡荣拿赌，因赌匪陈文贵跑入游清怀所住瓦窑厂内，即从短墙扒出逃逸。胡荣等同民人刘观善进厂查拿，游清怀拦阻，并声称陈文贵业已逃逸，不容进内，刘观善将游清怀殴伤。该县丞令将游清怀带回至署前，游清怀斥责刘观善不应帮同混拿，互相争骂，刘观善顺拾地上柴片，戳伤游清怀心坎倒地，胡荣等将其扶进署内，迨县丞马士鸿回署，查讯游清怀不应拦阻搜查，游清怀伤重，含糊答应，语言不明，该县丞疑其逞刁答责，游清怀旋因心坎被戳伤重殒命。将马士鸿于刘观善绞罪上，量减拟流。本部驳令改照故勘平人致死、斩监候例上，减一等拟流，发往新疆充当苦差。

成案 396.06：福建司〔嘉庆二十二年〕

福抚咨：已革叶坊巡检蓝沄，擅受葛观德控词，滥枷追欠，致葛日受带枷跌毙。查葛日受之故父葛观发在日，曾代张作材出名立票，向葛观德借钱，嗣葛观发故后，葛观德向葛日受追讨不认，即赴巡检处控告，该巡检蓝沄将葛日受传案，枷号限追，致葛日受带枷失跌身死。蓝沄应比照问刑各衙门，将无故干连之人滥刑拷讯、因而致毙人命者、照非法殴打致死律，拟徒，系佐杂擅受，滥刑酿命，情节较重，应加重一等，杖一百、流二千里。

成案 396.07：广西司〔嘉庆二十五年〕

广西抚奏：同知赵椿因丁庭浩在彭锦昌家吸食鸦片烟，饬差拿获，该革员并无应讯之责，乃不送地方官查办，辄即用刑审讯，复任听该差将无辜之彭莫氏拘案杖责，并桚其两手指，又打伤其两脚踝，实属滥刑拷讯，虽该氏之死，由于气忿自缢，究因该革员滥责所致。赵椿比照滥刑拷讯、致毙人命、照非法殴死律，拟以满徒，追埋银十两。

律 397：淹禁〔例 4 条，事例 22 条〕

凡狱囚情犯已完，〔在内经〕法司，〔在外经〕督抚，审录无冤，别无追勘〔未尽〕事理，〔其所犯笞、杖、徒、流、死罪〕应断决者，限三日内断决。〔系徒流〕应起发者，限一十日内起发。若限外不断决、不起发者，当该官吏过三日，笞二十，每三日加一等，罪止杖六十。因〔过限不断决、不起发〕而淹禁致死者，若囚该死罪，杖六十；流罪，杖八十；徒罪，杖一百；杖罪以下，杖六十、徒一年〔惟重囚照例监候〕。

（此仍明律，顺治三年，添入小注，原文"监察御史"、"提刑按察司"，雍正三年删定为"法司"、"督抚"。顺治律为 419 条。）

条例 397.01：凡恩诏颁到赦款内

凡恩诏颁到赦款内，除已经刑部法司覆核明白，应免罪囚，逐一详查，登时释放，另行题明外，如有情罪可疑者，限赦到一月内即汇疏奏请。其未经法司核覆明白者，俟法司核覆文到之日，实时释放，毋得耽延时日。如赦到奏请违限，及将应免轻罪人犯，并无辜之人，仍滥行监禁者，交该部议处。

（此条系康熙十九年例。雍正五年定例。）

薛允升按：从前赦款内应免者，系由外省释放具题，现在遇有恩赦，其应免罪囚，俱由各省咨部核办，情罪可疑者，外省亦无汇疏奏请之事，似均应修改详明。《处分例》将应免人犯，仍行监禁，迟延十日以上者，革职。

条例397.02：各省审结叛案

各省审结叛案，凡有应解部流徒入官人口家产，俱立限两个月，自该省起解。解送人役，仍定行程限期。违者题参。

（此条系顺治十八年例，雍正五年定例，原载"官文书稽程"条，乾隆五年移入此律。）

薛允升按：军流徒犯，限两个月起解，见"稽留因徒"。此亦专为限期而设。再，民人叛犯之奴仆，交与户部入官，叛犯父母、祖孙、兄弟、妻妾、子女家属财产，查明详开数目具题，有隐漏者，将该管官题参。俱见"谋叛"门，而不言限期若干日，均应参看。

条例397.03：刑部现审事件

刑部现审事件，著令承审司官，每于月底各将所审案件，逐一开具简明节略，并监犯名数，收监日期，造具清册。其有行提应质人犯等项，不能依限完结者，将缘由一并造入册内，呈堂查核。若有滥行监禁，及无故迟延不结者，即将该司指名题参，照例议处。若刑部不行提参，或被科道参出，或别经发觉，将堂官一并议处。其直省问刑各衙门，亦于每月一体造具清册，呈报督抚查核，如有滥禁等弊，该督抚即行题参，照例议处。若督抚不行题参，或被部院科道纠参，或别经发现觉，将该督抚一并议处。

（此条是雍正五年定例，乾隆五年，查刑部现审事件，除情罪重大者扣限单本具题外，徒罪以下人犯，每十日一次汇题。又每历三月，将未完事件，汇总具题一次，且例设督催所司官，专司督催完结，稽查科道逐月按件注销，定例极为详审，毋庸月底再为造册呈递；上司之处，已备载故禁故勘条下。因此删除此条。）

薛允升按：《处分例》此条尚存，刑例删去，似不画一。现在刑部各司承审案件，每十日逐案开具略节，并监犯名数，收禁日期呈堂，并不造册，例虽删，而办法仍仿照其意。

条例397.04：各直省府厅州县凡有监狱之责者

各直省府厅州县，凡有监狱之责者，除照向例设立循环簿，填注每日出入监犯姓名，申送上司查阅外，并令与专管监狱之司狱、吏目、典史等官，各将监禁人犯，无论新收旧管，逐名开载，填注犯案事由，监禁年月，及现在作何审断之处，造具清册，按月申送该管守巡道，认真查核。如有滥禁、淹禁情弊，即将有狱官随时参处。仍令该道因公巡历至府厅州县之便，亲提在监人犯，查照清册，逐名点验。其有填注隐漏者，将有狱官及管狱官一并参处，并令该道每季将府厅州县所报监犯清册，汇送督抚臬司查核。若府厅州县有淹禁、滥禁情弊，该道未行揭报，经督抚查出，或别经发觉，即将该道一并交部议处。

（此条系道光十三年，河南道监察御史许球奏，外省州县淹禁人犯请严行查禁一折，纂辑为例。）

薛允升按：设立循环簿一层，旧载"故勘故禁平人"门内，后经删除，即"故禁"门内，直省督抚设立用刑印簿，分发问刑衙门一条是也。专责巡道查核，与"告状不受理"门各条参看。原例本系按月申送该府查对，处分例亦有"按月"二字，似可添入。巡道查核各属词讼，及收监人犯，均系良法，现在俱成具文，设立此官，果何为也。

事例 397.01：顺治十二年谕

凡问刑事件，随至随结，如任意迟误者，决不轻恕。

事例 397.02：顺治十三年题准

凡有大案狱情，即应具招定罪。其州县等官自理事件，亦不得滥行监禁，违者该抚按指名参处。

事例 397.03：顺治十五年题准

凡各府州县官，每季将现监罪犯姓名、年月、情节，并系何官未经审结缘由，造册申报司道，转详抚按。有无故系狱淹毙人命者，按察司指名开报抚按，据实题参。

事例 397.04：顺治十八年覆准

凡案件未结监毙多人者，该抚按将承问官题参，按律治罪。

事例 397.05：康熙四年题准

凡督抚现在提问究拟人犯，无应追之赃者，遇赦即行释放，然后具题。其有应追之赃者，亦将人犯释放，审明赃物，具题候结。

事例 397.06：康熙八年覆准

凡承问各官迟延监毙多人者，该督抚逐件题参议处。督抚不行题参，一并议处。

事例 397.07：康熙九年议准

凡承审各官，将正犯取定口供，在限内监毙者免议。限内不取口供，一案淹毙一、二人者，罚俸六月；三、四人者，罚俸一年；五、六人者，降一级留任；七、八人者，降二级调用；九人以上者，革职。若淹毙因事干连至一、二人者，罚俸一年；三人者，降一级留任；四人者，降二级调用；五人者，革职。上司官不据实题参者，降二级调用。至已取口供，逾限不结，将正犯监毙者，照限内不取口供例处分。若将牵连无干之人监毙一人者，降一级调用；二人者，降二级调用；三人以上者，革职。上司官不据实题参者，降二级调用。若限内不能完结，虽经展限，有淹禁致死者，仍照限内监毙例处分。若在展限之外死者，亦照逾限例处分。其因私仇监毙人命者，照律议罪。

事例 397.08：康熙十一年题准

凡承问各官，将正犯取定口供，限内不行题结，于一案内监毙一、二人者，免议；三、四人者，罚俸三月；五、六人者，罚俸六月；七、八人者，罚俸一年；九人、十人以上者，降一级调用。若在具题之后监毙者，免议。

事例 397.09：康熙十二年题准

凡承问官将正犯及牵连无干之人迟延监毙者，查系某官承审，止将承审之官议处。

事例 397.10：康熙十六年覆准

凡遇恩诏到日，款内应免罪囚，已经部覆明白者，实时详察释放。该管官滥行监禁，迟至十日不放者革职；其应候法司核覆人犯，文到之后，不即遵照释放者，亦革职；该上司不行查参，俱降二级调用；该督抚降一级留任。若人犯情罪可疑者，限赦到一月内，即详明奏请。迟至一月以上者，降一级调用；上司官罚俸一年；该督抚罚俸六月。违限二月以上者，该管官降二级调用，该上司降一级留任，督抚罚俸一年。违限三月以上者，该管官革职，该上司降二级调用，督抚降一级留任。如系该上司及督抚有迟延者，亦照此例处分，该管官免议。

事例 397.11：康熙十七年题准

凡迟延监毙人犯，于一案内，或监毙，或中途病死，但至三名，即将承审各官，一并议处。督抚不据实题参者亦议处。

事例 397.12：康熙二十二年议准

凡京城内问刑衙门承审各官，将问理事件，于限内不取口供审明，或取供逾限不结，及不速行具题，以致正犯并牵连之人监禁毙命，或羁门毙命者，查一案内所毙人数，将承审官照外官例处分。堂官不据实题参者，照督抚例处分。

事例 397.13：康熙二十三年谕

人犯虽系有罪，监毙亦属可悯。以后著该管官员加意存恤，毋致滥毙，以副慎重人命至意。

事例 397.14：康熙三十五年议准

外省并各州县狱内，监禁重犯甚少，不便照在京狱官例处分。嗣后外省狱内监毙一人者，罚俸三月；二人者，罚俸六月；三人者，罚俸九月；四人者，罚俸一年；五人以上者，革职。其州县监狱，系吏目、典史专管，亦照此例议处。

事例 397.15：康熙五十三年谕

朕德政多年，勤求民瘼，刑狱之事，尤所留心。详阅直隶及各省题奏命盗各案，自审结以至题请，或逾时，或经岁，部议间有覆驳再令详审者，案内牵连之人，虽笞杖轻罪，不免羁禁，以需完结，淹历岁时，离家失业，致于饥寒病毙者，往往有之。朕轸念民命，深用悯恻。嗣后直省刑名，除重犯案内，军流徒罪仍行候旨完结外，所有杖罪以下轻罪，著该督抚于审结日，即行发落，不必羁候部覆，止于疏内逐一声明，务使无知诖误之民，早得脱身宁家，以副朕哀矜体恤至意。其不关题请，各督抚应自行审结发落者，仍照旧例。

事例397.16：康熙五十四年覆准

嗣后各省具题案内应拟枷号者，俱照依杖罪先行发落。

事例397.17：雍正二年题准

凡命盗等案有监毙人犯者，或随招附参，或监毙在具题之后仍行补参，毋得于正案未审结之先，咨参监毙，藉端销案。其有重犯已毙，余犯毋庸具题者，务将原供全案，备细造报，刑部严加察核，不协者驳令改正。其允协者须注明"情罪允协，应照该督抚所咨完结"等语。监毙职名，交与吏部照例议处。

事例397.18：雍正二年谕

私刨人参者，旧例不论已得未得，俱解送刑部，枉法拖累，故于盛京刑部监禁，每年差官前往审理。朕思伊等俱系图利穷民，春夏时被获，监至九月、十月方得审结，延挨月日，身受寒暑，多致疾病死亡，甚属可悯。宁古塔有将军办事御史，盛京有将军、刑部并副都御史，嗣后各地方所获者，即行审理，作速完结，年底汇齐具本启奏。自今将审理偷刨人参之部院衙门堂官，停其遣往。

事例397.19：雍正三年议准

嗣后除管狱官，将盗犯未经取供，案未审明，监毙及灭口致死者，仍照例议处外，如已经取供审明后，管狱官并无致毙情事，在监病故四人以下者，将管狱官免其议处。至将一案内盗犯监毙五人以上者，仍将管狱官罚俸一年。凡强盗案件，督抚具题，将监毙人数于本内声明，即行免议。

事例379.20：雍正五年议准

嗣后汇题事件，除奉旨所交，并情罪可恶者，仍俟奉旨后发落，其余平常罪犯，如窃盗三犯赃数不多改遣，家奴吃酒行凶发遣，及赌博拟流，贩私拟徒，男妇通奸拟以杖责等项，凡与此相类罪犯，于审结之后，即照例先行发落，仍于汇题疏内声明。

事例397.21：乾隆三十年议准

嗣后督抚同城省分，如遇抚臣公出，除一应题咨事件，并无人犯解省者，仍听抚臣携赴沿途核办外，其例应解审各案，抚臣起程之后，即令臬司解归督臣审题，仍于疏内声明，俟抚臣旋署接办。

事例397.22：同治元年议准

嗣后各直省督抚，严饬所属各州县遵照定例，务将自理事件，按月册报该管上司察考。其有未完词讼，责成该管巡道随时稽核，勒限催审，傥有迟延淹禁等弊，即行揭参，以清刑狱而重民命。

律 398：陵虐罪囚〔例 19 条，事例 12 条，成案 6 案〕

凡狱卒〔纵肆〕非理在禁陵虐殴伤罪囚者，依凡斗伤论〔验伤轻重定罪〕。克减〔官给罪囚之〕衣粮者，计〔克减之物为〕赃，以监守自盗论。因〔殴伤、克减〕而致死者，〔不论囚罪应死不应死，并〕绞〔监候〕。司狱官典及提牢官知而不举者，与同罪。至死者，减一等。〔有不知，坐以不应。〕

（此仍明律，顺治三年添入小注，乾隆五年增修"有不知，坐以不应"。《处分则例》："陵虐致死，管狱有狱官知而不举，革职〔私罪〕。不知者，管狱官降三级调用，有狱官降二级调用〔公罪〕。陵虐未致死，系知情故纵者，均革职〔私罪〕。失于觉察者，管狱官降一级调用，有狱官降一级留任"。顺治律为 420 条。）

条例 398.01：在内法司问发程递人犯

在内法司问发程递人犯，在外问刑衙门程递来京，及递解别省人犯，除原有杻镣及牢固字样照旧外，其押解人役，若擅加杻镣，非法乱打，搜检财物，剥脱衣服，逼致死伤，及受财故纵，并听凭狡猾之徒，买求杀害者，除实犯死罪外，徒罪以上，俱枷号两个月，发烟瘴充军。

（此条系明代问刑条例。原例首句，系"法司问断过各处进本等项人犯，发各衙门程递者"。雍正三年，改"俱枷号两月"二句，原作属军卫者发边卫充军，属有司者发边外为民。乾隆三十六年，改并于杻镣下，删"及牢固字样"五字。）

薛允升按：《笺释》："非法乱打，搜检财物，问求索。逼致死伤，问故杀。"《辑注》："进本人犯，谓应递回原籍官司，听候理断者。"律言陵虐在禁之罪囚，例言陵虐在途之罪囚，乃止言此二项，而未及解审解配，何也。下条同。受财故纵与陵虐无干，见于"捕亡"门内，此处应删。买求杀害与狱卒受仇家贿嘱，谋死本犯情事相类，应并入彼条之内。杻施于手，镣施于足，"囚应禁不禁"律，并无镣字，何也。

条例 398.02：凡官员擅取病呈致死监犯者

凡官员擅取病呈致死监犯者，依谋杀人造意律，斩监候。狱官、禁卒人等，听从指使下手者，依从而加功律，绞监候。未曾下手者，依不加功律，杖一百、流三千里。

（此条系顺治十二年定例。）

薛允升按：谋杀之法最重，官员致死监犯，必有根由，概照谋杀，似嫌无所区别，与下狱卒谋死犯人一条，似应修并为一。此即前代史书之所称死于狱者也，故重其罪。

条例 398.03：凡问刑衙门不许于狱内用匣床

凡问刑衙门，不许于狱内用匣床，违者，官革职，杖一百、流三千里。禁卒杖一百，革役。

（此条系顺治十八年定例。）

薛允升按：此与滥用非刑相等，遽拟满流，似嫌太重。且官问流罪，吏止革役，轻重亦觉悬殊。禁卒私用，而官失于觉察，《处分例》系革职治罪。又云或将犯人拘禁地窖，或以长木将各犯同系，令其不能转动者，均革职。应参看。

条例 398.04：凡强盗人命等案重罪人犯

凡强盗人命等案重罪人犯，项及手足用铁锁杻镣各三道。其余人犯，俱用铁锁杻镣各一道。

（此条系康熙年间现行例。雍正三年定例。乾隆元年改定为条例 398.05。）

条例 398.05：除强盗十恶谋故杀重犯用铁锁杻镣各三道

除强盗、十恶、谋故杀重犯，用铁锁杻镣各三道。其余斗殴、人命等案罪犯，以及军流徒罪等犯，止用铁锁杻镣各一道。笞杖等犯，止用铁锁一道。如狱官、禁卒，将轻罪滥用重锁，重罪私用轻锁，及应三道而用九道，应九道而用三道，将狱官题参，禁卒革役。受贿者，照枉法从重论。任意轻重者，照不应锁杻而锁杻律治罪。提牢官失于觉察，交部议处。

（此条系乾隆元年，将条例 398.04 改定。）

薛允升按：轻罪滥用重锁，重罪私用轻锁，即系任意轻重也。革役下拟添照律治罪，任意轻重以下，均应删除。

条例 398.06：凡部发递解及外省解部（1）

凡部发递解，及外省解部，并解别省人犯，金差官员，务选有家业正役解送。如解役违禁沿途揞勒，拷打人犯，事发者，所在官司，即将解役严行惩治。若因而致死人犯者，所在官司，申解督抚严审，照律从重定拟。其解役教唆人犯通同抢夺者，俱以光棍例治罪。中途患病者，原解即报明所在官司，亲身验明，出具印结。取结后犯人身死者，官役免议。若未取病结，在途身死者，一名以上，金差官员，交该部照例按名议处；解役杖六十、徒一年。三名以上，杖一百、流三千里。五名以上，发边卫充军。

（此例原系二条，一系康熙二十六年，遵旨定例。一系康熙四十四年，刑部议覆云南巡抚佟毓秀题准定例。雍正三年修并为定例。乾隆五年改定为条例 398.07。）

条例 398.07：凡部发递解及外省解部（2）

凡部发递解，及外省解部，并解别省军流徒罪，发回安插人犯，金差官员，务选有家业正役解送。如解役在途教唆人犯通同抢夺者，俱照白昼抢夺律例治罪。中途患病者，原解即报明所在官司，亲身验明，出具印结，即着该地方官留养医治；随行亲属病者，亦准存留，候病痊起解，仍将患病日期报部。如不行留养，致有病故，及受贿嘱托捏病迟延者，将该地方官交部议处。其取结后犯人身死者，官役免议。若未取病结，在途身死者，佥差官员，交该部照例按名议处。一名，解役杖六十、徒一年；每一名加一等，罪止杖一百、徒三年。

（此条系乾隆五年，将条例398.06增定。）

薛允升按：此条专为犯病留养而设。其教唆抢夺一层，似应删改，移入第一条例之内。无病捏结留养，见"稽留囚徒"。举病起解，见"官文书稽程"。《示掌》云："递解犯病留养，日给口粮八合三勺。"见乾隆二十四年例，均应参看。再，此等人犯解到，均应收禁，遇有犯人患病，是否交原解役在外医治，抑系照监犯医治之处，存参。从前流罪均系佥妻发配，是以随行亲属病者，亦准留养。后来军流俱不佥发，徒罪更无论矣。既不在官为资送之列，似未便因亲属患病，致将正犯稽留。教唆抢夺一层，原例系照光棍治罪，固嫌太重，改照抢夺律，又觉轻纵。上条犯徒罪者，即拟烟瘴充军，并加枷号，此处似可照办。再，次条原例，系在京各省发回原籍安插，并流徙充军人犯，以尔时此等人犯最多故也。改为解别省军流徒罪发回安插，转不明晰，是又误认流徙为流徒罪名矣。

条例398.08：凡流徙宁古塔尚阳堡等处人犯

凡流徙宁古塔、尚阳堡等处人犯，及各省解京，并别省军流犯，若押解兵役、驿夫人等，敢于中途奸擅加枷镣，及殴打逼勒财物者，照例治罪外，如奸污犯人妻女者，依奸囚妇律，杖一百、徒三年。押解官虽不知情，亦交该部严加议处。如押解官自犯奸污，及陵虐勒财者，交该部从重议罪。其被害犯人系流徙宁古塔等处者，许赴盛京户部控告。系解京及解各省者，许赴刑部并所在官司控告。

（此条系康熙十年例，雍正三年修改为定例。乾隆元年，删例首流徙宁古塔以下二十六字，并擅加枷镣以下十八字。乾隆五年删定为条例398.09。）

条例398.09：凡押解兵役驿夫人等

凡押解兵役、驿夫人等，敢于中途奸污犯人妻女者，依奸囚妇律，杖一百、徒三年。押解官虽不知情，亦交该部严加议处。如押解官自犯奸污，及陵虐勒财者，交该部从重议罪。其被害犯人系流徙宁古塔等处者，许赴盛京户部控告，系解京及解各省者，许赴刑部并所在官司控告。

（此条系乾隆五年，将条例398.08删定。）

薛允升按：犯人妇女皆系无罪之人，如用强奸污，岂止仅拟徒罪从重议罪。似应修改。此专指流徙宁古塔等处而言，故有驿夫及押解官各层，后添入解京及别省，转不分明。

条例398.10：凡在京各省发回原籍安插并流徙充军等犯

凡在京各省发回原籍安插并流徙充军等犯，有于中途患病者，即著该地方官留养医治，随行亲属病者，亦准存留，俟病痊起解，仍将患病日期报部，如不行留养，致有病故，及受财嘱托捏病迟延者，将该地方官交部议处。

（此条为雍正三年定例。乾隆五年，已并入部发递解条内，此条删除。）

条例 398.11：刑部各司如遇有应掌嘴讯问之事

刑部各司，如遇有应掌嘴讯问之事，请照刑例令具稿回堂，不许任意掌嘴。

（此条系雍正三年定例。乾隆五年删除。）

条例 398.12：凡狱卒有受罪仇家贿嘱谋死本犯者

凡狱卒有受罪人仇家贿嘱，谋死本犯者，依谋杀人首从律治罪。

（此条系雍正五年定例）

薛允升按：《处分例》失察之管狱官革职，有狱官降三级调用。此例似应与上官员擅取病呈一条，修并为一。

条例 398.13：凡犯人出监之日

凡犯人出监之日，提牢官、司狱细加查问。如有禁卒人等陵虐需索者，计赃治罪，仍追赃给还犯人。提牢官、司狱不行查问，事发之日，亦照失察例议处。

（此条雍正五年例。）

薛允升按：定例之意，非不甚善，而照办者绝少，此例亦系虚设。《处分例》尚有永革铺监使费一条，应参看。

条例 398.14：徒罪以下人犯患病者

徒罪以下人犯患病者，狱官报明承审官，即行赴监验看是实，行令该佐领、骁骑校、地方官，取具的保，保出调治，俟病痊即送监审结。其外解人犯，无人保出者，令其散处外监，加意调治。如狱官不即呈报，及承审官不即验看保释者，俱照淹禁律治罪。若本犯无病，而串通狱官、医生，捏称有病者，该犯并狱官、医生，俱照诈病避事律治罪。或病已痊愈，而该佐领、骁骑校、地方官，不即送监审结者，将本犯及该佐领、骁骑校、地方官，亦俱照诈病避事律治罪。若保出故纵者，将保人治以本犯应得之罪。疏脱者减一等，仍将取保不的之该佐领、骁骑校，该地方官查参议处。若有受贿情弊，计赃以枉法从重论。至督抚题报监毙人犯，将本犯所犯罪名，所患病症，及有无陵虐，曾否保释，逐一声明，如有蒙混情弊，查出交部分别议处。

（此条系雍正五年定例。乾隆五年，将原例"疏脱者减一等"改"照失囚律"。）

薛允升按：徒犯情罪本轻，且系例得外结，是以一经患病，即行保出医治，不令监毙，自系钦恤之意。惟徒亦有不同，如例内有关人命之类，似未可一概而论。此例所云，自系指无关人命，罪名已定，及虽未定，而罪状昭著，讯有确供者而言。若命盗案内，甫经到官，首从尚未分明，及情节介在疑似者，如有患病之犯，其是否系属正凶首犯，碍难悬断，似未便遽行保出。倘监毙后，讯明该犯并非正凶，亦非首犯，承审之员即不得不照例议处，似应修改。即如两人共殴一人身死，均供认轻伤，狡避重伤，或伤痕相等，不肯承认后下手之类，设一人患病，此等人犯应否拟绞，抑或拟杖之处，殊难臆断，即未定为何罪人犯，即不应先行保出，即实系杖罪人犯，而在监病故，与正凶减等尤有关系，似未可拘泥此例也。题报监毙人犯，与"有司决囚等第"一条参看。惟徒犯病故，向不题报。似应将此层删去，并入彼条之内。诈病避事，罪止拟杖，本犯既有徒罪，将先科以诈病之罪，再行拟徒，抑或于本徒罪上加等乎。故纵之本犯获日，如何科罪。均应修改明晰。此条与《处分则例》大略相同。《处分例》系旗人交与该佐领、骁骑校取保，系民人交与地方官取保，领出调治云云。

条例398.15：番役将盗犯及死罪人犯私拷取供者

番役将盗犯及死罪人犯私拷取供者，枷号一个月，杖一百。将军流以下等犯私拷取供者，各递加一等治罪。如有逼索银钱，计赃以枉法从重论。该犯有诬指捏诳情弊，照诬告律治罪。该管官失察、故纵，交部分别议处。

（此条系乾隆元年定例。）

薛允升按：各递加一等，军流则徒一年；徒罪则徒一年半；杖笞则徒二年矣。枷号是否递加五日之处，记考。番役诬陷无辜毙命，以故杀论。见"诬告"，又见"强盗"门。役私拷取供，于本衙门首枷号一个月，杖一百。与此重复。

条例398.16：凡内外斩绞监候之犯

凡内外斩绞监候之犯，每遇秋审时，责令狱官监看薙发一次，军流人犯，每季薙发一次，仍令留顶心一片。

（此条系乾隆十一年，刑部奏准定例。）

薛允升按：此条应与下一条修并为一。

条例398.17：秋审解省人犯

秋审解省人犯，俟审毕发回后，方许薙发。

（此条系乾隆二十五年，刑部题准定例。）

条例398.18：刑部监犯患病沉危

刑部监犯患病沉危，医生呈报救治后，提牢官回堂，移会满、汉查监御史，即日赴部查验。如有监毙人犯，无论因病、因刑及猝患暴病身死，不及呈报救治者，均移会满、汉查监御史，率领指挥一员，限一日内赴部，会同刑部司官相验。倘承审官有非法拷打，及将不应刑讯之人，滥刑致毙，并禁卒有陵虐罪囚各情事，即严参究办。至步军统领、都察院、顺天府、五城各衙门，并各省送部之案，务将人犯是否患病，及曾否刑讯受伤之处，于文内详晰声明。若送到人犯，受有刑伤，及病势沉重者，刑部立即移咨查监御史，亦于一日内赴部查验立案。

（此条系嘉庆十七年，刑部议覆山东道监察御史嵩安奏准定例。）

薛允升按：此专指刑部监犯而言，与《处分则例》同。《处分例》尚有刑部司狱官典，于斩绞及军流以下人犯，分别监毙人数多寡，并是否同案之条，与外省监毙人犯各条，均应参看。此门各条与下"狱囚衣粮"，均系矜恤罪囚之意，良法美意，可谓尽善。

条例 398.19：刑部监犯越狱

刑部监犯越狱，并在狱滋事之案，该禁卒等分别有无受财故纵治罪。除至死无可加外，余各于本罪上加一等。流罪以上，先于刑部门口枷号两个月；徒罪以下，枷号一个月。如有挟嫌设法陷害本官情事，照恶棍设法诈官实在光棍拟斩例，分别首从严办。如该提牢官知情徇隐故纵，照私罪严参革职。若止疏于防范，失于觉察，照公罪交部议处。

（此条同治二年，刑部奏准定例。）

薛允升按：此条专为提牢处分而设。

事例 398.01：康熙二十二年议准

凡狱卒及守门人等，有将犯人陵虐、克减、需索者，承审官严察拘拿，照例治罪。若陵虐致弊一案内三、四人者，司狱罚俸三月；五、六人者，罚俸六月；七、八人者，罚俸九月；九人、十人者，罚俸一年；十一人以上者，俱照司狱例处分。

事例 398.02：康熙四十五年议准

人犯审后发回，行至中途带病进监即故，管狱官毋庸指参。

事例 398.03：雍正元年议准

狱官通同狱卒，勒索罪囚银钱者，该管官揭报督抚，即行题参，照例治罪。至狱卒有受罪人仇家贿嘱谋死本犯者，均照谋杀人首从律治罪。其失察之该管官，交该部从重议处。

事例 398.04：雍正三年议准

嗣后若非强盗，而解役人等擅用观音镯，并将应毁之背铐陵虐罪囚者，一经受害之人告发，或经查出，即将该管官弁、司狱、禁卒、解役人等，一并交该部从重治罪。

事例 398.05：雍正三年又议准

提牢司狱，当不时严查在监人犯，有被禁卒人等设法陵虐需索银钱者，将禁卒人等计赃治罪，仍追原赃给还犯人。提牢司狱不行查问，事发之日，照失察例议处。

事例 398.06：雍正四年谕

朕钦恤刑狱，每遇谳决，无论罪之轻重，必原情酌理，再三推求，务使情罪允协。又念罪人幽囚丛棘，易致瘐毙。屡谕问刑衙门，修整监狱，督责禁卒，不时洒扫洁净，遇有疾病，必加意调治，务令痊可，此亦矜恤罪囚之一端也。乃近阅各省本章，监毙人犯不少，多由羁禁之处局隘倒敝，以致严寒暴暑，侵骨刻肌，潮湿秽恶之气熏蒸之故也。况监狱不固，防御多疏，罪人越狱脱逃，亦所不免，特饬各直省督抚通查所属监狱，逐一修葺，并高筑墙垣以资防范。其地势低洼者，改造高阜之处；狭隘者，酌量刑狱繁简，展宽盖造；凡枷号暂羁之门关仓所，亦必缮治完固。正印官仍不时稽察，毋令狱官、狱卒任意陵虐，懈弛疏防。如此则罪人不致瘐病，而监禁既固，亦可免越狱之虞。该督抚其各仰体朕好生至意，督令有司遵行毋忽。

事例398.07：雍正四年又谕

从来监毙人犯，多由狱官疏忽，一任禁卒陵逼所致。若使本犯有应死之罪，又当别论，其军流以下轻罪之人，瘐毙在狱，甚属可悯。向来监毙人犯之处分，不分本犯情罪之轻重，似属非协。嗣后监毙不应死之轻犯，与应死之重犯，其处分似应分别轻重，著为定例。著九卿议奏，其犯轻罪之人在狱病者，如何应否保释调治？再督抚题报监毙人犯本内，务将本犯情罪并病故缘由，如何声明，不令蒙混之处，亦著议奏。钦此。遵旨议准：嗣后狱卒陵虐罪囚，及司狱官典等知而不举者，仍照律治罪外，若非陵虐而病毙者，如系监毙斩绞重犯，应比定例量为减轻，一案内监毙一人者，管狱官罚俸一月；二人者，罚俸三月；三人者，罚俸六月；四人者，罚俸九月；五人以上者，罚俸一年。监毙军流罪犯者，仍照外省狱内定例处分。监毙徒罪以下人犯者，应比定例量为加重，如一案内徒罪以下监毙一人，管狱官罚俸六月；二人者，罚俸九月；三人者，罚俸一年；四人以上者，革职。至于刑部，乃刑名总汇之地，案件繁多，其司狱官典之处分，向例原与外省之处分有别。嗣后监毙斩绞重犯者，应比定例量为减轻，一案内监毙三、四人者，罚俸一月；五、六人者，罚俸三月；七、八人者，罚俸六月；九人、十人者，罚俸九月；十一人以上，罚俸一年。监毙军流罪犯者，仍照在京问刑衙门狱内定例处分。监毙徒罪以下人犯者，应比照定例量为加重，一案内徒罪以下监毙三、四人者，司狱罚俸六月；五、六人者，罚俸九月；七、八人者，罚俸一年；九人以上者，革职。至有一案监毙二、三人以上，其间有斩绞军流徒杖之犯，仍照以上各条分别议处。再徒罪以下轻罪人犯在监患病者，狱官即行报明，承审官即行赴监所验看是实，行令该佐领、骁骑校、地方官取具的保，保出调治，俟病愈即送监审结。其外解人犯无人保出者，令其散处外监，加意调治。如狱官不即呈报，及承审官不即验看保释者，俱照淹禁律治罪。如本犯无病，而串通狱官、医生，捏称有病者，该犯并狱官、医生，俱照诈病避事律治罪。或病已痊愈，而该佐领、骁骑校、地方官，不即送监审结者，将本犯及该佐领、骁骑校、地方官，亦俱照诈病避事例治罪。若保出故纵者，将保人治以本犯应得之罪。疏脱者减一等，仍将取保不的之该佐领、骁骑校，地方官题参议处。若有受贿情弊，并计赃以枉法从重论。至督抚题报监毙人犯，务将本犯所犯罪名，所患病症，及有无陵虐，曾否保释，逐一声明，如有蒙混情弊，查出交部分别议处。

事例398.08：雍正七年议准

查雍正五年定例，各州县管狱官监毙盗犯至五名者，即行革职。其中有才堪驱使之员，概行废弃，殊属可惜。嗣后监毙盗犯，除未经取供审明，及致死灭口者，应照雍正五年定例议处外，如已经取供审明，在监病故，别无致毙情事，不论首盗伙盗，俱仍照雍正三年定例，监毙四人以下者，管狱官免议；其五人以上者，罚俸一年。再承审官将盗犯取有口供，未经题结，遽致监毙者，亦令该督抚疏内声明，无论首盗伙盗，一案内监毙四人以下者免议，五人以上者分别议处。其余监毙各项人犯，仍照定例处分。

事例398.09：嘉庆十七年谕

御史嵩安奏：监犯患病及监毙人犯请交查监御史稽核一折。所奏是。向来刑部监犯患病，管狱官仅止报明该堂官，分别保释调治。即或监毙，札行五城坊官相验，出结完案，本不足以昭慎重。但如该御史所奏，凡遇监犯患病，将起病日期并医治等情，俱行移咨查监御史稽核，亦未免烦琐。著交刑部核议，嗣后监犯患病，其病势如何危笃，方咨明御史查验。至因病身故，即著该御史率领坊官会同刑部司员相验，如有情弊，据实查参，议定章程，奏明载入则例遵行。钦此。遵旨议准：嗣后监犯患病沉危，医生呈报救治后，即令提牢司原回堂，移会满、汉查监御史，即日赴部查验。如有监毙之犯，毋论因病、因刑及猝患暴病身死，不及呈报救治者，俱移会满、汉查监御史，率领指挥一员，限一日内赴部，会同刑部司官相验。若实系因病身死，或应行刑讯之犯，承审各员依法拷讯邂逅致死，及受刑后因他病身死者，均照律毋论。傥有非法拷打，及将不应刑讯之人滥刑致毙，并禁卒有陵虐罪囚各情事，即据实严参究办。再查刑部现审案件，俱由步军统领、都察院、顺天府、五城各衙门解送到部，其应解人犯，每有在该衙门先行患病，或曾经刑讯受伤，迨经送部瘐毙，亦事所时有。嗣后各衙门送部之案，务将人犯是否患病，及曾否刑讯受伤之处，于文内详细声明。若送部人犯，受有刑伤，及病势沉重者，刑部立即移咨查监御史，亦于一日内赴部查验立案，俾有稽考。

事例398.10：道光十九年谕

御史陈光亨奏：请严禁狱卒恶习一折。狱卒陵虐人犯，例禁綦严，若如所奏，近来刑部收禁人犯，有罪尚未定而不免破家者，有身或无辜而几至毙命者，需索陵虐，悍黠不顾，必应严行禁止。著刑部堂官责成提牢司狱各员，严行约束，惟期有犯必惩，毋任藉端肆虐，仍著查监御史随时细心查察，傥有前项情弊，即将管狱各员一并参处。

事例398.11：咸丰六年议准

嗣后轻罪人犯，及干连人证，交保看管，该书差如有需索陵虐情事，即于陵虐罪囚本律上加一等治罪，计赃重者，以枉法从重论，仍严行禁革押保名目，以符定制。

事例398.12：同治八年奏准

捕役私拷取供及受财故纵，例禁綦严，至私立下处，尤属有干法纪。该管官果能认真稽查，有犯必惩，捕役人等，自不敢公然作奸犯科，无所顾忌。嗣后捕快人等，如有私立下处，逼供等情，即行尽法惩治。

成案 399.01：囚犯在狱自尽〔康熙三十五年〕

吏部准刑部咨称：周瑞林闻欲发遣，遂自缢身死，司狱马骏应照狱囚自尽者司狱答五十，马骏系职官，交与吏部议等因。应将苏州府司狱马骏照此例降一级调用，司狱无级，相应革职，微官例不具题，仍咨江抚知照。

成案 399.02：犯官因病取保被火逼死〔康熙三十四年〕

吏部覆福抚卞永誉疏：闽县居民失火延烧房屋，原任闽县知县革职拟徒。知县吴琇因在监狱患病，取保委官看守调治，被火逼死，与无故取保散居不同，且身死更与脱逃有间，将疏忽之署闽县县丞蒋以选，典史米粒普，均照例罚俸三个月。查定例内，督抚所参贪劣官员，责令委官看守，如疏忽看守，以致自尽者，将承委官罚俸三个月等语。应将蒋以选照此例罚俸三个月。

成案 398.03：直隶司〔嘉庆十八年〕

直督咨：快役王明谦奉票查拿殴伤赵文林身死各犯，查知漆奎生系常德纵放逃走，并不禀明传讯，辄同翟殿邦等擅将常德锁铐押带进城，以致常德气忿投井身死。律例并无作何治罪明文，将王明谦比照押解人役、擅加杻镣、逼致死伤例，枷号两个月，发烟瘴充军。

成案 398.04：安徽司〔嘉庆二十四年〕

本部奏：县役张幅禄将奉官锁押抄写异字之阎文彬，夜则私加手铐，白日始行开放，迨明知次早即可保释，因恐逃走受累，仍复锁铐，以致阎文彬虑有重罪，情急自行坠链身死。查阎文彬抄写异字，不过乡愚无知，准其讯明保释，而张幅禄身充贱役，未能深悉，疑为邪教重犯，私加严铐，致令愚民畏罪自尽。将张幅禄比照狱卒非理陵虐罪囚、因殴伤致死者，绞罪律上，量减一等，满流。

成案 398.05：直隶司〔道光元年〕

直督奏：快役温廷彦因牌头郑鸣同，未经办差，奉票查传，辄将无干之郑鸣岗带县，迨郑鸣岗之子闻知，往探争吵，该犯复敢揪殴，直至县堂，反以嚷闹朦禀，致众情不服闹堂，未便稍事轻纵。比依衙门人役擅加杻镣、非法殴打、徒罪以上，枷号两个月，发烟瘴充军。

成案 398.06：山东司〔道光十一年〕

东抚咨：刘庭良系皂班散役，因何百顺用刀将庞庭泗砍伤，发交该役看守，该役因先被何百顺在押用砖砍伤，继复被其詈骂，起意纠邀同班头役赵思海，散役王保善、李存亮帮同，将何百顺用链锁系门坎，以致何百顺因锁紧气闭殒命，虽讯明并非有心致死，但该犯等并不依法看守，辄将何百顺揪跌倒地，私自用链锁系门坎，因锁紧气闭致死，实属非理陵虐。检查律例，并无看役陵虐押犯因而致死，作何治罪明文，自应比附定拟。刘庭良合依狱卒非理在禁陵虐罪囚、因而致死者绞监候律，拟绞监候。赵思海、王保善、李存亮，听从刘庭良帮锁，均属为从，于刘庭良绞罪上减一等，各杖一百、流三千里。

律399：与囚金刃解脱〔事例1条，成案25案〕

凡狱卒以金刃及他物〔如毒药之类，凡〕可以〔使人〕自杀，及解脱锁杻之具，而与囚者，杖一百。因而致囚在逃，及〔于狱中〕自伤，或伤人者，并杖六十、徒一年。若〔致〕囚〔狱中〕自杀者，杖八十、徒二年。致囚反狱〔而逃〕及〔在狱〕杀人者，绞〔监候〕。其囚〔脱越反狱〕在逃，〔狱卒于〕未断〔罪〕之间，能自捕得，及他人捕得，若囚已死，及自首者，各减一等。

若常人〔非狱卒〕以可解脱之物与囚人，及子孙与〔在狱之〕祖父母、父母，奴婢、雇工人与〔在狱之〕家长者，各减〔狱卒〕一等。

若司狱官典及提牢官知而不举者，与同罪。至死者减一等。

若〔狱卒、常人及提牢、司狱官典〕受财者，计赃以枉法从重论〔赃重论赃，赃轻论本罪〕。

若狱卒失于检点〔防范〕，致囚自尽〔原非纵与可杀之具〕者，狱卒杖六十，司狱官典各笞五十，提牢官笞四十。

（此仍明律，雍正三年改定，其小注系顺治三年添入。顺治律为421条。）

事例399.01：康熙六年题准

狱官防范不严，以致斩绞人犯，执持铁器等物在狱伤人。未出狱者，降一级调用，该管官罚俸一年。

成案399.01：福建司〔嘉庆十八年〕

闽督奏：兵丁张宗海等，押解罪应拟斩盗犯魏旺生，失于防范，致魏旺生自戕。比照狱囚失于检点防范、致囚自尽律，狱卒杖六十。

成案399.02：云南司〔嘉庆二十年〕

云抚题：高老四等听从行劫得赃，迨经乡约王心和、保正曾友学盘获，行至中途，诓高老四乘间脱逃，王心和等追赶，高老四取出尖刀，自戳肚腹身死。将王心和等比照失于检点致囚自尽律，狱卒杖六十。

成案399.03：福建司〔嘉庆二十年〕

闽督奏：绞犯陈印在监私服治疮药末，毒发毙命，较之狱卒以金刃他物，与囚自杀者有间。惟任听犯父将治疮药末携送监内，应将狱卒吴再比照狱卒以金刃他物、与囚自杀者，杖八十、徒二年律上，量减一等，杖七十、徒一年半。犯父照不应重杖。

成案399.04：直隶司〔嘉庆二十一年〕

陕督咨：遣妇吴张氏在店自缢一案。将看役李盛等，比照失于检点、致囚自尽律，狱卒各杖六十。

成案 399.05：福建司〔嘉庆二十二年〕

福抚咨：禁卒蔡溪，讯无松放刑具情事，惟专司狱务，监内存有缸片，并不留心检除，致囚犯林民殴死同监人犯。蔡溪应比照狱卒以金刃他物与囚、致囚杀人律，绞候上量减一等，满流。提牢林忠虽非看守之人，惟不随时管束，于蔡溪流罪上减一等，满徒。典史孟兴业，疏于防范，致酿人命，未便仅予革职，亦应于蔡溪流罪上减一等，满徒。解役王红管解重囚，明知蚊烟系砒信拌制，服之堪以杀人，乃竟买点笼旁，以致林民取服毙命。王红应比照狱卒以金刃他物与囚、致囚自杀律，杖八十、徒二年。

成案 399.06：云南司〔嘉庆二十三年〕

云抚咨：禁卒冯洒将小刀带进监内切菜，遗忘桌上，致监犯杨振先拾刀自戕，较之以金刃与囚者微有区别。将冯洒依狱卒以金刃与囚、致囚狱中自尽律，量减一等，杖七十、徒一年半。

成案 399.07：福建司〔嘉庆二十四年〕

福抚题：看役阮标等，听许钱文，私开枷犯，致被乘间自缢身死。将阮标等比照狱卒以解脱锁枷之具与囚、致囚自杀律，杖八十、徒二年。

成案 399.08：江苏司〔嘉庆二十四年〕

苏抚咨：解役赵峰等，管解递解犯人仝八，在途服毒身死一案。此案仝八系屡次行窃，关拘解审之犯，于中途欲逃，拒伤解役，赵峰将其拉回同行，讵仝八畏罪乘间服食疮药，中途毙命。查律例并无差役解犯自尽，作何治罪明文，若比照狱囚失于检点防范，致囚自尽律，罪止杖六十，尚觉过轻。将赵峰等均照不应重律，杖八十，各加枷号两个月。

成案 399.09：安徽司〔嘉庆二十四年〕

福抚咨：流犯陈炳贵，因在安省殴死王在昌，拟绞减流，咨解到闽，饬发安置之犯，派拨兵役杨世英等，转递至中途，陈炳贵因患疯病，自戕身死。将兵役杨世英等，比照狱囚失于防范、致囚自尽律，杖六十，革役。

成案 399.10：湖广司〔道光二年〕

北抚咨：斩犯郝大儿自缢。查禁卒龚高因见郝大儿患病，辄将其手铐私行松放，以致郝大儿得以乘间自缢，非寻常失于检点可比。将龚高应比照狱卒以可以解脱锁枷之具与囚、致囚自杀律，杖八十、徒二年。

成案 399.11：山东司〔道光二年〕

东抚咨：李世旺殴踢李世勇身死，在监自缢一案。查案内之禁卒石大亭，因李世旺患病难支，徇情私放手铐，致李世旺得以乘间自缢，与仅止失于防范者不同。将石大亭比照金刃与囚、致囚自杀律，杖八十、徒二年。

成案 399.12：直隶司〔道光二年〕

直督题：监犯慕连生砍伤同监人犯贺清奇身死案内之禁卒谷自起，虽讯无私放刑具，并与囚金刃情事，第将铁斧携至监内砸煤，并不慎收藏，以致监犯拾取砍死人命，虽非故给金刃，应酌量问拟。谷自起应照以金刃与囚、致囚杀人，绞监候律上，量减一第，满流。

成案 399.13：陕西司〔道光二年〕

陕督奏：监犯苏娃子戳伤同监人犯孙奇身死案内狱卒葛士熊，将拆衣之小刀置放棚边，致被苏娃子摸取，戳死人命。律无治罪明文，将葛士熊比照以金刃与囚杀人，绞监候律上，量减一第，拟流。

成案 399.14：湖广司〔道光四年〕

北抚咨：禁卒方黄，因见遣犯李思成在监患病，私将手铐松放，致令病魔自缢，虽讯无贿纵情事，究非寻常失于检点可比，自应从重比例问拟。方黄应比照狱卒可以使人解脱锁柙之具与囚自杀律，杖八十、徒二年。

成案 399.15：陕西司〔道光五年〕

陕抚咨：沔县狱卒杨宣斌，在外捡拾铁片，带回监内磨成刃锋，以备切菜使用，已属违例，迨放封后，监犯陈玉堂前往更夫房内，又不留心看守，以致陈玉堂乘间寻获铁片，自刎身死，虽讯无受贿故纵情弊，但监狱重地，防范不周，自应酌减问拟。杨宣斌应于狱卒以金刃与囚致囚自杀者，杖八十、徒二年律上，减一等，杖七十、徒一年半。

成案 399.16：河南司〔道光五年〕

河抚题：襄城县狱卒戴泳宽，携取菜刀进监切菜，并不随时带出，将刀遗忘桌上，致被张八取去，砍伤监犯叶敏身死。该禁卒虽非以金刃与囚，而张八之杀人，实由该禁卒不将菜刀带出所致，未便仅治以防范不严之罪，致滋轻纵。戴泳宽应比照狱卒以金刃与囚致囚在狱杀人绞候律上，量减一等，杖一百、流三千里。禁卒孟聚、刘甫成，并不小心防范，致酿人命，应照不应重律，杖八十，再加枷号一个月。刑书司存义，仅管收封放封，审无私松刑具情事，应予免议。

成案 399.17：广东司〔道光五年〕

广抚咨：禁卒张容等，因监禁缓决绞犯陈亚泽感冒风寒，医治未愈，陈亚泽素知鲜薹可以发表，向遇感冒，俱系食薹痊愈，嘱令禁卒张容买食，致中薹毒身死，虽为意料所不及，究属失于检点，致囚自尽，自应比附问拟。张容、锺胜，合依狱囚失于检点致囚自尽律，杖六十。

成案 399.18：河南司〔道光五年〕

河抚咨：叶县徐光显强奸杨董氏未成，被外委掌责后，畏罪自缢身死案内之地保冯修德，既经该革弁将徐光显发交看守，并不小心防范，致令自缢，殊属玩忽。应比照狱卒失于检点致囚自尽律，杖六十。

成案399.19：河南司〔道光五年〕

河抚咨：息县差役罗春等，拿获窃贼王马缠，在地保家投宿，王马缠畏罪自戕，虽讯无陵虐，及与王马缠金刃情弊，第于缉获罪犯，并不小心看管，以致乘间自戕，实属疏忽，自应比附问拟。罗春、周腾、郑青云，应比照狱卒失于防范致囚自尽律，杖六十，系公罪，免其革役。

成案399.20：河南司〔道光六年〕

河抚奏：淅川县解役胡中文等，管解秋审绞犯全合德，行至中途，适遇田吴氏持刀削菜，即向全合德索讨旧欠，该犯等并不实时斥阻，以致全合德夺刀伤人自戕身死，核与以金刃与囚无异。胡中文、侯谷正，均比照狱卒以金刃与囚自杀律，杖八十、徒二年。

成案399.21：河南司〔道光六年〕

河抚题：林县禁卒郝明，私带菜刀进监切菜，因腹痛欲泻，辄将菜刀藏插墙缝，赴厕出恭，致被监犯马进杰瞥见，乘间窃取自戕，虽郝明并未以金刃与囚，而马进杰之死，实由该禁卒私带菜刀进监所致。郝明应照以金刃与囚自杀杖八十、徒二年律上，量减一等，杖七十、徒一年半。

成案399.22：广东司〔道光七年〕

广抚咨：禁卒张焕，因监禁绞犯林幅文思食甲鱼，嘱其买给煮食，致林幅文食后中毒身死，虽为意料所不及，究属失于检点。将张焕依狱卒失于检点致囚自尽律，杖六十。其看守之刑书许容，于该犯买食甲鱼之时，不行阻止，亦有不合，照狱官典笞五十律，笞五十。

成案399.23：安徽司〔道光八年〕

安抚咨：解役王松等，押解绞犯孙文得，中途因病缢死，该解役管解人犯并不小心防范，致令自尽，虽讯无陵虐情弊，实属疏忽。王松等均比照狱卒失于检点致囚自尽律，各杖六十。

成案399.24：山西司〔道光十一年〕

提督奏送：养育兵关住，殴伤步甲舒明阿身死，脱逃被获，自行碰伤案内之步甲六儿八，得于奉发看管凶犯，并不小心防范，致令自行碰伤，实属疏忽。六儿八得应比照狱卒失于检点致囚自尽杖六十律，量减一等，笞五十。

成案399.25：四川司〔道光十四年〕

川督题：西充县何春娃等，共殴何文全身死，并余犯何文浩畏罪坠链自尽案内之看役王忠、王举，并不小心防范，致何文浩在押畏罪自尽。王忠、王举，应比照狱卒失于防范致囚自尽律，杖六十。

律 400：主守教囚反异〔例 4 条，事例 3 条，成案 2 案〕

〔反训翻〕

凡司狱官典狱卒教令罪囚反异〔成案〕，变乱〔已经勘定之〕事情，及与通传言语〔于外人，以至罪人扶同〕有所增〔入他人〕减〔去自己之〕罪者，以故出入人罪论。外人犯〔教令通传有所增减〕者，减〔主守〕一等。

若〔狱官典卒〕容纵外人入狱，及〔与囚传通言语〕走泄事情，于囚罪无增减者，笞五十。

若〔狱官典卒外人〕受财者，并计〔入己〕赃，以枉法从重论。

（此仍明律，顺治三年，添入小注。顺治律为 422 条。）

条例 400.01：刑部乃总理刑名之地

刑部乃总理刑名之地，如有闲杂人等擅自出入，及跟随听审人犯私入窥探者，本犯及守门领催兵皂俱责治，于刑部门首枷号。官员犯者，交该部议处。

（此条系康熙年间现行例。雍正三年定例。道光二十年改定为条例 400.02。）

条例 400.02：在京问刑各衙门

在京问刑各衙门，如有闲杂人等擅自出入，及跟随听审人犯私入窥探者，本犯及守门领催兵皂，俱责治于衙门首，枷号一个月，责三十板。官员犯者，交该部议处。如因出入窥探，而又另犯教供勾串等弊，仍按照律例从重治罪。

（此条系道光二十年，将条例 400.01 改定。）

薛允升按：刑部为刑名总汇之区，关系最重，且有审办命盗，及奏交各大案，与其余问刑衙门轻重迥殊，是以特立私入刑部治罪专条。后改为问刑各衙门，殊觉无谓。

条例 400.03：凡书办皂隶及官员家仆人等

凡书办皂隶及官员家仆人等，有擅自出入监所者，令提牢官、司狱、禁卒立拿回堂。将书隶革役，责四十板，递回原籍；家人枷号一个月，责四十板；家人之主交部议处。若不行拘拿，被查出者，提牢官、司狱俱以失察例议处。

（此条系雍正三年定例。）

薛允升按：此亦指刑部监狱而言。别处及京外各衙门监狱，有此情节如何科断，记核。书隶无枷号，而家人枷号一月，未免参差。教供勾串等弊，亦应添入。

条例 400.04：步军统领酌量派出番役

步军统领酌量派出番役，在刑部衙门外左近，密行访拿，若有探听之徒，照私入刑部衙门例，枷号一个月，责三十板。〔按：私入刑部衙门例，已改〕系官交部议处。如有受贿通信教供情弊，察实将书役并行贿之人，均计赃从重治罪。

（此条系雍正八年定例。）

薛允升按：不访拿别处，以刑部与问刑各衙门不同故也。亦知前条改刑部为问刑各衙门之非是。

事例 400.01：雍正元年题准

现审事件，惟该承审满、汉司官审问，该司之笔帖式与书办登记口供，若有别司司官与笔帖式过来同坐递话者，连容隐之官参处。

事例 400.02：嘉庆二十二年谕

御史周鸣銮奏：严防监狱以杜刁健一折。刑部为刑名总汇之地，监狱理宜严肃，凡有未经定案之犯，有讼师假托犯人亲属，进监探视教供，以致案情多有翻异，人证反受拖累，不可不豫为防范。其外省监狱，亦当一律整饬。应如何严申例禁，加意慎密，及满、汉提牢厅轮流住宿之处，著交刑部妥议章程具奏。钦此。遵旨议准：嗣后申明旧例，饬令提牢、司狱各官严密稽查，所有现审案犯，除未结各案，仍不准亲属探视外，其已结各案，如有亲属进监探视，亦令定立号簿，将某日某案某亲属入监看视，逐一详讯登记，并令嗣后满、汉提牢司员，每日轮流一人在外厅直宿，严行查察，如有捏称犯属入监教供舞弊情事，一经觉察，严拿本犯究办，将未能查出之提牢、司狱各官，分别议处，自行查出免议。至各直省司府州县监狱，向系责成司狱、吏目、典史等官专管。其巡察防守，或不能如部监严密整肃，恐积惯讼棍，更易夤缘入监串通教供，亦应令各该督抚申明例禁，饬知司府州县管狱各管，于未经结案监犯，严禁不许亲属探视；其已结各案犯属入监探视，亦逐一登记号簿，详密稽查，如有奸徒捏名入监舞弊，亦即据实分别拿究参处。

事例 400.03：嘉庆二十五年谕

御史佟济奏：请饬刑部稽查犯人亲友出入衙署一折。所奏甚是。刑部总理讼狱，关防自应周密，若如该御史所奏，人犯到部，门皂禁卒互相照应，于未经定案以前，任听亲友往来看视，通信串供诸弊，皆由此而起。著刑部严饬提牢、司狱等，轮流分别南北两监严密稽查。凡未经定案人犯，概不准亲属往来通信，其初二、十六放入家眷之例，亦系为爰书既定之后而设，未定之前，亦著饬禁。该部司务，仍遵照旧例在大门内公所办事，不准移入堂后，以便稽查门皂，禁止闲人。其各省问刑衙门，并著刑部行文，一体严禁串供等弊，以慎刑法。

成案 400.01：浙江司〔嘉庆二十一年〕

浙抚咨：刑禁费致准等，纵容差役教供等情一案。查差役俞烺等，奉差承缉烧棺案内正贼无获，虑受比责，贿嘱旧匪俞瑞祥等承认收禁，出入监门，教演烧棺供词情形，该刑禁费致准等不知俞瑞祥有诬认情事，惟纵容俞烺等进监，出入教演，以致情罪变乱。将费致准等比照司狱官与狱卒通传言语、有所增减、以故出入人罪论，故出入人罪论全入者以全罪论、囚未决放、听减一等律，于俞瑞祥军罪上，减一等，满徒。

成案 400.02：直隶司〔道光十三年〕

钦差大学士富等奏：民妇贾龚氏，在都察院呈控伊夫贾万元，被田茂德喝殴毙命案内之刑书王焕，乘该县退堂，教诱供词。查典卒教令罪囚，以故入人罪论，律应拟流，惟因传闻人言，诱令供词，尚无受财贿嘱情事，自应量减问拟。将王焕于故入人死罪未决满流罪上，减一等，杖一百、徒三年。

律 401：狱囚衣粮〔例 16 条，事例 10 条，成案 5 案〕

凡狱囚〔无家属者〕应请给衣粮、〔有疾病者应请给〕医药而不请给，患病〔重者除死罪不开锁杻外，其余〕当脱去锁杻而不〔请〕脱去，〔犯笞罪者〕应保管出外而不〔请〕保管，〔及疾至危笃者〕应听家人入视而不〔请〕听〔以上虽非司狱官典狱卒所主，但不申请上司〕，司狱官、典狱卒笞五十。因而致死者，若囚该死罪，杖六十；流罪，杖八十；徒罪，杖一百；杖罪以下，杖六十、徒一年。提牢官知而不举者，与〔狱官典卒〕同罪。

若〔司狱官〕已申禀上司，〔而上司官吏〕不即施行者，一日笞一十，每一日加一等，罪止笞四十。因而致死者，若囚该死罪，杖六十；流罪，杖八十；徒罪，杖一百；杖罪以下，杖六十、徒一年。

（此仍明律，顺治三年添入小注，原文"枷、锁、杻"，雍正三年修改为"锁杻"。顺治律为 423 条。）

薛允升按：《辑注》按，惟死罪用杻，此云应脱去锁杻，是死罪患病亦去杻矣。而注云重者，除死罪不开锁杻，本后条例而言也。夫死罪之用枷杻恐其脱逃，非欲以此苦之也。今既患重病，必无脱逃之虞，岂忍听其桎梏而死，律例当参论酌行。此议不为无见。

条例 401.01：凡各府司狱专管囚禁

凡各府司狱，专管囚禁，如冤滥，许令检举申明。如本府不准，直申宪司各衙门。不许差点府州县牢狱，仍委佐贰官一员提调。其男女罪因，须要各另监禁，司狱官常加点视。州县无司狱去处，提牢官点视。若因患病，提牢官检实给药治疗。除死罪不开枷杻外，其余徒流杖罪囚恶病重者，开疏枷杻，令亲人入视。笞杖以下，保管在外医治，病痊依律断决。如事未完者，复收入禁，即与归结。

（此条系明令，雍正三年删改为条例 401.02。）

条例 401.02：凡司狱吏目典史专管囚禁（1）

凡司狱、吏目、典史，专管囚禁，如犯人果有冤滥，许管狱官检举申明。如府州县不准，许即直申宪司各衙门提讯。其男女罪因，须各另监禁，常加点视。若患病，除死罪不开枷杻外，其余军徒流罪等因病重者，开疏锁杻，令亲人入视。杖罪以下，保管在外医治，痊日依律断决。如事未完者，复收入禁，即予归结。

（此条系雍正三年，将条例401.01删改。乾隆五年改定为条例401.03）

条例401.03：凡司狱吏目典史专管囚禁（2）

凡司狱、吏目、典史，专管囚禁，如犯人果有冤滥，许管狱官据实申明。如府州县不准，许即直申宪司各衙门提讯。

（此条系乾隆五年，将条例401.02改定。）

薛允升按：虽有此例，无行之者，亦虚设耳。讯出冤情，据实申明之司狱等，给与议叙，似应添此一层。此例与狱囚衣粮无涉，似应移于"辩明冤枉"律内。司狱、典史虽微亦官也，犯果冤滥，许据实申明，以其专管囚犯，知之最切，不以微员而膜视之也。乃例准申明，而据实申明者，千百中并无一、二，其自待亦太菲薄矣。

条例401.04：凡牢狱禁系囚徒（1）

凡牢狱禁系囚徒，年七十以上，十五以下，废疾散收，轻重不许混杂，枷杻常须洗涤，席荐常须铺置，冬设暖床，夏备凉浆。无家属者，日给仓米一升，冬给絮衣一件，夜给灯油，病给医药，并令于本处有司在官钱粮内支放，狱官豫期申明关给，毋致缺误。有官者犯私罪，除死罪外，徒流锁收，杖以下散禁。公罪，自流以下皆散收。

（此例原系二条，一系明令〔按：蔼乎仁人之言〕，雍正三年改"枷杻"为"锁杻"。一系康熙十三年例，乾隆五年删并为条例401.05。）

条例401.05：凡牢狱禁系囚徒（2）

凡牢狱禁系囚徒，年七十以上，十五以下，废疾散收，轻重不许混杂，锁杻常须洗涤，席荐常须铺置，冬设暖床，夏备凉浆。凡在禁囚犯，日给仓米一升，冬给絮衣一件，病给医药。看犯支更禁卒，夜给灯油，并令于本处有司在官钱粮内支放，狱官豫期申明关给，毋致缺误。有官者犯私罪，除死罪外，徒流锁收，杖以下散禁。公罪，自流以下皆散收。

（此条乾隆五年，将条例401.04删并。乾隆四十四年，遵旨裁去狱囚灯油，给予支更禁卒，改定为此条。）

薛允升按：此例体恤罪囚之意，可谓无微不至矣。官犯一层与"应禁不禁"门内一条参看。

条例401.06：各省解送到部免死减等发遣

各省解送到部免死减等发遣现议军流应行充发人犯，如遇隆冬停遣，照重囚例，给予衣帽，动支赃罚库银，俟年底奏销。

（此例系雍正三年定例。乾隆五年修并入条例401.07。）

条例 401.07：凡解部及递解外省各项犯人

凡解部及递解外省各项犯人，有司官照支给囚粮之例，按程给予口粮，如遇隆冬停遣，照重囚例，每名给与衣帽。傥有官侵吏蚀，照冒销钱粮律治罪。

（此例原系二条。一系康熙二十六年，奉恩诏纂为例。一系雍正三年条例 401.06。乾隆五年修并为此条。）

薛允升按：乾隆二年，议覆御史周绍儒奏称：嗣后发遣军流及一切递解人犯，照依支给囚粮之例，在于存公银两动支散给，每于年底造具花名清册，咨送刑部查明人犯数目，并程途远近，咨送户部核销云云，即所谓支给囚粮之例也。下条日给仓米一升亦然，而乾隆四十年，户部咨照供支发遣军流人犯口粮米石，俱应每日以八合三勺支给，与囚粮似稍有参差，且造册咨部，现在俱系照此办理，而例无明文，殊嫌疏漏。"陵虐罪囚"律，克减衣粮者，以监守自盗论。此云冒销钱粮语意未明，《处分例》有冒销粮一条，应参看。发遣军流等犯，支仓米一升，五城羁禁及看守一切人犯，亦支老米一升，均系钦恤之意。此止言解部及递解各犯，而不及在监人犯，何也。查外省监禁人犯，每年俱造册咨部，看押人犯，如何办法，并无明文，亦属参差。

条例 401.08：内外刑狱医治罪囚

内外刑狱医治罪囚，各选用医生二名，每遇年底，稽考优劣。如医治痊愈者多，照例俟六年已满，在内咨授吏目，在外咨授典科、训科。不能医治，病死多者，即责革更换。

（此条系康熙年间现行例。雍正三年定例。）

薛允升按：太医院有八品、九品、从九品吏目等官，外省虽有府医学正科、县医学训科，亦徒有其名耳。府有医学正科，州有典科，县有训科，此国初例文也，现在均有名无实矣。此条劝惩并用，并钦恤罪囚之意也。

条例 401.09：在监人犯许令犯人祖父母父母等入视（1）

在监人犯，许令犯人祖父母、父母、伯叔、兄弟、妻妾、子孙，一月两次入视，使役人等，不越两名。若有送饮食者，提牢官验明，禁子转送。

（此条系康熙二十九年例，雍正三年定例。乾隆五年修改为条例 401.10。）

条例 401.10：在监人犯许令犯人祖父母父母等入视（2）

在监人犯，许令犯人祖父母、父母、伯叔、兄弟、妻妾、子孙，一月两次入视，使役人等，不越两名。若有送饮食者，提牢官验明，禁子转送。其盗犯妻子家口，不许放入监门探视，违者，妻子家口枷号两个月，责四十板，不准收赎。提牢、司狱官吏参处。

（此条系乾隆五年，将雍正七年所定盗犯妻子不准入监之例，与条例 401.09 修并为此条。嘉庆六年，将"不准收赎"四字，改为"妇女照例收赎"。嘉庆二十二年增定为条例 401.11。）

条例 401.11：刑部在监现审人犯

刑部在监现审人犯，除未结各案，及监禁待质官常各犯，均不准亲属探视外，其已结各案，许令犯人祖父母、父母、伯叔、兄弟、妻妾、子孙，一月两次入视，其随从入视之使役人等，不越两名。提牢、司狱各官定立号簿，将某日、某案、某犯、某亲属入监探视，逐一详讯登记。每日满、汉提牢司员，轮流一人在外厅值宿，司狱二员在南北两监内厅值宿，严行查察。如有捏称犯属入监，教供舞弊情事，一经察觉，严拿本犯究办。将未能查出之提牢、司狱各官，分别议处，自行查出免议。若有送饮食者，提牢官验明，禁子转送。至各直省司府州县监狱，责成司狱、吏目、典史专管。于未经结案，并待质监犯，严禁不许亲属探视。其已结各案犯属入监探视，亦逐一登记号簿，一体详密稽查。如有奸徒捏名入监舞弊，即据实分别拿究参处。其盗犯妻子家口，均不许放入监门探视。违者，妻子家口枷号两个月，责四十板，妇女照例收赎。提牢、司狱等官吏参处。

（此条系嘉庆二十二年，遵旨将条例401.10增定。）

薛允升按：《处分则例》："刑部监狱每日令满汉提牢、司员，轮流一人在外厅值宿，司狱二员在南北两监内厅值宿，如有应行议处之案，以司狱为管狱官，提牢、司员为有狱官，堂官照督抚例处分。"此条原例本属从宽，后则愈改愈严矣。不应探视之人，即不准擅行放入，有放入者，非徇情，即受贿矣。例末盗犯家口亦同，似应将禁卒罪名添入。按察使、知府衙门以司狱官为管狱官，州厅各县以吏目、典史等官为管狱官，见《处分则例》，余与此例大略相同，应参看。

条例 401.12：刑部赴仓支领囚粮

刑部赴仓支领囚粮，每石给脚价银五分。倘狱卒人等私行扣克，照律严加治罪。狱官通同作弊，一体治罪。其失察之提牢官，交部议处。

（此条系雍正十一年定例。）

薛允升按：止言脚价银，而未及囚粮，《户部则例·矜恤》门，矜恤罪犯事例："刑部南北两监囚犯，每名日给仓米一升，每委咨户部札仓支领"云云，刑例不载，似嫌疏漏。每委赴工部支领柴炭，刑例亦无明文。照律严加治罪句，似未明晰。私行克扣，自系指囚粮而言，乃紧接于脚价之后，看去殊不分明。

条例 401.13：刑部南北两监板棚

刑部南北两监板棚，不许禁卒人等私相租赁。如有受贿顶租等弊，将狱卒人等从重治罪。

（此条系雍正十一年定例。）

薛允升按：此条因何纂定，并无按语可考，查乾隆五年二月，刑部议覆御史刘奏，查本部南北两监，南监羁禁旗人，北监羁禁民人，其南北两监外围，俱绕更道四周。另有板房数十间，监禁一切官犯，是官贱原有分别，体统未始不存。且官犯少，而民犯多，若将南监专禁官犯，其余罪犯不分旗民，悉行并归北监，则北监人多，必致拥挤。应将该御史所奏，南监专收官犯，北监专收民犯之处，毋庸议。应与此例参看。从重治罪，并未叙明，治以何罪。与上严加治罪同。

条例 401.14：五城司坊羁禁人犯

五城司坊羁禁人犯，及刑部等衙门发交各司坊枷号，及看守牵连待质等犯，果系赤贫并无家属送饭者，每人每日给老米一升，按委造报户部核销。

（此条系乾隆六年，刑部议覆御史苏霖渤条奏定例。）

薛允升按：此非狱囚，而与狱囚相等者，故亦日给米一升。惟此处载明给老米一升，而上条刑部监犯日给米若干，何以并无明文。

条例 401.15：斩绞重犯及军流遣犯

斩绞重犯及军流遣犯，在监及解审发配，俱著赭衣。

（此条系乾隆二十五年，刑部议覆山东按察使沈廷芳条奏定例。）

薛允升按：此亦恐其逃走之意，与上薙发同。

条例 401.16：内外问刑衙门收禁人犯

内外问刑衙门收禁人犯，如有禁卒人等私行传递，或代买鸦片烟与犯人吸食者，发极边烟瘴充军。其奉官解递看守之犯，解役、看役人等，有犯前项情弊，发近边充军。赃重者，计赃以枉法从重论。失察之该管各官，交部议处。

（此条系道光十九年，大学士军机大臣会同各衙门议准定例。）

事例 401.01：康熙十三年覆准

凡内外监禁人犯，除有亲戚家人送饭者，不给口粮外，如无亲戚家人者，罪囚月给米三斗，在户部支取。在外直省各该抚，于年底开明事案，罪囚名数，与给过口粮数目，造册报部销算。

事例 401.02：康熙二十六年钦奉恩诏

凡解部及递解外省各项犯人，沿途口食不敷，因于饥饿者可悯，应令有司按程给予口粮，毋致饥毙。

事例 401.03：雍正三年议准

凡拟死罪监候人犯之亲属，许于每月初二、十六入监探视。嗣后须逐一查明伊父母、妻子、嫡亲弟兄姓名年貌，登记号簿，交付狱官，遇放家口日期，严行查对放入。至未结案之犯，亲属人等，一概不许入监。如不应放入之人，蒙混放入者，将管狱官及该管禁卒，俱从重治罪。其顶冒混入之犯，照擅入衙门例，在刑部衙门门前枷号示众。

事例 401.04：雍正三年又议准

北监南所两处囚犯，每日散饭两次，提牢官务必身领狱官阅视。若止委之司狱，不亲至监所，堂官查出，即以怠玩题参。

事例 401.05：雍正十一年谕

凡系狱囚犯俱给口粮，久有定例，止因各省旧日额设之项，有无多寡不同，遂致奉行不一。即闻州县官自行捐助者，亦不可以为常。著通行各省督抚藩臬悉心详查，若该府县额设之项，岁有余粮，则当分给不足之府县。若本地原无额设之项，或额数不敷，则应公同酌量，动支存公银两，核实散给，令各处监禁之犯，日食有资，不致饥饿。倘有刑书、禁卒扣克等情，一经发觉，该管官员一并议处。

事例 401.06：乾隆三年议准

监禁盗犯，不许家属探视，故官给口粮，著为定例。至于斩绞重辟，军流小窃，未经审结，有家属者则否，但其中实有赤贫无力送饭者，亦一体给予钱米。

事例 401.07：乾隆五年议准

递解人犯，程途既有远近，则口粮亦难归一款。军流最远者曰极边、曰烟瘴，俱发四千里；其次曰边远，发三千里。近者曰边卫，发二千五百里。最近者曰附近，发二千里。流犯最远者发三千里，其次发二千五百里，最近者发二千里。至于徒犯不出本省，亦有五百里之遥。以上三项，或由刑部题结，咨送兵部及顺天府定地发遣，或由各该督抚题结，咨部发遣。若令糊口无资，必致中途饿毙，且刑部俱有案卷，自当如刑部原议，动支存公银两，给予口粮，年底造册报部，仍将并未虚冒捏饰，及程途远近实属相符之处，饬令该州县出具印结，由该督抚保题至部，查对原案，移咨户部核销。其或有命案内人犯远扬外省，后经缉获，移解犯事之地方收审，其程途亦有数百里及千余里不等。重案人犯，关系紧要，远路跋涉，必需口粮，亦应一体支给，仍令缉获起解之地方督抚，先期咨报刑部存案，年底汇题核销。至若督抚司道及府州县等衙门自理案件，或关提质讯，或递回安插，计程原不甚远，所需口粮无多，且丛杂烦琐，即各该上司亦无从稽核。如果贫难之人，各该地方官，自当照例酌量办理，不必著为定例，转滋胥吏侵渔之弊。至秋审人犯羁禁在狱，原有囚粮，至解省候审及审毕发回，所有沿途口粮，理应归入囚粮案内支给报销，亦不必另动存公银两。

事例 401.08：乾隆八年谕

今岁夏至以后，天气炎热，甚于往年，省刑之典，允宜举行。著刑部堂官，将在京徒杖以下轻罪，查明情节，或应释放，或应减等，即速分别请旨完结。其重罪人犯，虽法无可减，际此炎天，身系囹圄，实堪怜悯。著该部添席棚，给予冰汤药饵，毋致病渴。该部即速谕行。

事例 401.09：乾隆二十五年议准

羁禁解审斩绞重犯，例著赭衣。至军流各犯，往往不尽衣红，难免疏脱。嗣后凡囚衣，于监禁解审发配时，上下尽衣表里，无论棉单，悉以红布制造。又秋审人犯，向例会勘后，即于省城薙发，惟山东系发回始薙。嗣后各直省俱于会勘发回后再予薙发。

事例 401.10：乾隆四十四年谕

向来刑部及各省监狱囚犯，有夜给灯油之例，甚属无谓。此等身系图圄者，俱系犯法之人，罪由自取，如重囚给以衣食，其爰书已定，必须明正典刑，不应复令冻馁致毙，已属国家法外之仁。至灯油一项，并非衣食可比，罪因在狱，夜间本无需灯火，且小民常时，入夕寝息，不留灯者居多，岂有犯罪禁狱，转彻夜予以火照，虽矜恤亦不宜及此，并恐奸徒因有灯火，或致放火以图越狱，尤非慎重监狱之道。至狱官、禁卒，稽查监口，原可各自携灯照看，并未藉狱囚之有灯也。著传谕刑部堂官，查明此项灯油，因何给予，必系多年相沿陋例。如禁卒坐更看守，自应酌给灯油，至狱囚断不宜予以灯火。著即行妥议具奏，行知各省一体遵照。钦此。查例载凡在禁囚犯，日给食米一升，冬给絮衣一件，夜给灯油等语，溯自雍正三年纂修黄册，于此条下，即注有原例字样，是此条已属相沿旧例。随查刑部监狱司给灯油银六两，在秋审项下奏销，其银系南北两监分支，两监禁犯，房屋共有十一处，系通连房屋五间，屋内东西正中三墙，上悬设油灯三盏，禁卒四名，即在屋内坐更看守，每晚囚犯与禁卒一并封锁在内，一应械禁众囚，得资防范，旧例相沿已久。盖因狱囚有应给之灯油，禁卒同在一室，通融燃照，是以守犯之禁役，即藉狱囚之灯油，以为照察，并无另给之项。原例称禁囚夜给灯油，转置禁卒之燃照看守不论，本未妥协，自宜裁给彼，以符体制。应请于例内夜给灯油之上，添载"看犯支更禁卒"六字，通行直省督抚等，转饬有狱衙门一体遵照，应更正者更正，应裁汰者裁汰，酌定章程，咨部汇核，以归画一。

成案 401.01：逾限取供监毙无干人〔康熙二十九年〕

刑部疏：盗犯沈福寿等案内连累之马祥、俞烝，先后病故。查定例，凡审案件逾限，虽取口供，不行审结，将连累之人监毙者，交与吏部等语。应将长洲县知县刘兴藻、苏州府知府胡世威、苏松道钱捷，均照例各降二级调用。

成案 401.02：取供监毙上司未经承审〔康熙四十三年〕

刑部议直抚李光地疏：盗犯张二英、张五、张西白，在途病故。查定例，承问官将真正人犯虽限内取有口供，不早行题结，监毙一二人者免议，三四人者罚俸三个月等语。应将途毙监毙贼犯三名之承审官，沧州知州姚孔瑄，照例罚俸三个月。河间府知府白为玑，承审之后止毙张五二犯，应照例免议。巡道梁世勋既称此案未经审讯，张二英等先已病故，无庸议。

成案 401.03：到任后人犯监毙〔康熙二十八年〕

吏部议盗犯赵灿等一案。查第定例，承问官将真正人犯虽限内取有口供，监毙五六人者，罚俸六个月等语。应将亳州知州、凤阳知府、按察司，均照例各罚俸六个月。又按察司高起龙于二十七年十二月初三日到任，盗犯汪尚泽等俱系该司到任以后病故，该抚称前毙五犯，该司未经审理，不合，应将安抚江有良照此例降一级留任。

成案 401.04：抢犯病故朦混迟报〔康熙四十五年〕

兵部议偏抚赵申乔疏称：翟长公略卖林如桂一案，九溪卫守备刘昌祚将抢犯汤公选既称病故，竟不具报，惟于宽限文内声明，又不查取印甘各结，抢犯重情，凭何结案？该弁朦胧之咎难辞等因。查定例，官员呈报朦胧者，比照钱粮朦胧例，降二级调用等语。应将刘昌祚照例降二级调用。

成案 401.05：福建司〔嘉庆二十四年〕

福抚咨：弓役周超因陈子瞻负欠周时敏番银，经周时敏赴巡检衙门控告，周超奉官带候，因虑陈子瞻脱逃，私加锁链，并不加意看守，致陈子瞻带链走脱，落水溺毙。比照囚犯患病，狱卒不请去锁杻而不脱去，因而致死，司狱官、典狱卒杖六十、徒一年律上，加一等、杖七十、徒一年半。

律 402：功臣应禁亲人入视

凡功臣及五品以上〔文武〕官犯罪应禁者，许令〔服属〕亲人入视。〔犯〕徒流〔应发配〕者，并听亲人随行。若在禁及〔徒流已〕至配所，或中途病死者，在京原问官，在外随处官司，开具〔在禁、在配、在途〕致死缘由差人引领〔其入视随行之〕亲人，诣阙奏请发放，违者杖六十。

（此仍明律，雍正三年改定，其小注系顺治三年添入。顺治律为 424 条。）

律 403：死囚令人自杀

凡死罪囚已招服罪，而囚〔畏惧刑戮〕使令亲戚故旧自杀，或令〔亲故〕雇倩〔他〕人杀之者，亲故及〔雇倩〕下手之人，各依〔亲属凡人斗殴〕本杀罪减二等。若囚虽已招服罪，不曾令亲故自杀，及虽曾令〔亲故〕自杀，而未招服罪，〔其亲故〕辄〔自〕杀讫，或雇倩人杀之者，〔不令自杀，已有幸生之心，未招服罪，或无可杀之罪。〕亲故及下手之人各以〔亲属凡人〕斗杀伤论〔不减等〕。

若〔死囚〕虽已招服罪，而囚之子孙为祖父母、父母，及奴婢、雇工人为家长〔听饮自下手或令雇倩他人杀之〕者，皆斩〔监候，雇倩之人仍依本杀罪减二等〕。

（此仍明律，顺治三年，添入小注。顺治律为 425 条。）

律 404：老幼不拷讯

凡应八议之人〔礼所当优〕，及年七十以上〔老所当恤〕，十五以下〔幼所当慈〕，若废疾〔疾所当矜〕者，〔如有犯罪，官司〕并不合〔用刑〕拷讯，皆据众证定罪。违者，以故失入人罪论。〔故入抵全罪，失入减三等。〕其于律得相容隐之人，〔以其情亲有所讳，〕及年八十以上，十岁以下，若笃疾〔以其免罪有所恃〕皆不得令其为证。违者，笞五十〔皆以吏为首递减科罪〕。

（此仍明律，顺治三年，添入小注。顺治律为 426 条。）

律 405：鞫狱停囚徒对〔例 12 条，事例 9 条，成案 1 案〕

凡鞫狱官推问〔当处〕罪囚，有〔同〕起内〔犯罪〕人伴，见在他处官司〔当处〕，停囚专待〔其人〕对〔问〕者，〔虽彼此〕职分不相统摄，皆听直行〔文书〕勾取，〔他处官司于〕文书到后，限三日内，〔即将所勾待问人犯〕发遣，违限不发者，一日笞二十，每一日加一等，罪止杖六十。〔当处鞫狱者，无以其不发而中止，〕仍行移〔他处〕本管上司，问〔违限之〕罪，督〔令将所取犯人解〕发。

若起内应合对问同伴罪囚，已在他处州县事发见问者，〔是彼此俱属应鞫，〕听轻囚〔移〕就重囚。〔若囚罪相等者，听〕少囚从多囚。若囚数相等者，以后发之囚，送先发官司并问。若两县相去三百里之外者，〔往返移就，恐致疏虞，〕各从事发处归断，〔移文知会。如〕违〔轻不就重，少不移多，后不送先，远不各断〕者，笞五十。若违法〔反〕将重囚移就轻囚，多囚移就少囚者，当处官司随即收问，〔不得互相推避。〕仍申达〔彼处〕所管上司，究问所属违法移囚〔笞五十〕之罪。若〔当处官司〕囚到不受者，一日笞二十，每一日加一等，罪止杖六十。

（此仍明律，顺治三年，添入小注。顺治律为 427 条。）

条例 405.01：问刑衙门行文军卫有司提人

问刑衙门行文军卫有司提人，迁延三月以上不到，该官吏住俸，候事完之日，方许关支。半年不到，经该官吏参奏提问。

（此条系明代问刑条例。雍正三年删除。）

条例 405.02：在京在外问刑例应委官勘问

在京在外问刑，例应委官勘问，及行军卫有司会勘者，如财产等项，限一月；勘检人命，限两月；驳勘者，亦限一月。违及托故推诿不即赴勘者，参奏提问，仍另行委官作急勘报。

（此条系明代问刑条例。雍正三年删除。）

条例 405.03：凡校尉等有犯应提拿者

凡校尉等有犯应提拿者，移咨銮仪卫提拿，不得差拘。

（此条系康熙年间现行例。顺治十二年曾经覆准，见《会典》。雍正三年定例。）

薛允升按：此专指校尉一项而言。校尉补缺，见"官员荫袭"，此外无文，例止言不准差拘，其所犯罪名，则仍应照凡人论矣。

条例 405.04：凡钦部等事件

凡钦部等事件，直省督抚俱以文到日为始，限四个月具题。总督辖两省者，隔省事件，限六个月具题。两广总督、广东巡抚所属琼州，亦照隔省例，限六个月。福建台湾府限十个月。其湖广衡州等府所属，有苗民二十六州县，及乾州、平溪等卫，距省窎远，凡命盗案件，俱于定限外，各展限两个月。

（此条系康熙二十六年、二十七年先后定例，并纂为一。原载"官文书稽程门"，乾隆五年移附此律，嘉庆六年改定。）

薛允升按：《吏部处分则例》："凡钦部事件，该督抚应具题者，以文到之日为始，督抚驻扎省分事件，限四个月具题。总督兼管省分事件，限六个月具题。其陕甘总督所管之新疆，两广总督、广东巡抚所管之琼州，与省城相距较远，限六个月具题。福建台湾远在海中，限十个月具题。如该督抚具题迟延，违限不及一月者，免议，一月以上者，罚俸三月；两月以上，罚俸六月；三月以上，罚俸九月；四、五月以上，罚俸一年；半年以上，降一级留任；一年以上，降二级留任；二年以上者，降三级调用。俱公罪。"〔按：兵部例亦大略相同，惟有违限月日，俱专责督抚提镇计月处分，不许分坐属员一层，应参看。〕原题有不许分坐道府州县一语，自系专责督抚而言，定例时将此语删去，便不分明。与"盗贼捕限"门内第一条参看。《中枢政考》一条略同，亦应参看。例末一段与"盗贼捕限"门，黔省苗疆及土苗案件各条相类似，应移入彼条之内。钦部等事件限期，已见"盗贼捕限"门内，此条止言督抚而未及司道以下，系指奉旨特交，及由部咨交而言。刑名事件，以京控交审，及部驳案件为多，而《处分则例》内载特旨交审之案，定限两个月完结，部院咨交之案，定限四个月完结，亦与此例不符。京控交审案件，吏部定有两月、四月完结专条，而刑例转无明文，似嫌疏漏。现在转交之案，均系奏结，从不具题，亦不声明限期，若系刑名事件，另有两月完结之例。

条例 405.05：督抚新任及署理印务

督抚新任及署理印务，如钦部等事件，原限内难于完结，准分别展限，原限四个月展两月，原限六个月展三月。遇公事出境，一切事件准题请展限。若监临科场，准按日扣限；隔省提人，准到日扣限。

（此条系康熙四十六年例，原载吏部"官文书稽程"门，乾隆五年移入此。）

薛允升按：特交之案，各部院咨交案件，督抚臬司提省审办之案，分别三条，均见《处分则例》，应参看。

条例 405.06：刑部行文八旗内务府五城顺天府提人

刑部行文八旗、内务府、五城、顺天府提人，限文到三日内，即行查送过部，或人犯有他故不到，即将情由报明。如违，将该管官参处。倘人犯已至，而胥役勒索不行放入，经司务厅查出，照例严加治罪。如徇隐不究，察出或被首告，将该司务一并参处。

（此条系雍正五年定例。）

薛允升按：与上行文八旗一条，似应修并为一。

条例 405.07：邻境关提人犯

邻境关提人犯，照各省关查口供之例展限两个月。傥逾限不发，照例参处。

（此条系雍正五年定例。乾隆五年，增入"展限两个月"句。）

薛允升按："盗贼捕限"门载，邻县关提人犯，限文到二十日拿解，逾限不发，交部议处。谓逾二十日之限不发人，故有处分也。此例展限两个月，似系指审结此案而言，而又云逾限不发，何也。若谓指隔省而言，而例首又系邻境，详玩文义，展限两个月，系指承审而言，逾限不发，系指邻境而言，并作一处，殊未明晰。《律例通考》按，乾隆三十九年，吏部咨覆江苏巡抚萨载咨参，青浦县知县杨师震承审迟延一案文开，承审案件，如有关查犯案，及隔省关取口供者，应按其实在往返月日扣算。该抚所引承审事件，隔省关查口供，展限两个月之例，本部于上次增纂则例时，业已删除等因。此条乃系准关之州县应遵限拿解之例，例内展字原不明白云云。各省关查口供之本例，既经吏部删除，此条自应删改。

条例 405.08：凡在京衙门承审事件

凡在京衙门承审事件，限一个月完结。刑部现审事件，杖、笞等罪，限十日完结。遣、军、流、徒等罪，应入汇题者，限二十日完结。命、盗等案，应会三法司者，限一个月完结。其斗殴、杀伤之犯，到案后以伤经平复，及因伤身死之日为始，内外移咨行察，及提质并案犯患病，以查覆及提到并病愈之日为始。接审者以接审之日为始，仍将应行扣限，及三法司会审日期，并于科道衙门注销内声明。傥该司员任意因循，或三法司不即会审，以致逾限，书役得以乘机作弊者，将书役严加治罪，承审司员及会审迟延之堂司官，交部分别议处。若内外移咨行查催文，至三次无回文者题参。行文八旗、内务府、五城、顺天府提人，于文到三日内无故不行送部者，亦照例参处。

（此例原系二条，一系康熙年间，刑部议覆科臣金题准定例。原载"官文书稽程"门〔《律例通考》云顺治十七年例〕，乾隆五年移附此律。一系雍正十一年定例。道光十年修并，增"行文八旗、内务府、五城、顺天府提人，于文到三日内无故不行送部者，亦照例参处"一节。）

薛允升按：有司决囚等第条例，斗殴养伤者，务当依限报痊，验明传讯，毋许藉伤延宕等语，又载饬坊查拘人犯，限一两日送部，若逾限催至三次不到者，将司坊官参处。均应添入此条之内。"保辜限期"门，载有州县承审斗殴受伤，不得以伤痊之日起限，与此不符。《处分则例》内载刑部现审事件："一、咨查内外各衙门。二、行文八旗、内务府、五城、顺天府传提人犯。三、刑部司员将应行速结案件，故意不行完结。四、应提之人分别监禁、释放。五、发落迟延以致书吏计赃作弊。六、严禁家人衙役吓索。"均应参看。

条例405.09：凡参审之案

凡参审之案，督抚于具题后，即行提人犯要证赴省，其无关紧要之证佐，及被害人等，止令州县录供保候，俟奉旨到日，率同在省司道审理。其有应行委员查办之处，亦即就近酌委，以奉旨文到之日扣限起，旧限四个月者，限两个月具题。总督隔省旧限六个月者，限四个月具题。如果案情繁重，实有不能依据完结者，督抚据实先期奏明，请旨展限，如在旧限四个月、六个月内完结者，宽其议处。若逾旧限不结，照例查参议处。

（此条系乾隆十八年，两次奉上谕，并吏部议覆两江总督鄂容安，及议覆湖南巡抚范时绥条奏并纂为例。）

薛允升按：此专指参案提省审办而言。道府以上候旨提讯，其题参之日，即拘齐审究。见"职官有犯"，应参看。此于四个月、六个月内各减去两个月，虽展限亦不得过四个月、六个月也。

条例405.10：盗犯已获

盗犯已获〔按：谓已经别处拿获也〕，止须关取隔省人证等口供定案〔按：谓被关之本地〕，无犯可审者〔按：谓止须查取事主邻佑确供〕，均照钦部事件例，州县分限两个月，府司督抚共限两个月，统扣四个月完结，不得照承审盗案全限例扣展〔按：谓全限五个月也〕。遇有迟延，照例参处。

（此条系乾隆二十五年，吏部议覆安徽按察使王检条奏定例。）

薛允升按：此旧例也，后盗案限期已改，此例亦应删改。盗案隔省关查口供之例，见"盗贼捕限"。此条似应修并彼条之内。

条例405.11：刑部发城取保犯证

刑部发城取保犯证，如系五城送部之案，其案犯住址，即在原城所管地方，仍发交原城司坊官取保。其余各衙门移送案内应行取保人证，俱按其居址坐落何城，发交该城司坊官就近取保。其由外省州县提到人证，即令本人自举亲识寓居所在，交城就近发保，仍将保人姓名报部查核，其并无亲识者，酌量交城看守。

（此条系乾隆四十一年，刑部议覆山西道监察御史刘锡嘏条奏定例。）

薛允升按：此专指刑部发城取保犯证而言。无亲识保人，交城看守，亦系仍交坊差耳。即故禁门内轻罪人犯，令地保保候审理之意。

条例405.12：各省军流等犯

各省军流等犯，臬司审解之日，将人犯暂停发回，听候督抚查核，如有应行覆讯者，即行提讯。其或情罪本轻，供证明确，毫无疑窦者，亦不必概行解送，致滋稽延拖累。

（此条系乾隆二十六年，刑部议覆广西巡抚熊学鹏条奏定例。）

薛允升按：原奏云，向来各府州县承审案件，斩绞重罪，由司转解巡抚审理。军流则将案情详报，其人犯止解按察司，而不解巡抚衙门。徒罪以下人犯，则归各府州县自行审理，不过将案情详报核批，其人犯即臬司衙门亦不解审。此向来办法也。而例明文，似应于"有司决囚等第"门内添入。再，徒犯解府而不解司，军流解司而不解院办理，最有区别。此例添入听候督抚查核覆讯一层，岂徒罪即无应行覆讯者乎。至离省窎远州县，应归巡道勘审，及后纂例文无庸解省者，又将如何办理耶。

事例405.01：康熙二十二年议准

凡控告案内人犯，有咨八旗并总管内务府行提者，即日查送过部，越二日不行查送者，将该管官议处。若行提屯内居住人等，每日定限五十里，照限送部，违限者，将差去之人鞭五十。其行直隶府州县提人者，亦每日定限五十里，文到五日内起解。若不照限申解，该管官题参议处。或别有事，限内不能起解者，据实报部。若刑部司官将应结事件，借名题参，从重议处。

事例405.02：康熙五十五年谕

此后部院行查到旗提人之事，如有迟误，令伊等将迟误之故举奏。如不自行举奏，部院即行奏闻。再缘坐之人，或有疾病，或待伤愈，著部院派官往取口供，即便完结。

事例405.03：雍正十年谕

凡监候待质人犯，除强盗案件，不应宽释外，如人命等案内，有正凶未获，将牵连余犯监候待质，已过三年者，著取具的保释放在外，俟缉获正凶之日，再行质审。倘暂行释放之际，有私自逃匿者，除保人重惩外，定将本犯严拿从重治罪。著直省一体遵行。

事例405.04：乾隆七年议准

除续获盗首未认，无凭质证，罪关斩决，仍应监候待质外，其有续获盗犯，审与原招相符，并非盗首，又未伤人，止因年久赃物花费，现在监候待质，此等人犯，供认既经确实，而监禁实无可待，其已入秋审者，不拘年限，令九卿、詹事、科道等会审时核明，即照未伤人伙盗例，拟以遣罪，另订招册进呈，俟命下之日，行令地方官查明有无妻室，分别发遣。如获犯并无赃证，屡审坚不承认，是其为盗为良，尚属未定，并于秋审时，九卿、詹事、科道等核其情节，酌量拟以保释，亦另订招册进呈，俟命下之日，令地方官取具的保释放在外，俟缉获正犯之日，再行质审。如有保后脱逃等弊，除保人重惩外，将该犯从重治罪。

事例405.05：乾隆十七年谕

朕命刑部查奏命盗等案内赃证情节未明，监候待质者，共五十四案，内康熙年间一案，雍正年间十一案，而自乾隆元年至十七年，统计已未入秋审者，积至四十五案，虽年远之案，渐消渐少，近者则积而见多。然使于办理之初，即能详慎研究，务在得情，则监候之案，不至如此。即此可见近来办事诸臣，不如从前之实心振作矣。此非使无辜之人，枉系囹圄，即使应辟重犯，久稽显戮，而犴狴之中，淹禁多人，亦非所宜，皆因承审官不能实力查办。又或刑部司员以有遵驳改正议叙之例，多寻罅隙。外省无以登答，转成驳案，一经题明监候待质，即束之高阁，而接任之员，又以非本任之事，率多因循，殊非明慎用刑而不留狱之意。著刑部将此等陈案，速行清理。嗣后内外问刑衙门，于一切命盗重案，各宜留心迅速查办，应缉拿者，上紧缉拿，应定拟者，即行定拟，毋至尘案日积。若本非难结之案，承审官不能审出实情，惟以监候待质，为迁延时日之计，且藉得邀免处分，希冀录叙，该堂官督抚察出，即严行参处，此亦清理庶狱之一法，可通行晓谕知之。

事例 405.06：乾隆十八年谕

督抚参劾属员发审之后，往往迟久不行题结。朕屡降旨明切晓谕，并交部严立限期，凡以励治体，消陈牍，俾官不留狱，而虚实速明也。审案迟久不结之弊，或于其人不无偏议，特以劣迹昭著，无能代为掩饰，不得已挂之弹章，虽款证确凿，而旷日经时，冀可巧为开脱。又或素所憎恶之员，及误听人言，既已列款纠参，而证据不实，不能成谳，则故使之羁候囹圄，不肯遽伸其枉，此辗转迁延，由于不能秉公实心查办故也。今查各省督抚参案，自十四年至本年，未结者几及百余案，直隶、闽、浙、四川等省为多。如准泰在东省题参案件，或因伊获谴去官，后任及承审属员，未免有心玩延。若方观成、喀尔吉善、策楞皆现任地方，自应督率所属，速行查审，何至积案累累，逾限许久。著伊等三人，各自将逐案不能审结缘由，速行明白回奏。

事例 405.07：乾隆十八年又谕

河南巡抚蒋炳奏：参案限期一折。称嗣后参案请提到省，酌量案情轻重，或委首邑审招，或委附近贤员赴省承审，设有情节未明，俱可就近指驳声覆，两月之内，可以速结等语。督抚参劾属员，发审之后，往往迟久不结，朕屡经降旨明切晓谕，并令该部改立限期。今据蒋炳所奏河南审案，已于两月内题结，可见现定之限，并非太迫。其所称赴省承审，就近指驳之处，亦属合宜，可传谕各省督抚，俱照此办理，毋得仍前因循怠玩，以致审案逾限不能归结。

事例 405.08：道光十年奉旨

向来刑部承审案件，本有定限完结，惟各案有提犯未到，或行查未覆，及患病之犯，应行扣限，各衙门与刑部原定之例，尚未画一。至斗殴之案，必以辜限伤痕，定罪名轻重，其疑难重案，遴员接审，应照例扣限，以专责成。若罪止杖笞及无罪可科之人，分别交各旗及司坊官等带讯，亦应定立传限，原例均未赅备。著照刑部所拟，嗣后在京衙门承审事件，限一个月完结；刑部现审事件，杖责等罪，限十日完结；发遣军流等罪，应入汇题者，限二十日完结；命盗等案，应会三法司者，限一个月完结。其斗殴、杀伤之犯，到案后以伤经平复，及因伤身死之日为始。行查及提质并案犯患病，以查覆及提到并病愈之日为始。接审者以接审之日为始，仍将应行扣限，及三法司会审日期，并于科道衙门注销内声明。倘司员因循，或法司不即会审，以致逾限，如系书役作弊者，将书役严加治罪，承审司员及会审迟延之堂司官，一并交部分别议处。内外移咨行查，如催文三次无回文者，照例题参。行文八旗、内务府、五城、顺天府提人，于文到三日内无故不行送部者，亦照例参处。至宗人府会审之案，例无明文，每于传审时不即到案，以致结案迟延，著宗人府定立限期，分别办理，并著各该衙门纂入则例，永远遵行。

事例 405.09：光绪七年谕

刑部奏：各省命盗案件办理迟逾，请旨办理一折。各省办理命盗案件，本有定限，其承审迟延者分别议处，定例綦严。近来各州县藉端延宕，任意耽误，甚至捏词扣展，延搁数年，积压蒙混，弊端百出，殊非慎重刑章之道，自应汇总稽察以期周密。著各省督抚等自此次奉旨之日起，先将现在各州县详报未结命盗案件，造册咨部，嗣后命盗例应题咨之件，由督抚造册按月报部一次，毋得视为具文。如有迟逾等弊，该部立即严参，以儆玩泄。

成案 405.01：不候添差拘拿〔康熙四十六年〕

刑部议直抚赵弘燮疏：真定县王家虎家被窃，该县差役白虎山、张仲英缉贼，积贼范三告知系无极县刘黑子所窃，刘虎山等禀县给文，前往无极县，不候添差，即同范三拘拿，当被刘黑子同父刘天仲打伤范三顶心，虎山等负伤趋出，范三伤重身死，除刘天仲病故不议外，刘黑子照窃盗拒捕杀人律治罪，白虎山、张仲英不候该县添差，擅自拘拿，依不应重杖。

律 406：依告状鞫狱〔例 1 条，事例 1 条〕

凡鞫狱须依〔原告人〕所告本状推问。若于〔本〕状外别求他事，摭拾〔被告〕人罪者，以故入人罪论。〔或以全罪科，或以增轻作重科。〕同僚不署文案者，不坐。

若因其〔所〕告〔本〕状〔事情〕或〔法〕应掩捕搜检，因〔掩捕〕而检得〔被犯〕别罪，事合推理者〔非状外摭拾者比〕，不在此〔故入同论之〕限。

（此仍明律，顺治三年，添入小注。顺治律为 428 条。）

条例 406.01：凡鞫狱止将状内有名人犯审拟

凡鞫狱止将状内有名人犯审拟，如光棍案件，伙党人多，仍行严拿究审，无干牵连者，即行释放。

（此条系康熙年间现行例。雍正五年定例。）

薛允升按：此条与下二条，均系恐无辜牵连，及轻罪人犯久受拖累之意。

事例 406.01：康熙三十三年议准

嗣后大、宛二县民人自尽命案，原被审得实情，又藉端株累两邻者，照定例治罪。有诈取财物者，从重治罪。

律 407：原告人事毕不放回〔例 2 条，事例 3 条〕

凡告词讼对问得实，被告已招服罪，原告人别无待对事理，〔鞫狱官司当〕随即放回。若无〔待对事〕故稽留三日不放者，笞二十，每三日加一等，罪止笞四十。

（此仍明律，顺治三年，添入小注。顺治律为 429 条。）

条例 407.01：督抚应题案件

督抚应题案件，有牵连人犯〔按：牵连见上条，轻罪见下条，此处系属重复。〕情罪稍轻者，准取的保，俟具题发落。其重案内有挟仇扳害者，〔按：重案挟仇扳害，如诬告叛逆，诬良为窃等类。〕承问官申解督抚详审，果系诬枉，即行释放，不得令候结案。若承问官审系无辜牵连者，不必解审，即行释放，止录原供申报。

（此例原系二条，一系康熙年间现行例。一系康熙三十六年，刑部会同吏部议覆御史胡德迈条奏定例。雍正三年修并。）

薛允升按：此例因上条有由督抚详审，始行释放等语，恐逐节解审，不无拖累之苦，故又定立此条。

条例 407.02：凡内外题奏案件

凡内外题奏案件，内有拟以杖笞人犯，审结之日，即先行责释，仍于题奏之日声明。

（此条系雍正三年，刑部遵旨议准定例。）

薛允升按：此亦防其拖累之意。轻罪人犯即行责释，则无牵连之，即予省释，自不待言矣。

事例 407.01：康熙四年覆准

直隶总督审理事件，除情罪重大要犯监禁外，如案内牵连人犯，有情罪稍轻者，取保候题发落。其有挟仇扳害，或无辜牵连，审明之日，不俟本犯之罪结案，即行释放。

事例 407.02：康熙三十六年议准

凡重犯案内干连人犯，州县官确审，果系无辜牵连者，止录原供审详上司结案，牵连之人，不必起解，即行释放。

事例 407.03：雍正三年谕

刑部题奏案件，所拟笞杖人犯，多禁一日，则多受一日之苦。嗣后凡此等人犯，刑部即先行责释，于题奏之日声明。

律408：狱囚诬指平人〔事例3条，成案1案〕

凡囚在禁诬指平人者，以诬告人〔加三等〕论。其本犯罪重〔于加诬之罪〕者，从〔原〕重〔者〕论。

若〔本囚无诬指平人之意〕官吏鞫问狱囚，非法拷讯，故行教令诬指平人者，以故入人〔全〕罪论。

若〔官司〕追征〔逋欠〕钱粮，逼令〔欠户〕诬指平人代纳者，计所枉征财物坐赃论。〔罪止杖一百、徒三年，以赃不入己也〕其物给〔代纳本〕主。

其被〔囚〕诬〔指〕之〔平〕人无故稽留，三日不放〔回〕者，笞二十，每三日加一等，罪止杖六十。

若〔官司〕鞫囚，而证佐之人〔有所偏徇〕不言实情，故行诬证，及化外人有罪，通事传译番语，〔有所偏私〕不以实对，致〔断〕罪有出入者，证佐人减罪人罪二等。〔证佐不说实情，出脱犯人全罪者，减犯人全罪二等。若增减其罪者，亦减犯人所得增减之罪二等之类。〕通事与同罪〔谓化外人本有罪，通事扶同传说出脱全罪者，通事与犯人同得全罪。若将化外人罪名增减传说者，以所增减之罪坐通事。谓如化外人本招承杖六十，通事传译增作杖一百，即坐通事杖四十。又如化外人本招承杖一百，通事传译减作笞五十，即坐通事笞五十之类〕。

（此仍明律，原有小注，顺治三年增修。末段"减犯人全罪二等"，原为"减犯人增减之罪全罪二等"，雍正三年删定。顺治律为430条。）

事例408.01：雍正七年议准

例内向无窃盗诬良治罪之条，故凶恶之徒，肆行扳害。嗣后窃盗有将良民诈陷，或指称窝赃，妄行扳害者，应加等比依三犯窃盗，分别赃数多寡治罪。如地方官故行徇纵，照失察诬良例，诬扳致死者革职，未经致死者降四级调用。再强盗扳害良民，较之窃盗诬扳，被害尤甚。嗣后除首盗杀人，及伤人伙盗，并行劫三次者，俱例应正法，毋庸加等外，其未伤人之伙盗，有诬扳良民者，加等照伙盗伤人例，拟斩立决。

事例408.02：乾隆五年谕

从来安民之要，莫先弭盗，而诬扳之弊，使盗贼逞其奸，良善受其害，尤不可不严为防也。盖贼盗中狡黠者多，平日之窝伙，不肯实供，每诬扳素封之家，及向有嫌隙之人，以图陷害，而捕役从中播弄，借此索诈，弊端百出。纵有司审出诬扳实情，准予省释，而被拘审者已不胜扰累矣。朕思各省臬司为刑名总汇，审理盗案，是其专责，当檄行所属，凡盗贼供扳窝伙，必先详加讯问，得有确据，方可拘拿，随到随审。如系诬扳，立即省释，并将诬良之盗，先行重惩，以免再有妄扳。至于是盗是良，虽本人口供难以尽信，而其人平日行止如何，邻里断无不知之理，虚心传讯，自无遁情。倘有应搜贼赃，务令委员往查，不得专任捕役，以启藉端抄掠之弊。各省督抚转饬臬司奉行，以副朕息盗安民之至意。

事例408.03：乾隆十七年谕

云南巡抚爱必达奏：江西省传钞伪稿案内，余有道供称丁得升带稿到店，看过仍系丁得升带去。又据丁得升胞弟丁廷选供称丁得升赴云南省城贸易，密咨查拿，而丁得升坚供并无伪稿，现在咨解江西质审完结等语。爱必达乃据江西来咨办理，余有道、丁得升均属一面之辞，非面质无由得实，但此案余有道乃原供之犯，而丁得升虚实尚在未定，应将余有道解往云南，不应将丁得升解回江西，盖隔省咨提，道途遥远，如原供或系挟仇诬捏，即据供咨提，则被扳者无论虚实，先受长途押解之苦，而原供之犯，转得安坐羁所，迁延数月，此狡犯妄供，株连被累，流弊所由滋也。嗣后如有此等供扳他往人犯，一面密咨拘查候质，俟本案情节逐一审明，即将原供之犯，解往彼处质对，则狡供者自知远解之可畏，不敢肆其仇扳拖累之奸谋。

成案408.01：广东司〔道光十四年〕

广抚咨：郑鸡时铳伤庄阿看身死，凶犯在逃未获。郑光催受贿顶凶，吕阿安听受凶犯贿嘱，扶同混证，捏指顶凶为正凶，虽所许虚赃，尚未接受，正凶亦未获案，惟该犯扶同捏证，即属不言实情。吕阿安比依证佐之人不言实情、故行诬证、致断罪有出入者、减罪人罪二等律，于凶犯郑光催斩罪上，减二等、杖一百、徒三年，已于未发之先自行首明，照律免罪。

律409：官司出入人罪〔例12条，事例19条，成案9案〕

凡官司故出入人罪，合出全人者，〔徒不折杖，流不折徒。〕以全罪论。〔谓官吏因受人财，及法外用刑而故加以罪，故出脱之者，并坐官吏以全罪。〕

若〔于罪不至全入，但〕增轻作重，〔于罪不至全出，但〕减重作轻，以所增减论。至死者，坐以死罪。〔若增轻作重，入至徒罪者，每徒一等，折杖二十；入至流罪者，每流一等，折徒半年；入至死罪已决者，坐以死罪。若减重作轻者，罪亦如之。〕

若断罪失于入者，各减三等；失于出者，各减五等；并以吏典为首，首领官减吏典一等，佐贰官减首领官一等，长官减佐贰官一等科罪。〔坐以所减三等、五等。〕

若囚未决放，及放而还获，若囚自死，〔故出入、失出入，〕各听减一等。〔其减一等与上减三等、五等，并先减而后算，折其剩罪以坐，不然则其失增、失减剩杖、剩徒之罪，反有重于全出、全入者矣。〕

（此仍明律，原有小注，顺治三年删定。顺治律为431条。）

凡故增笞从徒，如犯笞一十，故增作杖八十，徒二年、徒三年等，折杖六十，原包杖一百，通折杖一百六十，除犯该笞一十，合坐官吏剩杖一百五十。未决者，减一等，杖七十，徒一年半，折杖一百四十，除犯该笞一十，合坐剩杖一百三十，其剩罪俱全抵，不在收赎之限。

凡故增杖从徒，如犯杖八十，故增作杖六十，徒一年，通折杖一百二十，除犯该杖八十，合坐官吏剩笞四十。未决者，减一等，杖一百，除犯该杖八十，合坐剩笞二十。

凡故增杖从流，如犯杖八十，故增作杖一百，流二千五百里，流二等折徒一年，三流原包五徒，折杖二百，徒一年，除犯该杖八十，合坐官吏剩杖一百二十，徒一年。未决者，减一等，杖一百，徒三年，通折杖二百，除犯该杖八十，合坐剩杖一百二十。

凡故增轻徒从重徒，如犯杖六十，徒一年，故增作杖九十，徒二年半，徒四等折杖八十，除犯该徒一年，折杖二十，合坐官吏剩杖六十。以徒从徒，不必包杖一百算也，虽包算其罪亦同。未决者，减一等，杖八十，徒二年，折杖六十，除犯该折杖二十，合坐剩笞四十。

凡故增徒从流，如犯杖七十，徒一年半，通折杖一百四十，故增作流二千里，折徒半年，三流原包五徒，折杖二百，徒半年，除犯该杖一百四十，合坐官吏剩杖六十，徒半年。未决者，减一等，杖一百，徒三年，折杖二百，除犯该杖一百四十，合坐剩杖六十。

凡增近流从远流，如犯杖一百，流二千里，折徒半年，故增作流三千里，折徒一年半，除犯该徒半年，合坐官吏剩徒一年。以流从流，不必包五徒，折杖二百算。未决者，减尽无科，减远流从近流者仿此。

凡故增笞杖、流、徒至死，如增至死罪，本无折法，已决者反坐以死，若未决及囚自死者，并听减等。流三千里，原包五徒，折杖二百，徒一年半，各随其本应得之罪除之，坐以剩罪。

凡故减徒从笞，如犯杖六十，徒一年，折杖一百二十，故减作笞五十，除已得笞五十，合坐官吏剩杖七十。未放者，减一等，杖一百，除已得笞五十，合坐剩笞五十。

凡故减徒从杖，如犯杖九十，徒二年半，折杖一百八十，故减作杖一百，除已得杖一百，合坐官吏剩杖八十。未放者，减一等，杖八十，徒二年，折杖一百六十，除已得杖一百。合坐剩杖六十。

凡故减重徒从轻徒，如犯杖一百，徒三年，折杖二百，故减作杖七十，徒一年半，折杖一百四十，除已得杖一百四十，合坐官吏剩杖六十。未放者，减一等，杖九十，徒二年半，折杖一百八十，除已得杖一百四十，合坐剩笞四十。

凡故减流从笞，如犯杖一百，流二千里，折徒半年，故减作笞四十，三流原包五徒，折杖二百，徒半年，除已得笞四十，合坐官吏剩杖一百六十，徒半年。未放者，减一等，杖一百，徒三年，折杖二百，除已得笞四十，合坐剩杖一百六十。减流从杖仿此。

凡故减流从徒，如犯杖一百，流三千里，折徒一年半，故减作杖八十，徒二年，折杖一百六十，三流原包五徒，折杖二百，徒一年半，除已得杖一百六十，合坐官吏剩笞四十，徒一年半。未放者，减一等，杖一百，徒三年，折杖一百六十，合坐剩笞四十。

凡故减死罪从笞杖、徒、流，如死囚已放者，反坐以死。若未放及放而还获，若囚自死者，并听先减去一等，依律折除。

凡失增笞从杖，如犯笞三十，失增作杖一百，失入减三等，该杖七十，除犯该笞三十，吏典为首，合坐剩笞四十。未决者又减一等，合坐吏典首罪笞三十。

凡失增笞从徒，如犯笞一十，失增作杖一百，徒三年，失入减三等，杖七十，徒一年半，折杖一百四十，除犯该笞一十，吏典为首，合坐剩杖一百三十。未决者又减一等，杖六十，徒一年，折杖一百二十，除犯该笞一十，合坐吏典首罪杖一百一十。增杖从徒仿此。

凡失增杖从流，如犯杖一百，失增作杖一百，流三千里，失入减三等，杖八十，徒二年，折杖一百六十，除犯该杖一百，吏典为首，合坐剩杖六十。未决者又减一等，杖七十，徒一年半，折杖一百四十，除犯该杖一百，合坐吏典首罪笞四十。

凡失增轻徒从重徒，如犯杖六十，徒一年，折杖二十，失增作杖一百，徒三年，失入减三等，杖七十，徒一年半，徒二等折杖四十，除犯该杖二十，吏典为首，合坐剩笞二十，首领官减一等，笞一十，佐贰官减尽无科。未决者又减一等，杖六十，徒一年，则与本该罪名同矣。虽吏典亦减尽无科，以徒从徒，及以徒从流，俱不包杖一百之数。

凡失增徒从流，如犯杖六十，徒一年，折杖二十，失增作杖一百，流三千里，失入减三等，杖八十，徒二年，折杖六十，除犯该杖二十，吏典为首，合坐剩笞四十。未决者又减一等，杖七十，徒一年半，折杖四十，除犯该杖二十，合坐吏典首罪笞二十。

凡失增笞杖、徒、流入死，如死囚已决者，亦减三等，若未决及囚自死，又减一等，吏典为首，其减至徒罪，亦折杖除之。

凡失减杖从笞，如犯杖一百，失减作笞三十，失出减五等，笞五十，除已得笞三十，吏典为首，合坐剩笞二十。未放者又减一等，笞四十，除已得笞三十，合坐吏典罪笞一十。

凡失减徒从笞，如犯杖七十，徒一年半，失减作笞二十，失出减五等，杖七十，除已得笞二十，吏典为首，合坐剩笞五十。未放者又减一等，杖六十，除已得笞二十，合坐吏典首罪笞四十。减徒从杖仿此。

凡失减流从笞，如犯杖一百，流三千里，失减作笞一十，失出减五等，杖六十，徒一年，折杖一百二十，除已得笞一十，吏典为首，合坐剩杖一百一十。未放者又减一等，杖一百，除已得笞一十，合坐吏典首罪杖九十。

凡失减流从徒，如犯杖一百，流三千里，失减作杖六十，徒一年，失出减五等，杖六十，徒一年，吏典为首，减尽无科。

凡失减死罪从流、徒、杖、笞，如死囚已放者，亦减五等。若未放及放而还获，或囚自死者，又减一等，其徒亦折杖除之。〔按：故增笞从徒条内，官吏合坐剩杖一百三十，其剩罪俱全抵，不在收赎之限。所谓全抵者，非满杖以上皆决杖也，凡增笞杖从徒，减徒从笞杖，及增减徒从徒者，每徒一等，折杖二十。若所剩杖数至满杖以上，则减杖加徒，如剩杖一百一十，应作笞五十，徒一年。一百二十应作杖六十，徒一年。一百三十应作杖六十，徒一年半。一百四十应作杖七十，徒年半之类。其增笞杖、徒作流，减流作笞杖、徒，及增减流、徒者，每流一等，折徒半年，如犯笞一十，故增作流二千五百里，流二等，折徒一年，三流原包五徒，除已得笞一十，合坐剩罪杖九十，徒四年。如犯流三千里，故减作笞二十，流三等，折徒年半，三流原包五徒，除已得笞二十，合坐剩罪杖八十，徒四年半之类。故曰全抵剩罪，不在收赎之限。总之，折徒不得至五年，而决杖不得过一百也〕。

顺治律后附录为：

故增轻作重增笞从徒。假如犯笞一十，故增作杖八十，徒二年；徒三等折杖六十，原包杖一百，通折杖一百六十，除犯该笞一十，合坐官吏剩杖一百五十。未决者，减一等，杖七十，徒一年半，折杖一百四十，除犯该笞一十，合坐杖一百三十，其剩罪俱全抵，不在收赎之限。

增杖从徒。假如犯杖八十，故增作杖六十，徒一年，通折杖一百二十，除犯该杖八十，合坐官吏剩笞四十。未决者，减一等，杖一百，除犯该杖八十，合坐剩笞二十。

增杖从流。假如犯杖八十，故增作杖一百、流二千五百里，流二等折徒一年，三流原包五徒，折杖二百、徒一年，除犯该杖八十，合坐官吏剩杖一百二十、徒一年。未决者，减一等，杖一百、徒三年，通折杖二百，除犯该杖八十，合坐剩杖一百二十。

增轻徒从重徒。假如犯杖六十、徒一年，故增作杖九十、徒二年半，徒四等折杖八十，除犯该徒一年，折杖二十，合坐官吏剩杖六十。以徒从徒，不必包杖一百算也，虽包算其罪亦同。未决者，减一等，杖八十、徒二年，折杖六十，除犯该折杖二十，合坐剩笞四十。

增徒从流。假如犯杖七十、徒一年半，通折杖一百四十，故增作流二千里，折徒半年，三流原包五徒，折杖二百、徒半年，除犯该杖一百四十，合坐官吏剩杖六十、徒半年。未决者，减一等，杖一百、徒三年，折杖二百，除犯该杖一百四十，合坐剩杖六十。

增近流从远流。假如犯杖一百、流二千里，折徒半年，故增作流三千里，折徒一年半，除犯该徒半年，合坐官吏剩徒一年。以流从流，不必包五徒，折杖二百算。未决者，减尽无科。

增笞杖、流、徒至死。死罪本无折法，已决者反坐以死，若未决及囚自死者，并听减等。流三千里，原包五徒，折杖二百、徒一年半，各随其本应得之罪除之，坐以剩罪。

故减重作轻

减徒从笞。假如犯杖六十、徒一年，折杖一百二十，故减作笞五十，除已得笞五十，合坐官吏剩杖七十。未放者，减一等，杖一百，除已得笞五十，合坐剩笞五十。

减徒从杖。假如犯杖九十、徒二年半，折杖一百八十，故减作杖一百，除已得杖一百，合坐官吏剩杖八十。未放者，减一等，杖八十、徒二年，折杖一百六十，除已得杖一百，合坐剩杖六十。

减重徒从轻徒。假如犯杖一百、徒三年，折杖二百，故减作杖七十、徒一年半，折杖一百四十，除已得杖一百四十，合坐官吏剩杖六十。未放者，减一等，杖九十、徒二年半，折杖一百八十，除已得杖一百四十，合坐剩笞四十。

减流从笞。假如犯杖一百、流二千里，折徒半年，故减作笞四十，三流原包五徒，折杖二百、徒半年，除已得笞四十，合坐官吏剩杖一百六十、徒半年。未放者，减一等，杖一百、徒三年，折杖二百，除已得笞四十，合坐剩杖一百六十。减流从杖仿此。

减流从徒。假如犯杖一百、流三千里，折徒一年半，故减作杖八十、徒二年，折杖一百六十，三流原包五徒，折杖二百、徒一年半，除已得杖一百六十，合坐官吏剩笞四十、徒一年半。未放者，减一等，杖一百、徒三年，折杖一百六十，合坐剩笞四十。

减死罪从笞杖、徒、流。囚已放者，反坐以死，若未放及放而还获，若囚自死者，并听先减去一等，依律折除。

失增轻作重

增笞从杖。假如犯笞三十，失增作杖一百，失入减三等，该杖七十，除犯该笞三十，吏典为首，合坐剩笞四十。未决者又减一等，合坐吏典首罪笞三十。

增笞从徒。假如犯笞一十，失增作杖一百、徒三年，失入减三等，杖七十、徒一年半，折杖一百四十，除犯该笞一十，吏典为首，合坐剩杖一百三十。未决者又减一等，杖六十、徒一年，折杖一百二十，除犯该笞一十，合坐吏典首罪杖一百一十。增杖从徒仿此。

增杖从流，假如犯杖一百，失增作杖一百、流三千里，失入减三等，杖八十、徒二年，折杖一百六十，除犯该杖一百，吏典为首，合坐剩杖六十。未决者又减一等，杖七十、徒一年半，折杖一百四十，除犯该杖一百，合坐吏典首罪笞四十。

增轻徒从重徒。假如犯杖六十、徒一年，折杖二十，失增作杖一百、徒三年，失入减三等，杖七十、徒一年半，徒二等折杖四十，除犯该杖二十，吏典为首，合坐剩笞二十，首领官减一等，笞一十，佐贰官减尽无科。未决者又减一等，杖六十、徒一年，则与本该罪名同矣。虽吏典亦减尽无科，以徒从徒，及以徒从流，俱不包杖一百之数。

增徒从流。假如犯杖六十、徒一年，折杖二十，失增作杖一百、流三千里，失入减三等，杖八十、徒二年，折杖六十，除犯该杖二十，吏典为首，合坐剩笞四十。未决者又减一等，杖七十、徒一年半，折杖四十，除犯该杖二十，合坐吏典首罪笞二十。

增笞杖、徒、流入死。囚已决者，亦减三等，若未决及囚自死，又减一等，吏典为首，其减至徒罪，亦折杖除之。

失减重作轻

减杖从笞。假如犯杖一百，失减作笞三十，失出减五等，笞五十，除已得笞三十，吏典为首，合坐剩笞二十。未放者又减一等，笞四十，除已得笞三十，合坐吏典罪笞一十。

减徒从笞。假如犯杖七十、徒一年半，失减作笞二十，失出减五等，杖七十，除已得笞二十，吏典为首，合坐剩笞五十。未放者又减一等，杖六十，除已得笞二十，合坐吏典首罪笞四十。减徒从杖仿此。

减流从笞。假如犯杖一百、流三千里，失减作笞一十，失出减五等，杖六十、徒一年，折杖一百二十，除已得笞一十，吏典为首，合坐剩杖一百一十。未放者又减一等，杖一百，除已得笞一十，合坐吏典首罪杖九十。

减流从徒。假如犯杖一百、流三千里，失减作杖六十、徒一年，失出减五等，杖六十、徒一年，吏典为首，减尽无科。

减死罪从流、徒、杖、笞。囚已放者，亦减五等。若未放及放而还获，或囚自死者，又减一等，其徒亦折杖除之。

条例 409.01：承审官改造口供

承审官改造口供，故行出入者革职。故入死罪，已决者抵以死罪。其草率定案，证据无凭，枉坐人罪者亦革职。

（此条系康熙十八年，议准定例。）

薛允升按：《处分则例》云：承问官增减原供致罪有出入者，革职。与此例上一层相符，至草率定案，《处分则例》较此例加详，既分别枉坐罪名之轻重，又分别是否刑逼妄供，并非概拟革职，与此例下一层不符。似应改为究明有无刑逼妄供，及枉坐罪名轻重，分别办理。"出入"下应添"人罪"二字，定案以供证为凭，刑逼之供，已不足信，况无供耶，又况无证耶。以此谳狱得不谓之草率定案乎。

条例 409.02：凡初取供招

凡初取供招，不许擅自删改，俱应详载揭帖。若承审官增减原供，希图结案，按察使依样转详者，该督抚严察题参。若督抚不行察参，蒙混具题者，经法司查出，或科道纠参，将该督抚一并严加议处。

（此条系康熙三十六年，刑部题准定例〔按，与《处分则例》大略相同〕。乾隆五年改定为条例 409.03。）

条例 409.03：凡初次供招

凡初次供招，不许擅自删改，俱应详载揭帖。若承问官增减原供，希图结案，按察使依样转详，该督抚严察题参，不行察参，将该督抚交部一并议处。按察使亦不得借简招之名，故为删改。倘遇有意义不明，序次不顺，与情罪并无干碍，既就近核正申转，将改本备案，不得发换销毁。违者，依改造口供故行出入例议处。

（此条系乾隆五年，将条例 409.02 改定。）

薛允升按：此条处分极重，而删改者仍复不少，此例亦系具文。各省题咨到部者，初供与覆审之供，未尝不详，叙本内而一字不易，以为并未删改，其信然乎。增减原供，谓所办之罪，与原取之供不符也。按察使故为删改，亦系与原供不符也。

条例 409.04：凡谋反谋叛之罪

凡谋反谋叛之罪，照律连坐籍没，其余情罪详载律内，俱应照律拟议，不得存心陷害，借言情罪重大，诬指朋党，妄议株连父母、兄弟、妻子，籍没家产。若承审官于本罪外，捏造此等言语，株连父母、兄弟、妻子，籍没家产者，即照故入人死罪律治罪。

（此条系康熙年间现行例。雍正三年定例。）

薛允升按：缘坐亲属籍没家产，系律内极重之法，故特严其禁，故入人死罪律，分已决、未决，若株连亲属罪不应死，是否已经决论之处，尚未叙明。与《处分例》同，此宽典也。可见尔时此风最甚。

条例 409.05：凡督抚具题事件

凡督抚具题事件，内有情罪不协，律例不符之处，部驳再审。该督抚虚心按律例改正具题，将从前承审舛错之处，免其议处。若驳至三次，督抚不酌量情罪改正，仍执原议具题，部院复核，其应改正者，即行改正，将承审各官该督抚，一并交该部议处。

（此条系康熙五十七年，吏部议准定例。雍正三年定例。乾隆四十二年改定为条例 409.06。）

条例 409.06：凡督抚具奏事件

凡督抚具奏事件，内有情罪不协，律例不符之处，部驳再审。该督抚及司道等官，虚心按律例改正具题，将从前承审舛错之处，免其议处。其死生出入之案，原问之州县，核转之知府，俱毋庸复与会审。如有原拟徒杖罪名，驳审后改为凌迟及斩绞立决者，将承审之州县，核转之知府，均照斩绞重犯不能审出实情例，降一级调用。监候以下罪名错误，议应降调者，出具考语，送部引见。若驳至三次，督抚司道等官，不酌量情罪改正，仍执原议具题，部院覆核，其应改正者，即行改正，将督抚司道等官，一并交部议处。

（此条系乾隆四十二年，将条例 409.05 增定。道光十二年，因与吏部现行处分则例不符，且议处无关刑例，所以删除。）

薛允升按：刑例与《处分则例》参差不同之处颇多，此条删除，而别条仍存而未改，终不免彼此互异。再，驳至三次，该督抚不酌量情罪改正，将督抚、司道等官一并交部议处，系刑部应办之事，刑例不载，窃恐非宜，此条似不应删。说见"断罪不当"门。

条例 409.07：凡将死罪人犯错拟军流等罪

凡将死罪人犯，错拟军流等罪，军流等罪错拟死罪者，将承审错拟官员，照例交该部议处。军流以下错拟者，该部即行改正，概免纠参。

（此条系康熙年间现行例。雍正三年定例。乾隆五年，移并"断罪引律令"例内。）

条例 409.08：州县原拟情罪果与律例吻合

州县原拟情罪，果与律例吻合，上司偏私混驳，许承审官钞录原案供册，并批驳卷宗，直揭三法司，刑科查核是实，将偏私混驳之上司，交部议处。如所拟情罪，与律例不符，固执不改，装点情词，混行直揭，照官吏挟诈欺公妄生异议律治罪。

（此条系雍正六年定例。乾隆五年议准删除。）

条例 409.09：州县承审逆伦罪关凌迟重案

州县承审逆伦罪关凌迟重案，如有故入失入，除业经定罪招解者，分别已决、未决按律定拟外，其虽未招解，业已定供通详，经上司提审平反，究明故入失入，各照本律减一等问拟。其余若寻常审案，仍照旧办理。

（此条系乾隆四十一年，刑部议覆御史李廷钦奏安徽省英山县知县倪存谟，故入凌迟罪名一折，奉上谕纂为定例。）

薛允升按：此条专言逆伦，其余凌迟、斩绞重犯，似不在内。下条关系生死出入大案，则不专指逆伦之犯矣。

条例 409.10：知府直隶州有将各州县审拟错误

知府直隶州，有将各州县审拟错误，关系生死出入大案，虚公研鞫，究出实情，改拟得当，经上司核定题达，部议准行者，交与吏部查明，奏请送部引见。

（此条系乾隆四十一年，安徽巡抚闵鹗元审奏英山县知县倪存谟，于僧广明因奸致死杜得正，不能审出实情，转将尸子杜如意，严刑枉断，诬拟凌迟，经六安州知州倪廷谟讯出实情，奉上谕纂为例。）

薛允升按：此条与上条系属一事。

条例 409.11：凡驳饬改正之案

凡驳饬改正之案，刑部即检查该府州县原详，据实核办。如原详本无错误，经上司饬驳，致错拟罪名者，将该上司议处。如原详未奉饬驳，该上司代为承当，除原拟之员仍按例处分外，将该管上司照徇庇例严议。

（此条系嘉庆五年，奉上谕纂为例。）

薛允升按：此条应与《处分则例》初审不实，及上司驳审各条参看。往往有原详无错，驳饬致错，未将原详叙入本内者，予以处分，未免冤抑。近来俱不叙详，即有亦依样胡芦，一字不改，部中从何稽核耶。

条例 409.12：拿获吸食鸦片烟人犯到案

拿获吸食鸦片烟人犯到案，承审官务须严行审讯，毋任漏网。如有徇情开脱者，照故出人罪例治罪。傥讯系无辜，其烟土烟具，实系查拿人役栽诬陷害，即将栽害之人役，照例惩办。

（此条系道光十九年定。咸丰九年删除。）

事例 409.01：顺治八年谕

凡被参官审问涉虚，系道府厅开报不实者，察究原开报官；系承问官私出开脱者，察究原承问官。若督抚巡按不先行参究，经部院举奏，即以不职论。

事例 409.02：康熙九年题准

凡承审官将应拟斩绞人犯，错拟凌迟者，降一级调用，司道督抚罚俸一年。将军流等罪错拟凌迟者，降四级调用，司道降二级，督抚降一级调用。将军流等罪错拟斩绞者，降三级调用，司道降二级调用，督抚降一级留任。将徒杖笞罪错拟军流者，降一级调用，司道罚俸一年，督抚降罚俸六月。其或应绞拟斩，应流拟军，应笞杖拟徒者，该部即令改正，免其处分。如错拟人犯已决者，承问官革职，司道降四级调用，督抚降三级调用。将无干之人拟决者，亦照此处分。如经审各官曾经定罪者，一概处分。若承问官将应凌迟人犯，错拟斩绞者，降一级调用，司道督抚亦罚俸一年。将凌迟人犯，错拟军流者，降二级调用，司道降一级调用，督抚降一级留任。将应斩绞人犯，错拟军流者，降一级调用，司道罚俸一年，督抚降罚俸六月。将军流等犯错拟徒杖笞罪者，罚俸一年，司道罚俸六月，督抚罚俸三月。将有罪人犯，不行拟罪者，照罪犯轻重处分。其或应斩拟绞，应军拟流，应徒拟笞杖者，亦听该部行令改正，免其处分。

事例409.03：康熙九年又题准

凡官员承问婪赃人犯，将原参赃银，不行审出，及数少者，降三级调用，转详之司道降二级调用，督抚降一级留任。如系督抚查出题参者，改督抚免议。若将审出赃银私行改删者革职。

事例409.04：康熙十八年议准

凡大小衙门问刑各官，有改造口供，故行出入者革职。拟以死罪已决者抵死。草率结案，枉坐人罪者革职。

事例409.05：康熙二十二年议准

凡督抚纠参贪赃官员，不将实赃实数，确注究参，及究参后，不据实审明者议处。至承问官将赃银辗转脱卸，或挪移赦前赦后，及故意迟延，以待惹审减等等弊，俱照定例议处。

事例409.06：康熙二十四年议准

凡强盗重案，关系人命者，督抚务应亲审。如有不肖官员，图脱己罪，诬陷良民者，照律例从重治罪，督抚免议。如督抚不行审明，别经发觉者，一并议处。

事例409.07：康熙二十五年谕

刑曹民命所系，必以中正之心，行平恕之道，使法蔽其辜，毋纵毋枉。豪强有力凶顽不逞之徒，无苟免于刑宪；贫贱孤茕屡弱无知之辈，必务得其实情。凡有可矜疑，罪未允协者，皆驳令覆审。其各体朕怀，殚竭心虑，矢慎矢明，以副慎刑之意。

事例409.10：康熙三十六年议准

承审各官，一应供招，不许擅自删改，初取之供，亦须详载揭帖。若承问官增减原供，臬司依样转详者，该督抚严行题参，照例议处。若督抚蒙混具题者，一并严加议处。

事例409.11：乾隆五年议准

上司偏私混驳，为属员者，自应详悉禀复，倘固执不回，如系知府混驳，应诉之两司，两司混驳，应诉之两院，断无原澌情罪，与律例吻合，而知府院司。遂无一明晰，群为批驳者。例内钞录卷宗，直揭三法司，是启属员陵上之渐。此风亦不可长，况混驳之上司，据例不过交部议处，为属员者，安敢以一事之批驳，擅揭部科，致通省之上司，尽成嫌隙，徒设例款，于事无益，应即删除。

事例409.12：乾隆三十八年奉旨

议奏部驳改拟案件，如有将凌迟斩绞立决重案，错拟徒杖罪名，经部驳覆审改正者，将承问官照斩绞人犯未经审出实情例，降一级调用。不能驳饬审实者各上司，亦照例议处。奉旨：嗣后遵驳改正之案，督抚臬司道员，仍照旧办理外，其承审之州县，核转之知府，于凌迟斩绞立决重案，拟罪失之过轻者，俱应照例实降。若监候以下罪名错误，有议应降调离任者，俱著该督抚出具考语，送部引见，候朕酌量降旨，著为令。

事例 409.13：乾隆四十一年谕

据御史李廷钦奏：已革英山县知县倪存谟于僧广明因奸致死杜得正一案，不能审出实情，反将尸子杜如意迭加严讯，以致畏刑诬服，几成冤狱，仅予革职，实乃罪浮于律，请嗣后凡大逆极刑，并决不待时之案，如意任情颠倒，率意刑招之员，除严行参革外，即照诬告人死罪而未决定拟等语。所奏甚是。地方官承审命案，其故入人死罪而已决者，即以其罪罪之，所以儆酷吏而重民命，定例不为不严，惟枉坐人罪，经上司审明改正者，向因囚尚未决，照草率定案例参革，但事关逆伦重案，如此案尸子畏刑诬服，即应寸磔。若非该抚等审出实情，另行定拟，几至沉冤莫雪，自非寻常无心失入人罪可比，仅予革职，实不足蔽辜。但所冤之人，究未决讫，其应如何酌定条例之处，著该部详议具奏。

事例 409.14：乾隆四十一年又谕

闵鹗元审拟已革英山县知县倪存谟，于僧广明因奸致死杜得正，不能审出实情，转将尸子杜如意诬拟极刑一案，请照新例将倪存谟杖一百、徒三年，不准援减等语。所拟尚不足蔽辜。此等重案，为县令者，不能悉心讯究，任听凶僧唆咬奸妇，串供捏饰，转将尸子刑求，几成冤狱，其罪实难轻逭。如原详所云，杜如意撞遇伊父与伊妻有奸，持斧欲砍，广明见其手软，接斧连砍致毙等语。试问杜得正如果拉奸伊媳，必系无人之处，或伊子归家撞遇尚可，僧人广明何由在旁，此乃情理之显而易见，不必详究而始知其情者。倪存谟并不能见及于此，一味严刑诬服，率议凌迟重辟，又复改删两次控词，捏作访闻，其情节甚属可恶，非寻常故入人罪可比，杖徒尚觉法轻情重。倪存谟著改发伊犁，永远不准回籍，以为州县滥刑诬枉者戒。至此案若非该州倪廷谟讯出实情，几令奸僧漏网，尸子含冤。倪廷谟可谓能事，著该抚即行送部引见。向来各省地方官，有拿获邻省盗犯，尚令引见录用，以示奖励，若为知府、直隶州者，能将审转之案，虚公研鞫，立予平反，则所属可无冤民，较之实心缉盗，尤为有益于吏治。嗣后凡知府、直隶州有将关系生死出入大案，审出实情，改拟得当，经上司核定题达，部议准行者，著该部查明，奏请送部引见。著为令。

事例 409.15：嘉庆五年谕

昨据惠龄奏：刑部议驳莒州民人陈怀仁殴伤尹祜身死一案。该州府司原拟绞罪，系该抚驳饬改拟满徒，自请议处。又据阮元奏：刑部议驳仙居县民林道恺刃伤张锡宽，林谷邱刃伤张太松各身死一案。该府县因原谋林日清监毙，照例拟抵，将下手之犯并请减流，经署臬司张映玑错拟一减一抵，禀明该抚奏请议处。以上二案，均系上司不肯诿过属员，自认处分，但各省审办案件，如果属员按律办理，并无错误，上司率行改拟，其失出失入处分，自不应卸过于人。若属员本已错拟罪名，该管上司惟恐该员一经部议，或致降黜，遂代为承认，自请处分，而督抚两司等均属大员，部议处分上时，朕往往加恩从宽留任，其原拟之州县，转得置身事外，是该上司外博担当之誉，而阴遂其包庇之私，非所以昭核实。嗣后著刑部遇有驳饬改正之案，即检查该府州县原详，据实核办。如原详本无错误，经上司饬驳，致错拟罪名之咎，自应将该上司议处。如原详未奉饬驳，该上司代为承当，不但将原拟之员仍按例处分，定将该管上司照徇庇例严议。

事例 409.16：道光九年谕

谳狱以两造供词为据，岂容意为增减。外省办案，遇有情节支离，恐被饬驳，辄将原供任意删改完善，是不但关罪名出入，而秋审时应实应缓，由此区分，岂成信谳！著各该督抚转饬州县，嗣后审办案件，无论初审招解，悉照原供通详，不准稍有增减。该管上司过堂时，亦须逐层推问。如犯供与原报不符，务即虚衷研鞫，核实究办，期臻平允。

事例 409.17：同治二年奏准

各省督抚通饬所属，审理案件，务当虚衷研鞫，必须情真罪当，以期无枉无纵。定稿时尤不得任听幕友弄笔，致与实情不符。傥查有前项情事，即行指名严参，以肃吏治而慎刑章。

事例 409.18：光绪九年谕

御史何桂芳奏：各省酷吏滥用非刑，并幕友删改犯供，荐引徒党，请饬严禁各折片。地方命盗各案，全在承审官虚衷研鞫，不事刑求，方足成信谳。刑部核议罪名，以各省解部招册为凭，若如该御史所奏，酷吏非刑逼供，种种残忍，其有情节可驳者，必经幕友删改送部，何以重民命而得确情。著各直省督抚严查属员中如有滥用非刑者，立即参办，毋稍宽纵。遇有提审要案，督同臬司亲讯明确，并严禁幕友删改犯供，务得真情罪当，以副朝廷明慎用刑之意。钦此。遵旨议定：嗣后题咨命盗等案，务须遵照定例，将初次供招全行载入，即使解省后，犯有翻异，亦将所以翻异之供，另册报部，以备查核。该臬司不得尽行删减，强归原供，致令实情隐灭。如有州县听从劣幕删改供招情事，该督抚即行严参治罪，以期力挽积习。

事例 409.19：光绪九年又谕

光禄寺少卿延茂奏：敬抒管见一折。各直省问刑衙门，承审案件，自应虚衷研鞫，以持情法之平，何得草率定拟，致有失入情事。若明知案情未确，或回护原审，或规避处分，以致冤及无辜，尤属不成事体。嗣后各该督抚督同臬司，于人命重案，悉心推勘，以期无枉无纵。其所现办各案，如有失入情节，准其奏明更正，宽免处分。钦此。遵旨议定：命案有失入情节，准更正宽免处分，系为矜恤民命起见。嗣后审理命盗等案，务须详细研鞫，果系情真罪当，毫无疑义者，详叙供勘招解。该臬司亦应亲提覆审，如情罪不符，或实有冤抑者，即立予平反，不得稍涉回护，总期无枉无纵，俾成信谳。倘有规避处分，致有冤及无辜等情，亦即严行参办。如能据实更正，应由刑部临时移咨吏部酌核办理。

成案 409.01：承问失入处分各官〔康熙二十九年〕

吏部议刑部疏：刘明惠诬告唐明宗一案。本部以应拟杖罪之刘明惠错拟绞罪，今偏抚虽称明惠援赦免罪，承审官员与免交吏部之例相符等语。但康熙二十七年十月二十三日恩诏内开一应议处各官，亦俱不赦，钦遵在案等因。应将祁阳县知县王启烈、岳州府通判徐升贞，照例各降三级调用，按察司线一信照例降二级调用，巡抚降一级留任。奉旨：罪人所犯已经援赦，承审官员免其处分，既有定例，兴永朝等俱从宽免其议处，嗣后仍照例行。

成案 409.02：正犯死罪不赦错拟官亦不准援免〔康熙三十九年〕

三法司议：民妇姚氏等叩阍一案。署川督席尔达虽称郫县知县丘某、什邡县知县俞某等承问失出之事在恩赦以前，均应援免等语。查定例内，官员应拟斩绞人犯，错拟军流等罪者，府州县官降一级调用，司道罚俸一年等语。应将成都府知府张文灿等均照例降级罚俸。奉旨：姚谟从宽免死，照例减等发落，余依议。

成案 409.03：承问失出臬司改正止参知府〔康熙二十八年〕

吏部议广督吴兴祚疏：从化县革职知县刘朝佐贪婪一案。广州府知府刘芳溶将应拟绞罪之黄式隆错拟杖罪等因。应将知府刘芳溶照例降一级调用。

成案 409.04：不问真凶〔康熙四十六年〕

刑部议广抚范时崇疏：吴远润殴死谈纯泽一案。元谋吴显荣解审中途病故，应照律准其抵命，远润买嘱谈应发代认打死纯泽，反诬谈应常等打死，复嘱谈吉赞帮证，该县将谈应常等三经审讯，始得真情等因。吴远润、谈应发，俱照诬告人死罪未决杖流。谈吉赞依证佐不言实情，减罪人二等律，徒二年半，系双瞽，照律收赎。再该抚疏称：开平知县王鸿俊舍真凶而不问，执无辜以吹求，两经驳讯，始审出真情，识暗才庸，有惭民牧，相应附参，以听部议等语。查定例，官员罢软无为者革职等语。应将王鸿俊革职。

成案 409.05：不审出抑勒情节〔康熙三十二年〕

吏部为题参互讦事覆川督佛伦疏称：潼川州革职知州刘可聘与原任松茂道王清贤互讦一案。部咨将清贤抑勒情节不行审出承审各官职名题参，所有降调松茂道陶作楫等相应题参前来。应将承审之原任松茂道陶作楫、建昌道王日曾、威州知州李天植、芦山县知县孙雯镜等，均照例各降三级调用。原任四川巡抚，今调山西巡抚噶礼降一级留任。

成案 409.06：审断徇情〔康熙二十五年〕

吏部议刑部疏：刘平成等行诈一案。知州陈一凤听从刘平成唆挼孙氏，明系徇情等因。应将涿州知州陈一凤照徇情例降三级调用。

成案 409.07：审看改抹文契〔康熙四十一年〕

户部覆广抚彭鹏疏：商民何锡开采号牌堆等处山场一案。该抚既称何锡，是何籍贯？有无丁粮？住址里邻？并不查报，将何锡部供契买朱洪山地看语内改作典字，为朱辑宁今日卖山张本等语。应将海阳县知县吕士骏照徇庇例降三级调用。

成案 409.08：山东司〔嘉庆十九年〕

东抚奏：曹州府书吏李廷竹，于奉到部覆缓决绞犯减流之胡添经，遗漏转行，致胡添经淹禁多年，讯无挟嫌舞弊，原拟比照制书传写失错枷杖，部改照断罪应收赎而决配、依出入人罪减故失一等律，于胡添经绞罪上，减五等，杖七十、徒一年半。

成案 409.09：福建司〔嘉庆二十二年〕

本部议奏：福建改教知县朱履中，禀揭原管道府收受陋规，并被控藩司李赓芸自缢身死一案。查已革知县朱履中，诬告藩司李赓芸收受陋规等款，计共洋银四千一百余元，如所控得实，李赓芸照坐赃五百两，问拟满徒。今审系子虚，自应反坐，惟该革员于李赓芸未经自尽之前，已据实认诬，未便坐以诬告人因而致死绞候之律，若仅照诬告本律于满徒上加等拟流，又不足以示惩，应请发黑龙江充当苦差。已革知府涂以輖于署道任内奉委会审，辄敢自出己意，代李赓芸叙供，又复肆意诬指，该省将该革员依寻常威逼律，加发军台效力，殊殊轻纵。涂以輖应改依官司出入人罪以全罪论律，于故入李赓芸徒罪，从重发黑龙江充当苦差。

律 410：辩明冤枉〔例 12 条，事例 8 条，成案 1 案〕

凡内外问刑衙门，辩明冤枉，须要开具〔本囚〕所枉事迹，实封奏闻，委官追问〔其冤情〕得实，被诬之人依律改正〔所枉之〕罪，坐原告〔诬告〕、原问官吏〔以故失入罪论〕。

若〔罪囚〕事〔本〕无冤枉，朦胧辩明者，杖一百、徒三年。〔既曰朦胧，则原告、原问官为其诬矣。〕若所诬罪重〔于杖一百、徒三年〕者，以故出入人罪论。所辩之〔罪〕人知情，与〔朦辩〕同罪〔如原犯重，止从重论〕。不知者不坐。

（此仍明律，原律"监察御史、按察司"，雍正三年改定为"内外问刑衙门"，其小注系顺治三年添入。顺治律 432 条。）

条例 410.01：法司凡遇一应称冤调问

法司凡遇一应称冤调问，及各衙门奏送人犯，如有冤枉及情罪有可矜疑者，即与辩理，具奏发落，毋拘成案。若明知冤枉，不与辩理者，以故入人罪论。

（此条系明代问刑条例原文，各衙门系东厂、锦衣卫，顺治三年改。）

薛允升按：有司决囚等第律，囚犯明称冤抑，审录官不为审理者，以入人罪故失论，应与此条参看。彼言在外审录官，此言在京法司也。此条与《处分则例》同，惟彼例系一应人犯称冤，及查出案内冤枉情节，并情罪有可矜疑者。

条例 410.02：法司遇有重囚称冤

法司遇有重囚称冤，原问官员辄难辩理者，许该衙门移文会同三法司堂上官，就于京畿道会同辩理。果有冤枉及情可矜疑者，奏请定夺。

（此条系明代问刑条例，顺治三年删改。雍正三年，删去"就于京畿道会同"七字。）

薛允升按：上条言调问，此例言会问也。现在办法与此例不符，不特无可疑之犯，并可矜各条，亦与此论不符。《管见》云：狱情枉滥，其故多端，故辩明有律，调问、会问有例，至五年审录，并故失入罪官吏，皆不追究，惟求其人之不冤也。然形迹易见，情节易明，及证佐具在者，可以辩明。否则辩明之为难，故又于矜疑者，许为奏请，惟恐其人之或冤也。仍或拘成案，避嫌疑畏，问官明知其冤枉而不辩，矜其情疑而不为请，第诿曰吾见之未定，不敢易也。夫既见之未定则疑矣。疑当惟轻，所谓与其杀不辜，宁失不经，此律本意也。旧例五年审录，今则每年秋审，必列矜疑一项奏请。盖事或有因，情犹可谅。如强盗系临时驱迫。素非预谋人命。或变生意外，本无凶狠杀妻。容有他故发冢，出自无知，准律应当绞斩，原情则堪悯惜，是曰"可矜"。其或迹涉想象，遽难定执，罪似冤抑，又无证据，紧关人证已死，契券卷籍不存，事多暧昧，有无尚属未明，势相混杂，首从一时难辩，开释恐失轻纵，坐罪实有未安，故曰"可疑"。二者姑宥其死，以听上裁。

条例 410.03：凡大小问刑衙门鞫问囚犯

凡大小问刑衙门鞫问囚犯，务要参酌情法。如果情重，例该发遣者，方许定拟充军，不许偏任喜怒，移情就例。其抚按官凡遇各该所属衙门，申详充军人犯，亦要虚心参酌，必须法当其罪，方允定卫发遣。如于例有牵合，即便驳回改拟，照常发落。其各该府司州县，但遇五年一次差官审录之期，一应充军人犯，除已经解发著伍外，其余不分曾否详允，及虽经定卫，尚未起解者，逐一开送审录官处审录。其经审录官辩释者，务要遵照发落，不许原问官偏拗阻挠。如有好名立威酷法害人者，听抚按审录官各指实参奏。

（此条系明代问刑条例，顺治三年删改。雍正三年，将"抚按官"改为"督抚"；"五年一次差官"改为"奉旨特差恤刑官"；"著伍"改为"入籍"。乾隆五年议准：溯查前代充军，在五刑之外，律文所无，恐问刑官于流罪人犯，稍为加重，即拟问发，故定此例，嗣因应流应充军例内，皆已详为指定，刑官无可任情牵合，且特差恤刑审录之例，业经停止。此条删除。）

条例 410.04：凡在外审理事件

凡在外审理事件，应照案内人犯籍贯，批委该管地方官审理明白，申详完结。

既经批委，不得反复改批别属。如果情事未明，务须详细指驳。倘原问官仍复朦混申详，即题参议处，另委别官审理。若督抚等官将事理已明之案，故生枝节，屡行批驳，迟延不结者，亦交该部议处。

（此条系康熙年间现行例，雍正三年删改为定例。）

薛允升按：此似指赴上司控诉者而言，后有新例，此例无关引用，似可删除。

条例 410.05：凡审理事件除事涉两邑

凡审理事件，除事涉两邑，或案情重大，发审之初，即委员会审者，仍令会同审详外，其因承审错误，另委别官审理者，专责委员虚心质讯，毋庸原问官会审。至定案后，如原问官果有徇私枉断，故出故入情弊，仍照例参处。其或供情疏漏，或援引拘泥，误出无心，经委员改正者，照审处错误例议处。

（此条系乾隆十五年，刑部议覆湖北按察使德文条奏定例。）

薛允升按：此于承审之外，又分别会审、委审言之也。《处分例》：官员审断事件，处理错误，与罪无关出入者，罚俸一年。

条例 410.06：命盗案件经该督抚臬司驳审

命盗案件，经该督抚臬司驳审，除案情重大，须该知府赴省审理，或系委派会审，仍听该督抚随时酌量办理外，如果案情与原招并无出入，即由附省知府审转，仍许原审知府一体列衔申详。倘审理错谬，关系重大者，即将承审之州县，及率转之知府，一并开参，照例分别议处。

（此条系乾隆二十七年，刑部议覆湖北布政使沈作朋条奏定例。）

薛允升按：上条指州县言，此条指知府言，应参看。《处分则例》：各省知府遇有呈控人命重情，不为申理，迨奉上司批委提讯，又不速行审结，计自奉批之日起，无故迟延半年以上者，即将该府降三级调用。

条例 410.07：民间词讼如户婚田土罪止枷杖之案

民间词讼，如户婚、田土，罪止枷杖之案，及吏胥蠹役，藉端讹诈等情，州县审断不平，复赴督抚藩臬等衙门具控者，即饬令各本管道府，按其事之轻重，或亲提集讯，或委员另审，将审拟情由，详明该上司察核。其中稍有疑义，该上司即亲行提审。如赴道府衙门呈诉者，即行亲审，遇有冤抑，即行昭雪。如有检验查勘等事，即遴选贤员，不得仍会同原问官办理。倘有故违成例，仍发原问官收问。或仍会审者，即行论罪如律。其所委之员，或有瞻徇听嘱等弊，亦即题参。至刁健之徒，本无冤抑，或因负罪受惩，掩饰己非，捏款枉控，或因斗殴、婚姻、田宅等事，不赴本管官控理，辄赴上司衙门架词妄控者，仍按律治罪。

（此条系乾隆二十九年，山西道御史吴绥绍奏准定例。乾隆五十六年，修并为条例 410.09。）

条例 410.08：各省督抚凡遇事关重大及案涉疑难

各省督抚，凡遇事关重大，及案涉疑难，一切应行提审要件，务须率同司道等亲行研审，毋得委员查讯。

（此条系乾隆三十五年，奉上谕著为定例。乾隆五十六年，修并为条例 410.09。）

条例 410.09：各省督抚遇有事关重大案涉疑难

各省督抚，遇有事关重大，案涉疑难，应行提审要件，及民人赴京控诉，奉旨发交审办之案，俱率同司道等亲行研审。其督抚藩臬道府，遇有民人控告屈抑之案，亦无论所告事理轻重，概行亲提审究，不得仅委员承审。如有检验查勘等事，即遴委贤员，不得仍会同原问官办理。倘有故违成例，仍发原问官收问，或仍令会审者，论罪如律。其所委之员，若有瞻徇听嘱等弊，亦即严参治罪。至于刁健之徒，本无冤抑，或因负罪受惩，掩饰己非，捏款诬控，或因斗殴、婚姻、田宅等事，不赴本管官控理，辄赴上司衙门架词妄控者，仍按律治罪。

（此条系乾隆五十六年，将条例 410.07 及 410.08 修并。道光十二年，再修并为条例 410.11。）

条例 410.10：凡藩臬两司遇有督抚批发之案

凡藩臬两司，遇有督抚批发之案，如系户婚、田土寻常案件，头绪纷繁，必须酌派妥员，代为查审者，于取供后，仍由该司亲提确审，拟议覆详。至控官控吏之案，藩臬两司即应亲身勘问，定拟具详，不得复派他员代讯。再道府奉到上司批发控词，及自理词讼，无论事之巨细，亦应亲身提讯，自行加看定拟出详，违者均照例议处。

（此条系乾隆五十一年，陕西巡抚永保奏准定例。道光十二年，修并入条例 410.11。）

条例 410.11：各省督抚除事关重大

各省督抚，除事关重大，案涉疑难，应行提审要件，或奉旨发交审办，以及民人控告官员营私枉法，滥刑毙命各案，俱令率同司道等亲行研审，并司道等官接受所属控词，遇有前项各情，或经上司批发之案，亦即亲提审办。间有户婚、田土案件，头绪纷繁，必须酌派妥员，代为查审者，于结案时，仍由该司道等官覆勘定拟具详，不得仅委属员承审外，其余上控之件，讯系原问各官，业经定案，或案虽未定，而有抑勒画供，滥行羁押，及延不讯结，并书役诈赃舞弊情事，如在督抚处具控，即发交司道审办。或距省较远，即发交该管守、巡道审办。如在司道处具控，即分别发交本属知府，或邻近府州县审办。如在府州处具控，即由该府州亲提审办。概不准覆交原问官，并会同原问官办理。审明后，按其罪名，系例应招解者，仍照旧招解。系例不招解者，即由委审之员详结。其有委审之后，复经上控者，即令各上司衙门亲提研鞫，不得复行委审。若命盗等案尚未成招，寻常案件尚无堂断，而上控呈词内又无抑勒画供，滥行羁押，及延不讯结，并书吏诈赃舞弊各等情，应即照本宗公事未结绝者发当该官司追问律，仍令原问官审理。该管上司，仍照例取具归结缘由勾销。傥有应亲提而委审，或应亲提委审，而发交原问衙门者，即令该督抚指名严参，交部照例议处。其所委之员，若有瞻徇听嘱等弊，亦即严参治罪。该督抚有违例委审者，亦照例议处。至于刁健之徒，本无冤抑，或因负罪受惩，掩饰己非，捏款诬控，或因斗殴、婚姻、田宅等事，不赴本管官控理，辄赴上司衙门架词妄控者，仍按律治罪。

（此条系道光十二年，将条例 410.09 及 410.10 修并。）

薛允升按：例内"除"字，似应照原例改"凡遇"二字。"俱令"应仍改"务须"。"外"字似应删。第一层系督抚亲审之件，第二层系司道亲审之件，第三层控经督抚者，发司道审办，控经司道者，发知府审办，控经知府知州者，亲提审问，但知府所管有十余县，及七、八、五、六州县不等，由司道交审及具控，即行亲提，是知府之案，反有较州县为多者。与《处分例》略同，应参看。从前此等案件，颇为认真，条奏者亦复不少，近则绝无人议及，而定例亦视为具文矣。

条例 410.12：凡处决人犯

凡处决人犯，有临刑时呼冤者，奏闻覆鞫。如审明实有冤抑，立为申雪，将原审官参奏，照例惩治。如系妄行翻异，冀延显戮，除原犯斩罪仍即处斩外，如原犯绞罪者，亦改为斩罪，即行正法。

（此条系嘉庆十二年，奉上谕纂为例。）

薛允升按：绞罪改重，而斩罪如故，以无可再加故也。谕旨内有重责四十板之语，何以并未叙入。

事例 410.01：雍正元年谕

部驳事件，督抚每固执原题具奏，一经驳回，往返迟误数月，干连人等，多致贻累。嗣后部内应驳事件，督抚若仍固执原题具奏，部内即将督抚一并议处具奏。如不应驳事件，部内故求疵隙题驳，该督抚将不应驳情由奏闻。

事例 410.02：雍正二年谕

刑部关系重大，必须虚公详慎，尽得实情，不可疏忽遗漏，以致民有冤抑。君臣之义，本同一体，朕视臣下如手足，尔等若遇事有可疑不能决者，不妨面奏，待朕斟酌至当，然后施行。既不肯面奏，又以私心揣度，巧欲逢迎上意，及刑罚不中，则退有后言。尔等身为股肱大臣，而居此等卑污之心，岂不为人耻笑？或有未当之处，亦不妨直陈所见，人非圣人，孰能无过，君子之过，如日月之食，过而能改，善莫大焉。朕之不吝改过，谅尔诸臣素所共知。凡有功者加之以赏，有罪者加之以刑，此乃帝王驭世之大权，朕止知随事而应，并不先有成见。嗣后尔等皆宜体朕钦恤之意，不可自恃己见，亦不可彼此推诿，拖累罪人，和衷协恭，平心易气，毋得有意逢迎，务使法如衡之平，如鉴之明，民不轻犯，国无冤狱，以共咸中有庆之治。

事例 410.03：雍正五年议准

嗣后除咨题案件，细小事情，与例不符，应行驳诘外，其有将应拟重罪人犯，竟令脱网，该督抚咨题到部，刑部司官有能细心查核，驳行覆审，果得实情改正者，将定稿司官应行议叙缘由，造具一册。有将无辜之人，罗织拟罪，该督抚咨题到部，刑部司官有能细心查核，驳行覆审，果系无辜改正者，亦将定稿司官应行议叙缘由，造具一册。若该督抚咨题案件，所引律例，罪无出入，应行照覆完结之事，司官妄生苛驳，将应拟重罪人犯，欲行开脱，应拟轻罪人犯，改作重罪，致有出入者，一经查出，将定稿司官应行议处缘由，亦造入册内，统于每年十二月缮册汇行奏闻，将应行量加议叙，及量加议处，以示鼓舞惩戒之处，请旨交与吏部。

事例 410.04：乾隆五十一年谕

陕西巡抚奏：民间上控词讼，或原问有司审断未公，或健讼刁徒希图翻异，若仍批交原审州县，则本官心存回护，小民必更受冤抑。即从前办理本公，而发原问官覆审，亦不足以服其心，是以定例分别饬令大员审办。现在外省钦遵定例，虽不敢批发原问官审理，并违例转行批委，但督抚批交司道及两司批交府县之案，往往酌派各属及试用人员代讯定案，层层详叙，司道不过照加看语，出详请结，若有驳问，仍复层层驳发，名为未经转委，其实并非亲身鞫审，此系外省积习相沿，无非各图省便之故，若不严加饬禁，日久仍归故辙，不但事件迟延，且控案势必日积日多，于政治甚有关系。

事例 410.05：乾隆五十六年谕

外省习气，往往以州县民人在上司呈控之案，即发该管府县审办，以致扶同瞻徇，百弊丛生。嗣后不特民人赴京控诉事件，经朕降旨发交审办者，应提犯亲讯，即本省民人在督抚衙门控告屈抑之案，亦当亲提究办，不得仍委所属州县承审，致有辗转庇护，宕延不结之事。

事例 410.06：嘉庆十二年谕

昨朝审勾到绞犯钟宽，于临刑时极口呼冤，据供并无扶鸾收徒情事，前系番役诬赖，在部亦未画供，是以未将该犯处决，奏闻请旨等语。朕以该犯既心未折服，或案情竟未确实，不可不覆加沿鞫，当经特派未经审办此案之大学士庆桂等详细提讯。兹据庆桂等奏：提集犯证，逐一研讯，审明该犯毫无屈抑，辄敢肆意呼冤，妄希狡展，实出情理之外。若似此纷纷效尤，尚复成何事体，自应加等惩办，以昭炯戒。今庆桂等议请将该犯改为斩立决，应如所拟办理。钟宽一犯，著重责四十板，即行正法。嗣后遇有临刑呼冤之犯，仍应奏明重加详勘，果有覆盆之冤，必立为申雪，将原审官照例惩治。如系奸谲之徒，罚当其辜，而妄行翻异，冀延显戮，亦必照此加等治罪，以惩刁顽。

事例 410.07：道光五年谕

嗣后凡有事关命盗重情，及控涉官吏赃私劣迹者，无论特交及上控之案，均应提人证，率同司道详加研鞫，速行拟结，庶足杜诪张而清讼牍。傥此次申谕之后，并不懔遵办理，经朕查出，或被科道纠参，必将该督抚从重惩处，不稍宽贷。

事例 410.08：同治九年奏准

各省京控之案，层出不穷，阅其呈词，大约牵涉书差舞弊者为多，其中逞刁健讼者固不乏人，而实在负屈含冤者亦所不免。迨发回本省后，承审之员，率多意在消弭，于所控各情，实审者十不得一，而又不能遽坐以诬告之罪，非以事出有因，即以怀疑误控，迁就完结。应饬各省督抚、将军、都统、府尹，于上控之案，核其情节之轻重，分别亲提发审，认真惩办。傥查有违例仍发原问官办理情事，即行严参议处。其京控交审案件，无论奏咨，均应亲提审办，实则立予昭雪，虚则按律坐诬，毋得含混了结，庶冤抑不至无伸，而刁风亦可稍息矣。

成案 410.01：题参审虚〔康熙二十九年〕

吏部议：新建县革职知县李郁诬揭粮道鲍复昌，诬陷情真，泰和知县张尚善亦无馈送陋规之处等因。查定例，官员被督抚列款纠参，奉旨革职提问者，后经审虚，本官仍准复还原职等语。既称审明鲍复昌等被诬，应将粮道鲍复昌、泰和知县张尚善所革之职复还。再定例内，督抚司道府等官如将清廉爱民官员屈为贪劣题参，审虚者，将原报之官俱各降二级调用，督抚俱各降一级调用等语。应将据揭转报之南昌府知府张仕佺、按察使吴延贵、布政使多弘安，妄报馈送陋规之吉安府罗京，均照例降二级调用。江抚宋荦照例降一级调用。又定例内，官员捏告上司受贿私派等事，审虚者革职等语。应将捏报索取陋规之南昌县知县叶某照例革职。又定例内，承行具题官员降级调用列名具题，官员降一级留任等语。应将会题之总漕马世济照例降一级留任，总督傅腊塔亲自审出，应免议。

律 411：有司决囚等第〔例 99 条，事例 266 条，成案 1 案〕

凡〔有司于〕狱囚〔始而〕鞫问明白，〔继而〕追勘完备；军流徒罪，各从府、州、县决配；至死罪者，在内，法司定议，在外，听督抚审录无冤，依律议拟〔斩、绞情罪〕，法司覆勘定议，奏闻，〔候有〕回报〔应合决者〕，委官处决。故延不决者，杖六十。

〔其公同审录之际，〕若犯人〔自行〕反异〔原招〕，〔或〕家属〔代诉〕称冤，〔审录官〕即便〔再与〕推鞫，事果违枉，〔即公〕同将原问、原审官吏通问改正。〔同将原问、原审之官吏通行提问，改正其罪。〕

若〔囚犯〕明称冤抑，〔审录官〕不为申理〔改正〕者，以入人罪故〔或受赃挟私〕失〔或一时不及参究〕论。

（此仍明律，第一段"凡〔有司于〕狱囚〔始而〕鞫问明白，〔继而〕追勘完备；徒流以下，各从府、州、县决配；至死罪者，在内听监察御史，在外听提刑按察司，审录无冤，依律议拟〔斩、绞情罪〕，转达刑部，斟〔加酌〕定议，奏闻，〔候有决单〕回报。直隶去处，从刑部委官与监察御史；在外去处，从布政司委官与按察司官，公同审决。"第三段首句"其审录无冤，〔审决官〕故延不决者，杖六十。"均雍正三年改定。其小注系顺治三年添入。顺治律为433条。）

薛允升按：此门内例文烦多，似应酌加修并，将不应列入此门者，移附别律。此门专载秋审各例。秋审始于康熙年间，从前无此名目，是以律无明文。后来秋审事列，日益加多，似可于此律内注明，或添纂于名例律内，说见彼条。死罪囚过限不决，杖六十，见"死囚覆奏待报"，与此重复。此律下段应与"辩明冤枉"条参看。

条例411.01：在京法司监候枭首重囚在监病故

在京法司监候枭首重囚，在监病故，凡遇春夏不系行刑时月，及虽在霜降以后冬至以前，若遇圣诞等节，或祭祀斋戒日期，照常相理，通汇具奏。

（此条系明代问刑条例。雍正三年奏准：重囚病故，随时相验，原不拘时月。此条删除。）

条例411.02：人命至重死者不可复生

人命至重，死者不可复生，每至霜降后，但有该决重囚，著三法司奏请，会多官人等，从实审录，庶无冤枉。

（此条系明代问刑条例。雍正三年奏准：将三法司奏请会多官人等句，改为刑部奏请会九卿等官。乾隆五年奏准：霜降后朝审，本门已有定例，此条删除。）

条例411.03：凡每年秋审时

凡每年秋审时，直省督抚，将监禁重犯，审拟情实、缓决、可矜具题，限七月十五月以内到部。刑部将各重犯原案贴黄，及三法司看语，并督抚看语，刊刷招册，进呈御览，仍送送九卿、詹事、科道各一册，八月内在天安门外金水桥西，会同详核情实、缓决、可矜，分拟具题，请旨定夺。其盛京等处案件，亦造入各省秋审案内具题，俟命下日，先后咨行直省，将情实人犯，于霜降后冬至前正法。其咨文到地方限期，云南、贵州、四川、广西、广东、福建限四十日。江西、浙江、湖南、甘肃限二十五日。江南、陕西、湖北、限十八日。河南限十二日。山东、山西限九日。直隶限四日。盛京限十五日。宁古塔限一个月。限内迟延不到者，该督抚将迟延地方官，察明指参。至于秋审具题后，如有新结重案，俱入次年秋审。

（此条系康熙年间现行例，雍正三年定例。乾隆三十二年改定为条例411.04。）

条例411.04：秋审时督抚将重犯审拟情实缓决可矜具题

秋审时，督抚将重犯，审拟情实、缓决、可矜具题，限五月内到部。刑部将原案，及法司看语，并督抚看语，刊刷招册送九卿、詹事、科道各一册，八月内在金水桥西会同详核，情实、缓决、可矜，分拟具题，请旨定夺。其盛京等处案件，亦造入各省秋审案内具题，俟命下日，先后咨行直省，将情实人犯，于霜降后冬至前正法。其咨文到地方限期，云南、贵州、四川、广西、广东、福建限四十日。江西、浙江、湖南、甘肃限二十五日。江南、陕西、湖北，限十八日。河南限十二日。山东、山西限九日。直隶限四日。盛京限十五日。宁古塔限一个月。限内迟延不到者，该督抚将迟延地方官察明指参。至于秋审具题后，如有新结重案，俱入次年秋审。

（此条系乾隆三十二年，将条例 411.03 改定。）

薛允升按：实缓、可矜之外，尚有可疑一层，即罪疑惟轻之疑，凡有罪名已定，而情节可疑者，均归列于内，亦慎重刑狱之意。后将此层删去，一遇疑狱，便难措手，“强盗”门监候处决一条，是其一也。乾隆十七年以后，即永无此等案件矣。秋审时，可改为各省秋审，重犯上应添“斩绞”二字。“具题”二字可移于五月内之下，上“看语”二字可删，具题下应添“应情实者由刑部缮写黄册进呈，恭候勾到”。其咨文以下数语，似应分注。宁古塔应改吉林。黑龙江并无限期，似属遗漏。各省秋审均有截止日期，非以具题后为限也。云南、贵州、两广、四川五省，以年前封印日，福建省正月三十日，奉天、陕、甘、两湖、浙江、江西、安徽、江苏九省二月初十日，河南、山东、山西三省三月初十日，直隶三月三十日截止。似应修改明晰，将各省截止日期，照上分注。至于云云，改为“截止日期后，如有”。《律例通考》云：按朝审及直隶秋审，始自顺治十年，先准刑部差司官二员会同该抚按审奏，十三年改差三法司堂官，前往直隶会同该抚按审题，十四年停遣三法司堂官，照旧差司官二员会同审录。各省秋审定于顺治十五年，各该巡按会同该抚及布、按二司等官，照在京事例，分别实缓，并有可矜、可疑者，于霜降前具奏。顺治十八年覆准，巡按已裁，在外秋审该抚照例举行。康熙五年题准：直隶地方差遣司官，永行停止，即明律所云：直隶去处从刑部委官云云也。

条例 411.05：刑部现监重犯（1）

刑部现监重犯，每年一次朝审，刑部于霜降前，摘重囚紧要情节，刊刷招册，进呈御览，仍分送九卿、詹事、科道各一册，于霜降后十日，在天安门金水桥西，会同详审，拟定情实、缓决、可矜具题，请旨定夺。其情实者，俟命下之日，刑科三次覆奏，经御笔勾除除者正法，其余仍监固。

（此条系康熙七年现行例，雍正三年定例。乾隆二十三年，将“进呈御览”字删除。嘉庆二十年改定为条例 411.06。）

条例 411.06：刑部现监重犯（2）

刑部现监重犯，每年一次朝审，刑部堂议后，即奏请特派大臣复核，俟核定具奏后，摘紧要情节，刊刷招册，送九卿、詹事、科道各一册，于八月初间，在金水桥西，会同详审，拟定情实、缓决、可矜具题，请旨定夺。其情实者，与各省秋审情实人犯，刑科皆于本省勾到前五日覆奏一次，经御笔勾除者正法，其余仍监固。

（此条系嘉庆二十年，遵旨将"刑科三次覆奏"改为"覆奏一次"。嘉庆二十三年，遵旨增入"堂议后，即奏请特派大臣复核"一层。）

薛允升按：《会典》载：凡勾到之年，刑部以朝审、秋审情实各犯名册送阅，核计省分人数，定期勾到。先新疆、云南、贵州，次四川、广西、广东、福建、奉天、陕西、甘肃，次湖南、湖北、浙江、江西，次江苏、安徽、河南、山东、山西，次直隶，预交钦天监择日，于冬至前六十日具奏。朝审勾到，则于冬至前十日，届期监察御史奏勾到本，皇帝御懋勤殿升座，大学士、军机大臣、内阁学士止候召入，学士奏某省各犯勾到姓名，皇帝阅汉字黄册，酌定降旨。大学士一人遵旨勾汉字本，勾讫，奉本以出，照汉字本勾清字本，缮签进呈。俟批写清字汉字毕，密封交该御史恭领，即交刑部遵行。朝审之例，起于前明天顺，秋审始于康熙年间，系仿照朝审之例办理，乃秋曹中一大典章也。前明英宗天顺二年九月二十五日奉旨：人命至重，死者不可复生，自天顺三年为始，每至霜降后，但有该决重囚，著三法司奏请，会多官人等，从实审录，庶不冤枉，永为定例。当将所奉旨意，纂为条例遵行。乾隆五年以霜降会审，即朝审之例，与现行例文重复，因将此条删去。上半截专言朝审，下半截兼及秋审。八月初间似应照上条改为八月内。刑科三次覆奏，简去二覆，见死囚覆奏待报，应参看。此例及上条统言九卿、詹事、科道，则六部、都、通、大理皆系九卿，其太仆、太常等衙门，似不在内，近来亦俱会审。现在，系三品官衙门则与会审，四品以下则否，即如詹事府与翰林院相等，乃有詹事而无翰林院，其明证也。

条例411.07：凡杀人及强盗等罪

凡杀人及强盗等罪，监候质审人犯，如遇三年逃犯未获者，即入秋审册内，一并详审。其叛逆案内牵连待质人犯，虽遇三年，仍行监候。

（此条系康熙年间现行例，雍正三年定例。乾隆三十二年，因乾隆十七年纂定有新例，此条删除。）

条例411.08：各省起解秋审人犯

各省起解秋审人犯，各州县如有相距在七十里以外不及收禁者，该地方官预期选拨干役，前赴寄宿之处，传齐地保，知会营汛，同原解兵役支更巡逻防范，审后发回，一体办理。倘有疏脱及纵放等情，将各该役照短解兵役例，与原解兵役，分别治罪。

（此条系乾隆二十三年，刑部议覆河南按察使严有禧条奏定例。）

薛允升按："因应禁而不禁"门内，解审军流人犯一条，系相距在五十里以外，与此少异。

条例 411.09：秋审人犯解省之时

秋审人犯解省之时，俱令州县径行解司，仍报明该管各府，审后亦即由司给发护牌，分发各州县收禁，仍汇文行知各该府。

（此条系乾隆三年，刑部议覆河南按察使隋人鹏条奏定例。）

薛允升按：此人犯径解臬司之例，以从前俱系由府解司，不免有道路纡回，及稽迟疏脱之虑，故改定此例。

条例 411.10：直省委员押解秋审人犯

直省委员押解秋审人犯，止令逐程交替，不必长解守候。其交替之时，将人犯并解役，当面点交前站委员收明，始回本地。其审毕发回时。亦照此逐程发递。

（此条系乾隆三十年，浙江巡抚熊学鹏条奏定例。以上三条均载"稽留囚徒"门，乾隆四十二年，按三条系押解秋审人犯至省旧例，乾隆四十三年移入此门。）

薛允升按："强盗"门盘获别省盗犯，必须移解，拿获省分遴派文武各一员，带领解役兵丁，亲身管押解送云云。似系在省派委而言，与各县派佐贰等官押解不同。此例盖恐其长解守候，有旷本业故也。惟本县人犯，责令别县押解，其附近省城之州县，将有应接不暇者矣。且审毕发回之时，若责令首县派员解送人犯，最多省分有数十名，至一二百名不等者，安得有如许佐贰耶。若分起解送，有需时日，其旷废本职，亦所不免，独不可虑耶。顾此失彼，此等处殊属窒碍难行。虽然有此例，而各省委员长解者，比比皆是，此例亦系虚设。

条例 411.11：笞杖等轻罪五城及提督衙门俱照例自行完结

笞杖等轻罪，五城及提督衙门，俱照例自行完结。若罪重于杖笞者，俱审明送刑部定拟。

（此条系雍正五年定例。乾隆十二改定为条例 411.12。）

条例 411.12：五城及提督衙门审理案件

五城及提督衙门审理案件，除笞杖等轻罪，仍照例自行完结，若词讼内所控情节，介在疑似，及关系罪名出入，非笞杖所能完结者，俱送刑部审拟，不得率行自结。如有例应送部之案，不行送部者，将承审官交部议处。

（此条系乾隆十二年，将条例 411.11 改定。嘉庆十八年改定为条例 411.13。）

条例 411.13：五城及步军统领衙门审理案件

五城及步军统领衙门审理案件，如户婚、田土、钱债细事，并拿获窃盗、斗殴、赌博，以及一切寻常讼案，审明罪止枷、杖、笞责者，照例自行完结。其旗民词讼，各该衙门均先详审确情，如应得罪名，在徒流以上者，方准送部审办，不得以情节介在疑似，滥行送部。若将不应送部之案，率意送部者，刑部将原案驳回，仍据实奏参。如例应送部之案，而自行审结，亦即查参核办。至查拿要犯，必须赃证确凿，方可分别奏咨交部审鞫。若将案外无辜之人，率行拿送，一经刑部审明，并非正犯，即将该管官员参奏，番捕人等照例治罪。其斗殴养伤者，务当依限报痊，验明传讯，毋许藉伤延宕。饬坊查拘人证要犯，限一两日送部，若逾限，催至三次不到者，即将司坊官参处。

（此条系嘉庆十八年，将条例411.12改定。）

薛允升按：此条本系分别案情送部专条，其养伤限及饬坊拘人，与此例不类，似应删去，移并于"鞫狱停囚待对"条下。刑部承审斗殴杀伤之犯，以伤经平复，及因伤身死之日为始，见"鞫狱停囚"。内外移咨行查催文，至三次无回文者，题参。行文八旗等处，提人文到三日内，无故不送者，照例参处。见同前。州县承审斗殴受伤案件，不得以伤痊之日起限，见"保辜期限"。五城自戕等案，由该城转报刑部，见"检验"门。均应参看。《处分例》："刑部行文五城兵马司。大宛两县查拿之案，如关系偷盗仓库钱粮，并隐匿要紧重犯，即于文内添注要犯勒限缉拿字样，限满无获，将该司坊官、大宛两县，照京城缉捕要犯例议处。其余寻常命盗行文查拿之案，限满无获，查明该犯原住地方，分别城内城外，照外省关提人犯例议处。该城御史不呈报都察院，及顺天府不行题参，均照徇隐例，降三级调用（私罪）。"

条例411.14：刑部汇题事件内

刑部汇题事件内，如窃盗三犯赃数不多改遣，家奴吃酒行凶发遣，及赌博拟流，贩私拟徒，军民通奸拟以枷责等项，平常遣犯，于审结之日，即照例先行发落，仍于汇题疏内声明。

（此条系雍正五年定例。乾隆五十三年删并入411.17。）

条例411.15：刑部奉特交事件（1）

刑部奉特交事件，即审明无罪可科，应具折覆奏。如罪至斩、绞，仍会同三法司核拟，特题完结。其它案件，除杖罪竟行发落外，犯该遣、军、流、徒、折鞭枷等罪，觉非寻常经见之事，若犯罪文自监生以上，武自骁骑校以上，或本身虽白丁，系现任大员子弟，犯该断决者，仍照现行汇题之例，详叙供招文移，不拘件数时日，随结随题，俟奉旨之日发落。若窃盗、赌博、斗殴、宰牛、奸拐、吃酒行凶之类，先行发落，按季汇题。

（此条系乾隆六年，刑部奏准定例。乾隆五十三年删并入条例411.17。）

条例411.16：刑部现审案内

刑部现审案内，除寻常徒流军遣等罪，照例定拟者，仍入于按季汇题外，如遇有酌重酌轻案件，即非生监骁骑校及大臣子弟之案，亦不拘件数时日，随结随题，仍于酌量改拟之处，粘贴黄签，进呈御览。

（此条系乾隆二十九年，刑部奏准定例。乾隆五十三年删并入条例411.17。）

条例411.17：刑部奉特交事件（2）

刑部奉特交事件，即审明无罪可科，应具折覆奏〔按：此奏结者〕。如罪至斩、绞，仍会同三法司核拟，特题完结〔按：此会题者〕。其它案件，除杖枷等罪，竟行发落外，犯该遣、军、流、徒，及军徒折枷等罪，傥非寻常经见之事，及酌重酌轻之案，并犯罪文自监生以上，武自骁骑校以上，或本身虽白丁，系现任大员子弟，犯该断决者，俱详叙供招，不拘件数时日，随结随题。内有酌重酌轻案件，仍于改拟之处，粘贴黄签恭呈御览，俟奉旨之日发落〔按：此专题者，以下系汇题者〕。寻常徒流军遣等罪，于审结之日，先行发落，按季汇题。〔按：又见照刷文卷，应参看。〕

（此条系乾隆五十三年，将条例 411.14 至 411.16 删并。）

薛允升按：此条似应移于"事应奏不奏"门。从前一切公事，不用奏折，俱系题本，是以定有特题，汇题之例，而汇题内又分别不拘件数、时日，随结随题，及按季汇题之例。随结随题者，奉旨后始行发落，按季汇题者，先行发落，其罪均在徒流以上者也。现在特交者，俱专折覆奏，专题者多余命案，由咨改题之件，其寻常不经见之事颇少，即有用题本者，亦系专本具题，非重其事，即重其人，并无二件三件一同汇题之事矣。再，此专指在京刑部而言。外省军流以上，俱系项目咨部，徒罪汇册，按季咨部。如有前项情节，并不由部改题，即大员子弟，及酌重酌轻案件亦然，似嫌参差。

条例 411.18：凡立决之案

凡立决之案，部文到日，如正印官公出，令同城之州同、州判、县丞、主簿等官，会同本城武职，遵查不停刑日期，代行监决。若该地方无佐贰官，令该知府于部文到时，即委府属之同知、通判、经历等官，速至该州县会同武职，代行监决。该佐贰等官俟监斩后，将正印官因何事公出，并现委某官于何年月日，会同武职某官，监决何犯，逐一详报各上司查核。

（此条系雍正六年定例。）

薛允升按：云南省一条，似应修并此条之内。印官公出处决重囚之例，凡分三项，佐贰代为监决一层〔雍正六年〕。知府委员监决一层〔雍正六年〕。不及报府准令典史等官监决一层〔乾隆三十六年〕。前二层系属通例，后一层专指云南一省，似不画一。乃印官并未公出，因府远而县近，则又由省委员监决〔乾隆三十九年〕，与上三层尤觉参差。而本门内又载有逆匪凶盗罪应斩枭立决人犯，留禁按察使及首府县监，奉到部文在省处决专条〔乾隆四十八年原例，嘉庆六年改定〕，是立决人犯并不发回各州县监禁，即无在县处决之事。其在县处决者，不过秋审情实已勾之犯，人数亦不甚多，似应酌加修改，将上三层修并为一，均改为处决重囚，删去府远而县近一条，似较妥协。

条例 411.19：秋审斩绞重犯有三次俱拟缓决

秋审斩绞重犯，有三次俱拟缓决，及三次俱拟情实，该督抚察其情罪，无可更定者，止令有司叙由详报，覆招具题，停其解省。如该犯虽经三次审定，该督抚揆其情罪，尚多可疑者，仍提解亲鞫。至三次中有前拟情实后改缓决，前拟缓决后改情实者，仍照例解省。

（此条系雍正八年定。乾隆四十一年修并入条例411.21。）

条例411.20：秋审缓决人犯解审二次之后

秋审缓决人犯，解审二次之后，如情罪无可更定者，止令有司叙由详报各督抚覆招具题，不必复行提审。其曾拟情实，未经勾决之犯，及前拟情实后改缓决，前拟缓决后改情实，并缓决人犯内情可矜疑者，仍照例饬提解审。

（此条系乾隆二十五年，刑部议覆福建按察使奕昂条奏定例。乾隆三十三年修改，乾隆四十一年修并入条例411.21。）

条例411.21：直省每年应入秋审案犯于应勘时

直省每年应入秋审案犯，于应勘时，仍令各督抚提解省城，率同在省司道，公同会勘，定拟具题。至缓决人犯，解审一次之后，情罪无可更定者，止令有司叙由详报，停其解审。其曾拟情实未经勾决之犯，及前拟缓决后改情实，并缓决人犯内情可矜疑者，仍照例解审。

（此条系乾隆四十一年，将条例411.19及411.20修并。）

薛允升按：此秋审人犯提省之通例，“于应勘时仍”五字可删。情实末勾，即上条所云旧事情实也。惟前拟缓决后改情实，近来并无此事，亦无可拟案件，若可矜人犯，则本年已减等矣，又何二次解审之有。秋审之例凡数变，初则三次之后，方准停其解勘〔雍正八年〕，嗣则改为二次〔乾隆二十五年〕，后又定为一次〔三十五年湖北巡抚陈辉祖奏请〕，愈觉简便。始则由省城而改为巡道，又由巡道改归省城，末后，则以距省远者，归巡道审勘，余仍提省审办，例内所以有仍令各省督抚云云也。

条例411.22：秋审应决重犯迟误处决

秋审应决重犯，迟误处决，已过冬至者，该督抚查明不停刑日期，即行处决，仍将迟延各官题参，照例议处。

（此条系雍正十年定例，乾隆五年修改为条例411.23。）

条例411.23：秋审应决重犯冬至以前文到者

秋审应决重犯，冬至以前文到者，照例行刑。已过冬至，或正值冬至斋戒日期文到者，仍牢固监禁，俟次年秋审应决人犯，一并题明处决，其迟延各官，交部议处。

（此条系乾隆五年，将条例411.22修改。嘉庆十二年修并入条例411.25。）

条例411.24：秋审应决重犯如文到正值冬至斋戒日期

秋审应决重犯，如文到正值冬至斋戒日期，或已过冬至者，于冬至七日以后，照例处决。

（此条系乾隆十年，奉上谕纂为例。嘉庆十二年修并为条例411.25。）

条例 411.25：秋朝审处决重囚及一应立决人犯

秋、朝审处决重囚，及一应立决人犯，如遇冬至以前，十日为限；夏至以前，五日为限，俱停止行刑。若文到正值冬至、夏至、斋戒日期，及已过冬至、夏至者，于冬至七日，夏至三日以后，照例处决。

（此条系嘉庆十二年，将条例 411.23 及 411.24 修并。）

薛允升按：此已过冬至仍复行刑之例，专指秋审应决重犯而言。已过冬至即不行刑，所以顺天时也。冬至后七日照例处决，又所以重刑章也。各有取义，惟从前立决之案较少，故此等人犯，亦可缓至次年。后来立决之案，比前更多，冬至后行刑者，不一而足，是以秋审人犯，亦可于冬至七日后行刑也。至夏至前后五日、三日，均系指立决人犯而言，与秋审勾决者不同，似应修并于下南北郊大祀之期条内。再，《户部则例·杂支》门，刑部每岁预领年年刊印秋审招册等项银两六千两，每年于七、八月具领，事竣将用过数目造册，咨送户部核实题销，刑例无文，似应添入。

条例 411.26：各省每年题结斩绞重案

各省每年题结斩、绞重案，刑部于次年开印后，分类摘叙简明事由，缮折奏闻。

（此条系乾隆九年，刑部议覆御史彭肇洙条奏定例。）

薛允升按：此亦系汇题之件，其造具黄册，则归督催所承办也。

条例 411.27：凡侵贪案犯二限已满（1）

凡侵贪案犯，二限已满，察其获罪之由，如系动用杂项，及挪移核减，一应著赔，作为侵欺，并收受借贷等款，问拟贪婪，追监追后，多方设措，急图完公者，应酌量拟为缓决。若以身试法，赃私累累，至监追二限已满，侵蚀未完，尚在一千两以上；贪婪未完，尚在八十两以上者，秋审时即列入情实，请旨勾到。

（此条系乾隆十二年遵旨议定。乾隆三十二年改定为条例 411.28。）

条例 411.28：凡侵贪案犯二限已满（2）

凡侵贪案犯，二限已满，察其获罪之由，如系动用杂项，及挪移核减，一应著赔，作为侵欺，并收受借贷等款，问拟贪婪，追监追后，多方设措，急图完公者，应酌量拟为缓决。若以身试法，侵蚀钱粮入己，及枉法贪婪者，毋论赃项已完未完，秋审时即列入情实，请旨勾到。

（此条系乾隆三十二年，将条例 411.27 改定。是年奏准删除。）

条例 411.29：凡满洲杀死满洲之案

凡满洲杀死满洲之案，朝审时俱拟以情实。

（此条系乾隆十四年遵旨定例。乾隆三十二年奏准删除。）

条例 411.30：聚众械斗互毙多命

聚众械斗，互毙多命，实系下手致死之人，一命二抵，俱列入秋审情实册内，请旨勾决。

（此条系乾隆十八年遵旨定例。乾隆三十二年奏准删除。）

条例 411.31：凡每年秋审

凡每年秋审，遇审某省，即令某道御史与掌道一体上班。朝审，令京畿道御史同掌道与审。

（此条系乾隆十四年，山东道御史严源焘条奏定例。）

条例 411.32：凡秋审勾到时

凡秋审勾到时，遇某省本章，即著某道御史承办。朝审案件，令京畿道专办。行刑时，著刑科给事中及刑部侍郎一人监视。

（此条系乾隆十四年，奉上谕纂为例。原例均系河南道，乾隆二十三年，奉上谕，京畿道著列于河南道之前，河南道事务，令京畿道办理，钦此。因将条例 411.31 及本条河南道俱改为京畿道。）

薛允升按：例系刑部侍郎一人监视行刑，现在办法则系右侍郎二人，与例不符。尔时必有其故，今则无可考矣。朝审案内遇有蒙古人犯，知会理藩院堂官到班会审。见"化外人有犯"门，应参看。

条例 411.33：凡职官实犯死罪应入秋审朝审者

凡职官实犯死罪，应入秋审朝审者，另为一册，仍分别情实、缓决、可矜三项进呈。

（此条系乾隆十四年，奉谕旨纂为例。嘉庆六年修并入条例 411.35。）

条例 411.34：凡罪干服制由立决改为监候者

凡罪干服制，由立决改为监候者，刑部于秋审时，俱列入情实，汇为一册，先期进呈，恭候钦勾。俟经两次免勾之后，大学士会同刑部堂官，将此等人犯招册，覆加详勘，其有实在情节可宽者，摘叙案情，确加看语，请旨改入缓决。

（此条系乾隆十七年，奉谕旨纂为例。嘉庆六年修并入条例 411.35。）

条例 411.35：凡官犯及常犯罪干服制

凡官犯及常犯罪干服制，由立决改为监候者；又卑幼听从尊长主使，殴死本宗小功、大功、兄姊及尊属，例应斩候者，刑部于秋审时，俱列入情实，各另缮一册，列于各该省常犯情实黄册之前，进呈恭候钦勾。官犯俟十次免勾之后，服制常犯俟两次免勾之后，大学士会同刑部堂官，将人犯招册，覆加详勘，其有实在情节可宽者，摘叙案情，确加看语，请旨改入缓决。

（此条系嘉庆六年，将条例 411.33 及 411.34 修并。）

薛允升按：此指官犯与服制常犯而言，与下朝审情实官犯一条参看。此处罪干服制下可改为"者"字，分注，无论由立决改为监候，及例应斩绞监候，余俱删。乾隆四十二年例文，官犯十次未勾，刑部查明奏闻，下次改入缓决，并无会同大学士之语。此处与服制人犯，一体会同大学士办理，不特重复，亦属参差。似应将官犯一层摘出，作为除律，庶与下条例文相符。刃伤期亲尊长，及违犯教令，致父母、夫自尽，拟绞候等类，现俱入服制办理，例内仅有听从殴死功服尊长一层，未免挂漏。服制情实人犯，两次免勾，即改缓决，似嫌太宽。

条例 411.36：广东之琼州府属甘肃哈密斩绞人犯应监候者

广东之琼州府属、甘肃、哈密斩绞人犯应监候者，于定案后，俱解交该按察使监禁，俟三届秋审后，发回原犯地方收禁。若福建之台湾府属斩绞监候人犯，专令按察使收监，毋庸发回。其应支钱粮衣药，及遇有疏脱监毙事件，俱查照定例，一体办理。

（此条系乾隆十五年，刑部议覆甘肃按察使杨应琚条奏定例。乾隆三十二年奏准：秋审既令道员遍历覆审，琼州有雷琼道，哈密有安西道，均可照例审勘，毋庸解至省城，将例内琼州、哈密人犯寄禁省监，及三届秋审发回原地方之处删去。嘉庆六年修并入条例 411.39。）

条例 411.37：凡各省州县招解逆匪凶盗（1）

凡各省州县招解逆匪凶盗，罪应斩枭立决及情节凶横，桀骜不驯之罪应斩绞监候人犯内，如夺犯伤差者，盐枭拒捕杀人者，左道妖言惑众者，聚众械斗者，抢夺金刃伤人者，死罪重犯中途脱逃者，窃盗压缩和仓库饷鞘军装及将本章公文烧溺者，积匪猾贼拟遣在配犯窃多次者，窃盗军流发遣在配脱逃肆窃者，犯案被获扭锁逃窜后肆窃者，光棍为从者，强盗自首者，该督抚于各州县解犯到省，审明题奏后，即留禁按察使监，及首府县监，牢固监禁。俟奉到逆匪凶盗案内部文，按察使会同督抚标中军，督率府县，亲提各犯验明，绑赴市曹，监视处决。应枭示者，仍传首犯事地方示众。若接准斩绞监候勾决部文，按察使等一体监视行刑。其余服制缘坐，及寻常谋故斗殴，以及妇女老幼之犯，于院司覆审后，仍发回本州县监禁，部文到时，即在本州县地方处决。至在省监禁一次未勾情实常犯，仍发回各州县监禁。

（此条系乾隆四十八年，并乾隆五十一年定例。嘉庆六年修改分定为条例 411.38 及 411.39。）

条例 411.38：凡各省州县招解逆匪凶盗（2）

凡各省州县招解逆匪凶盗，罪应斩枭立决人犯，该督抚于各州县解犯到省，审明题奏后，即留禁按察使监，及首府县监，牢固监禁。俟奉到逆匪凶盗案内部文，按察使会同督抚标中军，督率府县，亲提各犯验明，绑赴市曹，监视处决。应枭示者，仍传首犯事地方示众。

（此条系嘉庆六年，将条例 411.37 改定。）

薛允升按：原定例意，盖因解犯中途恐有疏失，是以留禁省监。然人数过多，更觉可虑，宜不久而复变通也。

条例 411.39：各省秋审斩绞重犯

各省秋审斩绞重犯，俟督抚审勘后，俱发回各州县监禁，接准部文后，即于犯事地方处决。惟福建之台湾府属，甘肃之哈密、安西、玉门、敦煌等厅州县，斩绞监候人犯，专令按察使照旧收监。其应支囚粮衣药，及遇有疏脱监毙事件，俱查照定例，一体办理。

（此条系嘉庆六年，将条例 411.35 及 411.37 改定。）

薛允升按：上条系指立决人犯言，此条系指秋审人犯言，从前俱留禁省监，后则分别办理矣。惟查甘肃所属之哈密等厅州县，秋审人犯，责成安肃道审办，后有条例，此处留禁省监之处，自应删改，此例有福建之台湾，无广东之琼州，修例时，以琼州应由该道审勘故也。后条例文，由道审勘者，止有高廉、雷潮，并无琼州，自属遗漏，应于后条添入，琼州二字，改四为五方合。若琼州应留省监，此例何以又行删去。若以为应归该管道审勘，何以下条又无明文。究应如何办理之处，似应添叙详明。观乾隆三十三年按语，以琼州有雷琼道管辖，应令该道覆勘，则下条之遗漏，不待言矣。哈密等处声明留禁省监，即不归巡道审勘矣，乃下条哈密等处，均归巡道审勘，自属参差。此条定例在先，彼条系后来添入，漏未将此条删改耳。

条例 411.40：凡直省驻防旗人犯事应斩绞者

凡直省驻防旗人犯事应斩绞者，俱解刑部收监。旗下家奴，即在犯事地方监禁。

（此条系乾隆十六年定。乾隆四十二年，因纂有新例，此条删除。）

条例 411.41：凡停止勾决之年

凡停止勾决之年，其情实案内，有纠众、聚匪、劫犯、辱官，及侵蚀亏空多赃情罪重大各犯，刑部仍开具事由清册，另行奏闻，请旨正法。

（此条系乾隆十九年，刑部议覆福建巡抚陈宏谋题准定例。嘉庆四年，奉有不准赶入情实之旨，此条删除。）

条例 411.42：州县命案于检验尸伤时

州县命案，于检验尸伤时，即讯取已经到案犯证初供，并将案内人犯，是否齐全，及有无要犯未获之处，同验尸图格，于十日内造册申报督抚，转咨部科备案。其有于覆审时究出确情，与初供不合，将究诘改供缘由，据实详叙。若有心翻案改招，或因获初供，迁就纽合，及所取初供，改为闪烁含混，以图移改出入者，该督抚严察题参，将承审官照故出入例议处。督抚不行查参，被法司纠举得实，亦照前例议处。

（此条乾隆二十二年定。嗣于乾隆二十七年奏准：命案初供，止申报上司查核，俟定案后题达，不必先行报部，此条删除。）

条例 411.42：各省官犯如系贪酷败检

各省官犯，如系贪酷败检，侵亏狼籍，及有心巧诈，不尽臣职，罪应斩、绞之员，其审题结案，在行刑之日以前者，著皆补疏题请，情实予勾者，即行刑之日已过，亦著行刑。在行刑以后审结者，入下年新事册内，刑部仍粘签声明。其寻常私罪案犯，无前项情节者，著牢固监候，俟次年秋审办理，不得概请补入本年情实。

（此条系乾隆二十二年，两次奉上谕纂为例。）

薛允升按：此亦尔时办法，近来并无此等案件。例内著字皆上谕中语也，似均应修改。

条例 411.43：秋审案内抢窃满贯

秋审案内抢窃满贯，及三犯窃赃，数至五十两以上，问拟绞候之犯，如已经缓决三次者，各该督抚查明咨部，均照强盗免死减等发遣例，改发云、贵、两广极边烟瘴充军。其年老有疾者，仍入秋审具题。朝审人犯，亦照此办理。

（此条系乾隆二十三年定。乾隆三十二年，已定有一次减等新例，此条删除。）

条例 411.44：凡斩绞罪犯如一人连毙二命

凡斩绞罪犯，如一人连毙二命，妖言惑众，传习符咒，并官员侵渔帑项，勒敛民财，非残忍已极，即有关民俗官方，如定谳已在该省热审之后，刑部即补入本年情实册内具题。如遇停勾之年，俱照情罪重大之例，另奏请旨正法。

（此条系乾隆二十五年十月内，奉上谕纂为例。嘉庆六年，以每年办理各省秋审，总以上年封印以前，及本年春夏间题结。奉旨之案，按各省道里远近，定有截止限期。其在截止期后题结者，即归入下年办理，向无赶入之例。乾隆十九年，经福建巡抚陈宏谋奏准吴典等纠众抢犯，拟绞监候案内，声明赶入本年秋审情实。嗣遇有情重之案，如一人连毙二命，匿名揭帖等项，节次奏明赶入本年秋审情实办理，并酌定条款，纂入例册遵行。是以各省声明赶入者，亦有由部声明者，以应入下年秋审之犯，声明赶入本年，虽罪名仍按斩绞本律，而问刑之官，遽请赶入，即属加重之意。现在钦奉谕旨，问刑衙门不得于律外加重。是办理一切罪犯，承审各官俱应各按本律、本例定拟斩绞，即间有情节较重，亦应断自宸衷。临时酌量赶入，非问刑衙门所应声请，嗣后外省定案，及刑部覆奏各案，均毋庸先行声明赶入秋审字样，以符体制。并将例内所载赶入条款，一并删除等因。奉旨依议，钦此。因将此例删除。）

条例 411.45：各省秋审本揭（1）

各省秋审本揭，如系新事初次入秋审者，照旧备叙案由，确加看语，以凭会核。其旧事缓决三次者，止叙案由。未及三次者，摘取简明略节，依次汇为一本具题，俱不必叙入问供，以省繁冗。至九卿会审时，刑部分送招册内，有已经缓决三次，并无更改，不必重复备册，分送会审。其中或有一、二案尚须商议之处，仍听刑部摘取，临期印册，分送九卿公同会议。其各省官犯，及在京朝审案犯，虽缓决三次以上，仍旧办理。

（此条系乾隆二十六年，刑部议覆山西巡抚鄂弼条奏定例。乾隆三十四年改定为条例 411.46。）

条例 411.46：各省秋审本揭（2）

各省秋审本揭，如系新事初次入秋审者，照旧备叙案由，确加看语，以凭会核。其旧事缓决人犯，摘叙简明略节，依次汇为一本具题，俱不必叙入问供，以省繁冗。至九卿会审时，刑部分送招册内，除情实未勾，及初次入秋审者，仍刷印招册分送详核外，其旧事已入缓决者，不必重复备册，分送会审，止于会审时逐一唱名。进呈秋审本内，亦开列起数、名数具题。若旧事内有一、二案尚须商议，并该督抚前拟情实后改缓决，前拟缓决后改可矜之案，仍听刑部摘出，临期印册，分送九卿公同会议。朝审案犯一体办理。

（此条系乾隆三十四年，将条例 411.45 改定。）

薛允升按："照旧"二字可改"俱"。备叙案由，即第一条内所云刑部将原案及看语，刊刷招册等语也。例云：确加看语，及前法司看语，似系指题本内，刑部会同九卿、詹事、科道等官会看得云云而言，而招册内并无会审看语。另有改事方签一本，办法稍有不符。前拟情实，后改缓决，前拟缓决，后改可矜，从前间或有之，近则绝无此事矣。惟调戏致本妇自尽之案，一次情实未勾，即由外省改入缓决，此例所云，未必即指此条。至从前一改可矜，即行减等拟流，近亦无专改可矜者。其旧事缓决人犯，亦不逐一唱名，则愈简便矣。

条例 411.47：秋审可矜人犯内

秋审可矜人犯内，如子妇不孝，詈殴翁姑，其夫忿激致毙，或因该犯之母，素有奸夫，已经拒绝，后复登门寻衅，以致拒殴致毙者，此等情切天伦，一时义激，与寻常狠斗者不同，刑部会同九卿，遇有似此罪犯，案情既确，俱量为区别，照免死减等例，再减一等发落，仍逐案随本声明请旨。

（此条系乾隆二十七年，奉上谕纂为例。）

薛允升按：可矜者应减一等，此则减二等矣。与杀死图奸伊母罪人一条参看。

条例 411.48：各省奉到立决人犯部文

各省奉到立决人犯部文，该督抚按程按日计算。如由府转行州县，在正、六、八月停刑期内者，即将部文密存按察使内署，仍按程日计算行至州县已非停刑日期，钉封专差驰递，该州县奉到部文，即日处决。

（此条系乾隆二十八年，江西按察使颜希深条奏定例。嘉庆六年，改"正、六、八月"为"正、六、十月"。道光四年，于"十月"上增"八月"。咸丰二年，删节为"正月、六月"，改为"如由府、厅、州、县在正月、六月停刑期内者"。）

薛允升按：死囚覆奏待报一条，与此相等，但彼条止言不理刑名，此则专言决囚。如彼所云之祭享、斋戒、封印等日，自亦应一体停刑矣。参看自明。

条例 411.49：缌麻服属人犯于停勾二次之后

缌麻服属人犯，于停勾二次之后，亦照期功以上例，大学士会同刑部，一体查核，改入缓决。

（此条系乾隆二十九年，奉上谕纂为例。）

薛允升按：此条指拟入情实而言，似应添入"情实"字样。

条例 411.50：各省每年秋审臬司核办招册

各省每年秋审，臬司核办招册，务须先期定稿，陆续移咨在省司道，会同虚衷商榷，联衔具详，督抚覆核定拟。至期，会审司道等官，俱赴督抚衙门办理。

（此条系乾隆二十六年奉上谕，及乾隆二十九年，刑部遵奏据广东布政使胡文伯奏准，并纂为例。）

薛允升按：核办招册为一层，联衔具详为一层，至期会审为一层。

条例 411.51：凡每年各省应入秋审人犯

凡每年各省应入秋审人犯，毋庸提讯解省城会勘，俱令该道员以冬季为期，巡历所属，就便率同该府知府，亲诣各州县逐一讯勘，如与定案时并无异同，即行造册加结申送督抚查核定拟。若有情罪未协，临时呼冤之犯，讯非捏词翻异，亦即另缮招册，出具印结，派委众役，将犯证一并解送院司覆审。倘有事本冤抑，该道等徇庇属员，不为辨明，及案无可疑，有心翻异者，该督抚查出，严参议处。督抚等不加觉察，亦一并议处。其直隶州知州，及并无统辖之厅员，俱照知府之例办理。直隶州知州案件，应专听道员覆勘。至盛京刑部侍郎，及吉林、黑龙江将军衙门案件，仍照旧例行。其并无道员统辖之锦州、奉天二府，锦州府即著知府，奉天即著治中〔今裁缺〕，前往覆勘。该道府巡历之时，务须轻骑减从，毋得稍有滋扰，经过之地方官，亦不得供应迎送。如该道巡历以后，应行续入者，仍令该道于秋审前，率同知府就案按临，补行审勘。

（此条系乾隆三十二年定。乾隆三十七年，于直隶州本州案件下，添入"并贵州贵阳等府知府自理之案，俱专听道员覆勘。至监禁在省官犯，并常犯内如有监禁在省者，仍由该督抚率同司道会勘"数语。乾隆四十二年，复提省会勘之例，此条删除。）

条例 411.52：新疆地方定拟死罪监候人犯（1）

新疆地方定拟死罪监候人犯，缓决者必俟五次，情实者必俟十二次未勾，方准于新疆地方互相调发为奴。

（此条系乾隆三十二年定。乾隆四十二年改定为条例 411.53。）

条例 411.53：新疆地方定拟死罪监候人犯（2）

新疆地方定拟死罪监候人犯，凡经秋审缓决二次，及拟情实三次未勾者，俱发往雅尔地方，给种地兵丁为奴。

（此条系乾隆四十二年，遵旨将条例411.52改定。嘉庆十一年，查新疆秋审人犯，向系专折具奏，嘉庆元年照各省之例，改用题本，恭缮黄册进呈，现在新疆各事宜，俱照内地一并办理，自嘉庆元年以后，两次恩诏，凡新疆缓决三次以上各犯，一体援减调发，是情实人犯十次未勾，亦应照内地之例，改入缓决，遇有恩旨分别减等。将此条缓决五次，情实十二次调发之例奏准删除。）

条例 411.54：秋审朝审案内抢窃满贯

秋审朝审案内抢窃满贯，及三犯窃盗赃至五十两以上，问拟绞候之犯，除情重应拟情实人犯外，其余应入缓决者，秋朝审一次之后，改发云、贵、两广极边烟瘴充军。

（此条乾隆二十三年，江苏按察使崔应阶条奏定例。嘉庆六年修并入条例411.56。）

条例 411.55：秋审朝审案内窃赃满贯

秋审朝审案内窃赃满贯，及三犯窃盗赃至五十两以上，问拟绞候之犯，除情重应拟情实人犯外，其余应入缓决者，秋朝审一次之后，刑部查核奏明减等。于奉旨后，咨行各该省发遣伊犁、乌鲁木齐等处给兵丁为奴。其抢夺满贯人犯，不准减拟。

（此条系乾隆四十八年定例。嘉庆六年修并入条例411.56。）

条例 411.56：戏杀擅杀误杀及窃赃满贯

戏杀、擅杀、误杀及窃赃满贯，并三犯窃盗赃至五十两以上，问拟绞候，应入缓决之案，秋朝审一次之后，刑部查核奏明，将擅杀、戏杀、误杀之犯，减为杖一百、流三千里。窃赃满贯三犯窃盗赃至五十两以上之犯，减发云、贵、两广极边烟瘴充军。其抢夺满贯人犯，及误杀案内，所杀系其人之祖父母、父母、伯叔父母、妻、兄弟、子孙、在室女者，俱俟查办缓决时，再行照例办理，不在此例。

（此条系嘉庆六年，将条例411.54及411.55修并。嘉庆八年，删"擅杀"二字。）

薛允升按：窃赃逾贯人犯，从前系发新疆种地当差，是以奏明一次减等，以资力作。后经改发内地，似无庸一次减等。至命案内戏、误杀情节最轻，《唐律》本非死罪，《明律》俱拟绞候，已属从严，是以秋审时，得以一次减等，情法最为平允。窃赃逾贯之犯，均系匪类，故减等时，俱发烟瘴充军，恶之至也。若以此项人犯为情轻，即不应改发烟瘴。以为情重，即不应一次减等，似应删改。秋审缓决人犯，非奉有查办恩旨，即无从减等。窃赃满贯等项，乾隆二十三年，江苏按察使以此辈缓决多次，虽幽禁囹圄，转得安居饱食。仿照私铸案内，钱数不及十千之犯，改发巴里坤，与其不决不减，虚糜口粮，似不若屏诸远方，俾效死力，请将缓决三次以上者，发巴里坤种地管束，奏准在案。三十一年江苏巡抚以此等总系应发新疆之犯，若必俟三次缓决，始行改发，不惟年年审录，徒滋案牍，不若乘其年力，早发新疆，以收垦屯之效。奏请秋审缓决一次后，即行减发亦在案。是该犯等之得以早行发遣者，系为新疆等处垦屯起见，非谓该犯等之情节最轻也。后以新疆人犯过多，将此等犯改为烟瘴充军，即不资其力作，自无庸一次减等。例改新疆为烟瘴，而于一次减等一层，仍从其旧，以致相沿至今，未之能改，似嫌未协。误杀有伯叔父母，而无伯叔及侄，似不赅括，原奏指明期服以上亲，例内似应添入，以免挂漏。下条擅杀有查办留养者，仍照向例分别办理等语，而此条无文。查分别办理留养，自系以是否一次减等为限也。应与犯罪存留养亲条例参看。误杀、擅杀均系情轻，与戏杀均准一次减等。惟误杀其人之祖父母等项，与擅杀案内，谋故火器等类情节稍重，是以又定有不准一次减等专条，留养亦可照办，两例本属相类，自可修并一条，其窃贼一层，似可删去。

条例 411.57：距京路远各省应入秋审案件

距京路远各省，应入秋审案件，于每年冬季道员巡历覆审之时，臬司衙门将已经审结具题，约计次年热审可以接准部咨者，逐一查明，移行该道府，同已经接准部咨各案，一体豫行覆审，造册申送。如至期遇有未准部咨，及部驳另审者，臬司照例扣除，仍知会该道，归入下年秋审。

（此条系乾隆三十三年，刑部议覆贵州按察使高积条奏定例。）

薛允升按：下有各省专条，此例似可删并彼条之内。

条例 411.58：各省官犯于定案时

各省官犯于定案时，即在按察使衙门收禁，秋审勾本到省，照刑部决囚之例，将情实官犯，全行绑赴市曹，即令按察使监视行刑。奉到谕旨，当场开读，按照予勾之犯，验明处决。

（此条系乾隆三十三年，奉上谕纂为例。）

薛允升按：此专指官犯而言。

条例 411.59：刑部核覆各省审题事件

刑部核覆各省审题事件，内有余犯拟罪未当，应驳令覆审，而正犯应立正典刑，毋庸质讯。其罪又无可加者，即先决正犯，不必一概驳令覆审。

（此条系乾隆三十四年，刑部核覆湖北巡抚揆义题准定例。）

薛允升按：此例盖不使情重人犯，久稽显戮之意。

条例 411.60：在京现审案件有应行立决人犯

在京现审案件，有应行立决人犯，如适当雨泽愆期清理刑狱之时，刑部将此等应结案牍，暂行停止题奏，俟雨泽沾足，再行请旨。

（此条系乾隆三十六年，奉上谕纂为例，嘉庆二十年改定为条例 411.61。）

条例 411.61：应行立决人犯应在京处决者

应行立决人犯，应在京处决者，如适当雨泽愆期清理刑狱之时，并祈雨、祈雪期内，刑部将此等应结案牍，暂行停止题奏，俟雨泽沾足，再行请旨。如系应在外处决者，俱照常题奏。

（此条系嘉庆二十年，将条例 411.60 改定。）

薛允升按：正月、六月例应停刑，万寿月亦例应停刑，遇有奉到立决部文，均可存于按察使署内，过期再行钉封驰递。如正值祈祷雨雪之时，应否停刑，例无明文。惟在京既不进决本，在外似亦可稍缓须臾，况屠宰尚应禁止，决囚顾可较屠宰为轻乎。酌照后条例文办理，似乎可行。下立决之犯，部文到日，正印官公出，令同城之州同等，遵查不停刑日期，代行监决，定有条例。如在停刑期内，亦不能即行处决矣。例内既有密存臬司内署之文，又有查明不停刑日处决之语，则正值祈祷雨雪之时，似亦可暂缓数日。

条例411.62：云南省处决重囚

云南省处决重囚，部文到日，如州县无同城佐贰，印官公出，除公出报府有案，并县在附郭者，仍照定例由府委员监决外，其非附郭首县，如有猝奉调遣不及报府者，部文到日，即准令该吏目、典史会同营员，代为监决，仍将印官因何公出，及代为监决缘由，具报上司查核，毋庸申请本府另行委员。

（此条系乾隆三十六年，云南按察使觉罗法明条奏定例。）

薛允升按：原奏以昆明、太和二县设有县丞同城外，其余并无同城佐贰，因定此专例。惟贵州、广西等省，无同城佐贰者亦多，各省亦间有之，似应改为通例，与下由府委员一条，修并为一。下立决之犯，部文到日，正印官公出一条，系由府委员监决，此条系准令吏目等官代为监决。应参看。

条例411.63：每年朝审勾到刑部将人犯绑出之日

每年朝审勾到，刑部将人犯绑出之日，步军统领衙门，派步军翼尉一员护送。

（此条系乾隆三十八年，奉上谕纂为例。）

薛允升按：此条应与上刑科给事中监视行刑一条，修并为一。

条例411.64：凡凶盗逆犯干涉军机应行立决

凡凶盗逆犯干涉军机，应行立决，及须刑鞫者，均即随时办理，声明咨部，毋庸拘泥停刑旧例。其寻常案件，仍照定例月日停刑。

（此条系乾隆三十八年，奉上谕纂为例。）

薛允升按：此言虽在停刑期内，仍应立决刑鞫也。停刑月日，自系指正月、六月，及死囚覆奏例内载明上元等日期而言。此云应立决者，无庸拘泥停刑旧例。是凡应立决者，均无庸停刑，即不用停刑例文矣。惟上有凶盗逆犯干涉军机等语，又似于立决之内摘出此数项，无庸停刑，其余虽应立决，仍须照例停刑之意。第凶盗逆犯究未分晰指明。以盗犯而论，均应斩决，且有应加枭示者。以命案凶犯而论，有应凌迟者。有应斩枭斩决及绞决者。且有于监候本罪上请旨即行正法者。其无关人命，亦有问拟斩枭斩决者。究竟何项无庸停刑，何项准其停刑之处，定例时亦茫无主见，以致迄今尚无定章也。原奉谕旨，系拿获分发为奴脱逃之俄罗斯费约多尔等三犯，因八月为停刑之月，于九月初四日正法等因，折内饬令定立此条。《处分则例》："一、官员于停刑之日，违例用刑者，俱罚俸六个月。其有凶盗逆犯干涉军机，应行立决及须刑鞫者，均即随时办理声明咨部，无庸拘泥。若系寻常案件，仍照定例月日停刑。"

条例411.65：凡五城提督顺天府各衙门

凡五城提督、顺天府各衙门，遇有应行递解之下贱匪类，并凶顽生事，及实患疯病等项人犯，除籍系直隶，就近递回者，听各该衙门照旧办理外，其余应解回别省人犯，均叙明案由，交送刑部，核明应解与否，分别办理，三月汇奏一次。

（此条系乾隆三十九年，奉上谕纂为例。）

薛允升按：此谕旨即系王子范控告谢大忠案内所奉著为令〔见上〕。解回别省者，均系生事犯案之人，又何不应解之有。此例所云核明应解与否，似系指所犯情罪不止递籍已也，例未详晰叙明。然现在并无此等人犯，亦无三月汇奏一次之事，此例亦系虚设。

条例411.66：直省处决重囚部文到省之日

直省处决重囚，部文到省之日，除州县远而道府近者，仍照旧例办理外，其州县近而道府远者，不必由道府转行，该督抚即派委在省之同知等官，驰往监决。

（此条系乾隆三十九年，刑部议覆山西按察使黄检条奏，定立此条。）

薛允升按：此系虑其漏泄，防有疏虞起见，惟部文亦有未至该省，先由州县经过之时，又将如何防备耶。

条例411.67：库尔哈喇乌苏地方遇有一切命盗等案

库尔哈喇乌苏地方，遇有一切命盗等案，俱责令营员，会同粮员查验讯供，解送迪化州办理。

（此条系乾隆三十九年，陕西总督勒尔谨咨部奏准定例。）

薛允升按：此伊犁所属十二城之一城也，别城何以未经议及。再，解送迪化州办理，迪化州是否解安肃道，抑系解巴里坤粮道之处。亦未叙明。现在又有新章，将青海、蒙古犯死罪，在西宁监禁，其偷窃牲畜应绞之犯，解赴甘肃按察使衙门监禁，于秋审时，将情罪入于该省招册云云。见"化外人有犯"门。

条例411.68：大宛两县秋审勾决

大、宛两县秋审勾决，及一应斩绞立决重犯，刑部于奉旨后，即一面径行顺天府府尹，转饬该县就近办理，一面仍行文直隶总督备案。

（此条系乾隆四十年，刑部议覆侍郎兼顺天府府尹胡□条奏定例。）

薛允升按：此指应在京城处决者而言。此不入朝审，而又与别州县不同者，故定立此条。顺天府系在京内，故不归直隶管辖，以示体制。惟顺属各州县秋审人犯，均归直隶总督办理，即寻常命案，亦必由臬司招解总督具题，间有顺天府自行具奏完结之案，而秋审则仍系直隶总督题报。此例指秋审勾决，及例应立决两项，自系均在大宛两县监内收禁，故归各该县处决也。五城及步军统领衙门，咨送刑部命盗案件，题结后，分别实缓矜留，即归入朝审核办。若民人在乡村犯事，则系大、宛两县自行审办，由臬司详经直隶总督具题，与由部题结应入朝审者不同，是以与直省各州县一体办理。近来均行文直隶总督转行，并不径行顺天府尹，与此例亦属不符。惟是办法既不相同，仿照旗人犯命案解部归入朝审，似尚可行。盖原题既不由顺尹秋审，后尾亦不由顺尹具题，故不行径顺尹也。此例似可删改。

条例 411.69：滇省秋审除曲靖等八府

滇省秋审，除曲靖等八府，及距省不远之直隶四厅州人犯，仍解省会鞫外，其离省窎远之永昌、顺宁、丽江、昭通、广南、普洱等六府，即责令不由审转之各道员，于冬季巡历时，亲加研鞫，不必会同该府。其由该道审转，如迤西之景东、永北两厅人犯，令迤南道亲审。迤南之镇沅、直隶州及州属恩乐县人犯，令迤西道亲审。倘该道不亲加勘鞫，仅以册结了事，以致案有冤抑，该督抚严参究治。

（此条系乾隆四十一年，刑部议覆云南按察使汪圻条奏定例。）

薛允升按：此专指云南一省而言。下秋审人犯，免其解省，统指各省窎远地方而言。此则云南一省之专条，故下条无云南省。

条例 411.70：每年秋审勾到后大学士会同刑部

每年秋审勾到后，大学士会同刑部，将已勾、未勾情节，摘叙简明事由奏闻，行知各督抚于处决时，揭示通衢晓谕。朝审由刑部发交该城榜示，其各省官犯，俱俟朝审勾到后，奏闻颁发。

（此条系乾隆三十八年奉上谕，及乾隆四十年大学士于敏中面奉谕旨，乾隆四十二年并纂为例。）

薛允升按：此专指情实人犯而言，缓决并不在内。

条例 411.71：外省徒罪案件如有关系人命者

外省徒罪案件，如有关系人命者，均照军流人犯解司审转，督抚专案咨部核覆，仍令年终汇题。其寻常徒罪，各督抚批结后，即详叙供招，按季报部查核。

（此条系乾隆四十年，刑部议覆甘肃按察使图桑阿条奏定例。）

薛允升按：斩绞人犯解归督抚审拟具题，军流止解臬司，项目咨部，徒犯解府并不解司，按季报部，此定章也。例内究未详叙明晰。此例因有关人命，徒犯较寻常徒罪为重，特立照军流人犯解司专条。惟鞫狱停囚待对，条内载有军流等犯，臬司审解之日，将人犯暂停发回云云，系专为听候督抚覆讯而设，亦非军流应行解司专条，似应于此例内，修改详明。军流徒犯分别解司解府，盖以罪名之轻重为断，原不在有关人命与否也。此例改为解司专案咨部，自系慎重刑名，且防府县或有捏饰之意，惟寻常徒罪且有较命案情节为重者，独不虑有捏饰耶。再如格杀罪人例得勿论，及擅杀罪止拟杖，亦系有关人命，何以由县自行详结耶。岂罪应拟徒者，多系捏饰，而罪应拟杖者，并无捏饰乎。此等例文，殊觉无谓。至寻常徒犯，现在按季咨部者，不过十分之一二，岂真不知有此例耶。再，公式门各省汇题事件，统限开印后两月具题，此云年终汇题，与彼例亦不相符。

条例411.72：秋朝审情实官常犯有经十次未勾者

秋、朝审情实官常犯，有经十次未勾者，刑部查明奏闻，下次改入缓决，不得擅改可矜。其官犯已改缓决后，如遇查办缓决三次以上时，不得与常犯一例减等。其中或有应行宽宥者，恭候谕旨办理。

（此条系乾隆三十九年，及乾隆四十二年两次奉谕旨纂为例。）

薛允升按：前条官犯与服制人犯，均会同大学士办理，此处并无"会同大学士"字样。再，服制情实二次未勾，即改缓决，常犯必待十次未勾，方改缓决，均嫌参差。如谓系照官犯年分办理，不知官犯尚有年终开单汇奏之例，从无迟至十年者常犯，则非扣足十年不能查办矣。

条例411.73：各省驻防旗人犯该斩绞者

各省驻防旗人，犯该斩绞者，毋庸解部，即在理事同知衙门收禁。如有应入秋审人犯，令将军、都统等悉心确核，分别情实、缓决、可矜，造册题达，刑部、九卿会核具题。至勾到时，某省驻防，即另册同各省应勾人犯一体办理。

（此条系乾隆四十二年，刑部议覆广州将军宗室永玮等，审拟驻防旗人克什布之妻杨氏违犯教令，致令伊姑王氏自尽身死一案，奉旨纂为例。）

薛允升按：各省驻防旗人犯斩绞者，向俱解刑部收禁，此改为理事同知衙门收禁，秋审归将军、都统分别具题，以示别于民人之意。惟附京一带旗人犯斩绞等罪，现在俱归直隶总督题结，将犯解赴刑部收禁，与朝审人犯，一体分别实缓。此例止有各省驻防旗人，归将军、都统分别实缓具题之语，至京辅一带旗人，解赴刑部归朝审办理之处，例无明文，似应添入。与军民约会词讼各条参看。

条例411.74：奉天所属十二州县办理旗民事件

奉天所属十二州县，办理旗民事件，无分满汉，俱令自行审理，于讯明定拟之后，旗人笞杖等罪，概行移旗发落，仍知照该州县备案。至承审时，遇有旗人应刑讯之处，仍照例刑讯。

（此条系乾隆四十四年，奉天府尹全魁等咨准定例。）

薛允升按：此奉天一省专条，军民约会词讼门条例有，曲在民人，照常发落。曲在旗人，审解理事厅发落等语。与此条移旗发落之意相同。惟应刑讯者，照例刑讯，为彼条所无耳。《处分则例》此条较详，应参看。道光元年，军机大臣会同刑部议奏奉省旗民事件，均归州县审办。见《汇览》。

条例411.75：凡问拟五军及总徒准徒罪名

凡问拟五军及总徒准徒罪名，俱于逐案引律出语内，添入仍依名例至配所照应杖之数折责例，杖一百折责发落语句。

（此条乾隆四十四年，大理寺少卿虞鸣球奏准定例，嘉庆六年改定为条例

411.76。）

条例 411.76：凡人犯到配除五徒三流照应得杖数折责外

凡人犯到配，除五徒三流照应得杖数折责外，其发遣新疆、黑龙江当差为奴者，到配时照例安插，俱不决杖。若问拟五军及总徒准徒罪名，俱于逐案引律出语内，声明至配所杖一百折责发落。

（此条系嘉庆六年，将条例 411.75 改定。）

薛允升按：《示掌》五军并杖一百，发遣为奴，为民者杖与军等。至成所折责，见《会典》刑制门，与此按语不符。《会典》虽无到配决杖之文，亦无不决杖之文，缘坐人不加杖，《会典》已明言之矣。若外遣不应加杖，何以并不明言耶。大抵《会典》所言，均照律例纂入，非例文应照《会典》也。详玩自明。遣军流徒，系由杖罪层累递加杖责，即其本罪例内，缘坐发遣人犯，因罪非已致，是以免其决杖，并无外遣人犯均免决杖之文，似未画一，况军犯均系在配充役，与外遣当差人犯，亦属相等，烟瘴军犯亦不轻于外遣，何以仍应决杖耶。民人犯军流徒罪者，俱至配所，照应杖之数折责，惟缘坐流犯不加杖。见五刑门。缘坐流犯不加杖，以其罪非已致也。此等人犯，国初俱系流徙乌喇等处、吉林等处当差，旗人及黑龙江为奴人犯，均照旗奴办理，系例应鞭责者也，是以俱不加杖。后来民人发往黑龙江、新疆等处当差为奴者，不一而足，若免其决杖，是情罪较军流为重，而论决又较军流为轻，似嫌未协。若旗人犯军流，折枷之后，仍应鞭责，乃由军流改发往吉林当差者，免其鞭责，义何所取。唐律徒罪以上均不决杖，而应加杖者，则以杖代徒。宋以后，杖徒并行，罪轻者尚应决杖，罪重者断无免杖之理。再，从前并无发遣新疆专条，乾隆二十二年，情重军流改发以后，发往新疆之例不一而足，且有于军罪上加等发往者，若一发新疆而转免决杖，又何从重加等之有耶。

条例 411.77：凡绿营兵丁因事斥革后

凡绿营兵丁，因事斥革后，即移明地方官，另记年貌册档，严加管束，按季点验稽查。若有作奸犯科，除实犯死罪外，犯该军流以下，俱照凡人加一等治罪。管束不严之本犯父兄，如犯在军流以上，照不能禁约子弟为盗例，杖一百。如在徒杖以下，照不能禁约子弟为窃例，笞四十。邻佑知情容隐者，即视其父兄应得罪名减二等治罪。约束不严之地方官，交部议处。

（此条系乾隆四十七年，云南布政使江兰条奏定例。）

薛允升按：此条与此门不合，似应移于军籍有犯门内。此革兵有犯加等治罪之例，革役有犯，亦应一体照办，至并罪及其父兄邻佑之处，似可不必。一切作奸犯科之事，律例所载不知凡几，均无子弟有犯，罪及父兄之文，惟此与强窃盗并窝主数条耳，似应删去。罪及邻佑，更属少有之事。

条例 411.78：凡应拟斩绞人犯染患重病（1）

凡应拟斩绞人犯，染患重病，该督抚接到州县通详，即先具文报部，仍责成该督抚详加查核。如有假捏情事，立将承审及核转各员，严行参处。倘督抚不行详察，经部核对原咨，查出弊窦，将该督抚一并严参。其秋审情实人犯，遇有病故，州县官立嗣后详报，督抚于接到详文之日，先行题报，总不得过十日之限。其派员相验，及研讯禁卒人等有无陵虐情弊等项，除去程限日期，以一月为限，具文报部。若离省窎远之各厅州县，该管道府据报，即派邻近之员，前往验讯明确，详请咨部。如有逾违，即查取职名交部议处。至若每年新事秋审人犯，遇有病故，无论情实、缓决，均照例派员验讯详报。如系情实人犯，该臬司即依限办理。其缓决及应入次年秋审情实人犯，遇有病故仍照向例办理。

（此条系乾隆四十四年，四川省秋审情实绞犯刘经柱在监病故，该督文绶题报迟延一案，奉上谕纂辑为例。道光十八年改定为条例 411.79。）

条例 411.79：凡应拟斩绞人犯染患重病（2）

凡应拟斩绞人犯，染患重病，该督抚接到州县通详，即先具文报部〔按：此指未结案而言〕，仍责成该督抚详加查核，如有假捏情事，立将承审及核转各员，严行参处。倘督抚不行详察，经部核对原咨，查出弊窦，将该督抚一并严参。其前项人犯，遇有在监病故，无论曾否结案，及已未入秋审情实、缓决，该州县立时详报，该督抚据详，派员前往相验。若时逢盛暑，或离省窎远之各厅州县，该管道府据报，即派邻近之员往验。如病故系新旧事情实人犯，该督抚于接到详文之日，先行题报〔按：此重在于秋审册内扣除一层〕，总不得过十日之限。其派员相验，及研讯刑禁人等有无陵虐情弊，除去程限日期，以一月为限，具文报部。若系缓决及应入次年秋审情实人犯，仍照向例办理。如验报迟逾，分别交部议处。

（此条系道光十八年，将条例 411.78 改定。）

薛允升按：现在审拟斩绞人犯，未结案以前患病者，十有八、九，若结案以后患病，则无从而过问矣。仍照向例办理，谓无庸题报，仍咨部完结也。见本门由死罪减为发遣军流条内。罪应斩绞凌迟人犯在监病故者，随案咨部完结，毋庸具题。情实人犯有关勾到，往住有已经勾决之犯，而先经病故，尚未开除者，迅速题报，专系为此。至监犯患病及缓决等项人犯病故，不过带言之耳。《处分例》系秋审情实人犯病故云云。应参看。

条例 411.80：广西省泗城思恩镇安太平四府所属

广西省泗城、思恩、镇安、太平四府所属之凌云、西林、西隆、百色、武缘、小镇安、天保、归顺、奉议、崇善、龙州、宁明、永康、左州、养利十五厅州县；湖北省郧阳、宜昌、施南三府所属各县，及靖州所属各县，秋审人犯，均免其解省。广西省泗城、镇安、太平三府所属各厅州县人犯，责成左江道。思恩府属之武缘、百色人犯，责成右江道。湖北省郧阳府各县人犯，责成安襄郧道。宜昌、施南二府所属各州县，责成荆宜施道。湖南省永顺、沅州二府所属各县，及靖州所属各县，责成辰沅永靖道。各于冬季巡历时，逐一亲加研鞫，造册加结，移报院司汇核，不必会同该府。倘有鸣冤审办，捏控翻异者，即将本犯解省，听候院司覆审。如有续行补入之案，补勘移报。倘该道不实力奉行，或有冤抑不为昭雪，或任犯混供，率行解省，该督抚严参究治。

（此条系乾隆四十三年刑部议覆广西巡抚吴虎炳，及乾隆四十四年大学士暂管湖广总督三宝，并乾隆四十七年署湖南巡抚李湖各条奏，乾隆四十八年定例。乾隆五十三年增定为条例411.81。）

条例411.81：距省窎远之府州所属秋审人犯

距省窎远之府州所属秋审人犯，均免其解省。如广西省泗城、镇安、太平三府所属之凌云、西林、西隆、小镇安、天保、归顺、奉议、崇善、龙州、宁明、永康、左州、养利等各厅州县人犯，责成左江道。思恩府属之武缘、百色人犯，责成右江道。贵州省黎平府本属，及所管之古州、下江、开泰、永从、锦屏各厅县，责成贵东道。江苏省徐州府所属各州县，责成徐州道。海州所属各县，及淮安府所属之阜宁、安东二县，责成淮海道〔按：淮海、淮扬现止一道，应并作一律，改为海州及淮安府所属各县〕。淮安府所属之山阳、盐城、清河、桃源四县，责成淮扬道。安徽省凤阳、颍州二府，及泗州所属各州县，责成卢凤道〔按：《处分则例》系凤阳、颍州、泗州三府州属〕。河南省汝宁府，及光州所属各州县，责成南汝光道。湖北省郧阳、襄阳二府所属各州县，责成安襄郧道。宜昌、施南二府所属各州县，责成荆宜施道。湖南省永顺、沅州二府所属各县，及靖州所属各县，责成辰沅永靖道〔按：下条湖南省有凤凰、永绥、乾州等五厅，解赴辰沅永靖道，此例无此五处，缘此仍系乾隆四十二年旧例，彼系道光年间新例故也。惟凤凰等五厅，秋审自应仍归道办理矣〕。山西省大同、朔平二府所属各州县，责成雁平道。口外归化等五厅所属，责成归绥道。平阳、蒲州二府，及解州、绛州所属各州县，责成河东道。陕西省榆林、延安二府，及绥德州所属，责成延榆绥道。汉中、兴安二府各属，责成陕安道。江西省南安、赣州、宁都三府州各属，责成南赣宁道。四川省之宁远、重庆、夔州，绥定四府，及西阳、忠州、叙永厅等府州所属，并广东省之高州、廉州、雷州、潮州四府所属〔按：《处分则例》四川有石柱厅，广东省有琼州等字样，应参看〕，及浙江省之温州、处州二府所属，均责成该管道员〔按：《处分则例》浙江省温、处二府所属之下有玉环厅三字，应参看〕。甘肃省西宁府所属之循化、贵德、丹葛尔三厅并大通一县，责成西宁道。庆阳府所属五州县，泾州直隶州并所属三县，责成平庆泾道。宁夏府所属五州县，责成宁夏道。阶州直隶州并所属二县，责成巩秦阶道。肃州直隶州并所属一县，安西直隶州并所属敦煌、玉门二县，及哈密厅，责成安肃道。各于冬季巡历时，逐一亲加研鞠，造册加结，移报院司汇核，不必会同该府。倘有鸣冤翻异者，即将本犯解省，听候院司覆审。如有续行补入之案，补勘移报。倘该道不实力奉行，或有冤抑不为昭雪，或任犯混供，率行解省，该督抚严参究治。

（此条系乾隆五十三年增定。嘉庆十一年，将例内"汉兴道"改为"陕安道"，于府州所属下，增入"并广东省之高州、廉州、雷州、潮州四府所属，及浙江省之温州、处州二府所属，均责成该管道员"句。道光元年、四年、七年、十二年、三十年节次增入查照官制沿革，将达州直隶州改为绥定府，于右江道下，增入"贵州省黎平府本属，及所管之古州、下江、开泰、永从、锦屏各厅县，责成贵东道。江苏省徐州府所属各州县，责成徐州道。海州所属各县，及淮安府所属之阜宁、安东二县，责成淮海道。淮安府所属之山阳、盐城、清河、桃源四县，责成淮扬道。安徽省凤阳、颍州二府，及泗州所属各州县，责成卢凤道。河南省汝宁府，及光州所属各州县，责成南汝光道"一百三十三字；辰沅永靖道下，增入"山西省大同、朔平二府所属各州县，责成雁平道。口外归化等五厅所属，责成归绥道。平阳、蒲州二府，及解州、绛州所属各州县，责成河东道"五十九字；陕安道下，增入"江西省南安、赣州、宁都三府州各属，责成南赣宁道"二十一字；四府所属下，增入"及浙江省之温州、处州二府所属"十三字；该管道员下，增入"甘肃省西宁府所属之循化、贵德、丹葛尔三厅并大通一县，责成西宁道。庆阳府所属五州县，泾州直隶州并所属三县，责成平庆泾道。宁夏府所属五州县，责成宁夏道。阶州直隶州并所属二县，责成巩秦阶道。肃州直隶州并所属一县，安西直隶州并所属敦煌、玉门二县，及哈密厅，责成安肃道"一百十四字。）

薛允升按：此秋审人犯，免其解省者，惟哈密、安西、玉门等处人犯，上条既载明收禁按察司矣，此处何以又云由巡道讯鞠。琼州人犯，既不留禁省监，此处何以又无琼州。均属参差。至淮海、淮扬现止一道，并无另有淮海道。《处分例》安徽省系凤阳、颍州、泗州三府州所属，四川有石柱厅，广东有琼州等，浙江温、处二府所属之下有玉环厅三字，均应参看。

条例 411.82：距省辽远府厅州所属之各厅州县

距省辽远府厅州所属之各厅州县，寻常遣军流徒人犯，及命案拟徒人犯，均毋庸解省。如广西省泗城、镇安、太平三府所属者，解赴左江道。思恩府所属之百色、武缘两处，解右江道。云南省昭通府所属者，解赴迆东道。大理、丽江、永昌、顺宁四府及永北、景东、蒙化三厅，并所属者，解赴迆西道。普洱府及镇沅、元江二州并所属者，解赴迆南道。贵州省黎平府本属，及所管之古州、下江、开泰、永从、锦屏各厅县，解赴贵东道。大定府所属之威宁州、水城厅，解赴贵西道。贵阳、石阡、大定、兴义、遵义、安顺、都匀、镇远、思南、思州、铜仁十一府及平越州所属者，解赴各该管府州。江苏省徐州府所属者，解赴徐州道。海州所属及淮安府所属之阜宁、安东二县，解赴淮海道。淮安府所属之山阳，盐城、清河、桃源四县，解赴淮扬道。安徽省凤阳、颍州二府所属及泗州并所属者，解赴卢凤道。河南省汝宁府所属及光州并所属者，解赴南汝光道。湖北省郧阳、襄阳二府所属者，解赴安襄郧道。宜昌、施南二府所属者，解赴荆宜施道。湖南省永顺、沅州二府所属及靖州、凤凰、永绥、乾州、晃州、古丈坪五厅，并所属者，解赴辰沅永靖道。四川省宁远、重庆、夔州、绥定四府所属，及酉阳、忠州、叙永厅、石柱厅并所属者，解赴该管巡道。山西省大同、朔平二府所属者，解赴雁平道。口外归化等五厅并所属者，解赴归绥道。平阳、蒲州二府所属，及解州、绛州并所属者，解赴河东道。陕西省榆林府所属者，解赴延榆绥道。汉中、兴安二府所属者，解赴陕安道。江西省南安、赣州二府所属，及宁都州并所属者，解赴南赣宁道。广西省雷州、琼州二府所属者，解赴雷琼道。高州、廉州二府所属者，解赴高廉道。潮州府所属者，解赴惠潮嘉道。浙江省温州、处州二府所属者，解赴温处道〔按：《处分则例》有玉环厅〕。福建省台湾府所属者，解赴台湾道。直隶省承德府所属者，解赴热河道。宣化府所属及张家口、独石口、多伦诺尔厅并所属者，解赴口北道。永平府所属及遵化州并所属者，解赴通永道。顺德、广平、大名三府所属者，解赴大名道。甘肃省西宁府所属之循化、贵德、丹噶尔三厅、大通一县，解赴西宁道。庆阳府所属之五州县、泾州直隶州并所属三县，解赴平庆泾道。宁夏府所属之五州县，解赴宁夏道。阶州直隶州并所属二县，解赴巩秦阶道。肃州直隶州并所属一县，安西直隶州并所属敦煌、玉门二县，及哈密厅，解赴安肃道。就近审转，详报院司核办。傥有鸣冤翻异，分别提审解省。其命案内遣军流犯，仍各解省覆审。

（此条系道光六、七等年，奉上谕纂辑为例，道光十四年、十九年、咸丰二年节次改定。）

薛允升按：此军流等犯，毋庸解省者，惟甘肃省尚有镇西厅，及所属之奇台县、迪化州及所属之昌吉、阜康、绥来等县，均归巴里坤粮道管辖。一切命盗案件，及秋审如何办理之处，例无明文，存以俟参。现又设立新疆巡抚，与甘肃又属两省。此条与《处分则例》大略相同。惟《处分则例》尚有数条："一、顺天府所属各州县，命盗事件定案后，即解送该管四路同知覆审，加看转司，该同知照知府之例"。此外，尚有承德府所属六州县，承审札萨克蒙古，与民人交涉命盗事件一条。奉天所属十二州县熊岳等处地方，审理民人事件一条。山西归化城五厅同知通判一切命盗案件一条。福建台湾府所属承审盗案一条。湖北郧阳府所属竹山、竹溪、房县三处划出疆土，拨归白河同知管辖一条。贵州各府亲辖地方一条。均应参看。

条例 411.83：凡扈从车驾官员之跟随仆役

凡扈从车驾官员之跟随仆役，如有在途次殴毙人命等案，该督抚即行具奏，恭候钦派大臣，会同行在法司审明后，迅速办理，不得拘泥寻常例限。其余日行事件，亦不得辗转稽迟。违者，将该督抚交部严加议处。

（此条系乾隆五十一年，奉上谕纂为例。）

薛允升按：此专指殴毙人命而言。若犯别项死罪，亦可照办。惟钦派大臣会同行在法司审讯，则不由该督抚审办，不特不由府司审转，亦并不由内阁发抄，一经审明，即可具奏矣。

条例 411.84：盛京刑部审办题奏案件

盛京刑部审办题奏案件，有经部议驳者，刑部即奏请交盛京将军，或别部侍郎内特派一员，会同覆审。如系咨驳之案，即声明交与盛京将军详细会审。

（此条系乾隆五十三年，刑部议准定例。）

薛允升按：此奉天一省之专例，现在并不照此办理矣，而别省则仍交原题咨之督抚何也。

条例 411.85：凡命盗案内本例系由死罪减为发遣军流者

凡命盗案内，本例系由死罪减为发遣军流者，定案时，仍专本具题，不得同寻常军遣等案，咨部汇题完结。其罪应斩绞凌迟人犯，在监病故者，随案咨部完结，毋庸具题。

（此例系嘉庆二年，刑部核覆广西巡抚成林题准定例。）

薛允升按：以下二条，均应归入"事应奏不奏"门。由死罪减为发遣军流，名目亦多，究竟何项应专本具题。何项应咨部完结。现在此等案件办理，亦不画一，似应分注例内，以免参差。《处分则例》："一、监毙人犯随招附参，勿得于正案未经审结之先，咨参监毙，藉端销案。其有重犯已故，无庸具题者，亦将全案供招，备细报部，若监毙在结案具题之后，仍行补参。"重犯已故，毋庸具题，即指此条例末数语而言，其余刑例无文。应参看。

条例 411.86：湖南省凤凰乾州永绥三厅命盗案犯

湖南省凤凰、乾州、永绥三厅命盗案犯，由厅径行招解臬司审转，毋庸解道，其秋审人犯，即责成不由审转之该管本道，亲履覆勘，遇有异同，仍遵定例办理。

（此条系嘉庆八年，湖南巡抚高杞奏准定例。）

薛允升按：此条与下贵州普安州一条，均系径解臬司，毋庸解道之例。然命盗重案，不由道审转，径解臬司者，尚不止此数处。四川邛州重案，并不招解建昌道，而例无明文，自系遗漏。下遣军流徒各犯，均系解道审详，此径解臬司，自系指死罪人犯而言，似应添入"斩绞"字样，或改为命盗案内斩绞人犯，及命案内遣军流犯。三厅系照靖州之例，径解臬司，而靖州例，并未纂入，似嫌遗漏。下条又有晃州及古丈坪，共系五厅，此云三厅〔查古丈坪系永顺府分防，与凤凰等四处，均系直隶厅，不同下条五厅，如何并列之处，记考〕。下秋审人犯一条，止云永顺、沅州及靖州所属各县，责成辰沅永靖道，而无凤凰厅等处，其归本道亲历覆勘，又附见于此条之内，均属参差。《处分则例》："一、湖南乾州、凤凰、永绥三厅，审理苗案，自行完结，其止须详报，不必解犯之案，令该厅径自详司，无庸由府核转。其命盗重案，应行解省者，均就近移解辰州府核转，该厅照州县例扣限，该府仍照府州例扣限"。应与此例参看。

条例 411.87：凡罪应凌迟之案除情可矜悯

凡罪应凌迟之案，除情可矜悯，例准夹签声请者。仍专本具题外，其余凌迟各案，并卑幼因图财强奸谋杀尊长，罪应斩决枭示，及谋杀故杀一家二命，罪应斩枭，如死系父祖子孙，及服属期亲者，俱改为专折具奏。其谋杀故杀一家二命，系功服以下亲属，及致死一家二命，罪应绞决各案，仍照旧专本具题。

（此条系嘉庆十三年遵旨定例。嘉庆十五年遵旨改定为条例411.88。）

条例 411.88：凡罪应凌迟之案如谋反大逆

凡罪应凌迟之案，如谋反大逆，但共谋者；谋杀祖父母、父母者；妻妾杀夫之祖父母、父母者；妻妾谋杀故夫祖父母、父母者；杀一家非死罪三人，及支解人为首者；谋杀期亲尊长外祖父母者〔情可矜悯，例准夹签声明之案，仍专本具题〕；采生折割人为首者；子孙殴死祖父母，父母者；纠众行劫在狱罪囚，持械拒杀官弁为首及下手杀官者；尊长谋占财产，图袭官职，杀功缌卑幼一家三人者；发遣当差为奴之犯，杀死伊管主一家三人者；罪囚由监内结伙反狱，持械拒杀官弁为首及下手杀官者；妻妾因与有服亲属通奸，同谋杀死亲夫者〔若与平人通奸谋杀，仍专本具题〕；并罪应斩枭之案，如卑幼图财强奸谋杀尊长者；杀一家非死罪二人，如死系父祖子孙，及服属期亲者；洋盗、会匪及强盗拒杀官差者；罪应斩决案内，如子孙殴祖父母、父母，及妻妾殴夫之祖父母、父母者；暨两造赴京呈控，奏交该省审办，或曾经刑部奏驳之案，俱专折具奏。其余寻常罪应凌迟、斩枭之案，仍循例具题。各督抚于专奏折尾，将援照刑部议定条款，例得专折陈奏之处声明。傥有强行比附，率意改题为奏，刑部即参奏驳回，仍令照例具题，或应奏不奏，亦即查参。

（此条系嘉庆十五年，遵旨将条例411.87改定。道光二十四年，于"强盗拒杀官差者"句下，增入"子孙殴祖父母、父母，及妻妾殴夫之祖父母、父母者"十九字。咸丰二年，因原例将前二项误入凌迟各项之内，又于"强盗拒杀"句下，增入"罪应斩决案内"六字；"子孙"上增"如"字。）

薛允升按：从前此等案件俱用题本，乾隆年间，间有因杀死多命，及逆伦重案，奏请正法者，尚未定有专条，此例行而题与奏，遂有区分矣。

条例 411.89：贵州直隶普安州一应命盗重案

贵州直隶普安州，一应命盗重案，径行招解臬司，毋庸解道审转。

（此条系嘉庆十四年，云贵总督伯麟等奏准定例。）

薛允升按：《处分则例》一条较此为详，应参看。与上湖南凤凰厅一条，似应修并为一。州县一切案犯，由府审转解司，直隶州一切案犯，由道审转解司，此定章也，而刑律并无明文。此条与上湖南凤凰等厅一条，因毋庸解道审转，故特立径解臬司专条，其余均由道审转矣。多年遵行之事，而例文不载，殊嫌阙略。再，死罪人犯，必招解到院，军流则招解臬司，徒罪则招解至府，亦系定章。例内止有军流人犯，臬司审解之日，将人犯暂停发回，及关系人命徒犯，照军流犯解司审理之语，其余均未详晰叙明。又，道光十八年三月间，四川总督鄂山奏，查越嶲厅同知，系归宁远府考核，该厅在府城之北，路隔五站，而与建昌道驻扎之雅州府，道路较近，且为入省必经要道，所有该厅招审案件，由府纡扰，殊多转折，应请嗣后将越西厅同知招审人犯，就近改归建昌道审转，以归简便。其余核转案件，及一切参罚等事，仍由府循照旧例办理，俾专责成等因。奉旨允准在案。现在越西厅死罪招审人犯，均由建昌道审转，而例内并无明文，殊嫌疏漏。

条例 411.90：秋朝审官犯刑部与每年年终汇开清单具奏一次

秋朝审官犯，刑部与每年年终，汇开清单具奏一次。单内将所犯事由、罪名及监禁年分，并该犯年岁，详细注明。

（此条系嘉庆十五年，奉上谕纂为例。）

薛允升按：自有此例以后，官犯至十次者颇少，或二、三年，或四、五年，均于年终具奏时减等矣。

条例 411.91：凡审办逆伦重案

凡审办逆伦重案，除子孙殴伤、误伤、误杀，及过失杀祖父母、父母，仍各照定例办理外，其子孙殴杀祖父母、父母之案，无论是否因疯，悉照本律问拟。如距省在三百里以内，无江河阻隔者，均于审明后，即恭请王命，委员会同该地方官，押赴犯事地方，即行正法。若距省在三百里以外，即在省垣正法，仍将首级解回犯事地方枭示。

（此条系嘉庆十八年、十九年，奉上谕，并纂为例，道光三年，遵旨增子孙殴杀祖父母、父母之案，无论是否因疯，即行正法一层。）

薛允升按：此例系不令逆伦重犯日久稽诛之意。似应入于殴祖父母、父母门。

条例 411.92：凡遇南郊北郊大祀之期

凡遇南郊北郊大祀之期，前五日、后五日，刑部及顺天府衙门，凡在京立决重犯，俱停止题奏。其核覆外省速议及立决本章，仍止回避斋戒日期。

（此条系嘉庆二十四年，奉上谕纂辑为例。）

薛允升按：此指立决人犯而言，与上夏至以前五日为限一条，似应修并为一。此条系指在京处决而言，彼条系指在外处决而言。惟此条以前后五日为限，彼条夏至以前五日为限，与此相同。冬至以前十日为限，已过冬至、夏至者，冬至后七日、夏至后三日处决，则不免稍有参差。

条例 411.93：山东省凡有赌博奸拐窝藏窃盗容留邪匪等案

山东省凡有赌博、奸拐、窝藏、窃盗、容留邪匪等案，在地窖内被获者，各就所犯本条，加一等治罪，并将地窖平毁。

（此条系嘉庆二十五年，军机大臣会同刑部议覆山东巡抚程国仁奏，整饬地方章程折内，纂辑为例。）

薛允升按：此亦不独山东一省为然。窝藏必系僻处地窖，乃其一也。若深房密室，及人迹罕到之处，与地窖何异。且窝藏地窖尚系恐人知觉之意。若明目张胆，不畏人知，又将如何加重耶。此等例文似应删除。

条例 411.94：凡祖父母父母因子孙触犯呈送发遣之案

凡祖父母、父母，因子孙触犯，呈送发遣之案，该州县于讯明后，不必解勘，止详府司核明，转详督抚核咨，俟部覆准，即定地起解。若系嫡母、继母，及嗣父母呈送发遣，仍照旧解勘。

（此条系道光三年，广西巡抚成格咨准定例。）

薛允升按：此条专为不必解勘而设，似可移入"子孙违犯教令"门。祖父母、父母听信后妻、爱子蛊惑捏告者，究问明白，不拘所犯次数，亦与办理。见"骂父母"门。继母告子不孝行拘，四领亲族人等云云。见"殴父母"门。此例下半截嫡母等语，与继母告子例意相类，惟上半截与"骂詈"门例文尚有参差。果有听信后妻、爱子蛊惑捏告者，则负屈矣。似应于讯明下添入触犯实情，并无听信后妻、爱子蛊惑云云。记核。

条例 411.95：广西东兰州属之那地土州

广西东兰州属之那地土州、凌云县属之天峨哨，去州县城在三百里以外，及全州属之西延州同，西隆州属之八达州同，去州城在一百以外之盗案，准令该处分驻州同、州判、县丞，会同营汛，前往代勘录供，送交该州县承审。如有查勘不实，照例议处。其东兰、凌云，去州县不及三百里，全州、西隆州，去州不及一百里之盗案，仍由该州县自行往勘。

（此条系道光七年，广西巡抚苏成额咨准定例。）

薛允升按：此专指盗案而言。命案相验，见检验尸伤门，与此相同，即系仿照彼条纂定者。

条例 411.96：秋审查办留养承祀之案

秋审查办留养承祀之案，如距省在八百里以内府州所属者，由该督抚督同臬司亲提犯属、尸亲、族邻人等，逐加研讯，实系亲老丁单，及孀妇独子，方准查办。傥亲属实在老病不能就道者，州县查明，禀请督抚遴委道府大员，前往就近查讯，取具供结，详报督抚臬司覆核办理。其距省在八百里以外府州所属，及正犯例不解省，向由该管巡道审转者，即由该管巡道就近提齐犯属、尸亲、族邻人等，查取供结详办。

若犯属及尸亲等籍隶他省者，即移咨所辖之该省督抚，按照离省道路远近，分别提审，讯取供结，报部核办。

（此条系道光九年，奉上谕纂为例。）

薛允升按：留养系法外之仁，因而假捏舞弊者，所在多有，刑部于核议时，因情伤稍重者不准留养，并非亲老丁单，概准留养也。此例将犯属、尸亲、族邻人等，全行解省，未免多受苦累，因宽而反失之严，殊与律意不符。若谓假捏者多，地方官照例取结，多不可信，岂解至省城提讯，即可无假捏之弊乎。似不如照旧办理，一经发觉，即重治其罪，何必多设科条为也。命案内之尸亲系属苦主，乃因凶犯留养将其解省质讯，似嫌未安。《名例》云：称人年者，以籍为定。注：谓称人年纪以附籍年甲为准，犯亲年岁若干，有无次丁，均载在籍内，一阅便自了然，有何虑其虚捏之有。非独留养一事也。凡犯罪七十以上，十五以下，应收赎者，均可按籍定断，供状虽有虚诈，户籍所在当无误也。昔人谓户籍分明，一切均有头绪，此类是也。近来非无户籍，俱属具文，一遇以年岁核定之案，转无凭据，不得不纷纷取结，致令宽厚之政，反成苛细之法，何不于户籍一事，认真办理耶。脱漏户口之法既成具文，而编审又久已停止，本县人数尚且茫然，况能知其年纪若干耶。古法有不可废者，此其一也。

条例 411.97：抢窃计赃计次计人数

抢窃计赃、计次、计人数，并勒索得赃，问拟军流各犯，及抢窃逾贯首犯已故，从犯罪止拟流之案，除系直隶州所属，向例由道审转者，仍由该管各道审转，毋庸解司，及各道所辖直隶州，离道较远，仍照旧章径行解司外，其余各厅州县，概将人犯解该管府、厅、州审转具详，由司复核，专案请咨，毋庸转解司道勘转。傥犯供翻异，由该管府厅州就近查提质讯，或发回另审。若内有关系拒捕，及陵虐重情，并干碍参处之案，仍分别解司、解道，以昭详慎。傥承办之员，有故勘及捏饰情弊，致犯申诉冤抑，仍令各督抚严行参究，提省审办。

（此条系道光十三年，刑部议覆四川总督鄂山奏准定例。道光十九年，增行窃勒索之犯。道光二十五年，增抢夺案内问拟军流。咸丰六年，增捉人勒索案内遣军之犯。同治九年改定。）

薛允升按：此等虽罪至军流，亦不解司，所以严惩匪类，且防拖累善良也。惟事主杀死此等人犯，罪应拟徒者，反应解司。应参看。

条例 411.98：擅杀问拟绞候

擅杀问拟绞候，入于秋审缓决办理之犯，除谋故火器杀人，或连毙二命，及各毙各命，致毙人数在四人以上者，均不准一次减等外，其余俱于缓决一次后，即予减等发落。其遇有亲老丁单，应行查办留养者，仍照向例分别办理。

（此条系道光二十二年，御史徐嘉瑞条奏定例。）

薛允升按：此专指擅杀一项而言，应与上条并"留养"门条例参看。

条例 411.99：滇省审办结盟扰害匪徒

滇省审办结盟扰害匪徒，除犯该死罪者，仍行解省审办外，其罪应遣军流罪人犯，无论离省道途远近，均令该管府州审转，臬司覆核详咨，毋庸解省审勘。傥承办之员，有故勘及捏饰情弊，以致案犯申诉冤抑，仍令各督抚严行究参，提省审办。

（此条系咸丰元年，云南总督张亮基奏准定例。）

薛允升按：此专指云南一省而言。结盟扰害本例，见谋叛及窃盗恐吓各门。应参看。

事例 411.01：顺治十年题准

每年于霜降后十日，将刑部现监重囚，引赴天安门外，三法司会同九卿、詹事、科道官，逐一审录，刑部司官，先期将重囚招情，略节删正呈堂，汇送广西司刊刻刷印进呈，并分送各该会审衙门。会审时，各犯有情实矜疑者，例该吏部尚书举笔，分为三项，各具一本，均由刑部具题请旨，内有奉旨勾除者，方行处决。其未经勾除者，仍旧监候。

事例 411.02：顺治十年又题准

直隶监候重犯，刑部差司官二人，勒限会同抚按详审具奏。

事例 411.03：顺治十年覆准

凡情实各囚绑赴市曹，都察院委满、汉御史各一人，刑部委满、汉司官各一人，为监斩官，将各犯姓名具本题覆，法场内候旨，奉旨勾除者，遵照行刑，其余监候。监斩毕，仍具本复命。

事例 411.04：顺治十三年定

审决囚犯，关系重大，直隶地方，应差三法司堂官前往，会同该抚按详审具奏，候旨处决。

事例 411.05：顺治十四年定

直隶秋审，停遣三法司堂官，照旧差司官二人，会同抚按审录奏请，候旨定夺。

事例 411.06：顺治十四年覆准

处决重囚，于冬至前十日奏请，听刑科覆奏。至本内各犯有同名同罪者，即于本犯名下注明籍贯，及犯罪缘由题请，候旨行刑。

事例 411.07：顺治十五年题准

重囚人犯，除畿辅照旧审录外，其各省秋审，务依地方远近，先将奉旨秋决重犯，各该巡按会同该抚及布按二司等官，照在京事例详审，将情实应决应缓，并有可矜可疑者各案，分别开列，均定期于霜降前具奏，候旨定夺。

事例 411.08：顺治十七年奉旨

停止秋决。

事例 411.09：顺治十八年覆准

审录重罪人犯，巡按已经停止，在外秋审，该抚照例举行。

事例 411.10：康熙四年题准

直省秋决人犯，督抚照例于霜降前审明具题，后有奉旨续到人犯，并霜降以后，冬至以前续到者，该督抚于文到日，即陆续审明具题，内有可矜可疑者，仍行覆拟，题请减释。其情实应决者，于奉旨文到之日，照例行刑。如已过冬至，该督抚题明监候，于次年秋审之期，一并题明处决。

事例 411.11：康熙五年题准

直隶各省监候秋后处决人犯，该抚会同总督审录具题，候旨咨行处决。其直隶地方差遣司官，永行停止。

事例 411.12：康熙七年覆准

朝审秋决重犯，将矜疑缓决情实者，分别三项具题，俟命下之日，矜疑者照例减等，缓决者仍行监候，情实者刑科三覆奏闻，俟命下之日，别本开列各犯姓名，奉旨勾除，方行处决。其未经勾除者，仍行监候。

事例 411.13：康熙七年又覆准

朝审重犯略节招册，应照会审各官，每人分送一帙，至会审时，仍将各犯原招口供，带赴核拟。

事例 411.14：康熙七年题准

奉天、江宁、西安、杭州、宁古塔等处秋决人犯，三法司于立秋之后，即将可矜可疑情实等项详审，先行具题，咨行该地方，于霜降以后，冬至以前完结。

事例 411.15：康熙九年题准

凡将应入秋审重犯不行解送，或已经解送在路迟延，以致秋决愆期者，府州县官降一级调用，司道罚俸一年，督抚罚俸六月。

事例 411.16：康熙十六年奉旨

停止秋决。

事例 411.17：康熙十七年覆准

直省秋审事件，止照原案定拟，毋得将案内牵连并被害之人，重提质审，以滋扰累。

事例 411.18：康熙十九年定

人命关系重大，监候秋后重犯招册，每省著各为一本，陆续具奏。

事例 411.19：康熙二十年奉旨

停止秋决。

事例 411.20：康熙二十三年覆准

凡秋审人犯，定于长安右门内金水桥之西审理。

事例 411.21：康熙二十三年奉旨

停止秋决。

事例 411.22：康熙二十五年题准

各省监禁重犯，招案现在三法司者，即据各案会审具题。其有不应减等者，仍于秋审册内会审。

事例 411.23：康熙二十六年题准

恩赦以后，现在监禁重犯，为数无多，本年内外秋审，暂行停止。

事例 411.24：康熙二十七年奉旨

今年内外秋审，悉著停止。

事例 411.25：康熙二十八年奉旨

此秋审各犯，今年处决著停止。

事例 411.26：康熙二十九年谕

今年内外秋决著停止，情实及缓决各案，皆不必具题。其情可矜疑者，著照例具奏。

事例 411.27：康熙三十一年谕

今年秋审人犯，情实者停其正法，矜疑者照常完结。先经具题情实正法人等，亦著作速行文，停其正法。

事例 411.28：康熙三十二年奉旨

停止秋决。

事例 411.29：康熙三十四年奉旨

内外秋审重犯，今年著停止处决，其情可矜疑者，仍照例具题发落。

事例 411.30：康熙三十五年奉旨

今年朝审秋审，悉著停止。

事例 411.31：康熙三十七年命

停止盛京应决人犯。

事例 411.32：康熙三十八年谕

监禁缓决人犯甚多，今又增一年，人犯愈致繁多，秋审朝审时亦甚冗剧，若久禁囹圄，死者必多，皆应从宽免死，各枷三月、鞭一百，分别发于黑龙江当差。

事例 411.33：康熙三十九年奉旨

此情实各犯，今年著停止处决，其情有可矜各犯，著分别核拟，照例减等发落。

事例 411.34：康熙四十一年奉旨

今年内外秋审案内情可矜疑者，照例具题发落，其情实缓决各犯，悉著于来年秋审具题。

事例 411.35：康熙四十二年奉旨

今年三月已颁恩诏，所有罪犯无多，秋审著停止。

事例 411.36：康熙四十四年奉旨

今年情实人犯，著停止处决。

事例 411.37：康熙四十六年奉旨

今岁各省重犯甚少，秋审著停止。

事例 411.38：康熙四十七年恩诏

今年内外秋审情实人犯，除已结省分外，其未经具题各案，情实者著处决，缓决者减等，矜疑者皆照例发落。

事例 411.39：康熙四十八年谕

江南、浙江连年灾荒，地方困苦。又今年两省疾疫盛行，人命伤毙者甚重，虽该省督抚未经奏闻，朕访知灾病之状，深用恻然，民命至重，朕宵旰孜孜，惟以矜全百姓为念，一切刑狱奏谳，尤加钦恤。比年因江浙盗案迭见，凡犯盗劫者，悉皆依律坐罪。今阅秋审情实各案，所议情罪，均属允协，但念灾荒疾疫之余，又将数十罪犯，一时正法，朕心殊为不忍。江浙两省应处决情实人犯，悉著停止一年。

事例 411.40：康熙四十九年奉旨

情可矜疑各犯，照例审拟具奏，情实各犯，今年著停审。

事例 411.41：康熙五十年奉旨

情实人犯，今年著停止处决。

事例 411.42：康熙五十一年议准

直隶送部秋审招册，久经停止，如不肖官员仍藉端科敛，该督抚即指名题参，从重治罪。

事例 411.43：康熙五十二年奉旨

今年恩诏颁行天下，事件皆已完结，现在事甚少，今年内外秋审朝审，悉著停止。

事例 411.44：康熙五十三年奉旨

今年秋审著停止，情可矜疑人犯，著照常审理具奏。现审人犯内罪不至死者，亦著减等发落。

事例 411.45：康熙五十四年奉旨

情实各犯无几，今年著停止处决。

事例 411.46：康熙五十五年奉旨

今年著停止处决。

事例 411.47：康熙五十六年奉旨

情实各犯，今年著停止处决。

事例 411.48：康熙五十七年奉旨

情实各犯，今年著停止处决。

事例 411.49：康熙五十八年奉旨

重犯人等，去年恩诏释宥者甚多，现今内外所余人犯无几，今年朝审秋审，著停止。

事例 411.50：康熙五十九年奉旨

情实各犯，今年著停止处决。

事例 411.51：康熙六十年奉旨

情实各犯，今年著停止处决。

事例 411.52：康熙六十一年奉旨

内外情实各犯，今岁著停止处决。

事例 411.53：雍正元年奉旨

情实人犯，今年停止处决。

事例 411.54：雍正二年谕

朕惟明刑所以弼教，君德期于好生，从来帝王于用刑之际，法虽一定，而心本宽仁，是以虞廷以钦恤垂训，周书以慎罚为辞，诚以民命至重，宁过乎仁，毋过乎义也。朕自临御以来，一切章奏，无不留心细览，于刑狱一事，尤加详慎，诚恐法司未能平允，轻重未能悉当，朕心深用恻然，故凡京城及各省题奏谳狱，但少有可矜者，无不法外施仁，量加宽减，独念朝审重囚，其情实者，刑科必三覆奏闻，勾除者，方行处决，而外省情实重囚，惟于秋审后法司具题，即咨行该省，无覆奏之例。朕思中外一体，岂在京诸囚，宜加详慎，在外省者，独可不用详慎乎？人命攸关，自当同仁一视。自今年为始，凡外省重囚，经秋审具题情实应决者，尔法司亦照朝审之例，三覆奏闻，以副朕钦恤之至意。钦此。遵旨议定：按朝审情实重犯，刑部具题后，刑科三覆具奏，该御史将重犯姓名，开列具奏，捧出予勾之本，会同刑官，遵奉勾除正法，余者牢固监禁覆奏。今外省秋审，亦照朝审例施行，应情实重犯，刑部具题后，刑科三覆具奏，该御史将重犯姓名，开列具奏，捧出予勾之本到部，钦遵分别已未勾除，并将原议情实之处，明白钞录，咨行各省，其决过日期，该督抚奏闻。

事例 411.55：雍正二年奉旨

情实人犯，今年停止处决。

事例 411.56：雍正二年议准

朝审，民命攸关，九卿、詹事、科道有紧要公事，不能到班者，即知会刑部不必列衔，请派满、汉御史各一员到班稽查。其无故不到者，指名题参。

事例 411.57：雍正三年谕

人命至重，须平心研定，求其可生之路，至万无可生，然后勾决，则固法所不容，亦其自取耳！从来法宽则愚民易犯，非刑期无刑之意。

事例411.58：雍正三年奉旨

将情实、缓决、可矜分为三项，各依省分，以云南省起，照该督抚看语，刊刻招册，并九卿看语，一并进呈。

事例411.59：雍正四年奉旨

秋审情实人犯，今年停止勾决。

事例411.60：雍正五年奉旨

秋审情实人犯，停止勾决。

事例411.61：雍正六年奉旨

秋审情实人犯，停止勾决。

事例411.62：雍正六年谕

今年各省秋审情实人犯内，其情罪略有可原者，已于勾到之时，改为监候。刑部情实人犯，今年暂停处决，其中情罪略有可原者，已分别减等发落。至于督抚、九卿所拟缓决之犯，论法则均有应得之罪，而其中情事不一，尚有彼轻于此，稍可从宽者，或因一朝之忿奋不顾身，或因被打情急而还殴，似此类者，均非有谋害之念于平日，并无必杀之意于临时，止以愚民无知，好勇斗狠，遂致陷于重辟，虽悔难追，深可悯恻。兹朕再四酌量，特施法外之仁，将此等人犯，照可矜人犯免死减等之例发落，伊等试思生于人世，同为父母、妻子所依赖之身，何苦舍命轻生，自罹法网，纵使终身缓决，亦止于囹圄之中，幽囚待毙，骨肉捐弃，魂魄无依，不亦大可哀乎？今幸遇国家宽典，特予矜全，从此再生之年，皆为迁善之日，当知恩不可以幸邀，法不可以再试。痛自悔恨，悛改前非，共为良善之民。傥或再有过犯，则断乎不能苟免矣！著该督抚于各犯发落之时，将朕此旨明白宣谕，加意训诫，务令人人改过自新，以副朕矜恤下民之至意。

事例411.63：雍正七年奉旨

秋审情实人犯，停止勾决。

事例411.64：雍正七年谕

凡官员侵欺钱粮及枉法贪赃者，皆系应行正法之人，从来律例所载甚悉。蒙圣祖仁皇帝如天之仁，不忍加以诛戮者，欲以德化之之圣意也，而此辈不但不知感恩检束，且多肆行无忌，习为故然。凡为民生之害者，莫甚于贪污官吏，深可痛恨。朕于雍正元年，屡经晓谕训诫，且有三年以后，此辈若不悛改即行正法之旨。兹数年以来，侵盗贪婪之风稍减，然大约由于督抚大臣之实心察吏，禁约稽查，各怀畏惧之所致，非属员等之尽能洗心涤虑，砥砺廉隅也。朕览屡年秋审朝审案件，凡官员侵盗婪赃，而不能依限完纳者，仍皆入于缓决之内，如此则贪吏何以示惩？贪风何由止息！非所以彰国宪而请吏治也。明年秋审朝审时，著将此等人犯，量其情罪，按律入于情之内，候旨勾到。将此通行晓谕各省督抚遵旨施行。

事例411.65：雍正八年奉旨

秋审情实人犯，停止勾决。

事例411.66：雍正十年奉旨

秋审情实人犯，停止勾决。

事例411.67：雍正十年又奉旨

秋审情审已勾之犯，皆再四商酌，情罪无可宽贷者，若因行文迟误，已过冬至，待至下次秋审处决，时日太久，恐此等凶恶之徒，自知必无生路，致别生事故，贻累地方，著该部另行定拟具奏。钦此。遵旨议准：嗣后凡有秋审情实应决重犯，迟误处决已过冬至者，该督抚查明不停刑日期，即行处决。

事例411.68：雍正十一年谕

今年各省秋审人犯，有不应缓决之案，经九卿改为情实者甚多。督抚为通省大僚，臬司为刑名总汇，录囚定狱，何等重事，岂可因循苟且？如有司执法科罪，而九卿详情平反，或九卿据法定议，而朕酌夺从宽，方合政体，岂有执法之官，而任意于法外徇纵者乎？倘督抚臬司，或谓九卿定议从刻，稍存迎合之见，遂于可矜可疑之案，概以情实奏谳，其弊尤不可言。尔等将改正各案，逐一核明，候朕另降谕旨，通行申饬。

事例411.69：雍正十一年又谕

明刑所以弼教，除暴所以安民。朕临御万方，不能一道同风，俾我民免于刑戮，每以自咎，所望内外大臣，抱刑期无刑之心，执辟以止辟之法，先使民不敢犯，俾无漏网之奸凶，继则导人不为，渐化向风之顽懦，如此需之岁月，庶几习俗可移。朕十年以来，一切刑狱，莫不虚衷钦恤，详慎推研，凡情有可原者，务从缓减，而意非主宽。凡法无可贷者，便依斩绞，而意非主严。本无成见，惟其自取。每见廷臣大吏，谆切开示，谅已悉朕心矣。今者秋审大典，详览直省各册，有法无可贷，情无可原，而各督抚概拟缓决，并无勘语，且有上次拟情实，而今年自改缓决者；有监候多年之犯，而每年秋审忽拟情实，忽拟缓决者；有未定缓决，因部改情实，即照拟情实；本定情实，因部改缓决，即照拟缓决者。试问该督抚等，岂竟漫不经心耶，抑竟漫无定见耶！夫疏纵之过，甚于苛刻，姑息之害，等于残忍，但本公诚之至意，达仁义之通权，此理大同，日久自见。若以为欲严，是负朕心。若以为欲宽，亦辜朕训。内外大臣，务筹远大，不任法，不弛刑，由此类推，庶政皆然。其各身体而勤求之，毋忽。

事例411.70：雍正十三年谕

朕闻外省会审之时，不论案件多寡，悉于一天定议，均听督抚主张，司道守令，不敢置喙。究其实督抚亦未必了然，不过凭幕宾略节，贴于册上，徒饰观瞻而已。夫刑者不得已而用之者也，天以父母斯民之责，畀之吾君臣，平时不能抚绥化导，使之守法免罪，已忝厥职，及陷刑辟之后，又复视为泛常，不察情罪之轻重，率定爱书之出入，以致谳狱不平，冤情莫诉，劝惩两失，凶暴肆行，所谓明刑弼教者安在！清夜扪心，能无愧乎？朕临御以来，于一切刑名，莫不详慎推研，法司所进立决本章，亦令三次奏覆。每年朝审秋审，先期细览招册。至勾到时，复与廷臣往复讲论。盖哀矜恻怛之意，动于不得已而发于不自知，并非欲博钦恤好生之名也。圣祖于当年勾到日，皆著素服，朕亦效法行之。凡受朕封疆之寄者，应同此心，乃克期草率定局，并不博采群议，且有结彩设筵，征歌演剧者。此则残忍性成，不学无术者之所为。嗣后各宜敬慎周详，殚心办理，不妨多宽时日，毋得视为具文。至于会集既久，除常餐外，傥有肆筵设席，仍蹈前习者，经朕访闻，必加严处。

事例 411.71：雍正十三年九月奏准

停止秋审。

事例 411.72：乾隆元年奉旨

本年秋审情实人犯，著停止勾决。

事例 411.73：乾隆二年奉旨

本年秋审情实人犯，著停止勾决。

事例 411.74：乾隆三年覆奏

秋审人犯于起解时患病者，除系初次解审之犯，仍令照例提解，不准留养外，如已经秋审一次者，于起解时患病不能行动，该州县即报明上司，委官验实，取具印甘各结，准其留养，该督抚即凭原招核拟具题，捏饰者照例参处。

事例 411.75：乾隆五年奉旨

秋审情实人犯，著停止勾决。

事例 411.76：乾隆五年议准

朝审案内女犯，另订招册一本。男犯审毕，将女犯押赴长安门内，照例审勘覆奏，不必杂于男犯之内。

事例 411.77：乾隆五年又议准

秋审应决重犯，冬至以前文到者，照例行刑，已过冬至，或正值冬至斋戒日期文到者，仍牢固监禁，俟次年秋审应决人犯，一并题明处决。其迟延各官，交部议处。

事例 411.78：乾隆六年奉旨

秋审情实人犯，著停止勾决。

事例 411.79：乾隆六年议准

嗣后州县审理一切刑名案件，审解之后，通报道员，其该府如何核转，及该督抚藩臬二司如何批示，并令该州县详悉录报该道员，以便随时稽查。

事例 411.80：乾隆六年又议准

闽省所属州县，程途离省多有阻长之处，提解不易，除台湾府属审拟斩绞罪犯，向以远隔重洋，俱留禁省监。福州、兴化二府所属之县，附近省城，尚易提审外，其路远之建宁、邵武、汀州、漳州、龙岩州各府州所属各县，凡三月十五日以前督抚准到部覆之案，俱入本年秋审。次远之泉州、福宁、延平、永春各府州所属各县，四月初一日以前，督抚准咨之案，俱入本年秋审。路远各处在三月十五日以后准咨，次远各处在四月初一日以后准咨者，俱汇入来年秋审，部文随到随提，毋庸豫先概行提解，则人犯免跋涉之苦，金差无疏虞之咎，各省亦应画一办理。俟行令直省督抚、将军，将各该省所属州县离省远近，照闽省所定日期斟酌办理，咨部到齐之后，由刑部汇本具题，著为定例。

事例 411.81：乾隆七年议准

奉旨勾决斩绞罪犯赖亚罗等二十三名，广东州县接到文行，正恭遇皇太后万寿圣诞，及冬至斋戒，并已过冬至之期，请入本年秋审，一并题明处决。

事例 411.82：乾隆八年议准

秋审应决重犯，奉旨勾决者，即与立决人犯同例，毋庸停决，应照雍正十年题定之例。秋审应决重犯，迟误处决，已过冬至者，令该督抚查明不停刑日期，即行处决，仍将迟误各官题参，照例议处，并行令各省督抚、将军一体遵行。

事例 411.83：乾隆八年奉旨

秋审情实人犯，著停止勾决。

事例 411.84：乾隆八年议准

盛京设立五部，原与在京六部一体，而奉天府尹，则与外省督抚相同。向例奉天府尹衙门，将秋后人犯，照直省督抚秋审之例，分别情实缓矜，审拟具题，而盛京刑部秋后人犯，则止以姓名籍贯，咨明刑部查办。盖以盛京刑部，与各直省督抚不同，是以将秋审人犯，则送刑部办理，而盛京刑部，向无秋审具题之例，但秋审民命攸关，内外臣工，靡不亲审详核，而盛京刑部重囚，既不会审，又不具题，似非敬体恤之仁，且办理亦不画一。嗣后盛京刑部重囚，并奉天府尹衙门重囚，令该侍郎会同各部侍郎、府尹、巡察御史虚衷会审，分别具题，俟九卿会审时，照例核拟，请旨定夺。其奉天将军所有乾隆三年以前秋审人犯，亦令查明起数，移归盛京刑部，一并会审具题。

事例 411.85：乾隆八年定

各省将军、副都统衙门，所有命盗等案重囚，应入秋审者，亦应照奉天将军之例，于督抚秋审时，不必会审，将各原案移送督抚，一并分别审拟具题。又宁古塔、黑龙江等处，所有秋审人犯，与奉天路远，恐难移解，即令该将军会同巡察，照直省之例，分别审拟具题，九卿核覆，即附于盛京刑部秋审招册之后，照例具题。至于口外蒙古秋审案件，向系理藩院审拟题结者，仍听理藩院遵照旧例会审具题，不在此例。

事例 411.86：乾隆九年奉旨

秋审情实人犯，著停止勾决。

事例 411.87：乾隆九年议准

自乾隆乙丑年为始，凡缓决五次人犯，毋论斗杀及犯别项罪由，如有情罪稍轻者，该督抚于本内详细声明，九卿于秋审时，会同詹事、科道等官，详加察核。如果情罪尚可矜原，即另行折奏请旨。傥蒙恩准其宽减，即行文各督抚减等发落。朝审案件，亦照此办理。

事例 411.88：乾隆九年奏准

缓决人犯，如果情轻，递年秋审，原有可矜减等之例，缓决五次以后者，率多情罪重大，难于减等之犯，故必奉有特旨，间一行之，以示哀矜至意，实不可必得之殊恩。今若于可矜之外，又添缓决五次之条，恐禁系之犯，皆有幸心，必致益逞刁风，殊非辟以止辟之义。今奉有岁逢甲子重犯停决之恩旨，应令刑部会同九卿、詹事、科道，将秋审朝审五次缓决人犯情轻减等之美政，即于甲子年举行一次，其每岁查办之处，停止举行。

事例 411.89：乾隆十年谕

向来冬至既届，一应秋审之犯，例不行刑。若远省地方奉到文书在冬至以后者，则留至次年冬至前正法，后因此等人犯尽属凶恶，罪无可缓，若迟至一年之久，未免别生事端，仍于奉到部文时处决，但诸犯既无可缓，适值冬至，亦须稍迟。嗣后如有接到部文者，著冬至七日以后处决，该部行文各地方知之。

事例 411.90：乾隆十一年奉旨

秋审情实人犯，著停止勾决。

事例 411.91：乾隆十三年奉旨

秋审情实人犯，著停止勾决。

事例 411.92：乾隆十四年谕

秋审为要囚重典，轻重出入，生死攸关，直省督抚，皆应详慎推勘，酌情准法，务协乎天理之至公，方能无枉无纵，各得其平。朕于情实招册，皆反复省览，再三究极情状，毫不存从宽从严之成见，所勾者必其情之不可恕，所原者必其情之有可原，惟以一理为权衡，而于其人初无爱憎好恶之见者存也。今年各省招册，经九卿改定之案甚多，皆属允当，其中有缓决改入情实者，四川六名，湖北四名，江苏八名，河南、山东各五名，山西六名，直隶七名，或谋杀，或故杀，或拒捕，或诬良致死，或威逼致死，或奸民聚众不法，或邪术迷拐，或强奸幼女，或羞忿自尽，或连砍数人，或殴死有服尊属，皆情罪较重，万无可贷。虽各省情实人犯，临勾之时，稍有可原，必加宽宥，而此等凶徒，断不应拟以缓决，设非九卿改正，经朕裁酌置之典刑，则奸徒幸免，死伤屈辱者冤无可伸，而刑罚于是乎失中，岂得谓诘奸止辟之义耶？此于法纪伦常风化，所系甚重。督抚身任封疆，为国家明罚敕法，岂宜出入？所有审拟不当之各该督抚，皆著严行申饬。

事例 411.93：乾隆十四年又谕

向来勾到本章，皆系新资御史承办，此相沿陋例，初无意义，不过备员塞责，非所以肃政典也。今既分定十五道，各有专责，自应分省办理。嗣后凡遇勾到某省本章，即著某道御史承办。近经去其空覆，本章已简，其令该御史悉心详对，设有鱼鲁，则咎在御史。其朝审令河南道查办，监视行刑著刑科给事中及刑部侍郎一人。著为例。

事例 411.94：乾隆十四年三谕

朕于侵贪各案，详谆垂戒，前后所降谕旨，不啻三令五申。此次勾到办理侵贪各案，有督抚轻拟，九卿改入情实者；有九卿混入缓决，经朕指示情节，改入情实者；所有二年限满之犯，完数如例者；业经分别原减，其逾限未完，营私入己，确然有凭者；予勾正法，诚以律不容弛。法当共守，与其失之宽而犯者众，不如显然示以无所假借，俾知所戒而不至更蹈覆辙，所全者实多也。朕前降旨，今刑部于秋朝审嗣后，将各省官犯汇为一册，得以详悉推勘，以昭慎重之意。此虽不仅指侵贪，而官犯内惟侵贪者常多。以理论之，洁己奉公，人臣之职分应尔。仓库钱粮，莫非小民脂膏，上以供军国经费，人君且不得私有，而乃漫无顾惜。如取如携，婪正供而入私橐，是闾里之输将，徒为若辈填溪壑也。夫取非其有谓之贼，况取国家之所有乎！贪人之财犹谓之盗，而况其贪国家之财乎！此其情尚可恕乎！乃向来锢习，以为宁盗毋贪，此在为上者爱民之深，权其轻重，谓与其厉民，毋宁损上，以是重言人臣之不可贪耳。而岂忍以盗待臣子哉！为臣子者又岂甘以盗自处哉！人徒知渔利于民者贪也，蠹食于官者侵也，援律傅罪，轻重判然。不知贪者固有害于下，而侵者实无所畏于上，以无畏民之心，而济之以无穷之欲，则派累以肥橐者有之，因事而勒索者有之，甚至枉法受赃者有之。朝廷之府库，且所不顾，更何民瘼之可矜，民膏之足惜，此侵必贪，势使然也。此等劣员，多留一日，则民多受一日之残，国多受一日之蠹。既已劣迹败露，尚可因循姑息，系之图圄，获全首领，下愚不肖之辈，其何所儆惕，而绝其行险徼幸之心，又安知其不转以身被刑辟之虚名，而子孙享富厚之实惠，且自为得计耶！是斧锧一日未加，则侵贪一日不止。惟一犯侵贪，即入情实，且即予勾决，人人共知法在必行，无可幸免身家被破，子孙莫保，则饕餮之私心，必能自禁，何至甘心扞网冒法，此狂澜之必不可不回，而膏肓之必不可不救，旋转之机，断在于此。用是在颁谕旨，详悉开导，俾共知洁己奉公之大义，懔服官典守之大防，杜绝侵渔，终远刑辟，为良有司，国家实嘉赖焉。如其不知畏惧，不知悛改，则三尺具在，断在必行，前鉴昭然，慎勿视为具文也。此谕著刊刻颁发，令内外文职衙门，入于交盘册内，永远传示，各宜懔遵。

事例 411.95：乾隆十四年四谕

外省秋审情实人犯，定例概行处决。朝审情实，始面奉勾到，其停决亦但停朝审。至雍正初年，皇考特颁谕旨，外省情实，亦著候勾，以昭慎重，不知者见分日勾到，似乎从严，而岂知斟酌精详，因有免勾之犯，实则从宽。然朕御极时，外省情实人犯中，雍正年间所留未勾，而牢固监禁者，亦不过数案而已。今年各省情实招册，朕详悉披览，其中有屡次未勾，仍入情实者，如广东省即有林顺天等九案，盖缘朕御极之初，多方为之原宥，以致漏网。其实此等凶犯，论法律毫无可恕，揆情理毫无可宽，若令久禁囹圄，无以彰明国宪，或且别生事端。人见应死而不死，众心无所儆惕，而该犯亦自恃不死，将一无忌惮，且虽不勾决，而按其情罪，至下年秋审，又不可不入情实，行恐积久生玩。将此等秋审旧事，转成具文，亦非明罚敕法之道，是以朕今详加裁夺，情实人犯内情罪当勾者，即予勾以正其罪，所未勾者，下次秋审，即应入缓决，盖执两用中，必随时消息，当临御之初，因人命攸关，实心有所不忍，宁失之宽。今阅历既久，灼见事理，若一味姑息纵舍，则失之懦弱，裁度因时，方得权衡不爽，非有意从宽，亦非有意从严，且非前此从宽，而今又改为从严也。此中斟酌苦心，众人安能尽喻，是以详悉谕之。

事例 411.96：乾隆十四年五谕

本年朝审缓决本内，有斩犯董朝佐、赵世纶、朱发、李廷栋、胡璘、刘钟、迟维璧、石甂、金承诏等四案，内迟维璧、石甂、金承诏一案，系乾隆十年勾到降旨改缓决之犯，其余三案，办理俱属错误。从来生杀予夺之权，操之自上，未有职任法司，而得高下其手，以意为轻重者。向来问刑衙门，于大员重辟，如去岁讷亲、张广泗等案，恐涉趋附之嫌，不敢不按法定拟，甚至有意从重，已属非理。至其它官犯，则因同居仕籍，存心袒护，彼此相蒙，竟成锢习。此风虽不自今日始，纲纪所关，不可不肃。朕思凡属官犯问拟罪名，即应候朕裁夺，不得于朝审时朦胧概入缓决，明系因缓决案犯繁多，且情罪稍轻，易于忽略，可以混过，不思人臣服官居职，皆有一命之荣，即应秉公奉法，及其干犯刑章，业于寻常人犯较重，可以其为官犯而反曲为宽宥乎？即如董朝佐侵挪茶规银两。茶规虽非正项，而既经查充公养廉，即系官帑。有如外省藩司，将养廉公项恣意侵用，得谓其非正项钱粮而宥之乎？赵世纶拖欠银一万一千余两，虽经完缴三千余两，其在限内限外，亦未查明，若果已逾二限，即当照例入于情实，如以为旧定之案入于缓决，则旧案何幸，断案何辜！年来侵贪渐多，致烦朕一番办理者，皆此等相蒙恶习有以启之也。至朱发、李廷栋身为司牧，奸民哄闹，擒捕无方，比照武职攻破城池之例治罪。夫奸徒小蠢，本系子民，何至仓皇失措，以朝廷所付民社之寄，弃而不守，乃谓本非武职，比照治罪，缓其处决，岂城池仓库专责武臣，而地方文职，可置不问乎！审尔，则张巡、许远，但委之雷万春、南霁云之流足矣，何事誓死坚守乎！胡璘以都司奉委协拿人犯，即系承上司调遣，其不速擒捕，即系逗留观望，乃谓与临阵退缩不同。奸民哄闹，即望风不进，乃谓非逗留观望，然乎！刘钟虽外委末弁，畏缩远避，以致偾事，何情可原？夫万泉、安邑刁民，岂得与巡、远之事比？然而治国者防微杜渐，岂可以事小而忽之！刑章重大，如此办理，殊失明刑止辟之道。著另行改正，刑部堂官，姑念积习相蒙，此次免其议处。其各省秋审官犯入于缓决者，通行查具清单，奏闻请旨。嗣后寻常命盗案件，督抚、刑部、九卿照例审拟。其职官治罪，除杂犯外，凡实犯罪名，秋朝审时或应绞决，或应情实者，著另为一册进呈，则朕得以详阅，不致因烦混过。部臣亦不能施高下其手之技，而官犯与常犯有别，亦所以示廉耻等级之意，斯乃朕特恩也。朕临御万机，乾纲独揽，宽严之用，务在得中；生杀之柄，断不下移；法司九卿，不得稍有假借，以启威福之渐，期以肃官常而慎刑宪。传谕中外知之。

事例411.97：乾隆十五年谕

本年秋审情实人犯，著停止勾决。

事例411.98：乾隆十六年谕

本年秋审情实人犯，著停止勾决。

事例411.99：乾隆十七年谕

各省由立决改为监候人犯，皆系服制攸关，其改拟监候，已属原情酌减，若秋审时入于缓决，则减之又减，殊非慎重伦常明刑弼教之意，是以上年降旨，令改入情实，此其中情节多端，如父母被殴致伤，或势在危急，救护乃其至情，使父殴叔而子助父以毙叔，亦得谓之救父，则是长不友不睦之风，非止辟之意。但散在各省招册中，有勾决者，有未勾决者，或未悉朕轻重权衡，反滋拟议。著该部将此等案犯汇为一册，与官犯招册，先期进呈候勾。其有应宥者，亦可即予减等发落。朕于各省招册，反复研究，务协理法之大中。人命至重，大德好生，何忍不以哀矜为念？但骫法违道，务在活人，斯乃妇人之仁，中外问刑者，其共知之。

事例411.100：乾隆十八年谕

各省由立决改监候人犯，情罪本重，累次秋审，仍列入情实，上年四十起内，未勾者二十三人，此次已勾一起，但节次存留监禁，将积而愈多，是因缓死而累次绑赴市曹，亦非所以重刑章也。嗣后此项，除本年未勾人犯，下次仍入情实外，其余著大学士会同刑部堂官，将招册覆加详勘，其有实在情节可宽者，如弟殴兄毙，或果因其兄干犯父母，迫于亲命，或素有疯疾一时病发。凡似此类，酌量分别，叙入案情，确加勘语，请旨即入缓决，盖伦常所系，不厌周详，朕于勾决册内，已再三审量，更一番公同勘酌，则情节益明，庶协明慎用刑矜恤民命之至意。著为令。

事例 411.101：乾隆十八年又谕

各省由立决改监候入于秋审情实未勾各犯，朕念其中尚有情节可宽者，既已缓死，而犹屡次绑赴市曹，殊为可悯，特令大学士会同刑部覆加详勘。今据快两次未勾各犯内滕昌荣等八名，仍入情实，侯正兴等十三名，改为缓决，分别请旨。今番勘定之案，允为刑名矜式，著将原奏简明案情，钞寄各督抚。人命所系，诚不厌详慎，但必实有可原，始贷其死，方不失弼教之意。向来督抚陋习，以死者不可复生，遂一任俗吏舞文，曲绘案情，多谓事由死者肇衅，豫为凶徒设一开脱之地，明知法司必驳，亦宁任失出之咎，此皆妇人之仁，适以纵恶而不足示惩。现在各案，经朕勾到时再三审量，复命大学士等公同斟酌，实为无枉无纵。嗣后各督抚必悉能实得其情，朕始可酌量予以矜宥。倘因有此番缓矜，又误体朕意，一味仍前姑息，附会案情，转致实在情节不明，则朕将求其生而不得，大非明慎用刑之本意矣！朕必于该督抚是问，可通行传谕知之。

事例 411.102：乾隆十九年谕

本年秋审情实人犯，停止勾决。

事例 411.103：乾隆十九年又谕

停决之年，有情罪极重之案，如聚众抗官，殴差夺犯，侵贪多赃者，由部节叙案情，请旨勾决。

事例 411.104：乾隆二十二年谕

内外问刑衙门办理刑名案件，往往惟事姑息，一切情罪之应正法者，苟可巧为开脱，辄文饰狱词，拟入监候缓决。一入缓决，则每年秋审，例得屡邀宽宥。该犯徒负一斩绞之名，转得偷生视息，以图圄为送老之地。幸遇宽典，或且安然事外，坐使冤死者无偿命之期，而刁恶莠民，益无所儆畏。近来刑名案牍，日多一日，未必不由于此。即如一殴杀也，狱定成谳，必以为曲在死者；其有事关服制，以卑幼而伤及尊长，不曰救亲情切，即曰尊长起衅。凡若此类，招册中不可枚举，总以辗转回护，曲为之贷，殊不思人命关天，必期生死两无所憾。若徒于生者力为保全，则死者不且重被冤抑乎？将谓生者之命可惜，则死者独非命乎！在督抚州县等，以为如此办理，可使该犯留一线之生，而部臣定拟，亦以已成之案，乐于从宽完结，不知事关刑狱，务期情罪允当，有意从宽与有意从严，其为刑罚不中一也。如今日山东省秋审情实招册内各犯，该部照大逆缘坐律拟以斩决，朕改为监候。此等关系国家体制，非杀人抵命可比，转可谓之原情。至人命所系，朕加倍留心，狱词稍涉蒙混，必推究实情，不稍宽贷，是诸臣虽欲曲为开释，亦终不能也，且并有明知不能开释，而故为一可上可下之语，以为吾救命之心尽矣，此何为耶？昔皋陶曰杀之三，尧曰宥之三，朕亦何乐而不以宥贳为恩！但诸臣举无一执法之人，则朕转不得不存废法之惧，若果但为积阴德之举，则每年不勾到而于情实者皆不勾，斯朕之所存阴德，必较诸臣为大，而天下政理，其尚可问乎？夫驭民之道，不责刑治，而责以德化，吾君臣不能以德化民，是可愧也。然德所不能化，非刑其何以治之？若徒博宽厚之美名，因循姑息，致奸匪毫无惩儆，谳狱日益繁多，岂所论于刑期无刑之道哉。将此通谕内外问刑衙门知之。

事例 411.105：乾隆二十二年又谕

秋审官犯，题结在行刑之日以前者，著皆补疏题请，或情实，或缓决，其情实予勾者，即行刑之日已过，亦著行刑。其在行刑以后审结者，乃入下年册新事，该部仍粘签声明。如此庶有所差别，所谓制官刑儆于有住，持宪执纪，其慎体毋怠。

事例 411.106：乾隆二十二年三谕

情实官犯，令补入本年秋审，此专指贪酷败检，侵亏狼藉，及有心狡诈，不尽臣职者而言。若寻常私罪案犯，情罪虽亦可恶，然非法难姑待者可比，仍牢固监候，以俟明年秋审。著为令。

事例 411.107：乾隆二十二年四谕

律载斗殴杀人一条，均拟应绞，而案情轻重迥异。如系彼此互殴致毙，正与斗殴律意相符。若其人并未还殴，而逞凶肆殴，以致殒命，其去故杀一间耳。即如刑部审拟李四殴伤张氏身死一本，缘张氏因索欠不与而骂，人之常情，并未与斗，而李四直不欲偿其宿逋，毒殴毙命，即谓衅起一时，情非谋故，顾安得谓之斗殴杀乎？嗣后斗杀案内，遇有此等情节较重者，秋审时俱当拟入情实，或有类此而情轻者，即量从宽典，亦止可归入缓决，断不应在可矜之列，庶凶徒知儆，谳牍渐清，正辟以止辟之意也。著通行传谕问刑衙门知之。

事例 411.108：乾隆二十四年议准

秋审朝审初次进呈招册，俱属九卿未经审拟之案，应遵旨删除。其朝审第二次缓决、可矜二项，亦应删除。清字册向不进呈，嗣后除单清字及蒙古案件，仍用清册外，其余清字招册，应行删除。

事例 411.109：乾隆二十五年谕

刑部秋审情实招册内，有定谳时已逾热审之期，而九卿秋审，即提入本年册内请勾者，此虽该犯情罪重大，法无可缓，用速宪典，以示惩创。但其中情罪等差，尚有应行区别者，如一人连毙二命，暨妖言惑众，传习符咒，并官员侵渔帑项，勒敛民财之类，非残忍已极，即有关民俗官方，虽情本无可缓，而定案期限，通在秋审后，此亦使会偶值，自可令其幸延一年之生，何必亟亟为也。朕办理庶政，从不豫存成见，其应行正法之犯，令其具奏，入于秋审，固非有意从宽，惟斟酌情理，期适当于协中之治而已。将此通谕知之。

事例 411.110：乾隆二十六年谕

向来直省秋审，成例相沿，巡抚率同司道，赴按察使衙门会同查审，虽一切豫备陋规，久经斥禁，然以巡抚率属并会司署，随带员役，究不无供应之繁，非所以慎刑章而清吏治。本年安河秋审，会赴抚署办理，所见甚是。嗣后各省均照此例行。著为令。

事例 411.111：乾隆二十六年又谕

今年秋审情实各犯，著停勾决。

事例 411.112：乾隆二十六年三谕

今岁恭逢皇太后七旬万寿，所有庆典次第举行，现在刑部办理秋审案件内缓决人犯，其罪不至情实，而亦难遽从矜减者，阅时既久，淹系遂多，应酌量查办，以清谳牍。该部将朝审秋审各犯，缓决至三次以上者，核其情罪，分别请旨减等发落，用昭推广慈恩矜恤祥刑至意。

事例 411.113：乾隆二十六年议准

从前直省督抚办理秋审，例将各犯始末情由，备悉缮造黄册，随本具题。康熙十六年，经刑部议准，黄册情节繁多，一时难以遽毕，免其缮造，止拟情实、缓决、矜疑三项，缮本具题。其情实人犯，另造黄册进呈，恭候勾到，是督抚之本揭，虽繁简不一，俱经刑部汇齐重办，统归画一。各省督抚秋审本章，钦奉朱批，发科传钞后，在存储内阁备案，以垂永久。嗣后本揭仍依旧例，其本内旧事缓决三次者，止叙案由，未及三次者，摘叙简明略节，照旧叙案情，加具看语，依次汇为一本具题，所有问语供词，悉行删除，以节冗长。

事例 411.114：乾隆二十七年谕

国家秋谳大典，上系刑章，下关民命，虑因时设情法未衷于至当，何以昭弼教之用心。每岁刑部进呈各省情实招册，朕必将逐案事由，一一披览，使狱情毫无遗漏，而各案适轻适重，又详为称重比拟。有迹虽涉疑似，而情尚一线可原者，既于册内折角存记，即情罪重大，于法万无可贷，不得已而予勾之案，亦反复推勘，于所犯实款，随其节目次第折角，及勾到前一日，与临勾之时，必三经检核，务俾毫发无疑，然后予勾。所谓求其生而不得，则死者皆无憾也。第向来勾到事毕，原阅招册，止存贮内阁，其问刑衙门，不过预闻临时商榷之言，而先事全局折衷，所以一再不释者，未能尽喻，又何以定司宪之准。所有本年情实招册，可于勾到后即发交刑部。其近今二、三年内阁所贮册，一并检发该部，俾详悉披绎，因端领会，庶几体朕意以求协中，则成牍不为无助。著为例。

事例 411.115：乾隆二十七年又谕

本年秋谳届期，九卿等将秋审各案核议，分别具题，所有可矜人犯，例应减等杖流，但其中有同在可矜之列，而情节各殊者，如子妇不孝，詈殴翁姑，而其夫忿激致毙，或因该犯之母，素有奸夫，已经拒绝，后复登门寻衅，以致拒殴致毙者，此等尚因情切天伦，一时义忿所致，与寻常斗殴者不同，然仅一例减流，而终身远徙，不得完聚，其情亦堪悯恻。著该部会同九卿，嗣后如有似此罪犯，俱量为区别，照免死减等例再减一等发落，仍逐案随本声明请旨，副朕矜恤庶狱至意。

事例 411.116：乾隆二十九年谕

向来期功服制情实之犯，内停勾二次者，曾经降旨令大学士会同刑部省录改缓，其服系缌麻案件，因非由立决改监候者，散入各省谳册，本非前旨所概，虽勾到时有以情节稍轻，酌予免勾，而积至数年，竟未得与服重人犯一体改缓，诚属不免向隅。嗣后遇此等缌麻服属人犯，亦照期功以上例，于停勾二次之后，著大学士会同该部，一体省核，改入缓决。著为令。

事例 411.117：乾隆二十九年议准

刑部秋审，上年业经奏准，将各省招册，先期分给九卿等衙门，从容细阅会谳，外省司道事同一例。嗣后各省每年秋审，臬司核办招册，务须先期主稿，陆续移咨在省司道，会同虚衷商榷，联衔具详督抚覆核定拟。

事例 411.118：乾隆二十九年又议准

嗣后直省秋审届期，令督抚饬各该府州，酌量所属之犯人数目，遴委一、二干练佐杂，督同差役将重犯押解省城候审，俟审毕之后，仍著原委员役解回收禁。傥在途人犯，或有疏脱，及解役有顶替短少等弊，即将该委员参处，以专责成。

事例 411.119：乾隆三十一年议准

前奏将抢窃满贯应绞，及三犯窃盗赃至五十两拟绞各犯，缓决至三次以上者，俱改发乌鲁木齐、伊犁等处给兵丁为奴，通行各省在案。嗣后此等人犯秋审一次之后，除情实外，其余缓决人犯，查明年在五十以内者，即金妻改发新疆。

事例 411.120：事例三十二年议准

嗣后已经汇入秋审情实人犯，奉旨勾决，尚未典刑，监毙在狱者，务遵定例专本具题，以昭慎重。

事例 411.121：乾隆三十三年谕

从古按部录囚，原有旧典，在督抚统辖全省，臬司亦刑名总汇，势难亲临州县，一一按问。至本管道府，职司既专，而分辖地方，又不甚辽远，若令于每年审录之前，巡历所属，逐案悉心审勘，其情罪允符，毫无疑义者，自可汇册具申上司。闻遇有狱成未孚，临时呼冤之犯，亦止仟伯中之一、二，仍应据实另缮招册，将木案犯证，一并解送司院覆讯定拟，是于减除陋例之中，兼寓慎重祥刑之意，立法庶为尽善。至道府录报各册，无论情罪与原案有无异同，俱令加结备案，以杜徇庇属员及有心翻改诸弊，于责成尤有专属。著该部详议速奏。

事例 411.122：乾隆三十三年又谕

向来各省应入秋审官犯，俱于各州县狱中监禁，勾决未到，转行该地方正法，办理尚未妥协。嗣后各省官犯，于定案时即在按察使衙门收禁，既与齐民犯罪者稍示区别，而臬司狱禁，稽察更为周密，亦可免疏虞替代诸弊，于防微杜渐之中，仍寓仁至义尽之意。至勾本到省，并著照刑部决囚之例，将情实官犯，全行绑赴市曹，即令按察使监视行刑，将奉到谕旨当场开读，按照予勾之犯，验明处决，于体制既为画一，而省会之地，共见共闻，如此立法森严，益可使官僚共知儆惕。将此通谕知之。著为令。

事例 411.123：乾隆三十三年议准

直隶秋谳，每年以五月为期，今既改令道员前往覆勘，自应豫定章程。如天津道所辖河间、天津二府，霸昌道所辖南路、西路、北路三厅应入秋审人犯，于四月十五日以前准咨者，入本年秋审，四月十五日以后准咨者，汇入下年秋审。清河道所辖保定、正定一府，暨冀州、易州、定州、深州等处应入秋审人犯，于四月初十日以前准咨者，统入本年秋审，四月初十日以后准咨者，汇入下年秋审。大名道所辖顺德、广平、大名三府，通永道所辖之永平、遵化及东路厅三府州厅，口北道所辖之宣化一府、张家口、独石口、多伦诺尔三厅，热河道所辖之热河等五厅应入秋审人犯，于四月初一日以前准咨者，统入本年秋审，四月初一日以后准咨者，汇入下年秋审。以上各道册结，统于四月二十五日以前移咨到司，听候会核。如情罪重大者，仍随到随入。若准咨在具题之后者，亦汇入下年秋审办理。

事例 411.124：乾隆三十四年议准

秋审情实人犯内，有屡次未经予勾者，所积渐多。著刑部将已阅五年之官犯、常犯，查明具奏，下次即改入缓决册内。

事例 411.125：乾隆三十六年谕

非因京师毗连地方望雨甚殷，降旨将秋审缓决三次人犯，分别减等发落，以昭冤恤。至在京现审案件内有立决人犯，适当省刑之际，应予暂缓行刑。著刑部将此等应结案牍，暂行停止题奏，俟雨泽沾足，再行请旨。嗣后遇有情理刑狱时，俱照此例行。著为令。

事例 411.126：乾隆三十六年奉旨

今年秋审情实各犯，著停止勾决。

事例 411.127：乾隆三十七年谕

本日刑部等衙门进呈云南省秋审缓决人犯本内，有阮国秀一名，寻阅原案，并未声叙，及细加检核，则该部将上所定缓决人犯，亦概行列入旧事，竟不开明情罪具题，殊属非是。每年秋审时，该部将谳册进呈，其情实人犯，俱再三披阅，反复参详。至缓决各案，原不能逐一遍览，第其中有情节较重，于法司定案时，即行存记，俟秋审进本，留心覆阅，或所定尚属平允，即照拟入缓，亦有情法难宥，改为情实者。此等案犯，与情实册同为详核，及经勾到一次，则上届所定缓决，至下届毋庸更改，无须再为检核，是以曾经降旨，令刑部将旧事缓决，止列犯名，不必复具案由，以省繁复，此指曾经勾到者而言。至上年乃停勾之年，该部虽将情实缓决各本照例具题，朕以既不勾到，则情实、缓决各犯，俱无可办，是以每次进本，不过照常批发，并未如每年详阅，原拟俟今岁秋审时，一并细加鉴核，此在刑部堂官等或未能深知朕意。刘统勋日在朕前，亦岂得透为不知乎？是本年秋审，原属两年并办，虽系上年缓决，仍与新事无异，自应将各原案仍照上年全列备览，方为妥合，乃刑部竟视同积年旧事缓决，将案情一概删除，实为错误。此本已交内阁查取上年红本呈阅，但刑部所办一省如此，恐各省均属相同，凭何校核。著传谕刑部堂官，将上年所定缓决人犯，均详叙案情具题。其现在已经出本不及趱办办者，或将上年进呈黄册，及批发红本，赶送行在备阅。嗣后凡遇停勾次年，均照此旨妥办。将此饬谕刑部堂官知之。

事例 411.128：乾隆三十七年又谕

朝审情实人犯内，有屡次未经予勾者，所积渐多，著刑部将已阅五年之官犯常犯，查明具奏，下次即改入缓决册内。

事例 411.129：乾隆三十八年谕

停止行刑月日，原指寻常案犯而言，若遇紧要重犯，应鞫应决者，均宜随时审办，设或拘泥旧文，系狱太久，难保无防守懈弛，乘间越狱自戕等事，致令幸逃法网，殊有关系。朕于谳狱用刑，权审至为慎重，若遇罪无可贷者，即偶值令节庆辰，亦谕法司按律讯治，从不稍存忌讳，而外省督抚等因向有违例行刑处分，惧干吏议，不亦昧于轻重之宜乎！嗣后寻常案件，仍照定例月日停刑外，其有凶盗逆犯，干涉军机，应行立决，及当加刑鞫者，均随时办理，声明咨部，不得拘泥旧例。著为令。

事例 411.130：乾隆三十八年又谕

每年勾到之日，由刑部将犯人捆缚押出之时，若步军统领事繁无暇，著派翼尉一员押送。

事例 411.131：乾隆三十八年再谕

秋谳大典，经九卿会核定拟，缮册进呈，朕亲为再三披阅，核其情罪轻重，分别勾存，其稍有一线可原者，必为求其可生之理，予以停勾，而实在情真罪当者，亦不能曲法市恩，稍存姑息，以期无枉无纵，并于勾到时，将应勾应免之故，详晰谕示，大学士、刑部等官皆备闻之，盖以民命至重，从不肯掉以轻心也。古云：刑人于市，与众弃之。原欲家喻户晓，共知儆畏。今刑部及外省奉到秋审勾决之旨，不过遵照办理，而其人之所犯何罪，律应正法之故，民间不能周知，无怪乎岁举明刑之典，而犯法者仍众也，自当于秋后处决时，将该犯必应正法情节，摘出简明数语，揭示通衢，俾愚民触目儆心，庶不致轻罹法网。著自朝审勾到为始，大学士合同刑部，将予勾不予勾各犯，并经朕酌核情罪分别办理之处，节录情由呈览，随时榜示市曹，俾众知朕明慎用刑至意。嗣后办理各省秋审勾到时，将各犯应勾应缓情节，一体摘叙数语奏闻，行知各该督抚，于处决时出示晓谕，以昭炯戒，庶几穷乡僻壤，皆知辟以止辟之意。著为令。

事例 411.132：乾隆三十九年谕

刑部为刑名总汇，审断易得实情，定谳亦较详慎，不但五城案件介在疑似者，应归部结，至递解人犯一事，五城、提督等衙门，向俱自行办理，究不免有流弊。京城五方云集，众所环依，苟非下贱匪类，凶顽生事，及实患疯病之人，原可毋庸捱归原籍，而递解之案，亦不可无所稽查。嗣后五城、提督、顺天府各衙门，遇有应行递解人犯，除籍系直隶，就近递回者，听各该衙门照旧办理外，其余应解回别省人犯，均著叙明案由，交送刑部，核明应解与否，妥协办理，交该地方官严行管束，并著刑部三月汇奏一次，以昭慎重，各该衙门不得仍前自行递解。著为令。

事例 411.133：乾隆三十九年又谕

嗣后秋审情实人犯，有经十次未勾者，著刑部查明，于下次改入缓决，但不得擅改可矜。著为令。

事例 411.134：乾隆四十一年议准

嗣后滇省秋审，除曲靖等八府及距省不远之直隶四厅州人犯，仍行解省会鞫外，应将离省窎远之永昌、顺宁、丽江、昭通、广南、普洱等六府属人犯，即专责不由审转之各该道于冬季巡历时亲加研鞫，不必会同该府。其由该道审转，如迤西之景东、永北两厅人犯，令迤南道亲审。迤南之镇沅直隶州，及州属恩乐县人犯，令迤西道亲审。傥该道不亲加研鞫，仅以册结了事，以致案有冤抑，该督抚立即严参究治。

事例 411.135：乾隆四十二年谕

嗣后秋审情实官犯，有经十次未勾者，刑部查明改入缓决，但官犯非常犯可比，既改缓决后，如遇应查办缓决三次以上时，不得与常犯一例减等，其中或有应行宽减者，候朕随时特降谕旨。

事例 411.136：乾隆四十二年奉旨

伊勒图等奏：请将秋审二次缓决之刘宗武等发遣为奴一折，所拟未当。内地秋审人犯，缓决三次者，方准减等，情实十次未勾者改缓决，新疆人犯治罪，应较内地为重，庶各犯不敢轻蹈法纪，岂可转较内地从轻？著交军机大臣会同刑部另拟具奏。

事例 411.137：乾隆四十二年又奉旨

刑部议覆广州将军审拟克什布之妻杨氏违犯教令致姑王氏自尽一案，因杨氏系驻防旗人之妻，奏请解部监禁。奉旨：折内称杨氏系驻防旗人之妻，例应解部监禁，令该将军等派员选人伴解等语，固属照例办理，但各省驻防旗人内应入秋审者，亦所常有，若俱派人伴送，不胜其烦。向来东三省秋审常犯，并不解京办理，各省驻防，何独不然？况各省驻防将军、都统拘禁一、二人犯，亦非难事，而理事同知衙门各有监狱，即可令其收禁，何必多此一番跋涉。嗣后各省驻防遇有应入秋审人犯，即令将军、都统等悉心确核，分别情实、缓决、可矜三种，造册题达，交刑部、九卿会核具题。至勾到时，某省驻防，即另册同各省应勾人犯，一体办理。

事例 411.138：乾隆四十二年又谕

杀人者死，汉初约法已然，今择其情轻者列入缓决，已属宽典，若纠众械斗各伤一命之案，并予勾结。至斗殴之案，情形本自不同，有并非互斗，亦援斗杀律例问拟者，因系积久相沿，姑仍其旧，而秋谳时分别情实缓决，则轻重当有权衡，如彼此俱以手足相殴，及各持金刃互格，因而伤重致毙者，两造情事相等，原可入于缓决。若死者仅以詈骂起衅，或用手足先殴，而凶犯辄持金刃抵拒杀伤，其为逞强毙命，已可概见，且金刃本可杀人之物。若死者并未持械，岂能徒手相当，即非顿起杀机，其与故杀亦所差一间，此等不入于情实，又何以惩暴除凶，况为法司者，惟当准酌情理，务得其平。若稍存阴骘之见，曲从开脱，实乖明允之道。嗣后内外问刑衙门，于秋审斗殴案犯，并当悉心定拟，毋有枉纵，庶好勇斗狠之徒，共知儆戒，不敢轻蹈法网，所全实多，是即辟以止辟也。

事例 411.139：乾隆四十二年再谕

昨刑部进呈秋审本内，有死者仅用手足先殴，而凶犯辄持金刃杀伤者，同一案而分拟情实缓决，未为允协，因降旨令嗣后内外问刑衙门，于秋审斗殴案犯，悉心妥拟，毋有枉纵。今刑部奏请将本年已入缓决各案内，查明死者并未持械，凶犯以金刃格伤致毙者，俱补缮黄册，改拟情实进呈，所办又属过当，断不可行。朕昨降谕旨，通饬酌定情实之意，原因近年金刃伤人之案较多，而秋审时每列入缓决，且数年后仍得减等发落，于是好勇斗狠之徒，妄谓杀人可以幸生，遂罔知儆戒，轻蹈法网，不可不示以严惩，俾知用金刃杀伤徒手之人者，断难邀免，庶可稍戢其逞强之心，以免罹必诛之罪。是以前旨有嗣后之言，欲使众共知晓，懔刑章而不敢复犯。若教而不从，则是自取其死，于情理均无可恕矣。今刑部请于本年即行改正，竟似朕急欲多勾百十人，实属误会朕意，且立法自有此第，何不可待之有？而为是汲汲乎！著刑部转行各督抚，将朕先后两旨，遍行晓谕，虽穷乡僻壤，咸使闻知。如此晓谕之后，傥有仍用金刃杀伤徒手之人者，即当拟入情实，朕酌定其情，即不予勾，而以金刃斗杀者，概不予以减等，庶几辟以止辟之义。至明年秋审内，傥有未闻此旨以前之案，亦不必办及，俟后年各省秋审时，再行分别办理，俾共知朕仁义并施化民约法之意。

事例 411.140：乾隆四十三年覆准

向例秋审人犯，外省定拟情实，由部改缓决者，即于情实本内扣除，归入缓决题本，咨行遵照，勾决部文，期限紧急，所有缓决咨文，势难一并知照。嗣后外省定拟情实，经本部改为缓决题准各案，即于咨行勾决文后，填写"原拟情实之某人等几名，经九卿改为缓决，合并知照该抚"字样，俾各省得以按名稽核。

事例 411.141：乾隆四十三年议准

嗣后直省情实重犯，遇有病故，各督抚一体知照法司衙门，互相核对开除，刑部仍照旧例于题咨到日，移会法司查照核对，庶无讹舛。

事例 411.142：乾隆四十三年又议准

各省驻防应入秋审人犯，应由该将军、都统遵照乾隆四十二年谕旨，分别情实、缓决、可矜，造册题达。至该将军、副都统办理秋审题本，应令照例缮用清字。各省驻防，离省远近不同，应通行各该督抚，按照各府截止秋审日期，转行该将军、副都统等一体遵照办理，以免歧误。

事例 411.143：乾隆四十四年谕

文绶题报：四川松潘厅应绞犯刘经柱在监病故一本，已批交法司矣。该犯于五月二十日病毙于狱，该督直至九月十六日始行具题，相距四月之久，稽延太甚，该督咎有难辞。文绶著交部议处，并著查明此案或系该厅呈报稽延，抑系具报后上司未即查办，必须逐一查明，将玩忽各员，查取职名，分别交部严议。至各省于监犯患病之事，上司漫无稽查，积习相沿，于吏治大有关碍，此不过借监犯患病为由，希图展限而已，是以曾降谕旨，定以限期，虽略有检制，而有司苍滑者，仍有以监犯患病，及因公出境，藉词展限逾期者，立法尚未为尽善，其应作何酌定章程，不致捏混之处，著交刑部另行妥议具奏。

事例 411.144：乾隆四十四年奏准

已革福州府知府徐元，其所属知县杜锡龄纵令盗犯林添启出洋缉贼，以致林添启远扬无纵，徐元并不揭报，扶同讳饰，经该抚比照受财故纵与囚同罪，并声明所纵虽系应拟遣盗犯，从重依故纵凌迟斩绞律止拟绞例拟绞监固缓决，俟逃囚获日，另行办理，原拟并无"秋后处决"字样，与别项官犯应入秋审者不同，但系已革知府大员，未便照监候待质常犯不入秋审之例办理。所有徐元一犯，应令该抚即入秋审具题，刑部于恭进官犯黄册时，另立一册，随同呈进。

事例 411.145：乾隆四十五年奉旨

今年秋审情实各犯，著停其勾决。

事例 411.146：乾隆四十六年奉旨

秋审勾到事件，军机大臣办理熟谙，著同大学士一体承旨。

事例 411.147：乾隆四十六年谕

谳狱大典，内外承办官，均宜悉心详核，以期无枉无纵，若部驳未能妥协，朕亦未肯准行。今此次部中改拟各案，核其情罪，均属平允，自系外省问拟失当，不可不明定处分，俾知儆省。嗣后各省秋审案件，如经部驳五案以上，俱系问拟失出者，著交部议处。如五案之内，有问拟失入一案，即著交部严加议处，以示慎狱明刑之意。

事例 411.148：乾隆四十六年议准

嗣后每年新事秋审人犯，遇有病故，无论情实、缓决，均照新例派员验讯详报。如系情实人犯，该臬司即照本部通行限期办理。其缓决及应入次年秋审情实人犯，遇有病故，仍照向例办理。

事例 411.149：乾隆四十七年谕

刑部进呈云南省招册内有该抚原拟情实者二案，由九卿改入情实者二案，核其情节，俱有可原，皆因曾降谕旨，有金刃伤人应入情实一条，遂尔不权轻重，及伤痕多寡，未免过于拘泥过当。夫金刃杀人，所以令入情实者，原以此等人犯，彼此呈忿，辄用金刃杀人，不可不严行惩儆。至其中情罪稍可原者，勾到时原可不至于勾，此等人犯，经十次秋审，便可入于缓决，各该犯久坐囹圄，既可抑其强悍之气，使众人亦知所儆惕，此朕辟以止辟，刑期无刑，原非有意从严也。且即以金刃伤而论，亦当核其情事之曲直，伤痕之多寡，今不详细确核，一概入于情实，又岂矜慎庶狱之意乎？秋谳大典，人命攸关，理宜悉心推究，以期无枉无纵。苏轼所谓"皋陶曰杀之三，尧曰宥之三"，朕尝著论辟之。盖谳狱之道，必须准酌情理，其情真罪当，与夫一线可原者，应宥应杀，俱有一定权衡，不得存畸重畸轻之见。若罪应杀者，即尧亦应曰杀之三；罪应宥者，即皋陶亦应曰宥之三。设如所云，则是君臣相率为伪以取名，岂可以为法乎！总之凶暴之徒，不可不严加惩治，若意存姑息，欲积阴功，则每年秋审，竟可不办，令死者含冤地下，有是理乎！然欲避宽纵之名，而故为刻深周内，则失入之咎，比夫失出为尤重。凡内外问刑各官，皆不可不深体此意也。

事例 411.150：乾隆四十八年谕

本日勾到奉天省秋审情实人犯内二案，俱因拒奸起衅致死，问拟斩候，自应入于情实，但核其情罪，究因欲行鸡奸，该犯等一时气忿所致，而图奸既无死者生前确供，又无旁人见证，仅据该犯一面之辞，指称图奸，罪疑惟轻，是以免其勾决。此等案犯，指奸既属无凭，而杀命究难逭罪，不得以此次未勾，将来即可改缓，每年秋审时仍著入于情实，此朕斟酌情罪，以期协中之意。著刑部存记，嗣后遇有此等案件，均照此办理。

事例 411.151：乾隆四十九年议准

嗣后秋审处决案犯，除原勘时核明发回本州县收禁者，部文到时，仍照原例由司密饬各该府州县办理外，其留禁省监秋审各犯，以及各府州县招解凶盗立决之犯，俟奉到处决部文，即令按察使会同抚标中军参将，督率府县，亲提各犯验明绑赴市曹监视处决，仍将监刑职名，照例汇题。

事例 411.152：乾隆五十年奏准

两江督臣系轮年按赴江苏、安徽、江西三省审录。嗣后湖广北南两省秋审，督臣亦按年轮流会勘，间岁一往，藉可稽察地方情形，并抽阅营伍。

事例 411.153：乾隆五十一年谕

嗣后行在勾到本，著随报发京，不必由驿单发。

事例411.154：乾隆五十一年又谕

刑部核覆闵鹗元题：侍卫富明阿家奴，推跌张有禄致伤身死，问拟斩候一本。此案张明于上年闰三月初四日，在南巡差次滋事，该抚理应实时奏闻审办，以示惩儆随从仆役，乃迟至九月十三日始经具题，而阁部迟延，于十月十九日始发钞到部，该部迄今方行题覆。此事有何难办？而迟延若此，均有不合。著将该抚等及刑部堂官俱交部察议。且此案系扈从人员家奴滋事，本应即在该地方审明立时办理，方足令跟随人役，共知惩儆，况该督抚两司等俱系随从在彼，而行在亦有该部，不难迅速定案，又何必照例审办，迟延时日，足见外省习于废弛也。嗣后凡有在扈从途次滋生事端者，著该督抚即行具奏，候钦派大臣，会同行在法司审明定案，迅速办理，毋得拘泥常例，即日行事件，亦毋得辗转稽迟，若似此被朕看出，必将该督抚严处。

事例411.155：乾隆五十三年奉旨

刑部议驳盛京刑部侍郎题：七十五殴伤图仰阿身死一案。奉旨：部驳是，依议。此案著交署将军庆桂会同该侍郎覆审定拟具奏。盛京刑部侍郎仅止一员，若部驳事件，仍交原审之人办理，必有回护。此后盛京审办事件，有经部议驳者，该部即奏请交盛京将军或别部侍郎内特派一员会同覆审。

事例411.156：乾隆五十三年议准

凡斩绞重案，例应专本具题。军流等罪，例止专案咨部，年终汇题。嗣后如系刑部题驳者，则奏交将军，或会同别部侍郎覆审。止系咨部议驳之案，则交与将军详细会审，仍于汇题本内声明。

事例411.157：乾隆五十五年谕

本年届朕八旬寿辰，自当照例将秋审情实人犯，加恩停其勾决，但其中有情罪重大者，如纠众聚匪，夺犯伤差，妖言惑众，逞凶残杀，并官员侵渔帑项，勒敛民财之类，非残忍不法，即有关民俗官方，予以监候，已属法外之仁，使更久稽显戮，不特死者含冤莫释，而莠民奸吏，日远渐忘，非所以肃刑章而昭炯戒。朕矜慎庶狱，不厌详推，所有此次刑部另开情重各犯，仍著会同九卿科道和衷覆核。傥有情节尚可缓至明年者，九卿科道等，不妨切实指出签商，谳狱大典，在常时尚宜详慎，况际此行庆施惠之时乎。

事例411.158：乾隆五十六年谕

各省秋审人犯，解审后仍发回各州县监禁，中途每致脱逃，曾降旨将应入秋审要犯，概留司监，以免疏脱，嗣因司监人犯众多，恐致滋事，经军机大臣会同刑部，分别条款议奏，择其案情重大者，在司监收禁，其寻常案犯，仍令发回原监。乃定例未及数年，云南省斩犯即于解省发回后脱逃，可见更定新例，究未妥善。嗣后各省秋审情实人犯，解省后俱即留于司监羁禁，不必发回各州县，并著该督抚就近派拨本标及城守营兵丁，帮同巡逻，责成按察使督率兵役，实力稽查。傥有疏虞，必将该督抚梟司一体治罪，决不稍为宽贷。

事例 411.159：乾隆五十六年谕

前因各省秋审情实人犯，解审后仍发回各州县监禁，中途每致脱逃，特降旨令将各犯概行留于司监收管，以专责成。今阅各省秋审情实人犯黄册，如直隶一省监犯有一百九十余名，虽司监较大，足资羁禁，究恐人犯过多，一处拥挤，难于防范。嗣后各省情实人犯，解审后若仍照旧例发回各州县，往返递解，或致要犯乘间脱逃，其事断不可行，应令在司监及首府首县监狱分禁。司监墙垣坚固，禁卒众多，该梟司自可督率兵役，严加管束。即府县各监，近在同城，再派拨本标及城守营兵丁帮同巡逻查察，自可不至有意外疏虞，于防禁要犯，更昭慎重而免拥聚。倘再有疏失之事，必将该督抚梟司及该管府县一体治罪，决不稍为宽贷。

事例 411.160：乾隆六十年奉旨

本年秋审人犯，停止勾到。

事例 411.161：嘉庆元年奉旨

情实人犯，今年停止勾决。

事例 411.162：嘉庆三年奉旨

本年情实各犯，著暂停勾。

事例 411.163：嘉庆四年奉旨

本年情实各犯，著停止勾决。

事例 411.164：嘉庆四年奏准

各省秋审截止日期，俱以刑部题覆奉旨之日为断。云南、贵州、广西、广东，以年前封印日为止。四川、福建，以正月三十日为止。奉天、陕西、甘肃、湖北、湖南、浙江、江西、安徽、江苏，以二月初十日为止。河南、山东、山西，以三月初十日为止。直隶，以三月十日为止。

事例 411.165：嘉庆四年又奏准

嗣后有职无任，并未食俸之员，有犯斩绞监候等罪，俱分别情罪轻重，入于常犯册内进呈。

事例 411.166：嘉庆四年又奉旨

三法司具题秋审情有可矜一本，朕详核案情，各犯内有殴死伊妻，固因其詈骂翁姑，但俱系故杀，著免死减等发落，毋庸再减一等。

事例 411.167：嘉庆四年谕

朕阅安徽省情实人犯招册，具题缓决，经刑部改入情实者，共有九案，核其情节，该犯等或因金刃伤多毙命，或系强夺良家妻女奸占为妻，或活埋堂弟以及殴毙老人幼孩等事，俱系逞忿淫凶，例应情实予勾之犯，拟为缓决，办理实属错误。朕自亲政以来，节次饬谕问刑衙门，不得擅用"虽、但"字样，及例外援引从重之条，盖以原情定律，务协情法之平，岂可稍存轩轾。若因有前旨，而督抚等办理刑名，偏于宽厚，岂非误会朕意乎？大清律例，皆我祖宗执中定宪，法守所昭，朕惟谨率旧章，不敢稍参己意，督抚等何得以窥测之私，于律外有所增减。夫世俗以有意从宽，故出入罪，为好善阴功者，皆鄙陋不通之见，断不可以例爱书。若将本应抵偿之犯，概从宽纵，则死者宁不含冤于地下耶！所谓生人而当谓之仁，杀人而当亦谓之仁也。嗣后各督抚等问拟罪名，总当按律定拟，不得豫存从宽从重之见，用昭平允。

事例 411.168：嘉庆四年议准

秋审为慎刑之典，若外省拟缓，部中改实，咎止失出，尚属罪疑惟轻之意，应将失出处分，竟予除免。其外省拟实，部中改缓之案，则咎在失入，除一、二案仍毋庸议外，如失入至三案者，将臬司巡抚，降一级调用，加级不准抵销，四案降二级调用，五案降三级调用，如过此数，以次递加。其无巡抚省分，即照巡抚处分。

事例 411.169：嘉庆五年谕

谳狱大典，行刑之地，自应慎重严肃，著每年朝审决囚时，都察院及步军统领衙门，一体严饬营城各员弁兵役等，于行刑处所，周围排列，严禁巡察，毋许街市闲人拥挤，并著派是日轮任城外京营总兵亲往巡查弹压。倘派出城营各员弁及兵役等，不能实力奉行，著监视行刑之侍郎、给事中，据实指名参奏。

事例 411.170：嘉庆五年又谕

整饬吏治，以清廉为本，盖必有守然后可责以有为。若操守先不可问，则一切措施，皆属昏瞀，不能治己，焉能治人？此贪墨之风，所当严惩也。向来秋审朝审案犯，其常犯内多系谋故杀人，及因奸盗问拟死罪者，若官犯则少此等情节，自因身列仕途，习知法律，不敢任意妄为，而身罹重罪者，每由于贪黩，前车已覆，后辙相循。夫以寒素之士，一旦食禄于朝，已可瞻及身家，若简擢外任，则养廉尤厚，焉有一行作吏，较之未经服官以前，转形匮乏，何欲壑之难盈，如蛾投火，实堪悲悼。推原其故，总由恣情糜费，日事奢华，以致廉俸所入，不足供其挥霍，因而败检踰闲，多方娄索，伊等岂不知得受赃款，律有明条，而利令智昏，遂自蹈重谴而不顾。当其计肥囊橐，虽不必显有干系民命之事，然督抚司道等则取之州县，州县则取之百姓，层层朘削，无非苦累良民，罄竭脂膏，破家荡产，且有不胜榜掠，自戕躯命者，不知凡几，较之谋故，罪孽更重。此等赃私败露之员，既经按律定拟，宪典昭然，岂能曲为宽贷！祖宗所定刑章，朕实不敢废法沽名。本日勾决朝审官犯二员，均因赃获罪，其所定罪名，皆系内外问刑衙门详细推鞫，始定爱书，朕岂豫有成心，亦实不愿臣工等获此不赦之诛也。即如本年秋审案犯，因屡次停勾，经朕再三酌核，凡有一线可原，免其勾决者，共有一百八十余名，予勾者尚有一千三百八十名，此皆求其生而不得，朕实怀哀矜勿喜之诚，不但愚民犯法，务存钦恤，即邪教匪徒，每次军营报到，阅至官兵歼戮贼匪多名，亦系赤子，弄兵潢池，未尝不为之怜念，何况臣工屡经拔擢至大僚者，惟望其各矢公廉，共襄郅治，岂忍以一朝触法，即予刑诛，而贪吏之弊，必至害民。此而稍存姑息，势必无所顾忌，民困莫伸，酿成重案，转非辟以止辟之道。嗣后内外大小臣工，务当喻朕惩贪执法不得已之苦心，洁清自矢，俭以养廉，以期吏治澄清，闾阎安堵，无负朕谆谆训诫至意。

事例 411.171：嘉庆五年再谕

每年刑部办理秋审进呈黄册，俱系将各省情实官犯，及服刑人犯，首先进呈，一经分别予勾后，该部即行文各该省，不论远近，进呈黄册，以次勾到，此向来不论成例也。惟念钦法明刑，务存矜恤，所有罪应斩绞人犯，除立决外，余令监禁秋后处决者，原系于执法之中，寓哀矜之意。该犯等于未届勾到以前，或在监病毙，得免肆市，亦属法外之仁。今因官犯服制，即将黄册先行进呈，其予勾人犯，部文一经到省，即日行刑，是同一秋审，而此等官犯服制，较之各该省情实常犯处决日期，近省或早至一、二月，远省亦早至月余及数旬不等，先行受法，且各省官犯中，多有令其解交刑部监禁者，例应归入朝审办理。其勾到之期，又在各省常犯之后，是同一官犯，转因解部监禁，而处决日期，较之本省监禁，候勾决文到施刑，又复迟早悬殊，未为平允。著自本年为始，刑部办理秋审内官犯服制黄册，毋庸先期进呈，俱于每次呈进各该省情实常犯招册，将此二项人犯另缮黄册，列于常犯黄册之前，一并呈览，听候勾到，以示格外矜全，务得其平至意。

事例 411.172：嘉庆七年谕

据御史奏：请将刑部办理秋审章程缮册进呈，通行直省各语。向来各省问刑衙门，俱有律例颁发遵办，至于秋审时某项应入情实，某项应入缓决，以及可矜留养种种区别之处，全在该臬司衡情准法，随案详求，自无出入。若如所请，将刑部旧立章程，通行外省，即可画一，试思每年所办之案，纷纭万变，有同一罪名，而其中情节微有区别，即实缓判然不同，岂能概将成式颁行，况刑部核办秋审，堂议司议，详加商酌，原止就折衷，焉有拘定章程，毫无变通之理？殊属不通事理，原折著发还。

事例 411.173：嘉庆七年奏准

四川省秋审截止日期，以年前封印日题结之案为止。

事例 411.174：嘉庆八年奏准

抢窃拒杀事主为从帮殴刃伤，并窃盗拒伤事主三伤，应入情实之案，如护伙并帮砍多伤者拟实；其刃伤止系带划，拒由事主扭住图脱者，酌改缓决。刃伤事主之犯，如系弃赃逃走，被事主赶扭图脱情急者，虽三伤俱问缓决。其护伙及情凶伤重者，仍拟情实。

事例 411.175：嘉庆九年谕

我国家重熙累洽，世际承平。从前康熙二十三年，皇曾祖圣祖仁皇帝以岁逢甲子，渥沛恩纶，停止秋审。逮乾隆九年，甲子再逢，皇考高宗纯皇帝式循前典，解泽载敫，曾奉特旨，将是年情实人犯，停止勾决。兹又届甲子纪年，朕绍承洪绪，寰宇恬熙，允宜恪遵成宪，省岁恤刑，所有本年朝审秋审各省情实人犯，著加恩停其勾决，一切条款，著该部查议具奏。钦此。遵旨奏准：本年秋审情实官常各犯，应照从前条款内摘其情罪尤重者，汇单具奏，请旨办理。

事例 411.176：嘉庆九年奉旨

本年系停止勾决之年，据刑部将秋审各犯情罪尤重者，照前例摘叙案由，请旨正法，朕详加阅看，内官犯情节，俱不甚重，著仍牢固监禁，俟来年秋审时再行核办。所有常犯，或因奸因窃谋故杀连毙二命，或防兵遇贼先推，或轮奸妇女幼童，或假差诬窃、刃毙无辜，核其情节，均属法无可宽，著照拟即行正法。

事例 411.177：嘉庆九年又奉旨

本年系停止勾决之年，据刑部将朝审情重官常各犯，摘叙案由，具奏请旨，内已革书吏索诈毙命，情罪较重，著即处决。其余各犯，俱俟来年归入情实核办。

事例 411.178：嘉庆十年谕

向来秋审朝审勾决日期，均在冬至十日以前。本年因上年停勾，将所有人犯，与本年新案一并办理，人数较多，次数加增，恐冬至十日以前，办理稍促，当饬令刑部查明自乾隆三十五年以后，遇有现审人犯，于冬至五日以前，奏请处决者，历次办有成案，冬至五日前，既可办理现审立决案件，则秋审朝审勾决，亦事同一例，所有本年勾到日期，著核计次数，拟定在冬至五日以前，办理完竣。嗣后遇停勾之次年，办理勾决，一年并办两年者，即照此例，以冬至五日前为断。如专办本年者，仍遵照旧例，以冬至十日前为断。

事例 411.179：嘉庆十年又谕

朕阅各省本年秋审人犯册内，由刑部改实为缓者三起，而改缓为实者，共有八十三起之多，其故殊不可解。向例秋审失入一案，及失出五案者，督抚臬司，均有处分，嗣经降旨宽贷，各大吏自因吏议既宽，更无瞻顾考成之意，遂尔遇事从轻，欲博宽厚之名，而不思辟以止辟之道，于明刑弼教，大有关系。嗣后将办理秋审失入一案，及失出五案者，仍定立处分，俾职司刑谳者，各知儆惕，遇事详慎。所有此次定拟错误之各督抚臬司，姑从宽免议，仍于办理秋审完竣后，传旨严行申饬。此后如定拟错误，均照定例议处，但各省督抚等不可因有此旨，辄又有意过严，总当详核案情，确引律条，虚衷定谳，以副朕执法用中，谆谆训诫至意。

事例 411.180：嘉庆十一年奉旨

刑部具题：江西会昌县民殴伤缌麻服叔身死，问拟斩候，在本年正月初四日恩旨以前，该犯秋审应入缓决，请减为边远充军，所办太觉宽纵，非辟以止辟之道，存积阴功之见矣。该犯撞见行窃，知为服叔，辨证明晰，辄取铁尺迭殴多伤，即刻身死，实属目无尊长，不但不应末减，亦不应列入缓决。著该部于秋审时归入情实办理。

事例 411.181：嘉庆十二年谕

大学士会同刑部议奏：服制及盗劫案件，敕交大学士、九卿会议者，酌拟核实办理一折。向来案关服制，罪干斩决人犯，情可矜悯者，俱援例双请，嗣于乾隆年间，经刑部奏请遇有服制情轻之犯，令该督抚按律定议，法司核覆，亦照本条科罪，惟将所犯情节实可矜悯者，夹签声明，有奉特旨改为监候者，有敕交九卿议奏者，其劫盗重案，则自康熙、雍正年间，节经奉旨令大学士会同法司，将法无可贷，情有可原，分别详议。仰维我圣祖、世宗、皇考立法之初，原以明慎用刑，凡稍有一线可原者，必周咨博采，详审折衷，诚恐该督抚等于定谳时，或有畸轻畸重，未协情法之平，是以集思广益，不厌详推，迄今遵循已久，自应仍照旧章。若谓会议时视为具文，竟致有名无实，辄改归刑部径行核覆，不复敕令酌商，恐外议又将刑部之权为过重矣。嗣后服制劫盗案件，发交大学士、九卿会议者，仍著循照旧例，务须虚衷商榷，斟酌至当，如有意见不同者，不妨彼此签商，定议具奏。若于会议时既随同画稿，旋又退有后言，则是依违迁就，一经参奏，必当以惩处。至上班时将奏稿宣读一遍，转似虚文，殊可不必，此后著即停止。

事例 411.182：嘉庆十二年又谕

在京立决人犯，如将届夏至日期，可仿照冬至之例，或在夏至五、六日前奏请办理，著刑部酌议章程具奏。钦此。遵旨议定。冬至既以前十日后七日为限，夏至亦应循照办理。请嗣后夏至以前五日后三日为限，一应立决人犯，俱停止行刑。

事例 411.183：嘉庆十四年奏准

子孙违犯教令，致祖父母、父母自尽，并无逼迫期亲尊长致死，及妻因细故与夫口角，并无逼迫情状，致夫轻生自尽，问拟绞候各犯，均归入服制办理。

事例 411.184：嘉庆十四年又奏准

嗣后凡聚众伙谋入人家内抢夺妇女已成者，为从之犯，以是否入室为断。其但经入室之犯，均入情实。虽未入室，而事后随同奸污，或拒捕伤人，或帮同架拉，持械吓逼，或伙抢不止一次，或抢夺数至三人，或酿成人命，或被抢之人尚无下落，及另有不法别情者，亦拟入情实。若并未入室，亦无前项情事者，拟入缓决。至伙众抢夺路行妇女已成之从犯，则以曾否动手为断，但经动手抢夺之犯，均入情实。其虽未动手抢夺，而有奸污及前项情事者，亦入情实。若未动手抢夺，亦无前项情事者，拟入缓决。

事例 411.185：嘉庆十四年谕

今年秋审情实各犯，著停其勾决。

事例 411.186：嘉庆十五年谕

朕恭阅皇祖《世宗宪皇帝实录》，内载雍正十一年十月谕刑部："从来明刑所以弼教，除暴所以安民，凡情有可原者，务从缓减，而意非主宽；凡法无可贷者，便依斩绞，而意非主严；本无成见，惟其自取等因。钦此。"圣训煌煌数百言，至公至正，实为万世法守，因于恭阅之下，寻绎朕躬节次所降谕旨，饬令直省各督抚明允用刑，期无枉纵，适与皇祖圣谕符合。缅惟我朝列圣御宇，仁育义正，矜慎庶狱，不事苛求，而辟以止辟，则必权衡至当，可见朕之心尚能仰体列圣之心，即再行申谕，亦不能出圣谕范围之外。本年刑部所进各省招册，因上年适届停勾，例应将两年招册先后呈进，朕于六月间即详加披览，其由缓改实者，俱系法无可贷之案，原拟疏纵显然，总由失入处分较重，各督抚等意存规避，遂于办理秋谳时，曲从宽典。似此豫设成见，何以昭情法之平？著将钦奉皇祖世宗皇帝谕旨，全行恭录一道，传谕内外问刑衙门，一体钦遵，即各刊刻恭悬，触目儆心，于执法定谳，宽严务臻平允，庶几刑期无刑之治。

事例 411.187：嘉庆十五年又谕

本日刑部奏：常犯情实改缓及常犯减等各折，系每年照例办理，因思在京及各省官犯，向无汇奏缓决之条，原以官犯与常犯不同，问刑衙门不敢轻拟宽减，但此内所犯案情，本有轻重之别；监禁年分，亦有久暂之殊；间有经朕记忆，特降谕旨加恩宥赦者，其余各犯，或尚有情罪较轻，未邀恩宥之人，著刑部自本年为始，将各官犯汇开名单，于年终具奏一次，单内将所犯事由罪名，及监禁年分，并该犯年岁详细分注，奏上候朕酌核。该部载入则例，永远遵行。

事例 411.188：嘉庆十六年奏准

嗣后跟踪行窃逾贯之案，如独自起意，及仅止一、二人暂时跟随乘便攫取，为时无几者，秋审时，与寻常窃盗一律分别赃数是否逾五百两定拟实缓，其掉窃逾贯之犯，亦与寻常窃盗逾贯之案，一体按计赃数是否逾五百两，分别实缓。如系跟踪掉窃者，仍按跟踪久暂，伙犯多寡，分别办理。

事例 411.189：嘉庆十六年又奏准

嗣后两犯斗殴共殴者，无论情节轻重，概拟情实。如前犯斗杀共殴，后犯擅杀、戏杀、误杀，及殴死妻与卑幼，或前犯擅杀等项，后犯斗杀共殴，实系理真情轻，酌拟缓决。再，前犯斗杀共殴，后犯窃盗等项，或前犯窃盗，后犯斗杀共殴等案，总视其后次所犯情节应入情实缓决分别办理。

事例 411.190：嘉庆十七年谕

向来秋朝审人犯内缓决三次以上者，人数积多，每届数年谕令刑部查明奏请分别减等，以示法外之仁。今自嘉庆十四年查办之后，至本年秋谳，入缓决者，又积有一万一千九百余名。著刑部将本年秋朝审缓决三次以上各犯，照节次查办之例，逐一查明所犯情节，分别减等发落，以昭矜恤，该部即遵谕行。

事例 411.191：嘉庆十八年谕

御史夏修恕奏：请清厘刑狱以省拖累一折，所奏深合事理。国家明刑弼教，意本期于无刑，有罪者不容轻纵，无罪者尤不可株连。刑部虽总理谳狱，然案情轻重，罪名大小，办理自有等差。近日五城及步军统领衙门，于寻常讼案罪止答杖以下者，往往不察事理，概以送部了事，以致刑部现审之案，日积日多，不能速为断结，迨至逐案审理，其事甚细，而到案之人，久羁缧绁，隶役中饱，资产荡然。又或查拿案犯，不辨真伪，辄请交部严鞫，及讯明无辜被累，而正犯转得远扬。纷纷株系，桎梏相望，皆足以上干天合。著刑部详查定例，并酌定条款，凡轻罪细故，可由五城及步军统领衙门审结者，俱令自行拟结。其应送部而不送部者，固当照例参处，如不应送部而率意送部者，刑部将原案驳回，并将该衙门参奏请旨。

事例411.192：嘉庆十八年又谕

大学士会同刑部议覆御史史嵩安条陈火器误杀等案，秋审时应分别实缓一折，所驳甚是。国家明罚敕法，律令为民攸关，颁行四方，较若画一，不容轻易变更，间刑官吏谨守宪章，犹虑有上下其手之弊。若于不应区别者，而强为轩轾，将使析律例二端，深浅不平。科条既备，民多伪态，吏得因缘为奸，甚无谓也。朕矜慎庶狱，钦哉惟恤，如鸟枪、竹铳杀人之案，律以其为害惨烈，概拟情实，至勾到之时，其中疑贼误毙，情节可原，免予勾决者，亦岁所时有。其共殴致毙四、五命以上之案，聚众逞凶，从前乾隆年间，曾经钦奉谕旨，令执法研究，一命一抵，不得姑息养奸。历年均钦遵办理，而其中随行助殴，情介疑似之犯，亦间有免勾者，诚以人情万态，事变千端。狱讼之成，原有律例所不能赅者，法司随案声请，朕权衡轻重，区示宽严，或执不宥之律，或施法外之仁，所谓惟齐非齐，以成协中之治，此明慎用刑之积义，又岂更改科条所能执一而论者乎！嵩安不知刑政大体，念系言官，不加深责。嗣后各科道于国家颁行法令，不得私出己见，妄议纷更，以谨旧章而严法守。

事例411.193：嘉庆十九年谕

嗣后审办逆伦重犯，其距省三百里以内无江河阻隔者，仍押赴犯事地方正法。其距省三百里以外者，审明后即将该犯在省垣正法，首级解回犯事地方枭示徼众。

事例411.194：嘉庆二十年谕

嗣后每逢勾到日期，念单内倘有十名一起者，止读前一名某人等字。若起内九名者，读念单之学士，仍按名次读念。

事例411.195：嘉庆二十年又谕

秋审朝审情实人犯，旧例凡三覆奏，本沿古者三刺三宥遗意。我朝钦恤民命，凡案犯供情原委，备载招册，每年黄册进呈，早经反复推求，慎之又慎，实不止于三覆。其科臣循例题本，仅属具文。是以乾隆十四年将直省秋审，改为一覆奏，朝审与秋审事同一例。嗣后朝审亦著改为一覆奏，已足以存旧例。至向来覆奏之本，皆于黄册进呈后，随即奏上，距勾到之时甚远。嗣后黄册仍于八月中旬呈进，其秋审朝审覆奏之本，皆于本省勾到前五日覆奏一次，朕批阅时，再同黄册详加酌核，以昭慎重。

著为令。

事例 411.196：嘉庆二十一年谕

著刑部将本年秋朝审缓决三次以上各犯，照节次查办之例，逐一查明所犯情节，奏明分别减等发落，以昭矜恤。

事例 411.197：嘉庆二十一年又谕

御史孙世昌奏：请将秋审册籍早送详阅一折。秋谳大典，与议各员，自应悉心详核，每年九卿科道所阅招册，刑部于七月二十日后始行分送，距上班之期止三、四日，未免稍促。嗣后堂议著较向年移前数日，其招册亦可赶早分送，俾得从容覆问，以昭详慎。

事例 411.198：嘉庆二十二年议准

嗣后除例应永远监禁之新事情实缓决人犯，应备叙具案由列入秋审外，其业经秋审一次，归入永远监禁，并特奉谕旨著永远监禁者，下届秋审本内，止开具犯名事由，并已入秋审年分声明扣除，毋庸秋审办理，所有本年秋审内已经造报、并未造报永远监禁人犯，均应于下届秋审时，查明遵照。

事例 411.199：嘉庆二十三年谕

向来直省秋审人犯，由各督抚分别情实缓决，刑部再覆加核议，其有原拟未协，经刑部改缓为实、改实为缓者，皆例有处分，惟朝审人犯，但由刑部分别情实缓决，不加覆核，立法尚未周备，著自明年为始，朝审人犯，经刑部堂官议后，即由该部奏请特派大学士、尚书、侍郎数员覆核。其有部拟实缓未协，应行改拟者，著派出之员奏明请旨，以照慎重。

事例 411.200：嘉庆二十四年谕

刑部等衙门题：安徽省绞犯僧人允祥一本。允祥之名，通与故怡贤亲王相同，虽例无回避明文，然究不应如此书写，已于签内将允祥之名改为云祥发下矣。嗣后内外问刑衙门，遇有犯人与王公及一品大臣同名者，俱著随时酌改。

事例 411.201：嘉庆二十四年又谕

本日刑部议覆顺天府审拟盗犯辛五请即处决一折，初六日恭遇冬至南郊大祀，明日即应斋戒，此等立决重犯，自应暂行停待，著刑部查明大祀斋戒前期，如有停止立决重犯之例，此次办理错误，该堂官等，即自行奏请议处。若向无此例，嗣后每届南郊、北郊大祀之期，前五日、后五日，凡在京立决重犯，俱停止具奏。著为令。所有辛五一犯，著于十二日办理。

事例 411.202：道光元年奉旨

本年著停止勾决。

事例 411.203：道光元年谕

军机大臣会同刑部议奏：奉天省旗民事件，请仍照旧章悉归州县审理一折，所议甚是。国家设官分职，各有专司，奉天省所属州县，自乾隆四十四年经刑部议定，凡遇旗民词讼事件，悉归州县审理，迄今四十余年，毫无窒碍，原以州县管理词讼，是其专责，若如该将军所奏，单旗事件，即令旗员办理，旗员于刑名例案，非所素习，强使听讼，必难保其明允。设武职人员，任性妄为，其弊尤不可言。至谓旗员一切处分，与州县一体查参，若无专司，旗人易于玩视。京城五营，与各省绿营伍职，均与司坊州县官一例开参，岂能令武职各员，俱赴文职衙门共理词讼？该将军所奏尤为非理。所有奉天州县旗民事件，著仍照定例，悉归州县自行办理，旗员不得干预，惟该州县于寻常人犯，并不移知旗员，率行查拿刑讯，殊干例禁。著奉天府尹饬知各州县，除紧要重案，仍照旧例准其自行查拿外，其余寻常案犯，均知会旗员拿解。如仍前率拿，交该将军指名参处，以符定制。

事例 411.204：道光元年又谕

军机大臣议覆孙玉庭等奏江西南、赣、宁三府州秋审，及军流人犯，请改归巡道核办一折。外省各府秋审人犯，案经院司审定，奉准部覆之后，其有距省较远者，长途押解，恐致疏虞，原有巡道鞫审之例。嗣后江西南安、赣州、宁都三府州秋审人犯，俱著毋庸解省，即留南赣宁道鞫讯。如有鸣冤翻异者，再行解省覆审。著刑部即载入则例，归入鸢远府州一例办理。至该三府所属罪名遣戍流徙各官犯，亦著改归南赣宁道就近审转，以省拖累，并于年终季底，移会臬司汇核。其一切例限处分，均照臬司例分别核拟，仍责成该督抚随时察核。如该巡道有审断不公者，即据实劾参，毋稍徇隐。

事例 411.205：道光三年谕

前据陶澍奏：定远县民周传用因疯戳毙伊父审拟凌迟一案。兹据刑部议称：逆伦重犯，例应于审明后恭请王命即行正法，未便因其疯发无知，即令日久稽诛等语。所有周传用一犯，自应即行凌迟，以惩枭獍。嗣后除子孙殴伤、误伤、误杀及过失杀祖父母、父母仍照定例奏明办理外，其子孙殴杀祖父母、父母之案，无论是否因疯，悉照本律问拟，一面恭请王命即行正法，一面具折奏闻。著该部通行各督抚、将军、都统、府尹一体遵照办理，以免歧误。

事例 411.206：道光三年奏准

窃贼遗火，烧毙事主一命及二命而非一家者，酌入缓决，遇查办缓决减等时，将烧死二命而非一家之犯，不准遽行减等。至烧毙事主一家二命及三命而非一家，则较一命为重，应入情实。

事例 411.207：道光五年谕

御史万方雍奏：请饬刑部将办理秋审改拟情实缓决等案出语，豫行知照九卿、詹事、科道一折，所奏甚是。秋谳为明刑巨典，与议诸臣，原应公同集议，以昭详慎，其案情有介于可实可缓之间者，尤关罪名生死出入，若如该御史所奏，刑部办理秋审各案，向止摘叙略节，刊刻招册，分送九卿、詹事、科道届期会议，其由缓改实，由实改缓，或由缓改矜，由矜改缓之案，并不将拟定看语方签，豫行知照，仅于会议上班时，令书吏喧唱一次，会议诸臣，于匆遽之时，仅听书吏喧唱看语，焉能备悉案由，从而商榷，是徒有会议之名，而无会议之实，岂国家矜慎庶狱之意乎！嗣后著刑部将议定改拟各案看语，汇齐缮刻，于会议上班前五日，分送九卿、詹事、科道，俾豫行查对招册案情是否改拟允协，会议时得各摅所见，以重刑狱而昭核实。

事例411.208：道光五年又谕

本年各省办理秋审人犯，朕将进呈黄册，详加披阅，除浙江、云南二省外，其余各省，俱有原拟缓决，经刑部改入情实者，内山东省多至五起，四川省除李红应一犯免勾外，尚有八起之多。朕详核案情，该部所改，均属平允，并非有意从严。该省大员，自因失出处分，轻于失入，为避重就轻起见，殊非明刑弼教之义。嗣后各直省督抚，督率臬司，当虚衷定谳，不可惑于救生不救死之说，意存宽厚，故从轻减，亦不可因有此旨，刻意过严，妄事周内，总期惟允惟明，无枉无纵，用副朕执法用中至意。

事例411.209：道光五年奏准

嗣后聚众伙抢妇女已成案内从犯，如业经入室，或虽未入室而事后奸污，或帮同架拉，或伙抢不止一次，或被抢数至三人，或系致酿人命之案，帮同逼迫之犯，或系拒捕伤人，或由本犯领卖，致被抢之人尚无下落者，拟入情实。其无前项情事者，拟入缓决。至伙众抢夺路行妇女已成之从犯，则以曾否动手为断，但经动手抢夺之犯，均入情实。其虽未动手抢夺，而有奸污及前项情事者，亦入情实。并未动手抢夺，亦无前项情事者，拟入缓决。

事例411.210：道光五年再谕

著刑部将本年秋朝审缓决三次以上者各犯，照节次查办之例，逐一查明所犯情节，奏明分别减等发落，以昭矜恤。

事例411.211：道光五年又奏准

嗣后除约期敛钱，起意纠众械斗之案，首犯仍照原定章程问拟，毋庸再议外，其听从纠斗下手毙命之犯，仍各依本律例拟抵，秋审时即照寻常共殴谋殴之案，将致毙四命以上者，拟入情实。若情节实可矜悯，及四命以下，各按情伤轻重，临时分别实缓。

事例411.212：道光六年奏准

直隶宣化、张家口、独石口、永平、遵化、顺德、广平、大名等府州厅所属，距省较远。嗣后遣军流徒人犯，由口北道、通永道、大顺广道就近审勘。

事例411.213：道光七年奏准

湖南辰沅永靖道所属凤凰、永绥、乾州、晃州、古丈坪五厅，距省较远。嗣后遣军流徙人犯，并命案内罪止拟徒各犯，归本道就近审勘汇题，限期处分，如臬司例。

事例411.214：道光七年又奏准

山西平阳、蒲州、解、绛四府州所属，距省较远。嗣后秋审及遣军流徙各犯，归河东道就近审勘。

事例411.215：道光七年谕

著刑部将本年秋审朝审缓决三次以上各犯，照节次查办之例，逐一查明所犯情节，奏明分别减等发落，以昭矜恤。

事例411.216：道光七年题准

福建巡抚题：马源开因无服族弟马幅周行窃伊家衣物，事后用竹铳将其轰伤身死一案。因马幅周虽系行窃罪人，惟例不得照擅杀科断，仍按凡人火器毙命例，拟斩监候，经刑部查火器杀人之案，秋审时例应入实，而同姓亲属相盗，例虽不以擅杀科断，究与因事争斗者有间，定案时既拟以斩候，秋审时若概入情实，未免向隅，自应衡情酌入缓决，恐各省问刑衙门，拘于谋故杀人向系入实之例，以致概拟情实，应通行各省，如有似此之案，酌入缓决办理。

事例411.217：道光八年谕

前据李鸿宾等奏：广东归善县绞犯林一溃捏供丁单，贿求邻保捏结朦准留养，该县知县前此查报不实，事后访闻检举，且已获犯究办，是以加恩免其议处。试思该犯现有弟兄四、五人，尚能捏报单丁，足见外省书吏舞弊不浅，深堪痛恨。嗣后各省审拟命盗军流各犯，或据犯供亲老丁单，务当认真确查，实系独子，方准查办留养。其邻保族长，必须取具切实甘结，毋许稍有假捏情事。倘承审之员，不能查讯明确，受其蒙混，甚至该犯贿求捏结，毫无闻见，一经发觉，不但将承审州县及审转道府臬司各员严加惩处，并将失察之该督抚一并处分，决不宽贷。

事例411.218：道光九年谕

李鸿宾奏：查出秋审捏报留养分别办理等语。前因广东省归善县绞犯林一溃捏报留养各案，降旨谕令各省将留养人犯认真确查，兹据该督复行查明，又有归善绞犯陈文棕一起，海阳县绞犯邵阿党、黄人和、吴方盛三起，均系捏报丁单，声请留养。广东一省如此，他省似此者想复不少。著通谕各督抚督同臬司，于秋审时遇有呈请留养者，务当亲提犯属尸亲邻族人等，逐加研讯，实系亲老丁单，及孀妇独子，方准办。倘有捏报，即著据实惩治，不准稍涉蒙混，致令凶犯幸逃法网。

事例411.219：道光九年又谕

著刑部将本年秋审朝审缓决三次以上各犯，照节次查办之例，逐一查明所犯情节，奏明分别减等发落，以昭矜恤。

事例 411.220：道光十一年谕

本年秋朝审情实各犯，著停其勾决。

事例 411.221：道光十五年谕

本年秋朝审情实各犯，著停其勾决。

事例 411.221：道光十六年谕

著刑部将本年秋审朝审缓决三次以上各犯，照节次查办之例，逐一查明所犯情节，奏明分别减等发落，以昭矜恤。

事例 411.222：道光十八年奏准

本年秋审案内广东斩犯耿潮锦一起，因族孙耿有德将伊堂母舅陈万有刀伤，取竹铳点放，轰伤耿有德殒命，陈万有越二日身死，该省将耿潮锦拟以缓决。又奉天斩犯王均美一起，因牛起奉将赵谷顺殴伤，点放鸟枪将牛起奉致伤，赵谷顺逾时身死，牛起奉越二十四日殒命，该省将王均美拟以情实。详核此二起，均系火器致毙当场杀人应抵之正凶，而一实一缓，办理两歧。查死者既系杀人应抵正凶，不但非捕贼疑贼致死平人者可比，即较之致毙族匪、盐匪，死虽有罪，不尽属应死者，情节尤轻，若仍照寻常火器杀人，一概拟实，是死者既毙一命，罪犯应抵，复将一命与罪人实抵，揆之情法，似未为平。现将原题拟较之耿潮锦请仍拟缓决，原题拟实之王均美改入缓决。嗣后秋朝审凡致毙当场杀人应抵正凶，案情与此相类者，一并仿照定拟。

事例 411.223：道光十九年奏准

火器捕贼误毙平人之案，秋审入于缓决。

事例 411.224：道光十九年又奏准

广东省秋审案内谢得有诱拐幼孩何任沆一起，该抚以诱拐幼孩，虽未给亲完聚，业有代卖之中证，供有买主姓名籍贯，即属已有下落，拟入缓决。刑部查向来秋审办理略诱之案，被诱之人，如未给亲完聚者入实，业已给亲完聚者入缓。近来亦有虽未给亲完聚，但经供有下落，即入缓决成案，惟思所拐幼孩，虽有下落，其究竟能否给亲完聚，尚在未定，若入缓后，将来即准减等，未免与实已给亲完聚者无所区别，应查明被诱之人，如果给亲完聚，缓决三次后，准其减等。傥尚未给亲完聚，暂行监禁，统计前后，予以十年限期，俟限满后方准减等。嗣后遇有此等案件，均即照此办理。

事例 411.225：道光二十年谕

著刑部将本年秋审朝审缓决三次以上各犯，照节次查办之例，逐一查明所犯情节，奏明分别减等发落，以昭矜恤。

事例 411.226：道光二十年议准

户部以旗民互控事件，如有咨送刑部仍行送回者，即片行刑部，查明例文，定期会审。经刑部以现审案件，必须罪在徒流以上，方准收审。若止系控争地亩，并户婚钱债等细事，及一切罪止枷杖笞责之案，均应由该衙门自行完结，不得滥行送部，例有明文。至户部例内所载旗民互控事件，应须刑讯，会同刑部严审之条，系乾隆二年所定，而刑部例文，则系嘉庆九年及十九年先后纂入，在户部定例数十年以后，当时因各衙门或因犯供刁健，或因呈词闪烁，难于推鞫，即以罪关出入等空言送部，始行奏明徒流以上，方准送部收审，以杜诿卸。即户部定例按语内，亦称旗民争控等事，由户部令各该旗及地方官讯明，咨部办理。至必须刑讯者，方会同刑部严审。查罪轻人犯，例不准擅用刑讯，户部例内，既有必须刑讯字样，自系专指徒罪以上人犯而言，与刑部例文，本属并行不背，是以刑部遇有户部咨送户口田房案件，即照例驳回，听户部自行查明究结。兹户部以嗣后旗民互控事件，凡经刑部驳回后，即申明旧例，咨请会审，固为清理案牍起见，第刑部系刑名总汇，例不审理户口田房细故，若不论有无罪名，悉行会同刑讯，无论与定例不符，且将来在京各衙门，遇有民人争控案件，皆得以例无刑讯为辞，纷纷送部，殊失设官分职之本意。复查户口田房案件，全在查明档册，勘丈界址，确有实据，方能折服两造之心，本非可遽事刑求。嗣后户部遇有旗民互控事件，除止系细故涉讼者，应由户部照例行令该管官审明断理外，如查明档册界址确有实据，而本犯又罪在徒流以上，例准刑讯者，若匿情不吐，即将人证卷宗，一并送交刑部，派员赴刑部会讯。

事例411.227：道光二十一年谕

本年秋朝审情实各犯，著停其勾决。

事例411.228：道光二十二年谕

著刑部将本年秋审朝审缓决三次以上各犯，照节次查办之例，逐一查明所犯情节，奏明分别减等发落，以昭矜恤。

事例411.229：道光二十二年奏准

嗣后秋朝审内擅杀罪人案件，如查系谋故，并火器杀人连毙二命，均应绞抵，及各毙各命致死彼造四命以上者，均俟缓决三次后，奉有恩旨，再行查办减流。其无前项重情，及应入可矜各犯，仍照旧例缓决一次后，即行减等。

事例411.230：道光二十四年议准

嗣后审办命盗等案，如本例载明应先行恭请王命正法者，方可于审办后，一面具奏，一面恭请王命先行正法。或定例虽无先行正法明文，核其情罪实在重大，不容稍稽显戮者，亦准该督抚等权宜办理，仍将实在情形随折声明。其余寻常案件，本例俱无请旨即行正法，均应俟奉到谕旨再行处决，庶与定例相符，而办理亦免歧异。

事例411.231：道光二十五年谕

本年秋朝审情实各犯，著停其勾决。

事例411.232：道光二十六年谕

著刑部将本年秋审朝审缓决三次以上各犯，照节次查办之例，逐一查明所犯情节，奏明分别减等发落，以昭矜恤。

事例411.233：道光二十七年谕

明刑所以弼教，执法尤在平情，况刑部为刑名总汇，果能悉心推鞫，因端竟委，俾奸究无所用其狡饰，断无不水落石出之理。近因御史乌陵阿奏参吏役骫法释放遣犯一案，经刑部堂司各官，讯出笔帖式常泰、文英，主事全寿并销档为民之庆芬等，辗转嘱托，朋比为奸，使各犯不致漏网，而案情亦无难研究得实，办理实属认真可嘉。使外省理刑之官，皆能如此详慎秉公，何患讼狱难平，沉冤莫雪耶！近来人心不古，变幻多端，加以趋利若骛，勾串调唆，无所不至，惟在承审之员，细心根究，方能案无遁饰。嗣后承审各员，无论案情巨细，总当虚衷研鞫，悉心推求，固不可罗织株连，拖累无辜，尤不可因案情微细，稍涉颟顸，以致作奸犯科之辈，转得幸逃法网，务期无枉无纵，以清庶狱而息争端，朕实有厚望焉。

事例411.234：道光二十七年又谕

每年各省办理秋审，详核律例，原为慎重民命起见，然往往惑于救生不救死之说，迁就定谳者，恐亦在所不免。即如语言调戏，致妇女羞忿自尽之案，山东、河南两省，前曾于一年之中，多至五、六起，虽案情间或相同，亦何至如此之多？难保非地方官因此等案犯，向免予勾，遂尔缘饰案情，豫为开脱地步。迭经降旨令各该督抚等，于此等关系人命之案，详细推鞫，断不可使死者含冤。乃本年秋审招册，经朕详加披阅，河南一省，语言调戏致室女本妇羞忿自尽之案，又复多至八起，仍恐地方官办理此等案件，避重就轻，难免狃于积习，大非朕明慎用刑之意，特再申谕各直省督抚，督饬臬司及各地方官，嗣后遇有似此案情，虚衷研鞫，务得实情，期于无枉无纵，按律定拟，以除故习而平刑章。

事例411.235：道光二十八年谕

本年各直省办理秋审人犯，经刑部由缓决改情实者，吉林六起，江苏五起，该将军及该抚臬司等于秋谳大典，未能慎重详核，著交部查明分别议处。

事例411.236：道光二十八年又谕

著刑部将缓决三次以上各犯，照节次查办之例，逐一查明，分别减等发落，以昭矜恤。

事例411.237：道光二十八年再谕

前据林则徐奏：查拿迤西匪犯，请审明立时惩办，毋庸解省审转，当交刑部议奏。兹据该部查核云南迤西一带，界在边隅，嗣后该地方除寻常命盗各案，仍按例办理外，如有党与众多匪犯，准其披解该管道府，于审明移交臬司具详督抚覆准后，就地正法，以儆凶顽，并请酌定年限等语。该处军务甫竣，余匪正当严办，著即予限五年，俟限满后，仍照例由督抚亲提审明题奏，以示限制。

事例 411.238：咸丰元年谕

本年著停止勾决。

事例 411.239：咸丰元年又谕

本年情重各犯，仍行停办。

事例 411.240：咸丰三年谕

裕诚等奏：票签前后不符，查明检举，并请旨更正，以归画一等语。此次内阁拟写勾到签式，与上年不符，著查取票本职名，交部照例议处。嗣后凡遇疯病杀人，并卑幼因疯病致死尊长，及妻因疯致死夫者，均照票拟永远监禁。其应否查办，及不准释放之处，仍著刑部查照定例分别办理。所有上年勾到本内，四川省旧事熊黑儿、林怀毓，山西旧事石氏、叶庄娃四起，均著照例更正，以归画一。

事例 411.241：咸丰四年谕

前因刑部奏私铸大钱人犯，定为斩监候，俟秋审时分别酌办，所奏含混，谕令再行核议，兹据该部将问拟斩候各犯，分别情实缓决，定拟具奏。现在大钱壅滞，皆由私铸日多，若如该部所议，仅止一次为数不及十千者，酌入缓决，奸民势必避重就轻，私铸仍难禁绝。嗣后私铸大钱案内，为首及匠人问斩候之犯，无论钱数次数，均著入于秋审情实。

事例 411.242：咸丰四年又谕

刑部奏：遵旨加等严定私铸大钱罪名，并奸商阻挠钱法，从重治罪一折。近来私铸日多，官铸大钱日形壅滞，复有奸商任意阻挠，抗不行使，于国用民生，均有妨碍，若非严行惩办，何以肃法纪而儆奸顽！著照所请，嗣后私铸当百以下大钱人犯，如系为首及匠人，数至十千以上，或未及十千而私铸不止一次者，即于斩候罪上从重请旨即行正法。其私铸仅止一次，为数又在十千以下者，仍照前拟定为斩候，入于秋审情实。

事例 411.243：咸丰六年奏准

嗣后每届二年，各省在监人犯，如缓决已至三次者，即未积至万名，亦得准予减等，仍俟奉有恩旨，再行查办。俟军务告竣，仍复旧章，积至万名，再行酌核查办。

事例 411.244：咸丰七年议准

查抢窃勒索之犯，解于该管府厅州审转具详，毋庸解司道勘转，例内已有明文。至捉人勒索一项，例内虽未提及，而较之抢窃勒索者，其情并无二致。嗣后捉人勒索之案，如审有拒捕陵虐重情，仍行转解司道勘转外，其仅止图利关禁勒索，及听从掳捉，罪止遣军之犯，援照抢窃勒索得赃讯无拒捕之例，由该管府厅州审转具详，司道覆核，专案请咨，毋庸解司道转解，以归简便。

事例 411.245：咸丰十年谕

本年秋朝审情实各犯，著停其勾决。

事例 411.246：同治元年谕

向来停止勾决年分，遇有情罪重大之犯，例由刑部开具事由，另行奏闻请旨正法。乾隆年间，屡奉谕旨，如三十六年系停勾年分，而官犯王钲等罪无可逭，即予正法，成案可稽。本日刑部具题朝审情实官犯一本，内已革两江总督何桂清一犯，自常州节节退避，辗转逃生，致苏常等郡全行沦陷，迨奉文宗显皇帝严旨拿解来京，犹敢避匿迁延，迟至两年，始行到部。朝廷刑赏，一秉大公，因廷臣会议，互有异同，酌中定议，将该犯比照带兵大员失陷城寨本律，予以斩监候，秋后处决，已属法外之仁。今已秋后届期，若因停勾之年，再行停缓，致情罪重大之犯，久稽显戮，何以肃刑章而示炯戒，且何以谢死事诸臣暨江南亿万被害生灵于地下！何桂清著即行处决，派大学士管理刑部周祖培，刑部尚书绵森，即日监视行刑。嗣后如遇停勾年分，仍著刑部遵照向来成案，将情罪重大之犯，另行奏明请旨。

事例 411.247：同治二年奉旨

本日给事中张修育奏：来年上元甲子，请饬查案停勾一折。著刑部溯查有无成案，迅即知照军机处。钦此。遵旨覆准，康熙二十三年甲子，乾隆九年甲子，嘉庆九年甲子，均钦奉特旨停止勾决，办理各在案。每甲子停止勾决，有案可循，惟停勾年分，由部循例奏请，核计月日，应在甲子夏秋间。

事例 411.248：同治三年谕

本年朝审各省情实人犯，著加恩停其勾决。

事例 411.249：同治十一年谕

本年秋朝审情实各犯，著停其勾决。

事例 411.250：同治十三年谕

今年情实人犯，著停止勾决。

事例 411.251：光绪元年恭逢恩赦

经刑部将斩绞不准援免各犯，奏请停勾。

事例 411.252：光绪元年奉旨

本年情重各犯，著停办。

事例 411.253：光绪二年谕

今年情实人犯，著停止勾决。

事例 411.254：光绪五年奏准

查各省拿获土匪，并强劫盗犯，就地正法章程，彼时因军务吃紧，变通办理，乃各省遇有此等案件，有照例具题者，有声称照章就地正法，甚有寻常盗案，该州县拿获讯明后径行处决，随后始通详上司，备录供招送部者，办理未能一律。至职官犯罪，均应拟议具奏请旨遵办，今各省亦有先行正法者，办理殊觉纷歧，似非慎重刑章之道。嗣后各省拿获马贼土匪，并伙众持械强劫案件，如实系距省窵远，解犯中途堪虞，就近解归该管府道覆审明确，免其解省，由该管道府核明情罪，禀候督抚批饬就地正法，按季汇案具奏，俟盗风稍息，仍照定例办理。其余距省较近州县，获有前项案犯，并职官犯罪，该地方官务须申详该管上司，解省审勘，由该督抚分别题奏，俟奉旨后再行处决，以重人命而慎刑章。

事例411.255：光绪七年谕

本年情实人犯，著停止勾决。

事例411.256：光绪七年又谕

御史胡隆洵奏：请将盗案仍照旧例分别首从办理一折。查刑律载强盗但得财不分首从皆斩之文，乃惩治强盗本律。雍正五年，特命九卿定议，将盗案内法所难宥及情有可原者，分别正法发遣，于乾隆八年纂入例册，乃列圣法外施仁之至意。议定盗劫案件，仍依强盗本律，不分首从俱拟斩决。其中把风接赃等犯，亦系同恶相济，不得以情有可原量减。查各省盗案，向例系由该地方官申详该管上司，解省审勘，由该督抚分别题奏，将法所难宥及情有可原者，一一于疏内声明，大学士会同三法司详议，各该督抚俟奉准部覆，始行分别正法发遣。乃军兴以来，因剿办土匪定有就地正法章程，从此各省相沿，即寻常盗案，亦不待审转覆核，概行就地惩办，题奏之件，十无一、二，而成例遂成虚设。同治八年，御史袁方城奏请盗案照旧核办，而直隶总督曾国藩仍奏请照章就地正法，并请令山东、河南一体照办。十二年御史邓庆麟请将盗贼土匪，仍照旧例办理，各该省先后以游勇马贼根株未尽具奏，均未便一时即复旧制。光绪五年，刑部因各省拿获土匪强劫盗犯，有照例具题者，有声称照章就地正法者，并有寻常盗案，该州县拿获讯明后径行处决，随后始行通详上司，备录供招送部者，办理未能一律，奏请各按距省远近，分别就地正法，并解省审勘，奏准通行，迄今数年之久，各直省就地正法案件，每岁犹不下数千百人，其中法无可宥者，固所必有，情有可原者，亦难保必无。第各省既不按例题奏，而供招又或并不咨送，是否难宥，抑或可原，刑部无从得知，又复何从核办？窃谓法贵去其太甚，事必急所当先，必欲复情有可原旧例，莫若将就地正法章程，先行停止。请饬各省督抚、将军、都统、府尹体察地方情形，将伙众持械强劫案件，仍照成例，解由该管上司覆勘，分别题奏请旨，不得先行正法，迅速妥议具奏，统俟刑部汇核办理。

事例411.257：光绪八年谕

御史陈启泰奏：各省盗案就地正法章程，流弊甚大，请饬停止。又御史谢谦亨奏：盗犯就地正法章程，请分别有无军务省分办理各一折。著刑部汇入各省覆奏御史胡隆洵折，一并妥议具奏。钦此。遵旨议准：现据奉天、黑龙江、直隶、热河、察哈尔、绥远城、乌鲁木齐、山西、山东、河南、陕西、四川、江苏、湖南、湖北、安徽、广东、广西、江西、云南等省，先后覆奏就地正法之处，难以停止，自系实在情形，惟各省所奏盗案尚多，碍难规复旧制。试问盗风何时方能止息？似此年复一年，安于简便，致令杀戮之权，操之臣下，亦殊非慎重民命之道。嗣后除甘肃省现有军务，广西为昔年肇乱之区，且剿办越南土匪，以及各省实系土匪、马贼、会匪、游勇案情重大，并形同叛逆之犯，均暂准就地正法，仍随时具奏，备录供招咨部查核外，其余寻常盗案，现已解勘具题者，仍令照例解勘。未经奏明解勘者，统予一年，一律规复旧制办理。倘实系距省窎远地方，长途恐有疏虞，亦可酌照秋审事例，将人犯解赴该管巡道讯明，详由督抚分别题奏，不准援就地正法章程，先行处决，以重宪典而免冤滥。

事例 411.258：光绪八年奏准

办理秋审，如遇钦奉恩旨停勾年分，所有情实人犯，向于次年六、七月间，先行请旨勾到，其本年新事人犯，仍照例于霜降后冬至前，定期勾到，惟是六月系停刑之期，七月虽交秋令，万物尚在发荣滋长，不如并案进呈，以合缓刑之意。请将光绪七年旧事情实人犯，与本年新事，统计起数，缮具本册，一体于八、九月间，分次进呈，届时知照内阁，会同钦天监选拟日期，候旨勾到。

事例 411.259：光绪九年奏准

嗣后供获首伙盗犯，如曾经伤人，转纠党与，持火执械，涂脸入室，架押事主送路，到案诬扳良民，并行劫已至二次，及滨海沿江过船搜赃者，俱入情实，其旧例所载在外瞭望，接递财物，并被人诱胁，随行上盗，或行劫止此一次，并无凶恶情状者，均酌入缓决。

事例 411.260：光绪十年谕

本年情实人犯，著停止勾决。

事例 411.261：光绪十一年谕

本年情实人犯，著停止勾决。

事例 411.262：光绪十一年覆准

嗣后四川懋功直隶厅同知所属五屯，遇有命案，如屯务系正印官阶，则以该屯为承审官，验讯拟罪，解由懋功厅审转，径自解司。若屯务系佐贰等官，则由该屯相验后，仍将人犯解归懋功厅承审，解道审转移司。

事例 411.263：光绪十二年奏准

甘肃、新疆巡抚奏：新疆命盗重案，碍难遵照内地旧制一折。刑部查就地正法章程，原因各省盗风未息，时有游勇土匪强劫杀人之案，解审堪虞，不得不为因时制宜之计，况新疆蒙回杂处，种类繁多，兼以游勇动辄滋事，视抢劫杀人为故常，较之内地情形尤重，既据该抚奏明，一时难以规复旧制，自应酌照变通办理。惟寻常命案，与强劫盗犯，情节迥不相同，审办即难强归一致。若将命案内罪应凌迟，并斩绞立决，及秋审例实入勾各犯，亦一概就地正法，未免毫无区别，且其中罪名出入等差，关系匪细，倘或引拟错误，更足长外省草菅人命之渐。至斩绞监候入缓人犯，虽据奏称现在关外新设州县，监狱未备，易致疏脱，势难遽归秋审，亦应同前项情重之犯，分别奏明，统由刑部核议，方昭详慎，岂得仅具清册咨部完结，致涉简率，况此等缓决人犯，一经减等，即与寻常军流无异。现在该省开垦屯田，正需人之时，与其监禁数年，即行责释，似不如于南北两路，酌量调发，拨给地亩，藉可收其耕作之效，除该省抢劫盗案暂准就地正法，仍俟盗风稍息，即行归复旧制外，至审办命案，凡罪应凌迟斩绞立决及监候各犯，均由该抚等详细核勘，照例拟定罪名，专折奏明请旨，俟奉到部覆后，将罪应凌迟斩绞立决及例实入勾之犯，再行处决，即同寻常遣军流徒等犯，一体于南北两路，互相调发，按罪名之重轻，定地方之远近，均匀拨给地亩，责令认真耕种，以助屯政。

事例 411.264：光绪十二年又奏准

新疆秋审，从前系六月三十日截止，由陕甘总督转行各该处办事大臣，造具年岁清册送部，由刑部会同九卿定拟实缓。现在新疆已设行省，未便仍照旧章办理。该省距京道里，与云贵二省相等，云南、贵州秋审，向系年前封印日截止，应将新疆省秋审截止日期，亦以封印题结之日为止。

事例 411.265：光绪十二年三奏准

云南永北厅秋审人犯，定例由迤南道于巡历时逐一亲鞫，造册移司核办。查该厅系隶迤西，迤南道无由巡历，若解犯赴审，而永北距迤南道驻扎之普洱府，计程一千五百余里，长途起解，疏脱堪虞。该厅距省仅一千零七十里，且系通衢。嗣后永北厅秋审人犯，仍照例改归由省审录。

事例 411.266：光绪十二年四奏准

嗣后新疆除情罪重大，例应恭请王命，及实系决不待时人犯，暂准就地正法外，其余服制罪应凌迟斩绞立决，并寻常命案，问拟斩绞监候各犯，仍由该抚等详叙供勘，拟定罪名，专折奏明请旨，俟奉准部覆后，将凌迟斩绞立决暨情实之犯，再行处决；入缓各犯，即照前议，于南北两路，互相调发，匀拨种地开屯。该省诸凡草创，一切不能遽照内地，亦属实在情形，各属案件，如有承审逾限及引拟错误者，并请暂免查取职名议处，俟数年后察看情形，再行奏明规复旧制。

成案 411.01：重犯不分别矜疑〔康熙二十八年〕

吏部覆刑部等疏称：该抚不将情真矜疑人犯分别定议具题，止称各案情罪可矜疑，草率具题，殊属不合等因。查江抚洪之杰，理应将伊省所属可矜可疑重犯内作速审明，分别造册具题，乃并不审明，将五十二起重犯安爵情有可矜，其余各案情罪无可矜疑具题。刑部复加详查，将五十余犯俱减等完结。洪之杰身为巡抚，将应减等五十余人，不行详查，草率具题，不合，将江宁巡抚洪之杰照例革职。奉旨：洪之杰从宽免革职，著降四级留任。

律412：检验尸伤不以实〔例26条，事例26条，成案4案〕

　　凡〔官司初〕检验尸伤，若〔承委〕牒到，托故〔迁延〕不即检验，致令尸变；及〔虽即检验〕不亲临〔尸所〕监视，转委吏卒〔凭臆增减伤痕〕，若初〔检与〕复检官吏相见，扶同尸状，及〔虽亲临监视〕不为用心检验，移易〔如移脑作头之类〕轻重〔如本轻报重，本重报轻之类。〕增减〔如少增作多，如有减作无之类。〕尸伤不实，定执〔要害〕致死根因不明者，正官杖六十，〔同检〕首领官杖七十，吏典杖八十。仵作、行人检验不实，扶同尸状者，罪亦如〔吏典，以杖八十坐〕之。〔其官吏仵作〕因〔检验不实〕而罪有增减者，以失出入人罪论〔失出，减五等。失入，减三等〕。

　　若〔官吏仵作〕受财，故检验不以实〔致罪有增减〕者，以故出入人罪论。赃重〔于故出、故入之罪〕者，计赃，以枉法各从重论。〔止坐受财检验不实之人，其余不知情者，仍以失出入人罪论。〕

　　（此仍明律，顺治三年，添入小注。顺治律为434条。）

条例412.01：遇告讼人命有自缢自残

　　遇告讼人命有自缢、自残及病死而妄称身死不明，意在图赖诈财者，究问明确，不得一概发检，以启弊窦。其果系斗杀、故杀、谋杀等项，当检验者，在京委刑部司官及五城兵马司、京县知县；在外委州县正印官，务须于未检验之先，即详鞫尸亲、证佐、凶犯人等，令其实招以何物伤何致命之处，立为一案。随即亲诣尸所，督令仵作如法检报，定执要害致命去处，细验其圆长、斜正、青赤、分寸，果否系某物所伤，公同一干人众，质对明白，各情输服，然后成招。或尸久发变，青赤颜色亦须详辩，不许听凭仵作混报拟抵。其仵作受财，增减伤痕，扶同尸状，以成冤狱，审实赃至满数者，依律从重科断。〔不先究致死根由明确，概行检验者，官吏以违制论。〕

　　（此条系明万历十六年例。原文"当检验者"句下，系"在京初发五城兵马司，覆检则委京县知县。在外初委州县正官，覆检则委推官"。例末"赃至满数者"句下，原文系"查照诳骗情重事例枷号问遣"。均系雍正三年删定。）

　　薛允升按：此条统指检验而言，凡验伤及开检，均在其内。第一层自缢、自残及病死，一验即明，何能诈财。盖棺殓以后，始行告讼，故云，不得一概发检。若未殓之前，则一验即明，即应照不得不自行拦息例办理矣。上段言不得概准检验者，下段言应准检验者，然准检验之中，仍必究明因何致死根由，与《洗冤录》所云相同。虽专言验尸，而开检亦在其内矣。

条例 412.02：诸人自缢溺水身死

诸人自缢、溺水身死，别无他故，亲属情愿安葬，官司详审明白，准告免检。若事主被强盗杀死，苦主自告免检者，官与相视伤损，将尸给亲埋葬。其狱囚患病，责保看治而死者，情无可疑，亦许亲属告免覆检。若据杀伤而死者，亲属虽告，不听免检。

（此条系明令，洪武年间定。）

薛允升按：被盗杀死，若不验明，将来获盗如何讯办。尔时例文简易，不似后来之纷烦，即此可见矣。与下差役奉公看押人犯病故一条参看。

条例 412.03：凡人命重案

凡人命重案，必检验尸伤，注明致命伤痕，一经检明，即应定拟。若尸亲控告伤痕互异者，许再行覆检，毋得违例三检，致滋拖累。如有疑似之处，委别官审理者，所委之官，带同仵作亲诣尸所，不得吊尸检验。

（此例原系二条，一系康熙二十七年例。一系康熙三十六年，刑部会同吏部议覆御史胡德迈条奏定例，雍正三年删并。）

薛允升按：《处分例》定拟下有详报二字，余则大略相同。上层言止许覆检，不得三检也。下层言止许诣验，不准吊验也。

条例 412.04：凡外省驻防旗人遇有命案

凡外省驻防旗人，遇有命案，该管旗员即会同理事同知、通判，带领领催、尸亲人等，公同检验，一面详报上司，一面会同审拟。如无理事同知、通判之处，即会同有司官公同检验，详报审拟。

（此条系雍正三年定例。）

薛允升按："军民约会词讼"门载有旗人谋故斗杀，地方官会同理事同知审拟。自尽人命等案，即令地方官审理，由同知衙门审转等语。盖彼条重在审拟，此条重在相验也。应参看。

条例 412.05：凡人命呈报到官

凡人命呈报到官，该地方印官立即亲往相验，止许随带仵作一名、刑书一名、皂隶二名，一切夫马饭食，俱自行备用，并严禁书役人等，不许需索分文。其果系轻生自尽殴非重伤者，即于尸场审明定案，将原、被、邻、证人等释放。如该地方印官不行自备夫马，取之地方者，照因公科敛律议处。书役需索者，照例计赃，分别治罪。如故意迟延拖累者，照易结不结例处分。若系自尽，并无他故，尸亲捏词控告，按诬告律科断。如刁悍之徒，藉命打抢者，照白昼抢夺例拟罪，仍追抢毁物件，给还原主。其勒索私和者，照私和律科断，勒索财物入官。至该管上司于州县所报自尽命案，果属明确无疑者，不得苛驳，准予立案。若情事未明，仍即秉公指驳，俟其详覆核夺。

（此条系雍正三年定例。）

薛允升按：总系恐其扰累地方之意。上二段《处分则例》同。轻生自尽，殴非重伤，例应将行殴之人，分别拟徒，不应遽行释放，尔时并无拟徒之例也。检验迟延，律有明文，此改为易结不结，似应删去。尸亲捏告一层，与诬告门重复。例首自备夫马饭食，系验尸之通例，中间所叙，均系自尽命案。刁悍之徒藉命打抢一段，与人命门子孙图赖一条，似应修并为一。

条例 412.06：大县额设仵作三名

大县额设仵作三名，中县额设二名，小县额设一名，仍于额设之外，再募一、二人，令其跟随学习，预备顶补。每名给发《洗冤录》一部，选委明白书吏一人，与仵作逐细讲解。每人拨给皂隶工食一名。学习者，两人共给皂隶工食一名。若有暧昧难明之事，果能检验得法，洗雪沉冤，该管上司赏给银十两。其检验故行出入，审有受贿情弊者，照例治罪，不许充役。

（此条系雍正六年例。乾隆五十三年删并入条例 412.09。）

条例 412.07：州县仵作缺额不行募补

州县仵作缺额不行募补，州县官及各上司，均交部分别议处。倘州县不将仵作补足，因而私侵工食银两者，州县官革职提问，该管各上司，一并交部议处。

（此条系乾隆五年，吏部奉上谕议准定例。乾隆五十三年删并入条例 412.09。）

条例 412.08：州县平日督令仵作悉心讲读《洗冤录》

州县平日督令仵作悉心讲读《洗冤录》，务期通晓，将额设仵作几名，及额外学习仵作几名，造具花名清册，每年开印后，申送该管府州，汇册通送院司存案。该府州将附近所属仵作，按照册开名数姓名，每年提考一次。其所属地方，有远在二、三百里者，令该管府州，每年因公出境经过时，就近考试，不必概行提考。其考试之法，即令每人讲解《洗冤录》一节，如果讲解明白，当堂从优给赏。倘讲解悖谬，即分别责革，饬令勒限学习，及另募充补，仍将提考已竣，及奖赏责革各缘由，于册内登明，汇报院司查核，并将召募非人，懈于稽察之州县，分别查参。其在京五城司坊额设仵作，即责成该巡城御史，每年照此办理。

（此条系乾隆二十八年，西安按察使秦勇均条奏定例。乾隆五十三年删并入条例412.09。）

条例 412.09：凡州县额设仵作

凡州县额设仵作，大县三名，中县二名，小县一名，并于额设之外，再募一、二名，令其跟随学习。每名给发《洗冤录》一部，选委明白刑书一人，与仵作逐细讲解。每年开印后，该州县将额设学习名数，造具花名清册，申送该管府州，汇册通送院司存案。该管府州每年随时就近提考一次。考试之法，即令每人讲解《洗冤录》一节，如果明白，当堂从优给赏。倘讲解悖谬，饬令分别责革，及勒限学习，另募充补，仍汇册申报院司查核。并将召募非人，懈于查察之州县，分别查参。至仵作工食，每名拨给皂隶工食一份。学习者，两人共拨给皂隶工食一分。若有暧昧难明之事，检验得法，果能洗雪沉冤，该管上司赏给银十两。倘有故行出入，审有受贿情弊，照例治罪。若仵作额缺，不行募补，州县官及各上司，均交部分别议处。倘州县不将仵作补足，因而私侵工食银两者，州县官革职提问，该管上司一并交部议处。在京五城司坊额设仵作，即责成该巡城御史，每年照此办理。

（此条系乾隆五十三年，将条例 412.06 至 412.08 删并。）

薛允升按：首言额设仵作之法，次言考试仵作之法，次言仵作工食，并奖惩之法，末言缺额不补，州县查参之法，立法非不周到，而认真办理者绝少，各省遇有疑难大案，则又调取别省仵作，此例几成虚设矣。下有司坊仵作专条，此例末数语，似应修并于下条之内。原例有仍将提考，及奖赏、责革各缘由，于册内登明，汇报院司查核云云。似不可删。

条例 412.10：地方呈报人命到官

地方呈报人命到官，正印官公出，壤地相接不过五、六十里之邻邑印官，未经公出，即移请代往相验。或地处僻远，不能朝发夕至，又经他往，方许委派同知、通判、州同、州判、县丞等官，毋得滥派杂职。其同知等官相验，填具结格通报，仍听正印官承审。如有相验不实，照例参处。

（此条系雍正十三年，广西巡抚金鉷条奏定例。乾隆五年改定。）

薛允升按：十三年例文，印官公出，即令佐贰相验，不必转邻邑。五年又定有邻邑僻远，始令佐贰相验之例。先邻封印官，次本城佐贰，不准滥派杂职，与下黔、蜀等省命案，及各省州县同城并无佐贰各条参看。无佐贰则杂职亦可相验矣。典史、巡检验填后，印官仍须覆验，此则不必覆验矣。《处分例》大略相同。又，州县官遇邻邑移请代验，托故不往者，降三级调用〔私罪〕。如实有本任要务，及患病不能往验，准其据实声明。

条例 412.11：检验自尽人命

检验自尽人命，如尸亲远居别属，一时不能到案，该地方官应即验明，立案瘗埋。

（此条系乾隆六年，刑部议覆湖广按察使吴龙应条奏定例。）

薛允升按：此条似应修并上条果系轻生自尽一条之内。

条例 412.12：凡检验量伤尺寸

凡检验量伤尺寸，照工部颁发工程制尺，一律制造备用，不得任意长短，致有出入。

（此条系乾隆十二年，刑部议覆甘肃按察使顾济美条奏定例。）

薛允升按：此亦画一办理之意。

条例 412.13：凡京师内城正身旗人（1）

凡京师内城正身旗人，遇有命案，令本家禀报该佐领，转报刑部相验。街道命案，无论旗民，令步军校呈报步军统领衙门，转咨刑部，票委该城指挥相验。其外城地方人命，亦无论旗民，俱令总甲呈报该城指挥，该城指挥即速相验，呈报该城御史，转报刑部、都察院。若系旗人，报该旗。

（此条系乾隆十三年，都察院条奏定例。乾隆三十四年修改为条例 412.14。）

条例 412.14：凡京师内城正身旗人（2）

凡京师内城正身旗人，及香山等处各营房旗人，遇有命案，令本家禀报该佐领，径报刑部相验。街道命案，无论旗民，令步军校呈报步军统领衙门，一面咨明刑部，一面飞行五城兵马司指挥星往相验，径报刑部。其外城地方人命，亦无论旗民，俱令总甲呈报该城指挥，该城指挥即速相验，呈报该城御史，转报刑部、都察院。若系旗人，并报该旗。

（此条系乾隆三十四年，将条例 412.13 修改。"及香山等处各营房旗人"十字，系嘉庆三年改定。）

薛允升按：此京城内验尸之专例，凡分三层，系恐彼此推诿之意。《处分则例》同。旗人不准在城外居住，与香山等处各营房不同，故相验之法亦异。上条当检验者，在京委刑部司官及五城兵马司、京县知县，与此参看。

条例 412.15：凡黔蜀等省遇有命案

凡黔蜀等省遇有命案，其府州县原无佐贰，及虽有佐贰而不同城者，印官公出，准令经历、知事、吏目、典史等官，酌带谙练件作，速往如法相验，写立伤单，报明印官，回日查验填图通报。如印官不能即回，仍请邻邑印官查验填报。其讯无别故之自尽、病毙等案，验明即准取结殓埋，仍由印官通详立案。如代验后查有增减伤痕情弊，即将原验官照检验不实例，分别议处。其各省所属府州县内，有与黔蜀等省相似者，一体酌量办理，其余仍照定例遵行。

（此条系乾隆十二年，刑部议覆贵州按察使介锡周，及四川巡抚班第等，条奏定例。）

薛允升按：《处分例》大略相同。与下同城并无佐贰，并如逢盛暑各条参看。上条不得滥派杂职，以同城有佐贰也。此条与下条则均指同城无佐贰言之也。下条专言州县，此条兼及知府，所以有经历、知事等官也。云贵等省知府有与直隶州相同者，是以兼言府州县也。

条例 412.16：凡各省州县同城并无佐贰

凡各省州县同城并无佐贰，邻封窵远地方，遇有呈报人命，印官公出，如原系吏目、典史分辖地方，即日可以往返者，仍饬吏目、典史验立伤单，申报印官覆验。其距城遥远，往返必需数日处所，该吏目、典史据报，一面移会该管巡检，就近往验，填注伤单；一面申请印官覆验通报。如印官不能即回，即申请邻邑代验通详。倘该巡检相验不实，或有受贿情弊，即行分别参究。

（此条系乾隆十八年，刑部议覆广东巡抚苏昌条奏定例。）

薛允升按：上条佐贰验后并不请印官覆验，与此不同。相验不实，及受贿情弊，止言巡检，而不及典史、吏目，亦属参差。县丞、州判等，官也，即典史、巡检等，亦官也，县丞等许验，而典史等不许，岂县丞等决无贿弊，而典史等无不受贿乎。此等例文殊不可解。两言印官覆验，一言邻邑代验，似系即指上条查验填图而言，非覆验尸伤也。应参看。

条例 412.17：广西凌云县属命案

广西凌云县属命案，在天峨哨地方，去县治在三百里者，准令该处分驻县丞，带领谙练仵作，前往代验，填格取结，送交该县承审。如有勘验不实，照例议处。至去县不及三百里之命案，仍各照旧例办理。

（此条系乾隆三十八年，广西按察使柏琨条奏定例。道光六年及七年，增定为条例 412.18。）

条例 412.18：广西东兰州属之那地土州

广西东兰州属之那地土州，凌云县属之天峨哨地方，去州县城在三百里，及全州属之西延州同，西隆州属之八达州同，去州城在一百里以外之命案，准令该处分驻州同、州判、县丞带领谙练仵作，前往代验，填格取结，送交该州县承审。如有勘验不实，照例议处。其东兰、凌云去州县不及三百里，全州、西隆州去州不及一百里之命案，仍各照旧例办理。

（此条系道光六年、七年，将条例 412.17 增定。）

薛允升按："有司决囚"门一条专言盗案，此则专言命案也，应彼此参看。相验之法既详，故条例日以增多，其势然也。

条例 412.19：归化城各协厅所属遇有呈报命案到官

归化城各协厅所属遇有呈报命案到官，即令该通判星往验明，填格录供通详，仍照例详请都统，派委蒙古官员，会同审拟，毋庸详派会验，致滋稽延。倘该通判等相验不实，以及迟延贻误，令该管上司，分别参处。

（此条系乾隆二十九年，山西按察使蓝钦奎条奏定例。）

薛允升按：此亦恐其稽缓之意，详验不实以下数语，似应删去，以凡相验者，均应参处，不应独见于此也。此专指归化城各厅相验命案而言，《处分则例》统言命盗等案开参，应参看，以均系蒙民交涉之案故也。

条例 412.20：在京五城司坊

在京五城司坊，每城额设仵作一名之外，各添设额外学习仵作一名，令该巡城御史召募考试充当。其工食照额设仵作减半赏给，每名月给工食银五钱，由户部支领，以资养赡。遇有额设仵作病故、革退，即以额外仵作顶补，再行考募学习之人。

（此条系乾隆三十四年，吏科给事中袁鉴条奏定例。）

薛允升按：此专指在京五城而言，上条例末在京五城司坊云云，似应删并于此条之内。刑部仵作不载例内，未免遗漏。

条例 412.21：凡五城遇有命案

凡五城遇有命案，除道途倒毙客店病亡，经该城验讯属实，即行完结外，其余金刃自戕、投井、投缳等案，俱令该城指挥照例验报，由该城御史审讯，转报刑部核覆审结。倘有漏报，将该城官员，指名参处。

（此条系乾隆三十八年，巡视中城江西道监察御史邹梦皋条奏定例。）

薛允升按：五城案件，如在徒罪以上者，方准送部，此因系人命恐有别故冤情，是以必令转报刑部核覆审结也。惟尚有情节界在疑似，碍难遽行论决者，俱令五城指挥会验结报刑部讯明完结之案，不知凡几，亦慎重人命之办法也。此层似应添入。《周礼·蜡氏》有死于道路者，则令埋而置揭焉，书其日月焉，悬其衣服、任器于有地之官，以待其人。注曰，有地之官主，此地之吏也，其人，家人也。郑司农云：揭，欲令其识取之，今时揭橥是也。有地之官、有郡界之吏，今时乡亭是也。掌凡国之骶禁。注曰：禁，谓孟春掩骼埋胔之属。今律例均不载。

条例 412.22：黔省州县命案

黔省州县命案，如逢盛暑，印官公出不能即回，邻封窎远，往返数日者，准代验之杂职等官，取立伤单，将尸棺殓。其州县未能覆验缘由，及原验杂职衔名，俱于原题内声叙。如有伤痕不符等弊，将原验官参处。若印官计日即回，邻封相距不远者，仍照旧例行。

（此条系乾隆四十一年，刑部议覆贵州巡抚裴宗锡条奏定例。）

薛允升按：上黔蜀等省一条，系为并无同城佐贰而设，此则专言盛暑一层，别省有似此者，自应一体照办矣。专言黔省，殊不赅括。

条例 412.23：京师五城吏役有犯命案

京师五城吏役有犯命案，本城官员，概令回避，该巡城御史速调别城指挥，带领本管吏仵，前往相验办理。其各省州县，如本州县吏役有犯命案，即就近禀请该上司，立委别州县带领本管吏仵，前往验办。

（此条系乾隆四十六年，都察院左副都御史哈福纳条奏定例。）

薛允升按：与"听讼回避"条参看，所以防徇庇也。

条例 412.24：京师五城指挥相验

京师五城指挥相验，城内不得过两日，关外不得过三日，如一时案件全集，指挥不能分身者，准委副指挥、吏目代验，仍归指挥承办。倘指挥有心规避，委验之员有心推卸者，巡城御史稽查参奏。御史姑容，经他人查出参奏者，一并交部议处。

（此条系乾隆五十六年，都察院左都御史舒常等奏准定例。）

薛允升按：此系仿照外省佐贰代验之例也。然必谓正指挥相验者，并无弊端，副指挥及吏目相验者，多不可靠，似非通论。

条例 412.25：奉天省昌图岫岩凤凰城各厅所属命案

奉天省昌图、岫岩、凤凰城各厅所属命案，如距厅在三百里以外者，准令照磨及分防巡检，带领谙练吏件，前往代验，填格取结，送交各该厅承审。如有勘验不实，增减伤痕情弊，分别照例议处。其讯无别故自尽、病毙等案，亦准取结验埋，由各该厅通详立案。若距厅不及三百里者，仍照旧例办理。

（此条系道光二年，奉天府府尹齐布森等咨准定例，道光七年增定。同治九年二月初二日，奉上谕，额勒和布恩锡奏相验命案，请变通成例一折，据称，奉天昌图厅属，幅员辽阔，向例遇有命案，印官公出，如在三百里以外，札委照磨、经历往验，其在三百里以内，则由邻封往验，该厅毗连仅止开原一县，道路较远，请变通办理等语，著照所请。嗣后该地方官公出期内，遇有呈报命案，无论三百里内外，如系照磨分防处所暂由照磨往验，如系经历分辖，暂由经历往验，统交印官审办，以重人命而免耽误。钦此。）

薛允升按：昌图厅已改知府矣，现在又有新章。详请检验，屡次驳查，迟延有因者，另行扣限，见官文书。稽程佐杂代往验伤，见保辜限期。秋审情实人犯病故，派员相验，见有司决囚等第。

条例 412.26：差役奉官暂行看押人犯

差役奉官暂行看押人犯，有在押身死者，无论有无陵虐，均令禀明本管官，传到尸亲，眼同验明，不得任听私埋。如有私埋情事，经尸亲控告破案者，官为究明致死根由，详请开检，无庸取具尸亲甘结。检明后，除讯系差役索诈陵虐致毙者，仍照各本律例从重治罪外，若止系因病身死，即将私埋之差役，杖七十、徒一年半。控告之尸亲，讯无挟仇情节，仍按诬告各本律，分别科断。地方官有任听私埋，及庇护差役，不即开检者，交部分别严加议处。至差役私押毙命之案，应令禀请邻封州县，传到尸亲，眼同验明究办。若有私埋匿报，以及一切凶徒挟仇谋财，致毙人命私埋灭迹者，经尸亲告发之后，如业将致死根由，究问明白，毫无疑义，而尸伤非检不明者，亦即详请开检，按例惩办，均无庸取具尸亲甘结。

（此条系道光十二年，京畿道监察御史宋劭谷奏请定例。）

薛允升按：狱因患病责保看治而死者，情无可疑，许亲属告免覆检，见本门。误执伤痕，致尸遭蒸检，见诬告门。均应参看。诬告门以尸遭蒸检为重，此条又以私埋为重，因私埋而致尸遭蒸检，将坐何人以重罪乎。例内何以并不叙明耶。再，私埋即干例拟控告之亲属，似可量从末减，如无亲属告发，将仍开检，仍拟徒罪否耶。则亦置之不理而已。此例亦系虚设。此暂行看押人犯，或系紧要案证，或系轻罪人犯，且有无人保领者，既未便任其散处在外，而又不能一律收禁，是以交差暂行看押，犹刑部发城取保，犯证无保人者，酌量交城看守之意也。官不准设仓铺所店名色，私禁轻罪人犯，而准其交差看押，与私禁何异。可见例文之不能画一也。

事例 412.01：顺治十年题准

凡遇地方道毙之人，果系饥寒所致，查无别情者，即行瘗埋，司坊各官不得借名检验，株连无辜，开奸人骗诈之端。

事例 412.02：顺治十二年题准

凡自尽人命呈报到报，即差本部员役相验，查无打死伤痕及别情者，俱取尸亲与本佐领下领催甘结存案。若相有重伤及别情者，发司审理。

事例 412.03：顺治十三年题准

凡呈报自缢投河身死人命，百里之内，差在部领催；百里之外，差各佐领下领催，同尸亲邻佑人等，验明回报存案。其山海关外乡屯所住之人，有此等自尽者，即在盛京报明，照例查明存案。若有打死别情，审明咨部。

事例 412.04：康熙八年谕

近闻官民家人，以自缢投水身死报部者甚多，此皆本主不加爱养逼勒过甚所致，以后务须体恤训养，毋得逼责致死人命。

事例 412.05：康熙九年题准

凡检尸官员，听信仵作埋没伤痕，或将打砍伤痕报称跌磕伤者，降二级调用，转详之上司，罚俸一年。如上司批令再检，不行检验，或不实报伤痕者，降一级调用。

事例 412.06：康熙十二年谕

近闻刑部呈报缢死者甚多，关系人命，深为可悯，著将缢死人数，月底汇写启奏，不必用印。

事例 412.07：康熙十六年覆准

凡有自缢投水身死之人，当日总甲等带同尸亲据实呈报，地方官查自尽是实，别无他故者免检，即令殡葬。若并无他故，该地方官不即完结，及总甲与尸亲当日不即据实呈报，妄行揑勒，并衙役检验之人，有吓诈情弊者，事发之日，将地方官议处，总甲人等俱枷号四十日，责四十板。若受财者，计所受之财，从重治罪。如有他故，听尸亲即日呈告，该地方官当时检验，将尸收殡审理。若实系自缢赴水身死，揑词控告者，亦枷号四十日，责四十板。至旗下有此等自尽者，即令各该旗佐领下领催具报，差部内领催相验，别无他故，即行完结。或将家仆教令责打，虽有伤而自尽是实者，家主免罪。若往验领催等，因验有伤痕，妄称打死，恐吓索诈，及尸亲有揑勒等弊，事发之日，俱枷号四十日、鞭一百。本佐领下领催不即行具报，照不应重律鞭八十。受财者，计所受之财，从重治罪。

事例 412.08：康熙二十三年定

管理京城街道步军官员兵丁人等，查伊所管汛内有毙于道者，或车马撞死，或病死，或因别故而死，俱开明情由，具报刑部。不行开报者，听刑部题参。

事例 412.09：康熙五十二年题准

旗人自缢、抹脖、投井身死等事，验明令其抬送，如不法棍徒勒掯拦阻者，照例治罪，该堆子、该门、该班官兵，知而不即行擒拿，官交该部议处，兵交部治罪。

事例 412.10：雍正四年议准

路死人命，即以仇盗未明通报，自报出之日，扣至三个月内，查明是仇是盗，即按报出之日，扣限一年，缉获凶犯。若三个月内不能查明是仇是盗，先行题参，罚俸三月，仍按始初以仇盗未明报出之日，扣限一年缉获。如逾限不获，将该地方官照缉凶不力指参，吏部照例议处。

事例 412.11：雍正五年议准

嗣后除实系因病倒卧自死无伤者，许地方官验详掩埋外，如将受伤身死之人，作为病毙，擅自掩埋结案者，发觉之日，将该地方各官，俱照例议处。再，有不肖官员，虑凶犯莫缉，将仇盗命案，竟行隐匿不报者，事发之日，将地方各官并上司，俱仍照讳盗讳命例议处。

事例 412.12：乾隆元年覆准

相验尸伤及斗殴伤重之人，除附郭及事简州县，仍令正印官亲诣验看外，其离城窎远之区，及繁剧州县，准令佐贰巡捕等官据实验报，仍听正印官填注伤单详报，受伤者定限保辜。傥代验官验报不实，照例议处。如州县实能往验，而怠于从事，辄委佐贰等官，致滋扰累捏饰等弊，仍照例议处。

事例 412.13：乾隆元年议准

查雍正六年内，刑部议覆各该督抚所题设立仵作，将事繁之大州县额设三名，中州县额设二名，小州县额设一名，仍于额设之外，再募一、二人跟随学习，将《洗冤录》选委明白刑书吏一人，与仵作逐细讲解，务使晓畅熟习。至仵作向无工食，请令大州县酌裁皂隶四名，中州县三名，小州县二名，即将所裁之皂隶工食，按月拨给，资其养赡等因具题。奉旨依议，仵作三年无弊，事繁之州县，实赏银十两，稍简者赏银六两，最简者赏银四两，永著为定例。钦此。钦遵在案，但恐直省地方官日久怠弛，奉行不力，将额设仵作并不募补足数，以致命案繁多，关取邻封仵作，耽延迟滞，检验不实，甚至道路招摇，两造贿嘱，妄报匿伤，复行蒸检等弊。嗣后应令各督抚转饬地方官，务遵定例，额设仵作，如数召募补足。如额外有情愿充当者，亦即多募一、二名，遇仵作事故，将愿充之人顶补，并将此等仵作，及愿充之人，责成地方官加意关防，将《洗冤录》等书，督令讲解熟习，相验时，带同随往亲验，验毕即带回署。至仵作如有招摇贿嘱妄报匿伤等弊，将该仵作计赃从重治罪。其留心检验，三年无弊者，仍照定例分别给赏，以示鼓励。

事例 412.14：乾隆五年谕

州县设立仵作，因系命案所关，故从前定例甚详，并曾蒙世宗宪皇帝谕旨，将仵作三年无弊者，赏给银两以示鼓励。凡以慎重民命，至为周切，乃近年以来，外省并不实力奉行，照额募补，惟藉邻封调取应用，以致命案迟延拖累，相验未能明确。此固州县之怠忽，亦该上司不能留心查察之故。著该督抚严饬查明，未设之州县，即行勒限募补，悉遵定例办理。嗣后若仍然忽视，督抚等不行查察，应如何定以处分之处，交部定议具奏。钦此。遵旨议准：仵作一役，专以检验尸伤，所关綦重，如其相验明确，非惟无出入枉纵之虞，抑且罪犯易于速结，该地方官自应实力奉行，如有缺额，州县官即应补足，若因循怠忽，不照额募补，自应分别定以处分。嗣后直省州县，将额设仵作并不实力奉行，照数募补，仍然忽视者，将该州县照编排保甲地方官不实力奉行例，降二级调任；该管道府失于查察，照巡缉失于查察例，罚俸一年；督抚罚俸六月。如州县官不将仵作补足，私侵工食银两者，将州县官照干没侵欺例，革职提问；道府不行查出，降一级调用；督抚不行查参，罚俸一年。

事例 412.15：乾隆十三年议准

黔省鸟道羊肠，府州县所管境内，每有广袤二、三、四站，至五、六、七站不等，接壤州县相悬更复过之，遇有命案，值印官公出，并无同城佐贰，不得不请邻封，若遇邻邑正印公出，更须另行移请，尸身业经发变，原被混指互争，势必申详覆检，死者受蒸刮之惨，生者蹈欺诬之条，情殊可悯。嗣后黔省命案，原无佐贰，及虽有佐贰而不同城之府州县，傥印官公出，准令经历、知事、吏目、典史等官，酌带谙练仵作，速往如法相验，写立伤单，报明印官，回日查验，填图通报。如印官不能即回，一面验立伤单，一面仍请邻邑印官查验填报，并通行各省督抚，所属府州县内，并无同城佐贰，又地方广袤与黔省情形相似者，一体酌量办理，其余仍照定例遵行。再，经历、知事、吏目、典史等官，于初验时略有增减，后经查出，即将原验官，照检验不实例，分别议处。

事例 412.16：乾隆二十二年议准

自尽病毙案件，验讯果无别伤别故者，仍照旧例录供填册，专案通详院司覆核存案。若案情可疑，办理疏漏者，指驳究审。

事例 412.17：乾隆二十二年奏准

查酌归简易条内，凡有自尽病毙案件，各州县免其逐件通详，止令按季汇报。又议准：嗣后随时详报该管府州，直隶州详报该管道员，按季造报院司。如道府直隶州迁就扶同，一并参处，固已慎重周详，惟民情诈伪，多以健讼为能，凡有户婚田土等事，经州县审明定案，毫无疑义者，犹复赴上司衙门告官告吏，有自尽病毙人命，更视为奇货可居。悬梁自尽者，则称殴死之后假装自缢；投河自溺者，则称遍体鳞伤身死，地方官捏报病故；更有出嫁之女，因翁姑管教，愚妇无知，轻生自尽，其父母已查明确实，情愿殓埋者，而伯叔兄弟，捏称父母受贿私和；种种奸伪，难以枚举。此等刁徒，往往赴院司控告，全凭州县验讯详审，与呈词查对，酌核情节，讯明如系假捏，立时责处，递籍收管，庶可惩诬告而遏刁风。今若仅报道府直隶州查核，按季汇报院司，则未经报到之时，刁徒乘机赴控，无案可稽，虚实难以遽定，批准审虚，虽治以诬告之罪，而良善之拖累已属难堪，况州县各官才识不同，勤惰亦异，若仅详道府直隶州，仍按季汇题院司，恐滋讳匿，转启不肖书役乘机舞弊之端，即道府直隶州，亦难保其必无疏漏。应令各州县仍即相验讯供，专案通详该上司就案核结，随时参酌，于属员既可觇其才具，而刁徒亦可藉以惩儆。

事例 412.18：乾隆二十九年议准

归化城一带蒙古命案，向系各协厅据详请都统派员会验，往返动经旬日。嗣后悉令该通判往验通详，仍照例详请都统，派委蒙古官员审拟。其委派会验之处停止。

事例 412.19：乾隆三十五年议准

尸身腐烂，及相验不实，必须检验之案，全赖尸骨为凭，而《洗冤录》第一卷中，虽载有检骨之法，沿身骨节一篇，未奉颁有骨格定式。查初验命案，男妇止有下体一处不同，而检骨则男女大有区别之处。即如男子骷髅骨八片，妇人六片；男子左右肋骨十二条，妇人则又各十四条；男子两手腕、两臁肋皆有髀骨，妇人无髀骨；男子尾蛆骨有七窍，妇人止六窍，是男妇骸骨，判然不同。倘验官填注时，一有舛错，即与生前原伤部位不符。伤有致命不致命之分，罪有应抵不应抵之别，若不颁发图格，定有准绳，检验之员，终属渺茫，难免书件作弊。向来直省州县衙门，遇办检验之案，悉就现行相验尸图，于各部位之下，填注某骨某伤，其骨殖之完缺多寡，虽俱于揭帖内详悉注明，终不若专立检骨图格，俾检验尸骨者，当场依次填注，办理更觉周详。现遴派熟练司员，传集各衙门经习仵作，复汇查刑部历来办过检验成案，与《洗冤录》所论沿身骨脉名色形式，逐细考核，先绘仰面人形周身骨节全图，次列仰面合面周身骨格名目于后，并注明男女异同各处，绘就图格一本，恭呈御览，伏候钦定后，交律例馆刻板刷印，颁发直省，仍将检骨图格，续纂入《洗冤录》尸格之后，永远遵行。

事例 412.20：乾隆三十八年议准

据广西巡抚咨称：人命全重尸伤，伤有致命不致命，验尸检骨，务期画一。兹先奉刑部颁发验尸图格，并《洗冤录》所开左右血盆骨，俱系不致命，追续奉颁发检骨尸格，又系致命，两格互异，碍难遵循，且恐设有共殴人致死之案，一系殴伤血盆骨，一系殴伤脊背之类，如遇检骨，势必同为致命，转至混淆，难于定拟，是否续颁验格，刊刻讹错，抑或另有考证等因。查检骨与验尸，其伤有内外深浅之不同，故图格内有致命不致命之分别。左右血盆骨，在验尸图内注系不致命，系指在外伤痕而言，在《洗冤录》论沿身骨脉，内载髀骨中陷之缺，即血盆骨，注云髀骨中陷之血盆，嗓喉上之结喉，曲鬓上之顶心，眉际末之太阳，与眦鼻、山根、印堂、脑角，并钗骨下腰门，皆致命要处，检骨时最宜细看。他骨一伤，不过成残疾，此数处若伤，立致毙命等语，是以乾隆三十五年所颁骨格图内，即按照《洗冤录》所载，将血盆注为致命，绘图颁发，并非刊刻讹错。至该抚所称共殴之案，一系殴伤血盆骨，一系殴伤脊背之类，查《洗冤录》检验总论内开，如死人身上有两痕皆可致命，若两人下手，须两痕内斟酌罪重者为致命。又注云：最重谓先论紧要处，次论伤痕浅深阔狭等语。所论甚为明晰，自可查核办理，无虑混淆。

事例 412.21：乾隆五十六年奏准

五城地方，每城各设一司两坊，向来逃盗斗殴等事，副指挥、吏目分界管理；人命案件，统归正指挥相验。惟是京师五方杂处，人命案件颇多，城内所报，该指挥尚可速验，关外所报，有往返必需一两日者，顾此失彼，在所不免。隆冬虽尚可停留，至于夏日，往往伤痕发变，尸身腐溃，以致难于检验，实于罪名出入有关。查定例外省州县人命，遇正印官公出，即委佐贰官代验，仍听正印官承审等语。因思五城司坊，体制平行，遇缺亦可互相委署，原与外省之正印佐贰无异，自可一体照办。嗣后京师五城相验，城内不得过两日，关外不得过三日，如一时案件坌集，正指挥不能分身者，即照佐贰代验之例，委副指挥、吏目代验，其承审则仍归本官办理。设本官有心规避，及委验之员有心推卸姑容者，查出一并参奏。

事例 412.22：乾隆五十八年奉旨

陕甘总督参奏：署甘肃宁州知州环县知县于辉，于州民杨尔俭等殴死胡常、胡久一案，漏验伤痕，错拟正凶，罪应杖徒一案。奉旨：于辉于承审殴毙二命重案，并不详细相验，误将共殴之犯，定拟正凶，既经批驳，仍照原拟率详，几至罪名出入，拟以杖徒，尚不足以示儆，著发往军台效力赎罪。

事例 412.23：同治九年谕

额勒和布、恩锡奏：相验命案请变通成例一折。据称奉天昌图厅属幅员辽阔，向例遇有命案，印官公出，如在三百里以外，概委照磨、经历往验。其在三百里以内，则由邻封往验。该厅毗连仅止开原一县，道路较远，请变通办理等语。著照所请，嗣后该地方官公出期内，遇有呈报命案，无论三百里内外，如系照磨分防处所，暂由照磨往验；如系经历分辖，暂由经历往验，统候印官审办，以重人命而免耽延。

事例 412.24：光绪七年奏准

广西西隆州地方辽阔，由州城东至羙革计九站，西至坂桃五站，设使两处命盗案件，同时并发，则印官往返奔驰勒验，必须一月程途。向来分设八达州同一员，旧州州判一员，专司粮捕等事。定例八达州同去州城在一百里以外之命案，准令该处州同、州判、县丞带领练达吏仵，前往代验，填格取结，送交该州县承审。如勘验不实，照例议处，而旧州州判，遇有命盗案件，应否代往勘验，例内并无明文。查八达州同，在州西南陆路二百十里，旧州州判，在州东陆路一百六十里，各有该管地段，两不相涉。嗣后旧州州判代往勘验，分别录供填格取结，送交该州承审，以免耽延。

事例 412.25：光绪十年奏准

嗣后奉省之新民厅、辽阳州、宁远州、锦县、通化县、开原县、怀仁县，除距城二百里以内，遇有命盗案件，责成该印官亲验，不得藉词委验外，其在二百里以外者，各该厅州县案牍不多，无须替代，仍由印官躬亲验勘，傥一时报案迭出，或署中有紧要事件，不能分身，准委令分防佐杂等官，就近代为勘验，分别录供填格取结，送交各厅州县承审，如有承验不实，及迟延贻误者，即将该员照例参处。

事例 412.26：光绪十二年谕

嗣后相验案件，各衙门务当循照例章，分别迅速办理，毋任吏役勒索滋弊等因。钦此。遵旨议奏：查内城正身旗人及香山等处各营房旗人，遇有命案在家身死者，无论谋故斗杀及自尽等项，例应刑部派员往验，一经该旗佐领呈报到部，即由当月满汉司员，于次日带领吏件，前往相验，当场填格，并讯取尸亲人等大概供词，回署分司审办，尸身于验明后，即令尸属殓理。其由步军统领及各城御史衙门咨送命案，如讯无别故，亦立即饬理，从无延误之处，应仍谆饬该司员，以后遇有相验案件，不得稍有稽迟，并严禁吏役，毋许藉端勒索。如查有刁难挟诈等弊，即行从严惩办。至城内街道命案，例由步军统领衙门飞行五城指挥，星往相验；外城地方人命，无论旗民，由该城指挥即速往验；城内不得过两日，关外不得过三日。如一时案件叠集，该指挥不能分身者，准委副指挥、吏目代验，仍归指挥承办，应由各该衙门查明办理。

成案 412.01：检尸不差仵作〔康熙二十九年〕

吏部议安抚江有良疏：赵云之威逼致死刘光海一案。署州事谢玺不差仵作检验，带领禁卒相视，将自缢身死之刘光海捏称一字伤痕，混行具报等因。查定例内，官员检尸听信仵作，有伤报称无伤，或将打伤砍伤报称跌伤者，降二级调用，转详之上司罚俸一年等语。应将署广德州事、安庆抚通判谢玺照此例降二级调用。至此案未将转报之上司职名声明，应移咨该抚查参再议。

成案 412.02：检尸迟延〔康熙四十三年〕

吏部议偏抚赵申乔疏：黄人龙打死黄引弟一案。该县于限内审供解州乃郴州知州陈保定，杳不招解，溺职已甚。至署永兴县事何某不即亲验，借黄嘉大拦检为词，迟延通报，亦属违例等因。应将知州陈保定革职。再查定例，官员检尸，上司批行复检，竟不覆检者，降一级调用等语。应将署永兴县事何某照此例降一级调用。

成案 412.03：不差人看守死尸〔康熙三十三年〕

吏部议邓加福等殴打杨延弼等七命一案。据甘抚严泰疏称：杨景节等三尸不差人看守，以致无存，将西和县典史张纶绅等题参。查遗失尸首作何处分之处，吏部并无定例，刑部律内，若地界内有死人遗失尸者杖一百。又文官杖一百者罢职不叙等语。应将张纶绅、终养知县刘周南，均照此律革职。

成案 412.04：详委三检〔康熙四十五年〕

刑部议偏抚赵申乔疏：江明生私挖孙三保田水入己田内，被孙三保撞遇结扭咬明生手指，明生又因患病，江陈秀偕母黄氏，即藉打伤，扶至三保家病故，明生妻弟黄圣荣主唆陈秀母子具控，又将明生左肋弄折，贿仵作罗三台捏报紫红色，酃县知县陈敬求不能察出真情，将三保拟绞，改委永明县知县沈曾成覆检，该县听信仵作刘子玉谎报，仍照原拟，随委善化县知县章成、安化县知县祖彰会检，实系死后伤痕具题。江陈秀合依凡诬告人诬轻为重，至死未决者律杖流，但江陈秀年止一十五岁，照律折赎。黄圣荣除行贿轻罪不议外，依残毁他人死尸者杖一百、流三千里律，金妻杖流。受财妄报之罗三台依诬轻为重，至死未决者律，金妻杖流。江陈秀已经拟罪，黄氏无庸议。孙三保依手足殴人成伤者笞三十律折责。罗三台所得银两入官。查定例，将军流等罪拟斩绞者，降三级调用等语。应将知县陈敬求、沈曾成，照例降三级调用。再该抚疏称人命检尸毋得三检，但此案伤痕互异，因事关绞抵重情，恐冤及无辜，是以不避处分，据详准委三检，始得死后伤痕等语，应无庸议。

律 413：决罚不如法〔例 1 条，事例 6 条，成案 11 案〕

凡官司决人不如法〔如应笞而用杖〕者，笞四十；因而致死者，杖一百，〔当该官吏〕均征埋葬银一十两〔给付死者之家〕。行杖之人，各减一等〔不追银〕。其行杖之人，若决不及肤者，依验所决〔不及肤〕之数抵罪〔或由主使，或由行杖〕，并罪坐所由。若受财〔而决不如法，决不及肤〕者，计赃，以枉法从重论。

若监临〔有司管军〕之官，因公事〔主令下手者〕于人虚怯去处，非法殴打，及亲自以大杖，或金刃、手足殴人，至折伤以上者，减凡斗伤罪二等；致死者，杖一百、徒三年，追埋葬银一十两；其听使下手之人，各减一等，并罪坐所由〔如由监临，坐监临。由下手，坐下手。若非公事，以故勘平人论〕。若〔官司决罚人，监临责打人。〕于人臀腿受刑去处，依法决打，邂逅致死，及〔决打之后〕自尽者，各勿论。

（此仍明律，原有小注，顺治三年修改。顺治律为 435 条。）

条例 413.01：奉天地方审理事件

奉天地方审理事件，人犯到案，先将锁链盘于地上，令其膝跪。又以荆条互击其背，著永行禁止。

（此条系乾隆元年定。嘉庆十五年，并入"故禁故勘平人"律"擅用非刑"例）

事例 413.01：顺治十七年题准

凡问刑衙门，无实赃确证，及户婚田土小事，不得滥用夹棍。

事例 413.02：康熙七年覆准

凡擅用非刑者，俱照例治罪。

事例 413.03：康熙九年题准

凡官员考鞫人犯，于夹棍拶指外，用别样非刑，及将妇女擅用夹棍者，俱照例革职。该管上司不行查报，降一级调用；督抚不行题参，降一级留任。其犯妇有孕，亦不得擅用拶指，违者降一级调用；该管上司罚俸一年，督抚罚俸六月。凡官员将旗下人擅用夹责者，降一级调用。

事例 413.04：康熙二十三年谕

刑罚关系人命，凡审谳用刑，理应恪遵定制，精详慎重，不得恣行酷虐，致滋冤滥。内外问刑衙门，有不肖官员法外妄用重刑者，即行指参，从重治罪。

事例 413.05：康熙三十七年议准

查讯犯人之时，或有赃证明白，奸恶之徒，希图幸免，不肯承认，或将同伙不行首出，妄扳良人者，仍行掌嘴严讯外，其寻常细事，用皮底、竹板、木板，按头于膝，或按头于石，批击审讯者，永行禁止。

事例 413.06：康熙四十一年覆准

嗣后内外问刑官员，将不应夹讯之人夹讯，实时身死，并应夹之人恣意迭夹致死者，将承审官俱照律治罪。其学、盐、关差官员，亦照州县佐贰官例，不许擅用夹棍。如有应用夹棍事件，俱送问刑衙门审理。若有故违夹讯者，交与该部从重治罪。

成案 413.01：广西司〔嘉庆十九年〕

钦差奏：临桂县知县田琬，承审抚署窃案，并不虚心研鞫，辄将毫无指证之郑升等刑逼多伤，复押毙一命，若仅照非法殴打至死律，拟以杖徒，尚觉轻纵，请旨发新疆效力赎罪。

成案 413.02：奉天司〔嘉庆二十年〕

盛刑奏：昌图厅通判全福，将控案内牵连人证任绍业传案审讯，因其顶撞，辄行拴吊逼供，致任绍业受刑平复，越三十九日，因病身死。将全福照滥用非刑例，革职。

成案 413.03：四川司〔嘉庆二十四年〕

川督咨：守备杨英将贼犯杨贵捉拿，踩压殴打致死。将杨英比照监临官因公事于人虚怯处、非法殴打至死律，杖一百、徒三年。

成案 413.04：陕西司〔道光五年〕

陕抚奏：富平县美原镇县丞陈先，因曹三儿携带凶器寻人殴打，并认系顺刀匪徒。陈先署理分驻县丞，本有拷讯之责，该革员因曹三儿强悍顶撞，饬役以戒尺责其两手，及掌责其左右腮颊，均系照常讯供，其因曹三儿执持凶器，例应满杖，饬役用小竹板责其两腿，亦并非虚怯去处，且掌责小竹板，又均系例载应用刑具，律得勿论，惟发落满杖人犯，并不照例折责，辄用小竹板责至一百之多，以致毙命，应照决罚不如法因而致死之律，拟以满杖。该抚将该革员照监临有司官主令下手者、于人虚怯去处非法殴打致死，杖一百、徒三年律上，奏请发往乌鲁木齐效力赎罪，并将差役惠敬照为从减一等律，拟杖九十、徒二年半，是以决不如法之案，而援非法殴打之律，系属情轻法重，自应照律更正。陈先应改依决不如法因而致死者杖一百律，拟杖一百，业已革职，应毋庸议，仍追埋葬银一十两，给付死者之家，以资营葬。差役惠敬应改依行杖之人减一等律，拟杖九十，折责发落。再，该省既因误会律意，错拟罪名，诚恐各省办理未能画一，应通行各省遵照办理。

成案 413.05：河南司〔道光五年〕

河抚奏：已革夏邑县典史马镛，因范思亮持票取钱，经铺户认系假票送究，该革员不候印官公回，擅自提讯，因范思亮不服掌责，辄令皂役用绳捆其两手指吊于檐梁，并令用马鞭杆殴伤，以致气脱毙命，实属非法殴打致死，事后又复捏情禀报，若仅照律拟以满徒，实属情浮于法。马镛应照监临有司官因公事非法殴打致死者，杖一百、徒三年律上，从重发往新疆充当苦差。

成案 413.06：贵州司〔道光五年〕

贵抚奏：已革吏目侯代二，因徐二崽胞叔徐汉萧唆讼潜逃，向徐二崽查问下落，徐二崽出言顶撞，该革员饬役掌责，致伤徐二崽殒命。查徐二崽图分赃银，听从代誊呈词，应照为从拟徒，本属罪人，该革员将其掌责，系属依法决罚，惟佐杂微员，例无刑讯，将侯代二比照监临官非法殴打致死律，杖一百、徒三年，仍追埋葬银一十两，给尸亲具领。差役张连友等，照不应重律，杖八十。

成案 413.07：贵州司〔道光六年〕

贵抚奏：已革遵义县经历顾大勋，因胡正兰、胡王氏忤逆伊姑胡罗氏，控经该革员审讯属实，饬役将胡正兰等掌责，并因胡王氏复向胡罗氏嚷骂，又令役用木棍将胡王氏殴伤，致胡王氏、胡正兰先后因伤毙命。查顾大勋掌责胡正兰腮颊，尚属受刑处，所其用木棍殴伤胡王氏左肋、左胯，均系虚怯去处，非法殴打，按律罪应拟徒，惟胡王氏推跌伊姑，系罪应斩决之妇，与殴毙无辜平人者有间，若竟照非法殴打致死律拟徒，未免漫无区别。应酌量依官司决人不如法、因而殴打致死者律，杖一百，业经革职，应毋庸议。

成案 413.08：直隶司〔道光七年〕

直督咨：已革把总李亮，因刘二在署前与赫国明索欠争吵，并不照例移送有司审办，擅自棍责，以致刘二因伤身死，虽系依法决罚，第棍责民人，即属非法殴打，自应比例问拟。将李亮比照监临官因公事非法殴打致死律，杖一百、徒三年。

成案 413.09：陕西司〔道光九年〕

陕督奏：前任阶州直隶州知州马嗣援，盘获形迹可疑之白法显，因搜获经本内有白法仲等姓名，诘问下落，白法显狡不供吐，辄令皂役王有元等，用木戒尺责打白法显脚踝，越二十二日殒命。前经该督将马嗣援奏请交部议处，下手之皂役王有元等概予免议，本部以案情未确奏驳。嗣据该督奏称，委无故勘陵虐情事，已据委员验系病毙，与因伤致死者不同，惟木戒尺非例载刑具，脚踝亦非受刑之处，该州饬役先后责打，伤至骨损，实属违例拷讯。将马嗣援照有司官因公事非法殴打至折伤以上、减凡斗伤二等、于破骨伤杖一百律上，减二等，拟杖八十，系职官，交部严加议处。皂役王有元等杖七十等因具奏。查马嗣援盘获形节可疑之白法显，因其不吐白法仲等姓名，辄用木戒尺将其脚踝拷打，伤至骨损，木戒尺既非例用刑具，脚踝亦非受刑处所，即与例载木棒敲踝无异，实属擅用非刑，按例应拟满杖。该督将该州照非法殴打致伤减凡斗伤二等律杖八十，交部严加议处，殊属轻纵。马嗣援应照擅用非刑例杖一百，即行革职。王有元等应照下手之人减一等律，于马嗣援杖一百罪上，减一等，杖九十。

成案 413.10：四川司〔道光十二年〕

川督奏：参试用府经历署渠县县丞马焕文，因前署县丞马芳扬以长随周复等侵赚棺价送究，该参员自应牒县审办，乃辄擅施刑讯，并因催令缴钱顶撞，复饬役连用小竹板责打两腿，以致周复因伤溃烂毙命，虽讯无故勘情弊，实属任性滥刑。查周复固系有罪之人，小竹板亦例设刑具，而事非该参员应理，即无刑讯之责，辄敢叠责至二百二十下之多，实与非法殴打无异。马焕文应比照监临官因公事非法殴打致死律，杖一百、徒三年，惟该参员于周复身死后，妄冀卸罪，勒令店户医生补具状禀药方，捏为取保病故，且又逞其狡展，多方混指，并敢扣留传单，不服唤审，冀图挟制，险谲乖谬，实出情理之外，若仅比拟杖徒，不足以儆酷劣而肃官方，应请加重发往新疆充当苦差，仍照律追埋葬银一十两，给属具领。

成案 413.11：贵州司〔道光十四年〕

贵抚奏：已革平远州吏目陈承恩，因郑国玺侵挪税银，请托不遂，用刀将王庚等砍伤，经该革员将郑国玺拿住，不候该州审办，擅自提讯，因其不服顶撞，饬役迭责手心至二百之多，以致郑国玺因伤毙命。若仅照监临官非法殴打致死律，拟以满徒，尚觉情浮于法。应将该革员陈承恩，发往新疆充当苦差。皂役田洪金、秦添幅，并不禀阻，各照不应重律，杖八十，加枷号一个月，革役。

律 414：长官使人有犯

凡在外各衙门长官，及〔在内奉制〕出使人员于所在去处，有犯〔一应公私等罪〕者，所部属官等，〔流罪以下〕不得〔越分〕辄便推问，皆须〔开具所犯事由〕申覆〔本管〕上司区处。若犯死罪，〔先行〕收管，听候〔上司〕回报；所掌〔本衙门〕印信〔及仓库牢狱〕锁钥，发付次官收掌。若无长官，次官掌印〔有犯〕者，亦同长官，违者〔部属官吏〕笞四十。

（此仍明律，顺治三年，添入小注。顺治律为 435 条。）

律 415：断罪引律令〔例 7 条，事例 11 条〕

凡〔官司〕断罪，皆须具引律例，违者，〔如不具引。〕笞三十；若〔律有〕数事共〔一〕条，〔官司〕止引所犯〔本〕罪者，听。〔所犯之罪，止合一事，听其摘引一事以断之。〕

其特旨断罪，临时处治，不为定律者，不得引比为律。若辄引〔比〕致断罪有出入者，以故失论。〔故行引比者，以故出入人全罪及所增减坐之；失于引比者，以失出入人罪减等坐之。〕

（此仍明律，顺治三年，添入小注。顺治律为 437 条。）

条例 415.01：凡承问各官如徇私枉法

凡承问各官，如徇私枉法，颠倒是非，故出故入，情弊显然，仍行指名参处。至于拟罪稍轻，引律稍有未协，遗错过失等项，将本案察明，果非徇私者，免其参究，即行改正。

（此条系雍正三年定例。乾隆五年删并入条例 415.03。）

条例 415.02：各省督抚审拟案件不许轻重两引

各省督抚审拟案件，不许轻重两引，务须详核情罪，画一具题。如两引具题，交部议处。

（此条系雍正三年定例。乾隆五年删并入条例 415.03。）

条例 415.03：督抚审拟案件务须详核情罪

督抚审拟案件，务须详核情罪，画一具题，不许轻重两引。承问各员，徇私枉法，颠倒是非，故出故入，情弊显然，及将死罪人犯错拟军流，军流人犯错拟死罪者，仍行指名参处。至于拟罪稍轻，引律稍有未协，遗错过失等项，察明果非徇私，及军流以下等罪错拟者，免其参究，即行改正。

（此条系乾隆五年，将条例 415.01 及 415.02 删并。道光十四年，因系专为议处官员而设，无关刑例，是以删除。）

条例 415.04：承问各官审明定案（1）

承问各官审明定案，务须确引一定律例，若既引定，又云如此如此，情由可恶，不便照此律此例治罪，而更议重其罪者，以故入人罪论。

（此条系雍正三年定例。乾隆五年改定为条例415.05。）

条例415.05：承问各官审明定案（2）

承问各官审明定案，务须援引一定律例，若先引一例，复云不便照此例治罪，更引重例，及加"情罪可恶"字样，坐人罪者，以故入人罪论。

（此条系乾隆五年，将条例415.04改定。）

薛允升按：与"断罪无正条"例文，及《处分则例》参看。不引本律定拟，妄行援照别条，见"断罪不当"。

条例415.06：例载比照光棍条款

例载比照光棍条款，仍照例斟酌定拟外，其余情罪相仿，尚非实在光棍者，不得一概照光棍例定拟。

（此条系乾隆二年，议覆兵部右侍郎吴应棻条奏定例。）

薛允升按：光棍罪名极重，而例无专条比照定拟，恐有冤滥，是以特立此条。似应改为，例内载明照光棍例定拟者，准其援照定拟外，尚非实在光棍，下添例内，亦无明文。

条例415.07：除正律正例而外

除正律正例而外，凡属成案未经通行著为定例，一概严禁，毋得混行牵引，致罪有出入。如督抚办理案件，果有与旧案相合，可援为例者，许于本内声明，刑部详加查核，附请著为定例。

（此条系乾隆三年，刑部议覆御史王柯条奏定例。乾隆八年奏准毋庸遵行，见后事例415.08。）

薛允升按：此即律内特旨断罪，临时处治，不为定律者，不得辄引之意。

事例415.01：顺治十年谕

凡问拟人罪，务详审实情，引用本律，一切钩索罗织，悉宜痛革，亦不得借口故出，以致漏网。

事例415.02：康熙九年题准

督抚将重犯引律具题，或拟重，或拟轻，曾经三法司两议具题者，督抚并承问官俱免议。

事例415.03：康熙二十七年题准

一应审拟事件，有例者引例，无例者引律，与律例不吻合者，量其情罪，比照律例定拟。情罪轻而故入，情罪重而故出者，将承问官并该督抚俱交该部议处。

事例415.04：康熙三十九年议准

承问各官不引正条，用"情罪可恶"字样，深刻定罪者，该部即照律例改正，将深刻定罪官员，交该部照失入议处。

事例 415.05：雍正二年谕

嗣后凡本内有引例者，毋用"新"字，系何年所定之例，止写出其年。

事例 415.06：雍正六年谕

律例之设，乃详察情理，揆度至当而后定者也。审拟罪案之时，应引某条则引之，断无轻重任意，或介两可之理。常见奏章内往往有先引一条，复云不便照此治罪，更引重罪以治之。此乃臣下营私之陋习，或欲以严刻之名归于上，或冀法外之恩，巧于开脱，均非明允之道。以后外省本章，有两引条例者驳回，将情由参奏。若当引轻律而故坐重罪，亦难逃朕之洞鉴。内外执法臣工，各宜懔遵。

事例 415.07：乾隆六年谕

律例一书，原系提纲挈领，立为章程，俾刑名有所遵守。至于情伪无穷，而律条有限，原不能纤悉必到，全然赅括之势，惟在司刑者体察案情，随时详酌，期于无枉无纵则可，不可以一人一事，而即欲顿改成法也。本朝大清律，周详明备，近年以来，又命大臣斟酌重修，朕详加厘定，现在刊刻颁行，而新到任之臬司科道等，条陈律款者，尚属纷纷，至于奉天府府尹吴应枚竟奏请酌改三条。夫以已定之宪章，欲以一人之听见，妄思变易，究竟不能尽民间之情弊，而朝更夕改，徒有乖于政体。嗣后毋得轻议纷更，如果所言实属有当，该部亦止可议存档案，亦不得擅改成书。

事例 415.08：乾隆八年奏准

前御史王柯条奏，凡属成案，毋得援引，果有与旧案相合可援为例者，该督抚于本内声明，刑部著为定例等因，业经议准，惟司刑名者，觊引用律例，意为低昂，其弊亦不可不防。嗣后如有轻重失平，律例未协之案，仍听该督抚援引成案，刑部详加察核，将应准应驳之处，于疏内声明请旨，所有御史王柯条奏将成案著为定例之处，毋庸遵行。

事例 415.09：乾隆九年议准

嗣后凡有关涉永远定例之部文，不论刑名钱谷，或题奏及咨准部覆，一概随时通行藩臬衙门，或于单行文内指明转行字样，迨到司后，即令专管该司于行府之外，分移各道；到府后，于行州县之外，分移丞倅，一体遵照；并令大小各衙门，将奉行条例，派拨专书经收，记明档案，务期汇总齐全，毋得纷纭散轶，入于新旧交盘之内，递相接授。觊有疏忽，别经发觉，即将该管官典，照遗漏行文例查议。

事例 415.10：乾隆二十一年谕

地方凶棍扰害良民，拟以斩决，此定例也。此案刘么因妒奸谋死张二老，复拐卖幼童，假充捕役，吓诈财物，种种淫恶，实属凶棍之尤，该抚乃依谋杀本律，从重拟斩立决，该部亦如所拟完结。夫断狱当准情酌理，务求至当，何庸设轻重于其间。若辈置本律不用，而谓未足蔽辜，加等比拟，则似该犯罪本不至即行正法，而故为从重。此外省陋习，该部不为改正，殊未允协。刘么即照光棍律治罪，不当照谋杀定拟，而加以从重字样。此本著发还另议，并通行传谕内外问刑衙门知之。

事例 415.11：乾隆二十七年谕

刑部奏：各省州县命案，毋庸先据初供报部，又同谋共殴致死人命之案，仍请止将正凶解审一折，甚为允当，俱依议行，国家设定律例，历经斟酌损益，条分缕析，已属周详。近来新任各省臬司，辄于律令内摭拾一、二，奏请增改，其中固有旧例于情事未尽概括，应随时酌量变通者，而未能通彻律意，或就一时之见，率请更易者，亦复不少，在该部不过因陈奏之间，尚近情理，难于概行议驳，而其实多设科条，徒陈案牍，既无当于政简刑清，转滋窒碍难行之处，不知刑名案件，情伪微暧，变幻百出，若事事曲为逆亿，虽日定一例，岂能遍给乎！惟在司刑宪者，临时详察案情，参酌令典，期于平允协中，设徒鳃鳃然各逞己见，议改议增，适以变旧章而滋纷扰，于谳狱之道，有何裨益！著将此传谕中外问刑衙门知之。

律 416：狱囚取服辩〔成案 2 案〕

〔服者，心服；辩者，辩理。不当则辩，当则服。或服，或辩，故曰服辩。〕

凡狱囚〔有犯〕徒、流、死罪，〔鞫狱官司〕各唤〔本〕囚及其家属〔到官〕具告，所断罪名，仍〔责〕取囚服辩文状〔以服其心〕。若不服者，听其〔文状〕自〔行辩〕理，更为详审。违者，徒流罪，笞四十；死罪，杖六十。

其因家属远在三百里之外，〔不及唤告者〕止取〔本〕囚服辩文状，不在具告家属罪名之限。

（此仍明律，顺治三年，添入小注。顺治律为 438 条。）

成案 416.01：不取紧要口供〔康熙三十一年〕

吏部议川抚噶礼疏：原任潼川知州刘可聘等互讦一案要犯查恒隆解赴松茂道处，带肘锁于禁中走出，两司文内无此一节，所有删去紧要情节之布按二司提出前来。查定例，斩绞人犯应取紧要口供，不行取供者，承问各官罚俸一年等语。布按二司将此案内有关紧要情节删去，不便照此例议处，应将按察使赵良璧、布政使李辉祖，俱照徇庇例，各降三级调用。

成案 416.02：具题不由县招〔康熙四十五年〕

吏部覆吏科马士芳疏参东抚王国昌一疏。查冯二等在长清县强奸良妇翁氏一案，该抚理应批驳该县详审具题，乃不由县招，据该府等审详具题，不合。查定例内，督抚将事件含糊具题者降一级留任等语。应将巡抚王国昌比照此例降一级留任。

律 417：赦前断罪不当〔例 6 条，事例 4 条，成案 1 案〕

凡〔官司遇赦，但经〕赦前处断刑名，罪有不当，若处轻为重〔其情本系赦所必原〕者，当〔依律〕改正从轻；〔以就恩宥，若〕处重为轻，其〔情本系〕常赦所不免者，〔当〕依律贴断〔以杜幸免〕。若〔处轻为重，处重为轻，系〕官吏〔于赦前〕故出入〔而非失出入〕者，虽会赦，并不原宥。〔其故出入之罪。若系失出入者，仍从赦宥之。〕

（此仍明律，顺治三年，添入小注。原律前注："凡赦前处断刑名，罪有不当，若处轻为重者，当改正从轻。处重为轻，其常赦所不免者，依律贴断。若官吏故出入者，虽会赦并不原宥。"雍正三年删。顺治律为 439 条。）

条例 417.01：遇直隶及十四省恤刑之期

遇直隶及十四省恤刑之期，凡原问官故入等罪，俱不追究。

（此条系明代问刑条例。雍正三年奏准：今查各省按期差官恤刑之事，业经停止。又故入人罪，未便免究，因将例文改定为条例 417.02。）

条例 417.02：遇直省特差恤刑之时

遇直省特差恤刑之时，有审豁者，原问官俱不追究。〔恐官虑罪及己不肯辩明冤枉也，则会赦可以类推。〕

（此条系雍正三年，将条例 417.01 改定。）

薛允升按：特差恤刑，国初有行之者，〔见《经世文编·刑政门》中有云，应差之员，向用刑部司官臣请更精其选云云。〕现在亦无此事，似应与下条修并为一。

条例 417.03：承问官审理事件错拟罪名者

承问官审理事件，错拟罪名者，不拘犯罪轻重，错拟官员遇赦免议。

（此条系康熙年间现行例。雍正三年定例。）

薛允升按：轻重下似应改为，如遇赦放免，错拟官员，亦予免议。

条例 417.04：督抚承问叩阍事件

督抚承问叩阍事件，除情罪重大，不在赦款者，仍依限审结具题外，其余轻罪与赦款相符，即行释放，汇题销案。

（此条系康熙年间现行例。雍正三年定例。）

薛允升按：此专指叩阍而言，与现在办法不符。

条例 417.05：奉恩诏以前直省亏空已结各案

奉恩诏以前，直省亏空已结各案，令各督抚分析造册送部。其案内人犯有罪名而会赦邀免者，俱准释回原旗籍。如案内有不应豁免之项，即行文原旗籍著追。其甫经审题各案，俟已结之日，将并无罪名各犯，查明任所有无赃财，取结报部，亦令释回原旗籍。倘本案已清，别案有查追事件，清结之日，亦即报部释回原旗籍。其奉恩诏以后之案，不在此例。

（此条系乾隆元年，刑部议覆陕西巡抚刘于义奏准定例。）

薛允升按：是年九卿奏准：嗣后侵盗钱粮一千两以上者，拟斩。一千两以下者，准徒。遇赦，则数逾一万两以上者，不准援宥。一万两以下俱准赦免。此条不应豁免之项，是否指万两以上而言，抑系虽不及万两，而侵盗罪名可免赃款，不准豁免，仍应著追之处，记核。

条例417.06：原非侵盗入己照侵盗拟罪之犯

原非侵盗入己，照侵盗拟罪之犯，较之实犯侵欺，情罪稍轻，及亏空军需钱粮，系由挪移获罪，或经核减著赔，尚与入己军需有间，遇恩赦豁免，行令各该旗省咨报户部查明，会同刑部奏请定夺。

（此条系乾隆元年定例。）

薛允升按：此二条应与拟断赃罪不当各条参看。

事例417.01：康熙九年题准

凡正犯不应援赦，承问各官错拟者，仍行议处。其正犯既经援赦免罪者，承问官免议。

事例417.02：康熙九年又题准

凡督抚将应赦斩绞人犯不与赦免者，降一级调用。如将不应赦免之斩绞人犯援免者，罚俸一年。将应军流等犯援免者，罚俸六月。

事例417.03：康熙九年再题准

官员承问婪赃员役，因遇赦竟不提质，即行结案者，罚俸一年；转详之司道，罚俸六月；督抚罚俸三月。

事例417.04：康熙二十九年谕

罪人所犯已经援赦，承审官应免处分。

成案417.01：应赦不赦〔康熙十九年〕

吏部议刑部疏夏三等迷拐幼童一案。夏三等用药饼迷拐幼童欲卖，非系毒药杀人真正死罪，应援恩赦免罪，相应将不援恩赦之苏州府知府曹首望、江抚慕天颜、原任刑部郎中升按察使索某，均照此例，各降一级调用。

律418：闻有恩赦而故犯

凡闻知将有恩赦而故犯罪〔以觊幸免〕者，加常犯一等〔其故犯至死者，仍依常律〕，虽会赦，并不原宥。

若官司闻知将有恩赦，而故论决囚罪者，以故入人罪论。〔若常赦所不原而论决

者，不坐。〕

（此仍明律，顺治三年，添入小注。原律加常犯一等下小注，系加入于死。雍正三年，以律内加罪俱不至死，若本条正文有言加入于死者，则依本条。查此条旧律内，并无加入于死之注，因将注语删去。乾隆五年以总注所云，足补律之未备，因查照增入。顺治律为 440 条。）

律 419：徒囚不应役〔成案 1 案〕

凡盐场、铁冶拘役徒囚，应入役而不入役，及徒囚因病给假，病已痊可，不令计日贴〔补假〕役者，〔其徒囚与监守者，各〕过三日，笞二十；每三日加一等，罪止杖一百。

若徒囚年限未满，监守之人故纵逃回，及容令雇人代替者，照依囚人应役〔未满〕月日抵数徒役，〔其监守虽多〕并罪坐所由。〔纵容之人〕受财者，计赃，以枉法从重论。仍拘徒囚〔之逃回雇替者〕依律论罪〔计日论其逃雇之罪。〕贴役〔贴补其逃雇之役〕。

（此仍明律，顺治三年，添入小注。顺治律为 441 条。）

成案 419.01：私放徒犯〔康熙三十四年〕

吏部题覆湖督吴典咨：原任宜章县拟徒知县潘某，徒限将满，该驿丞范廉怜悯潘某病笃，私自释放潘某归家即故，范廉原无受贿情弊，照擅行发配例处分。

律 420：妇人犯罪〔例 12 条，事例 6 条，成案 1 案〕

凡妇人犯罪，除犯奸及死罪收禁外，其余杂犯，责付本夫收管。如无夫者，责付有服亲属、邻里保管，随衙听候，不许一概监禁，违者，笞四十。

若妇人怀孕犯罪，应拷决者，依上保管，皆待产后一百日拷决。若未产而拷决，因而堕胎者，官吏减凡斗伤罪三等。致死者，杖一百、徒三年。产限未满，而拷决〔致死〕者，减一等。

若〔孕妇〕犯死罪，听令稳婆入禁看视，亦听产后百日乃行刑。未产而决者，杖八十；产讫限未满而决者，杖七十；其过限不决者，杖六十。

失者〔失于详审而犯者〕，各减三等。〔兼上文诸款而言，如不应禁而禁，笞一十。怀孕不应拷决，而拷决堕胎，杖七十；致死者，杖七十、徒一年半。产限未满而拷决致死者，杖六十、徒一年。及犯死罪不应刑而刑，未产而决者，笞五十。未满限而决者，笞四十。过限不决者，笞三十。〕

（此仍明律，顺治三年，添入小注。顺治律为 442 条。）

条例 420.01：未产拷决不堕胎

未产拷决不堕胎，及产限未满拷决不致死者，依不应轻律。

（此条系总注，可以补律之所未备，乾隆五年，纂辑成例。）

薛允升按：《处分例》官员夹讯妇人者，降三级调用，将孕妇用拶指者，降一级调用。应参看。

条例 420.02：妇女有犯奸盗人命等重情（1）

妇女有犯奸、盗、人命等重情，及别案牵连，身系正犯，仍行提审；其余小事牵连妇女者，提子侄、兄弟代审。

（此条系顺治十六年例。雍正三年定例。乾隆元年改定为条例 420.03。）

条例 420.03：妇女有犯奸盗人命等重情（2）

妇女有犯奸、盗、人命等重情，及别案牵连，身系正犯，仍行提审；其余小事牵连，提子侄、兄弟代审。如遇亏空、累赔、追赃、搜查家产、杂犯等案，将妇女提审，永行禁止。违者，以违制治罪。

（此条系乾隆元年，将条例 420.02 改定。）

薛允升按：妇人犯罪，法原不轻于男子，而不许径行提审者，所以励廉耻、厚风俗也。乃家有子侄兄弟，而妇人出头告状，亦应将子侄等重惩。与《处分则例》同。

条例 420.04：妇女除实犯死罪

妇女除实犯死罪，例应收禁者，另设女监羁禁外，其非实犯死罪者，承审官拘提录供，即交亲属保领，听候发落，不得一概羁禁。

（此条系乾隆元年，刑部议覆湖南巡抚蒋溥条奏定例。）

薛允升按：现在亦不照此例办理。非犯死罪例不收禁，则犯军流以下罪名，亦应交亲属保领矣。查妇女犯军流以下罪名，尚有酌量拟以实发者。再如应行待质者，是否不行收禁之处，碍难办理，此例似未可拘泥也。

条例 420.05：凡拟徒收赎妇女

凡拟徒收赎妇女，除系案内紧要证犯，仍行转解质审外，其经该州县审讯明确，毋庸解审者，即交亲属收管，听候发落。

（此条系乾隆八年，刑部议覆湖南巡抚蒋溥条奏定例。）

薛允升按：此例言妇女犯徒罪从宽，免其解府也。如有关人命是否一并免解之处，记核。

条例 420.06：犯妇怀孕律应凌迟斩决者

犯妇怀孕，律应凌迟斩决者，除初审证据未确，案涉疑似，必须拷讯者，仍俟产后百日限满审鞫。若初审证据已明，供认确凿者，于产后一月起限审解。其罪应凌迟处死者，产后一月期满，即按律正法。

（此条系乾隆二十三年，刑部议覆广西按察使梁翥鸿条奏，并直隶总督方观承审题犯妇程氏毒死本夫朱来玉案内，声请定例。）

薛允升按：例于女犯俱从宽典，而惟此条较律为严。

条例 420.07：斩绞监候妇女秋审解勘经过地方

斩、绞监候妇女，秋审解勘经过地方，俱派拨官媒伴送。其业经解勘一次，情罪显然，无可改拟者，下次即停其解审。如有外省定拟情实可矜具题，经九卿会核改拟缓决者，次年秋审核准无异，亦即停其解审。

（此条系乾隆二十五年，刑部议覆四川按察使永泰条奏定例。）

薛允升按：缓决一次人犯，次年均不解勘，非独妇女为然也。惟情实一次免勾之犯妇，次年似应停其解勘，方与男配有别。

条例 420.08：妇女犯斩枭者

妇女犯斩枭者，即拟斩立决，免其枭示。

（此条系嘉庆十四年定例。）

薛允升按：犯罪至于斩决，即属法无可加，其必加枭者，盖为示众，使之共知警戒也。而妇女独免其枭示者，其犹《春秋左氏传》所谓妇人无刑，〔注，无黥、刖之刑。〕虽有刑不在朝市〔谓犯死刑者，犹不暴尸〕之意乎。

条例 420.09：妇女有犯殴差哄堂之案

妇女有犯殴差哄堂之案，罪至军流以上者，实发驻防为奴。犯徒罪者，若与夫男同犯，一体随同实发，亦不准收赎。若妇女专犯徒罪者，仍照律收赎。

（此条系嘉庆二十三年定。）

条例 420.10：各直省审理妇女翻控之案

各直省审理妇女翻控之案，实系挟嫌挟忿，图诈图赖，或恃系妇女，自行翻控，审明实系虚诬，罪应军流以上，及妇女犯盗，后经发觉，致纵容祖护之祖父母、父母，并夫之祖父母、父母畏罪自尽，例应问拟云、贵、两广极边烟瘴充军者，均免其实发驻防为奴，各监禁三年，限满由有狱官察看情形，实知改悔，据实结报，即予释放。傥在监复行滋事，犯该笞杖者，仍准收赎；犯该徒罪以上，加监禁半年；军流以上，加监禁一年，再行释放。若官吏狱卒故意陵虐者，照陵虐罪囚例，加等治罪。其妇女翻控，讯明实因伊夫及尊长被害，并痛子情切，怀疑具控，及听从主使，出名诬控，到官后供出主使之人，俱准收赎一次。如不将主使之人供明，仍照例监禁，俟三年限满，再行分别禁释。

（此条系嘉庆二十三年定，系专指妇女翻控虚诬，罪应军流以上发驻防为奴者，分别准赎不准赎。道光二年，因妇女翻控，究与犯奸不同，实发无以全廉耻，收赎无以示惩创，是以改定，并增入妇女因盗致纵容祖护之父母翁姑自尽一层。）

条例 420.11：京城奸媒有犯诱奸诱拐罪坐本妇之案

京城奸媒有犯诱奸诱拐罪坐本妇之案，如犯该军流，俱实发各省驻防为奴。其罪止徒杖者，准其收赎徒罪，所得杖罪，即照妇女犯奸之例，一体的决，不准收赎。

（此条系道光十三年定。）

条例420.12：妇女犯军流等罪

妇女犯军流等罪，除例载实发驻防为奴及酌量监禁免其实发各条外，若系积匪，并窝留盗犯多名，及屡次行凶讹诈罪应外遣者，实发驻防给官兵为奴；罪应军流者，准其收赎一次，仍详记档案，如不悛改，复犯前罪，即行实发驻防，不准收赎；犯该徒以下者，仍准收赎，不得加重实发。

（此条系同治七年定。）

事例420.01：顺治十六年覆准

凡旗下妇女犯奸盗逃走，仍行的决，其余有犯，照汉人妇女例折赎。

事例420.02：康熙四年覆准

凡妇女犯奸及重罪者，依律收禁。直省解部流犯妻室，亦应收禁。至外省解到入官妇女，止令原解收押，三日内咨交户部，不必寄监。若在监孕妇将产者，除反叛重案外，俱准保出，俟生产后收禁。一应牵连候审妇女，责付本夫收管，无夫者责令亲属邻里具结领保听审。若孕妇犯罪，俟产后一百日，方行拷决。

事例420.03：康熙三十五年定

嗣后严禁轻行提审妇女。

事例420.04：嘉庆二十三年谕

温承惠奏：审讯寿光县民蒋柱呈控伊子被媳董氏谋毒毙命一案大概情形，请将指控贿和之县令解任质审一折。寿光县知县陶钺著解任，交该臬司提同保正张梦陇等，一并归案研讯。至此案下毒情形，蒋柱与伊妻张氏所供不符，而蒋董氏供出同时中毒之蒋小兑妮系属要证，自应提案质对，以成信谳，乃该臬司饬县差提蒋小兑妮，蒋家妇女竟群出殴差。迨蒋小兑妮到案，蒋柱复与伊妻张氏闯入司堂，撞头肆闹，实属刁恶，目无法纪。将来定案时，无论所控虚实，所有殴差妇女，均照殴差例治罪。蒋柱、张氏均照哄堂例治罪，虽系妇女，不准收赎。嗣后各直省如有妇女殴差哄堂之案，俱照此办理。

事例420.05：嘉庆二十三年又谕

刑部议驳御史吴杰条奏各省妇女及年老废疾之人，翻控审虚，问拟军流，不准收赎一折。所驳甚是。妇女及年老废疾之人罪至军流，准予收赎，原属法外施仁，定例遵行，历年久远。前因山东寿光县蒋柱诬控伊媳董氏一案，蒋张氏闯入司堂喧闹，特旨不准收赎，原系因事示惩，以儆刁健，乃御史吴杰因此一事，即奏请将各省翻控妇女并年老废疾军流收赎之例，概行停止，岂不大乖祥刑之义？部议直省妇女及年老废疾翻控之案，审属虚诬者，如因伊夫及尊长被害，并痛子情切，怀疑具控，准照律收赎，自应如此办理。即听从主使，出头诬控之案，承审官亦应当堂明白晓谕，令其供出主使之人，按律治罪，该犯听从出名，仍准其收赎。若坚不将主使之人供出，始不准其收赎，俾知据实自首，庶明刑之中，仍不失钦恤之意也。

事例 420.06：道光二年奉旨

大学士、军机大臣会议刑部奏改妇女实发为奴条例，内妇女挟嫌图诈图赖虚诬，及因盗致纵容祖护之父母舅姑自尽二条。著照原议概免实发，视其原犯罪名，量予监禁年限，及在监复行滋事酌加年限等语，该部即纂入例册，通饬遵行。

成案 420.01：孕妇产后行刑〔康熙二十九年〕

刑部覆浙抚张鹏翮，查马氏配与李文旭为妻，文旭卖烟未归，林君昌与马氏通奸有孕，文旭回家，马氏与君昌用绳拴于文旭头颈，抽勒毙命，马氏依因奸谋死亲夫律凌迟处死，系孕妇，俟产后百日行刑。林君昌依奸夫谋杀亲夫律，拟斩。

律 421：死囚覆奏待报〔例 4 条，事例 17 条，成案 1 案〕

凡死罪囚，不待覆奏回报而辄处决者，杖八十；若已覆奏回报应决者，听三日乃行刑。若限未满而刑，及过〔三日之〕限不行刑者，各杖六十。

其犯十恶之罪应死，及强盗者，虽决不待时，若于禁刑日而决者，笞四十。

（此仍明律，顺治三年删改，并添入小注。顺治律为 443 条。）

条例 421.01：臣民有罪当死

臣民有罪当死，三覆五奏，毋辄行刑。

（此条系顺治初年例。雍正三年删除。）

条例 421.02：直省人命强盗

直省人命、强盗，将全招开列奏疏内，其反叛案内人犯，决过即行题报，余概于年底汇奏。

（此条系康熙十二年，刑部议准例。乾隆五年定例。）

薛允升按：全招开列奏疏，即题本也。余概于年底汇奏，即汇题决过人犯本也。尔时均谓之奏本，至决过人犯，均系次年开印后汇题。与此例亦不相符。

条例 421.03：禁刑日期

禁刑日期，每月初一、初二日，四月初八日，大祭享日亦禁。

（此条系顺治初年例。雍正三年纂并入条例 421.03。）

条例 421.04：凡遇庆贺穿朝服及祭享等不理刑名

凡遇庆贺穿朝服，及祭享、斋戒、封印、上元、端午、中秋、重阳等节，每月初一、初二并穿素服日期，俱不理刑名；四月初八日不宰牲，亦不理刑名；内外一体遵行。

（此例原系二条，一系顺治初年例。一系康熙二十八年，御史李时谦条奏奉旨照行，雍正三年纂并。）

薛允升按：康熙二十五年七月二十三日，奉上谕，前项日期，除循例不行刑外，其余照常章疏事件，仍行审理启奏等因，似应添入。与"有司决囚"门内停刑月日，并凶盗逆犯二条参看。此例初一之外，有初二而无十五日，与现在办法不同。

条例 421.05：凡勾决重囚

凡勾决重囚，向例刑科三次覆奏，今简去二覆，于勾到之后，再将原本进呈御览，遵奉施行。

（此条系乾隆十四年，奉上谕纂为例。）

薛允升按：勾到前五日刑科覆奏一次。见"有司决囚等第"。应参看。

事例 421.01：顺治十二年定

每年六月内审定立决重犯，俱俟七月具题正法。

事例 421.02：顺治十七年覆准

每年正月停刑。

事例 421.03：顺治十八年议定

六月内违禁处决犯人者，杖八十。

事例 421.04：康熙元年定

将正月停刑之例停止。

事例 421.05：康熙九年定

正月停刑，照顺治十七年例行。

事例 421.06：康熙九年题准

正月既经停刑，应将审定重犯监固，俟二月具题正法。

事例 421.07：康熙九年又题准

凡官员将绞罪犯人误斩者，降一级调用。将应监候人犯立决者，降四级调用。若于停刑日期违例行刑者，罚俸六月。

事例 421.08：康熙十二年奉旨

刑部议直省人命强盗全招送法司，奏章内，应止将招由并审拟看语具题。至反叛案内人犯，决过即行题报，余概于年底汇奏。奉旨：人命强盗，关系重大，其各省全招，俱著画一开列疏内，余依议。

事例 421.09：康熙十九年定

六月内应行正法之人，俱俟秋后正法。部内正法事件，亦俟立秋后陆续具题。

事例 421.10：康熙二十二年题准

每年正月、六月，照例停刑，不必具题。

事例 421.11：康熙二十二年又题准

凡遇六月、立秋之年，俟交七月初三日具题正法。

事例 421.12：康熙二十五年谕

刑狱人命攸关，听断虽贵精详，而案牍务无留滞，庶事得速竣，民免株累。向来凡月朔、初二日，及斋戒等期，不理刑名，刑部衙门一切奏章，俱行停止，因而案件间有停积，恐听审人犯，久候拖累，覆核案件，迁延滋弊。嗣后遇前项日期，循例不行刑外，其余照常章疏事件，仍行审理启奏，务期狱无稽缓，案得早清，以副朕明慎用刑之至意。

事例 421.13：雍正七年谕

朕慎重民命，留心刑狱，每于谳决之际，往复审察，至再至三，是以外省每年秋审，亦照朝审之例，悉令三覆奏闻。今思每日所进本章，内有拟以极典及斩绞立决之犯，虽其情罪俱属重大，律无可宽，然朕心犹欲审慎而后置之于法。嗣后如遇此等本章，已阅过票签，交与本房者，著批本官员照三覆奏之例，进呈三次，候朕再加详慎，然后批发，以副朕钦恤矜慎之至意。

事例 421.14：乾隆十三年谕

此案陆有山砍死胞弟陆启凤等四命，该抚照例定拟斩决，刑部以该犯杀死胞弟，罪止绞候，其杀死张氏母子三命，俱系凡人，当依律磔刑，驳令再行妥议，虽由轻入重，例应题驳，但罪犯原拟不至于死，而驳入大辟，自当候覆到定案，以昭郑重。此案陆有山之凶恶残忍，允宜寸磔，在该抚已拟立斩，同系决不待时之人，该部即应按律改正，请旨完结，若因循常例，驳令再拟，不惟往返迁延，凶犯转得偷生苟活，且恐该犯畏罪自尽，或瘐毙囹圄，不获明正典刑，何以惩凶徒而彰国法！陆有山著照部议即凌迟处死。嗣后有似此者，该部于本内声明遵照办理。

事例 421.15：乾隆十四年谕

朝审情实人犯，例由刑科三覆奏，其后各省秋审，亦皆三覆奏，慎重民命，即古三刺三宥遗制，谓临刑之际，必致详审，不可稍有忽略耳！非必以三为节也。朕每当勾到之年，置招册于旁，反复省览常五、六遍，必令毫无疑义，至临勾时犹必与大学士等斟酌再四，然后予勾，岂啻三覆也哉？若夫三覆奏本章，科臣匆遽具题，不无豕亥，且阻于时日，岂能逐本全览？嗣后刑科覆奏，各省皆令一次，朝审仍令三覆。

事例 4211.16：乾隆十四年又谕

朕因刑科三覆奏之例，各省奏牍繁多，迫于时日，转致不能详览，已命简去二覆以从务实。今思勾决之时，朕详阅招册，反复斟酌辩论，大学士在朕前，一面秉笔代勾，一面听受谕旨，虽殿廷咫尺，自无舛错，但多经一遍视览，于勾决更为慎重。嗣后著于勾到后，将原本进呈覆阅，再行批发。著为例。

事例 421.17：乾隆四十八年议准

黑龙江等处为奴人犯在配脱逃，应行正法之例，系强盗案内情有可原，免死减等发遣者。又未伤人之盗首闻拿自首，照情有可原免死减等例发遣者，又窝家盗线闻拿投首照未伤人盗首闻拿投首例发遣者，又伙盗行劫二次以上闻拿投首照未伤人盗首闻拿投首例发遣者，又伙盗有供出盗首逃匿所在在一年限内拿获照例免死发遣者，共五条。此等盗犯本系应死之罪，因其情稍有可原，或畏罪投首，予以免死发遣，乃复胆敢逃窜，实属罪不容诛。今详细开列，行令盛京、吉林、黑龙江各将军，于拿获后一面正法，一面奏闻，毋庸请旨办理。其余东三省寻常发遣之犯，如有脱逃被获，均不在正法之例。行令各该将军俱按例审拟，咨部核覆。

成案 421.01：斋戒日正法〔康熙三十一年〕

江抚郑端疏：本年冬至以前，于戒斋之日违例正法人犯之长洲等县应交吏部议。应将长洲县等均照例罚俸六个月。

律 422：断罪不当〔例 6 条，事例 18 条〕

凡断罪，应决配而收赎，应收赎而决配，各依出入人罪，减故失一等。

若应绞而斩，应斩而绞者，杖六十；〔此指故者言也，若系〕失者，减三等。其已处决讫，别加残毁死尸者，答五十〔仇人砍毁其尸，依别加残毁〕。

若反逆缘坐人口，应入官而放免，及非应入官而入官者，各以出入人流罪故失论。〔若系有故，则以故出入流罪论。无故而失于详审者，以失出入流罪论。〕

（此仍明律，顺治三年，添入小注。顺治律为 444 条。）

条例 422.01：凡苗夷有犯军流徒罪折枷责之案

凡苗夷有犯军、流、徒罪折枷责之案，仍从外结，钞招送部查核。其罪应论死者，不准外结，亦不准以牛、马、银两抵偿，务按律定拟题结。如有不肖之员，或隐匿不报，或捏改情节，在外完结者，事发之日，照溺职例议处。

（此条系雍正五年定例。乾隆五年，改"照溺职例议处"为"交部议处"；增"其一切苗人与苗人自相争讼之事，俱照苗例归结，不必绳以官法，以滋扰累"三十字。）

薛允升按：此条似应移入"化外人有犯"门内。苗俗与民人不同，故特定此例。《处分则例》大略相同。

条例 422.02：凡斩绞案件

凡斩绞案件，如督抚拟罪过轻而部议从重者，应驳令再审。如拟罪过重而部议从轻，其中尚有疑窦者，亦当驳令妥拟。倘刑部所见既确，即改拟题覆，不必展转驳审，致滋拖累。

（此条系乾隆三年，刑部议覆福建巡抚题，叶报等殴伤吕廷身死一案，奉谕旨补纂为例。）

薛允升按：此例俱系上谕中语，惟刑部所见既确之上，尚有情节显然一语，似不可删。

条例 422.03：凡州县审解案件

凡州县审解案件，如供招已符罪名或有未协，该上司不必将人犯发回，止用檄驳，俟该州县改正申覆，即行招解，督抚核覆，分别咨题完结。

（此条系乾隆九年，刑部议覆江西按察使翁藻条奏定例。）

薛允升按：此亦恐往返拖累之意。供招已符，谓众供俱同也。罪名未协，谓供与罪互异也。改正申覆，自系改正罪名，非改供招也。原奏系凡解案有应驳审之处，无可对质者，不必将人犯发回云云。与例不同。

条例 422.04：外省题本案件

外省题本案件，遇有不引本律定拟，妄行援照别条减等者，刑部即将本案改正，并将该督抚臬司参奏，毋庸再行驳令另拟。

（此条系嘉庆十年奉上谕纂为例。）

薛允升按：断罪引律令各条，均恐其过重，此又防其从轻。与彼门各条参看。

条例 422.05：卑幼殴死期功尊长之案

卑幼殴死期功尊长之案，务令承审各员严究确情，按律定拟，仍将是否有心干犯之处，于疏内声明，不准稍涉含混。其有声叙未确，经刑部核覆时改正具题，即将承审之员随本附参，交吏部分别从重议处。

（此条系道光十二年，刑部议覆江南道监察御史奎麟奏准定例。）

薛允升按：此条专为应否夹签而设。与《处分则例》夹签错误一条参看。

条例 422.06：凡直省督抚于一切刑名事件

凡直省督抚于一切刑名事件，务各研究确情，毋稍迁就。其由刑部驳审之案，无论失出、失入，一经讯得实情，即当据实平反，毋得固执原题，含糊了结，如委审之员，有瞻徇回护情弊，即著从严参办。

（此条系咸丰二年奉上谕纂为例。）

薛允升按：此专指部驳而言。《处分例》各省咨题案件，经刑部驳至三次，该督抚不酌量情罪改正，仍执原议题覆，刑部即自行改拟，将承审各官并该督抚，俱照失入、失出各本例议处。此例明言刑部自行改拟，将承审各官议处，而刑例转行删除，似嫌未协，应并入此条之内。说见"官司出入人罪"门。官司出入人罪内，有督抚具题事件，部驳再审，该督抚按律改正具题，若驳至三次，仍执原议，部院复核应改正者，即行改正，将督抚等，交部议处云云，后经删除，应酌加修改，并于此条之内。

事例 422.01：天聪五年谕

凡讦告之事，不先取见证口供面鞫，致有冤抑者，按事大小，罪坐审事各官。

事例 422.02：顺治十三年议准

凡推官审理事件，舛错一次者，罚俸三月；二次者，罚俸六月；三次者，罚俸一年；四次、五次者，降一级调用；六次、七次者，降二级调用；八次、九次者，降三级调用；十次以上者，革职。

事例 422.03：顺治十四年覆准

按察司职掌刑名，有承审事件舛错者，该督抚于年底题报议处。

事例 422.04：康熙五年议准

按察司承问事件，一年内舛错二、三次者，罚俸三月；四、五、六次者，罚俸六月；七、八、八次者，罚俸九月；十次至十二次者，罚俸一年；至十五次者，降一级调用；十六、七次者，降二级调用；十八、九次者，降三级调用；二十次以上者，革职。

事例 422.05：康熙七年议准

按察司承审舛错处分之例停止。

事例 422.06：康熙九年题准

凡官员拟罪，将不应折赎之人违例折赎，及将应折赎之人不行折赎者，均罚俸六月。

事例 422.07：康熙九年又题准

官员承审反叛人犯，不曾审出实情，后经别官审出，将原问官革职，转详之司道降四级调用，未经查参之督抚降一级调用。若将紧要口供不行取供者，承问官降二级调用，司道降一级调用，督抚罚俸一年。承审斩绞人犯不曾审出实情，后经别官审出者，将原问官降一级调用，司道罚俸一年，督抚罚俸六月。若将应取紧要口供不行取供者，承问官罚俸一年，司道罚俸六月，督抚罚俸三月。承审军流等犯，不曾审出实情者，将原问官罚俸一年，司道罚俸六月，督抚罚俸三月。如将应取紧要口供不行取供者，承问官罚俸六月，司道罚俸三月。

事例 422.08：康熙九年再题准

凡将应候秋决人犯拟为立决者，承问官降一级调用，司道罚俸一年，督抚罚俸六月。如将应立决人犯拟为秋后者，承问官罚俸一年，司道罚俸六月，督抚罚俸三月。

事例 422.09：康熙十七年议准

凡督抚将不应入官流徙者，违例题请解部，咨请部示，耽延时日，或将本犯及妻子徇纵，反将不应追赔之人，滥追拖欠之银，株连无辜者，从重议处。

事例 422.10：康熙二十九年议准

军流以下错拟者，该部免其纠参，即行改正。

事例 422.11：雍正八年谕

各省人命抵罪之案，其应轻应重，朕确有所见者，即降旨定夺。若其情罪在疑似之间，而拟罪在可轻可重之际，朕心不能即定者，方交与九卿定拟，以期平允。乃往往见九卿定议之案，概以减等发落覆奏，如此则朕何不即令减等，而必多此曲折乎？凡此交与九卿定拟之案，其中有应行减等者，或有可以枷责完结者，亦有不可宽贷，仍应按律抵罪者。嗣后务期权衡允当，宽严适中，以副朕明罚敕法之至意。

事例 422.12：雍正十三年谕

大凡发审事件，因是非真假，不能一时遽定，故命廷臣谳鞫，若其初情罪确实，无复疑似，便可即置于法，不待推问矣。至发审之故，而恐审虚免罪，有碍前旨，必欲周内其罪，则竟视朕为饰非文过之主矣！夫视朕为饰非文过之主，何如待朕为虚衷慎刑之主乎！况因系钦案而拟罪加重，则刑罚失平，启众人之议论，何以服远近而昭劝惩乎！若钦犯案件一例拟斩，是见为固然，不应斩者固冤抑，而应斩者亦为不应斩之人矣！至于恩出自上之说，尤为不可，傥朕一时不能详查，则失入者必多。粤稽我太祖高皇帝谕旨，凡有罪之人，执讯不可不严，而定罪不可不慎，洵足垂戒万世，为用刑准则。嗣后凡直省有刑名之责者，毋执成见，毋挟偏私，务各虚心听断，胥归平允，以共体上天好生之心，用勷国家祥刑之治。特谕。

事例 422.13：乾隆三年奉旨

刑部议奏：福建巡抚审题民人叶报，因伊父叶法被吕廷按倒水中，当时奔救，以所执锄柄，殴伤吕廷右肋右腹殒命，叶报应拟绞监候，但救父情切，与寻常斗殴杀人者有间，应令该抚再加详核，另行具题。奉旨：此案部驳甚是，凡刑名案件，如督抚等拟罪过轻，而部议应从重者，自应驳令再审。如拟罪过重，而部议从轻，其中尚有疑窦者，亦当驳令妥拟。若情节显然，该部所见既确，即当改拟题覆，不必辗转驳审，致滋拖累。此本著该部照所议改拟具奏。

事例 422.14：嘉庆四年谕

朕阅安徽省情实人犯招册，陈用敷具题缓决，经刑部改入情实者共有九案，核其情节，该犯等或因金刃伤多毙命，或强夺良家妻女奸占为妻，或活埋堂弟，以及殴毙老人幼孩等事，俱系逞忿淫凶，例应情实予勾之犯，乃陈用敷皆拟为缓决办理，实属错误。推陈用敷之意，因伊春间拟陈卿廷撞骗关饷一案，请旨即行正法，经朕降旨饬谕，并令该抚覆核时，将该犯仍照本律拟绞监候。又因本年有人条奏请免失出处分，经部议准。陈用敷遂尔心存揣度，谓朕意在从宽，辄将秋审应行情实之犯，不问情节轻重，概拟缓决，以致刑部驳改九案之多。殊不知陈卿廷一案，本律止应绞候，陈用敷于律外加重，是以降旨改正。此案入于情实，将来自应予勾，仍系按律办理，并非有意从宽也。朕自亲政以来，节次饬谕问刑衙门，不得擅用"虽、但"字样，及例外援引从重之条。盖以原情定律，务协情法之平，岂可稍存轩轾。若因有前旨，而督抚等办理刑名，偏于宽厚，岂非误会朕意乎！《大清律例》，皆我祖宗执中定宪，法守所昭，朕惟谨率旧章，不敢稍参己意，督抚何得以窥测之私，于例外有所增减。夫世俗以有意从宽，故出人死罪为好善阴功者，皆鄙陋不通之见，断不可以例爱书。若将本应抵偿之犯，概从宽减，则死者宁不含冤于地下耶！所谓生人而当谓之仁，杀人而当谓之仁也。嗣后各督抚等问拟罪名，总当按律定拟，不得豫存从宽从重之见，用昭平允。陈用敷及臬司福庆，办理秋审失出多至九案，仍著交部议处。

事例 422.15：嘉庆十年谕

本日刑部题驳河抚马慧裕审拟程小珠强奸穆周氏未成，刃伤本妇平复，闻拿投首，将该犯减等拟流一本。凡侵损人及奸者，不在自首之律，载有明条，乃不此之引，而转引寻常投首减等之例问拟，奚得为情法之平？程小珠一犯，即著照该部所拟应绞监候，秋后处决。其原拟错误之巡抚及原办臬司，并著传旨申饬，仍一并交部议处。嗣后外省题本案件，遇有此不引本律定拟，妄行援照别条者，著刑部堂官即将本案改正，并将督抚臬司参奏，毋庸再行驳令另拟。

事例 422.16：道光六年谕

张师诚奏：阜阳县处决罪囚错误，审明定拟一折。此案已革阜阳县知县李复庆等监视处决秋审罪囚，将斩绞两犯错误，经该抚讯因人多拥挤，所有该兵役等应得罪名，著交刑部议奏。各省秋审情实人犯，一经予勾，各该州县营弁，自应慎重办理，乃近来各省屡有斩绞错误之案，总因未能严肃弹压，押犯兵役，又复因忙乱拥挤，不克点验清楚，以致每有错误，实属不成事体。嗣后著各督抚严饬州县，于秋审勾决各犯，先期会营，多派兵役弹压，肃清地面，毋任人多嘈杂，并著各该营弁亲视行刑，毋得仍前怠忽。

事例 422.17：咸丰二年谕

近来各直省问刑衙门，多溺于救生不救死之说，遇有关系伦纪重案，往往装点情节，避重就轻，殊非明刑弼教之道。朕于刑部等衙门题本，见有情节可疑者，屡经饬令覆讯，原以法贵持平，不可枉，亦不可纵。即如湖北喻李氏同谋致死本夫一案，该抚原题，并未究出实情，经刑部驳令覆审，该抚仍照原拟具题，若非朕指出疑窦，特旨交审，几致淫凶漏网，死者含冤。湖北如此，他省可知。嗣后各直省督抚于一切刑名事件，务各研究确情，毋稍迁就。其由该部驳审之案，无论失出失入，一经讯得实情，即当据实平反，毋得固执原题，含糊了结。如委审之员有瞻徇回护情弊，即著从严参办，以副朕明刑用慎之至意。

事例 422.18：同治十年奏准

宁夏将军奏：管队官员误杀别营差弁，遵驳覆审定拟。奉旨：巴尔佳布、鄂辍尔、莫依托，均著革职留营效力赎罪。经刑部查疑贼致毙人命案件，例以死者究属平人，故无论共殴斗杀，均应将下手毙命之犯，问拟抵偿，从无分别情节，随案量减明文，所以重人命而防残杀者，立法具有深意。至近年因军务紧要，将议罪之员，奏请留营效力，系专指因军务获咎者而言。此外有犯人命等案，并无亦准留营效力之条。此案骁骑校济保、头品顶戴记名副都统巴尔佳布等疑贼致毙三命，例应均依斗杀律拟以绞抵。该将军率行减等定拟，不特与定例大相抵牾，且以惨毙三命重案，竟无拟罪之人，亦不足以昭情法之平，况近年直隶、山东等省，因防剿捻匪，疑贼毙命案件，不一而足，均系按照律例定拟，并无声请减等之案，原以朝廷设立刑章，内外均应遵守，刑部为执法衙门，尤不容畸轻畸重。在巴尔佳布等著有微劳，业奉特旨准其革职留营效力赎罪，毋庸再行置议，特恐外省未能仰体圣意，因有此免罪留营成案，将例应论死之犯，纷纷渎请，均借口于军营得力，率援此案免罪留营，为犯法者巧避之门，殊非慎重刑章之道。嗣后军营官兵致毙人命案件，无论案情轻重，悉照各本律定拟，均不准率行量减，亦不得遽请留营，并通行各省一律遵照。

律 423：吏典代写招草〔例 1 条，事例 4 条〕

凡诸衙门鞫问刑名等项〔必据犯者招草以定其罪〕，若吏典人等，为人改写及代写招草，增减〔其正实〕情节，致〔官司断〕罪有出入者，以故出入人罪论。若犯人果不识字，许令〔在官〕不干碍之人〔依其亲具招情〕代写〔若吏典代写，即罪无出入，亦以违制论〕。

（此仍明律，顺治三年，添入小注。顺治律为 445 条。）

条例 423.01：凡有司谳狱时

凡有司谳狱时，令招房书吏照供录写，当堂读与两造共听，果与所供无异，方令该犯画供，该有司亲自定稿，不得假手胥吏，致滋出入情弊。如有司将供词辄交经承，致有增删改易者，许被害人首告，督抚察实题参，将有司官照失出入律议处。经承、书吏照故出入律治罪。受财者，计赃以枉法从重论。

（此条系雍正七年定例。）

薛允升按：盖良法也。

事例 423.01：康熙四十四年覆准

审理强盗人命等情，取明犯人口供，高声朗诵，纸尾填注该犯姓名，令其亲自画押，定拟具题。

事例 423.02：乾隆二十二年议准

嗣后州县遇有人命案件，务于检验尸伤时，讯取已经到案犯证切实供词，并将案内人犯是否齐全，及有无要犯未获之处，同验尸图格造册，于十日内申报督抚，该督抚即据州县验详，转咨部科备案。定案之后，供吐相符，固为信谳，其于覆审时究出实情，与初供不相吻合者，将究诘改正缘由，据实详叙，审转之上司，并核议之法司虚衷体察，果无捏饰别情者，即行覆结，亦不得指初供互异为名，藉端苛驳。承审各官有心翻案，删改原招，或回护初供，迁就扭合，及初次故为取具闪烁供词，以图改移出入者，该督抚严察题参，将承审官照故行出入例议处。督抚不行查参，被法司纠举得实者，将该督抚交部亦照前例议处。

事例 423.03：乾隆四十一年议准

嗣后各省承审命盗及重要等案，于取供画押时，令要犯画供二纸，一纸存署，一纸申送督抚，随案送部。如有抑勒画押情弊，经上司究出，即据实揭参。若关罪名出入者，将该州县照故出入人罪律办理。如本府不能究出，经司道究出者，并将该府劾参，交部议处。至寻常外结之案，亦照此例，将原供各画二纸，一存本署，一送臬司备案。

事例 423.04：乾隆四十三年议准

嗣后要犯画押供单申送上司审转随案送部之例停止，仍责成督抚大吏，督率司府，于命盗重案，随时加意体察，反复推求，稍有可疑，即彻底究明，期于无枉无纵。傥州县一时疏忽，不能审出实情，或系另有规避，任意锻炼，删改供招，即行分别参办。

工律·营造
（计9条）

律 424：擅造作〔例6条，事例1条〕

凡军民官司有所营造，应申上而不申上，应待报而不待报，而擅起差人工者〔即不科敛财物〕，各计所役人雇工钱，〔每日八分五厘五毫，以〕坐赃〔致罪〕论。

若非法〔所当为而辄行〕营造，及非时〔所可为而辄行〕起差人工营造者，〔虽已申请得报，其计役坐赃之〕罪亦如〔不申上待报者坐〕之。

其（军民官司如遇）城垣坍倒，仓库公廨损坏，（事势所不容缓，）一时起差丁夫军人修理者，（虽不申上待报，不为擅专，）不在此（坐赃论罪之）限。

若营造计料申请〔合用〕财物及人工多少〔之数于上，而〕不实者，笞五十。若〔因申请不实，以少计多，而于合用本数之外，或〕已损财物，或已费人工，各并计所损物价，及所费雇工钱，〔罪有〕重〔于笞五十〕者，〔以〕坐赃〔致罪〕论。〔罪止杖一百、徒三年，赃不入己，故不还官。〕

（此仍明律，顺治三年添入小注，"八分五厘五毫"后有"通算折半"，雍正三年删定。顺治律为446条。）

薛允升按：一切河工及各处修建工程，现俱照工部则例办理。此门各条例不过约略言之，且与现在工部之例诸多不符，似应查照修改画一。

条例 424.01：在京各处修理工程

凡在京各处修理工程，工价银五十两以内，物料银二百两以内者，照依各处印文，准其修理。其工价银五十两以上，物料银二百两以上者，著该处料估启奏，工部差官覆核，会同该处官员首领监修，将用过钱粮，著管工官名下销算。如多用钱粮，不行启奏，即便承修者，将行文与承修堂司官，交与该部议处。若物料工价甚多，而分为几段，陆续行文，俱称五十两以内不奏者，查出，亦交与该部议处。

（此条系康熙六十年，工部议准例。雍正三年定例。）

薛允升按：此专指京城及工部派员承修而言，与下外省以五百两上下分别题咨之处不同，应参看。彼条有户部指定款项及知照户部，令其动项兴修之语，此条并无知会户部明文，此项银两自应由节慎库发给矣。似应点明。工部则例又有在京工程，分别奏启及在京工程，银数在千两以上，奏明办理二条，较为详明。

条例 424.02：凡修理行宫并各省仓廒等项工程

凡修理行宫并各省仓廒等项工程，一应动用钱粮事件，令该督抚奏闻，该部议覆，再行修理。工完之日，督抚亲自查明核减，造册具题，该部详核题销。如有不行启奏，擅自咨部请销，而该部据咨完结者，即行题参，交该部议处。

（此条系雍正初年例。乾隆五年议称：修理工程，一应工价物料，必先缺估核查，然后兴修，工完之日，逐一验明覆核，果与原估相符，钱粮俱归实用，自应照数准销。倘有开报多余之处，则当核减。此条工完查验，不分有无浮多，概予核减，殊未明晰，因改为"督抚亲自查明，倘有开报浮多，据实核减"。）

薛允升按：下条以银是否五百两上下分别题咨，是一应修建工程均在其内。此例专言行宫而并及仓廒。处分例则言仓廒等项而无行宫字样。处分例又有修理京通仓廒一条。刑例亦未载入。俱不画一，应参看。各省修理仓廒等项工程一应动用钱粮事件，该督抚具折奏明，俟工部议覆后再行修理。如不行具奏，擅自咨部请销，而该部即据咨完结者，均降三级调用。

条例 424.03：紧急工程不及先行料估核算者

紧急工程，不及先行料估核算者，酌量工程之大小，豫发钱粮，派员修造，俱以领银之日起限。如物料工价二百两以内者，限一个月；五百两以内者，限两个月；一千两至二千两以内者，限三个月；三千两至五千两以内者，限四个月，如式完竣。工竣之后，限十日内呈递销算清册，限十五日该司核算呈堂。如不遵定限完工，及工竣之日，不照限呈递清册，或已递清册，该司不据实核算者，照例分别议处。如管工官或有限期已届，修理未完，而因避处分捏报工竣者，另行指参，交部议处。其工竣核销，如有应缴银两，不即交库完结者，将该员参革，照例勒限催追，限内全完，准其开复；逾限不完，照侵蚀正项钱粮例治罪；仍著落家产追银还库。该司官员扶同徇隐，并交部议处。

（此条系雍正七年例。原议勒限四个月催追，乾隆五年，查《户律·仓库》条下，侵欺等项，分别勒追，俱有定例，因改为"照例勒限催追"。）

薛允升按：工程核减，后有条例，此照侵蚀正项钱粮，较下条为严。究竟工竣核销应缴银两与工程核减银两如何分别。记考。工程核减似系由上司或工部核明应减之项，工竣核销似系指管工者自己声明浮余之项，而处分例则又有应缴盈余银两，名目愈多矣。《处分则例》：各项工程报竣，有应缴盈余银两，承办官不遵定限缴库者，奏参革职。侵蚀入己者，革职，移知该员旗籍，照例勒限催追，限内全完，准其开复。逾限不完，交与刑部照侵蚀正项钱粮例治罪，仍查封家产赔还。承追官查催不力，照承追亏空例议处。既云盈余银两，则系未经动用之项，自应缴还，此例止云应缴银两而将盈余字删去，似未明晰。再，十日呈递清册，十五日核算呈堂，均指京内工程而言，此例亦未分晰叙明。《处分例》：京内工程，承修官以工竣之日起限十日内呈递销算清册，该限十五日内核算呈堂，照例题销。如承修官不依限呈递清册及该司不依限核销者，俱照在京衙门事件迟延例议处。又，各省修造工程，该督抚等酌量定限，于估报案内声明，委员赶办，逾限不完，将承修官降一级留任，修完之日，准其开复。捏报工竣者，题参革职。

条例 424.04：凡各省修建一应工程

凡各省修建一应工程，如物料价银五百两以上，工价银二百两以上者，该督抚将动支银两，及工料细数，豫行确估题报，工部查明定议，会同户部指定款项题覆，准其动用兴修。俟工竣之日，督抚亲自查核，造册题报，工部核明准销，仍知照户部查核。其物料价银五百两以下，工价银二百两以下者，该督抚咨明工部定议，知照户部，令其动项兴修，工竣，逐一造册题销。倘有需用物料工价甚多，而分为几处，陆续咨报，并未题明，辄行修建者，查出题参。其有应动用存公银两者，该督抚将确估工料细数，咨报工部查明，知照户部，准其动用，工完造报，工部将准销银数，造入该年存公册内，咨送户部查核。

（此条系雍正十三年定例。）

薛允升按：此专指外省而言，与上二条参看。此俱系工部办法，与刑部无干，似应删去。

条例 424.05：各省委员修理城工

各省委员修理城工，督、抚、布、按，每人各管一处。若城工有数处者，则令分管。一二处者，则令挨管。如有修筑不坚，三年之内倾圮者，著承修之员与专管之上司分赔。倘上司因干系己身赔修，故意隐匿者，一经发觉，责令专修，并交部治罪。

（此条系雍正七年，奉上谕纂为例。乾隆五年定例。）

薛允升按：从前各项工程均系保固三年，乾隆三十四年将城工改为保固三十年。衙署等工改为保固十年〔四十年改〕。此云三年之内，自系未经改例以前。惟《处分例》云：官员捐资修理城郭、楼台、房寨、器械等项，于三年之内坍损者，令该督抚并督工官赔修。又不专言城工，且系捐修之项，均未画一。

条例 424.06：凡遇工程核减

凡遇工程核减，除浮冒侵欺，仍按本律定拟外，如实系核减，本身现在无力完交，请豁银数在一千两以上者，照知府分赔属员侵欺不完治罪之例治罪。以十分为率，如未完之数在五分以内者，杖一百；至六分者，杖六十、徒一年；每一分加一等，十分无完者，杖一百、徒三年；均不准纳赎。如数不及一千两者，仍照旧例请豁，免其治罪。如本身已故，而子孙无力完缴者，仍照例请豁，毋庸议罪。至核减款内，采买水脚等项应追核减银两，如果力不能完，自应照例请豁，免其治罪。其余经费项下，若长支溢领误发，以及分赔之非由属员侵欺，并代赔、著赔之项，若查明欠项零星，不及一千两者，果系力不能完，照例豁免；如数在一千两以上者，请豁时，令该旗籍于本折内声明，或将本身照现定工程核减治罪之例，酌减一等问拟，或免其治罪之处，请旨定夺。

（此条系乾隆三十年，奉上谕议准定例。）

薛允升按：此等请豁银两，究与浮冒侵欺不同，既追赔又治罪，似嫌过重。题豁核减银两，见给没赃物。照知府分赔属员侵欺之例，即乾隆十五年奉旨议定者也，见《户律·虚出通关》末一条。此例亦未见平允。假如有两案于此，一请豁银数系一千一百两，一银数系九百余两，即系不及一千，自应免其治罪，而请豁在一千两以上者，即完过四五分，仍应治罪。未完银至七八百两以上，仍拟徒罪。且以未完之数而论，有较不及千两为少者，而一免一不免，未免偏枯。

事例424.01：乾隆三十年谕

向例官员等有未完应追官项，果系无力完交者，取具承追各官印结，题请豁免。上年因参革葭州知州刘度昭，拖欠核减城堡工程银一千余两，该旗查奏请豁，朕以刘度昭本系获罪之人，而其拖欠之项，乃系工程银两，若既免其追赔，复宽其治罪，不足以示惩儆，是以降旨将刘度昭治罪。续有已故凤台县知县吉禄，应追修城核减银两一案，该旗已坐扣其子孙名粮，又将伊子送部治罪，刑部议以罪无重科，奏请此后款项有著者，其子孙即免治罪，虽视该旗所办，较为平允，但未将何项应行追赔，及为数若干，应作何治罪之处，分别定议，条例尚未明晰，恐各衙门仍不免误会谕旨，办理未能允协。夫工程核减之必须严追治罪者，原以承办工程人员，或草率误工，或任意浮冒，或上司原参，即以侵欺为核减，是较之显然侵欺者不大径庭，而玩延不完，自有应得之罪。若固已无可追，概行豁免，不复加之罪谴，则幸免之徒，转自以为得计。即如张宏运前在南河，糜帑误工，侵欺显然，而皆坐之以核减，应赔之项累累，至今未完，又岂可任其脱然事外，不加追究乎！至于核减内采买水脚等项，今昔时价不同，经部核驳后，该督抚有将实在情形奏闻者，朕每持加宽免，此与浮冒工程者判然不同，即经费项下长支、溢领、误发各款，情节亦非一律，若不论事情之重轻，概行议罪，并且累及子孙，则竟漫无区别，与胶柱鼓瑟何异？嗣后如何酌定章程，使巧侵者不致漏网，获罪者知所创惩，无辜者免于拖累，著户刑二部会同详悉定议具奏。

律425：虚费工力采取不堪用〔成案1案〕

凡〔官司〕役使人工，采取木石材料，及烧造砖瓦之类，虚费工力而不堪用者，〔其役使之官司及工匠人役，并〕计所费雇工钱，坐赃论〔罪止杖一百、徒三年〕。若有所造作，及有所毁坏〔如拆屋坏墙之类〕，备虑不谨而误杀人者，〔官司人役并〕以过失杀人论。〔采取不堪，造毁不备〕工匠、提调官，各以所由〔经手管掌之人〕为罪。（不得滥及也。若误伤，不坐。）

（此仍明律，顺治三年添入小注，"罪止杖一百"前原有"折半科算"，雍正三年删定。顺治律为447条。）

成案 425.01：四川司〔道光四年〕

川督咨：隆昌县陈良佐楼屋横枋朽坏，并不预为修固，复在楼上堆放麻布多匹，压折横枋，致楼下住宿之荆涌盛，被压气闭身死，虽非陈良佐意料所及，究属疏忽，自应比律问拟。陈良佐应比照备虑不谨而误杀人者，以过失杀人论，过失杀人者，准斗杀罪，依律收赎，仍追埋葬银两，给尸亲具领。

律 426：造作不如法〔例 2 条，事例 2 条，成案 1 案〕

凡〔官司〕造作〔官房器用之类〕不如法者，笞四十。若成造军器不如法，及织造缎匹粗糙纸薄者，〔物尚堪用，〕各笞五十。若〔造作、织造各不如法，甚至全〕不堪用及〔稍不堪用〕应〔再〕改造〔而后堪用〕者，各并计所损财物及所费雇工钱，〔罪〕重〔于笞四十、五十〕者，坐赃论〔罪止杖一百、徒三年〕。其应供奉御用之物，加〔坐赃罪〕二等〔罪止流二千五百里〕。工匠各以所由〔造作织造之人〕为罪。局官减工匠一等。提调官吏，又减局官一等（以上造作织造不如法、不堪用等项），并（著工匠、局官、提调官吏）均偿物价、工钱还官。

（此仍明律，顺治三年添入小注，"罪止杖一百"前原有"折半科算"；"二等"后有"罪止满流"；"所由"后有"织造之人"，均雍正三年删定修改。顺治律为448条。）

条例 426.01：各处军器局造作各项军器不如法者

各处军器局造作各项军器不如法者，将管局委员参问降级，都、布、按三司堂上委官，及府卫掌印官，各治以罪。〔各笞四十、三十，减等之罪纳米还职。〕

（此条系明代问刑条例。雍正三年奏准：造作军器不如法，律文已明，此条删除。）

条例 426.02：凡打造弓箭

凡打造弓箭，擅改式样货卖者，笞五十。

（此条系清初例。雍正五年定例。箭上不书姓名，见毁弃军器。）

薛允升按：不牢固正实，即不如法也。造民间器用之物应笞五十，官用之物反笞四十，何也。《户律·市廛》门，民间造器用之物不牢固正实，及绢布之属纸薄短狭而卖者，各笞五十。与此参看。

事例 426.01：国初定

凡改造弓箭式样货卖者，鞭五十，将现获弓箭价值一分给予拿获之人，一分入官。箭上不写姓名者，罚银十两，给拿获之人；不能给银者，鞭三十。

事例 426.02：顺治十八年议定

改造弓箭式样货卖者，答五十，价值免追。箭上不写姓名，或写他人姓名者，杖八十，仍追银十两，给拿获之人。

成案 426.01：江苏司〔嘉庆十八年〕

伊犁奏：新疆当差革弁钱经，当差三年期满，原犯系办理荷花塘堤工，妄行倡议，希图见长讨好，以致办理错误。比照修造不如法杖徒罪上，加等拟发伊犁当差。

律 427：冒破物料〔例 12 条〕

凡造作局院头目、工匠，〔有于合用数外，虚冒〕多破物料〔而侵欺〕入己者，计〔入己〕赃，以监守自盗论〔不分首从，并赃论罪。至四十两斩〕，追物还官〔若未入己，止坐以计料不实之罪〕。

局官并（承委）覆实官吏，知情扶同（捏报、不举）者，与（冒破）同罪〔至死减一等〕。失觉察者，减三等，罪止杖一百。

（此仍明律，顺治三年添入小注。顺治律为 449 条。）

条例 427.01：各处巡按御史都布按三司分巡分守官

各处巡按御史，都、布、按三司分巡分守官，查盘军器，若有侵欺物料，挪前补后，虚数开报者，不论官旗军人，俱以监守自盗论。赃重者，照侵欺仓库钱粮事例拟断。卫所官三年不行造册，致误奏缴者，降一级。各该都司守巡等官，怠慢误事，参究治罪。

（此条系明代万历问刑条例。雍正三年奏准：今无巡按御史，且收贮军器，不止卫所衙门，亦无三年不造册始行问罪之例，相应删改为条例 427.02。）

条例 427.02：各处有司及营卫衙门收藏军器

各处有司及营卫衙门收藏军器，经上司官察盘，若有侵欺物料，挪前补后，虚数开报者，俱以监守自盗论，赃重者，照侵欺仓库钱粮事例拟断，该管官不行造册，致误奏缴者，降一级。察盘上司官怠慢误事，参究治罪。

（此条系雍正三年将条例 427.01 修改为定例。乾隆五年，查直省各营一切军器现存标镇协营等衙门，并无收藏各衙门及奏缴之例，至该管官止降一级，上司官参究治罪，与《兵部处分则例》不符，其例语烦冗之处俱应删改，因将例文删改为条例 427.03。）

条例 427.03：直隶各省督抚将军提镇所辖各标营等衙门

直隶各省督抚、将军、提、镇所辖各标营等衙门，收贮军器，经上司官查盘，若有侵欺物料，挪移掩饰，虚数开报者，俱以监守自盗论。赃重者，照侵欺仓库钱粮例治罪。该管官不查报，并失察之上司官，俱交该部照例分别议处。

（此条系乾隆五年，将条例 427.02 改定。）

薛允升按：此专指军器一项而言。监守自盗，赃轻者，引律。赃重者，引例，何必又照欺侵仓库例耶。欺侵仓库钱粮，即监守自盗也。似应删去。

条例 427.04：河工估计工程（1）

河工估计工程，总河、副总河及该督抚、分司委员确查，如估计过多，存心浮冒，查出革职，承查之员扶同徇隐者，交部议处。至工完之日，再行确查。如工程单薄，钱粮不归实用，修筑不坚固者，将承修之员，照侵欺钱粮例分别治罪。侵欺银两，勒限追赔。

（此条系雍正四年工部议准定例。乾隆五年改定为条例 427.05。）

条例 427.05：河工估计工程（2）

河工估计工程，总河及该督抚、分司委员确查，工段丈尺、椿埽、料物，如果与所估物料数目相符，核实具题，发帑兴修。如估计过多，物料数目不符，查出即行指参。承查之员扶同徇隐，交部议处。至完工之日，再行确查。如工程单薄，物料克减，钱粮不归实用，以致修筑不坚固，将承修之员，立即参究，分别入己、不入己定罪。侵冒银两，勒限追赔。

（此条系乾隆五年，将条例 427.04 改定。）

薛允升按：此不独河工为然，一切工程均应照办。《处分例》：河工承修之员估计工程存心浮冒者，革职。承查之委员扶同徇隐者，降三级调用。应参看。

条例 427.06：各省修造标营船只

各省修造标营船只，由道员、副将会同领价。道员遴委同知、通判，副将遴委都司、守备，协同办料修造。如系将军标下船只，即遴委参、领以下等官同领同办。倘承修之员修不如式，贻误军工，以及监验查收之员需索掯勒，并船上什物不即交代清楚，兵丁私行盗卖，以致短少残缺者，该督抚等即将该管将弁指名题参，其头舵人等照例治罪，分别著追。如该管上司不行查察，故为徇隐，一经发觉，照例议处。

（此条系雍正十年定例。）

薛允升按：此专指标营船只而言。承修不如式为一层，监验查收为一层，不即交待清楚，致兵丁偷窃什物为一层。首一层明言道员、副将、委员会办，乃末后题参，则有将弁而无文员，似嫌疏漏。

条例 427.07：直属抢修等工

直属抢修等工，每年应需物料，务于八月内豫动银两，给发购办，按照漕规价值，据实秤收，毋许重收累民。十月照额办足交工，取具并无短少印甘各结存案。倘承办之员，限内不能如数办足，将料物秤收短少，希冀掩饰，并将旧烂物料搀入。或经厅汛印官于互相秤收之时查出揭报，或经该督访闻，立即严参议处。如过期发银，购办迟滞，分别查参。其上年余剩物料，该管河道查盘实数，出具并无亏空印结呈报。倘盘查缺少、扶同徇隐，及有霉烂侵亏等弊，即将文武汛员，与盘查不实之上司，一并参处，照数分赔补项。

（此条系雍正十三年定例。）

薛允升按：此指河工应需物料预先购办而言，例首似应提出"河工"字样。《处分例》有河工预备物料，以厅员为专管官，守备为兼管官。修做埽工，以守备为专管官，厅员为兼管官。及河工料垛霉烂，各互相稽察一条。又，《处分例》，河工购办苇柴于四五月间，发办购办秋秸于七八月间，发办以十二月底作为初限云云，与此例不同。均应参看。此似指南河而言。

条例427.08：浙省修筑塘工估需银两

浙省修筑塘工，估需银两，饬令承修之员项目请领，不得牵混并领，亦不得通融挪用。领银之后，将办过物料数目申报上司，委员查验。如堆贮物料与所报相符，承查之员加具保结，申详听用。倘有亏缺及挪移掩饰情弊，即行揭参。查验官扶同徇隐，一并参处。至各塘保固限内，如有坍塌，即著落承修之员赔修。若遇有异常潮汐，委非人力可施，查明工程坚固，钱粮俱归实用者，准取结保题，免其赔修。如物料苟简、工程草率，钱粮不归实用，致有冲塌，照例题参，著落赔修。

（此条系雍正十三年定例。）

薛允升按：此专指浙江省海塘工程而言，与工部例略同。《工部则例》尚有苏、松、太等处，刑例无。

条例427.09：豫省应修水利地方有动用帑项者

豫省应修水利地方，有动用帑项者，承修各员，果能实力办理，俟保固三年之后，该督抚核题，并交部分别议叙。倘有不实行修筑，以致田亩被淹，即将各员交部分别议处。若侵蚀钱粮，工程不能坚固，承修之员，照侵欺河工钱粮例参革治罪。该管各官徇隐不报，俱照例议处。

（此条系乾隆二年，户部议覆河南按察使隋人鹏条奏定例。）

薛允升按：此专指河南一省而言。各省均有水利，不独豫省为然，似应改为通例。

条例427.10：凡各省修建工程所需物料

凡各省修建工程，所需物料，该督抚等转饬承办各员，不必拘泥各省从前造报物料定价，悉照时价确估造报。工竣之日，另行委员查勘，并取具并无捏饰印结详报，该督抚等确访时价，详细核明，据实题咨，工部再行核销。倘承办各员浮开捏报，即照冒销钱粮例指参。所委各员查验不实，照扶同徇隐例参处。

（此条系乾隆四年，工部奏准定例。）

薛允升按：物料照时价确估，部中即无可苛驳矣。

条例 427.11：京城物料价值

京城物料价值，经工部会同内务府确访时价，酌中更定。一应采办，工部遵照定例给发。如有赢余，并无别项需用，承办官竟行侵蚀，查出照例参究。倘其中有匠作搬运等费，许承办官将缘由呈明核夺。如该员并不呈报，照应申上而不申上例议处。

（此条系乾隆五年，工部议覆吏部折奏定例。）

薛允升按：此专指京城而言，与上条参看。《处分例》云：工程完竣，有匠作搬运余剩料件等费，许承办官将缘由呈明，于赢余银两内核销。如不行呈明，即自支给，照应申不申公罪律罚俸六个月。《处分例》并非专指京城而言，应参看。赢余银两一层，与擅造作门应缴银两不即交库一条相类，应参看。

条例 427.12：凡修造工程

凡修造工程，如夫头人等领帑侵蚀及私逃者，俱照常人盗仓库钱粮律，计赃治罪。

（此条系乾隆十年，河道总督白钟山条奏定例。）

薛允升按：原奏本系指河工而言，改为通例，是无论何项工程均应照办矣。似嫌太重。

律 428：带造缎匹

凡监临主守官吏，将自己物料辄于官局带造缎匹者，杖六十，缎匹入官，工匠笞五十。局官知而不举者，与〔监守官吏〕同罪〔亦杖六十〕。失觉察者，减三等〔则笞三十〕。若局官违禁带造，监守官吏亦坐不举失察之罪〕。

（此仍明律，顺治三年添入小注。原律小注无若局官以下数语。乾隆五年查照总注增入。顺治律为 450 条。）

薛允升按：止言缎匹而不言别项物件，未知何故。

律 429：织造违禁龙凤文缎匹〔成案 1 案〕

凡民间织造违禁龙凤文纻丝、纱罗货卖者，杖一百，缎匹入官。〔若买而僭用者，杖一百、徒三年；未用者，笞三十。〕

机户及挑花、挽花工匠同罪〔亦杖一百〕。

（此仍明律，其小注系顺治三年添入。原律尾有"当房〔工匠〕家小，起发赴京籍充局匠"，雍正三年删定。顺治律为450条。）

成案 429.01：江苏司〔嘉庆十八年〕

江督奏：陈宏略自造生坟石兽牌坊亭，以及造作池桥墓道，僧庵飨堂，恢宏华侈，僭越踰分，并于坊柱石刻联句，引用绳武贻谋字样，供桌雕刻鳌鱼，系鱼身龙首。将陈宏略拟徒三年，加等拟流，声请发黑龙江充当苦差。本部遵照奏准不准加重章程，仍将陈宏略改依僭用龙凤纹例，满徒上加等，拟流二千里。

律 430：造作过限〔成案 4 案〕

凡各处〔每年〕额造常课缎匹、军器，〔工匠〕过限不纳齐足者，以〔所造之数〕十分为率，一分，工匠笞二十；每一分加一等，罪止笞五十。局官减工匠一等；提调官吏又减局官一等。

若〔官司〕不依期计拨〔额造之〕物料〔于工匠〕者，局官笞四十，提调官吏减一等〔工匠不坐〕。

（此仍明律，顺治三年添入小注。顺治律为452条。）

成案 430.01：修船估价迟延〔康熙二十九年〕

吏部议江督傅腊塔疏称：庙湾营详请修理号船四只，随批淮安府查估。两月之限已满，尚未估计等因具题前来。应将淮安府知府单务孜照例罚俸一年。

成案 430.02：朽船变价迟延〔康熙二十九年〕

吏兵二部议总漕董讷疏：长淮卫交厂船板变价银两，抗不完解，具题前来。查定例，官员将朽烂船只不行估价申报者罚俸一年等语。除经征守备卯某别案革职毋庸议外，应将迟延淮安府同知王隆照此例于补官日罚俸一年。

成案 430.03：协船不修〔康熙二十九年〕

兵部咨：闽省陆续回京眷口，需船实多，拨扬属宣楼船赴淮扬协，应令如皋县额设船只，不行修理，知县久抗不遵，迟误修船等因。吏部议：查定例不修此项协船，无处分正例，应照官员奉委修造漕船，日久不完竣者，降一级调用例，将如皋县知县王某降一级调用。

成案 430.04：解木逾限〔康熙三十一年〕

吏部议：偏抚王某疏，宝庆府同知吴天来，领解桅杉木植，押送北上，一年零八个月，尚未回汛。查定例，各省运送木植，俱于一年解到等语。又查定例，凡奉差事竣，复任官员，如有迟延者，照到任违限例处分，违限半年以上者，革职等语。今同知吴天来，于二十九年九月一十五日起解桅杉木植，于三十一年三月初十方始到部交讫，已逾定限半年以上，应照此例革职。

律 431：修理仓库〔例 1 条，成案 2 案〕

凡〔内外〕各处公廨、仓、库、局、院，〔一应〕系官房舍〔非文卷所关，则钱粮所及〕，但有损坏，当该官吏随即移文〔所在〕有司〔计料〕修理。违者，笞四十。若因〔不请修〕而损坏官物者，依律科〔以笞四十之〕罪，赔偿所损之物〔还官〕。若〔当该官吏〕已移文有司，而失误〔施行，不即修理〕者，罪坐有司〔亦笞四十。损坏官物，亦追赔偿。当该官吏不坐〕。

（此仍明律，顺治三年添入小注。顺治律为 453 条。）

条例 431.01：各省营房墩台

各省营房墩台，该管地方文武员弁会同协办，修造完竣，严督兵丁加谨守护。如遇坍损，立即报明印汛各员，公同查勘修理，造入交代，于离任时，取具接任官印结，详报该管上司查核存案。倘平日不随时修葺，以致坍塌，经后官详揭，即行题参，著落印汛员弁分认赔修。如去任员弁无力赔修，文员即著落不严查之道府赔修，武弁即著落不严查之将备赔修。如兵丁作践折毁，严惩责革，著落汛弁独赔。如汛弁无力，即著落该管将备分赔。至交代之时，后官如有勒掯滥接等弊，该管上司查实，亦即题参，交部议处。

（此条系雍正十二年定例。）

薛允升按：此专指营房墩台而言，非公廨而类于公廨者也。然久已成具文矣。《处分例》各省墩台营房，令州县官会同该汛弁查修。倘不随时修葺以致倒塌，查系文员应行修造者，降一级留任。官员将安插官兵居住营房，不为修理安插，以致借住民房者，罚俸一年。

成案 431.01：不造衙署营房〔康熙三十年〕

工部题：张家口盖造衙署营房道员董景祚，至今未经盖造。吏兵二部议：查定例，官员将安插官兵居住房屋不行修理安插，以致占住民房者，罚俸一年等语。张家口盖造营房，推诿至今，未经盖造，不便照此例议处，应将口北道董景祚、通判高某、守备黄某，照官员修造炮台边界烽墩等项，不速行修造完结迟延者，降一级留任例，各降一级留任。奉旨：依议。

成案 431.02：经修不应衙门〔康熙四十一年〕

户部议广抚萧永藻题覆前抚彭鹏疏：布政司檄行九府属为修理抚院衙门，发银一千两，据藩臬二司详称，委系官捐等因。查修理衙门银两，虽系官捐，其所剩之银，俞品虽无入己，但俞品系职官，将不应奉行之事经手料理，殊属不合。查定例内，官员将不应修理之船只，限前混行申详修理者，降二级调用等语。俞品照此例原任降二级调用。

律 432：有司官吏不住公廨〔例1条〕

凡各府、州、县有司官吏不住公廨内官房，而住街市民房者，杖八十。

若埋没公用器物〔有毁失而不还官〕者，以毁失官物论〔毁者，计赃准窃盗加二等，免刺。失者，依减毁官物三等，追赔〕。

（此仍明律，顺治三年增修并添入小注。顺治律为454条。）

条例 432.01：凡各省督抚提镇

凡各省督、抚、提、镇，及有属员等官到任，其属员派累兵民修理衙署，备办铺设，及州、县、守御等官到任，其属下人役豫为铺设，修理衙署，派及兵民，并官员每年指称添换器物，修饰衙署，派累兵民者，该管上司即行指实题参。文员照科敛律治罪，武弁照克扣律治罪。如该上司徇庇不参，或勒令属员修理衙署，添换器物，发觉之日，将该上司一并交部分别议处。再，官员升任或去任，除自置器皿外，署内一应物件，俱著清载簿籍，移交接任官员。傥将在官物件，被家人毁盗，将家人照毁盗官物律治罪；其毁盗物件，著落旧任官照数赔补。

（此条系雍正五年定例。）

薛允升按：与守财门上司经过属员呈送下程一条参看。因恐其派累兵民故也。

工律·河防

（计 4 条）

律 433：盗决河防〔例 5 条，事例 2 条，成案 2 案〕

凡盗决〔官〕河防者，杖一百。盗决〔民间之〕圩岸陂塘者，杖八十。若〔因盗决而致水势涨漫〕毁害人家及漂失财物，淹没田禾，计物价，重〔于杖〕者，坐赃论〔罪止杖一百、徒三年〕。因而杀伤人者，各减斗杀伤罪一等〔"各"字承"河防圩岸陂塘"说〕。若〔或取利，或挟仇〕故决河防者，杖一百、徒三年。故决圩岸陂塘，减二等；漂失〔计所失物价，为〕赃重〔于徒〕者，准窃盗论〔罪止杖一百、流三千里〕，免刺。因而杀伤人者，以故杀伤论。

（此仍明律，顺治三年添入小注。顺治律为 455 条。）

条例 433.01：凡黄河一年之内

凡黄河一年之内，运河三年之内，堤工陡遇冲决，而所修工程实系坚固，于工完之日，已经总河、督抚保题者，止令承修官赔修四分，其余六分，准其开销。如该员修筑钱粮俱归实用，工程已完，未及题报，而陡遇冲决者，该总河、督抚将冲决情形，并该员工程果无浮冒之处，据实保题，亦令赔修四分，其余俱准开销。如黄河一年之外，运河三年之外，堤工陡遇冲决，而该管各官实系防守谨慎，并无疏虞懈弛者，该总河、督抚查明具题，止令防守该管各官共赔四分，内河道分司、知府共赔二分，同知、通判、守备、州县共赔一分半，县丞、主簿、千总、把总共赔半分，其余六分准其开销。其承修防守各员，俱令革职留任，戴罪效力，工完之日，方准开复。倘总河、督抚有保题不实者，后经查出，照徇庇例严加议处；所修工程，仍照定例勒令各官分赔还项。若河员有将完固堤工故行毁坏，希图兴修，藉端侵蚀钱粮者，该总河察访奏闻，于工程处正法。

（此条系雍正五年，奉上谕议准定例。）

薛允升按：此指工程实系坚固，陡遇冲决而言。修筑黄河堤岸，定限保固一年，修筑运河堤岸，定限保固三年，见《处分则例》。于工程处正法，可谓严矣。而从未办过，亦具文耳。

条例 433.02：故决盗决山东南旺湖（1）

故决、盗决山东南旺湖，沛县昭阳湖、蜀山湖，安山积水湖，扬州高宝湖，淮安高家堰、柳蒲湾及徐邳上下滨河一带各堤岸，并阻绝山东泰山等处泉源，有干漕河禁例，为首之人，发附近卫所，系军，调发边卫充军。其闸官人等，用草卷搁闸板盗泄水利，串同取财，犯该徒罪以上，亦照前问遣。

（此例条系明代问刑条例。"为首之人，发附近卫所，系军，调发边卫充军"十七字，雍正三年改为"军民俱发边卫充军"。嘉庆二十五年改定入条例 433.05。）

条例 433.03：河南等处地方盗决及故决堤防

河南等处地方，盗决及故决堤防，毁坏人家，漂失财物，淹没田禾，犯该徒罪以上为首者，若系旗舍余丁民人，俱发附近充军，系军，调发边卫。

（此条系明代问刑条例。"为首者，若系旗舍余丁民人，俱发附近充军，系军，调发边卫"二十三字，雍正三年改为"军民俱发边卫充军"。嘉庆二十五年改定入条例 433.05。）

条例 433.04：故决盗决山东南旺湖

凡盗决河南、山东等处临河大堤，为首者发边卫充军。盗决格月等堤，发附近充军。因而杀伤人者，仍照律定拟。

（此条系乾隆二十一年，河东河道总督白钟山条奏定例。嘉庆二十五年改定入条例 433.05。）

条例 433.05：故决盗决山东南旺湖（2）

故决、盗决山东南旺湖，沛县昭阳湖、蜀山湖，安山积水湖，扬州高宝湖，淮安高家堰、柳蒲湾，及徐邳上下滨河一带各堤岸，并河南、山东临河大堤，及盗决格月等堤，如但经故盗决，尚未过水者，首犯先于工次枷号一个月，发边远充军。其已经过水，尚未侵损漂没他人田庐财物者，首犯枷号两个月，发极边烟瘴充军。既经过水，又复侵损漂没他人田庐财物者，首犯枷号三个月，实发云、贵、两广发极边烟瘴充军。因而杀伤人者，照故杀伤问拟。从犯均先于工次枷号一个月，各减首犯罪一等。其阻绝山东泰山等处泉源，有干漕河禁例，军民俱发近边充军。闸官人等，用草卷搁闸板，盗泄水利，串同取财，犯该徒罪以上，亦发近边充军。

（此条系嘉庆九年，将条例 433.02 至 433.04 修并。嘉庆二十五年，停发黑龙江遣犯，将原例"发黑龙江为奴"，改为"实发云、贵、两广极边烟瘴充军"。）

薛允升按：南旺、昭阳等湖，漕运攸关，故问拟充军。河南滨临大河，一经盗决堤防，为害匪浅，故亦拟充军。从无大堤已经决开，尚未浸损漂没之理。似应以浸损漂没之多寡，仿照失火例酌加枷号。记核。律以盗决、故决为罪名轻重之分，例则并无区别，亦不言盗故决之由，殊未明显。原例首条系指取利而言，下二条非恐自损，即意在损人，颇觉明晰。修并一条，似应详为叙入。

事例 433.01：康熙三十八年题准

擅自筑堤者，照故决河防律，杖一百、徒三年。系旗人，枷号四十日、鞭一百。

事例 433.02：嘉庆九年谕

陈大文等奏：审拟私挖官堤人犯一案，讯出李元礼因黄水浸滩，淹浸田庐，纠众盗决大堤进水，以图自利。郭林高教令决堤，僧人木堂极力怂恿，纠人助决。经该督等审明，将李元礼、郭林高二犯问发近边充军，僧人木堂量减一等，问拟满徒，系照本例办理，但大堤以内，均系民田庐舍，该犯等以河滩自有之田被淹，辄敢决堤进水，设或堵闭稍迟，水势一经流入，则堤内田庐，岂不尽被淹毁？以邻为壑，损人利己，其居心实属忮忍，况当大汛到临，堤工吃紧之时，非寻常盗决可比。陈大文等所拟罪名尚轻，李元礼、郭林高、僧木堂三犯，著刑部另行核拟具奏。钦此。遵旨议准：李元礼、郭林高枷号两月，发极边烟瘴充军，所有酌改盗决堤防罪名各条，纂入则例。

成案 433.01：擅筑堤岸〔康熙三十八年〕

刑部覆工部疏：宝坻县属河堤，李德桢、郑三等所筑子堤，系擅筑，应令该抚将擅自筑堤之民李德桢等照例治罪，将旗人郑三解送刑部，咨送前来。查律文定例内，擅自筑堤作何治罪，并无正条，据此将郑三比照凡故决河者杖一百、徒三年律，应杖一百、徒三年，系旗人，枷号四十日，鞭一百。

成案 433.02：湖广司〔道光二年〕

湖督奏：谢同敖等盗决州堤一案。查谢同敖等所挖之堤，虽系民间私堤，非山东、河南临河大堤可比，惟决口过水，致秋禾杂粮俱被淹没，小民终岁辛勤，一日化为乌有，且因此酿成十四命重案，未便轻纵。将谢同敖比照故决河南、山东临河大堤，漂没他人田庐财物例，枷号三个月，发云贵两广极边烟瘴充军。

律 434：失时不修堤防〔例 5 条，事例 1 条，成案 12 案〕

凡不〔先事〕修〔筑〕河防及〔虽〕修而失时者，提调官吏各笞五十；若毁害人家漂失财物者，杖六十；因而致伤人命者，杖八十。

若不〔先事〕修〔筑〕圩岸及〔虽〕修而失时者，笞三十；因而淹没田禾者，笞五十。

其暴水连雨，损坏堤防，非人力所致者，勿论。

（此仍明律，顺治三年添入小注。顺治律为 456 条。）

条例 434.01：凡运河一带

凡运河一带，用强包揽闸夫、溜夫二名之上，捞浅铺夫三名之上，俱问罪，旗军发近卫，民并军丁人等发附近，各充军。揽当一名，不曾用强生事者，问罪，枷号一个月发落。

（此条系明代问刑条例。雍正三年奏准，"俱问罪，旗军发近卫，民并军丁人等发附近，各充军"等二十字，改为"俱问发附近充军"。）

薛允升按：《笺释》云："包揽各夫二名、三名以上，问豪强求索。系官给工食，问常人盗。揽当一名及有人应役又不多取工钱，止问不应或违制之罪。"包揽驿递夫役，见《兵律·驿使稽程》，应参看。

条例434.02：遇河工紧要工程

遇河工紧要工程，如有浮议动众，以致众力懈弛者，将倡造之人拟斩监候，附和传播者杖一百，即于工所枷号一个月；其指称夫头，包揽代雇，勒掯良民者，二名以上，发附近充军；一名者杖一百，枷号一个月发落。

（此条系雍正六年定例。）

薛允升按：夫役工匠挟制，散见"公事应行稽程"，应参看。

条例434.03：楚省岁修堤塍

楚省岁修堤塍，如有掯勒业户，将夫工包折银钱者，照河工包揽闸夫、溜夫、捞浅铺夫例，分别名数定拟。

（此条系雍正六年定例。）

薛允升按：此指楚省而言，皆所谓一事一例也。

条例434.04：河工承修各员采办料物

河工承修各员采办料物，如有奸民串保领银，侵分入己，以致亏帑误工，该总河将承办官参究，仍将亏帑奸民，发该州县严查追比。傥有徇纵等情，亦即查参，交部议处。其亏帑串保奸民审实，照常人盗仓库钱粮律计赃治罪，应追银两逾限不完，著落原领官名下追赔。

（此条系雍正十二年定例。）

薛允升按：常人盗仓库钱粮，律无死罪，旧例亦较今为宽。此处云照律治罪，如至一百两以上，如何拟断。记核。

条例434.05：凡堤工宜加意慎重以固河防

凡堤工，宜加意慎重以固河防，除现在已成房屋，无碍堤工者，免其迁移外，如再有违禁增盖者，即行驱逐治罪，并将徇纵容隐之官弁，交部分别议处。

（此条系乾隆二年，钦奉上谕，恭纂为例。）

薛允升按：所奉上谕，原指江南黄、运两河而言。

事例434.01：乾隆二年谕

江南黄、运两河堤工之上，向有民人盖房居住者，曾经河臣等议令拆毁迁移以防作践，旋以小民安土重迁，止令移去险要工所之房屋，其余仍旧存留，此国家体恤贫民之恩泽也。查各堤所有民房，俱无额征租税，惟高邮、宝应、江都、甘泉、山阳五州县，每年有应征租银三百八十余两，其间拖欠不完者，往往有之。朕念此等蔀屋茅檐，非有力之家可比，若留此输公之项，虽为数无多，而追呼不免，且恐有胥役藉端苛索之弊，用是特颁谕旨，将此项租银永行停止，并将历年拖欠未清之数，悉予豁除。惟是上下堤工，乃河渠之保障，理宜加意慎重以固河防，除现在已成房屋无碍堤工者，免其迁移外，将来不许再有增添。如有违禁增盖者，即行驱逐治罪，并将徇纵容隐之官弁分别议处。

成案434.01：派修堤岸冲决〔康熙三十四年〕

吏部覆总督仓场咨：员外包格派修堤岸完工，又经冲决，虽供复又修完，查定例，官员将通衢大路要紧堤桥不行预期修理，以致冲决损坏者，府州县官各罚俸一年。包格系派修理之官，不便照此例，应将包格降一级留任，罚俸一年。

成案434.02：河工应赔银两〔康熙三十九年〕

工部覆直抚李光地咨：原任武清县知县祖应世名下应赔康熙三十三年修筑要儿渡等处堤岸，年限已满，仍无完解，咨参前来。查新定例内，河流不移者，将管河官革职，戴罪勒限半年赔修，分司道官各降四级督赔，工完开复，见今应赔工程，总河具题，动帑修筑者甚多，将此应赔银两，亦照赔修之例，勒限处分等语。应将原任武清县知县祖应世照例革职，勒限半年赔完，承追不力武清县知县章某照此例降四级督完，如限满不完，照例题参。奉旨：祖应世著革职留任赔完，余依议。

成案434.03：非管河官承追赔银〔康熙四十一年〕

工部题大兴县知县王廷聘承追岁贡刘文灿河工应赔银两未完。查定例内，堤岸冲决河流不移者，将管河各官俱革职，戴罪勒限半年赔修，分司道官各降四级督赔，工完开复等语。大兴县知县王廷聘非管河官员，应照不作十分之杂项钱粮未完例，降俸二级，勒限半年，戴罪督催。岁贡刘文灿既经该抚咨明褫革，未完银两作速催完报部。

成案434.04：承追河工银两〔康熙四十五年〕

工部咨直抚赵弘燮，以候选州同华兆麟捐纳知县，应缴加捐等银。又宛平县人张六捐赎绞罪应缴加捐节省银两，半年限满，查无完报咨参，交与吏部议。应将原参承追华兆麟、张六名下银两，未完之大兴县知县李锦、宛平县知县王言，均照例各罚俸一年，勒限半年督催。

成案434.05：河银岁外完解〔康熙三十九年〕

署总河徐延玺以江苏等八府州属康熙三十七年分河银岁外完解各官开列题参，宿迁县知县胡三俊等八员，吏部议亦照官员解送钱粮等项，沿途停搁日期者，各罚俸一年。

成案434.06：河工钱粮解送迟延〔康熙三十八年〕

吏部覆工部咨：永定河需用钱粮，于守道库内取用，升任抚臣于成龙具题，行文在案，彼时该道理应酌量拨给钱粮，乃迟延以致分司吴禄礼以贻误呈报。查定例内，官员解送钱粮等项，沿途停搁日期者，各罚俸一年等语。应将解银迟延之守道高必弘照此例罚俸一年。

成案 434.07：捏报起解土方银两〔康熙四十五年〕

兵部议直抚李光地疏：武弘泽应缴少土方，加捐节省银两，并未赴库交纳，当日捏报之员，系天津卫守备萧某。查定例，卫所官员起解钱粮，并未起解申报起解者，降二级调用等语。应将天津卫守备萧某照例降二级调用。

成案 434.08：保题别处谙练河员〔康熙三十五年〕

吏部覆总河董某题：前宿迁同知，今升刑部员外郎李言请以补授河南管河道。查九卿会议定例内，黄运两河，甚是紧要，关系运道民生，必须谙练河务，有才品者，该督保题，吏部照前项补授，其别处官员不准坐名补授等语。李言系现任刑部员外郎，与例不符，应将该督所题之处，毋容议。奉旨：该督既称李言熟谙河务年久，著照所题升补。

成案 434.09：题留丁忧河员〔康熙三十五年〕

吏部覆总河董某题：查原任山东济东道，今丁忧佟国聘，该督既称精明练达，石工尤为谙练等语。应如所题，将佟国聘准其河工监理。奉旨：依议。

成案 434.10：清河官员议叙〔康熙四十二年〕

吏部覆：直抚李某疏称，霸保文大等十二州县，清河堤岸，设立管河同知，及州判、县丞、主簿等项专官，经管修理。查清苑县管河县丞彭兆邕等六员，已经三年届期，所管堤岸，并无冲决坍塌，勤劳称职，保题前来。查康熙三十七年七月内，臣部覆原任河道总督王新命疏称，设立管河同知及州判、县丞、主簿等项专官经管，以时修理，部议定例，各官三年满日，果能勤敏称职，照永定河之例，该抚保题到日，以应升之缺，即行升用等语，且分司朝琦俸满，已经准其应升在案，今该抚既称彭某等六员已经三年届期，各属所管堤岸，加意修筑，并无冲决坍塌，勤劳称职等因保题，应将彭兆邕等应升之缺，即行升用。奉旨：依议。

成案 434.11：闭闸误漕〔康熙五年〕

吏部议：总漕林某疏，宿迁县管河主簿杜荣春，当漕船盛行之际，妄报黄河水涨，擅自闭闸闭坝，稽迟重运，难辞误漕之咎，应降一级调用。奉旨：依议。

成案 434.12：擅筑堤岸〔康熙三十八年〕

刑部覆工部疏：宝坻县属河堤李德祯、郑三等所筑子堤，既系擅筑，应令该抚将擅自筑堤之民李德祯等照例治罪，将旗人郑三解送刑部，咨送前来。查律文之定例内，擅自筑堤作何治罪，并无正条。据此将郑三比照凡故决河者，杖一百、徒三年律，应杖一百、徒三年，系旗人，枷号四十日，鞭一百。奉旨：依议。

律 435：侵占街道〔例 1 条，成案 1 案〕

凡侵占街巷通路而起盖房屋，及为园圃者，杖六十，各令〔拆毁修筑〕复旧。其〔所居自己房屋〕穿墙而出秽污之物于街巷者，笞四十。〔穿墙〕出水者，勿论。

（此仍明律，顺治三年添入小注。顺治律为 457 条。）

条例 435.01：在京内外街道

在京内外街道，若有作践掘成坑坎，淤塞沟渠，盖房侵占，或傍城使车，撒放牲口，损坏城脚，及大清门前御道棋盘街，并护禁门栅栏、正阳门外御桥南北、本门月城、将军楼、观音堂、关王庙等处，作践损坏者，俱问罪，枷号一个月发落。

（此条系明代问刑条例，顺治三年修改。）

薛允升按：《笺释》云："盖房侵占，除本律损坏城脚，除毁宫墙垣栅栏等处作践损坏者，除毁官物，俱依违制枷号发落。若计所毁之赃重于违制之罪，仍各从本律。"律统指各处而言，例则专言京城以内也。问罪，《笺释》谓依违制问杖一百也。若不叙明，将从何发落耶。观音堂、关王庙等语似应删去。

成案 435.01：山西司〔嘉庆二十五年〕

晋抚咨：阎旺年因修理铺房，垒砌护墙，侵及学宫东围墙。应比照侵占街道起盖房屋律，杖六十，酌加枷号一个月。

律 436：修理桥梁道路〔成案 1 案〕

凡桥梁道路，府、州、县佐贰官〔职专〕提调，于农隙之时，常加点视修理，〔桥梁〕务要坚完，〔道路务要〕平坦。若损坏失于修理，阻碍经行者，提调官吏笞三十〔此原有桥梁而未修理者〕。

若津渡之处，应造桥梁而不造，应置渡船而不置者，笞四十〔此原未有桥梁而应造置者〕。

（此仍明律，顺治三年添入小注。顺治律为 458 条。）

成案 436.01：迟误搭桥〔康熙三十四年〕

吏部覆工部咨：霸昌道金云凤迟误搭盖古北口五处桥，巧捏推诿是真。查定例内，兴举大工，附近地方官不协同设法募夫，不将应需柳草等项一切物料，以致迟误河工者题参，将州县官降三级调用，司道府各降二级调用，应将密云县知县孙国辅降三级调用。再查定例内，州县官将未完之钱粮捏作全完转报者革职，司道官各降二级调用等语。霸昌道金云凤系特差承修之员，巧捏推诿，不便照司道府之例议处，应革职。

〔附录〕雍正三年删除律例

顺律 032：吏卒犯死罪

凡在外各衙门吏典、祇候、禁子有犯死罪，从各衙门长官鞠问明白，不须申禀，依律处决；然后具由申报本管上司，转达刑部，奏闻知会。

顺律 034：杀害军人

凡杀死〔正伍〕军人者，依律处死，仍将正犯人余丁抵数充军。〔止终本身，所抵军人死后，即于原被杀死军人户内勾捕。〕

顺例 034.01：凡谋故杀死总小旗者

凡谋、故杀死总小旗者，正犯抵死，旗役仍令本户余丁补当，若无本户余丁，勾取犯人户内壮丁，抵充军数。

顺律 035：在京犯罪军民

凡在京军民若犯杖八十以上者，军发外卫充军民，发别郡为民。〔若徒、流以上，并论如律，其配发外卫、外郡，不言可知。〕

顺律 061：官吏给由

凡各衙门官吏〔考满〕给由到吏部，〔考功司〕限五日，〔移〕付〔各司查〕勘〔脚色、行止等项〕完备，以凭类选铨注。若不即付勘完备者，迟一日，吏典笞一十，每一日加一等，罪止笞四十。首领官减一等。

若〔给由官吏于文内将任内〕公私过名隐漏不报者，以所隐之罪坐之。若罚赎记过者，亦各以所罚、所记之罪坐之。若报重罪为轻罪者，坐以所剩罪。当该官司扶同隐漏者，与同罪。〔若各衙门官吏已〕承〔行给由转〕报〔开写详尽〕而〔于转申上司之时〕差〔写脱〕漏，及上司失于查照〔依错转申〕者，并以失错漏报卷宗科断。

其漏附〔履历〕行止者，一人至三人，吏典笞一十，每三人加一等，罪笞四十。

若〔给由人通同当该官吏〕有增减月日，更易地方，改换出身，隐匿过名者，并杖一百，罢职役不叙。

〔给由官吏〕有所规避，及〔当该官吏〕受赃者，各从重论。〔统上文，凡给由官吏并经该衙门官吏，及吏部官吏，若受赃，俱从重论。〕

条例

顺例 061.01：在京官满后三月

在京官满后三月，无故不给由，参问，公差准理。

顺例 061.02：在外有司府州县官

在外有司、府、州、县官，三年考满，将本官任内行过事迹，保勘核实明白，出给纸牌，攒造事迹、功业文册，纪功文簿，称臣佥名，交付本官，亲赍给由。如县官给由到州，州官当面察其言行，办事勤惰，从实考核称职、平常、不称职词语。州官给由到布政司，如之。以上俱从按察司官核考，仍将考核词语呈部。直隶府、州、县官考核，本部覆考类奏，俱以九年通考黜陟。其云南有司官员任满给由，一体考核不称职者黜陟，原系边方，具奏复任，九年通考。

顺例 061.03：在外起送考满官

在外起送考满官，俱要合干上司，查勘明白，一一具结。如无一处印信保结者，行查。

顺例 061.04：内外杂职官

内外杂职官，三年给由，无私过，未入流升从九品，从九品升正九品。税课司、局，及河泊所、仓库官，先于户部查理岁课。军器、织染、杂造等局官，送工部查理，造作花销明白，送部通类具奏。其仓官收粮不及千石者，本等用；亏折赔纳足备者，照依品级降用；其有杖、笞者，本等用；但犯赃私，并私罪曾经杖断，未入流降边远，从九品降未入流。不识字者，本等用。如有学无成效，及罢闲生员除授杂职者，犯赃私杖罪，发在京衙门书写。

顺例 061.05：官员三年任满给由

官员三年任满〔不论前任、后任，通作三年〕给由，以领文日为始。若到部过限四个月之上，送问；一年之上，发回致仕。其九年任满者，一年之上，送问；二年之上，发回致仕。虽有事故，并不准理。若九年已满，托故在任久住，不行赴部及不申缺者，参提究问，就彼革职回籍，冠带闲住。

顺例 061.06：在外吏典

在外吏典，除役内丁忧及人多缺少，在官服役听参外，若一考满后，不行转参，两考满后，不行给由，展转捏故，在役管事，或歇役三年之上，就彼问发民。中间虽有事故，亦不准理。其故违收参，起送官吏，参问治罪。若两考役满，接丧丁忧，服满迁延三年之上，不行起复者，亦发为民。其未及三年者，果有事故实迹，各该衙门保结起送吏部，查照定夺；虽在三年之内，起送过限到部者，送问重历。〔重历，即纳赎。〕

顺例 061.07：考满

考满，各府管粮及州县掌印管粮官，查勘任内经手钱粮，不分起存，系布政司者，布政司类造；系直隶者，府、州类造。内有起解司、府、州贮库，听候总运，并遇革减免者，俱明白填写给付，赍投吏部，先行户部，将循环并岁报文册，查对完足，回报吏部，准令给由。未完仍发回原任追补，经该官吏参问。若将行，复遇科派，势难卒完，及原非旧额，或有蠲免者，俱准给由。果有别项贤能，不待考满，推升行取者，照前查有拖欠，追完方许离任。〔革即赦。〕

顺律 121：外番色目人婚姻

凡外番色目人，〔是回回种类。〕听与中国人为婚姻，〔务要两相情愿。〕不许本类自相嫁娶。违者，杖八十；不愿为婚姻者，听从本类自相嫁娶，不在禁限。〔饮食起居，各有本俗，不能相同，故婚姻止听其自便。〕

顺律 218：悬带关防牌面

凡朝参文武官及内官，悬带牙牌、铁牌，厨子、校尉入内，各带铜、木牌面。如有遗失，官罚银，〔未入流，罚一两；九品罚二两；至九品，递罚。止十两。〕厨子、校尉罚〔一两，照未入流论。〕若有拾得，随即报官者，将各人该罚〔银〕充赏。有牌不带，〔或因牌有毁失、质当之类。〕无牌辄入者，杖八十。〔无牌〕借者及〔有牌〕借与人者，杖一百。事有规避者，从〔其〕重论。隐藏者，杖一百、徒三年。〔知其隐藏〕首告者，于犯人名下追罚银〔照品，如未入流一两之数。〕充赏。〔若将拾得牌面〕诈带朝参，及在〔朝门〕外诈称〔有牌〕官员名号，有所求为者，绞。〔监候。〕伪造〔牙、铁、铜、木牌〕者，斩。〔监候。〕首告〔其诈伪〕者，于犯人名下追银〔照品加二等〕充赏。

顺例 204.01：凡各卫直宿军职

凡各卫直宿军职使令上直军人，内官使令上直校尉，各悬带铜牌，出百里之外营干私事者，参问奏请。军职降一级，调边远卫分，带俸差操。内官发充净军。军人、校尉俱发边卫充军。若由各官，挟势逼勒者，军人、校尉，照常发落。

督 捕 则 例

督捕001：另户旗人逃走〔例26条〕

例001.01：天命十一年谕
凡逃人已经离家，被执者处死。其未行者，虽首告勿论。

例001.02：天命十一年定
逃人犯至四次者处死。

例001.03：顺治九年议准
逃至二次者处死。

例001.04：顺治十一年题准
凡逃一次者鞭一百，二次者正法。

例001.05：顺治十一年又题准
凡逃三次者正法。

例001.06：顺治十三年题准
凡逃一次者，面上刺满汉文"逃人"字样，鞭一百，二次者仍正法。

例001.07：顺治十七年题准
逃人初次逃者左面刺字，鞭一百。二次逃者，右面刺字，鞭一百。三次逃者正法。

例001.08：顺治十八年定
逃人犯至三、四次者，虽遇赦，即处绞，不必候秋后。

例001.09：康熙四年谕
停止逃人面上刺字，照窃盗例刺臂。

例001.10：康熙五年谕
逃人改刺臂上，逃者日多，无凭稽察，仍刺其面。

例001.11：康熙七年覆准
三次逃人，监候秋后绞。

例 001.12：康熙十二年定

逃人十五岁以下者，尚属愚蒙，逃走三次者亦免死。

例 001.13：康熙二十二年题准

三次逃人，奉旨免死减等发落者，将本身发宁古塔与穷兵为奴。

例 001.14：康熙二十五年议准

凡三次逃人，不必交与刑部正法，停其具题，即交户部给宁古塔穷兵为奴。

例 001.15：乾隆五年定

旗人聘娶民妇为妻，其妇人逃走，免刺，鞭一百。逃至三次正法。窝家地方官功过，照常究议。

例 001.16：乾隆八年定

旗人家下妇女，初次逃走者，鞭一百。有犯，按次科断，鞭责的决，余罪照例收赎，均免其刺字。窝家照收留逃走妇女例，分别知情不知情治罪。地方官功过，照常究议。

例 001.17：乾隆十八年议准

凡在京旗人逃走，于一月内拿获，及自行投回，仍照旧例治罪交旗管束外，其在一月以外，不论投回被获，查系满洲蒙古，金妻发黑龙江等处当差，有子女愿随者听。该将军严加约束，岁底将该犯等曾否改悔之处汇奏。如知儆惧改悔者，即入于本地丁册一体食粮当差。怙恶不悛者，将该犯及随带子女，改发云、贵、川、广边远地方，听其自行生理，令地方官与民人一体约束，旗册除名。系汉军，照民人犯流罪例，分别次数，按三流道里安抚为民〔一次流二千里，二次流二千五百里，三次流三千里〕，同妻一并销除旗档。其在逃匪类，虽在一月内投回，而该旗奏明送部发遣者，系满洲蒙古发往拉林，汉军仍照民人例分发各省。至汗闲迷路在逃，年在十五岁以下者，仍照旧例办理；若在十六岁以上，亦与逃人同罪。该管参、佐领等，均交并部议处，刑部于岁终，将报逃人数汇疏以闻。

例 001.18：乾隆二十四年奏准

凡各省驻防兵丁闲散人等，初次逃走，无论被获自首，俱鞭一百、枷号一月，交与该旗佐领官员等严加管束，充当苦差，半年后果能安分，仍准披甲当差；二次逃走，无论被获自回，即发黑龙江等处折磨当差。再，绥远城有从热河所拨驻防兵丁，右卫所拨驻防蒙古兵丁内逃走者，亦照此例办理。其逃走兵丁至三名者，将失察之该管佐领、防御、骁骑校，罚俸一年；至五名者，该管协领罚俸六月；至十名者，将军、副都统等罚俸三月。

例 001.19：乾隆二十八年谕

定例另户满洲蒙古逃走，在一月内自行投回者，交旗管束。拿获者，分别初次二次，鞭责枷号，交旗管束。夫身为满洲蒙古世仆，而至于逃走，必其素行卑鄙，或债负逼迫所致。伊等现食钱粮，尚且逃走，若革去钱粮，岂复能安分静守耶？即交与该都统大臣等，亦难管辖，不过仍然逃走耳。与其令伊等既回复逃，莫若赏给钱粮，派往伊犁当差。著八旗都统等，将乾隆十八年以后，另户满洲蒙古逃走在一月内投回及拿获者，俱查明，连家属一并派往伊犁，赏给步甲钱粮，当差行走。如赏给钱粮后仍不悛改，复致逃走，此则匪劣成性，终身不能改悔者，竟不必派人差拿，即拿获亦不必照军逃例即行正法，著于满洲蒙古档册，即将伊等名籍销除，任其所之，毋庸办理。

例 001.20：乾隆三十二年定

满洲蒙古逃走，一月外投回被获应发黑龙江之犯，不必金妻，其妻妾子女愿随者听。汉军一月内投回免罪，拿获者，初次鞭一百，二次枷号一月、鞭一百。如逃至三次及在一月以外，不论投回被获，即照民人犯流罪例，分别次数治罪。至在逃匪类一月内投回，除满洲蒙古仍照例发往伊犁外，如系汉军，亦照民人例分发各省。

例 001.21：乾隆三十三年定

另户满洲蒙古发伊犁，赏给钱粮后复行逃走者，如自行投回，用重枷枷号六月，痛加责惩折磨差使。拿获者，即行正法。

例 001.22：乾隆四十一年奏准

另户满洲蒙古逃走，一月以内投回及拿获应发伊犁之犯，如于刑部审结交旗起程时，复犯逃走被获者，拟绞监候；投回者枷号三月，仍发伊犁交该管官严行管束。

例 001.23：乾隆四十二年奏准

另户满洲蒙古派往伊犁，赏给步甲钱粮当差行走之人，如于脱逃投回，枷号五月痛加责惩折磨差使之后，复犯逃走，自行投回，拟斩监候，入于秋审办理。若奉旨免勾，将该犯永远监禁，遇赦不准援免。

例 001.24：乾隆四十二年定

失察驻防兵丁逃走之该管各官，不必按名计算，交兵部分别议处。

例 001.25：嘉庆六年定

在京另户满洲、蒙古、汉军初次逃走，被获者鞭一百，一年内自行投回免罪，一年以外投回，鞭六十。二次逃走，被获者，枷号一月、鞭一百。六个月内投回免罪，六个月以外投回，鞭八十。三次逃走，被获者，发黑龙江等处当差。三个月内投回免罪，三个月以外投回者鞭一百〔被获不与投回并算，投回不与并获并算〕。投回三次后复逃者，虽系自行投回，不计年月，即照初次逃走例，鞭一百，交旗管束，仍俱准其挑补差使。其罪应发遣者，妻妾子女愿随者听，该将军严加约束，岁底将该犯等曾否改悔之处汇奏。如果安静守法，亦即准其挑补差使。傥在配怙恶不悛及逃走者，销除旗档，改发云、贵、两广边远地方，听其自谋生理，令地方官与民人一体严加约束，刑部于岁终，将报逃人数汇疏以闻。至盛京等处并各省驻防及屯居旗人，有犯逃走，俱照此例分别次数办理。其各省驻防失察逃走兵丁之该管各官，交部分别议处。

至在京及各处旗下另户妇女，及旗下家人有犯逃走，亦照此科断，按律收赎。

例 001.26：道光五年定

在京旗下官员逃走，一次革职者，销除旗档。其另户满洲、蒙古、汉军、闲散旗人，初次逃走，或实因病迷，一月以内投回者免罪，被获者鞭一百，俱仍准挑差。如已逾一月，无论投回拿获及二次逃走者，均销除旗档为民，听其自谋生理，刑部于岁终，将报逃人数汇疏以闻。若盛京并各省驻防及屯居旗人有犯逃走，俱照此例分别办理。其各省驻防失察逃走兵丁之该管各官，交部分别议处。在京及旗下另户妇女有犯逃走，亦照此科断。至吉林、黑龙江所属旗人，初次逃走，被获者鞭一百，一年以内自行投回者免罪，一年以外投回者，鞭六十。二次逃走者，无论投回拿获，俱销除旗档为民。

（此条为道光十四年增入。）

督捕 002：窝逃及邻佑人等分别治罪〔例 16 条〕

例 002.01：顺治五年题准

窝家正法，妻子家产籍没给主，仍给一分与出首之人，邻佑十家长等，各责四十板，流徙边远。

例 002.02：顺治九年谕

凡隐匿逃人者，止令本犯家产给主，其分家之父子兄弟等，不得株连。

例 002.03：顺治九年议准

凡窝家责四十板，同妻子一并流徙。两邻各责四十板，十家长各责二十板。

例 002.04：顺治十年题准

凡窝逃之人，并家产给予逃人之主，房地入官，两邻、十家长各责四十板。

例 002.05：顺治十一年题准

凡窝家不准断给为奴，并家属人口充发盛京，父子兄弟分家者免罪，房地仍给户部。两邻、十家长不行出首，各责四十板。两邻各罚银五两，十家长罚银十两，该管官罚银二十两，给逃人之主，以一分与出首之人。

例 002.06：顺治十一年又题准

凡窝隐逃人者，本犯正法，家产房地入官，两邻各责四十板流徙，十家长责四十板，所罚之银入官。

例 002.07：顺治十一年再题准

旗下人窝隐逃人者，鞭一百，罚银五两。其主无论官民，罚银十两。另户人并宗室公以上各府庄头人等窝隐逃人者，俱鞭一百，罚银五两，管屯领催罚银十两，俱给逃人之主。

例 002.08：顺治十三年题准

十家长亦照邻佑例，责四十板流徙。

例 002.09：顺治十四年题准

窝犯免死，责四十板，面上刺满汉"逃走"字样，家产人口，一并给予八旗穷兵。地方官仍不行拿获窝家，地邻等亦不即行出首，或被逃人之主控告行提，或被旁人出首捕获者，仍照从前定例处分治罪。如不知情之窝家等免议。

例 002.10：康熙十年题准

凡应罚银十两力不能纳者，枷号一月；应罚银五两力不能纳者，枷号二十日。

例 002.11：康熙十二年题准

凡另户人窝隐逃人者，鞭一百，罚银十两。其余窝隐逃人者，照例追罚银两，俱行入官。其不能纳者，仍照例枷号。

例 002.12：康熙十五年议准

凡窝逃正犯之祖父、父亲，有愿随去者准其随去外，窝家责四十板，将妻及未分居子孙，一并流徙尚阳堡，房地入官。其两邻枷号三个月，各责四十板；十家长、地方，各责四十板，徒三年。

例 002.13：乾隆八年定

凡民人不知是旗下逃人，误行容留，六个月以内者免议，过六个月杖一百。十家长、地方、邻佑人等，均照不应重律，各杖八十。如知情窝留三月以内者，照知情不首律。杖一百。三个月者，杖九十、徒二年半，十家长、地方、邻佑人等，俱杖一百。若过一年以上者，窝家杖一百、徒三年。地方及十家长、邻佑人等，各杖六十、徒一年。其失察及明知逃人不行查拿之地方官，交部分别议处，武职亦照文职例议处。

例 002.14：乾隆八年又定

凡旗人窝留逃人，不知情者，三个月以内免议，三个月以外鞭一百。知情窝留者〔不拘限期〕，加枷号一个月发落。若旗下家人窝逃，除将窝逃之人照例治罪外，伊主知情系闲散，鞭一百；系官，交部议处；不知者，不坐。宗室公以上家下庄头人等窝留逃人者，照旗人窝逃例，分别治罪，该管领催鞭一百。

例 002.15：乾隆二十八年定

凡旗人不知情窝留逃人三个月以外，杖六十、徒一年。知情窝留者〔不拘限期〕，杖六十、徒一年，先加枷号一个月发落。

例 002.16：嘉庆四年定

凡旗民知情窝留旗下逃人者，照知情藏匿罪人律，各减罪人一等治罪。民人、邻佑、地方、十家长知情不首者，杖八十。旗下该管领催及家奴之主知情者，鞭八十，系官交部议处，不知者俱不坐。其失察及明知逃人不行查拿之地方文武官，交部分别察议。

督捕003：另户人不刺字〔例6条〕

例 003.01：顺治十八年题准

出征逃走之护军，及甲兵被获者，仍行鞭刺。私回家者免刺字，鞭一百，咨送兵部。差官押送出兵处，跟役逃回者，鞭一百。本佐领、骁骑校及本主家，欲解送者押解，不必解者听。

例 003.02：顺治十八年又题准

官员子弟逃走者，免其刺字，鞭一百。逃三次者，交刑部正法。

例 003.03：康熙十二年议准

凡护军兵丁及另户闲散人逃走者免刺字，鞭一百。如系奴仆兵丁，照例鞭刺。其出兵处逃走之护军兵丁，亦免刺字。

例 003.04：康熙十五年议准

凡护军兵丁、奴仆兵丁逃走被人拿获者，不论官员子弟，拿送墩门，俟同出征之兵到日鞭刺。又，宗室公以上各府庄头，及户部官庄头、光禄寺园头逃走者，照另户人例免刺字。其庄头下庄丁逃走者，照例鞭刺。

例 003.05：乾隆八年定

凡另户护军兵丁及闲散人逃走者，分别次数鞭责枷号，免其刺字〔三犯者发遣当差〕。宗室公以上家下庄头，及户部官庄、光禄寺园头，并开户人逃走者，亦照另户例免刺字。其庄头家下壮丁逃走者，仍照常刺字。

例 003.06：乾隆三十二年定

凡另户护军兵丁及闲散人逃走者，免其刺字。宗室公以上家下庄头，并户部官庄、光禄寺园头逃走者，亦照另户人例免刺字。其庄头家下壮丁逃走者，仍照常刺字。

督捕004：十日内拿获不刺字〔例5条〕

例 004.01：顺治十六年题准

旗下人畏主潜匿，或差往屯庄过限，在十日内者，免刺字，鞭一百；过十日者，照例鞭刺。

例 004.02：康熙八年题准

凡逃人十日内拿获者，免刺字，鞭一百，不算逃人次数。

例 004.03：康熙十二年题准

凡逃人被获过十五日者，鞭刺。

例 004.04：康熙十五年议准

凡逃人免刺，仍以十日为率，过十日者鞭刺。若盗器械、财帛、牲畜等物逃走者，不论十日即行鞭刺。其窝家地方官功过，过十日者，照例究议。

例 004.05：乾隆八年定

凡逃人十日内拿获者，鞭一百，免刺字，不算逃走次数〔凡逃人计算次数，家奴以曾经刺字为坐，另户以曾经鞭责记有档案为坐〕。过十日者，即照例治罪。若窃骑马骡，持带器械，逃走被获者，不论十日内外，枷号两月、鞭一百〔系家奴仍照例刺字〕。其奴仆偷窃〔伊主〕财物逃走，计赃重者，照刑律从重治罪。

督捕 005：逃人自回自首〔例 3 条〕

例 005.01：顺治三年谕

凡逃人自行投回者，窝逃之人及两邻流徙，甲长并七家各鞭五十。该管官及乡约，俱免议。

例 005.02：顺治十二年定

凡逃人逃走，或自回投主，或自行出首者，俱免鞭刺，窝家亦毋庸议。

例 005.03：乾隆八年定

凡另户人及旗下家人初次逃走，一年内投回者免罪。一年以外投回者，鞭六十。二次逃走，六个月内投回者免罪，六个月以外投回者，鞭八十。三次逃走，三个月内投回者免罪，三个月以外投回者，鞭一百，免其刺字〔俱不算逃走次数〕。三次后复行逃走者，虽自行投回，即照初次拿获例治罪，窝家人等免议。其有经刑部发落之后，复在该旗吃酒行凶者，即行送部发遣。再，该旗圈销逃档文内，务将投回逃犯在外有无为匪，及逃走次数月日多寡之处声明咨部，照例治罪。

（乾隆三十二年，删去例文内"另户人"三字。）

督捕 006：同逃先回〔例 2 条〕

例 006.01：康熙十五年定

凡一家数人同逃共谋归主，先令一、二人投回，口称其余在某处，行提解来者，俱免鞭刺，窝家免究。若不曾同商投主者，照常鞭刺，窝家治罪。

例 006.02：乾隆八年定

凡数人同逃后，商量一同投回，内一、二人先回，供明余犯住处提来者，均照逃人自回例分别年限次数科断，窝家人等免究。若不曾同商投回者，除先回各犯照自回例科断外，其余各犯，照常鞭刺，窝家人等照例治罪。

督捕007：携带同逃〔例5条〕

例007.01：顺治十一年议准
逃人七十岁以上、十三岁以下者，无论男女，俱免鞭刺，逃至三次亦免死。

例007.02：康熙十二年定
凡逃人七十岁以上、十五岁以下者，俱免鞭刺，逃至二次亦免死。其窝家及地方官功过，仍照例议。其夫带妻逃，或父带女逃，或子带伊母妹逃，妇女俱不得自专，跟随逃走，将妇女免刺字，鞭一百，其夫并子照常鞭刺。若只身逃走之妇女，照常鞭刺。

例007.03：雍正三年定
凡祖父携带子孙，及伯叔兄带弟侄逃走者，将为首带逃之人，分别次数，照例刺字治罪。其随逃之子孙弟侄，鞭一百〔不算逃走次数〕，免其刺字。

例007.04：乾隆八年定
凡逃人年六十岁以上，十五岁以下者，俱免鞭刺，至三次亦免发遣。其窝家及地方官功过，照例查议。其父带妻逃、父带女、子带伊母、并兄弟带姊妹逃走者，本犯照例治罪外，随逃之妇女，俱免其鞭刺。

例007.05：嘉庆六年定
凡逃人年六十岁以上，十五岁以下者，俱免鞭刺，至三次亦免发遣。其窝家及地方官功过，照例核议。其祖父带子孙逃，伯叔兄弟带弟侄逃，及夫带妻逃，父带女逃，子带伊母并兄弟带姊妹逃走者，为首带逃者，分别次数，照例治罪，应刺字者仍行刺字。其随逃之子孙弟侄妇女，俱免其鞭责刺字〔不算逃走次数〕。

督捕008：亲属首逃〔例3条〕

例008.01：康熙十二年题准
凡逃人祖父母、父母将亲子孙出首，或亲子孙出首亲祖父母、父母者，不论初次、二次，将逃人照自行出首例，免鞭刺，不算逃走次数，地方官亦不记功，仍著地方官申解逃人时，取实系亲祖父母、父母、子孙甘结，及地方官印结，一并申送。情虚者，将为首保人枷号一月，责四十板；其余保人，责四十板；将地方官交于该部降一级调用。

例 008.02：乾隆八年定

凡逃人被伊祖父母、父母、子孙出首者，将逃人照自首自回例科断，仍著地方官取具实系亲属甘结，加具印结申送。如有假捏情弊，将为首出结之人，枷号一月、鞭一百，余人鞭一百，逃人仍照逃例治罪。加具印结之地方官，交部议处。

例 008.03 乾隆四十二年定

凡逃人被伊祖父母、父母、子孙出首者，将逃人照自首自回例科断，仍著该管官取具实系亲属甘结申送。如有假捏情弊，将出结之人，照证佐不言实情律减二等，逃人仍照逃例治罪。查报不实之该管官，交部议处。

督捕 009：各主逃人前后通算次数〔例 3 条〕

例 009.01：顺治十六年题准

逃人从原主家逃走一次，其主转卖，从买主家又复逃走者，止算逃走一次。

例 009.02：康熙七年题准

凡换主之逃人，不论原主、后主家逃走，以鞭刺计算，至三次者正法。

例 009.03：乾隆八年定

凡逃人被获发落给主后，伊主转卖与人，复从后买之主家逃走者，以鞭刺计算前后次数，共至三次者，即照例发遣。

督捕 010：逃人另犯他罪〔例 3 条〕

例 010.01：康熙十二年题准

逃人在逃处犯事，如一并发觉，已经刑部鞭责，咨送督捕者，免其重责，仍照例刺字。

例 010.02：雍正四年谕

逃人本身已经犯罪，又在逃生事，被人殴死，与寻常斗殴不同。嗣后逃人被殴身死者，不应拟抵，庶使逃走之人，知所儆惧。

例 010.03：乾隆八年定

凡逃人在逃走处犯事，一并发觉，拿送刑部，该堂官照例分司，会同督捕司官审定，从重归结，应刺"逃人"字样者，仍照例刺字。

督捕 011：赦后逃人〔例 4 条〕

例 011.01 顺治十七年恩诏
逃人于赦后逃三次者拟死，赦前者俱免。

例 011.02：康熙十年题定
凡鞭刺过逃人，俱自赦后计算三次。

例 011.03：乾隆八年定
凡三次逃犯，有一、二次逃走在赦前者，俱免其通算。其余赦后逃走三次者，方拟发遣。

例 011.04：道光五年定
凡正身旗人二次逃走，其初次逃走在赦前者，免其并算，照初次逃走例，分别办理。旗下家人三次逃走者，有二次逃走在赦前者，俱免通算。其余赦后逃走三次者，方拟发遣。

督捕 012：外省驻防属下人逃〔例 2 条〕

例 012.01：清初原定
凡外省驻防藩王公等在京人役逃走者，应在督捕衙门审理。其在藩王公等彼处人役逃走者，俱交与该督抚审理。若有窝家，具空文咨报，督捕衙门核议具奏。其无窝主之逃人，即于彼处照例鞭刺。逃人逃走三次者，具空文咨报，督捕衙门核议具题。

例 012.02：乾隆八年定
凡外省驻防大臣官员人等属下人役在京逃走者，听刑部审拟；其在外所随人役逃走者，俱交与该督抚审理，照例造册咨送刑部查核。若有窝家及三次逃人，咨报刑部，照例办理。

督捕 013：公主属下人逃〔例 2 条〕

例 013.01：康熙十五年定
凡公主等家下人逃走者，照例鞭刺。公主等所属另户逃走者，亦照旗下另户人例治罪，免其刺字。窝家、地方官，俱照常议。其口外蒙古之逃人拿解者，咨送理藩院归结，地方官功过毋庸议，将窝家责四十板。

例 013.02：嘉庆六年定

口外蒙古逃人之窝家，分别知情不知情，照例办理。

督捕 014：逃人起除刺字〔例 2 条〕

例 014.01：康熙四年题准

凡逃人将伊面上字毁去者，将毁去字补刺，鞭六十。

例 014.02：雍正二年定

凡逃人用药起除面上所刺之字者，枷号三月、鞭一百。如央人代为起除者，将代为起除之人，枷号两月、鞭一百。所毁之字，仍行补刺。

督捕 015：逃人不实供伊主住址〔例 3 条〕

例 015.01：康熙九年题准

拿解之逃人，不实供伊主住处，谎供在别处者，照例鞭刺外，枷号一月。

例 015.02：康熙二十年题准

凡逃人初供之主不认者，令审理逃人之督抚刑讯，照例治罪。

例 015.03：乾隆八年定

凡逃人不实供伊主住址者，除照例鞭刺外，枷号一月。

督捕 016：私拿逃人〔例 2 条〕

例 016.01：康熙十二年题准

凡逃人之主旗下认识之人，在京附近，或在屯庄等处，或出差遇获逃人者，仍照旧例外，不许私自差人拿获逃人，准其在督捕衙门控告行提，或首告附近之地方官拿解。若违此定例，私自往拿，地方官及窝家之罪毋庸议。逃人之主，若系白人，鞭一百；若系官员，交该部议处。

例 016.02：乾隆八年定

凡逃人之主，及平素认识逃人之人，在京附近地方，或在屯庄等处，及出差遇见逃人者，准其拘拿外，至有妨得逃人下落，令其在刑部控告，或向附近地方官呈告拿解，不许私自拘拿。若违例私自往拿者，地方官及窝家免议，违例私拿之人，若系闲散，鞭一百；系官，交部议处。

督捕 017：旗人私出境外〔例 2 条〕

例 017.01：康熙十九年定

凡旗人私自出境取债探亲者，系闲散，鞭一百；系官，交部议处；失察之佐领、骁骑校，亦交部议处；领催，鞭五十。如将家人明知差去者，鞭八十，系官交部议处。其屯庄居住之另户人及家人，私自出境者，除本犯照例治罪外，佐领、骁骑校、领催及本主，俱免议，屯领催照领催例治罪。

例 017.02：道光五年定

凡闲散旗人及旗下官员，私自出境取债探亲者，均照逃走例，分别办理。庄屯居住之另户人，照闲散例办理。其另户家人私自出境者，本犯照例治罪，本主免议。

督捕 018：旗人出境索诈行私〔例 2 条〕

例 018.01：康熙十九年定

凡旗下人私自出境需索财物，藉端挟诈，及嘱托行私者，枷号三月、鞭一百；系官革职，不准折赎，鞭一百。失察之佐领、骁骑校，交部议处；领催，鞭八十。如将家仆明知差去者，其主系闲散，鞭一百；系官，交部议处；其差去之家人，枷号一月、鞭一百。

例 018.02：道光五年定

凡旗人私自出境需索财物，藉端挟诈，及嘱托行私者，销除旗档，按其所犯罪名，照民人一例问拟。系官革职，亦销除旗档。犯罪重于杖一百者，照例治罪，不准折赎。如将家仆明知差去者，其主系闲散，鞭一百；系官，交部议处；差去之家人，枷号一月、鞭一百。

督捕 019：旗人告假领票〔例 2 条〕

例 019.01：雍正七年定

凡八旗兵丁及拜唐阿闲散人等，如有告假前往各省及口外者，俱令禀明该管官，系何事前往何处，及告假限期，详细声明存档，给领印票，回日圈销。倘有告假逾限不回，及回而不交纳原领印票者，鞭五十。如不领印票私自前往，或领有印票私往别处者，俱鞭一百。

例 019.02：道光五年定

八旗闲散旗人告假出外营生，无论前往何处，俱报明该参领注册，由佐领给予图记，即准外出营生，不必勒限定期。如有事逗留，准其报明地方官，行文该旗，回京仍准挑差。若已逾一年，并无地方官展限文书报明该旗者，即销除旗档。傥在外滋事，照民人例问拟。或投往亲族任所，自恃尊长，挟诈需索，准外任各官呈明上司究办。其告假时，该参领随时呈报都统存案，年终汇咨户、兵二部。傥该管参、佐领有勒掯情事，查出参处。八旗降革、休致之官员，已退钱粮之兵丁，未食钱粮之举、贡、生、监，均照闲散例。其各省驻防旗人，亦一律分别办理。

督捕 020：逃人外娶之妻所生子女〔例 1 条〕

例 020.01：顺治十一年题准

凡逃人在逃走处所娶之妻，及所生之子女，审明断归逃人，给予逃人之主。若有强拿霸娶者，照例治罪。

督捕 021：逃人外生之女〔例 3 条〕

例 021.01：康熙十年题准

凡逃人在外娶妻所生之女，已聘嫁民人者，不断与逃人之主，仍归给本夫。

例 021.02：康熙十二年题准

凡逃人从伊主家带逃之妻，有所生之女，已聘嫁民人者，追银四十两，给逃人之主。若不能纳银者，其女给予伊主。

例 021.03：乾隆八年定

凡逃人将外娶妻所生之女聘嫁与人者〔不论已婚、未婚〕，断给伊夫完娶外，若将带逃之妻外生之女，私聘与人，未婚者，追还财礼，将女断给伊主；已婚者，不拘年限，俱免其离异，向私娶之人追银四十两给主。如贫难无力，量追一半。其嫁女之逃人，照例鞭刺。知情聘娶者，杖一百；媒合人等，杖八十；不知情者，不坐。

督捕 022：已卖逃人外娶妻所生子女〔例 2 条〕

例 022.01：康熙十年题准

凡逃人被获交与伊主，其主转卖与人，有在外娶妻所生子女，俱归给逃人，断与后买之主。

例 022.02：乾隆八年定

凡逃人在外娶有妻室，生有子女，被获时，将妻室子女未曾供出，已经完结，其主随将逃人卖与他人之后，始行发觉者，将逃人外娶妻及所生子女，俱断归逃人，给予后买之主。

督捕 023：奉天府江宁等处旗下逃人〔例 7 条〕

例 023.01：顺治十三年题准

奉天府驻防旗下人逃一、二次者，该将军审结；逃三次者，该将军具文报督捕衙门，核议具题，交刑部正法。

例 023.02：顺治十三年又题准

西安府、江宁府、京口、杭州府、保定府、太原府、沧州、德州等驻防旗下逃走者，该将军、城守尉等审明。若有窝家，具文报督捕衙门，复议具题。其无窝家之逃人，即于彼处照例鞭刺。逃走三次者，具文咨报督捕衙门，复议具题。

例 023.03：康熙十年题准

宁古塔驻防旗下人，逃一、二次者，该将军审结；三次者，该将军具文报督捕衙门，复议具题。若满洲窝隐逃人及无窝主之逃人，即于本处照例审拟。

例 023.04：乾隆八年定

凡奉天府居住旗下人逃走者，盛京刑部审理，分别次数照例治罪。逃走三次，例该发遣者，照名例发西安、荆州等处，给驻防兵丁为奴〔系另户，发遣当差〕。其江宁等处驻防旗人逃走者，俱交与该督抚审理，照例治罪，仍报明刑部查核。逃走三次者，咨部分别照例发遣。

例 023.05：乾隆三十二年定

凡奉天等处居住旗下人逃走者，盛京刑部审理，分别次数，照例治罪。该发遣者，照名例发西安、荆州等处，给驻防兵丁为奴〔系另户，发遣当差〕。其江宁等处驻防旗人逃走者，俱交与各该督抚审理，照例治罪，仍报明刑部查核。逃走二次者，咨部分别发遣。

例 023.06：嘉庆六年定

凡奉天府等处居住旗下人逃走者，盛京刑部审理，分别次数，照例治罪。该发遣者，照名例发西安、荆州等处，给驻防当差。其江宁等处驻防旗人逃走者，俱交与各该督抚审理，照例治罪，仍报明刑部查核。逃走三次，查系被获者，咨部分别发遣。

例 023.07：道光五年定

凡奉天府等处居住旗人逃走者，盛京刑部审理。其江宁等处驻防旗人逃走，俱交与各该督抚审理，均依逃走例，分别办理，仍报明刑部查核。

督捕 024：卖身行诈〔例 3 条〕

例 024.01：康熙四年议准

凡棍徒在地方犯事，潜逃来京，将身卖与旗下，回伊原籍，借逃行诈，若被拿解审属情真者，交与刑部正法。

例 024.02：乾隆八年定

凡棍徒在地方犯事，潜逃来京，卖身旗下，复回原籍，借逃行诈，除实犯死罪外，犯该徒罪以下者，照犯罪潜逃例加二等治罪；犯该流罪以上者，发宁古塔等处给披甲人为奴。

例 024.03：嘉庆十八年定

凡棍徒在地方犯事，潜逃来京，卖身旗下，复回原籍，借逃行诈，除实犯死罪外，犯该徒罪以下者，照犯罪潜逃例加二等治罪。犯该流罪以上者，发各省驻防给官员兵丁为奴。

督捕 025：借逃行诈〔例 5 条〕

例 025.01：康熙四年定

凡奸棍结党，在地方借逃报仇诈害良民者，无论旗下人或民人，俱照光棍例治罪。

例 025.02：康熙十三年题准

旗下民人，结伙三人以上，指称隐匿逃人，索诈财物者，不分得财与不得财，俱照光棍例，分别首从治罪。

例 025.03：乾隆八年定

凡奸棍结党，在地方借逃报仇诈害良民者，无论旗民，照凶恶棍徒生事扰害良民例，发宁古塔等处给披甲人为奴。

例 025.04：嘉庆六年定

凡奸棍结党，在地方借逃报仇诈害良民者，照凶恶棍徒生事扰害良民例，旗人，发黑龙江当差；系家奴，给披甲人为奴；民人，发极边足四千里充军。

例 025.05：道光五年定

凡奸棍结党，在地方借逃报仇诈害良民者，照凶恶棍徒生事扰害良民例，发极边足四千里充军；旗下家奴，发各省驻防给官员兵丁为奴。

督捕 026：地方官唆逃行诈〔例 2 条〕

例 026.01：康熙四年定

凡地方官唆令逃人指报富室，行诈情真者，将官革职，交与该部议罪。

例 026.02：乾隆八年定

凡地方官教令逃人指扳富室为窝家，计图诈害者，革职，照指使犯人诬扳平人例，分别治罪，得赃者，仍以枉法从重论。

督捕 027：首告逃人〔例 7 条〕

例 027.01：顺治十三年题准

凡旗下人在督捕首告逃人，行提审虚者，枷号一月、鞭一百。民人首告逃人者，先赴该督、抚、按处告理，如不准，方许到督捕告理，提审系诬害者，责四十板、枷号一月，仍发督、抚、按发落。

例 027.02：康熙四年题准

凡奸棍改易姓名，借逃谎告，提审属虚者，系民人，责四十板，流徙尚阳堡；系旗下人，枷号三月、鞭一百。

例 027.03：康熙八年题准

凡首告逃人行提，地方官具文报称无有者，复行巡抚查解，仍咨称无有者，系旗下人，鞭一百；系民，责四十板。如逃人果在彼处发觉是实者，将地方官并巡抚，俱照失察逃人例处分。

例 027.04：康熙十年议准

凡出首逃人，查明谎告仇告者，系旗下，枷号两月、鞭一百；系民人，枷号两月、责四十板。若串通纠合图财行诈者，俱以光棍例治罪。若民人不在该地方官处告理，向督捕衙门越告者，不准行。至逃人，无论旗下及民人首告查解者，该管各官、邻佑、十家长、地方免罪，窝家免其流徙，枷号两月、责四十板，追银十两，给首告之人。如出首逃人，未经审理辄逃者，所告情节，注册不准行，后经拿获，或自行投回，仍照例治罪。

例 027.05：乾隆八年定

凡旗人在部首告逃人，指名窝留处所，移咨该抚查拿。若无逃人，咨覆到日，审系谎告仇告者，将首告之人，照诬告例治罪。如民人首告逃人，许令在该管地方官处告理查拿，若无逃人，审系谎告仇告者，将首告之民人，照诬告例治罪。若有希图财贿，串通谎告行诈，拖累平民者，不论旗民，均照凶恶棍徒生事扰害良民例，发黑龙江等处给披甲人为奴。如首告逃人之人，不候审理逃避者，除所告不准，仍行注册，候拿获日，照诬告例治罪。若有人首告逃人，该地方官并不拿解，日后另行发觉者，将不行拿解之该管官，交部议处。

例 027.06：嘉庆六年定

凡旗人在部及各衙门首告逃人，指明窝留处所，移咨该抚查拿，若无逃人，咨覆到日，审系谎告仇告者，将首告之人，照诬告例治罪。如民人首告逃人，许令在该管地方官处告理查拿，如无逃人，审系谎告仇告者，将首告之民人，照诬告例治罪。若有希图财贿，串通谎告行诈，拖累平民者，均照凶恶棍徒生事扰害良民例，旗人，发黑龙江当差；系家奴，给披甲人为奴；民人，发极边足四千里充军。如首告逃人之人，不候审理逃避者，除所告不准，仍行注册，候拿获日，照诬告例治罪。若有人首告逃人，该地方官并不拿解，日后另行发觉者，将不行拿解之该管各官，交部议处。

例 027.07：道光五年定

凡旗人在部及各衙门首告逃人，指明窝留处所，移咨该抚查拿，若无逃人，咨覆到日，审系谎告仇告者，将首告之人，照诬告例治罪。如民人首告逃人，许令在该管地方官处告理查拿，若无逃人，审系谎告仇告者，将首告之民人，照诬告例治罪。若有希图财贿，串通谎告行诈，拖累平民者，均照凶恶棍徒生事扰害良民例，发极边足四千里充军；旗下家奴，发各省驻防给官员兵丁为奴。如首告逃人之人，不候审理逃避者，除所告不准，仍行注册，俟拿获日，照诬告例治罪。若有人首告逃人，该地方官并不拿解，日后另行发觉者，将不行拿解之该管各官，交部议处。

督捕 028：投递逃牌〔例 6 条〕

例 028.01：顺治十五年谕

凡旗下家人逃走，本主即报明该都统、副都统、佐领等官，具印结报部。如逃后多日方报，或既获逃人方称系伊家者，不许给主，著即入官。

例 028.02：顺治十五年议准

凡旗下人逃走，本主不曾递逃牌者，逃人入官。其递送逃牌之期限，在京内者限五日，二百里内者限十日，四百里内者限十五日。

例 028.03：康熙十二年题准

凡逃牌已给领催而遗漏不递者，领催鞭一百，逃人免入官，仍给原主。若逃人自回投主，未销逃册，又复逃者，将不递新档逃人之主，鞭七十。

例 028.04：康熙十二年又题准

各旗兵丁逃走，不在限期内投递逃牌者，佐领、骁骑校，俱罚俸一月。

例 028.05：康熙十二年再题准

凡官员错写逃牌投递者，罚俸一年。

例 028.06：乾隆八年定

凡投递逃牌，在京限五日，二百里以内者限十日，四百里以内者限十五日，赴该管衙门投递。若不递逃牌者，拿获逃人入官，给予八旗兵丁为奴。若逃人之主将逃牌已交领催，领催遗漏不递者，将该领催鞭一百。若从前已递逃牌，逃人自回，不销逃档，后逃人复逃，而伊主不递新档仍留旧档者，将逃人之主鞭七十，拿获逃人，俱免其入官，仍给原主。

督捕 029：呈报逃人〔例 1 条〕

例 029.01：雍正二年定

凡有护军披甲人逃走，该管佐领、骁骑校，务行据实呈报，不得瞻顾避忌，谎称患病发狂，蒙混呈报。如有蒙混谎报者，将该管各官交部议处。其满洲等家人庄头拖欠地租，偷典地亩，并带家业逃走者，拿获之日，除将偷典地亩之处照例治罪外，仍将逃人带逃家业分为三分，一分给予出售之人，二分给予逃人之主。

督捕 030：遗漏逃牌〔例 5 条〕

例 030.01：康熙九年题准

凡逃人原主已故，其承受家产之人未递逃牌者，仍将逃人断给承受家产之人。

例 030.02：康熙十年题准

凡夫妻父子同逃，投递逃牌遗漏一半者，本主鞭一百，逃人俱断给伊主。

例 030.03：康熙十二年题准

凡遗漏逃牌之主，鞭七十。

例 030.04：康熙十四年议准

凡遗漏逃牌未递者，虽供有窝家，不准提审。

例 030.05：乾隆八年定

凡遗漏投递逃牌，将逃人入官。若夫妻父子同逃，一半递有逃牌，一半遗漏不递者，其夫妻父子不便拆散，俱免其入官，将遗漏投递逃牌之人，鞭七十，窝家人等及地方官，俱照常究议。

督捕 031：谎递逃牌 〔例 3 条〕

例 031.01：顺治初年定

职官逃走，各旗该管官诈称常人投递逃牌者，罚俸两月。将递过逃牌之逃人谎称不曾逃走者，罚俸一月。

例 031.02：康熙十二年题准

职官逃走，该管官捏作常人投递逃牌者，罚俸一年。递过逃牌，谎供不曾逃走者，罚俸六月。在屯庄居住不曾逃走，而谎递逃牌者，其主系常人，鞭七十；系官，交该部议处。

例 031.03：乾隆八年定

凡旗下家人逃走属实者，准递逃牌。若将屯庄居住不曾逃走之人，谎递逃牌，系闲散，鞭七十；系官，交部议处。如有不服呼唤，抗拒避匿，以致伊主报逃者，将伊主免罪，家奴不科逃罪，照子孙违犯教令律，鞭一百。

督捕 032：谎报逃人携带兵器 〔例 1 条〕

例 032.01：雍正三年定

凡旗人并不制备兵器遇查验之时，谎称家人携带逃去者，照私卖军器律治罪。

督捕 033：行提逃人带逃财物 〔例 2 条〕

例 033.01：康熙六年题准

凡逃人逃走拐去财物，载在原递册内者，准行提。如不载在原递册内者，虽告不准行。如册内所载行提属虚者，将逃人鞭七十。

例 033.02：乾隆八年定

凡逃人带逃物件，载在原递册内者，准行提。如不载在原递册内，虽告不准行。如册内所载审系虚开者，免其行提，将逃人仍治逃罪。

督捕 034：逃人告提妻子 〔例 4 条〕

例 034.01：康熙六年题准

凡逃人告有外娶之妻，行提审虚者，枷号一月、鞭一百。

例 034.02：康熙十二年题准

逃人告有外生子女，行提审虚者，枷号一月、鞭一百。

例 034.03 康熙十五年题准

凡逃人诬认别人妻子，行提审虚者，枷号三月、鞭一百。

例 034.04：乾隆八年定

凡逃人告有外娶之妻及所生子女，行提审虚者，即枷号一月、鞭一百。如将别人之妻子，仇诬系伊妻子，告提审虚者，枷号三月、鞭一百。

督捕 035：旗人契买民人〔例 6 条〕

例 035.01：康熙十五年题准

旗人契买民人，著用地方官印信。若有犯罪案缉之匪类卖身者，保人枷号三月；系旗人，鞭一百；系民人，责四十板；追价给主。将卖身之人递回原籍，枷号三月、责四十板。原犯罪重者，从重归结。

例 035.02：康熙二十六年议准

除直省大小文武官员，及驻防将军、都统等，不准买所属之民外，旗下官兵，许令买人。在京者，于大宛两县、五城兵马司用印；在外者，于各州县用印，问明卖身之人的实姓名、籍贯，取具情愿卖身口供及保人口供，申报户部。其流移之民有情愿卖身者，在何处地方，即在本处官用印。若故意勒掯不行用印，交部议处。

例 035.03：康熙二十六年覆准

嗣后驻防满洲、汉军，将军以下官兵，如在本省买人，不容行查原籍，勒令地方官用印者，该督抚题参议处。

例 035.04：康熙二十七年议准

各旗买人，俱令赴市买卖。写档之时，该翼确查明白，给付执照。人贩子不得在市贩卖，如有仍前贩卖者，所卖之人及价银，一并入官，人贩子处绞。其牙子若带到伊家转卖，或留在别处出卖者，不分旗下、民人，俱发宁古塔给予穷披甲之人为奴。若不曾带到伊家及留在别处，止从中说合者，免其治罪。该佐领、骁骑校、小领催、五城司坊不行严查禁止，官俱交与该部，领催鞭八十。

例 035.05：康熙三十九年题准

炉户卖身旗下者，事发将卖身人枷责，引进保人亦枷责，行文该地方官追取身价，给还原主。如贫不能给，令引进保人偿还。

例 035.06：乾隆八年定

凡旗人契买民人，著用该地方正印官印信。若有在地方犯罪案缉之匪类卖身者，保人枷号三月、杖一百，其原价向卖身之人追取给主。卖身之民，递回原籍，枷号三月、杖一百。如原犯之罪重者，从重归结。

督捕036：保卖旗人〔例3条〕

例036.01：康熙十五年题准

凡将旗下人称系民人保卖者，保人责四十板，流徙尚阳堡。系旗人，枷号三月、鞭一百；卖身之人，枷号三月、鞭一百；系逃人，照逃例治罪。

例036.02：乾隆八年定

凡将旗下人称系民人保卖者，将保人并卖身之人，俱枷号三月、杖一百。若卖身之人系逃人，照逃例治罪。保人照窝家例治罪。

例036.03乾隆三十三年定

凡将旗下家人称系民人保卖者，将保人并卖身之人，俱枷号三月、杖一百。若卖身之人系逃人，除系初次、二次逃走，仍照本例治罪外，如逃至三次，照逃走三次例，发宁古塔、乌拉等处给披甲人为奴，保人照窝家例治罪。

（嘉庆十八年，将“发宁古塔乌拉等处给披甲人为奴”，改为“发各省驻防给官员兵丁为奴”。）

督捕037：谎开籍贯卖身〔例2条〕

例037.01：康熙十五年定

凡将他人之名谎作己名卖身者，将卖身之人照光棍为首例，保人照光棍为从例，治罪，买主之原价毋庸议。若谎开籍贯姓名卖身者，枷号两月、鞭一百，仍断与买主；保人枷号一月、责四十板；系旗人，枷号一月、鞭一百。

例037.02：乾隆八年定

凡卖身之人，谎开籍贯假捏姓名卖身者，枷号两月、杖一百，仍断与买主；保人枷号一月、杖一百。若谎写他人姓名卖身，审系仇怨计图陷害者，即照光棍为首例治罪；知情之保人，俱照光棍为从例治罪。

督捕038：冒称逃人〔例5条〕

例038.01：顺治初年定

凡职官将民人冒认伊家逃人者，降一级、罚俸一年。

例038.02：康熙九年题准

旗下人将民人谎称逃人，投递逃牌者，枷号三月、鞭一百。民人串通者，责四十板，并妻子发与宁古塔穷兵为奴。

例 038.03：康熙十年题准

凡逃人中证已故，或失落文契，招称系某家所买，审实者，断与买主。若非买主，冒认者，枷号三月、鞭一百。其并非卖身而谎称卖身之人，责四十板，并妻子发与宁古塔穷兵为奴。

例 038.04：康熙十二年议定

凡将民人冒认逃人者，旗下人，枷号两月、鞭一百。谎称卖身之人，责四十板，并妻流徙尚阳堡。若民人冒抵逃人姓名，谎称系某家逃人者，亦照此例治罪。其祖父、父及子孙有愿随去者听。

例 038.05：乾隆八年定

凡雍正十三年十一月十九日以前白契所买之人，逃走被获者，中证明白，所买是实，断与所买之人。如中证不明，所买不实，应断为民。或无中证，或失落文契，但逃人招称系某人家所买属实者，即断与买主。若伊并未卖身，串通买称系某人家人，并冒抵逃人姓名者，均杖一百、徒三年。其原非买主串通谎称者，系官，交部议处；系闲散，枷号四十日、鞭一百。如有行诈得赃，及另犯他罪者，审明从重归结。

督捕 039：派往驻防满洲兵丁临行及中途脱逃〔例 2 条〕

例 039.01：乾隆三十年奏准

派往各省驻防满洲兵丁，有临行自京脱逃，及中途脱逃者，俱即销除旗籍，责八十板，带锁发伊犁，充当步甲苦差。如再不安分，复行脱逃，拿获时，即令该将军奏明正法。

例 039.02：嘉庆六年定

派往各省驻防满洲兵丁，有临行自京脱逃，及中途脱逃自行投回者，免其治罪，仍行派往。若被拿获者，削除旗籍，责八十板，带锁发往伊犁，充当步甲苦差。如在配复行脱逃自行投回者，免其治罪，严加管束；拿获者，用重枷枷号三月、鞭一百。

督捕 040：察哈尔蒙古归并额鲁特逃走分别治罪〔例 2 条〕

例 040.01：顺治十四年议准

口外蒙古逃人拿解者，咨送理藩院归结。窝家及地方官，照例议处。

例 040.02：乾隆二十六年议准

察哈尔蒙古等，如有逃走，或一月内自回，并一月外自回，或被拿获，俱照旗逃例一体办理。其归并察哈尔之陈额鲁特如有逃走者，亦照察哈尔蒙古等办理。其新归并之额鲁特如有逃走者，即于拿获之处正法；其自行投回者，不论年月，即发往广东、广西、云南、贵州烟瘴地方，如不安分，即在彼处正法。

督捕 041：白契所买之人逃走〔例 8 条〕

例 041.01：顺治十八年
凡逃人顺治元年以前者，年久免其察究，照旧安业。

例 041.02：康熙十年议准
凡顺治元年以前逃人，不给原主，放出为民。如仍投旗下者，有主识认，仍给原主。

例 041.03：康熙二十二年题准
本年十月以前白契所买之人，初次逃走者，鞭八十，断与伊主，拿获之官不记功。第二次逃走被获解来者，方行鞭刺，交与伊主，将拿获之官记功。自本年十月以后白契所买之人逃走者，责三十板，暂交与伊主，俟交还身价之日，放出为民。拿获之官不记功。

例 041.04：康熙三十三年题准
康熙二十二年以后白契所买之人，仍照例完结外，其康熙二十二年十月以前白契所买之人，既系断归旗下，初次逃走，即今递逃牌刺字，鞭一百，交与伊主，拿获之官记功。

例 041.05：康熙四十三年议准
康熙四十二年以前旗下白契所买之人，俱作红契，准递逃牌。四十二年以后白契所买之人，许其赎身，如有逃亡，不得投递逃牌。

例 041.06：雍正元年议准
自康熙四十三年起至六十一年止，白契所买之人，照依四十二年之例，俱不准其赎身，若有逃走，准其递牌。雍正元年以后白契所买之人，若给原价，俱准赎身为民。其本人带妻卖身者，亦准赎出。若白契卖身后，买主配有妻室者，不准赎身。再，未经卖身之先，或已定亲，未曾完娶，其卖身旗下，女家并不知情者，必问女家情愿，方许配合；如女家不情愿者，听其另配。

例 041.07：雍正十三年定
凡雍正十三年定例以前白契所买之家人，即同印契，如有逃走，准递逃牌。

例 041.08：乾隆二十五年定
凡白契家人逃走，悉照红契家人例，报部记档，拿获之日，按照次数分别治罪。其有偷带器械等事，亦照例刺字问拟。如本主遗漏不报，将家奴照例入官。或本主已报，由佐领处遗漏者，将领催等按例惩治。

督捕 042：八旗家人逃走分别次数治罪〔例 7 条〕

例 042.01：乾隆八年定

凡旗人初次逃走者，左面刺〔清汉"逃人"〕字，鞭一百。二次逃走者，右面刺字，枷号一月、鞭一百。三次逃走者，右面刺所发地名，咨送兵部，发宁古塔、乌拉等处给披甲人为奴。

例 042.02：乾隆二十七年定

盛京旗下家奴，如为匪畏罪逃走，初次枷号两月，二次酌发驻防兵丁为奴。

例 042.03：乾隆二十七年又定

盛京旗下家奴，如为匪畏罪逃走，初次枷号两月，二次发往伊犁等处驻防兵丁为奴。

例 042.04：乾隆三十二年定

凡旗下家人初次逃走者，左面刺〔清汉"逃人"〕字，鞭一百；二次逃走者，右面刺字枷号一月、鞭一百；三次逃走者，右面刺所发地名，咨送兵部，发宁古塔、乌拉等处给披甲人为奴。

例 042.05：嘉庆六年定

凡旗下家人初次逃走者，左面刺〔清汉"逃人"〕字，鞭一百。二次逃走者右面刺字，枷号一月、鞭一百，均交旗给主领回。如伊主不愿领回，免其刺字，交县与民人一体管束。三次逃走者，右面刺所发地名，咨送兵部，发宁古塔、乌拉等处给披甲人为奴。

例 042.06：嘉庆二十二年定

盛京旗下家奴，如为匪畏罪逃走，初次枷号两月，二次改发各省驻防为奴。

例 042.07：道光五年定

凡旗下家人初次逃走者，左面刺〔清汉"逃人"〕字，鞭一百。二次逃走者，右面刺字，枷号一月、鞭一百，均交旗给主领回，如伊主不愿领回者，免其刺字，交县与民人一体管束。三次逃走者，发各省驻防给官员兵丁为奴，照例刺字。旗下家人妇女有犯逃走者，亦照此科断，按律收赎，均免刺字。

督捕 043：开除丁粮〔例 1 条〕

例 043.01：康熙二十二年定

凡卖身旗下之人，有丁徭者，即开除丁粮。如原籍居址无可稽查，并无丁徭可除者，令地方官晓谕存案。倘日后逃回，仍作逃人查拿。

督捕 044：断出为民纳粮当差〔例 1 条〕

例 044.01：康熙二十二年定

凡审明逃犯，例应断为民者，即递解原籍，交与地方官令其纳粮当差，仍令地方官一面申详督抚，一面具文报部。

督捕 045：拿获逃人地方官记功〔例 1 条〕

例 045.01：乾隆三十二年定

凡旗下家人逃走，无论红契、白契，俱照例鞭刺，交与伊主，拿获之地方官记功。

督捕 046：无主认领之逃人计算次数〔例 4 条〕

例 046.01：顺治十六年题准

凡无主认领逃人，入官分与旗下，从所给之主家逃走者，将入官一次不算，止算逃走一次。

例 046.02：顺治十七年题准

无主认领之逃人入官一次，通算次数。

例 046.03：乾隆八年定

凡无主认领之逃人，分别鞭刺，照例入官，给八旗兵丁为奴。若再逃者，连前计算次数至三次者发遣。

例 046.04：嘉庆十八年定

凡无主认领之逃人，分别鞭刺，照例入官，给八旗兵丁为奴。若再逃者，连前计算次数至三次者，发各省驻防给官员兵丁为奴。

督捕 047：逃犯已故免提妻子〔例 3 条〕

例 047.01：康熙十年题准

凡逃人在外娶妻及所生子女，或经首获，于未审之先逃人亡故者，不断与逃人之主，释放为民。

例 047.02：康熙十五年题准

凡逃人亡故，其外娶妻及所生子女审实者，断与逃人之主。若虚，释放为民。

例 047.03：乾隆八年定

凡逃人逃走后，在外娶有妻室及生有子女，或本主首告行提，或被地方官拿获，审明之后逃人身故者，其外娶之妻及所生子女，仍断与原主。若未发觉之先，逃人已故，虽有外娶妻室及所生子女，伊主呈告，或旁人出首，俱不准行。

督捕 048：逃人无主认领〔例 5 条〕

例 048.01：康熙四年题准

凡逃人在地方官处指有旗色佐领，至部供称忘记本主者，仍鞭刺入官。

例 048.02：康熙六年题准

无主认识入官之逃人，行文地方官将窝家责四十板释放，地方、十家长、两邻，各责三十板释放。

例 048.03：康熙十年题准

凡逃人无主认识者，鞭刺入官，给予八旗穷兵为奴。后被原主认识，仍给原主，地方官功过不议。窝家及地方、十家长、两邻，照例责释。

例 048.04：康熙十五年题准

凡有面上刺字无主认识之逃人，其窝家及地方官功过，俱照例议。

例 048.05：乾隆八年定

凡地方官将逃人拿解到案，审明实系逃人，如无主认领，照例鞭刺入官，给八旗兵丁为奴。其窝家地方人等及地方官，照例究议。若逃人入官后，有被原主认识者，仍给予原主。

督捕 049：旗人所买蒙古人逃〔例 2 条〕

例 049.01：康熙二十二年定

凡新买喀尔喀等处蒙古人初次逃走者，照白契所买之人逃走例，鞭八十；二次者，照逃人例治罪。

例 049.02：乾隆八年定

凡旗人所买喀尔喀等处蒙古人逃走者，亦照逃人例分别治罪。

督捕 050：口外逃人娶妻〔例 2 条〕

例 050.01：顺治十四年定

凡口外蒙古逃人，逃进腹里娶妻者，将所娶之妻释放为民。其给予口外公主人役家下逃人，在逃走处所娶之妻，应归结所娶之夫。

例 050.02：乾隆八年定

凡口外蒙古人逃进内地娶妻者，所娶之妻，断归母家。其公主属下人役，在逃走处娶妻者，拿获审明，断给逃人完聚。

督捕 051：外省驻防逃人〔例 2 条〕

例 051.01：清初原定

凡逃牌，其王等所属者，递与各该都统；公、将军、城守尉所属者，递与各公、将军、城守尉等，用印信转送该督抚存案。其盛京所属者，送盛京刑部存案。逃走之逃册，王所属之都统、公、将军、城守尉等，每年四月内咨送督捕衙门。其拿获鞭刺人姓名、主名、旗色佐领、拿获年月日期，及官员职名，该督抚、盛京刑部，每年三月内咨送督捕衙门叙功时，磨对议叙，令该督抚将逃人面上刺满汉字鞭责。其续顺公、镇海将军、沧州、德州此四处地方之逃人，若自行投主者，令逃人之主，同佐领及拨什库，带到各该公、将军城、守尉等处，公、将军城、守尉等，将伊处逃册圈销，具印信实文，知会审理逃人之督抚，令督抚照文圈销逃册。若因逃人尚有质讯之处，或逃人之主出差不在家内，或幼子寡妇，难以远赴督抚衙门者，该督抚移会各该公、将军、城守尉，取口供完结。

例 051.02：乾隆八年定

凡外省驻防及续顺公、镇海将军、沧州、德州等处逃人，属都统者，赴都统衙门投递逃牌；属公及将军、城守尉者，赴各该衙门投递逃牌，各该衙门用印文转行该督抚存案。其盛京所属逃人，将逃牌送盛京刑部存案。于每年四月内造册咨送刑部备案存查。至盛京刑部及该督抚拿获逃人，应鞭刺者，照例鞭刺；应发遣者，咨部发遣，亦于每年四月内将拿获过逃人姓名、旗色、佐领主名，并拿获日期，及官员职名，造具清册，咨送刑部磨对议叙。若自回逃人，令该管佐领等呈报各该管衙门圈销逃册，照例完结，仍将完结缘由，移会缉拿逃人之衙门，一体圈销逃册。

（此条道光十二年，删"及续顺公、镇海将军、沧州、德州等处"十四字，改"属公及将军城守尉者"为"属将军及城守尉者"。）

督捕 052：外省获逃会审〔例 4 条〕

例 052.01：康熙十年题准

凡保定、太原、沧州、德州等四城驻防逃人，若有窝家，令伊所属官员转报巡抚，交该邻近按察司同城守尉审理，若按察司所驻地方遥远，除伊所属道员外，交邻近道员同城守尉审理。如窝隐情确，该抚核实，止将窝主解送督捕，复议具题。

例 052.02：康熙十一年题准

奉天府逃人，令盛京刑部审理；宁古塔逃人，令宁古塔将军审理；各省驻防旗下逃人，交该督抚审理。

例 052.03：康熙二十年题准

布忒海村逃人事件，交宁古塔将军发落。

例 052.04：康熙二十年又题准

各省驻防旗下拿获逃人，仍令该将军、城守尉等，与同城督抚，或官职大者，会同审理。

督捕 053：例前白契所买之人在例前逃走〔例 1 条〕

例 053.01：康熙二十二年定

凡例前白契所买之人，在未定例之前逃走者，亦照例后白契所买之人例，杖八十交与伊主，令其交还身价，放出为民，窝家及地方官均免议。

（此条原载"白契所买之人逃走"门内。乾隆八年奏准摘去，另立专条。）

督捕 054：逃走卖身〔例 1 条〕

例 054.01：康熙二十二年定

凡例前白契所买之人，逃走在外，称系民人卖身与人者〔无论白契、印契〕，将逃人俱仍断与原主。若例后白契所买之人逃走在外，称系民人卖身与人者，系白契将逃人断与原主，如系印契，将逃人断归用印契后买之主。

（此条原载"白契所买之人逃走"门内。乾隆八年奏准摘去，另立专条。）

督捕 055：末家断作窝家〔例 1 条〕

例 055.01：顺治三年题准

凡逃人逃走，换住数家被获，将末家断作窝家。

督捕 056：移寓窝逃〔例 1 条〕

例 056.01：康熙元年题准

凡移寓别处窝隐逃人者，将移寓之处两邻、十家长、地方，及地方官，俱照例治罪。

督捕 057：驻防窝带逃人〔例 4 条〕

例 057.01：顺治十八年题准

各省驻防旗下官员，及常人窝带逃人者，俱正法。

例 057.02：康熙七年题准

各省驻防旗下窝逃之人，系官，革职，罚银一百两；系常人，枷号三月、鞭一百。

例 057.03：康熙十年题准

凡窝带逃人者，系官，革职；常人，照例枷号鞭责。

例 057.04：乾隆八年定

凡往各省驻防官员，及闲散人等窝带逃人者，俱照旗人窝逃例，分别治罪。

督捕 058：盛京等处并各边口严查逃人〔例 1 条〕

例 058.01：康熙三十三年题准

凡盛京、宁古塔、黑龙江将军及边汛等官，各于所属内缉拿逃人，务期必获。如彼处土著之人，将逃人隐匿不行举出经旁人出首拿获者，将隐匿之人，照窝逃例，分别治罪。再，沿边地方总兵官，责令所辖守边守口官弁，将出边之人严加盘查。若将逃人疏忽放出者，将守口之官弁兵丁，照地方及地方官失于查察例究处，故纵者从重论。

督捕 059：口外逃人交札萨克查拿〔例 3 条〕

例 059.01：雍正五年议准

沿柳条边之蒙古地方，有内地民人种地居住者，交与札萨克等，十家内设立一长，逐户严查，不许无事闲人存留，令札萨克等亦自十家长取具保结。如民人内有隐匿内地逃人者，著该札萨克查拿，将逃人一并送部，其逃人照定例治罪，将容留隐匿逃人之民人，亦交与该部治罪。

例 059.02：雍正五年又议准

发遣人犯，或有混入边地贸易割草人中，偷渡河岸，逃入蒙古境内者，应令汛渡弁兵，将贸易割草之人，于去时登记人数，回时仍查原数，若人数短少，显有脱逃隐匿，即行文知会蒙古。若有闲荡游手久留不归之人，即系脱逃凶犯，当即拿送该处，照本犯原罪分别治罪。倘有弁兵不行稽查，疏纵脱逃，漫无觉察者，将汛渡弁员，照失察例议处，兵照失于盘诘例治罪。蒙古既知系内地脱逃之犯，仍容留隐匿者，将蒙古照窝藏逃人例治罪。

例 059.03：雍正五年定

凡口外有旗下逃人，交与该札萨克及管辖之人，于各旗佐领下严加查拿解部治罪。

督捕 060：游牧处所窝隐逃人〔例 2 条〕

例 060.01：康熙三十三年定

边外八旗游牧处所官员，凡游牧之处住有逃人者，应不时巡查缉拿。若将逃人隐匿不行举出，经旁人出首拿获者，将窝家人等俱照例治罪。

例 060.02：康熙三十三年题准

各旗伐木烧炭人等，领票出边口时，为首领之人，于各带往众之人内，十人放一头目，将所去之人年貌造册，令为首带往之人作保，其册籍用该部印信，与出边之文同发与边汛之官，照册内年貌验数放出。倘若将逃人入于伐木烧炭人群之内带往，以致逃人被获者，将窝隐逃人带往之人，断作窝家；其为首带往之人，照邻佑例治罪。

督捕 061：宁古塔水手等役窝逃〔例 4 条〕

例 061.01：康熙十二年题准

凡宁古塔驻防旗下逃人逃走三次者，具空文报督捕衙门，复议具题。水手、炮手等役窝隐逃人者，枷号三月，责四十板。

例 061.02：康熙十二年议准

枷号两月，责四十板。

例 061.03：康熙十五年议定

仍枷号三月，责四十板。

例 061.04：乾隆八年定

凡宁古塔等处驻防地方水手、炮手等役，窝隐旗下逃人者，系旗人，照旗人窝逃例；系民人，照民人窝逃例；分别治罪。

督捕 062：边外屯庄窝逃〔例 1 条〕

例 062.01：康熙二十三年定

凡边外居住旗人窝隐逃人者，将窝家及该管领催照例治罪。

督捕 063：营伍窝逃〔例 4 条〕

例 063.01：顺治十五年题准

凡营伍内窝隐逃人者，若有保人，将保人断为窝家。其留住之房主，责四十板。虽有保人，因其不行查出情由，将管队责四十板，流徙。外委、百总，责三十五板；把总，责三十板；千总，责二十五板。

例 063.02：康熙十年议准

凡失察逃人之管队，免其流徙，枷号两月，责四十板。

例 063.03：乾隆八年定

凡营伍内窝隐逃人者，若有保人，将保人断作窝家，留住之房主杖一百，其不行查出之管队及外委、百总，均杖八十；该管之把总、千总，交部议处。

例 063.04：嘉庆六年定

凡营伍内窝隐逃人者，若有保人，将保人断作窝家，知情留住之房主减窝家罪一等，罪止杖一百，不知者不坐。其不行查出之管队，及外委、百总，减房主罪二等，罪止杖八十。该管之把总、千总，交部议处。

督捕 064：运粮等船窝逃〔例 4 条〕

例 064.01：顺治十一年题准

运粮等船窝隐逃人者，船家处斩，船内财物入官。

例 064.02：康熙十一年议准

凡粮船并回空之船，责成各该押运官及千总、百总，将人数写给印票，令其稽查。若有窝隐逃人者，将留住逃人之船主，断作窝家，责四十板，并妻子一并流徙尚阳堡；同船运丁，各责四十板；头船、屯丁头目，照地方例，枷号两月，责四十板；领运千总，照失察例革职；押空百总，既无品级，责三十五板，革去百总。其河南、山东二省押运督粮道，应罚俸一年；江西、浙江、湖北、湖南、江安、苏松等六处押运通判，品级较粮道虽小，但押运责任相同，亦应罚俸一年。

例 064.03：乾隆八年定

凡粮船并回空船只，各该押运及千、百总，将人数填写印票，不时稽查。若有窝隐逃人者，将留住逃人之人，断作窝家；屯丁、头目，照地方例治罪；运丁，杖一百；百总，杖八十，仍革去百总；领运千总并督运各官，均交部议处。

例 064.04：嘉庆六年定

凡粮船并回空船只，各该押运官及千、百总，将人数填写印票，不时稽查。若有窝隐逃人者，将留住逃人之人，断作窝家；屯丁、头目，照地方例治罪；运丁减窝家一等，罪止杖一百；百总减运丁二等，罪止杖八十，仍革去百总；不知者，不坐。领运千总并督运各官，均交部议处。

督捕 065：军船商船窝逃〔例 1 条〕

例 065.01：顺治十三年题准

凡军船商船，该管官将本船男妇数目，给予印票，钞关之官，查照票内数目放行。若有票内无名之人，即行拿解。如逃人过一关，至二关拿获，或被首告拿获者，将不行盘拿放过关之官，交部议处，船主断作窝家。

督捕 066：官员赴任后家人窝逃〔例 1 条〕

例 066.01：顺治十一年题准

凡汉文武官员赴任之后，有本家人窝隐逃人者，本官不知情免罪，将窝逃之人断作窝家。

督捕 067：僧道窝逃〔例 1 条〕

例 067.01：顺治九年议准

凡僧尼道士窝隐逃人者，照民例治罪。

督捕 068：笃疾废疾收赎〔例 3 条〕

例 068.01：康熙十年议准

凡瞽目之人窝隐逃人者免责，仍将妻子家产人口，一并流徙尚阳堡。

例 068.02：乾隆八年定

凡窝留逃人，及邻佑、地方、十家长等犯，如有笃疾废疾者，审验明确，俱准其照例收赎。

例 068.03：乾隆四十二年定

逃人、窝家及邻佑、地方、十家长等犯，如有笃疾废疾者，审验明确，俱准其收赎。

督捕 069：老幼收赎〔例 5 条〕

例 069.01：顺治十一年题准

窝隐逃人之犯，七十岁以上者，男妇俱免流徙。该地方官捏充年老免罪者，从重议处。

例 069.02：顺治十三年题准

凡窝隐逃人者，系七十岁以上、十三岁以下俱免责，家产人口，一并流徙尚阳堡。

例 069.03：康熙十年题准

逃人寄居妻家，若有十三岁以上男丁，作为窝家；十二岁以下，免罪。

例 069.04：康熙十二年题准

凡十五岁以下窝逃者免流徙，十六岁以上者，仍照例流徙尚阳堡。

例 069.05：乾隆八年定

凡窝留逃人及邻佑、十家长、地方人等，如有年逾七十，及年未及十六岁者，照例问拟，准其收赎，仍取具并无虚冒假捏甘结存案。

督捕 070：妇人窝逃〔例 4 条〕

例 070.01：顺治十二年题准

寡妇窝逃者入官。

例 070.02：顺治十五年题准

凡妇人伊夫不在家，窝隐逃人者，免其流徙，责四十板释放。邻佑、十家长、地方及地方官，照例治罪。

例 070.03：康熙六年议定

凡寡妇窝逃者，责四十板，流徙尚阳堡。

例 070.04：乾隆八年定

凡妇人窝隐逃人，应罪坐夫男。如夫男外出，实不知情，及只身孀妇，并无夫男者，应将本妇照窝隐逃人例，分别问拟，依律收赎；邻佑、十家长、地方人等，照例治罪；地方官交部议处。

督捕 071：逃人原娶之妻〔例 2 条〕

例 071.01：顺治十一年题准

凡逃人逃去在民间原娶之妻家居住者，将原娶妻归给本夫。若有十六岁以上之子，将一人断作窝家；十五岁以下者，无罪。

例 071.02：乾隆八年定

凡逃人逃回原籍，在伊原娶之妻家居住被获者，审明，将逃人之妻，断给逃人完聚。其窝家人等，照例治罪。

督捕 072：出首逃人〔例 6 条〕

例 072.01：顺治十一年题准

凡逃人被窝主出首者，窝主免罪；其邻佑、十家长、地方等，内有一人出首者，俱免罪，窝家仍治罪。

例 072.02：康熙十二年题准

凡窝逃之罪，其同居族人及主仆互相出首者，窝主亦免罪。

例 072.03：康熙十二年又题准

凡拿获逃人解部，审系实有窝家者，方行文地方官提取窝家审理。

例 072.04：康熙十四年题准

地方官不候部文行提，将窝家拿解者，题参议处。如有藉端诈害等情，从重治罪。

例 072.05：康熙十五年题准

逃人称有窝家，地方官拘审羁候，俟督捕审实逃人，行文提审。若不系逃人，行文释放。

例 072.06：乾隆八年定

凡逃人被窝家出首者，窝家人等免罪。若窝家不行出首，或该管地方、十家长、邻佑人等内有一人出首者，止将窝家照例治罪，其余邻佑、十家长、地方等俱免罪。如窝逃之人一村居住族中人等，及主仆互相出首者，窝家亦免罪。至拿解逃人，地方官将窝家暂行拘禁，不许一并解送，须候该管衙门审明实系逃人，行文地方官，将窝家审拟发落。

督捕073：雇觅逃人佣工〔例5条〕

例073.01：顺治十一年题准

旗下人、民人，雇觅逃人做工，或赁房与住，有保人者，将保人坐以窝主之罪，雇觅赁房人免议，该管官十家长、地方、邻佑俱免罪。如该管官查获解部者，照例纪录。如无保人，留住过十日者，无论雇赁俱处死，其家产入官。

例073.02：康熙十二年题准

凡雇觅逃人做工，及赁房与住，过十日者，方断为窝家，保人亦以过十日者坐罪。

例073.03：康熙十四年题准

凡雇觅逃人做工，赁房与住，及保人之罪，过十五日者，断为窝家处治。

例073.04：康熙十五年题准

旗人、民人保隐逃人者，将保人不论日期，断为窝家，雇觅之人免罪。其无保人而留住及雇觅之人过十日者，仍治罪。

例073.05：乾隆八年定

凡将逃人雇觅佣工，及赁房与住，照窝家例，分别知情不知情治罪。若有保人者，将保人照窝家例治罪，其雇主房主及十家长、地方、邻佑并地方官，俱免议。

督捕074：将房地卖与逃人〔例3条〕

例074.01：康熙十二年题准

凡将房地卖与逃人，有保人者，将保人作为窝家。如无保人，将引进之人作为窝家。邻佑、十家长、地方及该管官，照例免议。如无保人及引进之人，将房地之主仍作窝家。或将房地卖后，搬移别处居住，事发，房地之主免罪，邻佑、十家长、地方及该管官，仍照例议处。

例074.02：康熙十五年题准

房地已卖，移寓他处，事发，将房地之主断作窝家。其原处之两邻、十家长、地方及该管官，照例治罪。

例074.03：乾隆八年定

凡将房地卖与逃人者，如有保逃人之人，将保人作为窝家；如无保人，或有引进之人，将引进之人作为窝家；其邻佑、十家长、地方及地方官，俱免议。如无保人及引进之人，将房地之主仍断作窝家，邻佑、地方、十家长，俱照例治罪。

督捕 075：文武官员窝逃〔例 3 条〕

例 075.01：顺治九年议准

凡生员窝隐逃人者，照民例治罪。

例 075.02：顺治十一年议准

凡现任汉文武官员，并有顶戴闲散官员、进士、举人、贡生、监生，及休致回籍闲居各官，窝隐逃人者，止将本身并妻子流徙尚阳堡，家产俱行入官，其邻佑、地方、十家长及地方官，照常治罪。

例 075.03：乾隆八年定

凡汉文武官员，并进士、举人、贡、监、生员，及有顶戴人员，窝隐逃人者，俱照民人窝逃例，分别知情不知情办理〔知情者，照犯私罪例科断；不知情者，不坐；八旗文武官员有犯，亦照此例〕。邻佑、地方、十家长及地方官，俱照例究议。其误典误买及雇觅佣工，仍照例将保人或引进之人断作窝家。

督捕 076：窝家出首逃人妻子〔例 3 条〕

例 076.01：康熙十四年题准

凡逃人被获后，窝家将其妻子出首者，窝家、地方官一并免罪。若窝家不首，地方官不行察解者，仍照例治罪。

例 076.02：康熙十五年议定

凡逃人未经拿获之先，窝家将其妻子出首者，窝家免罪，地方官仍记功。若被获逃人后出首者，仍断为窝家，地方官照例议处。

例 076.03：乾隆八年定

凡逃人，如被别处及旁人拿获后，窝家将逃人妻子出首者，将窝家照闻拿自首例减二等治罪，地方官免议。若逃人未被拿获之先，窝家将逃人妻子出首者，窝家免罪，地方官仍记功。

督捕 077：奉天锦州民并流徙人窝逃〔例 3 条〕

例 077.01：康熙十二年题准

凡奉天、锦州二府所属地方民人，及流徙尚阳堡、宁古塔之民人，窝隐逃人者，俱枷号三月，责四十板。

例 077.02：乾隆八年定

凡奉天等处所属民人，及流徙尚阳堡、宁古塔之民人，窝隐逃人者，俱照窝家例，分别年限，及知情不知情科断，仍照例折枷责发落。

例 077.03：乾隆五十三年定

凡奉天等处所属民人，及流徙尚阳堡、宁古塔之民人，窝隐逃人者，俱照窝家例，分别知情不知情科断。

督捕 078：行提定限〔例 6 条〕

例 078.01：顺治十一年题准

行提逃人窝主并质证之人，照地方远近立限。若行催三次不到者，将地方官指参。

例 078.02：顺治十三年题准

凡行文地方官，提逃人窝家及牵连人犯，不到者，行催一次，又不到者，地方官革职。

例 078.03：康熙元年题准

凡行提逃人等犯，逾限一月者题参。

例 078.04：康熙元年又题准

凡行文提取逃人等犯，与空文行查，如各官违两次定限者，降一级调用。

例 078.05：康熙十五年议定

凡道府州县卫所官员中解逃人窝主，及窝主之妻子家产人口，并干连之人，与空文行查，在一百里以内者，往返限十日，如不到，再限十日，行催一次；二百里以内者，限十五日；三百里以内者，限二十日；四百里以内者，限二十五日；五百里以内者，限一月；六百里以内者，限三十五日；七百里以内者，限四十日；八百里以内者，限四十五日；九百里以内者，限五十日；一千里以内者，限两个月；如不到者，俱再照此定限行催一次。一千里以外，每一百里，往返加四日扣算。如违限两次不解不报者，官员革职；空文行查者，降一级调用。

例 078.06：乾隆八年定

凡道府州县卫所官员，行文提取逃人，及行文移查案件，一百里以内者，往返限十日解覆；如不解覆，行催一次，再限十日解覆。每百里，往返加限五日；一千里以外者，每百里，往返加限四日〔递加扣算〕。若行催后逾限不解不覆者，交部议处。

督捕 079：逃人在空地盖房居住〔例 1 条〕

例 079.01：康熙十五年题准

凡逃人逃在空地盖房居住者，将地主照窝家例，分别治罪。如系无主之地，将乡长作为窝家，地方、十家长作为邻佑。如无乡长，将地方作为窝家，十家长作为邻佑，地方官功过照常议。

督捕 080：逃人居住未过例限〔例 4 条〕

例 080.01：顺治十一年题准

逃人赁住店房在十日内者，店家免罪；如过十日断为窝家，其邻佑、十家长、地方及地方官照例治罪。

例 080.02：康熙十四年题准

凡留住逃人之店家过十五日，断为窝家治罪。

例 080.03：康熙十五年议定

凡留住逃人收取房租之人，过十日，仍断为窝家治罪。

例 080.04：乾隆八年定

凡逃人逃走，或无一定住处，或雇觅佣工，或赁住店房，未过限者，其不知情之窝家、邻佑人等，均免治罪，地方官亦免议处。

督捕 081：妄扳窝家〔例 4 条〕

例 081.01：康熙四年议准

逃人初扳出之窝家，提质审虚者，逃人枷号三月、鞭一百。其续扳之窝家，不准行提。

例 081.02：康熙五年题准

凡逃人续扳之窝家，提审又虚者，逃人交刑部正法。

例 081.03：乾隆八年定

凡逃人诬扳窝家，提来审虚者，将逃人照诬告例，依所诬之罪加三等治罪〔仍刺字〕。若续供之窝家，提来审明，又属诬扳者，将逃人刺字，不论逃走次数，照奸棍诈害良民例发遣〔逃罪重者，从重归结〕。

例 081.04：乾隆八年又定

凡逃人诬扳窝家，提来审虚者，将逃人发遣〔仍刺字〕。若续供之窝家，提来审明，又属诬扳者，将逃人刺字，不论逃走次数，照奸棍诈害良民例发遣；如年力强壮者，改发乌鲁木齐等处，分别种地为奴〔逃罪重者，从重归结〕。

督捕 082：行提窝家〔例 2 条〕

例 082.01：康熙八年题准

凡逃人扳有窝家，行文地方官提解，具空文申报无有者，复行文巡抚详查，仍具空文报称无有者，将逃人枷号一月、鞭一百。后若窝家仍在彼处，被旁人出首，果有是实者，将前报无有之地方官并巡抚，照失察逃人例处分。

例 082.02：乾隆八年定

凡逃人供有窝家，行文地方官查报并无其人，复行文该督抚详查，如果以并无窝家咨覆者，除将逃人照逃例治罪外，仍加枷号一月。若逃人所供窝家属实，该地方官不行详查，蒙混率覆，日后别经发觉者，将地方官并该督抚，均交部议处。

督捕 083：解送逃人〔例 4 条〕

例 083.01：康熙元年题准

云南省递解逃人一名，差解役二名，酌量逃人多寡，拨兵押送。如有疏脱，将解役流徙，兵丁责四十板。

例 083.02：康熙四年题准

凡逃人在地方犯杀人等死罪者，该地方官每逃人一名，解役四名，遣差有家产者，将逃人严加肘锁，申解刑部。如逃人三名以上，申报督抚，酌量添差人役护解。有脱逃者，照刑部脱逃强盗例治罪。其窝家、地方官功过，照常议。

例 083.03：康熙十年题准

凡直隶、山东、山西、河南四省，拿解逃人窝犯，地方官严加肘锁，每一名差正身有家产解役二名径解。如不差正身有家产解役，及少差解役，以致疏脱，或解役同逃人逃走者，将地方官革职，疏脱之人责四十板释放。如逃人一名，差有家产正身差役二名押解，中途疏脱人犯，或同逃人逃走者，将解役各责四十板，并妻子家产人口，一并流徙尚阳堡，地方官免议。其陕西、湖广、四川、江南、江西、浙江、福建、广西、广东、云南、贵州等省，拿解逃人窝犯，严加肘锁，每一名差正身有家产解役二名递解，其经过地方官，将逃人肘锁验明，每一名亦换差正身有家产解役二名递解；如不差正身有家产解役，少差解役，以致疏脱，或解役同逃人逃走者，地方官革职，将疏脱之人责四十板释放。如逃人一名，差有家产正身解役二名押解，若疏脱人犯，或同逃人逃走者，将解役责四十板，并妻子家产人口，一并流徙尚阳堡，地方官免议。

例 083.04：乾隆八年定

凡直隶各省拿解逃人，严加肘锁，每一名差有家产正身解役二名递解。其经过地方官，将逃人肘锁验明，每一名亦换差有家产正身解役二名递解。如不差有家产正身解役及少差解役，以致疏脱，或解役同逃人逃走者，地方官交部议处；将解役审明，系疏脱者，照不觉失囚例，减本犯罪二等科断〔如本犯罪轻，减尽无科者，将解役照不应轻律折责发落〕；故纵者与同罪，至死减一等。若有受贿情弊，计赃以枉法从重论〔解役将逃人案内牵连人犯中途疏脱者，亦照此科断〕。如地方官照例佥差押解，而解役疏脱人犯，或同逃人逃走者，将解役审明，照例分别治罪。佥差不慎之地方官，亦交部议处。

督捕 084：逃人中途患病〔例 1 条〕

例 084.01：康熙三十二年定

凡解送逃人，中途患病，原解即报明该地方官，验明患病属实者，暂留看守，拨医调治，仍报明该管上司报部存案，俟病痊可以行走，即便转解前途。如将无病逃人谎称有病，故为留滞，或将实在患病者反不留住，即留而不拨医调治，及病愈后不即行转解者，将该地方官交部议处。解役不报及谎报者，照例治罪。

督捕 085：同解逃人一人患病〔例 1 条〕

例 085.01：雍正四年定

凡同批起解逃人，内一人患病，将患病之人留养调治，别犯先行起解。如系夫妻父子，俱准其存留调治，俟病痊之日一同起解。

督捕 086：解役雇倩代解〔例 2 条〕

例 086.01：康熙十年题准

凡州县官申解逃人一名，差有家产正身解役二名押解。如所差正身解役不行押解，伊私自转交与别人押解，或逃人疏脱者，将不行详慎之地方官罚俸一年，正身解役流徙。其代解之人，责四十板。

例 086.02：乾隆八年定

凡解送逃人之解役，不亲身押解，私自倩人代替者，将解役并代替之人各杖一百。若代替之人于中途疏脱逃人，或同逃人逃走者，审明，照例分别从重治罪。原金差之地方官，交部议处。

督捕 087：递解逃人逾限〔例 3 条〕

例 087.01：顺治十六年题准

凡拿解逃人窝犯及牵连人等，直隶、山东、山西、河南金差长解。陕西，湖广、四川、江南、江西、浙江、福建、广东、广西、云南、贵州远省地方，将批文限定日期，俱令递解，经过地方官严加肘锁，差的当人役押解。如地方官逾限，及有疏失脱逃者，题参革职。

例 087.02：康熙七年题准

凡各省递解逃人逾限者，地方官降一级调用。

例 087.03：乾隆八年定

凡直隶各省州县拿获逃人，详报督抚，请咨起解，即于批文内限定日期。若逾限者，将逾限之地方官，交部议处。

督捕 088：买逃邀功〔例 2 条〕

例 088.01：康熙十三年题准

凡或有不肖官员，觅买旗下奴仆带去，谎称逃人，申解邀功者，事发之日，将官革职，交与刑部拿问。将卖逃之人及买逃之人，若系旗下人，枷号三月、鞭一百；系民，责四十板，并妻发宁古塔，给予穷兵为奴；将卖身之人，仍作逃人，刺字，枷号两月、鞭一百。如外省册报，或并无逃人，捏造空名，移送邀功者，亦照此从重治罪。

例 088.02：乾隆八年定

凡或有地方官员，觅买旗下奴仆，谎称逃人，申解邀功者，交部严加议处。其知情卖逃之人，系官，交部议处；系闲散及兵丁，枷号一月、鞭一百；所卖之奴仆，照例入官，给予八旗兵丁为奴。若并无逃人，地方官捏写空名，造册报部，希图邀功者，亦照此例从重究议。

督捕 089：领催兵丁疏脱逃人〔例 2 条〕

例 089.01：顺治十七年题准

凡疏脱逃人之拨什库兵丁，审无受贿情弊者，枷号一月、鞭一百；如将逃人受财纵放者，枷号三月、鞭一百。

例 089.02：乾隆八年定

凡领催兵丁疏脱逃人，照解役疏脱逃人例，审明或系疏脱，或系故纵，分别治罪；受财卖放者，计赃以枉法从重论。

督捕 090：徒流留养〔例 4 条〕

例 090.01：康熙七年题准

窝逃之人，及疏脱逃人之解役，未经流徙之先身故者，其妻子免流徙。

例 090.02：康熙十二年题准

凡流徙人犯之祖父母、父母老疾无倚，无以次成丁，有控告者，咨查该抚取印结送到，照律责四十板，余罪收赎，存留养亲。若谎报者，交部议处。

例 090.03：乾隆八年定

凡逃人案内各犯，罪应拟流，本身已故者，妻子免流。若拟流拟徒各犯之祖父母、父母老疾，家无以次成丁者，取具该地方官印结，照刑例分别枷号折责，俱准其存留养亲；若有假捏情事，除本犯仍照原拟治罪外，将出结之该地方官交部议处。

例 090.04：乾隆四十二年定

凡逃人案内各犯，罪应拟流，本身已故者，妻子免流。若拟流拟徒各犯之祖父母、父母老疾，家无以次成丁者，该地方官确实查报，照刑例分别枷号折责，俱准其存留养亲；若有假捏情事，除本犯仍照原拟治罪外，将查报不实之该地方官交部议处。

督捕 091：解役疏脱逃人〔例 6 条〕

例 091.01：顺治十一年题准

解役押解逃人窝家，有故意致死及受贿纵逃者，责四十板，流徙。

例 091.02：康熙十年题准

凡解役中途疏脱逃人，拟定流徙，于未流之先得获逃人者，免流徙，责四十板。

例 091.03：康熙十二年题准

凡解役二名同押逃人，致有疏脱者，一并流徙。或一名有事在后，一名看守疏脱逃人者，将疏脱之解役流徙，其在后者免罪。

例 091.04：康熙十五年题准

凡疏脱逃人解役，若两名内有一名实在患病，在经过地方官处递有病呈者，免罪，止将一名流徙。其有落后者，亦行流徙。

例 091.05：乾隆八年定

凡解役押解逃人中途脱逃者，如审系疏脱，将解役减本犯罪二等科断，给限一百日〔戴罪〕追捕，限内能自捕得，及他人捕得，或逃人已死及逃人自首，解役免罪；故纵者不给捕限，与逃人同罪〔至死减一等，罪虽坐定〕。未断之先，能自捕得及他人捕得，或逃人已死及逃人自首，减逃人罪一等科断，受财者〔不在此限〕，计赃以枉法从重论。其疏脱逃人之同行解役，有因患病落后，在经过地方官处呈明者，免罪。

例 091.06：乾隆四十二年定

凡解役押解逃人中途脱逃者，如审系疏脱，将解役减本犯罪二等科断，给限一百日〔戴罪〕追捕，限内能自捕得，免罪；故纵者不给捕限，与逃人同罪〔至死减一等，罪虽坐定〕。未断之先，能自捕得，减逃人罪一等科断，受财者〔不在此限〕，计赃以枉法从重论。若他人捕得，及逃人已死或自首，均不准减免。其疏脱逃人之同行解役，如有实因患病落后，在经过地方官处呈明有据者，免罪。

督捕 092：热审减等〔例 5 条〕

例 092.01：康熙十年题准

窝逃之人，及疏脱逃人之解役，每遇热审，照例减等免流徙，责四十板、徒三年。其余别罪，亦照例减等。

例 092.02：康熙十二年题准

流徙人犯，遇热审减等拟定徒罪，若年老有病及妇人，俱准照律折赎。

例 092.03：康熙十五年题准

凡窝逃之人，及疏脱逃人之解役，犯流徙者，照常流徙。其责治者，每一热审，照例减等。

例 092.04：康熙三十九年题准

凡窝隐逃人应发遣之人犯，遇热审时亦减等。

例 092.05：乾隆八年定

凡逃人案内问拟枷号杖责人犯，遇热审〔每年于小满后十日起至立秋前一日止，如立秋在六月内，以七月初一日为止〕，俱照例准其减等发落，笞罪宽免。

督捕 093：误行刺字〔例 2 条〕

例 093.01：清初原定

凡官员将应赦人误行刺字者，罚俸一月。

例 093.02：乾隆八年定

凡官员将不应刺字人犯误行刺字者，交部议处。

督捕 094：解役逗留〔例 4 条〕

例 094.01：顺治十五年题准

凡各处解到逃人及牵连人犯，解到之日，即交送督捕衙门。如歇宿店房，并不投文，挨过三日，将解役责四十板，流徙尚阳堡；店主如留住过十日者，枷号一月、责四十板；如系旗人，枷号一月、鞭一百。

例 094.02：康熙十二年题准

凡解役在店房歇宿，不投文挨过三日者，免其流徙，责四十板；过十日者，责四十板，枷号一月。店主留住过十日者，责四十板；系旗下人，鞭一百。

例 094.03：康熙十五年题准

凡解役歇宿店房，并不投文，挨过三日，及留过十日之店主，仍照顺治十五年定例治罪。

例 094.04：乾隆八年定

凡解役押送逃人到部，不即投文，歇宿店房，无故稽留三日者，答二十，每三日加一等，罪止杖六十。店家知情留住者，减解役一等治罪；不知者，不坐；若解役受贿诈赃，及有所规避者，审明，各从重论。

督捕 095：解役伙逃抢夺〔例 2 条〕

例 095.01：康熙四年定

凡解役伙同逃人沿途抢夺，扰害村庄，被该府州县官申报者，将解役并逃人，俱以光棍例治罪。

例 095.02：乾隆八年定

凡解役伙同逃人沿途抢夺，扰害村庄，除伤人者照抢夺伤人律，分别首从从重问拟外〔抢夺伤人，以下手伤人者为首〕，未伤人者，将解役照白昼抢夺为首例，杖一百、徒三年；逃人照为从律，减一等治罪〔仍尽本法刺字，逃罪重者，科其逃罪〕；计赃重者，各从重论。

督捕 096：地方官拿解良民〔例 2 条〕

例 096.01：康熙十年题准

凡地方官将未离原籍土著之民，作逃人拿解者，降一级，留原任。

例 096.02：乾隆八年定

凡地方官将实系平民，妄作逃人拿解者，交部议处。如教唆他人诬扳，计图诈害，或故行拿解，希图议叙者，照故入人罪例，分别治罪。

督捕 097：监禁迟滞〔例 3 条〕

例 097.01：顺治十年题准

地方官拿获逃人，即行起解督捕衙门，如监禁迟滞过一月者，地方官革职，罚银一百两，给予出首之人。

例 097.02：康熙十年题准

凡地方官将逃人监禁迟滞过一月者，革职。如一月内不能查明申解者，豫行申报督捕衙门展限。

例 097.03：乾隆八年定

凡地方官拿获逃人，即申详该督抚给咨解部，如无故监禁迟留过一月者，或被告发，或被部内查知，将该地方官交部议处。

督捕 098：文武官员功过〔例 33 条〕

例 098.01：顺治九年题准

州县官查解逃人十二名者，纪录一次；二十四名者，纪录两次；三十六名者，俟应升时加升一级。知府所属州县内，查解逃人至一百二十名者，纪录一次；二百四十名者，纪录两次；三百六十名者，俟应升时加升一级。督、抚、按及各道等官，俟考察之日，查其报解多寡之数议功。其卫千总并守备、都司、游击，照州县官例；副将、参将照知府例；提督、总兵、掌印都司，照督、抚、按各道例议叙。

例 098.02：顺治九年又题准

州县官所属地方隐匿逃人者，每一名罚俸一月；至十二名，罚俸一年；十三名，降一级调用。知府所属州县内隐匿逃人，每十名，罚俸一月；至一百二十名，罚俸一年；至一百三十名，降一级调用。督、抚、按各道员，查该属隐匿多寡之数议处。

例 098.03：顺治十一年题准

凡地方官拿获逃人数多者，文官送吏部，武官送兵部纪录。卫千总、守备、都司各官，照州县例；参将、游击，照知府例；副将照道员例；掌印都司、总兵，照巡抚例；提督照总督例议叙。

例 098.04：顺治十一年又题准

凡州县官所属地方隐匿逃人一名者革职；知府所属州县内，有一官因失查逃人革职者，知府降一级。直隶州照知府例，道员罚俸九月，巡抚罚俸六月。卫千总、守备、都司各官，照州县例；参将、游击，照知府例；副将，照道员例；掌印都司、总兵，照巡抚例；提督照总督例议叙。

例 098.05：顺治十一年再题准

僧道官失察逃人，照州县官例议处。

例 098.06：顺治十三年题准

凡州县官查解逃人十名者，加一级；二十名者，不论俸满即升。知府所属查解二十名者，加一级；四十名者，不论俸满即升。直隶州照知府例。道员所属查解三十名者，加一级；六十名者，不论俸满即升。巡抚所属查解五十名者，纪录一次；一百名者，加一级；二百名者，加二级；如照此数多解者，递准加级，仍准功过相抵。盐运司所属拿获者，运司照道员例，分司照知府例，盐场官照典史例。内外钱局拿获逃人者，布政司照道员例，主事照知府例，同知照知县例。窑厂中拿获者，该管官照知府例，其同知、通判、吏目、典史等官，系有捕盗责任者，照各掌印官例。卫千总、守备、都司各官，俱照州县例；参将、游击，照知府例；副将照道员例；总兵、掌印都司，照巡抚例；提督照总督例议叙。

例 098.07：顺治十三年又题准

州县官查解逃人十名之后，若地方窝隐逃人一名者，功过不准相抵，仍革职。知府所属查解二十名之后，有一员革职者，功过不准相抵，仍降二级调用。直隶州照知府例。道员所属查解三十名之后，有一员革职者，罚俸一年；有二员革职者，功过不准相抵，仍降一级留任；有三员革职者，降二级调用。巡抚所属地方有一员至四员革职者，罚俸九月；五员者，降一级留任；若查解逃人至一百名者，功过相抵，准复一级；二百名者，准复二级。盐运司所属地方有隐匿逃人者，运司照道员例，分司照知府例，盐场官照典史例。内外钱局中有隐匿逃人者，布政司照道员例，主事照知府例，同知照知县例。窑厂中有隐匿逃人者，该管官照知府例；同知、通判、吏目、典史等官，系有捕盗责任者，各照掌印官例。卫千总、守备、都司，照州县例；参将、游击，照知府例；副将照道员例；总兵、掌印都司，照巡抚例；提督照总督例议处。

例 098.08：顺治十四年议准

文武官署任内，有查获逃人，失察逃人者，俱各照所署之职，议其功过。

例 098.09：顺治十五年题准

凡州县官查解逃人十五名者，加一级；三十名者，不论俸满即升。知府所属查解三十名者，加一级；六十名者，不论俸满即升。直隶州照知府例。道员所属查解四十五名者，加一级；九十名者，不论俸满即升。惟直隶、山东、山西、河南，道员所属地方，查解逃人四十五名之后，其属官有一人革职者，降一级，带罪留任，降级之后，所属地方有查解四十五名者，准复原降之级，其余别项，俱照他处道员例。巡抚所属查解七十五名者，纪录一次；一百五十名以上者，加一级；足三百名者，加二级；多解者照数递加。其盐运司、运使分司、盐场官，内外钱局、布政司、主事、同知、窑厂地方该管官、通判、吏目、典史，及卫千总、守备、都司各官，参将、游击、副将、总兵、提督等官，查解逃人者，俱照新定各官之例，分别名数议叙。

例 098.10：顺治十五年又题准

凡州县官查解逃人十五名之后，有隐匿逃人一名者，功过不准相抵，仍革职。知府、直隶州所属查解三十名之后，有一员革职者，功过不准相抵，仍降二级调用。道员所属查解四十五名之后，有一员革职者，罚俸一年；有二员革职者，功过不准相抵，降一级留任；有三员革职者，降二级调用。惟直隶、山东、山西、河南，道员所属查解四十五名之后，有一员革职者，降一级戴罪留任；若查解逃人四十五名，准复原降之级，余仍照他处道员例。巡抚所属地方，若有一员至四员革职者，罚俸九月；五员者，降一级留任；如查解逃人一百五十名者，准复一级；三百名者，准复二级；照此数多解者，功过相抵。其盐运司、内外钱局、窑厂及卫所营伍大小各官，隐匿逃人者，俱照新定各官之例，分别议处。

例 098.11：顺治十五年再题准

各官升任后未离原任，若有窝隐逃人发觉者，仍行议处。其先有获解逃人之功，仍准议叙。

例 098.12：顺治十五年题定

凡查解逃人之司道已升京堂，应加一级者，纪录二次；应不论俸满即升者，纪录四次。

例 098.13：顺治十七年题准

勒限查解逃人，接管官将不获情由豫行申明者免议。如过限不报者，罚俸半年。如申报不获之后，逃人在先被人拿获者，接管官革职。

例 098.14：康熙二年题准

凡巡抚所属地方查解逃人二百名者，纪录一次；四百名者，加一级；比此数多者，照数记册加级。

例 098.15：康熙八年题准

因逃人事件牵连议处官员，移咨该抚，取地方官口供到日议结。若有徇庇不取确供发觉者，将该督抚一并议处。

例 098.16：康熙八年又题准

同省各府查获逃人，将失察之州县官并该管道府，照例参处。

例 098.17：康熙十年题准

凡失察逃人，系隔省拿获，或伊主及旗下拿获者，巡抚以下、典史以上题参。若隔府拿获，系别道员所属者，道员以下题参；系本道员所属者，知府以下题参。隔州县拿获者，止将州县官题参。

例 098.18：康熙十年议定

道员及管卫所掌印都司，查解逃人九十名者，加二级；同知、通判、吏目、典史，自行拿获之逃人，照各掌印官例。五城兵马司掌印指挥，照知府例；副指挥、吏目，照知县例；守备、都司、金书各官，照州县例；游击、参将、副将，照知府例；总兵官，照道员例；提督，照巡抚例；余俱如旧例议叙。凡文武各官一年一叙，若不至加级之数，俟次年一并议叙；仍不足者，将前一年之功截去，止留一年之功于次年接算，不准三年合算。

例 098.19：康熙十年又题准

凡知州、知县、吏目、典史、卫所守备、千总官员，失察逃人一名者革职。如未失察之先，有查解逃人三十名者，准其功过相抵，免革职；有查解十五名者，所加之级销去，照原品降一级调用。知府、直隶州知州所属，有一员失察逃人革职者，降二级调用；如未失察之前，所属有查解逃人六十名者，准其功过相抵，免其降调；查解三十名者，所加之级销去，照原品降一级留任。道员、管卫所掌印都司所属，有一员失察逃人革职者，罚俸一年；二员革职者，降一级留任；三员革职者，降二级调用；其先有查解逃人四十五名者，准其抵降一级。巡抚所属，有一员至四员失察逃人革职者，罚俸九月；五员者，降一级留任；其先有查解四百名者，准抵降级。其盐运司、管内外钱局、窑厂官、五城兵马司官及武职官员，失察逃人处分功过相抵之处，俱照前定例行。

例 098.20：康熙十年议准

凡首告逃人，移咨巡抚不行拿解，别经发觉者，巡抚降一级留任，该管官照失察逃人例议处。

例 098.21：康熙十年三题准

官员因逃人事件牵连降级之后，知府、知州、知县，能拿解逃人足不论俸满即升之数；道员所属地方，足加二级之数；巡抚所属地方，足加一级之数者，俱准其复还所降之级。盐运司、管内外钱局、窑厂官、五城兵马司官及武职官员，俱各照定例行。

例 098.22：康熙十年四题准

地方官称系逃人拿解，无主认识，发伊原籍地方官确查，实系民人，取保释放，具文申报。若有投充、俘获、卖身旗下情由，仍行解回，有主者给主，无主者入官。若将实在逃人称系民人，保结释放，后被伊主认识，或旁人出首，为首保人，断作窝家；其余保人，照邻佑例治罪。其不行详查取保释放之官革职。

例 098.23：康熙十二年题准

凡文武官员获解逃人记功者，直省知会各该抚，奉天府所属移会府尹，令巡抚、府尹，照督捕衙门移文，转行知照原拿获地方官议叙。

例 098.24：康熙二十一年议准

滇黔土司，无论逃人、逃兵、逆属旧人，拿解六十名者，准加一级；多获者照数递加，不及加级者，该督抚酌量奖赏。

例 098.25：康熙二十一年又议准

滇黔土司地方，有失察逃人一名，被别土司拿解，或逃人自行供出，土司降一级。若知而隐讳者，照隐匿逃人例革职。若拿获逃人，照例解部发落。

例 098.26：康熙二十四年题准

凡逃人潜住地方，州县官不行查拿，被旗主认出；及他人已经拿获，地方官强行抢夺，冒称伊所拿获解部者，将州县等官，各降二级调用。

例 098.27：康熙二十五年议准

州县等文武各官，查解逃人十五名者，照例加一级；三十名者，加二级。知府与直隶州知州等文武各官，查解逃人三十名者，加一级；六十名者，加二级。于此数多者，照数递加。其查解逃人不论俸满即升之例，俱停止。

例 098.28：康熙三十年题准

步军校拿获逃人，照巡捕营官员拿获逃人例议叙；副尉，照巡捕营参将、游击拿获逃人例议叙。

例 098.29：康熙三十年覆准

嗣后将专汛官员拿获逃人十五名准加一级之处，改增五名至二十名，准加一级；兼辖官拿获逃人三十名准加一级之处，改增十名至四十名，准加一级；所加之级，仍准其抵销。

例 098.30：康熙三十三年题准

沿边地方总兵等，务期严行责令管辖各守边口武官，严查出边人等，不许放过逃，人令其拿解。若将逃人疏忽放出者，将看守之官兵，交该部照例治罪。

例 098.31：康熙三十四年覆准

山海关兵丁，若拿获逃人者，著照堆子拿获人犯之例，令逃人之主给银一两。其拿获另户逃人者，向逃人追银一两给予。

例 098.32：康熙三十七年题准

步军校等，一年内拿获逃人四十名者，加一级；副尉督率所属，拿获逃人八十名者，加一级；于此数多者，照数递加。

例 098.33：乾隆八年定

凡知州、知县，卫所千总、守备，查解逃人十五名者，加一级；查解逃人三十名者，加二级。知府及直隶州知州所属地方，查解逃人三十名者，加一级；查解六十名者，加二级。道员及管卫所掌印都司所属地方，查解逃人四十五名者，加一级；查解九十名者，加二级。巡抚所属地方，查解逃人二百名者，纪录一次；四百名者，加一级〔以上获逃数多者，俱照此递加〕。同知、通判、吏目、典史，自行拿获之逃人，各照掌印官例。五城兵马司掌印指挥，照知府例；副指挥、吏目，照知县例。盐运司所属地方查解逃人，将运司照道员例，分司照知府例，管盐场大使照典史例。在京钱局查解逃人者，将所管之官照知府例；外省钱局查解逃人者，布政使照道员例，钱局同知照知县例。窑厂查解逃人者，将所管之官照知府例。营伍武官查解逃人者，将守备、都司、金书各官，照州县例；游击、参将、副将，照知府例；总兵官，照道员例；提督，照巡抚例。将此功一年一叙，若不足议叙之数者，归并于下年通算议叙；如仍不足数，将前一年之功截去，止留一年之功于次年接算，不准三年合算。

督捕 099：总督府尹不议功过〔例 6 条〕

例 099.01：顺治十一年题准

总督所属地方，有一员因逃人革职者，罚俸三月。

例 099.02：顺治十三年题准

凡总督所属地方，查解逃人一百名者，纪录一次；二百名者，加一级；四百名者，加二级；照此数多解者，功过相抵。有一官革职者，罚俸六月；至十员者，降一级留任。

例 099.03：顺治十四年议准

顺天、奉天二府府尹，逃人功过免议。

例 099.04：顺治十五年题准

总督所属地方，查解逃人一百五十名者，纪录一次；三百名者，加一级；六百名者，加二级；照此数多解者，功过相抵。

例 099.05：康熙五年议准

直省总督，逃人功过免议。

例 099.06：乾隆八年定

凡拿获逃人并失察逃人，各省总督，及顺天府、奉天府府尹，功过均免议。

督捕 100：上司议叙〔例 2 条〕

例 100.01：康熙十年题准

州县卫所等官拿获逃人，不足加级之数者，不准议叙各该管上司之功。其盐运司、并管内外钱局、窑厂官、五城兵马司及武职官员，亦照此例。

例 100.02：乾隆八年定

凡州县卫所等官拿获逃人未足议叙之数，而该上司官以所辖各属统算，虽已足议叙之数者，不准议叙。

督捕 101：拿获逃人解送册籍〔例 4 条〕

例 101.01：康熙八年题准

各省将军、城守尉等，将已获未获之逃人姓名，及逃走年月日期、旗色、佐领，造清册一本，每年四月内申送督捕。其获过逃人，及拿获官员职名，造清册一本，每年三月内申送督捕，逐名查对。如一年内不将获逃人数申报，至二、三年汇报者，题参议处。

例 101.02：康熙十一年题准

凡将军、城守尉等，每年四月内将逃册咨送督捕，其拿获鞭刺逃人之姓名、本主、旗色、佐领，拿获年月日期、及官员职名，该督抚、盛京刑部，每年三月内备造清册，咨送督捕，于叙功时磨对议叙。

例 101.03：雍正二年议准

嗣后直隶、山东、山西、河南四省州县拿获逃人，令照陕西等省例详报巡抚，请咨递解。其直隶等十五省，该巡抚统于每年四月内，将各州县拿获逃人数目核实，造具清册二本，一本汇送刑部查核，一本汇送吏部备案，俟刑部查明，交与吏部照例议叙。

例 101.04：乾隆八年定

凡文武官员获解逃人记功者，知会该巡抚。其奉天所属官员拿获逃人记功者，移会府尹，令巡抚、府尹转行知照原拿获之地方官，临叙功时，将拿获逃人年月、姓名及获逃官员之职名，开造清册，每年四月内解部，与部内底册查核议叙。

督捕 102：拿获带逃幼小子女〔例 3 条〕

例 102.01：康熙十年题准

带逃十三岁以下之子女，同其父母拿获者，地方官不记功。若另行拿解者，照自行逃走十三岁之子女例，将地方官一体记功。如被伊主认获及旁人出首者，窝家、邻佑等及失察之地方官，仍照例治罪。

例 102.02：康熙十二年题准

凡十五岁以下之子女，同其父母拿解者，地方官不记功；另行拿解者，仍照例记功。

例 102.03：乾隆八年定

凡拿获逃人，如带有十五岁以下之子女一同获解者，地方官不记功。另行拿解者，照十五岁之子女只身逃走例，将地方官一体记功。若被伊主认获，及旁人出首者，将失察之地方官及窝家、邻佑人等，仍照例分别究议。

督捕 103：在京旗人逃后行窃〔例 3 条〕

例 103.01：乾隆五十三年定

在京满洲蒙古正身旗人，逃后有犯抢窃及犯抢窃私逃同时并发，核其抢窃赃数，罪在流徒以下，律应刺字者，无论在一月内外，俱照在京旗人逃走发遣当差在配怙恶不悛之例，削除旗档，改发云、贵、两广边远地方，令地方官与民人一体严加约束。驻防另户旗人逃窃并发，除犯该枷责之案，仍照本例办理外，若犯该发遣黑龙江当差者，亦照此例改发。至汉军正身旗人，但有犯应刺字者，亦即削除旗档；其逃窃治罪，仍照本例定拟。

例 103.02：嘉庆六年定

凡在京满洲蒙古汉军正身旗人，逃后有犯抢窃及犯抢窃私逃同时并发，核其抢窃应得罪名及逃走应得罪名从其重者论，仍尽抢窃本法刺字；罪止枷杖者，销除旗档，交县与民人一体管束；应发遣者，销除旗档，发云、贵、两广边远地方，与民人一体管束。至各省驻防旗人有犯，亦照此例办理。

例 103.03：道光五年定

凡在京满洲蒙古汉军正身闲散旗人，逃后有犯抢窃，均销除旗档。其初犯罪止笞杖枷责者，免其刺字，交县管束。徒罪以上，悉照民人一体刺字发配。各省驻防旗人有犯，亦照此例办理。

督捕 104：马兰泰宁等处兵丁逃回〔例 2 条〕

例 104.01：乾隆二十一年定

凡发往马兰口、泰宁镇二处壮丁，脱逃被获，或自行投回者，俱交送刑部，照旗人初次逃走例治罪，仍发回该处充绿旗兵丁，销去旗档；如再犯逃，即照绿营例办理。

例 104.02：嘉庆六年定

凡发往马兰、泰宁二处壮丁，脱逃被获，或自行投回，照旗逃例分别治罪。

督捕 105：黑龙江三姓等处改发之旗人逃走〔例 4 条〕

例 105.01：乾隆二十二年定

八旗发遣拉林人犯，有私自逃回者，拿获之日，即行请旨拟斩立决。如在盛京等处拿获者，该将军等讯明情节，具奏请旨，即于现获处所正法。其在京暨各省拿获者，由刑部审明，请旨交旗正法。

例 105.02：乾隆二十二年又定

八旗应发拉林、阿尔楚喀人犯，俱停其发往，改发黑龙江三姓等处充当苦差，该将军于解到之时，均匀酌拨安置，不得令其群聚一处，如有私逃回京，查明原犯由匪类改发者，拿获之日，仍遵旨奏请即行正法；其在配行凶为匪不自悛改者，即销去旗档，改发云、贵、两广等省，交与地方官严行管束，有犯即照民人例治罪，并令该将军等将一年内有无另行改发之处，年终汇奏。

（嗣删"如有私逃回京，查明原犯由匪类改发者，拿获之日，仍遵旨奏请即行正法"等二十九字。）

例 105.03：乾隆二十九年定

移居拉林闲散满洲内，如有越过边津、逃回京城者，拿获时遵旨正法外，其初次逃走，不出该管地方，无论不行告假、私自逃出及自回被获者，俱枷号一月、鞭一百；二次逃走者，连妻子发往伊犁等处折磨差使。

例 105.04：乾隆三十年奏准

凡旗下另户人等，因犯逃人匪类，及别项罪名，发遣黑龙江等处者，三年后果能悔罪改过，即入本地丁册，择其善者挑选匠役披甲，给予钱粮；三年内不行改过，及已过三年造入丁册后复行犯罪者，即解送刑部改发云南等省，仍于年终将复犯改发数目，该将军于汇题一年内收到人犯数目本内，一并汇题。至奉旨发遣旗下另户内，如有行凶为匪者，该将军另行请旨办理。

督捕 106：官庄壮丁脱逃〔例 1 条〕

例 106.01：乾隆三十五年定

官庄壮丁如有逃走，该管官即行具报缉拿，获日照例惩治。至发遣人犯入在官庄内者，如有脱逃，亦令报部缉获，究其有无行凶为匪，按其原犯罪名，照脱逃例，分别议拟。该管各官，按照逃人名数，分别议处。

督捕 107：八旗逃人通行呈报〔例 1 条〕

例 107.01：乾隆四十年定

八旗一切逃人，该旗照例一面咨报刑部外，一面即将该犯实在逃走日期，径报步军统领衙门、顺天府、五城迅速查拿。其刑部接到旗咨之日，亦即速行知应行缉犯各衙门，一体严拿。

督捕 108：伊犁等处卡伦缉捕逃人不力〔例 1 条〕

例 108.01：乾隆三十八年定

伊犁等处盘获逃犯，究出经过卡伦地方未经查拿者，将该处失察经过官员，并失察之地方官及该管大臣，交部分别议处，兵丁鞭七十。如有藏匿负罪潜逃之犯，将失察官员，并失察之地方官，及该管大臣，交部从重分别议处，兵丁鞭八十。

督捕 109：额鲁特回子逃走〔例 1 条〕

例 109.01：乾隆三十八年定

凡额鲁特回子逃走被获，如关系重情，仍听理藩院定拟奏闻请旨外，如止系犯逃，无论拿获投回，初次枷号一月、鞭一百，给主严加管束，二次发福州、广州，赏给旗下官兵为奴。其京城居住，并王公等带来家下额鲁特回子逃走，仍照旗下家人逃走例，分别次数年月办理。

督捕成案 21 案

成案 001：递解旗人脱逃该官处分〔康熙四十三年〕

吏部议：旗人王天禄脱逃一案。查定例，广西等省拿解逃人，经过地方官不差正身有家产解役，及少差解役，以致脱逃者，革职等语。应将金差不慎之祁阳县知县陈宗泰，照例革职。又定例，官员将人犯不行速解迟误者，该管官罚俸六个月等语。应将永州知府照例罚俸六个月。奉旨：依议。

成案 002：逃人疏脱不报〔康熙二十年〕

督捕疏：福建南平县解役黎茂、袁坤，将逃人李五子疏脱情由，照例治罪，其知县范某疏脱逃人数月，又不查出解役沉批等因。吏部议：逃人疏脱数月不报，及不行查出解役沉批之处，无有作何处分之例，应将范某酌量罚俸一年。

成案 003：逃人不查明肘锁解役换文〔康熙二十一年〕

督捕疏：漷县守备将逃人邓四得胜，少差解役脱逃，署理通州副将事游击惠瑾并不验明有无肘锁，解役几名，竟行换文，俱交兵部议。应将少差解役之守备陆某照例革职。署副将事游击惠瑾，逃人解送到，彼自应详明有无肘锁，所差几名，给换批文并不详明，竟换批文，以致脱逃，应比照不行详慎例，罚俸一年。

成案 004：逃人脱逃照例金差免议〔康熙三十年〕

督捕议：白得贞等供，系有家产正身解役，本县官将逃人黄二、王四，亲加肘锁，交与我们四人押解，逃人等中途疏脱，自行招认，将伊等之妻及未分居之子孙家产人口房地册查解，一并照例流徙辽阳，各责四十板，房地册交与户部。护兵陈万仓，并少拨兵丁百总刘成功，行令该抚照例治罪发落，严缉逃人黄二等。丰润知县照例差正身有家产解役四名押解，把总刘有功因公出境，均应免议。

成案 005：少差兵丁解逃疏脱〔康熙二十二年〕

督捕疏：平溪卫守备递解逃人周成等六名，止差解役三名，沉镇把总王友忠止差兵丁三名，以致周成等脱逃。兵部议：平溪卫应照例革职，把总王友忠少差兵丁押解，虽查无处分营官之例，定例内护解逃人兵丁与逃人同逃者，该管官罚俸一年，应将王友忠比照此例，罚俸一年。

成案 006：解递迟延并不收审〔康熙二十八年〕

吏兵二部议：会川卫守备递解逃人陈三，违例迟延一个月，将推诿之官，降一级调用等语。该抚疏内称，守备将逃人递解，该经厅宜收审，督催转解，竟不收发回，应将原任署监理厅事、布政司经历，照依此例，降一级调用。

成案 007：不候部文拿解窝家〔康熙二十五年〕

督捕疏：正白旗苏永祖，佐领下邵颁尔合家，白契所买人闫得亮等，照例发落外，其三河知县彭某不候部文，将闫得名作为窝家拿解，难辞违例之咎。吏部议：应将彭某照例降一级留任。

成案 008：买主保人违例并解〔康熙三十七年〕

吏部覆督捕题：完县知县高某不候部文，将买主马登云，保人孙起山，并逃人违例一并拿解，应交吏部议。查定例内，地方官将未离原籍土著之民作为逃人拿解者，降一级留任等语。应将完县知县高某照例降一级留任。奉旨：依议。

成案 009：开豁窝家〔康熙二十二年〕

督捕疏：沾化县知县来文内，虽称逃人李龙供逃人李如栢在张进诚家居住，叫我作保，我不曾应承，将我的名字如何写了，我不知道等语。李如栢供，张进诚如何私自央马龙作保，我不知道，我不认得马龙。揆此逃人李某系马龙作保是虚，张某窝隐是实。该知县黄某将真正窝犯张某开豁，将良民马某称系保逃人，以作窝家情由，交吏部议。查定例，官员将真正窝家自审以为无干，空文回覆，或庇护逃人窝家，作为出首之人者，俱革职等语，应将知县照此例革职。

成案 010：逃人称自拿获〔康熙二十二年〕

督捕疏称：据杨二供，遇我家逃人董来带往屯内去，被捕役刘捷等夺去等语。直抚查取知县口供内，虽称逃人董来在城某街上，被捕役拿获，不系伊家人拿获等语。据捕役刘捷口供，逃人董来系伊抢夺，自行招认，其知县将伊衙役抢夺逃人之处，不行详察，称伊拿获情由，应交吏部议。查安肃知县张某将杨二所获之逃人，被伊衙役抢夺之处，未经审出，称自拿获，不合，应将知县降二级调用。

成案 011：非正印官用印买人〔康熙二十六年〕

刑部咨：据王栋供称，我夫妻称系江西民，得银五十两，用了神武卫经历司衙门印信，卖与李世学，本月十三日，找寻着我原主母苏氏，苏氏在内务府告承送部等语。原任神武经历司彭某，不系管民之官，李世学买王栋，违例用印，应交吏部议。查定例，官员不遵定例，妄用印信，非正印官而擅用印信者，降一级调用等语。应将神武经历司彭某照例于补官日，降一级调用。

成案 012：卖身旗下不录供〔康熙四十二年〕

户部咨：据山东济宁州呈称，正黄旗佐领孙文成，买得本州民人凌小大猫等男妇三十二名口为仆，将身契用印申报等因。查定例，州县官将买身之人取具情愿口供，及保人口供，用印申报户部等语。今该州止将凌小大猫等卖身契用印报部，并不取具本人并保人情愿卖身口供，朦混送部，殊属不合，应行令东抚查明，到日再议。

成案 013：买本处之民〔康熙三十一年〕

督捕咨：太平县解卫赵稳，系原任员外郎石显贵做吉州知州时买的，石显贵违例买本省民人，应交吏部议。督捕既称石显贵原做知州任内，买本处之民，应照例降二级调用。

成案 014：窝隐逃人〔康熙三十一年〕

督捕议：除将逃人三元拐带钱姐情由咨送刑部，照例完结外，据窝家刘二供：三元我原认得，带伊妻到我家，要住几日，我不道他们系逃人，留住是实。据此将刘二照例暂羁监，移咨该抚，将伊妻并未分居子孙家产人口房地册籍查解，到日一并流徙辽阳，到彼处责四十板，房地册籍交与户部，两邻家长地方，照例发落。通州知州程俊查解逃人二口，应注册。

成案 015：巧饰窝家出首〔康熙二十三年〕

督捕疏：房山县知县将捕役拿获之逃人，巧饰系窝家吴次楼出首解部。吏部议：查知县王某将捕役所拿逃人，称系窝家吴次楼出首，明系巧饰，应降三级调用。

成案 016：旗人白契涂销〔康熙四十五年〕

刑部咨：江抚查郁六系镶蓝旗传宁阿佐领下恩特家例，后于三十九年间，用银二十两，白契买的人，偷主银二十两逃走，随移咨该抚去后，今准该抚咨称，查郁六坚供，并未拐盗主银，伊父郁振吾卖女赎男，情亦最惨，将已完银二十两贮库，俟有便员带解交主，其带逃银两，恩赐矜豁等因。查郁六带逃之银，该抚既称无可追处，相应免追，将现贮藩库银二十两解部，交主之日，白契涂销，合咨前去，查照施行。

成案 017：押解逃人未定拨兵名数〔康熙四十六年〕

兵部准江抚郎某咨：江西递解逃人朱士雄，至江南宿松县脱逃，经安抚咨报奉部，将少拨兵丁职名查参等因。查督捕定例，逃人一名，解役二名押解，并未定有拨兵二名之例，历来俱系拨兵一名押解，且朱士雄并非江西脱逃，请免开职名等因。查朱士雄该抚既称并未定有拨兵二名之例，且并非江西地方脱逃等语，应无庸议。嗣后递解逃人一名，令拨兵二名之处，前经行文在案，亦应无庸议。

成案 018：递解逃人脱逃金差不慎照越狱例处分〔康熙五十年〕

刑部议：平原县疏防递解逃人韩三等一案。据东抚蒋疏称，递解逃人韩三等，于康熙五十年三月十一日解至平原县，该县严加肘锁，每逃人一名，差正身有家产解役二名，分送德州，不意天降大雨，泥泞难行，于本月十三日行至德州，各犯带锁而逃，除解役兵丁有无贿纵，审明另报外，将金差不慎之平原知县郎天祯应指参等因。查定例内，军军流徒罪等犯，已加肘锁，多差解役，脱逃者，照越狱例处分。越狱例内，该管有狱各官，俱住俸带罪，限一年督缉等语。应将平原知县郎天祯住俸，带罪限一年督缉，应仍令该抚将韩三等勒限严缉解部，解役等有无贿纵，一并审明定拟，到日再议。奉旨：依议。

成案 019：山西省解逃少差解役〔康熙五十一年〕

吏部议：晋抚苏某疏，以陕西咸宁县递解逃人吴孝由，曲沃县止差役张汉杰一人，解至襄陵县脱逃。查定例，山西省拿解逃人，地方官严加肘锁，每名差正身有家产解役二名径解，如少差解役，以致脱逃者，将地方官革职等语。应将少差解役之曲沃县知县徐宸录，照例革职。奉旨：依议。

成案 020：湖广司〔嘉庆二十年〕

盛京将军奏：福清泰身系宗室，遵旨移住盛京，私行回京，即向该学长投到，带同赴府禀知，即与自行投回无异，例准免罪，惟不向该管官据实呈请，私自回京，应比照八旗兵丁、前往各省、不领印票、私自前往例，鞭一百，折罚养赡银一年，系自行投回，毋庸开除玉牒，仍应送往盛京。宗室福清泰，因接家信，知伊母年老多病，屡医未痊，若呈明给假，原可准令回京省视，乃私自潜回，实有应得之罪。今该堂官等拟以罚养赡银一年，仍令奕绍带往盛京，福清泰之母，患病未痊，伊到盛京后，系念情切，心又思归，福清泰著罚养赡银一年，交宗人府堂官，责处二十板，以惩其私回之罪，即令在京侍奉伊母，俟养亲事毕，再行押往盛京居住，原情敕发，固并行不悖也。钦此。

成案 021：奉天司〔嘉庆二十四年〕

本部奏：宗室惠章私赴广东一案。此案惠章因欲向伊妻兄玉辂借贷，潜赴广东臬司署中，当经玉辂禀知巡抚，具奏解京。查惠章身系宗室，不自检束，辄因欲向借贷，私行逃出数千里之遥，未便因无滋事别情，稍为宽纵，若仅照满洲逃走被获例，拟鞭一百，折罚养赡，不足示惩，请将惠章革去四品顶戴，从重发往黑龙江管束。奉旨：宗室惠章私赴广东，经宗人府会同刑部，拟发黑龙江管束，宗室系无发黑龙江之例，虽近来宗室顽钝无耻，不可教训，不知话言者多，朕终存议亲之念。惠章著改发吉林，严行圈禁空房，不许外出。至惠章于解京看守后，复敢突身走出，不听拦阻，实属强横藐法，著宗人府，先行重责四十板等因。钦此。

理藩院则例〔成案 1 案〕

成案 01：直隶司〔嘉庆二十一年〕

热河咨：森盆儿等行窃拒捕一案。查森盆儿听从逸犯博彦图偷窃，并拒伤事主平复，系博彦图起意偷窃，森盆儿听从，临时拒捕，虽系森盆儿首先动手，惟起意在逃之博彦图亦曾共殴，自应将博彦图以为首科断。该将军将森盆儿照拒捕首贼，拟斩监候，殊未允协。森盆儿应改依伙众偷窃牲畜、事主追逐拒捕、伤而未死余人例，发河南、山东，充当苦差。

蒙古则例〔成案 1 案〕

成案 01：直隶司〔嘉庆二十二年〕

热河都统咨：蒙古叶达玛扎布，先经听从偷马三匹，复又听从行劫银两等物，该都统将该犯拟发云贵两广罪名，系照偷窃计赃科断，与强劫不计赃之案殊未允协。叶达玛扎布应照强劫什物而未伤人从犯，并妻子产畜、俱发河南、山东，交驿充当苦差。

比引条例〔成案4案〕

成案 01：广西司〔道光二年〕

提督咨送：张雪儿聘定二妞为妻，乃于未过门之前，私下通奸，迨赵氏将二妞另配，又复相约私逃，律内并无与未婚之妻同逃，作何治罪明文，即比照女家悔盟另许，男家不告官司而强抢例，亦罪止拟笞。张雪儿、贾二妞自应仍照男女定婚、未曾过门、私下通奸，比依子孙违犯教令律，杖一百。

成案 02：广东司〔道光二年〕

提督咨送：胡六五儿聘定戴张之女妞儿为妻，过门童养，该犯辄与妞儿行奸，惟妞儿究系已经过门童养，与未经过门者有间，将胡六五儿依男女定婚、未曾过门、私下通奸、比依子孙违犯教令律，杖一百律上，减一等，杖九十。

成案 03：山东司〔道光五年〕

提督咨：胖儿与吉庆通奸，在业经立有庚帖以后，系属已定未婚，应比照子孙违犯教令律，杖一百。该氏业已许字，吉庆与凡人通奸者不同，应仍照律收赎。

成案 04：江西司〔道光八年〕

步军统领衙门咨送：王建得调奸义子之妻王氏未成，例内并无治罪明文，应于奸义子妇比照奸缌麻以上亲之妻，杖一百、徒三年罪上，量减一等，杖九十、徒二年半。王氏因义翁王建得拉住求奸情急，咬伤其茎物，在王建得既不依调奸亲子媳同科，则该氏自未便仍照拒奸殴伤亲翁之律问拟，应照凡人殴伤调奸罪人例，勿论。

内阁禁令〔例2条〕

阁禁001：咸丰十一年谕

向来留京王大臣办事，本有旧章可循，乃闻近日各衙门堂官呈递安折之期，司员、章京等，纷纷赴内阁画稿，以致闲杂人等，无从稽核，实属不成事体。著通谕各部院堂官，所有应办事件，均著在本衙门画稿，不得任听司员仍至内阁回堂，并著留京办事王大臣一体查禁，以符旧制。至散直时刻，除步军统领应于午刻散直外，余均著遵照旧例，于申刻散直。

阁禁002：同治六年谕

近闻内阁每月会议事件，往往闲杂人等乘间拥挤，虽与留京办事时情形不同，而会议重地，任令多人喧杂，殊不足以示严肃而昭慎密。著将咸丰十一年所奉谕旨，敬录一道，发交大学士等，敬谨悬挂内阁，俾知遵守。嗣后遇有会议等事，倘再有无知人等，溷杂窥探，即著该大学士等查明，严行究办。

宗人府禁令

宗人禁令〔例 51 条〕

宗禁 001：顺治十五年题定

诸王以下，毋得溺于逸乐，耽丝竹及演戏观鱼，在城外关厢放鹞，致扰居民。仍严饬各该长史等官，令其规谏，府官不时稽查，有犯者，该长史等官一并议处。

宗禁 002：顺治十八年题定

城内关厢永禁放鹞，王以下至宗室如有耽玩逸乐者，令府参奏。

宗禁 003：雍正元年谕

宗室王公将军等，延汉人训课子弟，当于进士举贡内择端方谨慎之人。其下第留京日久者，多系轻薄好生事端之徒，不得聘请教读，及容纳在家。

宗禁 004：雍正元年又谕

下五旗诸王，将所属旗分佐领下人挑取一切差役，遇有过失，辄行锁禁，籍没家产，任意扰累，殊属违例。嗣后仍照旧例，旗分人员，止许用为护卫、散骑郎、典仪、亲军校、亲军，或诸王挑取随侍之人，或欲令所属人内，在部院衙门及旗下行走者，兼管家务，或需用多人以供差役，或补用王府官职，或令随侍子侄，著列名请旨，将奉旨之处，知会该旗都统等，令都统等覆奏。其旗分人员，不许擅行治罪，必奏闻交部，傥有仍将旗分人员，妄行扰累，令其多供差役，兼管散职，著该都统等奏闻。若都统等隐匿瞻徇，一经御史参劾，即将该都统等治罪。

宗禁 005：雍正二年谕五旗王贝勒贝子公等

凡王府等佐领下人，有用于部院者，有用于外省州县者，王等宜为国家得人起见，奖成循吏，俾勤劳官职，竭力自效，王等亦与有光荣，乃反令其酷害地方百姓，侵克钱粮，妄取财物，汝为伊主，颜面置于何地耶。如王成勋，一州县官，伊主星尼一公爵耳，尚勒取银两数千，若属于王府而为大员者，尚可问耶。今将王成勋一事，遍谕五旗王、贝勒、贝子、公等，嗣后傥仍不悛改，再有发觉，必将五旗王府佐领下人，一概裁革，永不叙用。

宗禁 006：雍正十三年九月谕总理事务王大臣

治国之道，以亲亲睦族，移风易俗为先务。我朝宗室，承太祖、太宗之家法，风俗原颇醇朴，其尊君爱亲忠诚之教，迥超庶姓，嗣为一二不肖之徒沾染，以致现在宗室中，彼此戏谑，渐流卑鄙，互相排挤，不知向善，风俗因而敝坏矣。即如弘春，伊父获罪监禁，伊反以为喜，弘暻亦以监禁伊兄为快，夫为人不孝不弟，岂有为国尽忠之理。更有宗室等不顾品行，专以谄媚近御显要大臣为事，实属有玷天潢。皇考洞鉴于此，圣虑周详，启迪训导，期挽流俗而臻于善，不惮勤苦孳孳教诲，于今十三年矣。其中感戴皇考教诲成全之恩，谨守奉行者固多，其心以为待伊等刻薄者，亦不一而足。皇考训谕，周详备至，以朕之才德年齿，识见历练，远不及皇考，虽多方教诲，亦不能出乎皇考训谕之外，况皇考如此之教诲，犹未能尽化，宁朕言是听乎。虽然朕惟仰体皇考之心，整饬宗室积习，期归于善，岂无一二人感化自新，勉励向善耶。嗣后宗室等，务期革面革心，发愤自修，悔过迁善，庶几共享无疆之福。著将此由该衙门详细通谕各宗室知之。

宗禁 007：乾隆四年谕

弘昇于皇考时，身获重罪禁锢，后蒙见宥，俾得自效，朕即位以来，用至都统，允宜感戴殊恩，竭力报效，专心一意，念切国家，乃伊以此恩施，竟若为他人荐举所致，诸处夤缘，肆行无耻，伊所谄事之人，朕若宣示于众，干连者多，而其人亦何以克当，故朕仍尽亲亲之道，不肯暴扬，但弘昇以若是之人，若仍留之于外，必至挑动事端，使我宗室不睦，事体不知何所底止，故遣都统瑚琳、副都统旺扎勒至该处，即将伊革去都统锁拿，著旺扎勒押解来京，交宗人府，著宗人府再行请旨。伊所办事件，著瑚琳在彼办竣来京。此后王公宗室等，当以弘昇为戒，力除朋党之弊，念切国家，保全宗室之颜面，试思今将弘昇如此治罪，袒护弘昇之人，有心存瞻顾，代伊奏请宽宥者乎，亦不过私下妄谈耳，亦宜知他人之不足恃也。

宗禁 008：乾隆七年谕庄亲王允禄、履亲王允祹

前据都统盛安奏称：允裪之子弘旺，在正阳门外过宿等语。弘旺本系锢禁之人，朕因笃念皇祖，将伊等释放，加恩赏给红带子，置立产业，俾得生路，伊等自应守分安居，乃复如此妄为，实属不知悛改。又闻现在侍卫上行走，及闲散近派宗室内，亦有品行卑鄙者。伊等皆系皇祖之孙，无论当差闲居，均应仰体皇祖，顾惜颜面，今竟忘其本源，在侍卫上行走者，辄甘与大臣侍卫平等相交，闲散者肆行妄为。伊等如此卑鄙，独不念及朕躬乎？二位皇叔，辈属尊长，遇有似此者，即应教诲，并非多事，焉有族中之长辈，而不各教其子侄耶？尔等置之不管，将欲令朕管之乎？朕日理天下万几，何暇教训伊等，嗣后著交二位皇叔，遇有不肖之徒，随时管教，如不听从，即行奏闻。其中材堪造就，守分安居之人，或有原分产业淡薄，生计维艰者，亦应奏闻，候朕酌量加恩。寻常臣仆，朕尚俾各得生理，享盈宁之福，况朕骨肉至亲，有不顾恤者乎？果能引导训诲，使我近派宗室，人人皆底于善，庶我皇祖、皇考在天之灵，亦欣慰矣。

宗禁 009：乾隆七年谕

宗室副理事官弘暹，天性乖张，事多悖谬，应严加处分。谕：这所参奏甚是，著依议。不但宗人府之宗室官员，凡宗室之内，该衙门俱应不时稽察，如实不孝不弟之人，即照此严行参奏，以为宗室等戒。教训宗室，虽系朕躬之事，但朕日理万几，又安得有此暇耶？且宗人府即有族长之职。嗣后务体朕教养宗室之至意，时加稽察，严行管束，断不可怠忽。

宗禁 010：乾隆十二年谕

闻得满洲大臣内乘轿者甚多。各部院大臣乘轿，乃系向来体制，至武职大臣等操演官兵，教习马步射，非文职大臣可比，伊等位分既尊，自应遵照旧制骑马，以为所管辖人等表率，若自求安逸，则官兵技艺，安望精熟。再闻年少宗室公等，平日亦皆乘轿，伊等不过间日上朝，自应练习骑马，似此希图安逸，亦属非是，此关系我满洲旧习，著严行禁止。

宗禁 011：乾隆十五年谕

前因王等与部院满洲大臣，俱各偷安坐轿，竟不骑马，朕曾降旨禁止，此特令伊等勤习武艺，不至有失满洲旧规，非谓王大臣等不可坐轿也。今闻王大臣内有坐车者，坐车与坐轿何异？伊等误会朕旨，转致相激，岂朕谆谆垂训本意。嗣后止准王等与满洲一品大臣等，照常坐轿，其余概令骑马。再都统等不可坐轿，业经禁止，今坐车行走者有之。都统既有训导官兵之责，理宜习勤表率，岂可偷安。此次训谕之后，傥都统与部院二品以下堂官等，再有坐轿者，御史等指名参奏，朕必将违禁之人治罪，断不轻贷。

宗禁 012：乾隆十八年谕

皇考世宗宪皇帝时，因朝臣与诸王交接往来，曾经降旨训谕，深戒党援，用以防微杜渐，垂示方册，最为深切著明，所当永远恪守。朕临御以来，意诸王大臣自必懔遵圣训，慎持防检，是以未经特颁谕旨，乃诸王中一二节逾者，竟有招纳之事，而大臣中亦有在王府往来者，如此因循，则皇考整饬风俗，防弊遏邪之苦心，及朕而即弛，朕甚惧焉。且如旗员素隶各王门下者，本自不禁，其非本门下及汉大臣，则全无交涉，设有政务，何妨公言朝省，奚仆仆私谒为耶。岁时投刺，即开促膝密谈之端，形迹未绝，保无掣肘显为之事，且其意将以此为荣耶，抑别有所为耶？甚无谓也，日久渐忘，人或藉口。其令各部院及八旗衙门，各录朕此旨一通于壁，庶诸臣触目儆心，远嫌自重，其或再犯，被人纠参，朕将执法从事，毋谓不教。

宗禁 013：乾隆十八年又谕

哈达哈等查奏：居住正阳门等三门城外之满洲官员兵丁，竟至四百余家，此内年老退休，及闲散无职事之人，在僻远闲旷之地尚可，至现任职官，每日应入署办事，护军近列羽林，各有差使，倘遇暮夜传唤，隔城殊为未便。且内城自有各旗分地，尤当恪遵定制，其离亲族而潜往者，徒以近市喧嚣，阛阓庞杂，非溺于酒食游戏，即私与胥吏往还便易耳。著将现任官员交部察议，兵丁人等交该管大臣责处。至宗室更属不合，交宗人府严加议处。其管理宗人府王公及八旗都统并护军统领等，平时漫无约束稽查，著一并交部察议。所有现在居住南城外闲散人等，著军机大臣，会同步军统领，酌量分别，除闲旷处所，仍听其居住外，其余官员等，并勒限令其陆续入城居住。嗣后八旗都统严行禁饬，凡满洲人等，毋得复在南城外居住，年老退官者仍听。

宗禁 014：乾隆二十二年谕

礼部奏：赐祭朝鲜国王李昑之母及其妻，请简派大臣前往。已派散秩大臣祥泰头等侍卫长龄去矣。至折内开列请简之大臣官员内，宗室亦皆开列，宗室遣往朝鲜赐祭，于体统不合。嗣后宗室大臣官员职名，不必开列。

宗禁 015：乾隆二十八年谕

近因贝勒弘瞻，妄托织造及税务监督，购买蟒袍朝衣优伶等项，朕曾降旨令诸王等，将有无此等事件，明白陈奏。今据诸王奏称：并无此事。贝勒弘瞻，如此种种妄为，则诸王所称俱无此事之语，亦不可尽信，其中实无此事者有之，因无证据不肯从实陈奏者亦有之，总之或有或无，断不能逃朕洞鉴。但伊等既称无有，朕亦不肯深究，即有此事，朕亦从宽，不将伊等治罪。嗣后诸王惟宜安静守分，善自检束，倘因朕此次施恩不究，仍不悛改，有向外任盐关织造等官，妄行干求之事，经朕知觉，必从重治罪，断不宽贷。

宗禁 016：乾隆三十四年谕

各旗王公所属人员，服官在京者，向遇年节生辰，一赴本门叩谒，尚属分所当然，若伊等既膺外任，则均有当官公事，其迹易涉嫌疑，各宜自知防检。前以王公等于所属外任人员，每多需索，曾降旨严切申禁，比来诸王公颇知奉法自爱，不敢踰闲，而此等因公赴京人员，尚多照常问谒，虽现在不致有结纳逢迎之事，但恐日久因循，王公等或罔知顾忌，谒见之不已，必且托其购办器物，购办之不已，必且从而关说事端，甚至忘公徇私，习成流弊，其所系于官守朝常者甚大，用是明晰诰诫，为之杜渐防微，亦正所以先事保全之也。昨于行在召见永定河道满保，奏称伊系四阿哥属下人，应往叩谒，朕思令行自近，自当举一以例其余。嗣后王公属下人等，惟京员向各门往来，仍照旧不禁外，其有现居外任职官，因事来京者，概不许于本管王公处谒见通问，以清弊源。著为令。

宗禁 017：乾隆三十五年谕

今日勾到刑部情实罪犯内，有内监张德挟嫌谋杀道士康福正，因将张德予勾。张德系宗室公宁盛额家人，宁盛额身为宗室，并不安分，畜养道士，相与往来，以致道士康福正藐视张德，肆行陵辱，因此张德挟雠谋杀道士。虽张德罪当问抵，但宁盛额身为宗室公爵，乃畜养道士，相与往来，殊属非是，似此容留匪类闲人，好事妄为，必至生事。从前皇祖之时，王公内间有畜养僧道星命术士往来行走，以致酿成大事者，自皇考御极，将此等恶习，力为严禁，至今似此之事，尽行消除。今宁盛额于伊府左近庙宇，容养道士，显系日久生懈，不可不防微杜渐也，当豫防事端，严行禁止。宁盛额著交宗人府察议，并著军机大臣，将此旨详悉面谕诫亲王，令宗人府嗣后务须严行禁止，禁止后如有尚不奉行，任意容留闲杂匪类，相与往来者，即行参奏，从重治罪示儆。亦著交步军统领衙门，如有似此事件，宗人府王等瞻徇姑息，不行奏闻治罪者，经朕察出，朕断不恕。

宗禁018：乾隆四十三年谕

从前宗室王公等，使令管事护卫官员太监与外官说事者，往往有之。自皇考临御以来，修整治理，此等事绝无矣。今贝子弘旿，因为伊庄头事，遣护军校成泰，前往通永道衙门嘱托宋英玉，皆因朕数年以来，看待宗室等甚优，又因循渐积，以致有此等事体。由此观之，为人君者，宽恕实难，若不严行修整，相习成风，岂但宗室王公因循渐积，至于阿哥等，亦皆效尤而行此等事，可乎？前此绵德与礼部郎中秦雄褒，因彼此授受书字等物，已革去王爵，弘旿岂不知此事乎？弘旿若仅因伊父在时，侵克民人郭天玉银二百两，朕尚可施恩，今胆敢使人与地方官嘱托事件，此断不可宽恕。弘旿著革去贝子都统，仍听军机大臣等，会同宗人府议罪。将此旨通行晓谕各王公等，嗣后务各遵法，勉受朕恩，若仍有此等滥行者，朕断不枉法宽宥。

宗禁019：乾隆四十八年谕

嗣后如有宗室旗人收取地租，庄头民人等抗租不与者，毋庸在该地方官处控告，即在户部呈明，自必秉公催办。

宗禁020：乾隆四十八年又谕

奏事官员在内与太监有交手事件，觉罗官员若亦令其在奏事处行走，外而与各省大臣家人收受事件，内而与太监等交手，究与体制未协。嗣后觉罗官员，著不必在奏事处行走。

宗禁021：乾隆五十三年谕

宗室人等，束用黄带，示尊重也。觉罗人等，当束红带，前已节经降旨禁止僭用。今见觉罗人等带色又渐似黄，竟无所分别，此断不可。著交宗人府、八旗通行严禁觉罗等，嗣后务遵原定颜色，不可僭越滥用，如再查出，即将其人从重治罪。

宗禁022：乾隆五十七年议准

宗室、觉罗不准与民人结亲，违者照违制律治罪。

宗禁023：嘉庆八年谕

恭阅皇考《高宗纯皇帝实录》，内载礼义廉耻，居官者立身之要，虽不可妄行骄纵，亦不应自处过卑，以为取悦上司之计。近闻侍卫部院司官内，有见该堂官辄行屈一膝者，于定制甚为错谬。著通行晓谕侍卫部属，接见本管堂官，俱照旧例侍立回事。再迩来卑鄙无耻之徒，称庄亲王、诚亲王为太王，及见王等长跪请安者，以谄媚为谦恭，至于此极。假如庄亲王、诚亲王诸子内有晋封王爵，其属下人等，以伊为现任亲王之父，称为太王尚可，今无故遽称为太王，将何所指耶。此后称为太王及见王等长跪请安者，凡王大臣遇见，即行参奏。钦此。仰见我皇考严辨等威至意，向来内廷皇子体制，本与诸王不同，各臣工俱长跪请安，盖缘皇子内有绍承大统者，外廷断不敢存揣度逢迎之见，是以一律长跪请安，迨正名定位，君臣之分秩然。诸皇子皆属藩王，臣工等即有应行施礼之处，亦止当屈一膝请安，何得仍照在内廷时旧制。嗣后凡见亲王、郡王，如有仍蹈前辙，长跪请安者，即著王等自行参奏。如大臣等遇见时，亦即指名参奏。若王等徇隐不奏，被人参奏，则王等亦难辞咎。至侍卫部院司员，于本管堂官接见礼仪，自有定分，遇有公事，止应侍立回堂。毋许屈膝请安，以肃体制而杜谄谀。

宗禁 024：嘉庆九年奉旨

本日朕恭阅乾隆三十五年实录，内载宗室公宁盛额所用太监张德谋杀道士康福正，将张德按律办理，宁盛额交宗人府查议，仍降旨谕宗人府，王公内傥有恣意容留此等不肖之人往来者，立即参奏，严行治罪。钦此。仰见皇考高宗纯皇帝保全宗室之仁恩，至深且切，现在如仪亲王、成亲王、庆郡王永璘、定亲王绵恩，素常不信此等之人，朕所深知，宗室王公内能及者甚少。诸人果否皆遵守定制，永享宁静之福，朕实不能周知，宗室王公延师教诲子弟，理所当然，若仅养书画之人，虽非正事，尚无关碍，惟僧道星相之徒，皆系游荡不守本分之人。姑息容留，每每受其连累，甚为无益。著宗人府再行明谕宗室王公等，嗣后傥有容养僧道星相等匪徒者，宗人府即据实参奏，不可瞻徇。

宗禁 025：嘉庆十年奉旨

据理藩院奏：查明蒙古扎木巴勒，系已故敖汉贝子桑济扎勒所属旗人，请旨可否将扎木巴勒附于蒙古旗分，调补护军校，在蒙古医生上行走等语。宗室各王公与蒙古王公结亲者甚多，宗室各王公不可任意役使蒙古王公之所属旗人。向来蒙古王公，亦无将伊等属下旗人，给予宗室王公等使令之理。前此诚亲王弘畅，因与桑济扎勒有亲，弘畅私索伊属下之扎木巴勒役使，桑济扎勒即私行给予，均属非是。使弘畅、桑济扎勒若在，俱应治罪。今伊等业经身故，不必追究。扎木巴勒既能医治马匹，著加恩仅将伊一人附于蒙古旗分，调补护军校，在蒙古医生上行走，伊身故后，著伊子嗣仍回原游牧地方。嗣后宗室王公，断不可私行索使蒙古王公等所属旗人，蒙古王公等亦不可私行给予使令。

宗禁 026：嘉庆十一年谕

向来宗室王公等之格格，嫁与蒙古者来京，例不禁止，但新革塔布囊布哩纳什之妻固山格格，连次赴京控案，因无例禁，以致率意妄行，不可不明定章程。嗣后除年班仍令照旧来京外，其余或诣阙谢恩，或伊母家实有要事，著于起身前将实在情由，具报理藩院查核咨行。或额驸格格呈报札萨克等，转报理藩院亦可。傥任意擅离本处，或径自来京，不特将额驸格格治罪，该札萨克一并严处。应如何分别定例，著理藩院妥议具奏。钦此。遵旨议准：嗣后出嫁蒙古额驸之格格遇来京谢恩，或有紧要事件，在该札萨克前呈明，转报理藩院具奏允行，始准来京。傥伊母家实有要事，呈报理藩院核实奏准，行文该札萨克准其来京。若未呈报，私行来京，交该札萨克严查禁止。若不行禁止，照失察例治罪。傥额驸格格指称事故，捏报来京，或任意私往他处，札萨克并未查出，附和令其前来，均各罚俸一年。

宗禁 027：嘉庆十一年又谕

据领侍卫内大臣绵课等奏：二阿哥前往丫髻山拈香，应派往之散秩大臣内，将贝勒绵勤，贝子绵志、绵懿，公绵偲等，一并开列进呈。绵志系仪亲王之子，绵勤、绵懿、绵偲系成亲王之子，伊等均系近派宗室，不应跟随阿哥。嗣后派随阿哥，不得将绵字近支人名开列进呈。

宗禁 028：嘉庆十一年奉旨

闻得近年朕驻跸避暑山庄时，入觐之蒙古王公等，或有赠给由京随往伊等亲戚之王公属下随侍，及大臣官员之家人银两者，成何体统。即或欲尽亲情，亦不过馈送食物，或送马一二匹，尚属可行，跟随之人何必给予银两，不可不严行禁止。著交理藩院通行晓谕蒙古王公等，嗣后凡与伊等结亲之王公大臣官员等，随往热河时，将给予随侍家人银两之恶习，俱应痛改。如有不遵谕旨，仍旧给予银两，由京随往之王公大臣官员等，并不将随侍家人管束禁止，任其接受者，一经查出，必将给予接受之人，一并从重治罪，决不宽贷。

宗禁 029：嘉庆十一年又奉旨

朕恭阅皇考高宗纯皇帝圣训，乾隆五十二年所降谕旨，内载三宝之孀媳，恒庆之妻，被邪教妇人煽惑，任意各处游旷，修建庙宇，糜费至于数万，实属不堪，皆由都统、副都统、参、佐领等，并不尽心管束所致。八旗都统、副都统等，管辖旗人，宜如父兄训诫子弟，尽心管束，并非止令办理旗务，挑选兵缺而已。著宗人府八旗王大臣等，嗣后各将该管旗人严加约束，并著各该族长、参、佐领等，加意体察。钦此。仰见我皇考高宗纯皇帝敦厚风俗，教育旗仆之圣心，实为周切，三宝之媳，恒庆之妻，俱系妇人，因查出任意各处游旷之处，尚特降谕旨，严饬各都统、副都统等，况各旗仆乎。迩来朕叠降谕旨，令各该大臣等，将旗人等加意教育，允合皇考高宗纯皇帝之旨，但该大臣等未能悉心遵行，以致官员内有进铺醉饮持刀伤人之事，而旗人内且有人班演戏者，此事尤属卑贱无耻之极，于教化大有关系。宗人府各旗设立王大臣等，原令其教养宗室、觉罗、旗人，朕叠降谕旨甚明，但恐日久诸王大臣任性怠忽，仍不以为事。今特令诸王大臣，各率所属总管族长、章京等，训谕各该管宗室、觉罗、旗人，令伊等节俭度日，勤慎当差，演习一切清语骑射技艺，不可好勇斗狠，酗酒滋事，且不可任意各处游旷，流入匪类恶习，务令家喻户晓，断不可视为具文。经朕如此谆恳训谕后，若宗室、觉罗以及旗人中仍有滋事者，不惟重治犯法之人，必将失察之管理宗室王公、总管族长、该旗都统、副都统、参、佐领等，一并治罪，决不轻贷，毋谓教之不豫也。

宗禁030：嘉庆十二年谕

朕恭阅皇考高宗纯皇帝圣训，乾隆十八年钦奉谕旨，严禁朝臣与诸王交接往来，申明世宗宪皇帝成训，令诸臣远嫌自重，仰见我皇考整饬纲纪杜渐防微至意。近年以来，诸王均各谨守法度，朕亦未闻在朝臣工，有与诸王交往者，惟是法度禁令，恐习久相忘，允宜再加申儆。诸王派衍天潢，世膺封爵，安富尊荣，此内有派管衙门职事者，大小臣工或与同事，或隶所属，自不能不因公接见。在官言官，外此则阃门自重，绝不干预外事，恪守典章，用克永承恩眷，岂非诸王之福乎。著交宗人府将皇考高宗纯皇帝谕旨及朕此旨，各录一道，传谕诸亲王、郡王等，俾各谨懔遵循，服膺无斁。

宗禁031：嘉庆十二年奉旨

步军统领衙门奏：闲散宗室图克坦，持刀扎伤康德祥，请将图克坦交刑部一折。据供内康德祥平素以宗室图克坦呼为赵大，满洲等原无汉字姓氏，市井之徒，因百家姓赵字居首，所以尊尚宗室，即以赵氏作为宗室之姓，而以赵几呼之。又因宗室身系黄带，即以黄字作为姓氏，而以黄几呼之，实为相沿陋习。若不将宗室等严加开饬，益失满洲旧规，殊属非是。著交宗人府传集宗室之族长，务将宗室等通谕开导，嗣后以赵字、黄字作为姓氏呼之者，痛加禁止。傥经此次严禁后，有仍蹈陋习，以赵字、黄字作为姓氏呼之者，即指名严参，从重治罪。

宗禁032：嘉庆十三年御制宗室训

我大清受命于天，圣人龙兴辽沈，率兄弟子侄，合力同心，开基创业，本支百世，源远流长，洵为家国之屏藩，永作河山之带砺矣。洪惟列祖敦宗睦族之深恩，分茅胙土之厚泽，诚度越周家，远溯尧典，亲亲而仁民，仁民而爱物，推而暨乎四海，诚为政之大根本也。我皇考上继列祖之隆施，深培国家之元气，昭雪废藩之诬谤，普锡合族之顶戴，自孩提即赐以银米养赡之资，惟恐有啼饥号寒之累，凡所以养之之道，至矣尽矣。既养则应继之以教，特简贤王管理宗人府，复分置族长，设立宗学，教以国语骑射，间有读汉书习诗文者，是教之之道亦备矣。予钦承考训，聿怀祖恩，先家齐而后国治，曰养曰教，仰循成宪，曷敢有所增损哉。定鼎都京，已百六十余年，宗室蕃衍，户口岁增，度支计口给粮，迥非八旗不应差使之闲散，即无养赡者之可比也。然则养之道，无以复加，而教之之道，实有所未尽也，盖承平日久，渐耽安逸。近年以来，我宗室中自亲王以至闲散宗室，奉公守法，乐道安常者固多，然不肖子弟，越礼踰闲，干犯宪章者，亦层见叠出，所为之事，竟同市井无赖，朕实不能不加惩治矣。敬思始祖万支一本，奕叶同根，分藩京邸，为天下之观瞻，绵亿龄之统绪，所系岂浅鲜哉。管理宗人府王等止知奉行成例，升迁调补诸事不舛，即谓尽职，偶遇不肖犯法，惟知叩首请罪耳。于良善者无所劝，巧诈者无所惩，同一宗室，视同陌路，自问于心，能无愧乎。夫公忠体国之大臣，必先以视国事如家事自勉，诚要道也。诸王管理宗人府，虽曰国事，实家事也，名为公事，实私事也。上智之资，国尔忘家，公尔忘私，固为至善。次则家事私事，未有不尽心力者也。若家事私事，亦毫不动念，漠不关心，自问为何如人哉。朕以此数语训诸王，诸王以此数语训诸子弟暨诸族长，诸族长又以此数语遍训诸闲散宗室，若问予立身之要，曰孝弟忠信礼义廉耻。若问予应为之事，曰国语骑射读书守分。若问予不应为之事，则一二不肖子弟自知，予实不忍言也。诸王思予不忍言之意，谅必动心矣。此训著另录一纸，悬挂尚书房，俾诸皇子触目儆心，敬绍予志。

宗禁033：嘉庆十三年谕

朕风闻庆郡王永璘，此次前往东陵，路经桃花寺，有进行宫观玩之事，本日伊来至密云行在请安，谕令军机大臣传旨面询。据称，此次路经桃花寺，因雨水泥泞，所带茶壶落后，一时口渴，进至庙内寻茶，并在佛前叩头，随由角门进至行宫，欲瞻仰御笔，见殿门关闭，随即退回，仍由殿门走出，至行宫内光景。从前扈从时，曾经进内瞻仰，此时委未经再行观看，但官庙亦不应进去，又复轻进行宫，更属糊涂不是，止求治罪等语。永璘素耽游玩，举朝皆知，既至桃花寺，朕料其必私进行宫游玩，今日询之果然。试思伊学问浅薄，平日于作诗写字，并不留心，又岂真欲瞻仰御笔，实属遁辞。若云口渴寻茶，则山下村店觅饮之处甚多，何用上山寻至庙内，明系欲进行宫游览耳。永璘前为皇子时，原应在阿哥所住宿，此时既已分府，名位悬殊，行宫禁地，何得肆意游观。从前果郡王永璇，曾因私至昆明湖游玩获咎，永璘事同一辙，自当加以惩戒，所有伊自请治罪之处，著交仪亲王、成亲王议处具奏，并著通谕王公等，嗣后凡遇派往祭陵，均不准擅入行宫，致干咎戾。

宗禁034：嘉庆十三年奉旨

红八因系红带子，遂有红八之称，此等恶习，不可不严行饬禁，著宗人府通行饬谕，嗣后不得沿用此等称谓。

宗禁035：嘉庆十四年谕

向来宫中门禁，屡经降旨严立章程，而于西苑等处，尚未申明定制，因思瀛台之西苑门、福华门，悦心殿之承光左门、承光右门、陟山门，阐福寺之西角门，旧例王公大臣等，俱至此下马进内，即皇子亦不得乘骑行走，向俱敬谨遵循。在王公大臣等恪守功令，自不敢乘骑擅入，惟恐伊等或因年老废疾，步履维艰，藉端私行乘入，此风断不可开。若果伊等艰于行走，不妨据实奏恩，仅在门外伺候，亦必俯准所请，朕于耆臣未尝不曲加优恤，而体制攸关，断不可稍踰尺寸。至御用马匹，本应在街市骑试，亦不得藉试马为名，擅行出入。傥经此次申禁后，如有乘骑进内者，著该班侍卫章京等拦阻，若再不遵，即著禀知该管大臣，指名参奏，照违制例治罪不贷。

宗禁 036：嘉庆十四年又谕

昨经降旨申明西苑等处门禁，并令王公大臣等，自揣衰疾不能前往，奏请在门外伺候，以示体恤。今又思由西苑门至遰瞩楼春耦斋，路径稍远，王大臣内年老有疾者，艰于行走，亦属实在情形。即令在门外伺候，该处并无房屋可以驻足，又断无准其乘骑进内之理。嗣后朕赴西苑用膳办事，所有内廷外廷王公大臣等，俱在西苑门外下马，步行进门至马头，著御船处豫备船只，照进同乐园之例。结冰后即用拖床，至每年十月间冰薄之时，必须步行随入伺候，年在六十以上者，除自揣步履尚健，照常前往外，其余著加恩不必前往，俟朕进宫时，在隆宗门内站班。如年未至六十，而实有残疾，人所共知者，亦著在隆宗门内伺候。至亲郡王等，例得在紫禁城内骑马，近闻仪亲王、成亲王、定亲王绵恩进内时，俱不乘用，意欲练习步履，此则未免过当。诸王等如果意在习劳，府中尽可散步，何必于众人观瞻之所，徒步而行，此后均著照常乘骑，用符体制。即朕在宫中园中，时常散步，并不觉劳，若宫中门外，亦步行可乎，过犹不及，非礼也。此旨亦著叙入《宫史续编》。

宗禁 037：嘉庆十六年谕

朕恭阅皇考《高宗纯皇帝实录》，内载乾隆四年十二月钦奉谕旨，四执事总管首领太监李蟠，放假四五日，往弘晳处，将宫内之事，信口传说。太监等告假不过一日两日，岂有四五日在外之理，将四执事总管首领查明议罪。尔总管等晓谕旗下太监等，既已身离旗下，复往何为。现经将李蟠夹讯，即是榜样。钦此。仰见我皇考整肃宫廷严禁弊端之至意，旗下太监，既送进宫内服役，即不应再回伊原主家中，所以严内外之防，而杜关通之渐。乾隆年间，宫中太监尚多，其由旗下交进者少，彼时尚有如弘晳家所交之李蟠，藉放假为名，竟敢私回伊原主家中，传说宫内之事。况近来宫内太监较少，由旗下交进者多，岂能皆是善良，恐耽玩性成，未必不出外滋事。兹特严定章程，嗣后旗下太监，一经送进宫内当差，不许再回本主私宅，该王公等于交出之后，再见该太监潜来私宅，即著立时斥逐，毋准片刻逗遛。如斥逐不遵，或仍行潜往，即著锁拿奏交，以便惩创，止治该太监之罪，其本主皆毫无不合。若不斥逐拿解，或竟任其传说宫内之事，一经发觉，不但重治该太监之罪，其本主亦获戾不小，必不姑贷。将此旨通谕诸王公知之。

宗禁 038：嘉庆十八年谕

昨因宗人府奏：移居宗室户口单内，开写妻室氏族，有张氏、白氏、李氏等姓，恐系与汉人联姻，令宗人府查奏。兹据查明前次单开汉姓，有系汉军人者，有以章佳氏讹写张氏者，李佳氏讹写李氏者，博尔济吉特讹写白氏者，其中并无与汉人联姻之人。凡分姓受氏，满汉一理，满洲之瓜尔佳氏、章佳氏，皆系相沿清语，亦如汉姓之张李，并无文义可寻，岂容删减覆氏，以讹传讹，浸忘本始。嗣后书写氏族，不但宗室妻室，宜照本姓书写，其八旗满洲、蒙古人等，俱各照氏族书写，不许改写汉姓，以正根本而杜讹伪。

宗禁 039：嘉庆二十三年谕

今日召见弘善，询及阿哥等谒陵来时，如何接见，据奏系跪接。从前朕在藩邸时，看守东陵之二十三贝子，因长两辈，每遇接见，系站立请安，今弘善既长阿哥等两辈，请安亦不宜跪。嗣后凡近派弘字辈宗室，每遇接见阿哥，俱著站立请安。著为例。

宗禁 040：嘉庆二十五年谕

朕风闻庆亲王府内，尚有外谙达二员，一名硕罗，一名僧克依。皇子始有谙达，庆亲王于乾隆年间封王分府后，尚可设有谙达，迨至嘉庆年间，仍有谙达，则于例不合。所有庆亲王府谙达硕罗、僧克依二名，即行裁汰，并著该管大臣验看该员等如能当差，即著仍在原充差使上行走，如已年老不能当差，即以原品休致，或竟行革退，具奏请旨办理，仍著宗人府查明近支王公府内，如尚设有谙达者，俱照此裁汰，永著为令。

宗禁 041：嘉庆二十五年议准

嗣后亲王至奉恩辅国公，有私买民女为妾者，查出即行革爵。包衣参领、佐领，本有稽察包衣人丁户口之责，应随时稽察，如王公生有子女，并请封侧福晋、侧夫人、侧室等事，均责成该员，将所生子女之生母，其母家旗分、佐领、姓氏、三代，开写清册，钤用关防图记，限三日内呈报宗人府办理。倘有私买民女为妾，生有子女，捏报包衣女子所生等事，该员等查出呈报者免议，如未查出，或附和捏报，将该员等交部严加议处。

宗禁 042：道光二年谕

宗室控案，如有应行质问之处，著照定例派部员赴府会审，毋得传唤过部。若宗室本有夫男，转令妇女出控，径赴部堂晓渎者，尤属有乖体制。并著宗人府，严饬该族长、学长等，认真化导，倘仍有故令妇女违例赴部具呈者，查明该夫男钱粮，酌量折罚，以除积习而息讼端。

宗禁 043：道光六年奏准

嗣后宗室觉罗妇女遇事控诉，令抱告具呈，禁止自行呈控。

宗禁 044：道光八年谕

宗室谊属天潢，理宜整饬行止，守分安常。从前风俗淳朴，宗室人等最为安静，嗣因沾染陋习，间有一二不肖之徒，不知自爱，荡检踰闲，近来积习更深，往往以不干己事，挺身出控，藉端讹诈，不一而足。此风断不可长，若不明定科条，何以儆刁顽而挽颓俗。著军机大臣，会同宗人府、刑部，酌议条例具奏。

宗禁 045：道光八年覆准

八旗王公所属庄头，及投充家奴人等，如因人口众多，情愿放出为民者，呈报宗人府查明，饬令该管佐领，出具切实图结，该参领加具关防，并饬令族长、学长，查明本族宗室人等，并无争论画押甘结，造册连结咨部，转饬各该州县给予执照，收入民籍，概不准私放出户。

宗禁 046：道光十五年奏准

宗室控告地亩案件，应在京控告，已告假外出者，应回京控告，不准在州县涉讼，案内有应讯人证，由户部勒限饬提解京审办。有须眼同勘丈者，呈明四至，令家人前往勘丈，无家人，由户部行文，令该州县官亲往代勘。

宗禁 047：道光三十年十二月谕

朕恭读皇祖仁宗睿皇帝谕旨，申明世宗宪皇帝、高宗纯皇帝成训，严禁朝臣与诸王往来交接，杜渐防微，意深且远。朕亲政以来，诸王暨内外大臣，率皆承事先朝，定知恪守宪章，靖共尔位，第恐法制禁令，习久渐忘，用特重申儆谕。嗣后除奉旨会办事件，及因公接见外，诸王与在廷大小臣工，各宜懔遵圣训，引嫌自重，固不得私信交通，致启贿托之渐，虽文墨细事，亦不得有唱和之风。其封疆大吏，断不准私行干谒，信札往还。在诸王守身谨慎，恩眷克承，而诸臣循分从公，夙夜无忝，庶期朝纲整肃，臣职交修，仰副列祖谆谆训戒之至意，朕于诸王大臣有厚望焉。其令宗人府各部院旗务衙门，并各督抚将军等衙门，各录一通，敬谨悬挂，用资儆惕。

宗禁 048：咸丰二年谕

乾隆年间高宗纯皇帝特降谕旨，以礼义廉耻居官者立身之要，侍卫部院司员，有见该堂官辄行屈一膝者，于定制甚为错谬，通行晓谕，俱著侍立回事，并谕有见王等长跪请安者，凡干大臣遇见，即行参奏，迨嘉庆八年复奉仁宗睿皇帝明析申谕，圣训煌煌，自当敬谨遵守，但恐日久玩生，仍蹈卑鄙谄谀之习，不可不重申谕禁。嗣后各臣工于亲王、郡王遇有公事接见，礼仪自有定分，不得长跪请安。其侍卫部院司员，接见本管堂官，祗应侍立回事，倘有不遵定制，屈膝请安者，即著指名参奏，以肃体制而除陋习。

宗禁 049：同治三年谕

嗣后居住外城之宗室、觉罗等，除业经编入保甲者，仍照旧例办理，毋庸概行迁回内城外。如有诡托姓名，潜居外城，滋生事端，不知自爱者，一面由该城御史，查明姓名旗分，开单知照该衙门查传究办，一面由宗人府，饬传各旗族学长、佐领等，勒令即时迁回内城，严加管束。经此次明定章程之后，倘该宗室觉罗人等，仍有未经报明城坊，编入甲册，潜居外城滋事，怙恶不悛者，一经各该城御史查拿送交宗人府，即著该衙门从严惩办，以肃禁令。

宗禁 050：同治七年奏准

宗室、觉罗，不准与下五旗包衣结亲，违者照违制律治罪。

宗禁 051：光绪五年谕

御史文镝奏：王公子弟，请饬认真管束等语。王公子弟，均属懿亲世胄，自应礼法自持，方不负朝廷培植优隆之意。该御史所称，王公子弟，有于庙厂等处，微服冶游，及性喜俳优等情，如果属实，殊失体制。著王、贝勒、贝子等，将子弟严加管束，务令恪遵礼教，毋任稍有纵佚。

宗人议罪〔例 71 条〕

宗罪 001：国初定

王以下及宗室有过犯，或夺所属人丁，或罚金不加鞭责，非叛逆重罪，不拟死刑，不监禁刑部。

宗罪 002：国初又定

郡主以下宗女之夫，有犯发遣之罪者，应否随行皆请旨。

宗罪 003：顺治九年题定

郡王以上缘事，或传至府问供，或在本府问供，具奏候旨定夺。

宗罪 004：顺治十年议准

宗室有犯，除有大罪者请旨定夺外，余皆免其锁拿鞭责，所犯之罪，照例察议。

宗罪 005：顺治十四年题准

郡王以上犯大罪，传至府讯问；若微罪，止在本府讯问。贝勒以下，皆传至府讯问。

宗罪 006：康熙八年题准

宗室有过犯者，分别轻重议处，其革去宗室之例，永行停止。

宗罪 007：雍正三年谕

嗣后有应问诸王之处，行文讯问，如必当传至衙门者，奏闻后再传讯问，将此永为定例。

宗罪 008：雍正十年议准

觉罗因罪应发遣宁古塔、黑龙江者，永远圈禁空房。

宗罪 009：雍正十二年谕

旧例宗室等如犯枷责之罪，皆准折赎，觉罗等照平人例的决。朕思觉罗亦与宗室无异，如一准折赎，一照例治罪，则待宗室、觉罗迥乎不同，觉罗竟与平人无别，宗室亦不知畏惧。嗣后宗室、觉罗等，如犯枷责之罪，酌其情罪之轻重，分别年限，即于宗人府，或拘禁，或锁禁，俟日限满后，释放抵罪，如此则觉罗之处分，与平人有别，而宗室等亦知畏惧矣。其如何酌量情罪之轻重，分别定为年限之处，宗人府会同该部定议具奏。钦此。遵旨议定：嗣后除宗室、觉罗犯军流以上之罪者，由宗人府酌其情罪之轻重，另行请旨定议外，其犯笞罪，有品级者，照官员降级罚俸例议处；无品级者，笞十至二十，罚养赡银一月；笞三十，罚二月；笞四十，罚三月；至满笞五十罚四月止。杖六十，罚养赡银六月；杖七十，罚七月；杖八十，罚八月；至杖九十，罚十月；杖一百罚一年止。犯徒罪者，于空室拘禁；犯军流罪者，于空室锁禁；均照旗人折枷日期，以二日抵一日，俟限满日释放。重罪临时请旨。

宗罪 010：乾隆四年议准

革退宗室红带子，革退觉罗紫带子，议罪俱由刑部，照旗人例。

宗罪 011：乾隆二十一年谕

将军清保将询问宗室长智戳伤民人宋天祥身死缘由具奏。宗室分极贵重，迥非常人可比，理宜整饬行止，顾惜体面，似此卑污有玷宗室之人，应较常人加倍治罪，方属允协，著交清保将长智带子褫去，拿送来京，交宗人府请旨，仍晓谕彼处宗室等，今因长智不顾体面，玷辱宗室，戳伤人命，将伊拿送京城治罪，嗣后有似此者，俱如此办理。汝等俱系宗室，果能爱重行止，守分安常，朕必矜悯施恩，其行止卑贱，不思上进之人，既有玷宗室，复有何爱惜之处，朕必从重治罪，断不姑息。汝等惟以长智为戒，各思己身尊重，守分而行，切不可入于恶习。将此旨详悉晓谕，令其遵行。再，宗学总管、族长等所司何事，亦应一并议处，宗学总管成岱等，著交该衙门议处。清保仅将询问长智缘由具奏，并未声明如何治罪，亦未将宗室总管族长等参奏，均属不合，清保著一并交部察议具奏。

宗罪 012：乾隆二十二年奉旨

王公之格格、额驸等，赉以品级，原系国家优待宗室之典，额驸无罪，自有应得品级，设本身既因获罪革职，岂可仍留额驸品级，冒滥顶戴。且格格一经下嫁，即为其妇，如额驸品级既经革去，其格格品级，亦当一例斥革。嗣后额驸因罪降革者，格格品级，一并降革之处，交该部会同宗人府定例具奏。钦此。遵旨议定：嗣后如额驸等奉特旨革职及缘事斥革者，将额驸品级革退，格格品级亦革退，不准食俸，其守门兵丁，一并裁革，将原封制册，缴送礼部，转交内阁收存。如蒙开复，将所缴制册，照旧给还。如额驸在职官任内，有革职留任及降级留任者，又如本身额驸品卑，而现任品秩高于额驸者，虽有降级调任，较额驸本衔尚优，所有额驸品级，皆免其降革，其格格亦随夫免其降革。如在任内降级调用，降一级者，将额驸品级降一等，如现系郡主额驸，即降为县主额驸。降二级者降二等，即降为郡君额驸。降三级者降三等，即降为县君额驸。降四级者降四等，即降为乡君额驸。其格格亦随夫降等，其俸银俸米，并守门兵丁银米，亦照所降品级递减。如降至无等可降，将额驸、格格品级尽革。如遇格格得罪，将格格额驸品级革去，仍留额驸本身职官。再，降等之格格，从前所授制册，送内阁增注降等缘由，仍给还，如额驸后经开复，亦将格格所授制册，送内阁增注开复缘由，亦仍给还。嗣后额驸格格降革之事，令各该旗报明宗人府、礼部存案。

宗罪013：乾隆二十八年议准

宗人府空房圈禁之宗室、觉罗等原犯罪由，亦照大理寺永远枷号人等之例，每届年终汇奏一次。

宗罪014：乾隆三十年谕

殴打宗室、觉罗之例，与殴打平人较重者，原系优待宗室、觉罗之意，伊等当自知尊贵，不与下贱之人斗殴，方为合理。倘身系黄带、红带，不期被平人殴辱，理应照此办理。今寅住并未系红带，人又何以知其身为觉罗耶？若照殴打宗室之例办理，伊等即因此放纵妄为，于情理亦未允协，寅住自取陵辱，罪所应得，著照该衙门所拟治罪，德亲著改照殴打平人例问拟。嗣后凡宗室、觉罗若系黄带、红带被殴者，仍照旧例办理，其不系带被殴者，殴打之人，即照殴打平人之例办理，如此庶情罪允协，而宗室、觉罗等，亦知所儆惕，不敢卑污妄为，此朕保全宗室、觉罗，令其自知尊贵之意，将此传谕各宗室、觉罗知之。

宗罪015：乾隆四十一年谕

刑部审讯宗室穆腾额因身有服制，未束黄带，路遇正红旗蒙古施氏之仆七儿等，错认为相识之人，欲同饮酒，穆腾额不允，七儿等遂将伊衣服撕破一案，将七儿定拟具奏。宗室、觉罗，分至尊贵，束红黄带以别常人，理宜自尊体统，若弃红黄带不束，使人无从识别，辱由自取，宜加重惩。嗣后宗室、觉罗等犯罪之时，如束红黄带者，依宗室、觉罗例办理。如未束带者，即照常人治罪。永为例。

宗罪016：乾隆四十三年议准

宗室、觉罗并未与人争较，而常人寻衅擅殴者，仍照例治罪。如宗室、觉罗轻入茶坊酒肆，滋事召侮，与人斗殴，先行动手殴人者，不论曾否腰束红黄带，即照寻常斗殴一体定拟。其宗室、觉罗应得罪名，按例定拟。犯军流徒罪者，照例锁禁拘禁。其犯笞杖者，酌量犯案情节，如较重者，即在宗人府责处，不准折赎。

宗罪017：乾隆四十四年奏准

因罪发遣盛京宗室、觉罗，派协尉一员严查，如再行滋事，即报明该将军严加惩治。若惩治后仍不悛改，或圈禁三个月半年之处，径行宗人府办理。

宗罪 018：乾隆四十七年题

宗室伊冲额殴死雇工人一案。奉旨：此案奉恩将军宗室伊冲额殴死雇工人，宗人府会同刑部，拟以圈禁八十日，满日释放，虽系照例问拟，但人命至重，致死雇工，罪原不至抵偿，然由杖徒枷号本律，递减至圈禁数十日，未免太轻，不足以示惩儆。伊冲额著圈禁一年，满日再行释放，其所袭奉恩将军，著查明如系伊祖军功所得，自应另选伊近支请旨承袭，若止系恩封授职，即应停袭。嗣后宗室致死人命，如何酌量改拟，及所遗世袭如何办理之处，著军机大臣会同宗人府一并妥议定例具奏。钦此。遵旨议定：宗室恩封袭职人员，本与祖父著有劳绩延赏者不同，伊冲额本由宗室阐恩封袭职，今以细故逞凶，辄将雇工人殴毙，除应得杖徒折枷罪名外，遵旨将伊冲额圈禁一年，满日再行释放，其奉恩将军世职，停其承袭，并嗣后有似此者，即照伊冲额之例办理。至宗室官员人等，嗣后如有犯边远及极边烟瘴充军者，应折圈禁三年，始准释放。即犯近边及附近充军之罪，亦折圈禁二年六个月释放。如犯流三千里及二千五百里者，应折圈禁二年，始准释放。即递减至二千里之罪，亦以圈禁一年六个月为限。至徒罪自三年递减至一年，计有五等。其问拟三年满徒及徒二年半者，遵旨俱改为圈禁一年。其徒二年及徒一年者，应行量减，俱以半年为限。其余笞杖之罪，仍照向例办理。

宗罪 019：乾隆四十八年奉旨

上年加恩宗室，一体给予四品顶戴，原所以示优荣而昭劝励，今明定乃贪利妄控，实属不知自爱，若仅照例圈禁一年，无以示儆，明定著革去顶戴。嗣后宗室有似此犯圈禁之罪者，即著革去顶戴，著为令。

宗罪 020：嘉庆四年谕

嗣后宗室内有逃走者，派司员赴伊家询问，不必将该逃人之妻传至宗人府。

宗罪 021：嘉庆十年谕

都尔嘉前曾因犯赃获罪，嗣经弃瑕录用，浣擢西宁办事大臣，仍不知痛改前愆，肆意婪索，辜恩已极。都尔嘉著依议绞监候，交宗人府在空房内圈禁，入于本年秋审情实办理。

宗罪 022：嘉庆十三年议准

凡宗室犯边远及极边烟瘴军罪者，折圈禁三年；犯近边及附近军罪者，折圈禁二年六个月；俱改为加责四十板，减圈禁日期六个月。犯流三千里及二千五百里罪者，折圈禁二年；犯流二千里罪者，折圈禁一年六个月；均改为加责三十板，减圈禁日期四个月。犯徒三年及二年半罪者，折圈禁一年；犯徒二年及一年罪者，折圈禁半年，均改为加责二十五板，减圈禁日期三个月。犯枷罪者，折圈禁二日抵枷一日，改为加责二十板，减为圈禁一日抵枷一日。

宗罪 023：嘉庆十三年又议准

嗣后凡遇宗室犯案，罪在军流以上，随时具奏。

宗罪 024：嘉庆十三年谕

敏学一犯，逞凶不法，大玷宗室颜面，不可不严行惩办。著先在宫门外重责四十板，派御前大臣军机大臣看视，并派乾清门侍卫玉福，即日驰驿押解前赴热河，交与福长安，在空室内永远圈禁，以示炯戒。

宗罪 025：嘉庆十七年谕

著交宗人府，嗣后遇有违犯之案，将如何分别三年六年及永远圈禁，其圈禁三年六年者，满日奏明释放。永远圈禁者，每届三年，向其原呈送之尊长询明，如愿将伊释放者，奏明责打四十板释放。如不愿释放，即照旧圈禁。其如何酌量违犯情罪之轻重，予以限制，及释放后再有干犯，如何加重治罪之处，详议具奏。钦此。遵旨议定：宗室、觉罗呈送子孙案件，除触犯以上案，律有明条，仍照例会同刑部审办，如系违犯，查其事之轻重，详讯属实，若因年幼一时言语违犯，其情罪不至圈禁者，无论奏案、咨案，俱严行惩责，交该族长、学长领回，严加管束外。若系素不能承欢膝下，又复言语辞色不逊者，圈禁三年，满日奏明释放。若平日既不能敬谨依顺，又向来不甚安分者，圈禁六年，满日奏明释放。若赋性乖劣，其亲屡训不悛，时常违犯者，永远圈禁。其永远圈禁之案，遵旨每届三年，向其原呈送之尊长询明，如愿将伊释放者，奏明责打四十板释放，如不愿释放，仍复圈禁。其有释放后仍复干犯，以致再行呈送者，应照原拟圈禁罪名，如所犯系应圈禁三年者，加重圈禁六年；应圈禁六年者，永远圈禁；应永远圈禁者，发往盛京交该将军严加管束。至圈禁六年期满释放，及永远圈禁者，届期向其尊长询问之处，仍遵前旨办理。再，违犯圈禁之有年限者，若系独子，其亲故后，即暂行省释，俟其丧葬事毕，百日服满，仍复圈禁，接算办理。其永远圈禁者，无论初犯再犯，如系独子，其亲故后，亦暂行省释，俟其事毕，向伊近属询问其居丧是否克尽子道，若果哀恸悔恨，众所共见，系出实情，由其近族公同具保前来，虽系永远圈禁者，查明如已圈禁六年，即照违犯应圈禁六年例，奏明请旨释放。如未及六年者，仍复圈禁，俟扣满六年，再行奏明请旨释放。若毫无哀泣悔恨之容，则是毫无人子之心，永不释放。再，宗室、觉罗圈禁后，即应停止养赡钱粮，间有其亲恃有子孙钱粮以资养赡，则其子孙虽有违犯不行呈送者，亦所不免。嗣后呈送子孙之案，其亲本身若无钱粮，又别无支食钱粮之子孙，于呈送圈禁后，近支宗室交族长、远支宗室交总族长，觉罗交佐领，自行酌量办给养赡。奉旨：宗人府议奏。宗室、觉罗呈送子孙违犯分别圈禁年分各款，朕详加披阅，所议多有未协。如所称初次呈送之犯，查明素不能承欢膝下，又复辞色不逊者，请圈禁三年。平日不能敬谨依顺，又向不安本分者，请圈禁六年。赋性乖劣，屡训不悛者，永远圈禁等语。不能承欢，与不能依顺及赋性乖劣，虽措词各异，止系空言，互较之有何区别，若据此定议，易涉含混，必致高下其手，转滋流弊。嗣后宗室、觉罗，经父母、祖父母呈送子孙违犯者，总令其将伊子、若孙于何年何月因何事违犯之处，据实书写呈送到官，将伊子孙按拟审讯明确，再核其情节之轻重，次数之多寡，以分别其圈禁之年限，或三年，或六年，或永远圈禁，核实办理，方足以昭平允。又，所称永远圈禁者，经释放后仍复干犯，再经呈送，发往盛京严加管束一节，所办亦殊非是。圈禁之法，亦同圜土，若永远圈禁，释放仍不知悛改，再犯乃发往盛京管束，是较之在京圈禁，转得闲散自便，岂不失之宽纵。此等案犯，著改发往盛京永远监禁，以示惩儆。至所请圈禁之案，若系独子遇亲故暂行省释令其治丧一条，除三年六年者，准其治丧外，其永远圈禁者，既罔知孝道，难复望其丧葬尽礼，即遇亲故，亦不准省释。

宗罪 026：嘉庆十七年又谕

宗室麟鉴，欲移住盛京，虑及宗人府选派不与，辄将官厅枪架扳倒，冀因获罪遣往，实属不知主恩，糊涂胆大。麟鉴著交宗人府会同刑部严行究讯，审明后即奏请在京圈禁，不准发往盛京。

宗罪 027：嘉庆十九年谕

庄亲王绵课等奏：会议裕丰罪名一折。裕丰上年九月初十日，闻知祝海庆等首告谋逆，若立时奏报，迅将匪党查拿，则十五日禁城之变，可以先事消弭，其功甚大，乃伊漠不关心，迟延不举，实属无福承受国恩，业已革去王爵，加恩免其圈禁，即令在王府外闲房居住，不准出门闲游，令其闭门思过。上年议罚王俸十年，除扣过本年春季俸银外，其余未扣者，著责令于两年内全数缴出，交纳部库。

宗罪 028：嘉庆十九年又谕

裕瑞获咎谪居盛京，不知安分思过，复买有夫之妇为妾，即此一端，已属无耻妄为，其别项劣迹，亦毋庸再行查奏。裕瑞著在盛京严密圈禁，派弁兵看守，不拘年限，和宁、绪庄先未参奏，迨降旨查询，仍意存掩饰，仅自请查议，不足示惩。绪庄身系宗室，不免有心袒护，著交部严加议处。

宗罪 029：嘉庆十九年议准

红带子巴图里、巴哈布本有正名，又复称为赵玉、赵景，虽系红带，亦照违制律杖一百。〔谨案：宗室、觉罗，罪犯杖一百者，折罚养赡银一半。革退宗室红带子，照旗人例鞭一百，交该旗领回管束。〕

宗罪 030：嘉庆二十年谕

晋昌等奏：审明移驻宗室喀勒明阿，强奸良人妇女已成，照例定拟一折。宗室移驻盛京，原令其安静守法，乃喀勒明阿在彼恣意游荡，实属横肆不法，该将军等拟以绞监候，此等淫凶之徒，若不立即惩办，无以儆众。著晋昌即带同管理宗室之文弼、杰信、禄康三人，将喀勒明阿押赴本营，监视勒令自缢，以昭炯戒。

宗罪 031：嘉庆二十年又谕

平宁等与图克坦聚赌，平宁输给图克坦钱二百串，先自行划伤图赖，嗣图克坦向索赌欠，平宁又用刀砍伤图克坦三处。平宁著管理宗人府王公等看视，重责三十板，仍在空室锁禁一年，期满释放，罚养赡银七个月。图克坦本系永远锁禁之人，罪无可加，著免其板责。

宗罪 032：嘉庆二十二年谕

礼亲王昭梿，于府内滥用非刑，著革去王爵，交宗人府于空室暂行圈禁。

宗罪 033：嘉庆二十二年又谕

我朝自开国以来，宗室中贤才辈出，虽支分派别，谱系蕃衍，其中贤愚不一，然从未有干名犯义如海康、庆遥之自外生成者，该二犯拜奸民为师，学习邪教，甘心背叛，问拟凌迟处死，实属罪所应得。惟念其究属宗支，不忍处以极刑，海康、庆遥，俱著改为绞立决，派奕颢将海康带往伊祖父坟前监视勒毙，派永珠将庆遥带往伊祖父坟前监视勒毙，该二犯尸棺，俱不准于该二家坟园内埋葬。海康妻女著照拟发往黑龙江，庆遥之妻子女亦著改发黑龙江，俱交该将军安插管束，即照绵课等所议章程，另记册籍办理。

宗罪 034：嘉庆二十三年谕

宗室全胜，与伊弟全俸，有六黄、七黄之称，已属荒谬，复敢开局聚赌，引诱多人，实属不安本分之尤。所有本案首从各犯，俱著照原拟军流徒杖各罪名，分别圈责发落，一概不准援免。

宗罪 035：嘉庆二十四年谕

赛冲阿奏：宗室喜福同伊子敦柱，先后与李康氏通奸，主使李康氏将嫡妻塔他拉氏殴伤勒毙一案。蔑伦伤化，玷辱宗盟，按律罪应凌迟。惟宗室向无凌迟之例，著赛冲阿率同绷武布、庆杰，传集移居各宗室，并喜福一同看视，先将敦柱重责一百板，打至血肉溃澜，再将喜福、敦柱一同绞决。李康氏下手勒毙塔他拉氏，以邪淫陷害三命，著即斩决。审明后，赛冲阿等即奏明分别办理。

宗罪 036：嘉庆二十四年又谕

嗣后宗室犯事到案，无论承审者何官，俱先将该宗室摘去顶戴，与平民一体长跪听审。俟结案时，如实系无干，仍奏明给还顶戴。

宗罪 037：嘉庆二十五年议准

嗣后亲王至奉恩辅国公，有私买民女为妾者，一经查出，即行革爵。

宗罪 038：嘉庆二十五年九月谕

裕兴身系宗室，袭爵亲王，乃不自爱惜，恣意妄为，大干法纪。著照永锡等所拟，裕兴即革去王爵，交宗人府折圈空室三年，期满释放。

宗罪 039：道光四年谕

全胜身系宗室，不知自爱，习为市井游谈，率人赴贝勒奕绮府内，恃强肆詈。著照成案，改发吉林，交该将军严行管束，傥再滋生事端，即行奏明锁禁。

宗罪 040：道光四年又谕

宗室噶尔萨，先经犯罪折圈，遇赦释放，不知悛改，复以不干己事，直入户部衙门与琦琛喧闹滋事。噶尔萨不必圈禁，将伊本身革去黄带子，作为红带子，以为宗室不知自爱者戒。

宗罪 041：道光五年谕

向例宗室罪犯，止分别折罚圈禁，惟法轻则日久生玩，著管理宗人府王公等，随时稽察弹压，并出示晓谕。凡被害之人，即据实向问刑衙门呈诉，并饬番役等一体查拿，送官究治。其犯笞杖军流徒等罪，审系不安本分者，分别枷责实发。如有酿成命案者，先行革去宗室，照平人例问拟斩绞，分别实缓。其呈进黄册，仍著由宗人府办理，以示区别。

宗罪 042：道光六年奏准

嗣后宗室、觉罗妇女出名具呈者，除系呈送忤逆，仍照向例讯办外，其余案件，概不准理。如有收其呈词者，照擅受例参处。若实有冤抑，应令其成丁弟兄子侄，或母家至戚抱告。无亲丁者，遣家人抱告，控属虚诬，罪坐抱告。傥有仍前出名刁控，或自行赴案上堂，以及拟结后哓哓渎控者，无论所控曲直，均照违制律，有夫者罪坐其夫，无夫者罪坐其子，夫与子俱无者，折罚其孀妇钱粮。

宗罪 043：道光七年谕

明瑛前经犯案拟杖，平时教习拳勇，已不安分，复因裕丰仓发放成色官麦，辄以为土麦夹带好麦，纠合棍徒，拦车入城，冀图讹诈得钱，实属藐法。明瑛前已革去顶戴，著宗人府堂官看视重责四十板，以昭炯戒，即行发往吉林，交该将军严加圈禁。

宗罪 044：道光七年又谕

宗室兴宝，屡犯不法，实属怙恶不悛，著改发吉林，交该将军严加管束，傥敢复行滋事，即由该将军奏明，在彼锁禁。

宗罪 045：道光七年三谕

斌静前在喀什噶尔参赞大臣任内，行止不端，失于抚字，经刑部会同宗人府，照激变良民律，问拟斩候，惟事隔数年，并无实在证据，罪疑惟轻，从宽免勾。斌静著宗人府永远监禁。

宗罪 046：道光八年谕

宗室祥佩，前因健讼刁诈各案，革去顶戴，发往盛京，照例折圈责罚，不知畏惧改悔，辄以硕海犯案被审，竟敢私戴顶戴，挺身纠众渎禀，实属怙恶不悛。祥佩著奕颢当堂重责三十板，改发吉林，交博启图严加管束。

宗罪047：道光九年谕

朕因宗室近来积习，往往以不干己事具控，藉端讹诈，降旨令军机大臣会同宗人府、刑部酌议条例具奏。兹据查明定例，分别从严酌议，嗣后宗室、觉罗人等告讦之案，察其事不干己，显系诈骗不遂者，该管衙门立案不行，仍将该原告咨送宗人府，照违制律杖一百，实行重责四十板。如敢妄捏干己情由耸准，及至提集人证质审，仍系讹诈不遂，串结捏控者，即将该原告先行摘去顶戴，严行审讯，并追究主使教诱之犯，傥狡辩不承，照例先行板责讯问。审系控款虚诬，除坐诬罪应斩绞者，仍照向例请旨办理外，其余诬控之案，无论诈赃多寡，已未入手，但经商谋捏控，不分首从，俱实发吉林安置，到配仍重责四十板，以示惩儆。

宗罪048：道光十一年谕

宗室祥佑，系获罪发遣之人，辄敢率行呈请，告假来京，实属违例蒙混。著依议杖一百，照数实行责打，不准折罚钱粮，仍解往盛京，交该将军严加管束。

宗罪049：道光十三年谕

宗室全煜，著交黑龙江将军，重责四十板，永远锁禁，并著该将军饬知沿途地方官，将全煜私带之家人妇女等，小心押解回京，交该旗分别办理。

宗罪050：道光十七年奉旨

嗣后发遣宗室，均著兵部给予大车一辆，勒令即日起解，迅速到配，断不许托故逗遛，稍形迟滞，并著纂入则例遵行。

宗罪051：道光十七年谕

宗人府奏：申明旧例约束宗室一折。朕因宗室人等，往往以不干己事，藉端具控，于道光九年间，令军机大臣会同宗人府刑部酌议条例，永远遵行，并由宗人府刊刷条例，通传远近各族宗室、觉罗，及八旗满洲旗分，咨行步军统领衙门，出示晓谕，务令周知朕保全宗支，教养兼施之意，至为深切，凡属天潢，自应皆知自爱，无如日久因循，未除积习。兹据惇亲王绵恺等，公同核议，择其简明易晓者，详加酌定，俾革非心。著照所议，嗣后凡遇宗室控告仓库案件，不论是否曲直，有无情弊，概置不问，亦毋庸会部，以免拖累，该衙门即将该宗室问以不应为而为，遵照道光九年所定条例，按律拟罪。如有素不安分，兼有绰号黄姓、赵姓者，该管亲郡王等酌量责惩，并究明引诱怂恿之人，严行惩办。如系该宗室挟嫌妄供，审明加倍重责。如审明实系引诱为非之人，即将该宗室应行重责之处，核其情节轻重，酌量办理。其赌博斗殴地亩案件，并被仓库差役及商贾人等控告，照例应会部者，仍会部办理，应由该衙门自行查办者，照例查办。若该宗室控告仓库舞弊，以及钱铺小钱，凡不干己事，稍涉讹诈不遂，藉端起衅等情，无论何处控告，但将该宗室送交宗人府，按此次新定章程，自行惩办。若罪应发遣，亦由该衙门奏请，奉旨后先行重责四十板，再交兵部起解，被告之人，均毋庸传讯，以息讼端。经此次新定简明章程之后，该管王等，务当实力整顿，挽回陋习，并刊刷叠次所降谕旨，及该衙门会议条例，并现在新定章程，每年按季会同步军统领衙门出示晓谕，务令八旗各族宗室、觉罗，以及旗民人等，家喻户晓。傥日久视为具文，惟该管王等是问，并著载入则例，咨照刑部、都察院、步军统领衙门，一体遵行。

宗罪 052：道光十八年谕

宗人府奏：圈禁重地，不得容闲杂人等，擅自出入章程。奉谕：嗣后该堂官务当随时严密稽查，毋许闲杂人等擅自出入，致滋疏纵。如圈禁之宗室、觉罗，不遵约束，即著据实具奏，严行惩办。

宗罪 053：道光十九年谕

已革三等侍卫宗室瑞珠，以现任职官，开设茶馆，已属行同市侩，复于茶馆内，开设蟋蟀盆，聚赌抽头。现据讯明，瑞珠著发往盛京，交该将军严加管束。

宗罪 054：道光十九年又谕

宗室有麟，于因案革爵后，不知守法，辄敢擅徇私情，代为乡试武生请托，实属胆大妄为。著在宗人府重责三十板，再行发往盛京，交该将军严加管束。

宗罪 055：道光十九年议准

宗室、觉罗买食鸦片烟者，从重发往盛京，交该将军严加管束。至宗室、觉罗职官，以及王公内有买食鸦片烟者，均从重革职革爵，发往盛京，永不叙用，并遵照此次章程，予限一年六个月，如限满后不知悛改，加重拟绞监候。

宗罪 056：道光十九年又议准

嗣后除红带子、紫带子，有犯习教等重情，另行奏明办理外，其有犯寻常杖枷徒流军以及绞斩等罪者，仍由刑部照旗人之例科断，惟遇有应照旗人之例，销除旗档案件，应免其销档，仍准系本身带子，但此后不准给予养赡钱粮，并一切优恤旗人之典，均不准给予。

宗罪 057：道光二十年谕

已革都统奕纪，以一品大员，管理理藩院事务，抚绥外藩，系其专责，乃于沙布朗代送银物，并不正言拒绝，辄取回收存至八日之久，方始退还，厥咎较重。奕纪著发往黑龙江充当苦差，以示惩儆。

宗罪 058：道光二十年又谕

宗室奕睿、溥喜，于拟徒革爵之后，不安本分，滋事妄为，实属不法，均著交宗人府堂官监视，先行重责四十板，奕睿著发往吉林，溥喜著发往盛京，交该将军严加管束，如到配后，仍敢再滋事端，即著奏明严行锁禁。

宗罪 059：道光二十一年议准

盛京宗室、觉罗，但经外来棍徒投托，知情为之护庇，或任令横河拦绶扰累，肆行抢夺，或在河沟道口，藉搭桥为名，把持地方，向过往车辆，任意讹索，宗室、觉罗知情护庇，主使棍徒不法，俱照棍徒扰害例，实发黑龙江严加管束。

宗罪 060：道光二十三年谕

宗室奕賮于获罪遣戍后，不知悔过自新，辄娶民女为妻，虽因被控悔悟退婚，究属违例。奕賮著照议改发往黑龙江，圈禁三年，以示惩儆，期满释放后，交该将军严加管束。

宗罪 061：道光三十年七月谕

宗室奕纪以已革大员，叠经获咎释回，乃复不知自爱，辄从薛执中学习坐静按摩工夫，复听其在伊家求雨，实属任意妄为。著照宗人府所拟，实发吉林，交该将军严加管束。

宗罪 062：咸丰元年奏准

秀昆身系宗室，听从营求说事，得受赃银，应革去四品顶戴，从重发往盛京，交该将军严加管束。

宗罪 063：咸丰五年谕

已革马兰镇总兵宗室庆锡，于司泳茂承办木植，起意诈赃，未能查出，已属形同聋瞆，复向达魁借用银钱，种种乖谬，著从重发往黑龙江充当苦差。解任工部员外郎宗室耆英，于伊子庆锡在朝阳门外，违例设立马拨，并不阻止，复令递送信件，实属悖谬，著即革职，圈禁半年，仍罚养赡钱粮六个月。

宗罪 064：咸丰五年又谕

前据刑部奏：旗民与宗室、觉罗斗殴重案，引断未能画一，请酌定章程。当降旨交宗人府查核具奏。兹据恭亲王奕䜣等详查覆奏：嗣后殴伤宗室、觉罗至死者，均著照本律拟斩，以符例意。其殴伤未至死者，仍按下手曲直情形，分别办理。

宗罪 065：咸丰八年谕

耆英以负罪之员，复加擢用，原冀其收效桑榆，于事有济，且抵津后即有寄谕，令其不必与桂良附合，及桂良奏请令该员回京，朕料耆英断无不知之理，寄谕仍留津自酌办法。讵该员拜折后，即擅自回京，处处巧诈，有意欺罔，即立与骈诛，百喙奚辞，欲贷其一死，实不可得。不得已思尽情法两全之道，著派左宗正仁寿、左宗人绵勋、刑部尚书麟魁，迅即前往宗人府空室，令耆英看朕朱谕，传旨令伊自尽，以示朕饬纪加恩之至意。

宗罪 066：咸丰九年谕

绵城身系宗室，起意搜抢，事后分赃，凶暴众著，实难恩施法外。著派右宗人载岱，即日带领章京，将绵城带至伊坟茔处所，饬令自缢，以昭炯戒。

宗罪 067：咸丰十一年八月谕

宗人府会同大学士、六部、九卿、翰、詹、科道等，定拟载垣等罪名，请将载垣、端华、肃顺照大逆律凌迟处死等因一折。载垣、端华、肃顺，朋比为奸，专擅跋扈，种种情形，均经明降谕旨，示知中外。至载垣、端华、肃顺，于七月十七日皇考升遐，即以赞襄政务王大臣自居，实则我皇考弥留之际，但面谕载垣等立朕为皇太子，并无令其赞襄政务之谕，载垣等乃造作赞襄名目，诸事并不请旨，擅自主持，即两宫皇太后面谕之事，亦敢违阻不行。御史董元醇条奏皇太后垂帘等事宜，载垣等非独擅改谕旨，并于召对时，有伊等系赞襄朕躬，不能听命于皇太后，伊等请皇太后看折，亦系多余之语，当面咆哮，目无君上情形，不一而足，且每言亲王等不可召见，意存离间，此载垣、端华、肃顺之罪状也。肃顺擅坐御位，于进内庭当差时，出入自由，目无法纪，擅用行宫内御用器物，于传取应用物件，抗违不遵，并自请分见两宫皇太后，于召对时，词气之间，互有抑扬，意在构衅，此又肃顺之罪状也。均经母后皇太后、圣母皇太后面谕议政王军机大臣，逐款开列，传知会议王大臣知悉。兹据该王大臣等按律拟罪，请将载垣、端华、肃顺凌迟处死。当即召见议政王奕䜣，军机大臣户部左侍郎文祥，右侍郎宝鋆，鸿胪寺少卿曹毓英，惠亲王、惇亲王奕誴，醇亲王奕譞，钟郡王奕詥，孚郡王奕譓，睿亲王仁寿，大学士贾桢、周祖培，刑部尚书绵森，面询以载垣等罪名，有无一线可原。据该王大臣等佥称：载垣、端华、肃顺，跋扈不臣，均属罪大恶极，于国法无可宽宥，并无异词。朕念载垣等均属宗支，遽以身罹重罪，悉应弃市，能无泪下。惟载垣等前后一切专擅跋扈情形，实属谋危社稷，是皆列祖列宗之罪人，非独欺凌朕躬为有罪也。在载垣等未尝不自恃为顾命大臣，纵使作恶多端，定邀宽宥，岂知赞襄政务，皇考并无此谕，若不重治其罪，何以仰副皇考付托之重，亦何以饬法纪而示万世，即照该王大臣等所拟，均即凌迟处死，实属情真罪当，惟国家本有议亲议贵之条，尚可量从末减，姑于万无可贷之中，免其肆市。载垣、端华，均著加恩赐令自尽，即派肃亲王华丰，刑部尚书绵森，迅即前往宗人府空室，传旨令其自尽，此为国体起见，非朕之有私于载垣、端华也。至肃顺之悖逆狂谬，较载垣等尤甚，亟应凌迟处死，以申国法而快人心，惟朕心究有所未忍，肃顺著加恩改为斩立决，即派睿亲王仁寿，刑部右侍郎载龄，前往监视行刑，以为大逆不道者戒。

宗罪 068：同治元年谕

绵性以宗室大员，出任边疆要地，种种谬妄情形，实属辜恩溺职。著照该王大臣等所拟，从重发往吉林效力赎罪。

宗罪 069：光绪元年谕

崇实等奏：讯明不安本分之宗室，请旨发遣一折。宗室德精额，行使假钱帖，讹诈商民。宗室惠龄，前于同治十二年间，因案连伊眷口，发往盛京，辄因赌生事，强抢刘德春家衣物。均属不安本分，胆大妄为，惠龄并伊眷口及德精额，著一并发往黑龙江，交该将军严加管束，以示惩儆。

宗罪 070：光绪四年奏准

宗室得有斩绞监候罪名，仍行圈禁空室，毋庸解交盛京监禁。

宗罪 071：光绪十三年谕

庆裕奏：拿获临决潜逃要犯一折。宗室绞犯再锡，潜逃奉天，经宗室营委学长富明，与已革宗人府副理事官恩景所差家人，协同访知，禀报庆裕，饬派官兵，于本年十月初二日，将该犯拿获。著该将军即饬委员迅速解京，交宗人府奏明办理。

吏部处分例

吏部处分001：京察统例〔例77条〕

京察001：国初定
内外官三年考满，视其称职与否而黜陟之。

京察002：天聪八年
初次举行，令各部院衙门官所有过犯，备开考核。

京察003：崇德二年定
各官办事勤敏称职而无过犯者，准加授官爵。

京察004：崇德八年定
各官办事勤慎，考注一等二等者，虽有小过，亦准加授官爵。

京察005：顺治初年定
京官考察，六年举行一次。

京察006：顺治四年定
各官于考满前，或已升授官爵者，今遇考核，俱不准重加官爵，怠惰庸劣者革职。

京察007：顺治八年议准
钦天监、太常寺、太医院官，九年考满，有缺升任，无缺升俸二级。

京察008：顺治九年题准
在内四品、在外布政使以下各官，俸满三年，移送吏部、都察院考核，分为称职、平常、不称职三等具题。

京察009：顺治九年又题准
督抚照在京官员考满。

京察010：顺治十二年题准
凡在京所丞、大使、副使、司狱、杂职等官考满，照例考核，注册不具题。

京察 011：顺治十三年议准

考满称职者，给予诰敕。

京察 012：顺治十三年题准

凡京察，三品以上京官及在外督抚，具疏详开履历及有无过犯，据实自行陈奏，取自钦定。其出征、奉差、丁忧、告病、养亲、给假者，俟回任之日自陈，行查未结者，俟事结之日自陈。

京察 013：顺治十三年又议准

在京各衙门属官考察，不论现任、升迁、公差、丁忧、告病、养亲、给假、降调及行查未结者，俱听本衙门堂官考核，照外官考察格式，填注考语事迹，或贤或否，应去应留，造册密送吏部、都察院、吏科、河南道，以凭会考。如将应考官员遗漏，将不应考官员造入册内者，听部院纠参。

京察 014：顺治十三年三议准

官员六年升调不一，若会同参注，反开推诿遗漏之端，应专责现任考察。

京察 015：顺治十三年又题准

各部院衙门笔帖式，照有职掌官员例，一体考察。

京察 016：顺治十三年三题准

吏部、都察院、吏科、河南道封门阅册，公同磨对，过堂考察毕，各衙门掌印官，俱赴吏部面议后，即行具题。

京察 017：顺治十三年四议准

凡遇京察时，大小各官，俱暂停升转，俟事毕出榜后，照常举行。

京察 018：顺治十三年五议准

吏部封门后，科钞中有应处分各官，亦俟京察事毕查议。

京察 019：顺治十三年四题准

凡京察处分，年老有疾者致仕，贪酷者革职，罢软无为、素行不谨者给予顶戴闲住，满洲人员罢软不谨者革退衙门，浮躁浅露、才力不及者降一级调用。

京察 020：顺治十三年五题准

六科京察，吏科都给事中将六科各官行过事迹开列册内，不注考语，汇送部院考察。

京察 021：顺治十四年议准

考满赏赉，部院衙门一品堂官，赐羊酒，表里各四匹；二品堂官，赐羊酒，表里各三匹；三品堂官，赐表里各二匹。

京察 022：顺治十八年议准

满洲三品郎中，原系自陈，今令该堂官考核。满洲六品以下官，原未考满，今俱准考满。

京察 023：康熙元年题准

金都御史、四品正卿、国子监祭酒、六科都给事中、五年改为掌印及中书科、行人司、上林苑监等衙门掌印官，咨送部院考核。其余官员，俱由各衙门堂官及掌印官注考，移送部院。

京察 024：康熙元年议准

部院官升转，食俸相同者，俱准通理。

京察 025：康熙元年又题准

凡京察，贪酷者革职拿问，罢软无为、素行不谨者革职为民，浮躁浅露、才力不及者降一级调用。

京察 026：康熙元年又议准

盛京侍郎京察，照例自陈。

京察 027：康熙元年三议准

京官四品、外官布政使以下，考满分为五等：办事一等称职者，纪录一次，若此后缘事议处，准其抵销降一级。办事二等称职者，止加赏赉。平常者，照旧供职。不及者，降一级调用。不称职者，革职。

京察 028：康熙元年定

各官遇有升缺，俱照考满等第升转。

京察 029：康熙元年三题准

六科左右给事中，并给事中考察，俱听都给事中填注考语。

京察 030：康熙三年议准

考满二等称职者，改注勤职。

京察 031：康熙三年谕

内外官俱于康熙三年起，每三年汇考一次，其到任未及三月者不与。

京察 032：康熙三年又议准

三品以上官，虽经升调食俸相同，俱通理前俸考满。

京察 033：康熙三年三议准

笔帖式与有职掌官员，一体考满，由各衙门堂官填注考语，分为称职、平常、不称职三等，移送吏部、都察院覆考，注册不具题。

京察 034：康熙三年四议准

各旗京察，以才能咨送补授部院衙门官员，未及半年者，由原任衙门注考。

京察 035：康熙三年题准

各官考满一等二等者赏赉，在内四品五品官，在外巡抚及布政使四品以下官，赐表里各一匹。在内六品以下，在外五品以下官，赐表一匹。

京察 036：康熙三年又题准

笔帖式考满，亦照有职掌官员例，分为称职、勤职、平常、才力不及、不称职，凡五等，其考注优等者，照例先用，有不及者，无级可降，即行黜革。

京察 037：康熙三年五议准

钦天监等衙门官，九年内考满三次俱一等者，将二次考满各纪录一次，给表缎；其第三次考满，升俸一级，仍给表缎。

京察 038：康熙三年六议准

笔帖式考满赏赉，与有职掌官同。

京察 039：康熙三年七议准

笔帖式考注一等称职，二等勤职者，照例开具实迹，保举贤能注册。

京察 040：康熙三年八议准

尚书、左都御史转大学士及各部院尚书左都御史互相转补、各部院侍郎互相转补，并通政使、大理寺卿、宗人府府丞转副都御史，考满俱通算前俸。若学士、副都御史、通政使、大理寺卿、宗人府府丞升侍郎，俱不算前俸。学士、副都御史等官授巡抚、巡抚升总督，亦不算前俸。

京察 041：康熙三年三题准

考满官员，应将所办职掌，及何事奉旨改正，何事驳回，何事议处，详明开载。考注一等二等者，在内由该衙门堂官、六科都给事中，在外由督抚，保举贤能具题。

京察 042：康熙三年四题准

京官考满，一人一疏，汇齐具题。外官考满，各直省将所属一等者一疏，二等者一疏，平常者一疏，不及者一疏，不称职者一疏，亦汇齐具题，下部院衙门覆考。

京察 043：康熙三年九议准

内外官未经考满升职者，于新任内考满。

京察 044：康熙三年十议准

佥都御史，令其自行陈奏。中书舍人，专管诰敕，听内院考核。

京察 045：康熙三年十一议准

各官已经升补，俱不算前俸考满。

京察 046：康熙四年谕

停止考满，止行京察。

京察 047：康熙六年题准

凡京察，才力不及有疾者降一级休致，老病者原品休致。

京察 048：康熙九年题准

才力不及者降二级调用，浮躁者降三级调用，虽有加级，不得抵销，止准带于所补新任。

京察 049：康熙十一年议准

京察文册，各照八法今改六法，填注考语。

京察 050：康熙十二年题准

六科京察，不分掌印给事中与给事中，俱将行过事迹，开列册内，不注考语，由吏科移送部院考察。

京察 051：康熙十八年题准

升转降补各官，到任半年者，于新任衙门注考；未及半年者，于原任衙门注考。

京察 052：康熙二十四年谕

停止京察。

京察 053：雍正元年谕

在京部院衙门官员，三年考察一次，系好事，应行查例议奏。钦此。遵旨议定：旧例六年京察，为期甚远，今遵旨三年考察一次。

京察 054：雍正元年议定

在京三品以上满汉官员，在外督抚、盛京五部侍郎、奉天府府尹，均将三年内行过事迹过愆，据实自陈。

京察 055：雍正元年又议定

在京部院等衙门所属官员，于雍正四年三月内，该堂官填注考语，造册密送吏部、都察院、吏科、河南道，俟文册到齐，吏部请旨另派大学士大臣，会同都察院、吏科、河南道，详加考察，分别去留。

京察 056：雍正四年谕

嗣后遇京察之年，著内阁满汉大学士、吏部、都察院、吏科、河南道，公同阅看，著为例，不必另派大臣。

京察 057：雍正四年又谕

嗣后凡降罚之案，奉旨特免者，不必载入自陈本中，著吏兵二部一例遵行。

京察 058：雍正四年题准

在京大小各官，遇京察时，自二月二十五日起，暂停升转，俟事毕出榜后，照常升补。凡科钞文中，有应行议处各官，亦俟事毕查议。至现在奉旨升调官员仍行迁转，察议官员仍行察议。

京察 059：雍正四年又题准

各衙门满汉堂官，有一员历任已久者，仍令本衙门填注考语。其满汉堂官俱经升转，新任堂官俱到任未久者，应令升任堂官会同填注。如原任堂官俱升外任，或已经解任，其考语俱令新任堂官填注。

京察 060：雍正四年三题准

嗣后六科满汉官员京察，不分掌印给事中并给事中，俱令将行过事实，开列册内，送都察院堂官填注考语，移送吏部会同考察。

京察061：乾隆十七年谕

京察之年，部院堂官，各省督抚，循例自陈，求斥罢，候旨照旧供职，此虽三载考绩之义，但卿贰职赞机务，督抚任寄封疆，朕量材简擢，日复于怀，其有不副委任，或克称简界者，率已随时黜陟，断无远待三年之理。凡可俟至京察解退者，不过闲曹冷署，年力衰昏，而又非有大过，介于可去可留之间者耳。且身列大臣，谬以斥罢为辞，是相率为伪，诚无谓也。嗣自今，内而部院司官，外而道府，京察大计之例，仍举行以昭激劝，其自陈繁文，著停止，以示崇实。

京察062：乾隆二十一年谕

何国宗职司风宪，乃于京察大典，竟将伊亲弟列为一等，虽古有内举不避亲之语，然有祁奚之公则可，试问何国宗兄弟，能无愧祁奚所言否乎，此所关系于官常者甚大，不得不示以惩儆。朕用人行政，毫无成见，赏罚予夺，一秉至公，期于各当，将此宣谕中外知之。

京察063：乾隆二十四年谕

向来内外文武三品以上大员，遇京察军政之年，援例自陈，文具相沿，无裨实政，曾经降旨停罢。第念伊等洊陟崇阶，并由特简，其人贤否优劣，虽已均在洞鉴，然其间亦不乏旅进旅退，苟图持禄恋栈之人，若以平时既无大过，足干吏议，又不按例甄核，任其回翔日久，必致职业不扬，甚非澄叙官联之道。嗣后吏部于京察时，将在京之尚书侍郎以下，至三品京堂以上，在外之总督巡抚，分列为二本，缮具简明履历清单进呈，候朕简裁，以重考绩大典。著为令。

京察064：乾隆二十七年谕

昨引见京察一等各员，核之各该堂官保列名单，其中等第参差，率不甚相远，惟吏部郎中阿敏尔图，各堂官俱列一等，而彭启丰独列为二等，则不免有心示异，非偶然品题高下之比。阿敏尔图系满洲世族，朕习见熟知，伊果有出众长才，堪膺重任，外而封疆，内而卿贰，当已早经擢用，岂寻常曹司之待留心甄择而定者，况京察等次，不过就本任职守而言，并非即为一生定评。即如阿敏尔图在部郎内安分供职，而又能持正无私，顾惜颜面，若选司之铨务，银库之出入，以该员素守论之，实可信其无他。彭启丰之意，不过以其族望所在，非特为区别，众人何以知其独立不惧。彭启丰人不如其学，学不如其文，亦从无一言建白，一事指陈，乃欲于随众具折之中，小示异同，如此独立，谁则不能。朕衡量人材，如各部院兼摄之大学士尚书侍郎等，亦止令竭其分量，各抒己见，并不倚为黜陟，其间或同或异，原不加之责备。试问吏部各堂官，列阿敏尔图于一等，是保为封疆乎，卿贰乎？即彭启丰之斤斤示异若此，为京察大典乎，为取巧市名乎？其事固不烦言而易晓，第恐不得见用之人，妄生议论，以为即如彭启丰之不与人同，究可谓能自立崖岸，或又谓因有此奏，始有此旨，中外得悉朕甄材用人之意，然朕之勤政与否，能识人与否，二十七年于此矣，天下宜共悉，固不待朕之朝纶暮绖，以口舌化天下也。将此明谕中外，俾共知之。

京察065：嘉庆五年谕

三年考绩，始自唐虞，至今日则为京察，用人之典至要，而选士之方，必推气节，未有阿谀谄媚之徒，而能有廉明之政者也。近年以来，六部堂官所拔识之司员，大率以迎合己意者为晓事之人，以执稿剖辩者为不晓事之辈，以每日伛谒卑词巧捷者为勤慎，以在司坐办口齿木讷者为迂拙，遂至趋承卑鄙，乞怜昏夜，白昼骄人，仕路颓风，几不可问，气节消磨殆尽，成何政体耶。近日堂司各官，虽比前稍知检束，奔竞之风，恐未能尽改，总由积习相沿，狂澜难返。朕思转移风气之方，须立矜式观摩之准，现在将届京察之期，各部俱应慎重选举，询谋佥同，果有猷守兼优者，自应首荐，余则宁取资格较久，谨厚朴实之员，其少年浇薄，才华发越者，亦应令其经练，下届再行保列，则相观益善，更足以励后起之俊，黜华崇实，于政治不无小补。再，京察之时，尚书侍郎应各备一册，密识贤否，公议之日，再行同览，众所奖许者拔之，众所屏弃者黜之，以公心办公事，毋存丝毫私意，问心无愧，斯可对君。核办之时，不准司官书吏家人在旁窥探，亦不准豫为泄露，邀誉市恩。此旨通行晓谕，各录一道，悬于公署，朝夕观览，触目儆心，以副朕循名责实务得真才之意。

京察066：嘉庆九年谕

京察为考绩大典，各部院衙门堂官，就所属中，数年以来供职勤慎者，保列一等，经吏部带领引见，奉旨准其一等加一级，所以奖劳示劝，并非专为简用外任而设也。至其中有经朕察看材堪任使者，特行圈出，交该堂官再出具切实考语，覆行引见，以备简擢外任。各该堂官于所属人员，或素悉其才具优长，或深信其居官廉谨，原可分别注考，朕因材器使，于简用时，繁简先后，自有权衡，其家有老亲，或身非独子，而侍养情殷者，即现任外官，尚得援例终养。此次京察记名后，此项人员，仍准其声明留京供职外，其余概不得以不胜外任呈请内用。试思该员在京供职，既系出色之员，经该堂官遴注上考，岂有畀以外任，转藉口才不称职之理，且该堂官既已举才荐能，列名上达，亦不得复以本衙门办事需人，奏请仍留本任。现在京察引见届期，著先将此谕令各衙门知之。

京察067：嘉庆十一年谕

大学士、六部尚书议奏京察事宜一折。京官分隶司曹，办理部务，公同酌核，原不能指定一二事，注为某人劳绩，即刑部司员，平反案件，亦事所常有，不能因一事即登之荐牍。三载考绩，为激扬大典，各部院堂官，自应统计所属司员平日人品之贤否，才具之优绌，秉持公正，推贤选能，自克名实相副，为朝廷收得人之效。此内除该司员得有寻常过失，例准保荐者不计外，若三年内有处分较重，碍于升转，仍照例扣除，以归核实。若捐纳人员，初登仕版，自应令其经历事务，藉资造就，大学士等议令分别年资，以示限制，尚为平允。此等人员，如实有才品出众者，原准一体保荐，予以上进之阶，若年劳相等，则捐纳出身之人，自不若科目正途，于事理较为明晰。嗣后各部院堂官保举捐纳人员，必取资格较深，才具实在优长，为众论翕服者，方可与选，余俱不准滥保充数，以杜幸进。至军机处司员，自雍正年间定制以来，均系以本衙门额缺，承办军机处事务，其升迁保举，悉由本衙门堂官注考，相沿已久，若以计典独归之军机处，更定官制，事多格碍，惟军机司员内，其办事勤慎，又能兼部务者，自当列之上考，其止在军机处行走，而于部务未能谙习者，本衙门堂官，不得意存迁就，滥行保荐，军机大臣尤不得授意各部院堂官，扶同荐举，以昭公慎。

京察 068：嘉庆十一年议定

捐纳在部候选及加捐分部学习，未经奏留，即行铨选实缺人员，资格本浅，于部务多未谙习，若得缺后，一满三年，即准保列一等，实觉过优，应于试俸三年外，食俸二年，统计历俸已满五年者，方准保送一等，并不准捐免试俸，以杜躁进。至曾经分部学习期满奏留补用人员，行走有年，于部务稍经谙练，其奏留后，挨次补缺，先后亦有不同，除奏留后又经行走过三年以上，始行得缺者，仍准其按照向例保送外，其有得缺在三年以内者，查明该员如未捐免试俸，必须历俸在四年以上，方准一体保送，如已捐免试俸者，仍照常例办理。至捐纳笔帖式、刑部司狱、五城兵马司正副指挥、吏目，向例毋庸试俸各官，以及曾任部曹，降革后捐复补用，试俸期满者，仍照旧例办理。

京察 069：嘉庆十二年谕

向来部院各衙门京察一等人员，引见后经朕圈出者，俱交该堂官再行出具切实考语，复行引见，以便简擢道府。其家有老亲，身系独子，或虽非独子，而侍养情切者，俱准其声明留京供职。至内务府一等人员，向来引见后有圈出者，并不复行引见，办理殊未画一。内务府记名后，既可一体简放道府，自应交各堂官再行详核该员平日居官办事，出具切实考语，复行带领引见，即实有老亲情愿侍养者，亦当准其一体注明，庶考绩大典，倍加详审，而于部院定例，亦属相符。所有此次内务府引见京察人员，即照此办理。著为令。

京察 070：嘉庆十四年谕

京察为三载考绩大典，自应核其办事勤惰，以分黜陟，必须择其品行素端才猷茂著者，登之上考，方足以昭激劝，若止取浮华奔竞之徒，嘉其趋走承顺，言语便捷，工于迎合者，即予保荐，而不按其平日之品行，慎加甄别，则心术稍有不端，才具又何足取？且一等人员，于保荐后，可以带领引见，记名简擢，其次等者例不得预，若猷守素优之人，不获仰邀登进，于人才已多屈抑，傥一等中竟有幸列之人，一经记名擢用，即可由道府洊擢大员，其居心办事，素不可问，将来必致贪酷偾事，关系尤重。前于嘉庆五年特降谕旨，令各衙门慎重保荐，兹因京察届期，特再行申谕，倘有不拣择人品，率行保举，致记名擢用之后，营私败检，贻误地方，酿成重大案件，则惟原保官是问。

京察071：嘉庆十七年谕

京察为考绩钜典，举劾悉秉大公，方足澄清仕路。明年又届举行计典之期，各堂官于保举一等人员，务当慎重遴选，迨引见记名后，复令出具切实考语，以备简用道府，尤当加意甄别，择其才守兼优之人，登诸荐牍，不得以寻常供职者滥保充数，用副朕慎简贤良之至意。

京察072：道光四年谕

京察为三年考绩大典，用以整饬吏治，激扬人才，所关甚重，各衙门堂官，果能黜华崇实，推选贤能，自可为朝廷收得人之效。若如近日侯际清赎罪舞弊一案，牵涉官吏，实出情理之外。恩德、盛思道，均系刑部司员，恩德又管理赎罪事务，辄与市井棍徒朋谋贿嘱，撞骗多金，该堂官既不能即时察办，犹复将恩德登诸荐牍，其余公同定稿各员，亦皆该堂官保列一等，或被供指得赃，或以听情徇隐，并有形同木偶，随和画诺，竟置公事于不问者，似此名实混淆，是非倒置，所谓澄叙官方者安在？各部院大臣，为朕素所信任，其荐举自应公允，一经引见，不能不量为甄录，何至以登明选公之举，竟有踉闲败检者，谬厕其间，是该大臣于考察一事，惟知奉行具文，苟且塞责，举非其人，咎将谁属？且此等不肖人员，服官蕞觳，尚敢藐视法纪，营私黩货，设令得膺外任，势必紊挠公事，脧削民膏，益复何所顾忌。向例九卿保举官员，如贪婪事发，原保举官，定有滥举处分，此案既据托津等审明拟奏，所有从前率将恩德等保列一等之刑部堂官，交吏部查取职名，照例议处。因思刑部如是，各衙门恐亦不无此弊，明年即届京察之期，著先行谕知各部院堂官，务当精白乃心，秉公遴拔，于所属内，必平日深知其居心公正，办事练习者，公议允协，方准书之上考，以备任使。若不加核实，冒滥充数，甚至瞻顾情面，曲徇己私，将来该员等款迹败露，朕惟原保之堂官是问。

京察073：道光十七年议准

外官因不胜任，改用京职，奉旨以京职改补后，复不胜任者，仓差咨回原衙门行走者，俸满保送简缺者，保繁奉旨改简，及仍回原衙门行走者，京察时均不准保送一等。其由京堂、御史缘案降补，及原系京职降调补官，指明以何官降补，或仍回本任，并废员起用，捐复降捐人员，如系一体升转，其原案内并无不胜外任及奉特旨停升者，查系计俸合例，俱准其保送一等。

京察074：道光二十六年奏定

在京堂司各官，有应行出考之处，如到任未及三个月者，毋庸出考。

京察075：咸丰四年谕

京察为激扬大典，举劾并行，即古三载考绩之意。向例各衙门保列一等人员，皆有定额，原所以防浮冒，或不得其人，即当任缺毋滥。近来各堂官如数荐列，从无缺额，其上次一等人员，如或始勤终怠，原可改入二等，乃近来往往尽列一等，绝少更改。至应列六法人员，除年老有疾者，各衙门尚有数人，其填浮躁不谨等款者，亦属寥寥，殊非慎重举劾之道。现届办理京察之年，著各衙门堂官认真考核，务择操守廉洁通达吏治之员，列入上考，不得以滥竽充数。其庸碌无能，及精力衰颓，不堪造就者，并著随时淘汰，毋任恋栈，总期举错严明，毋蹈瞻徇之习，俾该司员等咸知振作，以备简任。

京察 076：咸丰四年又谕

吏部奏捐免试俸历俸人员，与京察保荐例义未符，请旨定夺一折。此项捐免试俸历俸人员，既得题升截取，已属从优，所有京察大典，自不得与资深人员同登上考。著各该部院堂官，仍照旧章分别试俸历俸年限办理，以符定制。

京察 077：咸丰十年谕

前因吏部议奏刑部堂官京察保送不实处分，所引例文，尚未允协。其两次出考各堂官，又未分析声明，当交端华、彭蕴章另行核议。兹据奏称，援照嘉庆年间成案，议以降二级调用。该堂官等，于京察大典，滥行荐举不谙本部例案之员，实属咎有应得。惟念相习成风，不独刑部为然，此次姑从宽宥。所有滥保之刑部堂官，均著加恩改为降二级留任，不准抵销。其两次出考之堂官，著吏部查取职名，再行罚俸三个月，以示区别，亦不准其抵销。嗣后每届举行京察之期，各部院堂官，务各慎选贤能，不得以劣员充数。倘敢再行滥保，一经查出，即行实降，不得再邀宽典也。

吏部处分 002：京堂京察〔例 25 条〕

京堂察 001：旧例

三品以上京堂官考满，令其自行陈奏，黜陟取自钦定。准复职者，给予诰命赏赐，汉官复荫一子入监读书，应否加衔，察例奏请，取自钦定。

京堂察 002：顺治十三年题准

考察三品以上京堂，令其据实自陈。

京堂察 003：顺治十三年又题准

四品京堂，亦令自陈，下部议去留。五品以下，不论堂属，俱听部院会同该衙门考察。

京堂察 004：顺治十三年议准

凡内阁、翰林院，詹事府衙门少詹读讲学士、左右庶子，俱令自陈。其余各官，令部院会同大学士、学士、詹事府堂官，一体考察。

京堂察 005：顺治十八年议准

满洲三品以上京堂考满，照汉官例准其荫子。

京堂察 006：康熙元年题准

四品京堂，令咨呈部院考察，惟佥都御史，在京者有考察之责，在外者系封疆大吏，仍令自陈。

京堂察 007：康熙元年议准

盛京侍郎，照例自陈。

京堂察 008：康熙四年

停止考满，止行京察。

京堂察 009：康熙六年题准

在京佥都御史各衙门，少卿以下官员，俱由各该衙门开列考语，移送部院。

京堂察 010：康熙六年又题准

侍读学士以下各官，俱由该衙门开列考语，移送部院考察。

京堂察 011：康熙十二年题准

四品衙门各官，由正卿少卿及掌印官注考。其正卿少卿及掌印官，属部兼辖者，由该部堂官注考；不属部兼辖者，册内详开行过事实，不注考语，移送部院考察。

京堂察 012：康熙十八年议准

少詹事以下各官，亦听詹事填注考语，移送部院考察。

京堂察 013：康熙二十四年

停止京察。

京堂察 014：雍正元年

复议举行。

京堂察 015：乾隆二年议准

京察一等官，如内阁侍读学士、开坊翰詹以上，官阶体制与外省藩臬无异，虽列一等，毋庸加级。

京堂察 016：乾隆十五年谕

前经臣工条奏，四五品京堂，京察列为一等者请引见。又有奏布按二司应入大计者，均未议准行。朕思两司承办通省案件，大小事务，无不由其拟议详报，督抚自必随时体察，优者随时奏荐，稍不胜任，必不姑容误事，何待大计之年，方入举劾，议驳自属允当。至京官察典届期，三品以上堂官，尚具本自陈，部院司官，亦皆令引见，而四五品京堂，则不在自陈之列，考核之后，亦不行引见，虽有吏部、都察院填注考语之例，不过按册过堂，虚文应事，其中龙钟庸劣者，既得姑容，即才具优长，精力壮盛，堪供驱策者，亦无由自见，于培养人才澄叙官方之道，盖两失之。嗣后京察年分，吏部开列王大臣等职名，请旨特点数人，将四五品京堂，秉公分别一二三等，及应去应留，具奏引见，以定黜陟，庶优劣分而人知激劝，于实政有裨。其王大臣等是否秉公据实，自亦不能逃朕洞鉴，即于本年为始。著为令。

京堂察 017：乾隆十七年谕

京察之年，部院堂官各省督抚自陈繁文，著停止。

京堂察 018：乾隆十八年谕

前经降旨，部院堂官称职与否，久悉朕怀，自可随时黜陟。京察之年，停其自陈，四五品堂官，特派王大臣秉公分别去留，奏闻引见。至三品京堂官，则非尚书、侍郎可比，今既不令自陈，转得散地容其滥竽可乎。其令吏部于京察时，将伊等事实，别缮清折进呈，候朕亲为裁夺。

京堂察 019：乾隆三十八年奏准

翰林院读讲学士、詹事府庶子与四五品京堂，一体考察奏闻，请旨带领引见。

京堂察 020：乾隆四十八年谕

嗣后京察时，满汉内阁学士、副都御史，仍著吏部照例开列具题外，其余大小三品京堂，既不便派王大臣验看，俱著吏部一体带领引见，将履历注明。所有本年京察三品京堂，即著照此例行。

京堂察 021：嘉庆五年谕

向来四五品京堂及翰林院读讲学士，并左右庶子等官，每遇京察之年，系吏部开列王大臣名单，请旨简派验看，分别等第，由吏部带领引见，但此等人员，职分较大，俱系朕特加简擢，伊等与王大臣向无交涉事件，又无统属，其贤否何由深知，所定等第，亦未必确当，况于验看后，仍须带领引见，又何必多此验看为耶。嗣后四五品京堂及翰詹学士等官，即照三品京堂之例，一体带领引见，不必由王大臣验看。著为令。

京堂察 022：嘉庆九年谕

内阁侍读学士，系从四品官阶，定例缺出时，以通政司参议、光禄寺少卿、鸿胪寺少卿及科道、各部郎中分班轮用，止因京察年分，应归大学士考核，不得与各衙门卿员同邀引见，是以与京堂稍有区别，其体制介在堂司之间，殊属未协。嗣后内阁侍读学士，著照翰林院读讲学士之例，遇京察之年，同各京堂一体引见。

京堂察 023：嘉庆十二年谕

京察为考绩大典，所以甄别贤否，明示激劝。向来内外大员，由吏部开列具奏，朕核其勤能者，均特旨赏给议叙，其余或照旧供职，或量予罢黜。其司官等，经各该衙门甄别等第后，内保荐一等者，亦皆引见，各予加级。惟三四品以下京堂，向由王大臣验看，拟列一等者，例无加级，近年概行带领引见，除年老才具平庸者，量予降黜外，余俱照旧供职，并无甄叙之例，因思三品以下京堂，其才具优劣不同，且三年内勤惰各异，若有惩无劝，既与内外大臣办理两歧，并不得与各部院司官保列一等者同邀加级，未免偏枯。所有此项京察引见三品以下京堂各官，太常寺少卿色克精额，差使勤奋，读祝娴熟；太常寺少卿钱楷，内阁侍读学士文孚，在军机处行走有年，供职勤慎，著加恩交部议叙。其太常寺卿陈钟琛，大理寺少卿杨长桂，内阁侍读学士通恩，通政司参议闻嘉言，或人本平庸，或年已衰迈，著以原品休致，余俱著照旧供职。嗣后京察三四品京堂引见，均即照此办理。

京堂察 024：道光二十二年谕

嗣后内务府署卿司员，准由该总管大臣拟列等第，一体注考。其三院卿员，遇京察之年，准将年岁履历造册，咨送吏部，随各衙门京堂，一体带领引见，以归画一。

京堂察 025：咸丰二年题准

总管内务府大臣，并非尚书、侍郎兼任者，照各部院尚书、侍郎之例，一体进呈履历，列于内阁学士之前。

吏部处分 003：各衙门所属官员笔帖式等京察〔例75条〕

属官察 001：顺治十三年题准

觉罗官员，部院会同宗人府考察。

属官察 002：康熙十二年议准

宗人府觉罗官员，听宗人府注考。

属官察 003：康熙十二年题准

各部院衙门觉罗官员，听宗人府考察。

属官察 004：康熙十八年议准

升转降补各官，旗员补授部院各官，到任半年者于新任衙门注考，未及半年者各该原衙门注考。

属官察 005：雍正元年议准

在京各衙门官员，该堂官于三月十五日内，详加考核，填注考语，分别去留，造册密送吏部及都察院、吏科、河南道考察。若有徇情遗漏舛错者，吏部、都察院、吏科、河南道查出题参。其京察文册，定于三月十五日到齐，吏部、都察院、吏科、河南道各封门阅册，公同磨对，照该衙门所填四格考语，分别一二三等，会同内阁大学士、吏部、都察院、吏科、河南道公同考察，随知会各衙门所属各官，以次过堂，分别去留，吏科、河南道均赴吏部面议具题。

属官察 006：雍正三年题准

宗室内有补授宗人府笔帖式者，亦听宗人府注考。

属官察 007：雍正四年议准

六科满汉给事中，不分掌印不掌印，均令都察院堂官注考。

属官察 008：雍正四年又议准

一应考核在京各官，自二月二十五日起，暂停其升转，俟事毕出榜后，仍照各月出缺先后升补。凡科钞公文中，有应行议处考察各官，亦暂停其议处，俟出榜后察议，至奉特旨升调官员仍行迁转，察议官员仍行议处。

属官察 009：乾隆二年议准

应考察各官，令该堂官将才守兼优，政绩卓著者，造册移送吏部、都察院、吏科、河南道，会同大学士考核，列为一等，缮册进呈，吏部引见，将奉旨准为一等人员，加一级注册。至盛京五部等衙门所属一等官员，有三年期满，例应以京官调补者，俟回京之时引见，非三年期满调回者，仍令送部引见。以上一等人员，遇有奉旨保举时，该堂官即于此项人员内拣选，如下次京察之期，经堂官降为二三等者，不准仍行保送。

属官察 010：乾隆四年议准

六法应去官员，照外官大计之例，由部引见。

属官察 011：乾隆五年议准

京察四格，务须切实注明，如守清才长政勤，年或青或壮或健，称职者列为一等。守谨或政勤才平，或才长政平，年或青或壮或健，勤职者列为二等。守谨，才政皆平，或才长政勤而守平，年或青或壮或健，供职者列为三等。于此四格之外，再加确实考语，如列在一等，而才守政年及称职等字样，不遵定例开注者，考察时，即将该员照所注字样，改列等次，毋庸驳查，其应行议处者，必将应去之处注明。二等三等人员，均以应留造册。至新任未试，未经到任官员，别具一册，亦并咨送吏部、都察院、吏科、河南道，分缮黄册进呈。

属官察 012：乾隆五年议准

凡考察时，保送一等官员，不必论其本任食俸，统计前后已满三年者，即准保送。内除降调补用，及废官起用，并非本案开复，及不宜外任改补京官者，均不准计前俸外，如盛京调补，及丁忧起复，告病起用，并外任补授京职官员，到任已过半年者，均统计前俸。其各部额外官员，已经补授者，从前已经食俸办事，亦准其统计从前日期，如前后统计，已满三年，均准一例保送。

属官察 013：乾隆五年三议准

近京各工程处委往官员，到工未及半年者，仍归原衙门注考；已过半年者，令各工程处注考。

属官察 014：乾隆六年议准

保举一等官，遇有过犯，除该员于他处犯出，该堂官无从查究者免议。如在本衙门犯有贪劣事迹，在保举一等以前者，别经发觉，审实，将原保举之堂官降二级留任；在保举一等以后者，别经发觉，审实，将原保举之堂官降一级留任；自行参出免议。至各衙门笔帖式司库等官，向由该司核定呈堂办理，如系该司核定保举之官，犯有贪劣，别经发觉，审实，将原核定保举之承办司官，亦照堂官滥举例，分别事前事后议处，堂官照不行详查例议处。其或该司核定后，堂官酌改者，准其于咨送职名文内声明，将堂官议处，该司官免议。

属官察 015：乾隆十一年谕

三年京察之典，激浊扬清，所以叙官方而明黜陟，自当矢慎矢公，甄别允当。上次举行之际，恐各部院堂官，有瞻徇情面，滥列一等者，曾降旨大学士于验看过堂时，慎重分别，有不称一等者，俱行裁去，嗣经大学士等分别去留，此亦权宜办理之道。究之察核司员，惟堂官最为亲切，要在平日留心体察，临时举劾公平，方为允协。如上次定以一等者，三年中行走平常，即当改为二三等，不得稍存姑息之心。上次原列二三等者，三年以来，知所奋勉，即当列为一等，亦不得仍拘已成之见，惟一秉至公，分别等第，庶察典肃而人人知所劝惩。

属官察 016：乾隆十八年奏准

文职官员内，太常寺所属各坛庙奉祀祀丞、并赞礼郎、读祝官、协律郎、司乐等官，礼部所属堂子七品八品官、铸印局大使、会同四译馆序班、大使、朝鲜通事等官，鸿胪寺所属鸣赞、序班等官，各陵寝赞礼郎、读祝官，钦天监所属五官正、及博士、司书、灵台郎、监候、挈壶正、司晨等官，太医院院使、院判、御医、八品、九品、并额外吏目等官，向来每届京察，皆沿习旧例，填注守政才年四柱考语，但此等官员，与各部院办理案件者不同，其沿例注考，全属故套。嗣后如奉祀等官，则但论其礼仪之是否娴熟，行走之是否敬谨，鸣赞等官，则但论其举止之是否安详，音节之是否洪畅；钦天监官则但论其数学之是否精研；太医院官则但论其医理之是否通晓；令各衙门堂官，于三年京察时，秉公察核，填注切实考语，以定去留，其四柱守政才年等字，一概不必填注，以崇实政。

属官察 017：乾隆二十六年谕

今日理藩院侍班官内有四员，不惟清话生疏，甚至有竟不能说者，伊等俱系满洲人员，所司又系清字事件，若全然不晓，何以办事？由此而推，则衙门各员内不能清话者，当复不少。清话系满洲根本，旗人首当以此为务，傥不专心学习，以致日久生疏，成何体制？此皆该堂官平日不以为事之所致也。从前各衙门官员，回堂俱用清话，近则渐渐废弛，该堂官等如果留心试看，于清话好者即加之鼓励，生疏者即予以训饬，伊等何患不能精熟耶。著传交各该堂官，嗣后一体实力遵循外，明年乃京察之年，必须清话熟习，办事妥协者，方准保列一等。其不能清话，办事虽好，亦不准保列。伊等如不照此保举，引见时留心试问，有不能清话者，惟该堂官是问。

属官察 018：乾隆三十三年谕

向来部院各衙门京察届期，所有列入一等人员，均由吏部带领引见。至二三等留任各官，并无引见之例，该堂官等，以其循分供职，无关黜陟之典，且人数众多，其中即有年力衰庸，不无稍为姑息，人才既难考核，公务未免旷瘝，大典何由克副。嗣后京察二三等人员内，凡年至六十五岁以上者，并令吏部一并带领引见，候朕鉴定，庶曹司不致滥竽恋栈，而该堂官甄别公私，亦可立辨，于澄叙官方，益昭慎重。著为例。

属官察 019：乾隆三十六年谕

今日吏部引见京察人员，比较单内，翰詹衙门保送一等者，已较上届为多，其外又有兼部行走之员，由部注考，仍附本衙门引见，虽属循例办理，但此等人员，既以职系翰林，不占部员之数，而翰詹衙门，又以由部保荐，听其溢于旧额，似此两相影射。浮滥潜滋，殊非慎重考绩之道。所有此次兼部翰林之保列一等者，俱著撤去，不准带领引见。夫翰林既兼部务，掌院等即不复顾问，其人之勤惰优劣，惟各部堂官体察而甄叙之，京察时既与司员一例殿最，又何必因其籍在词垣，强为分别，不偕曹司引对乎。嗣后满洲翰詹各员，有兼部行走，列在一等者，即入于各该部保送员数内，一体比较，其仍归本衙门另班声叙之例不必行。又各部院衙门，有到任未满半年之员，仍由原衙门注考者，该堂官等，往往因其业经迁调，曲为奖借，冀博宽厚之名，按之激扬大典，究乖核实。此等人员，任事之日既浅，即使才猷出众，何妨暂置二等，视其人果能奋勤，俟下届再登荐，亦未为晚，奚事汲汲于此一时为耶。著自今年为始，即为查明改正，所有原衙门注考之例，永行停止。至各衙门人员，在翻书房行走者，因其给事勤劳，亦准保送一等，以示鼓励，向例由该管大臣注考，而引见则仍归各本衙门，并不于单内注明，尤易混滥。此后翻书房准其自为一项，所有该处现保一等人员，著吏部另行带领引见，候朕阅定后，即为将来比较之数，并著为令。

属官察 020：乾隆三十六年又谕

昨降旨令满洲翰詹各员，兼部行走者，京察时入于各该部司员内一体考察，固以防浮滥之渐，亦因满洲翰林，多有由各部院升授者，向既未工文墨，在本衙门转无可见长，而在部留心办事，颇为有益，但既已兼部，则平日之勤惰优劣，该堂官皆所深知，较掌院等更为亲切，视其现在供职而殿最之，自属核实之道。至太常寺、鸿胪寺读祝鸣赞等官，其职专于宣赞，自以仪娴声亮者为优，间有升任各部院衙门者，仍兼本寺行走，遇典礼执事如常，并不藉其专心部务，与翰林兼部者不同，是其考察，又当责之本寺堂官，而不必归于部院矣。乃向来京察，太常寺、鸿胪寺官升任部院者，皆由所升之缺注考，而本寺即置之不问，所列一等。率取其次者滥充，既非所以示平允，亦不足以昭劝励。嗣后读祝鸣赞等官，升任后仍兼本寺行走者，俱由该寺堂官注考保送。著为令。

属官察 021：乾隆三十六年三谕

本日引见京察各员内，翰林院庶吉士亦有列入一等者，该员尚未散馆授职，不应遽膺荐剡，著撤去。嗣后庶吉士保列一等之例，著停止。

属官察 022：乾隆三十六年覆准

陵寝官员笔帖式应入考察者，令各该总管考核，填注考语。

属官察 023：乾隆三十八年奏准

部院衙门所属觉罗官员，由各部院衙门注考。

属官察 024：乾隆三十八年又奏准

京察官员，照八法〔今改六法〕例开注考语，处分亦照八法议处，其才力不及、浮躁例应降调，满汉人员，俱照所降之级，以京缺补用。至京察保举一等官，擢用外任，或迁调在京别衙门，犯有贪劣事迹，将原保举之堂官降一级留任。

属官察 025：乾隆四十二年谕

向来各衙门保送京察一等人员，俱照上次数目比较，宁缺毋滥，引见时吏部开单进呈，候朕阅定，于甄简才能之中，仍寓慎重激扬之意。惟是每次与上届相较，固以防其溢额，然或过泥成例，此次比上届少一人，下届又比此次少一人，递行减少，势将无所底止，亦非所以示鼓励。嗣后吏部引见进呈比较清单，著将上两次数目，一并开列，若此次比上届多一人，而较之再上一次，数仍相仿，即可毋庸裁减，将来吏部较核，亦以此为准。如此酌中定制，既无虑滥膺保荐，亦不至屈抑人材。著为令。

属官察 026：乾隆四十八年奏准

翰林院满洲侍读、侍讲等官，奏留兼刑部、理藩院行走人员，令各该堂官注考。

属官察 027：乾隆四十八年议准

凡由别衙门升调，及由外任升补京职人员，须在现任衙门历俸已满一年，方准保送一等。

属官察 028：乾隆四十八年又奏准

考察各官，适届京察之期，年满离任候补，尚未得缺，该员旧任已离，新缺未补，考察之典，未便虚悬，仍由原行走之处注考，列为二等。

属官察 029：乾隆四十八年三奏准

官员由别衙门迁转，到任未满半年，该堂官填注考语。有难于核实者，将由原衙门保送得缺之员，列为二等。年满调京及循例升补之员，列为三等。

属官察 030：乾隆五十年谕

各部院衙门保送京察一等人员，例应比照上届之数，咨送吏部，向来办理未能画一，殊失慎重程材之意。夫三年京察一次，原以激扬黜陟，期于无滥无遗，现届明年京察之期，著各该堂官将属员才具贤否，秉公察看，照上届四十八年保送一等之数，出考送部，毋许溢额，致启滥觞。即定以为例，但向来有人数比上次多者吏部必驳之语，此则不可，或该堂官因一等人少，不能足额增送，即于咨部时声明缺额几员何妨，至下次京察，若果出色之员较多，仍许其补还原额，吏部亦不必以上次既经缺额，即行予驳也。若一次少一次，则将来无人可举，成何政体。若各部恐致数少，勉强足数，以符上次，是又徇情虚应故事，总成笑谈矣。今应定例，率以不溢四十八年一等原额为准。

属官察 031：乾隆五十一年谕

今年派出后拨随围章京官员，看射布靶时，文官内多有指称患病臂痛不射者，伊等虽属文员，但系旗人，岂可在朕前托故不射，此风断不可长，若不严加禁止，久则渐染汉习，竟至忘失满洲本来技艺矣。此次托故不射人员，著交各该衙门存记，下次京察时，不准列入一等。著为令。

属官察 032：乾隆五十三年奏准

京察为激扬钜典，必视其部务繁简，办事勤惰，核实考察，方足以昭劝惩。从前保送一等，系遵照乾隆四十八年定额，笼统核算司员七缺内保送一员，笔帖式等官八缺内保送一员，今按其衙门额缺多寡，事务繁简，分别核定，其笔帖式内有由保送拣选得缺者，则稍宽其额，至事简衙门，虽员数浮于举额，亦毋庸议增，仍令该堂官秉公核定，如不得其人，任缺毋滥。宗人府保送理事官、副理事官、王事、经历二员，汉主事一员，笔帖式二员，共五员。内阁保送满洲侍读学士、侍读、典籍三员，中书十一员，汉侍读学士、侍读、典籍、中书五员，共十九员。吏部保送满洲郎中、员外郎、主事、司务四员，汉郎中、员外郎、主事、司务二员〔今增一员〕，满汉相间轮保，笔帖式九员，共十五员〔今共十六员〕。户部保送满洲郎中、员外郎、主事、司务十一员，汉郎中、员外郎、主事、司务六员，笔帖式十五员，共三十二员。三库保送郎中、员外郎、主事、司库二员，笔帖式二员，共四员。礼部保送满洲郎中、员外郎、主事、司务四员，汉郎中、员外郎、主事、司务二员，笔帖式五员，共十一员。兵部保送满洲郎中、员外郎、主事、司务五员，汉郎中、员外郎、主事、司务二员，笔帖式九员，共十六员。刑部保送满洲郎中、员外郎、主事、提牢、司务十员，汉郎中、员外郎、主事、司务八员，笔帖式十五员，共三十三员。工部保送满洲郎中、员外郎、主事、司务八员〔寻增一员〕，郎中、员外郎、主事、司务二员〔今增一员〕，满汉相间轮保，笔帖式十二员〔寻增司库司匠一员〕，共二十二员〔今共二十五员〕。理藩院保送郎中、员外郎、主事、司库九员，笔帖式十二员，共二十一员〔寻增唐古特学司业、中书、助教保送一员〕。都察院保送满洲御史、都事、经历四员，汉御史、都事、经历、指挥、吏目六员，笔帖式五员。共十五员。六科保送满洲给事中一员，汉给事中一员〔今增一员〕，满汉相间轮保，笔帖式七员，共九员〔今共十员〕。通政司保送满汉经历、知事止一员，笔帖式一员，共二员。大理寺保送满汉寺丞、评事、司务止一员，笔帖式一员，共二员。翰林院满汉读讲及无额缺之满汉编检等官，各按其现任若干员，同读讲等官核计七员内保送一员〔寻增满汉典簿、待诏、孔目保送一员〕，笔帖式五员。奏事处保送章京一员〔道光二十年增起居注保送满汉主事止一员〕，笔帖式二员，共三员。詹事府保送满洲洗马、中允、赞善一员，汉洗马等官一员，笔帖式一员，共三员。太常寺保送满洲寺丞、读祝官、赞礼郎、典簿、博士五员〔今增一员〕，汉寺丞、署正、署丞、典簿、博士一员，笔帖式一员，共七员〔今共八员〕。光禄寺保送满洲署正、署丞、典簿、司库一员，汉署正、典簿一员，笔帖式二员，共四员。太仆寺保送员外郎、主事、主簿止一员，笔帖式二员，共三员。国子监保送满洲监丞、助教、博士二员，汉监丞、助教、典簿、学正、学录一员，笔帖式一员，共四员。钦天监保送满洲五官正、主簿、博士止一员，汉五官正、灵台郎、监候、挈壶正、主簿二员，笔帖式一员，共四员。鸿胪寺保送主簿、鸣赞二员，笔帖式一员，共三员。步军统领衙门保送员外郎、主事、司务止一员，笔帖式二员，共三员。仓场衙门保送满洲坐粮厅、监督二员，汉坐粮厅、监督二员〔今增一员〕，满汉相间轮保，笔帖式一员，共五员〔今共六员〕。翻书房保送章京一员，笔帖式一员〔今增一员〕，共二员〔今共三员〕。俄罗斯馆保送教习一员〔今裁〕。稽察钦奉上谕事件处保送章京一员，笔帖式一员，共二员。侍卫处保送主事一员，笔帖式一员，共二员。中书科保送满汉中书止一员，笔帖式一员，共二员。銮仪卫保送满洲主事、鸣赞、汉经历止一员，笔帖式一员，共二员。顺天府保送满洲教授、汉治中、通判、经历、照磨止一员。

属官察 033：乾隆五十六年奏准

詹事府洗马、中允、赞善各官，令翰林院掌院学士出考。

属官察 034：乾隆五十七年谕

昨召见新用四川雅州府知府恒溥，不特清语平常，人亦平庸无能，断难胜方面之任，因思各部院保举京察，原备外任之选，此时遇有道府缺出，经朕简用，如果才具出众，将来即可擢任两司，所关甚重。该堂官等，或以人才难得，见其平日供职勤勉，人亦体面，因而登之荐剡，此则尚可，但初次引见，经朕圈出后，令该堂官分别内外任事，即当慎重遴选，详加甄别，岂得以循分供职之员，使膺方面表率之责。除将雅州府知府员缺另行简补外，恒溥虽不胜外任，念其并无过失，著仍回御史本任，所有率行保荐之都察院堂官，著交部察议。嗣后若复有似此徇情滥送情事，不必俟该员到任后，另有贪酷劣迹，但一经看出其人才平常者，即当将该堂官从重严处，不能复如此次从宽办理。至各部所送京察人员，虽皆去得，但都察院既有滥送之事，恐将来各部亦不无效尤率保，并著一体加意留心，核实甄别，以副朕慎重地方遴选人才至意。

属官察 035：嘉庆三年奏准

京察二三等官内，年至七十以上者，带领引见。其未至七十各员，年力尚不为衰，应毋庸引见。

属官察 036：嘉庆五年谕

从前皇考因派出随围之旗员，竟托故不射布靶，此次未射布靶人员，下届京察，不准列入一等，曾经特降谕旨，此乃令旗人专务根本，毋忘旧习之至意，自应永远遵行。明年即系京察之年，将此著交各部院衙门，各将所属官员，查明嘉庆三年派出随围者，如有托故未射布靶之员，俱照此例，不准保列一等。嗣后派出随围应射布靶人员，如托故不到，该部院衙门查明注册，下届京察，不准列入一等，将此交各部院衙门永远为例。

属官察 037：嘉庆五年又谕

从前将詹事府衙门，归入翰林院衙门兼管，究非体制。嗣后詹事府京察，及一切应办事宜，仍著照旧办理，翰林院掌院不必兼管。

属官察 038：嘉庆五年三谕

向来翰林院编修检讨，遇有京察保列一等引见记名者，俱与开坊各员一体简放道府，但编检止系七品，而道府则系四品，职级相去甚远，乃编检等一经保列记名，即邀简用道府，未免太优，且编检职系词垣，其由掌院学士保列一等者，大率因其学问较优，年力精壮，登之荐牍，引见时量予记名，并非考试优等者可比。该员等即长于文艺，究未经历政务，于地方民事，岂能谙习，遽膺方面，恐不免致有贻误。嗣后除业经开坊之翰詹等官，及修撰京察一等记名外用者，遇有道府缺出，仍开列请旨外，其编修检讨京察一等记名外用者，遇有同知直隶州知州缺出，开列简放。著为令。

属官察 039：嘉庆五年四谕

昨已降旨将翰林院编修检讨京察一等记名外用者，遇有同知直隶州知州缺出，开列简放，原因编检与道府品级相去较远，遽加擢用，未免过优。今思编检开坊者，皆系按照俸次，其京察引见，准列一等记名之员，于引见排单绿头牌，及开列本内，详细注明，如各该员开坊后，遇有道府缺出，即一并开入简放。著为令。

属官察 040：嘉庆五年五谕

奏事、批本二处官员，俱在内廷行走，多系循分供职。嗣后遇京察年分，所有实缺各员，著由本衙门注考，列为二等。至翻书房提调、翻译官京察，遵照旧例，概由管理翻书房大臣注考。

属官察 041：嘉庆五年六谕

向来京察二三等人员，凡六十五岁以上者，另为一班，带领引见，后经改为七十岁以上，此次著仍照旧例，将六十五岁以上之员，通行带领引见。

属官察 042：嘉庆五年奏准

保举一等官，简放外任，后犯贪劣，或引见请训，以不胜任扣除，或经督抚以不胜任参劾，将原保举之堂官，照九卿保举不实例议处。

属官察 043：嘉庆七年奏准

翰林院编检等官，京察记名外用，未经简放道府人员，除已升至正五品以上，系属京堂，不拣选道府外，其升至从五品以下者，遇有拣选时，仍一体传挑。

属官察 044：嘉庆八年奏准。

唐古特学生转升内阁蒙古堂中书，向系在内阁办事，仍入唐古特学计额定制考核，未能允协，应归入内阁一体考察。其唐古特学司业、助教、二员，如果有出众之员，照事简衙门之例，准其保送一员，不得其人，任缺毋滥。

属官察 045：嘉庆九年谕

京察为激扬大典，各部院堂官，保送一等笔帖式，自必将平日当差勤慎，翻译通顺者，遴选保奏。引见后，除记名升用外，其未经记名，准列一等加级，仍在原衙门行走者，遇有本衙门题升保送差使，自应先尽升用。嗣后各部院衙门，遇有题升保送之处，著先尽一等人员，如一等无人，或一等之员遇有事故及始勤终惰者，方准以二等人员，题升保送。〔是年，吏部带领京察一等之编修狄梦松、戴殿泗、黄焜望、李翙、吴荣光等引见。奉旨：黄焜望著交军机处记名以道府用。〕

属官察 046：嘉庆十年奉旨

吏部带领九年京察一等未经记名之编修狄梦松等引见。奉旨：狄梦松著交军机处记名以道府用。

属官察 047：嘉庆十一年议准

庶吉士专课文艺，散馆后始行授职，与各部院司官额外行走办事者不同，授职后保列京察，不准接算庶吉士底俸。

属官察 048：嘉庆十一年奏准

举行京察，令该堂官将才守兼优，政绩卓著，实系称职，不论其本任历俸，统计前后历俸已满三年，〔如出差回任，并告假回任，未经逾限，均毋庸扣限。其告假回任，先经逾限，及丁忧起复，告病起用，仍回原衙门补用人员，到任已过半年，由别衙门升调，外官升补，到任已过一年，各部院额外官员，已经补用者，从前已经在部食俸办事，俱准其统计前俸，及从前食俸行走日期。至各部院司员，如从前曾经在部行走，后升往他处，经该堂官奏留者，或别衙门司员，奏调过部办事者，或由内阁中书议叙，以六部主事升用者，或由别衙门得过京察一等，调部行走者，或陵寝官员因亲老年满调京者，或新疆各处年满，特旨以部院人员用者，此等人员，与额外候补之员无异，除分部行走，系不食俸之员，仍于补缺后扣足一年，方准其统计前俸。如补缺后，核计该员等，一经到部，即食半俸者，其行走日期，已过一年，亦准其统计前俸。〕俱准其一体保送。其由别衙门升调，及外官升补到任，未满一年，俱不准列为一等。降调补用及废员起用并非本案开复，不胜道府之任改补京员，原系外任满官因亲老改补京员者，均不准统计前俸。

属官察049：嘉庆十二年定

内务府一等人员，引见后圈出者，仍交该堂官出具切实考语，复行带领引见。

属官察050：嘉庆十二年奏准

东陵保送郎中、员外郎、主事、读祝官、赞礼郎五员，笔帖式二员，共七员〔保送笔帖式原额，道光十九年裁〕。西陵保送郎中、员外郎、主事、读祝官、赞礼郎四员，笔帖式二员，共六员〔保送笔帖式原额，道光十九年裁〕。

属官察051：嘉庆十二年议定

在京旗员，遇三载考绩时，吏部考功司于带领引见后，将记名人员，移付文选司，查照官册，将丁忧未满服制之员，另注清单，咨报军机处，暂行扣除，俟其服满另报，再行开列。其奉旨交吏部记名者，遇有丁忧事故，文选司亦即照例扣除，俟服满后，再行开单请旨简用。

属官察052：嘉庆十三年谕

管库大臣，近日虽按年更换，将来即间留一二年未为不可，惟更换之年，若适当京察届期，此数年内，属员贤否，自未能深悉。嗣后司员京察，著三年内管库大臣会同考察，以归核实。

属官察053：嘉庆十五年谕

御史周钺奏：请饬禁保留记名人员。各衙门京察外用人员，除亲老准其自行声明留京外，其余既经该堂官荐列上考，自不得以本衙门办事需人，复行奏留。该御史为申明定例起见，嗣后均著遵照办理，不得率行奏请。

属官察054：嘉庆十五年奏准

新设热河都统衙门理事司员、笔帖式，如遇京察之年，到任已在半年以上，即由都统出考，送理藩院核办。其未及半年者，仍归理藩院出考办理。

属官察055：嘉庆十七年奏定

凡员外郎任内，遇有京察一等，除已经记名人员，仍照向例无论曾否题升，准其一体请旨简放道府外。其保列一等，未经记名外用者，无论曾否题升，仍准其复带一等。其余应用道府人员，无论曾否升任，均照此办理。至保列一等，未经记名，有出差三库并坐粮厅、钱局各监督，例归京察人员考核，非出外差可比，应准其一体复带引见。

属官察056：嘉庆二十年奏准

各部院保送一等人员，引见时，有奉旨改为二等者，若三年内办事奋勉，至下届京察，仍准保列一等。

属官察057：嘉庆二十一年谕

各衙门京察保列一等人员，经朱笔圈出者，仍令该堂官出具切实考语，吏部复行带领引见，有亲老愿留侍养者，无论独子众子，准其在部具呈扣除，但不可不示以限制。嗣后凡有呈请亲老者，其亲年过六十，方准留养。

属官察 058：嘉庆二十五年奏准

一等记名人员，适届全行简放，奉旨将未经记名人员复带引见，此内遇有升调及出差人员，如到任在半年以内者，仍由原保之衙门出考。如到任在半年以外者，即由新任衙门出考。

属官察 059：道光四年奏定

满汉一等人员引见，已奉朱笔圈出，令各该堂官出具考语，交吏部再行带领者，适遇丁忧事故，系满员俟百日后，系汉员俟起复补缺后，俱准其补行引见。若于未经初次引见之先，有出差、丁忧事故，俟差旋、孝满，满员于百日后，汉员于服满补缺后，亦准其补行带领引见。

属官察 060：道光四年又奏定

现保一等人员引见，吏部于奏折及绿头牌内，将该员从前曾经保送一等次数，详细注明。

属官察 061：道光五年谕

京察为激扬大典，自应一体加以鼓励。嗣后京察一等之宗室理事官，各部院宗室郎中，引见圈出后，著准其一体复带引见，候朕酌量录用。其副理事官等员，仍照旧例办理，如有不称职之员，亦著随时甄别。

属官察 062：道光十年奏定

藩臬以上，奉旨来京另候简用，又因别案降补京职者，不准保送一等。

属官察 063：道光十二年奏定

各衙门保送一等人员，造册封送后，适有特旨简放及本员病故，并汉官丁忧出缺者，若在未封门考核以前，俱准其拣员补送。其并无不得已事故，系告病、告假、推升别衙门，或该堂官题升保送外差，并原保不合例以及缘事降革者，俱不准其更换。

属官察 064：道光十三年奏定

拣发河工学习人员，应归河督察看，原衙门毋庸注考。

属官察 065：道光十三年又奏定

外官告病，病痊，例应坐补原缺，奉旨内用者，不准保送一等。

属官察 066：道光十七年谕

嗣后凡京堂御史，缘案降补，以及原系京职降调补官，指明以何官降补，或仍回本任，并废员起用，捐复降捐人员，如系一体升转，其原案内并无不胜外任，及奉特旨停升者，计俸合例，俱著准其保送京察一等，并著吏部于本内，将该员等原案情节，详细声叙。

属官察 067：道光十八年奉旨

嗣后各部院京察一等人员，引见先经圈出，复带奉旨毋庸记名者，如遇再次复带，著准其与未经记名各员，一体保送，带领引见。

属官察 068：道光二十年奉旨

翰林院侍读、侍讲，詹事府洗马、中允、赞善等官，京察列为一等者，向例并无加级，与别项一等人员，殊不画一。自此次为始，京察一等之翰林院、詹事府等官，均著准其一等加一级。著为令。

属官察 069：道光二十九年议准

官员任内，有革职留任处分，业经捐复上库，知照到日，准其保送一等，毋庸俟具题奉旨。

属官察 070：道光二十九年议定

在奏事处行走者，由奏事处御前大臣注考。

属官察 071：道光三十年奏准

满蒙中书笔帖式等官，遇京察之年，各该堂官详细考选通晓翻译者，方准保送一等。

属官察 072：咸丰四年谕

太常寺奏：京察员数，恳恩添保一折。太常寺满洲寺丞、赞礼、读祝等官，向系三十六缺保举五员，现已增至四十二缺，嗣后办理京察，著准其添保一员。

属官察 073：咸丰六年谕

吏部奏：京察一等人员，呈明亲老，请明定限制一折。各衙门京察一等人员，其有因亲老情愿留养者，例准于初次圈出后，在部呈请扣除，乃近来有俟记名后，始行移咨吏部者，虽同系据实呈请，究属办理两歧。嗣后京察一等人员，如有亲老情愿留京供职者，著于初次引见奉旨圈出后，即由各该衙门咨报吏部扣除，其初次未经记名再遇复带人员，亦著该衙门于保送时，咨明吏部扣除，均毋庸带领引见。如于奉旨记名外用之后，始行呈明亲老者，概不准行，以示限制而归画一。

属官察 074：咸丰七年奏准

宗室人员，无论理事官、郎中、副理事官、员外郎，遇有保列一等，奉朱笔圈出，即由该堂官再行出具切实考语，一体复带引见。记名者以道府恭候简用，未经记名者遇复带时，仍准保送引见。宗室科道人员，一律办理，并咨查宗人府，如系最近支派，于排单绿头签内，照向例一等人员注明内用。

属官察 075：同治十二年奏定

每遇举行京察之期，各部院堂官，务各慎选贤能，不得以劣员充数，如有滥保者，一经查出，即将该堂官照滥保匪人例，降二级调用。

吏部处分 004：顺天府各官京察〔例 3 条〕

顺天府察 001：顺治十五年题准

顺天府治中、通判等官，由府尹填注考语，开送部院。

顺天府察 002：雍正四年定

顺天府治中、通判、经历、照磨、司狱、教授、训导，并大兴宛平知县、县丞、巡检、典史，及崇文门税课大使等官，俱由顺天府府尹填注考语，开送部院。

顺天府察 003：乾隆三十八年覆准

大宛二县知县、县丞、巡检、典史等官，均归大计考核。其治中、通判、经历、司狱、照磨、满汉教职，仍入京察，由府尹注考。

吏部处分 005：盛京官员京察〔例 11 条〕

盛京官察 001：康熙六年题准

照在京官员例，一体考察。

盛京官察 002：雍正元年议准

盛京五部所属官员，奉天府丞以下，城内官员，均令各部堂官、府尹考核，填注考语，于雍正四年四月内，造册移送吏部、都察院、吏科、河南道考察，分别去留。

盛京官察 003：乾隆十八年奏准

盛京五部京察，俟由部具题咨覆到日，盛京兵部会同各部堂官，将吏部等衙门考察各官，按册唱名宣示，以昭甄别而示鼓励。

盛京官察 004：乾隆十九年奏准

每遇京察之年，将熊岳锦州各城各边门笔帖式，令该管将军、副都统详细考察。其威远等六边门司官、笔帖式，令管理六边之将军详细考察。分别等第，拟定去留，造册咨送吏部各衙门，以凭考核。

盛京官察 005：乾隆三十八年奏准

盛京将军衙门主事、笔帖式，并吉林、黑龙江将军衙门主事，令各该将军填注考语。

盛京官察 006：乾隆三十八年又奏准

盛京礼部所属读祝官八员，赞礼郎十六员内，择其为人谨慎，通晓文义者八员，分与左右两司、档房、果楼等四处，即令其协同司员学习办事，果能办理妥协，而声音洪亮，举止合仪者，于三年京察之时，拣选二三员，列为一等，以示鼓励。倘有舛错遗误等弊，亦照司员例参处。

盛京官察 007：乾隆五十三年谕

嗣后盛京官员，于京察之年，著盛京将军、副都统暨五部侍郎，会同秉公拣选，拟定等第。

盛京官察 008：乾隆五十四年奏准

盛京各衙门京察员数，嗣后仿照在京各衙门之例，核准定额，画一办理。泰陵保送郎中、员外郎、主事、读祝官、赞礼郎四员，笔帖式一员，共五员。东陵保送郎中、员外郎、主事、读祝官、赞礼郎三员，笔帖式二员，共五员。盛京三陵保送笔帖式一员。盛京户部保送郎中、员外郎、主事、司库、六品官二员，笔帖式二员，共四员。盛京礼部保送郎中、员外郎、主事、助教、读祝官、赞礼郎、六品七品官二员，笔帖式一员，共三员。盛京兵部保送郎中、员外郎、主事一员，笔帖式一员，共二员。盛京刑部保送郎中、员外郎、主事、司库、司狱二员，笔帖式三员，共五员。盛京工部保送郎中、员外郎、主事、司库、六品官二员，笔帖式一员，共三员。盛京将军衙门保送主事、笔帖式共二员。黑龙江将军衙门保送主事一员。吉林将军衙门保送主事一员。奉天府尹保送治中〔今裁缺〕、教授、经历、司狱，止一员。

盛京官察 009：嘉庆五年奏准

奉天府府尹、府丞二员，应否来京引见，于本内声明请旨。

盛京官察 010：道光十七年谕

奕颢等奏：请酌量鼓励司员等语。据称盛京五部司员，别无升途，著自本年为始，每届京察之年，所有该处五部郎中、员外郎、主事内，有连次保举一等者，题覆到日，准其由该将军、副都统、五部侍郎会同拣选二三员，出具切实考语，专折具奏，并咨送吏部带领引见。其余一等人员，仍著照例办理。

盛京官察 011：道光二十六年奏准

陵寝并盛京五部各衙门，京察逾岁官员，于下届办理京察时，查明前届调取并未赴部，即将该员勒令原品休致。

吏部处分 006：考察官员出差〔例 5 条〕

出差官察 001：顺治十三年议准

凡京官有出征、公差、丁忧、养亲、告假、候补降调未补者，各该衙门仍填注考语移送。

出差官察 002：乾隆十八年议定

出差人员，准原衙门保送一等，其丁忧、告病、养亲人员，并非现任办事者可比。嗣后离衙门未过半年者，准其保送一等，其已过半年者，不得复行保送。

出差官察 003：乾隆三十八年奏准

凡丁忧、终养、告假、降调人员，官非现任，何从别其优劣，应免考察。其出差之员，离衙门一年以内者，一体注考，若一年以外，亦免考察。至出兵官员，虽离衙门一年以外，其应列为一等者，仍准保送。

出差官察 004：嘉庆十一年奏准

考察官员，有因公出差，如关务监督差所，无堂官考察人员，离原衙门在一年以内者，一体注考，若一年以外，免其考察。出兵官员，虽离衙门一年以外，其应列为一等者，仍准保送。其出差三库，已开原衙门之缺者，即由新任衙门照例注考，如仓场坐粮厅、钱局各监督，并不开原衙门之缺者，到任未及半年，仍归原衙门注考，半年以外者，由差所衙门注考。其近京各工程处派往官员，到工半年以内，仍归原衙门注考，半年以外，令各工程处查其办事优劣，注册送部，仍由原衙门按其考语，分别等次。

出差官察 005：道光二十九年奏定

张家口等处税差监督，一年期满，即回原衙门者，无论离任一年内外，仍由原衙门注考。

吏部处分 007：大计统例〔例 131 条〕

计例 001：国初定

内外官三年考满。

计例 002：顺治三年定

外官大计，凭各直省督抚核实官评，分别汇题，吏部会同都察院、吏科、河南道详加考察，分别奏请，填注考语，用才守政年四格，才则或长或平或短，守则或清或平或浊，政则或勤或平或怠，年则或青或中或老，其考语务按人指事，应去应留，明白直书，不得铺叙繁文，徇情毁誉。

计例 003：顺治三年又定

在外官评，全凭抚按，如有贤否倒置，不合公论者，听部院堂官及科道据实纠参，以溺职论。〔巡按员缺，顺治十八年裁。〕

计例 004：顺治三年三定

大计官员贤否册籍，限十一月内到部，以凭磨勘会参。

计例 005：顺治三年四定

藩臬为一省大吏，与督抚亲近，恐有结纳徇情之弊，不准卓异。

计例 006：顺治四年定

大计三年一举，永为定例。

计例 007：顺治六年题准

盐运使、海盐道，照各道例，令布按二司填注考语。

计例 008：顺治六年又题准

盐运司运同、运判、提举、首领、属官，令各该衙门正官考核，呈布按二司覆考，申送督抚按。

计例 009：顺治六年三题准

凡大计离任官员考语，与现任官一同造报。

计例 010：顺治七年议准

卓异官纪录即升，仍赐之衣一袭，以示激劝。

计例 011：顺治九年题准

大计八法，贪酷并在逃者革职提问，罢软无为、素行不谨者革职，年老、有疾者勒令休致，才力不及、浮躁者照事迹轻重酌量降补，虽有加级纪荐，不准抵销。其处分官员，不准还职。

计例 012：顺治九年又题准

官有改节，毋因前荐后参而存顾忌；事有已著，毋因去任现任而生偏私。道府考州县不公，先参道府。布按察道府不实，并参布按。

计例 013：顺治十年题准

卓异官先行纪录，以备优擢。

计例 014：顺治十年又题准

卓异官员，必才守俱优，督抚方会疏特举。

计例 015：顺治十二年议准

道员贤否，布按不许徇情以升任去任者塞责，傥开报不公，督抚按纠劾，如有容隐，科道指参。学道必公明服众，方列上等。有司优劣，责督抚按虚公察核，果有实心为民，治行卓异者，即当奖荐，以励官方。佐贰官如才守平常，年力衰老者，题请罢职。杂流斥逐。

计例 016：顺治十二年又议准

抚按造送计册，果另有灼见，许特疏直奏，庶免扶同。

计例 017：顺治十二年三议准

各省督抚造册三本，一投吏部，一投都察院，一投吏科，毋得参差。

计例 018：顺治十三年题准

两经大计处分，才力不及官员，照罢软例革职。

计例 019：顺治十五年题准

各官履历年岁，核实开列，何事参罚，何日开复，及现任参罚带罪等项，逐一详载，不得隐匿。

计例 020：顺治十五年议准

大计官评，务期详慎，责成本道府开报，署任官不必造册。其计处各官，不得苛求去任，刻责卑官，并将已经处分之官旧事塞责。

计例 021：顺治十五年又议准

州县佐贰、首领、属官，令州县正官开造贤否事实，申送本府，知府将所属知州、知县、佐贰、首领、属官，填注考语入册，送本管守巡各道，转呈布按二司覆考，经督抚按考定，汇册咨达部院等衙门。直隶州知州，不属府辖，知府不注考语，其直隶州所属各县，悉从知州考核。

计例 022：顺治十五年题准

直省各官注考，如遇卓异贪酷等官，即明注册内。

计例 023：顺治十五年又题准

同知、知州政绩卓异者，准升知府，其余各官，照应升职衔不拘俸荐先用。推官、知县，若已经行取升补主事者，遇考选时，仍与各主事一体开列。〔推官员缺、康熙六年裁。〕

计例 024：顺治十五年三题准

官员首重才品，兼论资俸，必钱谷全完，听讼明决，城守巩固者，方准特举卓异，若到任未及年余，不得滥举。

计例 025：顺治十五年三议准

外官果有奇贪大酷，令督抚按露章纠参，毋庇现任而苛去任，毋宽大吏而责卑官，如开报不实，听科道纠参。

计例 026：顺治十五年四议准

外官若钱粮号件积至十件未完，或迟至二三年不结者，听督抚按随大计册露章特参。

计例 027：顺治十五年四题准

长芦运同、运判、首领、属官，止从本衙门运使注考，径送抚按。

计例 028：顺治十五年五议准

布按两司，互开贤否，抚按细访，核实奏报。

计例 029：顺治十六年议准

布按两司，不必互开贤否，凭该督抚按采访，分别荐核。

计例 030：顺治十八年议准

布按衙门参政、参议、副使、佥事及首领、属官，俱从本衙门正官注考，仍令布按二司互相考核。

计例 031：顺治十八年议定

吏部考功司、吏科、河南道，详核各官应去应留者，照八法议处。吏部、都察院堂官严核，如册内贤否倒置，造报不实者，科道特疏指参。

计例 032：顺治十八年题准

丁忧官于原任考核升转，降调官离任一年以上者于新任考核，未及一年者于旧任考核。

计例 033：康熙元年议准

停止大计，止行考满，凡外官俸满三年，吏部咨行户、礼、兵、工四部查覆，必钱粮全完者，方准考满。或钱粮盗案未清，冒称考满，或历俸三年，规避不考，或明知属官俸满，不行考核者，一并题参治罪。

计例 034：康熙二年议准

考满各官，将任内钱粮事实，造册送布政使、粮道并按察使，暨经管道府，申详督抚核实注考，造册咨送吏部、都察院覆考具题。如部院衙门需索，许科道据实纠参。若外省借名暗派民间者，该督抚严加参处。

计例 035：康熙二年又议准

司道历腹俸二年，边俸一年半；有司历边俸二年半，腹俸三年者，即与考满。

计例 036：康熙二年三议准

外官考满，据督抚开报并无未完钱粮事件，部院按册磨对，查其果无参罚事故，即准考满，不必于户、礼、兵、工四部咨查。

计例 037：康熙三年题准

外官考满，分别地方开注，若地方荒残者，必详开旧有荒地逃亡若干，三年内垦地增丁若干，以增垦多者为一等，少者为二等，仍旧者为平常，复荒复逃者居下。其冲疲地方，必详开三年内支应几处兵马差使，不致扰民，解过几次饷银，不致有误，并拿获逃人若干，酌量分为等第。其充实简易地方，则以操守廉静为上，详开三年内钱粮有无加耗，行户有无亏损，刑名有无苛罚，除弊政几事，缉盗案几件，揭送衙蠹几人，修治水利几处，斟酌多寡，以定等第。以上四项地方，若各有优等，则荒残而兼冲疲者先升，荒残者次之，冲疲者又次之，充实与简易者居后。

计例 038：康熙三年又题准

州县各官并府首领、杂职考满，令知府会同推官注考，并申送该管道官考核，布按二司转详督抚。知府考满，令该管道官、布按二司会同考核，转详督抚。同知、通判、推官考满，令知府考核，申详该管道官，布按二司覆核，转详督抚。各道并布、按、都、运四司首领官考满，令布政使、按察使考核，注考申送督抚。布政使、按察使考满，专责督抚填注考语。其各官考满册内，必将本官申文及各上司注考日期，或有驳查事件，明白开注。

计例 039：康熙三年三题准

考满各官，以本官申文日为始，扣至督抚咨送日期，定限三个月。咨册内将本官申详月日，并驳查宽限缘由，详明载入。如司道各衙门迟延，听督抚指参；督抚迟延，听部院指参。

计例 040：康熙三年四题准

州同、州判以下各官考满，查核明白注册，不具题。

计例 041：康熙四年题准

停止考满，复行大计。

计例 042：康熙六年题准

直省督抚，应将所属官员事迹过犯，逐员指实开注，如贤否倒置，令部院科道指参。

计例 043：康熙六年议准

奉天府府丞以下，京县典史以上等官，虽在京考察，仍应照例入大计册内。其奉天、锦州二府所属各官，责令府尹注考。

计例 044：康熙六年又题准

解任官，除督抚纠参贪劣者不注考外，其余或一事论劾，或彼此评告者，亦宜详注考语，不得因一时缘事，遂略平日政绩。

计例 045：康熙六年三题准

老病、休致、终养等官，不必注考。丁忧、裁缺、降调等官，未经补授者，仍于原任注考。

计例 046：康熙六年四又题准

官员浮躁者降三级调用，才力不及者降二级调用。

计例 047：康熙六年覆准

督抚滥将贪酷匪人徇情特荐者，经科道纠察情实，督抚降二级调用，申详之司道府等官降三级调用。如荐举卓异后，原任内有贪酷不称职事迹，而原荐举各官即揭报题参者，免议。如不揭报题参，发觉时，亦照例议处。其荐举卓异官，或经升转，新任内有贪酷扰民事迹者，原荐举之督、抚、司、道、府官俱免议。如荐举官有未完钱粮盗案者，督抚罚俸一年，申详之司道府等官降一级调用。

计例 048：康熙六年五题准

司道以下，推官以上，必注明不科派节礼，不索取小费，不藉端勒诈属官，不生事烦扰百姓；知府以下，知县以上，必注明不科派杂差，不索取火耗，不亏刻行户，不强贷富民，方准特举卓异。

计例 049：康熙七年议准

各直省知县中，如有才守兼优，无钱粮盗案参罚者，督抚司道需索留难，不行举报，或被部院查出，或经科道纠参，将督抚各官从重治罪。

计例 050：康熙八年题准

直隶府州县各官，由专辖道员注考，其守巡二道，各照钱谷刑名项下评定优劣，另填考语，造册达部院衙门。〔雍正三年直隶设布按后，与各省同。〕

计例 051：康熙八年又题准

顺天府属州县教职等官，由府尹注考，造册送部院。

计例 052：康熙八年三题准

直隶正定等七府各属教职，由该管道府注考，送学院考定，造册达部院衙门。

计例 053：康熙九年题准

八法处分：贪酷者革职提问，如事在赦前免罪，永不叙用。不谨、罢软皆革职，年老、有疾皆休致，才力不及降二级调用，浮躁降三级调用，皆不准援赦，纪荐加级不准抵销。

计例 054：康熙九年又题准

离任之官，或应注考语者不注，或不应注考语者违例填注，或开报年貌互异，或遗注"去留"字样者，俱罚俸一年，督抚罚俸六月。

计例 055：康熙九年议准

钱粮盗案未完官员荐举卓异者，督抚罚俸六月，申详之司道府等官罚俸一年。

计例 056：康熙九年又议准

户口、钱粮、刑名、逃盗、屯饷等项册籍，各省布按都三司造送，其府州县卫所概令停造。

计例 057：康熙九年定

大计文册，限十二月内到部。

计例 058：康熙十年题准

露章为特纠重典，必系贪酷官员，例应提问者方行题参，不得以老病不及等官充数。

计例 059：康熙十年又题准

卓异官员，查阅吏部册籍，若有未完事件者不准，并将题荐之督抚等官治罪。

计例 060：康熙十一年议准

官员被参款迹审虚者，仍照册内考语处分。

计例 061：康熙十二年题准

官员必能兴行教化，无未完钱粮盗案者，方准疏举卓异。

计例 062：康熙十二年议准

官员虽无钱粮盗案，而未能力行教化者，督抚司道府等官滥举，亦照例罚俸。

计例 063：康熙十五年议准

教官大计送学道，转呈布按二司覆考，经督抚按考定，汇册咨达部院等衙门。

计例 064：康熙十八年议准

各省滥将匪人徇情荐举者，督抚司道照定例处分，俱降实级，虽有加级、纪荐、卓异、即升，俱不准抵销。

计例 065：康熙二十四年议准

各省布按，停其荐举卓异。

计例 066：康熙二十四年又议准

荐举保举各州县官，第一条令填写"一无加派火耗"等字样，第二条令填写"一实心奉行上谕每月吉讲解"等字样，如无实迹，妄行填写保荐者，照例处分。

计例 067：康熙二十五年覆准

督抚将所属官员贤否文册，止造三本，一送吏部，一送都察院，一送吏科。其布按二司所造各官贤否，及钱谷刑名等项册籍，分送各部院衙门者，俱行停止。

计例 068：康熙二十六年议准

大计卓异者仍行荐举，溺职者仍照八法通为一本参奏，照常留任者，停其开具四柱册送部。

计例 069：康熙二十八年议准

凡遇计典，教官年纪虽老而精力未衰，尚能课士者，停其照年老例参劾。

计例 070：康熙三十一年覆准

河官大计：凡系管理河务，兼有刑名钱粮之责者，总河并该省督抚各行考核，其专管河官并无刑名钱粮之责者，令总河详察具题。

计例 071：康熙三十六年谕

国家举行大计，原期黜陟幽明，大法小廉，以为乂安民生之本，所关甚重，比年以来，督抚等官，视为具文，每将微员细故，填注塞责，至确实贪酷官员有害地方者，反多瞻徇庇护，不行纠参，以致吏治不清，民生莫遂，重负朕爱养元元至意，殊可痛恨。今当举行大典，各督抚等官，应洗心涤虑，力改前辙，矢公矢慎，整肃官方，务期荐举一人俾众皆知劝，纠劾一人俾众皆知儆，倘仍苟且因循，徇私溺职，国法具在，决不轻恕。

计例 072：康熙三十八年覆准

凡督抚及司道府官，值计典之时，如有需索名色，藉端敛派，或被科道纠参，或被旁人告发，将容隐苛派各官，一并照贪官例治罪。

计例 073：康熙三十九年谕

大计官员，察其钱粮有无亏空，造册报部。

计例 074：康熙三十九年覆准

各督抚于该属官，除荐举卓异及贪酷八法之外，凡不入举劾之州县，必逐一详查，每年钱粮曾否征解全完，仓库银米果否解存无缺，汇造一册，开列各属姓名，注明"亏足"字样，并具印结报部，如有亏空，立即参追，倘或诬捏，事发连坐。

计例 075：康熙四十三年覆准

荐举卓异官员，该督抚照例查明俸满无钱粮盗案参罚者，开列事实，令其随本引见。

计例 076：康熙四十三年又覆准

凡荐举卓异官员，查其平日将御制训饬士子文，曾否实心讲究奉行，添入事实款内。

计例 077：康熙四十三年三覆准

卓异官员，吏部会同都察院、科道考核合例者引见，如果才品兼优，准其卓异注册，令回原任，照例升转。

计例 078：康熙四十四年谕

官员荐举卓异，关系激劝大典，所列事迹，期有实济于地方百姓，开载虚文无益。嗣后荐举卓异，务期无加派，无滥刑，无盗案，无钱粮拖欠，无亏空仓库银米，境内民生得所，地方日有起色，方可膺卓异之选，其他所用虚文，俱不必入。

计例 079：康熙五十年覆准

大计考核教职，有学道之省，令藩臬会学道考核，造送督抚具题。有学院之省，藩臬造送督抚学院，会同考核。〔雍正四年，各省学道俱改学院。〕

计例 080：雍正元年诏

直隶各省官员内，有降级罚俸者，例俱不准卓异，以此贤员因公诖误，不能得升，以致壅塞。此后如果有居官清廉能干，因公诖误，罚俸降级者，该抚亦与卓异。

计例 081：雍正元年谕

三年举行大计，其居官优者列为卓异，劣者分别轻重置之八法，所以澄叙官方，劝善惩过，典至重也。朕思卓异八法，所举所劾，不过数十人，而平等供职不列举劾者尚有多员，如文官仓库之盈亏，办事之能否，皆未填注考语，是考课群吏，尚有遗漏之处也。嗣后大计，除卓异八法照旧例举行外，其平等官员，文职自知县以上，俱以大计之年，令督抚注明考语，造册详报吏部，务期秉公核实，不得徇情任意，颠倒是非。

计例 082：雍正元年覆准

每逢大计之年，杂职内果有才能杰出，操守卓越，能办地方之事，盗息民安，该督抚开具事实，造册送部，听部院衙门详加考核，准其卓异，以示鼓励。

计例 083：雍正元年议准

大计不入举劾官员，自知县以上，令该管各上司出具印结，该督抚逐一填注考语，造册送部。

计例 084：雍正元年又议准

大计考核教职，由藩臬二司造送督抚学院，会同考核具题

计例 085：雍正四年谕

三年举行大计，所以激浊扬清，整饬吏治，必举劾之间至公至当，方足以昭劝惩之典。查定例卓异人员，俱送京引见，而参劾人员则听部院议奏，不行引见，此中或有冤抑及避重就轻等弊，亦未可知。嗣后大计之年，除贪酷之员，既已指明劣迹参奏，毋庸再行引见外，其参劾等官，该部照例处分出缺，其应作何引见之处，九卿详议具奏。钦此。遵旨议定：大计题参各官，部院分别议处，除贪酷官员及知县州同以下微员毋庸引见外，至不谨、罢软无能、浮躁、才力不及、年老、有疾被参各官，俟交代清楚，该督抚给咨该员来京，吏部带领引见。如有实系年老有疾，不能来京引见者，令其回籍，其中或有非系实在年老，该督不给咨赴部，勒令回籍者，许其到籍之日，呈明原籍督抚，给咨赴部引见。其有八法人员，情属冤抑及避重就轻等弊发觉，将该督抚降一级调用，原报之司道府等官降二级调用。〔寻改督抚降二级调用。司道府降一级调用。〕

计例 086：雍正六年议准

荐举卓异官员，该督抚查明食俸已满三年，〔寻改调任官员，在本省准其通算前俸。〕无钱粮盗案参罚者，开列事实具题，由部会同都察院、科道考核题覆，其合例者，行文引见，俟奉旨准其卓异注册后，令回原任，照例升转。再，卓异等官，给咨引见，该督抚即令该员交代清楚，于文内声明"并无未清钱粮等案"字样，傥奉旨留京及升任后，原任内又有钱粮盗案未清发觉者，将原荐举之督抚各降二级调用，申详之司道府州县官各降三级调用。〔寻改督抚降三级调用，申详之司道府州县等官各降二级调用。〕

计例 087：雍正六年又议准。

卓异官员，原任内有贪酷不法之处，原荐举官即行揭报题参者免议，如不行揭报题参。经旁人告发，科道纠参，将原荐举之督抚降五级调用，司道府等官皆革职。〔乾隆四十八年，改督抚革职，司道府等官降五级调用。〕若官员卓异后，或复回本任，或升转他省，别犯贪劣，审实者，其原荐举之各上司，仍与卓异之员同在一省，如于未败露之先查参者免议，若不行揭报题参，将督抚降二级调用，司道府等官降三级调用。〔寻改督抚降三级调用，司道府等官降二级调用。〕其不与卓异之员同在一省，于该员贪劣之处，无从揭报题参者，将督抚降一级调用，司道府等官降二级调用。〔寻改督抚降二级调用，司道府等官降一级调用。〕此等滥举之上司，皆降实级，任内虽有加级纪录，军功级纪，卓异即升，皆不准抵销。〔寻改凡事属因公例内不准抵销之文，概行删除。〕司道滥举知府卓异，及州县滥举所属微员卓异，其处分与知府同。各省学政滥举教职卓异，其处分与督抚同。

计例 088：雍正十年谕

嗣后特参文武官员，比照大计之例，如浮躁不及等款者，亦著送部引见，永著为例。

计例 089：乾隆元年议准

浙江地方官，凡遇大计之年，必查明无盐案参罚，方准卓荐。

计例 090：乾隆二年议准

各省举行大计，务令于所属各官内秉公考核，其佐杂教官，除实在庸劣衰朽者，照例劾参，若果朴实勤谨，尚堪供职者，不得任意填汰，如有率意苛求参劾者，将参劾之上司，照参奏不实例议处。

计例 091：乾隆三年谕

嗣后吏部引见六法官员，将该员被参劣迹开单，一并进呈。

计例 092：乾隆六年议准

官员卓异后，别犯贪劣，经同荐举官揭报题参者，与别经发觉不同，将升调他处，无从揭参之原荐举各上司一例免议。

计例 093：乾隆七年谕

国家举行大计，乃三载考绩黜陟幽明之要典，督抚大臣，职司其事，必当秉公去私，杜绝请托，精详鉴别，无党无偏，举一人而众皆知劝，劾一人而众皆知儆，则官方以肃，吏治以清，百职修举，而民生共受其福矣。昔我皇祖、皇考严降谕旨，训饬再三，乃朕见近来各省计典，颇有视为具文苟且塞责者，或贤员不行荐举，或劣员不行纠参，或就目前之一端而不察其居官之素，或任一己之爱憎而不参乎舆论之同，又或庇护私人，瞻徇情面，而使贪墨不职之人，姑容在位，将教职及佐杂微员，草草填注，以充其数，所谓旌别淑慝者安在乎。督抚受朕股肱心膂之寄，于此等切要政务，等诸泛常，朕将何所倚赖。今年乃大计之期，用是特颁谕旨，各督抚等，务精白乃心，矢公矢慎，以肃钜典，傥有仍蹈前辙者，经朕访闻，或被科道纠参，必当加以严谴，该部即通行晓谕知之。

计例 094：乾隆七年议准

凡官员钱粮盗案未清者，不准荐举，如督抚因其人品才具，破格保举，列为附荐具题者，仍令于本内将何项钱粮盗案未清议处之案声明，如有遗漏声明者，一经查出，将荐举之督抚罚俸六月，申报之司道府州县罚俸一年。

计例 095：乾隆九年议准

盐务各官，该盐政会同督抚考核，其有操守廉洁，才具优长，政事勤敏者，开列事实具题，有干八法者题参议处。

计例 096：乾隆十四年覆准

卓荐官员，如有前任内应征钱粮，因未满限离任，议以照离任官员例罚俸一年完结之案，除所罚银未经抵缴销案，并该员离任之处，如系告病及捐升者，恐其中仍有规避情节，应不准于新任内卓异外，其余实无规避情节离任者，果能于新任内已满三年，并无正项钱粮未完处分，应一并归于合例人员内声明具题，送部引见。

计例097：乾隆二十三年奏准

各省督抚，如遇升调，于新旧交代时，适在举行计典，其属员事实，自必先已核定，应即行赶办，或密交代题，不得概请展限。其有时距计典尚远，各册未经申报核定者，仍照旧例请展。

计例098：乾隆二十四年谕

外省大计八法官员，均关澄叙大典，内如贪酷二款，既有实迹，例应特疏题参，另行审结，其年老、有疾、罢软无为、才力不及等款，尚属见闻所共知。至不谨、浮躁官员，向来参本内，俱未将其何事不谨，何事浮躁，一一声叙，此内或有公事本属无误，而节目偶尔阔疏，才具尚可有为，而气质不无粗率，此等人员，其才未必不堪造就，上官不能舍短取长，但以意见不甚相洽，遂概登之白简，固属可惜，甚或该员平日本有败检踰闲，而该督抚意存瞻徇，仅与避重就轻，转借此为周旋劣员捷径者，均非整饬官方之意。嗣后三年计典内，如有不谨、浮躁等官，俱著确据实迹，详细登注，不得笼统参劾，以昭慎重。著为令。

计例099：乾隆二十四年奏准

各省犯贪酷官员，该督抚随时题参，不入计典，革职提问，永不叙用。其年老、有疾、罢软无为、才力不及、不谨、浮躁六法等官，仍照原例议处。

计例100：乾隆二十六年谕

工部奏各省卓异官引见后，向例文职赏给朝衣，武职赏给蟒袍，由工部领银制造转发，该员等不能久候亲领，易致书役等冒领隐匿诸弊，嗣后请停止赏给，实属允当，但遽请议裁，伊等循绩既昭，虽回任候升，自应即示奖劝。嗣后著加恩循照内官京察一等者，令于引见准其卓异时，各准加一级，仍注册回任候升。著为例。

计例101：乾隆二十六年又谕

嗣后吏部带领卓异正荐官员引见时，将从前曾经正荐次数，俱著于履历折及绿头牌内详悉注明，以备简核。

计例102：乾隆二十八年谕

向来亲老改补近省者赴补时，即照例归部坐补原缺，得缺后然后引见，但念该员等在部需次，动辄经年，其才具寻常者，原不妨稍待时日，傥其中或实有出众之材，坐令淹滞，未免可惜。嗣后著照病痊赴补之例，一体带领引见，候朕酌量降旨，分别录用。又，例称此项人员内，在改补之缺，一经卓异，即改入升班，免其坐补原缺。同一养亲，而得遇荐剡，遂为终南捷径，恐日久渐开夤缘趋避之风，将来此等改补近省卓异人员，并著该部于引见时，将缘由附折声明，其公当与否，自难逃朕洞鉴，如此则有用者既可及锋而试，而卓异者亦可杜干进之门，于铨政更为平允。著为例。

计例103：乾隆二十九年谕

向来大计附荐人员，吏部查明该员与例相符者，覆本内将应否引见之处声明，候朕降旨。其有正项钱粮未完及革职留任未经开复各员，部议则俱以毋庸议题覆，朕亦无从量为甄别，第思此等人员，多以才具可造，由简调繁，及莅任以来，处分多而开复不易，即服官颇知奋勉，得列附荐，又以格于成例，并不获随众引见，其中人材，诚恐不无屈抑。嗣后于此等人员中，应如何分别年例，酌定章程，俾伊等得以自见之处，著该部详悉定议具奏。钦此。遵旨议定：嗣后附荐官员，除系简缺有钱粮处分及革职留任者，仍照例议驳外，其系现莅兼三兼四繁缺之员，必其人材尚有可观，即有处分讹误之员，自应于历俸年例之中，酌为变通，以示鼓励，但竟与现无讹误之员，一体扣算，未免过优，应于俸满三年之外，再加两年，以该省大计题本科钞到部之日，统计该员历俸在五年以上，虽有正项钱粮参处及革职留任案件，核明将应否送部引见之处，声明请旨。至附荐人员，其处分有于题本到部时，现经开复者，即照正荐合例人员，亦令其送部引见，其应否准其卓异之处，恭候钦定。其正荐人员，如有前项处分，查系兼三兼四繁缺，亦一例声明请旨。再，所属官员，必在本省历俸至三年之久，其平日循声政绩，该上司已能灼见真知，然后列入荐章，始为允协，如新补人员，在本省服官未久，虽曾于别省历俸有年，而从前居官贤否，本省上司无由而知，未便接扣两省食俸月日，遽行保荐。嗣后卓异计俸，以在一省届满三年者为例限，其前在别省历俸年月，无论繁缺简缺，俱不准其接扣，庶于激劝之道，较为慎重。

计例104：乾隆二十九年奏准

各省大计，藩司到任未及三年，又无新旧交代，适届举行之时，准其具详督抚酌核，奏请展限三月。

计例105：乾隆二十九年又奏准

各省大计荐举卓异官员，臬司、道府、直隶州知州，到任未及三月，如前官已经核定者，令前官于册内列衔，交接任官用印代送，未经核定者据册申详，该督抚于本内将某官到任不及三月未经保荐之处，声叙具题，以凭查核。

计例106：乾隆三十年奏准

教职令督抚学政设立贤否总册，如有办事未妥，或经学臣申饬记过，或经督抚等衙门及该府申饬记过，均互相登记。至办事曾经嘉奖者，亦许学臣、知府互相登记，遇大计之年，知府造入详细考语册内，以备上司查核。如有舛错遗漏，将知府照例罚俸一年。

计例107：乾隆三十四年谕

欧阳永裿奏：大计才力不及之员，例应降调，请将科目出身之知县，概以教职降调一折。所奏甚属非是，大计为激扬钜典，所以饬吏治而示惩创，六法官各有应得处分，定例遵行已久，岂容轻议更张。至才力不及之员，必因其阘茸无能，始行纠劾，降补佐杂，已属优容，又何得妄为区别，况由科目铨授之人，或平日尚无大过，仅止不胜民社者，各督抚久经随时奏请改教，安能留待弊吏之时，则此等列于不及之员，并不堪司铎明矣。且计典被劾者，例俱送部引见，候朕定夺施行，该上司从不能稍有屈抑，而此辈庸碌者流，当官既不能举职，即为国家无用之人，科目与他途何异，况黜陟乃朝廷驭下之柄，即大僚贬居末秩，尚不敢违，顾于科甲出身之县令，竟不屑以丞簿卑栖，公然与成宪相抗，纲纪尚安在乎。闻欧阳永裿前在河南驿盐道任内，举发私得盐规一案，外人有议其刻核者，其实系伊分所应办，伊必因前事不惬人意，欲以此举博取名誉，冀为掩盖，所见已非公正，且伊身任藩司，考绩是其专责，乃当举行计典之时，敢为此奏，阳托量材授职之名，阴施分途择官之计，明系祖徇科目，取悦庸流，实属有心取巧。明季科目官官相护，甚至分门植党，偾事误公，恶习牢不可破，乃朕所深恶而痛斥者，方欲悉力屏除，岂肯听此等伎俩巧为尝试乎。欧阳永裿著交部严加议处。

计例108：乾隆三十五年议准

各省大计，无论正附荐举之员，有显然历俸未满三年，该督抚故违定例，滥行列入，将该督抚随本查议，照越次保题例降一级留任。

计例109：乾隆三十七年奏准

卓异人员，于接准部文之后，限二十日内详请委员署理，各按省分远近，依限到部，如有迟延，照赴任违限例议处。或任内实有经手未完紧要事件，即将情由呈明督抚，咨部存案，事竣日，即给咨赴部引见。

计例110：乾隆三十八年谕

前因熊学鹏奏到属员贤否清单内，将梧州府知府温葆初列入三等，并指为才具中平，朕以其评骘未允，或缘熊学鹏之父熊本寄籍江宁，温葆初前任江宁时，与之不甚周旋，存有芥蒂，填此考语，因降旨李侍尧令其秉公密访确查，据实覆奏。今据奏到，温葆初明白老成，办事妥协，询以地方诸务，亦俱详悉晓畅等语，所奏自属公当，温葆初并非不能办事之人，特恐其或因降调，有意退阻，遇事不肯奋勉上进，果尔，尚当重治其罪。今李侍尧称温葆初在知府中颇为出色，则熊学鹏列之三等，实不足以服其心。至所称熊学鹏性情褊急，轻喜易怒，办事虽欲认真，而好恶不无任性，是以定人优劣未能至当等语。所奏实酷肖其为人，不但朕以为确当，即内外臣工，应无不首肯是言。因念熊学鹏平日虽器量褊浅，尚肯办事，而此等疵病，实所不免，与其隐而不露，不如明白宣示，俾熊学鹏自知省改，而温葆初亦当知朕之大公至正，胥教诲成全之道也。将此通谕知之。

计例111：乾隆三十八年又谕

大计之年，著督抚等于藩臬考语，另折具奏声明，交部存案，毋庸于本内夹单，以昭画一。著为令。

计例112：乾隆三十八年奏准

卓异人员，州县官由道府等官具结保送，督抚率同两司核实具题。如道府等官，并无保送文结，系督抚商同两司，混列道府衔名保题者，该道府立即声请更正，或督抚等抑勒不为更正，许该员直揭部科，将该督抚两司均革职。傥该员隐忍不举，至所保之员，贪劣事发后，始行申详，将该道府仍照保荐卓异不实原例，分别议以降调革职。

计例113：乾隆三十九年奏准

大计题参引见官员，俟交代清楚，限六个月内，该督抚给咨来京，吏部带领引见，如过限期，毋庸送部。

计例114：乾隆四十八年谕

卓异官员贪赃不法，原荐各上司，自有应得处分，但须核其犯赃年月，若在原保上司任内，后虽离任，不可谓无从揭参也，自当查核犯赃年月，分别议处。至各省保荐卓异官员，俱系督抚藩司主政，该管道府能持正不阿者少，不过随上司按例转详耳，所得处分亦应分别轻重。著吏部酌核定例，另行详晰妥议。钦此。遵旨议定：嗣后卓异官员，于原上司离任后犯赃者，仍照无从揭参例，督抚降二级调用，道府等官降一级调用。其在原上司未离任之前犯赃，后经发觉，即照同省不行揭参例降三级调用，道府等官降二级调用。至属员保荐卓异，核实全在藩司，自不得与转详之道府一律处分，应将保荐不实之藩司改照议处督抚例一体查议，其随同保荐之臬司道府仍照原例议处。

计例115：乾隆五十年谕

各省举行大计，与京察事同一例，前届甘肃、湖北、江南等省分，因各属内处分人员较多，是以比历次卓荐人少，自不可援以为例，而向来各督抚保荐人员，本未明定限制，亦非慎重考绩之道，且各省卓异人员，有正荐附荐之名，同一卓荐而分正附，是名为区别，实易开侥幸之渐，殊不足以澄叙官方。著吏部详核各省大小缺分多寡，酌中定制，除有处分不合例人员毋许保荐外，其某省应行卓荐几员之处，按其缺分多寡定额，并将附荐之名裁去，毋使庸材滥膺荐剡，而才能之员，不致稍有沉抑。该部即详晰妥议具奏。钦此。遵旨议定：大计卓异，按省分大小，缺分多寡，州县以上至道员，计十五员内准荐一员；教职佐杂，计一百三十员内准荐一员，教职佐杂人数较多，虽不能划为两项，不得全举一途，以致偏枯，并将附荐之名裁去，归入正荐定数之内，总不得滥出原额。如遇大计之年，合例人员较少，而该督抚滥举充数，至引见时奉旨不准卓异者，即将原保之上司，照保举不实例议处。直隶保荐地方州县以上官十三员，教职佐杂四员，保荐河员通判以上一员，盐场运判以上、经历以下二项内保荐一员。奉天保荐州县以上官一员，教职佐杂一员。江苏保荐州县以上官七员，教职佐杂三员，盐场运判以上、经历以下二项内保荐一员。安徽保荐州县以上官六员，教职佐杂二员。江西保荐州县以上官八员，教职佐杂三员。浙江保荐州县以上官八员，教职佐杂三员，盐场运判以上、经历以下二项内保荐一员。福建保荐州县以上官六员，教职佐杂三员，盐场大使一员。湖北保荐州县以上官七员，教职佐杂三员。湖南保荐州县以上官七员，教职佐杂三员。河南保荐州县以上官九员，教职佐杂三员。山东保荐州县以上官九员，教职佐杂三员，盐场运判以上、经历以下二项内保荐一员。山西保荐州县以上官九员，教职佐杂三员。陕西保荐州县以上官七员，教职佐杂大使二员。甘肃保荐州县以上官六员，教职佐杂二员。四川保荐州县以上官十一员，教职佐杂四员，大使七缺归入地方额内，止准一员。云南保荐州县以上官七员，教职佐杂二员，提举大使二项内保荐一员。贵州保荐州县以上官五员，教职佐杂二员。广东保荐州县以上官八员，教职佐杂四员，运同以上、经历以下二项内保荐一员。广西保荐州县以上官六员，教职佐杂二员。江南河道总督所属，保荐通判以上官二员，杂职一员。〔江南河道各缺，咸丰十年裁。〕河东河道总督所属，保荐通判以上官二员，杂职一员。乌鲁木齐都统〔今裁缺，改为新疆巡抚〕所属，通判以下并杂职，共十三缺。〔后增二缺，共十五缺。〕二项内果有实系出色者，准其保荐一员，如不得其人，任缺毋滥。吉林将军所属，同知学正巡检共三缺，后增十七缺，共二十缺，果有实系出色者，亦准其保荐一员，如不得其人，任缺毋滥。

计例 116：乾隆五十年又谕

所有各省保题卓异佐杂人员，应照部议，毋庸引见，以省其盘费外。其各省奏请在京拣发佐杂微员，由钦派大臣拣选者，仍著照旧带领引见发往。

计例 117：乾隆五十年奏准

亲老改补近省官员，有以亲老迎养在署，咨部存案者，遇有荐举卓异，暂停引见，应在任候升者，暂停推升，俟可以推升时，再行照例引见。

计例 118：乾隆五十二年奏定

向来大计年分，藩臬考语，皆专折具奏，现在各省总兵等第清单，遵旨止须咨部备查，毋庸专奏。所有大计藩臬考语，应令各该督抚，照武职军政之例，出具考语，缮写履历清单咨部，由部汇折具奏。

计例 119：乾隆五十三年谕

嗣后各省督抚于府道大计卓异，自当公同具奏，其密奏考语，务宜各抒所见，分别填注，自行陈奏。其大计之年，亦著将藩臬考语，各行咨部，不得彼此关会，致启扶同徇庇之弊。

计例 120：嘉庆八年议定

督抚随时参劾阘冗、懈弛、平庸、怠玩、老病等事，并未列叙案由实迹者，未经奉旨引见，如有情愿赴部引见者，照大计六法之例，给咨送部引见，即令其将愿否来京引见之处，当时呈明，愿来京者，该督抚即行给咨，其呈明不愿者，该督抚亦将情由报部查核。如任所督抚揎不给咨，由原籍督抚给咨，原籍督抚亦不给咨，仍准其赴部呈明，查核办理。若本员并不呈明任所及原籍督抚，遽行赴部呈请者，概不准行。

计例 121：嘉庆十年奏准

道府以下、州县以上官员，本省历俸已满三年，〔题署人员引见后，到任之日，即行算俸，毋庸以实授之日起扣。升署人员，以实授之日起扣。〕任内并无正项钱粮参罚，及革职留任处分，准其荐举卓异，引见奉旨后，吏部将准其卓异加一级之处注册，令回原任，照例升转。首领佐杂内，果有才能杰出，操守卓越者，该督抚亦开列事实具题，吏部查明与例相符，准其保荐卓异，毋庸送部引见，俟奉旨后，准其卓异加一级注册，照例升用，统俟升至知县以上等官，再行送部引见。

计例 122：嘉庆十年又奏准

现莅兼三兼四繁缺官员，任内有正项钱粮未完，及革职留任处分，经该督抚保荐卓异者，吏部查核该员本省历俸扣至该督抚具题之日，已满五年，会同各衙门具题，将应否送部引见之处，声明请旨。其并非兼三兼四繁缺，任内有前项处分，并历俸未满五年者，仍照例议驳。

计例 123：嘉庆十一年谕

据贡楚克扎布奏：会议西宁办事大臣节制兼辖附近镇道各员酌定章程一折。西宁镇道与青海大臣，近在同城，向无统属，遇有蒙古番子交涉事件，仅令贵德厅营各员专司办理，未免呼应不灵，不足以资弹压。嗣后著照该大臣等所请，西宁文员自道府以下，武员自镇协以下，俱归该大臣兼辖节制，遇有蒙古番子交涉事件，即由该大臣主政。其民人地方事务，仍由该督主政。该镇道等于关涉青海蒙古番子案件，自当申报青海大臣，若止系寻常地方案件，即当专报总督，免致牵混干预。至军政大计年分，该镇道等办理蒙古番子案件功过，由该大臣出具考语，咨会该督，再将该员等平日办理地方事务，是否认真，由该督会同参酌举劾，以昭核实而示劝惩。

计例 124：嘉庆十一年又谕

御史杨世英奏：请定题限铨法以防弊窦一折。据称，嘉庆十年各直省大计所出之缺，因内阁办理迟延，致逾二月截缺期限，诚恐有压缺改选之弊，请将嗣后各直省题本到阁进呈，及吏部题覆，均各明定限期，其此次计典应选各缺，可否仍请以二月到班人员于三月铨选等语。所奏系为杜弊起见，部例双单月铨选各缺，皆有一定到班人员，原不容前后挪移，稍滋紊乱，此次内阁具题大计本迟延，业经吏部将承办之员参奏，查明尚非有心压阁，但铨政攸关，若俱可因事挪移，不惟双单月班次混淆，且恐下月应行到班人员，急思得缺，设法钻营，而承办之员，又明知处分不重，不惜身为担任，以巧遂其积压之私，易滋弊窦。嗣后每届计典，各直省题本到阁进呈，及吏部题覆，除奏明展限者另行办理外，其余均著明定限期，总不得过二月之期。所有此次应选各缺，该御史请于三月铨选之处，尚未明晰，均著仍归于二月铨选，该部知道。钦此。遵旨议定：嗣后大计六法人员，除奏明展限省分另行办理，余俱令各直省督抚府尹等，于上年封篆以前具题，按照程途远近，统于次年开印后到通政司衙门，通政司即日送阁，内阁于二月初十日以前具题，吏部、都察院、吏科、京畿道会同议覆，于二月二十日以前具题开缺，如有迟延，即将何处迟延之员，照例分别议处。

计例125：嘉庆十七年奏准

凡遇计典之年，该督抚于题本之日起，半年以内，概不得以年老劾参休致。至有疾人员，如实系猝然成废，将来不能起用者，该督抚必将因何不及归入大计缘由，切实声叙，以凭查核。傥于甫经大计后，未及半年，将年老有疾官员笼统劾参者，除员缺不准扣留，照例归部铨选，仍将该督抚照违令公罪律罚俸九月。如查有谋缺情事，藉词扣留，冀图弊混，除员缺仍归部铨选外，将该督抚照不应重私罪律降三级调用。至教职佐杂年终甄别，系属常例，无论大计后，半年内外，该督抚仍照例办理。

计例126：嘉庆十八年覆准

顺天府所属之四路同知，及大兴宛平等二十四州县正佐各官，由该府尹分别举劾，移行直隶总督，归入通省大计具题。

计例127：嘉庆十八年奏准

荐举卓异人员，任内如有正项钱粮未完，果系居官清廉能干，或现莅兼三兼四繁缺，在本省历俸已满三年，或并非兼三兼四繁缺，在本省历俸已满五年，均准该督抚一体保荐。

计例128：嘉庆十八年又奏准

荐举卓异官员，如前任及署任内，有正项钱粮未完，已经卸事者，无论曾否照离任官例议结，俱一体准其卓异。

计例129：道光元年奏准

亲老告近人员，如有荐举卓异者，一体调取引见，奉旨回任候升，在外准以本省应升之缺保题升用，在内准以近省之缺论俸推升，至离京较远省分，本员有因亲老不愿赴部者，呈明督抚，咨部存案，俟养亲事毕，照例补行引见，吏部将该员亲老告近卓异后应入升班免其坐补原缺缘由，于折内声明。

计例130：道光四年奏定

卓异人员，于接准部文后，限二十日内详请委员署理，该督抚扣明交代例限，即行给咨。如该员实有承办要件，约计半年内可以完竣者，于交代案内咨部展限。如必须半年外方可竣事，准该督抚据实奏明，总不得过一年之限。倘该督抚不依限奏咨，照应申不申律罚俸六月。系本员赴部迟延，逾限一月以上罚俸一年，半年以上降一级留任，一年以上降一级调用。其俸满人员赴部逾限，亦照此例办理。

计例 131：道光二十九年奏定

卓异人员，原任内曾犯有贪酷不法等款，原荐举官如不行揭参，别经发觉，将督抚藩司革职，臬司及道府等官降五级调用。至荐举以后，别犯有贪酷劣迹，原荐举之各上司，仍与该员同在一省，倘别经发觉，查系有意回护者，将督抚降三级调用，司道府等官降二级调用。其止失于觉察者，将督抚降二级调用，司道府等官降一级调用。如原荐举之上司，已不与该员同在一省，而所犯事迹仍在该上司未经离任之先者，亦照此分别议处。若所犯在该上司离任之后，无从揭报题参者，将督抚降一级调用，司道府等官降一级留任。

吏部处分 008：土司等官卓异〔例 2 条〕

土司察 001：雍正四年议准

各省土司果能奉法称职，裨益地方者，该督抚不拘三年大计之例，随时举荐，照同知以下官员之例，恩赏粧缎领袖补缎朝衣一件。

土司察 002：雍正四年奏定

土司皆系世袭之职，必遇贪酷不法，始行革职，其余处分，均与流官不同，既无考核，亦无优升，且土司卓异，皆由府道申报，或因请托不遂，致结嫌启衅，将土司等官卓异永行停止。

吏部处分 009：内外考察官员呈辩〔例 4 条〕

呈辩 001：顺治十年议准

考察处分官，果冤抑情实，许督抚按据实代奏，吏部、都察院覆核无异，即为昭雪还职。如督抚按明知诬罔，不为申理，一并议处。至本无冤抑，妄行反噬者，从重治罪。

呈辩 002：顺治十三年题准

考察处分官，不许潜住京城，刊刻款单，摭拾妄奏，违者，不分有无顶戴，俱发口外为民。

呈辩 003：康熙十一年议准

处分官员，控告注考官受贿侵勒者，将所告不准行，有冠带者革职，无冠带者交刑部议罪。如止呈辩本身冤抑，将所告亦不准行，有冠带者，初次罚俸九月，复控降二级调用。其控告通政使司鼓厅者，初次罚俸六月，复控降一级调用，无冠带者交刑部议罪。

呈辩 004：乾隆六年议准

处分官员，如赴都察院及别衙门控告者，亦照具告通政使司鼓厅例议处。

吏部处分 010：被劾人员挟私报复〔例 1 条〕

报复 001：雍正十二年定

被劾人员，若挟私妄捏察核官别项赃私，不干己事奏告，以图报复者，不分现任去任官，皆革职，已革职者治罪，奏告情辞，不问虚实，立案不行。

吏部处分 011：注考违例〔例 2 条〕

注考 001：原定

凡官员应注考语者不注，不应注考语者违例填注，或开报年貌互异及失注应去应留者，皆罚俸一年，督抚罚俸六月。

注考 002：康熙三十八年定

注考不由司道府州县等开报，系督抚自行填注者，将督抚罚俸一年。如将举劾官员，合为一本具题者，将具题之督抚罚俸一年。

吏部处分 012：京官保举〔例 19 条〕

京举 001：康熙五十二年议准

九卿保举官员内，除因公诖误外，如有贪婪事发，将原保举官照督抚滥举例降二级调用，保举后自行访出揭参者免议。吏部司员不行查出保举之案，照失察案卷例罚俸两月。

京举 002：雍正四年议准

各部院衙门笔帖式，令各该堂官照司分之繁简，酌量分定额数，即将各司笔帖式姓名旗分咨部注册，不准私行调拨。至考察笔帖式之勤惰，应照府州县统辖佐杂官例，专责该司官考核，如笔帖式内果能勤谨翻译稿案无误，令该司官秉公据实于年终公同出具考语，呈堂注册，遇有保举之处，该堂官即于注册笔帖式内遴选保送。傥有因循怠惰，托故不到衙门，以致案件壅积，不能完结者，该司满汉郎中即行具揭呈堂咨革。傥郎中等徇情庇护，不据实揭报者，经堂官查出，或经科道纠参，照正印官不行查报佐贰例议处。

京举 003：雍正十三年覆准

部院衙门保举司官，皆令先期将原缺扣留及题补之人，一并咨部查核，不合例者驳回。定限于次月二十日吏部截限以前，即行保奏，如所题之人，遇有出差事故，亦于次月截限以前咨部，傥留缺后保题迟延，照督抚保题迟延例议处。

京举 004：乾隆三年谕

国家宣猷敷政，首重得人，而以人事君公尔忘私者，乃人臣之大义，况身列九卿，受恩深重，彼徇情妄举者固不足言，而视为具文，苟且塞责者，亦大亏荐贤为国家之道也。昔我皇祖、皇考延揽群材，常降九卿保举之旨，其滥举匪人劣迹败露者，每加严谴，以示惩儆。朕临御以来，亦闻有所咨访，冀收得人之益，目今各省督抚，皆出朕心斟酌简用，其藩臬二司，陆续调来引见，亦知其大概。至于道府等官，乃方面大员，职任紧要，目下为州县之表率，将来即可递进于两司，所当留意于平日，以备擢用于临时者。著九卿将可为道府之人，各据所知，秉公举出一二人，或二三人，用露章启奏，不必密封。大凡论人之道，才品兼长，固属甚善，但二者不可得兼，若才胜于品，虽一时涂饰可观，而心志不诚，根本不固，将来荡检踰闲，必至难于驾驭若品胜于才，虽一时肆应不足，而心术端方，操守廉洁，将来扩充历练，必能不愧循良。九卿既受国恩，又奉朕旨特行询问，其所举之人，将来除因公诖误，情有可原者，不将保官处分外，若以劣款被参，审实治罪，定将保官照滥举匪人例处分，不少宽贷。〔案例内，官员将贪酷匪人荐举卓异者，督抚降二级调用，司道府等官降三级调用，九卿滥举应照督抚例处分。〕

京举 005：乾隆四年覆准

凡各部院应行留缺保奏人员，务将题补之人于文内声明，并行文知照科道，按限稽察，除定例开载拣选题补之缺应行题补外，其余满汉司官，悉归月分铨选，如该衙门事务殷繁，司官内果有才猷出众，勤敏练达者，令该堂官将所出之缺，应行题补，或应行月选之处，于折内详细声明请旨，傥有保题迟延者，照例议处，如不将原缺声明应题应选者罚俸三月。

京举 006：乾隆八年谕

编修检讨中，有能胜知府之任者，著大学士等拣选数员，交与吏部带领引见。

京举 007：乾隆八年又谕

昔萧何相汉，终举曹参，羊祜佐晋，亦进杜预，荐贤自代，青史称焉，是以宋有诏观察荐忠勇自代之条，金有敕宰臣奏贤良自代之谕。今三载考绩，黜陟幽明，邦之要典，大臣徒遵例自陈，乞赐罢斥，而不举贤自代，使遂其高尚，职将谁任乎？岂朕梦寐求贤寅亮天工之意耶！其以明岁为始，凡大臣自陈斥罢者，令各举德行材能堪以自代之人，随疏奏闻，若一人兼数职者，材恐难全，举二三人，或三四人，食禄及韦带之士均许，但不得举同列及位在己上者。著为令。

京举 008：乾隆九年题准

各部院所出满汉司官缺，近年以来，保题者多，归选者少，致令挨俸应升，与候补候选者，多致壅滞。应酌量变通，除刑部司官员缺，准其咨二留一外，其余各部院，应令各堂官查明办理事宜，酌定应题额数，遇有员缺，准其保题，仍照旧例于截限以前，将所题之人合例与否，行文吏部察核，俟咨覆后，听该衙门自行带领引见补授。倘各衙门保题无人，仍归部选，如滥行保题，照例察议。

京举 009：乾隆十二年谕

朕令大臣自陈者举可以自代之人，凡以拔茅茹吁俊乂之意也。今吴同仁之嘱周学健，乃许两千之数，朕不解焉，问之钱陈群，始知为二千之赙。夫考绩黜陟，岂可为苞苴之门，岂朕若渴之怀，尚未喻于二三大臣耶。朕甚恶焉，其罢之。

京举 010：乾隆十四年奏准

部院堂官，保送应升道府之司官，除保送繁缺后经奉旨补用简缺，保送简缺后经奉旨扣留回任者，其优劣相去，尚未悬殊，该堂官应免置议外，如有保送堪胜繁缺，至引见时奉旨以不胜外任留部者，应将保送不慎之该堂官，照失于觉察例罚俸一年。

京举 011：乾隆三十六年谕

昨据吏部将各部分别堪胜繁简缺之知府人员带领引见，内有保送简缺一员，朕阅其人，年力衰庸，即简缺亦难胜任，因降旨将该员仍行留部。各部院司员在署办事情形，该堂官皆所习见，至年满截取分别繁简，自当秉公核实，不得稍事姑容，方为允协。夫尚书、侍郎身系国家大臣，乃于保送一事，惟知奉行具文，冀博属员虚誉，此在品秩卑微者，已难辞识见猥鄙之咎，况堂官有为国甄别人才之责，而不知顾名思义可乎。且此等截取人员，出为知府，有表率僚属整顿地方之任，是一人之得失，所属州县百姓之利病随之，今欲姑息一衰庸无用之人，俾得遂其一麾出守之私愿，而置地方利病于不顾，范仲淹之语，该堂官宁未之前闻乎。向来外省验看截取举人，率多沿袭故套，不能实心澄汰，惟何煟前护抚篆时，曾有请将衰老举人徐廷槐改教之奏，当经明降谕旨，令各该督抚仿照遵行，而两年来各省仍未见有一据实奏办者。昨惟何煟复有请将举人申超改补教职一折，所办甚是，又申谕各督抚实力奉行，以重民社之寄。今以部院司员，截取知府大员，职任尤钜，若该堂官等如此心存瞻顾，漫不经心，竟以外任以后，该员贤否，诿之该省督抚，设令该督抚亦如此居心，则贻误甚大。就使到任后一经体察，即行登之弹章，于该员既难保全，而人缺纷更，官方已深受其弊，大臣等抚衷自问，亦何所为而因循出此耶。所有此次滥行咨送之兵部堂官，俱交部议处。嗣后各部院堂官，于保送堪胜繁简知府之员，如有仍蹈此辙者，必不再为宽贷。

京举 012：乾隆三十六年奏准

部院堂官保送应升知府人员，如已补繁缺知府，有犯赃获罪，即将原保堂官照滥举例降二级调用。

京举 013：乾隆四十一年谕

裴宗锡奏：石阡府知府洪彬，由刑部司员俸满截取，以简缺知府用，该员才质中平，办理地方公务，每形竭蹶，难胜表率之任，请给咨赴部引见，可否以府佐改补，恭候钦定。所奏甚是。各部郎中员外郎俸满截取知府，令该堂官酌量繁简，分别出具考语，送部引见，其不胜外任者，即声明留部，原属慎重甄别之意，乃相沿日久，各该堂官率徇情取悦，以繁缺保送者多，而简缺及留部者少，昨经降旨申饬，今裴宗锡适有此奏，可见各部堂官之保送，不能公当矣。简缺与不胜外任，相去止差一间，该堂官遇司员才具平庸者，送以简缺，计图掩饰其短，殊属非是。向来各部保送人员，遇有贪黩败露，原举之堂官，考成甚重，而简缺选用人员，或有不胜任者，该堂官向无处分，遂不免于任情滥举。嗣后各部保送简缺知府，经督抚奏其不胜方面之任者，其原举之堂官，咎无可辞，虽不必如滥保贪员之重，亦当予以议处，俾知儆惕。其应如何酌定之处，著该部详议具奏，倘督抚因有此旨，辄瞻顾原保之堂官情面，遇简缺知府之庸劣者，曲为姑容，不能如裴宗锡此次之据实陈奏，则督抚等之获戾甚大，一经察出，或经科道纠参，必将该督抚从重治罪，断不能如寻常过失之得邀从宽留任也。朕办理庶务，每事必求其至当，如此一事，谕吏部定滥保之堂官处分，即防各督抚之不免看情庇护，不使稍滋流弊，于此可见为君之难。著将此通谕知之。钦此。遵旨议定：各部保送简缺知府，到任后不能胜任，经督抚参奏，将原保堂官照滥保繁缺知府致犯贪婪之例，酌定减为降一级调用。如该督抚因系部中甄别，因循瞻顾，不即查参，以致贻误地方者，将该督抚降二级调用。

京举 014：乾隆四十五年谕

向来各部院司员，保送三库、税差、钱局、坐粮厅等项，每有将曾经得差人员，未隔数年，复行保送者，不知在京满汉司员人数本多，此等得项较优之差，自应令其均沾普及，若出差未久，复予保送，则从未得差者，未免多有向隅。嗣后保送此等差使之司员，及已经派过者，著于十年后方准再送。如堂官等违例蒙混保送，经朕察出，及被人参奏者，即照徇庇例议处。著为令。

京举 015：乾隆四十七年奏准

各部院主事等官，保送直隶州知州，后经督抚以不能胜任参劾者，将原保堂官降二级留任。

京举 016：嘉庆四年谕

朕恭阅皇考御极初年谕旨，曾令在京大臣密保才守出众之员，以备擢用，于延访人材之中，收兼听并观之效。朕躬揽庶政，首重得人，自当率循旧章举行，用资简任。著满汉大学士六部尚书侍郎，及三品以上之都察院、通政司、大理寺堂官，于京外各员内，有操守端洁，才猷干济，及平日居官事迹可据者，各举所知，密行保奏，不必急遽塞责，不得稍有徇私，滥举充数，以副朕广咨博采至意。

京举 017：嘉庆五年奏准

各部院保送知府人员，如保送繁简各缺，至引见及请训时，以不胜外任扣除留部，或到任后不能胜任，经督抚参奏，均将原保之堂官降二级留任。其由京察记名，以不胜外任扣除劾参者，亦照此例议处。

京举 018：道光二年奏准

汉郎中俸满、应升知府人员，如保送繁简各缺，至引见及请训时，以不胜外任扣留，或到任后经督抚以不能胜任参奏，其原保之堂官，有奉旨交部查议者，将该堂官降一级留任。若犯有贪劣，奉旨将堂官交部查议者，降二级留任。其由主事保送直隶州，后以不能胜任及贪劣劾参者，该堂官亦照此例议处。科道俸满保升与郎中同。

京举 019：同治四年奏准

各衙门保送御史，毋得但计资俸，总须认真考核，如保送后有犯贪污劣迹者，将原保之堂官照京察保送不实例降二级留任，自能访出揭参者免议。

吏部处分 013：外官保举〔例 30 条〕

外举 001：康熙六年覆准

凡督抚保举府州县官，必开列实在政绩，倘并无实在政绩，妄行空填字样，及保荐不实，别经发觉者，将督抚各降二级调用，申详之司道府直隶州知州等官各降三级调用，加级纪录不准抵销。

外举 002：康熙二十五年议准

凡督抚滥将属官坐名保题留任补用者，照含糊具题例降一级留任。

外举 003：康熙五十二年议准

降调革职官员，贿嘱百姓保留者，审实，将官民皆照枉法例治罪。如督抚指称舆情，将革职降调官员题留原任者，照徇情例降二级调用，转详之司道府亦照此例处分。

外举 004：康熙五十二年又议准

凡出差监督，该督抚以商民保留为辞代题者，将督抚照含糊具题例降一级留任。再，监督差期将满，以缺额为辞，题请展限者，将该监督照恋职例降一级调用。

外举 005：雍正元年覆准

各省督抚延请幕宾，应遴选老成练达，深信不疑之人，先将姓名履历具题，造册报部。如果效力年久，勤慎无过，该督抚保题议叙。如有才守出众者，该督抚特疏荐引，从优议叙。其司道府州县等官，亦豫将刑名、钱谷各幕宾之姓名籍贯，申报督抚存案，计算六年期满，并无参罚事故，果能深信其有为有守，才识兼优，平日实无公私过犯者，出具确实印结，申送督抚，详加验看，秉公考试，除文理欠优，才具平常者，不准咨部外，如果文理优通，熟谙吏治，才具确有可用，方准据实保题，将考试原卷一并送部，俟直省汇齐之日，吏部照考职例，奏请钦点大臣阅看试卷，分别等第，给予职衔选用。如有文理荒谬，不谙律例者，将原保官照徇情例降二级调用，保题之督抚照含糊具题例降一级留任。或有冒名顶替者，将原送官照顶冒出结例革职。或系出身不明匪人，将保送官照滥举匪人例降二级调用，保题之督抚照失于觉察例罚俸一年，本人送刑部治罪。其考定各员，出仕之后，除因公诖误降革外，如有贪婪革职者，将原保官亦照滥举例降二级调用，保题之督抚亦照失于觉察例罚俸一年。督抚自行荐举幕宾内，如有此等情弊，皆照原保官例议处。以上外官幕宾，如本官缘事降革，及官吏书算内号琐事人等与本官子弟亲族来署帮办者，均不准保题申送。其所延幕宾，概不准延请任所本地之人，致启弊窦，如违例延请任所本地之人，将延请官照违令例罚俸一年。

外举 006：雍正十二年覆准

保举贤良方正出身人员，如犯贪酷不法等事，审实，查明该员保举缘由，于疏内附参，将原保举之州县等官降三级调用，转详之司道府直隶州知州降二级留任，不能查出之督抚降一级留任。

外举 007：乾隆元年议准

直省应行题补员缺，各该督抚于属官内择其才守兼优者，准以应升之官题补，不得越级奏请升用。其佐杂等官，例不具题，亦止准以应升之官咨部请补。至因公诖误降革人员，或经该督抚保题留任，或奉旨留任者，该督抚遵例保题开复后，方准再行题请升用，如将衔缺悬殊，不应题升之人越次保题，指缺奏请升用者，将该督抚照含糊具题例降一级留任。如将革职降级留任官不俟开复，遽行保题，指缺奏请升用者，将督抚照革职降级官擅行委署例降一级调用。

外举 008：乾隆元年又议准

督抚保题人员，系道府等官，取具两司确结，务将本人居官如何之处，出具切实考语，进呈御览，并将该员任内事迹于本内声明，照例造册出结，送部存案。州县官员毋庸取具道府文结，该督抚即将该管上司季报本官任内事迹考语，摘取入疏，加具切实考语，进呈御览，并造清册送部，以凭察核。所保之人，或改操于后，致干严处者，查明从前所开事迹，果有确据，将出结开报各官准予免议，如所结不实，将原结各官仍照例议处。

外举 009：乾隆元年三议准

直省督抚转饬府州县等官保举孝廉方正，详稽事实，造册加结，申详该管上司递加访察，督抚核实保题，倘所举不实，将平日并非敦崇实行之人，以夤缘奔竞辄行保荐，或被旁人举发，或被访察题参，除本人斥革追究外，将滥行出结各官降三级调用，受财者从重论。如各衙门胥役藉端需索，该管官失于觉察者，照失察衙役犯赃例分别议处。

外举 010：乾隆二年谕

道府等官，皆属亲民要职，必才干素著廉洁自持者，方克胜任，是以皇考当日，曾令督抚两司各行保举。今朕仿照此例，著于各省道府官内，令督抚藩臬各举所知，保举一二员、二三员，俱各密封具奏，不得会同商酌，如所保之人不当，日后劣迹败露，将保奏上司一并治罪。

外举 011：乾隆三年覆准

督抚越次保题，如不将越次之处于疏内声明者，将督抚照定例处分。若督抚疏内已经声明越次，因人才公务起见奏请者，除将所保之人，照例题驳外，其保题之督抚，照承问官错拟、经部改正承问官免议之例，免其处分。

外举 012：乾隆十二年谕

教职六年俸满保题，原以其人才品出众，堪膺民社之寄，是以许其格外保荐，为督抚者，自应一秉虚公，核实保题，方不负人臣以人事君之义。若将平庸之员保荐用为知县，一二年后不能胜任，仍请改教，是不以民社为重也，于吏治民生，实有关系。嗣后如有不称保题，该督抚滥行保荐者，朕必加以处分。

外举 013：乾隆三十五年议定

教职六年俸满保举知县人员内，如升任后，复以不胜民社，奏请改用教职，将原保举之督抚学政，照保荐不实例降二级调用，申详之司道府州县等官降三级调用，加级纪录不准抵销。

外举 014：乾隆三十七年奏准

各省督抚，将试署年限未满，并不合例人员，题请实授者，将具题之督抚，照违令公罪律罚俸九月，列名具题之督抚罚俸六月。至例应实授之员，未将任内实在政迹叙入本内者，亦照此例议处。

外举 015：乾隆三十七年又奏准

降革官员，督抚保留，若果清廉爱民，许督抚题请留任，倘将不肖之官保留，或有劣迹败露，或经科道纠参，将督抚司道等官，照举荐劣员例降二级调用。

外举 016：乾隆三十七年三奏准

首领等官，三年准调，五年准升。〔以到任之日起算。其题署人员，以实授之日起算。〕该督抚如将年限不足人员，题请升调者，亦照部选缺出混行题补调补例议处。

外举 017：乾隆四十二年议定

教职俸满保举知县人员，除事犯贪酷不法等官，仍照旧例分别议处外，如升任后，复以不胜民社，奏请改用教职，并劾参才力不及者，将原保之督抚学政降二级留任，申详之司道府州县等官降一级留任。如督抚学政司道等有与该员同在一省，据实揭参者，免其处分，仍将未经会同揭参之员，照例议处。若原保官已不与该员同在一省，无从揭参，将原保之督抚学政降一级留任，司道等官罚俸一年。该督抚于劾参时，不将该员原由教职保举，及原保上司保荐不实之处，详晰声叙，吏部即随本查参，系贪劣发觉，将该督抚降一级留任；系昏庸被参，将该督抚罚俸一年。傥有瞻徇，原保之上司，姑容贻误，并因自行保荐，回护前非，不即揭参者，经特旨指出，或经吏部查出，及科道纠参者，将该督抚革职，请旨治罪。

外举 018：乾隆四十四年议定

凡官员曾经奏请升调繁缺，后以才不胜任，复请调简者，将原任之督抚降三级留任。如接任之督抚，有与前任不合，有意苛求，肆行更调，于引见时，奉旨指出并非实不胜任者，将奏请调简之督抚降二级调用。〔道光四年改定：照抑勒例降三级调用。〕若因循姑息，并不参奏，别经发觉，亦照徇庇例降三级调用。〔道光四年改定：照徇情例降二级调用。〕

外举 019：乾隆四十四年奏准

督抚保举府州县等官保荐不实，别经发觉者，督抚降三级调用。若由司道府等官申请者，将司道府等官降二级调用。由督抚自行保荐者，司道以下免议。

外举 020：嘉庆五年谕

向来各省州县要缺，往往以人地相需，将不合例之员，专折奏请升调，及交部议驳后，而督抚等仍以原请升调之员，复行具折奏恳。此等人员，如果于该省要缺实在相宜，若不准其所请，则督抚等无由收指臂之效，但一经议驳，又复奏恳准行，竟成故套，在办事公正之督抚，原属为缺择人，而稍涉偏私者，未免为人择缺，致启夤缘奔竞之渐，不可不明示防闲，以杜流弊。嗣后各省督抚于部驳不合例之员，复行具奏恳请允准者，竟当责令保其终身，毋论将来该员曾任原省，或任他省，若不过因公罢斥，尚可免其追问，如系贪污获罪，则原保之督抚，自难辞徇情滥举之咎。著吏部严定处分，用昭惩儆。钦此。遵旨议定：督抚题请升调人员，经部议驳后，复经该督抚以人地相需，专折奏请升调，奉旨著照所请行者，此等人员，后系因公罢斥，免其追问。若犯贪劣，系原保上司访闻揭参，无论本省隔省，均应免议。若不行揭参，别经发觉，将原保之督抚降三级调用，申详之司道府等官降二级调用。该督抚参奏者，不准司道府补行揭报，仍照例议处。

外举 021：嘉庆五年奏准

督抚遵例题请升调官员，如原任及新任内有贪劣等事，该督抚自行查出参奏，方予免议，如不行参奏，别经发觉，将督抚降二级调用，司道等官降一级调用。如有未将原保上司查明声叙，将该督抚降一级留任。若督抚查出参奏，不准司道府等官补行揭参，仍照例议处。

外举 022：嘉庆五年又奏准

各省保题升用及调繁人员，如有昏愦糊涂，办事乖张悖谬被参，将不行揭报题参之原保督抚降二级留任，原申请保举之司道府等官降一级留任，由教职保荐升用者将学政照督抚例议处。

外举 023：嘉庆五年三奏准

降调革职官员，如督抚捏称舆情爱戴，题留原任者，仍照例议处。如司道府州转详者，将该司道等官降一级调用。如果系清廉爱民，因公降革，许督抚题请留任，傥将不肖之员保留，或有劣迹败露，将督抚司道仍照举荐劣员例议处。

外举 024：嘉庆十四年谕

国家登进用人，原不能竟拘资格，各直省州县中由捐纳出身者，固有不肖之徒，即正途出身各员，其箧箧不饬，逢迎大吏者，亦不能保其必无，全在该管各上司平日留心访察，秉公核实，必系循声确著之员，方予保荐，庶可遴拔真才，若将贪缘钻刺之劣员，滥邀荐举，一经发觉，该上司处分定例綦严。嗣后各督抚荐举各员，惟当倍加慎重，傥再有滥保致干宪典者，必将该上司从重惩治。

外举 025：嘉庆十九年奏准

投效人员，必验有执照，方准收录。如并无执照呈验，即准其投效差委，将该督抚降三级调用。

外举 026：嘉庆二十五年谕

各直省督抚所有两司道府州县，以及营伍员弁内，如有实在才德兼优，认真办事者，著出具切实考语，密折保奏，历任后除公罪不论外，若作奸犯科，身罹私罪，惟该保之督抚是问。如有贪婪不法，以刻为明，或年老昏愦，不能办事者，亦著据实参奏，不可任其尸禄，有害民生。

外举 027：道光四年奏定

督、抚、学政、司、道、府、州等官保题之员，后犯贪劣昏庸等款，如原保官与该员同在一省，据实揭参者，免其处分，其同省未经会同揭参之上司，仍照例议处。如原保官已不与该员同在一省，无从觉察揭参，犯系贪劣者，将原保之督抚学政降一级调用，司道府州等官降一级留任。犯系昏庸者，将原保之督抚、学政降一级留任，司道府州等官罚俸一年。若经同省之原保官查出揭参，将离省无从觉察之原保官一体免议。

外举 028：同治元年谕

詹事府左中允钱宝廉奏：请饬大臣督抚，不得将降革获罪之员，率行请留请调等语。朝廷赏罚，一秉大公，凡系降革获罪人员，必其咎有应得，始予罢斥，近来缘事久经黜退之员，往往谋入军营，希图奏留奏调，为将来开复起用地步，虽其中不尽无可用之人，而庸劣各员，夤缘巧滑者居多，一经留调，始则谋据要差，继则滥竽荐牍，甚至把持要挟，无所不为，其实在出力人员转因之壅蔽挤排，末由自效，何以明劝惩而肃官常。嗣后各路统兵大臣，暨各直省督抚，务当破除情面，认真厘剔，凡降革获罪之员，必其人实有才能超卓，人地相需者，始准胪陈事迹，专折奏请，仍由该部将该员带领引见，候旨遵行，不准仅以差委需员，撷拾虚词，率行请留请调，以儆徇滥而杜诡随。

外举 029：同治十二年奏定

各路统兵大臣及各省督抚，于降革获咎人员调往军营，应遵旨出具切实考语，送部引见。其曾经在营降革获咎人员，果系才堪驱策，亦令出具切实考语，送部引见。如奉旨准其发往军营，将出考语之督抚大臣注明存记，傥所调之员实犯奸赃劣迹，即将原保之大臣督抚随时奏明，照滥举匪人例参处。如投营未经引见之员，统兵大臣督抚等撷拾虚词，遽谓先经出力，著有劳绩，登诸荐牍，即属故违定制，由吏部从严参处。

外举 030：光绪九年奏准

省会首府首县，该上司若保非正途人员，越次以各项人员列保者，如所保之员犯有贪酷劣迹，别经发觉，即将原保之上司降三级调用。

吏部处分 014：外官参劾〔例 13 条〕

外参 001：康熙十四年议准

凡上司揭参所属官员，或将经管事件并日月错开，以致本官误行革职者，将申报之上司降一级调用，督抚降一级留任。如误致降级者，将申报之上司降一级留任，督抚罚俸九月。如误致罚俸者，将申报之上司罚俸六月，督抚罚俸三月。如将不应参之官，误报题参，未经处分，经部察出，如系革职降级事件，将误揭之上司罚俸一年，督抚罚俸六月。如系虚革虚降及住俸罚俸事件，将误揭之上司罚俸六月，督抚罚俸三月。

外参 002：雍正十年谕

向来大计参劾官员，除贪酷发审外，其余著送部引见。嗣后特参文武官员，比照大计之例，如浮躁不及等款，亦著送部引见，永著为例。

外参 003：雍正十二年议准

凡督抚纠参属官，必将应参之事，备列款迹，或无款可列，必将所参情由一一据实指出具奏。如有不列款迹，不据实情，含糊具题，将督抚照含糊具题例降一级留任，所参之官仍行令该督抚秉公确访，或列款迹，或将应参情由，据实指出，题覆到日，交部照例分别议处。

外参 004：乾隆十四年谕

向来被参官员，题请交部定议后，始行开缺，朕思病废之员，非有劣迹可比，即交部议处，亦不过勒令休致，而云南等远省，文移往返，羁延时日，悬缺久待，于吏治殊属无益，但题到即行开缺，又恐启抑勒之弊。嗣后此等人员，即照八法内年老有疾之例，一面具题，一面勒令休致，或该员有不甘废弃，情愿来京引见者，该督抚给咨送部引见。

外参 005：乾隆十五年谕

各省督抚参劾不职属员，或请革职休致，或请降补改教，皆地方公务，并非应行密办之事，理当缮本具题，方合体制。近来督抚有先具折奏闻，声明另疏题参者，尚属可行，而亦竟有折奏代具题者，究于体制未协。著通行各省督抚，凡遇此等参奏，概用题本，以昭慎重。再，向例各省参案，除特参贪酷、拿问、质审等犯，一面具题，一面摘印看守，至其余降革、休致、改教之员，必俟部覆允准，方令离任。此等人员，既昏惰无能，多留一日，即误一日之事，理应即令离任，另委贤员速为整顿，方于地方有益，且自该督抚出本以后，该员即已豫知不能保全，而幸其印犹在手，往往乘机舞弊，即琐细无关紧要，如田房税契之类，或本人，或子弟，或吏役，以及素相来往之绅衿，俱于印官将去未去之时，恣意妄行，及至部覆到日，近者亦必二三月，远者或至半载以外，此数月中，何事不可为？即丁忧人员，尚有隐匿迟报者，岂可任其据缺营私，殊非澄叙官方整理民社之意。嗣后各督抚，于属员有题请革职，或勒令休致，另行降补，改用教职，以及丁忧告病之类离任者，俱一面具题，一面即行委员收取印信署事，并将任内经手钱粮一一清查，毋得瞻徇。著为令。

外参 006：乾隆十七年议准

各省督抚，遇教职考核案件，例应会同学政举行者，务遵定例会同办理。其或自行密访查参之案，亦于咨题之后，即知会学政，以备稽考。

外参 007：乾隆四十七年议定

凡上司揭报所属官员，误致革职者，将申报之上司降二级调用，〔寻改降三级调用。〕转详官降一级留任，督抚罚俸一年。如误致降级调用者，将申报之上司降一级留任，转详官罚俸一年，督抚罚俸六月。如误致降革留任者，将申报之上司罚俸一年，转详官罚俸六月，督抚罚俸三月。如误致降俸、住俸、罚俸者，将申报之上司罚俸六月，转详官罚俸三月，督抚免议。未经处分，经部查出，系革职降调事件，将申报之上司罚俸一年，转详官罚俸六月，督抚罚俸三月。系虚革、虚降及住俸、罚俸事件，将申报之上司罚俸六月，转详官罚俸三月，督抚免议。

外参 008：嘉庆四年奏准

督抚随时参劾阘茸、懈弛、平庸、恩玩、老病等事，并未叙列案由实迹者，未经奉旨引见，如有情愿赴部引见者，照大计六法之例，给咨送部引见。

外参 009：嘉庆四年又奏准

各督抚参劾属员，不得用"严加议处"字样，违者，照误揭属员例处分。

外参 010：嘉庆八年谕

外省参劾属员，定例固有不应奏请严加议处之条，但既有此请，经朕阅看，其中或有不应严议者，朕必即行更改，若既发交部议，即同奉旨严议，岂可不遵？该部如以严议一节，惟特旨交部之员照例加等，若系臣工奏请者仍照常例办理，即当随案声明，或将违例参劾之大员据实参奏，方为正办。今吏部于黔、陕军需两案，未经详晰声叙，未免拘泥。嗣后除特旨交部严议之案，仍加等核议外，其各省参劾属员，如有情节本轻，而上司遽请严议，或情节较重，仅请议处者，著该部即将奏请处分未协之原参督抚等，随折声明，候朕定夺。

外参 011：道光六年谕

据伊里布密奏：调任迤南道现署云南府知府保亮，识见暗昧，不胜道员之任，承审案件，询问多未了晰，即降补知府，亦难望其称职等语。保亮著即勒令休致。各直省督抚，于所属道府中，有才具平庸，或心地糊涂，不能称职者，自应据实参奏，俾知儆畏，方合大臣实力办公之道，若皆为密奏，各员转不知所劝惩。嗣后各省督抚，于所属道府等官不称职者，俱应据实入奏，毋庸密陈，更不可因有此旨，稍存避嫌远谤之见，动辄一味姑容，殊失朕望治之心矣。慎之。

外参 012：道光九年谕

裕泰奏：甄别办事任性不洽舆情之知县一折。湖南巴陵县知县严晖吉，既据该护抚奏称，该员偏执粗率，不洽舆情，著勒令休致。各省牧令之贤否，关系地方之治忽，各该督抚原应随时查察，严行甄核，然必须将其庸劣款迹，据实陈奏，庶可以昭鉴戒而饬官常。近来各省大吏之于所属，非不留心察访，随时甄别，而亦有因其事若实参即不止于斥革者，遂以平庸疏率等语，从宽空参，仅予改降休致，转令被劾者有所藉口，岂整肃吏治之道？即如裕泰所参之严晖吉一员，既经撤任于前，又复甄别于后，其庸劣不职可知，是以降旨勒令休致。嗣后直省督抚甄别所属，务须究明劣款，核实奏办，不得仅以空词参劾，致失平允。

外参 013：道光二十七年奏准

官员各项案件处分，开报月日，有关降调革职者，觊以错误为词，更正一二字，即应减议之件，应不准其更改。如本员开报本无错误，实系上司代开错误者，本员仍准更正，上司即照误揭属员以致降调革职例议处，虽在本员未经部议降革之先即已更正，亦不准免上司处分。

吏部处分 015：外官甄别去留〔例 8 条〕

甄别 001：乾隆三十七年奏准

各省首领、佐贰、杂职，并盐库大使，自六品以至未入流等官，接算前后历俸已满六年者，〔铨补各官以到任之日起算，咨署各官，以咨署之日起算。〕各府州具文申请巡道加考，〔其不由道府州所属之首领等官，应听各该管官具文考核。〕移司查核，转呈督抚调取验看，详加甄别，将才具平庸，不堪办事者斥革，年力衰颓者勒令休致，勤慎供职者准其留任。以上皆随时咨部，年终汇办，咨报军机处，吏部汇核具题，即以此次俸满之日起，俟六年再满，仍照例办理。如有贪劣不职，衰庸废弛者，随时揭参，不得拘定年限。至六年俸满内，〔自实授之日起算，其由举人出身之盐库大使，仍以五年。〕实有人才出众，著有劳绩者，该督抚出具切实考语保荐，除举人出身之盐库大使，送部引见，如奉旨准其升用，仍令该员回任候升外，其余佐杂等官，查明与例相符，准其保荐，奉旨后照例升用。至派往新疆办事佐杂人员，六年俸满，俱令新疆办事大臣甄别，移咨督抚照例办理。

甄别 002：乾隆三十七年又奏准

各省教职，除贪鄙衰庸不职，随时咨参，不得拘定年限外，俱以该员到任之日起，扣算六年俸满，各府州具文申请巡道加考，移司查核，转呈督抚学政调取验看，详加甄别。如果才能出众、堪膺民社者，出具考语，保题送部引见。如奉旨准其升用者，留部铨选，年力衰迈者咨部令其休致。内有情愿来京引见者，照大计之例声明咨送引见。其余应准留任人员，年力才具、堪以策励者，列为勤职，仅堪司铎者，列为循分供职，俱填注考语，咨部注册，即以此次俸满之日起，俟六年又满，再行甄别。如勤职中果有明白干练、堪膺民社者，仍准保题送部，照常奋勉者，仍列勤职。若办事少次于前，即改为循分供职。不堪供职者，即令休致。其供职中有能实心训迪，较前奋勉者，准予拔置勤职；照常办事者，仍列循分供职；才力衰庸者，即勒令休致，均随时咨部，年终汇办，咨报军机处，吏部汇核具题。至年逾七十，应行勒休。内有精力尚健，堪以留任之员，亦止准展限五年，概令休致。

甄别 003：乾隆三十七年覆准

凡由同知、直隶州知州推升知府，经督抚验系不能胜任，引见仍令回任人员，俟回任之日起，三年限满，由司道递加考察，督抚调取验看，果系奉职无过，于地方事务毫无废弛，准其留任。若年力衰颓，精神不能振作，勒令休致。其有别项劣迹不职，贻误地方者，该管道员，随时揭报督抚，据实题参，不得拘定年限。倘该管上司瞻顾情面，任听滥竽，即照庇例议处。

甄别 004：乾隆五十一年谕

知县有民社之责，原不应令才不胜任者滥竽其间，但如分发试用之员，及年满赴补举人等，未经得缺以前，该督抚察其才具平庸，奏请改教，本属可行。若业经补缺之员，果其才识迂钝，难膺民社，即司铎有教士之责，亦岂能胜任，此等人员，即应令其休致，何得复请改补教职，以为庸才养拙地步，从前定例，究未允协。嗣后各省知县，除未经得缺到任，经派出验看之大臣及督抚甄别，应行改教，或该员愿就教职者，仍照旧例办理外，其已经得缺，到任数月后，不胜民牧者，即以原品休致，概不准复行改教。

甄别 005：乾隆五十七年谕

据吴省兰奏：督臣梁肯堂咨送年满教职保荐甄别钞疏令学政衙门备案，因业经具题，咨商无及，已咨令梁肯堂行司调送补验等语。各省教职，系学政专管，其保荐堪膺民社之员，升任知县后，如才具平常，不能胜任，原保之学政处分，定例綦严，各省保荐教职时，自应与学政会商，择其才具优长者，会衔保题。今梁肯堂所保教职二员，并未先与学政酌商，于会衔具题后，始行钞疏知照备案，殊非慎重保荐之道，竟系梁肯堂不以学政为事，率臆径行，国家简任学政，岂不竟同虚设乎？梁肯堂著严饬行，此后遇有甄别保荐教职等事，均应照例会同学政，先行酌商，秉公办理，联衔具题，毋得仍前径行专办，以符体制。至各省督抚，若于保荐甄别地方官员，亦有似此并不彼此会商，辄以一人专主，即会衔具题者，一经发觉，朕必重治其罪。

甄别 006：嘉庆五年奏准

各省甄别教职佐杂，定例按该省额缺，以百之二三为率，参劾及数者免议。如该省果无衰庸恋缺，应行参劾之员，令该督抚将无可劾参缘由，切实声明，亦免其议处。参劾不及数，未经声明者，将督抚学政，降三级调用。〔后改定照应申不申律，罚俸六月。〕如有别案参劾，究出因衰庸贻误者，将该督抚学政，亦降三级调用。〔后改定降二级留任。〕

甄别 007：嘉庆五年又奏准

调补烟瘴人员，如有不称职之处，该上司随时揭参，不必俟其俸满。〔至俸满时，如果办事精勤，著有实在政绩，该道府造具事实印册，分别保题，注册升用，循分供职，而年力强壮，尚堪驱策者，将俸满应升之处注销，仍以原品之缺补用。〕若任内虽无劣迹可指，而俸满时年力已衰者，即行查参，令其休致。若该管道府于在任时因循不揭，至俸满时又不核实查参，以及捏填事实、混行保送者，均降二级调用，两司罚俸一年。

甄别 008：嘉庆五年谕

朕上年亲政以来，遇有谢恩请训知府，俱经召见，其中才具明干者，固不乏人，而年力衰颓，才识迂拘，及新例报捐，年轻全未谙悉者，亦复不少。以天下知府额缺而论，经朕召对之员，不过十之一二，而才具优劣，已有区别，则其余各省未经见朕之知府，或阘茸恋栈，或少不更事，经督抚姑容留任，想各省皆所不免。著通谕各该督抚，于现任知府内，详加考察，认真甄别，如有不胜知府方面之任者，即据实奏闻，送部引见，或勒令休致，或降补丞倅等官，毋任因循贻误。此次降旨考察知府之意，原为地方得人起见，并非沙汰年老之员，知府中或即有年齿稍增，而精力尚健，且办理地方事务，历练熟悉，正应资其治理。若督抚误会朕意，惟将年老之员概行参劾，岂综核名实之道？至初任年少之员，于吏治民情全无未历练，或有限于才识，难望其振作有为者，即当据实劾奏，岂得因其年齿方强，稍涉瞻徇。各督抚等务善体朕意，秉公甄别，以收化民成俗之效。其直隶州知州，应照此例行，将此通谕知之。

吏部处分016：徇庇容隐〔例13条〕

徇隐001：康熙九年议准

总督贪婪，巡抚不行纠参；巡抚贪婪，总督不行纠参；如发觉审实，无论同城不同城，皆降三级调用，藩臬两司免议。其方面以下大小官员贪婪之处，司道府等不行揭报，被督抚访实题参，将同城之司道府各降三级调用，不同城者各降一级留任

徇隐002：雍正六年议准

台湾地方文职同知以下等官，有贪酷乖张，以致起衅生事者，将不行揭报之道府降三级调用，不行查参之巡台御史降二级调用，瞻徇隐匿不行告知督抚之武职，皆照不行察报例降一级留任。如武职游守以下等官，有贪酷乖张，以致起衅生事者，将不行揭报之副将、参将降三级调用，不行查参之总兵官降二级调用，瞻徇隐匿不行告知提镇之文职，亦照不行察报例降一级留任。

徇隐003：雍正六年议定

凡方面以下大小官员贪婪之处，劣迹昭著，该管各官不行揭报，被督抚访察题参者，同城之知府降三级调用，司道降二级调用，不同城之知府降一级留任，司道罚俸一年。其因事受财，劣迹未著，同城之知府失于觉察，降一级留任，司道罚俸一年；其不同城在百里以内之知府罚俸一年，司道罚俸九月；百里以外之知府罚俸九月，司道罚俸六月。遇有失察题参，该督抚即于疏内将里数声明，以凭查核，倘有里数声明失实，将转详各官，皆照徇情例降二级调用。至属官贪赃，上司已确有闻见，或士民告发，业经审实，或虽未告发，而行贿过付确有其人，而不揭报，是有心徇庇，应无论同城不同城，在百里以内百里以外，各降三级调用。其虽有风闻，正在访察，而督抚先已查出，若即行具揭者，该督抚仍将同城与不同城，及不同城在百里以内百里以外之司道府，于疏内声明，照例议处。其直隶州知州，照知府例议处，若署知府直隶州知州事不揭报者罚俸一年。如知府直隶州知州贪婪，司道不行揭报，亦照知府例

议处。其司道将贪劣官员申详督抚知府不行揭报，或知府申详，司道不行揭报，及科道开列本官劣款指参者，将本官解任，审实，其不行揭报之司道府等官，皆照此定例分别处分，并不题参之督抚，亦皆照司道例分别处分。若督抚既参贪婪官，不开未经揭报之司道府职名指参者，罚俸一年。如官员互相讦告，该管官不行申报，及督抚知觉行查，又行迟误，并督抚密行察访，漏泄风声，以致有自尽脱逃等事者，皆各罚俸一年。其自尽之人，如有威逼致死情由，经部行询，取具妻子口供，审问情实，确有证据者，将逼勒之官革职提问。至管盐务各官，贪劣事实，或被督抚科道纠参审确者，将不参之巡盐御史及不报之盐运使等官，皆照督抚司道例分别处分。如巡盐御史〔后裁〕将所属贪劣盐官题参，与督抚司道无涉者，免其议处。

徇隐004：雍正六年又议定

署印官于署任内，事犯贪婪被参者，除将本人治罪议处外，其委署之上司，自行纠参者，免其处分，傥上司徇庇私人，容隐劣员，或自护其短，不行参奏，于他处发觉时，将委署之上司，照徇庇例降三级调用。

徇隐005：雍正十二年议准

云、贵、川、广等省苗疆地方，照台湾之例，令文武官弁互相稽察，如文职同知以下等官，武职游击、守备以下等官，有将苗夷科派扰累，及将土目索诈陵辱等情，除将该官弁参处治罪外，其同城文武如有曲徇情面，含糊隐讳，将不行揭报之道府副参，并不行告知督抚、提镇之文武官弁，皆照台湾之例分别议处。再，边地官兵出征，如不肖之官，并不亲身前往，将剿贼办粮重任专委土弁经理，以致恶弁乘机抢夺生事等情，亦令文武官互相稽察呈报，督抚提镇严访重处，如有瞻徇隐匿情弊，亦照台湾之例分别议处。

徇隐006：乾隆五年奏准

各省督抚，照例题升调补官员，原任及新任内有贪劣等事，如系该督抚等自行查出究参，无论该员升任原任贪劣，皆免其议处。如不行参奏，别经任之后，仍照同城不同城，分别议处，概不准其援免。该督抚于题参疏内，即将是否同城，并在任月日，详细声明，傥有声明失实，将转详各官，照徇情例议处。直隶州知州不揭参劣员，照知府例议处。直隶州知州贪婪，司道不行揭参，亦照知府例议处。至属员贪赃，经督抚两司饬查，或士民告发得实，该上司仍不揭报，有心徇庇，无论同城不同城，将该上司降三级调用。若督抚未经题参，并不将未经揭报之司道府职名指参，转将清廉官员，屈为贪劣题参者，仍照例议处。发觉者，皆照不揭报劣员例分别察议。

徇隐007：乾隆十年奏准

凡上司失察属官贪劣，其不同城之上司，及在任不及一月者免议。

徇隐008：乾隆三十五年覆准

调繁人员，不加奋勉，顿改前操，致有废弛贻误，该上司不即严参究治，曲为徇隐，照徇庇例降三级调用。

徇隐 009：嘉庆五年奏准

官员贪婪劣迹，已经昭著，该管各官不行揭报，经督抚题参，同城之知府司道，不同城之知府司道，仍照例议处。同城之上司，到任在二十日以内者，免其查议。若属员所犯贪劣，即在该上司已经莅任之后，仍照同城不同城，分别议处，概不准其援免，该督抚于题参疏内即将是否同城，并在任月日，详细声明，倘有声明失实，将转详各官照徇情例议处。直隶州知州不揭参劣员，照知府例议处。直隶州知州贪婪，司道不行揭参，亦照知府例议处。至属员贪赃，经督抚两司访查，或士民告发得实，该上司仍不揭报，有心徇庇，无论同城不同城，将该上司降三级调用。若督抚未经题参，并不将未经揭报之司道府职名指参，转将清廉官员，屈为贪劣题参者，仍照例议处。

徇隐 010：嘉庆七年谕

各直省设立督抚，原以纠察属吏，惟在见闻周密，有弊必除，庶属员知所儆惧，吏治自臻整肃。若必待朕先有所闻，降旨询问，督抚始行查办，则安用督抚为耶？试思四海之广，臣民之众，为人君者，安能一一周知？虽以尧舜之君，明目达聪，设无九官十二牧，为之分职亮功，亦何能从欲以治乎？至外省一切陋规，早应随时禁革。粤东借赃罚为名，按缺派送银两，相沿已久，督抚并不查办，一经朕询问，始据实陈奏，可见此等陋规未经革除者，尚复不少。嗣后各督抚于地方吏治，务当随时访察，厘剔弊端，如有作奸犯科之事，即当据实严参，不得徇情袒庇，亦不可为属员蒙蔽，以期大法小廉，副朕澄叙官方至意。

徇隐 011：嘉庆九年谕

各省督抚、将军、都统、提镇，及藩臬大员，俱有地方营伍专责，安可容衰病人员日久恋栈，致有贻误，朦混君上，市恩僚佐，不顾公事，惟博私恩。若本人自揣精力不能胜任，即应具折陈明。而同城官员，见闻更确，尤当随时奏闻。乃近日相率姑容，既经降旨询问，仍复含混其词，不肯遽心劾奏。试思大员衰老多病，众所共见，犹复曲为容隐，其官阶较小各员，老病恋职，及年虽强壮，不能任事，声名平常者，更不知姑容几许？于吏治官方大有关系。嗣后各督抚、将军、都统、提镇等，各发天良，与所属各员留心查察外，其同城文武大员遇有年老多病，及官声平常，俱著据实具奏。倘仍前徇隐袒护，经朕访闻确切，必当一并究治，决不宽贷。

徇隐 012：道光四年奏定

属员犯有贪婪劣迹，该管上司失察不行揭报，经该督抚先行查出参奏，同城之知府、直隶州知州降二级调用，司道降一级留任，不同城之知府、直隶州知州降一级留任，司道罚俸一年，到任未及一月者免议。

徇隐 013：同治元年奏定

直省督抚，如有奉旨查办交讯之案，为属员开脱罪名，仅予空参者，若日久败露，或别经审实，督抚照徇庇例从严加等议处。如属员犯有枉法滥刑，横征苛敛，及侵吞捐项，弃城不守，种种罪状，督抚为之开脱者，非身有疵瑕，虑人指摘，即受其贿赂，甘与通同，将该督抚一体治罪。

吏部处分 017：屈廉为贪〔例 3 条〕

屈廉 001：雍正六年议定

督抚如将清廉爱民之官屈为贪婪，题参审虚者，将原报之司道府等官各降二级调用，督抚各降一级调用。

屈廉 002：雍正六年议准

管盐务各官，如将清廉官屈为贪劣，题参审虚者，将原报之盐运使等官各降二级调用，巡盐御史降一级调用。其总督参过劣员，巡抚不必再参。巡抚参过劣员，总督不必再参。

屈廉 003：雍正六年奏定

督抚等大员，如将清廉官吏屈为贪劣题参者，将该督抚等革职。如由司道、府州、运使等官捏报者，将捏报之员革职，督抚等降三级调用。

吏部处分 018：委署失当〔例 9 条〕

委署 001：康熙十五年议准

委署州县印务，该督抚酌其事简者，令邻近州县署理；事繁者，于同知州判等官内，选择廉能之人署理。如委署之后，有玷官箴，司道府官知觉揭报者免议。如不能揭报，或经督抚纠参，或被士民控告，审实，将司道府官，皆照不揭报劣员例分别处分。如在督抚参出之后，虽揭报不准，如督抚不行纠参，亦照不揭报劣员例分别处分。至将革职降级官员，及巡检、大使、典史、驿丞等官委署州县印者，将司道府官各降一级调用，督抚罚俸一年。如司道府官不详督抚，擅行委署者，皆降一级调用。如上司已经委署，本官藉端推卸不赴任者，罚俸一年。

委署 002：康熙二十六年覆准

各省如委三司首领署理州县印务者，申详该管之上司，照委巡检、大使、典史、驿丞等官署州县印例议处。

委署 003：雍正六年谕

州县为亲民之官，地方事务，全资料理，凡有委署印务者，必邻近地方，始能兼顾，向来督抚藩司等委官署印，每凭一己之私心，而不计道里之远近，此习相沿已久，近日秉公之上司，已将此等陋习涤除，而其余尚有未能尽改者，如广东巡抚以韶州府乳源县令署广州府之花县，又以广州府花县令署惠州府之海丰县，此皆隔府差委，相去数百里之远者。夫州县一官，钱粮必及时征收，盗贼必立时缉捕，人命必当时相验，承审案件必如限完结，若于数百里外兼摄印篆，不但顾此失彼，诸务废弛，而吏役奔忙，人犯拖累，种种迟误之处，难以悉数。嗣后州县员缺，该上司等必须选委邻近官员署理，倘正印官一时不得其人，即遴选邻近之贤能佐贰官署理，如系地方要缺，邻近难得其人，则将隔府正印官委署，而别委官员以署该员本县之事，务期人地相宜，而各县公务，又不致于迟误，斯有裨益。倘该上司有市恩徇情，任意委署者，经朕察出，定严加处分。

委署 004：嘉庆五年奏准

凡试用人员到省后，巡抚等并未委署，遽行出考保题实缺，将巡抚、布政使均降一级调用。

委署 005：嘉庆五年又奏准

凡委署州县印务，首领、佐贰内经卓异保荐者，准其委署，如将未及卓异、保荐之首领、佐杂等官委署州县印者，将督抚各降一级调用。如由司道府州申详者，将申详官降一级留任。如司道府不详督抚，擅行委署者，照擅行委署例议处。

委署 006：嘉庆五年谕

州县为亲民之官，必须官民相习，始于地方有益。朕闻近来各省督抚，于州县缺出，往往计其肥瘠，辗转调署，以致各州县多非本缺，其中为公事通融调剂者，亦所时有，而上司爱憎所属，为人择缺居多，势必本缺署缺，皆易生手，两相贻误，于吏治大有关系。此弊各省皆有，而广东为尤甚，督抚如果为人起见，何不奏明更调，乃任意高下其手，致启属员夤缘趋避之端。其风断不可长，倘州县违例调署，督抚等原有处分，自当通行饬禁。嗣后各督抚等调署州县，若不具折陈奏，一经部中查出，或被他人参劾，必将该督抚等交部严议。

委署 007：嘉庆八年谕

各直省拣调州县，凡系省会首邑，及边疆要缺，经该督抚专折奏请，实系人地相需，虽交部议驳，奏上时，朕无不俯加允准，并将该督抚处分加恩宽免。至州县互相调署，久经饬禁，诚以州县官各有地方专责，如果人地不宜，何难奏明更调，若不行陈奏，辄将员缺彼此互易，殊非核实办公慎重职守之道。乃近日各督抚，渐又不遵定制，率以调剂地方为辞，纷纷互调，并或避调署州县名目，将实缺州县，委署同知、通判，而另以他员委署州县本缺，在督抚中居心公正者，或实为地方起见，如稍有私意，即不免以爱憎为予夺，较量肥瘠，为人择缺，种种弊窦，由此而起，实于吏治大有关系。著再行申谕，嗣后督抚将州县官互相调署，或委署同知、通判，必须人地实在相需，始准专折奏请，候旨遵行，仍一面咨部查核。其有应行会衔之处，照例会衔具奏。倘仍沿旧习，阳奉阴违，经朕查出，或被人纠参，定将该督抚议处不贷。

委署 008：道光四年奏定

道府遇本属府州缺出，同知、通判遇本属州县缺出，均不准该督抚委署。其州县事简者，令邻近州县，及试用候补等官署理。事繁者，于别府同知、通判等官内，选择廉能之吏署理，或现任之首领佐贰内，有曾经卓异保荐，俸满保题者，亦准委署。如该督抚不量缺分繁简遴委，照违例保题例罚俸九月。若将并未卓异、俸满之首领、佐贰等官，委署州县印务者，将督抚降一级调用；由司道府州申详者，将申详官降一级留任。至州县缺出，司道府不详明督抚，擅行委署者，将擅委之员降一级调用。其因州县丁忧病故，暂行委员护理，并不接收交代者，不在此例。

委署 009：道光八年谕

州县系正印官员，定例州同、州判、府经历、县丞等官，非曾经卓荐，或历俸五年以上，不准委署正印，其照磨、司狱等官，非应升知县之员，岂可委令代理。著各督抚遇有州县缺出，仍遵定例，不得以佐杂人员滥行代理，并著吏部详加查察，或委署任内得有处分。如系违例滥委之员，即将原委之上司，查明参处。

吏部处分 019：题补调补失当〔例 15 条〕

题调 001：康熙五十二年覆准

督抚将不应题补调补之缺，滥行题补调补者，照徇庇例降三级调用，转详之司道府亦照此例处分。如调缺有应调之人，以无人具题，反滥行奏请升用，将该督抚司道府等官亦照此例处分。

题调 002：乾隆元年议准

凡遇有应行题补之缺，于出缺时，该督抚接到部文之后，限一月内，即行拣选题补，如无合例之人，亦即据实奏请简用。倘有任意迟延，经部科察出，将督抚议处，违限不及一月者罚俸三月，违限一月者罚俸六月，违限二月者罚俸九月，违限三月者罚俸一年，违限四五月者降一级留任，违限六月以上者降二级留任，违限一年以上者降三级调用。

题调 003：乾隆七年议准

督抚题补官员，任内有参罚事故，皆于本内声明，听部定议。其已经劾参未准部覆案件，亦将原参之事叙入本内，听部定议，如有遗漏，由部查明，即于议覆本内，将具题之督抚附参，照不行详查例罚俸六月。

题调 004：乾隆三十三年覆准

督抚题补官员，任内有参罚事故，及已经劾参未准部覆案件，俱于本内声明，如有遗漏，将具题之督抚照定例议处。其遗漏之案，如系钱粮，将藩司罚俸一年，臬司罚俸六月；若系刑名，将臬司罚俸一年，藩司罚俸六月。

题调 005：嘉庆四年覆准

督抚将应归部选之缺，并不声明，混行题补调补，查有徇庇情事，降三级调用。若由司道府州等官申请者，将司道等官降二级调用。查无徇庇情事，止系违例，将督抚照违令公罪律罚俸九月，司道等官申请者罚俸六月，其主稿之督抚应降三级调用者，会衔之督抚降一级留任。主稿之督抚应罚俸九月者，会衔之督抚罚俸三月。

题调 006：嘉庆四年又覆准

凡直省应调缺出，该省现有应调之人，捏称无人，将他员奏请升用者，将督抚司道等官，均照部选缺出混行题补调补例分别议处。

题调 007：嘉庆四年三覆准

各省应行题补缺出，该督抚等将衔缺悬殊不应题准之人越次奏请升用者，将督抚司道等官，均照部选缺出混行题补调补例分别议处。

题调 008：嘉庆七年谕

嗣后外省题补人员，均当按照成例，不得率意奏请干咎。

题调 009：嘉庆十一年谕

近来督抚等违例保奏者渐多，明知部议必驳，部驳之后，仍可邀准，而一经恩准，则处分亦无不宽免，遂尔心存玩易，任意保题，积习相沿，成为故套，恐滋流弊。试思一省之大，州县佐贰不少，岂无廉能任事，合例可保之员，何至出有一缺，即非此一人不可，必欲违例奏请，此在存心公正之督抚，一时为人地起见，谅无别情，而假公济私者，或因此徇情荐举，意为爱憎，不论人才之当否，惟视缺分之肥瘠，其弊将何所不至，所关于吏治者甚大。朕固不疑天下督抚俱有不肖之心，然不明定条例，恐封疆大吏，保举属员，竟致无所顾忌，不可不防其渐。嗣后督抚等违例保奏之员，除照依部驳者，仍照例议处外，其有部驳之后，仍奉特旨准行者，著交该部存记，将来所保之员，如犯有贪私舞法之事，其原保之上司，竟当奏请革职。如系别项劣迹，致罹参革者，亦应照本员罪名之轻重，以定原保上司获咎之等差。著该部详议章程，载入则例，永远遵行。钦此。遵旨议定：凡督抚违例题请升调，经部议驳，钦奉特旨准行人员，后有缘事革职拟罪者，应分别公私，斟酌定议。如系因公罢斥，本员革职后，无论应拟何罪，原保上司，仍免其追问。若犯贪劣，系原保上司访闻揭参，无论本省隔省，均应免议。如本员系犯贪赃舞法，应拟斩绞罪名者，若不行揭参，别经发觉，将原保之督抚革职，申详之司道府等官降三级调用。如本员所犯应拟军流，系属私罪者，将原保之督抚降三级调用，申详之司道府等官二级调用。如本员所犯应拟徒杖，系属私罪者，将原保之督抚降二级调用，申详之司道府等官降一级调用。如本员应犯私罪，例止革职，或以昏愦胡涂，办事乖张悖谬等情，劾参革职者，将原保之督抚降一级调用，申详之司道府等官降一级留任。如所保之员，并非由司道府等官申详者，止将原保之督抚议处，司道以下俱免议。其有违例题请升调，经部议驳，奉旨依议后，该督抚复以人地相需，专折奏请，仰邀旨允准者，此等人员如犯有前项事故，其不行揭参之原保督抚，较之初次保题，经部议驳，奉旨准行者，获咎较重，应行加等议处。如所保之员，有犯贪赃枉法，应拟斩绞罪名者，若不行揭参，别经发觉，原保之督抚，无等可加，仍照例革职，申详之司道府等官加等降四级调用。应拟军流者，将原保之督抚加等降四级调用，申详之司道府等官加等降三级调用。罪拟徒杖者，将原保之督抚加等降三级调用，申详之司道府等官加等降二级调用。如仅止革职者，将原保之督抚加等降二级调用，申详之司道府等官加等降二级留任。如所保之员，系督抚自行专折奏恳，司道等官并未复行申详，将原保之督抚加等议处，司道以下毋庸加等，仍照初次具详之例议处。再，此等案件，凡系督抚违例题请升调，由部照例议驳，钦奉特旨准行，或由部议驳，奉旨依议，该督抚复以人地相需，专折奏请，钦奉特旨准行者，均由部查明原保之督抚，并原详之司道府，于官册内注明存记，俟属员犯案之日，查明该员系何人保奏，即将该督抚等照例议处。

题调 010：嘉庆十五年谕

著通谕各省督抚，嗣后遇有州县要缺，例应在外拣选升调者，先尽合例人员。如无合例之员，方准拣员保送。著将所保之员，平日居官实迹叙入，不得以含混考语，率行奏请干咎。

题调 011：嘉庆十六年议定

各省道府，请旨及应归部选之缺，不准外省扣留题请升补。如该督抚有违例渎请，奉特旨斥驳，及交部议应行议驳者，查有徇庇情事，将该督抚照徇庇例，降三级调用；查无徇庇情事，止系违例，将该督抚照违令公罪律，罚俸九月。

题调 012：嘉庆十七年谕

嗣后各督抚违例题请升调，经部议驳，并将该督抚议处者，著即另选合例之员具题。倘该督抚藉词员缺紧要，仍将议驳之员复行保奏，除所保之员不准升调外，仍将渎奏之督抚再行交部议处。

题调 013：嘉庆十七年又谕

广东海阳县一缺，系潮州首邑，俗悍讼繁，素称难治，徐一麟先经署任，民情悦服，械斗渐息，蒋攸铦等据实保奏，系为整饬地方起见，特旨允行。嗣后如海疆边要缺分，该员先经署任，治理有效者，方准该督抚据实声请，候旨酌定。如系寻常升调之缺，该督抚将议驳之员，复行保奏，仍遵前旨，除不准行外，将该督抚照例议处。

题调 014：道光四年定

各省请升、请调、请补，如例有专条，所保之员与例相背，虽全行声明，无论奉旨允准，或交部议，均行议驳，将该督抚照违例保题例加等议处。

题调 015：同治二年奏准

军营督带兵勇各员，准各督抚及统兵大臣据实奏明，暂缓赴部外，凡由现任候补人员，因各项劳绩，保举道府以至州县等官，题补升补等缺，该督抚接到奉旨部文后，按照例限给咨送部引见，回省后方准保题升转。未经引见以前，概不准遽行题升，如有违例奏请者，即将该督抚议处。

吏部处分 020：失察失报〔例 11 条〕

察报 001：康熙九年题准

凡奸徒私造假印，执持假票，冒称职官，或谎戴花翎，或假称差官，所在地方州县不行查拿者，降一级调用。如给此等奸徒印结执照者，事发，革职。

察报 002：康熙九年议准

所属现任官员，有潜逃不行申报者，罚俸一年。或有员缺不报者，处分同。又，各官有谎报因公出境者，降一级调用。

察报 003：雍正十二年议准

凡各省地方官于升迁降调，以及有事故离任之后，遇有疏防失察等案，如在任时实系因公出境，接任之人，务将前官公出月日及因何事，公出何处，分析详报督抚，据实声明，听吏部察核。倘接任之人，将前官公出之处，失于查报，误将职名开送者，将接任官照失报事故例罚俸一年，转报之上司照不行详察例罚俸六月。

察报 004：乾隆三十七年奏准

各省大小官员，遇有公出，申报上司查明，于每月底通报督抚，并统辖各上司，如有谎报及挪移时日者，系寻常事件，仍照例降一级调用，其失察之该管官罚俸一年；如系紧要事件，规避降革处分者革职，不行查出之该管官降二级调用。

察报 005：嘉庆十一年奏准

进士、举贡及捐纳、贡监并捐职人员犯罪，该州县官失察者，〔如窝匪唆讼赌博之类，例有州县官处分者。〕照失察平民之例议处，系有心徇庇者降三级调用。

察报 006：嘉庆十一年又奏准

州县官员，将在籍候补候选等官病故情由不行申报，经部选给凭后，始行补报者，罚俸一年，申详情由舛错者罚俸六月，该上司免议。如州县官申详上司，上司不行转报者，上司罚俸一年，州县免议。如州县未报，诿称已报，及州县已报上司，上司不承认已报，推诿属员者，俱罚俸二年。此等不行查报处分，不得以本家未经呈报，声请免议。其病故之员，由部提审对质，始行申报者，亦照此例处分。

察报 007：嘉庆十七年奏准

仓米被窃，不行查察，应按其被窃次数，分别处分。如失察被窃一次者罚俸六月，二次者罚俸九月，三次者罚俸一年，四五次者降一级留任，失察自六次以上者议以降一级调用。

察报 008：嘉庆十九年奏准

官员失察各项处分，除实系自行访闻，获犯究办，准其宽免外，其有案经别处发觉，〔或由邻境关查，或由部民控告。〕而本员随即获犯究办者，或实系访闻在先，因卸事而移交后任获犯者，各照邻境获犯之例减等定议。〔若自行访闻，并未获犯究办，因卸事而移交后任，仍未获犯，则访闻系属空言，应不准减议，仍照例议处。〕失察衙役家人滋事，以致酿成人命，虽访获究办，仍应照例议处。其未经酿命而访获者，仍免议。

察报 009：道光四年奏定

接任之员，于前官公出月日，失于查报，误致前官降革离任者，除将前官处分开复外，将误开之接任官降二级调用。

察报 010：道光二十六年奏准

在京堂司各官，遇有失察之案，如到任不及一月者，免其议处。

察报 011：道光二十六年又奏准

捐纳贡监生，责成州县官约束稽察，遇学政案临时，照例举报优劣。倘有素行不端，而瞻徇不报，或优行可举，而勒掯不申，后经上司查出，或别经发觉，将州县官降一级调用，其止失于觉察者罚俸一年。

吏部处分 021：官员呈辩冤抑〔例 6 条〕

冤抑 001：康熙八年覆准

官员冤抑，旧例许于吏部呈辩，嗣后凡年久已结之案，有在吏部呈辩者，概不准行，如果有冤抑，许赴通政司鼓厅控告。至降级革职之官，或在通政司鼓厅呈辩具题者，吏部查明冤抑果实，准其开复，其同案内处分之人一并昭雪。

冤抑 002：康熙九年议准

初次叩阍审虚者罚俸九月，复称冤枉叩阍者降二级调用。初次具告通政司鼓厅审虚者罚俸六月，复称冤枉具告通政司鼓厅者降一级调用。若于原词之外，捏造言语，妄生枝节，具呈通政司鼓厅者，照定例处分外，再降一级调用。若已经革职之官，即交刑部治罪。若官员辩冤，具呈原议衙门，不为申理者，许赴通政司鼓厅控告，果有冤抑，将不申理之官，罚俸六月。如实无冤枉，已经控告不准，又复向原议衙门申辩者，系官罚俸六月，系平人交刑部治罪。

冤抑 003：康熙九年又议准

官员捏告上司受贿私派等事，审虚者，革职提问。

冤抑 004：康熙十一年议准

处分官员不得控告注考官受贿侵勒，违者革职，无顶戴者交刑部治罪。若止控告本人冤抑，不及注考官者，照叩阍具告通政司鼓厅例处分。

冤抑 005：康熙十九年议准

官员被上司揭报纠参之后，始首告上司索诈苛求者，照京察大计降革官员控告例处分。

冤抑 006：乾隆四年奏准

凡候补、候选，以及曾经议处官员，如有应行呈明情节，咸准其赴部具呈，交与该司，将应准应驳缘由，详加考核，逐款明晰批示，分别办理。至既经具呈一次之后，如有复行捏词妄控者，一概不准收录。倘此内果有实属冤枉，令其自行赴都察院具呈，该院查明应行准理者，行文调取该部办理原案，及一应定例，如实系舛错，即为奏请改正。该部堂官如有办理未协，亦即奏明请旨察议，倘有营私受托等弊，都察院一经察访，即行参奏。

吏部处分 022：外官直揭部科〔例 2 条〕

直揭 001：雍正元年谕

旗员为外吏者，每受该旗都统、参领等官所制，自司道以至州县，于将选之时，必勒索重贿，方肯出结咨部，及得缺后，即遣人往其任所，或称平日受恩，责令酬报，或称家有婚丧等事，缓急求助，或以旧日私事要挟，或五旗本王府不体下情，分外勒取，或纵本府人员肆意贪求，种种应酬，不可枚举，以致该员竭蹶馈送，不能洁已自好，凡亏空公帑，败坏身名者，多由于此。嗣后如有仍蹈前辙，恣意需索等弊，许本官据实封章密详督抚转奏，督抚即据详密奏，倘督抚瞻顾容隐，即许本官封章揭都察院转为密奏，倘不为奏闻，即各御史亦得据揭密奏，务期通达下情，以除积弊。外任旗员，毋得隐忍畏惧，朕不治以犯上举首之罪。

直揭 002：雍正十三年议准

直省各上司，有恃势抑勒者，许属官详报督抚，即行题参。若该督抚徇庇上司，不行参究，或督抚自行抑勒，致属官受屈难伸者，仍准其直揭部科，查明揭内情词，如果有抑勒实情，即行据揭具奏，将原揭一并行令该督抚确审，该上司暂免解任，如审明该上司果有抑勒情由，题参到日，照抑勒例议处。若属官已知访揭题参，罪无可逃，即乘参本未到之先，摭砌款迹，捏词诬揭部科者，部科查揭内情词，毫无确据，即据揭参奏，将该员解任，行令督抚确审，如审系诬揭，该员革职治罪。

吏部处分 023：言官奏事不实〔例 4 条〕

言官 001：康熙九年题准

言官如将贪婪官员列款纠参，审问全虚者，或参官员老病衰庸若虚者，皆降二级调用。其讥刺条议，奉旨议处者，或因不据实回奏，奉旨议处者，或凡事不据实陈奏，及并无可据，称风闻具奏者，皆降一级调用。如将官员列款纠参，有一二处实者，免议。

言官 002：康熙十四年议准

内外无言责大小官员，如不系密事，妄行密奏，及借公将私事具奏者，除所奏不准外，各降二级调用。或言官及无言责各官，藉端条奏，陷异护党，挟诈报复，并允受嘱托，及行贿作弊具奏者，事发，将本官革职，交与刑部。如督抚科道题参，应密而不密，不应密而密者，皆各罚俸六月。

言官 003：康熙三十九年谕

嗣后各省督抚、将军、提镇以下，教官、典史、千把总以上，官员贤否，若有关系民生者，许科道官以风闻入奏。傥怀恩怨，互相朋比，受嘱托者，国法自在。

言官 004：雍正十三年议准

科道被人参劾之后，并不静听部议，候旨裁夺，倚恃言官之职，妄行具揭陈辩者，降三级调用。

吏部处分 024：开缺截限〔例 35 条〕

开缺 001：康熙十五年议准

督抚纠参贪酷官员应革职提问，或应解任来京质审者，皆开缺铨补。外官奉旨提解来京者，亦开缺铨补。直隶官员，除提解来京审问者，开缺铨补外，其质审来京，不系提拿者，不开缺。若此省官员，有发彼省质审讯问者，仍行开缺，在本省内者不开缺。

开缺 002：康熙二十八年覆准

凡具题应出之缺，十二日以内到者，于十七日以内具题，作本月之缺；十三日以后到者，作下月之缺。其不具题微员之缺，二十日以内到者，作本月之缺；二十一日以后到者，作下月之缺。

开缺 003：康熙三十九年题准

升转等官，以科钞到部之日开缺。革职、降级、病退等官，到部分司第二日，该司即付文选司开缺，二十日到部者，本日即分司，该司即于本日付文选司，作本月之缺。至外任病故官员，以病故之日起，限一月内，由各该处移咨送部，以该处咨文到部之日开缺。

开缺004：雍正元年议定

各官如有侵挪钱粮被参者，皆令离任开缺，或应还职者，赴部别补，不必悬缺久待。

开缺005：雍正三年覆准

满汉双单月升选各官，得选之后，如有保留，暨奉旨扣除者，其员缺留于下月补授。其俟具题奉旨方准开缺者，务于截限以前具题，如有迟延，罚俸三月。如系有意迟延，压缺滋弊者，〔如受贿请托及纵容失察书吏受贿等项。〕各从重论，书吏送刑部治罪。

开缺006：雍正三年又覆准

凡升转、降调、革退、回避、病故各官员缺，该衙门于五日内行文过部开缺，如逾限五日之外，尚在本月截限以前者，免议。其逾至本月截限日期以后者，皆照压缺例分别处分。若文已到部，事属考功等司，不即回堂，移付文选司开缺者，亦照此例议处。

开缺007：乾隆六年奏准

凡遇官员升选，将不应升之人拟升，不应开之缺误开者，将不行详查错误办理之司官降一级留任，随同画押各官罚俸两月。

开缺008：乾隆七年奏准

凡本月应开之缺，或至截缺限期之后，科钞始行到部，如在未经验看考试之前，即令补掣，同本月月官引见；如在引见之后，将缺存留，于下月铨选之期，将原选月分应选之人拟用，同下月月官引见，于折内声明。至每月十二日以前，应办开缺之本，俟于二十日以内，有例不进本日期，由部专折奏闻，请旨开缺。

开缺009：乾隆十四年奉旨

道府等官患病，题请解任，其员缺应题者，即拣选具题，应请旨或归月选者，该部即行查明办理，不必候部覆准，方行开缺。著为例。

开缺010：乾隆十四年奏准

外任降调官员，奉旨依议之后，即行开缺，其有令督抚出具考语送部引见者，亦行开缺。至外任推升京职，尚未引见，续经降调，奉旨俟引见之日，将降调之处具奏请旨者，若将该员所升之缺，即行开选，则该员原由推升得缺引见，既经开缺，则无由引见，若不即行开缺，则现任官员降调，尚行开缺，而得补未经引见者，转不开缺，未为允协。嗣后推升京职人员，有似此者，将本人所升员缺即行开选外，俟本人到部之日引见请旨；如以原官补用，即将所降之级，带于新任；如照部议降调，即照所降之级另补。

开缺 011：乾隆二十一年议准

知县以上应行具题各官，定例于每月十二日到部者，作本月之缺，为日宽裕，可以从容办理。其州同、县丞以下，例不具题各官，定例二十日以内到者，作本月之缺，系指已经降革等项即应出缺者而言。至现在应行察议之官，应否出缺，尚须酌定，若为日过迫，恐滋草率。嗣后议处州同、县丞以下等官，十五日以内到部者，作本月之缺；十六日以后到部者，作下月之缺。

开缺 012：乾隆三十年奏准

官员患病解任，与老疾休致、告请终养，情事相同，科钞到部，即行依限开缺，不必等候具题。丁忧病故者，据揭帖到部，即行开缺，不必等候科钞。

开缺 013：乾隆三十年又奏准

部院司员承袭世职者，如世职品大，文职品小，例应在世职上行走，所遗部院员缺，另行铨补。如果系才具出众之员，准该堂官具奏保留，带领引见，倘引见时不称保留，或保留之后，办事不能妥协，将具保之该堂官降一级留任。如有嘱托徇情等弊，将该堂官降二级调用。

开缺 014：乾隆三十七年奏准

盐库大使等官，以本月所出之缺，用本月投供之人，照满月官议覆开缺之例，二十一日以前科钞到部者，于本月具题奉旨，作本月之缺，将本月投供之人拟用。其在二十二日以后科钞到部者，作为下月之缺。遇有本月应开之缺，至下月议覆，科钞始行到部，仍将本月投供之人拟用。其内阁中书、兵马司正副指挥、吏目，有应行议覆开缺者，俱照此办理。

开缺 015：乾隆四十五年谕

嗣后吏兵二部，于文武员弁在部具呈告病者，查明该省如遇紧要事务，显有托病规避情节，即行具折参奏，不必行查该督抚。钦此。遵旨议定：现任同知以下等官，奉差或引见来京，有患病愿回籍调理者，系汉员，取具同乡京官印结，在部具呈，令该司坊官验看报部；系旗员，由该佐领出具图片报部，即行开缺铨选，仍令该员在京等候移咨该员任所督抚，查明并无未清事件，规避情节，系居官尚好之员，准其回籍调理；若系解运银两、铜铅、木植等项来京者，移查该部，实无亏缺，然后行查任所，并无未清事件，再准回籍。其在部具呈时，吏部查明该省现遇紧要事务，显有托病规避情节者，即行具折参奏，不必行查该省。

开缺 016：乾隆五十八年奏准

各省督抚，将所属各员奏请革职问罪，革职审拟，奉旨交部议奏，或该部严参议奏，或核议具奏者，吏部悉照革职提问之例，一面移咨刑部核拟，一面先行开缺铨选。其有缘事参革职，奉旨交军机大臣会同该部议奏，及三法司核议速奏，并交该部议奏等案，吏部于阁钞到日，行文主稿衙门，会同查议。其或各该衙门自行核覆，未及送吏部会议，于折内声明，俟命下之日，移咨吏部办理者，吏部于知照到日，即行开缺，毋庸再行题覆。

开缺017：嘉庆五年奏准

各部院等衙门所属满洲官员缺出，于月底截缺，每月大建，于三十日截扣；小建，于二十九日截扣。如必须具题请旨者，二十一日以前到部之案，务于本月二十六日以前具题，二十二日以后到部者，归于下月截缺，如有迟延，罚俸三月。若失察书吏受贿压缺者，照失察衙役犯赃例议处。如纵容书吏压缺，及受贿请托等弊，各从重议处。

开缺018：嘉庆五年又奏准

各部院等衙门所属汉官，及外省知县以上缺出，于二十日截缺。如必须具题请旨者，十二日以前到部之案，务于十六日以前具题；十三日以后到部者，归于下月截缺；其不具题微员之缺，亦于二十日截缺。如有必须具稿呈堂定议者，以十五日以前到部者，作本月之缺；十六日以后到部者，于下月截缺；其有迟延压缺等弊，照办理满洲月官之例议处。

开缺019：嘉庆五年三奏准

内阁中书、兵马司正副指挥、吏目及盐库大使等官缺出，截缺限期及迟延压缺等处分，俱照办理满洲月官之例议处。

开缺020：嘉庆五年四奏准

笔帖式缺出，于十五日截缺，如必须具题请旨者，初七日以前到部之缺，务于十二日以前具题。初八日以后到部者，归于下月截缺。其迟延压缺等处分，均照前例。

开缺021：嘉庆五年五奏准

各部会稿内，有关官员实降、实革、开缺具题事件，奉旨后，毋庸照五日行文之限，应于奉旨本日即行知照，以凭开缺。倘适届截缺日期，当日不及用印，先用画押白片知照，再补印文，吏科遇各部会题事件，有关开缺者，科钞内摘叙简明案由发部，以凭查核。倘适遇截缺日期，亦于即日钞发开缺，如有迟延，亦照前例议处。

开缺022：嘉庆五年六奏准

凡遇官员升选，漏注事故，以致升选错误者，将漏注之员，照经手遗漏事件例罚俸一年。

开缺023：嘉庆九年谕

此后各衙门缺出引见，以及外省送部引见人员，著吏部酌定限期，仍随时知照各衙门稽察，如有逾限，即行参处示徵。钦此。遵旨议定：嗣后除满汉月选笔帖式，各省保荐俸满教职，及现任人员升补，有关开缺者，各按截缺日期，先期带领引见外，至在京各衙门，应行题补之缺，出缺后，向由各该堂官酌拟定稿，应以出缺后，限二十日内带领，如遇有不合例事故，须辗转行查者，酌宽十日，定限三十日带领。再，内外杂项人员，人文到部，于验到后，统限二十日内带领。其有历任事故，须行查各部，往返需时者，亦酌宽十日，定限以三十日内带领。至应行带领人员内，有验到后呈报事故，或遇直日推班，并封印日期，不能带领者，自应稍缓，仍将详细缘由，移咨稽察各衙门查核。

开缺 024：嘉庆九年奏准

在省告病、病故、丁忧、休致、终养、参革等项出缺者，亦以该省题奏出咨之日，作为出缺日期。如奉特旨简放、降调、革职、及出差人员，遇有事故出缺者，以该省接咨之日，作为出缺日期。如开复日期在出缺之前者，议准；开复日期在出缺之后者，议驳。嗣后各省升调各官，均于题奏及咨文内声明何日出缺，何日开复，以备稽考而昭慎密。

开缺 025：嘉庆十年奏定

凡外参革职有余罪人员，吏部于奉旨后，即行依限开缺，其旨内有"议奏"字样者，悉由主稿衙门定议，会同吏部题覆，其或各衙门自行核覆，未及送吏部会议，于折内声明，俟命下之日，移咨吏部办理者，吏部于知照到日，即行开缺，毋庸再行具题。若并无余罪，仅止声请议处革职者，刑部若不及会议，应于折内声明，仍俟命下之日，移咨吏部办理，吏部于知照到日，核覆具题，依限开缺。

开缺 026：嘉庆十一年奏准

凡遇官员升选开缺，将不应升选之员误拟升选，不应开之缺误行开缺者，其承办错误之员降一级留任，随同画押各员照失察档案例罚俸两月。漏注事故，以致升选错误，将漏注之员，照经手遗漏例罚俸一年。其误拟升选之后，别经发觉者，承办官如系明知错误，有心回护，不行检举，降一级调用。如并无知情回护等弊，实系一时未能查出，仅止承办错误者，仍照误拟升选本例议处。

开缺 027：嘉庆十二年奏准

现任官员捐升，并捐免实授保举考试，以及捐免坐补等项，如在上月二十日以后上库者，户部于下月二十日截缺之前，知照过部，以备截缺开选，如遇折本，则奉旨之期，难以豫定，与例不进本，可以计日候钞者不同，毋庸归入本月。

开缺 028：嘉庆十三年谕

据御史陆言奏：本年八月内广西苍梧道鹤纶参革之缺，刑部议覆咨文，迟至二十二日截缺以后，经吏部具奏议处，而于此缺复声明归下月铨选，恐原选人员，与选司书吏等有串通卖缺择缺情事，应将此缺请旨简放，以重铨选而杜弊端等语。所奏甚是。广西苍梧道一缺，应归八月分铨选，吏部既以刑部咨照迟延在截缺以后，查明参处，本所以杜压缺之弊，但此缺改归下月铨选，岂不虑书吏等设法串通，巧为避就，或下月有应选之人，谋得此缺，正可以遂其压缺之愿，况定例每月应开之缺，有至截缺后科钞始行到部者，即掣签引见，皆已无及，仍于下月铨选时，将原选月分应选之人拟用，开载甚明，何以吏部此次竟奏归下月铨选，该部办理实属错误，承办司员著交都察院议处，在京吏部各堂官交都察院察议。除苍梧道一缺业已简放外，此后有似此文到在截缺后者，俱著照定例办理。钦此。遵旨奏准：嗣后各项官员开缺，由内阁钞、科钞及各衙门咨文，其应在截缺以后到部者，仍照二十日截缺定例，归入下月铨选外，其应归本月而逾限到部者，一面具折参奏，一面将员缺仍归本月铨选。

开缺 029：嘉庆十六年议准

各衙门查核行文限期，吏部以堂到发司之日起，文选司限五日内具稿呈堂，堂官亦限五日内画齐，扣满十日行文，不得故迟，亦不得少速，以杜压缺赶缺之弊，如有违者，即将该司员交都察院议处，傥有不合例事故，例应驳查者，以后次咨到之日起限。惟恭遇巡幸启銮前后，封篆届期，各衙门查核到部，在半月以前者，即饬司赶办行文，毋庸拘定十日定限，以便带领引见。至各衙门题补应行引见之员，前经议奏定限三十日内带领，今既严立限期，各衙门亦应一体明定例限。嗣后各衙门于出缺之日起，限十日内查核，吏部按限查覆后，各衙门限十日内带领引见，前后统限二十日，仍于引见后，将日期知照吏部，及稽察各衙门，查明有无往返驳查，如有迟延，即查取职名议处。其所遗月选之缺，在二十日以前出缺者，即归本月；在二十日以后出缺者，即归下月，不得迁就挪移。

开缺 030：嘉庆十九年奏定

各部院等衙门所属满汉官员，遇本月应开之缺，以及本月应选应扣之人，该衙门于缺出五日内，即行文知照吏部，如逾五日之限，至截缺以后始行咨部，尚在过堂以前者，将承办官罚俸三月。如迟至过堂以后，始行知照，以致本月应选之员不得铨选，将承办官降一级留任。系失察书吏受贿压缺者，照失察书役犯赃例议处，傥有纵容书吏压缺及听受贿嘱等弊者俱革职。如知照已经过部，该司不即回堂开缺，亦照此例分别议处。

开缺 031：道光二年奏准

外任各官，遇有应行查讯事件，系革职审讯者，即行开缺；系解任质讯者，无论远赴别省，及提解来京，俱不开缺。其在京各衙门现任人员，有应解任赴外省质讯者，亦不开缺，统俟定案报部，再行核办。其有解任质讯在先，而续请革职审讯者，即以奉旨革审之日开缺。

开缺 032：道光三年奏准

满汉官员，适届截缺之期，有奉旨降革勒休，应行开缺者，总以内阁奉旨之日，为开缺之日。〔如满官并各项拣选之缺，系三十日奉旨，而内阁于初一日传钞；笔帖式缺，系十五日奉旨，而内阁于十六日传钞；汉官及知县以上，并教佐微员等缺，系二十日奉旨，而内阁于二十一日传钞者，俱以奉旨之日，为开缺之日，归于本月铨选。〕若恭遇圣驾驻跸热河，及岁时巡幸，如有降革勒休应开之缺，奉旨在截缺以前，传钞在截缺以后者，系三十日之缺，以初三日报到为限；系十五日之缺，以十八日报到为限；系二十日之缺，以二十三日报到为限；俱仍归本月铨选；其报到在初三等日以后者，归于下月铨选。

开缺 033：道光二十七年奏定

京外大小官员处分，咨文到部，例关降革，考功司即行付查文选司，该员有无捐升、升选、升补、升署、再升，如有前项人员，应行引见者，有无引见咨文，佐杂人员有无升补咨文到部，如已先行到部，其引见者，以述旨之日为断，例不引见者，以议准升补堂稿画齐之日为断。如在初七、十二、十五、二十一等日以前，仍按限办理，作为本月之缺。如在初八、十三、十六、二十二等日以后，归于下月截缺。文选司均于即日移付考功司办理，傥有迟误，将承办之司员议处。各部院会稿内有关降革之员，以会议到部之日，为文到日期。户部会稿，以送改事故之日，为文到日期。如遇各该员捐升、升补、升署、再升，引见咨文到部在先，各部院会稿及户部会稿送改事故到部在后，先行知照会稿衙门，仍俟引见后，再照升阶核议。其佐杂各员，仍俟升补议准堂稿画齐后，再照升阶核议。其降留处分，有关级纪抵销者，亦应按照办理。至各项处分，有候户刑各衙门知照到部，始能办理者，以知照到部之日，为文到日期。

开缺 034：咸丰元年奏准

各省各项缺出，以每月截缺之日起，远省限九十日，次远省限七十日，近省限五十日，按照定限拣选、升调、题补。如有实因拣选未定，不能依限题咨调补者，仍令于定限内先行咨部存案，加展两月，统不得过正展限期，如有迟延，将该督抚照例议处。于题奏咨文内，将藩司详请日期声叙，如藩司迟延，即将藩司议处。督抚减等核议，其并非同城之督抚，应行会衔者，近者加展二十日，远者加展三十日。

开缺 035：同治四年奏准

在京各衙门官员，遇有议降、议革，应行开缺之案，吏部具题、具奏、奉旨后，于本日即行知照。

吏部处分 025：官员回避〔例 29 条〕

回避 001：康熙三年题准
外任官员，现在上司中有系宗族者，皆令回避。

回避 002：康熙九年议准
官员有应回避之缺，不行申说回避者，降一级调用。

回避 003：康熙四十二年议定

选补官员所得之缺，在五百里以内，均行回避。〔或应在部呈明，或应在本籍本任督抚处呈明。回避之例，均详载铨选事例。〕若有以远报近，以近报远，希图规避，择缺之美恶者，或经部察出，或到任后督抚题参，照规避例革职。如无规避捏报之处，不行申说回避者，照不行回避例降一级调用。

回避 004：雍正七年议准

各省候选杂职人员，于起送赴选册结时，即于地方官呈明祖籍，地方官查明，一并开载册内送部，除祖籍之员缺回避外，将他省之员缺掣补，如不豫先报部，至临选时方行具呈者，照例议处。

回避 005：雍正七年覆准

外任官有外姻暨乡会试分房取中之人，例应回避者，亦皆回避。至考官外任督抚，属官内有系伊取中者，咨部存案，遇举劾时，于本内声明。考官外任司道，其属官内有系伊取中者，申报督抚存案，如有举劾，督抚本内亦将该员与司道谊系师生之处，一并声明。凡督抚司道有所举劾，傥于取中之人，有徇私废公等情，察出，将徇私举劾之督抚司道交部照例议处。

回避 006：雍正十三年议准

嗣后直隶各督抚题补委署人员，俱令查明该员原籍地方，如系邻省在五百里之内，应行回避之缺，不得混行题补委署，与两省交界添设佐杂等官。如驻扎衙署，与该员原籍附近在五百里之内者，亦令照例回避，如有讳匿等情，照例议处。

回避 007：乾隆七年奏准

月选各官，例应回避之缺，除故意捏饰，希图规避，及隐匿不报者，或别经发觉，或到任后经督抚纠参，仍照定例分别议处外，至于应行回避之处，过堂时未经呈明，至掣签后自行查出呈报者，将该员照例议处。如系州县等官以上，例得引见之人，即于本内声明请旨引见，恭候钦定。如系佐杂等官，不应引见者，令其再掣别缺，照微员无级可降，甫经到任之例，令该督抚试看一年，如能黾勉供职，效力赎愆，该督抚报部注册，于试看之日起，扣限三年无过开复，如不能黾勉效力，该督抚照例题参。

回避 008：乾隆七年议准

凡应行回避隐匿不报者，照不行申说回避例降一级调用。至捏称回避，希图规避者，发觉，将捏报之人，照规避例革职。本人捏报规避，其扶同徇隐之人，照本人捏报例革职，出结官，照捏结例降二级调用。

回避 009：乾隆九年覆准

现任各官，有任所与原籍乡僻小路，在五百里以内者，均令呈明该督抚，酌量改调回避。至在部候选各官，亦照月选回避之例，如月分所出之缺，有乡僻小路，与原籍相距在五百里以内者，悉令于二十四日过堂时，呈明回避，如应声说回避而不声说，并虚捏者，一经查出，皆照例议处。

回避 010：乾隆十四年奏准

凡官员遇有回避原籍五百里以内之缺者，皆有别缺可以补用，故律有捏报远近，及不行呈明之处分，以杜规避远缺之弊。至孤缺人员，见此缺回避，他处即无可补之缺，每误以为不必回避，以致失于呈明。嗣后议处未经呈明回避之孤缺人员，照应申上而不申上罚俸九月例议处。

回避 011：乾隆十八年议准

乡僻小径，与大路原有不同，该员等领凭时，难以周知，若到任后详请回避者，即行议处，未免无所区别。嗣后凡本籍乡僻小径，与任所在五百里以内，例应回避人员，于到任后，三月以内详请回避者免议，如三月以外始行详请者照例议处。

回避 012：乾隆三十年奏准

外任官有例应回避者，如或隐匿不报，照不行申报回避例降一级调用。

回避 013：乾隆三十年又奏准

考官外任督抚，属官内有系伊取中者，咨部存案，遇举劾时，于本内声明。考官外任司道，其属官内有系伊取中者，申报督抚存案，如有举劾，督抚本内亦将该员与司道谊属师生之处，一并声明。如将不称升调之员，徇情保举，照徇情例降二级调用，将应参之员徇庇不参者，照徇庇例降三级调用。

回避 014：乾隆三十七年奏准

凡本籍乡僻小径，与任所在五百里以内，例应回避人员，到任后，三月以内详请回避者免议。如三月以外始行详请者，照不呈报回避例降一级调用。

回避 015：乾隆三十九年谕

外省道府大员，于外姻亲属，同在一省为丞倅州县等官者，向来原无回避之例，近因蒋赐棨条奏，经部议覆准行，自定例以来，旋据周元理节次具奏本省道府外姻亲属例应回避，因思外姻为类甚繁，若以其谊属姻亲，恐有徇私瞻顾之弊，即非本属，亦应回避，则凡年家世谊，同在一方者，正不乏人，且有交情亲密，更甚于姻亲者，岂能一一概令回避。此等人员，惟有该督抚实力留心体察，自不致瞻徇营私，原不在科条繁设。今新例甫行，而直隶一省，已多至如许，其余他省，恐复不少，且或调往他省，又有应行回避之人，徒令仆仆道途，于公事转无裨益。所有道府大员内外姻亲，除本属仍照旧例回避外，其隔属回避之例，著该部另行妥议速奏。钦此。遵旨议定：各省道府大员，隔属姻亲，毋庸回避，如有辗转嘱托徇私瞻顾情弊，该督抚查出，立即指名严参，如该督抚徇隐不参，别经发觉，照徇隐不举例降一级调用。

回避 016：乾隆三十九年覆准

盐场大使及批验所大使，原籍省分，照例回避。系商籍人员，于起文赴选文结内，声明某省商籍，咨送吏部注册，铨选时照例呈明，以便查核回避。如有讳饰隐匿，别经发觉，照规避例革职。

回避017：乾隆四十年议准

由祖籍改入寄籍者，应以何处现有房产，及本宗有服亲属之处，作为回避五百里之籍，令该员自行照例呈明，行令该督抚将该员是否现有房产，住居何处，亲属俱系何人，详细查明，取具地方官并族邻甘结咨部，如所查与原呈不符，即将该员照例议处。

回避018：乾隆四十二年谕

户部带领浙江解饷官绍兴府通判张廷泰引见，听其所奏履历，似绍兴语音，因加询问。据奏，幼曾随父至绍兴居住数年，遂习其土音等语，此与浙人寄籍顺天者何异，而其言尚未必信然也。通判虽系闲曹，但以本籍人备官其地，于体制究为未合，张廷泰著交与钟音于福建通判内调补。至于顺天大宛二县，土著甚少，各省人民来京居住，积久遂尔占籍，从前曾令自行报明，改归本籍，其中或实系无家可归者，亦令呈明原籍某处，一体回避，今张廷泰既系如此，恐各省现任官员内类此者尚多，著交各督抚通行确查，令其自行呈明奏闻，与邻省对调，此乃不罢其官，何不可之有，如此加恩，而尚讳匿不报，经该督抚察出，即应治罪矣。至顺天应试则有审音御史，验看月官则特派九卿科道，皆宜悉心询察，且朕于各官引见奏对履历，为时无几，尚能辨其语音，诸臣审音验看时，如果留心听察，南北音声，无难立辨，皆由诸臣视此等事不以为意，遂至混淆莫辨，殊失敬事之义。至冒籍人员等，即呈明原籍，不过回避本省，于他省仍可铨授，并不碍其仕进之途，何所顾忌而必不肯改，甚至于本籍居官，非但政体有关，且筮仕之初，公然习为欺伪，其于世道人心，所系匪浅。此次降旨之后，如冒籍者傥敢匿不报明，其审音验看诸臣，复不认真纠劾，经朕查出，除将本人究治外，定查明审音御史及原派之九卿科道，一并议处。至仕途本宽，尚有不由科目铨选者，其如何分别稽核之处，并著该部详悉妥议具奏。钦此。遵旨议定：捐纳及考职，役满在馆誊录供事议叙人员，赴部验看期满各项文结内，俱声明祖籍、寄籍，并何年月入籍改归，或系土著之处，令各该管官确实查明报部，一体回避。投供人员，于同乡京官印结内，并令载明"寄籍、祖籍及实系本籍"字样，以备查核。铨选得缺后，在部投供者，责令科道、九卿悉心询察，在籍、在馆领凭者，责令督抚、提调详加诘问，如有混冒等弊，别经查出，纠参治罪，并将滥行出结之地方官及同乡京官，不行查出之九卿、科道并督抚、提调等官，均照例议处。〔照混出印结例，地方官革职，转详之府州降一级调用，道员降一级留任，督抚布政使罚俸一年，同乡京官降一级调用，九卿科道提调等官照督抚例议处。〕

回避019：嘉庆五年奏准

候选推升官员，有应行回避之缺，令于过堂时豫行呈明，不行呈明回避者，降一级调用。如过堂时未经呈明，至掣签后，自行查出呈报者，照检举例减为降一级留任。

回避 020：嘉庆五年又奏准

寄籍人员，祖籍应一体回避，在部投供人员，于同乡京官印结内声明，铨选得缺后，令验看之九卿、科道悉心询察，在籍、在馆领凭者，令督抚、提调等详加诘问，如有冒籍等弊，别经查出，参革治罪。地方官及各该上司，照捐纳等官假冒顶替例议处。不行查出之九卿、科道并该馆提调，照督抚例议处。出结之同乡京官降一级留任。如不豫先呈明者，仍照不呈报回避本例议处。

回避 021：嘉庆五年三奏准

捏称宗族、姻亲、师生回避，择缺美恶者，照规避例革职。上司自认姻族师生，扶同捏报，亦革职，出结官降二级调用。凡假借回避，有意择缺者，均照此例议处。

回避 022：嘉庆八年议准

嗣后外省官员，概依京员之例，师生毋庸回避，以归画一。至座师为上司，如门生有实在政绩，堪膺保荐者，仍一体声明，秉公保举，不必避嫌。如有贪纵不法情事，上司瞻顾，不行参劾，或别经发觉，或被科道纠参，应于徇庇例上加等议处。

回避 023：嘉庆八年又议准

考试各官及外任上司属员，凡妻之胞侄，与胞姑之夫，均令一体回避，如有隐匿不报，别经发觉，照规避例议处。

回避 024：嘉庆八年三议准

盐场大使，止令其回避本省，毋庸回避祖籍，其祖籍省分，如现在实有盐务事业，令该员于赴选文结内，详细声明，俟铨选分发时，分别扣除，准其回避，仍行查祖籍督抚，傥有捏饰，照例议处。河工官员，亦照此议，止令其回避本省。

回避 025：道光二年奏准

凡寄籍、祖籍，俱应一体回避，在部投供人员，先于赴选文结内申报，并取具同乡京官印结声明，如遗漏呈报者，将本员降一级调用，若有冒籍等弊，查出参革治罪，系地方官听情受贿者革职，转详之府州降一级调用，布政使罚俸一年。若止失于觉察，将地方官降一级调用，转详之府州降一级留任，出结之同乡官失察者降一级留任，不准抵销，知情者降一级调用。

回避 026：道光二年又奏准

各省现任官员及选补外任官员，凡遇现在督抚藩臬及统辖全省之道员内，有系伊宗族外姻，俱令官小者回避，其同省隔属之道府，毋庸回避。〔若道府以上，有同胞、同祖、兄弟、叔侄同在一省为同知、通判、州县等官者，虽非该管本属，俱仍令官小者回避另补。〕如有捏称宗族、姻亲，择缺美恶者革职；该上司自认姻族，扶同捏报者亦革职；在外失于详查之出结官，降一级调用；在京失于详查之出结官，降一级留任。凡假借回避，有意择缺者，均照此例议处。

回避 027：道光二十八年奏准

各省现任及候补、试用人员，祖孙、父子、伯叔、兄弟，自道府以至佐杂等官，无论官阶大小，概不准同官一省。其同祖兄弟及例应回避之外姻亲族，同在一府为丞倅、牧令、佐杂等官，俱令官小者回避，亦不准同在一府当差。如有藉词出继，仍应令其回避。至河工、盐场人员，一体照地方办理。再，河督兼管沿河各缺，盐政及兼管盐政之督抚，各省盐运使所销引地各官，如有与该督抚等，系属祖孙、父子、伯叔、兄弟及例应回避之外姻亲族，亦令其回避，分别调补，傥有隐匿不报，别经查出，即将该员从严议处。

回避 028：咸丰八年奏准

指省分发人员，饬令于赴选文或注册结内，声明并未在该省督抚、司道、府厅、州县衙门、襄办刑名钱谷等事，如有隐匿不报及捏称游幕，希图改省者，别经发觉，均照规避例革职。其出结之同乡京外各官，照回避寄籍、祖籍不行呈报例，失察者降一级留任，不准抵销，知情者降一级调用。该管上司漏未觉察，照失于查察例罚俸一年，知情者照徇隐例降二级调用。

回避 029：同治四年奏准

游幕回避人员，将所游何人之幕，取具延请之员印结咨部，傥延请之员去任，应令后任查明代出甘结，如有捏饰情弊，别经发觉，照规避例革职。至学幕代庖各员，虽未经人延请，亦令一概回避，如有捏饰隐匿，即照此例议处。

吏部处分 026：选官考验〔例 2 条〕

考验 001：乾隆三十年奏准

月选各官考验履历，如有请人代写者，查出，将代写之人及本人一并照违制律革职。

考验 002：乾隆三十年又奏准

教职、杂职并在外推升等官，领凭时，有老病者，布政使即申详督抚，确加验看，分别题咨，令其休致。

吏部处分 027：官员赴选〔例 7 条〕

赴选 001：乾隆十六年奏准

边远省分需人，奏请拣发，并指缺奏请拣发，吏部于候补候选投供人员内，指名传唤，无论专项别项人员，均行一体亲投履历，听候拣选。傥无故不投履历，及投递后临期不到者，照规避例革职。五城司坊官，遇有吏部行文指名传唤人员，不行转传者，将该司坊官罚俸一年。

赴选002：乾隆三十八年覆准

满汉月选官员、笔帖式，及签分部院、签发各省人员，吏部堂官代为掣签，各员会集，听唱名签、缺签及分发衙门、省分，如有患病者，准其豫行呈明免议。倘临期无故不到者，罚俸一年。

赴选003：乾隆四十四年覆准

月选及分发人员，应行验看者，如遇患病，准其赴部呈明停验，俟病痊后，补入下次验看。倘不豫行呈明，临期无故不到者，罚俸一年。

赴选004：乾隆四十五年谕

嗣后教职截取选授知县人员，其到任五年后，督抚以衰老甄别者，则原验之督抚大臣，竟毋庸置议。若未届五年，即以衰老被劾，则距验看时甚近，何至遽行衰迈，其查验之不实可知，即将该督抚及派出验看之大臣，均照例议处。著为令。钦此。遵旨议定：现任教职，由举人、进士本班截取，督抚验看给咨，如果衰庸，难膺民社，即行据实奏明，或仍留教职，或送部引见，倘验看不实，选授知县后，经督抚以才具不胜民社劾参者，将从前验看给咨之督抚，及申详之司道府等官，降一级留任。以年老劾参者，督抚司道府等官，亦照此例议处，并将验看之九卿大臣罚俸一年。

赴选005：道光二年奏准

各省奏请拣发投供人员，均应一体听候拣选，其有先期患病，亦即赴城呈报，若猝病未及呈明，经司坊官验实补报者，将该员照违令私罪律，于补官日罚俸一年。

赴选006：道光三十年奏准

远近各省，奏请拣发曾任实缺各项应补人员，有于奉旨后取结呈报患病者，毋庸行查五城司坊官，即将该员照违令私罪律，于补官日罚俸一年。其有临时唱名不到者，亦毋庸行查，应令该员将因何事故不到之处，限十日内，汉员出具同乡京官印结，旗员出具图片，自行呈报。现任人员，由本衙门专咨报部，如有逾限不报者，照规避例革职。〔至各项应拣人员，有在司坊呈报者，无论该员何时报病，总以五城呈报到部之日，作为报病日期，以杜倒提月日诸弊。如系军务省分，例应坐挑之候补人员，有患病等项不到者，即照例从严加等议处。其举人候挑，并各项候选人员，仍照例办理。〕

赴选007：咸丰三年奏准

各省理事同知、通判缺出，无论内地、边地，如系远省及军务省分，有患病告假者，照各省拣发告病人员之例议处。再，遇有各该省缺出，仍将该员列入，倘有连告假二次者，即照规避例议处，其并无军务之近省缺出，即将该员扣除。

吏部处分 028：官员赴部〔例 3 条〕

赴部 001：乾隆三十五年覆准

凡奉旨特用人员，除有实在事故，或由本籍详报，或在部呈明者，准其给假外，如无故不行赴部候补，照赴部迟延例议处。

赴部 002：嘉庆十年议准

凡因公赴部引见官员，如未经引见以前，遇有降革事故，奉旨送部引见者，准该员赴部呈明，查照原咨考语，带领引见。其有因公来京，例无引见，应行回省者，仍令该督抚出具考语，给咨赴部，再行带领引见。

赴部 003：嘉庆十一年奏准

误被揭参官员，后经查明开复，如该员未经离任，即准其仍留本任，其原缺另拟有人，未经奉旨者，将原官仍准其留任。如原缺所补之人，已经奉旨，将新任官令其赴任，原官准其留省另补，毋庸送部引见。至误被揭参官员，已离本省，或赴部引见，奉旨后始行查明开复者，该员无任可回，历时已久，其在州县以上，应令原籍督抚，给咨赴部引见，其佐杂各官，即令原籍督抚，验看给咨，仍赴原省补用。

吏部处分 029：官员文结〔例 13 条〕

文结 001：康熙二十九年覆准

凡例监、吏员，捐纳候选主事、小京官、同知、通判、知县等官，令该督抚将此等官员三代履历、籍贯年貌，及有无假冒顶替情弊，逐一详查，取具府州县卫所印结，照直隶各省部限，速行报部考对，如原籍并无其人，及查送后病故者，该督抚令地方官详查，取具印结，咨部注销。若督抚地方官，将假冒顶替者不行查出，即出保结，将已故之人，捏称现存移送者，发觉，将假冒顶替之人交与该部治罪，出结之地方官照假冒出结例革职，该督抚照错选假官例降一级罚俸一年。其出结定限，以文到之日，限两月速行查明报部，违限者，照钦部违限例议处。若府州县卫所官员，不行出结，抑勒迟延者，令该督抚将抑勒情由指参，照升官离任藉端抑勒迟延例，各降二级调用。

文结 002：康熙六十年覆准

凡候选候补官员赴选文结内，小有舛错不符者，旗员取具旗文，汉员取具同乡京官印结改正，概不准驳诘。其驳诘文结，换到之日，毋庸再扣五十五日之限。如有应驳诘者，限二十日移查，投供验到人员限十日内即行查明，若并无舛错不符之处，限二十日即行注册铨补，其捐纳人员咨册到部亦限二十日内查明。傥条例内不应驳诘之处，任意驳诘，或已注册后，无可驳诘，而临选又故意驳诘，以致绌前伸后，去此取彼者，将司官照应结故为驳诘例罚俸六月，书吏送刑部治罪。

文结 003：乾隆二十五年议准

凡各省服满、假满、病痊、起复赴补等官，地方官申送文册内，不声叙"候补"字样，致咨部后，候补人员守候需时，将遗漏声叙之员罚俸六月。

文结 004：乾隆三十年奏准

候补候选等官，起文赴部，在京者限十五日投文，直隶限两月，奉天、山东、河南、山西限三月，陕西、浙江、江南、湖广、江西限四月，福建、两广、四川、贵州限五月，云南限六月，遇有违限，若实因患病及风水阻滞等情，许其取具印结送部免议，如无印结，违限在半年以上者，得官日，罚俸六月，一年以上者罚俸一年。

文结 005：乾隆三十年又奏准

亲老具呈改近人员，查与赴选文结内所开年岁不符，系本员浮开规避者革职，出结之同乡京官罚俸一年，系地方官原文错误者将地方官罚俸一年。若具呈之后，经部指名行查，该原籍地方官尚不确实查明，因循捏覆，别经发觉者，将查覆之地方官降二级调用，转详官罚俸一年，督抚罚俸六月。

文结 006：乾隆三十七年覆准

初选人员及各项在部候选人员，如有亲老，即行取具同乡京官印结，赴部呈明。其在任应升者，豫详督抚，取结咨部办理，掣缺后，不准再行呈改，违者，照应行回避不行呈报例降一级调用。

文结 007：乾隆三十八年覆准

顺天大兴、宛平赴选人员，取具同乡六品以上京官印结，载明"某人籍隶某处，并无假冒"字样，悦事后仍有假冒情弊，别经发觉，将出结官降一级留任。地方官不详细确查，致有混冒，亦照出结官例议处。

文结 008：乾隆三十八年议准

大兴、宛平捐纳贡监，取具同乡京官实系土著印结，如有假冒事发，将出结官亦照前例议处。至各项报捐职衔人员，先行开具三代履历，邻族切实甘结，呈县详查，缮册咨送户部，准其报捐，如有出身不明及一切过犯情事，别经发觉，将该县亦照前例议处。

文结 009：乾隆三十九年覆准

贡监、吏员捐纳候选等官，俱令本籍地方官，查明有无身家不清，假冒顶替情弊，缮册申送，该管府州覆转，该督抚报部查核，注册铨选。如将身家不清，冒名顶替之人，给文赴选，将地方官革职，转详之知府、直隶州降一级调用，布政使、督抚罚俸一年。〔道光二年改定，查系地方官听情受贿者革职，转详之府州降一级调用，布政使罚俸一年。若仅止失于觉察，将地方官降一级调用，转详之府州降一级留任，其出结之同乡官失察者降一级留任，不准抵销，知情者降一级调用。〕其申送定限，州县以接到部文之日起，限半月内出详，毋庸俟本员具呈，府司转详，督抚出咨，扣除程途，亦限半月，统于一月内咨部。其有未奉文之先，本员有将捐照呈验者，以具呈之日起，亦限一个月咨部，傥有逾限，将出详之州县官降一级留任，府、司、督抚迟延，照事件迟延例议处。若地方官勒掯迟延，不行申送，该督抚查明指参，将地方官降二级调用。

文结 010：道光二年奏定

身家不清之人，先经前任地方官给文赴选，而后任官又为其子弟赴选申送册结，迨日久始行发觉，将前任官降一级调用，府州降一级留任，后任官降一级留任，府州免议。若系前任官听情受贿，后任官复明知容隐者，仍照例革职。

文结 011：咸丰六年奏准

捐纳人员，除由本籍起文赴选，照例办理外，其在京仍饬令五六品京官出结，再于该省京官正途出身人员内公举一二员，总司查核书押，务须查明该员实系身家清白，并无隐匿犯案、改名朦捐等弊，方准铨选分发。如有身家不清，及假冒顶替之人，出结之同乡官失察者降一级留任，不准抵销，知情者降一级调用。其总司查核之员，如出结官例应降一级留任者，查结官罚俸一年；出结官例应降一级调用者，查结官降一级留任；其或均系知情，一并议以降一级调用。

文结 012：咸丰九年奏准

难荫例应承袭人员，如在部取结呈明，或在殉难地方，取具地方官文结到部者，应仍行查原籍，傥有假冒蒙混等弊，除本人照例治罪外，应将地方等官及出结官，查照贡监吏员捐纳候选等官注册铨选，如有假冒顶替之例，分别议处。

文结 013：同治元年奏准

身家不清、假冒顶替之人，报捐以前，另犯有奸赃不法等事，因案发觉，其同乡京官滥行出结失察者降三级留任，不准抵销，知情者降三级调用。至捐生所犯奸赃不法，出结官如通同舞弊者革职，不准捐复。至总司查核之员，如出结官降三级留任者，查结官议以降一级留任；出结官降三级调用者，查结官议以降三级留任；出结官革职者，查结官议以革职留任；如查结官知情容隐，即议以降三级调用；如通同舞弊，即议以革职，均不准捐复。

吏部处分 030：贡监考职〔例 13 条〕

贡监考 001：康熙五十七年覆准

各省领文赴考贡监生，该地方官取具本生亲供，里邻结状，粘连地方官印结，该督抚给予咨文，保送赴部。其在监肄业者，国子监取具本生亲供，粘连同乡京官印结，给予印文，保送赴部。旗人令该都统取具本生亲供，粘连该参领佐领保结，都统印文，保送赴部考试，如有试卷笔迹，与亲供笔迹不符，即系假冒顶替，查出将本生黜革，与顶替之人一并治罪。

贡监考 002：雍正元年题准

贡监考职，将九卿翰林等官职名开列请旨，钦点试官，出题考试，吏部司官按名查对，内有字迹不符，声音不合者，不送试官阅取，其实系本生应试者，将试卷封送试官看阅，各照应得职衔，取定大小名次先后，仍行令国子监并各直省督抚，严加查核，给咨本人，饬令亲赍赴部，投文验到，方准注选。如有假冒顶替等弊，查出，将滥出印结之原籍地方官，照滥行出结例革职，加结转详之知府直隶州照豫先不行查出例降一级调用，布政使、督抚照失于详查例罚俸一年，其出结之同乡京官，暨给文之国子监各官，皆照原籍地方州县官例议处，国子监堂官照督抚例议处。〔若本生入场之后，有换卷代倩等情，止应将巡察等官议处，出结转详咨送各官无从稽察，皆应免议。〕旗人由各该都统咨送考职，如有假冒顶替等弊，将该都统及参佐领各官，交兵部照例议处。

贡监考 003：雍正元年议准

凡考职贡监，取具文结到京者，恩、拔、岁、副贡生，令将出贡中式年分，有贡单者，呈验贡单，并年貌、籍贯、三代亲供送部。捐纳贡监，将原捐执照送部呈验，并年貌、籍贯、三代及捐纳年分事例亲供送部，仍于卷面备细注明，以凭查核。至考试之年，由部奏请钦点阅卷官，并请旨点满汉监察御史二人，吏部满汉司官各二人，临期，将该生逐一点名，挨次给卷，编列字号分坐，令该御史不时巡查，如有包揽代作等弊，查出题究治罪，倘该御史不行严查，致滋弊端，照失于详查例罚俸一年，倘系瞻徇隐匿照徇隐例革职。

贡监考 004：雍正元年又议准

监生考职，京官印结之外，再取同乡同考监生五人连名互结，结内注明"并无假冒顶替"字样，倘有扶同等弊，发觉之日，本生照诈假官律治罪，出结官照滥行出结例处分，互结监生照知情诈假官律治罪。〔出结互结人等，如扶同徇隐，假冒顶替，照此例议处治罪。若本生入场之后，有换卷代倩等情，止将巡察等官议处，出结官及互结监生皆免议。〕再，监生真伪，原据文结，但京官出结之时，有本生委系实在在京，及至临期倩人代考者，出结京官无凭查核，考试之日，将出结京官传至考处点名识认，其识认倘非本生，即令出结官举出，该御史拿究，如出结官知情不举，查出一并照例议处。

贡监考 005：雍正元年三议准

贡监考定职衔，除将职衔执照给发本人外，部中一面注册，一面行文知照各该省，转行各州县存案，俟截取时，令该地方官将各员执照，与部咨核对相符，给咨候选。如有职衔、年貌、籍贯不符，及假冒顶替等弊，咨部褫革治罪。

贡监考 006：乾隆元年议准

恩贡、拔贡、副榜贡生，准以州同、州判、县丞分别考取。岁贡并捐纳贡监生，准以主簿、吏目分别考取。照依考定职衔名次注册，入于双月选用，令其在籍候选。

贡监考 007：乾隆二年奏准

各省恩、拔、副榜、岁贡、捐贡考职，及监生考职，无论在籍、在监，各俟三年期满，一例咨送考试，傥有仍前索取陋规，倒提年月者，或被科道纠参，或经别处发觉，将该管官降二级调用，不行查出之堂官降一级留任，书吏人等交刑部治罪，其纳贿之贡监生即行褫革。

贡监考 008：乾隆三年奏准

向例贡监生每年考试一次，为期太近，嗣后于乡试之年，各贡监生情愿考职者，就原籍具呈，取具地方官文结申送督抚，于三月内转行咨送到部，五月内考试。

贡监考 009：乾隆九年奏准

考职定例，分别等第录取，向来凡应考人员，无论多寡，不顾文字优劣，尽行录送。嗣后务择其文理优通者，酌量录取，宁少毋多，虽不必定有额数，亦不得过为滥取，著为定例，永远遵行。

贡监考 010：乾隆三十年奏准

凡身故及黜革贡监生实收部照，按季追缴，送户部销毁，毋得私相顶替，混行考职。如地方官于未经缴照之人，不行严追，罚俸一年，傥有故纵顶替等事者革职。

贡监考 011：嘉庆四年奏定

贡监考定职衔，至截取时，该州县官给咨赴选，如有职衔、年貌、籍贯不符，及假冒顶替等弊，即咨部黜革，追照治罪。如失于查察，给咨赴选，将州县官降一级调用，转详之府州降一级留任，系州县官听情受贿者革职，转详之府州降一级调用，布政使罚俸一年。

贡监考 012：嘉庆五年奏准

贡监生考职，各省咨送时，务严加查核，给咨本生，亲赍赴部投验，如有假冒顶替等弊，事发，将申送之原籍地方官革职，转详之府州降一级调用，布政使、督抚罚俸一年。其由国子监咨送者，将国子监官降一级留任，出具临场识认印结之同乡京官亦降一级留任，本犯照诈假官律治罪，互结监生照知情诈假官律治罪。旗人有假冒顶替等弊，查出，将该都统及参佐领各官，交兵部照例议处。考试之时，御史不时巡查，如有包揽代作等弊，即行参究治罪，傥该御史不行严查，致滋弊端，罚俸一年，瞻徇隐匿者革职。

贡监考 013：嘉庆五年又奏准

贡监考定职衔截取时，令该地方官将各员执照，与部咨核对相符，给咨候选。

如职衔、籍贯、年貌不符，及假冒顶替等弊，该地方官不行查出，给咨赴选，别经发觉者，照将顶替之人给咨考职例议处。〔又，道光二年改定，如临场时有假冒顶替等弊，出结官知而不举，降一级调用。失于觉察，降一级留任，本犯照律治罪。若入场后，有换卷代倩等弊，令监试御史巡察参究。倘不行严查，致滋弊端，将该御史罚俸一年。知情徇隐者，降一级调用。〕

吏部处分 031：吏员考职〔例 5 条〕

吏员考 001：雍正十二年议准

在京各部院衙门书吏并各馆供事，役满报部，汇至三月，于吏部关防考试一次，本部堂官委出司官稽察，将试卷封固收存，俟年终，各省吏员试卷到齐之日，由部一并校阅，考定名次品级，奏闻请旨。其年满书吏考职之时，各部院衙门照例咨送，仍取具本吏亲笔亲供，粘连印结，保送赴部考试，如试卷笔迹与亲供笔迹不同者，查出假冒顶替，将本吏黜革，与顶替之人一并治罪。

吏员考 002：雍正十二年又议准

各省吏攒役满，各衙门印结，取具本吏亲笔亲供，里邻结状，粘连地方官印结，保送巡抚，巡抚于每年七月内，传集考试，其所考试卷，即行封固，并各典吏著役日期履历清册送部，定限十月内到部，考定名次品级，咨发巡抚存案，仍将执照一并给发各巡抚，转发各该衙门，令吏员自行领取。其本省考试时，该巡抚严行稽察，倘有假冒顶替托人代考等弊，事发，将顶替之人及托人代考之人照律治罪，巡绰官失于稽察者罚俸一年，巡抚罚俸六月。至典吏未经役满，混入考职，查出，将典吏照例治罪，结送官降一级调用，收考官罚俸一年。

吏员考 003：乾隆五年定

供事书吏役满得职者，一例回籍候选，不准潜住京城。其有愿候挑拣者，各呈明本衙门，并取具同乡官印结送部，由部三个月拣选一次，即著回籍，仍注册。其延住一月外者，步军统领、五城严查，有生事者，照例治罪。

吏员考 004：乾隆六年定

简缺书吏及宗人府律例馆供事，役满而结未到者，勒限一年，令取具原籍印结，仍准其考职。如限满无结，除不准收考外，仍斥革，勒令一月回籍。

吏员考 005：乾隆十五年议准

嗣后役满吏攒考试后，吏部严加校阅，分别去取，在京者，吏部三月一次考试，将试卷固封；在外者，各督抚于每年七月严考，将试卷固封解部，于年终汇齐校阅。

吏部处分 032：引用律例〔例 16 条〕

引律 001：雍正八年谕

国家法令科条，原一定而不可易，其有应行从重者，亦必待朕酌其情罪，特颁谕旨，此加倍二字，非臣工所可擅定者也。嗣后凡有议罪议处之条，皆应照本律定议，其有负恩犯法，情罪重大，应从重定拟，必须执中于法之至平至允，不得擅用"加倍"字样，开蒙混苛刻之端，负朕立法牖人儆省防闲之至意。

引律 002：雍正十三年覆准

嗣后议处官员引用律文，按照笞杖等罪定议者，皆照例分别公罪私罪。系公罪，笞一十，罚俸一月；笞二十三十，各递加一月。〔笞二十者罚俸两月，笞三十者罚俸三月。〕笞四十五十，各递加三月。〔笞四十者罚俸六月，笞五十者罚俸九月。〕杖六十，罚俸一年；杖七十，降一级；杖八十，降二级；杖九十，降三级，皆留任；杖一百，降四级，调用。私罪，笞一十，罚俸两月；笞二十，罚俸三月；笞三十四十五十，各递加三月，笞三十者罚俸六月，笞四十者罚俸九月，笞五十者罚俸一年；杖六十，降一级；杖七十，降二级；杖八十，降三级；杖九十，降四级，皆调用；杖一百，革职。

引律 003：乾隆五年议准

凡议处官员，例无正条，必须旁引比照者，如比照则例，可以引用全条，务将全条载入，如不便引用，务将所引则例或一段、或数语载入稿内；如例无可引，比照律文定拟者，亦务将律文或一段、或数语引用定议，总期案情例意，两相吻合，不得徒取字面相似，以滋高下之弊。如律例并无正条，又无可旁引比照之案，令该司官将案情详细察核，酌定处分，该堂官等再行斟酌定议，于疏内声明请旨，著为定例，以备引用。

引律 004：乾隆五年又议准

部内承办议处事件，自罚俸以至降革，款项繁多，情事各别，除将应行议处官员，故行割裂增删例文，援引比照免议者，其中必有情弊，自有应得处分，毋庸更行定议外，嗣后承办之员，有将情罪相符之例，不行引用，擅行割裂增删别条，摘取字面，以致将不应处官员，竟行革职、降调、离任者，别经发觉，除将本人开复外，将承办之员，照所议降革议处。如于议处之后，未经发觉之先，自行察出，准其改正，照承问失出改正免议例免议。

引律 005：乾隆七年奏准

官员议处，悉照本条律例定议，其有应从重定拟者，亦必取自上裁，非奉特旨，不得擅用"加倍"字样，违者，以故入人罪论。

引律 006：乾隆七年议准

官员不引用情罪相符之例，加重处分，查系有意营私，或系书役舞弊，承办之员分别治罪议处。

引律 007：嘉庆四年谕

向来刑部引律断狱，于本律之外，多有"不足蔽辜，无以示惩，及从重定拟"等字样，所办实未允协。罪名大小，律有明条，自应勘核案情，援引确当，务使法足蔽辜，不致畸轻畸重，方为用法之平。既按本律，又称不足蔽辜，从重定拟，并有加至数等者，是仍不按律办理，又安用律例为耶。即案情内有情节较重者，朕自可随案酌定，总之不足蔽辜之语，非执法之官所宜出。嗣后问刑衙门，俱应恪遵宪典，专引本律，不得于律外又称"不足蔽辜及从重"字样，即"虽"字"但"字，抑扬文法，亦不准用。上谳后，经朕阅看案情，或有酌加增减者，亦不治以失出失入之咎，用副朕矜慎庶狱至意。

引律 008：嘉庆九年谕

各部院衙门事件，原应遵照定例办理，其例有未备者，方准以旧案比照，诚以事端百出，从前定例，或有未尽周备，而成案日积日多，其中又不无办理参差之处，于是吏胥得以意为援引，高下其手，此案牍愈纷，而隐匿蒙混诸弊所由滋也。著各部院堂官，饬司员将各该衙门例案，逐一检阅，遇有例意未尽昭晰者，详细注明，使人人易晓。其成案前后两歧之事，酌中参核，将不可遵行者概行删去，免滋淆混，统俟将来增修则例时，明晰开载，庶足以杜弊端而归画一。

引律 009：嘉庆十六年谕

副都御史曹师曾奏：清厘各部院衙门例案一折。部院衙门，为政事总汇之区，慎守纪纲，必以定例为凭，其吏胥高下其手，堂司意见参差，总由于舍例言案，盖例有一定，而案多歧出也。该副都御史所奏，系为厘除弊混起见，著照所请，交部院各衙门堂官，各率所属，将现行定例，详加查核，如例有未备，而案应遵照者，即检明汇齐，纂入则例。其案与例不符者，造册注明事由，将原稿即行销毁。若有例案不符，而稿件仍有关查核者，著另册登记，钤印贮库，办稿时不得再行援引。该堂官等务督饬司员加意清厘，同矢公慎，以绝弊源而归画一。

引律 010：嘉庆十六年又谕

各衙门纂修则例，一经编辑成书，即为将来办案成式，若办理不得其人，或假手吏胥，词意含混，易滋高下其手之弊，现当清理例案之时，尤当慎重办理。所有各衙门纂修官员，著各该堂官等择其在署年久，熟谙政务，及平素端谨之人，责令详慎修辑，务使义意贯通，词句明显，以便永远遵守，不得将新进资浅，未谙政务之人，滥派充数。

引律 011：嘉庆二十二年谕

向例各衙门办理事件错误，后经自行检举，京堂以上各官，该部将照例处分，及检举后宽免之处，两议请旨，内阁票拟双签进呈，原以该员失误于前，后经自行查出检举，是以朕披阅时，每多加恩宽免。若前此办理错误，及查出检举时，该员已经离任，并未随同具奏，亦一体免其处分，殊未平允。此案刑部办理减等遗漏之堂司各官内，彭希濂、成格、崇禄，系自行检举者，所议罚俸处分，俱著加恩宽免；帅承瀛、穆克登额、成宁、熙昌、宋镕、韩封、章煦，并未随同检举，俱著照例议罚。嗣后如有似此之案，均著照此分别办理。

引律 012：嘉庆二十五年十月谕

六部议覆整饬部务条陈一折，所议甚是。六部律令，务在持其大纲，则政清而易理，外省庶务，原皆责成于地方官，此在督抚分别贤能庸劣，举错公明，自收得人之效，其或不效，则督抚岂能辞咎。部中多列科条，州县无日不奉行具文，转荒其教养本务，于事何益？而公罪繁多，贤吏或因之废黜，不肖者巧于规避，部书得以舞文纳贿，皆由于此。嘉庆十八年，曾敕吏兵二部删减例条，该部未能实力遵行。又谕题调要缺，不计因公处分外，而该部续议章程，仍多牵混，殊不知公罪从严，则中材以下之官，益多巧避。严其经征处分，则多垫欠，而挪新掩旧，即成亏空。严其承缉处分，则多讳盗，而纵恶养奸，转贻大患，故曰徒法不能以自行。著吏兵二部，各将处分则例，悉心确核，于各条下皆注明"公罪、私罪"字样，其公罪有至降调革职，非事关重大者，酌改从宽。各部烦苛无当处分例文，互商裁汰，务归简明。其公罪处分，除盗案及正项钱粮停升外，余皆不挂推升。至题调要缺，则一切因公处分，皆毋庸计算，各纂成例册呈览。

引律 013：道光四年奏准

凡部院衙门，办理议叙、议处事件，未能允协，如议叙过轻，议处过重者，将承办官罚俸九月，堂官罚俸三月。如议叙过重，议处过轻者，将承办官罚俸六月，堂官罚俸一月。系由堂官定议者，减承办官一等，承办官免议。

引律 014：道光四年又奏准

各衙门处理事件错误者，承办官罚俸一年。

引律 015：道光四年奏定

承办议处事件，务将律例正条载入稿内，若将别条割裂增删，援引比照，致应行议处之员，或免议，或减议者，将承办之员参革审拟。系失察书吏舞弊，照失察书吏舞文弄法例分别议处。若将应议之员，不引情罪相符之例，将别条割裂增删，加重处分，以致被议之员革职、降调、离任者，别经发觉，除将本员处分改正外，将承办之员，照所议之降革议处。如将应行免议、减议之员，增删例文，致令降革离任者，亦照此例行。系失察书吏舞弊，亦照前例议处。

引律 016：咸丰三年奏

在京司官，在外道府以下等官，办理事件失察，自行检举，应否于具题时奉旨宽免，及照旧减等议结。奉旨：在京司员处分事无多，著即遵照此次谕旨，将可否宽免之处，声明请旨。至外省道府以下等官，著照旧例减等议结。著为例。

吏部处分 033：官员罚俸〔例 15 条〕

罚俸 001：康熙四年题准

凡原任内事件应罚俸者，升任官员于新任罚俸，降调官员照所降之级罚俸，裁缺给假丁忧解任等官皆于补官日罚俸。至离任官员，有虚降虚革，及初选官员，有应罚俸者，皆照此例行。

罚俸 002：雍正元年恩诏

王以下，世爵以上，兼摄任内有罚俸之罪，照兼摄任内职衔罚俸，其余银仍著给予。

罚俸 003：雍正三年议定

各官任内，凡有承追、承缉、督催等项未完事件，应议降俸、住俸、降职、降级、革职及罚俸三月、六月、九月，仍令催追缉拿等案，于未经满限之先，或别经降调离任，或升迁离任，或保题升转，及丁忧事故离任，皆以罚俸一年完结。〔假如承缉城外失事盗案，例有四参，该员于初限、二限、三限、四限内，未经满限之先离任，皆照离任官例议结，本案已得处分，统俟完解银知照到日，准其查销。若四限已满离任者，仍照本例议处。其余承督未完，例有展参事件，皆照此办理。又如初参处分之案，已经奉旨，尚未奉准部文，遇有事故离任，则应将初参处分之案咨明，改照离任官例议结，将初参处分之案查销；若已经奉准部文，别行起限者，应俟例限满日，同接任官一并查参；如起限之后，未及一月离任者，免议；本案得过处分，亦俟完解银知照到日查销，一月以后离任者，照例议处。至于承督未完案件，如催追钱粮特旨豁免，缉拿罪犯特旨免罪之类，该员虽在原任，并无催追缉拿之责者，应将现参及原参各案一并查销。〕若特旨升调各官，原任内因承督未完案件，应议降俸、住俸、降职、降级、革职等案，仍皆以罚俸一年完结；如遇有应罚俸三月、六月、九月者，各照原任内处分议结。

罚俸 004：雍正六年谕

吏户兵刑工五部堂官，今皆各殚厥职，赞勷政治，共相黾勉，矢勤矢慎，端方自持，剔除情弊，杜绝请托，甚属可嘉，朕深许之。夫大臣者，果能廉洁自守，其用度必不敷，朕因国家政事，资藉大臣之力，而使之分心家计，朕心不忍。五部大臣内，除差往外省署印外，俸银俸米，著加倍给予。其署理之大臣，亦照此赏给。若遇罚俸案件，将朕分外所给之俸，不必入议。

罚俸 005：雍正七年谕

外任大小官员罚俸之例，如罚俸一年者，则将本年应领俸银扣抵；如再有罚俸之案，则勒限一年，追出俸银解部；如一年不完，又罚俸一年，辗转增加，常有因一二年之罚俸，而积至数年，或十数年者，此例不甚妥协，在罚俸多案之州县，与力薄难完之微员，深为可悯。著该部通行各省，凡有此等罚俸之人，若该员情愿照所罚之俸，豫先完纳，以图销案，为升迁之地，则听其自便，傥力不能完，即将伊任内应得之俸，逐年扣抵，不必勒限追缴。又定例，凡有休致革职病故之官，其应追罚俸银，悉行豁免，惟江南等省，该员有休革等事，止将虚俸豁免，其在罚俸以前食过之俸，仍行追出，直省例不画一，今著将休致病故官员食过之俸，概行免追。其革职之人，则追编俸，以示惩儆。直省照此例遵行。

罚俸 006：雍正十二年议准

革职留任官员，如有罚俸事件，仍行罚俸，亦照现任官员之例，俟开复日，逐年扣抵，不必勒限追缴。若该员情愿将所罚之俸，豫先完纳，听其自便。

罚俸 007：乾隆元年谕

礼部堂官，照五部堂官例给予双俸。

罚俸 008：乾隆元年又谕

从前在京文员，俸入未足供其日用，时廑皇考圣怀，是以雍正三年特旨增添汉官俸米，而各部堂官又加恩给予双俸，其余大小各员，原欲次第加恩，俾得均沾渥泽。今朕仰体皇考加恩臣工之意，仿佛双俸之例，将在京大小文员俸银，加一倍赏给，令其用度从容，益得专心官守。所给恩俸，著自乾隆二年春季为始。再，从前赏给各部堂官双俸时，钦奉皇考谕旨，遇有罚俸事件，止罚正俸，其恩俸仍行支给，今各员所加之俸，亦照此例行。

罚俸 009：乾隆二年谕

昔年皇考念部务繁多之尚书侍郎，特恩加赐双俸，并令遇有罚俸处分，免罚加赐恩俸，此格外旷典也。上年朕将在京文官俸银，概加一倍，大小均沾，虽名恩俸，实即正俸，若遇处分时，亦照从前部堂之例，不罚加增之恩俸，是在京文官，竟无罚俸之事，何以示惩。嗣后大小京官，遇有罚俸案件，将本身应得之俸，按年按月计算，不必分析扣除。

罚俸 010：乾隆三年覆准

知县以下佐贰杂职等官，因贪赃枉法革职者，任内有降罚案件，仍追编俸。如实系因公诖误革职，无论任内降革案件多寡，食过编俸，一概免其追缴。

罚俸 011：乾隆十六年议定

承缉盗案定例，勒限三年，限满不获，予以降调处分，其或有缉限未满，有事故离任者，向照离任官例，以罚俸一年完结，以致限期届满，例应降调之员，亦得假借告请病假，希图幸免。嗣后凡州县承缉盗案，除奉旨题补之缺，如无合例之人，不论何项参罚，皆准保题应题应调之缺，凡任内有降调，例有展参，不准题升调补，仍照定例办理。其特旨升调，与回避别补，及别案革职降调、丁忧治丧等事离任者，仍照定例处分。至告请病假，及终养者，如初参未获，例应住俸，处分既轻，为期尚远，亦照旧例办理外，其二参、三参例应降一级留任者，遇有病假终养离任，即议以补官日降一级留任，三年无过开复；其四参例应降一级调用者。遇有病假终养离任。即议以补官日降一级调用。再，官员任内有承督未完事件，如承缉案犯，并征收承追钱粮等项，若于未经限满之先离任者，向例皆以罚俸一年完结，今既将盗案遵旨定例，其别项系有展参各案，亦应统照此例，如参限未满，告请病假及终养离任，例应住俸、停升、降职、降俸及罚俸三月、六月、九月者，仍以罚俸一年完结，其余处分，均各照本例查议，不得概照离任官例，仅议罚俸。

罚俸 012：乾隆三十七年议准

各项限缉人犯，参限内被邻境别汛拿获，如承缉之员，限满应停升、住俸、降俸、降职者，以罚俸六月完结，罚俸三月者以一月完结，六月者以三月完结，九月者以六月完结，一年者以九月完结，二年者以一年完结，降级留任者以罚俸二年完结，本系降级留任、限满再留任一年缉拿者以罚俸三年完结，限满革职留任者以降三级留任完结，限满应降调者改为照所降之级留任，应革职者改为革职留任，扣满年限开复。系承缉官协同拿获者免议，该管上司所属州县拿获者免议，别属州县拿获照承缉官上司本例减议，应缉人犯自行投首者，承缉各官亦照此例减等议结。

罚俸 013：乾隆四十三年谕

宗人府管理旗务之王公等，遇有罚俸案件，如系私事则罚伊等王公之俸，如系因公俱罚职任之俸。其承办陵寝事务贝子公等，虽无兼衔，亦属大臣职任办事，自应照宗人府管理旗务之王公，一体办理。嗣后承办陵寝事务贝子、公等，如有因私事罚俸者，仍罚伊等贝子、公俸；如系因公，即照都统职任之俸，于伊等俸内坐扣。著为令。

罚俸 014：嘉庆十一年奏准

各官任内有承督未完案件，或因别案降革、升迁及终养、丁忧等项，于限内离任者，俱以罚俸一年完结。〔起限之后不及一月者免议。展参限内离任者，前次限满，已得处分，统俟完解降罚银两知照到日，准其查销。〕如钱粮未完各官，限内离任，本案已经声明卸事日期者，应照离任官例议结，原参停升戴罪督催之案查销。其有已经离任，未经声明卸事者，令该督抚务于复参本内，扣明参限，并卸事日期，声明议结，或随时专咨报部，将参限分析扣明，并声明卸事日期，以凭分别查销，改议完结。其有已离原省，而该督抚并未声明卸事，报部议结者，如该员已经莅任别省，亦准随时声请，该省督抚专咨报部，由部查核原案相符，分别议结，将原参停升催征之案，即行查销。若特旨升调各官，有原任未完案件，应降俸、住俸、降职、降级、停升、降留、革职等案，仍俱改罚俸一年完结，遇有应罚俸三月、六月、九月者，俱各照原处分议结。

罚俸 015：嘉庆二十二年奏准

部院衙门司员办事错误，有奉旨记过一次者，予限半年，限内并无过失，准其查销。如未经查销之先，再遇奉旨记过一次者，即罚俸六月。若系由该堂官记过一次者予限三月，二次者予限六月，三次者予限九月，限内并无过失，准其查销。记过至四次者，即罚俸六月，如有多者，按数递加。

吏部处分 034：官员降革〔例 31 条〕

降革 001：康熙十五年议准

凡已经革职官员，如有前任事故到部议处，必分开应降、应革，题明注册，不得止以毋庸再议，将前任事故，一概抹销。倘事后辩复还职，仍将前任事故，逐一察核。如再有应革之罪，不得即与还职。如有应降之罪，即照原职降级。如有应罚之罪，仍于补官日罚俸。

降革 002：雍正三年议准

官员兼文武职衔，并世爵者，若犯贪污，行止不端，例应革职，不论何任事发，将本身所有各职，悉行议革，其世爵交与该旗，将应承袭之人承袭。若系溺职官治罪者，将佐领兼管文武之职革退，其世爵应否存留，该旗具题请旨。至奉特旨革退各官，系由武任获罪革退者，其所兼之文职及世爵，应否去留，该部院衙门及该旗，各具奏请旨。在文任内获罪革退者，其所兼之武职及世爵，应否去留，该旗具奏请旨。其因公诖误，止革本职之罪者，在文任诖误，革其文职，仍留所兼之武职及世爵；在武任诖误，革其武职，仍留所兼之文职及世爵。降级调用者，于何任议处，即由何任降调。革职留任者，于何任议处，即停何任之俸，若所剩之职，尚有余俸，仍行给予。因病具呈者，照例停俸，文职以病痊补官日给俸。若文职兼世爵，所犯之事，不由职任得者，世爵大则就世爵议处，职任大则就职任议处。

降革 003：雍正六年谕

革职、降调、留任之员，再有降革处分，朕复加恩宽免留任者，将后案注册，俟前案开复，再将后案计至三年无过，准予开复。其有数案处分者，计案递加，永著为例。

降革 004：雍正七年议定

凡议处内外微员，除京察大计举劾，及例载加级纪录不准抵销者，仍照旧例遵行外，其文职从七品以至正九品，虽属微员，尚有级可降，如缘事例应降级留任，向议以革职留任者，今止议以降级留任，三年无过，准其开复。如系承督等案，于事完之日开复。如数案降级留任，仍按年逐案开复。例应降级调用，向议以革职者，今止议以革职留任，三年无过开复。凡无级可降微员，及各部院笔帖式，如一案内所降调之级，过于三级者，即行革职，不准留任，或已经革职留任，未经开复，又遇别案降调，即行革任。如遇降级留任，仍准其留任，逐案开复。

降革 005：雍正七年谕

凡外任文武官员，因公讹误革职者，朕恐其人材尚属可用，而罢黜之由，乃限于定例，不忍使之废弃终身，是以格外施恩，于部议革职之时，往往酌量降旨，令其于交代后，该上司出具考语，送部引见，此朕爱惜人材，体恤下情之意。惟是外官在任，参罚之案常多，每有先经革职，奉旨来京引见之人，陆续又有别案革职者，此等官员，著交部察明，若续参之案，情罪重于前案，非系因公讹误，则不应引见，若后案仍系因公讹误，与原参革职之案情罪相同，仍著引见，于折奏内将该员共有处分几案之处，声明候旨。

降革 006：雍正七年议准

外任官员，有先经缘事降调，奉旨令督抚出具考语引见，如陆续又有别案降调者，亦即照例议处，仍将前案奉旨引见之处于本内声明。如奉旨著照前旨送部引见者，俟该员到部日，查明降革处分，共有几案，统于奏折内声明，带领引见候旨。如奉旨依议降革，而未奉有照前送部引见之旨者，毋庸带领引见。

降革 007：雍正八年议定

凡京外无级可降之员，遇应行降调之案，在三级以内者，该管官将居官如何之处，出具考语送部，如居官好者，议以革职留任，三年无过开复。居官平常者，议以无级可降革职，或甫经任事，尚未定其贤否，该管官声明到部，议以暂行革职留任，仍令该管官试看一年，如能供职效力，该管官报部注册，准于奉文试看之日扣限，三年无过开复，如不能供职效力照例参革。

降革 008：雍正十年议定

凡内外官员升任之后，遇有原任事发，情罪尚轻，应行降调者，皆于现任内议以降调。

降革 009：雍正十三年议定

在京无级可降微员，原由引见补授者，遇应行降调之案，于各该管官出具考语，分别去留具题。外省无级可降微员，并盛京各省将军、都统、督抚等衙门笔帖式等，其例应降调者，即于题参咨部之日，将该员居官如何之处，于本案内先行声明，该部将应革应留之处，叙入本内，其有本案内未将该员居官如何之处声明者，部内咨询到日，将该管官出具考语及应革应留之处，附入汇题。

降革 010：乾隆二年奏准

凡捐职考职，借补小缺各员，遇大计六法，以及特参例止降调者，除候补、候选、捐纳即用，原属应行铨补之人，仍照原衔降调外，至考职捐职各员，如照其原衔降调补用，是竟以降级调用，转得升迁，与例未协，应止照现职降调，其原有虚衔，准其随带降调之任，不准照原衔升转，倘现任无级可降，即行革任，仍给予所余职衔，令其休致，不准补用。

降革 011：乾隆十年奏准

各省现任官员，推升得缺，如未经引见奉旨补授，适遇丁忧降革，后经服满开复赴补者，例内皆仍归原升月分升用，是推升各员，虽未引见，系已经升任之员，遇有事故起复，既例得以升缺补用，则遇有降调，应皆从升任内降调。

降革 012：乾隆十二年谕

各省文武官员，有因公讹误，部议降调，系该员应得之处分，部覆时，酌其情罪，或令该督抚出具考语引见，酌量录用，已属格外之恩。至于降旨依议降调之员，自应照所降之级，赴部候补，乃又有送都察院考核引见之例，此等人员，有原参督抚所出考语平常，迟至数年，俟督抚离任，始行赴部，更有降调并不请咨考语赴部，及督抚屡更，复以无凭出具考语，呈请引见者，既滋弊窦，抑且事属重复，大抵为政贵简而得要，例愈繁而弊愈多，嗣后著停止。其在京文武并旗员及各驻防人员，因公降革，有令该堂官该旗大臣出具考语引见者，又有送都察院考核者，条例亦觉繁多，不免启趋避之途，其如何删繁就简，酌中定例之处，著大学士、九卿、八旗都统详议具奏。钦此。遵旨议定：嗣后在京各部院司官及五城正指挥等官并旗员，因公讹误，至于降革者，其中如有办事勤练，人材可用之员，任内并无钱粮不清及治罪之案，该管大员，会同都察院详加察核，如果应行引见，交该管大员出具切实考语，保奏引见，应否去留，候旨定夺。

降革 013：乾隆十五年谕

向来因公降革人员，朕令该督抚出具考语，送部引见，后仍令以州县等官补用，又经别案降调，定例复应送部引见。朕思该员既加恩宽宥，必其人材尚堪录用，若复令往返交代更替，转多拮据。嗣后此等人员，引见未满三年者，遇有因公降革之案，皆令该部将应否复行引见及免其引见之处，于本内声明请旨。即已经升选者，查系未满三年，亦照此例行。

降革 014：乾隆二十九年谕

向来缘事降调官员，例应引见者，俱由该督抚出具考语，送部引见，朕既核其人之才具，亦因以觇该督抚之鉴别属员，法至善也。其离任候补之员，因系前任内案件讹误降调，本籍督抚向系非现属之员，无从出具考语。嗣后离任人员，缘事降调，例应引见，并著原隶之督抚一体出具考语，送部引见。著为令。

降革 015：乾隆二十九年又谕

前经降旨各省离任候补之员，有因前任案件讹误降调者，令原隶之督抚出具考语，送部引见，但此等人员离任，事故不同，多有迟至二三年及数年后，始行请咨赴部，其原隶上司，早经更易，代任者又未悉其贤否，何从悬拟考核，盖由传谕之后，部臣未经分析条例，殊多隔碍。嗣后著于该员等甫经请咨回籍时，该督抚将该员居官如何，出具切实考语，即行咨明本籍督抚存案，俟例应引见时，由本籍督抚查照原咨考语，叙入文内，毋庸再赴原隶上司衙门请咨注考，以昭画一。

降革 016：乾隆三十三年奉旨

马伯辖系两次降调之员，该部带领引见时题奏，嗣后似此两次降调之员，该部带领引见俱行题奏。

降革 017：乾隆三十四年谕

钱度经朕擢任封疆，屡获罪戾，仅降补云南布政使，已属格外加恩，乃不知实力报效，于应赔铜斤定价一事，并不据实查办，仍敢瞻顾情面，避重就轻，其取巧沽名之恶习，尚不知改，不可不明示惩儆。伊现有经手承办军需之事，若即将伊罢斥治罪，转得卸责偷安，但伊系屡经革职留任之员，即再予以革任注册，伊仍视为固然，罔识愧畏。钱度著革去顶戴，仍留云南布政使之任，以观后效，倘尚不力为悛改，必重治其罪。嗣后屡经革任宽免之员，有似钱度之居心巧伪，市惠徇情者，遇有应严加议处之案，即照钱度之例行。

降革 018：乾隆三十九年奏准

宗人府自五品理事官以下，凡遇降调，降至七品者，照例议降。至八品九品者，无缺可补，即于本内声明革任。

降革 019：乾隆四十一年谕

外省因事讹误人员，向令该督抚出具考语，送部引见，其由外任升授京职者，遇伊原任内因公处分，概从实降，并无出具考语之例，办理未为画一。嗣后外任人员升京职，伊原任遇有因公处分，部议降调者，亦著令其一体引见，如任京职，已经一年，即令该堂官填注考语，咨送吏部，其未满一年，仍令该员原任之督抚注考送部，候朕量其人才，酌定去留，以示平允。著为令。钦此。遵旨议定：外任升授京职人员，该督抚于该员离任时，出具切实考语，送部注册，遇有因公降革处分，吏部议处本内，夹签具题。凡有奉旨著该部带领引见者，如任京职，已满一年，即令该堂官填注考语咨送，未满一年者，将原隶督抚考语咨送，吏部将该员已未满一年，并由何衙门出考之处，于折内声明，带领引见，恭候钦定。

降革 020：乾隆四十一年覆准

大计所参才力不及浮躁等官，无论何项职衔，止照现职降调。

降革 021：乾隆四十六年奏准

承缉盗案及例内有比照盗案议处，并失察邪教降革人员，引见时，奉旨照部议及降等补用者，仍照例办理。其加恩仍以原官用者，无论原议降级革职，俱改为革职留任，补官日带于新任，八年无过，方准开复。

降革 022：乾隆四十七年议准

凡微员降级调用者，议以革职留任，三年无过开复。其无级可降微员，及各部院笔帖式，如一案内所降调之级，过于三级者，即行革职，不准留任。或已经革职留任，未经开复，又遇别案降调，即行革任。如遇降级留任，仍准其留任，逐案开复。至因私罪降级调用者，亦即行革职，不准留任。

降革 023：乾隆五十三年谕

内务府议处副关防董浚，照向例降调处分，改为罚俸一折。此例因国初年间，内务府人数本少，执事较多，是以定例遇有降调处分，俱改罚俸，免其降调。今内务府生齿日繁，堪以当差者，本不乏人，其议处各员，除奉特旨留任外，自应照部院衙门之例，按其情节轻重，分别实降抵销，以示公允。嗣后议处内务府官员，著照吏部处分则例办理，其从前改为罚俸之例，即行停止，所有董浚一员，即照此例办理。

降革 024：乾隆五十六年谕

向来定例，兼将军、副都统之宗室王公等，遇有案件，应与同事大臣降调者，每降一级，俱加倍罚该职任俸四年抵销，第念因一案将同事大臣等实降，王公等仅于兼管职任内罚俸抵销，并不降级，仍行留任，未免于宗室王公等稍有袒护，殊失平允。本日因偷盗内库银两一事，业经降旨将崇尚斌宁所兼职任俱行实降，著交宗人府及该部。嗣后凡兼职任之宗室王公等，遇有案件，应与同事大臣降级调用者，均著照此次之例，将宗室王公等所兼职任，实行议降，其加倍罚俸之例，著即停止，况所降者仅兼任之级，于伊等承袭原爵，殊无干涉。

降革 025：乾隆五十九年谕

向来武职承缉盗案，限满无获，例应降调。把总无级可降，例得询问居官，该督等查其平日居官尚好者，仍准留任。即文职内未入流一项，无级可降者，亦系如此办理，而各省巡抚，往往以平日居官尚属可用，咨部留任，是此等承缉不力人员，徒有降调之名，并无惩诫之实，总由督抚等意存姑息，不能严行察核，率请留任，以致该员弁无所顾畏，于承缉案件，不肯认真出力。国家爱惜人才，如系因公处分，尚无大过者，原可弃瑕录用，若此等微末员弁，既非必不可少之人，且业有应得处分，亦无足深惜。嗣后文武各员内，职分较小，无级可降者，遇有承缉降调处分，除居官平常，照例罢斥外，其经该督抚察其居官尚属可用者，即使准其留任，亦不得支领廉俸，如革职留任之例，四年无过开复，庶该员弁等知所儆畏，于一切承缉案件，不敢稍存怠玩，以示惩创而专责成。

降革 026：嘉庆二年议准

派往新疆废员，赏给单俸，无论原犯公私罪名，俟年满回京，该管大臣出具考语咨部，吏部将该废员案由详叙开单，带领引见，应否录用之处，恭候钦定。

降革 027：道光元年奏准

凡给咨赴部引见人员，该督抚已经出具考语，如未引见以前，遇有降革事故，奉旨仍送部引见者，准该员赴部呈明，查照原咨考语，带领引见。其各省差委来京，例不引见之员，亦令该督抚于咨文内添注考语，俟到京后，遇有降革处分，奉旨送部引见者，准该员照例呈明，查核原咨，一体带领，毋庸再回原省出考，以示体恤。

降革 028：道光四年奏准

凡现任各官，援例捐升，报捐离任后，已取有交代文结报部，即系实已离任候选之员，遇有降调处分，应照捐升品级降调。如虽捐离任，尚未有交代文结报部，仍系现任官，遇有降调处分，概不准照捐升品级降调。

降革 029：道光四年又奏准

凡河工升署尚未实授人员，遇有降调处分，仍照原衔降调。如从九品升署主簿，尚未实授，遇有降调处分，应先行开缺，仍准其查询居官如何，报部核办。其升署后已请实授者，仍照现缺降调。

降革 030：同治十二年奏定

宗室道府应降京员，降至七品笔帖式止，如降至八品九品者，无官可补，亦于本内声明革任。

降革 031：光绪二年奏准

官员承缉、督缉各项限缉人犯，并承审案件，经征、督催各项钱粮关税，承修、承追、赔补、赔修，以及一切未完案件，限满例关降调、革职，及展参例关降调、革职人员，俟该员等捐升，该上司率准出咨离省，或出差他省，他省督抚率行咨留办公，事竣后，遽行给咨赴部，或代为移请原省督抚给咨赴部，将蒙混请咨之员，照规避例革职，其各上司督抚等，均比照交代未清人员离省定例，一律分别议处。

吏部处分 035：官员降罚抵销〔例 39 条〕

抵销 001：顺治十四年议准

荐举官员，亦照纪录官员例，抵销降罚，至有加级之官，后遇降级，准其按级抵销。

抵销 002：康熙元年覆准

凡纪录四次，抵销降一级；纪录二次，抵销罚俸一年；纪录一次，抵销罚俸半年。若纪录浮于降罚之数者，除抵销外，所余仍留注册，如应罚俸一年，止有纪录一次者，准其抵销罚俸半年，仍罚俸半年。

抵销003：康熙二年议准

官员有不论俸满即升，及卓异一次，或加一级者，皆抵销降一级。

抵销004：康熙二年又议准

因公诖误及因钱粮未完降革官员，后经开复，将任内原有之加级、纪录，皆准给还。至于老病休致官员，原任内如有加级、纪录，仍准注册，后遇事故，准其抵销。

抵销005：康熙九年议准

官员将先经抵销之加级、纪录、卓异、即升等项，后又重抵销者，罚俸一月。

抵销006：康熙十五年议准

京察、大计处分官员，任内先有即升及卓异，不准抵销，亦不准随带，若别项加级、纪录，不准抵销，仍准随带。至处分拖欠钱粮官员，有军功及钱粮全完加级、纪录者，方准抵销，别项加级、纪录皆不准抵销。

抵销007：雍正三年谕

朕体恤臣工，凡官员办事，著有劳绩者，无论大小，皆敕部议叙，其有过误致干吏议者，亦照例处分。夫一人之身，有功有过，一官之级，有降有加。旧例官员降革留任，停其升转，必三年无过，方准开复，降后虽有恩诏加级，不准抵销，殊非以功补过开人自新之义。嗣后降级留任官员，遇有恩诏及议叙加级，皆准以加一级抵销降一级，庶人皆奋励，勉图后效，亦鼓舞吏治之一道也。至降级后捐纳加级者，不得抵销前案。

抵销008：雍正八年议定

凡议处内外官，其定例所载不准抵销者，均于本内将该员原有加级、纪录、卓异、即升与例载不准抵销相符之处，一并声明，其余例应抵销者，即于议以降级、罚俸时，察明该员加级、纪录、卓异、即升概行抵销。至降级留任之员，原系虚降，除戴罪承追，督催督运完纳，赔补赔修及限年承缉督缉等案，必俟本案完结日，方准开复外。其因公诖误，降级留任者，如有加级、纪录，均准其抵销。除捐纳加级，不准抵销，遇有恩诏加级及议叙加级，皆准抵销。傥被议之员，有加级、纪录，应行抵销，而该司官遗漏失错者，若自行察出检举，仍照定例罚俸两月。如明知遗漏，不自行检举，被堂官察出，或本人详报上司咨参者，将该司官照不行详察例，罚俸六月。若司官遗漏抵销，而本人明知受屈，隐忍不行详明，被科道纠参，或该管上司察出咨参者，将本人加级、纪录不准于本案改正抵销，仍照议处司官之例处分。

抵销009：雍正十二年题准

军功纪录二次，抵降一级；军功加一级，抵降二级。如遇降一级调用之案，将加一级抵销，免其降调，仍给还军功纪录二次。其军功纪录一次，抵销罚俸一年。

抵销 010：乾隆四年奏准

在京官员，遇有罚俸之案，如愿将议叙加级改为纪录，抵销罚俸者，准其改抵，其抵销外，余剩纪录，查其原系随带之级所改者，升任时仍准随带。若非随带之级所改者，在任时，抵销过纪录一次二次或三次者，升任时概行注销。若在任时所改纪录，并未抵销罚俸，照例将纪录一次，带于新任。至一人而加数级者，如遇处分案件，皆按其加级年月之先后，挨次抵销。再，例内有不准抵销者，如引用正条，原有"不准抵销"字样，照例不准抵销，若比照处分定议者，仍准抵销。

抵销 011：乾隆七年谕

官员纪录一次，抵罚俸半年，若遇罚俸一月至五月，因不至销去纪录一次，遂不准抵销，照常罚俸。又有因两三案并发，所罚之俸，虽至销去一次纪录，亦不准抵销，照常罚俸，于伊等生计，亦属无益。嗣后旗员应罚之俸，不至销去纪录一次者，著照王等纪录之例，暂行注册，俟再遇罚俸案件，合算抵销，以示体恤。

抵销 012：乾隆八年谕

在京各衙门事务，皆系满汉堂司公同办理，至遇罚俸处分，旗员止注册合算，汉官则照常罚俸，例未画一。嗣后在京臣工，有罚俸案件，不至销去一次纪录者，皆照旗员之例，注册合算。

抵销 013：乾隆八年奏准

定例革职官员，后经开复，将任内原有之加级、纪录均准给还。又官员原参重罪审虚，尚有轻罪应降级、罚俸者，查明该员原任内如有加级、纪录，即行抵销，是开复之员，于本案内应行议降、议罚，其从前之加级、纪录尚得抵销本案降罚。至别案降罚注册，若因其案件业经议结，遂将原有之加级、纪录概不议抵，未免偏枯，况该员既得本案开复，则原任内所有之加级、纪录例准给还，与非系本案开复，别行起用人员，前任内加级、纪录不准随带者不同，一例抵销，庶为平允。嗣后凡遇开复革职人员，如有降罚之案，有加级、纪录应行抵销者，令该督抚于该员开复之后，查明该员降罚注册各案，咨部核议，如有例应引见者，即于引见文内声明，准其抵销。

抵销 014：乾隆十四年谕

近定因公降调人员，如以原官补用，仍将所降之级，带于新任。嗣后引见时，如经朕特旨降补者，不拘所降级数，概行注销，不必随带。

抵销 015：乾隆十七年奏准

外省官员，遇有议处案件，止系降调离任者，自知县以上，例具专疏题覆，微员入于汇题，至处分仅止罚俸及议降、议罚，有加级、纪录抵免之案，无论官之大小，亦皆附入汇题，但方面大员，不当与州县佐贰等官概入汇题之例。嗣后道府以上各官，例应降调之案，虽有加级、纪录抵免者，亦皆专疏具题，若止罚俸及降革留任处分，仍照旧例，汇题完结。

抵销 016：乾隆十八年议准

凡革职官员，业已降补他职者，即系离任之人，其前任加级、纪录等项，不准带于新任。至于部议降调、革职，奉旨从宽留任人员，虽经部议，究未离任，其任内加级、纪录，未便概行注销。嗣后内外各官，有部议降调、革职人员，奉旨从宽留任者，其加级、纪录，以及即升、卓异，皆准其随带。

抵销 017：乾隆十八年奏准

凡司官遗漏抵销之案，除罚俸、降级留任之案，及虽经议以降调，尚未至开缺离任者，仍照旧例处分外，至降调之案，本有加级、纪录，不查明议抵，以致本员离任者，从重议以降一级留任。

抵销 018：乾隆三十三年谕

内外文武各官，遇有承办事务，如失察、迟延之类，其错误本属因公，自应将加级、纪录准其抵销。若意涉营私，于政事官箴，皆有关系，而该员得藉加级、纪录为护符，吏议不能持其后，殊非黜陟本义，吏、兵二部所定准抵条例，未能明晰周备。嗣后吏部、兵部议处文武各员，以公罪、私罪为断，其被议之事，本属因公者，仍照例准抵外，其因犯私罪交部议处，一概不准抵销，庶办公者得邀宽典，而营私者不致长奸，于澄叙官方之道，更为允协。著为令。

抵销 019：乾隆四十三年谕

吏部于议处降调之案，不查加级抵销，其事与刑部失入相似而实不同，刑部失入重于失出者，因罪犯一经失入，即罹重辟，所谓死者不可复生，严其处分，所以重民命也。至失出，囚即遣放，仍可审核更正，故其议处从轻。若吏部办理议处疏忽，失入，固有应得之咎，但事后尚可自行检举，或可查明更正，不至终于枉屈，其议处可以从轻。至失出，则以应行议降之人，妄为拟抵，安知非徇情受贿，高下其手，久之易滋流弊，不可不重其处分，俾知儆惕，以刑部出入轻重反而用之，方为平允。著交部会同都察院另行定拟具奏。钦此。遵旨议定；官员有加级、纪录、卓异、即升等项，先经抵销，后遇降罚事件，重复抵销，查系徇情受贿，严参究办，若一时失检，罚俸两月。

抵销 019：乾隆五十九年议准

官员有议处降级之案，其捐纳加级、纪录，上库日期，京官在该部未题参之前者，准其抵销，出本之后者，不准抵销。外官在督抚题奏出咨之前者，准其抵销，在题奏出咨之后，并吏部查取职名之后者，不准抵销。

抵销 020：嘉庆十一年谕

近来吏、兵二部，于议处文武官员事件，例应降调者，往往有援引定例，仍于折尾声叙应否准抵，请旨定夺，其意不过以部臣原系声明双请，凡从严处分者，系属出自上裁，归怨于朕。朕为天下共主，原应任劳任怨，而诸大臣必欲市恩邀誉，其意何居？文武官员，公私罪案处分，如应降若干级，及应否留任准抵之处，均有定例可循，部臣自应参酌案情，按照定议，即或例文有未尽该备，亦当比照确切，酌中定议具奏，俟奏上披阅时，或其人照例处分本重，朕特加宽宥，此则恩出自上；其或照例处分较轻，而特从严者，朕必降旨宣示。如果部臣原议，于定例并不舛误，朕亦断不加之责备。若将例应严议之案，动以请旨定夺为词，是部臣欲博宽厚之名，而转以严刻归之于上，殊非大臣实心任事之道。嗣后吏、兵二部办理议处案件，务当屏除积习，详细核例，公同悉心定议，不得辄用"请旨定夺"字样，为调停两可之说。

抵销 021：嘉庆十一年又谕

吏部本日具题议处户部堂司官等，失察直隶监生刘姓捐名未协一本，系司官自行检举，罚俸减等，辄将该堂官照例免议。办理非是。此事户部堂司等，于捐生命名未协，不即饬令更名，虽系自行检举，其疏忽之咎，究有难辞，是以户部前此奏请议处时，并未将堂官处分宽免。今吏部即因检举旧例，堂官有免议之条，亦止当于本内声明请旨，何得遽尔免议？此与昨日都察院、吏部之本正同，所有户部出结不慎之司官，著罚俸一年；失察检举之司官，著罚俸六个月；其堂官等，均著罚俸一个月；吏部堂官率行定议，亦著罚俸一个月，均准其抵销。

抵销 022：嘉庆十一年三谕

嗣后吏兵等衙门，遇有特旨交议之件，该堂官等止须将该员应得降级、罚俸处分，查核例案，定议具奏，并于折内声明，系奉特旨交议之件，毋庸查取加级、纪录议抵，俟奏上时，朕核其情节轻重，量予区分。其加恩准抵者，于奉旨后，再将该员有无加级、纪录，详核汇题，该堂官不得仍以咨查为词，藉端迟滞，倘复任意延搁，必将该堂官惩处不贷。

抵销 023：嘉庆十三年谕

嗣后吏、兵二部，于议处罪案，除私罪不准查抵外，如有实系公罪，经特旨交议者，其应否准抵之处，著于折内声明请旨，候朕裁夺。

抵销 024：嘉庆十四年谕

兵部题：遵旨查议成都副都统东林一本。昨因东林未经派出来京祝嘏，辄行奏请赴阙叩祝，且折内语多繁絮，特降旨申饬，并交部查议，该部将该副都统照违令例罚俸九个月，复声叙查有纪录次数，应否准其抵销，请旨遵行，殊属非是。此系特旨交议之件，何得率行议抵，兵部堂官办理此案，未免徇情，著交部察议。东林即著罚俸九个月，不准抵销。嗣后如有自行奏请来京祝嘏者，即著照此办理，亦毋庸再交部议。钦此。遵旨议定：将兵部堂官罚俸九月，毋庸查纪议抵。

抵销 025：嘉庆十五年谕

吏部议处钦天监堂官，将绵恩等罚俸处分应否抵销之处请旨，所办非是。向例各官自行检举，及寻常处分，是否准抵，自应照例双请，若系特旨交议之件，止宜将该员等应得处分奏上，候朕酌夺。嗣后毋庸再行双请，所有此次绵恩等罚俸之处，著不准抵销。

抵销026：嘉庆十五年又谕

大员中交部议处者，自应由该部核议办理，亦当于数日内专折具奏，不应迟延日久，归入汇题。嗣后大员议处，由该衙门核议，业经降旨依议者，该部即毋庸查抵。钦此。遵旨议定：承办司员迟延，照违令公罪例罚俸六个月，堂官罚俸三个月。

抵销027：嘉庆十六年谕

本年辛未科覆试中式武举弓力不符，罚停殿试，由于原监射王大臣等校阅草率，不能认真拔取，所议罚俸之处，均著实罚，不准抵销。此后著为令。

抵销028：嘉庆十七年奏准

官员任内，有革职留任之案，如续遇降调处分，无级可降，改为革任者，如革职留任处分，续经完案开复，吏部即于开复案内，将革任之案，一并查销，仍照原议降调处分注册，查照所降之级用，其有奉旨送部引见者，即于引见折内声明。如该员革任后，引见奉旨照部议者，续将革职留任之案开复，仍准其将革任之案查销，照所降之级用。如奉旨以原官用，或降等用者，该员既已邀恩录用，所有革任之案，一概毋庸查办。至从九品、未入流等官，系无级可降之员，遇有因公降调处分，例准查询平日居官如何，若有似此者，将来开复革职留任时，亦准其查销革任，仍查询其平日居官如何，再行办理。

抵销029：嘉庆十八年奏准

地方官承缉命案，于未起四参之前，捐纳加级者，准其抵销。在四参起限之后者，不准抵销。

抵销030：嘉庆十八年又奏准

地方官承缉情重命案，擅杀期功尊长之类，于未经报官以前，捐纳加级者，准其抵销，既经报官以后者不准抵销。

抵销031：嘉庆十八年三奏准

地方官承缉盗案，于未经失事之前，捐纳加级者，准其抵销。在疏防之后者，不准抵销。

抵销032：嘉庆十八年四奏准

地方官承缉抢夺良家妇女之案，于未经报官以前，捐纳加级者，准其抵销。既经报官以后者，不准抵销。

抵销033：嘉庆二十二年谕

向来部院遇有议处事件，每因查被议之员有无加级、纪录，以致议奏迟延。嗣后著于奉旨五日之内，即行议上，其例不准抵者，于折尾声明，即系应以级纪议抵者，亦毋庸先行查计，著于折尾声叙，均系应行议抵之案，可否准其抵销，请旨遵行，如奉旨不准抵销，毋庸查计，若准其抵销，再行查明核办。

抵销 034：道光四年奏准

官员任内，止有加一级，而有两案处分同日到部，一系降调，一系降留，并非私罪者，则准抵降调，不抵降留，以宽公过。其非同日到部者，无论降调、降留，仍按文到日期核办。

抵销 035：道光四年奏定

官员任内有加数级，如遇降级处分，先将捐纳加级，按上库年月先后抵完，再将恩诏加级、议叙加级、随带加级及钱粮、军功加级，挨次查抵。或军功纪录二次，及寻常纪录四次，亦各准抵降一级。〔此系通指降留降调而言。〕若降调之员，级不敷抵，方以不论俸满即升一次，或俸满即升一次，或卓异保题一次，或俸满保荐一次议抵。

抵销 036：道光四年又奏定

军功加级，不论曾否题明，悉准随带新任。

抵销 037：道光十九年奏准

刑部会稿到部时，如该员例应降罚，即按到部先后，挨次查明级纪抵销，于会稿内叙入，毋庸俟刑部送改事故时，始行查抵。

抵销 038：咸丰九年奏准

凡降级之案，系戴罪完纳，戴罪承追，督催督运，赔补赔修，及限年承督等案，必俟本案限满之日，方可照例议结，现在虽有级纪，不准抵销。〔如例有展参，捐升不准离任人员，于未经限满之先，呈请作为限满，将加级、纪录先行抵销，原案者，应不准行。〕

抵销 039：光绪九年奏准

议叙加级，止准给予寻常加一级，从优者再给予纪录二次，概不准请加二级、三级。

吏部处分 036：官员开复〔例 67 条〕

开复 001：顺治十八年定

内外官员，有因事故降级留任者，三年无过，方准开复。如三年之内，复有降级者，即以后降之日为始，计满三年开复。其三年之内，遇有罚俸案件，将罚俸月日扣除，外官令该督抚详核咨部，题请复还原级；京官令该衙门堂官详核咨部，由部具题。降级开复官，如系例得自陈之大臣，即令其自行奏请，其不得自陈者，由该堂官移送吏部，题请复级。若外官则自布按以下，并由该督抚具题，吏部仍行覆核。

开复 002：顺治十八年奏定

凡因公诖误，如拖欠钱粮能速催完解，缉拿盗贼能依限捕获者，不拘月日，俱即准题开复。

开复 003：康熙九年议准

内外官员，傥不将降级、罚俸情由查明，遽行咨请开复者，将咨请官，内为该衙门堂官，外为该省督抚，罚俸六月，转详之司道府等官罚俸一年。如该堂官、督抚，将本官续有之降级、罚俸情由，不行声明，咨请开复者，罚俸一年。如本官已经申呈开复，该管上司抑勒不详者，罚俸一年，该堂官、督抚不咨部者罚俸六月。若属官隐瞒己身罪过，呈请开复者，罚俸一年。

开复 004：康熙三十八年谕

嗣后官员，有因公诖误降级者，三年满日开复时，停其具题，该部缮折具奏。

开复 005：雍正二年谕

凡官员亏空钱粮仓谷，该管上司失于盘查，自应革职分赔，但定例亏空官员，审无侵欺入己之项，勒限一年内赔补全完，准以原职补用，而失察革职之上司，反不得与本官一体开复，似属可悯。嗣后亏空银谷限内全完，例应开复者，该督抚查明原参失察之上司，一并题请开复。

开复 006：雍正四年谕

向来革职留任官员，从无开复之例，但年久奉职无愆，亦应开复，以示鼓励。嗣后革职留任之员，如四年无过，该督抚等题明，准其开复。著为定例。

开复 007：雍正四年议准

凡革职、降级官员，不应开复，督抚滥行保题开复，奉旨交议者，将滥行保题之督抚降一级留任。如将应行开复官员，抑遏不行题请者，亦照此例，降一级留任。

开复 008：雍正八年议定

凡官员被参革职发审者，如审系全虚，督抚并该衙门于本内声明，照例准其开复，不得称已经革职毋庸议完结。如革职发审之员，有别案降革者，本案审虚，止将审虚之案开复，其别案降革，不得概与开复。如革职发审之员，有别案革职留任、降级留任及罚俸案件者，本案审虚，亦将审虚之案开复，照例于补官日，仍将从前降革留任、罚俸之案，皆带于新任。至原参重罪审虚，而该员尚有笞杖轻罪，例应降级、罚俸者，亦于本内声明，将该员原参革职之案，准其开复，按其所犯轻重，应降级者降级，应罚俸者罚俸，照例分别议处。

开复 009：乾隆五年奏准

凡内外降革留任官员，于三年四年限内遇有罚俸案件，如能全数缴完，及京官按季扣完者，皆免扣罚俸月日，各照原限计满三年四年，题请开复。如罚俸银未全数通完，即按其完过银数计算，免其扣除罚俸月日。如全未扣缴者，仍照向例扣除罚俸月日，计满年限，题请开复。

开复 010：乾隆七年议准

凡例应革职、降调，奉旨留任官员，再遇处分，例应革职、降调，复奉旨留任者，将后案注册，扣算前案满日，即将后案接扣，三年满日，准其开复。有数案革职、降调，皆系奉旨留任者，计案递加。〔如一案内一人而议处两层降级革职，皆奉旨留任者，开复时，作一案计算；或前有一案降级革职，随后又有一案降级革职，或两案降级革职，皆在离任之后，于一次奉旨留任者，仍作两案计算。〕如未经开复之前，遇有例应降级革职留任处分，不便计案递加，其后案在前案年限之内者，前案开复，后案皆准其开复。若后案在前案年限之外者，总以后降后革之日为始，计满年限，方准一例开复。

开复 011：乾隆十四年议准

在外督抚，在京三品以上大员，遇有降革留任等案，扣满年限，即从各本衙门将年限内有无过愆之处，逐一查明。如年限内并无罚俸及别案降革留任事故，或虽有降罚之案，业经以级纪抵销者，准其咨部，具题开复。若有罚俸之案，未经抵销，即照例俟罚俸之银缴完、扣完，再行咨送开复。或别有降革留任之案，亦照定例，后案在前案限内满者，前案限满，后案并行咨送开复，后案在前案限外满者，俟后案限满，一并咨送开复。至若开复之限已满，续有议处之案，应行罚俸及降革留任者，其后案处分，既在前案开复限满之后，应仍将前案移送开复，由部逐一详核具题，其应行开复案件，原可随时咨报查办，不必限定汇题。

开复 012：乾隆三十五年谕

从前暂开捐例，原属一时权宜，以遂海内士民急公上进之愿，究于事体非宜。停捐以后，曾有奏请再行开捐者，朕皆斥而不允。至于降革留任人员，原属因公处分，且其人尚不至摈弃，是以量予加恩，俾得在任自效，但一经议处，即停其升转，直待数年无过，方准开复。从前曾有捐复之例，复经部议删除，第念此等人员内，未尝无可及锋而试之人，若以微眚淹滞多年，亦觉可惜，自当仍准援例捐复，俾得黾勉自新，如何定例之处，著该部详悉妥议具奏。钦此。遵旨议定：凡内外降调、革职、人员，除翰詹、科道、藩臬以上外，如有情愿捐复者，在部具呈，吏部查核缘事原案，凡事属因公，情节稍轻，俱准其捐复。其事涉营私，情节较重者，俱不准捐复。又京察、大计、参劾及随时以阘冗懈弛参劾者，不准捐复。又曾拟死罪，后经赦免，问拟军流新疆、赎回、放回者，不准捐复。原议永不叙用者，不准捐复，承问失入者，不准捐复。特旨革职，及奉特旨加级纪录不准抵销者，不准捐复。又接驾废员引见，止给职衔者，既经钦定，不准再请捐复。其正印捐复原官，已经奏驳，后以降捐佐贰杂职，及由科目降捐教职者，仍准核办。又降调后业经补官者，不准捐复。官员有疾随时休致者，准其捐复。又革职之外，问拟笞杖徒罪，及军台已满换回者，俱令加等报捐。至呈请捐复人员吏部将应准应驳，开单每月汇奏一次，其奉旨准捐人员，由户部按限收捐后，吏部带领引见，教职、佐杂仍毋庸引见。凡内外降级革职留任人员，除翰詹、科道、藩臬以上不准捐复外，其余人员降级革职留任，例无展参者，俱准其随时报捐，系奸赃不法不准捐复。至部议降调、革职，奉旨仍以原官补用，降革之案带于新任。又部议降调、革职，奉旨从宽留任，并降调、革职，经该堂官、督抚奏留，或奉旨留任，给予年限开复人员，已邀恩格外。俱不准捐复。

开复013：乾隆三十五年覆准

凡降补、候补及前已邀恩赏给职衔顶戴人员，如遇巡幸各省，随同废员前赴行在接驾者，吏部查办时，分别扣除，毋庸与废员一例查办。

开复014：乾隆四十五年谕

本年南巡接驾废员，经吏兵二部查明情节较轻者，带领引见，除加恩录用外，其赏给职衔者，业经朕亲加甄别，不得再准捐复。至庆祝万寿赏给职衔各员，及此外缘事降革人员，如有在部呈请捐复者，该部核明情节，无论应准应驳，俱著具奏请旨。准捐人员，并著该部带领引见，候朕钦定。

开复015：乾隆四十五年议准

捐复人员，自奏准奉旨之日起，限三月，〔扣除封印。〕将捐项上库，如逾三月之限，无故不将捐项呈缴，即行扣除，不准捐复。如限内实因患病及丁忧事故，经兵马司申报吏户二部有案者，即于呈报病痊服阕之日起，勒限二十日内上库，如再逾限，即有事故，亦不准补缴。至患病、丁忧补缴捐项人员，从前不能依限上库，致有迟延，若与依限上库者一例铨用，似无区别。此等人员，补缴后带领引见，奉旨仍发原省者，于到省后，扣满一年之限，方准补缺。奉旨照例用者，应归部选，于到班时，扣选一次，俟再到班时，方准铨选。其试用人员。仍发原省者，亦以一次到班时，扣足一年，方准题署。至候选人员，及例不引见之佐贰杂职，均照此办理。

开复016：乾隆四十六年谕

开复加级之案，系朕特恩，该督抚提镇等何以迟至年余，尚有未经查明咨部，该部酌限六月内造报，尚属过宽。嗣后此等事，著定限奉文三月内，查明报部，如逾限不行咨部，该部即予销除，毋庸再议。伊等为自己邀恩之事，自当上紧办理，所有文职各员，吏部即照此例办理。

开复017：乾隆四十六年议准

凡遇恩旨开复加级，各省督抚藩臬大员，俟汇齐到日，再行具题外。其四品以下各员，该省造册送部，吏部查明，即归入议叙议处本内，汇题开复，毋庸俟各省到齐再办。其未经到部者，遇有升调，该督抚随本声叙，吏部核明开复，务于奉文三月内，查明报部，如逾限不行咨报者，即行销除，毋庸再议。

开复 018：乾隆五十年奏准

外任官员，缘事降革，后经本案开复，〔如获犯审虚等项。〕令各该督抚出具考语，送部引见。如系满员，照丁忧人员回旗之例，带领引见，或以外任补用，或留京职之处，恭候钦定。

开复 019：乾隆五十九年议准

直隶办差人员，俟回銮差竣之日起，扣限一月，造册报部，如有逾限，概予销除。

开复 020：嘉庆九年谕

谢正原、英安二员，均经革职，特降谕旨以主事录用，已属邀恩，均不准其捐复。嗣后遇有似此加恩录用之员，在吏部呈请捐复原官者，该部即行饬驳，毋庸随折声请。

开复 021：嘉庆九年奏准

知县缘事议以降一级调用，奉旨令该督抚出具考语，送部引见。如引见时，奉旨著照部议降调者，呈请捐复时，令缴降一级银两，捐复原官。如奉旨以县丞用者，呈请捐复原官时，令缴降二级银两，始以知县原官补用。

开复 022：嘉庆十年奏准

原例内开，内外降级革职留任人员，除翰詹科道藩臬以上革职留任，不准捐复外，其余人员，降级、革职、留任，例无展参，有情愿捐复者，俱准其随时逐案报捐，具呈户部，移咨吏部核明案由，除系奸赃不法不准捐复外，其余俱准捐复，咨覆收捐后，知照吏部，汇题销案。至部议降调、革职，奉旨仍以原官补用，将降革之案带于新任，及部议降调、革职，奉旨从宽留任，降调、革职后经该堂官、督抚奏留，或奉旨留任，给予年限开复人员，业已邀恩格外，俱不准其捐复〔十八年改定，照寻常捐复之例，酌加十分之五，一体准其报捐销案，附入汇题〕。至革职有余罪人员，仍应查明原案情节，分别准驳具奏，如系问拟笞杖，已经赎免者，照革职捐复银数，酌加十分之二；未经赎免者，酌加十分之三。轻徒已竣者，酌加十分之五；满徒已竣及军台已满，换回赎回者，酌加十分之六；原拟军流赎免者，酌加十分之八；原拟新疆发遣，已经放回赎回者加倍。其仅止捐复原衔，并降捐职衔者，仍照本例报捐，毋庸令其加等。

开复 023：嘉庆十年议定

捐复人员，定例于具呈时，均令其呈明有无欠项及完欠若干，由户部查系例限已逾，或未逾而数在三百两以下者，即令照数全缴，方准报捐。其有欠数较多，尚在例限以内者，准其先行报捐，仍将未完银两，著落该员按照年限如数全完，一面知照吏部。倘逾限不完，已选者即行解任，未选者停其铨选。若报捐时，将欠项隐匿，不行声叙，事后别经发觉，将所捐之官注销，仍照隐匿例治罪。

开复 024：嘉庆十年又议定

满汉文员革职离任等官，有情愿捐复原衔者，准其报捐。至京察、大计、六法各官，例不准其捐复原衔，但此项人员，止因不能临民莅事，究无奸赃情罪，仍准其捐复原衔，并加捐至原衔以上，皆不准补用。

开复 025：嘉庆十年又奏准

降革人员，奉旨引见后，仍照部议降革者，其原案情节，本属因公，该员既踊跃急公，有心报效，应一体报捐补用。

开复 026：嘉庆十年三奏准

降革人员，应将续参降革注册各案，分别报捐。如具呈时，漏报续参降革处分，核明该督抚查参日期，在该员未经离任之先者，将漏报之案，令其加倍报捐。如系该员离任以后，该部查明档册指出，准其逐案报捐。

开复 027：嘉庆十二年谕

嗣后凡外任官员，有因公获咎，送部引见，经朕特旨改用京员，仍请捐复原官者，该部即将原呈驳回，毋庸入奏。

开复 028：嘉庆十二年奏准

凡大计案内，劾参有疾休致，现经调治痊愈者，均照随时休致之例，于正项之外，酌加十分之五捐复。

开复 029：嘉庆十二年又奏准

接驾并庆祝万寿，赏给职衔及原品休致人员，一体报捐。

开复 030：嘉庆十三年谕

本日吏部奏：不准捐复各员，内有陆费元鑛一员，因天津县任内，办理拨船，失察经纪人等，得受钱文，私放船只革职，本年春间，朕巡幸淀津，该员于途次接驾，业经降旨加恩以县丞录用，是该员已得进身之路，不思勉力图效，必欲捐复原官而后已，岂国家起废之典，可以出赀幸进乎。所有陆费元鑛呈请捐复原官之处，著不准行。嗣后各废员内，有似此已经邀恩，复恳请捐复原官者，该部即当照例批驳，毋庸再行入奏。

开复 031：嘉庆十九年谕

金湘由黑龙江赎罪回籍，捐复原官，本应照例加倍报捐，念其投效军营，著有微劳，著令其于已交捐项外，再补交十分之五。嗣后新疆放回人员，呈请捐复原官，如在军营出力奏准者，著即照此例办理。

开复 032：嘉庆二十四年谕

吏部奏：捐复人员，照例分别准驳请旨一折。申启堂、曾昆圃、蒋济川，俱著准其捐复。胡兆兰准其改捐内阁中书，其林绍光一员，部拟不准捐复。所驳甚是。向来各省道员内用应补郎中，知府内用应补员外郎，今林绍光系由知府甄别降调之员，何得援照内用员外郎之例，呈请改捐。嗣后凡降调道员呈请改捐郎中，降调知府呈请改捐员外郎者，吏部毋庸奏请，俱照此例批驳。

开复 033：道光元年奏准

科道因公降革呈请改捐部属，编检因公降革呈请改捐中书者，俱予核办。

开复 034：道光元年又奏准

奉特旨加级纪录不准抵销之员，不敢捐复原官，呈请降捐改捐者，亦予核办。

开复 035：道光元年三奏准

公罪中情节较重者，不准捐复，如滥差毙命，因公派敛之类。

开复 036：道光元年四奏准

近京五百里内疏防盗案，特参革职者，不准捐复。

开复 037：道光元年五奏准

失察邪教，酿成滋事重案，系例不准抵者，不准捐复。

开复 038：道光十二年定

嗣后各直省有降捐捐复之员，均赴部具呈，听候核办，毋得由各该督抚奏请，以杜徇私。

开复 039：道光二十四年奏准

各项降革例准捐复降捐人员，在外捐输，如该员原犯案由，漏未声叙，系邻省督抚，无从查核原案者，该督抚免其失察处分，将本员分别遗漏之轻重酌量议处。系本省督抚，本有案卷可核者，折内如有漏叙，将本员与督抚分别议处，并将该员等降革原案漏叙情节之处，分析奏明，应否准其报捐，恭候钦定。至该员等如有续降续革之案，令照离任未离任定例，逐案报捐，及逐案加倍报捐，州县以上各员，捐项交清后，由该督抚给咨送部引见。

开复 040：道光二十四年又奏准

官员失察亏短库项革职，已将赔项交清，而奉旨仍行革职者，不准捐复。〔如奉旨赏有官职人员，准其报捐。其曾任大员，外官止准其捐至道府，京官止准其捐至郎中。〕

开复 041：道光二十八年奏准

官员遇有应行查讯事件，奉旨撤任开缺者，嗣经讯明无关实降实革，将原参撤任之案查销，毋庸送部引见。

开复 042：道光二十九年奏准

本案开复人员，比照钱粮开复留任留省之例，分别办理。

开复 043：咸丰二年奏准

私罪降革人员，投效军营，保奏开复，并请免缴捐复银两，系奉旨允准者即钦遵办理，系奉旨交议者仍令分别补缴加五、加倍、加倍半捐复银两，俟银两缴清，给咨送部引见。其开复后续有劳绩，暂行存记，俟引见时一并声明。

开复044：咸丰四年奏准

官员缘事降调，并未奉旨拔去原翎者，一品至五品仍准戴用花翎，六品至从九品未入流仍准戴用蓝翎。其大员降至六品以下，并凡革职人员，一概不准戴用原翎。如因本案开复，或奉旨赏还，并续有军功，经该大臣、督抚奏请开复原翎者，均仍戴用。至另案开复，或捐复原官，不准仍戴，亦不准随案声请。

开复045：咸丰五年奏准

城池并未失守而地方被贼滋扰，及地方失守本无城池，降革人员，如得有劳绩，经督抚、大臣保奏开复者，俱令补缴加倍捐复银两，不准奏请免缴。

开复046：咸丰五年又奏准

失守被扰降革人员保奏开复，并尽先遇缺等项，除令其分别加成补缴捐复银两外，其尽先遇缺等项，并令逐层补缴减半银两，俟银两缴清，给咨送部引见。

开复047：咸丰五年三奏准

私罪降革人员投效军营，系常例不准捐复，而情节尚有可原者，如先行捐复、降捐，续有劳绩，保奏尽先遇缺等项，免其补缴银两。如未经捐复、降捐，得有军务劳绩，保奏开复，除令其分别加成补缴捐复银两外，其尽先遇缺等项，并令逐层补缴减半银两，俟银两缴清，给咨送部引见。

开复048：咸丰五年四奏准

原在军营获咎降革人员，旋因奋勉立功，保奏开复者，免缴捐复银两。其另案降革后，留营效力，或投效军营者，仍令补缴捐复银两。

开复049：咸丰五年五奏准

降革人员先行降捐，及仅捐复原衔，续行捐复、改捐，若不声明原案，至捐后自行检举，呈明补缴者，如系捐复原官，即照不应重公罪律降二级留任。倘系始终隐匿，别经发觉，照不应重私罪律降三级调用。

开复050：咸丰五年六奏准

革职发遣废员，如有报捐虚衔者，除实犯奸赃不法，不准报捐外，其余俱得照常例报捐虚衔，仍不准其捐至原衔以上，亦不准其铨选补用。

开复051：咸丰七年奏准

降革人员开复后，续因劳绩保奏，仍于清单内，将开复之案详细注明，以凭核办。如并未开复有案遽保官阶，随时奏请撤销，毋庸另给奖叙。

开复052：咸丰七年又奏准

宗室道府降革后，呈请捐复道府原官者，由部查核案情，分别准驳。如请捐京职者，由宗人府核办。

开复053：咸丰十年奏准

私罪降革捐复人员，如系曾任实缺，应归部选者，遇到班时，毋庸掣原省之缺。其从前未经得缺，例应回省人员，概不准仍赴原省。其私罪降捐，及虽系公罪情节较重者，〔如滥差毙命，因公派敛之类。〕照此办理。各该员报捐时，如不声明降革缘由，径行指捐原省，即照蒙混捏饰例惩办。

开复054：咸丰十年谕

参员讦告上司，定例立案不行，其有情节较重，或牵涉赃私，不得不加以查办，惟审讯既属虚诬，则挟嫌陷害之人，自应从重惩治，以昭平允。嗣后各直省参员讦告上司者，除立案不行外，其有钦派大员审讯，因讦告而罪拟徒流者，均不准赎罪，因贿和而被革职者，亦不准捐复，以儆官邪而惩刁健。

开复055：咸丰十一年奏准

分防各官，本无城池可守，如所辖地方，猝被贼扰，焚劫官署，特参革职，复能随同剿捕，奏请开复原官者，仍予开复，令补缴加倍捐复银两，不准奏请免缴，如该督抚声明所辖地方并无被贼滋扰者免议。

开复056：同治元年谕

御史吕序程奏：休致及永不叙用人员，请不准开复捐复等语。向来休致人员，例不准其捐复。其永不叙用之员，劣迹昭著，情节尤重，是以终身摈弃，以示重惩，定例綦严，纤毫未能宽假。乃近来各省于休致人员，往往保举开复，并于永不叙用人员，亦请先行开复永不叙用之案，以为将来保举地步，实属故违定制，殊非朝廷澄叙官方之意。嗣后各省督抚，及各路统兵大臣，于此二项人员，不准滥行保举，亦不准代请捐复，如有仍前锢习，违制滥保者，必将该督抚大臣从严惩处，并将所保之员，查明贿嘱情托等弊，分别从重治罪，以杜钻营而肃吏治。

开复057：同治元年奏准

凡加倍并不准捐复人员，非军功劳绩，不得保奏开复。

开复058：同治二年奏准

同城之道员及佐贰官，失守城池，革职无余罪者，如准其留营督同克复，给予虚衔顶戴，再有劳绩，准其开复，均令补缴加倍捐复银两。至不同城之知府，革职无余罪，不同城之道员，例止降调，如准其留营督同克复，著有劳绩，经该督抚奏报到日，即予开复，亦令补缴加倍捐复银两，不准奏请免缴，其例应引见之员，俟捐项缴清，给咨送部引见。

开复059：同治三年奏准

失守发遣人员，奏准释回，复奏留在戍，得有劳绩，准其奏奖虚衔顶戴，再有劳绩，保奏开复，仍令补缴加倍半捐复银两，不准奏请免缴，俟银两缴清，给咨赴部引见。〔此项人员，必扣足三年之限，始终出力，不得因偶有劳绩，遽请开复。如非该员实能始终奋勉出力，该处办事实在需员，不得滥请留戍，豫为保奏虚衔，及开复原官地步。至发遣释回，未经留戍，已回籍者，得有寻常劳绩，不得援以为例。〕

开复060：同治四年谕

近来降调革职人员，往往因未奉拔去翎枝谕旨，托词戴用，其另案开复各员，亦或恃无不准戴用原赏翎枝明文，辄图蒙混，殊属非是。嗣后因事降调之员，未奉旨拔去翎枝者，除一品至五品仍准戴用外，大员降至六品以下，以及革职各员，一概不准戴用。其开复原官者，必须本案开复，或奉特旨赏还，及续有军功，经大臣督抚，奏请开复翎枝，方准照常戴用。倘因另案开复，或捐复原官，仍不准冒昧戴用，以昭体制而杜傲幸。

开复061：同治四年又谕

御史王师曾奏：获谴较重人员，请不准留营差遣，以杜幸进等语。所奏不为无见，近年获谴人员，往往在各省军营，逗遛差委，或以奔竞结大吏之知，或以矫饰为起用之计，一朝任事，故态复萌，最足为人心风俗之害。著各直省督抚，及各路统兵大臣，嗣后遇有各项废员，除因公诖误，才具可用者，准其留营差委，以观后效，俟著有劳绩，仍准据实保奏外，其被参斥革情节较重，及军营偾事各员，均不准留营效力，以肃营制而儆官邪。

开复062：同治五年奏准

降革人员，或尚未保奏开复，或开复之案已驳，或行查尚未议准，或开复之案已准，仍令补缴银两。如续有劳绩保举，令该员将前案曾否开复，有无准驳，自行详细呈明，于保案内声叙，以便稽查。如不呈明前案，致后案蒙混照准，一经发觉，照蒙混例革职。

开复063：同治五年又奏准

州县及同城知府捕盗等官，失守城池革职，减等议罪后，戴罪留营人员，再次得有劳绩，方准免罪，由刑部知照吏部，暂行存记，三次得有劳绩给予虚衔顶戴，四次得有劳绩准其开复；免罪留营人员，再次得有劳绩给予虚衔顶戴，三次得有劳绩准其开复，均令补缴加倍半捐复银两，不准奏请免缴。其例应引见之员，俟捐项缴清，给咨送部引见。至戴罪、免罪、留营各员，必须克敌陷阵，战功卓著，方准保奏。其办理文案，筹办粮饷等项，寻常劳绩。不准滥行保奏。

开复064：同治六年奏定

加倍并不准捐复十三条：

一、凡特旨降调、革职者，不准捐复、降捐。

二、休致人员，不准捐复、降捐

三、凡实犯奸赃、酷虐不法者，不准捐复、降捐。

四、凡承问故入人罪，及军流等犯，错拟斩绞凌迟而囚已决，及因滥刑毙命，擅受酿命降革者，不准捐复、降捐。

五、凡京察、大计及随时甄别降调革职，并指明以何官降补，暨外官送部引见，奉旨改用京职者，俱不准捐复、降捐。

六、凡案关伦纪名节及吸食鸦片烟、身家不清革职者，不准捐复、降捐。

七、军营失守城池降革人员，及丰工缘事降革者，不准捐复、降捐。

八、凡降革人员，案情过重，例止准其捐复原衔，降捐虚衔者，不准捐复、降捐。

九、凡事涉赃私，听受书吏嘱托、革职者，不准捐复、降捐。

十、凡因收受陋规革职者，不准捐复、降捐。

十一、凡因挟妓挟优革职者，不准捐复、降捐。

十二、凡因藉端勒派，肆意诛求，罔念民瘼，致酿事端革职者，虽无婪赃入己情事，亦不准捐复、降捐。

十三、永不叙用人员，不准捐复、降捐。

开复 065：光绪五年奏准

除实犯奸赃不法，在十三条不准捐复降捐之列者，呈请捐复，即行驳斥外。其有常例不准捐复，而情节尚有可原者，分别降调人员准其加五，革职人员准其加倍，具呈吏部，详核案情，开具清单，随时奏明请旨，如奉旨准其捐复，即行知户部，按照例定银数，加成收捐。

开复 066：光绪九年奏准

降革人员，无论开复、捐复，概不准保分发省分，留省补用。

开复 067：光绪九年谕

向来已革人员，例不准戴用顶戴，近有仍行戴用者，殊属非是。嗣后官员因事降调，如曾经赏加顶戴，仍准戴用。至革职人员，概不准其戴用，其有弃瑕录用，因案开复及捐复者，均不准仍戴前赏顶戴，以肃体制。

吏部处分 037：开列应议职名〔例 4 条〕

开列 001：乾隆二十七年谕

吏部议处安宁等失察水手一案。原参折内，将冠军使常恒列于中书陆耀之前，本无讹舛，而部本拘泥颠倒书写，将中书列于冠军使之前，可谓无识胶柱。如云此因吏兵二部会稿所致，果尔则文职丞倅等，可列于武职提镇之上乎。嗣后如疏防等事，文武自为一条者，仍各行按次分叙，其文武同属一事一案者，俱按官阶为后先，以昭秩序。

开列 002：乾隆三十三年奏准

内外各官议处事件，俱由吏部考功司核办，其吏部满汉堂司各官，凡有应得处分及议叙、议处、开复案件，将职名送都察院查办。

开列 003：乾隆四十五年覆准

京畿道为都察院代办堂事之员，凡本衙门议奏、议覆事件，及吏部议处、议叙，俱由该道核定，遇有应行议处之件，将京畿道一并参奏，分别察议。

开列 004：乾隆四十七年谕

各部院遇有议处案件，仅止送满汉司员各一人，积习相沿，官官相护。试思同在一司办事，既经参处，岂有止开送一二人之理乎？且将来承办事件各司员，恃有卸责归过之人，不肯一体留心办公，亦非所以励职守而昭惩儆。嗣后各衙门有承办错误，应送该司员等职名时，将该司主稿及随同画稿司员，一并咨送分别议处。其有应行议叙之处，亦将合司开送，庶于惩劝之道，方为平允。

吏部处分 038：行取职名迟延〔例 9 条〕

行取 001：康熙九年议准

凡官员奉上司行取职名，迟延者罚俸一年，转催官罚俸六月。

行取 002：乾隆四年奏准

凡属员应行参处事件，该专管上司如并无情节应行查询者，即当依限揭参，若专管上司揭报迟延，皆照事件迟延例议处，不得藉本人自行开送职名迟延名色，希图推卸。

行取 003：乾隆四年议准

事件迟延，该管府州遗漏不行查参者，于揭报迟延处分之外，再罚俸六月。明知迟延，不行查参者，降二级调用。已经查参，或司道遗漏揭报，或明知不参，亦照府州例议处。

行取 004：乾隆三十三年谕

前因吏部议处刑部办理延锡保一案舛错，该堂官将应议职名咨送迟延，已降旨交部议处。查送应议职名，不过开写衔名，移送过部，并非难办之事，何至动辄迟延月余之久，即此可见各衙门诸事废弛，不可不加整饬。著吏兵二部，将在京各衙门咨送议处职名日期，另行定议，嗣后并于议处本内，将何日查取职名，何日覆到之处，详晰声明。至在外各省分，均按其道里远近，以次定议，傥各省有应在所属地方转查，不能于定限日期开送者，即令该督抚将转查展限若干日之处，咨部核查，该部亦于本内将行查覆到日期一并声明，并知照应行稽查之内阁科道等衙门，如有逾限，即著据实参奏。钦此。遵旨议定：在京各衙门议处事件，该衙门自行参奏者，将应议职名列入折内，奉旨后，即咨部议处，毋庸另文立限。如有不列职名，笼统参奏者，将该管大臣罚俸三月。不由本衙门参奏，必待查取职名者，定限五日开送，若有关历任处分必须详查，定限十日开送，俱于文内声明，吏部即将查取开送月日，于议处本内声叙，如有迟延，请旨交议，将咨送逾违之员，照部院衙门事件迟延例议处。〔其外省各衙门到京日期，俱照里数核定。〕

行取 005：乾隆四十七年奏准

州县承办案件迟延，该上司例有议处者，即于查参州县案内，将上司职名一并开送，如不行开送，或开送之中复有遗漏，经部行查者，除该上司照例议处外，再罚俸一年。

行取 006：乾隆四十七年议准

官员承办案件，有应议降俸、降职、降级、革职留任，当补送职名时，事未完结，尚有展参者，照例议处。俟结案之日开复，如补送职名时，其案已结，不便一面议处，一面开复，将降俸、降职等案，俱以罚俸一年完结。降革留任等案，俱以罚俸二年完结。

行取 007：嘉庆十一年奏准

官员议处职名，开报迟延，十日以内者免议，十日以外，未及一月者罚俸三月，一月以上者罚俸一年，半年以上者罚俸二年，一年以上者降一级留任，二年以上者降一级调用，再有迟延，按年以次递加。傥实系有意延挨，经督抚参奏，即照规避例革职。该上司转报迟延，亦按其在任月日，照所属开揭迟延例议处。

行取 008：道光元年奏准

官员开揭本身应议职名，迟延一月以上者罚俸一年，半年以上者罚俸二年，一年以上者降一级留任，二年以上者降一级调用，三年以上者降二级调用。傥系有意延挨，希图幸免，经该督抚参奏，查系例应实降者，照规避例革职。如例止降留者议以降一级调用，例止罚俸者议以降一级留任。其属员已将职名开送，而上司转报迟延者，一月以上罚俸六月，半年以上罚俸一年，一年以上罚俸二年，二年以上降一级留任，三年以上降一级调用。若本员已毋庸议，〔休致病故之类。〕其上司转报迟延处分亦予宽免。

行取 009：道光元年又奏准

接任官开揭前任职名，以到任之日起，听给三月之限，如限外迟延一月以上者罚俸六月，半年以上者罚俸一年，一年以上者罚俸二年，二年以上者降一级留任，三年以上者降一级调用。其接任上司转报迟延，一月以上者免议，半年以上者罚俸六月，一年以上者罚俸一年，二年以上者罚俸二年，三年以上者降一级留任。如前任之员已毋庸议，其开揭转报迟延各处分均予宽免。若例应补取职名之案，核计已在三十年以前，则事阅多年，官非一任，但须将案由明白造报，毋庸扣算迟延。

吏部处分 039：议处出师官员〔例 3 条〕

出师官 001：雍正九年议准

差往出征官员，遇有议处之案，例应罚俸者，准其注册，于事竣之日，补行罚俸；应降级留任、革职留任者，仍按年限咨题开复；应降级调用者，带所降之级，仍留军营效力，于事竣之日，该管官将该员出具考语，给咨送部引见请旨。其例应革职之案，即于议处本内，将该员应否仍留军营效力之处，声明请旨。如准留军营效力，亦俟事竣之日，该管官将该员出具考语，给咨送部引见请旨。以上降革留营效力官员，暂停开缺，照原官支食俸饷等项，以资养赡。

出师官 002：乾隆三十八年奏准

伊犁、乌鲁木齐、巴里坤三处驻防额缺大臣官员，遇有降革、罚俸等案，毋庸注册，照内地驻防一例定议。

出师官 003：咸丰十一年奏准

官员处分，事关军务，惟失守城池统带兵勇所得处分，不准查抵，其余因公处分，仍照例准其抵销

吏部处分 040：两任内议叙议处〔例 1 条〕

两任 001：雍正十一年奉旨

四川省题请议叙拿获赌具，由部议覆具题。奉旨：此本内议叙之处，该部照例于总督任内议叙，又于署提督任内议叙，但拿获赌具仅一案，以一人而两处议叙，未免重复，巡抚总督，皆著纪录二次。嗣后有似此一人而兼数任者，遇有议叙事件，若仅止一案，止就一任内议叙；如遇有处分事件，亦止就一任内处分，将此永著为例。

吏部处分 041：合辞具题〔例 5 条〕

合辞 001：康熙九年题准

督抚将会议事件，并未会同议定，遽称合辞题奏者，罚俸六月。

合辞 002：康熙九年年议准

总督合辞具题之事，未经详查，即行列名之巡抚，亦罚俸六月。

合辞 003：康熙二十三年议准

督抚会题之事，如有不合，分别议处。凡承行具题官革职，将列名具题官降四级调用。如承行具题官降级调用，将列名具题官降一级留任。如承行具题官降级留

任，将列名具题官罚俸一年。如承行具题官罚俸一年，将列名具题官罚俸六月。如承行具题官罚俸六月，将列名具题官罚俸三月。如承行具题官罚俸三月，将列名具题官免议。

合辞 004：嘉庆八年谕

据颜检奏：请将三河县知县张力勤调补武清县，已批交吏部议奏矣。阅其折尾，有会同兼管顺天府尹戴衢亨等恭折具奏之语。本日召见军机大臣，面询戴衢亨，据称并未知此事，可见外省于会衔具奏事件，并不事前咨商，仅于陈奏后关会，实为相沿陋习。此等调补人员，本非迫不及待之事，既系例应会衔奏请，自当将人地是否相宜，彼此详细公商，以昭慎重，况奏调之员，若列名会奏之人，竟不与闻其事，将来设遇所保非人，自当一律交议，徒代他人任咎，则会衔一节，不几成具文耶。著通谕各督抚，嗣后遇有彼此会衔，及会同府尹、河督、漕督、学政等衙门具奏事件，总当先期咨会，公同商定，俟有回文，始行具奏。倘应会不会，或仅于事后关会者，即著应行会衔之员，据实参奏，交部议处，以杜专擅之弊。

合辞 005：嘉庆八年又谕

据高杞奏：前此会同吴熊光，题请将临湘县知县周宁远调补湘潭县知县，现经部驳，将该督抚均议以罚俸，此案吴熊光并未会稿，不敢不据实陈明等语。外省会奏之事，往往列名之人尚未豫知，即将衔名一体列入，仅于事后送稿补画，最为相沿陋习。本年五月内，因直隶总督颜检将三河县知县张力勤调补武清县，并未咨商顺天府尹，即行会衔奏请，曾经降旨通谕，嗣后督抚等，凡涉会衔，皆须先期咨会，公同酌商，俟得有回文，再行具奏。今高杞于题请临湘县知县周宁远调补湘潭县一事，又系一人专办，并未与吴熊光会商，实属非是。今周宁远既不合例，督臣抚臣，皆有应得处分，吴熊光并未会稿，与伊何涉，即如在京部院堂司各官，若将题稿内未经阅画之人，亦率于本内一体列名，设有错误，又岂能代他人任过耶。此次高杞办理错误，在未奉前旨之先，姑免深究，所有吴熊光罚俸处分，著宽免。嗣后内外各衙门，务当遵照前旨，于会题会奏事件，必俟会商定稿后，方准题奏，倘再专擅错误，必当交部惩处。

吏部处分 042：从重归结〔例 1 条〕

从重 001：乾隆四年奏准

凡官员议处案件实系一事，而其中有两罪名相因而致者。如承审事件，错拟罪名，有失入之人，即有失出之人；职司关汛，衙役贿纵出口，失察出口之人，即失察贿纵之人；似此确系一事，而罪名实为相因，自应从重议处。再如命案检验，错认伤痕，以致不能审出实情，又如清文译汉，情节舛错，以致事件误行准驳；似此所犯罪名，虽有先后，实系一事相因而及，亦应按其所犯重罪议处。再科场内作弊顶冒之人，又复作弊换卷，所犯虽属二事，而作弊总属一人，既与两次犯罪者不同，即与两次失察者有间，似此犯罪止系一人，而处分应有两罪者，亦应从重定议。至顶替换卷等弊，犯罪各有数人，或先发觉者一起，后发觉者一起，查参既分两次，失察亦属各项，即应分案议处。此外如办理公务，失察衙役犯赃，又失察家人犯赃，所犯之人，既有两种，失察之咎，亦必逐案分议。又如盗案疏防一日数起，仓场放米前后冒领，虽同在一日，共属一事，而疏防冒领，皆不得混行牵引。再如列款纠参，一案之内而罪名实不相同，刑名钱谷一人之事，而款件各不相涉，皆应仍照向例分别察议。

吏部处分 043：处分遇赦〔例 5 条〕

遇赦 001：康熙五十二年议定

凡违限初参各官，援赦免议，嗣后复以违限题参者，照初参例处分。若未经遇赦之初参各官，复经题参者，仍照复参例议处。

遇赦 002：雍正十二年奏准

凡官员承追督催等项案件遇赦，皆于赦后起限，限满仍未完结，皆作初参处分。至承追督催官员，已经察议咨行，赦后别行扣限承办者，从前原议处分，皆准宽免。若于遇赦时，参限次数届满，止将处分宽免，不必别行起限。

遇赦 003：道光四年奏准

承催督催钱粮钦奉恩旨豁除，承缉督缉罪犯钦奉恩旨赦免，该员虽在原任，已无承督之责，应将现参及原参各案，一并查销。

遇赦 004：道光四年又奏准

官员恭遇恩诏，开复原议处分，凡历任现任内，所定降革等项事故，但于诏内开复之款相符者，即予销册，毋庸具题。〔宗人府、内务府各官处分，不由吏部核议者居多，应听本衙门自行查销。〕若恩诏宽免现议处分，凡任内承督未完事件，无关展参各处分，与诏内宽免之款相符者，即予援免。至尚有展参之案，如于初参二参限内遇有恩诏，即以恩诏之日，另起初参二参限期；二参四参限内遇有恩诏，即另起三参四参限期，俟限满日，仍照例议处。

遇赦 005：道光四年三奏准

官员承审、交代，已逾初参例限，适于二参限内恭遇恩诏，准将诏前迟延月日扣除不计，止将诏后迟延月日计算议处。

吏部处分 044：各部院事件限期〔例 44 条〕

部院事件 001：顺治十二年谕
事下部议者限十日内具奏，须咨会各衙门者限二十日内具奏。其事关刑名钱谷，不能如限即结者，先期题明。

部院事件 002：顺治十三年议准
事由本衙门覆奏者限二十日，由咨会各衙门覆奏者限一个月。如有限内难结事情，听该衙门豫行题明展限。

部院事件 003：康熙四十六年定
部院事务，每月将已完结及未完结之处，造册分送六科；科钞并现理事件，造册分送各道；勘对限期，有迟延违误者查参，将迟误之人，照迟延例分别议处。注销册内，遗漏事件者，照失察案件例罚俸两月。行查月日，难结情由，不行声明，及已经声明，尚有舛错蒙混者，照行查未结概称已结注销例罚俸三月。

部院事件 004：康熙四十六年议准
各部院承办科钞事件，凡行询各部及外省，不能依限完结者，于每月注销册内，将行查缘由逐一声明，如有行查未结之案，概称完结注销者，查出，将承办注销之人，照文卷舛错例议处。

部院事件 005：雍正元年谕
户部事繁，科钞限三十日，会稿限四十日。

部院事件 006：雍正元年覆准
各部院翻译笔帖式，于汉字稿既定后，限一日即行翻译，繁难者限二日，具稿呈堂。倘有误承办事件，记过一次，再有犯者将该笔帖式即行革退。倘有串通经承，泄漏招摇等弊，将该笔帖式与经承一例治罪。

部院事件 007：雍正元年又覆准
定例：部院衙门案件皆有二十日限。嗣后各部院堂司，皆立用印档案，事件一到，即行定稿，定稿后即行翻译说堂，不得彼此推诿观望。堂号簿用堂印，司号簿用司印，以便稽察。

部院事件 008：雍正二年谕
凡交下速议事件，限五日内完结。

部院事件 009：雍正五年谕
议政大臣、九卿、各部院衙门、八旗将应奏事件，迟延者甚多，从来宽定限期者，特为难办之事，应待行查，有需时日故耳。今看三两日内可以完结之易事，亦谓尚未及限，怠慢推诿，不即办理具奏，及至届限始行具奏，与原定限期之意，实属相违。凡事应随到随即办理完结，乃将并非难办之事，稽延时日，此不过从中作弊，以为请托之地而已，毫无裨益。著议政大臣九卿，将易于办理事务，作何另定限期之处，详细议奏。钦此。遵旨议定：嗣后除两衙门会稿，八旗会议，仍照定限完结外，一应不待查核易于办理事件，如吏礼兵刑工等衙门，向例二十日完结者，今定限十日完结；户部向例三十日完结者，今定限二十日完结；其八旗及当月旗分，所办易结事件，俱定限十日完结。至议政及九卿会议，向无定限，嗣后如有行查事件，定限三十日完结；不待行查易完之事，限十日完结。定限之后，倘仍有怠缓迟延，互相推诿，以致违限未结者，内阁科道查出纠参，照例议处。再，两衙门会稿，虽有定限，但止有主稿衙门逾限处分，以致稿案咨送去后，会稿衙门往往任意迟延，嗣后会稿移送之处，定限十日送回，如逾限不行送回，主稿衙门即知会科道等题参。

部院事件 010：雍正十二年定

部院一切应行文事件，均于到司五日之内即令行文，其有讹误舛错之处未经查出者，将专管直日之汉司官，照文卷舛错例议处。至应行文事件遗漏未行，或迟延日久，满汉各官均难辞咎，应将满汉各官一并查参，遗漏未行者，照例罚俸两月。再，各部院衙门彼此文移，均兼清汉，嗣后如字内有舛错讹误之处，未经查出，并将专管直日之满洲司官照例议处。

部院事件 011：雍正十二年议准

各部院咨文事件，于文到之日，该司务厅按日登记号簿，呈堂标到部日期，分发各司，该司又按每日所收咨文，注明日期定稿，即将原咨粘连稿后，并于稿内将咨文到司日期注明，如有办理迟延者，该堂官计日扣限，易于稽查。如有行查各衙门者，亦令按次详载，以凭查核。

部院事件 012：乾隆四年覆准

凡部院将应结之事，故为驳诘者，各该稽查之科道衙门即行参奏，交部将该司官罚俸六月，堂官罚俸三月。

部院事件 013：乾隆四年议准

凡议叙案件，一案之中有一二字重复错误，原卷可以查明者，即查明改正，准予议叙，不得藉端驳诘及巧为需索，如有滥行驳诘者，将承办之员，查明题参，照故为驳诘例议处。如有不肖官吏，藉此需索者，访明严参，交部治罪。

部院事件 014：乾隆五年议准

各衙门具题事件，以交缮本处日期为止。九卿会议事件，以九卿上班日期为止。如应行查者，承办衙门除去咨询日期，按限完结，迟延一日至十日者罚俸一月，十日以上罚俸三月，二十日以上罚俸六月，三十日以上罚俸一年，该堂官于属官逾限事件，自行查参者免议。倘有逾限既未完结，又未查参，经别衙门查参，如承办官罚俸一月者堂官免议，承办官罚俸三月者堂官罚俸一月，承办官罚俸六月者堂官罚俸三月，承办官罚俸一年者堂官罚俸六月。

部院事件 015：乾隆十四年谕

嗣后各部事件，在本部题结者，吏礼兵工等部及各衙门均定限二十日，户刑二部定限三十日；行查会稿，系吏礼兵工及各衙门主稿者定限四十日，户刑二部定限五十日；内所会各衙门各定限五日，户刑二部定限十日，逾限即行参处。

部院事件 016：乾隆十五年谕

嗣后各该衙门支领文移，遇有不兼清汉，及一切应驳事件，皆令收文之员回明堂官，移查本处，并将移文之员留待咨覆，收文处不得随收随驳，无可稽考，如此则查核尤为详密，而作伪者无所容。将此永著为例。

部院事件 017：乾隆十六年覆准

各衙门如有自行奏准工程及事非寻常，系格外支领等项，务将办理缘由，备具清汉文移报明户部，户部验确，即知会该衙门，出具印领，委官赍赴户部，核对相符，然后札库给发。

部院事件 018：乾隆十七年议准

部院衙门各司属中移付事件，凡有关题奏等案，均照各衙门会稿定限移覆，付督催所稽查，照例注销。

部院事件 019：乾隆二十九年覆准

各部院衙门封印期内，各省投到公文，仍令各提塘照常随时投递，标写开印日期发司，紧要者随时赶办，如系寻常事件，次第查案办稿。

部院事件 020：乾隆二十九年奏准

各部会稿，有应送数衙门会议者，主稿衙门即一面查办，一面将所会各衙门事理，分缮副稿，同日咨送会议，俱令依限送回，仍于注销册内，将会稿定议日期，逐一详开，移会科道，以便查核。会稿内有关现任文武官员实降实革者，主稿衙门于会齐之后，限五日内即行具题。刑部题案繁多，限十日具题，仍将出本日期，按月造册，交科道稽查。

部院事件 021：乾隆三十年奏准

户部承办奏销案件，于科钞到部日，限十日内，先将应行查核款项摘出呈堂，行文各衙门查核，一面将不待行查款项，逐一详悉核算明确，即行具稿呈堂办理，俟各衙门咨覆到齐之日，一并叙入稿内，如有迟延，该堂官即将迟延之司员查参。至行查各衙门，逾限不行查覆者，亦令该堂官将该司员查参。

部院事件 022：乾隆三十年又奏准

各部司员，系已仕历任者，遇有会稿事件，令其办理，倘系初任之员，务于一年后，稍谙部务，方准承办，如未满一年，果能办事无误，亦必经该堂官派出，准其一体办理，倘互相推诿，仍令初选不谙之员承办，以致事有舛错，应将该司推诿之满汉司员，照推诿事件例罚俸一年。

部院事件 023：乾隆三十二年覆准

各部院衙门应题事件，吏礼兵三部专题案件，呈堂定议后，即于二十日限内，交本房缮本，交本房后，限十日内具题。汇题案件，均于交本房后，限二十日内具题。户部题本，于交本房后，限二十五日内具题。刑部专题、汇题、案件，于交本房后，限五十日内具题。工部题本，于交本房后，限三十日内具题。都察院以及事简各衙门，专题、汇题、案件，俱于交本房后，限十日内具题。汇题案件，交本房后，如有应送会稿衙门，更改事故者，照限扣展，各衙门具题时，适届限满，遇例不进本日期，仍按日扣除。刑部参案，立决情罪重大案件，应即时赶办具题。礼部题本案件，有各省寿民、寿妇本章酌留二三件，以备御门恭进，均毋庸定限。

部院事件 024：乾隆三十七年奏准

刑部现审寻常案件，如遇鞫讯难结之事，呈堂时适已届限，堂官内未能画全者，即将未曾画全缘由，于册内声明，准入注销，俟完竣行文后，于下次注销时，知照科道查核。

部院事件 025：乾隆四十五年奏准

吏部承办议叙、议处、汇题案件，有十日、一月、半月盗案之别，每题一次，自一百件至二三百件不等，除堂画小稿及缮本各限期，仍照例扣算外，其汇办行文行付，注册翻清，查抵加级纪录各事宜，统限以三十日办竣，即交与档房缮本具题。

部院事件 026：乾隆五十五年奏准

在京各部院衙门行查事件，单片声覆者，如查例及现办易覆各案，限五日咨覆。办稿呈堂声覆者，如查核钱粮，及远年旧事难覆各案，吏礼兵工四部限十日咨覆，户刑二部限十五日咨覆。

部院事件 027：乾隆五十六年奏准

各部院会稿内，如文武各员均应议处，其一人任内，仅止会衔，无关处分者，均令主稿衙门查注各兼衔，毋庸会议。

部院事件 028：乾隆五十六年谕

向来户刑二部案件繁多，定例题本限期较宽，但查核钱粮，研求情罪，虽比别部事件稍需时日，亦不宜过于稽缓。嗣后户刑二部题本俱著统以八十日为限，刑部八九两月应题之本。准照百日之限，其各部题本限期俱照旧例办理，毋任迟延。

部院事件 029：嘉庆五年奏准

部院衙门一切先行及专题事件，俱限五日内行文。汇题事件，限一月内行文。如有迟延，照在京衙门事件迟延例议处。

部院事件 030：嘉庆八年谕

近来各部院衙门承办事件，每有迟延，昨日朕偶思及通政司参议诚存，早经加恩议叙，何以日久未据该部具题，谕令军机大臣查明覆奏。兹据奏称此件谕旨，自四月初三日传钞到部，吏部于初八日定稿，移文翻书房，翻译谕旨，至二十二日经翻书房翻出交部，二十九日送交本房缮写等语。此等议叙之本，有何难办，既无须辗转行查，多为商酌，何以必待顶限，始行具题耶？乃翻书房迟至十五日，而吏部承办司员，又不赶紧交办，复迟六日，始交本房缮写，虽未逾定限，究属因循疲玩，著将翻书房及吏部承办各员，交各该衙门察议，其管理翻书房及吏部各堂官俱著分别察议。嗣后各部院衙门，办理题奏事件，固须详慎，但必当督饬承办之员，认真赶办，毋任稽延，致滋旷废。将此通谕各部院衙门知之。

部院事件 031：嘉庆九年谕

御史王瑶台奏：请定升迁人员引见限期，以防流弊。所奏甚是。各衙门升迁员缺，事关职守，岂得任意迟缓。此后各衙门出缺引见，以及外省送部引见人员，著该部酌定限期，以杜流弊，仍随时知照稽察各衙门，如有逾限，即行参处示儆。钦此。遵旨议定：嗣后除满汉月官月选笔帖式，各省保荐俸满教职，及现任人员升补，有关开缺者，各按截缺日期，先期带领引见外，至在京各衙门应行题补之缺，出缺后，限二十日内带领，如有须行查者，酌宽十日，定限三十日内带领。再，内外杂项人员，到部验到后，统限二十日内带领，其有须行查者，亦酌宽十日，定以三十日内带领。其杂项人员，随时验到，积至一二十员，即作为一班，尽数带领，设人数过多，不能按限尽数带领者，总以有关积缺开缺人员，先尽引见。至应行带领人员内，有验到后呈报事故，或遇直日推班，并封印日期，不能带领引见者，仍将详细缘由，移咨稽查衙门查覆。其各衙门应行带领引见之员，均定限在三十日之内，如有不能依限带领之处，亦即自行知照稽察各衙门，以凭查核。

部院事件 032：嘉庆十年谕

据兵部汇题：议覆盗案等项寻常事件一本。向来吏兵二部，于此等议覆各案，俱归入汇题本内，或十日具题一次，或十五日具题一次，即遇有特旨交议事件，亦并不另本题覆，以致本内胪列案件纷繁，多者篇幅盈尺，少者数百页，朕披览章疏，固不厌繁多，而部中于应办事件，积压迟延，久悬案牍，殊非慎重办公之道。即如本内议叙司钥长舒隆阿拿获书吏陈瑞华偷盗印册一案，系于三月十六日经奕绍具奏，奉旨特交议叙之件，迄今已阅三月，始据归入汇题案内议覆，实属任意迟缓。试思此等议叙案件，非如议处各案，尚须辗转咨查，致稽时日者可比。嗣后吏兵二部，于寻常交议案件，固不得怠缓迟逾，若有特旨交议案件，或专折具奏，或另为一本，及早议覆，不得归入汇题本内，并案办理，以致因循延搁，若再有特旨交议归入汇题者，该堂司各员，一并严议。著为令。钦此。遵旨议准：将承办此案之司员罚俸三月，堂官罚俸一月。

部院事件 033：嘉庆十一年谕

嗣后吏部等衙门，遇有特旨交议之件，该堂官等止须将该员应得降级罚俸处分，查核例案，定议具奏，并于折内声明系奉特旨交议之件，毋庸查取加级纪录议抵，俟奏上时，朕核其情节轻重，量予区分。其加恩准抵者，于奉旨后，再将该员有无加级纪录，详核汇题，该堂官等不得仍以咨查为词，藉端迟滞，傥复任意延搁，必将该堂官惩处不贷。

部院事件 034：嘉庆十一年又谕

吏部具题：湖南岳麓书院掌教罗典，主讲又届六年，照例准其纪录二次一本，已依议行矣。此系十月初九日，批交该部议奏之折，距今已及一月，此等照例议叙掌教之件，止须遵照上次成案，予以纪录二次，毋庸辗转咨查，何至稽延一月之久，始行缮本具题，殊属延缓。所有吏部堂官，著传旨申饬，嗣后各部院衙门，遇有特交事件，俱著随时具折覆奏，不得延至顶限之期，始行具题。

部院事件 035：嘉庆十一年奏准

凡奉特旨交议事件，除宗人府、内务府各官，有无加级纪录等项，必须行文咨取者，先将该员应得降罚处分，定拟具奏，俟命下之日，移咨办理外，至各部院以及各省大小官员，向有册档可稽者，仍将该员有无加级纪录、革职留任之处，随折声叙，俟奉旨后，将准抵者即行注册，其不准抵者即行开缺。

部院事件 036：嘉庆十一年又奏准

八旗官员俸米册档具领于每上月初十日内送部，八旗甲米并家口册档具领于每月十五日内送部，如有逾限，照造册迟延例议处。仓场限两月内放完俸米，一月内放完甲米，仍将各旗送档，户部札仓，各仓开放月日，咨明都察院查核，如有逾限，系何衙门迟延，查明参奏。至补领米档，于札仓之日，限十日放完，交查旗御史，就近稽查，如限内不完，将监督并监放米石旗员议处，违限一日至十日者罚俸一月，十日以上者罚俸三月，二十日以上者罚俸六月，一月以上者罚俸一年，两月以上者罚俸二年。凡官兵俸饷，亦照此例办理。

部院事件 037：嘉庆十四年谕

现届封印日期不远，各衙门自应将应办事件，上紧赶办，次第陈奏，庶不致有积压之虑。乃本日悦心殿传膳办事，止有步军统领衙门封奏一件，此外六部俱不奏事，将来封印期迫，势必至一日之内，纷纷陈奏，转多拥挤，殊非办公之道。嗣后各衙门务将应办事件，随时上紧陈奏，毋得仍前延缓。

部院事件 038：嘉庆十六年奏准

各衙门满汉各官应题之缺，查核到部时，吏部以堂到后发司之日起，文选司限五日内具稿呈堂，堂官亦限五日内画齐，扣满十日行文，不得故违，亦不得少速，以杜积压之弊。傥有不合例事故，例应驳查本衙门者，以后次咨到之日，另行起限，各衙门于出缺之日起，限十日内查核过部，吏部按限查覆各衙门限十日内带领引见，前后统限二十日，仍于引见后，将日期知照吏部及稽查各衙门，查明有无往返驳查日期，如有迟延，即查取职名议处。

部院事件 039：嘉庆十八年谕

嗣后部中题奏事件，著照该御史所奏，将科钞咨文何日到部，该衙门何日具题，俱于本尾声明，如有迟延，即行附参。至题本奉旨后行文，以及咨行外省事件，著各衙门设立号簿登记，如有迟延，分别记过参处。

部院事件 040：嘉庆二十二年谕

向来部院遇有议处事件，每因查被议之员，有无加级纪录，以致议奏迟延。嗣后著于奉旨五日之内即行议上，其例不准抵者于折尾声明，即系应以级纪议抵者亦毋庸先行查计，著于折尾声叙，例系应行议抵之案，可否准其抵销，请旨遵行，如奉旨不准抵销，毋庸查计，若准其抵销，再行查明核办。

部院事件 041：嘉庆二十二年又谕

吏部议处事件，奉特旨交议者，仍依定限于五日内专折具奏。其各衙门自请议处，及参奏议处者，事件繁多，若概用折奏，未免烦琐，均著照例具题，惟此内应专案具题之件，亦当予以限期。著定限二十日具题，如有违逾，将该部堂司官议处。

部院事件 042：道光四年奏定

文武官员有同案议处者，如文职在先，则由吏部主稿，移送兵部会议；如武职在先，则由兵部主稿，移送吏部会议，俱令依限送回。

部院事件 043：道光二十五年谕

前据御史张锡庚奏：请饬核对文簿，以免积压，当有旨交各衙门堂官悉心议奏。节据各该衙门分别情形，或量为变通，或照旧办理，均经定议具奏。各衙门文移往来，皆有簿册可凭，如果实力稽查，何致有延搁不办之事。现既据议立章程，嗣后著各照所议，责成该司员等详细核对，认真办理，其有已发咨移，而承办衙门日久未办者，内而大小衙门外而督抚，均著将所发文移，注明月日，一体查催，系由何处捺阁，不难从此根究，立予严惩。经此次严谕之后，如该司员等仍敢漫不经心，任令不肖书吏将所收文移延阁科房，并不禀请标画司到，以致积压日久，不行办稿，一经发觉，即将本任专管之司员革职，永不叙用；其承行书吏，立即锁拿，交刑部治罪，并将该堂官等照例议处。

部院事件 044：咸丰七年谕

嗣后凡有加恩谕旨，均著于五日内行文，毋得迟延。

吏部处分 045：稽查八旗事件限期〔例 4 条〕

八旗事件 001：乾隆二年覆准

凡各旗都统、参领所办事件，有未妥协以及迟延者，稽查该旗御史，不行查出参奏，别经发觉者，将查旗之御史，照不行详察例罚俸六月。倘有瞻徇情面，明知错谬，不行参奏者，照徇情例降二级调用。

八旗事件 002：乾隆三年定

稽查内务府衙门并上三旗之御史，亦照稽查八旗之例，不必逐年更换，如该御史有升迁离任等项事故，即令新补之人，办理稽查，倘有迟延违限，经该御史查出题参，将承办之郎中、员外郎等官及徇隐之内务府总管，均照事件违限例议处。如该御史徇隐不参，照不据实陈奏例降一级调用。

八旗事件 003：嘉庆五年奏准

内务府衙门事件，倘有迟延违限，稽查该衙门御史查出题参，如徇隐不参，降二级调用。

八旗事件 004：道光四年奏定

内务府衙门事件，迟延逾限，如稽查该衙门御史失于参奏，罚俸六月，徇隐者降二级调用。

吏部处分 046：直省承办钦部事件限期〔例 30 条〕

钦部事件 001：顺治十三年题准

直省钦件限期，地有远近，事有繁简。直隶限三个月，奉天同，山东、山西限三个月半，河南限四个月，江南、湖广、陕西延绥通限五个月，浙江、湖南、宁夏通限六个月，南赣限六个月半，福建、四川、广西、甘肃、广东通限七个月，各令依限奏结，如事有限内难结者，听该督抚按详开事由，于限内题请展限。

钦部事件 002：顺治十八年题准

凡行查在外事件，按地方远近立限，以文到为始。直隶、山东、山西、河南、陕西限四个月，江南、浙江、湖广、江西限五个月，福建、广东、广西限六个月，云南、贵州、四川限七个月。倘有繁重事情，限内不能即结者，许题明展期，其违限一月者罚俸三月，违限二月者罚俸六月，违限三月者罚俸九月，违限四五月者罚俸一年，违限半年以上者降一级调用，一年以上者降二级调用，二年以上者革职，违限不及一月者免议。至各部院题覆一应事件违限者，俱照此例治罪。其本章咨文送到日期，务于疏内注明。

钦部事件 003：顺治十八年议准

甘肃巡抚，照四川例，限七个月报完。

钦部事件 004：顺治十八年又议准

直省督抚，凡遇部院移行钦件，必逐一查明，某部某事，系何月何日咨到，或前任督抚已违限期方行交代者，令其明白具题。

钦部事件 005：康熙元年议准

直省衙门事件，由督抚行司道府，司道府行州县者，俱不得过二十日之限。若事不能如限即结，亦必豫请展期，违者，听督抚纠参，照例治罪。

钦部事件 006：康熙三年议准

督抚题参迟延官员，必开明违限月日，违者，听该部院纠参，督抚罚俸六月。其违限缘由，仍驳回查明。

钦部事件 007：康熙九年议准

直省巡抚遇钦部事件，以文到之日为始，通限以四个月具题。其总督驻扎本省地方事件，照巡抚限期。统辖隔省地方事件，限六个月具题，违限者，罪坐督抚，不得分坐道府州县等官。

钦部事件 008：康熙九年题准

陕甘总督所管甘肃，两广总督与广东巡抚所管琼州，虽系本省地方，相隔遥远，应照隔省例，限以六个月具题。

钦部事件 009：康熙十五年议准

各直省事件，督抚违限一月者罚俸三月，违限二月者罚俸六月，违限三月者罚俸九月，违限四五月者罚俸一年，违限半年以上者降一级留任，违限一年以上者降二级留任，违限二年以上者降三级调用。

钦部事件 010：康熙十五年又议准

承办钦部事件各官，均照定限办理完结，如案情繁重，限内必不能完结者，承办官将此情由，申详督抚，题明展限。如承办官将易结之事，迟延不结，或将难结情由，不豫行申详督抚，经督抚题参，虽期限未满，及逾限不及一月者，将承办官罚俸三月。至逾限一月及一月以上者，不论事件已结未结，将承办官罚俸一年，督抚计月处分。

钦部事件 011：康熙二十三年议准

凡督抚新任、接署事件，俱以到任、署任日期扣算，原限四个月者展限两月，原限六个月者展限三月，各遵照完结。

钦部事件 012：康熙二十三年题准

新任督抚，有钦部事件难结者，以到任日期为始，展限两月，停其具疏题请。

钦部事件 013：康熙四十六年谕

部院事务，科道官员于每月稽查其完结与未完结之处具题，其各省事务，并无稽查具题之处，以致钱粮盗案人命事务，往往迟延数年数月。嗣后凡奉旨之事，交与何官料理究审，完结与未完结之处，令该督抚等于春夏秋冬四季奏闻，其各部所交之事，完结未完结，亦令各部稽察，于四季奏闻。

钦部事件 014：康熙五十二年恩诏

内外文武官员，除大计军政处分外，其现在议革、议降、议罚、戴罪、住俸等项，各该衙门悉与奏明宽宥。钦此。遵旨议定：违限初参各官，援赦免议，嗣后复以违限题参者，照初参例处分，若未经遇赦初参各官，复经题参者，仍照复参例议处。

钦部事件 015：康熙五十七年覆准

凡交代承审迟延，与追缉不力等应参事件，该督抚不必另本具题，各照例限咨明各部，处分俱入汇题完结。

钦部事件 016：康熙五十七年又覆准

部驳再审事件，令该督抚虚心按律改正具题，承审官从前舛错之处，免其议处。若驳至第三次，该督抚不为酌量情罪改正，仍执原拟具题者，该部院衙门覆核改正，将承审各官并该督抚交部议处。

钦部事件 017：雍正元年谕

各省已未完结事件，停其四季造册奏闻。

钦部事件 018：雍正五年覆准

各省州县奉到部文查审事件，定例均以督抚准咨日期扣算四个月咨题，州县距省程途，远近不一，若俱一例扣限参处，似未均平。嗣后奉部查审事件，除台湾、琼州、苗疆地方，仍照定例遵行外，其各省内地，均以州县奉文之日起，扣限四个月咨题完结。其各州县距省水陆里数，行令各督抚查明，造册报部存案，于限满咨参日，将里数咨内声明，各衙门照册查对，以杜捏饰迟延之弊。至各督抚接准部文，俱限于三日内，即行檄饬所属，不得迟缓，如逾三日之限，照迟延例参处。又，督抚将部文行司，必由司而府，转行州县，未免迟缓时日，应令督抚行司之后，即饬该司一面径行州县，一面仍行该道府，转行所属。

钦部事件 019：乾隆十五年议准

凡都察院据呈咨行案件，该督抚即将准咨日期先行咨报，一面速饬承办各官，依限查覆，果有难结缘由，即于正限内，详报咨展，如并无难结而逾限不行咨覆者，照事件迟延例分别议处。如限内任意耽延，及至逾限之后，捏词蒙混，托故申覆者，经都察院参奏，将承办官照蒙混造册例降一级调用，转报之上司罚俸一年，不行详察之督抚罚俸六月。

钦部事件 020：乾隆十五年奏准

官员办理钦部事件，逾限不及一月完结者，比照逾限不及一月事未完结罚俸三月之例，量为酌减罚俸一月。

钦部事件 021：乾隆十五年又奏准

凡接扣限期，均于初参限满日，接扣二参限期，不得以接到部覆之日，始行起限，致滋延展。

钦部事件 022：乾隆四十七年奏准

官员承办钦部事件，逾限一月并一月以上者，仍照旧例，罚俸一年，若迟延半年以上者罚俸二年，一年以上者降一级留任。

钦部事件 023：乾隆五十四年奏准

凡通行各省督抚，按依本地情形，详细妥议案件，及奉部咨取驳查事件，俱以接到部文之日为始，除道路远近，按例扣算往返程途外，统限二十日内，出文咨部。如有必须辗转行查所属，以及行款过多，应行造册咨覆者，以一月造册咨覆。有因报销钱粮册籍繁多，一时不能确核者，即于限内咨明扣除，如有迟延，照例议处。新疆办事大臣，遇行查事件，亦照此例扣算议处。该部仍计各省程途远近，按月查核，其有例限已届，尚未覆到者，即行严催，如承办司员不行查催，该堂官查参议处。傥部驳至再，仍含糊声覆，即核明本案题驳，将督抚及承办之员，随时查参议处。

钦部事件 024：嘉庆七年谕

嗣后各直省督抚，凡遇地方应办事件，务须依限完结，不可迟延。至奉旨特交之件，尤当迅速办理，若再有延玩，定当严行惩治不贷。

钦部事件 025：嘉庆九年谕

嗣后各该督抚等于部行事件，总当严饬属吏，上紧办理，毋得玩愒从事，自干咎戾。

钦部事件 026：嘉庆十二年谕

近来各省交审事件甚多，而奏结者甚少，该督抚于奉文之后，任意延宕，经年累月，怠惰因循，以致善良赴诉不休，而奸民告讦愈甚，狱讼之繁，皆由于此。第各衙门奏交咨交之件，其情事轻重，竟有不同，尚应分别核办，即如特旨交审事件，此与派钦差前往无异，何以钦差驰至该省，无不迅速奏结，而督抚承审之案，动辄稽延，即云案犯不齐，亦无难勒限严提，何得有心泄泄。嗣后特交事件，著该督抚于奉文之后，随时咨报军机处，自原告到省之日起，依限审结，即有因人证难齐，或该督抚有公出事件，不得不稍为展缓，亦当随案报明，傥涉迟逾，即行分别参奏。其各衙门咨交事件，亦著照此登记档案，依限饬催，如违，分别办理。至各省距京，道路远近不同，案情亦繁简互异，即各省交审案件，亦多少不一，其应如何分别立限，酌定处分，并著吏部参考旧例，定议具奏。钦此。遵旨议定：凡特旨交审案件，以提齐人犯之日起，限两月完结；部院咨交之件，以接奉咨文之日起，限四月完结；俱令该督抚亲提审讯，不得有逾例限。如或因隔省行提人证，或该督抚有公出事件，限内实有难结缘由，系特交之件令其随时咨报军机处，系咨交之件随时咨报原交衙门，俟审结之日，仍于奏折后，并咨覆文内，将例限起止，及曾经咨报展限若干月日之处，逐细声明，兼报吏部查核，照例准其扣除。倘无故迟延，逾限不及一月者将该督抚罚俸三月，逾限一月以上者将该督抚罚俸一年，如无故迟延至三月以上即将该督抚照任意耽延例降一级调用，如无故迟延至半年以上即将该督抚照易结不结例革职。

钦部事件 027：嘉庆十六年奏准

部院衙门咨交案件，督抚因公务繁剧，将情节较轻之案，转委属员讯办者，应给予分限两月，如有迟延议处，逾限不及一月者罚俸三月，逾限一月以上者罚俸一年。如无故迟至三月以上者，即照任意耽延例降一级调用。如无故迟至半年以上者，照易结不结例革职。其委员审办迟延，每届汇参之期，将督催不力之督抚藩臬，并计核议，将藩臬两司罚俸一年，督抚罚俸六月，应令各督抚于每届半年逾限未结者，即分别奏请议处。至关提人犯，务令各该管地方官迅速拿解，归案审办，免差至拖累，如有人犯潜逃，要证远出，令该地方官确切查明，取具邻族甘结，该县加具切实印结，详报上司备案，仍一面查明该犯贸易何处，及潜逃何方，详报关查，速即拿解，如逾限不发，分别议处。

钦部事件 028：嘉庆十八年谕

外省遇有特交咨交审办各案件，如实有不能依限完结者，均著分别奏咨，以备查核。即声覆部院咨查事件，亦著将何日接准部文，何日咨覆，一并详叙，违限者均予参处。

钦部事件 029：嘉庆二十三年奏准

直省督抚于各部院查催事件，咨覆迟延，自十一案至二十案者罚俸六月，二十一案至四十案者罚俸二年，四十一案至六十案者降二级留任，六十一案至八十案者降四级留任，八十一案以上者降二级调用。其由司道府州县等官详覆迟延者，仍照承办钦部事件迟延例议处。

钦部事件 030：道光五年谕

御史刘光三奏：请严定咨查直省事件，逾限不覆章程一折。向来六部等衙门咨查各省事件，无论案关题奏，俱应依限咨覆，所以熙庶绩而儆泄玩也。如该御史所奏，近日外省接到部咨，大半视为具文，任意迟逾，案悬不结，以致书吏夤缘为奸，员弁规避取巧，弊端百出。著六部等衙门，将历年咨查直省各案，派员逐一检出，分别奏催、咨催，如该省仍延搁不办，即著查取迟延职名，参奏办理。

吏部处分 047：直省衙门事件限期〔例 17 条〕

直省事件 001：康熙元年议准

直省衙门事件，由督抚行司道府，司道府行州县者，俱不得过二十日之限。若事不能如限即结，亦必豫请展期，违者，听督抚纠参。

直省事件 002：康熙二十三年议准

州县官易结之事，迟延不结，违限三个月者降三级调用，四个月者革职。

直省事件 003：康熙二十四年议准

凡本章揭帖，不论密题并平常事件，俱令原题衙门计程定限发行，揭帖内即注明日期，于日期上钤盖印信，以便稽察。所给火牌，令经过驿递用印，即填注所到起发日时，同本章投递通政司。至交与驿递赍送本章，所给传牌，亦令经过驿递，填注所到起发日时，投递通政司，查明有违限者，将提塘承差交该部治罪，如有作弊事情，从重究拟。若原题衙门，于本章揭帖批回内，不写日期，到京之后，在印信上填注日期者，除提塘承差交部治罪外，将原题将军、督抚、提镇等题参议处。

直省事件 004：康熙三十七年覆准

嗣后督抚题参违限者，务将易结不结情由，详查注明题参，照违限月日定例议处。如督抚将易结之事，以为难结，不行注明，蒙混题参者，经部查出易结不结情由，将该督抚照徇庇例议处。

直省事件 005：乾隆十八年议准

各省官员到任日期，该督抚每月汇报一次，其中有即应升用者，上月到任之官，务于次月报部，以凭升用。其广东琼州、雷州、廉州三府，距省较远，琼州府准展限一月，雷州、廉州二府准展限半月。上月下旬到任官，准汇入下一月详报，倘有不按月咨报者，照事件迟延例议处。

直省事件 006：乾隆二十三年奏准

各省一切汇题事件，限开印后两月内具题，如有迟延，该部随本查参，交部议处。

直省事件 007：乾隆二十七年覆准

各省承缉、承查、承追、承变、交代，各督抚按限查参，俱停其扣除封印日期，若封印期内，有一切犯逃之案，地方官立即签差追捕，通详各上司，分关邻境地方，一体查拿，各督抚按限分别查参，亦不得扣除封印日期。

直省事件 008：乾隆三十年奏准

各省督抚移咨外省查缉追变等项，俱以文到之日，按各定例限期，令承办之地方官，依限完结，如有推诿延挨，逾限不行查覆关解，及追变不力等弊，即令该管各上司，按限咨参，照例分别议处。

直省事件 009：乾隆三十三年覆准

凡官民呈请上行事件，如起文赴选赴补，呈请开复，及民人留养赎罪等项，俱以呈报之日为始，限三月分别咨题完结，并将具呈月日声明，以凭查核，如有逾限，照钦部事件迟延例议处。倘原呈内实有舛错遗漏，应行驳查者，俱将本案内初次呈报，及批驳换详月日，摘取简明情由声叙。如有毛举小疵，故为驳饬，以致迟延逾限，并捏改月日者，按迟延日期，照例议处，系故为驳饬再罚俸六月，系捏改月日再罚俸九月。

直省事件 010：乾隆三十七年奏准

各省汇查遣犯，及班馆门包，衣伞脱靴，抽改纲目，发明广义，民谷数，护送铜斤，工程已未完，扣展公出，通省城垣，改修船只，坐补防御，收缴鸟枪，禁用纸绳，著赔盗赃等十五件，及河滩并无新添村庄、陶北河有无淤垫二件，于每年十月内，截数咨报军机处及该部，均限十二月初间咨齐，即由军机大臣会同该部，汇开清单，于年底先行具奏，仍交部分别核议具题。至常、义各仓实存及甄别教职、佐杂、千总二件，及拿获盗窃功过、各属仓库无亏藩库实存二件，于每年十一月底出咨，不得迟至腊底正初，均由军机大臣汇核查办。〔道光二年改定，由各部分别核议，照例具题。〕其各省咨到各件，出咨日期有无逾限，汇核奏闻，如有迟逾，即行查明具奏，交部察议。

直省事件 011：乾隆四十九年谕

嗣后著通行饬禁，无论大小文武各官，现有去思德政等碑，俱查明仆毁，该督抚务须实力查办，毋得视为具文，并著每年年终奏闻。

直省事件 012：乾隆五十一年谕

户部汇奏：各直省钱粮报销未结事件一折，内有经部驳查二次未覆，及至三次未覆。各省动用钱粮报销，俱有定例，该督抚等自应核实速行具题，乃经部驳查后，复辗转行查，至数次尚未题覆，实属疏玩。所有驳查二次未覆者，姑免议处；其驳查三次尚未题覆者，俱著交部议处。著为令。嗣后该督抚等务须核实查办妥速。

直省事件 013：乾隆五十八年谕

前因各省士子，有肄习坊间删本经书一事，降旨令各督抚严行查禁，将此项删本起出解京销毁。节据该督抚等陆续查缴，但恐日久懈弛，不可不再申厉禁，以端士习而崇实学。夫经籍自孔子删定，岂容后人妄为芟节，皆由不通士子，或落第之人，不能通经致用，遂以弋名之心转而弋利，往往于经书内，避去讳用语句，任意删减，或标写拟题，以为庸陋士子场屋揣摩之具，而坊间即为刊刻传播，彼此沾润。此等贪鄙之见，不特非读书上进者所为，亦且有玷士林，自惭名教，各督抚当饬属留心查办，使若辈知所儆惧，自不敢复蹈故辙，而坊间既无此种书本，亦无从刊布渔利，况六经为圣贤垂教之书，字字俱有精义，乃竟臆为拣择，作此删本经书，而躁进之士，又欲于糟粕之中，另标捷径，不但失前圣立言之意，于士风亦大有关系。想自用制义取士以来，或即有此项删本经书，亦非起于今日，然不清其源，安能禁其流之不滋甚耶。该督抚若以此次查缴之后，即视为具文，弛其禁令，则牟利书坊，又复渐行出售，辗转流传，终难尽绝。嗣后仍著落各省督抚严饬所属，认真查禁，并将缴过删本经书数目，及有无传习之处，三年汇奏一次。

直省事件 014：嘉庆十一年谕

各省审办事件，悬宕甚多，上司既辗转派委，致稽时日，而州县复不以地方公事为重，每日自辰至午，在上司衙门趋承伺候，精力先已疲耗。以应酬之余，办理公事，势不能不草率因循，多所积压，殊非所以整饬吏治。此种怠玩习气，亦非独外省为然，近来京中部院各衙门办事，亦觉迟缓积压，司员等到署不早，难免怠惰偷安，朕孜孜勤政，近皆秉烛阅事，从不惮劳，乃大小臣工，于入内递事之日，尚知起早进朝，而寻常进署办事，辄迟至巳刻以后，是岂急公趋事之道。至外省督抚等偷安晏起，及属员等伺候上司，彼此贻误公事，更属不免。嗣后务当痛改积习，振作有为，于应办公事，认真经理，慎毋仍前迟误积压，视清厘积案为历任交代之具文，庶吏治民生，稍有裨益。

直省事件 015：嘉庆十二年谕

外省词讼案件，如果大小各衙门，悉皆认真经理，各自清厘，自可无虞压积。乃州县官狃于积习，一味怠惰偷安，置民事于不问，以致小民冤愤莫伸，层层上控，而上司衙门又不过以批发了事，日久宕延，前任付之后任，陈案堆积，漠不经心，是以近来京中控案日多，都察院及步军统领衙门具奏发审之件，几至每日皆有，总由地方官因循疲玩所致。各省承审案件，动以人证不齐为词，试思案证如果不齐，何难勒限催提，若催提不到，原当照例参办。如钦差审办案件，一经到彼，从无因案证未齐，延搁不办者，乃无识者流，每以伸理控案，易启百姓刁风，殊不知刁风之长，正系地方官审断不勤之故，如果地方官勤于听断，并无壅滞，则案情立分虚实，在衔冤控告者，既可立时剖雪，自不致再行赴愬。若奸徒逞刁捏控，一经审明，速行惩办，凡在地方不法之徒，孰敢轻为尝试。今案件延搁不审，良民既多负屈，而奸徒怀私挟诈，遂得私意讦讼，阴快其拖累之计，效尤无已，实由积案不清，有以启之。嗣后外省大小各员，务当随时清理案件，毋得仍前阘冗，倘再有积压多案，延不审结者，一经查出，必当从严惩治，慎无泄泄。

直省事件 016：嘉庆十七年谕

刑部奏：各省秋审后尾到部迟延，请旨饬催。各省秋审后尾，定例限于四月内具题到部，本年将届五月下旬，未到者尚有十一处，而其中山东、山西、直隶、热河，道里俱近，亦复迟延，恐不免有意观望，私向部中书吏探听实缓情节，再行改合，冀免将来失入失出处分，不可不严防流弊。所有此次办理迟延之山东、山西、直隶各督抚及臬司，并热河都统，均著交部议处；其贵州、广西、广东、福建、湖南、湖北、浙江各督抚及臬司，均著交部察议；并将此旨由四百里发往，令其速行具题达部。嗣后俱著遵照定限，如有迟延，刑部查参，即照此次一律惩处。钦此。遵旨议定：各省秋审后尾，定限于四月具题到部，如有迟延，经刑部查参，将道里较近之直隶、山东、山西、河南、热河都统、盛京刑部，照事件迟延例议处；道里较远之安徽、江苏、湖北、湖南、浙江、江西、陕甘、四川、福建、广西、广东、云南、贵州等省，照事件迟延例减等议处。

直省事件017：嘉庆二十五年谕

户部题销恩赏直隶兵丁钱粮一本。嘉庆十二年，恭奉皇考《高宗纯皇帝实录》、《圣训》前赴盛京尊藏礼成，朕普锡恩施，内有赏给沿途护送兵丁半月钱粮一款，乃迟至本年，始行题销，计已越十三年之久。外省于应行报销事件，任意耽延，因循疲玩，相习成风，而直隶为尤甚，屡经降旨训饬，恬不知改，非明定处分，不足示儆，著吏兵二部酌议，嗣后各省题销事件，迟延在三年以内者免议，其有越三年以上者分别议以罚俸，六年以上者分别议以降调，九年以上者即行革职，酌定条款，奏准后通饬各省，一体遵行。钦此。遵旨议定：各省题销钱粮事件，由户工二部核明月日，迟延在三年以内者免议，如迟延在三年以上者将该督抚罚俸一年，四年以上者罚俸二年，五年以上者罚俸三年，六年以上者降一级调用，七年以上者降二级调用，八年以上者降三级调用，九年以上者革职。系藩司承办迟延，即将该藩司照此议处。如题销时尚在三年以内，因部驳以致迟延者，除扣去往返程限外，统计先后迟延月日，按其所逾年限，各照本例减等议处，若题销时已在三年以上，虽经部驳，止准其扣除往返程限，仍按其所逾年限，各照本例议处。

吏部处分048：盛京衙门事件限期〔例3条〕

盛京事件001：康熙二十二年题准

奉天将军、府尹及盛京各部，一切移部咨文，两个月回文不到，即咨部请查。宁古塔将军，一切移部咨文，三个月回文不到，亦令咨部请查，逾此限者议处。

盛京事件002：雍正元年覆准

盛京一切事件，均照京城之例，勒限完结。

盛京事件003：乾隆十七年覆准

盛京各部衙门办理事件，礼兵工三部并将军等衙门，限十五日完结注销；户刑二部，限二十五日完结注销；如迟延未完者，该巡察御史查参，照在京衙门事件迟延例议处。其行查及会稿，系礼兵工三部并将军衙门，各限五日送回；户刑二部，各限十日送回；主稿衙门准其将行查分会日期扣除，如逾限送回者，该主稿衙门，知会该巡察御史题参。行提人犯，以人文覆到之日扣限，完日注销，如违限未完，该巡察御史题参。〔谨案巡察御史续经裁撤。道光四年改定：如有迟延及逾限送回，仍均照前例议处。〕

吏部处分 049：直省事件展限〔例 9 条〕

直省展限 001：康熙二十二年议准

督抚监临科场日期，准其按日扣限，隔省出境者准令题请展限，若有公务在本省内，不准展限。

直省展限 002：康熙二十三年议准

督抚新任接署者，均以接署日期扣算，原限四月者展限两月，原限六月者展限三月完结。

直省展限 003：康熙二十三年又议准

布政使暂行护理巡抚印务者，不准展限。

直省展限 004：乾隆三年覆准

嗣后凡通行各省督抚提镇，按依本地情形，详细妥议，及查议案件，该督抚于四月六月正限之外，若事理易结者展限两月，事理难结者展限四月，该督抚分别咨题事件，按限完结。

直省展限 005：乾隆十五年奏准

通行各省查议事件，凡专行一府一州者，限四月完结，原属宽严允协，毋庸酌减，应将通行各府州查议事件易结者，定限六月之外，不准加展两月。其难结者，六月之外，加展两月完结，不准展限四月。至有不需地方官查议，在省司道可以核定声覆者，毋庸照四月扣限，应酌减两月，以两月扣限题咨。

直省展限 006：乾隆三十年奏准

各省难结案件，咨部展限时，并报明科道，事结后题覆本内，声明注销，科道于年底分别已未完结，造册汇奏。其有久不题覆，又不展限者，科道查明题参。

直省展限 007：乾隆五十五年议准

督抚两司到任，前任内承审承查等案，俱以到任日期，扣算前官历过日期，准其扣展，历限过半者，准其扣半加展。至钦部紧要事务，仍速行完结，如有难于完结者，展限一月完结。

直省展限 008：嘉庆五年奏准

道员任内事件，如值入闱充监试提调者，按日扣限。因公出所属境内者，申请展限，未出所属境内者不准。

直省展限 009：嘉庆五年又奏准

知府以下，因公展限，分别是否出境，与道员同。道府以下，旧任内事件展限，与督抚两司同。

吏部处分 050：边远事件展限〔例 6 条〕

边远展限 001：康熙九年议准

各省苗疆，系边远地方，承办事件，于正限外展限两月。

边远展限 002：康熙九年题准

广东琼州钦部事件，限六月具题；其命案，于六月正限外，展限两月。

边远展限 003：康熙二十四年议准

福建督抚管理台湾府事件，因阻隔重洋，以八个月为限。

边远展限 004：康熙二十五年覆准

台湾钦部事件，限十个月具题。

边远展限 005：乾隆十五年议准

广西苗疆浔州府属之武宣县，南宁府属之宣化县、横州、永淳县，柳州府属之马平县、雒容县、柳城县、罗城县、融县、怀远县、象州、来宾县，思恩府属之宾州、迁江县、上林县，庆远府属之思恩县，共十六州县。湖南苗疆永州府属之道州、宁远县、永明县，宝庆府属之邵阳县、武冈州、新宁县，辰州府属之沅陵县、泸溪县、辰溪县、溆浦县，沅州府属之黔阳县、麻阳县，郴州属之桂阳县、桂东县、宜章县、兴宁县，靖州并所属之会同县，澧州属之永定县，桂阳州并所属之临武县、蓝山县，二十二州县。细察情形，与内地无异，不准展限，其余仍照旧加展。

边远展限 006：乾隆二十五年覆准

广东琼州府属，承办钦部事件及承查等项，展限一月。台湾，展限两月。

吏部处分 051：领取刷卷限期〔例 2 条〕

刷卷限期 001：乾隆二十年奏准

在京大小衙门，领取刷过卷宗，定期于每年二月内，河南道监察御史照衙门次序，豫定领卷日期，知照各衙门，令各经承按知照日期，赴河南道衙门领卷，该御史查明，即行给发。傥河南道衙门书役，有藉端勒索等弊，交刑部治罪，该御史知情者革职，不知情者照失察例议处。至各衙门不依期赴领，该御史照例查参。〔道光四年定：迟延不及一月者罚俸一月，一月以上者罚俸三月。〕若该衙门依期赴领，该道不按期给发，亦照此例处分。〔道光四年定：将该道罚俸一月。〕若给领之时，案卷有遗

失不全者，照遗失科钞例议处。〔道光四年定：罚俸两月。〕

　　刷卷限期 002：道光三十年奏准

官员送刷文卷数目舛错者，罚俸三月。

吏部处分 052：行查外省职名限期〔例 4 条〕

　　行查限期 001：乾隆三十三年议定

各部院查取外省职名时，将限何日到省之处，于封面上注明，该省以接奉部咨之日为始，定限十日出文咨送，如有必须行查所属者，即按转查程途月日若干，逐一扣明咨部，亦将限何日到京之处，于封面上注明，如有逾违，照事件迟延例分别议处。直隶总督衙门，至京三百六十里，限四日；热河副都统衙门，至京四百二十里，限四日；察哈尔都统衙门，至京四百一十里，限四日；山海关副都统衙门，至京六百七十里，限七日；山东巡抚衙门，至京九百六十里，限九日；青州副都统衙门，至京千里，限十日；归化城副都统衙门，至京千一百二十五里，限十一日；绥远城将军衙门，至京千一百二十五里，限十一日；河东河道总督衙门，至京千一百四十五里，限十一日；山西巡抚衙门，至京千二百五十里，限十二日；河南巡抚衙门，至京千五百四十五里，限十五日；盛京将军、奉天府府尹衙门，至京千五百里，均限十五日；漕运总督、江南河道总督衙门〔后裁〕，至京千九百七十五里，均限二十日；两江总督、江宁将军衙门，至京二千二百六十一里，均限二十三日；京口副都统衙门，至京二千三百十二里，限二十三日；安徽巡抚衙门，至京二千五百二十六里，限二十五日；陕西巡抚、西安将军衙门，至京二千五百五十里，均限二十五日；江苏巡抚衙门，至京二千六百七十里，限二十七日；湖广总督、湖北巡抚衙门，至京二千八百二十七里，均限二十八日；吉林将军衙门，至京二千八百八十二里，限二十九日；浙江巡抚、杭州将军衙门，至京三千零五十里，均限三十日；乍浦副都统衙门，至京三千一百二十里，限三十一日；江西巡抚衙门，至京三千一百九十六里，限三十二日；荆州将军衙门，至京三千三百八十里，限三十四日；湖南巡抚衙门，至京三千七百五十七里，限三十七日；黑龙江将军衙门，至京三千九百八十三里，限四十日；宁夏将军衙门，至京四千零五十里，限四十日；陕甘总督衙门，至京四千一百十五里，限四十一日；凉州副都统衙门，至京四千三百里，限四十三日；四川总督、成都将军衙门，至京四千七百七十里，均限四十八日；闽浙总督、福建巡抚、福州将军衙门，至京四千七百七十五里，均限四十八日；贵州巡抚衙门，至京四千九百里，限四十九日；广西巡抚衙门，至京五千四百六十九里，限五十五日；两广总督、广东巡抚、广州将军衙门，至京五千五百七十里，均限五十六日；云贵总督、云南巡抚衙门，至京六千零二十五里，均限六十日。

行查限期 002：嘉庆五年奏准

外行事件，该部院按照各省程途远近，按月查核，其例限已届，尚未覆到者，即行严催。如承办司员，不行查催者，罚俸两月。

行查限期 003：光绪十年议定

甘肃新疆巡抚衙门，至京八千四百九十里，限八十五日。

行查限期 004：光绪十一年定

台湾巡抚衙门，至京七千二百五十里，限七十二日。

吏部处分 053：新疆登答钱粮案件〔例 1 条〕

新疆登答 001：乾隆三十六年覆准

凡新疆地方办理登答，其事关钱粮册籍者，如乾隆三十年以前案件，伊犁、乌什、乌鲁木齐，以奉文之日起，扣限十月咨覆；塔尔巴哈台、叶尔羌、喀什噶尔，以奉文之日起，扣限八月咨覆；辟展、库车、哈喇沙尔，以奉文之日起，扣限六月咨覆。其三十一年以后，登答册籍，俱各递减三月咨覆。至往返日期，及行查案由，俱于文内声叙，统入正限之外，并照例扣除程限。其从前未结一切登答案件，俱照此扣限办理。至无关钱粮一切寻常钦部事件，仍照定例遵行。〔谨案：叶尔羌、喀什噶尔、辟展、库车、哈喇沙尔，均于光绪年间改隶新疆省分为厅县。〕

吏部处分 054：文凭定限〔例 15 条〕

文凭限 001：康熙九年议准

除授各官，于命下后，将文凭用印，移送吏科填限给发。

文凭限 002：康熙九年又议准

官员赴任，呈缴文凭时，该布政使查明部科印信限期相符者，即行咨缴，或有油痕水迹破损等项，不得驳回。倘仍有书吏藉端需索等弊，许本官据实详报该上司，即行究处。

文凭限 003：雍正七年议准

各官自京赴任，计道里远近，酌量凭限，造册移送吏科。顺天限十日。奉天限三十日。直隶限二十日。江苏省：江宁、常州、镇江限四十五日，淮安、扬州限四十日，苏州、松江限五十日。安徽省：安庆、宁国限五十五日，池州、太平、庐州限五十日，徽州限六十日，凤阳限四十日。山东省：济南、兖州、东昌、青州限三十日，登州、莱州限四十日。山西省：太原、潞安、汾州、大同、宁武、朔平限三十日，平阳、泽州限三十五日，蒲州限四十日。河南省：开封、归德、彰德、卫辉限三十日，怀庆、河南限三十五日，南阳、汝宁限四十日。陕西省：西安、延安限五十日，凤翔、汉中限五十五日。甘肃省：平凉、巩昌限五十五日，庆阳、宁夏、临洮限六十日，西宁、凉州、甘州限七十日。浙江省：杭州、绍兴、宁波限五十五日，湖州、嘉兴限五十日，金华、衢州、严州限六十日，温州、处州、台州限六十五日。江西省：南昌、饶州、广信、建昌、南康、抚州、临江、瑞州、袁州限六十日，九江限五十五日，吉安限六十五日，赣州限七十日，南安〔今增宁都〕限七十五日。福建省：福州、兴化、泉州、邵武限八十日，延平、建宁、汀州限七十日，漳州、福宁限八十五日，台湾限百有十日。湖北省：武昌、汉阳、德安、襄阳限五十日，安陆、郧阳、黄州、荆州限五十五日。湖南省：长沙、常德限七十日，岳州限六十五日，宝庆、永州限八十日，衡州、辰州限七十五日。四川省：成都限八十日，宁远、夔州限八十五日，顺庆限九十日，叙州、重庆限九十五日，保宁限一百日，雅州限百有五日，龙安限百有十日。广东省：广州、肇庆限九十日，韶州、南雄限八十日，惠州限九十五日，高州限一百日，廉州、雷州限百有五日，潮州、琼州限百有十日。广西省：桂林、平乐限一百日，柳州、庆远、梧州、浔州限百有五日，思恩、南宁、太平、泗城限百有十日。云南省：云南、临安、楚雄、澂江、曲靖、东川、广西、武定〔今改州〕限百有十日，大理、顺宁、永昌、开化、景东、蒙化、永北〔今改厅〕、鹤庆、元江〔今俱改州〕限百十五日，广南、丽江、镇沅〔今改州〕限百二十日。贵州省：贵阳、思南、镇远、都匀、平越、安顺、南笼〔今改兴义〕、遵义限一百日，思州限九十五日，石阡、黎平限八十日，铜仁限九十日，威宁限百有五日。

文凭限 004：雍正七年定

八品以下在籍候补候选，及在外推升，例不引见官员，将文凭封发督抚验看给发者，除将发凭到省日期扣算外，应以得缺省分，与原籍原任地方，比较远近定限。由顺天至奉天、山东、山西、河南均限三十日，至江苏、湖北、陕西均限五十日，至安徽、浙江均限五十五日，至江西限六十日，至湖南、甘肃均限七十日，至福建、四川均限八十日，至广东、广西均限九十日，至贵州限百日，至云南限百有十日。由奉天至顺天、直隶均限三十日，至山西限五十日，至山东、河南、陕西均限六十日，至湖北限七十日，至江苏、安徽、江西、浙江、甘肃均限八十日，至湖南限九十日，至福建、四川均限百日，至广东、广西均限百有十日，至云南、贵州均限百二十日。由直隶至奉天、山东、山西、河南均限三十日，至江苏、湖北均限五十日，至安徽限五十五日，至浙江、陕西均限六十日，至江西、湖南、甘肃均限七十日，至福建、四川、贵州均限八十日，至广东限九十日，至广西、云南均限百日。由山东至顺天、直隶、山西、河南、江苏、安徽均限三十日，至浙江、湖北均限五十日，至奉天、江西、陕西均限六十日，至福建、湖南均限七十日，至甘肃限七十五日，至四川、广东、贵州均限八十日，至广西限九十日，至云南限百二十日。由山西至顺天、直隶、山东、河南、陕西均限三十日，至甘肃限四十日，至奉天、湖北均限五十日，至江苏、安徽、江西、湖南均限六十日，至浙江、四川均限七十日，至福建限八十日，至贵州限九十日，至广东、广西、云南均限百日。由河南至顺天、直隶、山东、山西、江苏、安徽、陕西均限三十日，至湖北限四十日，至江西、甘肃均限五十日，至奉天、浙江、湖南均限六十日，至贵州限七十日，至福建、四川均限八十日，至广东、广西、云南均限九十日。由苏州至安徽限二十日，至山东、河南、江西、浙江、湖北均限三十日，至顺天、直隶、湖南均限五十日，至山西、福建、陕西、四川、贵州均限六十日，至奉天、甘肃、广东、广西均限八十日，至云南限九十日。由安徽至江苏限二十日，至山东、河南、江西、浙江、湖北均限三十日，至直隶、湖南均限五十日，至顺天限五十五日，至山西、陕西、福建、四川均限六十日，至贵州限七十日，至奉天、甘肃、广东、广西均限八十日，至云南限九十日。由江西至江苏、安徽、福建、浙江、湖北、湖南均限三十日，至广东限四十日，至河南限五十日，至顺天、山东、山西、四川、贵州均限六十日，至直隶、广西均限七十日，至奉天限八十日，至陕西、云南均限九十日，至甘肃限百日。由福建至江西、浙江均限三十日，至江苏、安徽、湖北、广东均限六十日，至山东、湖南均限七十日，至顺天、直隶、山西、河南、广西均限八十日，至奉天、四川、贵州均限百日，至陕西、甘肃、云南均限百二十日。由浙江至江苏、安徽、江西、福建均限三十日，至山东、湖北均限五十日，至顺天、直隶、河南、湖南、广东均限六十日，至山西限七十日，至奉天限八十日，至陕西、四川、广西均限九十日，至甘肃、贵州均限百日，至云南限百二十日。由湖北至江苏、安徽、江西、湖南均限三十日，至河南、四川、贵州均限四十日，至顺天、直隶、山东、山西、浙江、陕西均限五十日，至福建、广东、广西均限六十日，至奉天、甘肃、云南均限七十日。由湖南至江西、湖北、四川、贵州均限三十日，至江苏、安徽、甘肃、广西均限五十日，至山西、河南、浙江、陕西、广东、云南均限六十日，至顺天、直隶、山东、福建均限七十日，至奉天限九十日。由陕西至甘肃限二十日，至山西、河南均限三十日，至湖北、四川均限五十日，至顺天、奉天、直隶、山东、江苏、安徽、湖南、贵州均限六十日，至江西、浙江、云南均限九十日，至福建、广东、广西均限百二十日。由甘肃至陕西限二十日，至山西限四十日，至河南、湖南均限五十日，至四川限六十日，至顺天、直隶、湖北、贵州均限七十日，至山东限七十五日，至奉天、江苏、安徽均限八十日，至江西、浙江、云南均限百日，至福建、广东、广西均限百二十日。由四川至湖南、贵州均限三十日，至湖北限四十日，至陕西、云南均限五十日，至江苏、安徽、江西、甘肃、广西均限六十日，至山西、广东均限七十日，至顺天、直隶、山东、河南均限八十日，至浙江限九十日，至奉天、福建均限百日。由广东至广西限三十日，至江西限四十日，至福建、浙江、湖北、湖南、贵州均限六十日，至四川限七十日，至山东、江苏、安徽均限八十日，至顺天、直隶、河南、云南均限九十日，至山西限百日，至奉天限百有十日，陕西、甘肃均限百二十日。由广西至广东限三十日，至湖南限五十日，至湖北、四川、贵州均限六十日，至江西限七十日，至江苏、安徽、福建、云南均限八十日，至顺天、山东、河南、浙江均限九十日，至直隶、山西均限百日，至奉天限百有十日，至陕西、甘肃均限百二十日。由云南至贵州限三十日，至四川限五十日，至湖南限六十日，至湖北限七十日，至广西限八十日，至河南、江苏、安徽、江西、陕西、广东均限九十日，至直隶、山西、甘肃均限百日，至顺天限百有十日，至奉天、山东、福建、浙江均限百二十日。由贵州至湖南、四川、云南均限三十日，至湖北限四十日，至河南、江苏、江西、陕西、广东、广西均限六十日，至安徽、甘肃均限七十日，至直隶、山东均限八十日，至山西限九十日，至顺天、福建、浙江均限百日，至奉天限百二十日。吏科皆依定限填凭发给。

文凭限 005：乾隆十六年题准

官员领凭赴任，陆续增改新设之府并直隶州，自应别行定限。湖南省：永顺府限八十日，沅州府、桂阳州、郴州均限八十五日，澧州限六十五日，靖州限九十日。广西省：镇安府限百三十日，郁林州限百二十五日。山东省：泰安府、武定府均限三十日，曹州府限三十五日，沂州府限四十日。四川省：潼川府、绵州均限八十日，嘉定府、资州均限九十日，眉州、邛州、茂州均限八十五日，忠州、达州〔今升绥定府〕限百一十五日，泸州限九十五日，酉阳州限百二十五日。陕西省：同州府、商州、鄜州均限五十日，榆林府、绥德州均限四十日，兴安州〔今升府〕限六十五日，邠州、乾州均限五十五日。

文凭限 006：乾隆十六年又题准

云南省：昭通府限百十日，普洱府限百二十日。湖北省：宜昌府限七十日，施南府限八十五日。甘肃省：兰州府、阶州均限五十五日，秦州限五十日，肃州限八十五日。河南省：陈州府、许州、汝州均限三十五日，陕州、光州均限四十五日。

文凭限 007：乾隆十六年三题准

贵州省：大定府限百十日。安徽省：颍州府限四十五日，泗州限五十日，滁州、六安州、和州均限五十五日，广德州限六十五日。山西省：辽州、沁州、忻州、保德州、平定州、代州均限三十日，解州、绛州、吉州均限四十日，隰州限三十五日。

文凭限 008：乾隆十六年四题准

江苏省：徐州府、海州均限四十日，通州限五十日，太仓州限五十五日。福建省：永春州限九十日，龙岩州限百日。广东省：嘉应州、连州均限百一十日，罗定州限百有五日。

文凭限 009：乾隆二十七年覆准

安西限百日，哈密限百一十五日，巴里坤限百二十日，乌鲁木齐限百四十日。

文凭限 010：乾隆三十六年覆准

在京官员，奉旨简用藩臬，并具题补授升授及在外升调藩臬，扣限给凭，照正限减半，如由山东至甘肃省，限七十五日者，改为三十七日之类。道府照正限四分减一，如由山东至甘肃，限七十五日者，改为五十六日之类。如有违限，照例议处。

文凭限 012：乾隆五十二年题准

伊犁限一百五十八日，盛京限二十日。

文凭限 013：道光十六年题准

西藏限二百二十七日。

文凭限 014：同治元年题准

黑龙江限六十七日。

文凭限 015：光绪十年题准

吉林限四十五日。

吏部处分 055：给发文凭〔例 4 条〕

发凭 001：康熙四十九年议准

自京赴任官员及在外推升官员，由原任地方赴新任，均照各省远近，定有程限，违限者照赴任违限例处分。其在京补授领凭者，自奉旨之日起，限十日内给凭，给凭后亦限十日，系旗员交与该旗，系民人交与都察院转行五城该兵马司指挥，严催照限赴任。在外推升知县以上官员，亦自奉旨之日起，限十日将文凭即行发与各该督抚，伊等向有两月交代之限，应俟交代全完，领凭之日起，亦限十日，该督抚严催照限赴任，令该管官将起程日期，报部存案。如不于十日内将文凭给发者，照钦部事件违限例处分，如不速催赴任者，将督催之员罚俸六月。

发凭 002：乾隆四十一年覆准

兵部推升武职，亦照文职给凭之例，奉旨后，十日内将限票封发各该督抚，俟该员交代清楚，领票之日起，限十日内，严催照限赴任。如该督抚不于限内将限票给发者，亦照钦部事件违限例分别议处。

发凭 003：道光二十七年奏准

由京赴任并拣发分发赴省官员，有告假回籍修墓省亲等事，于承领凭照后，定限十日内赴部呈明，比照十日发凭之例，于十日内标发假照，其赴任、赴省、回籍程限，即以给发假照之日起限，如于十日限外始行具呈请假，或虽于十日限内呈明，直至标发假照限满后赴部承领者，俱不准其扣展，统俟呈缴凭照到部，仍按初次承领凭照之日，除去告假日期，并回籍修墓省亲及赴任赴省各程限外，核计有无逾限，分别办理。

发凭 004：咸丰元年奏准

各省奏请拣发，并进士即用、大挑一等、拔贡朝考以知县用者，均限一月内赴部领照，并各项分发已经验看人员，适因事故不克领照，令于限内呈明，扣展至两月止，如并无事故，两月限满，仍未赴部领照，即照给凭之例议处。其一月内呈明事故，至两月不领照者，即以两月限满之日起，其逾限日期，按领照赴省逾限之例分别议处。

吏部处分 056：画凭违限〔例 1 条〕

画凭 001：康熙九年议准

各官赴吏科画凭，无故迟至一月以上者罚俸一年，两月以上者照规避例革职，遇赦免议。

吏部处分 057：赴任违限〔例 24 条〕

赴任 001：顺治四年覆准

各官领凭赴任，违限一月以上者罚俸三月，两月以上罚俸六月，三月以上降一级调用，四月以上降二级调用，五月以上降三级调用，半年以上革职，不及一月免议。如中途患病及风水阻滞等情，取有地方官印结咨报部科者免议，傥实无事故，迟延不赴新任，并绕道归里，捏称中途患病者，均照文凭违限例计月处分，出结官罚俸一年，转详出咨各官罚俸六月。

赴任 002：康熙三十八年覆准

凡外官升授京职，如原任内实有不得已之事，该督抚查明具题。如中途患病阻滞，本官具呈，地方官验实出结，申报该督抚详核题明，皆免议。傥实无事故，藉端观望迟延，及绕道归里，捏称中途患病者，将本官及出结转详代题各官，皆照文凭违限例分别议处。

赴任 003：雍正十三年议准

赴任官员，如遇中途事故阻滞，违限一二月，不及取具地方官印结者，该员呈明督抚，查系确实，移咨部科，免其参处。若违限至三月以上，有地方官印结者免议，如无印结，仍照例查参议处。

赴任 004：乾隆十五年议准

外省推升各官，事竣之日，即行给咨赴部，如有因缺之美恶，故为规避者，即照规避例革职。傥督抚将规避情由代为徇隐，亦照徇庇例降三级调用。如该员任内承办事件，能否于半年内完结之处，该督抚不于两月限内核实咨部者，照钦部事件违限例分别议处。

赴任 005：乾隆二十三年覆准

推升官员，各督抚接到部文，即责令交代清楚，查明该员任内并无未完事件，照例催令起程赴部。其有承办事件，约在半年以内，即可完竣者，催令赶办，仍将承办缘由于两月内报部，如半年以上方可完结者，亦于两月内分别题咨开缺。

赴任 006：乾隆二十七年覆准

赴任各官，实系中途患病，难以前进者，许呈明地方官亲验确实，具报该省督抚，即转咨任所督抚，俟病痊之日，给予印结，载明起程日期，咨报部科免议，均不得逾两月之限。如两月以外不痊者，该处地方官再行亲加验看，申报该省督抚，分别题咨开缺，准其回籍调理，俟病痊日，照告病官员例补用。如系沿途风水阻滞，应随时按日核算者，其停滞日期，于起程时，亦应报明地方官，查访实情，详报督抚，转咨任所省分，于缴凭文内，声明咨报部科，以凭察核免议。其违限者，中途患病违限两月以外，止准其扣除两月之限；风水阻滞违限三月以外，止准扣除三月之限；其余仍按违限月日，分别查议。傥藉端观望，不赴新任，及有心迟逾，并绕道归里，捏称中途患病、风水阻滞等情，一经查出，除将本官不准扣限外，仍照违限例加等议处，逾限三月以上者降二级调用，逾限四月以上者降三级调用，逾限五月以上者革职。其验看患病并查访风水阻滞之地方官，但据该员呈报，并不亲往详加验看，查访实情，扶同出结，或有瞻顾亲友故旧，故为详报者，照徇情给结例降二级调用，〔道光四年改定：未经亲往查验者罚俸九月，若瞻顾亲友扶同出结者降二级调用。〕转详官罚俸一年。

赴任 007：乾隆三十三年奏准

在京满汉月选官员，无论初任补任，俱以吏科具题奉旨之日起，定限十日内到任。如引见补放，毋庸具题人员，以该衙门接准部咨之日起，定限十日内到任。该衙门均即于到任后五日内咨报吏部，其准咨起限人员，于咨报到任文内，将何月日接准部咨之处声明，以便查核。如遇患病及别项事故，不及限内到任者，汉官取具同乡京官印结，满官由该佐领图结，呈明吏部查核，如无故到任逾限，将本员罚俸三月，若已经到任，该衙门不按限咨部，将承办之员，照在京衙门事件迟延例处分，逾限一日至十日者罚俸一月，十日以上者罚俸三月。

赴任 008：乾隆四十年奏准

由京领凭赴任官员，有在部呈请回籍省亲、修墓等情，无论是否顺道，俱准给假，并准其一体扣算往还程限。如于假限程限之外，尚有违限，仍由吏科指参，交部分别议处。

赴任 009：乾隆四十二年题准

外任文武旗员，或因引见，或因奉差来京者，俱由部院衙门将该员来京缘由，并回任给照各日期，咨明本旗，以便查催。

赴任 010：乾隆四十九年覆准

各学教习，以送补部文到学之日起算，违限十日不到者，将该教习照京官赴任违限十日例议处，补官之日扣俸。

赴任 011：嘉庆七年谕

新授江宁副都统田国荣，系上月二十五日简放，至今已逾六日，而伊尚未请训，经朕召见，询以行期，据称须于四月二十日起程，诘以因何迟滞之故，则云伊有二女随行，尚须迟日，是直以家务细故，任意逗遛，殊不成话。国家设官，各有应办之事，一经简任，职守攸专，若迟一日赴任，已存怠忽之见，不以公事为重，又安望其莅官后黾勉办公耶？及经朕训饬之后，伊又云于初三日，即当遵旨起程，可见伊并非不能克日起行，不过藉此滞留耳。近来简放人员，每有依恋阙廷虚词奏请，或又以恳求扫墓，多住数日，均非敬事急公之道。嗣后满汉文武大员简放之后，虽不必定以限期，亦须两三日即行请训，请训后即当迅速起程赴任，毋得藉词濡滞，致旷职守。

赴任 012：嘉庆二十年奏定

领凭赴任官员，除去正展限期，如有逾违，统由吏科题参，移会吏部议处。违限不及一月者免议，一月以上者罚俸三月，两月以上罚俸六月，三月以上降一级留任，四月以上降一级调用，五月以上降二级调用，半年以上降三级调用，一年以上革职。其违限不及四月各员，吏科将应否宽免之处，声明请旨。

赴任 013：嘉庆二十年奏准

领凭后并未赴任，在京在途缴凭者，如有迟延，照例议处。

赴任 014：嘉庆二十年又奏定

赴任官员，有沿途稽留，藉端观望，或私行绕道归里，捏称阻风患病等情，一经查出，除不准其扣展外，即照赴任违限例议处，不准抵销。其违限不及四月各员，吏科亦毋庸声明请旨。

赴任 015：道光二年奏准

外省官员，有在任奉旨升调，经该督抚奏请暂行缓赴新任，复奉谕旨准留者，俱以交代清楚之日，作为领凭之日，其未经卸事以前月日，皆准扣除，迨已抵新任后，仍令该督抚于缴凭文内，将原省之上司曾否将该员奏留之处，详细咨报部科，以凭核计。如有未经奏留而逾限，及奏留已经卸事而逾限者，均按其迟延日月，照例议处。

赴任 016：道光二十七年奏定

赴任官员，有因沿途逗遛，捏称阻风患病，一经查出，即将该员照不应重杖八十私罪律，降三级调用。

赴任 017：道光二十七年奏准

赴任官员，并未在部呈请告假，私行绕道归里者，一经查出，即将该员照违令私罪律，罚俸一年，仍按其迟延月日，照例议处。

赴任 018：道光二十七年又奏定

赴任官员，遇有中途患病阻风，核计在正限以外，展限以内者，准其扣展。至发往各省人员，亦照赴任官员，一体办理。

赴任 019：道光二十七年又奏准

部选人员，领凭到省后，经该上司因地方紧要，留省察看，或札调入闱，及派委各项差使，应随时分别奏咨立案，除闱差有定限可计，准其照扣，其留省察看及派委各项差使，统限三月，不得分扣。如有未经立案，仅于缴凭文内声扣者，除本员毋庸置议外，仍将该管上司查明参处。

赴任 020：道光二十七年三奏准

官员赴任，中途阻风患病，如有已报明地方官日期，又有未及报明日期，不准两项分扣，统计阻风报明不及三月，患病报明不及两月，准将未报明日期补扣，总不得逾三月两月之限，仍按正限外展限内核办。

赴任 021：道光二十七年四奏准

官员自领凭之日起，直至正限已满后，始声扣阻风患病者，不准扣展，其正限内，或展限内，声扣阻风患病日期，仍不得逾例限。至展限外，阻风患病不得再扣，即限内所扣阻风尚不及三两月，患病尚不及一两月，亦不准将展限外日期补扣。

赴任 022：道光二十七年五奏准

赴任官员，中途遇贼受伤，应照中途患病之例，扣展假限两月调理，如遇道路梗塞，报明在正展限期以内，准其照风水阻滞加展，如在正展限期以外，不准扣展。

赴任 023：咸丰六年奏准

陵寝衙门官员差派来京，差竣领取回票，于是日起限回任销差，如有任意逗遛者，除去程限外，按其违限日期，严予处分，不及十日免议，十日以上罚俸三月，一月以上罚俸六月，两月以上降一级留任，三月以上降一级调用，四月以上降二级调用，五月以上降三级调用，半年以上革职。至有因扫墓取租等事告假，期满不销假当差，以及升补人员，领照后延不到任者，均照此一律议处。

赴任 024：同治元年谕

御史刘庆奏：军务省分新选人员，请严定到省限期等语。据称，选授军务省分人员，往往延不到省，实属规避取巧，著吏部严定章程，于新选人员领凭后，即由部另文声明何日领凭，扣至何时满限，知照该省督抚，如逾限不到，即由该督抚咨部核办，以免员缺久悬，其从前凭限久逾，且有未经缴凭者，并著该部查明参办。钦此。

遵旨议准：各该员领凭逾限，及各督抚咨报违限，均有例定处分，毋庸再议。惟现在多事之区，需人治理，岂容有四百数十员之多，任意延宕，自此次部咨之日起，分别确查，如有选授已久，迄今并未到省到任各员，作速查明，奏咨参办开缺，并嗣后各宜遵照例限，如上月到任官员，即于下月将到任日期，出咨报部，所缴文凭，即于次季造册咨缴，以凭稽考。其从前未缴凭各员，亦即查照咨催部文，于接到部文后，一律查明报部，俟咨覆到日，再行分别核议，如有凭限久逾者，即从严参办。如该督抚等有不能认真查报，暨并不照例按月按季报部者，即查取该督抚、府尹职名，从严议处。

吏部处分 058：赴部投文限期〔例 5 条〕

赴部 001：康熙十五年议准。

候补候选等官，起文赴部，在京者限十五日，直隶限两月，山东、河南、山西限三月，江南、江西、浙江、陕西、湖广限四月，福建、四川、两广、贵州限五月，云南限六月，均令照此限内到部投文，若有违限者，皆照赴任违限例议处。

赴部 002：乾隆十四年奏准

候补候选各官，与已经得缺者不同，况领咨之后，或因资斧维艰，或因选期尚远，以及患病阻滞等情，若概照赴任违限例议处，殊觉过重。嗣后投文违限，取有事故印结送部者免议，若无前项情节，无故迟延，违限至半年以上者，得官日罚俸六月，一年以上者罚俸一年。如司官不行详查，致有错误，亦照例议处。

赴部 003：乾隆二十四年奏准

在籍候选之就职州判人员遇选时，吏部代为掣签，行文调取之后，该督抚据实验看，年衰者即咨明开缺。其应给咨之员，近省限一月，远省不得逾五十日，即行给咨依限到部，违限查明参处。

赴部 004：乾隆二十七年覆准

现任官员，赴部引见，各督抚即照各省程限，于咨文内限定到部日期，依限趱行，遇有中途患病及风水阻滞，报明地方官验明申报，亦止准扣限三月。若有迟延，计其违限月日查参，照赴任违限例分别议处。傥申报不实，将本员与地方官，一并照例议处。或患病至三月以上不痊，地方官即验看申报该省督抚，分别题咨开缺，病痊仍照例查办。

赴部 005：乾隆三十七年议准

外官降调人员，如有经手未完事件，责令接任及地方各官，严催赶办，交代清楚，定限三月，应赴部者即给咨赴部候补，应回籍者即给咨回籍候补，设遇患病，验明结报，许展限三月，逾期不痊，咨部勒令回籍调理，病痊之日，由原籍督抚给咨赴补，如无故逗遛任所，除定限三月外，迟一二月者补官日罚俸一年，三月者补官日降一级调用，四月者补官日降二级调用，五月者补官日降三级调用，半年者革职。地方官不上紧催令起程，照督催不力例罚俸一年，徇情滥结者，照徇庇例降二级调用。

吏部处分 059：教职文凭〔例 2 条〕

教凭 001：康熙五十六年议准

直省教职文凭，以到布政使司之日计算，限一月给发该员，将给发日期报部，如布政使司违限，照钦部事件违限例处分。其教职领凭之后，以布政使司发凭之日起，限一月内赴任，违者一例查参，照文凭违限例处分。

教凭 002：乾隆三十年奏准

各省教职文凭到省，该督抚即转饬布政使严催，以文凭到司日计算，限一月内考验，合例者，即给凭速催赴任，一面将给发日期报部。如该教职不依限赴省考验，照不领凭赴任例按月议处。该布政使不行严催，以致违限，照督催不力例罚俸六月。其考验后，布政使给发迟延，仍照钦部事件违限例议处。

吏部处分 060：台湾琼州给凭限期〔例 1 条〕

台琼 001：康熙四十三年议准

福建台湾，广东琼州，远隔海洋，升员领凭，于交代两月定限外，再展限两月。教职领凭，于一月正限外，再展限一月。〔道光四年定：于正限两月外，再展限两月。〕起解各项人犯，于两月正限外，再展限两月。命案，于六月正限外，再展限两月。官员归旗，仍限三月内回旗，毋庸展限。

吏部处分 061：督抚衙门发凭〔例 4 条〕

督抚发凭 001：康熙四十三年议准

月选郎中以下、知县以上官员，并在京升用、在外现任、推升道府、运同、同知、州县各官，仍照例引见外，其现任论俸推升，例不引见官员，吏部具题奉旨后，将凭封发该督抚，详加验看，如果居官好，有才能者，即行给凭，令其速赴新任，有年老不及者即行具题，由部别行铨选。如将年老不及者给凭令赴新任，到任后不能供职，将给凭之督抚，照保荐不实例降二级调用。

督抚发凭 002：嘉庆五年议定

外官现任论俸推升例不引见人员，将凭封发该督抚，详加验看，如将年老不及者，给凭令赴新任，照保举昏庸不职例降二级留任。

督抚发凭003：道光四年奏定

在籍候选候补之佐杂，接奉行知，限二十日内赴省验看，经督抚验看后，该司于十日内将凭给发，令于领凭后二十日内起程赴任，如该司不行严催，及给凭违限，将该司照例处分，如该员不即赴省赴任，将该员照例处分。

督抚发凭004：道光四年奏准

凡教职、佐杂文凭到省，适该员有出外教读游幕等事，未能于二十日内赴省考验者，准该家属呈明，由地方官详报该督抚，于凭限两月以内，即行咨部扣展，不得于凭限已满之后，始行咨部，仍以该家属接奉行知之日起，按其外出省分远近，除去往返程限之外，统限三十日内考验领凭，若再迟延，照不领凭赴任例议处。

吏部处分062：缴照逾限〔例10条〕

缴照001：雍正五年题准

各省调来引见回任各官，由部按凭限日期，给予执照，该员到日，令督抚查明回任日期咨报，并原领执照缴部。有回任违限者，该督抚照赴任违限例题参，逾限十日以外，即照违限一月例议处。如有患病等情，照官员领凭赴任中途患病例查核。〔谨案：乾隆三十年修例，增委解赴部各官。又，嘉庆五年，增京官奉差及外省委解赴别省人员，凡有赴任迟延者，皆同此例议处。〕

缴照002：乾隆五年议准

凡奉旨命往各省人员，由部给照前往，其缴照违限，如中途果有患病及风水阻滞等情，皆照领凭赴任中途患病例查参。其有并无事故逾限，查参到部者，照赴任违限例分别议处具题，仍将违限不及三月，应否照领凭赴任违限不及三月宽免之处，于本内声明请旨。

缴照003：乾隆十七年题准

陵寝官员，距京最近，不难依限赴任，如有缴照违限在三月以内者，照例议处，毋庸两议请旨。

缴照004：乾隆十八年议准

嗣后缴凭违限官员，均由吏科于每年六月底及年终汇题，交部察议。其缴照违限官员，亦毋庸逐案具题，应照吏科之例，亦于每年六月底及年终汇题完结。

缴照005：乾隆三十年奏准

命往发往各省官员，缴照违限不及三月各官，照吏科摘参凭限之例，于每年六月底、年底二次汇题。

缴照006：乾隆三十六年覆准

教官会试回任限期，俱按照官员赴京回任定限办理，其违限处分，亦照回任官员分别迟延月日查议，礼部于揭晓后五日内，给发执照，按省分远近，填明限期，该员回任后，该督抚将原领执照，咨缴礼部查核，若有迟延，咨送吏部查议。至教官由贡生出身赴本省乡试回任者，亦于揭晓后五日内，各按府州县程途远近，每日按五十里计算，如有逾限，该督抚学政即行查参，亦照会试回任迟延例。

缴照 007：乾隆四十五年奏准

赴任及发往各省人员，领凭领照后，又复呈报患病者，系在两月以内，毋庸缴销凭照。至两月以外不痊，即将原领凭照送部查销，如患病至两月以外，未经缴照者，将该员罚俸一年。其因省亲修墓告假回籍，又复呈报患病者，亦照此例办理。如该员业已呈缴，地方官未经咨缴，或详缴迟延者，将地方官分别察议。〔系遗漏罚俸一年，系迟延照事件迟延例议处。〕俟病痊之日，原籍督抚一面咨报吏部，一面给咨该员赴原掣省分试用。

缴照 008：道光二十五年奏准

赴任分发及候补候选领有凭照各员，呈报遗失，除实系水火盗劫，经地方官验明，确有显迹者免议，其呈报遗失被窃者，照防范不严例降一级留任。如有私行典押，赴省迟延，规避处分，捏报窃失者，别经发觉，即照违制私罪律革职。

缴照 009：道光二十五年又奏准

官员领凭照后，有遵例捐升加捐离任，在部呈请缴凭照者，除去告假等项事故，如迟至两月以上者，照患病两月以上未经呈缴之例议处。

缴照 010：同治元年谕

本日吏部具题缴凭违限之鲍怀降调一本，经内阁票拟双签进呈，已准将缴凭违限半年以上之湖南辰溪县知县鲍怀，交该督抚出具切实考语，送部引见矣。近年军务省分，铨选各员，往往沿途逗遛，藉词规避，嗣后遇有此等违限之案，著该部将领凭缴凭年月日期详细声明，不得以违限半年以上等词笼统声请，以杜规避而免牵混。

吏部处分 063：外官携带家口〔例 2 条〕

携带家口 001：康熙二十五年议准

外任官员，除携带兄弟妻子外，汉督抚带家人五十名，藩臬带家人四十名，道府带三十名，同知、通判、州县带二十名，州同、县丞以下官员带十名，其所带妇女亦不得过此数。汉督抚有管兵之责，如有多带者，令其自行陈请。至旗员有边疆差遣之事，非民官可比，督抚所带家口，不许过五百名。〔乾隆二十五年改，不许过一百五十名。〕司道以下等官所带家口，照汉官加一倍，如违定数多带者，降一级调用。

携带家口 002：乾隆二十五年议准

凡州县多带家人，该上司不行详参者降一级留任，或系失于查察罚俸一年。

吏部处分 064：外任家人长随册报督抚〔例 6 条〕

家人册报 001：雍正二年议准

外任旗员到任后，限三月内，将所带家人姓名年貌，册报督抚，如管事家人有更换者，亦册报督抚，傥本官有亏空者，该督抚将该管事家人一并审讯，若有归旗追比，不能完结者，将管事家人照拖欠钱粮家产全无之子孙治罪例治罪。若本官册报不实，任其饱扬者，照隐匿逃人例治罪，家人照三次逃人例发遣。其不行详查各官，照失察逃人例处分，得财者，计赃以枉法从重论。

家人册报 002：乾隆元年议准

州县收用长随，照旗员例，于到任后，限三月内，将长随姓名籍贯年貌，并管何项执事，一一开明，造具清册印结，分报该管上司存案，有辞退回籍及驱逐者，亦即开具事由，申报上司查核，傥本官以劣迹赃款被参，即将长随一并看守，审明完结。至现在州县之长随，亦令一并据实开报，以便稽核。如该州县官，将所用长随册报不实，经上司查出指参，即将该州县官，照遗漏造册例罚俸三月，各上司未经查出据册转报者罚俸一月。

家人册报 003：乾隆十四年议准

各省督抚，务令将州县长随按季查核，出具并无册报不实印结，申送督抚衙门存案。如督抚以及上司，不实力稽查，别经发觉，将该管上司照失于觉察例议处，该督抚照不行详察例议处。〔谨案：督抚处分，道光四年删。〕

家人册报 004：乾隆二十四年覆准

现在大小官员，如将犯案刺字之长随滥行收用，系刺面之犯显然可验者，将本官降一级调用；系刺臂之犯误行收用者，将本官罚俸一年；如明知系犯案刺臂之犯，仍容留在署者，将本官亦降一级调用。

家人册报 005：嘉庆五年定

州县官所用长随册报不实者，降一级留任。

家人册报 006：嘉庆八年谕

前此长芦盐政，届应行更换之期，朕即令赛尚阿回京当差，于开列本内，简放玉庆前往更代，以玉庆身系宗室，又系都察院官员，或尚知认真办公，以矫内务府人员积习，乃本日召见琳宁，询以伊子玉庆简放盐政后，有无请托荐嘱等事。据琳宁奏称，尚无请托情事，惟荐到长随，竟有一百余人，此内虽无大员荐托，均系伊家亲友引致，闻之殊为可诧。试思盐政衙门，即事务稍繁，需用长随，亦何至百余人之多，日后将何所位置。此等游手无藉之徒，夤缘转荐，希沾余润，其流弊何所不至。琳宁经朕面询，始据实具奏，似此类推，其余廉俸丰赡衙门，似此者当复不少。著传谕玉庆，就此百余人中，择其人尚小心诚朴，并知有根底者，酌留一二十人，以供使令足矣，其余著传旨概行驱逐，毋许收留。嗣后外任大小官员，均应不听嘱托，屏绝华靡，减汰仆从，洁己奉公，以省浮费而饬廉隅。

吏部处分 065：新官不许远迎〔例 1 条〕

迎新官 001：乾隆二年议准

新官到任，令旧官于书役内量拨数人，止准在交界处所等候，呈送须知册籍，其余书役，概令随印交代，不许结约多人，执批远迎，并将头接二接三接陋习，严行禁止。如旧任官一任书役多人中途远接，将旧任官照不行管教例罚俸六月。新任官令其远迎，将新任官照上司令属员出界远迎例罚俸一年。

吏部处分 066：出差及外任大员不准请带京员〔例 6 条〕

钦差带员 001：嘉庆五年谕

嗣后出差人员，除军机大臣仍准其随带军机章京外，其余所有率行奏请者，即将该大臣治罪，另行简放。

钦差带员 002：嘉庆五年又谕

向来军机大臣出差，随带军机章京，原以堂司统属，故令带往办事，乃年来出差及简放外任大员，如阿迪斯、长麟等并非军机大臣，亦在朕前率意请带军机章京，殊属非是。大臣等奉派出差，各有属员可以随往，何必将素非所属之员，带往办事。至简放外任，向无随带京员之例，况军机章京，现有定额，若出差大臣，俱请带往，军机处安得有如许人员，且难保无军机章京向出差大臣营谋前往，沿途倚仗军机处，虚张声势，此时军机大臣实皆小心谨慎，不敢作福作威，章京等亦皆奉公守法，若屡派出差，恐小军机之故态复萌，沿途又受苦累，是朕并非钦派各大臣出差，竟系派军机章京出差矣。嗣后出差人员，除军机大臣仍准其随带军机章京外，其余如有率行奏请者，即将该大臣治罪，另行简派。

钦差带员 003：嘉庆七年谕

国家设官，内外各有体制，嗣后在京部院大臣，除有兵差审案等事，仍准随带司员外，其简放督抚及署理督抚者，不但不准请带御史，即所属官员亦均不准奏请随带，如有违例陈请者，即当交部议处，以肃政体而杜弊端。

钦差带员 004：光绪八年谕

太仆寺少卿钟佩贤奏：督抚奏调京员，体制未协，并指调他省人员，沿习成风，请饬禁止各折片，自系为严防流弊起见。嗣后各督抚不得再行奏调翰林部属等官，用符定制。至隔省人员，业经申谕，不准滥行奏调，如果委用需人，原可遵照旧章，奏请拣发，毋得纷纷指名奏调，以杜夤缘而肃政体。

钦差带员 005：光绪八年又谕

前据张树声奏调翰林院侍讲张佩纶，帮办北洋水师事宜，当以该督擅行奏调，未允所请。兹据翰林院侍讲学士陈宝琛奏张树声擅调近臣，实属冒昧，请照例议处等语，张树声著交部议处。

钦差带员 006：光绪十二年谕

御史文郁奏：请严禁疆臣奏调京员一折。山东河工，关系紧要，前据张曜面奏，准其随时调员差遣，旋经该抚先后奏调各员，均已降旨允准，与寻常奏调不同，他省自不得援以为例。嗣后各督抚非因办理要务需人，奏明在先，不准率行奏调，以符定制。

吏部处分 067：官员不准虚报到任〔例 4 条〕

报到任 001：乾隆四十七年覆准

凡新选人员，必亲身到任后，将文凭申送缴销，由该管各上司，出具实无在省逗遛确切印结，申送藩司，核明加结，详送督抚咨部存案，俟户部将该督抚送到交代册结，移送吏部查核姓名月日，是否相符，如有捏报，即将出结各上司，照徇情例降二级调用。该督抚于属员赴任时，悦有勒令在省缴凭，虚报到任，及到任未几，檄调来省，稽留不能回任，并另委他人署理者，即无勒索别情，一经发觉，将该督抚照藉端勒掯留难例降二级调用，如有勒掯等弊，将该督抚革职治罪。

报到任 002：道光二年奏准

各省官员到任日期，该督抚按月报部一次，凡上月到任之员，务于下月咨报，其有离省窎远之区，该员申报到司，已在汇咨之后，即令造册补送，不必再俟下月汇齐始行报部，如有迟延，照事件迟延例议处。

报到任 003：道光二年又奏准

各省道府、直牧、丞倅等官，并实缺州县，非遇有地方紧要公事，概不准藉词调署别缺。如有必须调署者，该督抚声明缘由，照依例限，按季造册报部，如有迟延，即将该督抚照钦部事件迟延例加等议处。其有州县缺出，请以佐杂人员委署者，该督抚必须将该员署理缘由，详细声明，随时专咨报部查核，若查与定例不符，除不准行外，仍将该督抚照违令公罪律罚俸九月。

报到任 004：道光二年三奏准

各省实缺州县、佐杂，共有若干，吏部合计一年之内，该省调署员数，已逾十分之二，即行奏参，将该督抚藩司俱降二级调用。

吏部处分 068：大员离任〔例 4 条〕

大员离任 001：康熙十四年议准

凡解任督抚，于部文到日，令其离任，总督事务令巡抚署理，巡抚事务令总督署理，其无总督及总督兼辖之省分，遇巡抚解任，将敕书印篆及一切事务交与布政使护理。

大员离任 002：康熙二十五年议准

凡官员不许将离任督抚具题保留，若有违例题请者，降一级留任。

大员离任 003：雍正三年谕

嗣后督抚丁忧，不得遽行送印，其任内文卷，择司道一人代行，听候谕旨，方行离任。

大员离任 004：雍正五年谕

内外各官，皆有职业，不可一日旷缺，属在大员，尤为紧要，外任督抚在任丁忧者，已令听候谕旨到，方行离任。嗣后三品以上京官升转之日，其原任内若无同堂办事之人，仍令本人办理，俟吏部具本开缺，奉旨补用人员之后，方行卸事。其兼管别衙门者，亦一体遵行。

吏部处分 069：部院案卷交代〔例 2 条〕

部院交代 001：雍正元年谕

凡一应衙门卷案，各有职掌之官，稽查引据，全以档案为凭，此固一代之典册，六官之掌故，不得视为具文也。收贮卷案，封禁虽严，而翻阅查对，不能逃书吏之手，盗取文移，改易字迹，百弊丛生，莫可究诘，皆由司官漫不经心，或且通同作弊，遂至于此。嗣后司官迁转，将所掌卷案新旧交盘，各具甘结，说堂存案，如有疏失换易等弊，一经发觉，与受同罪。尔各部院衙门，急宜查核清楚，设法封贮，永杜弊端，不得因卷案浩繁，畏难生阻，其交盘事例，尔部院诸臣公同确议具奏。钦此。遵旨议定：从前所有卷案，历年已久，不无损坏霉烂，应严饬各司官备细详查，各立号簿，登明号件，呈堂用印，加谨收储外，其自雍正元年起，将所办案卷，专责满汉司官躬亲检点，记明号件，小心收储，遇有查阅之处，满汉司官，亲身验看，毋得专假书吏之手，若遇迁转之日，将所有经管卷案逐件交代，出具并无遗失甘结，说堂存案，傥有不肖司官，与书吏通同作弊，盗取改易之处，立即指名题参，并将书吏从重治罪。

部院交代 002：乾隆三十年奏准

部院司官迁转之日，将经管卷案逐件交代，出具并无遗失甘结，说堂存案，傥有官吏通同作弊，盗取改易，题参治罪。其失察书吏作弊者，照词讼交代失察书吏隐匿添改之例，罚俸一年，作弊之书吏送刑部治罪。

吏部处分 070：盛京五部案卷交代〔例 1 条〕

盛京交代 001：乾隆十八年覆准

盛京五部各司掌印司员及档房主事，有迁升事故，令接任司员，同掌稿笔帖式，将所存稿档逐一清查，其年久霉烂者，呈堂办理，傥年不甚久，而即多遗失者，查出，将掌稿笔帖式照失窃文书例罚俸一年，掌印司官照遗失科钞例罚俸两月。

吏部处分 071：外官案卷交代〔例 6 条〕

外官交代 001：雍正十三年覆准

各省州县交代时，将任内自行审理户婚、田土、钱债等项案件，粘连卷宗，钤盖印信，造入交盘册内，仍汇录印簿，摘取事由，照依年月，编号登记，注明经承姓名，随同卷宗交代，并将累任递交之案，一并检齐，加具并无藏匿抽改甘结，交与接代之员，交代完日，照例报明上司查核，傥有不肖胥吏违玩，不行查明交代，并有乘机隐匿增改作弊等情，将失察之该管官，照失于详察例罚俸一年。

外官交代 002：乾隆九年议准

凡有关定例之部文，该督抚接到三日，一概通行藩臬衙门，到司之后，该司于行府外，分移各道，到府之后，该府于行州县外，分移丞倅等官，则大小臣工，娴习律例，并令大小衙门将奉行条例，委拨专书汇总齐全，入于新旧交盘之内，傥有疏忽，将该管官照遗漏行文例察议，其该管典吏照遗失官文书律治罪。

外官交代 003：乾隆二十九年覆准

凡审理词讼衙门，无论正署官员，于词讼审断后，即令该吏将全案犯证呈状口供勘语，粘连成帙，于接缝处钤印，遇离任时，将一切已结卷宗，钤印造册交存外，其未结各案，分别内结外结，及上司批审，邻省咨查，并自理各项，汇录印簿，逐一开具事由，按年月编号登记，注明经承姓名，造入交盘册内，并将历任各旧案检齐，加具并无藏匿抽改甘结，交与接任官，限一月按册查对，出具印文，将各项件数，照造款册，由该管上司核明，详赍巡道臬司存核，臬司查明，仍移送藩司，入于交代案内汇详。若造送迟延者，照官员造报文册迟延例，按其违限月日分别议处，傥不粘连卷宗降一级留任，已粘连而不用印者罚俸一年，已经粘连用印，有书吏乘机隐匿添改作弊等情，将失察之该管官罚俸一年；未经粘连用印，以致抽匿改抹滋事舞弊，降二级调用。

外官交代 004：乾隆三十年奏准

各省督抚应将节年所奉上谕，俱敬缮录成册，一一详载，每日观览，触目儆心，前后任交代之际，将册转交，不许失漏藏匿。

外官交代 005：乾隆三十四年覆准

外省各衙门，凡有奏事之责者，毋论正任署任，所有奏案稿底，奉旨准行各事件，尚未办竣，需后任接办，及所奏虽未准行，仍应存案备查者，均于内署汇录一册，钤盖印信，封交后任，以便查核接办，傥旧任官不行移交者，罚俸一年。

外官交代 006：嘉庆十四年谕

朕恭阅雍正元年《世宗宪皇帝实录》，内载颁发训谕直省文职自督抚、学政至州县等官，武职自提督至参游等官，共上谕十一道。仰见皇祖澄叙官方，谆谆诫勉，不特当日之利弊，言无不尽，即此时之相沿陋习，亦早经洞烛无遗。天语煌煌，实为万世不易之官箴。各督抚等衙门，久蒙颁发，原期永远遵循。朕仰述前谟，若此时再加申谕，不能更出范围，而我万万世子孙整饬官联之法，亦无有过于此者。朕每日几务之先，敬阅列圣实录，周而复始，夙夜懔懔，无事不恪遵成宪。各督抚、学政、司道府州县、提镇、副将、参游等，亦应随时敬览，互相策励。务使大法小廉，训兵养士，崇实行而不尚虚名，秉公忠而不持偏见，洁己奉公，爱民尽职，以期佐治分猷，奠安黎庶，切毋视为具文，归入交代，仅令日久存贮，无裨身心，是则不能仰体圣训，亦有负朕委任诰诫之至意也。将此通谕知之。

吏部处分 072：州县交代〔例 44 条〕

州县交代 001：顺治十八年议准

升转官员，钱粮未清，不准即赴新任，违者革职。如该督抚蒙混徇庇，听其离任者，降三级调用。

州县交代 002：康熙二年议准

地方失盗，未经题参之先升任者，亦照钱粮未清例，不准即赴新任。

州县交代 003：康熙四年议准

升任官员，钱粮未清限一年完结，盗贼未获限二年缉拿，不准离任，其所升之缺，另行选补。依限全结者仍照原任论俸升转，逾限不结者降三级调用。

州县交代004：康熙五年议准

升任官员，以吏部文凭到日为始，两月内该督抚确查，如有钱粮盗案未清，即行题参。如无钱粮盗案，一月内即令交代，催赴新任，以起行日期，申报吏部，若藉端观望，迟延不行，或枉道归里，诈称中途患病者，该督抚查明题参，本官黜革。或上司乘隙藉端抑勒迟延者，督抚指参，降二级调用。或任内果有钱粮盗案未结，而道府厅官不报者，亦降二级调用，督抚降一级留任。

州县交代005：康熙六年议准

升任官员，若钱粮盗案未完，每一案照原任降一级调用，其未完事件，责令接任官督结。

州县交代006：康熙八年议准

钱粮盗案未完，免其降调，每一案罚俸一年。

州县交代007：康熙十五年议准

升任官员，文凭到日，该督抚即行委署，限二月内交代明白，准其离任。如任内有未完事件，不于限内呈报，或不与接任官交代，或接任官推诿不受者，俱各罚俸一年，上司督催不力罚俸六月。如已申报上司，而上司不即转报，或督抚不即委官署理，及具题迟延者，俱罚俸六月。

州县交代008：康熙十五年定

升任官将钱粮等项事件，不候交代明白，即行离任者，本官降二级调用，〔嘉庆二十二年增补，失察之该管官降一级调用。〕督抚罚俸一年。至各项钱粮册籍，未完诈称已完，或假捏印结，申详上司，或增改投递者革职。如本官将册籍案件，未交代以前，被衙役烧毁掷水藏匿等情，降一级调用。至衙役乘机作弊，侵匿库银者，照失察衙役侵盗钱粮例处分。其盐课钱粮未交清楚，遽行离任者，巡盐御史、运使等官，皆照此例处分。

州县交代009：康熙十五年又议准

新旧官员交代之时，如前官有侵欺透冒挪移垫解，并拖欠未清等弊，署官、新官徇隐不行揭报，交代后始行察出者，该督抚核实题参，将亏空之官照例革职治罪，接任官照徇隐亏空例革职，欠项照例赔补。如有侵挪拖欠等弊，接印官不受交代，通详督抚司道府，而上司不行详报题参，徇庇旧官，逼勒新官交代者，新任官即行据实报部，将逼勒之上司以徇庇例议处，本官于别省员缺调补。

州县交代010：康熙二十六年题准

嗣后因公诖误解任等官，照升员离任例，定限两月内交代，旗员则催令回旗，逾限者照容留废官之例议处。如有钱粮未清，两月之外再限六个月完结，限满不完，该督抚将承追督催各官参处，将本官并其家口，催令归旗，将未完钱粮确数造册送部，转交该旗都统，查变产业赔补，再逾此限，不令归旗者，亦照容留废官例处分。

州县交代 011：康熙二十七年议准

广东琼州府属地方遥远，凡升任并解任归旗人员交代，于定限外展限一月。

州县交代 012：康熙三十八年议准

交代迟延，如该督抚止以迟延题参，而不查明因何迟延之处者，将申详之司道府，照徇庇例降三级调用，督抚照含糊具题例降一级留任。

州县交代 013：雍正四年议定

州县交代，除实欠在民外，其有将已征之钱粮侵蚀亏空，捏称民欠，令接任官接受者，接任官即行揭报督抚、司道，如该督抚护庇旧任，不行题参，而该府州又畏虑分赔，因而抑勒交盘者，许被勒之人，直揭部科，部科代为陈奏，将所揭之司道府州，行令该督抚据实确审定拟，其干连督抚者，将具揭之人，与前任亏空之人，皆押解来京，交都察院审明，将抑勒之督抚以徇庇例议处，如系诬捏枉揭，将诬捏之员，交刑部加倍治罪。傥前官亏空，后官瞻徇容隐，出结接受者，将欠项坐后官赔补，又或已经接受，及至本身离任时，有亏空未清，始称系前任亏空者，将欠项追赔外，仍照徇隐亏空例革职。其出揭之人，后经调任他省，该上司有因该员从前揭报之故，多方搜求，藉端诬陷者，许该员于都察院呈辩，果系参处冤抑，将该上司照屈廉为贪例议处。如该员本有应得之罪，藉从前揭帖之名诬行呈报者，交刑部治罪。

州县交代 014：雍正五年谕

凡新旧官员，交代迟延，大约由于旧官案件不清者多，而由于新官勒索者少，若新旧一例处分，未为允协，著九卿分别定议具奏。钦此。遵旨议定：凡督抚核参交代迟延者，将迟延情由详细确查，如系旧任官希图掩饰，不于两月内将钱粮等项，彻底清白造册交送，则迟延之咎，专在旧任官，与新任官无涉，该督抚即将旧任官迟延情由，明白开注指参，将旧任官罚俸一年，新任官免议。如旧任官迟至例限将届，始将册籍造送，新任官又不上紧查核，以致迟延，则迟延之咎，固在旧任官，而新任官亦难辞责，该督抚将情由分别开参，旧任官罚俸一年，新任官罚俸六月。如旧任官已彻底清白造册交送，而新任官推诿不接，以致迟延，该督抚将情由指参，新任官罚俸一年，旧任官免议。其督催不力之上司，仍照定例议处。

州县交代 015：雍正五年议准

州县仓粮多至五万石以上者，于交代定限两月外展限一月。

州县交代 016：雍正五年又谕

直隶各省仓谷，若有前任官折价存库者，不许新任官接受交代，仍令前任官买谷交仓，不许颗粒短少，其该管督抚上司，亦不得徇情宽纵，傥有故违，定将本官及该管官分别从重治罪，永著为例。

州县交代 017：雍正六年议定

凡州县不将仓廒粘补修理，以致米谷霉烂者，照溺职例革职，并令先动帑银，将霉烂米谷，照数买补实储，仍勒限一年内，照动帑买补银数赔完，如限内不完，依律治罪。再，各府州县仓廒，均造入交盘项内，新旧交代，若有木植毁烂，墙垣倾圮渗漏者，接任官即行揭报，不准接受，前任官仍照原例议处赔补。如接任官有徇情滥受者，即系接任官之责，亦照例议处，仍令赔修，其霉烂亏空米谷，即著落接任官限年赔完，如限内不完，亦照例治罪。

州县交代 018：雍正六年谕

钱粮交代，五万两以上者，亦令展限一月，十万两以上者展限两月，十五万两以上者展限三月，著为定例。

州县交代 019：雍正六年议准

仓谷五万石以上者展限一月，二万五千石以上者展限十五日，或一人而有两处交代者展限一月。

州县交代 020：雍正六年又议准

官员盘查交代，正限内不能完结，该督抚劾参到日，照例议处，再限两月完结，如逾限不结，照易结不结例革职。

州县交代 021：雍正八年覆准

州县交代钱粮，各照定限，如已接收清楚，申送册结，必于文内注明到任与出结各日期，其申送到府州，即按程途册内日期计算。至该管府州加结文内，亦即注明到省程途日期，如到任在限外，出结亦在限外，即行揭参。若州县相隔遥远，册结虽到在限外，而出结实在限内，免其参处，仍将出结日期，报部查核。如两月定限已逾，按其程途日期，计算已届，仍无册结缴司，该督抚即行指参。傥州县捏报出结日期，及该管之府州通同徇隐，亦由该督抚据实指参。

州县交代 022：乾隆元年覆准

直省各州县委署之官，一经到任，即令旧任之员，将任内一切正杂钱粮等项，造册交代，署任官依限交盘，如实有亏空，难于接受，即行揭报，如易于交盘，而署任官故意延挨，希图卸责，以致迟延者，将署任官降二级调用。〔此条原奏因署任官，每于交代时，故意延挨不即盘收，辗转之间，新任官已到，复从新任官到任之日起限，而署任官全局脱卸，则是有意迟延，与实在难于交盘而迟延者迥异，是以处分从严，仍将例意注明，以免与前条新任官推诿不接以致迟延一条牵混。〕如该管上司徇隐不举，降一级调用

州县交代 023：乾隆四年覆准

各省州县交代时，令于限内将正项钱粮交代清楚，再展限一月，将社仓米谷稽核交代，如有亏空，据实详揭报部审追，如无亏空，结报上司存案。

州县交代 024：乾隆九年覆准

官员奉调入闱者，其交代项下有无亏缺，无由而知，应将奉调入闱公出日期，

扣除展限。

州县交代 025：乾隆十二年覆准

各省仓谷交代时，若有前任官折价存库者，除实应出粜存价未买之银，准令接任官照例接收，并出具印结详报外，如有私行出粜折银移交者，接任官不许接受，据实揭报该管各上司，将前任官照例题参，留于任所，按数买补交仓，接任官接受折银，结报不实，照买补仓谷迟延例革职留任，买补完日开复。该管上司，或系扶同徇隐，或系失于觉察，均照挪移官项议处上司之例，分别议处，完日开复。

州县交代 026：乾隆二十四年覆准

江苏州县钱粮接收交盘，即责成后任官彻底清查，将节年民欠，开列揭报，数在五万两以上者，于原限外展限两月；不及五万两者，展限一月。交盘出结之后，道府直隶州岁底盘查，出具印结，咨部存案。如有以完作欠，吏役包收侵蚀等弊，随时揭参，免其议处，徇庇不报者降三级调用。

州县交代 027：乾隆二十七年覆准

州县钱粮仓谷交代，原例两月内出结申府，旧任官造册以二十日为限，新任官查核转造以四十日为限，其例得展限者，均照加展限月日递算分扣，倘有逾限，照例分别开参。

州县交代 028：乾隆三十四年奏准

嗣后遇州县交代迟延，将督催不力之知府罚俸六月者，道员罚俸三月。

州县交代 029：乾隆三十七年议准

州县钱粮交代，五万两以上者展限十五日，十万两以上者展限一月，十五万两以上者展限四十五日。

州县交代 030：乾隆五十年覆准

各省州县交代清楚，取结送部时，即将监盘委员职名，一体送部存查，仍令该督抚留心访察，如有钱粮数本不足，而监盘之员，意存偏袒，勒令接收者，即据实参奏，将监盘官依委官盘点钱粮，数本不足，扶同申报足备者，以监守自盗论治罪。如藩司不将监盘职名，一并申送，照徇庇例降三级调用。〔嘉庆二十二年改定：上司不行揭参，降一级调用，系有心徇庇降三级调用。〕

州县交代 031：乾隆五十九年奏准

驿站马匹，限一月内交代清楚，如有亏缺迟延勒措等情，俱照钱粮交代之例议处。

州县交代 032：乾隆五十九年又奏准

州县离任，应委员署理者，督抚遴员署理，除原委之员，遇有升迁降调丁忧等项，不得已应行离任者，准其另行改委，仍将改委起限缘由，确切声明，咨部查核。如原委之员，正在交代限内，并无必应离任事故，督抚辄行托故改委，将改委之上司降三级调用。〔如原委之员，交代限内，已经出结造报，及交代限期，尚在前官期内，即经离任，并原委一时不克到任，先令就近人员代理，例不接收交代。又，候补试用人员奉委署缺，后经指补得缺，应回本任。又，奉委署缺，员缺题补他人，应令题补之人莅任，及试用人员，才不胜任，撤回改补者，俱准免议。〕

州县交代 033：嘉庆五年奏准

官员交代二参定限已逾，按其程途日期已届，仍无册结缴司，该督抚即行指参，照例议处。若该督抚不行查参，降三级调用。〔道光四年改定：该督抚不行查参，降一级调用。如系有心徇隐，降三级调用。〕

州县交代 034：嘉庆五年又奏准

交代未清谎称已清，或假捏印结申详者，除本官革职外，该管上司通同徇隐，亦降三级调用。

州县交代 035：嘉庆二十二年奏定

州县交代，正限内不能完结者，先行照例查参。其二参限期，仍照初参之例，予限两月。旧任官造册限二十日，新任官查核转造限四十日，总以两月完结，不得以新旧两任辗转驳查为词，冀免逾违二参处分。傥逾两月之限不结，该上司即查明何任迟延，揭报该督抚题参。如系旧任官于二参分限二十日之外移交，以致新任官不能依限出结者，将旧任官革职，新任官免议。如旧任官已于二参分限二十日之内造册移交，新任官迟至分限四十日之外出结者，将新任官革职，旧任官免议。如旧任官虽于二参分限二十日之外始行移交，而新任官能上紧查核，在二参统限之内出结者，旧任官仍免其革职。

州县交代 036：道光四年奏准

州县交代，凡征存未解款项，部中逐案登记，以初次限满扣起，勒限两月，埽数提解藩库，随时专案报部，逾限不完，即将结报之员参办。统于年终开单奏报一次，每案有无征存，限满有无欠解，曾否参办，一一注明。

州县交代 037：道光十年谕

御史王玮庆奏：直省州县交代请饬照定限结报一折。直省各州县交代不清，皆由仓库多亏，接任之员未肯遽受，遂至不能依限结算。各该上司意存瞻徇，往往于咨部文内倒填出结月日，捏称造册舛错，再三驳查，以为耽延岁月规避处分地步，即或参劾，皆系病休降革之员，查抄监追，多属无著，仍于帑项无补。如该御史所奏，东省亏空，屡经查办，比年以来，仍复时有参案，一省如此，各省可知。嗣后著各督抚于州县交代，严行督催，务令遵照定限，盘查清楚，扣明到任及出结日期，即时咨部查照，不得于限外捏称造册舛错，扣除往返驳查日期，藉词延宕，其任内一有亏短，立即奏参惩办，如逾限已久，始行揭参者，将该上司照徇隐例议处，决不稍宽。

州县交代 038：道光二十六年奏准

五城正副指挥升迁外任，如有交代未清，及未完米豆钱文等事，即照依凭限，以题本奉旨之日起，限两月内，将未完款项全数交清，方准画凭。如逾两月之限，尚未交清，即行开缺，比照在京候选得缺告病人员，两月限满未能画凭之例办理。

州县交代 039：道光三十年奏定

官员历任交代，无亏缺迟延者，试用候补人员准保以遇缺尽先补用，实缺人员准保以应升之缺升用，均不得越次指定升阶，并请加"记名"字样及先开本缺等项，以示限制。

州县交代 040：咸丰七年奏准

州县官交代，该督抚照例限续报二参，仍将各州县到任卸事各日期，先行咨报户部，并由吏部将升迁调补委署各缺，知照户部，互相考核。傥查有二参已逾，该管上司延不揭参，即由户部奏参请旨，将逾二参限期之州县即予革职，该管上司交吏部照徇隐例议处。

州县交代 041：同治元年奏准

各省州县交代，如有亏短，接任之员，限一月内禀揭，其交代未清，未经后任出结者，停其署补。

州县交代 042：同治四年谕

户部奏：请饬直隶等省清厘交代一折。直隶州县交代各案，前经谭廷襄酌定章程，分别新案旧案，立限清厘，乃时逾多年，并未依限结报，各该州县视为具文，任意积压，该管上司又复置而不问，玩泄因循，实属不成事体。著照该部所请，所有直隶省各州县交代，著仿照山东新章办理，将同治四年以前未结各案，作为旧案，无论任数多寡，统限三个月，将未完银谷，按员造册，逐案报部；同治四年以后即属新案，应依例限结报，二参逾限，即将该州县奏参革职惩办。该管上司延不续报，由户部查参照例议处。其新旧各案，分别已未完结，定限半年汇奏一次，如有应行扣展者，随时奏请，傥届限不奏，即将该总督藩司交部议处。至结报章程，无论正署各员，总须各任分报，不准累任统报，以杜牵混，并不得以驳改册籍扣算时日，巧脱处分，一有亏款，立时追缴，亦不得以清出抵款批解为辞，巧饰亏挪。其军需垫款，总以核准报部者为凭，不准笼统列抵。蠲缓钱粮，以奏销到部者为断，不准混作民欠。如此明定章程，严行考核。庶锢习可除，藉资整顿。其顺天府属热河、承德府属交代，著一律照办，即由户部将交代未结各州县，开单分别知照该总督府尹都统等遵照办理。直隶为畿辅近地，积弊尚复如是，外省难保无此等情弊，并著各该省督抚体察情形，参酌山东新章，一体认真查办，毋任不肖州县暗亏国帑，以肃吏治而裕饷源。

州县交代 043：同治十三年定

司道府州县交代，如前任官有侵欺透支挪移垫解拖欠未清等弊，接任官无论实任署任，如有徇隐不行揭报，及交代后始行查出者，该督抚题参，将亏空之员革职治罪，接任官照例议处，欠项照例赔补。如有侵挪等弊，接任官已经通详，而上司不行详报题参，徇庇旧任，抑勒新任接受者，许被勒之员直揭部科，部科据揭代奏，请旨饬交严审，审实，将抑勒交代各上司及亏空之本员从重治罪；审虚，将诬揭之员加等问拟。

州县交代 044：光绪十三年谕

前据御史胡俊章奏：州县交代请饬部定章，责成道府督催等语，当令户部议奏。兹据该部酌核定议，所称盘库加结分成罚赔，及题参折内声明该管上司应行分赔各节，旧例新章，本极周密，乃各该省奉行不力，甚至设法弥缝，所有亏空州县，直至已故已革，始行参劾，此等积习，殊堪痛恨。嗣后各该督抚办理交代之案，即著遵照部议，督饬藩司及该管道府直隶州，随时实力严查，如各该管上司有心容隐，并不揭报，即行据实奏参，著落赔缴，分别议处。

吏部处分 073：司道府交代〔例 11 条〕

司道府交代 001：乾隆六年覆准

凡知府到任，无论正署，悉照州县之例，咨部扣限两月交代，令该管道员，按限督催，接任之人，盘量清楚，即照例取造册结，咨部查核。如有逾限，交代不清，立即分别参处。

司道府交代 002：乾隆十四年覆准

司道府存仓米谷，亦照州县例，二万五千石以上者展限十五日，五万石以上者展限一月。

司道府交代 003：乾隆三十六年覆准

藩臬、运司、道府交代，均定限一月，旧任官造册限十日，新任官查核转送限二十日，有社仓米石交代者亦照例展限。

司道府交代 004：乾隆五十九年奏准

凡州县升任本府及本府升任本道，所有任内经管钱粮等项，饬令接任之员，一面遵照例限，盘清结报，一面遴委邻封廉干道府，前往彻底清查，加结详报藩司，转详督抚，咨部查考，倘委员并不实力盘查，通同捏报，照盘查官偏袒之例议处治罪。

司道府交代 005：道光二十七年奏准

直省布政使交代定限两月，新旧任各分限一月，若升任本省巡抚，其任内经手钱粮，令总督确查，如无总督省分，令接任官核明具题。

司道府交代 006：道光二十七年又奏准

盐运使交代，照布政使之例。运同、运判、提举大使等官交代，照州县官之例。

〔广东运使运同、广西盐道，各准展限三个月。〕

司道府交代 007：道光二十七年三奏准

盐课钱粮交代案内遇有处分，盐政照督抚例，运使盐道照藩司例议处。

司道府交代 008：道光二十七年四奏准

贵州省除遵义一府，仍照知府交代例扣限一月外，其余贵阳、思州、思南、镇远、铜仁、黎平、安顺、兴义、都匀、石阡、大定等十一府，并直隶省承德一府，俱有经征钱粮积储仓谷，与直隶州及各州县无异，其交代限期，均予限两月，仍按其银谷多寡，分别加展，他省不得援以为例。

司道府交代 009：道光二十七年五奏准

直隶州知州交代，照州县之例办理，其册结由该管道员核实转详，如有迟延等事，将道员照知府例议处。

司道府交代 010：道光二十七年六奏准

司道府州等官交代，上司有抑勒接收者，照州县交代之例办理。

司道府交代 011：同治十二年奏定

浙江杭州府经管省仓南米交代，于正限两月之外，准其展限一月，专案结报。

吏部处分 074：直隶河官交代〔例 2 条〕

河官交代 001：雍正十三年议准

直隶河工钱粮及存储物料堆积土牛等事，令厅汛各官，毋论实授、署事，遇有升迁事故，均照州县仓库钱粮之例，定限两月，造具交代清册，移送新任官查核，新任逐一核明，出具交代清楚印结，呈送该管上司考核咨部。如旧任官将钱粮物料工程等项，不交代明白，或新任官扶同徇隐及抑勒迟延，并该管上司督催不力，以致违限者，该督照例题参议处。所盖堡房，责令该管汛官随时查验，稍有破坏，即行修葺完固，交代之时，饬令接任官造册送部，傥有破坏，接任官即行揭报请参，责令赔修，俟验明完固，题请开复。如该管厅官不加督察，或扶同徇隐，或捐坏堡房，不令该汛官随时修葺，一经揭报，照炮台边界烽墩等项不催之上司例参处。至承修工程，如保固限期未满，而该员遇有升调缘事离任者，不在交代之例，著令承修官照例保固，毋致疏虞。

河官交代 002：乾隆十八年覆准

河工厅员交代，照直隶州例，由该管道员核实加结详咨，如承修大工，当另案归结，其余一切工程，该厅员遇有离任事故，俱限三月内，将经手钱粮，并每岁抢修工程，交代清楚，出结申报，如钱粮繁多，应展限者，照州县例，咨部请展，傥有亏缺迟延勒掯等情，将新旧任官一并题参，照州县钱粮交代之例议处。

吏部处分 075：教官交代〔例 4 条〕

教官交代 001：乾隆六年议准

各学正副教官离任时，均照州县之例，将所有颁发存储书籍器物，并一切经手学田租谷，造册出结，交与新任官核明接受。造册出结，由府州县查明加结详司，转送督抚学政各衙门存案，仍将交明缘由报部。倘离任之官，有心隐匿者，查明题参，缺少者责令赔补。若接任之官，不行查明，滥出册结接受，即著接受之官，暨加结之府州县赔补。府学教授，责成知府加结分赔。州县教官交代，既有州县督催，毋庸再令知府加结。如逾限交代不清，亦照州县之例，咨参议处。

教官交代 002：乾隆六年又议准

凡新任及别学接署者，均令交代出结，若教授、学正、教谕离任而本学训导署理，及训导离任而本学教授、学正、教谕兼摄者，该员原系经管之人，毋庸送册具结。

教官交代 003：乾隆十四年议准

教职交代，不过书籍祭器学田等项，非州县官可比，所有两月限期，酌减一月，限一月完结。

教官交代 004：乾隆二十七年覆准

各学教官，如遇交代期内，有因送考，赴省赴府赴州，不能回署交代者，准其豫行申报，俟试竣回署之日，仍扣限一月交代，倘有捏饰，严参议处。

吏部处分 076：离任逗遛及委署迟缓〔例 17 条〕

离任委署 001：康熙九年议准

裁汰官员，别无事故久恋者降一级调用，容留之该管官罚俸一年，督抚罚俸六月。

离任委署 002：雍正五年奉旨

嗣后遇有钱粮刑名事件，应行降调革职之员，该督抚题参之日，即行摘印委员署理，俟该部议覆奉旨定案之日，再行开缺，若有旨宽免，仍准复还原任。将此永著为例。

离任委署 003：乾隆元年覆准

外省官员卸任之后，务于交盘限内，即行出署别居，不得久占衙舍。如不依限出署，接任官即详明上司稽察，将旧官降一级调用；接任官听其久住，不行详报者，罚俸一年。

离任委署004：乾隆五年覆准

各省督抚，以属官才具不胜繁剧，题请调简，不必等候部覆，于拜疏日即令离任，员缺别委署理。傥该员任内有承追督催经征展参等案，由部别行议驳，并令该督抚立即题参，分别议处，其蒙混具题之上司亦一并察议。至调繁之员，统俟部覆议准，方离原任。

离任委署005：乾隆十五年谕

各督抚于属官有题请革职休致，别行降补，改用教职，以及丁忧告病之类应离任者，皆一面具题，一面即行委官署事，并将任内经手钱粮一一清查，毋得瞻徇。著为令。

离任委署006：乾隆二十九年覆准

被参官员，其情节须斟酌核议者，应听候部覆到日，委员摘印署理，令其离任，若不令离任，将该督抚等降三级调用。至于钱粮及盗案限满处分，定例内指明应革应降，查无加级纪录抵销，必应离任者，该督抚于查参之日，即委员摘印署理，不得等候部覆，方令离任。

离任委署007：乾隆三十九年谕

吏部将题升湖南辰州府同知之新田县知县柴桢带领引见，已准其升署矣。阅柴桢履历，据开系乾隆三十六年七月内，经吴达善保题升任，因节次委署清泉、祁阳等县，现在卸事，送部引见等语。各省题升人员送部引见，向无一定限期，自因该员既经保题升任，谅不致有规避情事，是以未经定有章程，今柴桢距题升之期，将及三载，为日未免太久，若因该员有承办之事，难以遽易生手，须办完方能送部，亦在本任则可，今乃节次委署，致所升之本缺，悬旷多时，势又不得不另委人代署，与其留此人署别缺，何如及早给咨引见，令其升本缺，即以应委之员代其另署别缺乎。嗣后此项人员，应作何定限之处，著交吏部详酌定拟具奏。钦此。遵旨议定：题升官员，该督抚于接到部咨，责令交代清楚，限三月给咨送部引见，如有无故迟延，逾限一二月者罚俸一年，三月者降一级调用，四月者降二级调用，五月者降三级调用，半年者革职。〔道光四年改定：一月以上者罚俸三月，两月以上者罚俸六月，三月以上者降一级留任，四月以上者降一级调用，五月以上者降二级调用，半年以上者降三级调用，一年以上者革职。〕

离任委署008：嘉庆五年奏准

凡捐升离任，知县以上官员，于交代清楚后，照现任官员送部引见之例，给咨勒限赴部，如有无故迟延者，按其违限月日，照前例议处。

离任委署009：嘉庆五年又奏准

降调人员，限三个月给咨赴部候补，傥有无故逗遛任所者，按其违限月日，照前例议处。

离任委署 010：嘉庆五年三奏准

离任官本任内实有承办要件，不能依限赴部，其事半年内即可完竣者，于交代限内咨部展限，半年以上始可完竣者，该督抚奏明加展，总不得过一年。如不依限奏咨，照事件迟延例议处。

离任委署 011：嘉庆五年四奏准

离任官适遇患病，不能起程赴部，该督抚委员验明结报，许展限三月，逾限不痊，即给咨勒令回籍，病痊之日，由原籍督抚给咨赴部，捏病者革职，验看官徇情具结降二级调用。

离任委署 012：嘉庆五年五奏准

官员离任接任，及各该地方官不上紧催令起程者，罚俸一年。〔道光二年改定：罚俸六月。〕

离任委署 013：嘉庆五年六奏准

离任赴部官，有省亲修墓各项不得已事故，必须回籍者，许呈明任所督抚，酌给假期回籍，仍咨明本籍督抚，于事竣后饬令赴部。若不呈请给假，辄自回籍者，照违令私罪律罚俸一年。其例应回籍候补者，给咨回籍。

离任委署 014：嘉庆五年七奏准

督抚将应离任官委署别缺者，降一级调用。

离任委署 015：道光十六年谕

御史况澄奏：请饬禁降革人员违例逗遛藉端保奏一折。各省革职降调人员，例应分别饬令回籍及给咨赴部，岂容任其迁延观望，藉事贪缘，是以屡经降旨，谕令该督抚等于此项人员，不得瞻徇情面，为见好乞恩地步。若如该御史所奏，近年各省降革之员，并不回籍赴部，往往逗遛省垣，觊觎差使，或干谒上司妄希委署，或嘱托僚友遇事吹嘘，虽经离任，仍复干预公事，藉图开复。又或劝助勒帮，求饱囊橐，甚或放债渔利，窝留军犯，行止卑鄙，纷纷效尤，是该督抚等但知徇庇属员，罔顾政体，纵谓该省要务需人，尽可于现任候补内遴选差遣，岂通省竟乏贤能，专藉兹降革人员始能藏事耶。似此藉端取巧，致开奔竞之风，于吏治官方，大有关系。嗣后各督抚等务当破除锢习，一秉至公，遇有属员因案革职者，饬令回籍，降调者给咨赴部候补，即有交代经手事件，亦应照例勒限咨部办理，不得任意迁延，妄生希冀。经此次谆谕之后，各督抚等如敢视为具文，仍将此项人员留省差委，甚至登诸荐牍，吏部即行指参，并将此旨载入则例。

离任委署 016：道光十六年又谕

嗣后凡缘事革职降调应行离省之员，该督抚于交代清楚后，不给咨令其回籍，及回籍候补赴部候选，转将该员留省差委，藉端保奏者，著照委署别缺之例，定为降一级调用〔私罪〕。该部即载入则例，通行各直省。著为令。

离任委署 017：道光二十九年奏准

捐升离任指捐他省人员，如有交代未清，该上司不行扣留，遽准出咨离省者，将申详之司道府州等官，照徇庇例降三级调用，督抚降一级调用。如不由司道府州详请者，将该督抚照徇庇例降三级调用，司道府州免议。

吏部处分 077：京官给假〔例 9 条〕

京官假 001：顺治初年定

在京大小官员，告假祭祖父者，食俸十年以上；省亲者，食俸六年以上；迁葬者，食俸五年以上；亲老送回原籍者，不论食俸。

京官假 002：康熙十年题准

各官给假，取本衙门堂官咨文并同乡京官印结到部，由部具题得旨，方准给假。至俸深于应升月分，不准告假。其定限：直隶各省均一例许住家四月。往返路程：直隶限四月，山东、山西、河南限六月，江南、江西、浙江、湖广、陕西限八月，福建、四川、广东、广西、贵州限十月，云南限一年。其衙门咨请暂假不开缺者不准，至假满时，人文到部，令其候补。

京官假 003：乾隆五年奏准

在京官员，有闻其父母患病急欲省视，或父母年逾七十而衰惫者，均不俟六年俸满，亦不得定以限期，即取具同乡京官印结，具呈本衙门，该堂官具奏请旨，给假回籍，该堂官具奏之后，知照吏部开缺，不必汇题。如有止请暂假数月，假满回任，并不声明例应开缺，含糊陈奏者，俟知照到部后，除仍行开缺外，并将具奏之该堂官交部议处。其食俸六年告假省亲，仍照旧例行。

京官假 004：乾隆三十七年议准

文职旗员，缘事告假，京堂以上自行具奏，其余令该堂官酌量给予假期，除去程途往返，限期总不得过四月，移咨吏部，于月底汇题。其候补文职各官，令该旗都统照现任之例，给予假期，仍咨吏部汇题，如有不按限回任回旗者，照赴任违限例议处。其有患病及中途阻滞情由，即报明地方官详查报部，照例展限。

京官假 005：乾隆五十七年谕

銮仪卫奏：整仪尉喀隆阿告假赴伊父任所等语，殊属错误。旗员有父母在外任，告假前往者，或因伊父母病重前往省视，或因病故后接取骨殖回京，于事尚为有因。今喀隆阿之父，并无事故，率行告假，若可准行，则旗员有父母在外任者，必至尽行告假前往省视，殊非政体，该大臣等何得转为具奏。嗣后似此无故告假者，俱不准行。

京官假 006：嘉庆五年奏准

京官因归祭、省亲、迁葬、送亲、婚娶等事告假者，除去往返日期，在家止许住四月。如假满之后，不赴京候补，照病痊赴补迟延之例议处。

京官假 007：嘉庆十五年谕

本日吏部汇题官员丁忧告病一本，已依议行矣。朕阅本内告病项下，庶吉士孔传纶等呈请回籍调理，至二十二名之多，其中恐不免有假托情事。该员等幸列词馆，如果患病属实，骤难痊愈，请假调理，自应原情允准，倘因散馆之期尚远，托故闲游，是进身之初，已失勤慎职业之道。著教习庶吉士将该员等患何病状，因何同时具呈之处，分析查明，据实具奏。

京官假 008：嘉庆十五年又谕

昨朕阅吏部汇题官员告假事故本内，庶吉士患病呈请回籍调理者，共二十二名，降旨交教习庶吉士查明具奏。兹据秀宁等覆奏，京官告假省亲等项，定例须食俸六年，始准具呈，惟患病准其随时呈明给假，各该庶吉士，有实因患病回籍者，亦有因甫得一官，家有老亲，不能迎养，又未符省亲例限，偶有微疾，即以患病呈请取结咨部办理等语。新科庶吉士由举子会试来京，中式后蒙恩录用，如家有父母，即年未衰老，急思归省，原属人子至情，或留京资斧不给，回籍设措，亦属事所恒有，尽可据实呈明，何必纷纷托词患病，而教习及吏部亦明知事由假托，委验咨题，虚应故事，殊非核实办公之道。著交吏部改拟条例，嗣后庶吉士告假，除实系患病者，循例办理外，其请假省亲，不必拘食俸六年之例，准其据实呈明给假，但亦须定以限制，如除去来往程期，应给假几个月，准情酌议，其资斧不给者，该部本有回籍措费旧例，著一并酌议奏明，载入则例。

京官假 009：嘉庆十五年三谕

庶吉士一项人员，向不计俸，又无报满日期，其告假之久暂，亦漫无定限，殊非励品核实之道。嗣后庶吉士等呈请给假，除实系患病终养外，其请假省亲修墓等事，不必论历俸年分，俱令据实呈明，仍各按省分远近，除去往返程途，定限在家居住四个月，期满即应起咨销假，如违限不到，查系无故逗遛者，著奏明将该员惩治不贷。钦此。遵旨议定：庶吉士有因省亲、接眷、修墓、葬亲，并实因资斧不给，请假回籍措费等事，不必拘以历俸年限，准其取具同乡京官印结，据实声明，具呈本衙门，咨明吏部，附入汇题，其程限假限，以准假之日扣算，悉按其省分远近，除去往返程途，在家许住四个月，期满后，即日请咨赴馆销假，如违限不到，查系无故逗遛者，照例查明奏请议处。其各衙门额外人员，有告病、省亲、接眷、修墓、葬亲等项，并资斧不继，呈请回籍者，亦毋庸拘以年限，令其取具同乡京官印结，具呈本衙门，咨明吏部给假，俟报满补缺时，俱将告假日期扣除。其分部人员内，如有例应在部投供候选者，仍查照该员是否顶选，分别办理。

吏部处分 078：道府告假〔例 1 条〕

道府假 001：乾隆十六年谕

道府等官，于请训赴任时，有面奏暂假回籍经允准者，皆于次日具呈吏部覆奏，此虽向例，而人容有不知者，文员告假，有何关系，此不过陛见之时，以为奏对塞责耳。嗣后各省道府等官，皆不得于请训时自行乞假，皆令赴部呈明，其应否准行，即由该部酌定，给以假期，仍按月汇奏，以昭画一。钦此。遵旨议定：道府等官，告假回籍者，有省亲及祭扫祖墓之分，应除去往返程途计算，如呈请省亲祭扫者准其告假二十日，修墓及迁葬者准其告假一月，总不得逾一月之限。

吏部处分 079：教职告假〔例 2 条〕

教职假 001：乾隆五年议准

各省教职，食俸三年以上，如有父母在家不能迎养，欲回籍省亲及葬亲、省墓等事，准其咨明州县官，转详该管上司，查明委系实情，取具该州县印结，计其程途远近，酌给假期，报明存案，员缺毋庸开选。不得一学两官同时告假，亦不得告假之后复行请假，如一学止设一官者，亦准一例给假，令该州县暂摄学篆。其准假之员，该上司勒限回任，傥逾限不到，该督抚照例咨参。

教职假 002：乾隆十二年议准

嗣后教职告假期内，听其食俸，其假期届满，果系一时抱病，令原籍地方官验明结报，许其展限一月，病痊回任。如一月限满，该员病体难以骤痊，令原籍地方官，照告病例，验明出结通详，咨部别选。如有捏饰徇延等弊，将该员并地方官，照例分别参处。再，定例内外官员皆按到任日期，较俸升转，如有离任事故，按日扣除，嗣后遇有教官告假，该督抚酌定假期，务将起程回任日期，分析报部注册，升转时亦照离任事故之例，按日扣除。又，定例调任官员，如有未报到任者，虽值论俸应升之时，不准升转，今教官既定有告假扣除日期之例，嗣后如遇论俸应升之时，该员正在告假限内，亦应停其升转，俟假满回任，咨报到部之日，再行升用。

吏部处分 080：候补候选人员告假〔例 3 条〕

候补假 001：康熙十年议准

内外大小候补官员，如有情愿回籍者，具呈准其回籍，俟来京之日，仍照原文补授。大选官员，亦准给假，选授之时，仍照原序。

候补假 002：康熙十年又议准

凡考取内阁中书，有具呈给假回籍者，亦准给假，来时仍照考取注册名次挨补。

候补假 003：乾隆三十二年谕

朕因举人铨选壅滞，是以加恩拣发各省，俾得及锋而试，其未经得缺以前，原与现任官员有间，伊等如有情愿告假回籍者，听其自便，并毋庸定以一年之期。

吏部处分 081：京官告病〔例 20 条〕

京官病 001：康熙九年议准

在京汉官告病给假者，回籍调理，停其勒限年分，俟病痊之日，该督抚咨部注册，赴部补用。如大学士、尚书、左都御史、侍郎、内阁学士、左副都御史告病、告假，自行具奏。其余各官，具呈该部院衙门，取具同乡京官并无假捏印结，该部院移咨吏部汇题，准其回籍调理。如身无疾病具呈者，将本官降一级调用，验看出结官各罚俸一年，堂官罚俸六月。其告病回籍官，在地方生事营私，发觉，将本官革职，所属地方官不报督抚者降二级调用，该地方官既报督抚，督抚不行具题者，将督抚降一级留任。其丁忧告假回籍官员，在地方生事，发觉后，亦照此例。

京官病 002：康熙二十六年题准

在京各部院衙门满汉官员，告病之后，若病痊，俟一年限满，方准起病补用。如有不及年限咨部者，概不准行。

京官病 003：雍正十二年定

凡告病、告假、丁忧等事，皆半月汇题一次，值初一十五日不进本。

京官病 004：乾隆四年奏准

文职旗员，无论现任及指缺推升拟补，或未经引见，与已经引见尚未到任之员，如实系患病，均令该管官委官确实查明，并无捏饰，酌量给以假期，咨部存案，准其在家调理，总不得过六月之限，如逾限不痊，开缺别补，俟病痊之日，仍以原衙门补用。其额外食俸官员，如遇患病，亦照此例定限，如逾限不痊，即行停俸，俟病痊之日，仍在原衙门行走。如无疾捏称有疾呈报者，别经发觉，照汉官之例，将本官降一级调用，验看官罚俸一年，出咨之该管官罚俸六月。

京官病 005：乾隆三十七年奏准

盛京五部官员，除偶尔患病，为日无多者，酌量给假外，其有调理须经数月者，照在京各部之例，委员查明患病属实，豫将告假月日，行文盛京兵部，移咨吏部注册。限满未愈，照例取结，移咨盛京兵部，转咨吏部开缺。

京官病 006：乾隆三十七年覆准

在京各部院衙门满汉官员，具呈告病之后，不及一年，病已痊愈者，如无额缺人员，即令在本衙门行走，扣足一年，方准领俸。其得实缺之员，亦先在原衙门办事，仍扣满一年，准其补缺食俸。〔嘉庆十年，于其得实缺之员下，增"如该堂官业经奏留者"九字。〕

京官病007：乾隆三十七年又奏准

太医院吏目、医士等官，年老有疾，不能行走者，具呈该院，验实具题，准其告退，病愈仍在该院具呈，准以原缺补用。若有推诿托故不行具呈，在外行医者，照京官身无疾病告病例降一级调用。若非年老有疾，该院徇情准其告退者，将该院院判，照验看官例罚俸一年。

京官病008：乾隆三十七年三奏准

满汉堂司官病痊假满、服满，俱毋庸具题，移咨吏部注册。其病假守制在旗在籍，续又有各项事故者，俱同此例。

京官病009：嘉庆五年奏准

京官告病，调治痊愈，即行起文赴补，如病痊之后，不赴部候补，违限不及一年者免议，违限一年以上者罚俸一年，违限二年以上者行查原籍，并非无故逗遛，降二级留任。有在籍不安本分，无故逗遛，不来京供职者，降一级调用。

京官病010：嘉庆九年谕

嗣后顺天奉天治中，遇有告病人员，著该府尹验明属实，并查明有无未完事件，专折具奏，以奉旨之日开缺。

京官病011：嘉庆九年奏准

顺天府治中、通判等官患病，由该府尹验明是否属实，其任内有无承办未完事件，据实奏明，即以奉旨之日开缺，病痊之日，仍令原籍督抚，照例给咨送部引见。至奉天府治中一缺〔后裁〕，亦照此办理。

京官病012：嘉庆十二年谕

嗣后科道等引见各项差使，如实系见缺规避，临时告假一二次至三次者，如何分别给予处分，其患病属实，并非遇缺规避者，应如何酌定请假章程画一办理之处，著该部详细妥议具奏。

京官病013：嘉庆十二年奏准

科道等官，遇有引见巡城、巡漕〔今裁〕、巡仓、管理街道等项差务，如因病告假不到，其告假在未经见缺之先，与见缺告假之后，旋经销假，不误引见，及验明患病属实，经都察院咨明吏部存案，确无规避情事者，均毋庸置议。至见缺无故告假，不行引见者，按其次数分别议处，初次罚俸一年，再次降一级留任，接连告假至三次者照规避例革职。

京官病014：嘉庆十二年又奏准

凡遇陵寝掌关防郎中、盛京户部银库掌关防监督、黑龙江银库主事三项缺出，行文各该衙门咨取，均不得以无员保送声覆。其保送人员，于引见时咨报患病告假者，照侍班不到例议处，再遇此项缺出，仍以该员保送，如有连次患病告假者，即照例参办，以杜规避。

京官病 015：嘉庆十三年谕

本年大考翰詹，少詹事史评，侍讲学士福保，右赞善福禄，均经告病，不能一体考试，著即开缺。嗣后凡遇大考之期，如于降旨后始行告病者即行开缺，俟病痊补考后再行补缺。

京官病 016：嘉庆十四年谕

御史许球奏：实缺人员告假开缺，请严出结官处分，以杜捏饰一折。京外实缺人员，遇有告病终养等项事故，请假开缺，例取同乡同城官印结，方准办理，原所以杜趋避而防捏饰，乃日久视为具文，遂至弊端百出。如该御史所奏，近日告假人员，竟有因员缺瘠苦，或经手事件艰难，藉词规避，似此进退自由，已非实心供职之道。甚至有员缺较优，恐遇丁忧事故，将来起复，另选他缺，藉端告假，豫为日后坐补原缺地步，并有得受顶升顶补之员贿嘱腾缺让人者，其诡诈营私，尤于官方大有关系，必应严行饬禁。嗣后京外实缺人员，无论何项请假开缺，著该管上司详查确实，并责成出结官出具并无规避营私甘结，方准开缺，傥有捏饰情弊，或因事发觉，或经科道纠参，即将出结官照本员应得处分，一律惩处，俾内外官员，恪供乃职，无所施其趋避，以昭核实而肃官方。钦此。遵旨议定：京外实缺官员告病、告假，该上司详查确实，并责成出结官出具并无规避营私甘结，方准开缺，傥有因员缺瘠苦，或经手事件艰难，藉词规避，告病、告假，或员缺较优，恐遇丁忧事故，起复另选他缺，藉端告病，豫为日后坐补原缺地步，或得受顶升顶补之员贿嘱，腾缺让人，告请病假开缺，一经发觉，或经科道纠参，将本员照规避例革职，出结官照本员一律议处，该管上司照外官告病之例议处。

京官病 017：嘉庆十七年谕

前因各衙门保送内阁侍读学士，除户部郎中宝寿外，皆非京察一等人员，当降旨著吏部妥议章程具奏。兹据奏称，查核各条例内所载不一，以致各衙门历次保送，不无参差。嗣后内阁满洲侍读学士，通政使司参议，光禄寺少卿，鸿胪寺少卿，并内阁蒙古侍读学士各项京堂缺出，轮应部员升用，著各衙门先尽一等人员拣选保送，如一等无人，或一等人员另有不合例事故及出各项差使，方准保送二等人员。其应保举二员者，如该衙门一等止有一员，先将一等保送外，仍准保送二等一员，以足二人之数。此项人员，于引见时有患病告假扣除者，著照侍班不到例议处，再遇京堂缺出，仍将该员保送，不得另行更换，如有保送后连次患病告假者，该部照例参办，以杜规避。其汉员内阁侍读学士、鸿胪寺少卿二项，轮用郎中时，亦著照此次酌定满洲人员章程，一律办理，以归画一。钦此。遵旨议定：满汉京堂缺出，轮届科道应升，如都察院保送各员内，有因患病告假者，亦照侍班不到例议处，下次再遇应升京堂缺出，仍将该员保送，不准更换，若保送后连次患病告假，应由吏部核实参办。

京官病 018：光绪十一年奏定

满洲蒙古御史缺出，传取记名人员履历，带领引见，请旨补授，如于传取履历后，有患病告假者，照侍班不到例议处；如有连次以患病告假者，从严照规避例议处。汉御史临期告假，亦照此例办理。

京官病 019：光绪十一年又奏定

满汉给事中缺出，传取各道监察御史，带领引见，请旨补授，传取后有患病告假者，照侍班不到例议处，如有连次患病告假者，照患病例开缺。

京官病 020：光绪十一年三奏定

遇更换杀虎口、张家口监督差，引见不到，由户部声叙次数奏参，一次不到罚俸一年，二次不到降一级留任，如接连告假至三次者照规避例革职。

吏部处分 082：外官告病〔例 30 条〕

外官病 001：康熙九年议准

总督患病，巡抚验明具题；巡抚患病，总督验明具题；如无总督之省，巡抚自行具奏。

外官病 002：康熙九年议准

告病官员，托故诈病者，发觉之日，令本官赴部验看，如无疾病，将本官革职，验看官、保结官各降一级调用，代题督抚罚俸一年。

外官病 003：雍正五年谕

外官告病，督抚查明确实具题，令其回籍，调治痊可，有情愿起用者，于本籍起文赴部引见，仍以原官补用。

外官病 004：雍正六年谕

督抚大吏，以事繁任重，无人可代，力疾办理，竟致不起，皆因勉强视事，未得调摄，虽生死有一定之数，然朕轸念大臣，勤公事而废颐养，实愀然不忍于怀也。嗣后督抚等傥有一时患病，难以办事者，不可勉强支持，即著一面奏闻，一面将印务酌量委人署理，俾得安静调摄，则所患自然易于痊可，足以慰朕体恤臣工之至意。若两司中有似此者，著该督抚仰体朕心，亦酌量委人代办，具折奏闻。

外官病 005：雍正十三年议准

布政使以下等官告病，该督抚委官验看确实具题，令该员解任，留于本省调理，病痊之日，该督抚给文赴部，仍以原官补用。

外官病 006：乾隆元年题准

知府以下等官告病，委官验实，出具印结，一面题咨，一面催令将经手仓库钱粮一切案件交代清楚，即给咨令其回籍，不必守候部覆。

外官病 007：乾隆四年奏准

现任州同以下等官告病，除平常称职居官无实迹可据者，令其休致外，其有居官勤慎，办事优长，实系出众之才，于告病时，不论食俸年限，许该管官开列事实，加具印结，详报督抚，详加查核，委无捏结情弊，将该员居官办事才能出众之处，出具考语，咨部注册，准其解任调理，病痊之日，该督抚给咨赴部，仍以原官补用。至微员告病，例不具题，皆由该管官具结申详，司道府固无验看之责，督抚止据结报部，嗣后佐杂等官告病，如有扶同假捏等弊，本官革职，验看官、出结官降一级调用，督抚司道府等官免其议处。

外官病 008：乾隆四年又奏准

凡甫经授职，尚未到任道府州县以及佐杂等官，如有中途患病，不能赴任者，即报明该地方官验看出结报部，准其回籍调理，俟病痊之日，原籍督抚给咨，应引见者，令其赴部引见，例不具题者，咨部注册，均以原官补用。至试用之员告病，经该督抚题咨病痊起用者，亦照现任之例，有任者在省调理，无任者回籍调理，俟病痊之日，如州县以上等官，该督抚给咨赴部引见，其州同以下等官，该督抚给咨该员赴部，由部给咨该员，赴原试用地方试用。

外官病 009：乾隆八年奉旨

外省官员告病者，准督抚题请解任，留于该省调理，病痊复用者，乃国家爱惜人才之意，但该员既以患病解任，又复留于该省调理，未免食用艰难，情亦可悯。嗣后同知以下官员告病者，皆准其回籍调理，病痊照例铨补，不必留于省。若道府等官，该督抚具题请旨，著为定例。

外官病 010：乾隆十四年谕

向来此等病废被参官员，具题交部定议后，始行开缺，朕思病废官员，非有劣迹可比，即交部议处，亦不过勒令休致，而云南等远省，文移往返，稽延时日，悬缺久待，于吏治殊属无益，但题到即行开缺，又恐启抑勒之弊。嗣后此等人员，即照八法年老有疾之例，一面开缺，一面勒令休致，傥该员不甘废弃，情愿来京引见，仍令该督抚给咨赴部引见。

外官病 011：乾隆十四年又谕

督抚题请属员患病调理，与例不符，该部自应照例议驳，但因现在议驳，悬缺久待，于吏治无益。嗣后如有道府等官患病题请解任，其原缺应题者，即拣选具题，应请旨或归月选者，该部即行查明办理，不必俟覆准，方行开缺。著为例。

外官病 012：乾隆十六年谕

盗案承缉处分例载印捕官限一年缉拿，限满不获，州县等官降一级留任；三限不获，再留任一年，如再不获，降一级调用；若未满一年之限升迁者，照离任官例罚俸一年，其遇告假丁忧等事离任，亦俱照此办理，因而承缉各官，于例应降调之先，告请病假离任，俱得按例仅以罚俸完结，是明予以规避之路也。缉盗乃地方官专责，其处分自不得巧图幸免，如果系干练循良之员，该上司据实保题，自属可行，若曲为瞻徇，令得卸事自全，处分不及，盗案之尘积日多，未必不由于此，著该部将此例另行议奏。钦此。遵旨议定：州县官承缉盗案，除特旨升调，与回避另补及另案革职降调、丁忧治丧等事离任者，仍照定例处分。至告请病假及终养者，如初参未获，例应住俸，处分既轻，为期尚远，亦照旧例办理外，其二参、三参例应降一级留任者，遇有病假终养离任，即议以于补官日降一级留任，三年无过开复，其四参例应降一级调用者，遇有病假终养离任，议以于补官日降一级调用。再，任内承督未完案件，例有展参者，如参限未满，告请病假及终养离任，例应住俸停升，降职降俸，及罚俸三月六月九月者，仍俱以罚俸一年完结，其余处分，俱各照本例查议，不得概照离任官例仅议罚俸。各直省督抚于例有展参之案，俱将离任官员，因何事故，于咨题文内随案声明，以凭核议。

外官病 013：乾隆二十三年谕

向来外省布政使以下等官告病者例应解任，留于本省调理，但思方面大员，如果有捏饰规避托病回籍等事，则当督抚代奏解任时，自难逃朕洞鉴，不待再奏，始可信其无他也，若该员患病属实，已经奏明准其解任，使未能即愈，复令留滞该省，亦属无益。嗣后布政使以下等官，有似此者，既经奏明解任，即准其回籍调理，毋庸再奏请旨。

外官病 014：乾隆三十五年谕

李侍尧奏：推升都司之守备高天琪，上年七月暴发眼疾，迄今医治未痊，请勒令休致一折。所奏非是。高天琪于上年七月内已准部文推升，即应饬令赴部引见，武职交代，有何要务，直待半年之久，始赴省谒见该督，其因病迁延，已可概见。该员目疾已久，营务必致废弛，该督不即早为参劾，所谓实心察属者安在，今因给咨送部引见，虑难逃朕洞鉴，始将该员病废情形陈明，掩其平日姑容之迹，封疆大臣，岂宜若此，李侍尧著交部察议。嗣后各督抚于所属文武各员，平日不加查核，直俟推升引见时始行陈奏者，俱照此行。〔查此案议照因循瞻顾，不即查参，以致贻误地方降二级调用例，降二级调用。〕

外官病 015：乾隆三十七年议准

外省道府州县等官，遇有患病，详请解任回籍调理者，详报到日，遴委邻封不同城不同乡之员验看，如果患病属实，出具切实印结，该管上司复行验看申报。如知府、直隶州告病，责成本管道员；州县告病，责成本管府州；厅员告病，责成府道，由司转详。其有一时患病，而平日居官尚好，于地方有益者，将该员才具尚堪办事之处，于疏内声明，即准其解任回籍调理，毋庸另行具题请旨，俟病痊之日，各该督抚给咨赴部引见，仍以原缺补用。如有虚捏不实之弊，将本员及验看之员，均照例革职，申报之上司照徇庇例降三级调用，转详之上司降二级留任，具题之督抚降一级留任。至司道与督抚毗近，易于觉察，遇有告病事故，听督抚酌量委员验看，如有瞻徇情弊，将督抚照申报官之例议处。

外官病 016：乾隆四十一年谕

向来道府遇有告病之事，督抚具题到日，该部以应否准其回籍请旨，朕视其本任无急需承办事务，又非规避上司者，多准其回籍调理，其丞倅以下，俱不由部核请，旧例尚未允协。嗣后同知通判及知州、知县，遇有告病乞假等事，应作何核议之处，著该部定例具奏。钦此。遵旨议定：丞倅以下及州县等官，遇有患病题请解任乞休者，令该督抚将该员现任何缺，有无承办紧要经手事件，于疏内详细声叙，其无前项情节，吏部仍照例开缺，附入汇题，如有承办紧要事件，吏部一面开缺，一面即于本内声明，将可否准其回籍，请旨遵行。

外官病 017：乾隆四十一年覆准

州县告病乞休，均照丁忧人员之例，与知府同城者，即令知府收印，暂行兼摄，如不同城者，就近酌委贤员，先为代办，仓库钱粮，查明封储，俟上司委员到日，再行交替，该管上司于文到日，一面遴员前往暂署，一面委员查验有无捏饰，分别办理。

外官病 018：乾隆四十二年奏准

现任同知以下等官奉差，或引见来京，有患病愿回籍调理者，取具同乡京官印结，在部具呈，令该司坊官验看报部，除一面移咨该员任所督抚出考，查明并无未清事件规避情节者，准其回籍调理外，其所遗员缺，即由部铨补，毋庸暂停开缺。

外官病 019：乾隆四十二年覆准

告病人员，该督抚等应详慎注考，其有患病劣员，出具应补考语，至病痊补用后，或犯有贪酷劣迹，并才力不及者，其从前出考之督抚及该上司，与保荐无异，均照保荐不实例分别议处。

外官病 020：乾隆四十二年又覆准

凡病痊起用及终养、丁忧、服满起用赴补人员，均由本籍督抚验看，如果年力不至衰庸，查叙原咨考语，给咨赴部引见补用。佐杂各员，咨部铨选，倘精力就衰，难胜原官之任，即行据实分别奏咨降补、改教、勒令休致，其中有不甘废弃，情愿来京引见者，即照大计六法人员情愿引见之例，给咨赴部引见。

外官病 021：乾隆四十三年定

各省分发人员，有因省亲、修墓、告假回籍，复于原籍呈报患病者，系在两月之内，毋庸缴销部照，至两月以外不痊，即将原领执照，送部查销，如有将原领执照未经缴销者，将该员照违令律议处。如该员业已呈缴，地方官未经咨缴，或详缴迟延者，将地方官分别查议，俟病痊之日，原籍督抚一面咨报吏部，一面给咨该员赴原掣省分试用。

外官病 022：乾隆四十五年奏准

凡遇各省拣选人员，临时呈明患病者，吏部存案，俟病痊之日，亦另扣投供限期，再行铨选，以杜规避拣选之弊。

外官病 023：乾隆四十五年谕

嗣后吏兵二部，于文武员弁在部具呈告病者，查明该省如遇紧要事务，显有托病规避情节，即行具折参奏，不必行查该省。

外官病 024：嘉庆五年奏准

甫经授职，尚未到任及分发、拣发，并来京会试教职官员，如有在京及中途患病，不能赴任、赴省者，在京报明司坊官，在外报明该地方官，照例验看出结报部，准其回籍调理，俟病痊之日，原籍督抚给咨见者，令其赴部引见，佐杂等官咨部注册，俱以原缺补用。

外官病 025：嘉庆五年又奏准

告病人员，已经回籍者，仍由原籍督抚验看题咨病痊，在任所告病，未经回籍，旋经调治痊愈者，仍准其由任所督抚、府尹验看报部起病。京官及外官因差来京患病，并铨选分发后告病，尚未出京，旋即痊愈者，准其由五城兵马司验看，具结报部起病，其余概不准以来京就医，藉词在五城呈报病痊。

外官病 026：嘉庆十年奏准

分发各省大挑举人，未经甄别以前，及甄别以佐贰改补者，如遇告病，仍照例咨部核办，病痊时，由原籍督抚验看，给咨该员赴原省试用。其已经甄别以知县用者，如遇告病，即照现任之例，令该督抚专疏具题，病痊之日，原籍督抚验看，给咨赴部引见，仍赴原省试用。

外官病 027：嘉庆十年又奏准

内外各官，任内有承督未完事件，于未经限满之先，告请病假离任者，至参限满时查参，如例止住俸、停升、降职、降俸及罚俸三月、六月、九月，仍令催追缉拿等案，俱以罚俸一年完结，其余处分，各照本例议结，〔如承缉城外失事，二参三参例应降一级留任者，遇有病假离任，即议以补官日降一级留任，三年无过开复，其四参例应降一级调用者，议以补官之日降一级调用。〕不得概照离任官例，仅议罚俸。各直省督抚，于例有展参之案，俱将离任官员，因何事故，于咨题文内随案声明，以凭核议，如告病离任官员，遇有降革处分，照本例议结之后，复有降革处分，仍照告病离任之例议处。

外官病 028：嘉庆十一年奏准

得缺未经领凭，试用未经领照，告病开缺回籍者，将来病痊时，得缺人员令原籍督抚验明实系痊愈，年力可用者，给咨赴部。其尚未出京，旋即痊愈者，一体令其投供，坐补原缺。其拣发、分发及试用人员在外，令原籍督抚验明，给咨赴部在京，报部给照，令该员前往原掣省分补用，均毋庸于病痊后带领引见。其得缺已经领凭，试用已经领照人员，俟病痊后应行引见者，仍照例给咨赴部引见。

外官病 029：道光四年奏定

外省道府各官告病，本员详报到日，该司即详请该督抚分别题咨开缺，一面委员验看，由该管上司加结转详，除去程限之外，各予限十日，傥实有规避捏饰情事，立予揭参，不得以文结错漏驳查，藉端扣展。若有迟延，查系验看迟延，即将验看官职名附参。系转详迟延，即将转详官职名附参，均照事件迟延例议处。

外官病 030：道光二十六年奏准

外省官员告病开缺，尚未接到部覆，续报丁忧，即作为丁忧开缺，遇有处分，照离任官例议结，将来病痊时，毋庸引见及坐补原缺。

吏部处分 083：旗员归旗〔例 33 条〕

归旗 001：康熙二十六年奉旨
归旗人员，皆令该督抚严行催促，限五月内回旗。

归旗 002：康熙二十六年又议准
革职解任官员归旗，若不拨兵护送，取具沿途官交送印结者，罚俸九月。

归旗 003：康熙二十九年题准
凡应归旗人员，无故不速起程，逾限一月以上，或已起程中途逗遛，或不进京在他处居住，或本身已来而家口在他处居住，有官者革职，已革职者交该衙门治罪。其该管州县官，同城知府，不速催起程，容留一人者降一级留任，二人者降一级，三人者降二级，四人者降三级，五人者降四级，皆调用，六人以上者革职。道员及不同城知府所属地方，容留一二人者罚俸一年，三四人者降一级留任，五人以上者降一级，十人以上者降二级，皆调用。督抚所属地方，容留一二人者罚俸三月，四人者罚俸六月，五人以上者罚俸一年，十人以上者降一级留任。傥归旗人员，已经起程，该地方官不将起程日期申报，或已申报而督抚不行咨明该部、该旗，以致逗遛生事者，亦照此例议处。如归旗人员，于原任地方，起程逾限，不及一月，或实因患病及有不得已情由难以起程，或已起程中途患病难行阻滞情实者，取具该地方正印官印结报部，概行免议。如并无事故，妄藉事端，谎取印结，其地方官不将此等情由申报，滥给印结，一经发觉，将谎取印结之员，仍照逗遛逾限例处分，出结之地方官照容留例处分。

归旗 004：康熙二十九年议准

革职降级旗员，家口居住原任地方，有钱粮未清者，勒限两月之外，再限六月完结，如限满不完，该督抚将承追督催各官题参，照例议处，一面即将拖欠钱粮之官，并家口一并催令归旗，将未完钱粮详细总数，备造清册，咨送该部，转交该旗都统，变产赔补，倘逾此定限不令起程归旗，亦照容留废官例处分。至原参督催承催官员，降俸戴罪督催之案，该旗将此项拖欠之钱粮催完，该部核明具题，咨部查销。

归旗 005：雍正三年议准

归旗人员，大路有驿站者，每日行一站；僻路无驿站者，每日行五十里；自本任地方，照站数里数计算，扣定到京日期，咨报该部，该旗查核。

归旗 006：雍正四年议准

凡应回旗人员，除原无水路地方及能自备脚力，并愿从陆路回旗者，任由陆路外，其有水路之处，应听由水路行，即于呈内开明由某省水路，照原定限期计算到京，倘无故逗遛，致违定限，照例议处治罪。其起程时，原地方官不报明督抚，及督抚不行咨报该部、该旗，并沿途地方官不挨程催促者，仍照容留旗员例分别议处。

归旗 007：雍正四年又议准

八旗外任官员，凡有降级革职及升转休致，应归旗者，一经离任，该督抚即令接任官，将该员所有家口，逐一详查，共有若干名数，备造清册，一面依限催令起程，一面出具并无遗漏隐匿印结，同册一并咨送该部、该旗，以便查核，倘接任官将前任旗员家口，听其隐匿，不尽行造入册内，或被旁人首告，或被该部、该旗查出，将接任官及不行查参之各上司，皆照容留旗员例分别议处。至沿途地方官，遇有归旗家口经过，务行逐一详查递送，毋使潜匿在境，如有瞻徇遗漏，事发，将沿途地方官，亦照容留旗员例分别议处。如归旗人员，不候造册给咨，及沿途不俟详查家口，拨兵护送，竟行越度者，许该地方官即行详报督抚，指名题参，照起程逾限中途逗遛例治罪。如闻讣奔丧，不俟给咨文，先行归旗，中途并无逗遛者，照违令私罪例，于补官日罚俸一年。

归旗 008：雍正五年谕

盛京人员，习气浇薄，营谋钻刺，朋比侵盗，甚是无耻，屡加教诫，终不悛改，皆缘犯法参革究治之后，仍在本地居住，往往生事滋扰，诱人为非，无所不至，此等败类，若不即令迁移，望风俗之归于淳厚，终不可得。嗣后盛京居住满洲、蒙古、汉军文武官员，除因公诖误获罪者，仍准本地方居住外，其犯侵盗亏欠钱粮及奸贪诓诈之事降革者，酌其所犯事由，或令来京归旗，或著于各省满洲驻防之处安插，如此则不肖之徒渐少，而盛京浇薄之习可息。嗣后凡遇盛京人员犯罪案件，俱照此定拟。

归旗 009：雍正七年谕

嗣后归旗人员，有逾限逗遛在外，应行枷号者，著按其逗遛年月之多寡，以为枷号之期，若逗遛一年，即枷号一年，照此计算。倘另有生事犯法之处，从重归结，永著为例。

归旗 010：乾隆元年奏准

嗣后外任旗员呈报丁忧，凡一切公务，概不准差委，于该员闻讣时，详明督抚，即行委员署理，饬令交代清楚，各按省分远近，计程定限，给咨归旗，将该员闻讣及起程日期，咨明吏部，并咨该旗存案，该旗于该员归旗后，以在任闻讣之日为始，不计闰，扣算二十七个月服满，咨部起服补用。至该员未经丁忧，先奉差委，如实系紧要公务，闻讣后势难另委接办者，令该督抚将原由声明，俟事竣后给咨归旗，亦准其以闻讣之日丁忧，按月起用，若该员所办差事，可委员接办者，仍饬令交代清楚，勒限归旗，其归旗定限，或有逾违，该旗咨报吏部，按其迟延月日，照官员领凭赴任例分别议处。倘该员在任并无差委事件，于闻讣后希图逗遛，钻营差委及所奉差已经委员接受，仍故意延挨，不行交代者，该督抚据实题参，照官员闻父母丧仍行恋职例革职。各该上司于该员闻讣后，不即催令归旗，复行差委及另委事件，不勒令交代，任其藉端留滞者，将差委之各上司，照滥委废官例降一级调用。

归旗 011：乾隆四年奏准

外任旗员，缘事解任，随任子弟有应质事件，由接任官申报上司，咨明该部、该旗，仍留任所候质，如无候质事件，给咨先令归旗。倘地方官不请给咨，私令回旗者，降一级留任；随任子弟，不候给咨，私离任所，该地方官未经查出申报者，罚俸九月。其擅自潜往之子弟，有职者革去职衔，闲散人照例鞭责。

归旗 012：乾隆四年又奏准

各省驻防旗人来京者，令各该将军等，查明本人三代，造册出结，先行知照在京该旗，仍出具印文，交本人亲身投递该旗，以凭查对。至外任文武旗员，随任子弟来京者，由任所该父兄，造具本人三代年貌清册，呈请该管将军、副都统、督抚、提镇、府尹、城守尉等官，出咨知照在京该旗，仍给文本人，亲赍投送该旗。如任所父兄，系文武大员，可以自行出咨者，其随任子弟，有事来京，即由该父兄自行给咨。其有不领咨来京，及领咨潜往他处，有职者革去职衔，闲散人鞭一百。如随任子弟之父兄，不为请咨给咨，擅令来京者，罚俸一年。如已经呈明，而该将军、副都统、督抚、提镇、府尹、城守尉等官，不给咨文者，罚俸九月。至旗人有事来京，仍回原处者，呈明在京该旗，亦照该地方给咨之例，出咨知照该地方，仍给文本人，亲投该管驻防，或任所上司衙门，以凭查核，其有不领咨私回，或领咨潜往他处，及已呈明该旗官员不给咨文者，皆照前例办理。

归旗 013：乾隆八年谕

外省官员告病，准督抚题请解任，留于该省调理，病痊复用者，乃国家爱惜人材之意，且以杜藉名规避之弊也。今田懋所奏，该员既以患病解任，又复留于该省调理，未免食用艰难，情亦可悯等语，似亦实情，况原有病痊坐补原缺之例，亦不虑其藉端规避。朕思同知以下官员，亦无甚规避情节，其告病者，俱准其回籍调理，病痊照例铨补，不必留于该省，若道府等员，准该督抚具题请旨，其有无规避情节，临时自难逃朕之洞鉴。著定为例。高鈜准其回旗。

归旗 014：乾隆十五年议准

归旗人员，限三月催令起程。〔广东琼州所属官员亦照此限，毋庸加展。〕如有实在不能起程缘由，详报展限。

归旗 015：乾隆四十七年奏准

归旗人员，中途患病违限一月，及风水阻滞违限一二月，不及报明地方官，照领凭赴任人员例查核办理。

归旗 016：嘉庆五年奏准

容留归旗人员，不计眷口，如系眷口逗遛，一家照一人例议处。

归旗 017：嘉庆九年谕

据镶黄旗满洲都统等奏称，该旗有原任福建延平府上洋通判普祥，于嘉庆七年十一月内，告病回旗调理，该员及家属等，至今未回等语。著玉德、李殿图接奉此旨，即将普祥是否尚在该省，因何延久未回之处，查明具奏，一面仍严饬该员，携带眷属，迅速回旗，如系沿途逗遛，亦著就近咨查明晰，转饬速回，毋得再有迟缓。

归旗 018：嘉庆九年又谕

前因镶红旗汉军都统等具奏，该旗有原任福建诏安县知县鞠清美，自嘉庆四年参革问遣后，其家属尚未回旗，行催已至七次，查该革员名下，尚有应赔官项银三千四百余两，未便任令久悬，因降谕旨，令玉德查明覆奏。兹据该督奏称，查询该参员之子鞠绍勖，据称现在衣食无资，实无盘费回京，该督等已公捐银两，勒令即日起程回旗等语。该员服官外省，遇有事故，该督抚等即应饬知该员家属，早日回旗，况如鞠清美名下，尚有未完官项，安知非该家属藉词逗遛，希图延宕，即实因赤贫无力回京，该督等亦应据实奏闻，一面催令料理起程，乃事阅数年，并不陈奏，又不严催，直待降旨询问，始行查办，若非该旗具奏，经朕特旨饬查，仍必延搁不办，任令日久稽留，成何事体。玉德、李殿图著传旨申饬，嗣后外任旗员，一有事故，该管上司，即当饬催家属迅速回旗，毋任延缓。

归旗 019：嘉庆九年议准

外任官员，应归旗者，限三个月内起程。〔广东琼州所属官员，亦照此限，毋庸加展。〕大路有驿站者，每日行一站；僻路无驿站者，每日行五十里；由水路行走者，呈明由何省水路，该督抚按日计算，扣定到京日期，咨报该部、该旗查核。如无故不速起程，逾限不及一月者免议；若逾限一月以上，或已起程中途逗遛，或不进京而在别处居住，或本身已来而家口在别处居住，有官者革职，已革职者交该衙门治罪。其该管州县官，同城知府，不速催起程，容留一人者，〔不计眷口，如系眷口逗遛，一家照一人例。〕降一级留任，二人者降一级调用，三人者降二级调用，四人者降三级调用，五人者降四级调用，六人以上者革职。道员及不同城知府所属地方，容留一二人者罚俸一年，三四人者降一级留任，五人以上者降一级调用，十人以上者降二级调用。督抚所属地方，容留一二人者罚俸三月，三四人者罚俸六月，五人以上者罚俸一年，十人以上者降一级留任。若归旗人员，已经起程，该地方官不将起程日期申报，或已申报而督抚不咨明该部、该旗，以致中途逗遛生事者，亦照前例议处。如实因患病，及有不得已情由，令该督抚查明确实，咨报该部、该旗，准其展限三个月，倘展限后不即起程，违限不及一月者仍免议，违限一月以上，有官者降一级调用，二月以上者降二级调用，三月以上者降三级调用，四月以上者降四级调用，五月以上者降五级调用，半年以上者革职，无官者交该衙门分别治罪。至中途患病及风水阻滞，取有地方印结，报明该部、该旗者，其应展例限及违限处分，亦照此办理。其并无事故，妄藉事端，谎取印结，地方官即行混给，照容留例处分。

归旗 020：嘉庆十年谕

据镶黄旗满洲都统等奏，原任山东登州镇总兵富宽之子安荣，于嘉庆七年发往贵州以同知试用，八月内具报起程，今富宽卸事回旗，伊子安荣亦随同进京，询系因病在伊父富宽任所居住三年，并未咨报本旗等语。安荣系试用同知，于具报起程后，即应前赴贵州听候差委，即有患病等事，应咨报本旗，照例办理，乃安荣前往伊父富宽任所居住三年之久，并未前赴黔省，亦未咨报本旗，虽讯据富宽声称，伊子安荣因患病留署调养，富宽业经呈报山东巡抚等语，恐亦不足凭信。著传谕全保，即查明安荣是否实因患病留住登州镇署，伊父富宽曾否报明，该抚曾否行知黔省，何以并未咨报本旗，并谕福庆将安荣因病留住东省，曾否接据东省知会，何以亦未具文向部旗查核，俱各详细确查，据实覆奏。

归旗 021：嘉庆十年又谕

前因分发贵州以同知试用之安荣，前往伊父富宽登州镇署因病居住三年，并未赴黔，亦未咨报本旗，当经降旨谕令全保确查具奏。兹据覆奏，分发贵州同知安荣，在伊父富宽登州镇任所居住三年之久，前任巡抚倭什布咨明吏部及贵州巡抚，并未咨报本旗，该府县又未能随时查报，均属疏忽，请将登州府知府百岁，蓬莱县知县马振玉，与从前咨部时漏未咨报本旗之前任山东巡抚倭什布，一并交部议处，并自请交部等语。登州府知府百岁，蓬莱县知县马振玉，并前任山东巡抚倭什布，均著交部分别议处。全保甫经到任，即将富宽年老参出，所有自请交议之处，著宽免。

归旗 022：嘉庆十九年奏定

外任旗员丁忧，业经于限满时呈请给咨，其在省具呈者，该上司限十日内给发，在各府州县具呈者，该地方官限十日内转详，该上司于文到十日内给发，饬交地方官转给，其转详转给往返程限，均准其声明扣展，如有迟延，令该督抚于咨部咨旗文内，据实声明，将具详之地方官，给发之上司，违限不及一月者罚俸六月，一月以上者罚俸一年，两月以上者降一级留任，三月以上者降一级调用，本员免议。傥该督抚并未声明，以致本员误被降革，除本员开复外，仍将具详给咨之员议处，并将漏未声明之上司，照误揭属员例议处。

归旗 023：嘉庆十九年又奏定

外任旗员丁忧，如有不即起程，逗遛省城，钻营差委，干预公事者，将本员革职，该督抚不行查参，降二级调用。若该督抚有以河工及一切工程，并经手紧要事件，违例奏留，而该员亦愿留效力者，将该督抚降三级调用，本员仍革职。其有因军营要务，该督抚自行扣留，不即奏明者，照应奏不奏公罪律降二级留任。

归旗 024：嘉庆十九年三奏定

丁忧旗员，漏报起程日期者，罚俸六月。

归旗 025：嘉庆十九年四奏定

丁忧旗员，不候给咨回旗者，罚俸一年。

归旗 026：嘉庆二十三年奉旨

旗员补放外任，遇有事故回旗，原不准在外日久逗遛，是以定例较汉员加严，但迟延一月以上即议降调，半年以上即议革职，亦未免过重。嗣后外任旗员丁忧回籍，除正展限期外，如起程迟延半年以上者著降一级调用，一年以上者著革职。钦此。遵旨议定：外任实缺州县以上等官，遇有丁忧事故，应交代离任者，总以丁忧之日起，给予交代应得例限。〔州县交代限期，初二参限四个月，有社仓者初二参再限两个月，共六个月。其藩臬道府河工官员，各照交代应得例限。〕其钱粮仓谷较多，并有民欠驿站之州县，及一人而有两任交代者，均准其各照本例限期扣展，或接任之员未及交代，旋又卸事，或接任官已接交代，经上司撤回降补，经委员另算交代，亦准其核实扣展，统俟交代清楚之日，由该督抚各按其加展限期，于咨部文内详细声叙，如有患病情事，准其再展限三月，傥别有控案质讯，及勒追银两未完，令该督抚专案咨部扣展，如别无前项事故，不即起程，除该员应得正展加展限期，并该督抚地方官给咨具详例限，及转详转给往返程限，悉予扣除外，其在省请咨者，以该督抚给咨之日起，在各府州县请咨者，以地方官转给之日起，扣至该员起程之日止，迟延半年以上者降一级调用，一年以上者革职。

归旗 027：道光元年奏准

外任佐杂实缺旗员，遇有丁忧事故交代离任，照实缺州县之例办理，如实有患病及设措盘费等事，准其再展限六月。

归旗 028：道光元年又奏准

各省分发候补旗员，遇有丁忧事故，如系署缺有交代者，照现任人员之例办理，未经署缺无交代者，限三月起程。〔此系正佐各官通例。〕其州县以上等官，因患病情事，准其再展限三月。若佐杂等官，因患病及设措盘费，准其再展限六月。如无故不即起程，除该员应得正展加展限期，并该督抚地方官给咨具详例限，及转详转给往返程限，悉予扣除外，其在省请咨者，以该督抚给咨之日起，在各府州县请咨者，以地方官转给之日起，扣至该员起程之日止。系候补州县以上人员，迟延半年以上者降一级留任，一年以上者降三级调用。系候补佐杂人员，迟延半年以上者降一级留任，一年以上者降二级留任。

归旗 029：道光四年奏定

凡应归旗人员，适因患病及有不得已情事，未能按限起程者，令该督抚查明确实，咨报部旗，准其展限三月。如无故不即起程。有官者迟延半年以上降一级调用，一年以上革职，无官者交该衙门治罪。其起程之后，或有中途患病及风水阻滞，由沿途地方官出结报明该部该旗者，各准其展限三月，倘有已报起程而中途无故逗遛，以致归旗逾限，迟延半年以上者降一级留任，一年以上者降二级留任。其或在省在途，别有钻营干预情事，以及本员虽已到京，而家口仍在别处居住，有官者革职，无官者治罪。

归旗 030：道光四年议定

凡应归旗人员，令其将家口人数呈报，并令该地方官逐一点查，造具清册，咨送部旗。倘隐匿不报，地方州县官，失察一二人者罚俸一年，三四人者降一级留任，五人以上者降一级调用，十人以上者降二级调用。府州失察一二人者罚俸九月，三四人者罚俸一年，五人以上者降一级留任，十人以上者降一级调用。道员失察一二人者罚俸六月，三四人者罚俸九月，五人以上者罚俸一年，十人以上者降一级留任。沿途地方官，于归旗家口，不行点查递送，致有潜匿在境者，将该州县府州道员，亦按其人数分别议处。

归旗 031：道光八年奏定

八旗外任实缺人员，父母在旗病故，如适遇截缺之期，令该家属于遭丧之日，呈明该参佐领，该参佐领即行出具图片，报部开缺，如有迟延，照例议处。至外任候补候选人员，父母在旗病故，无关开缺，仍于五日内呈报。

归旗 032：道光八年又奏定

外省丁忧旗员，于领咨起程之后，如中途遇有患病及风水阻滞等情，即呈报到旗文内声明，准其各展限三月。其扶柩回旗人员，行走自未能迅速，并准其于程限外加半扣展，总以领咨起程之日起，扣至到旗之日止，除去正展程限，迟延半年以上者降一级留任，一年以上者降二级留任。

归旗 033：道光八年三奏定

漏报到旗日期者，罚俸六月。

吏部处分 084：旗员子弟随任〔例 9 条〕

子弟随任 001：雍正三年议定

外任旗员子弟至十八岁以上者，不令带赴任所，其未至十八岁者，具呈该都统存案，至十八岁悉令归旗。

子弟随任 002：乾隆五年奏准

外任旗员，将任内所生之子，隐匿不报本旗注册，或假捏过继潜匿他处，除将令其隐匿及潜留外省之员斥革治罪外，该地方官，在任半年以上不行查出，或被人告发，或别经发觉，将失察之该地方官罚俸一年，该管道府罚俸六月，如居住失察未及半年及自行究出者免议。如该地方官故为容隐，不行查报者，降一级留任，该管道府罚俸一年。

子弟随任 003：乾隆七年谕

向来旗员子弟，自幼随任在外，年至十八岁者，例应来京，若有欲留任所协办家务者，准督抚代为题请，听候部议。其新授外任之员，子弟在京长养，年过十八岁以上者，非奉特旨，不得随任，此旧例也。朕思旗员子弟，不许擅随任所者，一则恐在地方滋事，一则留京以备该旗当差，如外任旗员，能严加约束，为督抚者又不时稽查，则皆知守分循理，可无虑其多事。至该旗佐领，本有可以当差之人，而父兄外任者，将子弟带往，则本人既可省两处之日用，该佐领闲散之人又得当差支领钱粮，以资养赡，洵为两便之道。嗣后外任旗员子弟，年至十八岁以上者，在外仍令该督抚题请，在内著呈明该都统查奏，俱准其随任，其不愿随任者亦听之。若随任之后，或出署交游及干预地方之事，著该督抚即行查参，从重议处。

子弟随任 004：乾隆十八年议准

外任大臣官员，十八岁以上之子弟挑取拜唐阿，二千五百里以内之外省官员子弟挑取哈哈珠子，均令送回京城备挑，如或帮办家务，另有不能相离之情，或有残疾不能挑取，系大臣令自行具奏，其无具奏之职者，呈明该管大臣代为转奏，均行文该旗除名，如有捏报等情，查出从重治罪。

子弟随任 005：乾隆三十八年议准

凡官员随任子弟，如听其藉办公事为名与人接见，致有营私滋弊等事，干涉本官者，照应得罪名革职治罪。如虽未营私滋弊，而听其与人接见，出入无忌者，照约束不严例降一级调用。至该管上司，明知属员信用子弟，以致营私滋弊，不行查参，照徇庇例降三级调用。若仅止失察，照失于觉察例降一级留任。兼辖上司，俱照失于查察例罚俸一年。

子弟随任 006：乾隆五十年谕

从前准令外任大臣官员等各带一子随任，办理家务，系朕曲成之恩，乃伊等藉此将所有子孙，俱留任所，是诚何心。嗣后饬令八旗严察伊等子嗣内，年已及岁者，止准奏请一人随任，帮办家务，其余年已及岁之子弟及孙，俱著催令回旗，以备挑取差使，倘瞻徇情面，不行咨催者，将该都统等一并治罪。

子弟随任 007：乾隆五十年奏准

现在奉旨查办挑取侍卫、拜唐阿之人，俱系知府以上子弟，至同知、通判、州县以及佐杂等官子弟，俱未奉旨查办，其八旗别项差使，则在京闲散，既可挑差以资养赡，本人亦可免两处费用，应仍准本员详请留任，俟升至知府时，由该旗查明子弟及孙内，年已及岁者，准留一人外，其余即令回京，以备挑取侍卫拜唐阿，倘有逗遛及瞻徇不行查催者，将本员及该管都统等一并议处。

子弟随任 008：乾隆五十六年谕

福康安奏：庆远府知府张肇祥之子闲散柏龄，上年奉旨交部咨取来京，该府任意迟延，及屡次檄催，复称伊妻患病身故，扶榇由水路回旗，现在催令改由陆路赴京，请将张肇祥交部严加议处等语。八旗外任官员子弟，年至十八岁，例应回京当差，张肇祥之子柏龄，年已及岁，并不即令回旗，已属不合，经朕圈出，指名调取，又复有意迁延，而该督屡催，辄以携眷赴任，伊妻中途患病身故丁忧，于本年三月二十八日，令其扶榇由水路进京，藉词禀覆，殊出情理之外。张肇祥于上年十一月初，业已接奉部咨，令伊子赴京，自应即令起身来京，若尚未起身，适伊母病故，即应将不便赴京之故，报明该督抚，且向来旗人守制，以百日为期，计算本年二月内，早已服满，何以迟至三月二十八日，始令由水路起程，是其有心延玩，实属咎无可辞。张肇祥种种托故迟延，庇留伊子，尚属罪之轻者，至以奉旨调取来京引见之人，竟称令其扶榇归旗，措词舛谬，岂上对君父之言，大不敬矣。张肇祥著革职送京，交部治罪，以示惩儆。

子弟随任 009：道光元年奏准

外任旗员，文职自州县以上至督抚大员，如宗族亲戚内，有品行端方，谙习吏治，情愿令其随任帮办公务，或因亲族子弟，材堪造就，带往读书肄业者，大员咨报本旗，其余呈报本省督抚，转咨本旗，查取本人父兄情愿令其随任甘结，由部给发路照前往，不愿者听，若并非本员呈请，概不准行。如有请以尊长随任者，亦须该族长出具并无勒令呈请甘结，该佐领加结呈报本旗，查核属实，方准随任，如有私行潜往，仍照例治罪，其汉军佐杂各官，亦照此办理。至由京补放及部选人员，有愿携眷口子弟亲族偕往者，亦由本员呈报本旗，准其一体随往，倘该参佐领等有勒掯刁难情事，或被告发，或经查出，从重惩办。若该子弟亲族，于到署后不服管束，不安本分，轻则咨遣回旗，重则照例惩治，系本员失于觉察，照失察子弟犯法滋事例降一级调用，傥有徇庇等情，即照徇庇例降三级调用，自行查出究办者免议。

吏部处分 085：汉员回籍〔例 33 条〕

汉员回籍 001：康熙二十九年议准
汉官革职离任者，照旗员之例，勒限回籍，将起程日期报部。

汉员回籍 002：雍正三年议定
汉官革职提问，应于原籍地方追赃治罪者，在内令司坊官，在外令该督抚，作速催令起程，将起程日期报部，并知会原籍地方官，仍照旗员归旗例，按各省远近程途定限，有驿站者每日行一站，无驿站者每日行五十里，除从陆路者任其由陆路外，其有由水路者亦听其便，并将由某省水路之处，即于呈内开明，自本任地方，照水路程途站数里数，扣定到籍日期，该督抚俟本人到籍，将日期报部查核。其革职免罪之员，外官交代完日限三月内，京官限一月内，该地方官催令起程，按照程途定限回籍，傥违限不即起程及逗遛中途，并回籍违限一月以上者，都察院并该督抚题参，照处分旗员例，交部分别治罪。傥该管官不速催令起程，或他省官员听其逗遛境内，皆照容留旗员例议处，同城知府照州县例议处，不同城知府照道员例议处，司坊官照地方官同城知府例议处，巡城御史照督抚例议处。如实因患病及有不得已情由，难以起程，或中途患病难行，阻滞情实者，该地方官出具印结，申报督抚，查明咨部免议，若并无患病暨阻滞情事，故违定限者，本官与容留之地方官，皆照旗员例分别议处。其解任、休致、丁忧、给假等官，应听其便。

汉员回籍 003：乾隆元年议准
嗣后告病调理等官，除该督抚出具考语，俟病痊起用者，于咨题之日，即令解任，照例留于原任地方调治，俟病痊之日，应给咨引见者送部引见，应咨补者即行咨补外，其实系老病告休官员，该督抚委员验实出结之后，亦照丁忧官员之例，一面题咨，一面催令将任内经手仓谷钱粮一切案件交代清楚，给咨令其回籍。

汉员回籍 004：乾隆二年议准
官员告请终养，照丁忧之例，一面题咨，一面即饬交代清楚，给咨先令回籍，不必守候部覆。傥告请终养之员，有情虽可悯而与例不符者，仍照旧例具题请旨，听候议覆遵行。如有浮开年岁，诡捏事故，以及藉名规避等弊，或经该督抚查参，或被旁人首告，将本官及转详出结各官，均照例一并议处。

汉员回籍 005：乾隆二年覆准
革职官员，应于原籍地方追赃治罪者，仍行给咨押解外。其革职免罪之人，别无未清事件，遵照定限，催令回籍，免其请咨递解。

汉员回籍 006：乾隆六年议准

嗣后回籍官员，与现任司道等官，非因公事接见周旋，随行逐队，犹如现任者，俱令各省督抚据实查参，将妄行交结之休致各员及不行拒绝相与往来之督抚司道等官，俱照违令私罪律议处。

汉员回籍 007：乾隆十四年奏定

嗣后佐杂教职等官，一有事故，如例应请领路费回籍者，限一月内，令该府州出具印结通详，批准后，该府州接到银两，即传该员或家属，当堂给发，俟该员领银之后，遵照半月定限，催令起程。至不应领路费之微员，仍照三个月定限回籍。

汉员回籍 008：乾隆二十七年议准

凡官员革职后，原任内有应行著追之项，即行严追完缴，以清帑项，如不能全完，即照定限催令起身，速令回籍，仍将起程日期，并有无款项，分咨吏部等衙门，转咨该籍，勒令严追，倘逾限不速起程，将该员照逗遛例治罪，该管各官俱照容留废员例议处。

汉员回籍 009：乾隆二十九年定

如有应行回籍人员，各督抚府尹等，务照定例给咨，催令回籍，其回籍文内，应令将该员因何回籍情由，一面详细声明报部，以凭查核。

汉员回籍 010：乾隆二十九年谕

前经降旨各省离任候补之员，有因前任案件诖误降调者，令原隶之督抚出具考语，送部引见，但此等人员离任事故不同，多有迟至二三年及数年后，始行请咨赴部，其原隶上司早经更易，代任者又未悉其贤否，何从悬拟考核，盖由传谕之后，部臣未经分析条例，殊多隔碍。嗣后著于该员等甫经请咨回籍时，该督抚将该员居官如何，出具切实考语，即行咨明本籍督抚存案，俟例应引见时，径由本籍督抚，查照原咨考语，叙入文内送部，毋庸再赴原隶上司衙门请咨注考，以昭画一。著为令。

汉员回籍 011：乾隆三十年奏准

凡入奉天籍贯中式者，即令于奉天所属州县居住，如居住祖籍并别省者，该府尹查出，咨部褫革。其出仕后经革职解任者，仍令于奉天所属州县居住，如居住别省，该府尹查明题参，送刑部治罪。如各省地方官，不行查出，俱照容留旗员例分别议处。

汉员回籍 012：乾隆三十四年议准

嗣后凡现任官员，捐升离任，交代清楚之后，除八品以下，系回籍候选之员，分别道路远近，勒限回籍外，其凡捐升离任，知县以上官员，于交代清楚后，给咨赴部，照现任官赴部引见例，酌量远近，勒限赴部。其间或有省亲修墓，及有别项事故，必欲回籍，许该员在外呈明任所督抚，酌给假期，按照定限回籍，仍咨明本籍督抚，于事竣后，饬令起程赴部候选，如赴部迟延，即将本员照现任官赴部引见迟延例，按其违限月日，分别察议。其有到部后并未呈请，而无故辄自回籍者，照违令私罪律议处。

汉员回籍 013：乾隆三十七年覆准

在任丁忧人员，自应遵例回籍守制，不便久留任所，令该管上司于交代完日，限三月内催令起程，仍令原籍督抚，将回籍日期报部存案，不准在原任省分寄住，如有逗遛，将本员照旗员处分，该管官及该上司即照容留旗员例议处。其有经手未完工程等件，必须该员留办完结，令任所督抚将不能遽令回籍，或应行展限之处，于咨内声明，以凭查核。

汉员回籍 014：乾隆四十一年谕

三宝奏：杭州东防同知陈虞盛现在告病，所遗之缺，请以秀水县张图南升署等语。近年海塘情形，颇有可虑，西塘一带，回溜顶冲，镶垫等事，均须办理，该同知系专管塘务之员，工程正资熟手，何以急急告病，安知非近来潮溜北趋，惟恐有事干碍，先为规避之计乎？该抚理应委员勘验，并亲加覆勘，不应遽尔准行，即使其病属实，亦当留于工所，未便即准回籍，三宝何竟见不及此，著查明据实覆奏。至向来道府遇有告病之事，督抚具题到日，该部以应否准其回籍两请，内阁俱票拟双签请旨，朕视其本任无急需承办事务，及原无紧要，又非规避上司者，多准其回籍调理，其丞倅以下，俱不由部核请，旧例尚未允协。嗣后同知通判及知州知县，遇有告病乞假等事，应作何核议两请之处，著该部另行定例具奏。钦此。遵旨议定：嗣后丞倅以下及州县等官，遇有患病题请解任乞休者，令该督抚将该员任内，有无承办紧要经手事件，于疏内详细声叙，其无前项情节，照旧例开缺，由部汇题。如有承办紧要经手事件，一面开缺，一面即具本声明，仍将可否准其回籍之处，照道府例两议奏请钦定。其中有规避捏饰诸弊，及该督抚徇庇属员，不将实在情节声叙，查出，照例严行核议。

汉员回籍 015：乾隆四十一年议准

分发佐杂人员，到省差委，无论年限，有情愿告假回籍者，听其自便，如回籍后有情愿复来者，由原籍督抚给咨赴省，仍将给假回省日期，报部查核，按前后到省日期接算，扣足一年之限咨补。

汉员回籍 016：乾隆四十五年奏准

嗣后凡有外省人员因公到京，以患病告请回籍者，吏部即饬令司坊官详加验看，如果患病属实，所有员缺即行铨选外，仍令该员在京等候，行查任所平日居官尚好，并无未清事件及规避情弊，然后准其回籍。若系解运银两铜铅木植等项，事隶户工二部者，除一面饬交司坊官验看外，并移查户工二部，实无亏缺，然后行查任所，均无未清事件，再准回籍。

汉员回籍 017：乾隆五十二年谕

据保宁奏，潼川府知府张松孙，因病恳请回籍调理，所遗员缺，请以龙安府知府贾廷彦调补一折，已批交该部议奏矣。向来道府告病人员，自雍正年间，改定条例，惟准督抚题请解任调理，至应否回籍，由内阁票拟双签请旨，其中有准回籍者，亦有不准回籍者，所以防规避而杜瞻徇，立法至为详善，朕临御以来，俱系遵循办理，然亦多有令其回籍者，今该督于具题时，即行奏请回籍，则内阁又何必双签请旨耶。著通饬各督抚，嗣后遇有道府以上告病人员，止应循照向例，题请解任调理，其准令回籍与否，听候部议请旨，毋得遽请回籍，以符定制。

汉员回籍 018：嘉庆十年奏准

汉官丁忧回籍，除因患病等情，不克起程，业经豫行呈明地方官，转报有案者，该督抚将豫行呈明缘由，随咨声叙，准其免议。如并未豫行呈明，仅于请咨回籍时，呈明患病等情者，令该督抚确切查明，委无捏饰，据实报部，免其迟延处分，仍将该员漏未呈明之处，照应申不申公罪律罚俸六月。至该员等业经领咨后，或因患病不即起程，或起程后又因患病中途阻滞，亦应随时报明地方官，转详督抚，先行报部，以备查核，倘并未呈明转详咨部，迨至回籍后始行声明补报者，仍照无故羁迟逾限本例议处。〔如实系患病沉重，或在偏僻处所，离地方官窎远，不能即时将患病情由呈明者，回籍后，即将情由报明本籍地方官，出具患病属实印结申详，经该督抚查明委无捏饰，据实报部，仍照应申不申律议处。〕

汉员回籍 019：嘉庆十三年谕

王宗诚现丁母忧，例应回籍守制，但伊父王懿修供职京师，业已年逾七十，病体甫痊，正须伊子随侍调养，且王宗诚身系独子，因父暮年多病，不忍远离，是以未能即扶母枢南归，自属至情，并非无故逗遛。王宗诚著准其在京随任侍养，俟伊父气体复元后，再行回籍。因思吏部新定章程，所有内外一应丁忧人员，有逾限不即回籍，及到籍迟延者，统行严予处分，原属国家教孝之意，惟是京外各官，亦稍有不同，外任官员闻讣丁艰，间有在省冀图保留，或在莅任地方迟延不回者，于吏治风化殊有关系，自当严设例禁，若京员闻讣丁忧及外省微员，或因盘费缺乏，偶致回籍迟延，亦属情事所有，若与无故逗遛者，一体概加严议，殊觉无所区别，其应如何准情酌理永远可行之处，著该部再行妥议具奏。

汉员回籍 020：嘉庆十三年又谕

近来丁忧人员，夤缘请托，以及督抚等市恩取巧，率请奏留者甚多，实属违例。试思此等人员，若由督抚勉强羁留，则该员等遭父母之事，方寸已乱，若系该员自愿留省，便于钻营，是其于父母丧葬等事，且置之不顾，此等忘本之人，又安望其移孝作忠，为国宣力乎。嗣后督抚等，概不得再以河工及地方工程为辞，将丁艰各员违例奏留，其各省先经奏留之人，现在如并无经手要工，应即饬令回籍守制，即有紧要经手工程，亦著于事竣后回籍，补行穿孝，俟穿孝毕，再行送部引见候旨。钦此。遵旨议定：外任汉官丁忧，州县以上等官，交代无论正限再限，以及仓库钱粮数多，并一官而有两任交代，总以遭丧之日起，限六个月交代起程，如逾六个月之限，实有经手未完及患病等情，督抚于咨报该员起程文内，随案声明，准其展限三个月，傥别有控案质讯，及奏明有勒追银两未完，令该督抚专案报部，均准其扣展，如并无别项事故，不即起程，除去正展限期，按其违限月日，分别议处，逾限半年以上降一级留任，逾限一年以上降一级调用，逾限二年以上者革职。如丁忧人员逗遛在省，实有钻营差委干预公事等情，别经发觉，将本员革职，该督抚不即查参，照徇隐例降二级调用。至以河工及一切工程，并经手紧要事件，违例奏留者，系该督抚等市恩取巧，有意奏留，将督抚降三级调用；系该员自愿留省，冀图钻营，将本员革职。其因军营要务，该督抚私自准留，不即时奏明，将该督抚照应奏不奏公罪例降二级留任。

汉员回籍 021：嘉庆十三年议定

州县以上丁忧人员，既经领咨起程，逾限不即回籍，如中途逗遛地方，实有夤缘等情，及所过地方，督抚等有以河工及一切工程，并紧要事件，违例奏留者，照前例分别议以降革。如并无别故，仅止回籍迟延，应自给咨起程之日，扣至呈报到籍之日止，程途定限，照例扣除。扶柩回籍人员，行走未能迅速，准其于程限外，加半扣展。遇有中途患病或风水阻滞等情，即于呈报到籍文内声明，准其各扣展三个月。如正展各限外，再有迟延，一月以上罚俸一年，〔一月以上处分，道光四年删。〕半年以上降一级留任，一年以上降二级留任。

汉员回籍 022：嘉庆十三年又议定

在京汉官丁忧，限三个月起程，令该员将起程日期呈明，报部存案。如有患病等情，准其展限三个月，如实有不得已事故，许其呈明报部，傥不行呈明，照应申不申公罪例罚俸六月。如系无故逗遛，不即起程，以及由京起程后，逾限不即回籍，除去正展限期，并程途加展月日，迟延半年以上罚俸一年，一年以上降一级留任。

汉员回籍 023：嘉庆十三年议准

佐杂微员丁忧，有因设措盘费，不能依限起程，及起程后，不能按限回籍者，准其再展限六个月，如再有迟延，逾限一月以上者罚俸一年〔一月以上处分，道光四年删〕，半年以上者降一级留任，一年以上者降二级留任。傥实有钻营干预等事，别经发觉，以及该督等违例奏留者，悉照州县以上等官之例，分别降革。

汉员回籍 024：嘉庆十三年三议定

在京候补候选人员丁忧，如起程回籍迟延，照京官之例办理。

汉员回籍 025：嘉庆十三年四议定

在外分发候补人员丁忧，如起程回籍迟延，照京员之例办理。如未经署缺，无交代者，限三个月起程。其有经手事件及患病等情，亦准其展限三个月。

汉员回籍 026：嘉庆十三年五议定

在部候补候选官员，闻讣不报，即行回籍者，罚俸一年。

汉员回籍 027：道光元年奏定

丁忧人员，业经于限满时，呈请给咨，其在省具呈者，该上司限十日内给发，在各府州县具呈者，该地方官限十日内转详，该上司于文到十日内给发，饬交地方官转给。其转详转给往返程限，均准其声明扣展，如有迟延，令该督抚于咨部文内，据实声明，将具详之地方官，给发之上司，违限不及一月者罚俸六月，一月以上者罚俸一年，两月以上者降一级留任，三月以上者降一级调用，本员免议。倘该督抚并未声明，以致本员误被降革，除本员开复外，仍将具详给咨之员议处，并将漏未声明之上司，照误揭属员例议处。

汉员回籍 028：道光四年奏定

在部投供之候补候选官员，闻丧不报，径自回籍者，罚俸一年，仅止呈报迟延者免议。

汉员回籍 029：道光八年议定

外任实缺州县以上等官，遇有丁忧事故，应交代离任者，以丁忧之日起，给予交代应得例限。〔州县交代限期，初二参限四月，有社仓者初二参再限两月，共六月。其藩臬、道府、河工官员，各照交代应得例限。〕其钱粮仓谷较多，并有民欠驿站之州县，及一人有两任交代者，均准其各照本例限期扣展。或接任之员未及交代旋又卸事，或接任官已接交代，经上司撤回降补，委员另算交代，亦准其核实扣展，统俟交代清楚之日，由该督抚各按其扣展限期，于咨部文内详细声叙，并该督抚地方官给咨具详例限，及转详转给往返程限，悉予扣除。其在省请咨者以该督抚给咨之日起，在各府州县请咨者以地方官转给之日起，扣至该员起程之日止，迟延半年以上者降一级留任，一年以上者降一级调用，二年以上者革职。

汉员回籍 030：道光八年又议定

州县以上等官丁忧后，因患病情事，准其再展限三月。若佐杂等官，因患病及设措盘费，准其再展限六月。如无故不即起程，除该员应得正展加展限期，并该督抚地方官给咨具详例限，及转详转给往返程限，悉予扣除外，其在省请咨者以该督抚给咨之日起，在各府州县请咨者以地方官转给之日起，扣至该员起程之日止，系候补州县以上人员，迟延半年以上者罚俸一年，一年以上者降一级留任，二年以上者降三级调用。系候补佐杂人员，迟延半年以上者罚俸一年，一年以上者降一级留任。

汉员回籍 031：道光二十六年奏准

丁忧回籍人员，予限一月，即令将回籍日期，报明该管官，如逾一月之限，始行报明，即照遗漏例议处。倘到籍日期，已经呈报，而服官省分漏未报明起程，或起程日期已经报明，而原籍漏未呈报到籍，俱准其于服满文内声明，仍照漏报各本例议处。如有丁忧后并未领咨，亦未呈报起程，到籍后亦未报明月日，至服满后悉诿诸遗漏者，即自该员呈报丁忧之日起，至补报到籍具呈之日止，除将交代患病勒追，及给咨往返程限，由服官省分到原籍程限，如有患病阻风，照例展限，并呈报到籍一月程限，悉予扣除外，核计起程并无迟延者，仍照各项漏报例议处，如有迟延，计其迟延月日，本例应罚俸降留者即照规避罚俸降留例实降一级调用，本例应降调者即照规避例革职。

汉员回籍 032：咸丰九年谕

近来各省纷纷奏留丁忧人员，难保无夤缘请托之弊。嗣后军务省分，除管带兵勇，打仗出力，实为军营必不可少之人，准其奏留差委，并就近起复，俟军务告竣，仍饬令回籍，分别补行守制穿孝外，其余办理粮台、文案、劝捐、团练、抽厘等项差使，均不得将丁忧人员，请留差委，其业经奏留丁忧，并就近起复人员，著统兵大臣及各省督抚，严行裁汰，饬令回籍守制穿孝，不得以经手事件未完为词，再行渎请。其从前未在军营，丁忧后始行调往，及业经回籍奔丧，复藉词游幕探亲，投效军营，奏留差委者，亦概不准行，以杜钻营。至军务告竣省分，曾经奏留丁忧人员，尚未服阕者，即饬令回籍补行守制，已经服阕，尚未回籍奔丧之候选候补，及曾经补缺者，即饬令回籍，补行穿孝百日，已补缺者，毋庸开缺，以符旧制。以上应回籍各员，未经回籍之先，均应停其升调选补，并责成统兵大臣，各省督抚，认真详查，分咨部科及该员本省督抚，以备查核，如仍逗遛在省在营，有营求差委，干预公事等情，别经发觉，将本员照例革职，不即查参之大臣督抚亦照例议处。再，军务省分奏留人员，多有就近起复后，并未回籍穿孝，即行改捐，并指捐他省者，尤属有心取巧，著由服官省分之督抚查明，饬令回籍，补行穿孝，其尚未分发者，俟补行穿孝后，方准分发。至实任人员，遇有丁忧，例不准请留本省，嗣后非奉特旨作为署理人员，不得率请留任，其丁忧差委人员，即打仗出力，亦不准请署实缺，以前业经奏留者，事竣后仍饬令回籍，补行穿孝，以重伦纪而肃官方。

汉员回籍 033：光绪十一年奏定

官员在籍呈报丁忧者，及在外丁忧，回籍后呈报到籍日期者，州县官于呈报到日，均限五日内具详各上司，司道府州于申详到日各限十日转详，该督抚府尹于详报到日，即行按限咨部，如有延搁，查明系何官迟延，令该督抚府尹，于咨部文内据实声明，将转申之地方官，详报之上司，违限不及一月者罚俸六月，一月以上者罚俸一年，两月以上者降一级留任，三月以上者降一级调用。

吏部处分 086：容留提镇等官任所入籍置产〔例 4 条〕

任所置产 001：康熙五十一年议准

现任提镇以及副、参、游、都、守，并丁忧休致及有事故解退之提镇等官，均不许在任所入籍置产，令该地方各官严察，如有此等入籍置产者，勒限六个月，逐回原籍。若该地方官，不行查明逐回原籍，将容留之地方官降一级调用，该管道府上司等官罚俸一年，督抚罚俸六月。

任所置产 002：雍正十三年奏准

八旗人员，置买产业于各省者，令各旗人员，据实首报，应交与各督抚，按其产业之多寡，酌量限期，勒令全数变卖回旗。傥有隐匿不首，及所报不实，令督抚详查题参。所有不行实心查察之州县官，照徇情例降二级调用；未经查出之知府，照不知不报例，降一级留任；督抚司道，照不行详查例，罚俸六月。

任所置产 003：乾隆三十年奏准

除奉天回籍官员，仍勒限回籍外，直隶各省如有实在无籍可归之废弁，著该府州县官查明，取具供结呈报，听其入籍当差。如有原籍可归，称系无籍容留者，将该府州县官及道员、督抚，均照容留废官例分别议处。

任所置产 004：乾隆三十年又奏准

各省武职，缘事革退，果无原籍可归，在任所地方安葬祖父坟墓，历年已久，不得已欲入籍者，副将以上等官，照例奏闻，请旨定夺。其参将以下等官，由该督抚确查报部，兵部即行咨查该员原籍，如果无产业宗族，无籍可归，即由原籍地方官查明报部，准其于任所入籍，如系假捏，希图逗遛任所，将本员照例治罪，押回原籍。其不行详查之地方官，照滥行出结例议处。

吏部处分 087：官员更名改籍〔例 2 条〕

更名改籍 001：嘉庆二十二年谕

国家用人行政，首防蒙蔽，在廷大臣，皆当侃谔直言，不避嫌怨，以助朕明目达聪之治。即如此次军政，正蓝旗汉军卓荐之参领顺祥，即系从前不准保举副都统之李履顺，该员改名，冀图蒙混，而本旗之都统副都统，遂从而登之荐牍，考验之王大臣，复不加查察，即有知者，亦或佯为不知，惟恐人怨，设非成格据实入奏，则该员竟以作伪复邀升用，成何政体乎。朕因思李履顺现任旗员，近在京师，尚有此改名蒙混之事，其直省文武各员，似此奉旨不准保升，及曾经获罪不准捐复，并奉有特旨永不叙用者，恐改名蒙捐冒考之弊，俱所不免，其如何酌定条例，将此等人员禁止改

名，如有私改弊混，发觉作何治罪之处，各该部会议具奏。钦此。遵旨议定：官员更
名，先由本员自具呈结，声明任内并无奉旨不准保升，及曾经获咎不准捐复，并特旨
永不叙用各事故，旗员取具佐领图结，或由该旗都统咨报，汉员在京者，取具同乡京
官印结，外任及在籍候补候选者，由任所及原籍各督抚出咨，经部核明，并无前项违
碍事故，准其更改，如有蒙混，将呈请更名之员，降三级调用；在内出结之同乡官，
降一级留任；在外详报之州县官，降一级调用；转详之府州，降一级留任；藩司罚俸
一年，督抚罚俸六月。其有径由督抚咨部改名者，将督抚照州县例议处。若无关铨选
人员，有蒙混更名者，将出结之京官罚俸一年，详报之州县降一级留任，府州罚俸
一年。

更名改籍 002：嘉庆二十二年奏定

内外官员呈请复姓归宗、入籍、改籍等事，如有捏造假冒通同蒙混情弊，将本
员与出结官，悉照前例议处。

吏部处分 088：赏给微员路费回籍〔例 2 条〕

回籍路费 001：乾隆三年议定

各省文职县丞、主簿、巡检、典史等微员，倘有离任身故，实系穷苦不能回籍
者，除参革人员，有贪劣重款，系有罪之人不得滥行给予路费外，其余虽经参革而无
劣迹，及丁忧解任告病身故者，该地方官各就本省情形，按照该员家口多寡，程途远
近，于存公项内，酌量赏给还乡路费。其病故之员，或有亲仆扶柩归里，或无亲仆而
有同乡近土之人，情愿代送，该督抚查明，照例给予勘合，令其回籍。如病故之员，
并无亲仆与代送之人，该督抚仍照例给发勘合，令地方官选差的役二名，务令送回原
籍，取具地方官印结送部，如地方官选差不的，以致中途迟延，或不送至原籍，及将
病故不能归葬之员，隐匿不报上司者，该督抚题参，将该州县官罚俸一年。如州县已
报上司，上司不行申报者，将不报之上司罚俸一年，州县免议。

回籍路费 002：乾隆十四年奏准

各省教官，如遇病故休致及因公革职并无余罪之员，有相隔本地在五百里以外，
实系艰窘不能回籍者，该州县官结报上司，照县丞以下微员例核实支给。自县丞以下
各该员，倘有力捏称无力，冒领事发，除将冒领银两著落结报不实之员赔补外，仍罚
俸一年。

吏部处分 089：九卿会议不齐〔例 3 条〕

会议 001：雍正七年谕

凡会议会审，九卿因有他务不能到班者，仍照例行文，知会主稿衙门，嗣后著令满汉御史二人，将有事不到之九卿注册备考，不必参奏。至于宗人府府丞、太常寺、太仆寺、光禄寺正卿少卿，嗣后凡遇会议会审，秋审之时，皆令在旁观听，使之与闻，但不得参议，亦不必画题，傥九卿所议未当，或伊等别有所见，准其密奏。

会议 002：雍正七年议准

凡九卿会议，除在内廷行走及奏事并该班出差，有别项事故不到外，其应会议之九卿，务如期到班，或有本衙门办理紧要事件，不能到班者，将缘由行文知会主稿衙门，令都察院委满汉御史二人，将有事不到之九卿，登记案卷，以备日后考核。如无故不行到班者，查出，即行参奏，照推诿事件例罚俸一年。

会议 003：嘉庆二十一年谕

嗣后凡遇特交会议之事，务须公同定议，必意见毫无异同，方可会衔陈奏，若意见不合，即单衔具奏，其会奏折内，毋庸列名。此时在廷并无揽权专擅之臣，傥有遏抑群言，阻其独奏者，准其人指名参劾。若于画稿具奏之后，向朕前别生异议，则是首鼠两端，其人殊不足取。兹特明降谕旨，详细晓谕，以后凡特交会议折内，俱先将此旨恭录于前。

吏部处分 090：推诿事件〔例 16 条〕

推诿 001：康熙九年议准

官员承办事件，已经迟延，因而推诿他人者，除将推诿之官照迟延月日处分外，因其推诿，再罚俸一年。若将应办事件，推诿他人者，罚俸一年。

推诿 002：康熙十八年议准

汉官在署，不待事毕，推诿满洲官员，早归迟进，燕会嬉游，或料理公务，瞻徇迟延，不行即结，司官听堂官题参，堂官听科道题参，皆革职。

推诿 003：雍正元年覆准

各部院事件到司，系清字者译汉字，系汉字者翻清字，满汉司官，斟酌画一，即定清汉字稿，公同画押回堂，遇有事涉疑难，遽难定稿，满汉司官或有意见不同，各据所见回堂，斟酌定议，务期依限速结。如有故意推诿及迟延者，或系满员，或系汉员，或系通同迟延，一经科道纠参，堂官查出，将满汉司官照例分别议处。其各部院衙门事件，堂司皆立用印号簿，以备稽察。

推诿 004：雍正元年议准

官员将自己迟延事件推诿他人者，仍照定例处分。其各部院司官内，如有故为巧诈，徇私误公者，经该堂官查出参奏，将承办之员，照规避例革职。

推诿 005：雍正元年又议准

除寻常事件，仍按日办理外，其有紧要事件，均严定条约，勒限催办，作速完结，傥有任意推诿，或称无例可援，或称无案可稽，以致迟延者，该堂官即行参奏，送部议处。其承办事件，如别有徇情纳贿者，查出，即行题参，交刑部治罪。

推诿 006：乾隆三十年奏准

各部院衙门司员，有患病出差及各项事故，准于稿面填注，傥有稿不署押，又无事故填注，后经查出应议者，将无故不署押与署押之员，一例议处〔道光四年改定：漏押之员罚俸三月〕。其或不署押之员，本有出差等项事故，而同司之员失于查明，漏注事故，准该员自行呈明，行查确实，免其处分，将失于查注之员罚俸三月。〔谨案：失于查注处分，道光四年删。〕

推诿 007：乾隆三十二年谕

军机大臣查奏吏部考功司检查学政处分一事，内有声明检查案件，满司员俱不经手之语，此系向来办理错误。各部承办案牍，满汉司员，俱系公同画押议行，若因检查汉字成案，满员竟不与其事，由此例推，则汉员亦必以满文案件，自行诿卸，且畛域一分，则满汉各司一局，其中偏徇把持，尤易滋生弊端，不可不防其渐。吏部此案，因传谕询问，始知相沿陋习之非，其各部院似此者，恐复不少。嗣后各衙门无论满汉案件，俱著专派满汉司员各一人，公同检查办理。著为令。

推诿 008：乾隆三十五年覆准

顺天府衙门钱粮、户婚、田土等案，令治中检阅呈堂；词讼、礼仪、杂务，令通判检阅呈堂；俱令书名画押，遇有应得处分，照部院定稿司员之例，分别题咨议处。

推诿 009：乾隆三十六年谕

向来各衙门遇有公事，动辄彼此推诿，以致迁延贻误，最为办公恶习，前经降旨训饬，不啻再三，乃日久因循，此习全未悛改。凡事理条件各有专司，自应即时承办，其中即或事稍疑难，该堂司官不能自行定夺，亦不妨据实请旨，候朕指示遵行，有何为难之处。盖因司员等识见鄙浅，未免各分畛域，又或因例限将满，藉此行文往复，以为展卸时日之计，该堂官等不加体察，遂至相习成风，不可不通行申儆。嗣后入旗及各部院衙门，办理公事，如有本系该旗应办，率行咨诿部院者，即令该部院据实奏闻，附折声明察议。其各部院之互相推诿者，悉照此例。毋得仍蹈前辙，以重政务。

推诿 010：乾隆四十五年奏准

在京各衙门事件，司员具稿呈堂，堂官有扣稿不画者，该堂官即于办事衙门及相见公所，将异同之处，面商酌定，如有仅令司员转达，致稽时日者，交部议处。

推诿 011：乾隆四十七年谕

向来刑部议驳外省案件，经督抚遵驳改正者，将首先立议之司员，送部议叙，而各该部遇有应行议处案件，亦仅咨送，满汉司员各一人，积习相沿，官官相护，试思事君敬事后食，岂有同在一司办事，既经参处，止开送一二人之理？即如满汉堂官，有应交议之件，亦止将先画题之人，送部查议，有是理乎！且将来承办事件，各司员恃有卸责归过之人，不肯一体留心办公，亦非所以励职守而昭惩儆。嗣后各衙门承办错误，应送该司员等职名时，将该司主稿及随同画稿司员，一并声明咨送，分别议处。其有应行议叙之处，亦将阖司开送，庶于劝惩之道，方为平允。

推诿 012：嘉庆五年奏准

各部院将该衙门应办事件，推诿他衙门者，照应办事件推诿他人例议处。

推诿 013：嘉庆九年谕

昨因总管内务府大臣等，管理部旗事务者，均在圆明园豫备宣召，并不到署，业经降旨谕令按日轮流进城，赴署办事，因思南书房、尚书房行走之各部院堂官，于朕驻跸圆明园时，每日散直甚早，亦止安坐寓所，并不到署办公，惟待司官回稿画诺，每于召见时，询及部务，多不能详晰奏陈，殊非敬事恪恭之道，况南书房尚有翰林等常川住园，笔墨之事，本属无多，足可办理；尚书房师傅有专课之责者，遇因公赴署日期，尽可将功课交与同直，代为检理；至总师傅并无专课之责，不过旬日一到书房，又何必藉此在园，转置本任于不问。嗣后遇朕驻园时，南书房、尚书房行走各员，除职务本简，及翰林等，仍每日入直毋庸到署外，其管理部院之堂官，均著轮流进城赴署，至冬月朕进宫后，即著每日于散直后入署办事，以期无旷职守。

推诿 014：嘉庆九年又谕

君临天下，敕政治民，仔肩至重，奚能独任哉！我朝特设内阁，综理枢机，六卿分职，各率其属，即古之四岳九官辅弼匡赞之职也。朕德薄才疏，寅承大统，惟求天下乂安，兆民蒙福，孜孜图治，不敢暇逸，奈诸臣全身保位者多，为国除弊者少，苟且塞责者多，直言陈事者少，甚至问一事则推诿于属员，自言堂官不如司官，司官不如书吏，实不能除弊去害，是甘于旅进旅退，忘职思其居之义也。诸臣皆我皇考所用之人，似此委靡不振，自暴自弃，诸臣自为计则可矣，何以报皇考数十年之恩遇乎。自大学士尚书侍郎以及百司庶尹，唯诺成风，皆听命于书吏，举一例牢不可破，出一言惟令是从。今吏部京兆相争一事，任书吏之颠倒是非，变幻例案，各堂官受其愚弄，冥然不觉，所争之情节，与所为之弊窦，毫无干涉，良可慨叹。一部推而至于五部，若堂司如此庸碌，书吏如此狡猾，上无道揆，下无法守，太阿倒持，群小放恣，国事尚可问乎。诸臣各宜痛改前非，急图后效，念朕求治之苦心，佐予不逮，亟思致君泽民之实政，莫存尸禄保位之鄙见，使朕成一代之令主，诸臣亦得为千古之名臣。经朕谕之后，尚不知悛改，是激朕之怒，必欲朕受薄待大臣之名，朕宁受此名，曷敢废法，必挽回乃止，其无悔。

推诿 015：嘉庆十三年谕

各部院衙门议奏事件，该堂官等自应集思广益，和衷共济，按其情节，斟酌允当，或有意见不同之处，原准两议，何得因往复商榷，稽迟时日，致多积压。嗣后各堂官，务宜公同会议，其承办司员具稿呈堂，或一时未能定拟，自可再行熟商，若有意见参差，坚不画诺者，即著两议具奏，候朕裁夺，不得仍前辗转驳商，日久宕延，贻误公事。

推诿 016：道光七年谕

此案刑部原稿，满洲司员列名甚多，除那清阿画押外，余皆未画，询因兼司兼档房各员，向系止画题咨，不画现审案件，殊属非是。各衙门稿件，凡列衔各员，俱应画押，不独防掌印专擅，或不肖司员有徇情听嘱情弊，列名者均可据理回堂驳正。即如部院大臣，兼各衙门事务者甚多，其题奏行存稿件，除出差告假外，从无不画之稿，该司员即兼司兼档房，较兼部院之大臣，繁简判然，何得藉口于不能常川会审，置身局外。试思己办稿件，尚不肯尽心阅画，该司员等每日进署，所司何事，殊出情理之外。此次调查该部现审稿件，未画押者甚多，询系相沿积习，并非起自近年，姑从宽免其置议，嗣后各衙门稿件，列名各员，务各和衷商榷，通行阅画，毋得仍前疏漏，以昭慎重。经此次训谕之后，如再蹈前辙，一经查出，或经朕别有访闻，非特将不画押司员严加究处，并将该堂官等从重严惩，决不宽贷。

吏部处分 091：严禁燕游〔例 3 条〕

燕游 001：康熙二十一年议准

在外官员居住各城，有偷安不早出堂理事，任意燕会嬉游，事务丛积者，题参革职。

燕游 002：嘉庆八年谕

本日据御史保明呈递封奏一折，因京城地方，有开设酒馆戏园，名曰某堂某庄，闻各衙门官员，自公退食，常集于此，更有外省大吏进京，亦借此地为燕会之所，实为杜渐防微起见。京师为四方辐辏之地，绅士商民等，偶尔燕会，鼓吹休明，原所不禁，即各衙门官员，遇有喜庆公会等事，或于某堂某庄戏剧燕会，亦属事之所有，至于无故游燕酒馆戏园，本干例禁。嗣后著步军统领衙门、五城巡城御史，于外城开设酒馆戏园处所，随时查察，如果有官员等，或改装潜往，或无故于某庄游燕者，据实查参，即王公大臣，亦不得意存徇隐。

燕游 003：嘉庆八年议准

官员畜养优伶者革职，上司徇隐不参降三级调用。失于觉察者，照不揭参劣员例分别办理，自行查出揭参者免议。

吏部处分 092：案件假手书吏〔例 3 条〕

假手书吏 001：雍正四年覆准

司道知府等衙门一切案件，如假手书吏，致蠹书作弊者，照溺职例革职。督抚不行题参，照不参劣员例降二级调用。

假手书吏 002：乾隆三十三年奏准

外省督抚藩臬等衙门，一切题稿批详事件，俱应于内署定稿，书吏等不过检查则例，登记册档，收掌卷宗，不得令其拟批。如有仍前令书吏拟批，致滋弊端者，一经发觉，将该督抚藩臬等交部议处。

假手书吏 003：嘉庆九年谕

前经屡降谕旨，令各该堂官，按日至本衙门办事，将所有例案，详细查核，剔除弊窦，庶案件得以随时清厘，而吏胥亦无由乘机蒙混。今御史邱勋复有此奏，系为慎重公务起见，嗣后各该堂官，除赴圆明园直日奏事之期，往返稽时，不及再到衙门办事外，若在城无事，自应到署，率同各该司员，将应办事件悉心核办，傥无故不到，经朕查出，必当照例惩处。

吏部处分 093：直月官公事错误〔例 9 条〕

直月官 001：乾隆五年奏准

各部院衙门，除内务府、太医院并无委官直月之例外，各部院衙门，有职掌相同者，亦有彼此互异者，傥该衙门向例不系直月官掌管之事，若有疏失，仍专责该管之官，傥向系直月官之所掌管者，如稽察上朝事件，若有失误，照失误朝贺例罚俸一月。钞录上谕，并特交事件，不校对明确，致有舛错者，照本内紧要字遗漏例，罚俸三月。如奉传不即赴钞，或钞出不即交发，以致迟延者，照迟延例罚俸三月。如有遗失者，照遗失官文书律，降一级留任。呈送题奏本章，奏事名签，御门听政及各衙门该班奏事名单，致有污损者，照墨污本章例，俸一月；失误者，照表文遗漏不奏例，罚俸一年。军营奏事报匣，挂号舛错遗漏，及呈送迟延，照表文舛错遗漏例，罚俸一年；交发报匣迟延错误者，亦照此例罚俸一年。接受文移知会，并应行文钞写传报送交公务，办理迟延违误者，照疏忽例，罚俸三月。登记遗误者，照造册舛错例，罚俸三月。收受假印文册，不行查出者，照失于详查例，罚俸一年。收掌印信，如有遗失者，照遗失印信律议处。失误请领钥匙，擅开印封者，照擅开官封律，罚俸一年。遗失钥匙者，照中枢政考遗失锁钥例，罚俸一年。监看印信，如有诈为文书，盗用印信，失于详察，已行者，照失察假官例，降一级调用。失察盗用印信，尚未施行，别经发觉者，照豫给用印白结例，罚俸一年。漏用印信，及全不用印者，皆照漏使印信律议处。库门启闭，不亲身会同查验封锁者，照不应轻律，罚俸六月。不实力稽察官兵皂役，以致闲人擅入龙亭，并窃失文书册籍存公银者，照防范不严例，罚俸一年。如系库储金银册宝祭器被窃，照遗失制书律议处。旷班员役，失于查出申报者，照疏忽例，罚俸三月。署中失火，照地方官失火延烧文卷例，罚俸一年。失察赌博，照失察衙门书吏犯赌例，罚俸三月。闲人擅入，并牲畜损坏官署，及不能查禁酗酒斗殴者，照看守疏忽例，罚俸三月。官员在署酗酒赌博，不行申明回堂者，照应申上而不申上律，罚俸六月。再，各部院衙门司官笔帖式，均系轮流直月，如互相推诿，以致旷班者，将未经转交离署之人，照中枢政考不交与接班之人旷班例，罚俸一年。其推诿不接班之人，照推诿事件例，罚俸一年。私离官署者，照擅离职役律，罚俸九月。再，各衙门有直宿官员，其各司署内，有失火赌博酗酒斗殴失窃等项，失于防范觉察，将该司直宿官，照现议直月官例议处，直月官免议。如不系各官署内，及该衙门原无直宿官者，直月官仍照例议处。其各衙门设有管库管狱等官者，一应库狱地方，是其专责，倘有疏失，惟该管官是问，直月官免议。再，各衙门官署损坏，以及皂役人等酗酒斗殴赌博等事，皆系首领官专责，直月官止系夜间巡防约束，如系白昼失察，将首领官照例议处，直月官免议，夜间失察仍责成直月官。

直月官 002：乾隆二十三年奏准

军机处交发内阁票签处事，系该班中书画押领出，转行传钞各衙门承办，嗣后令军机处专司交发之满汉官员，将逐日所发上谕及折奏事件，每届十日，汇开一单，交与票签处，转行各衙门，逐一查对，如有遗漏，若系平常事件，即可作速补钞赶办，若事属紧要，除一面补钞赶办外，仍将遗漏之员参奏议处。如单开十日之内，并无遗漏事件，即于单内注明缴回。

直月官 003：乾隆二十三年又奏准

当月满汉司官各一员，一同赴阁，凡系清字，责令满洲司官自行钞出；凡系汉字，责令汉司官自行钞出。

直月官 004：乾隆二十三年三奏准

各部院传钞事件，令稽察房将票签处每日所发折奏事件，按日钞出，登记一册，俟各衙门知会到日，即照册内件数，逐一查对，如有遗漏，即行发片询问，令内阁于传钞后，即移会上谕馆，以凭稽察。

直月官 005：乾隆二十三年四奏准

除奉旨特交该部事件，不由该科外，其余一应传钞事件，俱令部科同日钞出，一体扣限稽核，如该部或有迟误遗漏等情，该科即行摘参，倘该科不行摘参，别经查出者，将该给事中等，照例议处。

直月官 006：乾隆二十三年五奏准

钦奉上谕，并特旨交办事件，致有遗失遗漏者，将经手之员降一级留任，〔道光四年改定：遗失者降一级留任，再罚俸一年；遗漏者降一级留任。〕再罚俸一年。如系寻常事件，将经手之员降一级留任。〔道光四年改定：遗失者降一级留任，遗漏者罚俸一年〕。该科给事中及内阁稽察房侍读、中书，不行查出者，均罚俸一年。

直月官 007：乾隆三十四年议定

各处印文到部，该收文司员，不行回堂，擅自驳回者，查出，即行参奏，照不应重私罪律，降三级调用，加级纪录不准抵销。

直月官 008：道光十年谕

嗣后著责成当月司员，督饬门役，昼夜轮流查察，毋许再有闲杂人等混迹署内，并著各司掌印司员，酌派妥役，在该司署轮流直宿，倘仍前玩视，致有遗失官物之处，一经发觉，定将该司员等交部严议，并将该皂役等从重治罪，不稍宽贷。

直月官 009：道光十六年谕

当月官与首领官分司昼夜，易启推诿之渐，嗣后各该部一切稽察闲杂及赌博等事，除当月司员照例直宿外，每日仍派司务厅一员，在署住宿，俾得周历巡查，互相稽察，以杜推诿而昭严密。

吏部处分 094：笔帖式临考规避〔例 2 条〕

临考规避 001：乾隆四年议准

现任笔帖式，遇三年应行考试之期，临考规避，查明实系无故不到者革职。

临考规避 002：嘉庆五年奏准

现任笔帖式三年考试，临考规避，无故不到，仍照定例议处，如实系事故不行呈明者，照违令私罪律罚俸一年。

吏部处分 095：教习不实心训导〔例 1 条〕

教习 001：乾隆四年议准

各旗义学教习，如有因循苟且，不实心教授，以致有误学生，经该处参奏者，将该教习照教官因循苟且不严加考试例革职。

吏部处分096：稽误时宪书进呈〔例1条〕

时宪书001：康熙十五年议准

官员不会推时宪书，承认会推，以致有稽进呈者，革职永不叙用。

吏部处分097：抚绥无术〔例2条〕

抚绥001：康熙七年议准

督抚系封疆大吏，该省百姓，如有困苦流离失业，抛弃田地，徭赋难输，地方毫无治理者，或被部院，或被科道纠参，如果情实，将该督抚革职，该管司道府官亦革职。若各属州县等官，不行厘剔陋弊，不举行便民之利，以致百姓不安生业，地方困苦者，督抚司道府等官访察题参，将州县等官革职。

抚绥002：乾隆三十年奏准

大臣为小臣表率，若属员亏空钱粮者多，即系上司不能以清俭为率；盗案繁多，诸务废弛，即系上司不能以勤慎为率，许科道官查实题参。

吏部处分098：虚悬城守〔例12条〕

城守001：康熙六年题准

官员因公事将城守仓狱事务，交与不应交之人而去者，罚俸一年。如上司将城守官员不轮流传唤，尽行传去，以致城空者，亦罚俸一年。

城守002：乾隆元年谕

督抚有节制重寄，而提镇乃弹压大员，凡到任离任及因公出境入境例应具题者，所以慎职守重封疆也。查川陕江西等省，提镇与总督隔省，驻扎遥远，无越境相见之例，惟云南、广东、浙江、福建等省，有因赴任之初，由省而见总督者，有因巡查地方，离省不远，顺便谒见者，盖因苗疆重地，或滨海要区，当日军务倥偬，海氛未靖之初，是以不行题达，竟赴省城，与总督面商机务，此乃一时权宜，遂尔相沿成习，此时若不酌定规条，恐大小官弁，视为固然，徒长奔竞趋谒之风，而不顾职守之旷误与否，是不可不防其渐也。嗣后提镇之于总督，若系平常事件，止许文移来往，如有紧要公务，必须亲见总督面言者，或总督有应行檄调面议者，俱将因公起程及回署日期，缮疏题明。至所带兵役，仍照部议巡查地方之例，不得过三十名，免致兵丁扰累，汛守空虚。永著为例。

城守 003：乾隆元年又谕

督抚于属员，体统虽分尊卑，均有办理地方事务之责。朕闻附省之首府首县，不论有无紧要公务，每日伺候督抚衙门，侵晨而往，日午未归，率以为常，恬不知怪。其督抚同城者，抚传未归，督传又至，仆仆于道，奔走不遑。夫附省郡县，催科狱讼，较他处更为殷繁，即令专心致志，犹恐精神不逮，乃似此竭蹶趋承，必致废弛本任事务。嗣后各宜留心改易，凡附省郡县，督抚非有面询之事，不得无故传唤，其附省各属官，尤不得轻离职守，如有逢迎应酬，作无益以害有益，并启夤缘弊窦者，朕必加以严谴。

城守 004：乾隆十八年覆准

州县官非有紧要事件，必待面禀者，止宜详请上司批示遵行，傥以无关紧要之事，藉词到省，该督抚即行查参，照擅离职役律议处。

城守 005：乾隆二十八年覆准

各省凡有缺出，需人署事，令该督抚于试用人员，及邻近之府州县佐杂等官内，拣选暂委，不得于相距太远者，檄委署理。至于地方紧要，人地相需，遴选差委之处，仍听该督抚酌量办理。其有擅离职守，无故赴省者，即行查参，照擅离职役律罚俸九月。如久居省会，逗遛不归，照改驻官员恋居城邑例革职。督抚、司道等官不行揭参，将司道府降一级调用，督抚降一级留任。

城守 006：乾隆三十二年谕

吏部议覆欧阳永禑条奏州县不得擅离职守一本。所称分别公出事由，准展限不准展限之处，殊属有名无实。州县官每藉公务为名，进省谒见上司，以图识面，不顾旷日误公，此等陋习，于吏治大有关系，虽屡经严禁，而各省比比皆然，若如吏部所议，因紧要事件赴省，仍准扣展限期，则安知狡猾之吏，不假捏名目，奔驰会城，既得幸免处分，复可遂其私智，督抚又从而加之庇护，谁复纠察其非，虽名为增一科条，究属具文无当，又岂能杜夤缘巧托之弊。嗣后州县官，概不准托故赴省，扣展公出日期，其有因派委会审，及查办紧要事件，必须檄调到省者，该督抚将应行扣展之故，于年终汇奏一次，交部查核，如有假公济私，并无实据者，或由部查出，或别经发觉，惟该督抚是问。著为令。

城守 007：乾隆三十七年奏准

凡上司非有紧要公件，将州县官违例差调详委者，虽于地方公事尚无贻误，将擅交之员，并滥调之上司，俱罚俸一年。

城守 008：乾隆四十二年覆准

各省州县佐杂，不得调署别缺，以及辗转更署，如有必须将实缺州县佐杂调署者，将因何调署缘由，并委调若干员，按季造册，咨报吏部，上季之册，务于下季到部，如有迟延不及一月者罚俸三月，一月以上者罚俸一年，并查明通省实缺人员，调署数在十分之二者，毋庸置议，至十分之二以外，由吏部汇核参奏，将该督抚藩司照徇情例降二级调用。

城守 009：嘉庆五年谕

朕闻近来各省督抚，于州县缺分，往往计其肥瘠，辗转调署，以致各州县多非本缺，其中为公事通融调剂，亦所时有，而上司爱憎所属，为人择缺者居多，势必本缺署缺，皆易生手，两有贻误，于吏治大有关系，此弊各省皆有，而广东为尤甚。各督抚如果为人地相需起见，何不奏明更调，乃任意高下其手，致启属员夤缘趋避之端，其风断不可长，况州县违例调署，督抚等原有处分，自当通行饬禁。嗣后各督抚等调署州县，若不具折陈奏，一经部中查出，或被他人参劾，必将该督抚等交部严议。

城守 010：嘉庆五年奏准

擅交城守之员，如贻误地方公事，查明所误何事，照各本例议处，滥调之上司，亦按所误之事，照本员应得处分议处。

城守 011：嘉庆十四年谕

本日盛京户部侍郎荣麟，兵部侍郎兼盛京副都统伊冲阿，同时来京陛见，一因侍郎年班，一因副都统年班，虽系照例轮直前来，但盛京侍郎五员，同时竟有二员来京，该处办事未免乏人。嗣后每年盛京侍郎副都统，仍各轮直一人来京，其侍郎内兼副都统者，如侍郎副都统年班俱应轮直，即著一人来京。如一侍郎一副都统兼侍郎者，应行轮直，即于不兼侍郎之副都统内，另著一人前来，不得两侍郎同时来京。著为令。

城守 012：道光十年谕

给事中程德润奏：请饬禁外任实缺人员，无故逗遛省垣一折。国家设官分职，各有攸司，不得擅离职守，若如该给事中所奏，近来道府以至佐杂，竟有无故赴省逗遛，而州县为甚，或冀调剂缺分，或因规避处分，辗转委署，流弊丛生。其接任署事官，辄存五日京兆之见，地方应办命盗事件，延搁废弛，于吏治殊有关系。著通谕各督抚，嗣后实缺人员，除奏明撤任及奉差出省者，准委员署理外，其无故在省逗遛，不回本任者，即严参示惩，概不准辗转委署，以杜弊端而肃吏治。

吏部处分 099：规避改驻〔例 3 条〕

规避 001：雍正六年议准

凡委官驻扎地方，经督抚题准，该员仍恋居城邑，不即改驻者，将该员照规避例革职。如该管之地方官，听其规避，不行详报，及督抚司道等官不行揭参者，将该管地方官降二级调用，司道府等官降一级调用，督抚降一级留任。如该管官及司道府等官，已经揭报，而督抚不行题参者，将督抚降一级调用，其揭报之官免议。

规避002：乾隆三十八年奏准

官员规避，不即改驻，如该管司道府等官，不行揭报，经督抚纠参，将该管地方官降三级调用，司道府等官降二级调用，督抚免议。

规避003：嘉庆七年谕

顺天府尹，设立专员管理地方刑名钱谷等事，非如各部院衙门可比，自应住居官廨，以专责守。如外省督抚藩臬以下等官，皆系在公署居住办事，即顺天府属之大兴、宛平等县亦然，其文书卷案等件，皆应在公署存贮，岂有随府尹私宅转移之理。现据该部查明，从前各府尹原在府衙居住，自乾隆四十年以后，历任府尹俱在私宅居住办事，违例显然。嗣后除兼理之尚书侍郎，仍准在宅居住外，其本任顺天府尹，著遵照旧例，在署居住办公，以符体制。

吏部处分 100：蒙捐官职〔例1条〕

蒙捐官职001：同治三年谕

毛鸿宾等奏：查明长随亏饷为子婿蒙捐官职，咨提审办，请将蒙捐各员，革职解讯一折。据称已故代理揭阳县知县潘铭宪长随唐幅，即唐希燕，又名唐锦，于咸丰九年间，先后领文，管解地丁税羡等银，赴省投纳，辄敢任意侵挪，为其子唐应坤蒙捐同知，分发福建，又为其婿王有源报捐县丞，分发广东，事后复将解文稿件，销毁灭迹，实属胆大妄为，目无法纪。唐幅现经逃往唐应坤寓所，即著移咨福建巡抚，派员将该犯唐幅并伊子唐应坤，一并拿解广东，从严究追惩办。王有源现已捐升知县，更名秉廉，著与唐应坤一并革职，归案质讯。唐幅之次子唐美谦、唐美让，均经蒙捐官职，并著查明分别咨革提究，以慎名器而肃纪纲。

吏部处分 101：馈送嘱托〔例34条〕

馈嘱001：康熙九年议准

官员因事夤缘，馈送礼物，发觉之日，与者受者皆革职。如馈送虽未收受，不行出首，后经发觉者，将不行出首之官罚俸一年。

馈嘱002：康熙九年又议准

官员纵容亲友，在任所招摇撞骗者革职，失于觉察者降一级调用。

馈嘱003：康熙十五年议准。

官员将上司衙役索银之事，受嘱徇隐不报者革职。

馈嘱 004：康熙十七年覆准

府州县等官，并无公事，谒见上司，有意逢迎，并赴省拜寿行贺，夤缘通贿馈送银钱等物者，均照馈送礼物例处分。

馈嘱 005：康熙十七年议准

督抚差内使人等妄藉访事为名，逾越州县，并督抚布按自开便门，令官役人等出入传事者革职。

馈嘱 006：康熙十七年又议准

官员将游客星卜及优伶人等，或留住省城，或转送各府州县，以致扰害地方，及在京官员致书荐送者，将荐送之官，皆照亲友招摇撞骗例革职。

馈嘱 007：康熙十八年议准

内外官员，除系至亲平日往来外，如督抚、司道、州县等官赴任时，谒见在京大小各官，或自任所差家人及子弟提塘人等，来往行走者革职，大小官员不行自首者亦革职。至督抚、司道、府州县等官之家人子弟提塘，与在京大小各官家人家下来往行走，其主知者革职，将家人宽免；其主不知者降二级，将两家家人皆交刑部治罪；其子弟及提塘有职者革职，无职者亦交部治罪。其在京大小各官，拜见督抚、司道、府州县等官，馈送裘马等物，及差人至督抚、司道、府州县等官任所，若督抚、司道、府州县等官不行举出，将馈送差人之大小各官及不行举出之督抚、司道、府州县等官，亦皆革职。督抚、司道、府州县等官，向在京大小各官，因事营求，或谄媚求誉，馈送礼物者，将馈送收受之人，皆革职拿问。地方官吏，于民间正项钱粮之外，滥收苛派，谄媚馈送大小官员者，将馈送收受之人，亦革职拿问。

馈嘱 008：康熙十九年议准

上司与州县借贷等弊，发觉者，照贪官例革职。

馈嘱 009：康熙二十五年覆准

科道官员，如果有关系国家大事，令其陈奏，有贪恶者，据实指参，其有希图利己，及允受嘱托，妄行引奏，结交朋党，作奸诬陷者，事经发觉，革职治罪。其告假终养丁忧之科道官员，有不安分自守，包揽钱粮，干预词讼，侵害小民，并遍游各省生事，晋谒督抚，挟诈有据者，令该地方官申报督抚题参，将本官亦行革职治罪。如该地方官隐匿不行申报者，降二级调用；如该地方官既报督抚，而督抚徇庇不行纠参者，将督抚降一级留任。

馈嘱 010：康熙三十七年覆准

凡上司藉访事为名，差家人衙役更番叠出，阳称路过，阴言采访，抑勒州县馈遗进奉者革职。如州县官揭报督抚，而督抚徇庇不行题参，许该员开具实迹，密封径达通政使司衙门奏闻，事实，将该督抚照徇庇劣员例降三级调用。

馈嘱 011：雍正四年奉旨

官员因事嘱托，事发者革职。

馈嘱 012：雍正七年议准

凡官员与本地绅衿，除庆贺万寿，宣讲圣谕，举行乡饮，及一切公事礼节，彼此接见拜往，毋庸禁绝外，如新选官员，有本处之人，在京馈送礼物，投拜门生者，令五城御史及顺天府稽察题参，系官革职，候选之员革去职衔，贡监生员革去衣顶。如新选官员利其所赠，即与交通往来，受其投拜者革职，自行出首者免议。若官员未入境时，本地绅衿，差人持帖远接交界，到公馆摆席迎风，到任后私行馈送，及拜为门下，联为宗谊，本官不行禁革，反行收受礼物，私行交结者，皆照在京交往馈送例议处。其上司与所属官，私相交结，往来馈送者，亦照此例处分。州县各官令道府稽查，道府各官令督抚、两司稽察，如州县官有私相交往馈送情弊，而道府不行揭报者，将道府照徇庇例降三级调用；道府等官有私相交往馈送情弊，而督抚、两司不行揭报题参者，将督抚、两司照徇庇例降三级调用。〔今改为：上司查出揭参者免议，若徇隐不揭，降二级调用，失于觉察降一级调用。〕

馈嘱 013：雍正八年谕

闻外省衙门，请换印信，其使费竟多至百金，或数十金，止因繁费太多，以致州县官员，任印信模糊而不行详请。夫换印乃国家之公事，该管衙门，何得视为取利之途，嗣后著严行禁止，不许得受一文，傥有仍前需索，或藉端稽迟者，经朕访闻，定行从重议处。

馈嘱 014：乾隆元年谕

朕闻近日督抚中，于属员馈送土宜物件，间有收受一二者，此风断不可长。夫吏治以操守廉洁为本，而持廉之道，莫先于谨小慎微，是以悬鱼留犊，前史著为美谈，而陆贽亦云鞭靴不已，必及珠玉，古名臣持身之谨恪如此。我皇考世宗宪皇帝宵旰勤劳，日以整饬官方，澄清吏治，为惠养斯民之要道，十余年来，直省督抚，类能懔守训谕，砥砺清操，用使大法小廉，以贪墨为惧，而闾阎共受其福。朕继绪以来，实冀中外臣工，于圣训实力奉行，一如皇考临御之时，岂可以交际之微，开苞苴之渐。督抚为一省表率，既收州县土宜，则两司道府之馈遗又不可却，而州县既送督抚土宜，则两司道府之馈送又不可少，层屡递及，督抚之所收有限，而属员之费不赀矣，且我皇考酌定养廉之意，原欲使上司下属，无丝毫之授受，则举劾悉出公心，无所瞻徇回护。至督抚养廉之项，颇为宽裕，一丝一粟，不必取办于有司，而属员亦不得藉端献媚，俾督抚得洁己秉公，尽察吏安民之职。设因些微土产，而于黜陟之间，稍干物议，抑岂远嫌之道。我皇考澄清整饬之良规，万世所当遵守者，何忍稍有踰越，渐致纵弛，是用特申诫谕，务各懔遵。如有暗中收受者，或经朕访闻，或被风闻参劾，必严加议处，以为簠簋不饬者戒。

馈嘱 015：乾隆五年覆准

凡在京官员与至亲切友，同乡世谊，往来庆吊，原于名节无关，设或请托公事，瞻徇情面，亦不论其为何等之人，皆干严例。至或家赀富厚，有意结交朝绅，计图光宠，其朝绅素无往来情分，而滥行结纳，希图肥润，此等结交，一经发觉者，均照不谨例革职。

馈嘱 016：乾隆六年谕

各省上司，收受属员馈送土宜物件，有关吏治官箴，昔蒙皇考严行禁止，朕又屡加训饬，近年以来，渐知懔遵，惟是同官僚友，礼文往来，虽非属员可比，但文武大吏，各有职掌，事务繁多，即屏弃一切，殚心竭力，尚恐精神未能周到，若再留意于僚采之应酬，如时节生辰馈送礼物酒食，彼此酬酢，往来频仍，以此分心，甚属无益，可晓谕各省文武大吏、学政、织造、关差等共知之。

馈嘱 017：乾隆六年议准

外任官员，如有随任父兄与地方绅士晋接，出名拜贺，燕会应酬，及回籍官员与现任督抚司道等官，非因公事，私相接见周旋，随行逐队，犹如现任官员者，俱令各督抚据实查参，将私相交接之随任父兄，不行劝阻之现任子弟，并妄行交结之回籍各员，及不行拒绝相与往来之督抚司道等官，俱照违令私罪律议处。

馈嘱 018：乾隆十年覆准

凡州县佐杂等官，毋得与在籍候选之吏员往来请托，傥有事发，均照因事嘱托例议处革职。

馈嘱 019：乾隆二十五年覆准

凡告假回籍之内外大员及翰詹科道等官，其有无端谒拜地方官，与督抚有司结纳，照不应重私罪律降三级调用。督抚有司不行拒绝，令其进署晋接者，亦照此例议处。

馈嘱 020：乾隆二十六年覆准

上司之子侄亲戚，经过属员境内，拜候往来，属员亦趋承供应，馈送礼物，降三级调用。〔今增为：如子弟亲戚身系职官，亦照此例。〕该上司自行查出参处者免议，其未经查出，别经发觉者降一级调用，如系知而不举降三级调用。

馈嘱 021：乾隆三十年奏准

上司衙门书役，倚恃衙门声势，拜谒属员，各该属员即行举报，该上司即行访出拿究者，免其参处；如属员任其拜谒，不行举报者，罚俸九月；如有需索情事，不行举报者，降一级调用；复与私相往来者，降三级调用。该管书役之各上司，如不严行约束，访查揭参拿究者，降一级调用。

馈嘱 022：乾隆三十四年谕

各王公属下人等，惟京员向各门往来，仍照旧不禁外，其有现居外任职官，因事来京者，概不许于本管王公处谒见通问，以清弊源。著为令。

馈嘱 023：乾隆三十七年奏准

各省同官换帖及托故赴省，并上官与属员燕会等事，俱行禁止，令督抚时加约束稽查，年终将有无此等之处，切实咨部，如有前项事发，本员降三级调用，上司降一级留任。

馈嘱 024：乾隆四十五年覆准

各省督抚、藩臬等衙门，需用物件，如有托交首县中军购买者革职，首县中军亦革职。其有嘱令属员购买，短发价值，及属员藉此馈送，短领价值者，革职治罪。

馈嘱 025：乾隆四十六年谕

各省督抚等，养廉优厚，赡给身家之外，一切延请幕友，赏给家人等项，甚属宽余，何得任听家人向属员恣索门礼，况督抚家人，既向属员索取门包，则司道府厅等家人，势必尤而效之，以州县官供给各上司门包，力有不支，势必取之百姓，如此层层腌削，于吏治民生。大有关系，且督抚原系封锁衙门，一应亲族奴仆，俱例禁出入与属员接见，是以设有中军及巡捕等官，以供稽察传禀。今伊等仍用家人传事，以致积收门包，盈千累万，所谓封锁者安在。如李侍尧、勒尔谨俱经败露，而此外督抚谅俱不免，特未经发觉耳，若不明示禁革，流弊恐无所底止，即奏事处向有收受督抚随封银两，此系旧时规例，相沿至今，但督抚为朕所管教，若不一体裁减，伊等转有所藉口。著通谕各督抚，嗣后奏事处随封银两，俱照向例裁减一半，即向得双分者，亦止许得半分。其督抚至道府，概不许收受属员门包。各督抚传事禀话，交中军、巡捕等官传禀，不许另设立管门家人，致滋弊窦。仍令各行知所属官吏，一体遵照，毋许一人送给。再，将此旨各录一道，悬之督抚署门，并著于年终汇奏一次。

馈嘱 026：乾隆四十九年奏准

上司留待属员饭食，收受属员押席银两，及令首府、首县承办筵席者，均革职治罪。督抚设立管门家人者革职，其藩臬以下纵容管门家人收受属员门包者亦革职，失察者降一级调用。

馈嘱 027：嘉庆四年谕

陈大文奏：查明山东省漕帮旗丁经费陋规，开列清单进呈。朕逐加披阅，内开该帮漕船三十九只，得过各州县帮贴陋规银五千余两，而用项内如通州坐粮厅验查费银四百两，仓场衙门科房漕房等费自八十两至二十余两不等，又本帮领运千总领费七百两，及本卫守备年规四百二十两，生日节规十六两，其总漕、巡漕及粮道各衙门皆有陋规，下至班头军牢轿马费，自数两至数十两者，不一而足，实为漕务蠹弊。漕船领运米石，如雇觅舵工水手，及沿途提溜过闸起剥等事，皆系应用正项，自不可省，但以旗丁分例应领之款，核计途次应需之费，本足敷用，近复酌议增添津贴米石，各带货物免其上税，丁力自处宽舒，如谓革去浮费，兑运尚有不敷，其谁信之？若如所开各种浮费，不行禁革，即再津贴，亦复何益？且漕员取之州县，州县取之小民，层层侵蚀，浮收之弊，伊于何底？况此等陋规，例干严禁，如稍知自爱者，原可自矢洁清，即如从前额勒布、杨志信在坐粮厅任内，不肯得受陋规，并不稍形贫乏，总缘历任总漕仓场侍郎，及坐粮厅并各粮道运弁等，陋规相沿，任情收取，以致积弊困民，本应查明严行治罪，姑念人数过多，事属已往，免其深究。自此次清厘之后，凡有漕省分督抚，及漕运总督、仓场侍郎等，各当实力稽查，督率办理，如敢仍蹈前辙，准该旗丁据实控告，必当按律计赃治罪，决不宽贷。

馈嘱 028：嘉庆五年奏准

属员请换印信，该上司收取费用者革职。

馈嘱 029：嘉庆五年又奏准

官员遇子弟夤缘受贿犯法滋事者，其父兄不行管束，降一级调用。

馈嘱 030：嘉庆十二年谕

山东寿张营游击周开第，收受南粮各帮船馈送米酒等物，已明降谕旨，交杨志信审拟具奏矣。漕粮为天庚正供，各帮挽运北上，所有沿途经过地方，该营员等自应实力催趱，妥为照料，俾得迅速巡行，不容私通馈遗，乃周开第所受米酒等物，手折登记，已有五十余帮，均经致送，竟成相沿陋规。试思漕船挽运，经由处所，远近不一，沿河员弁，随在皆是，今周开第一人如此，则其他可知，是该旗丁等于帮船开运之时，即须先将应送酒米等物，豫为备办，无怪受兑则浮收漕粮，抵坝则短缺米石，且各帮因装载土宜过多，行走亦皆濡滞，粮船弊窦，恐不免由此丛生，不可不加意剔厘，以肃漕政。著漕运总督、仓场侍郎及有漕省分各督抚，通行饬谕各员弁等，务须洁己奉公，毋蹈周开第之覆辙。倘经此次训谕后，仍有私受馈遗，簠簋不饬情事，即著据实严参惩办。

馈嘱 031：嘉庆十七年谕

嗣后凡管辖大臣生日，所属官兵有馈送如意者，著严行饬禁。

馈嘱 032：同治元年谕

州县为亲民之官，地方利弊，民生疾苦，全赖州县为之区画，方足以苏民困而清吏治。该州县等均朝廷命官，岂竟不知自爱，甘犯贪污，乃朝廷时加访查，而循良廉洁之吏仍少概见，岂该州县毫无天良，不知愧奋，总由宿弊未除，欲勉廉洁而无由，甚属可悯。嗣后州县解费应酬等项，均著永远裁革，除钦差兵差照例供应外，其余过往差使，以及本省上司，一概不准应酬，违者以违制论。其摊扣各款，应如何酌量裁减，并著妥筹办理具奏。各直省大吏受恩优渥，正可藉此自励廉隅，而州县中稍知自爱者，亦可勉为循吏，以备朝廷任使，倘仍敢肆行贪污，必当按赃从严治罪。经此次训谕之后，各直省大吏务当实力举行，勒限一年，妥为办理，倘别经发觉，或经访闻仍有收受节寿需索解费等弊，必将该上司从重惩处，毋谓言之不豫也。

馈嘱 033：同治元年议准

官员收受所部内土宜礼物，并非因事馈送者，照笞四十私罪律罚俸九月，与者系官减一等，罚俸六月。

馈嘱 034：同治元年又议准

现任大臣科道等官，有受嘱引奏，朋比诬陷者，革职提问，在籍与地方官交结营私者革职，地方官知而不举者亦革职。

吏部处分 102：勒索科取〔例 15 条〕

科索 001：乾隆三十年奏准

凡督抚及司道等官，值大计之时，如有藉端敛派属员者，革职提问。

科索 002：乾隆三十年又奏准

州县等官于审办大小案件，勒索财物者，革职拿问。司道府等官，知而不行揭参者革职。若该管司道府等已经申报，而督抚不行题参者，降五级调用。〔今改为：督抚等知而不行揭参，俱降三级调用。〕其不知情者，照失察属员劣迹昭著例分别议处。

科索 003：乾隆三十年三奏准

州县官因造报册籍，投送各上司衙门，收取费用陋规，科敛累民，及藉称钱粮准算部民子女者，革职提审。各该上司等不行揭参者，分别知情不知情，照前例议处。

科索 004：乾隆四十五年谕

外省督抚、两司等，遇有庆典、年节、燕会及钦差过境开筵演戏，往往令首府、首县承办，此事甚属不可。督抚等间有酬酢燕会，自所不免，但总应出资自办，何得派员承直，以致该府县等藉端要结，甚且赔累滋扰民间，于吏治官方大有关系。该督抚等务宜涤除积习，正己率属，将派委属员承直筵席等事，概行禁革，以期大法小廉，使属员无所藉口。嗣后著将有无此事，各督抚于年终奏闻。

科索 005：乾隆四十五年又谕

据袁守侗奏：直隶总督衙门，购买食物，向设有买办八名，分班供役，凡日用所需，皆给发现钱，令其照依市值平买，十日一次结算，再行发钱采办等语。固属循照旧例，但十日一次结算，再行发钱，小民供役，安得有私钱豫行赔垫，势必赊欠勒买，仍滋流弊，自应于十日前，豫先发给钱文，令各役随时买办，再行按月结算，事虽琐屑，然防微杜渐，不可不慎。著将袁守侗折，行知各督抚仿照办理。

科索 006：乾隆四十九年谕

据福康安奏：灵台县知县武粤生到任三年，并无善政，强令百姓制造衣伞，以致远近沸腾，声名狼藉，请旨革职提审一折。地方官在任，百姓制造衣伞致送，并离任脱靴等事，最为陋习。近闻各省督抚，有未经去任，而德政碑早已建竖辕门，于吏治官方大有关系。嗣后著通行饬禁，即制造衣伞脱靴等事，亦一并禁止。其各省地方，无论大小文武各官，现有去思德政等碑，俱著查明扑毁，该督抚务须实力查办，毋得视为具文，致蹈阳奉阴违之咎。

科索 007：乾隆五十三年

各省督抚提镇及学政等，凡遇巡查出考，途次所需夫马饭食等项。均著自行备用，毋令经过地方官代办，并令文武互相纠察，如有仍前需索扰累者，即行据实参奏，从重治罪。

科索 008：嘉庆五年奏准

凡州县官贪婪苛虐，激变衿民，革职提问。督抚等知而不行揭参，降三级调用。不知情者，照失察属员劣迹昭著例议处。

科索 009：嘉庆七年谕

御史朱绂奏：请宽地方官去思碑例禁一折。所见甚属非是。守令职司民牧，分应廉洁自矢，抚字为怀，果有善政及民，自必口碑载道，阅久流传，原不假区区制衣勒碣，粉饰虚声，世宗宪皇帝屡申饬禁，意在崇实黜浮，使人皆尽心实政。若如该御史所奏，专以外饰之繁文，验在官之贤否，如从前甘省即有抑勒部民制造衣伞之事，亦岂尽足凭耶。总之地方官惟在悃愊无华，实至者名自归。上年直隶省知县朱杰钱桂因尽心赈务，惠逮闾阎，及缘事去官，百姓等爱戴恳留，奏闻后均经格外加恩，朕亦何尝不以舆论之公，奖循良之绩，但不必特宽例禁，致开沽名饰誉之端。且各省从前去思德政等碑，俱经扑毁，又岂有复令建立之理。朱绂不晓事体，著将原折掷还。

科索 010：嘉庆十四年谕

御史甘家斌奏：请禁止外省各上司衙门多派委员以省扰累一折。所奏甚是。外省地方公事，上司不能亲历周查，势不得不委员前往，但总须遴择得人，方能查察认真，不致虚应故事，而州县亦不致有扰累之虞。今据该御史奏，近闻各省年例差使，稽查烧锅，催提钱粮，以及查验马匹监狱等事，自督抚藩臬以至道府，俱各委人前往，有同此一事，而所派多人者，纷纷扰累驿站，需索规礼。更有于省城设立差局，凡遇派委，皆由局员注定，依次差遣，难保无钻营要结之弊等语。看来外省积习，上司派委各员，并非慎重公事，不过为属员沾润起见，而委员等奉差外出，亦未必有留心公事之人，不过需索分规，苟且塞责，往来供应，络绎道途，前者未行，后者踵至，百姓颇受其累，甚至派差之后，本员并不亲往，公然议定规礼，派家人往收者，此于地方实有损无益。嗣后上司于饬查公事，不得滥委多员，委员等亦不得妄有需索，违者随时惩办。其各省有设立差局者，著一律禁革。凡有应派差使，该上司秉公遴选，择其谨饬自爱者，酌量派往，俾州县不致疲于供亿，而公事又可认真查察，一切扶同弊混积习，得以渐除。设此次降旨之后，各督抚阳奉阴违，不行实力遵办，将来有科道纠参，或别经发觉，朕必严行惩处不贷。

科索 011：咸丰四年谕

载龄崇实奏：遵查川省大吏收受陋规一折。嗣后该省一切陋规，著永行禁革，如有阳奉阴违，仍蹈积习，或另改名目，暗复旧规者，著该部从严定拟处分具奏，以儆官邪。钦此。遵旨议定：大吏收受属员陋规者，革职永不叙用。

科索 012：咸丰四年议准

大小官员到任，属下官役豫为铺设器用，修理衙署，派及兵民者，革职治罪。或系本员勒令所属办理，及每年指称添换器用，修饰衙署，派累兵民者，亦革职治罪。属员能据实禀揭者免议，如未经禀揭，照违例支给钱粮例降一级调用；若已经禀揭，而该上司不行查参，照徇隐例降二级调用。

科索 013：咸丰四年又议准

外省造送部科及内外各衙门表笺、册档陋规，严行禁革，如该上司有藉表笺、册档名色科敛者，将督抚司道照贪婪例处分。其内外衙门书役，藉称纸笔需费，有所收受者，计赃科罪。该管官失于觉察，照例议处。

科索 014：咸丰四年三议准

官员有以军务河工急需为名，藉端科派，并因事科取行户货物侵欺入己者，革职提问。如审非入己，限内全完，止准免其治罪，其革职之案，刑部不得用"开复"字样。该上司不行揭参，分别知情不知情，照前例议处。

科索 015：咸丰四年四议准

州县官贪婪苛虐，平日漫无抚恤，或于民事审办不公，或陵辱斯文，生童身受其害，以致激变衿民，罢市罢考纠众殴官者，革职提问。司道府州知而不行揭报者亦革职，若已经揭报，而督抚不行题参降五级调用，司道府州免议，不知情者仍照失察属员贪劣例议处。

吏部处分 103：供应迎送〔例 20 条〕

迎送 001：康熙十九年议准

凡州县官员藉送钦差大臣官员下程，科敛百姓者，照贪官例，革职提问。其督抚、司道、府厅等官，皆照失察贪官例分别处分。

迎送 002：雍正元年谕

钦差出京，沿途地方官向有馈送，督抚派于州县，州县派于里民，朕深知此弊，于散赈、催漕、看河各钦差大臣官员出京时，皆逐一谆谆告诫，不令骚扰地方官民，但恐阳奉阴违，又恐地方官畏惧忽略钦差之愆，仍蹈前辙，且差去之大臣官员，即能洁己自持，随从人役，未必尽能遵奉。至钦差事毕回京之后，督抚或藉钦差公费名色，开单分派州县，州县不敢问其虚实，州县转派里民，里民不敢争其多寡，甚至以科派赢余，或填亏空，或充节礼，种种弊端，深可痛恨。著各省督抚于钦差经过之地，即将所发上谕，大张告示，遍谕通衢，嗣后钦差务期恪遵训谕，严束人役，毋得骚扰地方，需索馈送，如钦差本无需索，州县官藉名私派里民，及暗加火耗者，著即指名题参。至督抚身为大吏，尤宜廉洁率属，傥有扶同科派，致扰民生者，一经查出，决不姑贷。

迎送 003：雍正八年谕

凡从京师奉差官员，朕皆给以驿递夫马，并每日供应之费，不使其丝毫取于地方，如果该员用度不敷，该省督抚当据实为之陈奏，不应令其借门包之名，以为将来取巧之渐，况州县各官，所有养廉，不过足供本官任内之用，安能有余以为应酬之具。著各省督抚通行晓谕所属地方，傥嗣后出差之员，仍有收受门包者，与者照钻营请托例治罪，受者照婪赃纳贿例治罪，该督抚不行查参照失于觉察例处分。

迎送 004：乾隆二年奏准

凡钦差督抚及一切上司经过地方，止许佐贰等官于城门驿亭迎送，正印各官非有公事传询，不许轻率出城，亦不许蟒衣跪道。各学教职率领文武生员迎送，一例禁止。

迎送 005：乾隆二年议准

钦差上司经过地方，各官有意谄媚，违例迎送，或因事营求，或乘便贿赂，照谄媚求誉例革职。如止违例迎送，无营求贿赂等情，照擅离职役律罚俸九月。若钦差及各上司，必欲地方官远迎远送，并令印官出城迎送，致各官畏其威势，违例迎送者，如有勒索情弊，或被详揭，或经督抚查参，照勒索下属例革职提问。如止令迎送，无勒索情弊，将钦差及各上司，照城守官员尽行传去例罚俸一年，地方官皆免议。其安置公馆，呈送下程酒席，及供应夫马车船一切陋规，皆严行革除。如地方官仍有供应，及钦差上司仍有勒索者，皆照馈送礼物例革职。〔今增为：地方官据实禀揭者免议，如未经禀揭照违例支给钱粮例降一级调用。〕若督抚不行查参，照徇情例降二级调用。其钦差及各上司随役家人，私自索取，本官不知情者，照失察衙役犯赃例分别议处。如系知情故纵，则与本官求索无异，罪坐本官，应革职治罪，其随役家人一并交与刑部按律究拟，并许被索之人，据实详揭。若滥行供应者，照滥给例降一级调用。傥钦差及各上司因不迎送供应，别寻他事中伤者，审虚，将挟嫌中伤之人，降二级调用。

迎送 006：乾隆二年覆准

嗣后新官到任，令旧任官量拨数人，在交界处呈送须知册籍，其余书役，概令随印交代，不许邀约多人，执批远迎，并将头接二接三接陋习，严行禁止。如旧任官一任书役多人，中途远接，照不行管教例，罚俸六月。新任官令其远迎，照上司令属员出界远迎例，罚俸一年。

迎送 007：乾隆四年谕

各省府州县官员，均有守土之责，不宜轻离职守，每闻督抚等，遇有公事，辄将地方官，或调至省城办理，或调赴他府办理，动经数月，不回本任，且一府之中，竟有将郡守牧令全行调办者，如此则本地事务，必至废弛，于守土之义，大相乖谬。嗣后督抚等各宜留心，若遇紧要公事，不得不调员办理之时，则酌量慎重，然后檄委，毋使守牧县令等官全离本地，致有顾此失彼之虑。闽广向来风气，属员之于上官，以趋谒承奉为能，而同寅之中又有会酬酢相尚，以致废时失事，耗费物力于无用之地，此亦有关于吏治官方者，朕屡经降旨训饬。闻马尔泰到任之后，粤省渐知悛改，而闽省旧习则未全除，为此再加训谕。嗣后倘有属员无故赴省干谒上司，或流连集忽视政务者，经朕访闻，必加以严谴。

迎送 008：乾隆六年谕

从来澄清吏治，必大法而后小廉，督抚司道，有统率属员之责，不但贿赂馈遗，亟当屏绝，即承办公事，亦不当有丝毫沾染，稍留指摘之端，使州县藉词玩纵，无所顾忌。朕闻得各省督抚司道，同住会城，凡一切操演兵马，考试吏员，行香讲约，因公勘验等事，需用酒筵铺设香烛菜品，均于首邑取办，甚至葺理衙署，修整执事，置备器物，首邑俱遣家人工房，在辕承直，分而计之，为数无多，而合一年所费，每至盈千累百，在上司止顾取携之便，资费不问从来，在属员但期迎合之工，备办惟恐不力。其实首邑之养廉公费，原有定数，既多赔垫，势不得不派累科敛，作弊营私，以弥补缺乏，而督抚念其捐项繁多，往往曲加体谅，姑息优容，或且喜其逢迎，题升保荐，是非颠倒，其流弊有不可胜言者，虽系积习相仍，亦当严行禁止。嗣后各省会城遇有应办事件，如实系公务，应于公项开销，若系各衙门私事，应自行捐资办理，不得概取之首县，首县亦不得差家人工房在各衙门承直，如此则属员既得免赔累之苦，兼可杜奔竞之门，为上司者亦可毫无瞻徇之习矣。

迎送 009：乾隆十四年谕

今年恩诏祭告岳渎人员，回京召对时，多有奏及该省督抚帮助路费者。凡奉差人员，既给乘传，各有廪给，又何须资给路费。至钦差大臣，有特交查察事件，于地方督抚，既有公务相涉，尤不可不严介自持，不独体制宜敦，抑亦嫌疑当避，乃亦有收受馈赆者，可见外省交际赠遗，积习未除，若不明示饬禁，安能弊绝风清。著通行严饬各督抚等，嗣后毋得与钦差人员私相馈遗，以开苞苴贿赂之渐，钦差大臣亦毋得私自取受，以蹈篚篚不饬之嫌，若仍阳奉阴违，或被纠参，或别经发觉，定严加议处。

迎送 010：乾隆三十二年覆准

钦差大臣及邻境督抚与本省各上司经过地方，在城外一二里以内者，地方官即在城外迎送，总不得过一二里之数，如有违例远出者降一级调用，容隐不举之上司亦降一级调用。

迎送 011：乾隆三十三年覆准

钦差大臣及新任督抚入境，司道大员许差役至本省境内迎接，府州县官许于本管地方十里内躬迎，其并不经由及经由离城十里以外之府州县，概不准其迎接，如有违例迎接及上司容隐不举，各照前例议处。司道府以下等官到任，属员亦照此例遵行。

迎送 012：乾隆三十四年覆准

钦差大臣及邻省督抚经过地方，如有擅动驿马，探报迎送，有累驿马者，降二级调用，容隐不举之上司降一级调用。

迎送 013：嘉庆四年谕

各省督抚、藩臬、道府，俸廉优厚，理应洁己奉公，正色率属，即遇事公出，自当轻骑减从，过境差员何必遣人迎送。至衙署铺设器具，一切费用，尤宜淳朴，自出余廉，何得令首县承直，以至摊及通省。若会之事，本干功令，乃竟蓄养戏班，开筵聚饮，以属员之膏赘，肥优伶之囊橐，况州县为牧养百姓之官，上司有稽查仓库之责，大吏不能体恤属员，以致亏缺公帑，是无异自取家资，以供浪费也。州县无以供应大吏，以致剥削民膏，是无异自腴子孙，以肥祖父也。试问小民不安室家，属员致有亏缺，甚或酿成事端，地方长吏，独能逃罪乎。嗣后督抚、藩臬、道府各员，务当改涤前非，经此次训诫之后，倘仍蹈故辙，一经觉察，或被人指参，必当重治其罪。

迎送 014：嘉庆五年奏准

地方官违例供应钦差，各上司违例索取，除仍照例革职外，其不行查参之督抚降三级调用。

迎送 015：嘉庆五年谕

向来地方官于出差人员，遇有家道清苦，或系自备资斧，因而量为佽助，原所时有，但该员等驰驿前往，本有廪给口粮，复何藉地方官殷殷赠遗为耶。嗣后各该督抚及司道等官，务当涮除陋习，毋得任意应酬，不知节省繁费，致渐蹈苟且恶习，如有仍前馈遗银两者，朕访查得实，或经出差之员自行奏明，必将该地方官照例治罪。

迎送 016：嘉庆八年谕

向来正副考官奉差出京，无论官阶大小，各按省分远近，赏给盘费，并准驰驿前往，行走已属从容。其职分较小之翰林部曹等官，出闱后，督抚两司养廉优厚，或致送土仪，稍助路费，尚属地主之谊。至房考各官俱系州县，禄入无多，若破产馈送主考，必致卖举子，通关节，而主考受房官之馈送，何能秉公阅卷。嗣后不得私自馈遗，考官亦不得辄行收纳，若考官系三品以上大员，即督抚两司亦不准致送路费。傥经此次训谕之后，仍有私行馈遗收受者，一经查出，即当严行惩办。

迎送 017：嘉庆八年又谕

本日恭阅皇考《高宗纯皇帝实录》，内载谕旨，以督抚办公出省，轻骑减从，固分所宜然，惟携带幕友胥役，及旧卷案箱二节，率视为途次必需之项，嗣后务须加意省约，屏去繁文，以免猾吏巧为逢迎，及家人长随藉端勒索。钦此。仰见我皇考砥砺疆臣慎节劳费至意，与日前朕所降通饬地方大吏，毋许因公骚扰驿站谕旨，适相符合。外省督抚、司道，遇有紧要公务，应亲身前往查办者，自不容深居简出，坐乖职守，但伊等养廉优厚，其盘餐供顿，原应自出己资，毋许属员承应，定例綦严，乃各省大吏，率未能实力奉行，遇公出之时，辄多带幕友委员，以及仆从胥役，所过之地，车马供给，繁费纷如，大为地方之累。试思各上司供应，既欲取之属员，而属员势必取之百姓，民劳吏困，职此之由。朕自亲政以来，节经降旨谆谆训诫，外省大吏亦稍知谨饬，近日遇有公出，往往多以轻骑减从为词，第恐其徒托空言，未必行之以实。从前督抚中如书麟之朴俭自持，岳起之清操刻苦，其所至属邑，不知有官差经过，伊等并未多带幕僚，亦并未稍误公事，可见督抚司道，为一方表率，果能刻自简约，则民力所省实多，并可杜猾吏逢迎之习，于吏治民生，均有裨益。特此再行申谕，惟在封疆大吏实力遵行，毋负朕勤加训诲至意。

迎送 018：嘉庆十三年谕

外省遇有重大案件，特派钦差前往审办，原应钦差专主审断，其有案情头绪繁多，人证甚众，亦不能不令司员分起鞫讯。至于罪名轻重，引断爰书，自当钦差经理，不得专委司员，自图安逸，仅于定供后过堂，一问了事。至钦差在外省审案，地方官欲藉此馈送行私，例禁本严，钦差自应随时稽查，一体懔遵，杜绝苞苴，共矢清白，庶几毋负委任。其随带司员，嗣后外间亦断不许有"小钦差"之称。

迎送 019：嘉庆十四年谕

朕勤求民隐，整饬官方，惟恐下情不能上达，遇有直省控案，或关涉官吏营私，民情屈抑者，特派大员前往澂办，实不得已之苦心。该大员仰承简命，必应自矢洁清，虚公听断，方为不负委任。嗣后钦差官员至所差省分，及经过地方，永不许有差费名目，其该省督抚大吏，除应请圣安者，照例亲身出迎，此外概不准差人迎送，如有违例供给迎送者，钦差官员即指名参奏，若钦差例外需索，著该督抚指名参奏，但不得因有此旨，于钦差官员应得夫马廪食，任听州县官短缺稽迟，致误邮传，如有迟误，亦准钦差官员参奏。并闻外省督抚及司道等官，因公经过所属地方，其夫马公馆供应，尤为不赀。外省大僚过境，本省上官遣人迎送，其所遣之人，沿途需索夫马供应，且有得受站规等事，均不可不严为饬禁。若有前项弊端，不即革除举发，经朕查出，必当从严治罪，决不宽贷。总之内外大小官员，身登仕籍，先当审明义利，朕近御制崇俭诗一首，义利辨一篇，并系以铭辞，训诫臣工。为大臣者，惟思敬以事上，廉以律身，平居以节俭为先，临事以公义为重，一切非分之利，丝毫毋取。为下吏者，勤于政事，洁己爱民，虽有贪暴上官，不能持其短长，亦毋庸贪缘结纳，曲意承迎。天道福善祸淫，清白之吏，身名俱泰，子孙蒙休，较之贪利忘义，悖入悖出，祸不旋踵者，其得失奚啻霄壤，利害从违，惟视其人之自择耳。特明白宣示，俾大小臣工，交相劝勉，砥砺廉隅，以饬官常，以正风俗，朕实有厚望焉。

迎送 020：嘉庆十四年议准

凡邻省督抚本省各上司及钦差大员过境，在离城一二里地面以内者，准地方官前往迎送，不得过二里之外。如有擅动驿马，分投探报，致累驿站者，降二级调用。远迎远送者，降一级调用。傥别有谄媚营求乘便贿赂等情，将地方官革职提问。其督抚上司大员，于地方官违例迎送，容隐不举，降一级调用。傥竟系勒令送迎者，革职提问，地方官免议。

吏部处分 104：严查幕友〔例 30 条〕

查幕友 001：雍正十三年覆准

上司勒荐幕宾长随，许属官揭报，将勒荐之上司，照将游客优伶人等转送各府州县例革职。或属官徇隐不行揭报者，照受嘱不报例革职。若属官营求上司，因所荐幕宾长随，有勾通行贿等弊，照贪缘馈送例分别议处。

查幕友 002：乾隆元年议准

直省司道以下各官幕宾，除缘事黜革及报掌书算内号琐事，与本官子弟亲属来署帮办者，概不准其申送外，其延请管理刑名、钱谷之幕宾，自申报存案之日起，计算六年期满，果能深信其有为有守，才识兼优，平日毫无公私过犯者，准令本官出具保结，申送督抚，详加验看，秉公考试，如果文理优通，熟谙吏治，方准据实保题，将考试原卷，一并送部，俟直省汇齐之日，由部请旨派员，校阅试卷，分别等第，给予职衔，分班选用。如有文理荒谬，不谙律例者，将滥行申送之原保官，照徇情例降二级调用，保题之督抚照含糊具题例降一级留任。更或有假名顶替，及出身不明之人，或经部查出，或被旁人首告，系假名顶替，将原保送官照顶冒出结例革职。系出身不明之人，将原保送官，照滥举匪人例降二级调用，保题之督抚，照失于查察例罚俸一年，本人交刑部治罪。再，考定各员出仕之后，除因公降革轻罪不议外，其有以贪婪题咨革职者，将原保送官，亦照滥举匪人例降二级调用，并保题之督抚亦照失于查察例罚俸一年。至督抚所延之幕宾保荐后，如有前项情弊，亦照此例议处。

查幕友 003：乾隆五年覆准

地方官延请幕友，务令关防严密，不得任其出入往返，其有眷属现住本省及本城地方者，概不得延请入幕，以杜弊端。

查幕友 004：乾隆六年谕

外省官员事务繁多，势不得不延致幕宾，相助为理，然其中贤否不一，易滋弊端，向已屡经申禁，但恐日久玩生，且闻各衙门幕宾，有暗中联结私通线索者，各省不能全无，而山东为甚。上司幕宾，往往藉端出外，与各官往来款洽，串通信息，又或荐引幕友，入于下司之幕，讲定年规，遇事则彼此关照，作弊营私，高下其手，居官者一时不能觉察，往往堕其术中，及至败露，追悔莫及。著通行外省大小官员，加意防范，严密稽查，务使各守关防，屏除弊窦，如此则可以得幕宾之益，而不受其累矣。

查幕友 005：乾隆十二年奏准

各省幕宾，聚集省会，引类呼朋，与上下衙门，往来交结，因之盘踞把持，勾连串合。嗣后令各督抚转饬首府、首县，严查驱逐，不得复行潜藏，倘仍听其逗遛，将该府县照不力行保甲例参处。再，各省府厅州县以下罢职等官，不得复来原任省分，强颜觅馆，钻营作幕，如经上司参奏，或被旁人首告，将延请之官照例议处。

查幕友 006：乾隆十九年谕

广东巡抚鹤年奏称，向来幕客盘踞省城，挟有余资，或贸易行盐，或经营置产，娶妻买妾，流寓为家，因而交结官长，联络胥吏，且既有室家，署内难于关防，不时出入，滋弊无穷，现与督臣彻底清查，并严饬所属，毋得私相容隐等语。幕友交通作弊，实为害政之端，自应设法清厘，严行饬禁，但此种积习，相沿已久，他省必尚有似此者，可于奏事之便，传谕各省督抚，留心体察，实力查办，亦剔除积弊之一事也。

查幕友 007：乾隆二十二年谕

各省督抚延请幕友，务宜关防扃钥，概不得任其出署，往来交结，以绝嫌疑而肃官守，若不遵功令，致被参劾，或因事败露，必将纵容之督抚治罪。

查幕友 008：乾隆二十二年覆准

道府州县官幕友，责成布按两司严加察访，一有互相勾结徇私滋弊情事，即行揭报题参，将该道府州县分别纵容、失察，照例议处。倘布按两司等不实力奉行，督抚即据实劾参，系徇庇者降三级调用，系失察者降一级留任。如督抚不据实查参，将督抚亦降一级留任。

查幕友 009：乾隆二十二年议准

上司荐幕，与偏私苛驳等弊，久经著有例禁，惟在该管各官关防严密，毋致幕友与属员往来交接，书札相通，潜滋弊窦，应饬各该督抚不时留心查察，倘有徇私荐引及徇庇失察等项，照例分别议处。

查幕友 010：乾隆二十八年谕

前以各省衙门，有劣幕盘踞把持依倚作奸之事，已降旨通行晓谕各该督抚实力整顿，今该按察使周景柱来京陛见，询据奏称幕友中，或有在就馆地方另娶家室，出入官署勾通作弊者；有布散党与，招致本地亲串，狼狈为奸，非其党恶，百计排挤出境者；有彼此馈送往来，以上司衙门延留多日为荣，借声援以图影射者；种种恶习，不可不严行惩创。著各省督抚等严饬所属，加意体察，遇有此等劣幕，即实力查办，毋得稍事姑息，贻患地方。

查幕友 011：乾隆二十八年又谕

前审讯湖北纵盗冤良一案，跟究始事之由，询及知州赵泰交，据供有幕友浙江人徐掌丝、卢培元等，弟兄亲戚，盘踞楚省，历有年所，与地方官交接往来，徐掌丝在臬司沈作朋署内，伊弟徐登山即在总督爱必达署内，伊妹夫卢培元即在巡抚汤聘署内，彼此串通一气，此案各衙门前后批详，皆出伊等数人之手等语。地方大吏，承办重案，竟至颠倒是非，行私罔上，固不得透过旁人，少为宽贷，而此等恶幕，暗通声势，从中把持，实为民生吏治之蠹，已降旨李侍尧、熊学鹏等拿解刑部，会同军机大臣严审定罪。在外省督抚、藩臬衙门，案牍纷繁，书记之任，亦不可少，然一切应准应驳，必当自为主持，岂可听一二幕友操纵自由，且此辈贤否不一，甚至彼此潜相照应，或援引党类，往还出入，因而媒炫招摇，转致受其愚弄。向来勒荐幕友，例有明禁，复经台臣条奏，严定处分，乃楚省尚有敢于上下勾结，纵盗殃民，若徐掌丝之甚者。一省如此，恐他省亦不能保其必无，著传谕各省督抚，留心密访严查，如有此等久惯恶幕，潜居省会，倚托上司衙门，因缘为奸者，立即严拿重究，以昭炯戒，毋得稍存姑息，仅一递回原籍，颟顸了事。倘督抚等视为泛常，不加实力整顿，一经朕别有访闻，惟伊等是问。并闻有新任督抚藩臬，接用旧任幕友者，徒因其经办多年，一切多所谙习，遂尔相沿趋便，不知若辈借历幕更事为名，始终占踞一衙门，官有去留，幕无更易，不肖之徒，易于乘间滋弊，涓涓不息，将为江河，亦不可不杜其渐，嗣后著一体饬禁。

查幕友 012：乾隆三十年奏准

各上司有将其所交亲厚幕宾，令意所亲厚之州县代为转荐，或经该州县揭报，或别经发觉，将该上司照勒荐幕宾例议处，其代为转荐及明知转荐延请之属员，均照受嘱不报例议处。

查幕友 013：乾隆三十二年谕

各省河臣办理一应河防事宜，原应另延幕客，慎密关防，即有熟悉河务人员，亦止宜留为随辕差委，若竟令为入幕之宾，则一二不安分者，或即借此招摇，自所不免。嗣后著各省河臣，概不得调属员为内幕。

查幕友 014：乾隆三十四年谕

据冯钤疏参泰和县知县郭世谊，将重价所买之妾转送幕友史纬义，而史纬义即系该管之颍州府知府史鲁璠族叔，该县巧为逢迎，该府有意徇庇，业经降旨，一并革职。上司荐幕友于属员，最为弊薮，久经通饬严禁，乃以该管知府族叔，公然充属县内幕，是上下通同舞弊，挟制逢迎，将何所不至。即不必出自该府荐引，而属县揣知族谊，遂以延请为结纳之端，上司亦即以私人示夤缘之径，此等恶习，所关于吏治官方甚大。今安徽既有此案，恐他省似此者亦所不免，著传谕各该督抚等，即速严密确查，如有延上司亲族在幕者，立即查办，仍一面严切申禁，如现在实无类此情事，亦即具折覆奏。

查幕友 015：乾隆三十七年覆准

各省督抚、司道、州县等衙门幕友，概不准延请本省之人，及邻省五百里以内者。督抚、藩臬一经迁调，前任之幕友，不得留于后任。其在幕已逾五年，即行更换。督抚幕宾随时咨部存案，司道以下等官幕宾申报督抚，年终汇齐咨部存案，如违例延请，不行申报，及逾限不更换者，均照隐匿不报例降二级留任。

查幕友 016：乾隆三十七年谕

外省幕宾有无树党盘踞结纳，著各该督抚于每年年终汇奏一次。

查幕友 017：乾隆四十一年谕

前因御史条奏各衙门延请幕友，恐日久弊滋，定以五年更换，并不准延请本省之人，及邻省五百里以内者，彼时觉所言似尚有理，是以谕令各省督抚通行查明，于年终汇奏造报，以备稽考。迄今已阅数年，各省届期奏报，并未实在查出违例延请，及逾期不行更换之人，可见汇奏一节，不过沿袭具文，仍属有名无实。各省幕友，在署帮办事件，原不当令其出外交游结纳，致滋弊端，惟在关防严密，随处留心，自不虞其顾私谊而挠公事，若徒定以隔省，限以五年，而不能实力防闲，亦未必即为正本清源之法。嗣后著各该督抚实力整饬稽查，如有恶幕招摇生事，及劣员徇纵滥交者，即行严参究治。若督抚祖庇属员，姑容消弭，或经科道纠参，或别经发觉，惟该督抚是问。所有各省年终汇奏幕友之例，著停止。

查幕友 018：乾隆五十五年谕

嗣后各省劣幕，如有主使作弊，本官获罪，定案时即著与本官同罪，不得稍从宽减。著为令。

查幕友 019：嘉庆五年奏准

官员纵容幕友出署结交者，照纵容亲友招摇例革职，失察者降一级调用。其有接用旧任幕友，令其始终占踞一衙门者，亦照此例议处。

查幕友 020：嘉庆五年覆准

外任大小衙门官员亲属，无论亲疏，俱酌用安分自爱之人，本官仍应自行严加约束，如有招摇滋事等情，该管上司立行参处。

查幕友 021：嘉庆五年谕

近闻各督抚多有挑取属员入幕之事，因其粗明例案，便于任使，是以多留在幕，谨饬者或无影射滋弊，而一二苍猾之辈，藉与同寅交好，暗通关节，私相结纳，到处招摇，逢人撞骗，司道资其通信，府州藉以逢迎，每遇升选，出具上考，既拥厚资，复邀迁擢。且此等人员，既经常在督抚署中，于本任应办事件，必多贻误，于吏治官方，实有关碍。嗣后各省督抚等，不得将所属人员留入署中，致滋弊端，如敢仍前私自留用属员，别经发觉，或被科道纠参，必将各该督抚及留入署中之员，一并治罪，决不宽贷。

查幕友 022：嘉庆八年奏准

上司幕友家人，荐人于州县，除上司授意及州县隐忍收用，不行禀报，均仍照例革职。若该上司并无授意，止系失察者，降三级调用。

查幕友 023：嘉庆十二年谕

各省督抚衙门幕友，一经本官信任，招摇舞弊，无所不至。该省属员，畏其声势，交通往来，皆所不免。若辈捐纳官职，经该督抚奏留本省，声气愈通，上下盘踞，营私舞法，实难保其必无。嗣后各督抚于该衙门幕友，有捐职加捐分发者，不准违例奏留，仍令赴部签掣省分试用，以杜趋避而防流弊。

查幕友 024：道光八年谕

嗣后倘有以属员充当幕友者，一经查出，定将该督抚严加议处，并将滥充幕友之员从重惩办。

查幕友 025：道光十年谕

嗣后属员到省，不准荐举幕友，如有属员被参革职降调者，并查究该幕友实有情弊，按律加等治罪，以杜朋比而肃吏治。

查幕友 026：道光十三年谕

嗣后各直省督抚，概不准以本省属员入幕襄理，如再有以幕友滥行邀请议叙者，著吏部查明参奏。

查幕友 027：道光二十七年奏准

台湾地方，如有闲居幕友，该地方官并不认真驱逐，或于内地幕友，任其私渡，经该督抚题参，即照两司不实力访查例，系徇庇降三级调用，系失察降一级留任。

查幕友 028：道光二十七年议准

上司滥邀属员充当幕友进署办事者革职，其滥充幕友之属员亦革职。

查幕友 029：道光二十七年又议准

督抚所用幕友，务宜关防扃钥，倘有任其出署来往交结，致被劾参，或因事败露者，将纵容之督抚革职治罪。

查幕友 030：道光二十七年三议准

上司勒荐幕友长随，许属员据实揭报，将该上司革职。如属员隐忍收用，不行揭报，亦革职。若上司令属员代为转荐者，亦照此例处分。至上司之幕友家人，将人荐与州县，系本官授意者仍革职。止系失于觉察者，将本官降一级调用。若州县亦隐忍收用，不行揭报，仍照例革职。

吏部处分 105：禁革管务听差〔例 3 条〕

革管差 001：乾隆二十八年谕

外省官员到任，定例将管事长随，开具姓名籍贯，造册通报上司存案，以防奸宄。今有于长随之外，另立管理杂务之人，令其干涉公务，出入无忌，安保无不肖之徒，藉口办公，招摇生事。著通谕各督抚严饬所属，将办理杂务名目，力行禁止，傥不实力奉行，致所属以私人而代公务，滋生事端者，惟该督抚等是问。

革管差 002：乾隆四十五年覆准

各省府州县官，将坐省坐府听差，悉行革去，如有仍令听差坐省坐府者，将本官降一级调用，不准抵销。上司不严行禁革，降一级留任，仍将有无此等坐省家人名目，令该督抚于年终汇核，送部查办。

革管差 003：嘉庆五年奏准

官员有设立办理杂务名目者，照纵容幕友例议处。

吏部处分 106：书役〔例 81 条〕

书役 001：国初定

凡在外大小各衙门，有侵克钱粮婪赃之衙役，遇赦免罪者，如复入衙门著役，被旁人出首者，将复令入役官，以知情纵令论革职，其不题参之督抚降一级留任。如非本任内革役，不行查出收用者，本官降一级调用，其不查参之督抚罚俸一年。

书役 002：康熙十四年题准

在京部院衙门书办，指称本司事件犯赃，将本犯照律治罪外，赃数至十两以上者，将该司官员降一级留任，不及十两者罚俸一年。

书役 003：康熙十四年又题准

无司分衙门书吏犯赃，该管官均照前例议处，如各员有知情纵令作弊者革职，有扶同营私婪赃者，照贪官例革职提问。

书役 004：康熙十四年三题准

凡正身衙役及额定贴写帮差之外，有白役随所差衙役吓诈，未经查出之官，罚俸六月。若官员知系白役，于定数之外，滥留应役，发给牌票，差遣公事，婪赃累民，按其所犯赃数，一两以下者将本官降一级调用，一两以上者降二级调用，十两以上者革职。

书役 005：康熙二十五年题准

衙蠹害民，令督抚访拿，司道府州县等官举报，若司道府州县等官不报上司，照徇庇例降三级调用，不行题参之督抚罚俸一年。其访拿衙蠹并赃私数目，年终造册题报。

书役 006：雍正四年覆准

各衙门书办，宗人府令府丞，六部令汉右侍郎，都察院令汉左副都御史，通政使司令汉参议，内阁令典籍厅，翰林院令典簿厅，詹事府令汉少詹，国子监令汉司业，京堂衙门俱令汉少卿，钦天监令汉右监副，太医院令右院判，六科令汉给事中，中书科令汉掌印中书专管稽查。其内务府、理藩院并无汉官，应令内务府总管、理藩院右侍郎专管。〔今增为：并令责成司厅各员稽查。傥有顶冒蒙混等弊，除将该吏治罪外，专管之员罚俸六月。〕

书役 007：雍正四年又覆准

各衙门考取书吏，细加查核，毋致有冒籍冒姓顶替诸弊。其书役投充时，务遵照定例，取具确实亲供印甘各结，方准著役，如无原籍地方官印结者，不得收用。其年满送部考职之时，各衙门于咨内填写"并无假姓冒籍"字样，吏部方准收考，若有冒籍冒姓等弊，事发，本人革去职衔，照律治罪，其不能稽查之该管官照失察例罚俸六月。

书役 008：雍正四年三覆准

凡额设书役年满出缺，该管官员慎择签点，取具邻佑及亲族并无重役买缺等弊连名保结，方准收录，该管官员加具印结，申报上司衙门存案，如有暗行顶买索取租银之处，将该管官员革职，缺主等按律治罪。傥督抚阳奉阴违，不除积弊，将该督抚照徇庇例降三级调用。

书役 009：雍正七年议准

外省府州县各衙门书役投充，务取具并无重役冒充亲供互结，该地方官加具印结，汇造役册，申送该管稽察衙门，方准著役，每于年终，该役出具并无过犯连名互结，地方官加具印结，申送该管道员衙门。〔如无巡道地方责成守道，无道员地方责成按察使，令其专管稽查。〕傥有五年役满不退者，将该役斥革治罪。或舞文弄法，招摇撞骗，包揽词讼，侵欺钱粮，该司道访拿，按律治罪。府州县官不行查出，照徇情例降二级调用。专管司道不行查出，失察一二名者罚俸三月，失察三四名者罚俸六月，失察五名以上者罚俸一年，失察十名以上者降一级留任。其司道盐道关差书役，责成督抚稽查，督抚及总河总漕盐院书役，令各自行稽查，如失察者，皆照司道例处分。书吏有指官撞骗，招摇作弊，平民畏其本官庇护，不敢控告者，许赴该管稽察衙门控告，事实，按律治罪。

书役 010：雍正七年又议准

外省衙门革退书吏，将缘事情由，及革退日期，一并注明，详报督抚，一经犯事发觉，革前革后，不难按册稽核。如犯事吏役，册上无名，将该管官照造册遗漏例议处。如规避失察，捏称革役在先，犯事在后，经督抚查出题参者，将该管官革职。

书役 011：雍正七年三议准

在京部院等衙门缺主，如仍潜匿京城及附近州县地方，事发，将该管地方官议处，失察一名者降一级留任，二三名者降一级调用，四五名者降二级调用，六七名以上者革职。有能实力奉行，拿获一名者纪录一次，二名者纪录二次，三名者纪录三次，四名以上者加一级。至有罪书吏递回原籍之后，仍潜入京城及附近州县地方，事发，亦将该地方官议处，失察一二名者罚俸六月，三四名者罚俸一年，五六名者降一级调用。〔后改为：罚俸二年。又增"十名以上者降一级留任"句。〕有能拿获二名者纪录一次，三四名者纪录二次，五六名者纪录三次，十名以上者加一级。

书役 012：雍正八年议准

在外大小各衙门，有乡绅奴仆承充书役者，该督抚转饬该管地方官，查明革除，取具并无宦仆充当书役印结，汇齐送部存案。凡充补书役，皆确核实非宦仆，取具邻里押结，地方官加具印结，申送上司，报部存案，倘有实系宦仆，捏称农民充当，其主知而不行首明者，照徇庇例降三级调用。

书役 013：雍正八年又议准

各省衙役犯赃，本官知情故纵者，照纵役犯赃例革职。其止于失察，实无知情故纵者，照在京部院司官之例，十两以上者将该管官降一级留任，不及十两者罚俸一年，令各省督抚于题参疏内，将本官或系知情故纵，或系失于觉察，详悉声明，分别议处。

书役 014：雍正十一年议准

凡各衙门官员，如有听信请托，将役满及革退书役，听其更易姓名，改移籍贯，滥准入册，及挂名旷役，营求批准等弊，别经发觉，如系役满革退书役，本官明知故纵，滥准入册，将本官照革役复入衙门例革职。其役满革役，本官实不知情，止系一时失察，准其承充者，降一级调用。如系挂名旷役，营求批准，将本官照徇庇例降三级调用。倘前官将役满革退书役，及挂名旷役，滥准承充，接任官未经查出揭报，经上司查出，如系役满革退书役，将未经查出之接任官降一级调用；如系挂名旷役，营求批准，将未经查出之接任官降一级留任。

书役 015：雍正十二年议准

各部院衙门，役满书吏，于考定职衔后，即由五城司坊官，限一月内令其回籍，傥司坊官将册内有名之人，不行催令回籍，容留在京，并复行来京潜住，将容留之司坊官，照容留废官例，按名数分别议处。其各部院衙门责革书吏，亦交与该司坊严催，令于一月内起程回籍，并行文本籍地方官，严行管束，如潜住京城，将容留之司坊官，亦照容留废官例议处，傥实系失于觉察，以致役满逗遛，或业经催令回籍，复来京潜住者，照失于觉察例罚俸一年。其籍隶大、宛二县者，令该县将各役年貌住址，三代坟墓，造册咨送都察院，令该城御史按册确查，果系本京籍贯，有坟墓房产可据者，仍准其照例居住，其实非大宛籍贯，傥有潜住招摇等弊，经该御史查出，将滥送册结之知县，照造册舛错例罚俸一年。如该城御史不行查出，一经发觉，将从前失察之该御史，照不行详查例罚俸六月。

书役 016：乾隆元年覆准

在京各衙门书吏额缺，务令承充之人报明实在籍贯，取具同乡书吏保结，将原籍何处，并现在居址地方，三代姓氏，于结内详细声明，该衙门务于十日内，照保结内所开籍贯居址，三代姓氏，咨行吏部，转行各该省督抚，严饬该地方官，于文到日照例出具印结，并取具邻族人等甘结，照各省地方远近，顺天府定限四十日，直隶、奉天、山东、河南等省定限三月，江苏、安徽、江西、浙江、湖北、湖南、陕西、甘肃等省定限四月，福建、四川、广东、广西、云南、贵州等省定限六月，务于所定限内，将印甘各结咨送到部，转送各该衙门，以结到之日，准其著役，仍令该督抚，饬令该管上司稽查，如该地方胥吏人等，抑勒迟延，不依限出结者，除将勒索之书吏计赃治罪外，仍将该地方官照失察衙役犯赃例分别议处。若系该地方官抑勒迟延，即将该地方官照抑勒迟延例降二级调用。如无抑勒情事迟延者，仍照事件迟延例议处。〔今增为：不及一月者罚俸三月，一月以上者罚俸一年，半年以上罚俸二年，一年以上降一级留任。〕该管上司不行稽查督催，照督催不力例罚俸六月。傥有外省书吏，捏称大、宛二县土著之民，该地方官不行详查，朦胧出结，将滥行出结之地方官，照顶冒出结例革职。

书役 017：乾隆元年谕

朕维州县为亲民之吏，自宜廉平不扰，懋著循声，乃狱讼催科之际，官民情意，易致睽隔，百姓潜受苦累，而无由自诉者，则以书役之为害其剧，州县官不知所以振刷而剔除之也。朕访闻直省州县衙门，经承之外必有贴写，正役之外每多白役，聚此数十辈无赖之徒，假托公务，横肆贪饕，其为小民扰累，何可胜言。故有狱讼尚未审结，而耗财于若辈之手，两造已经坐困者矣。额粮尚未收纳，而浮费于催征，中饱于蠹胥，已什去二三矣。其余勾缉命盗，因缘舞弊，遇事风生，株连无辜，贿纵要犯，大率贴写白役之为害居多。各直省督抚务宜严饬各该州县，将所有吏役，按籍查考，其有私行冒充者，悉行裁革。设正额书役，实不敷用，不妨于贴写帮役中，择其淳谨者，酌量存留，亦必严加约束，毋得非时差扰。至于经承正役，务须时刻稽查，傥有坏法扰民之事，立即按法重惩，庶使若辈知所顾忌，不得肆其伎俩，傥或明知故纵，姑息养奸，又或喜其巧于趋承，受其蒙蔽，此则不爱百姓而爱吏役，即属戕害吾民之甚者也，为民父母，其忍出此乎。且书吏之为害，不止州县衙门已也，凡征解钱粮，上司书吏向州县书吏索取费用，因而县吏假借司费纸张名色，派索花户。又如征解漕粮时，粮道衙门书吏需索县吏规礼，因而县吏遂勾通本县家人盘踞仓廒，于正额外多收耗米，稍不遂意，百般留难，远乡小民，以得收为幸，守候为难，不得不饱其贪壑。又闻院司衙门，凡州县申详事件，每先发各房书吏拟批送签，书吏从此作奸射利，迟速行驳之间，得以上下其手，盖衙蠹之为扰，自上及下，正不自州县始也，是在为督抚者整肃纪纲，立阖省之表率，而监司守令，各奉厥职，互相纠正，则弊绝风清，民安衽席，朕惠养黎元之恩意，得以周浃闾阎矣。

书役 018：乾隆元年覆准

藩臬衙门，于州县事件，原可行文催取，一经差提，则差役经过所属地方，及承办州县逢迎馈送，纷纭滋扰，为害甚大。嗣后差提应永行停止，以免纷扰，如敢故违，令各督抚将失察徇庇之该管官，分别查参。

书役 019：乾隆二年议准

各衙门于正额书役，并酌增之贴写帮役外，复行多留者，降一级留任。

书役 020：乾隆四年谕

在京各部院之弊，多由于书吏之作奸，外省有一事件到部，必遣人与书吏讲求，能饱其欲则引例准行，不遂其欲则藉端驳诘，司官庸懦者，往往为其所愚，而不肖者则不免从中染指。至于堂官事务繁多，一时难以觉察，且既见驳稿，亦遂不复生疑，以致事件之成否，悉操于书吏之手，而若辈肆行无忌矣。朕思此等弊窦，在京难于查察，而在外省则情节显然，某事用费若干，某项系何人经手，或督抚著人料理，或藩臬等著人料理，而督抚亦未有不知者，使为督抚者，严正持躬，深知大体，不为宵小之所摇惑，而遇有部书需索之事，即据实奏闻，置之于法，则若辈自知所畏惧，乃自督抚藩臬等，以为所费不多，何必与之较量，止图案件之完结，遂乐为应付而不惜，甘为容隐而不言，无怪乎奸胥猾吏，以诈骗为得计，视国法如弁髦也。内部之书吏，索之督抚，而督抚应之，则彼此效尤，无所底止，必至督抚之书吏索之司道，司道之书吏索之府县，层累而降，受其害者，仍在吾民也。盖未定养廉以前，外官尚有赢余，以供意外之费，既定养廉以后，更无余资以应苛索，不取之百姓，将谁取耶。各督抚均有澄清吏治移风易俗之职任，岂可视为相沿陋规，而躬自蹈之，以为官吏之倡，贻闾阎之困乎。嗣后著严行禁止，藩臬以下经手之案，著督抚严查禁约，傥书吏有仍前需索者，督抚即时奏闻，如有不遵朕旨，私相授受者，必将与受之人，照枉法赃治罪。督抚容隐不奏，亦必严加议处。各省关差、盐政、织造、提镇等官，俱著照此旨一体遵行。

书役 021：乾隆四年覆准

凡衙门胥役，阅历愈久，则贪诈愈甚，况年至七十刑不加身，流徒杖答例得收赎，是彼得倚年老为护符，以遂其贪诈之计。嗣后内外大小衙门，凡一应在官人役，于著役日，取具的实年貌，填写印簿，存于该管官署内，如年至七十，即令其罢役，不许充当各项差使。如有设法盘踞，改易年岁者，严察分别治罪。

书役 022：乾隆四年奏准

在京各衙门吏役犯赃，该司官员失于觉察，及后虽经自行访出，而承办案件，已属错误者，仍照例分别议处。其有案件并无舛错，而书役在外指骗得赃，该司司官能首先访出究治者纪录二次，其会同禀究之同司各官亦免其议处。

书役 023：乾隆五年奏准

在京各部院衙门书吏，凡外省府州县民人充役者，若系各衙门事简书吏，及宗人府律例馆供事，统俟五年役满，该衙门咨部考职，由部汇至三月，考试一次，考试之后，即将该书吏姓名籍贯，造册咨送都察院，转交五城司坊官，务令一月内回籍，取具印结，送院存案，仍行文该书吏原籍督抚，取具地方官到籍日期印结，送院备案。至内阁即用供事，及各部院衙门繁缺即用书吏，亦于役满之后，该衙门出具考语，咨送到部，掣定职衔，照例行文该衙门，饬令回籍。其中有情愿拣选人员，该书吏呈明本衙门，咨送到部，照例三月拣选一次，拣选之后，亦即将该书吏姓名籍贯造册，咨送都察院，转交五城司坊官，亦限一月内令其回籍。

书役 024：乾隆十二年覆准

各衙门书吏，如有不入科房，并将案卷不收存衙署，携归私室等弊，该管官不行查出，照约束不严例降一级调用。〔今增为：自行查出究办免议，失于觉察，仍照例议处。〕

书役 025：乾隆二十八年覆准

外省各衙门未满典吏，混戴帽顶，除将本人照例治罪外，本管官未经查出，照失于查察例罚俸一年。傥有意故纵，照徇庇例降三级调用。地方官不能查出，亦照失于查察例罚俸一年。若已经查出，瞻徇情面，不即举报，将地方官照徇情例降二级调用。

书役 026：乾隆二十八年又覆准

各衙门凡有差票事竣，即宜随时查销，如遇封印而案未完结，于封印时将票暂行缴销，俟开印差拘，另行给票，如不将差票随时查销，以致衙役有持票恐吓乡民，酿成事端者，将该管官照约束不严例降一级调用。若止于诈赃，照失察衙役犯赃例，不及十两者罚俸一年，十两以上者降一级留任。如无恐吓滋事及犯赃情弊，止将差票迟延不行查销者，将该管官照事件迟延例议处。

书役 027：乾隆二十八年三覆准

各州县民壮，令该厅员按年查阅，并令知府于盘查日遇便点验，如有不知技勇及老迈残弱充数者，府厅即会同揭报请参，将玩忽之州县，照滥留衙役例降一级留任。如知府捕盗厅员，于州县民壮有不知技勇，滥留应役，不行揭参，均照奉行不力例罚俸一年。

书役 028：乾隆二十八年四覆准

各州县有将差票故赏衙役及衙役讨赏承票者，责成道府不时稽查，遇有需索诈赃等弊，将州县官照故纵例革职，道府自行访闻揭参者免议。如不行查出，别经发觉，或经院司查出，将知府直隶州降一级留任，道员罚俸一年。

书役 029：乾隆三十年奏准

督抚等除经制衙役外，不得私自添设储将、随征、戎旗、传宣、辕门材官、听用长随、在标效用，如该督抚等有不行裁革，私自留用者，将该督抚等，俱照徇情例议处

书役 030：乾隆三十年又奏准

文职衙门吏役，遵照经制名数补用，仍由该地方官出具并无复设白役分顶合伙印结，更于年底照经制名数，注明更替著役年月，并役满日期，汇造总册，送部存案。倘该管官徇庇滥用，仍有吏役分顶合伙，及捏名倒提年月等弊，将该管官降三级调用。

书役 031：乾隆三十年三奏准

各处司府州县卫所等衙门，主文、书算、快手、皂隶、总甲、门禁、库子人等，久恋衙门，说事过钱，把持官府，飞诡税粮，起灭词讼，陷害良善，及卖放强盗，诬执平民，事发，按律治罪。本管官明知故纵者革职，失于觉察者照失察各本例议处。

书役 032：乾隆三十年四奏准

民间犯罪，未经到案，即向上司衙门暗抬年月，夤缘挂名者，许地方官一面差提，一面申报上司，即行斥革。如上司知系挂名倒提年月，庇护不行斥革及地方官不行差拘，并不详明斥革，反为开释者，均照徇庇例降三级调用。

书役 033：乾隆三十年五奏准

各部院衙门，票传五城司坊官各项差务，倘各司坊总甲，有藉端需索民间铺户者，按律治罪。该司坊官失于觉察，照失察衙役犯赃例议处，若知情故纵，照纵役贪赃例革职。〔今增为：自行查出究办者免议。〕

书役 034：乾隆三十年议准

役满书办，考受职衔，如有犯罪，系知法故犯之人，该地方官将所犯情由，申报该管上司，转详督抚，咨部革去职衔，照所犯罪名，加凡人一等治罪。

书役 035：乾隆三十一年奏准

各省藩司衙门书吏，照臬司衙门一体关防，按班递换，令各督抚不时稽查，如有不将书吏封锁署内，任其出入者，将藩司照违制律降四级调用。

书役 036：乾隆三十四年奏准

京外简缺书吏役满，责令各该衙门严密考试，自行录取，将原卷封送吏部。

书役 037：乾隆三十七年覆准

刺字革役，滥准承充，将本管官革职，督抚不行题参降一级留任。接任官于前官已刺蠹役复充，不行查出，及收用前任隔属已刺革役，均降二级调用，督抚不行查参罚俸一年。

书役 038：乾隆四十三年覆准

广西南宁、太平、镇安、泗城等府书役，择本地现有身家之人，具结充当，其只身流寓者，概令退役回籍。如非确有户籍，捏称土著，蒙混投充者，本管官并不知情，失于觉察，照失于查察例罚俸一年，如明知并非土著，准令投充者，照混行收用例降一级调用。

书役 039：乾隆四十五年奏准

除捕役拏窃分赃及革捕窝匪滋事，照例核议外，其快役、皂役等项，有犯案滋事者，将该管官照约束不严例降一级调用。系已革衙役及总甲、保正、乡约等项，均照失于查察例罚俸一年。

书役 040：乾隆四十七年奏准

官员失察长随家人招摇弄法及倚势逞凶，降一级调用，致酿人命者降二级调用。若酗酒宿娼及斗殴毙命，衅起仓猝，不及豫加防范者，罚俸一年。失察家人犯赃者，照失察衙役犯赃例议处。

书役 041：乾隆五十二年谕

州县遇有缉拿凶犯，自应遴选干役往捕，庶该犯不敢抗拒行凶，可以立时拘获。今白河县差拿王添德一案，该役畏惧凶恶，不敢上前捉拿，反被凶犯追赶殴伤，致毙二命，此等差役，怯懦无能，皆由地方官未能慎选充当，以致遇有查拿要犯事件，不能强干得力，于缉捕事宜，大有关系。嗣后著各省督抚转饬各州县，于充选差役时，务须加意慎重，择其年力壮健者充当，仍不时留心察看，不得以退缩庸懦之人，滥行充数。

书役 042：乾隆五十三年谕

据徐嗣曾奏：台地府县差役，胆敢私设班馆，擅置刑板栲指等件，勾党盘踞，肆恶殃民，徐嗣曾将为首各犯，定拟斩决，所办甚是。但此等蠹役，自系地方官倚为耳目，不肖者纵其贪婪，昏聩者受其蒙蔽，以致该役等有恃无恐，扰害良善，于吏治民生大有关系。台湾既查有此弊，恐各省亦有所不免，著传谕各督抚务严饬问刑衙门，将班房等项名目，永行禁革，以除奸蠹而绝弊端，如有任令差役等设立班馆，私置刑具各情事，一经发觉，不特将纵容之地方官从重治罪，并将失察之各上司，一并严加议处，决不姑贷，仍著年终奏闻，有无此弊。

书役043：乾隆五十五年议准

失察私设班馆，该管官降二级调用。

书役044：乾隆五十九年谕

本日刑部进呈赶入贵州省秋审情实之绞犯王顺一起。该犯充当厅役，辄敢藉差需索，逼凶毙命，自当入于本年秋审情实，但细加披阅，王顺年仅十九，何以该厅将伊选充差役，实大错谬。各省吏胥人等，虽属微贱，但一经在官，俱各有应办公务，无论书吏承行稿案，兼司缮写，非年幼者所能经理，即差役有缉捕人犯行刑管解之责，亦非年未及壮膂力软弱者可以充当，可见外省于召募书役等事，全不实心慎选，率点充数，甚至任听夤缘钻刺，将年幼无知之人，徇情签派，以致婪赃毙命，酿成事端。今思此事，于吏治大有关系，不可不严切申明，各督抚务宜通饬所属，嗣后召募书役，务须遴选老成强干之人，不得以年齿太轻者滥行准充，如再阳奉阴违，一经发觉，所有该管之督抚各上司，亦当从重议处，决不宽贷。

书役045：乾隆五十九年奏准

外省吏役将年幼之人充当者，本管官照不行裁革冗役例降二级调用，专管稽查之司道降一级留任，督抚罚俸一年。

书役046：嘉庆五年奏准

地方官所差衙役，将拘提审讯之犯，私用非刑，拷逼致死者，将该管官降二级调用。若未用刑拷逼，而正犯及该犯家属，有因陵逼吓诈，情急自尽者，将失察之该管官亦降二级调用。其止于用刑拷逼，索诈银钱，勒逼教供，未经致死人命者，将该管官降一级调用。或未经拷逼索诈，但因藉差滋事，酿成人命者，该管官亦降一级调用。并未奉差，因别项滋事酿成人命重案者，该管官亦降一级调用。滋事未酿命者，该管官降一级留任。系已革衙役及地方总甲、保正、乡约、甲长、墟长、社长等一切在官人役，滋事酿命者，亦降一级留任，滋事未酿命者罚俸一年。〔今增为：如已经酿命，地方官虽访拿究办，仍照例处分；未经酿命，地方官能自行查出究办者免议，故纵者革职。〕

书役047：嘉庆五年又奏准

各省大小衙门，将不在公之人，作为挂名书吏者，降三级调用。〔今改为：知情者降三级调用，不知情者降一级留任。〕接任官不行查出，降一级留任。如系刺字革役挂名，接任官降二级调用。

书役048：嘉庆五年谕

内外大小各衙门充当书吏之人，遇事需索使费，日久竟成陋规，所得陋规逐渐加增，因而书吏役满，继受之人，出钱顶补，名曰缺底，此等名目，本干例禁，亦且贻累军民，所关匪浅，现当纲纪肃清，地方官谅不敢仍蹈故辙，有意姑容，但恐日久懈生，复有前项情弊。著通谕各省督抚，严行禁革，倘阳奉阴违，别经发觉，或被科道纠参，定将各督抚严议。

书役 049：嘉庆五年又谕

内外衙门书吏，积惯舞弊，最为恶习。外省各官，遇有题升、调补、议叙、议处、报销各项并刑名案件，每向部中书吏贿嘱，书吏乘机舞弊，设法撞骗，是其常技。至运京饷铜颜料各项，解员尤受其累，自投文以至批回，稍不满欲，多方勒掯，任意需索，动至累百盈千，名曰部费，公然敛派，即督抚亦往往明知故纵。至外省督抚藩臬以及州县各衙门，凡应办事件，亦不能不经书吏之手，藉端滋弊，甚至上下勾通，均所不免。现当吏治肃清之时，岂容猾吏蠹书从中播弄。嗣后各省官员，务须正已率属，廉洁自持，严明驭吏，汰除冗散，惩创奸胥，以杜外省书吏之弊。在京各部院堂官，惟当督饬司员等，每事躬亲，熟观例案，实心勤职，倘有积猾吏胥，密访得实，即行严办，以杜在京书吏之弊。倘经此次训谕之后，内外各衙门仍视为具文，尚有前项情弊，别经发觉，或被科道纠参，必将该管各官分别议处，毋谓诰诫之不豫也。

书役 050：嘉庆五年三谕

朕恭阅皇考《高宗纯皇帝实录》，以在京各部院之弊，多由于书吏之作奸，司官庸懦者，往往为其所愚，而不肖者，则不免从中染指，堂官事务繁多，一时难以觉察，以致事件之成否，悉操于书吏之手，饬令各督抚严行查禁。仰见我皇考整饬吏治惩创奸胥之意，朕上年因内外各衙门，多不免有猾吏蠹书串通弄法之事，明降谕旨，令一体秉公查办，但思部中书吏藉端需索，总以例案为辞，外省承办事件，原有例案可稽，何难详细检查，循照办理，若本系合例事务，又何虑部中指驳，焉有内外准驳事权，全凭一二猾吏之手，最为锢习，特再明切申谕，各部院堂官务宜督饬司员，每事躬亲查核，严防弊窦，其各省督抚，如遇书吏等有仍前讹索者，即时奏闻，置之于法，庶作奸犯科之徒，知所儆惕。倘经此次训诫后，内外衙门视为具文，仍不认真查察，仍听若辈勾通舞弊，别经发觉，惟该堂官各督抚是问。

书役 051：嘉庆五年四谕

上年将关税赢余，酌加裁减，原以体恤行旅，加惠商民，在各监督等，自当仰体朕恤商惠民之意，不敢于正税之外，复有勒索扰累之事，而所派之巡役家人等，难保无肆意苛求，藉稽查税务之名，妄行勒掯情弊。现在卢沟桥、彰仪门经管税局人役，竟有讹索过往行人银钱等事，业经分别惩治。辇毂之下，尚敢如此，其余各省关税，种种情弊，不问可知。该监督等所管税口，不止一处，于稽查税务一节，不能不另派胥役家人等，分任其事，务当谆切晓谕，不许例外讹索，仍应时加查访，严行管束，以绝弊端。嗣后京外各关税局，除随时密访外，或别经告发，或被人指参，如再有讹索饭钱扰累商旅等事，不独将所派之巡役家人等从重治罪，并将各关监督一体严办示惩，不稍宽贷。

书役 052：嘉庆九年奏准

地方官失察衙役滋事，以致被人殴毙，将该管官照衙役滋事未酿人命例议处。如并无藉差索诈等事，因奉差缉拿人犯，以致被人殴毙者，该管官免议。

书役 053：嘉庆十一年谕

外省州县额设官役，原有定数，岂容任意增添。近来各州县俱有无名白役，什百为群，遇有词讼事件，官出票差，伊等即随滋扰，勒索讹诈，威逼良民，大为闾阎之害，实可痛恨，不可不严申例禁。著各省该管上司官员，严加查核，将各衙门所有白役，立即裁汰务尽，一面将现设官役，按名报部，将来如有蠹役滋事之案，部中检查原册，如系正身官役，将该管官照例议处外，若系原册无名，即应治州县官以违制之罪，并将失察该上司从严议处不贷。

书役 054：嘉庆十一年议定

各衙门如有白役分顶合伙，捏名倒提著役年月等弊，将该管官降三级调用，白役人等加等治罪。

书役 055：嘉庆十一年又议定

革退吏役，将缘事情由及革退日期，造册详报督抚，如犯事吏役，册上无名，将该管官照造册遗漏例罚俸三月。如规避失察，捏称革役在先，犯事在后者，将该管官革职。

书役 056：嘉庆十一年三议定

凡正身衙役私带白役者，将未经查出之官罚俸六月。

书役 057：嘉庆十一年四议定

官员滥留白役，给发牌票，差遣公事者，照白役分顶合伙之例，降三级调用。〔后改为：照故纵例革职。〕致有婪赃累民，按其所犯赃数，一两以上者将本管官再降一级调用，十两以上者革职。

书役 058：嘉庆十一年定

凡外省衙役犯赃，本管官知情故纵者革职，其止于失察，十两以上者，将该管官降一级留任，不及十两者罚俸一年，自行拿获究办者免议。

书役 059：嘉庆十二年谕

温承惠奏：查出伪造札付、盗用印信、私行调补营弁之书吏，请旨办理一折。奸胥猾法营私，法所不宥，上年直隶省查出司书王丽南等私雕假印，通同州县，虚收钱粮巨案，当经特派大臣彻底研讯明确，将案犯情重者，即予骈诛，加以刑夹，并令传集保定省城各衙门书吏看视行刑，俾知炯戒，曾降旨通谕中外，原欲使在官吏役人等，知舞弊终当败露，法网非可幸逃，共相儆畏，不致再蹈刑章，所谓辟以止辟，正朕明刑弼教之苦心，乃办理甫阅数旬，且陶源一犯，经该省续行缉获正法，为日无几，此在相距较远省分，或尚未闻知，而近在同城之书吏，复有此等需索酬谢，伪造札付，假与人官之事，实属瞽不畏死。试思书吏等俱有身家性命，即一时利欲薰心，宁不稍知顾畏，何作奸犯科，竟甘身冒严刑，至于此极，迨一经破案，爰书既定，即朕慎重人命，思欲宽以一线而不能。此辈蠢愚冥顽，致罹重辟，既为可恨，亦属可悯。嗣后大小官员，当剀切晓谕吏役人等，以直隶省前案及此案为鉴，务各自顾身命，守法奉公，毋再舞文作弊，陷于重罪，以期吏治渐就肃清，方不负朕谆谆训诫之意。

书役 060：道光二年奏准

内外大小衙门书役犯赃，除本犯照例治罪外，本管官如通同婪索，不论银数多寡，皆革职提问。若纵令作弊得赃，亦不论银数多寡，皆革职。其止系失于觉察，如犯该杖徒者，本管官罚俸六月；犯该军流者，本管官罚俸一年；犯该斩绞者，本管官降一级留任；俱以首犯之罪名为断，自行访拿究办者免议。

书役 061：道光二年议准

书役犯赃脱逃，将本管官先照犯该军流例罚俸一年，俟日后获犯审明，再照罪名轻重改议。

书役 062：道光二年又议准

在京各衙门书役犯赃，如系舞文弄法，案件舛错，该司员失于觉察，犯该杖徒者罚俸一年，犯该军流者降一级留任，犯该斩绞者降一级调用，俱以首犯之罪名为断，自行访拿究办者免议。

书役 063：道光二年三议准

蠹役得赃，承审官已将索诈实情审出，故为改重就轻者革职。

书役 064：道光十年谕

御史王玮庆奏：请裁革州县白役一折。直省州县额设官役，原有定数，即使繁要州县，事务较多，不能不量招散役，备供使令，然须定以限制，岂容影射滋弊，扰累闾阎。若如该御史所奏，山东州县差役，大县多至一千余名，小县亦多至数百名，一省如此，他省可知。此等白役，遇事生风，在官多一巨猾，即地方添一积蠹，不惟乡愚受其鱼肉，该管官亦何以稽察，亟应严行裁革。前此直隶省，因各州县挂名吏役过多，经那彦成奏请以八十名为限，当经降旨允准，各省州县，俱应仿照办理。著各该督抚酌量州县缺分之繁简，严定章程，大加裁汰。至繁地方，差役不准过八十名，其余事简地方，以次递减编立卯簿，具报该省督抚，责成该管官及该管上司严行稽察，所有白役概行禁革，倘仍私自容留，该管官漫无觉察，从严参处。如该管上司及该督抚查察不周，仍属有名无实，将来别经发觉，必当执法严惩，决不宽贷。

书役 065：道光十五年谕

给事中常大淳奏：州县额设民壮，请简募充补勤加训练等语。民壮一项，以守护仓库监狱，护送过境饷鞘人犯为事，若徒令坐糜工仓，为蠹闾阎，名实不符，殊乖立制之意。著各省督抚严饬各该地方官，于额设民壮，简募壮丁充补，勤加训练，如有不知技勇，及老弱充数者，责成该管知府，照例揭参示惩，以戢奸顽而资捍卫。

书役 066：道光二十六年奏准

各直省大小衙门书吏，俱有定额，不准擅自增益，令各督抚实力稽察，一有挂名典吏，即严加裁汰。如正额典吏实不敷用，准其视地方之繁简，量设帮书，著为定额，将帮书姓名籍贯，充役日期，随同正额书吏，造册咨部。倘于正额书吏及帮书定额之外，有私增滥设情弊，由该督抚查参，均照内外各衙门经制书吏之外尚有多留例，将该管官降一级留任。

书役 067：道光二十六年又奏准

各衙门书吏缺出，限一月内即行充补，于年终汇造总册，声明充补月日报部。如已满书吏，于限外仍复悬缺未补，由该督抚分别查参，如系现充之人恋缺把持，照府州县衙门书吏久恋衙门把持官府例，将该管官分别议处。如仅止充补迟延，照事件迟延例议处。

书役 068：咸丰五年奏准

书差勒索平民及例应拘提之案，索诈得赃，致毙人命，如本管官知情徇隐者，革职提问。未经致死，知情徇隐者，降三级调用。

书役 069：咸丰五年又奏准

解犯进省，如有上司衙门书差，藉端勒索规费，许该州县直揭上司，立即严拿惩办，倘该州县瞻顾容隐，别经发觉，照徇庇例降三级调用。

书役 070：咸丰五年议准

地方官故纵衙门滋事者，革职。

书役 071：咸丰五年又议准

内外各衙门书吏，俱应确查身家清白，取具邻里押结，加具地方官印结，详咨吏部存案。如有身家不清，地方官于出结后查明禀揭者免议，未经查出降二级调用。若系由宦仆子孙承充，其主知而不首，系官降三级调用，不知情者免议。

书役 072：咸丰五年三议准

内外各衙门书吏，务择年过二十，老成驯谨之人，充补实缺，若令年幼者承充，本管官降二级留任。

书役 073：咸丰五年四议准

大小衙门，一切自理案件，有应行批示准驳之件，该管官即亲自批示，如令书吏拟批以致作弊者，照故纵书吏舞文弄法例议处。

书役 074：咸丰五年五议准

藩臬衙门书吏，该司务严密关防，按班递换，如有不将书吏封锁，任其出入自由者，照违制私罪例革职，失于觉察者降一级调用。

书役 075：咸丰五年六议准

府州县衙门书吏责成巡道稽查，无巡道地方责成守道稽查，无道员地方责成按察使稽查。倘有久恋衙门，把持官府，舞文弄法，招摇撞骗，说事过钱，包揽词讼，侵欺钱粮，飞诡税粮，卖放强盗，诬执平民等弊，该司道即访拿治罪，系本管官故纵者革职，如止失于觉察，犯该杖徒者降一级留任，犯该军流者降一级调用，犯该斩绞者降二级调用。〔总以首犯之罪名为断。〕司道失察者每案罚俸一年。其藩、臬、道员、运使、关差书吏责成督抚稽察，督抚及总河总漕学政盐院书吏责令自行稽查，如有失察者，每案罚俸六月，若本管各官自行访出究办，均予免议。

书役 076：咸丰五年七议准

直省经制书吏年满缺出，如有暗行顶买，索取租银者，将缺主人等按律治罪，该管官故纵者革职，失察者降一级调用，该督抚知而不参降三级调用，不知情者免议。

书役 077：咸丰五年八议准

各衙门官员，于本任内已革已满书役，如有更易姓名，改移籍贯承充，知情者革职，失于查察，照不行裁革冗役例降二级调用，接任官不行查出降一级留任。若收用前任及隔属已满已革书役者，降一级调用。

书役 078：咸丰五年九议准

凡衙役致死人命，致酿人命之案，地方官虽咎止失察，俱应照例议处，该督抚随案附参，不得以访拿究办为词，冀邀宽免。若但滋事而无人命，地方官能自行查出究办者免议。

书役 079：咸丰五年十议准

人犯到案，地方官务先查验有无拷逼伤痕，如有痕据，即将该差役讯明治罪，若不行查验，别经发觉，降三级调用。

书役 080：咸丰五年十一议准

前官任内有著名衙蠹，后任官能查出究办，或拿获邻境衙蠹，罪应杖徒者，每名纪录一次；罪应军流者，每名纪录二次；罪应斩绞者，每名加一级。

书役 081：咸丰五年十二议准

番役拿获人犯，限即日送交营弁，转送步军统领衙门审讯，倘有不即送官，羁留锁押，拷逼勒索，私行取供，该管官自行查出究办者免议，如别经发觉，系诬良而已致死者，将该管官革职，上司罚俸一年。系诬良而未致死者，将该管官降三级调用，上司罚俸六月。若将例应缉拿之犯，锁押拷逼，已致死者该管官降二级调用，未致死者该管官降一级调用。其有得财纵放者，该管官照失察书役犯赃例议处。如止系私行取供，并无拷逼勒索情事，将该管官罚俸一年。其五城坊捕，属御史管辖者，亦限即日交送该管官，转送巡城御史审讯，如有获犯滋弊，悉照前例议处。

吏部处分 107：编审人丁〔例 12 条〕

编审 001：康熙二十五年题准

各省五年编审壮丁一次，统于年终造册具题，如不照限题报者，将经管各官，皆照违限例议处。如府州县官假编审造册，科派小民者，革职提问。司道等官，明知蒙隐不报者，亦革职提问。若揭报督抚，不行题参，或被百姓首告，或被科道指参，将督抚亦革职。

编审 002：康熙五十二年钦奉恩诏

续生人丁，永不加赋，如该府州县各官，于定额之外，将新增人丁，私派钱粮者，革职提问。司道等官不揭报，督抚不查参，皆照私派例分别议处。

编审 003：乾隆五年谕

周官之法，岁祭司民司禄，而献民数谷数于王，王拜受之，登于天府，非独冢宰据之以制国用之通，凡授田兴锄，赒急平兴，以及岁有灾祲，移民通财，薄征散利，皆必于民数谷数，若烛照数计，而后可斟酌调剂焉。秦汉以降，户口之数，虽间见于史册，而其文甚略，惟唐贞观之初，定口分世业之法，比岁登籍，三年献书，以养以教，致治之盛，几于成康，固用此为根柢也。在昔圣祖仁皇帝以生齿日繁，恐有司屡加丁赋，匿不以闻，特诏据实开载新增人户，不另加丁赋。世宗宪皇帝勤恤民隐，广储仓谷，常惧一夫不得其所，德意至为周渥。然各省督抚，虽有五年编审之规，州县常平仓，虽有岁终稽核之法，而奉行者竟亦于登耗敛散之间，循职式之旧，殊不知政治之施设，实本于此。自今以后，每岁仲冬，该督抚将各州县户口减增，仓谷存用，一一详悉具折奏闻，朕朝夕披览，心知其数，则小民平日所以生养，及水旱凶饥，可以通计熟筹，而豫为之备。各省具奏户口数目，著于编审后举行，其如何定议，令各省画一遵行，著该部议奏。钦此。遵旨议定：嗣后除五年编审人丁，每年奏销仓谷，仍照旧例办理外，应令各省督抚，即于辛酉年编审后，将各府州县人丁，按户清查，及户内大小各口，一并造报，毋漏毋隐。其各项仓谷，详核存用实数，俱于每岁十一月，将民数谷数，缮写黄册一本，具折奏闻，著为定例。倘各该省奉行不善，致有官吏胥役，藉端滋扰，科派累民者，立即严参究治。

编审 004：乾隆五年议准

造报民数，每岁举行，于五年编审后，则户口人丁，业有成数，既不难乘便造报，即不值编审之年，各州县设立保甲门牌，一切户口，俱行胪列，原有册籍可稽，若除去流寓人等，将土著数目造报，不必更事挨查滋扰，即可得其总数。应令各该督抚于每年仲冬，止将户口总数与谷数，一并造报，毋庸逐户挨查，细造花名清册，以免纷繁扰累。

编审 005：乾隆二十七年覆准

出旗人等，有情愿入顺天府属州县为民者，著该旗造册，将伊等户口，委员解送顺天府，转解伊等愿入之州县查收，编入里甲，给予印票，造册申送备案，如遇有迁徙贸易等事，亦令报明州县存案。若地方官收明，不即编入里甲，日后查无其人者，均照脱漏户口律分别议处。

编审 006：乾隆三十年奏准

凡外省官员，将朋友家人写入伊家口数内，谎充户口者，降一级调用。

编审 007：乾隆三十年又奏准

官员将投充满洲之人，称为纳粮之民者，地方官降一级调用，转申之上司罚俸一年，巡抚罚俸六月。如先称不系投充，后报投充者，地方官罚俸一年，该管上司罚俸六月，巡抚罚俸三月。如将投充满洲之人，称为纳粮之民，改粮册年月移送者革职，未经详查转申之上司降一级调用，巡抚罚俸一年。

编审 008：乾隆三十七年奏准

直省督抚转饬府州县等官，将绅衿之家，一体编次保甲，听保甲长稽查，如有不入编次者，该地方官详报题参，比照脱漏户口律治罪。地方官瞻徇情面，不据实详报者，降三级调用。身列仕籍，肄业胶庠，并齐民内衰老废疾及寡妇之家，子孙尚未成丁者，俱免其充役轮直。

编审 009：乾隆三十七年谕

编审人丁，旧例原因生齿繁滋，恐有漏户避差之弊，是以每五年查编造册，以备考核。今丁银既皆摊入地粮，而滋生人户，又钦遵康熙五十二年恩旨，永不加赋，则五年编审，不过沿袭虚文，无裨实效，况各省民谷细数，俱经该督抚于年底专折奏报，户部核实具题，付之史馆纪载，是户口之岁增繁盛，俱可按籍而稽，更无藉五年一次之另行查办，徒滋纷扰。嗣后编审之例，著永行停止。

编审 010：乾隆四十年谕

直省滋生户口，向惟册报户部，朕临御之初，即饬各督抚，岁计一省户口仓谷实数，于仲冬具折以闻，盖仿周礼司民掌登民数拜献于王之义，即藉以验海宇富庶丰盈景象，法至善也。顾行之日久，有司视为具文，大吏亦忽不加察，谷数尚有仓储可核，而民数则量为加增，所报之折及册，竟有不及实数什之二三者，其何以体朕周知天下民生本计之心乎。我国家累洽重熙，百三十余年于兹，休养生息，盛于往牒，闾阎安享昇平，乐利阜宁，岁计倍有增益，讵可不确核以登，纪盛世殷繁之实乎。现今直省通查保甲，所在户口人数，无难按籍而计。嗣后各督抚饬所属具实在民数，上之督抚，督抚汇折上之于朝，朕以时披览，既可悉亿兆阜成之概，而直省编查保甲之尽心与否，即于此可察焉，其敬体而力行之，毋忽。

编审 011：乾隆四十年又谕

前曾降旨令各督抚将实在民数，通核上陈，但恐督抚等泥于岁底奏报之期，尚不免草率从事，仍属有名无实。所有本年各省应进民册，均著展至明年年底缮进，俾得从容确核，以期得实。嗣后每年奏报民数，各该督抚务率属实力奉行，毋再如前约略开造，倘仍因循疏漏，察出定当予以处分。

编审 012：乾隆四十九年奏准

督抚汇奏民数谷数，有造报舛错者，罚俸三月。

吏部处分 108：满洲营雇用汉人〔例 1 条〕

雇用汉人 001：乾隆二十一年覆准

各省驻防官兵雇用汉人，令理事同知查明造册，交地方官查察立案，倘造报不实，并地方官不实力查察者，均罚俸一年。如有奸匪改易姓名，窜入潜匿，有心徇隐者降三级调用。

吏部处分 109：买卖人口〔例 15 条〕

买卖人口 001：康熙三年题准

凡拨给山海关以外叛逆人犯妻子家奴，有私行偷卖赎去者，卖赎之人系官革职，专管各官各降二级调用。如偷卖赎军流等犯妻子家奴者，亦照此例议处。

买卖人口 002：康熙十七年覆准

八旗满洲、蒙古家人，不许卖给汉军民人，违者，将所买之人并价均入官，买卖之人，系官罚俸一年，收税官罚俸九月。其满洲、蒙古家人，有违例赎身，放出为汉军民人者，其家主系官，亦照买卖例处分。其喀尔喀、额鲁特，亦不许卖给汉军民人，违例买者，系官降一级调用，将人入官。

买卖人口 003：康熙十八年议准

旗下人契买民人，无论地方，著用正印官印信准买，令用印衙门，速呈户部，由户部转行该抚，令该地方官晓谕，如用印官十日内不将所买缘由呈报户部者，罚俸一年，如竟不呈报者降一级留任。

买卖人口 004：康熙十八年又议准

凡旗下家人，将诱来人口，隐藏在家贩卖，其主明知，匿而不首者，系官革职。若不知情，失于觉察者，罚俸三月。若各该管之人，或拿获，或出首，或犯人自行投首者，将该管官并其主皆免议处。

买卖人口 005：康熙十八年三议准

官员该管地方，如有诱骗掠卖人口，藏顿窑子老虎洞等处，该地方官不行严加查拿，知情故纵者革职，该管上司皆降三级调用。

买卖人口 006：康熙十八年四议准

旗下人买良人为娼，或将家人妇女纵为娼者，娼妇入官，其主系官革职治罪。家人将自己妇女纵为娼者，其主不知情，系官降一级留任，罚俸一年；若知情，系官亦革职治罪，族长系官罚俸一年。城外交与五城司坊官查拿，若不查拿，被旁人拿获，将司坊官罚俸一年，该城御史罚俸三月。

买卖人口 007：雍正十二年覆准

官媒人等，将妇女私养在家，纠结匪类，局奸图骗，如非系当官交领，私具领状，将妇女久养在家，踰限不卖，希图重利者，该管地方官，不行实力查拿，或被上司查出，或别经发觉，将该地方官，照不实力奉行查访窝家例罚俸一年。

买卖人口 008：乾隆四年覆准

凡违禁掠卖番子之内地民人，文武官弁稽查不力者，照外国之人私自进口不行查报例，专管官降一级调用，该管上司罚俸一年，知情故纵者照讳盗例革职，受贿徇纵者参革治罪。

买卖人口 009：乾隆四年奏准

各省诱拐等犯，未经审讯，即行远扬，地方官如不实力缉拿，照不实力奉行察访盗窃例罚俸一年，人犯照例缉拿。

买卖人口 010：乾隆四年又奏准

官员出差买女人者，分别强和察议，强娶者革职，和娶者降三级调用。

买卖人口 011：乾隆二十四年覆准

地方有兴贩妇人子女，转卖图利等事，地方官匿不申报，照应申不申律罚俸九月。

买卖人口 012：乾隆三十年奏准

境内有伙众兴贩妇人子女藏顿等事，该管地方官失察，未经查拿，降一级调用，知情故纵者革职。该管上司徇庇，不将故纵之属员查参，降三级调用。

买卖人口 013：乾隆三十年又奏准

凡奉天、锦州二府民人，有将子女典卖与别省民人带去，并典卖与旗下者，失察之州县官罚俸九月。

买卖人口 014：乾隆五十三年谕

地方遇有灾祲，无业贫民，卖鬻子女，原属间有之事。从前田文镜在河南巡抚任时，曾经禁止民人不准出境，其意不过为讳灾起见。此等贫民，既因灾歉口食无资，不得已将其子女出卖，地方官抚恤得宜，无此等事则善矣，概行禁止则灾黎贫乏，不能自存，又无以养赡其子女，必致饿毙，岂轸恤灾黎之道。但民人子女，或就近卖与地方民户，及过往客商，固所不禁，即各省赴京引见官员，沿途价买携带，亦尚属可行。至如由新疆押解人犯，照料回子，护送哈萨克使人，并押送官物之官员人等，俱系由驿站行走，理宜简便，若沿途买带子女，则拣择看视，说合讲价，既不免守候需时，而价定后沿途携带，又需多用车辆夫马，必致扰累驿站，贻误差使，且此等买带子女之人，未必尽系自己买用，或为人代买，或复行贩卖，更易滋别项情弊，而带领来使之人，尤为外藩所笑，不可不严行查禁。嗣后著该督抚等，遇有灾祲，贫民卖鬻子女者，除本地民户，过往客商，及并未驰驿官员，各听其便，毋庸禁止外，其有派委差使，由驿行走之人，俱应禁止，民人不得私行售卖，并随时查察，此等官员，如有违禁私买携带者，即应严参治罪。将此通谕各督抚，并谕伊犁将军及新疆办事大臣，一体严察，毋得仍前因循，致干咎戾。〔谨案：携带子女者，照出差买女人例降三级调用。〕

买卖人口 015：嘉庆九年奏准

实系伙众兴贩，藏顿贩卖，并诱拐嫁卖，结伙已在十人以上，或被诱之人在五人以上者，仍照伙众兴贩例，将地方官及该管上司，按知情、失察分别议处。若和诱拐逃，因而嫁卖，其同伙不及十人，并被诱不及五人者，将失察潜住，不行查拿之地方官，照伙众兴贩例减为降一级留任，倘有知情故纵者仍革职。该管上司，于属员故纵徇隐不参者，仍降三级调用。

吏部处分 110：迷拐子女〔例 7 条〕

迷拐子女 001：康熙十八年议准

京城地方，如有聚众抢夺路行妇女，及以药饼迷去幼小子女，或用术拐男妇子女，或卖或自为奴婢者，将不行严禁之该管官，罚俸一年。在外直省地方，如有抢夺迷拐等事，不行严禁之州县，捕官罚俸一年，印官罚俸六月，本管知府及总捕厅各罚俸三月。至抢夺迷拐人犯之主，知情不举，系有职者革职。

迷拐子女 002：乾隆二十五年覆准

京城内外地方，有迷失子女之案，该管衙门，均于报到之日，一面行知内外看守城门官兵，层层逻访，加意盘诘，即一面飞饬所属该管员弁，选差躧缉，并通饬内外城附近地方官弁，一体稽查严缉务获。如该管官弁不即转报关缉，以致迟误者，罚俸一年。幼童迷失，或逃或拐，情节未明，俟缉获之日，审系迷拐，方行照例分别议处。如该管官将迷拐人犯，实力缉获者，免其失察处分，纪录一次。其别处地方员弁有能盘获者，纪录二次。

迷拐子女 003：乾隆三十年奏准

八旗迷失幼童幼女，令步军统领各衙门，一面通行各直省查缉，一面遴选干捕，严缉奸拐并收留不报之人，果能实心缉获者，该管官按拿获名数议叙，拿获一二名者纪录一次，三四名者纪录二次，五六名以上者纪录三次。倘该地方有窝拐、诱拐及收留不报之人，该番捕不行查拿，将该管官亦按诱拐收留名数处分，一二名不行查拿者罚俸六月，三四名不行查拿者罚俸一年，五六名以上不行查拿者降一级留任。倘奸徒将诱拐之人，远遁他处转卖，经地方官拿获，供出曾在某地方容留者，将拿获与容留之各该地方官，亦照在京该管官例，按其名数，分别议叙议处。

迷拐子女 004：乾隆三十四年奏准

境内有抢夺迷拐男妇子女者，将不行查拿之该管司坊、州县、印捕各官，降一级留任，知府、直隶州知州、总捕厅俱罚俸一年，道员罚俸九月。

迷拐子女 005：嘉庆十年议定

在京五城、大兴宛平二县，各省州县地方，遇有伙众抢夺良家妇女，及用药迷拐男妇子女之案，令都察院、各该督抚，勒限四个月，题参疏防，将司坊、州县、印捕各官住俸，勒限一年缉拿，限满不获，降一级留任，限一年缉拿，限满不获，即照所降之级调用，人犯交与接任官，照案缉拿。督捕厅员并同城知府初参停升，罚俸六月，限一年缉拿，限满不获，罚俸一年。不同城之府州及兼辖道员，初参罚俸六月，限一年催缉，限满不获，罚俸一年，人犯均照案缉拿，限内自行拿获者免议。如承缉官于初参限内去任，接缉官初参罚俸一年。再限一年缉拿，限满不获，再罚俸一年，人犯照案缉拿。如系初参限外去任，接缉官限满不获，罚俸一年，人犯照案缉拿。倘有违匿及事主未报等事，悉照盗案例办理。如抢夺并非良家妇女，照白昼抢夺赃未满贯例议处。

迷拐子女 006：嘉庆十年又议定

该管官将迷拐人犯，实力缉获者，免其失察处分，准予纪录一次。其别处地方员弁有能盘获者，准其纪录二次。

迷拐子女 007：嘉庆十年三议定

地方有符咒骗诱子女，毁其肢休，炙取脑髓等事，本邑地方官，不严拿惩治，降二级调用。此等诱骗之人，潜住别邑，将听其容留窝顿，不行查拿之地方官，降一级留任。

吏部处分 111：隐瞒秀女〔例 2 条〕

隐瞒秀女 001：乾隆三年奏准

旗人隐瞒秀女者，系官革职，平人交刑部治罪。族长知情者，系官降二级调用，系兵丁鞭七十。若不知情，该族长草率具结者，系官罚俸一年，系兵丁鞭五十。在屯之秀女，如有隐瞒遗漏等弊，将差往稽查之领催，照在京族长例议处。

隐瞒秀女 002：乾隆三十年奏准

挑选之时，遗漏未曾传知，系佐领、骁骑校、领催遗漏，族长、家长均免议。若族长遗漏，系官罚俸一年，家长免议。在屯之秀女，令该骁骑校、领催前往稽查，如有隐瞒遗漏等弊，在京之族长扶同隐瞒及遗漏不行传知，仍与京城一律处分。族长不知情者，照京城之例，减一等处分。若族长、家长于事后出首，将族长、家长照京城之例，减二等处分。头面肢体残疾之女，令家长同族长报明该管官，送都统等验明报部，违者，家长系官罚俸一年，族长系官罚俸六月。事后出首者，家长罚俸九月，族长免议。

吏部处分 112：台湾民人偷越番地〔例 1 条〕

台湾偷越 001：乾隆二年覆准

台湾民人偷越番地，该地方文武官弁，如有实力巡查，一年之内，拿获十名者，将拿获之该地方文武官弁，纪录一次，再有拿获，按数递加议叙。倘不实力巡查，至有偷越之事，别经发觉，将该管文武官弁，照失察民人擅入苗地例降一级调用，上司罚俸一年。若有贿纵情弊，照私放出口例，将该管官革职，计赃论罪。如兵役人等，不实力巡查，致有偷越情事，查明兵役有无受贿故纵情弊，将失察兵役之该管文武官弁，系失察照失察衙役犯赃例议处，系故纵照纵役贪赃例革职。

吏部处分 113：开垦荒地〔例 23 条〕

垦荒 001：顺治十五年覆准

丈量地亩迟延限期，及丈量之地不明白详报，不送文册，檄催又不申详，或饬令该员监丈，互相推诿者，州县官各罚俸一年，该管官各罚俸六月。

垦荒 002：康熙元年题准

各省荒地，道府一年内开垦千顷以上者纪录一次，三千顷以上者加一级，四千顷以上者加一级、纪录一次，六千顷以上者加二级。州县官开垦百顷以上者纪录一次，三百顷以上者加一级，四百顷以上者加一级、纪录一次，六百顷以上者加二级。俟起科时，该督抚取具甘结，具题之日，分别纪叙，如有未经开垦捏报者，督抚、布政使降二级、罚俸一年，道府降四级调用，州县官革职。如垦地后有复荒者，道府州县官将开垦之加级纪录削去，督抚、布政使罚俸一年，道府降一级住俸，州县官降三级住俸，皆勒限一年，督令开垦，如依限一年内有垦完者，准其开复，如限内不垦完者，督抚、布政使降一级，再罚俸一年，道府降二级〔今改为降一级〕调用，州县官降三级调用。如前官垦过熟地，后任官复荒者，督抚、布政使、道府、州县官，照经管开垦官复荒治罪。倘有隐匿熟地，称为垦田者，道府州县官皆照未经开垦捏报例议处，如督抚布政使未经查出，亦照捏报例议处。

垦荒 003：康熙十五年题准

官员开垦荒地，不照定例年分起科，先期勒征，或过期不征，或私减地亩定额征粮者，州县官革职，道府各降三级调用，督抚、布政使各降一级留任。如不照所限年分，豫详请征，或勒民开垦，及开垦地亩以多报少，以少报多，或以先垦之地，后又重报开垦，及荒熟地亩，不分析明白混报，或应征在民钱粮，不查出者，州县官各降一级调用，该管上司罚俸一年。

垦荒 004：康熙十五年议准

现任文武官，并休致乡宦，或将熟地，或将新垦增地，隐一亩以上者降四级调用，隐十亩以上者革职，隐一顷以上者革职杖一百，准其折赎，永不叙用，其所隐田地入官，所隐钱粮，按年行追。进士、举人、生员、贡生、监生隐一亩以上者革去职衔，隐十亩以上者革去职衔杖一百，准其折赎，永不叙用，其所隐田地入官，所隐钱粮，按年行追。一应州县官员，将所隐田地，不行查出，不及二顷者降四级调用，二顷以上者革职。道府、直隶州知州等官，将所隐田地不行查出，不及五顷者降二级调用，五顷以上者降四级调用。督抚、布政使将隐地不行查出，不及十顷者降一级留任，十顷以上者降二级留任、罚俸一年。又，官员因不行查出隐地处分之时，先有查出隐地，并因垦地有加级纪录者，准抵，其余加级纪录不准抵销。其地主已将本身地呈报州县，而州县不呈报司道府官，或州县已经呈报，而司道府官不详明督抚者，皆照隐地官员例处分，其原首地主免罪。总督巡抚以下，州县官以上，离任之后，如有隐地，被接任者查出，其升迁、降调、休致告病者，皆照现任官例处分。

垦荒 005：康熙十六年题准

州县官实心劝谕，首出隐地二百顷以上者纪录一次，六百顷以上者加一级，八百顷以上者加一级、纪录一次，千顷以上者加二级。该督抚仍不时查访，如有藉劝首名色，滋事扰民，该督抚即指名题参，照捏报开垦例革职。

垦荒 006：康熙十七年覆准

不肖官员，有希图议叙，谎报开垦，及查出隐地，累民多征钱粮者，此等事发觉，将谎报官照捏报开垦例议处，加级、纪录、卓异、即升皆不准抵销。

垦荒 007：雍正十二年覆准

各省督抚，凡有开垦册报，即别委隔属贤员，履亩丈勘，所垦之数与所报之数，果属相符，取结送部，劝垦之官准其题请议叙。倘丈勘之数与报垦之数不符，即将原报垦之官题参，照以多报少以少报多例降一级调用。如委勘之员，一时蒙混，或经督抚指参，或经日后发觉，将委查出结之员，亦照此例降一级调用。至于山田，或先可耕种，后因水冲，仅存沙石者，难以播种，并滨江滨河之田，前经报垦，后因水浸，或经坍塌者，应于水田六年，旱田十年，将届升科之期，令该督抚按年委官覆加查核，如果有坍塌更改之处，据实具题请豁，其成熟田地仍行分别升科，如有应行改正而互相徇隐者，督抚查参皆照荒熟地亩不分析明白例降一级调用。升科以后，山田水田，或彼冲此长，彼涨此坍，以新长者补冲，以新涨者抵坍，实在冲坍者，即予开除，仍将每年开除抵补细数，造册报部。如该地方官不实力奉行，督抚确查题参，亦照例降一级调用。督抚不题参，别经发觉，罚俸一年。

垦荒 008：雍正十二年又覆准

凡藉开垦名色，将有业户田产，串通里甲地邻蒙官给照，地方官不行查明，滥给执照者，照不分析明白混报例降一级调用。

垦荒 009：乾隆十三年议准

沿河沙洲地亩坍涨，悉令报官勘验，如此属淤涨之地，实系彼处坍塌之数，上下对岸，显有形迹可据者，即遴委能员，会同两邑地方官，据实勘验，秉公拨补。如地方州县官，不查丈明确，以致坍少补多，坍多补少，舛错不公者，照官吏不用心从实检踏律分别议处。〔如通同作弊，罢职不叙。如系失于关防，计亩数分别议处，罪止降二级留任。〕

垦荒 010：乾隆十六年覆准

湖广沿江州县，两岸多产芦苇，坍涨不常，其坍没地亩，印官竟有从未履文，率行据报请豁，道员不过按册抽查，其中不免坍少豁多之弊。嗣后严饬州县，逐一确切查明入册，道员详细稽核，倘州县仍前草率，道员访出揭参，如有扶同，一并分别议处。倘州县及道员等仍前玩忽，该督抚不即题参，部中按限查核，将该督抚一并参处。

垦荒 011：乾隆三十年奏准

广东省山多田少，无田耕种穷民，赴山搭寮，取香砍柴烧炭等项，令各州县每寮给牌，遇有迁徙消长，赴县添除，倘窝藏奸宄，勾通匪类，报官究治。至入山之穷民，赴官报明，搭寮居住，种麻种靛，山主经官验准，其官山内除搭寮工作外，令民自行耕种，该督抚相地制宜，分别起科，每年开垦亩数，年底造具清册，送部查核。若地方各官，有以多报少，勒索情弊，照开垦荒地例议处。如文武各官，漫不经心约束，以致窝藏奸宄，勾通匪类等弊，革职，通详之上司免议。

垦荒 012：乾隆三十年议准

入川开垦之民，令原籍地方官给予印照，至川缴送该管地方官，以便稽查。其有久住川省之人，欲往他省探亲，或他省之人欲至川省探亲者，俱令禀明地方官，给照前往，回日，取所往之地方官回文销照，如无印照，所经过地方官，即行驱逐。其沿途经过地方官，不能稽察，以致混行出入者，照失查无票出口例降一级调用。或得贿故纵，或借盘查名色，肆行需索，贻累平民者，革职治罪。该督抚及该管上司不行题参，照不揭参劣员例分别议处。

垦荒 012：乾隆四十二年覆准

粤西官荒地土，立石定界之后，复有控争地土未清案件，该抚核实查参，将从前查勘不实之州县官，照荒熟地亩不分析明白混报例，降一级调用，该管上司各罚俸一年。

垦荒 013：道光四年议准

直隶旗荒、官荒、民荒地亩，原报可垦者，一万一千余顷，勒限一年内，即行升科。州县官能于一年限内全行办结者加二级，如逾限不结降一级留任，仍戴罪限半年赶办，若依限完结，开复降留，仍予议叙，如再逾限不完，即照所降之级调用。

垦荒 014：道光四年又议准

原报难垦及未经勘文荒地七万六千余顷，勒限一年招佃试垦，州县官能于一年限内全行办竣，数在百顷以内者随带加一级，一千顷以内垦至七成以上者随带加二级，一万顷以内垦至六成以上者，并一万顷以外垦至五成以上者随带加三级，二万顷以外垦至四成以上者，准该督出具考语，送部引见。道员、知府、直隶州知州，果能实力督催，统计所属州县一年限内，数在百顷以内，全行勘丈招佃试垦，并数在千顷以内垦至七成以上者俱加一级；万顷以内垦至六成以上，万顷以外垦至五成以上者，俱加一级、纪录二次；二万顷以外垦至四成以上者，俱加二级。如有将开垦之地，熟后复荒者，将该州县、道府等议叙之案注销。

垦荒 015：道光四年三议准

原报难垦及未经勘丈地亩，州县官招佃试垦，一年限满，数在百顷以内不及六成者降职一级，千顷以内不及四成者降职二级，万顷以内不及三成并万顷以外不及二成者降一级留任，二万顷以外不及一成者降二级留任。如有逾限不丈及全未垦种者，无论顷数多寡，均革职留任。道员、知府、直隶州知州，如不实力督催，统计所属州县地亩，数在百顷以内不及六成，千顷以内不及四成者，罚俸六月；万顷以内不及三成，万顷以外不及二成者，罚俸一年，二万顷以外不及一成者，降一级留任。以上降革留任罚俸各员，仍再予限一年，戴罪赶办，如限内将不及分数垦足者，准其开复，能垦至议叙分数者，除开复处分外，仍给议叙，若二年限满无效，已罚俸六月者再罚俸一年，已罚俸一年者即降一级留任，已降职一级、降职二级者即改为降一级、降二级留任，已降级留任者即照所降之级调用，已革职留任者即行革职。其有地亩在三万顷以外者，初次，先照二万顷以外之例议叙议处，如一年限满，不能办结，再予限二年，戴罪赶办，倘三年限满无效，即照二万顷以外之例办理。

垦荒 016：道光四年四议准

各项荒地内，有经旗民人等，先已私垦成熟者，令各该州县实力查出，于当年升科，所有查出地亩，即并入招垦数内，核计分数。傥前项地内，实有水冲沙压，难以试垦者，亦即绘图贴说，出具切实印甘各结，报部查勘情形，改作芦洲牧厂。

垦荒 017：道光四年五议准

各州县官以奉文之日起限，令该督先将起限日期，并查丈地亩数目，先行报部存案，每届期满之时，即将各州县考成分数，核实奏报，并分别详细造册，咨送吏户二部查办。

垦荒 018：道光四年六议准

土棍私租山场，招集外来棚民，入山开垦，州县官不即查拿驱逐者降一级调用，府州降一级留任，道员罚俸一年。其限满棚民，〔租契有年限者，以契约为断，无年限者，至迟不得过十年，系由户部议定。〕饬令退山回籍，地方官按其现未回籍者若干户，一年内能饬退及半者免其议处，如不及十分之五，将州县官罚俸一年，府州罚俸六月，道员罚俸三月；不及十分之三，将州县官罚俸二年，府州罚俸九月，道员罚俸六月；不及十分之一，将州县官降一级留任，府州罚俸一年，道员罚俸九月；仍令该州县每年将各棚户，分别已满限未满限，已回籍未回籍，于年终详细造册，由该上司核明，报部查议。如有玩延不办，徇隐姑容，并捏报虚数，冀免处分，经该上司查参，将州县官降一级调用。

垦荒 019：道光四年七议准

垦地有复荒者，将道员、府州、州县官之加级纪录削去，督抚罚俸六月，布政使罚俸一年，道员、府州降一级住俸，州县官降三级住俸，俱勒限一年，督令开垦，如一年限内垦完，准其开复，限满不垦完者，督抚罚俸一年，布政使降一级留任，道员、府州降一级调用，州县官降三级调用。如前官垦过熟地，后任官有复荒者，督抚、布政使、道员、府州、州县各官，亦照此例议处。

垦荒 020：道光四年八议准

地方荒地，未开捏报已开，及将垦过熟地捏称新垦者，州县官革职，府州降四级调用，道员降三级调用，布政使降二级留任，督抚降一级留任，知情者不准抵销，不知情者准其抵销。

垦荒 021：道光四年九议准

州县官开报新垦田亩，以多报少，以少报多，或不将地亩之新旧荒熟分析明白，以致有豫征漏征等事者，俱降一级调用，该管府州罚俸一年，道员罚俸六月。

垦荒 022：道光四年十议准

隐匿田地，州县官不行查出，不及二顷者降四级调用，二顷以上者革职。知府、直隶州知州不行查出，不及五顷者降二级调用，五顷以上者降四级调用。道员不行查出，不及五顷者降一级调用，五顷以上者降三级调用。布政使不行查出，不及十顷者降一级留任，十顷以上者降二级留任。督抚不行查出，不及十顷者罚俸一年，十顷以上者降一级留任。

垦荒 023：道光十年谕

伯都讷理事同知文庆，于该处民人王安等私开荒地，隐种千余亩之多，未经查出，非寻常失察可比，著照部议革职。嗣后如有似此失察私垦地亩之案，即照部议办理，毋庸票拟双签。

吏部处分 114：拨给地亩〔例 2 条〕

拨给地亩 001：康熙九年题准

凡官员拨补地亩，不详查部文原定款项错误拨给，或原定款项有不便拨给情由，不豫先详明，擅与改拨者，皆罚俸一年。

拨给地亩 002：康熙二十四年议准

承办拨地官员，有意不遵部文，徇情改拨者，将该员降三级随旗行走。

吏部处分 115：旗人违禁外省置产〔例 4 条〕

旗人置产 001：雍正十二年覆准

八旗人员，置买产业于各省者，令各旗人员，据实首报，交与该省督抚，按其产业之多寡，酌量限期，勒令全数变价回旗。如有隐匿不首及首报不实者，令督抚访查题参，照侵占田宅律治罪，所置财产照例入官。如有地方官扶同徇隐，不行究参，或被旁人首告，或因他事发觉，将不行实心查究之州县官降二级调用，未经查出之知府降一级留任，督抚、司道罚俸六月。至于查禁以后，仍有违禁于各省置产，私相授受，或托民人出名，诡名寄户等事，一经查出，田产入官，照律治罪。地方官失于觉察，照失于觉察例罚俸一年。

旗人置产 002：乾隆十九年覆准

八旗地亩，自清查之后，如有违例私行典卖者，事发，将失察之地方官罚俸一年。若将旗田长租与民，自三年以外至十余年者，事发，将失察之地方官照失察私典例，减一等，罚俸九月。

旗人置产 003：嘉庆五年奏准

凡旗地有私行开垦，地方官不行查出，罚俸一年。有隐匿旗地，不行查出者，亦罚俸一年。

旗人置产 004：嘉庆五年议准

八旗地亩案件，俱令亲赴部旗，或步军统领衙门呈控，如有在京旗人并妇女等，径赴州县及理事厅控告，该地方官不将原告人解部，遽为接呈查办者，将该地方官照违令私罪律，罚俸一年。

吏部处分 116：军丁屯田〔例 3 条〕

军屯 001：乾隆十二年覆准

各省军旗，有屯田典卖与民者，许备价回赎，由卫所移明州县，饬令民人收价退田。倘地方官不即饬退，照承催迟延例，按违限月日，分别议处。如该丁不即备价，混控退田及捏报混冒者，将该卫弁照例处分。各衙门书识人等，有隐占屯田情弊，该管官照失察衙役犯赃例分别议处。

军屯 002：乾隆二十四年覆准

一年限内，赎不及十分之二者，将卫所官弁罚俸二年，回赎二分以上者免议，回赎三分以上者，将卫所官弁照例议叙。倘有捏报回赎，不行查出者，降一级调用，各该同知有清军之责，一并照例议处议叙。

军屯 003：乾隆二十年奏准

直隶营田州县，令该道等劝导查察，如州县实力督课，三年之后，著有成效出色者，各该道府厅州县，据实详报，由司核转保题，不论俸满即升。倘有怠忽因循，并将工本以完作欠、以欠作完等弊，即行揭报参处追赔，据实详报。如有滥举徇庇等情，该督亦即查参，照例议处。

吏部处分 117：入官田产〔例 6 条〕

入官田产 001：康熙十四年议准

官员凡入官田产，隐匿不举者革职，未经查出之知府降一级调用，司道罚俸一年，巡抚罚俸六月。其令人居住耕种，不纳租银者，州县官降一级调用，该管官罚俸一年。如估价短少，或不候估价部文即卖者，皆罚俸一年，该管官罚俸六月。

入官田产 002：雍正七年题准

田房产业，一经入官，即令本犯家属，立将契券呈官出业，该管官眼同原主，秉公估定价值，出示速售，有愿买者，即给予印照，照内开明不许原主勒索找价，仍令买主出具并无假冒影射甘结存案。如该管官仍有纵容原主踞占影射者，或被旁人首出，将踞占之家属，并影射之亲友，皆照隐瞒入官财物房产律，坐赃论罪，该管官照徇隐例治罪，该管各上司照徇庇例降三级调用。倘并无影射情弊，而首告之人故行捏辞陷害，按律反坐。至所典房地及质当物件，应责令原主勒限取赎，归还原本，如逾限不赎，即开明原本价值，出示招售。又，亏空贪赃官吏，一应追赔银，各该督抚委清查官产之员，会同该地方官，令本犯家属，呈明时价，当堂将田房什物，分别低昂，公同确估，详登册籍，申报上司，仍令本犯家属，眼同售买完项，如有侵渔需索等弊，许该犯家属并买主首告，将侵渔需索之官吏，照侵盗钱粮及受枉法赃律，从重治罪。该管上司不行严查，故为徇庇，照徇庇例降三级调用。

入官田产 003：雍正七年又题准

凡应变价之田房产业，价估千两以上者，僻小州县，或无有力之家，及虽系通都大邑，而价值至数千两，一时不能即售，令该督抚酌量，分作年限完解，限内不完，罚俸六月，二年以后不完，罚俸一年。如有售主先交价银一半，或三分之一，即令其管业，其余银各于年限清交，给予印照，该管官先将分年完解之处，详明上司，咨部存案。至所收银，逐年解交藩库，出具库收，送部查核，如一年限内完解不及该年分数者，将该地方官查参，罚俸六月，二年不完者罚俸一年，三年以后不完每年罚俸一年。若一年限内全完，千两一案者，准其纪录一次，以次递加。

入官田产 004：雍正十三年覆准

入官产业，如经管胥役，占住侵租，该管官毫无觉察，或别经发觉，或被上司访出题参，照纵役娄赃例革职。

入官田产 005：乾隆十五年奏准

承办千两以下者，限半年变完，千两以上至数千两者，该督抚酌量，分作一年或二年变完。

入官田产 006：乾隆三十年奏准

地方官吏，有将入官田房私自租人，侵蚀租银者，除照数追赔外，仍照侵盗钱粮例治罪。至入官一应什物，勒限六个月变价，如逾限未变者，罚俸六月，二限以后不完，每限罚俸一年。若有窝换等弊，查实，加倍追赔，仍照侵盗钱粮例治罪。

吏部处分 118：田房契税〔例 5 条〕

田房契税 001：乾隆十六年覆准

契税银系属杂项，原与地丁等项正课不同，若一例处分，未免漫无区别，但不肖有司，将契税银任意侵匿，而该管上司乃竟全无觉察，或已经查知，仍不据实详报，自应分析情节，酌定处分，以专稽察之责。嗣后所属州县，傥仍有侵收契税情弊，即行据实指参，系直隶州侵收者将该管道员查参，系州县侵收者将该管知府、直隶州知州一并查参，仍将或系徇隐，或系失察，于疏内分析声明，如系有心徇隐，照徇庇例降三级调用，如止于失察者，照属员因事受财同城知府失于觉察例，降一级留任。

田房契税 002：乾隆三十年奏准

大宛二县各门两厂房租，应照所题定额征收，其续盖续倒房间，三年一次，查明报部。如将续盖房间，匿不增租及房间并不倒坏捏报开除者，照隐匿税契例，计间数分别处分。

田房契税 003：乾隆三十七年奏准

州县给发契尾，如田房契价在千两以下者，毋庸申送道府查验；其契价在千两以上者，令各该州县将所填契尾，粘连业户原契，按月申送知府、直隶州查验，知府、直隶州申送该管道员，查验相符，即将契尾截裁两半，仍定限十日发还州县，一给业户收领，一存俟汇送藩司稽核。如州县不按月申送查验，及道府、直隶州不行给还，逾限至十日以上者罚俸六月，二十日以上者罚俸一年，一月以上者降一级留任。或道府、直隶州已按期给发，该州县不即给发业户收执，亦照此例议处，仍令道府、直隶州及该州县，于契尾上注明呈验，并各给发日月，以备查核。

田房契税 004：乾隆三十七年又奏准

民间置买产业，不得苛索扰累，多收税羡，如有前项情弊，该管官革职治罪，该上司不题参者，照不揭报劣员例分别议处。

田房契税 005：乾隆四十六年议准

凡旗员及闲散家奴人等置买房地，令呈明该管佐领，在左右两翼监督衙门纳税过契，如有在大宛二县投税，请领契尾，该县私准纳税者，均照违制论，该旗官员及该县俱交部议处。闲散家奴鞭责发落，仍令在监督衙门补税换照。

吏部处分 119：擅责佃户〔例 1 条〕

责佃户 001：雍正十二年议准

凡不法绅衿，私置板棍，擅责佃户，勘实，乡绅照违制律议处，衿监吏员革去衣顶职衔，照律治罪。地方官容隐不行查究，经上司题参，照徇庇例处分；失于觉察，照不行查出例罚俸一年。如将佃户妇女占为婢妾，皆革去衣顶职衔，按律治罪。地方官徇纵肆虐者，照溺职例革职，不能详查者，照不行查出例，罚俸一年；该管上司徇纵不行揭参，照不揭报劣员例议处。至有奸顽佃户，拖欠租课，欺慢田主者，照例责治，所欠之租，照数追给田主。

吏部处分 120：起解钱粮物料〔例 37 条〕

起解钱粮 001：康熙四年议准

直隶各省兵饷协饷，定为五分，限四月内完二分半，九月内全完。如行师大兵军饷，协济别省钱粮，或迟或误者革职。支给本省兵饷，或迟或误者，州县卫所官降三级，司道府直隶州各降二级，督抚各降一级，皆令其戴罪督催，完日开复。

起解钱粮 002：康熙五年议准

每年拨饷时，如所拨饷内，有水旱等灾蠲免，或拨文未到之前别用，并解部及重拨之项，该省督抚等，一面动用别项钱粮照限协解，一面将动支缘由开明题报，如藉端捏诿，谎行题报，或所缺钱粮，不动别项钱粮抵解，以致迟误者，该管官革职，布政使司降三级调用，督抚降二级留任。至解饷省分，督抚照所限月底，将起解数目题报，如不曾起解，谎以起解具题者革职，不依所限月底题报者罚俸一年。如已征钱粮，拨给稽迟，以致兵逃兵哗，或查报时将兵逃兵哗情由蒙隐不报及报不实者，皆革职。该管各官，将此等情由已经申报，而该督抚不行纠参者，降二级调用，如已经安定者免议。其不候所限四月九月分钱粮分拨时，即将十分全征者，经征官降二级调用，督催官降一级调用，督抚罚俸一年。如官员解送钱粮等项，沿途停搁日期者，罚俸一年。

起解钱粮 003：康熙九年题准

官员起解兵饷、漕粮、白粮、本色、颜料等项，如该管司道府等官，不委现任佐贰，滥委废官匪人解送，或中途误失者，原委之官降一级调用。如中途无有误失，罚俸一年。如委现任官解送，中途误失者，原委之官罚俸六月。如解官起解钱粮，侵欺潜逃者，原委之官降一级留任。如不曾差官，批回内填写差官及不差职官者，皆罚俸一年。

起解钱粮 004：康熙九年又题准

各省采买物料等项，承估布政使不照时价确估，妄行多开者，罚俸一年，巡抚罚俸六月。如不与上司验看解送，径行解部者，罚俸六月。

起解钱粮 005：康熙十四年议准

部拨钱粮，关系军需，若限期急迫，不能依限起解者，先具题展限，如擅改部限者，降二级调用。

起解钱粮 006：康熙十五年议准

官员将不应起解之钱粮，违例起解者罚俸一年。或应解本色钱粮，解送折色者降一级调用。

起解钱粮 007：康熙十五年又议准

官员起解钱粮，不行详查银匠，银内搀和铅沙者，降三级调用，巡抚罚俸一年。如解送潮银者，降一级调用，巡抚罚俸六月。

起解钱粮 008：康熙十五年三议准

解送颜料等项，如解官中途干没，交纳短少者，照侵欺例治罪。

起解钱粮 009：康熙十五年四议准

解官到部稽迟，所解钱粮全完者，一月内仍免其议处，逾一月以外者罚俸一年。

起解钱粮 010：康熙十八年覆准

州县官隔年豫征钱粮，督抚查参，照私派例将州县等官革职拿问，司道府各官明知不报者将司道府各官革职，详报督抚不行题参者将督抚降五级调用。其豫征钱粮，即准为次年正额钱粮。

起解钱粮 011：康熙二十六年题准

委解，藉病推诿规避者，革职。

起解钱粮 012：康熙二十八年议准

钱粮物料等项，解送到部，限一月查核明白，掣给批回，倘于限内不行查收，及不给发批回者，该堂官即行查参，将该司官照逾限例议处。至书役人等，指称估验、掣批、挂号等项费用名色，藉端包揽索诈者，许解官解役，即于该衙门首告，将包揽索诈之人，交与刑部治罪，系官革职，仍交与刑部治罪。如该管官失察者，照失察衙役犯赃例议处。如明知不举者，照徇庇例降三级调用。如解官豫先嘱托，和同行贿，听其包揽者，与受一例治罪。如亏空著令赔补者，俟完日给批，不在计限之内。

起解钱粮 013：乾隆四年覆准

官员采办一切物料等项，督抚以不能按限完解，题请展限，经部覆准之后，仍不依限完解者，将原题请之督抚罚俸六月。

起解钱粮 014：乾隆十六年议定

各省委官运办盐铜铅锡等项，令该委员领解之日，一面申报原委督抚，一面申报沿途督抚，一俟入境，即报地方官查验，至出境时，该地方官验明无事，即具出境印结，申报该管上司，并知会接省地方官，一体严查，但不得因有盘查出结之责，藉端留难，不顾委官守候稽迟，以致违限。如有出境盗卖，捏报遭风失水情事，该地方官立即申报本境督抚，题参究拟，不得诿之原委省分督抚，致滋疏纵。倘经过地方文武官弁，有瞻徇隐匿，不行申报境内督抚，别经发觉，将经过地方文武官，皆照粮船谎报漂没、汛地文武各官不亲临确勘例革职。如地方官已经申报，而境内督抚不严查参奏者，照不揭报劣员例降三级调用。倘有藉端留难等弊，该督抚等亦应严查，如经过地方，故为抑勒，以致出境稽迟者，一并参处。

起解钱粮 015：乾隆十八年覆准

各省采办拨运粮石，经由江洋黄河，偶遇风浪，猝被漂失者，办运各员，立即报明所在地方，飞往勘讯明确，果无虚捏别情，取具印结，申报督抚司道核实，一面咨部，一面移咨办运省分，照例具题请豁。若遇失水，该运官并不报明地方官，将运官照沉溺漕船不报例降一级调用。如有乘机侵盗等弊，革职治罪。未经题豁之先，不将失水情形立即勘明豫报邻省之督抚，照失于查察例罚俸一年。所在官司，有瞻徇草率扶同出结情弊，照沿途催趱各官不亲临确勘的实遽出保结例革职。如督抚不严查确实，遽行题豁，后有诈冒事发，将具题之督抚降二级调用，所豁粮石，照例著落承办及出结各员名下，按数分赔。

起解钱粮 016：乾隆三十年奏准

外省衙门，造送部科及内外各衙门册档，如有藉表笺册档名色科敛者，该督抚科道查参，照贪婪例处分。其内外书办，藉称纸笔需费，有所收受者，该管官失察，照例议处。

起解钱粮 017：乾隆三十年又奏准

额买颜料等项钱粮，各州县三月内解银，知府即采买，差官于本年十月内，押运进京交纳，如州县征银不足，解府迟误及知府采办稽迟，起运违限者，俱降职一级，完日开复。督抚限本年二月内估价题报，如该抚估价题报，逾期不至，布政使督催不力，完欠罔稽，俱罚俸六月。如久追无完，令该知府补足，不得派民。若本年本色物料，岁内不能全完者，督催之巡抚、布政使，俱降俸一级，戴罪督催，完日开复。如知府采办稽迟，先给空批，卸罪解官者，降一级调用，或采买不堪用者罚俸一年。

起解钱粮 018：乾隆三十年三奏准

各州县起解钱粮，将银批赍赴巡抚衙门，验明银数，发司交兑，五日内，布政使出具库收，粘连原批，送巡抚衙门销号，或巡抚因公他出，委按察使代验报明。如州县以空批报解者降二级调用，布政使不依定限销号者罚俸一年。

起解钱粮 019：乾隆三十年四奏准

各省委员，领帑买运盐斤及办运铜铅，如经过地方官故为勒掯，以致出境稽迟，照勒掯交代例降二级调用，失察该管上司，照失于查察例罚俸一年。

起解钱粮 020：乾隆三十六年覆准

贵州应行拨济苗疆兵米之州县，照稽查漕运之法，令经征收米各员及运米经过各地方官，将起运过境及收到米数各日期，一体通报该管道府，就近稽查，抚司另行委员抽查，如有私折捏报虚冒脚价及短发扣克累民各情弊，与受概行参革治罪。道府失察者降一级留任，徇隐者降三级调用，抚司查参不力，亦照此例分别议处，著落分赔。

起解钱粮 021：乾隆五十一年覆准

各营应领官兵俸饷米折等银，按州县请领银米之例，数在一千两以上至一万两以内者，拨兵一名，民壮二名；一万两以上至二万两者，拨兵二名，民壮四名；二万两以上者，酌量派拨，逐程护送。如有疏失，将承领之武职革职，原委之上司，降二级调用，该管总兵降一级留任。沿途接护地方文武员弁，及该管道府厅员将备等，均照饷鞘被失之例参处，著落分赔。所失银两，著落承领之员，分赔十分之六；失事地方州县，分赔十分之四；如承领之员，实系力不能完，即著落签差不慎之上司赔补。

起解钱粮 022：乾隆五十五年议定

各省追完应行解部各项银两，有经年未解者，恐启侵挪之渐，应自奉到部文之日起，勒限六个月，具批交便员搭解部库交纳，如逾限不即批解，将藩司降二级，戴罪督催，完日开复。

起解钱粮 023：嘉庆二十三年议准

解员起程迟延，逾限一月以上者罚俸一年，督催之上司罚俸六月。

起解钱粮 024：咸丰四年议准

直省解饷委员，以咨报起程之日为始，酌定到京限期。直隶限二十日，山东限三十日，奉天、山西、河南限三十五日，定为近省。江苏、陕西、湖北、安徽限六十日，浙江限七十日，甘肃、江西限七十五日，湖南限八十日，福建、四川限一百日，广东、广西限一百十日，贵州限一百十五日，云南限一百二十五日，定为远省。

起解钱粮 025：咸丰四年又议准

解饷委员，于领批之日，由该督抚将起程日期，咨报吏户两部，俟解员到京，交库清楚，并无丝毫蒂欠，及虽有尾欠，随即补交，或尾欠银两，核与议叙无关出入，除尾欠由户部飞咨该省补交外，仍知照吏部，核无违限，分别议叙，如有迟逾，分别议处。

起解钱粮 026：咸丰四年三议准

解运京饷，数在十万两以上者，委同知、通判管解；数在五万两以上者，委州同、州判管解；数在五万两以下者，委县佐贰杂职管解。如同知等官，不敷差遣，准委州县管解。

起解钱粮 027：咸丰五年议准

解饷委员，按限到京，系同知、通判、州县等官，管解银数在五万两以上者，远省给予加一级、纪录二次，近省给予加一级。如远省在八万两以上，近省在十万两以上者，未补实缺人员，以本班尽先补用；已补实缺人员，给予升衔，同知、知州给予运同衔，通判、知县给予知州衔，由吏部具题请旨。系州同、州判、县佐贰、杂职等官，远省管解银数在二万两以上，近省在三万两以上者，均给予加一级。远省银数在四万两以上，近省在五万两以上，未补实缺人员，以本班尽先补用；已补实缺人员，以应升之缺升用，由吏部具题请旨，俱毋庸带领引见。如未补实缺人员，已于另案得有本班尽先；已补实缺人员，已于另案得有升衔，并以应升之缺升用，该员赴部呈明，未便重复议叙，系远省给予加一级、纪录二次，近省给予加一级。如解官系分缺先用，分缺间用人员，应行议叙本班尽先者，均改为俟补缺后以应升之缺升用。至远省银数在十万两以上，近省在二十万两以上，同、通、州县委系一员管解，由该督抚于批文内，出具考语，如果按限到京，由吏部就近带领引见，给予升阶。

起解钱粮 028：咸丰五年又议准

解饷委员，于领批之日，不即起程，及在途逗遛，除去正展限期，并纤道行走，经地方官结报，亦准其扣除外，倘再有迟逾，核计远省在二十日以内，近省在十日以内，毋庸议叙，免其议处。如远省迟逾在二十日以外，近省在十日以外，罚俸一年。远省迟逾在四十日以外，近省在二十日以外，降一级留任。远省迟逾在六十日以外，近省在三十日以外，降一级调用。远省迟逾在四月，近省迟逾在二月者，革职。

起解钱粮 029：咸丰八年议准

解饷委员，沿途有阻风患病情事，或纤道行走，即行报明地方官加结，将何日到境，何日起程，详报吏户两部，以凭查核。如有无故延挨，该地方官催趱不力，其在境逗遛五日以外者将该地方官罚俸六月，十日以外罚俸一年，半月以外降一级留任，一月以外降一级调用，随时申报者免议。倘徇情瞻顾，照徇隐例降二级调用。

起解钱粮 030：咸丰八年又议准

解赴军营委员，查照委解京饷人员，由该大臣咨报吏户两部，一律办理。如委员有藉端托故，推诿不前者，无论解京及军营粮台饷银，均照规避例革职。

起解钱粮 031：同治元年议准

东南两河及直隶等省水利饭银，令该督抚藩司，按照定额，每年分两起批解，年清年款，毋许拖欠，若不按限起解，亦未奏明展限，由工部查参，照钦部事件迟延例，将该督抚藩司分别议处。藩司批解迟延，逾限一月以上者罚俸一年，半年以上者罚俸二年，一年以上者降一级留任，督抚减议，河督、河道照督抚藩司例议处。如查有任意玩延瞻徇情弊，即指名奏参，随时从严议处。

起解钱粮 032：同治十二年议准

各省督抚，将部拨地丁、盐课、关税、漕折等项银两，依限筹解，派员装鞘亲赍交库，非道路十分梗阻，不得率行汇兑。至解饷委员，凡报解饷鞘到部者，仍照例给予奖叙，其号商汇兑，仅赍文批到部者，毋庸给予奖励。

起解钱粮 033：同治十二年又议准

直省应解正项京饷，以接到部文日起，即委员扣限起解。直隶、山东、山西、河南限六十日到部，江南、江西、浙江、湖广限八十日到部，福建、广东、广西限一百日到部。如该藩司委解迟延，违限一月以上罚俸一年，二月以上降一级留任，三月以上降一级调用，半年以上革职。

起解钱粮 034：同治十二年三议准

直省应解各款杂项银两，收捐者以上库足额之日起，〔捐复以上库日起限，捐监以足额日起限。〕奉拨者以接准部文之日起，限一月内具批，交便员搭解。如该藩司批解迟延，违限一月以上罚俸一年，三月以上降一级留任，半年以上降二级调用。

起解钱粮 035：同治十二年四议准

督抚、藩司、盐运使、各关监督，应解京饷协饷，全数解清，并无蒂欠，经户部奏请议叙，给予加一级。倘解不足数，议以降一级留任。如有拨解迟延，均照藩司例议处。

起解钱粮 036：同治十二年五议准

直省应解地丁正项银两，以元宝解交。其关税盐课漕项等款，及一切杂项银两，悉以散银解交。如银匠于银内搀和铅沙，该藩司未经查出，遽行起解者，降三级调用，巡抚罚俸一年。如并无搀和情弊，止于银不足色者，该藩司降一级调用，巡抚罚俸六月。

起解钱粮 037：光绪十年议准

直省正杂各项银两，凡交代之际，将已征未解银两及扣缺裁减等项，无论何款，凡系应行解司之项，统由前任官赶紧埽数解司，及交卸之日，尾款赶解不及，移交后任，后任官于接印之日，即应登时批解，概不准率报存库。如册内仍有开报征存未解，其专责在结报之后任官，应由该藩司详请，将接收之员，照起解钱粮设法延挨显有亏挪情弊例，革职提省，查明是侵是挪，从严惩办。该管上司及监盘官不行查参，均照徇庇例奏参。如藩司于应参案件，有心徇隐，不行查参，即由督抚照徇庇例，将该藩司随案参奏。倘督抚藩司，均不参办，经户部查出奏参，即将该督抚藩司，一并照徇庇例议处。

吏部处分 121：支放钱粮〔例 15 条〕

支放钱粮 001：康熙十四年议准

各营放饷，遴委贤能官员，亲临查阅，抽封称兑，按名给散。如奉委官员监放推诿，不亲临查阅者，罚俸一年。如已经亲临，不抽封称兑，致有劣弁短少色数，系失于查察者，监放官降一级调用。如监放官知劣弁有扣克情弊，不即申报，事发者，监放官照徇庇例降三级调用。如有通同扣克情弊，监放官革职提问。如督抚查出通同扣克情弊，不行题参，将督抚照徇庇例处分。

支放钱粮 002：康熙十四年又议准

各省采买米谷豆草估价，均照督抚所定，如估价多开者，或被旁人首告，或被科道题参，审系情实，原估官革职提问，转申官降四级调用，奏销之督抚降二级调用。如督抚、布政使、道府等官，通同多算者，皆革职提问。凡米谷豆草多算，被上司查出，督抚查参者，上司督抚均免其处分。其余估计奇零杂项，既经部驳重估，所估价值不确，妄行浮开者罚俸一年，巡抚罚俸六月。

支放钱粮 003：康熙十五年议准

军前供应米豆草束等项，如地方官将价值浮冒开销，督抚查出题参，照贪官例革职拿问。如奏销完结之后，或被科道纠参，或被旁人举首，将督抚一并照贪官例治罪。其举首之人，系官照伊应升之官，加一等优升；系旗人、民人，授为七品官。至民间运到米豆草束，地方州县官故意迟延抑勒，刁难需索；州县官解到米豆草束，司道府等官故意延挨抑勒，刁难需索者，督抚查出题参，将经收官员，皆照贪官例革职拿问。如被揸之人，将此等情弊，控告督抚，而督抚不行纠参，将督抚亦照贪官例治罪。如督抚不行查出，或被科道纠参，或被旁人举首，督抚各降四级调用，该管司道府等官革职。至军前运到米豆草束等项，部委经收官员及地方武官，延挨抑勒，刁难需索者，将军及统兵大员查出题参，皆照贪官例革职拿问。如经收官员，将此等情弊，申明将军、统兵大员、参赞大臣，而将军、统兵大员及参赞大臣不行纠参者，亦皆照贪官例治罪。将军、统兵大员、参赞大臣不行查出，或被科道纠参，或被旁人举首，将军、统兵大员、参赞大臣降四级调用，其该管武官革职；其出首之人，系官照伊应升之官，加一等优升；系旗人、民人，授为七品官。至出征将军、统兵大员、随从官员及督抚提镇以下地方文武大小官员，钦差部差官员笔帖式等，并京职各官，如有贩卖米豆草束等物，嘱托地方官，多取价值，或将民间所卖米豆草束作为己物，嘱托地方官，令其收买，并经理地方官将所嘱托米豆草束等物，徇庇收买，皆照贪官例革职拿问。至已备本色，不行收纳，有抑勒折价者，将军、统兵大员及督抚查出题参，皆照贪官例革职拿问。将军、统兵大员、督抚不行查出，或被科道纠参，或被旁人举首，将军、统兵大员、督抚各降四级调用，司道府等官并该管武官皆革职；出首之人，系官照伊应升之官，加一等优升；系旗人、民人，授为七品官。至出征将军、统兵大员、随从官员及督抚提镇以下地方文武大小官，钦差部差官员笔帖式等，并京职各官，如有将本身马匹，徇情嘱托送入驿站营伍马匹数内，多取价值，一应购买马匹不开实价，以少报多，滥行开销者，皆照贪官例革职拿问。若驿站营伍官员人等，申明督抚提镇，而督抚提镇不行题参，或不行查出，奏请完结之后，或被科道纠参，或被旁人举首，将督抚提镇皆照贪官例治罪；出首之人，系官照伊应升之官，加一等优升；系旗人、民人，授为七品官。

支放钱粮 004：康熙十五年又议准

支应刍粟物料，不发现银采买，借取于民，给价短少，以致累民者，督抚查参，将州县等官革职拿问，明知不报之司道府官亦革职拿问，详报不行查参之督抚革职。

支放钱粮 005：康熙十五年三议准

凡官员未经解送正项钱粮之先，豫给官役俸银工食，或不按季给发，全给重支，或违例给发，钱多银少者，皆降一级调用，转详官罚俸一年，巡抚罚俸六月。

支放钱粮 006：康熙十五年四又议准

官员应给民价，不速给迟延者罚俸一年，如半给半不给者降二级调用，竟不给者革职。

支放钱粮 007：雍正五年议准

凡地方有军需公务，督抚不及咨题者，行令该州县垫办，或挪库项，或垫己资，先行详明督抚，办完后，十日内即照实价申详院司道府，该院司道府限两月内核明题销。倘州县申报过限，或督抚题报后期，户部查明月日，皆交部议处。〔乾隆三十年，改为：均照奏销钱粮册报迟延例议处。〕其司道府逾限不行核转，亦照例查明交议。若该州县报价不实，及督抚不据实核明题报，希图冒销者，户部题参，州县照侵欺例治罪，督抚、司道等官皆照徇庇例议处。

支放钱粮 008：乾隆十四年覆准

文职各官养廉，毋得豫借，倘藩司豫行借给，照正项钱粮违例支给例议处。

支放钱粮 009：乾隆二十三年奏准

各省文职官员，留支俸银，经征各州县，于季首造具俸册，申送藩司，核明发单支给，倘各员内遇有降罚及旷缺等项，应扣银两，有心蒙混冒支者，将冒支之员革职。佐杂等官冒支，违例支给之州县，降一级调用。如系查核未清，以致误支者，本员降一级留任。佐杂误支，给发之州县，照违令公罪律罚俸九月。

支放钱粮 010：乾隆三十年奏准

各省凡有提解耗羡之处，必遇有地方公事，方许动支，其动支数目，令经管该司，于离任升转之时，造册交与接管官查核。如有非关地方公事擅自动支者，该司即据实报部题参，如该司不报，后经查出，将该司与支给官员，俱照违例支给例议处。

支放钱粮 011：乾隆三十年又奏准

云南州县存仓谷石，挨年支放，拨米之法俱在一站二站三站之内，如粮道需索州县使费，挟私徇利，照贪官例革职提问；督抚不行纠参，照徇庇例降三级调用。若督抚亦因以为利，不顾小民苦累，将督抚照溺职例革职。

支放钱粮 012：乾隆三十年三奏准

官员不核对部档，支给口粮地土者，章京等罚俸两月，笔帖式等罚俸一月。

支放钱粮 013：乾隆三十年四奏准

各省囚粮、口粮、棉衣、药剂、棺木等项，按数支给，核实报销，该管官克扣冒销者革职。

支放钱粮 014：乾隆三十年五奏准

官员将官兵朋扣买马银两不扣者，罚俸六月，巡抚罚俸三月。

支放钱粮 015：嘉庆八年议准

大兵剿贼之时，遇有军需动用钱粮，督抚、司道等官，一面具题咨报，一面动用。若司道等官，并未申详督抚，擅自动用，一万两以下者降三级调用，一万两以上不及五万两者降四级调用，五万两以上者降五级调用，督抚竟为题销降二级留任。如已经申详，督抚不行具题，擅自动用者，将督抚照司道等官例，分别银数议处，俱令赔还，应否抵销，吏部随本声明。

吏部处分 122：侵吞捐项〔例 1 条〕

侵吞捐项 001：咸丰四年谕

恭亲王奕䜣等奏：遵旨会议载龄等奏请查办州县侵吞捐项一折。各直省劝谕捐输，原因军饷浩繁，藉资民力，上年曾谕令各督抚，查有墨吏奸胥，藉端扰累，苛派侵吞者，严参惩办。乃近来山西、陕西、四川等省，不肖州县，竟敢侵吞冒蚀，累万盈千，甚至小民捐输银钱，并不详报，辄作地方公举，以为开销地步，各该督抚或壅于见闻，或惮于举发，不肖官吏，愈肆贪婪，而小民急公好义之心，亦无由上达，蠹国病民，深堪痛恨，自应严定章程，以昭核实。着照所拟，嗣后各直省劝谕捐输，仍责成帮办团练之绅者，会同地方官妥为劝导，各该督抚随时稽察，如有买嘱逼勒等弊，即亲提审办，有犯必惩。所捐银两，按照户部定例限期，造册专案报部，并照广东现办章程，分别奏报，其有应加中额学额之处，并着该督抚迅速奏请恩施，应领执照，着该部速行发给，俾各捐生等早邀甄叙，庶几踊跃输将，并可严杜侵吞之弊。经此次部定章程之后，如地方官有动用捐款，藉词修庙及地方公事开销者，照赃私例治罪，仍责令照数赔缴。各督抚遇有侵吞捐项之员，自行查明参奏，即免其议处，倘或扶同徇隐，别经发觉，其应得处分，即以私罪论，决不宽贷。

吏部处分 123：清盘库项〔例 23 条〕

清库 001：康熙十四年议准

官员库内物件，不行严密收存，以致库使偷盗者，降一级调用，罚俸一年。

清库 002：康熙二十七年题准

各省藩库交代钱粮，定限两月，如有侵欺亏欠等弊，将隐匿不参之该督抚革职，如督抚有侵欺入己之处，照侵欺例治罪。

清库 003：康熙二十八年题准

粮驿二道库存钱粮，责成藩司，各府库存钱粮，责成各该道，如无道员管辖之府委令邻近道员，于奏销时清盘，如无侵挪亏空情弊，即具保结呈送巡抚。傥保结之后，仍有查出侵挪亏空者，该抚题参，将藩司各该道皆革职分赔。

清库 004：康熙三十九年覆准

州县府道，收存钱粮，于地丁正项及常平仓谷外，一切杂项钱粮，该管上司，一并照例盘查。

清库 005：康熙三十九年题准

上司盘查所属仓库，例责年终，时限甚迫，嗣后于次年奏销前，秉公清查，据实出结。

清库 006：康熙四十四年覆准

盘查州县仓库钱粮，如有不肖知府需索州县者，许州县即时通报司道、督抚，题参革职。如督抚不行题参，将督抚照徇庇例议处。

清库 007：康熙五十九年覆准

知府盘查仓库，州县馈送礼物，永行禁止，如仍馈送，而知府收受者，将馈送礼物之州县，收受之知府，照馈送礼物例议处。

清库 008：雍正元年议准

各省藩库钱粮，于每年奏销时，该省有总督者，令总督监同巡抚，亲身盘查；无总督者，责成巡抚亲身盘查，钱粮无缺，出具印结，于奏销本内，一并保题。如有亏空，该督抚即行题参，如督抚扶同徇隐，不行题参，亏空事发之日，将监盘之督抚，一并革职，照例分赔。如督抚抑勒下属挪垫滥动，以致亏空者，该布政使司据实通详各部院衙门，或通详不便，即具揭密送各部院衙门，据揭奏闻，将督抚照贪官例革职拿问。

清库 009：雍正元年又议准

凡银库匙钥，司道自行掌管，库使止令看守封识，遇有钱粮出入，禀明布政使、盐道，方许开库，不得自专。其藩司、盐道有侵用挪移，抑勒库官者，许库官径行揭报，如果举报得实，该督抚及巡盐御史〔后裁缺〕题请议叙，以应升之官，即行升用。其或通同隐匿，事发一例治罪。如库官已经据实揭报，督抚、巡盐御史徇隐不行题参，照徇庇例议处。

清库 010：乾隆二年议准

州县官征收钱粮，计算道路之远近，酌量钱粮之多寡，随征随行解司，如有任意迟延，不即起解者，令该管府州查报，督抚核参，分别迟延月日议处。至该管府州，有督催之责，自应竭力催解，傥有听其迟挨，直至抚司行提催解者，将府州一并查参，照督催不力例罚俸六月。如州县批解钱粮，而布政使司抵充杂派，扣批抑勒不发，许州县官申报督抚，径报部院衙门题参，将布政使司照批回改挪例议处。

清库 011：乾隆十四年议准

道员、知府、直隶州知州，盘查所属正项钱粮时，将库存兵饷，一并盘查出结，如有亏空，即行据实揭报，傥该上司并不实力清盘，及至交代不清，始行揭报，照盘查不实例分别察议。

清库 012：乾隆二十六年覆准

直省粮驿道库，令各督抚于每年奏销时，亲往盘查，每岁支存款目，有无亏缺挪移，仍责令藩司核明，于督抚未经盘查之先，出具保结，详送督抚，盘查之后，如有亏挪等弊，将藩司照例革职分赔。

清库 013：乾隆二十七年覆准

粮驿二道，遇有新旧交代，督抚亲往盘查，仍令藩司核明加结，如有亏挪等弊，照奏销例办理。

清库 014：乾隆三十年议准

州县官亏空，遇上司盘查，向所属盐店当铺富户人等勒借者，许赴上司衙门首告，将本官照官员勒诈财物例革职，该管各上司照不揭参劣员例议处。

清库 015：乾隆三十年又议准

上司逼勒挪移库银，本官自行首告，审实，将上司照贪官例治罪，下属免议。如逼勒致死者，家属赴上司衙门具告，不行准理，许赴京衙门具告，将逼勒致死之上司抵罪，不行准理之上司革职。

清库 016：乾隆三十年三议准

直省督抚，遇有州县亏空，将该上司应否分赔之处，一并具题。若不声明具题，督抚照徇庇例议处。

清库 017：乾隆三十四年奏准

州县征解迟延，不行催解之道员，罚俸三月。

清库 018：乾隆三十七年议准

州县仓库钱粮，责成知府、直隶州知州，于每年奏销前，亲盘造册申详，不得转委互查，亦不得豫示日期，纵令掩塞，如有前弊，将府州降二级留任，如查出州县亏空，该府州一并题参革职。

清库 019：乾隆三十八年覆准

州县升任本府及本府升任本道，任内经管钱粮等项，饬委邻封道府前往清查，加结详报。如不实力盘查，遇同弊混，一经发觉，将该委员一并查参，严加议处。如有抑勒交盘，掩饰挪补，扶同徇隐等弊，即行题参，分别议处追赔。

清库 020：嘉庆十一年谕

督抚到任及每年钱粮奏销后，例须盘查藩库一次，自当将各项款目及收支实数，详细勾稽，方为有益。近来督抚等视为具文，不过到库略为抽验，虚应故事，日久酿成弊端，即如本日直隶湖北，俱有藩库侵亏重案，不可不详定章程，以资厘剔。嗣后督抚于到任及奏销时，盘查司库，均当实力清查，并著于每年封印后，亲赴藩库，将本年收支款项，逐一详查，取结送部，如将来款目不清，将加结之督抚，一并惩治。其有运库河库地方，亦著照此办理。

清库 021：嘉庆十一年议定

各省藩库钱粮，于每年奏销时，总督巡抚亲身盘查，出具印结，于奏销本内，一并具题。遇有新旧交代，亦往盘查，如有侵欺亏空等弊，该督抚即行题参，傥督抚扶同徇隐，不行题参，一并革职，照例分赔。

清库 022：嘉庆十一年又议定

督抚抑勒藩司挪垫滥动，以致亏空者，该司据实奏闻，将督抚革职提问。

清库 023：道光十七年谕

州县为亲民之官，仓库钱粮，皆其专责，嗣后各直省督抚，务当平时严饬该藩司道府，认真整顿，详细盘查，稍有缺额，即时勒限追缴，或该员等因循疲玩，亦即参办，总当于未离任之前，各款均有著落，不得于业经离任，或参革物故之后，始撽拾入奏，草率了事。

吏部处分 124：亏空分别处分开复〔例 28 条〕

亏空 001：康熙九年题准

司道府州县等官，如钱粮米豆正杂等项，擅自挪移别用者，皆革职。如正杂钱粮米谷豆草，不报明该抚，以紧急军需，私自挪用者，降一级留任，俟赔完之日，听该督抚题请开复。如存留钱粮，因公挪用者免议。

亏空 002：康熙四十四年覆准

州县仓库钱粮，责成知府盘查，于每年奏销时，出具所管州县仓库实存无亏印结，造册申详保题，仍令不时盘查，无论几时查出亏空，立即揭参，免其革职分赔。若州县亏空，知府有扶同徇隐情弊，别经发觉者，将知府参革，令知府独赔。如知府止系盘查不实，不行揭报，或别案发觉，始行报出者，系挪移，将知府革职，令知府分赔；系侵欺，知府照失察侵盗律议处，〔律内失察侵盗者，减本犯罪三等，罪止杖一百，官员杖一百者降四级调用。〕免其分赔。

亏空 003：康熙五十九年覆准

州县官恃有上司分赔之例，将库银藏匿，假捏亏空者，督抚据实题参，审明属实，著落本犯名下独追还项，仍照例治罪。

亏空 004：康熙五十九年议准

各项拖欠钱粮，该抚每年奏销，或拖欠在民，或本官干没，或衙役侵欺，逐一题明。委系拖欠在民，不能催征者，照定例处分。如系本官干没者，照贪赃例，革职提问，仍于本官名下追清还项。如衙役侵欺者，该管官照纵役贪赃例革职，其侵欺衙役交与该抚提拿严审，追清完项。州县官干没侵欺等情，司道府等官，豫先不行查出，或据详代为开销者，司道府等官各降一级调用，督抚罚俸一年。

亏空 005：康熙五十九年又议准

州县官如衙役侵欺钱粮，捏报民欠，知府不行详查，遽为转报者，罚俸六月。

亏空 006：雍正元年谕

亏空钱粮各官，若革职留任催追，必致贻累百姓，伊等既已获罪革职，岂可复留原任。嗣后亏空钱粮各官，即行革职，著落伊身，勒限追还，若果清完，居官好者，该督抚等奏明。

亏空 007：雍正二年谕

朕惟钱粮固属紧要，而民瘼尤宜体恤。闻有州县亏空钱粮，百姓情愿代赔者，此端断不可开。亏空之官，未必爱民，况百姓贫富不等，断无阖县情愿代赔之理，或系棍蠹勾连，藉端科敛，或不肖绅衿，一向出入衙门，通同作弊，及本官被参，犹冀题留复任，因而号召多事之人，连名具呈，称系阖县愿赔，后官畏承追处分，接呈入手，即差役按里追呼，名为乐捐，其实强派，其为民累不浅。嗣后绅衿富民，情愿协助者，听其自行完纳，其有阖县具呈者，即将为首之人，治以重罪。如府州县官擅准派赔，著该督抚查参重处。至因公挪移之项，依限全完，定例准其开复。嗣后督抚题报全完，即给咨本官，令其随本引见，朕观其人可用者即用，如不可用，以原品休致。其年老及不愿补官之人，亦于本内声明，给还原职，不必来京。

亏空 008：雍正二年又谕

凡官员亏空钱粮仓谷，该管上司失于盘查，自应革职分赔，但定例亏空官员，审无侵欺入己之项，勒限一年内，赔补全完，准以原职补用，而失察革职之上司，转不得与本官一例开复，似属可悯。嗣后亏空银谷，限内全完，例应开复者，该督抚查明原参失察之上司，一并题请开复。

亏空 009：雍正四年议准

州县侵挪亏空，审明确系知府徇隐独赔之项，将知府照例革职离任，本犯拟罪监追，勒限三年完补，无论本犯完补，或知府协同完补，但能于一年内全完，系侵欺之项，本犯拟死罪者照例减二等发落，拟军流徒杖者照例豁免，徇隐之知府不准开复。系挪移之项，至二万两以上者，一年内全完，本犯照例释免；未至二万两者，一年内全完，本犯照例准其开复；其徇隐之知府，亦照雍正二年八月上谕，上司与本官一同开复之例，皆准其开复。如二限三限完补者，本犯照例分别发落，若三年限满，不能完足，即将本犯治罪，查实果系家产全无，无力完帑，不论是侵是挪，将未完之项，尽数著落徇隐之知府，勒限一年完补，除徇隐侵欺之项，虽经全完，不准开复外。系挪移之项，能于一年内全完，准其开复；一年限满不完，再限一年完补，若能于二限内赔补全完，照依原职降一级调用；二限内完不足数，再限一年完补，若能于三限内全完，照依原职降二级调用；三限内不完，将知府家产搜查变补，即赔补全完，亦不准开复。如州县亏空，知府失于觉察，系侵欺之项，除本犯照例严追外，失察之知府，照失察侵盗本律议处，免其分赔。如系失察挪移，例应分赔之项，将知府革职，其亏空之项，亦先在本犯名下，勒限三年追补，一年内全完，将本犯及不行揭报之知府，皆准其开复；二限三限完补，本犯照例分别发落；若三年限满，不能完足，将本犯治罪；查实果系家产全无，无力完帑，将未完之项，著落不行揭报之知府分赔一半，其余一半入于无著项下完结；其知府分赔一半银，勒限一年完补，一年内全完，准其开复；不完再限一年完补，若能于二限内全完者，准其开复，于补官日罚俸一年；如二限内完不足数，再限一年完补，若能于三限内全完者，照依原职降一级调用；如三限内不完，不准开复，未完银仍著落追赔。

亏空010：雍正四年又议准

州县钱粮仓谷亏空题参时，一面于任所严追，一面行文原籍，将其家产严查存案，如任所无完，即变价补完，若承追地方官不行查出，照徇庇例议处。

亏空011：乾隆元年覆准

承办亏空人员，如有迟延违限者，照钦部事件定例，违一月者罚俸三月，违二月者罚俸六月，违三月者罚俸九月，违四五月者罚俸一年，违半年以上者降一级留任，违一年以上者降二级留任，违二年以上者降三级调用。

亏空012：乾隆三年覆准

州县侵项不能一年内全完者，知府革职，不准开复。若本犯侵项于一年内全完，令该督抚将失察之知府，确查平日居官如何，出具考语，给咨送部引见请旨。

亏空013：乾隆七年奏准

凡亏空之案，审出民欠挪垫是实，除将本犯照例议罪外，再限四月，委官彻底查核，出具并无假捏影射印结，再令接任官，出具认征印结，仍向欠户催征，如限满不完，将接征官照例参处。倘本无旧欠，接任官通同捏结，查出与本犯同罪，仍令分赔。

亏空014：乾隆十二年议准

州县亏空，经该管道府查出揭参，各免其失察处分，如例应责成盘查保结之属官，俟其离任身故后，始参亏空，实系从前盘查不实，应无论其揭报与否，将该管道府，以失察附参，照失察州县亏空例分别议处，所亏钱粮亦照失察侵挪定例分别著赔。

亏空 015：乾隆十四年奏准

道员失察知府、直隶州知州亏空，照失察例降四级调用。至失察州县亏空，既责成盘查不实之知府，其道员自应量为酌减，如该管道员，不豫行揭参州县亏空者，降一级留任。

亏空 016：乾隆十五年议准

州县侵欺帑项，限满不完，既著徇隐之知府赔补，则著赔之日，即应将知府之原籍房产，令该地方官查记册籍，申报上司，如能依限代赔全完，房产给还，仍照例分别开复、降调，如三限已满，变抵房产，仍不足数，即照例治罪。

亏空 017：乾隆三十年议准

州县亏空钱粮，知府揭报，布政使司不行转揭，或已揭而督抚不即题参者，许知府径报部院，将督抚布政使司等官，俱照徇庇例议处，仍令分赔。

亏空 018：乾隆三十二年谕

嗣后著各督抚于年终将属员有无亏空之处，汇奏一次，以重责成。著为令。

亏空 019：乾隆三十七年覆准

道员失察所属亏空，系扶同徇隐，无论同城不同城，与府州一体参革分赔。如失于觉察，系同城属邑降三级调用〔后改为留任〕，不同城者降一级留任。

亏空 020：乾隆三十七年议准

是挪非侵钱粮，一年内全完，准其开复。或上司瞻徇，捏报全完，及参员挟制上司，使报完开复，押令接任官担承者，发觉之日，除本官治罪，勒限严追外，将督抚司道等，照未完钱粮捏以全完转报例分别议处，如本犯力不能完，即著落捏报之督抚司道等分赔。

亏空 021：乾隆三十七年奏准

州县卫所，将仓粮私自借给百姓者，以监守自盗论。若私借之项，该员情愿一年内代民全完者，即复还原职。其未完钱粮，捏报全完及挪移之项，一年内代民全完者，亦照此例。

亏空 022：嘉庆五年奏准

官员亏空，该督抚务宜秉公确审，如有以侵为挪，该督抚扶同徇庇，巧为开脱，降三级调用。

亏空 023：嘉庆七年奏准

现任官员本身应完户属项下一切因公核减及分赔代赔等项银两，为数不多者，准其在应领养廉内坐扣完结，其有养廉在本处耗羡内自行留支者，责令该管上司催追清结。其有详请分限完缴，数在三百两以下者，于文到日起，限六个月完交，逾限不完，初参降俸一级，戴罪再限六个月完交，若再不完，罚俸六月，仍令完纳，另行起限；三百两以上至一千两，限一年完交，逾限不完，罚俸六月，戴罪限一年完纳；再限不完，罚俸一年，仍戴罪限一年完纳；再限不完，本员降一级留任，仍令完纳，完日开复。一千两至五千两，以十分为率，勒限四年完交，每年每案完不及二分五厘者，初参降俸一级，二参罚俸六月，三参罚俸一年，四年限满不完降一级留任，仍令戴罪完纳，另行起限，完日开复。五千两以上之案，亦以十分为率，勒限五年，每年每案完不及二分，初限不完降俸一级，二参罚俸六月，三参罚俸一年。四参降一级留任，仍令戴罪完纳，五年限满，能完至七分者，将所降之级，准其开复，另行按年起限，如完不足七分者，照所降之级调用，仍勒限严追，其督催不力各上司，悉照承追上司处分。〔至丁忧、告病、告假回籍官员，逾限不完，由原籍督抚，将该员同承追并督抚催各官，一并开参，照例议处，承追另起初参，本员仍接前限。〕顺天府四路同知督催，照知府例议处。

亏空 024：嘉庆十一年奏准

州县挪移钱粮，革职拟罪，知府、直隶州知州如系扶同徇隐者革职。如本犯挪移二万两以上，于一年限内全完者，本犯照例释免，府州准其开复。本犯挪移未至二万两，于一年限内全完者，本犯及府州俱一体准其开复；若二限三限内完者，本犯照例分别发落，〔查律例内挪移库银二万两以上者，拟斩监候。一年全完免罪，若不完，再限一年追完，减二等发落；二年限内不完，再限一年还完，减一等发落。〕府州亦准其开复。若三年限满，不能完足，将本犯治罪。查系实在家产全无，无力完帑，将挪移之项，尽数著落徇隐之府州，勒限一年赔补，如能于一年限内全完者，准其开复；二限内全完者，照依原职降一级调用；三限内全完者，照依原职降二级调用；三限内不完，即将徇隐之府州，搜查家产赔补，不准开复；如系失于觉察者，革职留任。如本犯于限内全完，准其开复；初限不完，照例革职；如能于二三限全完者，准其开复；若三年限满不完，查系本犯无力完帑，将挪移之项，著落府州分赔一半，其余一半入于无著项下完结；其分赔一半银两，勒限一年完补，一年内全完者，准其开复；二限内全完者，准其开复，于补官日罚俸一年；三限内全完者，照依原职降一级调用；如三限内不完，不准开复，未完银两，仍著落追赔。该管道员不豫行揭参，降一级留任；如州县离任身故，始行揭报，虽无徇隐情弊，仍将失察之各上司，照例分别议处著赔。知府直隶州挪移，徇隐失察之道员，照府州例分别议处。

亏空 025：嘉庆十七年奏准

欠帑降罚及暂行革职，勒限催交，俟完竣后，仍行开复各员，外省汇咨报部者，于各本员限内完交咨报到部之日，即先予开复，不得俟通案各员统行交齐，始准开复。

亏空 026：道光五年议准

州县侵欺钱粮，革职拟罪，该管知府、直隶州知州系扶同出结者革职，先于本犯名下勒限三年著追，倘三年限满，不能全完，本犯照律治罪。查明实系家产全无，无力完缴，即将侵欺之项，尽数著落扶同出结之府州赔补，全完之日不准开复，不完按律治罪。

亏空 027：道光七年议准

州县侵欺钱粮，该管府州系失于觉察者，照失察侵盗律革职留任。〔刑律载，失察侵盗者，减本犯罪三等，罪止杖一百。又例载，官员犯公罪杖一百者，革职留任。〕如本犯于一年限内全完，准其开复，不能于一年限内全完，即行革职，不准开复。

亏空 028：道光七年又议准

知府、直隶州知州侵欺钱粮，将该管道员，照府州例分别办理。

吏部处分 125：清盘仓谷〔例 16 条〕

清仓 001：康熙三十九年覆准

凡州县收储米谷，遇飓风大雨等灾，挽运江海漂流，并霉烂者，该督抚题参，革职离任，原缺别补，限一年之内，赔完免罪，复还原职别补。如逾限一年，赔完免罪，不复原职。二年之内如不赔完，仍照律例治罪，著落家产追赔。

清仓 002：康熙五十九年议准

州县霉烂仓谷，不论在任、解任以及分赔之知府，果能一年限内全完者，皆一例开复。

清仓 003：雍正元年议准

各省存仓米谷，虽有知府盘查，司道管理，不能保其一无徇隐，当责之督抚核实严察，年终造册保题。至督抚升转离任，将册籍交代新任督抚，限三月查核奏闻，如有亏空，即行题参，倘新任督抚徇隐，不行据实参出，后经发觉，一并照例议处，仍令分赔。

清仓 004：雍正三年议定

州县亏空仓谷，系侵蚀入己者，照侵欺钱粮例拟断。系挪移者，照挪移库银例拟断。其仓谷令接任官于秋成谷贱时，申详督抚藩司，酌动何项钱粮，照时价先行买补，该州县出具仓收，道府加结报部，于亏空人员及妻子名下，勒限一年，将动用银照数追补还项，如逾限不完，照例治罪。其有仓廒州县，倘因循怠玩，于渗漏处既不粘补，应盖造处又不详请，以致米谷霉烂者革职，动帑买补，勒限一年，照数追赔，限内不完，照例治罪。若仓廒既经修理，犹有托名霉烂亏空者，亦照例革职治罪。

清仓 005：雍正三年议准

州县每年借出仓谷，自秋收后，勒限征比，务于十月内全数完纳，造具册收送部，年终令知府、直隶州知州亲往盘查，府州仓谷责令该管道员盘查，出具印结申报，如逾限不完，或捏造册收，即行揭参议处，仍令欠户照数完纳，如该管上司不行揭参，照徇庇例议处。再，仓谷有存七粜三之例，其出粜之时，该督抚转饬地方官严行查禁，如有囤积射利之徒，即访拿按律治罪。该地方官若不严行查禁，该督抚题参，照溺职例议处。或有不肖州县，以粜借为名，掩饰亏空，该督抚即行指参严审，是侵是挪，分别定罪追赔。该管道府、直隶州知州有不时盘查之责，如有徇隐失察等情，亦即题参，照州县官侵挪钱粮、知府徇隐失察例分别议处，所亏仓谷，著落赔补。如道府、直隶州知州已经揭报，督抚不行题参者，将督抚亦照徇庇例议处，所亏仓谷亦照例分赔。

清仓 006：乾隆四年奏准

各省常平仓谷，初次采买迟延，经督抚查参送部议处，将承办官罚俸一年，如再不完，将承办官革职留任，完日开复。

清仓 007：乾隆五年奏准

凡州县官采买米谷，如不亲身平买运仓，转发里递，分派花户，勒令采买者，将州县官降三级调用。

清仓 008：乾隆八年覆准

如有将未进仓谷，混行入册捏报者，照未完之钱粮捏以全完转报例革职。其该管上司知而徇隐，照徇庇例降三级调用。若止失于觉察，照失于觉察例罚俸一年。

清仓 009：乾隆十二年议准

各州县所需食米，务令自行置买，不得碾用仓谷，该管上司亦不得给发价值，令所属州县碾谷供应，仍令各该督抚不时密行查访，傥有州县碾用等弊，委官盘查，若查出，将不行揭报之瞻徇各上司，一并参处。如已经揭报，而该督抚不即题参者，照例议处。

清仓 010：乾隆十八年议准

凡采买拨运粮米，经由江洋黄河，偶遇风浪，猝被漂失者，办运各官，立即报明所在地方，飞往勘讯明确，果无虚捏别情，取具承勘不扶印结，申详督抚司道核实，一面咨部，一面移咨办运省分，照例具题请豁。若遇失水，该运官并不报明地方官，将运官照沉溺漕船不报例降一级调用。如有乘机侵盗等弊，革职治罪。未经题豁之先，不将失水情形，立即勘明，豫报户部及该省者，照失于觉察例罚俸一年。所在官司，有瞻徇草率扶同出结情弊，照沿途催趱各官不亲临确勘的实遽出保结例革职。如该督抚不严查确实，遽行题豁，后至诈冒事发，所题督抚降二级调用，所豁粮照例著落承办及出结各官名下，按数分赔。

清仓 011：乾隆二十二年谕

李侍尧奏：广东各州县买补仓谷，多有家人吏役将上中下三等谷色，兼买充数，混开上谷价值，至于应借粜谷者，用中下之谷等语。所奏深悉情弊。上中下三谷，碾米多寡迥殊，若听其将中下谷石混开上谷价值，而以借粜为销谷地，是仆役之取利愈多，而穷民之受困益甚。广东既有此弊，他省谅亦不能尽无，著传谕各督抚，嗣后买补仓谷，当严饬州县亲自碾试，务得上谷，其该管官盘查，并当一体碾试，不得徒以额贮数符，遽行出结，傥有徇隐，即令分赔，其毋仍视为具文。

清仓 012：乾隆三十年议准

陕省社仓谷石，系耗羡银两买存，与别省不同，如社长侵蚀亏缺，州县蒙报实存，别经发觉，查明系州县官知情故纵，题参革职，其亏空谷石，先于社长名下勒追，一年内全完，本官开复，不能全完，将社长治罪，未完谷石，著落本官赔完，能于一年限内赔完者，亦准开复。如系失于查察，系零星百石以下，将社长究治，本官免其查参；百石以上，州县官降二级留任。无论勒追代赔，全完之日，俱准开复。

清仓 013：乾隆三十年又议准

州县捐买谷石存仓，将所捐银数，据实申报，捐银一百两纪录一次，二百两纪录二次，三百两纪录三次，四百两加一级。傥捐少报多，或将现存之米，指作捐输，希图议叙，后有亏空事发，知府分赔，原报捐之督抚罚俸一年。

清仓 014：乾隆三十年三议准

各省府州县存仓米石，每年出陈易新之例，各省不同，如有抑勒派借者，照勒派采买例降三级调用。搀和糠秕土灰者，照搀和漕粮例革职。交纳时吏役需索者，分别失察、故纵，照例议处。或赈济借动仓粮，借非实借，照侵盗律治罪。还非实还，照钱粮捏报全完例革职。上司明知，不行查参，降三级调用。系失于觉察，降一级留任。

清仓 015：乾隆三十八年覆准

藩司到任，委盘仓谷，勒限三月，盘清结报，如委员办理稽迟，照事件迟延例议处。若有意稽迟，听其挪补，降二级调用。

清仓 016：嘉庆五年谕

地方官采买仓谷，曾行通谕各督抚，饬属在邻封采买，续即有人言其不便者，州县有不通水道之区，应买谷石，远赴邻封，自需运脚，地方官因之派累闾阎，是便民而转致累民。嗣后各省附近水次，舟楫可通地方，著即于邻封采买外，其不通水路者，仍准在本地方采买，不必远赴邻封。该督抚等惟当督饬所属公平采买，以期民无扰累，而仓归实贮，傥有短发价值，以及勒派收折等弊，经朕访闻，或被科道纠参，惟该督抚是问。

吏部处分 126：造册批回〔例 5 条〕

造册 001：康熙十五年覆准

官员造报各项文册迟延，或限内并违限不及一月，及违限一月者皆罚俸三月，违限两月者罚俸六月，违限三月者罚俸九月，违限四五月者罚俸一年，违限半年以上者降一级留任，违限一年以上者降二级留任，违限二年以上者降三级调用。其文册遗漏重开，数目舛错，或多开少造，遗漏职名者，皆罚俸三月。该管各官未经查出，据册转报，罚俸一月。〔因舛错以致迟延三月以上者，照迟延例议处，该管各官仍照据册转报例议处，未率转者免议。〕知府州县官员造报奏销钱粮册内，有数目舛错遗漏者，总督巡抚不行查出，经该部查出者，将该府州县官罚俸一年，总督巡抚及转报司道各罚俸六月。再，督抚司道所造册内，有数目舛错遗漏者，亦各罚俸六月。如司道府州县官，将奏销钱粮册结，迟延不送，经督抚题参，或限内并违限不及一月者罚俸三月，违限一月者罚俸六月，违限两月者罚俸九月，违限三月者罚俸一年，违限四五月者降一级留任，违限六月以上者降二级调用，违限一年以上者革职。如司道府州县官，将册结申送督抚，而督抚迟延，不随各案一并送到者，经该部查出题参之日，将督抚违限五月以下者，亦照司道府州县官例处分，如违限六月以上者降二级留任，违限一年以上者降三级调用。如应行完结之钱粮，不行分析明白，混行造册，将混行造册之府州县官降一级调用，混行转报之司道罚俸一年，不行详查之督抚罚俸六月。如司道官自行造册，不分析明白者，降一级留任。

造册002：康熙十五年议准

布政使抑勒州县卫所官，将批回改挪，或以新填陈，以此挪彼情弊，该督抚指名题参，照挪用正项钱粮例处分。如该督抚徇情不行题参者，将该督抚照徇情例降二级调用。

造册003：乾隆四十一年谕

豫印空白，本非例所应有，况付之书役，携带赴省，更难保无从中滋弊，自当亟行禁止。文武各衙门缮办案牍册结，理应详慎校核，俾无舛错，如办理未能妥协，经两司查出，应改者即可声明更正，事小而错少者量为记过，事大而错多者即为参奏，予以处分，庶有司办理不敢草率，且可永除豫印空白之弊，其如何分别定例之处，著该部议奏。钦此。遵旨议定：州县承造一切册结到司，有不合式，例得由司道核正汇送者，即行造转，将底册发换送存，如不致迟延者，量为记过，统入年终汇报功过册内，咨部查核。若必须州县另造随同送部之件，如有舛错遗漏以致迟延者，该督抚随案声明，分别议处。

造册004：道光三十年议准

各省春季拨册，定限二月二十日以前造送到部，秋季拨册，定限八月二十日以前造送到部，如有迟延不及一月，及一月以上者，将造册之盐道、粮道、藩司、运司罚俸六月，督抚罚俸三月；二月以上，司道罚俸九月，督抚罚俸六月；三月以上，司道罚俸一年，督抚罚俸九月；四五月以上，司道降一级留任，督抚罚俸一年；半年以上，司道降一级调用，督抚降一级留任。如造册之员，依限造送，系由督抚迟延者，造册之员免议，将该督抚照造册人员迟延之例议处。

造册 005：咸丰六年议准

州县官经管仓谷，到任后实力盘查，傥有亏短，立即详报，如无前项等弊，即行出具切实印结，依限造册申送，该管道府藩司，各限十日转详，督抚即时咨部，不得扣除往返驳查日期，违者该管上司一并严议。

吏部处分 127：漕运考成〔例 27 条〕

漕考 001：顺治初年定

官员收兑漕粮，多搀糠秕沙土者，该管官革职，监兑官降一级调用。其抵通兑交漕粮，米多糠秕及有沙土者，押运官革职，管粮道降一级调用。如无糠秕沙土，经收官勒掯不收者，降二级调用。至京通各仓支放米时，如仓役等搀和沙土，该监督不行稽查究处者，降一级调用。

漕考 002：顺治十年覆准

各省粮道经管漕粮，十分全完者加升一级，欠一分者罚俸一年。再，运粮挂欠一分者降一级调用，欠二分者降二级调用，欠三分者革职。凡欠二分三分者，初次与二次处分同。

漕考 003：康熙三年题准

坐粮厅经管漕粮，欠不及一分者罚俸六月，欠一分以上不及二分者罚俸一年。

漕考 004：康熙八年定

仓场侍郎经管各省漕粮，欠五厘以上至一分者罚俸一年，三年连欠五厘以上至一分者，降一级，戴罪督催。

漕考 005：康熙四十九年覆准

山东、河南二省，漕粮数少，经管粮道，十分全完者加升一级。江南、江北、浙江、江西、湖广等省，漕粮数多，经管粮道，十分全完者加升二级。至总漕于各省漕粮十分全完者加升二级，未完照考核仓场侍郎例议处。

漕考 006：康熙五十年覆准

州县水次兑米，粮道、监兑官亲往稽查，如有私自改折漕粮者，该州县及领运官皆革职，米照数交赔，监兑官降二级调用，粮道降二级留任。

漕考 007：康熙五十年又覆准

监兑官同粮道亲身督押到淮，一有短少，该督即行审明题参，留旗丁兄弟子侄一人，交与监兑官买米补足，赶帮交兑，押运千总出具甘结呈报。如押运等官捏具甘结者，降二级调用。

漕考 008：康熙五十一年覆准

各省押运同知、通判，一次无欠者加一级，二次无欠者加二级，三次无欠者不论俸满即升。一次挂欠者降一级留任，二次挂欠者降二级留任，三次挂欠者降三级调用，仍将挂欠之米分赔。

漕考 009：雍正四年奉旨

押运官员，均令该督抚出具考语送部，抵通之日，仓场总督送部引见。

漕考 010：乾隆元年奏准

京通各仓监督，定以二年更代，差未满时，有俸满应升人员，照常升转，仍俟差满更代。至差满之后，若照赢余米议叙，恐出入之际，易滋弊端，应行停止。如果能出入公平，粮储无亏，仓廒不致渗漏，米粮不致霉变，任满时，令仓场侍郎保题交部议叙，准其加一级。

漕考 011：乾隆四年覆准

山东、河南押运蓟粮官员，如有逗遛、挂欠、失风等事，照例处分。若抵蓟全完，并无事故，该总漕核实具题，亦照例分别次数议叙。

漕考 012：乾隆十七年覆准

京通各仓，遇有监督交代，其封固整廒验封，零廒抽盘，限两月交代出结，如有搀杂短少，即揭报仓场侍郎及御史等，公同盘查，果实，革职治罪勒赔。如出结后，前任亏空事发，将新监督一并革职。

漕考 013：乾隆十七年议准

京通各仓监督，均改为三年更代。

漕考 014：乾隆二十三年覆准

河南、山东粮少路近，押运之员，押船抵通，一次无欠者纪录二次，二次无欠者纪录三次，三次无欠者加一级，四次无欠者不论俸满即升。〔其挂欠处分，仍照各省之例议处。〕

漕考 015：乾隆二十六年覆准

收兑漕粮，多搀糠秕沙土者，该管知府不行揭报，降一级调用。如有意祖护，降三级调用。

漕考 016：乾隆三十年奏准

漕粮开仓交兑时，令额设监兑之同知、通判等官，亲赴水次，验明米色纯洁，照数交兑，粮船开行后，仍令该员亲押到淮，听总漕盘验，如有粮数不足题参革职，米色不纯照搀和漕粮例议处。

漕考 017：乾隆三十年又奏准

监兑官员，纵容蠹恶包揽，横行水次，侵蚀漕粮者，降二级调用。

漕考 018：乾隆三十年三奏准

漕粮挂欠，作为十分分赔，总漕半分，粮道一分，监兑官半分，总押运官半分，运官一分半，卫丁卫所官半分，旗丁五分半分赔。总漕等官，如不于限内赔完，照不作分数钱粮例议处。弁丁分赔米石，如限内不完，仍著落总漕、粮道等官分赔。

漕考 019：嘉庆五年奏准

交仓漕粮潮湿，以致沿途霉变亏折者，押运官革职，限一年赔补，完日送部引见，请旨开复，不完究追，其有居官好者，准该督抚保题留任，完日开复，不完革职究追，管粮道降一级督催，完日开复，不完照所降之级调用。其有失于风晾稍有潮湿，未经霉变，后经风晾干洁入仓，查明并无亏折者，将失于风晾之押运官，按其在通风晾月日，照完粮违限例分别议处。

漕考 020：嘉庆十年谕

嗣后各省押运道员，均著该督抚照丞倅押运粮船咨部引见之例，出具考语，给咨送部，如果沿途催趱认真，并无过失，俟到通交粮完竣后，准其由仓场侍郎查明送部引见。

漕考 021：嘉庆十一年谕

嗣后湖北省及湖南、江西两省粮道押运，已届三次，如果催趱认真，并无过失，即著该督抚出具考语给咨，由仓场侍郎查明，送部引见。此外豫东、江浙等省粮道，直押抵通者，亦著俟押运三次后，送部引见，以归画一。

漕考 022：道光二十二年奏准

外省官员捐输米石，搭运京仓，如该运员管束不严，亏短一分以上者降一级留任，二分以上者降二级留任，三分以上者降二级调用，其亏短之米仍照漕粮挂欠之例分赔办理。至报捐米石，如米色并无不纯，帮丁藉词勒索，照漕船帮丁头伍勒索之例，将该运员分别失察、故纵议处。如交帮之后，查有潮湿霉变，粮数不足，搀和糠土者，照漕粮霉变搀和各例，将该运员分别议处。

漕考 023：道光二十九年奏准

漕粮抵通，临河一带，责成土坝州同，实力巡查，抵石坝时，傥有湿米各弊，责成石坝州判，禀明查办，如有失察，即行参处。〔照失于查察例，罚俸一年。〕傥涉徇隐，从严惩办。〔照徇隐例，降二级调用。〕

漕考 024：道光二十九年定

各省监兑漕粮之同知、通判等官，于漕粮开仓收兑时，上司衙门不得以别项公事差委，令其坐守水次，专理漕务，逐船兑足到淮，听总漕盘验，傥有粮数不足，米色不纯，即将监兑官题参。

漕考 025：道光二十九年又定

江南省苏、松、常、镇、太仓、五府州，浙江省杭、嘉、湖三府船粮，俱令监兑官兼司押运。安徽、湖广、江西、山东、河南等帮，另行委员押运。其粮米有无搀杂短缺，令监兑押运各官，于水次眼同面交，以专责成。

漕考 026：道光二十九年三定

山东、河南、江南、浙江等省，粮道督运抵通。江西、湖南、湖北三省，粮道督运抵临清后，均出具船米无亏切结，送部备查。

漕考 027：道光二十九年四定

搭解旧欠漕粮，均按本色交兑，搭运过淮时，由总漕盘验，傥搭解之米与原欠米色不符，或领运武弁故将麦豆杂粮等项折收，而以新粮抵解，或不随正米交船，迨过淮后，始用小船赶送者，经总漕查出题参，将押运官降一级调用，粮道罚俸一年。

吏部处分 128：漕运限期〔例 23 条〕

漕限 001：顺治初年定

每年漕粮，经征州县，限十月开仓，十二月兑完。

漕限 002：顺治初年又定

河漕总督，理应督率各官，挑浅疏通粮艘，如不豫行挑浅疏通，以致迟误者，请旨议处。如回空船不行力催，又不题参地方官者，皆降二级留任。

漕限 003：顺治初年三定

官员催趱漕船，无故容后帮之船前行，前帮之船后行者，罚俸一年。漕船入境日期，该管官不查明转报者，罚俸六月。

漕限 004：顺治初年四定

各省漕粮，江北限十二月过淮，江南、江宁、苏、松等处限正月内过淮，江西、浙江、湖广限二月内过淮，山东、河南限正月全数开行。又，江北限四月初一日抵通，江南限五月初一日抵通，江西、浙江、湖广限六月初一日抵通，山东、河南限三月初一日抵通，均限三月内完粮。

漕限 005：康熙十二年议准

有司无粮，军卫不备船只，以致迟误过淮，违限一月以上者，督抚罚俸三月，粮道监兑官罚俸六月，违限二月者督抚罚俸六月，粮道、监兑官罚俸一年，违限三月以上者督抚皆住俸，戴罪督催，俟粮船抵通交明开复，粮道等官各降一级调用。如经征州县卫所等官，船到无米，有米无船及过十二月者，皆罚俸六月，过正月者各罚俸一年，过二月者各降二级留任。至总漕系通管漕粮，催趱尤其专责，及过淮以后，令总河星速催趱，如依期过淮，而抵通迟误者，河漕二督及沿河道员州县等官，亦照督抚迟误过淮例处分。

漕限 006：康熙十二年又议准

白粮过淮抵通迟误者，照迟误漕粮例议处。

漕限 007：康熙十二年三议准

监兑漕粮，未经兑完，捏报兑完，或漕船未经开行，捏报开行者，皆降二级调用。

漕限 008：康熙十二年四议准

完粮在原限三月之外，违限不及一月者将押运等官罚俸三月，一月以上者罚俸六月，二月以上者罚俸一年，三月以上者降一级留任。

漕限 009：康熙十七年议准

漕船自淮安至天津，计程二千三百五十余里，沿途州县卫所，于重运北上，催令出境，如原限半日而违限一时，原限一日而违限两时，原限一日半而违限三时，原限两日而违限半日，原限四日以上而违限一日，原限六日以上而违限一日半，原限十二日而违限两日者〔两日寻改四日〕，专催官罚俸一年，督催上司罚俸半年。如原限半日而违限三时，原限一日以上而违限半日，原限两日以上而违限一日，原限四日以上而违限两日，原限六日以上而违限三日，原限十二日而违限四日者〔四日寻改六日〕，专催官降一级调用，督催上司罚俸一年。如违限之期，与原限之期相等，专催官降二级调用，督催上司降一级调用。如违限之期，逾于原限之期，专催官革职，督催上司降二级调用。又，押运官自受兑以至交仓，曾于一二处逾限者罚俸半年，三四处逾限者罚俸一年，五六处逾限者降一级调用，七八处逾限者降二级调用，十处以上者革职。其回空漕船，如遇逆流，其间设有闸坝蓄水之处均照重运定期，无闸坝之处原限十二日者改限九日，原限四日改限三日，原限三日改限二日，原限一日半改限一日。又，顺流有闸坝之处，亦照重运定例，无闸坝之处原限半日改为三时，一日改为半日，四日改为两日，五日改为两日半。如有不行力催，以致违限，沿途文武官弁，并随帮官，皆照催趱重运例议处。自天津以北至通州，系逆流，重运粮船，每二十里限一日；其回空船系顺流，每五十里限一日。山阳以南至浙江，其重运粮船，如顺流每四十里限一日，逆流每二十里限一日；回空船，如顺流每五十里限一日，逆流每三十里限一日，如有违限，催趱押运官，按违限日期，皆照前例议处。湖广、江西、江南各等处，皆行长江以至仪征地方，并因风挽运，难以逐程立限，令该督抚饬地方官，凡遇重运回空船只，俱作速严加催趱出境，其自仪征至天津，如有违限，亦照前例议处。设或有非常风阻，冰冻浅滞等事，难以符限，均令报明，免其议处。

漕限 010：康熙三十五年议准

河南安阳、河内、辉县农务，在于每年三四月，而漕船抵临在于五月，应于五月初一日为始，封版塞渠，如不封版塞渠，以致漕船阻滞者，将经管官降一级调用，该管官罚俸一年，该抚不行查参罚俸六月〔谨案：河南漕米，于同治初年，改征折色〕。

漕限 011：康熙三十九年议准

漕粮盘坝过闸运至京通各仓，监督抽一二袋验看入廒，限三月内全完，若米到不即盘过，及验看时有藉端抑勒，许运丁首告，监督降二级调用，仓场侍郎不行查参罚俸一年。

漕限 012：雍正元年议准

漕粮冬兑冬开，船到无米，有米无船，以致开兑迟延，将州县卫所官照例查参。如该管上司徇庇，不行稽查，以致误漕者，该督抚指名题参，将该管上司，照徇庇例议处。

漕限 013：雍正二年议准

湖南州县漕务，于十一月运至岳仓，如迟至十二月中旬到者，照过十二月兑开例议处。如过十二月到者，即照过二月兑开例议处。如州县粮米依期到次，军卫船已备，而监兑领运厅弁交兑稽迟，至过十二月者，亦即照过二月兑开例议处。如能依限过淮，题明开复。〔谨案：湖南漕米，于咸丰三年后，改办采买，由海运津。〕

漕限 014：雍正五年议定

江、浙、湖广、江西四省，粮船过淮违限，仍照定例议处，于抵通完粮之日，将过淮违限日期扣算，如过淮违限十日，已经处分者，将抵通完粮违限十日扣出，免其处分，凡日期多寡，照此扣除。其道远之省，以九月初十日为限，逾此限不完粮者，将押运等官，照抵通违限例议处。〔谨案四省漕粮，自咸丰三年，改办海运。〕

漕限 015：乾隆二年议准

闸官越漕起版，泄水误漕者革职。该厅官不行稽查，致误漕务者，降一级留任。如曲为回护，徇隐不报者，降三级调用。

漕限 016：乾隆九年覆准

湖北省漕粮，限二月内过淮。江西、湖南，限三月初十日内过淮。

漕限 017：乾隆三十年奏准

北河流沙，应令坐粮厅各汛官弁及时疏浚，如不速为挑浚，有误空重漕船者，将各汛官降一级调用，坐粮厅罚俸一年，仓场侍郎及巡漕御史〔后裁〕不查出题参罚俸六月。

漕限 018：乾隆三十年又奏准

粮船运抵石坝土坝，限十日内将米起完，如起米违限，以致回空船只守冻者，将坐粮厅、监督革职，仓场侍郎降二级留任。

漕限 019：乾隆三十七年奏准

漕船入境，如遇浅阁事故，押运及地方官，不即查明申报者，均罚俸六月。

漕限 020：乾隆三十七年又奏准

官员催趱漕船，无故容后帮之船前行，前帮之船后行者，其沿河地方，系有佐杂等官专管，将专管佐杂等官罚俸九月，兼辖之州县官罚俸六月。如该地方并无佐杂，系州县自行催趱，即将州县官罚俸九月。至前途州县，不行力催，有碍后船者，后次州县申报仓场，查明催趱不力之员，按其违限时日议处，如不亲身赴河催趱罚俸六月，坐视前船阻抵不行申报者亦罚俸六月。

漕限 021：乾隆三十七年三奏准

运官不亲身押运，粮船抵通，起卸已完，始行赶到者，押运官不行查报，罚俸一年，巡漕御史罚俸六月。如系因公羁绊，押运官并巡漕御史均免议。

漕限 022：嘉庆五年奏准

重运漕船抵通，未经逾限，其沿途催趱逾限之员俱免议。回空漕船逾限，不误冬兑冬开者，催趱官亦免议。

漕限 023：嘉庆五年定

漕船抵通完粮逾限，除山东、河南二省押运官，照例按其迟误月日议处外，其江北、江南等处漕船，有因过淮逾限，先经得有逾限处分者，准于抵通完粮违限日期内扣除不计，免其重复处分。〔如抵通完粮，逾限三十日，而核其过淮时，先已逾限十日者，即除去十日，照逾限不及一月例议处。余仿此。〕

吏部处分 129：稽查旗丁水手收书各役〔例 21 条〕

稽查各役 001：康熙二十六年题准

运丁正身不押运，雇觅匪徒及舵役代运者，将押运通判罚俸六月。

稽查各役 002：康熙三十九年议准

各仓放米时，如有仓役人等，抑勒留难，向领米之人需索银钱，该监督失察者，照失察衙役犯赃例议处，仓场侍郎罚俸六月。若知情故纵者革职治罪，仓场侍郎罚俸一年。

稽查各役 003：康熙三十九年又议准

坐粮厅及各仓书役人等，向运官、运丁指称费用勒索，并坐粮厅监督失察者，照失察衙役犯赃例议处，仓场侍郎罚俸一年。如监督等通同需索者革职治罪，仓场侍郎不行查参者降三级调用。

稽查各役 004：康熙五十一年覆准

旗丁须金家道殷实之人，令千总保结，呈报卫守备府厅等官，再加验看，加具印结，如有挂欠，千总、守备照例处分外，一帮挂欠，府厅等官罚俸一年，粮道罚俸半年。数帮挂欠，照此递加罚俸。

稽查各役 005：雍正五年覆准

金派收书征收粮米，务令遴选老成殷实书吏，如有金派匪人，侵蚀漕粮，书吏照例治罪，州县官照溺职例议处。侵蚀米粮，即于官役名下严行追补。至州县收粮，傥有赢余，饬令粮道不时盘验，每斛应有余米若干，计算明白，存为修仓赈济之用，年终将存储动用数目，造册报部，仍令该抚不时稽查，如有扶同徇隐及各州县藉名私加斛面，苦累小民者，即行参究。

稽查各役 006：乾隆十七年议准

各省帮船，如有帮丁头伍派敛婪取，或于应给章程定数之外多行勒索，领运官串通分肥者，令各帮运丁呈控，将领运官革职审拟。押运官失于觉察者，照同城知府不参劣员例议处。自行查出免议，故纵者革职。

稽查各役 007：乾隆二十三年议准

旗丁潜逃，运弁即报卫移县，以文到之日起，限百日拿获，如逾限不获，将承缉之专管卫所官罚俸一年，协缉之州县官罚俸六月。如该丁系由州县金选者，以州县为专管官，罚俸一年，该丁居住地方之州县官为协缉，罚俸六月。

稽查各役 008：乾隆二十五年奏准

各省解交通漕银两，照例收储通济库，责成该大使典守，傥该厅将库项移存私衙，罚俸一年。至支放各役脚价等项，该厅应传齐应领人等，当堂给放，如交书吏转发，罚俸一年。因书吏转发，致有透支短放情弊，降一级调用。该侍郎不将该厅查参，系已经查出透支短放情弊者，降一级留任，未经查出者罚俸六月。

稽查各役 009：乾隆二十六年议准

军丁值当金选之年，无论大小衙门书吏，俱一体金选，如本身办公，不能出运，令子弟承顶出运，概不得藉词抗避，各衙门亦不得曲为庇护。如该管官以卫籍冒称民籍，代为规避金选者革职。

稽查各役 010：乾隆二十九年议准

粮船沿途提溜赶帮，打闸过坝，需用短纤，如有兵役夫头勒添短纤，及勾通奸猾短纤，多索夫价，从中取利，该管各官照失察衙役犯赃例分别议处，扶同徇隐者照纵役犯赃例革职。傥有无赖棍徒，率领短纤，多索价值，与丁舵水手人等聚殴成伤，地方官不能弹压者，照约束不严例，降一级调用。至丁舵人等，雇觅短纤，不照定价给发，以致滋事，押运官罚俸一年。若该管各官，自行觉察查拿者，均免议。

稽查各役 011：乾隆三十年奏准

坐粮厅所属八行运役及仓役名缺，如通州知州保送旗人，及以一人充两三役者，降一级留任。

稽查各役 012：乾隆三十年又奏准

押运官催趱，毋许丁舵水手人等上岸生事，如有不遵约束匪徒，会同该地方催趱各官，协拿究治。傥平时不行约束，临时又复容隐者，将押运官革职。

稽查各役 013：乾隆三十年三奏准

粮船回空到省，未经开兑之先，俱责成本省巡抚及粮道等官；开运出境之后，责成漕运总督及沿途该管地方文武等官；到津以后，责成仓场侍郎、坐粮厅，并天津镇总兵、通州协副将、通州州县等官，各按该管地方，严行稽查，傥有头舵水手人等犯事，协同押运官弁立即擒拿，按律惩治。傥地方各官，不行查拿，事发之日，将管粮道员、坐粮厅、天津通州州县、通州副将等官弁，沿途该地方官文武官弁，均降二级调用，巡抚、漕运总督、仓场侍郎、天津总兵官各降一级留任。如一经犯事，即协拿申报者免议。若已经申报，而巡抚、漕运总督、仓场侍郎、总兵官不行题参，该督抚镇等，降一级调用。

稽查各役 014：乾隆三十年四奏准

军丁运粮，设有给军银两，该管粮道务照定例给发，取具卫备印领，如有豫借克扣情弊，即将该管粮道等官题参，革职提问。

稽查各役 015：乾隆三十年五奏准

丁船到次，三日内即将行月等项折色银两，解送粮道验明，将一半给发该丁开船，一半封固到淮，于各帮过淮时，总漕同该道面给该丁收领，如给发愆期，解送迟延，或短少克扣，总漕即行题参。其短少克扣者，照克扣给军银两例议处。其给发愆期，解送迟延者，照违例支给例议处。

稽查各役 016：乾隆三十年六议准

漕粮起卸，粮袋存储空隙处所，责令经纪车户，谨防潮湿，如有奉行不力，以致口袋霉烂，粮米成饼，将该役责革赔补，仓场御史不行查出罚俸一年。

稽查各役 017：乾隆三十七年奏准

粮船所过地方，如有催漕衙役需索旗丁银钱，并收受土宜礼物者，将该管官照失察衙役犯赃例议处。如弁兵衙役需索旗丁行贿，押运官不即申报，罚俸六月。知情故纵者，革职治罪。

稽查各役 018：乾隆三十七年又奏准

粮船水手打死人命，押运官降一级留任。

稽查各役 019：乾隆五十九年议准

保佥旗丁，令千总保结，呈报卫守备，并报知府，再行验看，加具印结。系州县佥选者，令州县会同卫弁保结，呈报知府，验看加结，以奉文佥派之日起，限两月选解报验，发帮管运，傥违限两月，佥解不到，将承佥之员，以有意误漕参奏革职，加结之知府降二级调用。至该丁田房产业细册，由该管道府加结，呈送总漕衙门存案，仍于四年编查案内，再行清查赍送，以备亏短挂欠，查产变抵，如清查产业未实者，承佥官降二级调用，知府降一级调用，粮道降一级留任。若放富差贫，以致误公及故纵殷富军丁窜入民籍，并造册时将田产故为隐匿脱漏者，承金官革职治罪，知府、粮道一并革职。其旗丁交仓挂欠，将承金之员降一级调用。

稽查各役 020：道光十年谕

朱桂桢奏：筹议漕务章程一折。前据御史陆以烜奏，浙江宁前等帮，水手横恣，沿途勒索旗丁钱文，逼写溜子，稍不遂意，往往聚众滋闹，朕恐各省帮船，亦不能免此积习，当交朱桂桢详议章程，严行惩办。兹据该漕督查明，各省帮船水手，多系贫民，强悍性成，每致恃众滋事，全在各省粮道及总运各员，并沿途地方官，协力稽查弹压，各就滋事之大小，有犯必惩，不可意存推诿，化大为小，致凶徒罔知儆畏。著通谕有漕省分各督抚，责成粮道，督率所属各官弁，随时认真稽查，遇有守闸守水停泊处所，将各帮水手花名年貌，按册查点，平日留心默记，一有滋事之案，即可知为某帮某人，迅即会同地方官，立时查拿惩办。如能将为首之犯拿获，并获犯过半者，准其宽免处分。倘日久不获，即将本运帮弁及总运丞倅，并该管粮道，分别从严议处。至沿途地方官催趱不能久驻河干，即间委道员督催弹压亦多系栖止公馆，于粮船声援不能相通，嗣后著各该督抚派令道府一员，再酌委能事丞倅二三员，多带兵役，分段轮流乘舟稽查，设有水手滋事及岸上游帮匪徒藉端滋闹，立即督率州县上紧查拿，准照刑部奏定新例，通详惩办，仍由各该督抚于奏报粮船出境时，将水手有无滋事，及如何惩办之处，于折内详细声叙，务期实力奉行，不可有名无实，以儆凶徒而肃漕政。

稽查各役 021：道光十年定

催漕员弁需索旗丁银钱者，计赃以枉法论，失察之该管官降一级调用，统辖官降一级留任。员弁收受土宜礼物者，罚俸九月。

吏部处分 130：修造漕船〔例 9 条〕

修造漕船 001：康熙十四年议准

官员修造漕船，或捏报朽烂，或修造未竣报称已完，或朽烂漕船册报掩饰者，皆降二级调用。如承造漕船，推诿不行监造，或檄催日久不完竣者，皆降一级调用。该管官督催不力者，罚俸一年。如船已朽烂，不估价申报者，亦罚俸一年。

修造漕船 002：乾隆三十年奏准

另造漕船，于过淮时总漕验明，果系坚固合式，方准销算。如有板薄钉稀，造不合式者，将监造官降二级调用，粮道罚俸一年，仍将所给料价银两，著落各官赔补。

修造漕船 003：乾隆三十七年奏准

官员奉委修造漕船，倘有迟延，致误冬兑冬开者，革职。

修造漕船 004：嘉庆十二年谕

温承惠等奏：会议商捐官剥船只，分派沿河州县经管一折。此项官剥船只，既据该督等查明所需津贴费用，该商等情愿仍照原数报捐，并据称此项船只，自归并通州、武清、天津三州县承管，因船数过多，照料难周，遂致损失滋弊，今既筹议章程，仍应分派沿河十八州县经管，以图经久等语。所奏自系实在情形，著照所请办理，但船只既分派各州县经管，恐该州县等因系官捐之物，不甚留心爱惜，致易损坏，自应酌拟保固限期，严定考成，以船只之多寡，日期之久暂，为处分之轻重，其如何明立章程之处，著该部妥议具奏。钦此。遵旨议准：沿河州县所管之船，分作十成，计算经管年分，即自新船解到接收之日起，至十年保固限满之日止，限内损失仅止一二成者，责令赔补，免其议处。船只剥运已届八九年者，遇有损失，仍令赔补，亦免议处。其剥运在六七年之内，损失至三四成者，经管之州县，罚俸一年，该管道员罚俸六月。五成以上者，经管之州县降一级留任，该管道员罚俸一年。其剥运未满五年，损失至三四成者，经管之州县亦降一级留任，该管道员亦罚俸一年。五成以上者，经管之州县降一级调用，该管道员降一级留任，损失船只，俱责令经管州县照数赔补。

修造漕船 005：咸丰七年奏准

漕船停歇在境，如有官丁私行折变，及捏报损坏风火，希图改造，地方官不亲诣验看的实，扶同蒙蔽，遽为加结呈报者，革职。其并无蒙混加结情事，而玩忽耽延，无故不会往勘验，经该管上司查参，或别经发觉，船数在一只以上者，降一级调用；五只以上者，降二级调用；十只以上者，降三级调用。若已经勘验明确，申报查办，仅止始初失于查察，罚俸一年。如正犯丁役潜逃，运弁移会该地方官，限百日拿获，逾限不获，降一级留任，再限一年缉拿，限内获犯，准其开复，不获照所降之级调用。

修造漕船 006：光绪十年奏准

船户向归杨村通判管理，倘有船名与人名不符，即将该通判按照白役诡捏姓名，倒提著役年月等弊，知情者降三级调用，失察者降二级调用。如系已革船户，改名朦充，即照各衙门已革书役，更易姓名承充，该通判知情者革职，失察者降二级调用。接任官不行查出，降一级留任。若派用前官任内已革船户者，降一级调用。

修造漕船 007：光绪十年定

直隶沿河州县，派管新造剥船一千只，照例接收保固，遇有损坏，照看守战船例议处。损坏一二只者，承管官降二级留任，杨村通判降一级留任，天津道罚俸一年。三四只者，承管官降二级调用，杨村通判降二级留任，天津道降一级留任。五六只者，承管官降四级调用，杨村通判降三级留任，天津道降二级留任。七只以上者，承管官革职，杨村通判革职留任，天津道降三级留任。其已及十年限满，有损坏者，仍照剥船原例免其议处，如扣至十年限满，止系小有损伤，仍可修理剥用者，即归于奖励例内查办。〔凡州县收到剥船，出具保固印结，由该道加结送部，遇前后任交代时，核实接收，如再有损失，将接收交代之员参处。其空闲时无故损坏，或揽载在途停泊，在次失防风火事故，均归入成数只数内计算。〕

修造漕船 008：光绪十年又定

新造船只，一切器具，责令经管州县随时查验，倘篷桅锚缆，短少不全，至十只以上，将经管官照损坏战船一二只例，降二级留任，该通判、道员随时查出者免议，失于觉察，杨村通判降一级留任，天津道罚俸一年。

修造漕船 009：光绪十年三定

州县分管新造剥船，十年限满，全无损坏者，除前五年船只拨运未久，分应看守，止应将该管官酌量记功，毋庸议叙外，其后五年内全无损坏者，查明该管官在任一年以上至二年者纪录二次，在任三年以上者加一级。若十年以外，船只尚能经久，多用二三年至四五年者，统于下届排造新船时，将经管各官专案报部，分别从优议叙。该管天津道及杨村通判，亦照经管官例，除前五年毋庸议叙外，其后五年内按其在任久暂，分别议叙。

吏部处分 131：稽查粮船夹带私货〔例 14 条〕

稽查夹带 001：康熙二年题准

漕运重船，除定例准带土宜外，不许夹带私货，淮安、济宁地方，严加稽查，如有漕船夹带私货，沿途包卖，通同商人搭船者，将不行严禁之该管粮道罚俸一年，监兑官降一级调用，押运官降一级留任。

稽查夹带 002：康熙十五年题准

淮安、济宁地方官，失察粮船夹带私货者，罚俸一年。

稽查夹带 003：雍正三年议准

粮船闯闸闯关，及倚恃粮船，任意贩载私盐，不服盘诘，持械伤人，若押运等官不行约束，知情故纵，押运等官革职，随帮照例责革。如该管关闸各官，藉端勒索，故意留难，亦许押运等官，呈明该督抚题参究治。

稽查夹带 004：雍正三年又议准

粮船系合帮结队而行，不畏盗贼，火炮鸟枪，无所取用，应行禁止。通饬粮道卫备运弁，严禁搜查，倘于粮艘之中，仍带火炮鸟枪者，事发，除将本犯照私藏鸟枪例责惩外，将失察之该管官，照失察铳炮鸟枪例分别议处。

稽查夹带 005：乾隆十七年奏准

粮船回空，由通至津，每船限定带钱三串，倘该船户家口较多者，准其沿途零星易换使用，责令押空千总，逐船查察，并令张家湾通判、务关同知、杨村通判节节防范，天津总兵于过关查验私盐时，一并稽查。步军统领、仓场各衙门、巡漕御史等不时防察，倘该船于定数外，有多带钱文者，将该同知、通判罚俸一年。

稽查夹带 006：乾隆二十三年覆准

押运粮船，止准空重千总各带鸟枪一杆，以备巡守，并令该漕督编刻字号，责令空重千总自行收存，以备稽查，其余军器，不许携带，仍饬粮道卫备运弁，严行搜查，如有仍带火炮，并私行多带鸟枪者，将失察之该管官，照失察铳炮鸟枪例分别议处。

稽查夹带 007：乾隆三十年奏准

长芦、两淮产盐之处，遇回空粮船经过，该地方各官不行力催，致有夹带私盐者，该地方各官罚俸一年，该管盐务运司等官，照失察私盐例议处。

稽查夹带 008：乾隆三十年又奏准

每年粮船回空时，于瓜洲江口，派委瓜洲营协同厅员，实力搜查，倘有徇纵失察，照押空官例议处。有能拿获粮船夹带私盐，及运使等官有能拿获灶丁船户夹带余盐者，均照地方官拿获私盐例议叙。

稽查夹带 009：乾隆三十年三奏准

押运官弁，该管帮船，一年内并无私盐事故者，纪录一次。

稽查夹带 010：乾隆三十年覆准

粮船经过之沿途州县，并非产盐地方，既不令兵役赴船搜查，即有夹带，无从而知，应免其查参。

稽查夹带 011：乾隆三十六年议准

漕运总督每年派守备、千总，直隶总督每年派明干同知一员，届漕运入北运河时，前往杨村，会同运员帮员等，严密稽查。如遇河水浅阻，先将货物尽数起剥，如尚阻滞，酌量起剥粮石。至漕船抵通交兑后，并交仓场侍郎留心查察，倘仍有货物在船，即行究明情由，将旗丁分别治罪，并将押运官、粮道及委员，均照漕船夹带例议处。

稽查夹带 012：乾隆三十七年奏准

漕运重船，如运丁有额外私揽客货，私载己货，查系开兑时夹带者，将未经查出之监兑官降一级调用，押运官降一级留任。系沿途包买，及通同奸商搭船者，将未经查出之押运官降一级调用。其不行严禁之该管粮道，未经查出之盘查官，失察停泊揽装之地方官，俱罚俸一年。若押运官有揽带客货私载己货者革职，其该管粮道及监兑盘查等官照此例分别查议。至领运官如有夹带，将未经查出之押运官，一并与粮道等官，照此例分别议处。

稽查夹带 013：乾隆三十七年议准

回空漕船，于各省硝黄入境之处，饬令地方官弁，分路巡查。本境硝黄，亦实力稽查，并令搜查私盐之官带查硝黄。如有夹带私硝私黄者，地方官、押运官均照漕船夹带私盐例议处。

稽查夹带 014：嘉庆五年奏准

回空漕船，如有夹带私盐货卖者，管船同知、通判等官，知情故纵者革职，不知情止于失察者，照约束不严例降一级调用。

吏部处分 132：粮船漂毁〔例 11 条〕

粮船漂毁 001：康熙二十一年题准

押运官弁巡查不谨，以致失火烧毁漕船者，降一级留任。地方官不行协救，延烧别船者，罚俸一年。

粮船漂毁 002：康熙二十一年又题准

漂没船粮，沿途催趱各官及汛地文武官，亲临确勘是实，各出保结，取具运官结状，该督抚确查具题到日，照例豁免。如运粮官丁，未经漂没船粮，捏报漂没，并故将船放失漂流，及虽系漂没，损失不多，乘机侵盗者，照例治罪，米照数赔补。其沿途催趱各官及汛地文武各官，不亲临确勘的实，遽出保结者，皆革职。如该督抚不缉查确实，遽行题豁，后致诈冒事露，将具题督抚降二级调用。

粮船漂毁 003：雍正元年覆准

漕船在内河失风，押运官失于防范者，罚俸六月。

粮船漂毁 004：雍正五年覆准

沿途地方官，除遇风水平顺，仍照定例原限时日，催趱出境，不得迟误外，若遇风色不顺，并水势漫大，该地方官与押运官弁公同计议，暂停守候，一面即将守候日期，申报该管上司并总漕衙门，于入境、出境日时册内，金注明白。倘有不顾风色水势，催趱前进，在内河致有疏虞，将地方官罚俸一年，押运官罚俸六月。一俟风息水平，仍须立刻催趱出境，毋得藉词守候，任其停泊，如有捏称风水未便，停泊逗遛者，总漕、该督抚据实查参，将地方官降二级调用，押运官降一级调用。

粮船漂毁 005：乾隆四年覆准

汛水涨发，猝不及防，能戽水救船，修舱抵通，漕粮并无亏折，能买补全完者，皆毋庸议处，仍照例议叙。倘船非满号，不能戽救，米有挂欠，虽买补全完者，仍照例议处。

粮船漂毁 006：乾隆十四年覆准

漕船回次，虽交与地方官收管，仍著随帮官弁约束稽查，遇有风火事故，即将该随帮官弁职名报参。如新运千总，既经接收帮船，将接收日期呈报之后，遇有事故，即将新运千总职名查参。或粮船减存在次，遇有事故，运随二弁，皆不能兼顾，即查明收管之地方官开参。至漕船既已回空到次，押运同知等官，一运之事已毕，实与随帮专为空船而设者不同，应将押运同知等官，免其参处。

粮船漂毁 007：乾隆二十五年覆准

黄河两岸捕鱼小船，令清河县知县开具姓名，造册编号，责令该县管河县丞、河标把总经管约束，遇有粮船失风，即令各驾小船，先行救米，次行救货，米听押运之员分散本帮各船，货物听该县丞等查明，逐一交还失风之旗丁，酌量出给饭食银钱，如该县丞等并不稽查约束，以致乘机抢掠，降一级调用。

粮船漂毁 008：乾隆二十五年议准

重运经临，令管河各厅汛于河道两旁，详加查勘，如有倒卸墙岸，存留旧桩，并插入树根，未经挖刨者，即时起除，河道总督等不时委员查察，据实申报。其有因河底石块旧桩及柳根等项，触漏沉溺者，押运等官免其失防处分，将专管河务文武各员降一级调用，兼管河务之地方官罚俸一年，查报不实之委员罚俸六月。

粮船漂毁 009：乾隆三十年奏准

官员将漕船沉溺情由不申报者，降一级调用。

粮船漂毁 010：乾隆三十七年奏准

漕船在大江、黄河、洞庭洪泽等湖遇风漂没，勘实具题，准予豁免，领运地方官均免其处分。如在内河失风，捏报在大江黄河者，领运及地方官，各降一级调用。

粮船漂毁 011：乾隆四十二年覆准

漕船在内河失风，押运厅官，失于防范，按所辖各帮，每帮一二只者罚俸六月，三只以上者罚俸一年，五只以上者降一级留任，毋庸将所辖前后各帮接算。如船已满号，本丁自行雇募民船，遇有风火事故，听其换船装运粮米，交纳无亏，失防领运地方各官，俱免其议处。

吏部处分 133：粮船失事〔例 7 条〕

粮船失事 001：乾隆二十三年议准

粮船被窃，旗丁呈报本帮员弁，移知地方官，缉贼追赃，被窃之船即随帮前行，不必守候。至强劫重案，必须待验，应令该领运官具报会勘后，州县立给印票，催趱前进，并将盗劫守候缘由，报明漕督及巡漕御史查核。傥有兵役勒掯需索，失察之该管文武员弁，照失察衙役犯赃例议处。

粮船失事 002：乾隆三十年奏准

大通桥等处运米到仓，如有小贼戳袋，抢夺袋内流出之米，查伊父兄或伊主，系官俱罚俸一年。

粮船失事 003：乾隆三十七年奏准

粮船窃案，押运官罚俸六月；盗案，押运官罚俸九月。傥有隐讳，分别强窃，照例议处。

粮船失事 004：乾隆三十七年又奏准

粮船水手为盗，押运官降一级调用。如水手行窃，押运官罚俸三月。

粮船失事 005：乾隆五十九年奏准

粮船经由汛地，如有强劫之案，将地方官照城内民舍被劫例查议。被窃之案，照衙署被窃例查议。

粮船失事 006：乾隆五十九年又奏准

粮船入境，除该地方原设有捕盗厅员，毋庸添派外，如粮船经由处所，并未设有捕盗厅员，应令该督抚于临事酌派能事捕盗同知、通判一二员，协同催趱官，亲往河干，实力查拿盗贼，如有疏防失事，即将派委之厅员，降一级留任。

粮船失事 007：乾隆五十九年三奏准

直隶河间、天津、务关各同知，沧州、泊河各通判〔后裁缺〕，专管河务，令其督率各汛文武员弁，各按本管河岸，于粮船入境之日起，回空之日止，一体查拿盗贼，如能获破大案，分别议叙，遇有疏防失事，降一级留任。至专管厅员及各州县地方官，不得因有他员协缉，辄行委卸，如有失事，仍照例议处。

吏部处分 134：盗卖漕粮〔例 6 条〕

盗卖漕粮 001：顺治初年定

旗丁于未经抵通之先，沿途盗卖米粮，押运同知、通判等官，不行查究者，各降一级留任。

盗卖漕粮 002：康熙四十三年议准

重运入境，责令该管道府州县往来巡查，如失察盗卖一起者，州县官罚俸六月，道府罚俸三月；二起者，州县官罚俸一年，道府罚俸六月；三起者，州县官降一级留任，道府罚俸一年；四五起以上者，州县官降一级调用，道府降一级留任。

盗卖漕粮 003：乾隆三年覆准

漕船抵通，如有交仓不足，无故挂欠者，一概不准买别帮余米抵补，仍令仓场将挂欠之帮，逐一开明，移咨总漕，著落领运官丁分赔，于下年起解搭运，如运满无完，照例参处。其有沿途失风失火事故等船，所运漕粮，一时沉失，并抢救湿米等项，事出意外，令总漕查明沉失抢救湿米之数，报明户部，移咨仓场，于本仓余米内买补扣抵，不准在通购买交纳。至于旗丁行月等项，日用余米，抵通余剩，令坐粮厅查明，给予验票，准其售卖，如有私相买卖粳、粟二米及交纳不敷，官丁在通购买粮米，抵补亏缺者，交与通永道并通州知州查拿究治，该道员、知州不实力稽查，被仓场及巡漕御史〔后裁〕拿获，即题参，交部照失于查察例罚俸一年。

盗卖漕粮 004：乾隆四年覆准

失察盗卖一二起，合算米数至五十石以上者，将该地方官降一级留任，道府等官罚俸一年。失察一起以至三起，合算米数至百石以上者，将该地方官降一级调用，道府等官降一级留任。

盗卖漕粮 005：乾隆四年又覆准

州县官一年内，能将盗卖漕粮拿获二次者，纪录一次。道府等官于所管境内，一年内能拿获四次者，纪录一次，再有多获，照此递加。

盗卖漕粮 006：乾隆三十七年奏准

旗丁盗卖漕粮，同知、通判不行查出，不及五十石者罚俸一年，五十石以上者降一级调用，二百石以上者降二级调用。

吏部处分 135：漕船回空〔例 7 条〕

回空 001：康熙五十一年覆准

凡抵通迟延之船，仓场勒限交粮回空，不可迟误新运。其不能依限回空者，令总督查明该省减存船数，依限兑运开行，如无减存船，即将本省漕船搭运，或本省漕船不能搭运，即行捐输雇船，依限兑运开行。其迟滞船，来年开冻之时，沿途文武官弁，速催抵次，如有不行设法雇船，依限兑运开行，即将在南之粮道、监兑州县等官题参，照过淮违限例议处。如有迟滞船，不行速催抵次，即将在北沿河催趱回空之文武各官题参，照催趱漕船定例内回空违限，计时日分别议处。

回空 002：康熙六十一年覆准

副丁跟随重运过淮，抵通交粮完日，押运官同随帮官，逐名查点，令其管押头舵水手回空，押运厅官所押尾帮船粮，起卸完日，坐粮厅即将批回印发，呈送户部查验，令其押空南下。如坐粮厅抑勒批回，不行印发投验者，听该厅官呈报仓场，将坐粮厅题参，照抑勒迟延例降二级调用。

回空 003：康熙六十一年又议准

押运官不候掣批，辄行押空回任者，罚俸一年。若不遵定例，管押回空，从陆路回省者，照差遣官员枉道例议处。其回空船过淮违误者，皆照重运过淮违限之例议处。

回空 004：乾隆三十年议准

回空船只，装卸柳束，俱各定限两日，如违限，总河将该官题参，降二级调用。

或值大修河工，将回空漕船装带柳束，由总河题明，如装卸违限，亦照此例处分。

回空 005：乾隆三十年奏准

押运官托故逗遛，不亲管押回空，以致头舵水手，漫无约束，沿途生事，将该厅员照规避例革职。

回空 006：乾隆四十七年议准

漕船回空，途次山东，北自临清，南至台庄，按奏定章程挨次放行，毋许抢闸滋事。每年漕船重运盛行，回空将到之际，责令该管厅员，驻宿河干，专司弹压，道员往来稽查，傥不稽查弹压，致有抢闸等事，将该厅员降一级调用，道员罚俸一年。傥闸官故意留难勒掯，照勒掯迟延例，降二级调用。

回空 007：乾隆四十七年定

各省回空漕船，限十一月内齐到兑次，如押运官逾限一月以上罚俸六月，二月以上罚俸一年，三月以上降一级调用。

吏部处分 136：查禁私铸私销〔例 27 条〕

查私铸 001：康熙十二年覆准

官员将私铸钱及私销大小制钱之犯，实心访拿，不论本管地方及别州县，拿获一起者纪录一次，二起者纪录二次，三起者纪录三次，四起者加一级。

查私铸 002：康熙二十四年议准

家奴私铸铜钱，毁化制钱，其主不知情，系官员降二级留任，若知情者革职。赁房之主知情，照为从治罪，不知情，系官员降一级留任。其在城外地方，或看守坟园家人，私铸毁化，亦将其主处分，若此等处看守家人，将房赁与他人销毁私铸者，将看守家人，照伊赁房之主处分，其主免议。在屯庄地方，领催知情，照为从治罪，不知情鞭一百，其主及其所管之人皆免议。至私铸铜钱之邻佑、总甲、十家长知情，照为从治罪，若不知情，系官员降一级留任。以上自行拿获者，皆免议。

查私铸 003：康熙三十六年议准

私铸钱及私销制钱，该地方官知情，任其私铸私销者处斩，家产入官。不知情，失于觉察者，在内五城坊官，在外州县，一起降三级调用，至二起者革职。掌印兵马司、知府、直隶州知州，一起降二级，二起降四级，皆调用，至三起者革职。司道，一起降一级，二起降二级，三起降三级，皆调用，至四起者革职。五城御史、直隶各省巡抚，一起，降一级，二起降二级，三起降三级，皆留任，四起降四级调用，至五起者革职。其不知情之地方官，但能拿获者，不论年月远近，皆免其处分。

查私铸 004：雍正四年议准

文官拿获者，并免同城之武官处分；武官拿获者，亦免同城之文官处分；接壤州县，此县拿获，彼县亦免处分。

查私铸 005：乾隆四年议准

在京五城地方，该管文职拿获亦免该管武职处分，该管武职拿获亦免该管文职处分。

查私铸 006：乾隆十八年议准

查拿私铸之案，必以首犯及匠人为重，如果能实心拿获，照例分别议叙外。其或查拿之时，仅获为从之犯，而首犯及匠人脱逃者，不得滥请议叙，仍令勒限严行缉拿。如不实力缉拿，将该管官照命案缉凶之例，扣限参处，其接缉官，亦照命案接缉之例察议。

查私铸 007：乾隆三十年奏准

开铸省分，由部颁发样钱，照式鼓铸，将铸出钱文，酌解数百文，送部查验，其鼓铸数目，动存工本等项，俱按季造册，送部查核，如所铸钱文，与部颁式样不符，或样钱业经颁发，该省并不即行铸造者，俱罚俸一年。季报迟延，照造报各项文册迟延例，按其违限日期，分别议处。

查私铸 008：乾隆三十年又奏准

甫经置炉做碓，制造钱模，尚未铸钱者，该地方官不实力访拿，或经上司查出，或别经发觉，将该地方官照豫先不行查出例，降一级调用。

查私铸 009：嘉庆二十五年奏改

地方奸民私铸钱文，无论钱数多寡，州县印捕官，知情故纵者，革职治罪，知府、直隶州知州降二级调用。其州县印捕官，止系失于觉察者，每起降一级调用，知府、直隶州知州每起降一级留任，自行查获究办者免议。

查私铸 010：嘉庆二十五年又奏改

甫经置炉做碓，制造钱模，尚未铸成，州县印捕官，自行查获究办者免议，别经发觉，降一级留任。

查私铸 011：嘉庆二十五年三奏改

五城地方奸民私铸，司坊官照州县例，分别议处。

查私铸 012：嘉庆二十五年四奏改

灶丁私铸，盐大使照州县例，分司照府州例，分别议处。

查私铸 013：嘉庆二十五年五奏改

家奴私铸，其主系官，知情者革职治罪，不知情者降一级留任。其官员以房屋租赁与人，致有私铸者，亦照此分别议处，自行查出送究者俱免议。若看守坟园家人，将房赁与外人私铸私毁者，伊主免议。

查私铸 014：嘉庆二十五年六又奏改

私铸月日，在地方官公出期内者免议。

查私铸 015：嘉庆二十五年七奏改

私铸之罪，首犯与匠人同科，地方官虽平时失于觉察，但能访查破案，全行拿获，不论年月远近，次数多寡，俱免其失察处分。若由该地方武职拿获，文员亦准其免议。

查私铸 016：嘉庆二十五年八奏改

案由别处发觉，该地方官能立将首犯及匠人拿获，或协同拿获者，俱免议。若犯被邻境拿获，照邻境获犯例，减等议结。

查私铸 017：嘉庆二十五年九奏改

案由本处发觉，该地方官仅获为从之犯，而首犯及匠人脱逃者，止免其失察处分，仍照命案缉凶例，将承缉、接缉官分别议处，限内自行拿获者免议。若被邻境拿获，亦照邻境获犯例，减等议结。

查私铸 018：嘉庆二十五年十奏改

私铸钱文，甫经铸成，尚未行用，地方官访查破案，能立将首犯及匠人全获者，无论本境、邻境，每一起准其加一级。

查私铸 018：嘉庆二十五年十一奏改

凡私销制钱，〔入炉镕化曰销。〕私毁制钱〔剪锉薄小曰毁。〕之案，地方官知情故纵者，革职治罪，知府、直隶州知州降二级调用。如止失于觉察，十千以上者，州县印捕官，每起降一级调用，府州降一级留任。不及十千者，州县印捕官，每起降一级留任，府州罚俸一年。一千文以下者，印捕官罚俸一年，府州免议。如能访查破案全获首从者，加一级。

查私铸 019：道光十四年谕

道府为州县亲临上司，耳目较近，嗣后每届年终，各州县查明境内有无私钱，照例出结后，由该管道府覆查，确实加结，详核具奏，如有结报不实，一经查出，即将该管道府一并参处。

查私铸 020：咸丰四年奏准

大伙私铸，〔十人以上为大伙。〕无论有无拒捕伤人，州县印捕官每起降二级调用，道员府州每起降二级留任。

查私铸 021：咸丰四年又奏准

私铸拒捕，州县官讳匿不报，或将数起报作一起者，俱革职，兼辖之府州降二级调用，道员降一级调用。如上司徇庇不参，降三级调用。

查私铸 022：咸丰四年三奏准

京外地方官，失察私造铸钱器具，降一级调用。如尚未行用，即行访拿，与案犯并获者，无论本境邻境，每起准其加一级。

查私铸 023：咸丰四年四奏准

私铸之案，如有在籍绅衿禀报，系大伙私铸，得实者给予加一级。系小伙并私造器具，得实者纪录一次。邻里士民首告，得实者，由地方官酌给奖赏。

查私铸 024：咸丰四年五奏准

京内五城地方，及外省府州县衙门吏役，如有徇隐包庇、受贿卖放私铸案犯等情，本管官故纵者革职。止于失察，犯该杖徒者，降一级调用。犯该军流者，降二级调用。犯该斩绞者，降三级调用。总以首犯之罪名为断。司道失察者，每案降一级留任。若本管官能自行访出究办者，免议。

查私铸 025：咸丰四年六奏准

捕役以查拿私铸大钱为由，肆行抢夺，挟嫌诬告，失察之该管官，照失察捕役诬良为盗例议处，已致死者革职，未致死者降三级调用。系已革捕役，已致死者降三级调用，未致死者降一级调用。自行访拿审出，未致死者免议，已致死者仍照例议处。系匪徒冒充差役，犯有前项情弊，将地方官降一级留任。

查私铸 026：咸丰四年七奏准

奸民容隐私铸人犯，地方官故纵者革职，失于觉察降一级调用。

查私铸 027：咸丰四年八奏准

凡地方官拿获大伙私铸之案，能将案犯全数缉获者，无论本境邻境，准该督抚奏请给咨送部引见，照获盗人员议叙。其并非大伙私铸，地方官访查破案，能将首犯及匠人全获者，如连获三起以上，无论本境邻境，准该督抚并案奏请，给予升衔。其失察处分，并准将拿获之案，分起抵免。

吏部处分 137：行使废钱〔例 5 条〕

使废钱 001：康熙四年题准

明季废钱及禁革旧钱，搀和使用者，如该管州县官失于觉察，一起降二级调用，二起降四级调用，三起革职。如督抚不力行疏通钱法，仍行使用旧废之钱，或被科道题参，或被旁人首告，一起，督抚罚俸三月，司道官罚俸六月，知府直隶州知州罚俸一年；二起，督抚罚俸六月，司道官罚俸一年，知府直隶州知州降一级留任；三起，督抚罚俸一年，司道官降一级，知府直隶州知州降二级，皆留任。

使废钱 002：康熙四十四年题准

在内五城坊官，在外州县官，如该管地方经纪铺户，有贩卖搀和私钱行使，不行查拿，一起降三级调用，至二起者革职。掌印兵马司、知府、直隶州知州，每一起降二级留任，至二起者降四级调用，至三起者革职。司道，每一起降一级，二起降二级，皆留任，三起者降三级调用，至四起者革职。五城御史、直隶各省巡抚，每一起罚俸一年，至二起者降一级，三起者降二级，皆留任，四起者降三级调用，至五起者革职。知府以下捕盗同知、通判，州县以下吏目、典史，各照掌印官例，运使照司道例，分司照知府例，盐场大使照典史例，以上议处官员，有因公出境者免议。至有船户夹带私钱事发，押船官员知情，任其夹带者革职，不知情者，照地方官失察例降三级调用。

使废钱 003：康熙四十四年覆准

有将大钱运往外省贩卖，自外省将小低钱运至京城贩卖者，通行严禁，若经拿获，将钱入官，贩卖人照例治罪。凡经过地方州县卫所官弁，皆照失察私铸例，降三级调用。

使废钱 004：雍正十三年覆准

翦边钱不许搀和行使，该地方官不严行收禁，以致仍有翦边钱行使者，将奉行不力之该地方官议处，失察一次者降职一级，二次者降职二级，三次者降职三级，四次者降职四级，皆准其戴罪，限一年内拿获私铸，一次者还职一级，二次者还职二级，三次者还职三级，四次者还职四级，失察五次者降一级调用。如地方官并上司不行访拿，仍有翦边毁化，至十千以上者，照失察私铸例。州县吏目、典史等官，一起降三级调用，至二起者革职。知府、直隶州知州、同知、通判等官，一起降二级，二起降四级，皆调用，至三起者革职。司道，一起降一级，二起降二级，三起降三级，皆留任，四起降四级调用，至五起者革职。如翦边毁化不及十千者，州县吏目、典史等官，一起降二级，二起降三级，皆调用，至三起者革职。知府、直隶州知州、同知、通判等官，一起降一级，二起降二级，三起降三级，皆调用，至四起者革职。司道，一起降一级，二起降二级，三起降三级，皆留任，四起降四级调用，至五起者革职。巡抚，一起罚俸一年，二起降一级，三起降二级，四起降三级，五起降四级，皆调用，至六起者革职。如数止千文以下者，州县吏目等官，降一级留任。

使废钱 005：嘉庆十一年奏准

凡地方有私铸、私销、翦边，不知情之地方官，因公出境，并自行访获，或协同拿获破案者，俱免议。如犯被邻境拿获，无论文职、武职，何处拿获，将失察之员，并该管上司，悉照案犯被邻境拿获例，减等议处。

吏部处分 138：办解铜铅〔例 51 条〕

办解铜铅 001：康熙十四年议准

各省官员，采买铜项，并未起解，捏报起解者，降二级调用。

办解铜铅 002：雍正二年议准

各省分办铜，报解初次逾限，将承办官革职留任，委办上司各官降二级留任，许其展限四月，戴罪承办，如仍不完，将承办官革任，交部从重治罪，别委能员接办，查有亏空，著落家产追赔，其委办上司各官降二级调用，并令分赔完结。如参后六月内，将铜买足，解部交完者，准予开复。

办解铜铅 003：乾隆二年议准

二参四月限内，能完至三分之二者，免其革任治罪，再宽限四月，照数办足解部，如限满仍未完解，即将承办之员革任，交刑部从重治罪，别委能员接办，查有亏空者，著落赔补，委办上司照例降调分赔，如参后六月内，将铜买足解交，亦准予开复。至该抚报解之后，即知会沿途官弁，速催抵通，如逾限不到，将领解官革职，戴罪管解，委解上司各官降三级留任，行令该地方，确查是否捏报，有无扶同具领中途盗卖等弊，据实按律究拟，并将沿途催趱官弁，照催趱粮船不力例题参，所欠铜著落本解官追赔，委解上司各官分赔，如参后三月内，解部交完者，亦准其开复。

办解铜铅 004：乾隆四年奏准

各省采买铜，解部核验，如系低潮，按依成色，令原解官减价报销，其核减铜色银，勒限一年全完，限满不完，降俸二级，戴罪完纳，再限满不完，罚俸一年。其所办正项铜，如系参后全完者，虽核减铜色银未经完缴，而议处之本案，业已完结，应准其照案开复。至核减铜色银，如逾限无完，仍照降俸罚俸例，分别议处。

办解铜铅 005：乾隆四年又奏准

管理矿厂官员，如有铜铁等项，炉户私运出厂，不行查出者，罚俸一年。

办解铜铅 006：乾隆七年议准

滇省解送京铜，自滇省至永宁，计程二十三站，各运官自滇省起程，限二十三日到永宁，如沿途逗遛，至二十三日之外者，照在京衙门行查事件承办官迟延之例，迟延一日至十日罚俸一月，十日以上罚俸三月，二十日以上罚俸六月，三十日以上罚俸一年。如果有中途患病及阻滞等情，令该员呈明该地方官，出具印结，于参案内声明，以凭免议。

办解铜铅 007：乾隆十四年议准

自永宁至汉口限四月，汉口抵通限五月。其汉口、仪征换船换篓之处，汉口限四十日，仪征限二十日。通计永宁抵通，定限十有一月，如逾限一月以上，即行照例查参，领解官革职，戴罪管解，委解各上司降三级留任。如遇有守冻日期，准沿途地方官，据实确勘，呈报咨部，仍照例扣除。至守风守水日期，定限已属宽裕，皆不准扣算。其每运铜均有正协二人，倘沿途或有沉溺，打捞需时及患病事故等事，即令一人先运前行，如有藉词停留者，亦不准其扣算。其铜到处，应令地方文武官弁，按站交代，催趱前进，不许片刻停留，多拨兵役巡查，将出境入境日期，即刻转报督抚，按日确查，报部查核，倘运官无故逗遛及有盗卖情弊，该地方官弁漫不经心，不实力催趱及徇隐不报者，即照徇庇例降三级调用，该督抚一并议处。

办解铜铅 008：乾隆十五年覆准

铜铅到境，该地方官即协同运官，选择身家殷实船户，并熟练头舵水手，傥所雇之船有不谙路径风色，致有沉失铜铅等事，将原雇之地方官报部，照官员解送匠役不将良工解送以不谙之人塞责者罚俸六月例，罚俸六月。如实系风水骤发，非人力所能防护，该管官查明具结申报，将原雇之地方官，免其议处。至沉溺铜铅，打捞一年限内，运官如有升迁事故，仍留在该处打捞，俟事竣之日，分别赴任回籍。该管地方文武官弁，遇有铜铅沉溺，照漕船失风之例处分外，仍于一年限内，停其升转，责令协同运官，实力打捞，限内能捞获过半者，免其察议，或限满无获，或捞不及半者，将地方文武各官罚俸一年。其沉溺之铜铅，运官打捞无获，一年限满，将该员题参革职，限一年内赔足，准其开复，如逾限一年赔完，免罪不准开复，二年之内不能赔完，照律治罪严追。

办解铜铅 009：乾隆二十六年覆准

铜铅船只入境，州县官加意严查，派委丞倅，亲身督察押护，不得仅差兵役伴送，傥有沿途偷盗谎报沉溺等事，别经发觉者，将州县官及派委之员，均照失察盗卖漕粮例议处，失察一起者罚俸六月，二起者罚俸一年，三起者降一级留任，四五起以上者降一级调用，知情故纵者参革审究。所委丞倅等官，不亲往稽查，混差书役捏结搪塞者，照徇庇例降三级调用。有能一年内拿获偷盗铜铅二次者，纪录一次，再有多获，照此递加。

办解铜铅 010：乾隆二十六年又覆准

云南省铜厂官员，有能拿获命案正凶及伙盗，解送审实者，照拿获邻境命犯及拿获伙盗例，每一名纪录一次。如盘获盗首及通行缉拿要犯，应照拿获邻境盗首及盘获要犯例，每一名加一级。其有负罪潜逃之犯，混迹厂内，该厂员未经查出，别经发觉者，系命犯及伙盗藏匿，照失于查察例罚俸一年；系盗首及通行缉拿要犯藏匿，照不知情不申报例降一级留任；如有知情容隐，不解送犯事地方审拟者，照知情故纵例革职。厂内未设专员，归地方官管理者，亦照此办理。

办解铜铅 011：乾隆二十九年奏准

滇省各运京铜，运抵北河，自头拨抵通后，即上紧拨运，陆续抵通，即间遇粮船拥挤，沿途阻滞，一时难于雇拨，令运员先将实在情形，报明地方官，加结报部详核，准其展限一月，即多者亦不得逾两月，如有逾违，将承运官照例题参议处。

办解铜铅 012：乾隆三十年奏准

官员领运铜铅抵通，照额交局之后，将实在赢余数目，报明户工二部，令崇文门监督按经过各关应交税课，核算相符，听其售卖，如有以多报少隐匿等弊，将该运员照匿税不纳律，罚俸一年。

办解铜铅 013：乾隆三十年又奏准

矿徒聚集地方，该管官知情隐匿，不严行查拿者革职。如系失于查缉，以致矿徒聚众，潜匿地方者，〔谨案：矿徒潜匿地方，如并未聚众开矿者，不在此例。〕照地方私铸该管官不知情失于觉察例，降三级调用。其已发觉不上紧查拿，以致矿徒逃遁，全未捕获者，亦降三级调用，未获矿犯，交与接任官照案缉拿。如已经查拿，获犯未及一半者降二级留任，勒限一年缉拿，限满全获，准其开复，悦限满仅获一半者降一级调用，限满获犯仍未及一半者降二级调用，未获矿犯，交与接任官照案缉拿，如一经查缉，即获犯过半者降一级留任，勒限一年缉拿，限满全获，准其开复，如仍未全获，再罚俸一年，带所降之级，照案缉拿，全获之日，准其开复。〔寻改为：已经查拿，未能全获者降一级留任，勒限一年缉拿，限满全获，准其开复。拿获及半者罚俸一年，带所降之级，照案缉拿，全获之日，准其开复，无获按限开复，拿获不及半者照所降之级调用，矿犯交与接任官照案缉拿。〕

办解铜铅 014：乾隆三十年三奏准

各省所有之矿，先行禁止偷刨者，仍照旧严禁外，现在本处无产穷民，有获微利以养赡生命者，该地方官查明姓名注册，令其开采，仍不时稽查，毋致生事，妄行不法。如有外省矿徒，前往该地方聚集开采，及本处富户霸占设厂开采者，该管官员知情隐匿，不严行查拿，照溺职例革职，该督抚徇庇不行揭参，降三级调用，加级纪录，不准抵销。

办解铜铅 015：乾隆三十四年议准

贵州解运铅斤，需员无多，俱于现任州县等官内，派委管押。云南解运铜斤，需用二十余员，如现任人员，不敷派委，应于现任同知、通判、知州、知县内遴派外，其试用人员内，择其曾经委署州县，干练能事之员，一体派委。未经委署之分发试用人员，概不得滥派。

办解铜铅 016：乾隆三十五年覆准

广西一切矿厂，该管府州县官，照旧稽查外，令各该道为总理，随时亲履查察，凡详委事宜，及矿势应采应闭，炉座应改应增，逐一秉公厘定。如有商民呈请试采，亦由该道督率勘实，分别妥议，移司转详，悦有以多报少，侵隐偷漏，纵容私挖情事，该道即据实揭参。悦或徇隐失察，将该道一并参处。其旬报季报，及每年奏销各册，俱由该管道员核实，移司汇办，如有迟延遗漏，亦将该道一并察议。该省巡抚布政使，仍照例办理。

办解铜铅 017：乾隆三十六年覆准

滇省开报新厂，每年获铜二十万斤以上者，督办官纪录一次，三十万斤以上者纪录二次，四十万斤以上者纪录三次，五十万斤以上者加一级，八十万斤以上者该抚专折奏请升用，如有怠忽，即随时查参议处。

办解铜铅 018：乾隆三十七年覆准

广西五金并产，凡有矿砂可采，详明督抚批准试采，均以二年为限，果有成效，即详请具题抽课。如逾限不报，未经查办之道员、布政使及并不查明具题之巡抚，均降二级留任。〔道光二年改为：未能查办之道员降二级留任，布政使降一级留任，督抚不查明具题罚俸一年。〕

办解铜铅 019：乾隆四十年奏准

各省委员赴云南等省采办铜锡铅斤，于采买完竣起运之后，沿途无故迟延，逾限不及一月者免议，逾限一月以上者罚俸一年，两月以上者降一级留任，三月以上者降一级调用，四月以上者降二级调用，五月以上者降三级调用，半年以上者革职。该督抚统于委员采办事竣后，核明日期，咨部查办，如沿途遇有阻滞，实在不能赶运者，准其报明该地方官，出结转报沿途督抚咨部，准其扣算，如有通同捏饰等弊，照例分别议处。

办解铜铅 020：乾隆四十年覆准

委员运解铜铅银两等项，所执兵牌，持赴各站，粘贴印花，以便验票拨护，有不赴站粘贴印花，经下站查出，即将该委员查参，照不实力奉行例，罚俸一年。

办解铜铅 021：乾隆四十一年覆准

保送运员，由府州出具考语，由道加考移司，详送该督抚验看，有不胜委解之任者，令其撤回另保，如验系衰庸，将该委员照例降革休致，仍饬另保送验外，仍将出考之府州，加考保举之道员核参，照滥委解员例降一级调用，转送之藩司降一级留任。如该督抚不加察验，据详即委，致有贻误，经部查参，将该委员及该司道府等，照例分别议处，并将据详即委之督抚，照不行查验例罚俸一年。〔寻改为：照滥委解员中途无失例，罚俸一年，转送之藩司罚俸六月。如该督抚不加察验，据详即委，罚俸三月。〕

办解铜铅 022：乾隆四十一年议准

运京铜铅，沿途地方官，照漕船定例，依限催趱，所过省分，有逾程限，除运员并未逾违统限者，免其查议外，如运员已逾统限，沿途地方官，照催趱漕船定例，原限应行四日而行至五日以上者，专催官罚俸一年，督催官罚俸六月；原限应行四日而行至六日以上者，专催官降一级留任，督催官罚俸一年；原限应行四日而行至八日者，专催官降二级留任，督催官降一级留任；原限应行四日而行至九日者，专催官革职留任，督催官降二级留任。其余程限多寡不同，皆照此核算。

办解铜铅 023：乾隆四十七年奏准

滇省各铜厂，除产铜无多之厂照旧办理外，其余大小各厂，俱按出铜确数，画分十二股，按月核计，以十分之数查察，其欠不及一分者罚俸六月，欠一分以上者罚俸一年，欠二分三分者降一级留任，欠四分五分者降一级调用，欠六分以上者降二级调用，欠七分者降三级调用，七分以上未及八分及八分以上者俱革职，其缺额铜斤各员，除令于一二月内补足，至三月以后不能补交者，查明实系槽硐水淹及厂势衰微，并非厂员办理不善，而缺额亦止一二分者，仍令留厂管办。统限一年之内，按数补足，若至一年以后不能补交者，即行撤回，入于考成册内开参，照例议处。至缺额至三分以上者，仍按月核计查参，即行照例分别议处降级革职，亦仍令其在厂协同上紧催办，按数补足，如一年后仍不足额，应议降调者撤回，应议革职者即发往新疆效力。倘时非雨水，厂尚可为，实系厂员漫不经心，任意废弛，以致办铜短缩，又不及时赶补，经该督抚特参，无论所欠分数，俱照例革职，发往新疆效力。如办铜各员，能于月额之外，多获铜斤至一分以上者纪录一次，二分以上者纪录二次，三分以上者纪录三次，四分以上者加一级，五分以上者加二级，再有数多者，以次递加。

办解铜铅 024：乾隆四十七年又奏准

云南解运京铜，自泸州领兑，限三十五日开行以后，及汉口换船换篓，定限九个月二十五日，统限十一个月，照漕船定例，依限抵通。贵州解运京铅，自永宁领兑装运，赴重庆镕化，在重庆雇船装载，限二十五日，自重庆开行以后及汉口换船，定限八个月零十日，统限九个月零五日。其有抵通迟延，逾限不及一月者，领运官降一级留任，委解上司罚俸一年；逾限一月以上者，领运官降一级调用，〔寻增为：委解上司降一级留任。〕两月以上者，降二级调用，〔寻增为：委解上司降二级留任。〕三月以上者降三级调用，四月以上者降四级调用，五月以上者革职，委解上司各降三级留任。若遇封闸封峡守冻，及在川江大河风信陡发，水势暴涨，该督抚确实查明，取具沿途地方官印结送部，准其扣除日期，其平水河道，及寻常守风守水日期，不准扣算。如领解官有在泸州重庆耽延，不按限开行之处，许兑交委员将兑足日期详报，禀明该督抚核参，悉照沿途无故迟延例议处，定限之外，不准扣除。倘领兑不足，或厂员给发迟滞，或陆运委员耽延，不能按期兑交，以致运员迟延，许运京之员据实详禀，该督抚确查，分别参处，所有开行迟逾日期，准其于运员限内扣除。如有沿途盗卖亏缺情弊，按律究拟，革职治罪，所欠铜斤，着落本解官追赔，倘解官名下，不能追赔，照采办洋铜例，于委解不慎之上司名下分赔，并严加议处。〔寻增为：仍将出考之府州，加考保举之道员，照滥委解员中途误失例降一级调用，转送之藩司降一级留任，据详即委之督抚罚俸一年。〕如参后三个月之内，解部交完者，准其开复。

办解铜铅 025：乾隆五十年谕

据舒常奏：江西省护送锡船出境，向系送至安徽东流县而止，今广东委员戴梦华运锡船只，经过东流，扬帆顺流而下，直至安徽怀宁县始行交替，江西营县均未失于护送，所有违例越站，咎在委员，请将巡检戴梦华咨部核议等语。锡船过境，如果有违例夹带情弊，恐该地方官查出，擅行越站前进，自应查明参奏，若并无情弊，则扬帆顺流而下，正可多趱程途，以期迅速解到，迟固当议处，速亦致议处，则为解员者，实亦难矣。兹戴梦华若因越站致干部议，将来委员人等，势必畏惧处分，遇有顺风，亦卸帆停泊，等候交替，转致耽延时日，是向例本未允协。嗣后凡遇铅锡等船过境，该督抚饬属照例护送，如有因顺风不及停泊，越站前进，查无夹带情弊者，止须将未经按站护送缘由，据实声明报部，毋庸咨取委员职名附参。所有广东委员戴梦华，即著免其议处。

办解铜铅 026：乾隆五十四年覆准

各省委员赴滇采办铜斤，如委员先后到滇者，则尽先到之员给发，其同时并到者，仍按各省道里远近，先尽远省之员，于委员到滇之日，即将应办铜斤，指定厂所，仍将何厂拨铜若干斤，应定限若干日，统计何年月日，可全数兑交委员收领发运，开列清单，咨部存案，俟奏报开行时，将厂员给领有无逾限之处，于折内一并声叙，户部逐运查核，如厂员有逾限不给者，即照运员在途逾限之例一律议处。各厂兑给铜斤，如有低潮，准令委员禀明另换，若因换铜耽误限期，仍将厂员照例议处，若委员漫不经心，并未禀换，至本省验明不足成色，即将该委员查参。

办解铜铅 027：乾隆五十五年议定

各省委员采买解运铜锡铅斤等船，中途沉溺，该委员及地方官，果能设法全数捞获，并无缺少者，该督抚查明咨部议叙，准其纪录一次。

办解铜铅 028：乾隆五十五年奏准

凡解运铜船来京官员，每运自兑收日起，限二十日收完，到局后，除前运兑收未完，准其扣展外，其解员患病，止许展限一月，如病满一月之限，即责令该员家属，或同省运解前后到局委员，眼同兑收，勒限完竣，如再有迟逾，将该监局及解员，均各严参办理。〔寻增为：解员照抵通迟延例议处，监督照抵通迟延之上司例议处。〕

办解铜铅 029：乾隆六十年谕

昨巡视东城御史及步军统领衙门奏：拿获偷铜贼犯，均已交部严审定拟矣。向来官铜被窃，解员例有处分，而一经到部，解员及管押家丁人等，又须听候传讯，部中胥吏，转得便宜，而解员未免需费畏累，是以偷窃之后，私自赔补，不肯即行禀报，以致日久贼犯无踪，致稽捕获。每次运京铜铅，不下数十万斤，分起运送，解员所带家丁无多，岂能亲身照料。嗣后遇有偷窃铜铅之案，该解员务当立时报明，以便交步军统领衙门、五城、顺天府迅速严拿，获犯之后，刑部止须向贼犯严切研鞫，不必传讯解员及家丁人等，以免守候。至铜铅攸关帑项，既有失窃，自应著落解员赔补，其失察处分，尚属可原，并著加恩宽免，以示朕洞悉下情体恤周详至意。

办解铜铅 030：嘉庆二年奏准

运京铜铅，例内挂欠百分中之一二，准其按限赔补，免其议处，其例外短少铜铅者，户部将因何短少之处，咨查该省，俟咨覆到日，知照吏部，议以革职，暂予留任，其应赔银两，数在数千两者，于接到部文后，限六个月完缴；一万两以上者，限一年赔缴；如不能依限全完，即行革职。该员革职之后，接到部文，能于半年内将应赔银两全数缴足，该督抚具题，准其开复，留于该省补用，如不能完缴，即著金派各上司按股派赔。其承运交兑足数者，户部带领引见后，知照吏部，查无事故，照卓异之例升用。

办解铜铅 031：嘉庆五年谕

巡漕御史奏：运河织造办物船，并铜铅船只，以及木排等项，恃强争先，接遇粮船，往往恣意拦阻，请交各巡漕御史稽查管束等语。粮船为天庾正供，自应迅速挽运，不可稍令稽迟，其织造办物船只，装载上用物件，固关紧要，然较之粮船行走，究可稍缓。至于铜铅船只及木排等项，亦非漕船可比，乃往往于运河内肆意横行，不特令商民船只避让，甚至粮船北上，亦恃强拦阻，押解之员任听水手争闹，漫无约束，此等恶习，朕所深知。嗣后著责成巡漕御史，转饬沿途文武员弁等，将重运漕船催趱先行，其余船排等项，令其尾随在后，挨次前进，以期无误正供，倘该排船等不遵弹压，仍前恃强争先，一经查明，即将押解之委员严行参办，以示惩儆。

办解铜铅 032：嘉庆五年奏准

云南、贵州运京铜铅，遇有沉溺，若系定例险滩，〔沙河滩、黑铁关滩、大猫子滩、乌鸦滩、大雾基滩、大虎跳岩滩、小虎跳岩滩、特衣滩、榴桶子滩、小锅圈岩滩、大锅圈岩滩、大猫滩、东瓜滩、大汉漕滩、木孔滩、古竹滩、凹岩滩、新开滩。〕地方官结报该省督抚，移咨云南、贵州，会疏题请免议。〔在此险滩沉溺，例应赔交脚价银两者，亦准免议。〕倘有不肖运员，捏报江川等处沉溺，地方各官扶同徇隐，该督抚即据实题参，将运员革职，地方官降一级调用，督抚徇隐具题，亦降一级调用。〔后降一级均改为降二级〕。

办解铜铅 033：嘉庆七年奏准

运员领解铜斤，自泸州起程，令店员将每起领解若干，造具清册，开明所解铜斤总数，内某厂铜若干斤交户局，某厂铜若干斤交工局，其厂店各员，并该管道府及运员衔名，均于册内开明，并各加具并无低潮搀杂甘结，随册申送，共清册五本，一本交运员收执，四本申详巡抚衙门，该抚存留一本，三本咨吏户工三部，俟运员赴京，赴户工二部交兑，即将所赍清册，呈送局内查验收兑，如局内验有铜色在八成以下者，即行挑出，俟事竣，开具每起所解铜斤，局内验收足色之铜若干，挑出不足之铜若干，均各注明厂分铜斤，查照原册内衔名，将某员应赔若干，详开分数，一并移送吏部，俟赔限满日，分别已未完交，移咨吏部核办。

办解铜铅 034：嘉庆七年定

厂员分数，统以一起所解该厂之铜若干，作为十分，除已收外，挑出不足成色之铜若干，即作该厂亏欠分数。其运员所解铜斤，分交户工二局，统以一起所解应交二局之铜，作为十分，除已收外，挑出不足成色之铜，查系户局若干斤，工局若干斤，统作该员亏欠分数。至店员及该管道府，均以一起所解铜斤若干，作为十分，其运员亏欠分数，即系店员及该管道府所欠分数，均各详按分数，分别议处。

办解铜铅 035：嘉庆七年又定

煎炼铜斤，系厂员专责，处分自应较重。凡局内未收铜斤，计该厂不及一分者罚俸六月〔后改为一年〕，一分以上者罚俸一年〔后改为二年〕，二分三分以上者降一级留任〔后改为降二级留任〕，四分五分者降一级调用〔后改为降二级调用〕，五分以上者降二级调用〔后改为降四级调用〕，七分以上者革职，仍留厂勒令赔交应完之项。其原欠三分以下者，俟接到部咨后，限三个月赔交，四五分以上者限六个月赔交，七分以上者限一年赔交，如按限赔完，即将降革之案，题请开复，倘不依限全完，原议罚俸者降一级留任，原议降留者即照所降之级调用，原议降调者即行革职，原议革职者不准复行留厂，仍留该省，限一年赔完，如能于复参限内，照数全完，准其题请开复。系降革离任之员，留于该省补用，如再不完，其降调降留者，无论分数，一体革职，所有应赔之项，著落该管上司分赔。

办解铜铅 036：嘉庆七年三定

店员亏欠铜斤处分，视厂员议减一等，欠不及一分者罚俸三月〔后改为六月〕，一分以上者罚俸六月〔后改为一年〕，三分以上者罚俸一年〔后改为二年〕，四五分以上者降一级留任〔后改为降二级留任〕，六七分以上者降一级调用〔后改为降二级调用〕，即照厂员之限，勒限赔缴应完之项，如不依限全完，原议罚俸三月者罚俸六月〔后改为罚俸一年〕，原议罚俸六月者罚俸一年〔后改为降一级留任〕，原议罚俸一年者降一级留任〔后改为降二级留任〕，原议降一级留任者降三级留任〔后改为革职留任〕，原议降调者即行革职，仍留该省，勒限一年赔完，如能于复参限内，照数全完，题请开复，倘若不完，无论分数，一体革职，应赔之项，著落该管上司分赔。

办解铜铅 037：嘉庆七年四定

运员亏欠铜斤处分，视店员又减一等，欠不及一分者罚俸一月〔后改为两月〕，一分以上者罚俸三月〔后改为六月〕，二三分以上者罚俸六月〔后改为一年〕，四五分以上者罚俸一年〔后改为二年〕，六七分以上者降一级留任〔后改为降二级留任〕，照例三年无过开复，所有承办铜斤，如能全数交局，例准带领引见，照卓异之例升用。如铜斤本无短少，仅止成色不足，除亏欠在六分以上，例应降留者，不准列入卓异班次外，其在五分以下，例止罚俸者，仍准带领引见，照卓异之例，注册升用。〔后改为数逾一分以上，由户部将该运员扣除引见。〕

办解铜铅 038：嘉庆七年五定

管理厂店道府，视运员又减一等，欠不及一分者免议〔后改为罚俸一月〕，一分以上者罚俸三月〔后改为六月〕，二分以上至四分者罚俸六月〔后改为一年〕，四五分以上者罚俸一年〔后改为二年〕，六七分以上者罚俸二年〔后改降一级留任〕。其厂店各员应赔之项。勒令按限督催。如限满不完。原系免议者罚俸三月，原议罚俸三月者罚俸六月〔后改为一年〕，原议罚俸六月者罚俸一年〔后改为二年〕，原议罚俸一二年者降一级留任〔后增原议降一级留任者降二级留任〕，戴罪督催。如店厂各员，于复参限内全完，或厂员等逾限不完，上司分赔全完者，其降级之案，均准题请开复。

办解铜铅 039：嘉庆七年六定

京局未收铜斤，勒令厂店各员分赔，限满之日，该抚即将何员缴足，何员未完之处，造册声明，分别议处开复，不得以一人未完，致同案之员，均行议处。至该管上司有督催之责，如再限届满，厂店各员仍有未完之项，将该上司议以降级留任者，应俟一运内全数完缴，始准开复。

办解铜铅 040：嘉庆七年七定

户工二局监督收兑铜斤，眼同运官核验铜色，不得听令胥役混行收兑，致滋高下其手之弊。倘有色足八成之铜而不行收兑，及色在八成以下之铜不行挑出者，或别经发觉，或经运员呈控，即将该局监督，按照铜斤数目，分别议处，一千斤以上者罚俸三月，一万斤以上者罚俸一年，五万斤以上者降一级留任，十万斤以上者降一级调用。倘系有意刁难，及徇私故收低潮入局者，即将该监督革职治罪。

办解铜铅 041：嘉庆十二年谕

永保奏：运员应赔铜斤脚价银两，恳请量予宽限一折。据称，滇员领运至京，沿途水脚路费及起拨捞宥，在均须赔垫，差竣回滇，已属苦累，而应追挂欠银两，近年所定例限，过于紧迫，该运员等养廉所得无几，万难责令于限内全完，如逾限不完，即应参革离任，帑项终归悬宕等语，自系滇省实在情形。嗣后运员应赔银两，数在一千两以下者改限半年，一千两以上至三千两者改限一年，三千两以上至五千两者改限二年，五千两以上至一万两者改限三年，一万两以上至二万两以内者改限四年完缴，庶该运员等设措较易，帑项不致虚悬，所有近年运铜挂欠各员，均著改照现定之例办理。

办解铜铅 042：嘉庆十二年议定

运京铜斤，例内挂欠百分中之一二，准其按限赔补，免其议处。其例外短少铜斤者，户部将因何短少之处，咨查该省，俟咨覆到日，知照吏部，议以革职，暂予留任，其应赔银两，数在一千两以下者限半年完缴，一千两以上至三千两者限一年完缴，三千两以上至五千两者限二年完缴，五千两以上至一万两者限三年完缴，一万两以上至二万两以下者限四年完缴，均于接到部文后，自运员回省之日起限，如不能依限全完，即行革职，该员革职之后，接到部文，能于半年内将应赔银两全数缴足，该督具题，准其开复，留于该省补用，如不能完缴，即著佥派各上司按股派赔。其承运交兑足数者，户部带领引见后，知照吏部，查无事故，照卓异之例升用。

办解铜铅 043：嘉庆十二年又议定

运京铅斤，例内挂欠百分中之一二，准其按限赔补，免其议处。其例外短少铅斤者，户部将因何短少之处，咨查该省，俟咨覆到日，知照吏部，议以革职，暂予留任。其应赔银两，数在千两者，于接到部文后，自运员回省之日起，限六个月完缴，一万两以上者限一年赔缴。如不能依限全完，即行革职。该员革职之后，接到部文，能于半年内将应赔银两全数缴足，该督抚具题，准其开复，留于该省补用。如不能完缴，即著佥派各上司按股派赔。其承运交兑足数者，户部带领引见后，知照吏部，查无事故，照卓异之例升用。

办解铜铅 044：嘉庆十二年三议定

云南解运京铜，自泸州领兑，三十五日开行以后，及汉口换船换篓，限九个月二十五日，统限十一个月，照漕船定例，依限抵通。贵州解运京铅，自永宁领兑装运，赴重庆镕化，在重庆雇船装载，限二十五日，自重庆开行以后，及汉口换船，限八个月零十日，统限九个月零五日。其有抵通迟延，逾限不及一月者，领解官降一级留任，委解上司罚俸一年，逾限一月以上者，领解官降一级调用，委解上司降一级留任；两月以上者。领解官降二级调用。委解上司降二级留任；三月以上者，领解官降三级调用；四月以上者，降四级调用；五月以上者革职。委解上司各降三级留任。若遇封闸、封峡、守冻及在川江大河风信陡发，水势暴涨，该督抚确实查明，取具沿途地方官印结送部，准其扣除日期。其平河水道，及寻常守风守水日期，不准扣除。〔既经抵通，运局迟延，将坐粮厅、大通桥监督查明，分别议处。如实系运员藉病展限，以致迟延者，令仓场侍郎查明，一并参处。〕如领解官有在泸州、重庆耽延，不按限开行者，兑交官将兑足日期详报，不准扣除。傥领兑不足，或厂员给发迟滞，或陆运委员耽延，不能按期兑交，以致运员迟延，许运京之员据实详禀，该督抚确查，将迟延之员核参，照抵通逾限例议处。其运京开行迟逾日期，准其于运员限内扣除。

办解铜铅 045：嘉庆二十五年奏准

炉户私运铜铅铁锡出厂，管理矿厂官不行查出，罚俸一年。其京局炉匠盗卖铜斤，该监督失于觉察，亦照此例议处。

办解铜铅 046：道光二十九年奏准

运员果能铜色纯洁，全无低潮，由户部声明请旨，如奉旨交部议叙者，予以加一级，从优议叙者加一级、纪录二次。

办解铜铅 047：咸丰元年奏准

滇省办运铜斤，将厂名、年分、姓名，錾凿清楚，店员认真挑拣，长运委员逐件拣提，傥抵京交局，仍有无字低铜，即由户部，先将该委员职名咨送吏部，于低潮处分之外，再比照低铜分数，予以处分。如厂员、店员通同舞弊，亦即将厂店各员，查明严参。

办解铜铅 048：咸丰元年定

督催铜厂之道府，照兼管盐务之道府例议处，欠不及一分者停其升转，一分以上者降俸一级，二分三分者降职一级，四分五分者降职三级，六分七分者降职四级，俱令督催，停其升转，完日开复。八分以上者革职。

办解铜铅 049：咸丰元年又定

湖南办解运京黑铅，领运官自长沙至汉口定限一个月，自汉口抵通定限五个月。广东办解运京点铜锡，领运官自广州抵通，定限十个月。悉照运京铜铅之例，查核。

办解铜铅 050：咸丰元年三定

铜铅运抵通州坝口，坐粮厅即亲赴点验秤掣，领储号房，陆续拨运，日以十万斤为率，一面知照大通桥接运，并具报仓场衙门、崇文门及户工二局。铜铅运至大通桥，该监督复加秤验，由朝阳门陆运赴局。凡各运铜铅，各限两个月，全数交局候兑，其坐粮厅、大通桥先后转运，仍责成运员管押，如转运迟延，将坐粮厅、大通桥监督查明，分别议处，系管押迟延，将运员一并附参。

办解铜铅 051：咸丰元年四定

每年滇省奏到铜运开帮时，将沿途省分藩臬两司开单请旨，简派一员经理，俟船只到境，各派勤干道府一员，会同押运官照料出境，递相交替，违限者，查明省分，照催趱漕船不力例，分别议处。

吏部处分 139：盐课奏销〔例 32 条〕

盐课奏销 001：顺治八年覆准

盐课欠不及一分者，巡盐御史〔寻改为盐政〕罚俸一年，欠一分以上者降俸二级，欠二分以上者降职一级，欠三分以上者降职二级，皆留任，欠四分以上者降三级，欠五分以上者降四级，欠六分以上者降五级，皆调用，欠七分以上者革职。〔寻增为：未完初参，照巡抚地丁钱粮初参例处分，限二年催完，如限内不全完，照原参分数议处。〕

盐课奏销 002：康熙三年题准

巡抚管理通省粮饷，其盐课考成，欠一分者罚俸三月，欠二分者罚俸六月，欠三分者罚俸九月，欠四分者罚俸一年，欠五分者降俸一级，欠六分者降俸二级，欠七分者降职一级，欠八分者降职二级，欠九分者降职三级，欠十分者降职四级，皆令戴罪督催，停其升转〔寻增为完日开复〕。运司、提举司、分司大使等官，系专管盐课之官，欠不及一分者停其升转，罚俸六月，欠一分者罚俸一年，欠二分者降职一级，欠三分者降职二级，欠四分者降职三级，欠五分者降职四级，皆令戴罪督催〔寻增为完日开复〕，欠六分以上者皆革职。兼管盐务之知县、知州、知府、布政使、各道，欠不及一分者停其升转，欠一分以上者降俸一级，欠二分三分者降职一级，欠四分五分者降职三级，欠六分七分者降职四级，皆令戴罪督催，停其升转，完日开复，欠八分以上者革职。署运司、提举司、分司大使等官，欠不及一分者罚俸三月，欠一分者罚俸六月，欠二分者罚俸九月，欠三分者罚俸一年，欠四分五分者降一级调用，欠六分七分者降二级调用，欠八分以上者革职，署印不及一月者免议。署司道府州县事兼理官员，欠一分二分者罚俸三月，欠三分四分者罚俸六月，欠五分六分者罚俸九月，欠七分八分者罚俸一年，欠九分十分者降一级调用，署印不及一月者免议。〔寻改为：署任催征督催处分，俱照正官例议处。〕

盐课奏销 003：康熙三年又题准

盐课被参后，州县大使等官，限一年全完，其年限内不完，不复作分数，照原参分数处分。州县官欠不及一分，一年内不全完者，降一级留任，再限一年，戴罪催完，如再不完，照依所降一级调用；欠一分二分，一年内不全完者，降三级调用；欠三分四分，一年内不全完者，降四级调用；欠五分六分，一年内不全完者，降五级调用；欠七分以上，一年内不全完者，革职。运使、提举、分司被参后，限年半全完。至运使提举，系专管盐课之官，应照布政使地丁钱粮例处分，分司大使照州县官地丁钱粮例处分。如年限盐课，系原被参之官限内不完者，不复作分数，仍照原参分数题参。如系接征接催官员，以到任之日为始，州县、大使等官限一年接征，布政使、道府、直隶州知州、运使等官限年半接催，督抚限二年接催，如不能完，题参之日，照现在未完分数，以初参例处分。兼管盐法之布政使、各道并知府、直隶州知州，被参后，限一年半全完，如欠不及一分，年限内不全完者，降职一级，停其升转〔寻增为：完日开复〕；欠一分二分，年限内不全完者，降三级调用；欠三分四分，年限内不全完者，降四级调用；欠五分六分，年限内不全完者，降五级调用；欠七分以上，年限内不全完者，革职。各省兼管盐法之巡抚，限二年全完，如欠不及一分，二年内不全完者，停其升转；欠一分二分，二年内不全完者，降职一级；欠三分四分，二年内不全完者，降职二级；欠五分六分，二年内不全完者，降职三级；欠七分八分，二年内不全完者，降职四级；欠九分十分，二年内不全完者，降职五级；皆令戴罪督催，完日开复。

盐课奏销 004：康熙十二年题准

销引欠一分者停其升转，欠二分者降俸一级，欠三分者降俸二级，欠四分者降职一级，欠五分者降职二级，欠六分者降职三级，欠七分者降职四级，皆令戴罪督销。〔寻改为：欠五分者降二级调用，欠六分者降三级调用，欠七分者降四级调用，不准抵销开复，任内有军功钱粮加级纪录者，准其议抵。〕欠八分以上者革职。其戴罪督销者，限一年销完，如年限内不完，照徐淮等仓钱粮年限内未完例处分。如行盐地方各官，有私派户口勒买销引者，州县官革职，未经察报之司道府等官各降三级调用。〔寻改为：府州降三级调用，司道降二级调用。〕巡盐御史〔寻改为盐政〕暨兼理盐法巡抚不行查参者，将御史〔寻改为盐政〕降一级调用，巡抚降一级留任。

盐课奏销 005：康熙十二年又题准

盐引不行题明，私自挪拨者，该管官降一级调用，巡盐御史〔寻改为盐政〕降一级留任，兼管巡抚罚俸一年。其前官已完销引，不行送部者，及题报盐引迟延者，或申报盐引前后矛盾者，将该管官罚俸一年，巡盐御史〔寻改为：督催转报之盐政、运使、盐道。〕暨兼管巡抚各罚俸六月。

盐课奏销 006：雍正七年覆准

两浙各场盐课钱粮，令场官就近设柜征收，原封解交各县折兑，如系代征之场官，其初参欠不及一分者，旧例罚俸六月，今免其议处；欠一分者，旧例罚俸一年，今改罚俸三月；欠二分者，旧例降职一级，今改罚俸六月；欠三分者，旧例降职二级，今改罚俸九月；欠四分五分者，旧例降职三级四级，今改罚俸一年；均免其停升督催。至欠六分以上者，旧例皆革职，今改欠六分者降职一级，欠七分者降职二级，仍令戴罪督催，欠八分以上者即革职。嗣后代县催比之场官，原欠不及一分，年限内不全完者，旧例降一级留任，今改罚俸六月；原欠一分，年限内不全完者，旧例降三级调用，今改罚俸一年；原欠二分三分，年限内不全完者，旧例降四级五级调用，今皆改降一级留任，再限一年督催，如再不完，照所降之级调用。原欠四分五分，年限内不全完者，旧例革职，今改降一级调用；原欠六分以上，年限内不全完者革职。如该场官催征不力，许该县提比经识，倘已征钱粮，有挪移侵欺情弊，即行揭报，照挪移侵欺例分别处分。若该县平时不能稽查，致有亏空，别经发觉，将该县照直隶州知州失察属官亏空例议处。至有一场坐落两县者，其场官两地未完分数，应合算并案处分。

盐课奏销 008：雍正七年议准

各运使带征拖欠正杂盐课，完至五万两以上者纪录一次，十万以上者纪录二次，十五万以上者加一级，二十万以上者加一级、纪录一次，二十五万以上者不论俸满即升。

盐课奏销 009：雍正十一年议准

江南两淮泰坝，令总督会同盐政，于通省佐贰内遴选委管，三年期满，果能有益盐务，出具考语，题请升用。

盐课奏销 010：乾隆六年奏准

各省经征盐课，督销盐引，催征各官，能于奏销前催征全完，或前官并未征解，接任官于奏销前催征全完，总以一官全完一年课引者，无论正署，均照地丁钱粮全完例议叙。其两浙代征场官处分，本属减轻，全完五万两以上者准其纪录一次；五万两以下奏销前全数通完者，统计两年合算，将两年应征之数，征收全完，亦准其纪录一次；通融销售地方，不准议叙；正课虽完〔寻增耗羡未完〕并本年带销之项未完者，亦不准议叙；令该督抚、盐政于题销疏内，分析声明，以凭查核，如有未完，捏报全完者，照地丁钱粮捏报全完例议处。

盐课奏销 011：乾隆十年议准

两淮试用官员，委管泰坝盐务，三年期满，咨请议叙者，于得官日加一级。

盐课奏销 012：乾隆十六年覆准

滇省管井提举、大使等官，既专司督煎，其行销盐责成各属，与井官无涉，嗣后盐课奏销，管井等官督征职名，免其开列。至兼管井务之知府、同知、知州、知县、大使等官，有本任兼销盐者，仍照例开列。其井官如按年督煎足额，照课款全完五万两以下议叙之例纪录一次。若盐井被水以致堕误，数至十万斤以内者限二年趲补，五万斤以内者限一年趲补，不及三万斤者限半年趲补，逾限不完，将原煎之数计作十分，按未完分数查参，照盐课未完分数例议处。〔寻增为：督催未完之盐道，亦照盐课未完分数议处。〕若井非被灾，偶因雨浸卤淡，煎办不敷，分别多寡，勒限趲补。如为数无多，限两月之内报完，其三万斤以上至五万斤者勒限半年，五万斤以上至十万斤者勒限一年。〔寻增为：数至二三十万斤者，将该管井官罚俸一年，仍勒限一年。〕逾限不完，著落井官赔缴课款，灶户追缴薪本，如课项延缓不缴，即行指参，照官员本身杂项钱粮不完例议处。至于无故堕煎者，虽数止十万斤以内，令该抚咨参到日，将该员照行盐无术例，罚俸一年。至二三十万斤以上，则废弛盐务，应即行题参，照溺职例革职，著赔银两追缴薪本。若隐匿堕煎，不按月造报者，照规避例报参。〔寻增为：课薪等银，俱著落该员追赔。〕

盐课奏销 013：乾隆三十年奏准

两广兼管盐务之司道府州县官，欠不及一分者罚俸一年，欠一分者降职一级，欠二分者降职二级，欠三分四分者降职三级，欠五分六分者降职四级，欠七分者降职五级，以上俱令戴罪督催，停其升转，完日开复，欠八分以上者革职。专管盐务运使、提举、分司大使等官，欠不及一分者降职一级，欠一分者降职一级、罚俸一年。〔寻改为降职二级。〕欠二分者降职三级，欠三分者降职四级，以上俱令戴罪督催，停其升转，完日开复。欠四分者降一级调用，欠五分者降二级调用，欠六分以上者革职。其戴罪督催各官，如限满不完，仍照原定盐课限满例议处。兼管盐法之督抚，初参限满，俱照原定盐课例议处。署印官催征督催，俱照正官例议处，署印不及一月者免议。其接征接催官员，俱以到任之日起，限满不完，照现在未完分数，以初参处分。

盐课奏销 014：乾隆三十年又奏准

长芦州县督销盐引，如实遇水旱灾伤，盐引不能销售，经邻邑代销者，该督暨该盐政据实声明，免其议处外，其并非灾歉之岁，销引不及分数，虽盐已代销，仍按其未完分数查参，照例议处，于次年详加查核，如能比上年多销一分，准将上年处分，题请开复，其本年查有未完分数，仍行照例查参。如不能多销，或更不及上年分数，除上年处分不准开复外，仍按本年未完分数，查参议处，统俟再次年比较多少，分别查办。至本地督销额引，业至八分以上，其通融代销仅至一二分者，毋庸参处。

盐课奏销 015：乾隆三十七年奏准

此县之引卖与别县者，未经查报之府厅官，罚俸一年，道员罚俸九月，布政使、按察使罚俸六月。〔今无臬司处分。〕

盐课奏销 016：乾隆四十年覆准

广东、福建场员收盐，每年按额分作十分，如额外收足一二分者，记功示奖；三分以上者，照一官全完一年课引例，纪录一次。其协办效力委员，能于额外收足三分以上者，准其遇缺题补。至额内少收各员，应责令知府确查，如系纵容私售，以致缺额，即不论分数，严参究审。或因本年积雨连阴，实较往岁为甚，则三分以下，姑准记过，至四分以上者即行咨革。各场委员〔今定为广东各场委员〕有经管应征场课银两，俱令就近征解，将经征正委各员职名，一律造入奏销册内，分别议叙议处。

盐课奏销 017：乾隆五十四年覆准

江西南昌等十府，淮盐未能畅销，皆由私贩未能净尽。于建昌府属之新城、泸溪及饶州府属之浮梁、德兴、安仁等五县，私贩咽喉处所，选派文武员弁各一员，督率兵丁巡役，于水陆两途，分头巡缉，半年一次比较〔今改为一年考核〕，果能于半年之内，实力缉捕，获私较多，销引溢额，于足额之外，多销引一分以上者纪录一次，二分以上者纪录二次，三分以上者纪录三次，四分以上者加一级，五分以上者加二级，遇有数多者，以次递加。倘各该委员等不实力查缉，以致私贩充斥，销引缺额，其短销不及一分者罚俸六月，一分以上者罚俸一年，二分三分者降一级留任，四分五分者降一级调用，六分以上者降二级调用，七分者降三级调用，七分以上未及八分及八分以上者俱革职。

盐课奏销 018：乾隆五十八年覆准

两淮缺额〔今增为两淮、湖广、江西堕销盐引各员，自一分至三分者，俱照前销引例议处。〕四分以上者降二级调用，五分以上者降三级调用，六分以上者降四级调用，〔今定为：照前例分别议抵。〕七分以上者革职。

盐课奏销 019：乾隆五十九年奏准

各省盐务项下，如云南盈积，四川羡截，长芦告领，山东公费，两淮耗规，浙江引规，广东场羡，〔广西秤头盐羡，土司余盐价羡，并此。〕各项银两，经征各员，有不按年征完者，该督抚查参，照杂项钱粮未完例议处。

盐课奏销 020：乾隆五十九年又奏准

闽省官运长乐等五帮，并暂归官办之龙岩等十五帮，州县经手盐课，凡遇新旧交代，照地丁钱粮例，定限两月，交收清楚，其有应行展限者，亦悉照地丁钱粮限期，一例办理，造具册结，由府道藩司，呈请咨部，傥有亏缺短交，即据实揭报参追。如有盘限已满，册结尚未造送，将迟延之州县，督催之道府，分别查参。〔今增照地丁钱粮交代例查参。〕

盐课奏销 021：嘉庆四年奏准

两浙各场契税，许村等十九场，松江府属袁浦等六场，如有逾限未完，照杂项钱粮例议处，〔今限为每年五月〕由运使截数造报。

盐课奏销 022：嘉庆五年奏准

滇省各井款内，每年共应借垫薪本等银四十万两，除原题官本六万两外，其借垫借发银三十四万两，应令该抚将本年奏销案内，垫发银两数目，即于次年奏销时催完，入册造报，如有未完，照杂项钱粮例议处。

盐课奏销 023：嘉庆八年覆准

滇省各井盐课，除正额全完，仍照向例给予议叙外，有能额外溢征者，再按溢额银数多寡，照地丁钱粮全完例，分别给予议叙。至短煎短销，参欠未完之项，全在经征及接征之员，实力带趱销征，凡初参限外接征之员，及经征官复参限满，降调抵销，不致离任者，俱照杂项钱粮例，另起参限议处，三参限满无完，即行分别著赔。如接征之员，能于一年限内趱补全完，而本任年额并无短欠者，亦照地丁钱粮例，本任应叙之外，另予议叙。

盐课奏销 024：嘉庆九年奏准

两淮各场产盐额数，以十分计算，按年题报，如该场员等不能实力奉行，以致缺额，不及一分者罚俸六月，一分以上者罚俸一年，二分三分者降一级留任，四分五分者降一级调用，六分以上者降二级调用，七分者降三级调用，七分以上者革职。如能于正额之外，溢额一分以上者纪录一次，二分以上者纪录二次，三分以上者纪录三次，四分以上者加一级，五分以上者加二级，遇有数多者，以次递加。

盐课奏销 025：嘉庆十九年奏准

直省各州县应解包课银两，如有未完，核计分数，照兼管盐务之州县未完分数例议处。

盐课奏销 026：嘉庆十九年覆准

盐道统计所属，作为十分，如盐引缺销，照地方官未完分数处分。

盐课奏销 027：嘉庆二十年议准

闽省官办盐课，年征年额，实欠实参，如一年内有两官交接者，以前官为经征官，后官为经接征官，各按在任月日，核计未完分数，造报题参，照兼管盐务之州县初参未完例分别议处。若参后一年限满无完，将原参之经征官、经接征官，无论在任卸事，总将的欠之员，据实开报，照盐课复参未完例分别议处。其再接任之员，毋庸开报。

盐课奏销 028：嘉庆二十年又议准

闽省各场，应征丘折课费银两，有场县各半分征者，照匀征额数，分别开报。有归各该县厅丞经征者，各归各款，分别开报。其已改隶盐大使专管者，均责成各该场员，依限征解，如有未完，核计分数，将该场员职名开参，照专管盐务之大使等官盐课未完例分别议处。至官办盐务，各帮之长价等项杂款银两，奏销时如有未完，即将经征官照杂项钱粮未完例议处。积欠银两，酌量欠数多寡，分限勒催，如有未完，即将应完之员，比照现任官员应完代赔银两例分别议处。

盐课奏销 029：道光二十六年题准

山东省官办盐务州县，凡遇交代，照地丁钱粮例依限交代清楚，傥有迟延，分别初参、二参、正展各限，悉照地丁钱粮交代例查参。

盐课奏销 030：道光二十六年议准

盐政合计所属，初参欠不及一分者，停其升转，罚俸三月；欠一分者罚俸一年，欠二分者降俸二级，欠三分者降职一级，欠四分者降职二级，欠五分者降职三级，欠六分者降职四级，俱令戴罪督催，完日开复；欠七分以上者革职。

盐课奏销 031：道光二十六年又议准

盐场大使被参后，限一年全完，如限满不完，不复作分数，仍照原参分数题参，照州县官地丁钱粮例，原欠不及一分，年限内不全完者，降一级留任，再限一年催征，如又不能完。照所降之级调用；原欠一分，年限内不全完者，降三级调用，若年限内果能上紧催征，止一二厘未完者，议以降三级留任，再限一年催征，如又不能完，照所降之级调用；原欠二分，年限内不全完者，降四级调用；原欠三分，年限内不全完者，降五级调用；原欠四分以上，年限内不全完者革职。分司被参后，限年半全完，如限满不完，照场大使例议处。盐运使、提举司被参后，限年半全完，原欠不及一分，年限内不全完者，降一级、戴罪督催，再限内不全完者降二级，戴罪督催，三限内仍不全完，降三级调用；原欠一分至四分以上，年限内不全完者，俱照大使例处分。盐政被参后，限二年全完，如限满不完，原欠不及一分者罚俸一年，一分以上者降俸二级，二分以上者降职一级留任，三分以上者降职二级留任，完日开复；原欠四分以上者降三级调用，五分以上者降四级调用，六分以上者降五级调用，七分以上者革职。

盐课奏销 032：道光二十六年三议准

督销盐引未完被参之后，嗣经奏准停运统销，原参官已无承销之责，应照钱粮续奉蠲缓之例，将原参处分，一律改议完结。

吏部处分 140：查禁私盐〔例 42 条〕

禁私盐 001：康熙十五年题准

官员该管界内，有本官衙役私行煎贩，或私卖者，本官不能觉察，别经发觉者革职。其军民人等，在伊界内私行煎盐，或私卖者，不能觉察，别经发觉，降三级调用，兼辖官降一级，罚俸一年。如该管官自行拿获者免议。

禁私盐 002：康熙十五年又题准

凡旗人兵民聚众十人以上，带有军器，兴贩私盐，失于觉察者，将失事地方专管官革职，兼辖官降二级，皆留任，限一年缉拿，获一半以上者，复还官级，若不获者照此例革职降级。该督抚、巡盐御史，如有失察官员，徇庇不行题参，照徇庇例议处。专管官，一年内拿获十人以上，带有军器大伙私贩一次者纪录一次，二次者纪录二次，三次者加一级，四次者加二级，五次者不论俸即升。兼辖官，一年内拿获三次者纪录一次，六次者纪录二次，九次者加一级，拿获次数多者，均照次数纪录加级。〔寻改为：拿获十二次者加一级、纪录一次，再有多获，每三次照此递加。〕

禁私盐 003：康熙三十年覆准

十人以上，带有军器兴贩私盐，失察各官，系本处拿获一半者，免其处分外，其本处虽未拿获，被别处全获者，亦免其处分。若别处虽拿获，少一二人者，仍照例分别革职降级留任缉拿处分，至限年缉拿之后，计未获人数，拿获一半以上者，将拿获各官，原参降级革职留任之案，准其开复，未经拿获各官，仍照二参例处分，已经全获者，不论何处拿获，将原参各官降革留任之案，一例开复。

禁私盐 004：康熙三十九年议准

私枭党众，官兵不能拿获，或止获一二名，及兵丁被杀伤者，专管官、兼辖官皆免其处分，限一年缉拿，如不获，仍照旧例处分。〔照失察大伙私盐例处分。〕

禁私盐 005：康熙三十九年又议准

大伙兴贩，聚众拒捕，及执持器械，杀伤巡拿人等脱逃之枭徒，照缉拿强盗例，勒限严缉务获，按律拟罪，傥有不行擒拿，故为疏纵情弊，将该地方专管官革职，兼辖官降二级调用。如上司容隐不参，将上司照徇庇例议处。

禁私盐 006：康熙四十四年题准

小伙兴贩私盐，该管吏目、典史、知州、知县等官，失察一次者降职二级，失察二次者降职四级，皆留任，戴罪缉拿，一年限满无获，罚俸一年，各带原降之级缉拿，如又年限已满不获，仍罚俸一年，各带所降之级缉拿，拿获私盐之日，皆准其开复；失察三次者革职。道府、直隶州知州等官，失察一次者降职一级，失察二次者降职二级，失察三次者降职三级，皆留任，戴罪缉拿，一年限满无获，罚俸六月，各带原降之级缉拿，如又年限已满不获，仍罚俸六月，各带所降之级缉拿，拿获私盐之日，皆准其开复；失察四次者降三级调用。至上司因属官失察，带所降之级缉拿，自行拿获者，固应开复，若原参案内，所辖属官降级之案，因拿获私盐开复，其本案之上司，亦准其开复。

禁私盐 007：康熙四十四年议准

小伙盐徒拒捕，杀伤兵丁，不能擒获者，仍照例处分，照失察小伙私盐例分别议处，全获者免议，拿获一半者，专兼统辖官免其处分，余贼限一年缉拿，如一年内不获，将专管官罚俸一年，兼辖官罚俸六月，统辖官罚俸三月，余贼照案缉拿。

禁私盐 008：康熙五十六年题准

地方各官，失察外省棍徒，来境私贩，仍照定例，按次处分，有能拿获私贩千斤以上者，将该管官核实题请纪录。如有不肖官员，贪图纪录，将贫难军民，肩挑背负易米度日之人，及外省来贸易之平民，滥作私贩查拿，私用非刑，害人致死者，将该员照诬良为盗例革职。如未经致死者，将该员降一级调用。

禁私盐 009：雍正二年议准

贩私盐枭，由他处入境，巡役缉拿，拒捕杀伤，或当场人盐并获，或于疏防限内拿获过半以上者，将事由据实呈报咨部，免其疏防处分，余犯照案缉拿。其有大伙兴贩，隐讳不报，及人盐并获，轻为开脱者，将专管官革职，兼辖官降二级调用。〔寻增为：上司徇庇不参，降三级调用。〕不知情者，各照失察私盐例处分。

禁私盐 010：雍正六年议准

镇江闸口，盘查私盐，责成江常镇道，督同镇江府及海防同知，就近分班轮流盘验，无论粮艘、兵船、大小差船，均令亲身查验，如有夹带整包私盐，即行拿究，照兴贩律治罪。其一切水陆私贩，并严饬该管官分头缉拿，如有疏纵失察，照例参究，仍严禁官役，毋得借拿私盐名色，故意抑勒商民，需索进闸使费，倘该道员不能实力整顿，或有夹私而不能缉拿，或有勒索而不能惩禁，该督即行指参，失察私盐，照失察例处分；不能惩禁勒索，照失察衙役犯赃例处分；不能察禁属官，照约束不严例处分。

禁私盐 011：乾隆元年覆准

奸徒抢夺盐店及哄闹场灶等事，地方文武官弁，即行拿获，究出主使同伙，如获犯过半，并获首犯者，仍参疏防，照依盗案之例，免其处分；如获犯不及一半，或不获首犯者，照依盗案例参处，限年缉拿，限满不获，亦照盗案例处分。如平时漫无约束，临事不即擒拿，有意姑息，致长刁风者，即将该管官弁题参，照溺职例革职，各犯交与接任官，照案缉拿。该管巡道、府厅、直隶州知州等不行揭报，一并查参。〔寻增为：照给照贩私上司例处分。〕如地方官弁整饬有方，盐引疏销，私贩敛迹，一年之内并无应参之案者纪录一次。〔今增为：二年无应参之案，准其纪录二次。〕三年之内，整饬有方，盐引疏销，私贩敛迹，并无应参之案，准其加一级。若有司希图议叙，隐匿不报，或将大伙之案，捏作偶然凑合，巧为开脱者，照失出例处分。

禁私盐 012：乾隆七年奏准

衙役私行煎贩，该管官自行拿获者免议。或自行查出，未经拿获，详报通缉者，皆照例革职降级留任，限一年缉拿，逾限不获，即行革职，其兼辖之上司免议。如旗人私盐事发，其主系官罚俸两月，如本官自行拿获者免议。至官员行盐无术，以致商贩不前，或不遵行食盐旧例，藉端不行盐者，皆罚俸一年。若苦累需索，以致商贩不前者，降一级调用。

禁私盐 013：乾隆二十四年覆准

江苏泰州属各场海滩荡地，原为蓄草煎盐，无论堤内堤外，概禁开垦，饬令场员查丈，造具业户花名顷亩四至清册，送部备查，并挑挖深沟，筑立圩岸，立石分界，场员不时履勘，具结通报，如查有续垦地亩，将该地户按律究治，该分司场员自行查出者免议。失察之该场员，计亩处分，一亩以上记大过一次，五亩以上罚俸一年，十亩以上降一级留任，明知故纵照溺职例革职，审有贿纵，计赃治罪。分司不行揭报，计案处分，每一案记过一次，三案以上罚俸一年，十案以上降一级留任，故纵者亦照溺职例革职。

禁私盐 014：乾隆二十八年覆准

收买私盐，船载、车装、马驮络绎，应照无引私盐律治罪，不得藉口买自店家，本属官盐，曲为开脱。地方官拿获私盐，如作官盐杖责完案，照故出人罪律参处。

禁私盐 015：乾隆三十年奏准

运使、运同、运判、盐场大使，系专管盐务之员，如灶丁贩卖私盐，大使失于觉察者革职，知情者革职交部治罪。运同、运判失察一次者降职二级，失察二次者降职四级，俱留任，戴罪缉拿，一年限满无获，将运同、运判等官罚俸一年，各带原降之级缉拿，如又年限已满不获，运同、运判仍罚俸一年，各带所降之级缉拿。〔寻增为：拿获之日，准其开复，或拿获别案私盐，亦准其抵销开复，无获按限开复。〕失察三次者革职。运使，失察一次者降职一级，失察二次者降职二级，失察三次者降职三级，俱留任，戴罪缉拿，一年限满无获，罚俸六月，带原降之级缉拿，如又年限已满不获，仍罚俸六月，带所降之级缉拿。〔寻增为：拿获之日，准其开复，或拿获别案私盐，亦准其抵销开复，无获，按限开复。〕失察四次者降三级调用。

禁私盐 016：乾隆三十年又奏准

盐船失风失火，责成州县官会同营员，查勘确实，限一月内出结通详，盐道于详到日起，限半月内核转，以凭饬商补运，限三个月过所运岸，仍令沿途督抚及该管盐道、知府、直隶州，随时查察，如实系失风失火，而有勒索捆搁及受贿扶同捏报情弊，即将该员指名题参治罪。如将淹消火毁之案，勘讯不实，即行揭报，后经发觉者，将揭报不实之员，照不行查明给结例罚俸一年。

禁私盐 017：乾隆三十年三奏准

湖北之宜昌及湖南之衡州等处，邻省最易透漏私盐，令湖广总督在湖南、湖北两省内，各拣选勤干府佐一员，择适中紧要地方，令带领本衙门原设人役，驻扎稽察，督率巡查，一应缉私事宜，率同巡商悉心办理，如督缉有方，著有成效，三年后，将该员题请从优议叙，〔寻改为：照江西缉私委员之例议叙。〕并饬盐道不时查察，如该员巡查不力，徇私废公，或藉端需索，或扰累巡商，即据实揭参。〔寻增为：照镇江闸口盘验之例议处。〕倘该道徇隐不揭。经督抚、盐政查出纠参，即将该道一并参处。〔今增为降三级调用。〕

禁私盐 018：乾隆三十年四奏准

官员不能拿获私煎，反给印照私贩者，革职提问。上司知情故纵者亦革职，一并审究，失察者降一级留任，再罚俸一年。

禁私盐 019：乾隆三十年五奏准

广东东莞、新会等十三埠，从前各商设立坐标，私收渔户帮饷，又于各墟场镇市，设立馆舍，凡遇盐鱼盐菜等物，勒令纳税，别立行标，苦累贫民，甚至勾引枭贩，给标照运，冲赚他县引饷，均严行禁革，如仍有犯者，照例治罪，该管各官，不觉察详报，照失察私盐例议处，知情故纵者与该犯一律治罪，受财者计赃以枉法治罪。有能拿获奸商干标私抽实据，首报到官者，量行给赏示奖，倘承审官徇情故纵，照徇庇例参处。

禁私盐 020：乾隆三十年六奏准

已抚盐枭复行贩私，审实者，将本犯解部发遣，其出结之地方专汛兼辖及该管各官，俱照失察卦子例议处。〔寻改为：照失察抚绥人丁为盗例，降一级调用。〕

禁私盐 021：乾隆三十年七奏准

两淮盐斤，俱系淋卤煎熬，全资荡草，各场如有地棍奸灶，将荡草私贩出售渔利，致误摊煎者，将不行查禁之场员，照管理矿厂官员有铜铁私运出厂不行查出例，罚俸一年，分司州县照不严行查拿例，罚俸三月。

禁私盐 022：乾隆三十年八奏准

地方官拿获私贩，务将人盐实数详报，私盐例应入官，不得一毫隐讳，如将所获私盐侵蚀分肥，并大伙拒捕之案，从中渔利，将人盐数目，以多报少者，该管官弁，题参革职，计赃照枉法律治罪。其未侵匿者，照徇隐例议处。上司知情故纵者，照徇庇劣员例议处。虽不知情而未揭参者，照不揭参劣员例议处。

禁私盐 023：乾隆三十七年奉旨

地方私盐承缉不严，官引必致壅滞，在江省各属文武员弁，以所行乃浙省盐斤，未免意存歧视，虽有缉私之名，不肯实力从事，而浙江盐政，又以缉私官弁兵役，皆隔省所辖，呼应不灵，松所盐务之疲，率由于此。从前李卫以浙江总督兼令节制江南捕盗诸事，是以缉私尽力，盐法畅销，然亦间有过当之处。其后历任巡抚兼管盐政，未尝无考核缉私之责，而令不能行之江省，地方官往往阳奉阴违，因循已非一日，不知行盐已在隔境，而销引同属办公，司鹾者固不便因盐务所在之区，越俎干预他事，其有关盐政者，原可随时核计，如果江省地方官，视缉私为具文，不知留心整顿，以致枭徒充斥，膜视误公，即当指参一二，予以应得处分，各员弁等，自不敢仍前玩忽干咎，若仅如户部所议，专责江省大吏督查，恐日久尚成故套，于浙盐仍无裨益。嗣后松所缉私之事，除交江省督抚董饬各该地方文武，尽力严拿外，傥有稍分畛域，不肯实心缉私者，并准浙江巡抚核实参奏，照例议处，该上司等亦难辞督率不严之咎，如此则江省有司，既无敢膜视卸肩，而松所商人，亦无由推托藉口，方为两得。

禁私盐 024：乾隆三十七年覆准

滇省各盐井盐斤，如有灶丁搀和沙土，照例治罪，管井之提举、大使等官，系纵容者，照将沙土搀和漕粮押运官不行查禁例革职，止于失察者，照失于觉察例降一级调用，其兼管井务之府州县等官，纵容失察，亦照此分别议处，系知情受贿，应照枉法赃从重治罪。〔寻改为：革职治罪。〕其搀和盐斤，在井查出，勒令灶户照数改煎，发运出井，著落井官名下煎赔，如承销州县，明知徇隐，一体著赔，仍照徇隐例革职。〔寻定为：通例，不专指滇省。〕

禁私盐 025：乾隆四十三年覆准

拿获私盐承审各官，务先究明买自何人何地，系何场灶透漏，有无窝顿之家，运往何处囤卖，并买盐月日，盐斤数目，提集犯证，并密提灶户煎盐火伏簿扇，审无诬攀确据，按照律例治罪。该管地方官并场员，分别何员失察，将何员议处，不得听该犯指供，含糊参处，傥承审各官，不将诬攀情由审出，即照不能审出盗贼诬攀良民例，分别议处。如任犯狡供，仍以买自不知姓名，率混具详，不能究出私盐来历，及运往何处囤卖实情者革职，或听其指供含糊请参，草率完结者，照不取紧要口供例分别议处。

禁私盐 026：乾隆四十五年奏准

贩私盐枭，由他处入境，人盐并获，或拿获过半者，免其处分，余犯照案缉拿。其有经由地方，并无贩卖情事，经别处发觉者，系大伙，将地方专管官罚俸一年，小伙罚俸六月。

禁私盐 027：乾隆五十三年覆准

湖北宜昌府属之归州、巴东、兴山、长阳四州县，例准买食川盐，每人不得过十斤以上，如有汇总承买，并藉端转相货卖，及他州县民人，影射越买者，俱照兴贩例，从重治罪，失察之地方官，照失察兴贩私盐例议处，仍于东湖县属之平善坝、南津关等处，设卡巡查，派委员弁，严行侦缉。〔寻改：令宜昌府通判督率侦缉，如有失察，亦照地方官失察私盐例议处。〕地方官有馈送委员银两者，严参从重治罪。〔寻改为：革职治罪。〕失察之该管上司，一并查明，送部议处。〔寻增为：照失察属员与上司子侄交结例议处。〕

禁私盐 028：嘉庆五年奏准

小伙私盐出境，及邻邑私盐入境贩卖，不能擒获，州县吏目典史等官，照窃案满贯例查参。若拒捕杀伤人者，按次数查参。〔同日出境同日入境为一次。〕失察一次者降职二级，失察二次者降职四级，俱留任，戴罪勒限一年缉拿，限满不获，罚俸一年，各带原降之级缉拿，如又年限已满不获，仍罚俸一年，各带所降之级缉拿，拿获之日，准其开复，或拿获别案私盐，亦准其抵销开复，无获按限开复，失察三次者革职。道府、直隶州知州等官，失察一次者降职一级，失察二次者降职二级，失察三次者降职三级，俱留任，戴罪缉拿，限满不获，罚俸六月，各带所降之级缉拿，如又年限已满，仍罚俸六月，带所降之级缉拿，拿获之日，准其开复，或拿获别案私盐，亦准其抵销开复，无获按限开复，失察四次者降三级调用。〔道府就一属核计次数，不通属核计。〕

禁私盐 029：嘉庆五年又奏准

枭徒贩私，聚众十人以上，带有军器，拒捕杀伤人者，州县印捕官降二级留任，道员府州罚俸一年，俱限一年缉拿，限满不获，专管官照所降之级调用，兼辖官降一级留任。至失察大伙私贩拒捕，限内拿获及半者，专管官罚俸一年，兼辖官罚俸六月，余犯再限一年缉拿，限满不获，专管官降一级留任，按限开复，兼辖官罚俸一年，余犯俱照案缉拿，邻境全行拿获者，照例减等议结，邻境拿获未全者，仍照例处分。

禁私盐 030：嘉庆九年奏准

盐场大使，失察灶丁透私，如能立时自行拿获者免议，或自行查出，未经拿获，详报通缉者革职留任，限一年缉拿，限内全获，并拿获过半，兼获首犯者，准其开复，逾限不获仍革职。如犯被邻境拿获，将革职留任之案，按年开复。此等自行查出详报通缉者，兼辖之上司，俱准免议。若并非自行查出详报通缉者，盐场大使仍照例革职，毋庸限缉；兼辖之运同、运判、运使等官，仍按其次数，照例核办。至盐场各官，果能留心巡缉，拿获邻境别场贩私，即照地方官拿获邻境私盐之例，按其次数，分别议叙。

禁私盐 031：嘉庆九年议定

地方有奸徒抢夺盐店，及哄闹场灶等事，文武官弁，即行拿获，究出主使同伙，如获犯过半，并获首犯者，免其处分。如不能获犯，与获犯不及一半者，照盗案例题参议处，限年缉拿，限满不获，亦照盗案例处分。如获犯过半，未获首犯者，照务获盗首例参处限缉。如平时漫无约束，临时不即擒拿，有意姑息，致长刁风者，将该管官弁革职，各犯交与接任官照案缉拿。该巡道、府厅、直隶州等，不行揭报，一并查参，照给照贩私上司例处分。

禁私盐 032：道光二十九年奏准

奸商捏报淹消，蒙领护照，及部引未领，先请给发配运到岸，地方官扶同捏报者，革职拿问。该运司并不查明，遽行发给护照者，照徇庇例降三级调用。倘地方官止系失于觉察，致被蒙混转详者，降三级调用。未经查出给发护照之运司，降一级调用。

禁私盐 033：道光二十九年又奏准

长芦委员，于漕船回空，如有漏私数在一百包以上者罚俸一年，一千包以上者罚俸二年，一万包以上者降一级留任，十万包以上者降一级调用。倘能认真查缉，并无漏私，给予加一级。

禁私盐 034：道光二十九年三奏准

山东省北陆路各州县，与直隶毗连，受芦私侵占。南运商邱等州县，与淮北接壤，时虞侵灌。其票地之兰山等州县，与海赣接壤，淮私侵占。直灌峄滕，应令该地方官督同商巡，实力堵缉，如有吏役得规包庇，明知故纵者革职。止系失于觉察，犯该杖徒者，降一级留任；犯该军流者，降一级调用；犯该斩绞者，降二级调用。

禁私盐 035：同治十二年奏准

凡军民人等私行煎贩，该管地方官失于觉察者革职，兼辖官降三级调用，自行访拿究办者免议。若虽经查出，详报通缉，而未能获犯，将该管官降四级留任，限一年缉拿，限满不获，照所降之级调用，兼辖官查出者免议，未经查出降三级留任。衙役私行煎贩，本管官失于觉察者革职，兼辖官降三级调用，自行访拿究办者免议。若虽经查出，详报通缉，而未能获犯，将本管官革职留任，限一年缉拿，逾限不获，即行革任，兼辖官查出者免议，未经查出降三级留任。

禁私盐 036：同治十二年又奏准

专管地方之印捕官，一年内能拿获小伙私盐一起者纪录一次，二起者纪录二次，三起者纪录三次，四起者加一级，每案二起，照此递加。兼辖之道员府州，一年内统计所属，拿获小伙私盐三起者纪录一次，六起者加一级，每案五起，照此递加。专管官，一年内能拿获大伙私盐一起者加一级，二起者加二级，三起者不论俸满即升。兼辖官，一年内统计所属拿获大伙私盐一起者纪录二次，二起者加一级，三起者加二级，每案一起，照此递加。

禁私盐 037：同治十二年三奏准

凡地方官拿获邻境盐枭拒捕戕毙官弁，以及捕役兵丁之案，准该督抚奏请送部引见，其并无戕毙官弁兵捕情节者，仍照拿获小伙大伙议叙本例办理。

禁私盐 038：同治十二年四奏准

本地私盐兴贩出境，及邻邑私盐入境贩卖，该管之州县吏目典史等官，不能擒获，扣限六个月查参，系小伙私盐，〔不及十人为小伙。〕将该管官罚俸二年，再限一年缉拿，限满不获，降一级留任，盐犯照案缉拿。系大伙私盐，〔十人以上及带有军器者为大伙。〕将该管官降一级留任，再限一年缉拿，限满不获，照所降之级调用。

禁私盐 039：同治十二年五奏准

私盐出境过境入境，经武职汛员及交界处所之州县，能将人盐并获者，概免本境官失察处分。如本境印捕官仅获盐斤而人犯未获，仅获人犯而盐斤未获者，将失察处分减等议结。〔应降一级调用者减为降一级留任，应降一级留任及罚俸二年者均减为罚俸一年，应罚俸一年者减为六月，应罚俸六月者减为三月。〕

禁私盐 040：同治十二年六奏准

小伙私盐拒捕伤人之案，州县官失察一次者降一级留任，二次者降二级留任，俱戴罪勒限一年缉拿，限满不获，革职留任，拿获及半，准其开复，或拿获别案私盐，亦准其抵销，无获按限开复，失察三次者降四级调用。道员、知府、直隶州知州等官，毋庸以通属州县并计，失察二次者降一级留任，三次者降二级留任，俱戴罪限一年督缉，限满不获，革职留任，拿获及半，准其开复，或拿获别案私盐，亦准其抵销，无获按限开复，失察四次者降三级调用。至大伙私盐，聚众十人以上，拒捕伤人者，州县印捕官降二级留任，道员府州等官降一级留任，俱限一年缉拿，限满不获，专管官照所降之级调用，兼辖官降二级留任。

禁私盐 041：同治十二年七议准

私枭拒捕之案，无论大伙小伙，地方官于限内拿获及半者免议。文职拿获，武职准其免议；武职拿获，文职亦准其免议。交界之所，此州县获犯即免彼州县处分，彼州县获犯即免此州县处分。〔指出境、过境、入境彼此地界交接者而言。〕若犯由别处拿获，即照例减等议结。〔非私枭出入经由之州县为别处，例载公式门。〕凡属员应减免处分者，兼辖之上司亦一体减免。

禁私盐 042：同治十二年八议准

私枭在过境入境时拒捕，其失察出境之员，仍照贩私出境例议处。在入境时拒捕，其失察过境之员，照贩私过境例议处。至私枭拒捕，州县官讳匿不报，或将数起报作一起者，俱革职，兼辖之府州降二级调用，道员降一级调用，如上司徇庇不参，降三级调用。

吏部处分 141：修筑盐池〔例 2 条〕

筑盐池 001：康熙二十八年题准

河东盐池，修筑禁墙渠堰，以防水患，务期修筑坚固，如有盐池墙堰不固倒决者，该州县官降一级，戴罪督修，工完之日，该御史〔寻改为盐政〕题请开复。

筑盐池 002：雍正六年奏准

盐池渠墙堤堰，岁修大修工程，责令运同管理，仍于附近州县内，择其才干诚实者，遇修筑之时，委用五六人协助坚修，令运同督责其成。如有玩误浮冒者，将该管、协助各官降一级，戴罪督修，工完之日，盐政题请开复。

吏部处分 142：查禁私茶〔例 5 条〕

禁私茶 001：雍正四年覆准

茶商买茶，应令产茶地方官给发船票，开明该商引目茶数，不得别给印票收茶，其应行盘查之地方官，悉照引目及正附茶验放，不许抑勒留难。如于部引之外，有搭行印票，暨附茶不依所定斤数，多带私茶者，即行查拿，照私盐律治罪。如查验地方官故纵失察者，照失察私盐例处分。

禁私茶 002：雍正四年议准

兴贩私茶，潜往边境与外国交易，及在腹里贩卖与外国人，暨在西宁、甘肃河州、洮州、四川雅州贩卖者，皆按律治罪。其官员纵容子弟家人等兴贩，知情故纵者降一级调用，失于觉察者降一级留任。不系专司查缉官员，失察子弟家人兴贩，并无知情故纵情节者免议。

禁私茶 003：乾隆八年议准

商人运茶，例应领给引目，所以分别官私，以凭稽查，无官引即属私茶。嗣后凡有商贩到境，务须严行稽查，如无官引及茶引相离者，即行究问，照私盐律治罪。

禁私茶 004：道光元年谕

孙玉庭等奏：查议海关茶船出口情形，请仍照例纳税放行一折。江省江海关，向准茶叶出口，运往北省销售，嗣因防其载往闽广，禁止贩运，上年经该抚奏请弛禁，而给事中孙世昌又以事多流弊，请仍饬禁。兹据该督等详查江海关出口茶船与闽广浙省之船，可以利涉深洋者不同，舵水人等又不能谙习南洋沙线，势难偷越，自系实在情形。著照旧例，凡北赴山东、天津、奉天等处茶船，仍准其纳税放行，其向由内河行走输税者，照旧禁止出洋，不容紊越。该督等饬知管关道员，认真稽察，凡遇商贩出口船只，查明给予关牌税单，行知所往口岸，核实查验，如有携带违禁货物偷漏出洋之事，即行截拿治罪，若守口员弁，私行纵放，一并严参惩办，毋得视为具文。

禁私茶 005：光绪三年奏准

私贩黄茶，潜入青海地面售卖，该管之州县吏目、典史等官，不能擒获，扣限六个月查参。系不及十人小伙私茶，将该管官罚俸二年，再限一年缉拿，限满不获，降一级留任，茶犯照案缉拿。系十人以上，带有军器大伙私茶，将该管官降一级留任，再限一年缉拿，限满不获，照所降之级调用。如有吏役得规包庇，明知故纵者革职；止系失于觉察，犯该杖徒者降一级留任，犯该军流者降一级调用，犯该斩绞者降二级调用。

吏部处分143：失察私盐私茶因公出境免议〔例1条〕

失察免议 001：乾隆二年覆准

私茶私盐经过境内，如有实系因公出境之员，即于核参案内，据实确核，将专管、兼辖各官，声明到部，准其免议。如并非因公出境，滥行详请者，降一级调用。该管上司，并未确核，代请免议者，罚俸一年。

吏部处分144：关税考核〔例51条〕

关税考核 001：康熙八年题准

征收关税官，欠不及半分者降一级留任，欠半分至一分以上者降一级调用，欠二分以上者降二级调用，欠三分以上者降三级调用，欠四分以上者降四级调用，欠五分以上者革职，其溢额者亦不准加级纪录，如有降调革职丁忧事故，皆以离任之日为始，作为分数考核。至官员所收税数，不行亲填，令伊衙役代填，或不给商人红单者，皆罚俸一年。如将部颁税册，用伊印信填送，或将商人亲填红单违例不按季送部者，皆罚俸六月。

关税考核 002：康熙十一年题准

关差各官，差满回京之日，将敕书批文亲缴部科，回京日期，违原限一月以内，免其纠参，违限一月以外，照违限例处分。〔寻改为：照赴任违限例处分。〕

关税考核 003：康熙十八年定

各处关差，如有将不应纳税之物额外横征，差役四出，踞津滥税，扰害商民者，该督抚即行题参，若不题参，事发，照不揭报劣员例处分。

关税考核 004：康熙十八年又定

官员给予旗下人用印出关执照，往别省贸易者，降一级调用。

关税考核005：康熙二十五年议准

海内采捕船，如州县官隐匿一船者罚俸六月，隐匿五船至十船者罚俸一年，至十五船者降一级留任，至二十船者降一级调用，至二十五船者降二级调用，至三十船者降三级调用，隐匿三十船以上者革职，仍将所隐匿船，计应征税银照数赔补。

关税考核006：康熙五十五年议准

各省关差，一年差满，缺欠钱粮照例处分外，若以缺额题请展限，并已展限内额税仍缺者，照溺职例革职，所缺银交该旗勒限著落家产追还。其任满回京，于两月内具呈考核，如将收税册籍，不行交纳，不具呈考核，违例迟误者，将出差官员，暂停升转，俟考核具题完日，照常升用。

关税考核007：雍正元年题准

凡出关之人，令该管官吏严行盘查，若无用印文票私出，及有文票而数目浮多，情节不符，不行查拿，令其出口者，将看守关口之官弁，降一级调用。

关税考核008：雍正十年覆准

附近关口之地方官，将题定现行则例，刊刷小本，颁发各行户散卖，俾商民人人共晓，每本定价二分，仍委官不时访查，如各官木榜，有粘贴掩盖，及书役苛索等弊，即行详报上司查参。〔寻增为：经管官明知故纵者革职，委查之员扶同徇隐不行查报降二级调用，经管官失于觉察者照失察衙役犯赃例分别议处。〕至地方官刊发则例，如有不详晰校定，以致遗漏错误，或扶同徇隐，不行严察者，一并参处。〔寻改为：遗漏错误者罚俸三月。〕

关税考核009：雍正十三年覆准

各省如有设炉开采之处，一切采砂锤炼人夫，责令山主雇觅土著良民，协同保邻户首，眼同填明实在人数，并姓名年貌籍贯，经管执事，出具并无隐匿奸商匪类甘结，报明该地方官，详报督抚存案，不许招集外来人民，致生事端。傥厂内人夫，或有更换增减，亦如前登填报明，仍饬令该管文武官弁，及巡捕各官，勤加稽察。如巡察之官弁兵役人等，有徇纵情弊，该管文武官弁，照渔船舵水人等有越数多带及冒名顶替，文武官弁盘查不实例降二级调用，兵役人等按律治罪。

关税考核010：雍正十三年又覆准

产铁地方，如有殷实良商，贩运他省售卖者，令将所买斤数运销地方，呈明该地方官，转详该督抚，给咨该商，亲自赍投，转饬产铁地方官，准照咨内采买发运，于该商起程之时，报明地方官，详请咨明经由各关，及往卖地方督抚查明，将印照一例详请咨销，仍严饬沿江沿海各州县及口岸汛弁，凡遇商船出口，务须实力稽察，如有违例夹带，即照本省商人夹带例分别治罪。其无照票私贩，关津不行查拿，往卖地方不行详报，及各口汛弁疏纵需索，照例参处。其沿海地方并沿江沿河等处，如有将铁递运私卖事发，失察卖放之文武官弁，皆照出洋渔船夹带钉铁例，分别失察卖放议处。

关税考核 011：乾隆十五年题准

各关管税务日期，凡接任征收者，无论两任三任，均令扣足一年为满，其管关一年零数月者，将一年赢余奏报，零月归于下届，统俟扣足一年，再行汇奏，以昭画一。其各任所征赢余，较之成数均属无亏，及此任征多，能补彼任短少者，皆毋庸议。傥此任短少，而彼任所余之数，不能抵补者，止将短少之官议处。如各任所征银数皆少者，各照例议处。各关监督，前任所收税课，果系实力稽征，尽收尽解，饬令接任之官，详细确查，出具并无捏饰印结送部。其已经出结以后，责成接任，不得复将短少缘由，推诿前任，傥接任官查出前任果有征多报少侵蚀等弊，即行据实参奏，如扶同徇隐，并不实力详查，或经部查出，或别经发觉，即将滥行具结之官，一并交部议处。

关税考核 012：乾隆三十年奏准

各关于一年任满时，将银两册档，即行解部，一面缮本具题，即行核议题覆。如各关征收有题本已到，而银两册档，迟至二十日以后，尚未到部者，将管关之员，照违例不按季送部例，罚俸六月，暂停升转，俟核议具题完日，照常升用。

关税考核 013：乾隆三十年又奏准

近边府州县官员，禁约军民人等，不准擅自入山砍伐应禁林木贩卖，官员有犯者革职，其经过关隘河道守把官员容情纵放者，亦革职。〔今增为：失察者罚俸一年。〕

关税考核 014：乾隆三十年三奏准

关口抽分木税，除商欠银两，照例行地方官，将木植变价抵税外，若该监督应缴银两，总以差满之日为始，计三千两以下定限两个月完解，三千两以上定限三个月完解，如逾限不完，工部题参，将该员革职，再勒限三月，行文该旗严追解部还项，如限内全完，准其开复，逾限不完，交与该部治罪。

关税考核 015：乾隆三十年定

潘家桃林古北等处，商人出口砍木，例系该监督请领部票给发该商，一年限满，缴旧换新。换票该商，于限票未满一月之前，先行具呈，该监督报明工部，扣照限满日期，将新票给发，并咨兵部给发关票，该监督于该商旧票期满，即将新票给发，旧票查收缴部，傥监督所领新票，不俟旧票期满，即行给发者，照豫给用印白结例罚俸一年，及旧票已经限满，该监督不即查收缴部，照部颁税册违例不按季送部例，罚俸六月。如有夹带影射重复砍木等弊，该商照例治罪外，将该监督照私行滥给牙帖例，降一级调用〔今增为：知情徇纵者革职〕。

关税考核 016：乾隆三十三年奏准

各处押送官办贡品，俱令开单行文各关，照数查验，按例税课，如有隐匿夹带情弊，立即拿究呈报。如各关有玩忽从事，不行实力稽查，或瞻徇情面，准其讨关免验，致有蒙混脱漏者，一被查出，照徇庇例议处。

关税考核 017：乾隆三十七年奏准

凡出关之人，该管官吏严行盘查，若无用印文票私出，及有文票而数目浮多，情节不符，不行查拿，令其出口者，将看守之章京等，降一级调用，放出私贩人口者革职，受贿纵放者革职治罪。如出关之人，有用印文票，而该管官不即验票放行，稽迟捎勒者，降二级调用。若夹带违禁货物，守口官徇纵令其出口者，按其所带之物，分别治罪。其不由应出之口，越度堵塞边关者，失察之员，罚俸一年。其有吏役需索等弊，该管官照衙役犯赃例议处。至威远堡等处，如有各处逃遣匪徒等犯，无照而偷越边门者，将看守边门之文职降一级调用，稽察沿台边栅之武职罚俸一年。逾过边栅者，将巡查边栅之武职降一级调用，看守边门之文职罚俸一年。其各处水沟守口官失察，均照例分别察议。

关税考核 018：乾隆三十七年又奏准

山海等关，除搜获参须参末，细小歪斜珠子，及斤两无多者，毋庸议叙外，如一年内有搜获人参至二十斤，珠子至四两者，该管官纪录一次；搜获人参至四十斤，珠子至八两者，该管官纪录二次；搜获人参至六十斤，珠子至十二两者，该管官纪录三次；搜获人参至八十斤，珠子至十六两者，该管官准其加一级；再有多获者，照数递加。若有搜查不力，以致私带过关者，该管官降一级调用；明知故纵者，该管官革职；受赃卖放者，计赃以枉法论。至威远堡等处，搜查不力，以致偷过边门者，将看守边门之文职降三级调用，稽查沿台边栅之武职降一级留任，罚俸一年。偷过边栅者，将巡查边栅之武职降三级调用，看守边门之文职降一级留任，罚俸一年。其各处水沟守口官失察，均照例分别察议。

关税考核 019：乾隆三十七年三奏准

内务府包衣下及王、贝勒、贝子、公、大臣、官员家人，领本生理，霸占要地关津，不令商民贸易，倚势欺陵者，或旁人及受累之民具告，或科道查出纠参，其人若系内务府包衣下人，将该管官革职；宗室王以下公以上家人，将其家主交与宗人府议处，其管理家务官俱革职；系民公、侯、伯、大臣、官员俱革职。该地方官不行查拿者俱革职，兼辖官降一级调用，统辖官罚俸一年。至此等事发，差官稽查，若徇隐不据实回报者，亦俱革职。至于王以下大臣各官，将银借贷民人，擅行贸易，霸占要地关津，倚强贻累地方民人者，亦照此例办理。内务府包衣下人及诸王、贝勒、大臣家人，所在指称名色，以网市利，干预词讼，肆行非法，有司不敢犯其锋，反行财贿，将行贿之官革职，其家主若知而使去，系官革职。内务府包衣、王贝勒等家下该管官，若知而使去亦革职。王以下宗室以上知而使去，交与宗人府议处。

关税考核 020：乾隆四十一年奏准

盛京、吉林、宁古塔三处办参之员，送到之参，十成之中，人参以六成为度，选至七成者，将承办官员等纪录一次，至八成者纪录二次，至九成者加一级。觉人参不及六成，将承办官员等罚俸六月，五成者罚俸一年，四成者罚俸二年，三成者降一级留任，二成者革职留任。

关税考核 021：嘉庆五年奏准

承放参票，三姓、伯都讷、阿勒楚喀三处，如较原定额数短放十张者罚俸六月，短放十五张者罚俸一年，短放二十张者降一级留任，短放二十五张者革职留任。宁古塔参票，较原定额数短放三十张者罚俸六月，短放六十张者罚俸一年，短放九十张者降一级留任，短放一百二十张者革职留任。吉林参票，较原定额数短放一百张者罚俸六月，短放二百张者罚俸一年，短放三百张者降一级留任，短放四百张者革职留任。如承办官员，议处至降级留任者，将该将军、副都统俱罚俸六月。其盛京承放参票，系临期调剂各城，并无限定额数如有短放，其承放之员，毋庸议处，若短放至一半以上，将该将军罚俸六月。

关税考核 022：嘉庆五年又奏准

差官不抽大木而抽小木，查出题参，将该差官照徇情例，降二级调用。

关税考核 023：嘉庆五年三奏准

古北口抽分木植，该差官以任满日期，计四个月内交完。潘家桃林抽分木植，以任满日期，计八个月内交完。如限内不完者，照拖欠铜斤之例，勒限议处。〔寻议准：限内不完，议以革职留任。〕数在一千两以下者限半年完缴，一千两以上至三千两者限一年，三千两以上至五千两者限二年，五千两以上至一万两者限三年，一万两以上至二万两以内者限四年，均以接到部文之日起限，如仍不依限全完，即行革职，若革职后能于半年内全数完缴，准其开复。

关税考核 024：嘉庆五年四奏准

差满交代造册报部，如有遗漏舛错之处，将该监督罚俸一年。

关税考核 025：嘉庆十一年谕

据吴熊光等奏：查明口□路口□臣国来广贸易情形一折。口□路口□臣国，即俄罗斯国，向例止准在恰克图地方通市贸易，本有一定界限，今该国商船驶至粤东，恳请赴关卸货，自应照例驳回，乃延丰擅准进浦卸货，实属冒昧。且该国商船于十月初八、十七等日先后进口，延丰于二十九日始行具奏，又于咨商总督后，并不候那彦成回咨，辄以意见相同之语，捏词入告，其咎甚重，前经降旨将延丰降为七品笔帖式，尚不足以示惩，延丰著即革职，仍令在万年吉地工程处效力行走。接任监督阿克当阿，因延丰已准该夷商起卸一船货物，亦即不候那彦成移知，率准后船进浦卸载。吴熊光、孙玉庭未经详查明确，遽准开船回国，均属办理未协，不能无咎。吴熊光、孙玉庭、阿克当阿，均著交部议处。嗣后遇有该国商船来广贸易者，惟当严行驳回，毋得擅准起卸货物，以昭定制。

关税考核 026：嘉庆十五年议定

秧参之弊，应责成该将军、副都统并奉天府尹，令该地方文武官弁，不时严密稽查，具结呈报后，将军、副都统、府尹、文武官弁，分投往查，如有偷种等弊，即将各该地方官实降三级调用，知情纵容者革职治罪。稽查之员，未经查出，与失察之地方官一体降调，如有瞻徇容隐等情，并参革治罪，种参之人，照例办理。该将军、副都统、府尹自行查出，免其处分，傥被别人告发，降三级留任。官参到局后，先令局员认看，傥有秧参搀杂，系何界何人所交，即将该地方官禀明将军等参处，稽查官亦如之，种参之人照例治罪，将军、副都统府尹及钦派侍郎降三级调用。

关税考核 027：嘉庆十五年又议定

偷漏私参，多由海口前往山东登州府销售，应令该将军会同府尹，每年遴派委员轮往查拿，并责成该地方官，于商贾上船之时，查验踪迹，留心盘诘，如在登州海口盘获私参，讯明由奉天何处海口上船，即将巡查官并该地方官一并参处。

关税考核 028：嘉庆十五年三议定

承领参票，官设揽头，先令局员同地方官出具切实保结，其素行诡谲之人，不准滥保。如所保之人承揽后，有隐漏逃逸情事，将该揽头治罪，并将原保官议处。〔今照滥给牙帖例降一级调用。〕

关税考核 029：嘉庆十五年奏准

承放参票官员，果能实心经理，一年限内足额并无短少者纪录二次，至次年又能足额者加一级，若次年后能连年足额者即每年给予加一级。

关税考核 030：嘉庆十五年谕

每年奉天巡查海口，仅由将军府尹派员前往，恐仍不免疏漏，著将军奏明请派盛京侍郎一员，带领协领一二员前往缉查，如拿获私参，即著该侍郎具奏，将参斤解京，并将该侍郎及协领等一并议叙。其山东海口，专令登州总兵巡缉，亦尚未周，著添派登莱青道会同稽查，如拿获私参上岸，即报明山东巡抚具奏，参斤解京，将该镇道议叙，并将派查盛京侍郎协领等官一并议处。

关税考核 031：嘉庆十六年奏准

民人出口偷挖黄芪，除有拒捕夺犯等重情，将地方官仍照向例惩处外，如聚众挖黄芪未及十人，并十人以上，囤积黄芪十斤及五十斤以上，罪应杖枷者，失察之地方官罚俸六月；人数在五十人以上，囤积黄芪在百斤以上，罪应拟徒者，失察之地方官罚俸一年。奉旨：刑部奏酌定偷挖黄芪人犯罪名一折，著依议行。黄芪为药植所需，附近贫民，零星挖卖，在所不禁，若至聚集多人，并倚众拒捕，则必应按律治罪。现将偷挖黄芪明定科条，稽察严密，小民自不敢干犯禁令，但近年口外游民众多，伊等本系无业之徒，趋利若鹜，边外所产，如铅斤木植，不一而足，设奸民等舍此趋彼，聚集既众，必仍滋事端，若逐案增定条例，亦属烦琐。此事总在沿边关隘，于无业游民出口时，认真查禁，为正本清源之道，出口之民既少，自不致群相纠集，牟利逞凶，从前所定守口文武员弁处分较轻，率多视为具文，以致关禁废弛，著吏兵二部，会同核议，将守口官弁贿纵及失察无票民人出口处分，酌改加重，庶该员等自顾考成，实力稽察，不致仍前懈玩。钦此。遵旨议准：凡边关隘口，严行盘查，如民人出入，并无用印文票及虽有文票而人数浮多，该管官失察偷度一二名者降一级留任，三四名者降一级调用，若失察贩卖人口之案者革职，受贿故纵者革职治罪。如失察盗犯逃犯偷度边口，一名降一级留任，二名降一级调用，三名以上降二级调用，五名以上降三级调用，十名以上革职。若夹带违禁货物，守口官徇纵放出，按其所带之物，分别治罪，失察者亦分别议处。至威远堡、凤凰城、法库等处，边门系文职看守以武职为兼管官，边栅系武职巡查以文职为兼管官，如有失察贿纵情事，其专管官应降级留任者，兼管官罚俸一年；专管官应降级调用者，兼管官降一级留任；专管官应革职者，兼管官降三级留任。其各处水沟守口官，亦分别专管兼管，悉照前例核议。至偷度之人，并未经由门栅，系越度堵塞边关者，将失察之专管官罚俸一年，系由边墙坍塌处所爬越者免议。

关税考核 032：嘉庆十六年又奏准

凡车辆装运人货出口回空时，亦每车给予印票，该管官查验人数相符，方准放其进口，傥不行稽查，以致夹带私逃兵役入口，将专管官罚俸一年。如验无夹带私逃情弊，而藉端勒索者，该管官革职，兼辖官降二级调用。该管官藉端留难者降二级调用，兼辖官降一级调用。

关税考核 033：嘉庆十七年谕

据百龄奏：请令关税监督派委所属笔帖式司库等官分司查报等语。各关口征收税课，例有分设口岸，该监督等向来止派家人随前往分驻，率同书役征收，其中实难免串通隐漏以多报少等弊，近年税课短少，未必不由于此。该省管理关务之江宁、苏州两织造及淮关监督衙门，各有额设司库、库使及笔帖式等官，该员等品秩虽微，究系职官，以之分办公务，较为得力。嗣后该监督各于所属内拣员分派所司税口，督同书役家丁，验货纳税，逐日登记报查，如书役家丁弊混，该员即详明监督惩办，傥该员等通同舞弊，经该监督查出，据实参奏重惩，设遇钱粮短绌，除监督照例罚赔外，并将该委员一并议处，以严稽核而昭责成。

关税考核 034：嘉庆十七年议准

征收关税赢余银两，短少不及一分者免议，一分以上者罚俸一年，二分以上者罚俸二年，三分以上者降一级留任，四分以上者降一级调用，五分以上者降二级调用〔今增为：缺额银两，著落追赔〕。

关税考核 035：道光十年奉旨

前因各省关税，每多征不足额，降旨令户部会同内务府分别功过，妥议章程具奏。兹据查明各关税课，有历来有赢无绌，及从前间有短绌，近年尚能足额，及历届均属亏短者，请将应征赢余银数，以六成作为额内，以四成作为额外，核其溢额绌额，分别功过。著照所请，除历系有赢无绌各关毋庸置议外，其历年缺额及间有缺额各关，各按应征赢余银数，以六成作为额内赢余，遇有短少，著落赔缴，仍按额内赢余短收分数，照旧例议处，以四成作为额外赢余，遇有短少，著落赔缴，免其处分。如应征赢余足额之外，复有溢收，亦按其分数照新定章程给予议叙，以昭平允。至各关亏短之由，固云今昔情形不同，然奸商之偷漏绕越，丁役之卖放侵吞，在所不免，该监督等务当严加约束，认真查察，毋任仍前弊混，并著各该省督抚随时密为查访，如有前项情弊，据实严参惩办，毋稍徇隐。再，历年缺额及间有缺额各关，著该督抚就近详细查明具奏，核实办理。

关税考核 036：道光十一年谕

前因各关监督征收税课，累年亏缺银两，降旨严定章程，不准于回旗后呈请缴银扣俸，均令依限完纳，限满不完，革职监追，如监追后仍延宕不交，即著永远监追。兹阅户部单开嘉庆、道光年间，浒墅、淮安两关历任监督征收数目，虽间有奏报多收，甚属寥寥，而亏缺者甚多，似此任意短少，年复一年，伊于胡底。溯查嘉庆四年，钦定浒墅关赢余银二十三万五千两，嗣于嘉庆九年加增银一万五千两，共银二十五万两。淮安关赢余银十一万一千两，嘉庆九年加增银二万两，共银十三万一千两。今朕酌量裁减，著将浒墅关赢余银减去二万两，每年征收银二十三万两；淮安关赢余银减去二万一千两，每年征收银十一万两。自此次裁减之后，不特将嘉庆九年加增之数全行减去，并较嘉庆四年原定之数格外减少，该监督等各宜感激朕恩，共发天良，认真征收，总期于新定数目，有赢无绌，方为不负委任，傥或仍前玩视，以致额外亏缺，必将该监督等照前定章程，分别革职监追及永远监追，严行惩办，决不稍有宽贷，懔之慎之。

关税考核 037：道光十一年又谕

户部奏：酌议关税赔缴限期以清课额一折。各关监督征收税课，果能洁己奉公，何至累年亏缺赢余银两动逾数万，前经降旨酌减浒墅、淮安二关税额，该员等尤当激发天良，核实办理。兹据户部奏称，各关征收之员，任满时傥有以多报少，或于亏缺之数以少报多，即与侵蚀仓库钱粮无异，著责成各该督抚于该监督任满时，就近详加查访，如有此等情弊，立即严参革职，送部监追，照例治罪。傥该督抚徇隐不奏，或经朕密查，或有人参奏，别经发觉。惟该督抚是问。至赔缴短征关税银两，嗣后除三百两以下定限半年，三百两以上定限一年，仍照承追例限办理外，其银数自一千两至五千两者予限二年，五千两以上至二万两者予限三年，二万两以上至五万两者予限六年，五万两以上至十万两者予限八年，十万两以上亦予限八年。至一任而两任、三任，各有亏缺，如准其接续完交，限期未免过宽，著统计前后所亏银数之多寡，均照此次所定限期办理。经此次酌定限期之后，该监督当共知儆惕，认真经理，不得任意亏缺，致干严办。除浒墅、淮安、龙江西新、九江南新、北新等关五处，照此限期办理，其余京外各关，及嘉庆四年赢余定额之夔关等处，如有亏缺关税之员，均于关满奏报及题咨到部之日起，各按银数多寡，分别限期久暂，以归画一。并著该部纂入则例，永远遵行。

关税考核 038：道光十一年又议准

各关征收循环税簿，俱令按限赴户部请领，如有迟延，照事件迟延例议处。

关税考核 039：道光十二年议准

关税正额银两，一年限满，该监督欠不及半分者降二级调用，欠半分至一分以上者降三级调用，欠二分以上者降四级调用，三分以上者降五级调用，欠四分以上者革职，缺额银两，著落追赔。

关税考核 040：道光十二年又议准

各关监督于著落追赔之后，能于年限内将缺额银两全完者，准其呈报该管衙门，咨部核实，将从前所得处分，即予开复。

关税考核 041：道光十二年三议准

各关监督征收赢余银两，除足额不及一分者，毋庸置议外，其溢收一分以上者纪录一次，二分以上者纪录二次，三分以上者纪录三次，四分以上者加一级，五分以上者加二级，此外再有多余，尽收尽解，均作五分以上计算。倘有征多报少，别经发觉，照监守自盗律治罪。

关税考核 042：道光十四年议准

各关一年期满，〔各关以十二个月为期，崇文门遇闰以十三个月为期。〕题报考核，其所收税银，按限批解。〔粤海关按一年满后限六个月内起解；杀虎口按四季，于季满后三个月内起解；浒墅、九江、扬州、淮安、芜湖、西新等关，按两季，于季满后三个月内起解；坐粮厅、山海关、张家口、赣关、□海、太平、江海、浙海、临清、天津、凤阳、北新等关，归化城、多伦诺尔，按一年满后限三个月内起解；崇文门、左翼、右翼按四季，于季满后一个月内起解。〕如有逾限不解者，将管关之将军、巡抚、监督，照各省正项钱粮解部迟延例议处。其商人亲填册档，均于题报任满时起解，以科钞到部日起限，二十日解到，如有逾限，将管关之员罚俸六个月。至崇文门、左翼、右翼、张家口、山海关收税册档，限任满后三个月内送部考核。

关税考核 043：道光十四年又议准

山海关、张家口、杀虎口、左翼、右翼等五处各监督差满征收，应交赢余银两，系广储司、造办处、圆明园兑收应用，自奉旨之日起，予限一月，全数交清，倘逾限不缴，由内务府据实参奏惩办，再勒限二十日，如再不完，奏请革职，送部监追。

关税考核 044：道光二十八年奏准

应交参斤变价银两，如有限满未完，由内务府按其未完分数查参，照关税赢余银两未完例议处，欠不及一分者免议，一分以上罚俸一年，二分以上罚俸二年，三分以上降一级留任，四分以上降一级调用，五分以上降二级调用。其分年交代之项，如有未完，照关税赢余银两未完例酌减议处，欠不及一分者免议，一分以上罚俸六月，二分以上罚俸一年，三分以上罚俸二年，四分以上降一级留任，五分以上降一级调用。其应领参斤，以各该处应领之日起，按限具文请领，如有逾限未领，将承领之员降一级留任，勒限饬令赶领，如再未领，即照所降之级调用。

关税考核 045：道光二十八年又议准

吉林、宁古塔、伯都讷、阿勒楚喀、三姓地方，并盛京所属之辽阳、锦州、宁远、金州、复州、岫岩厅、义州、开原、兴京、凤凰城、牛庄、广宁、铁岭、盖州、承德等十五城，散放参票，均作十分核计，承办官短放不及一分者罚俸六月，一分以上罚俸一年，二分以上降一级留任，三分以上降二级留任，四分以上降三级留任，五分以上实降一级调用。若该管之将军、副都统等，不行查催，致各城有短放三分以上者罚俸六月，四分以上者罚俸一年，五分以上者降一级留任。

关税考核 046：道光二十九年议准

寻踪章京，见有偷刨人参人踪迹，不即追拿，明知故纵者革职。其兴京等处门吏、笔帖式，见有偷刨之人，俱应追拿送部，如力不能拿，即应告知寻踪章京追缉，若知而放出，或见踪不追，又不转告者，将门吏、笔帖式斥革。至奉票采取官参、松子、蜂蜜之人，于额外多带人夫，该门吏、笔帖式等知而放出，不即追拿者，亦照此例斥革。

关税考核 047：道光二十九年又议准

奴仆偷刨人参，系由其主差去，或知情而巧供不知者，系官俱革职。

关税考核 048：道光二十九年三议准

楚省商贩，在本地产铁处所收买转运者，令该商于收足后，将铁斤包捆数目、贩卖地方，逐一呈明地方官，查验详明，给予印照，仍移知发卖处所之地方官，俟该商到彼，验明铁照相符，将印照送回原发衙门销号。其两湖口岸，湖南令管理辰关之辰州府知府稽查，湖北令管理厂务之武昌府同知稽查，汉口令分驻之汉阳府同知稽查。凡沿途经过关津隘口，照例抽取验照点铁钤戳放行，如有夹带私铁，经别处盘出，将失察经由之文武员弁降二级调用，徇私故纵者革职。至稽查官弁，如有勒掯留难者，降二级调用。系兵役藉端索诈，将该管文武各官，分别知情失察，照衙役犯赃例议处。

关税考核 049：道光二十九年四议准

外夷商船通市贸易，应于何处停泊，均有一定界限，其或乘风驶进，不及于定界地方泊船，辄请在内地起卸货物，该省督抚及该关监督，不即驳令退回原界，率准其进关起卸，并听其开船回国者，俱照不应重杖八十公罪律，降二级留任。

关税考核 050：咸丰十年奏准

各关监督短缺正余额税处分，如有军功及钱粮全完议叙加级纪录者，准其抵销，并恭逢恩诏加级，亦准其查抵，别项加级纪录，不准抵销。

关税考核 051：咸丰十年议准

各关监督于未满年限之先，遇有升调降革丁忧病故等事，俱以离任之日为止，按其在任月日多少，作为分数考成。

吏部处分 145：清查牙行〔例 20 条〕

清牙行 001：康熙二十五年议准

各处牙行领帖开张，照五年编审例，清查换照，若有光棍顶冒朋充，巧立名色，霸开总行，逼勒商人不许别投，拖欠客本，久占累商者，该地方官不时严行查拿，照律治罪。如地方官有意徇纵者，降二级调用。如有受财故纵者，计赃以枉法论。〔寻增为：失于查察者罚俸一年。〕

清牙行 002：康熙二十五年又议准

牙行经纪除税课内应立牙行者准设立外，其奸宄之辈，捏称牙行，于良民买卖滥行索诈者，在外责成州县官，在京责成顺天府尹、通判、大宛二县、五城兵马司，不时严行查拿，照例治罪。如该管地方官不行严拿，仍留积年奸匪，以致累民，将失于觉察之人罚俸一年，有意徇纵者降二级调用，受财故纵者计赃以枉法论。

清牙行 003：雍正十二年议准

各省牙帖，悉由藩司钤盖印信颁发，不许州县滥给滋弊，傥各省州县仍有私行滥给牙帖者，该督抚题参，照地方官妄用印信例，降一级调用。

清牙行 004：雍正十三年覆准

民间开设铺面，听民间便益，不得私分地界，不令旁人附近开张，更不得以本身无力开设，将地界议价若干，然后允其所顶。至酒坊卖酒，应听雇车载运，毋许车户设立车牌，开写姓名，认定一店，不令别人揽运。惟估衣行给有牙帖，每年纳有牙税，应听其安分营生，仍照五年编审例，清查换帖，毋许无藉之徒，往来市上，借名影射，左右观望，觊觎分肥。至于铺行一切什物，皆系本商自置，傥本身无力开设，而所置什物，复不许售与承顶之人，则本钱不免亏折，似属未便，除地界之外，此项不在禁内。又如无藉之徒，违禁把持，仍犯前项情弊者，即将该犯照例治罪，仍令地方该管各官，严饬捕役人等不时稽察，如番役人等不行查拿者，按例治罪。该管地方官奉行不力者，照失于查参例，罚俸一年。有意徇纵者，照徇情例，降二级调用。受财故纵者，计赃从重以枉法论。

清牙行 005：乾隆二年覆准

大小衙门，凡公私所需货物，务照市价公平交易，不得充用牙行，纵役私取，即办官差，必须秉公提取，毋许藉端需索，作践良民。如有不肖官役，阳奉阴违，或被地方告发，或被上司查出参劾，该管官如系纵役私取，将该管官照纵役犯赃例革职。如系失于觉察，照失察衙役犯赃例，分别议处〔寻增为：自行科取行户货物者，革职提问〕。

清牙行 006：乾隆二年又覆准

直隶、山东、河南、山西、陕西等处富商巨贾，广收小麦，肆行躧曲，大开烧锅者，严行禁止。其失察之地方官，每一案降一级留任，失察至三案者降三级调用。

清牙行 007：乾隆三年奏准

民间制曲自用，为数无多者，仍免查禁外，如有广为收麦，开坊躧曲，牙行经纪、车户、船家代为交易，运送关津隘口，一例查拿。隐漏出境者，经过失察之地方官，每一案罚俸六月。

清牙行 008：乾隆九年覆准

地方官滥给牙帖，该管上司失于觉察者，将知府照失于觉察例，罚俸一年。

清牙行 009：乾隆十四年覆准

失察制造红曲红糟，船装兴贩与失察躧曲，事同一例，所有失察之地方官，比照失察躧曲之例察议。〔寻增为：傥有贿纵情弊，照婪赃例革职提问。〕

清牙行 010：乾隆二十三年覆准

各省地方，遇有客商控追牙行侵欠之案，令经理之员，按月册报道员稽查，逾限不结者，听道员按册提比。如经理之员，怠忽从事，拖延累商者，该道据实揭报详参，照事件迟延例议处。有意徇纵者，照徇情例，降二级调用。受财故纵者，计赃以枉法论。

清牙行 011：乾隆三十年奏准

各省牙帖，悉由布政使钤盖印信颁发。〔今增为：奉天牙帖，系旗员征收者，由盛京户部颁发；系民员征收者，由府尹颁发。〕地方官务将为人诚实，家有产业者，取具保邻甘结，方准给帖承充。其素行无赖，毫无产业者，不许滥给，仍将承充牙行经纪姓名，按季造册，申送布政使存案。地方官查察不实，滥给牙帖，以致吞骗客本，降一级调用。如不用布政使颁发牙帖，自己用印私给者，照地方官妄用印信例，降一级调用。该管上司，不将私给牙帖查参者，知府罚俸一年，布政使、道员罚俸六月。

清牙行 012：乾隆三十年又奏准

衿监胥役，更名捏姓，认充牙行，该地方官查实，即行追帖，勒令歇业，并将衿监胥役充补牙行之处，永行严禁。倘不肖衿监，不法胥役，仍有认充牙行，该管上司查参，将该地方官照违禁把持失于查察例，罚俸一年。有意徇纵者，照徇情例，降二级调用。受财故纵者，计赃以枉法论。

清牙行013：乾隆三十年三又奏准

奉委查曲各官，有能拿获别邑开坊躧曲，数至三百斤以上之案者，每一案纪录一次，拿获数多者，以次递加。

清牙行014：乾隆五十四年谕

据姜晟奏，审拟山西监生常怀恒控告宣化县知县王秉正赊欠布银不还一案，将王秉正问拟杖罪纳赎，已批令该部议奏矣。此案王秉正虽讯无因常怀恒催讨布价挟恨故出情事，但赊取布帐，不即清还，以致常怀恒藉词控告，自有应得之罪。外省大小衙门，所有需用零星食物，不能不就近取买，至布匹一项，尚非饮食可比，若在本境店铺任意赊取，必至绸缎货物，亦一概取之若寄，胥役等乘机滋扰，甚至短发价值，势所必有，殊非整饬官方之道。嗣后各省府州县等衙门，除菜蔬油酱食物，准其于本地方照市价平买外，其余需用布匹绸缎一切货物等项，或由本籍携带，或在邻境买用，毋得于管辖地方滥行赊买，致启勒索掯价之端。该管上司仍行随时稽察，如有仍在本境赊欠等弊，即行严参究治。著为令。

清牙行015：嘉庆五年奏准

各省府州县等衙门菜蔬油酱食物，准其于本地方照市价平买外，其布匹绸缎一切货物，或在本籍携带，或在邻境买用，如有在本境买用者，照违令私罪律，罚俸一年。有掯价赊欠等弊，即照向牙行私取例议处

清牙行016：嘉庆八年谕

大学士会同吏部议覆御史贾允升条奏严禁官价一款。各衙门需用铺户货物，自应各照市价平买，安得辄立官价名目，向铺户等纷纷科取物件，倚势病民。嗣后著将官价之名，永远禁革，违者照例惩处不贷。

清牙行017：道光二年奏准

西山一带开采煤窑，令宛平县县丞移扎门头村弹压，凡赴窑工作之人，先由窑户等报明姓名籍贯，造册稽查，并严禁连夏锅火、水工锅火恶习，如查禁不严，将该县丞照地方官失察牙行巧立名目霸开总行例，加等议以罚俸二年。其锅火内遇有殴毙人命，即申报宛平县验勘，如失于查察，将该县丞照地方官于杀死人命不知情不行申报例，加等议以降二级留任。其或窑户等将病毙之人，私行埋弃，该县丞失于查出者，罚俸一年。倘有受贿纵容，任令违禁开设私埋匿报，及以殴毙之案捏称病毙之人者，即将该县丞革职。至该县丞于抵任之后，果能约束众窑安静守法，三年期满，由顺天府府尹会同直隶总督，保举题升，若有不能称职，及始勤终惰者，该府尹即随时分别劾参，以昭惩劝。

清牙行 018：道光二年议准

各省牙行，如有顶冒朋充等弊，仍应随时禁革，地方官失于查拿罚俸一年，有意徇纵者降二级调用，受财故纵者计赃以枉法论。

清牙行 019：道光二年三议准

闽省造酒之家，用米为糟为曲，如有多为制造，船装贩运者，将地方官及关口员弁，均照前例议处，倘有贿纵情弊，革职提问。

清牙行 020：道光二年四议准

台湾地方，如有开设小典，质押零星衣物，重利盘剥贫民，地方官任听开设者降一级调用，失察者降一级留任。

吏部处分 146：严禁苛索税羡〔例 3 条〕

禁苛索 001：雍正十三年十月谕

朕闻各省地方，于关税杂税外，更有落地税之名，凡耰锄、箕帚、薪炭、鱼虾、蔬果之属，其价无几，必察明上税，方许交易，且贩自东市，既已纳课，货于西市，又复重征。至于邻村僻远之地，有司耳目所不及，或差胥役征收，或令牙行总缴，其交官者甚微，不过饱奸民猾吏之私橐，而细民已重受其扰矣。著通行内外各省，凡市集落地税，其在府州县城内，人烟凑集，贸易众多，且官员易于稽察者，照旧征收，但不许额外苛索，亦不许重复征收，若在乡镇村落，则全行禁革，不许贪官污吏，假设名色，巧取一文。著该督抚将裁革禁约之处，详造细册报部查核，倘奉旨之后，仍有不实心奉行，暗藏弊窦者，朕必将有司从重治罪，该督抚并加严谴。此旨可令各省刊刻颁布，务令远乡僻壤之民共知之。

禁苛索 002：雍正十三年议准

各省税项及民间置买产业，不得苛索扰累多收，如有前项情弊，该督抚指名题参，将违禁多取之人革职治罪。〔寻增为：该上司不题参者，照不揭报劣员例分别议处。〕

禁苛索 003：雍正十三年又议准

直省征收落地税银，在乡镇村落者，全行禁革，不得假借名色，巧取一文，违者，革职治罪。

吏部处分 147：征收地丁钱粮〔例 76 条〕

征丁粮 001：顺治十三年题准

各州县开征，豫颁由单，定于十一月初一日颁发。至报部之期，直隶限十二月内到部，山东、山西、河南限正月内到部，江南、浙江限二月半到部，江西、湖广、陕西限二月内到部，福建、广东限三月半到部，四川、广西限三月内到部。如州县官申报迟一月者罚俸三月，两月者罚俸六月，三月者罚俸一年，四五月者降一级，六七月者降二级，八月以上者降三级，皆调用。司道府等官申报迟一月者罚俸一月，两月者罚俸两月，三月者罚俸三月，四五月者罚俸六月，六七月者降俸一级，戴罪督催。迟八月以上者，降一级调用。

征丁粮002：康熙二年题准

地丁钱粮初参，经征州县官欠不及一分者，停其升转，罚俸一年，欠一分者降职一级，二分者降职二级，三分者降职三级，四分者降职四级，皆令戴罪催征，欠五分以上者革职。〔今增为：直隶州知州经征本州钱粮，初参亦照此例处分。〕布政使、知府、经管钱粮道员、直隶州知州，欠不及一分者停其升转，罚俸半年，欠一分者罚俸一年，二分者降职一级，三分者降职二级，四分者降职三级，五分者降职四级，皆令戴罪督催，欠六分以上者革职。巡抚欠不及一分者停其升转，罚俸三月，欠一分者罚俸一年，二分者降俸二级，三分者降职一级，四分者降职二级，五分者降职三级，六分者降职四级，皆令戴罪督催，欠七分以上者革职。〔今增为：直隶、四川总督，兼管甘肃巡抚之陕甘总督，顺天、奉天府尹，督催未完，俱照巡抚例查议。〕

征丁粮003：康熙二年又题准

地丁钱粮被参后，催征时，州县官限一年，布政使、道府、直隶州知州限一年半，巡抚限二年，其年限内不完，不复作分数，照原参分数处分。州县官原欠不及一分，年限内不全完者降一级留任，再限一年催征，如又不能完，即照所降一级调用。原欠一分，年限内不全完者降三级调用，如果能催征完至八九厘者，降三级留任，再限一年催完，如仍不全完，降三级调用。原欠二分，限内不全完者，降四级调用。原欠三分，限内不全完者，降五级调用。原欠四分以上，限内不全完者革职。

征丁粮004：康熙四年题准

凡限满未完钱粮大小各官，如遇恩赦，将赦前月日扣除，以赦后月日算起。至限满续参时，注明赦前赦后分数具题，如初参欠四分者，如赦前二分，赦后二分，年限内将赦前所欠二分已经全完，止照赦后未完二分处分。如年限内将赦前所欠二分未经全完，仍合赦前赦后分数，一并处分。如初参四分皆在赦前，年限内未经全完，仍照初参分数例处分。

征丁粮005：康熙四年又题准

州县官经征一应起运本年钱粮，五万两以下，一年内全完者纪录一次；五万两以上，十万两以下，一年内全完者纪录二次；十万两以上，一年内全完者纪录三次。督催知府、直隶州知州，及经管钱粮道员，十万两以下，一年内全完者纪录一次；十万两以上，二十万两以下，一年内全完者纪录二次；二十万两以上，一年内全完者纪录三次。督催布政使，五十万两以下一年内全完者纪录一次；五十万两以上，一百万两以下，一年内全完者纪录二次；一百万两以上，一年内全完者加职一级。其监屯同知、通判、督催卫所屯粮全完，照督催知府例议叙。经历经征卫所屯粮全完，照经征州县官例议叙。如地丁粮银已完，而本色颜料，并一应起解杂项等银未完者，不准议叙。至经征州县官，将未完之钱粮捏称全完转报，或一年内二三官征完之钱粮，捏为一官征完申报者，州县官革职，司道府官各降二级调用，巡抚降一级调用。〔今改为：该上司失于查核，府州降二级调用，司道降一级调用，巡抚降一级留任。〕如州县官申报未完，司道府作完申报者，司道府革职，州县官免议。如司道府申报未完，巡抚作完题报者，巡抚革职，司道府免议。如起解钱粮，并未起解，或库内无银，申报有银者，各降二级调用，巡抚罚俸一年。如一应批回未领称为已领，未发称为已发者，各罚俸一年。

征丁粮006：康熙五年覆准

州县官带征节年拖欠钱粮，二年内全完一万两以上者纪录一次，二万两以上者不论俸满升转。其知府、直隶州知州、经管钱粮道员，带征钱粮二万两以上者纪录一次，四万两以上者纪录二次，六万两以上者不论俸满升转。布政使带征全完十万两以上者纪录一次，二十万两以上者纪录二次，三十万两以上者不论俸满升转。如带征钱粮全完，而经征钱粮不完，仍不准议叙。

征丁粮007：康熙六年议准

凡限满未完钱粮各官，限内又经遇赦者，扣除赦前月日，止以赦后计算年限，满日，查明题参，照例处分。

征丁粮008：康熙六年题准

直隶州知州经征本州钱粮，参后未完，照州县官限一年例处分。其直隶州督催之各州县钱粮，参后未完，照知府限一年半例处分。

征丁粮009：康熙十年覆准

署印官一年内钱粮全完者，亦照例议叙。〔今增：未完者亦照正官例议处。〕署印不及一月免议。

征丁粮010：康熙十二年题准

州县官员如将已征钱粮作为民欠，或挪用谎称民欠者，该州县官革职拿问。〔今增为：或不即完解，恭遇覃恩，牵混灾缓未完款内串通请免者，俱革职拿问。〕司道府等官，明知蒙隐不报者革职，如申报督抚不行题参者，该督抚降五级调用。〔今增为：失于觉察者，府州降一级调用，司道降一级留任，督抚罚俸一年。〕

征丁粮011：康熙十二年又题准

凡拖欠在民钱粮，革职、降级官员，未经离任之先，如能将拖欠钱粮全完者，准其开复。

征丁粮 012：康熙十二年覆准

巡抚、布政使、经管钱粮道府、直隶州知州，原欠不及一分者，限内不全完，降一级戴罪督催；再限内不全完，降二级戴罪督催；三限内仍不全完者，降三级调用，其余皆照州县例处分。卫所官员，原欠不及一分钱粮，再限内不全完者，降一级戴罪督催，三限内仍不全完者，降一级调用。

征丁粮 013：康熙十四年题准

凡接征接催官员，以到任之日为始，接征卫所官员限一年，接催布政使、道府、直隶州知州限年半，接催巡抚限二年催完，如不能完，题参之日，照现在未完分数，以初参例处分。至于巡抚等官，被参催征钱粮时，年限已满，逾期，该抚不将自欠原参分数，并布政使等官分数查参者，查出，照原参分数加倍治罪。

征丁粮 014：康熙十四年又题准

官员将侵粮抗粮人犯，捏报逃亡者，降一级调用，该管官罚俸一年。如并不起解侵欺抗粮人犯者，亦照此例处分。如不行速解迟误者，罚俸一年，该管官罚俸六月。

征丁粮 015：康熙十五年题准

有司未完钱粮，参后续解全完者，各该经管衙门，一面给予批收，一面详报该抚，题请开复。如已经申呈，抑勒不详，及迟延不报，或不应开复之官，申详开复者，皆罚俸一年，巡抚罚俸六月。或已经开复之官，重题开复，及不列续完各官职名者，皆罚俸六月。

征丁粮 016：康熙十八年覆准

州县等官，私加火耗及私派加征者，革职拿问。其司道府官，隐匿不报者，亦革职拿问。若申报督抚不行题参，将督抚亦革职。〔今增为：如各上司不知情者，照不揭报劣员例分别议处。〕至官员有加派贪婪之处，被旁人首告，经司道府官审出者，其审出之司道府官，所有未经首告之先，不行查出之处，免其议处。

征丁粮 017：康熙三十四年覆准

凡有分数钱粮，接征接催官员，皆将已完分数扣除，照现在未完分数处分。

征丁粮 018：康熙四十四年议准

苏州、松江、常州、镇江四府属，赋税繁重，州县官本任经征每年地丁漕项钱粮，如于奏销时，完至九分以上者，其接征未完旧欠钱粮，于年限满后，复参降级调用之例，改为降级留任，再限一年催征，如仍不完，即照所降之级调用。其督催各官，亦照此例议处。

征丁粮 019：康熙四十六年覆准

江苏赋繁，州县钱粮三载全完，此内虽有奉蠲之年，仍准即升。

征丁粮 020：康熙五十四年覆准

盛京旗人所种地亩，应交米豆草，经征督催各官，征米一石，作银一两考成。如催征之官，一千两以下，一年内通完者纪录一次；一千两以上，三千两以下，一年内通完者纪录二次；三千两以上，一年内通完者纪录三次。督催官，五千两以下，一年内通完者纪录一次；五千两以上，万两以下，一年内通完者纪录二次；万两以上，一年内通完者纪录三次。如催追不完，经催之官，欠一分者罚俸六月，二分者罚俸一年，三分者降俸一级，四分者降俸二级，五分者降职一级，六分者降职二级，七分者降职三级，八分者降职四级，皆戴罪催征，完日开复，欠九分十分者革职。督催之官，欠一分者罚俸三月，二分者罚俸六月，三分者罚俸一年，四分者降俸一级，五分者降俸二级，六分者降职一级，七分者降职二级，八分者降职三级，九分者降职四级，皆戴罪督催，完日开复，欠十分者革职。

征丁粮 021：雍正七年覆准

凡地丁钱粮，若止准岁内通完者，给予议叙，则额数繁多之处，或难于岁内通完，以致不得邀议叙而资鼓励。应将岁内全完议叙之例停止，若奏销以前，果能通完，概予议叙。倘有捏报全完，希图议叙等弊，该督抚等即行查明指参，交部议处。

征丁粮 022：雍正十三年议准

地丁等项，一切年限承追钱粮，皆准扣除封印日期，造报考成。

征丁粮 023：乾隆三十年奏准

输纳钱粮，小民自封投柜，照数填写，给予印票为凭，如有绅衿及上司衙役，将钱粮包揽等弊，该管官不行查出，罚俸一年。至州县官有完粮之民，勒令不许填数及不给印票者，将州县官革职拿问。若司道府等官，明知不报者革职。详报督抚不行题参者，将督抚降五级调用。〔今增为：不知情者，照不揭报劣员例议处。〕

征丁粮 024：乾隆三十七年奏准

各标目兵，有应输之粮，抗不完纳者，该州县官即将未完钱粮数目开明，移会本管官弁，照数追完。移交州县，如不实力催追完解，即照州县催征钱粮未完分数例议处。至上司书吏，有抗粮不纳者，该州县官一面详报上司，一面严行拘拿，革役追比。如本官上司，有阿庇袒护，并该州县有瞻徇容隐等弊，均照徇庇例议处。

征丁粮 025：乾隆三十七年又奏准

苏松常镇四府及各属，实系赋繁州县钱粮，一官经征三年，每年俱系年清年款，于本省奏销具题时全完者，议叙即升，不得以参后续完之案概行接算。三年内有遇奉蠲年分，即将是年扣除，俟次年补足并计，再请议叙。

征丁粮 026：乾隆三十七年三奏准

各官屯照各所征盐粮棉花数目，作为十分，〔今增为：盛京户部所属官庄棉花庄五座，盐庄三座，又盐丁九十名，粮庄一百十八座。〕盛京户部每年特差官两员分管。

〔今增为：秋收时，由户部奏请钦派大员，会同盛京户部侍郎监收，按年题报。〕欠不及一分者罚俸半年，欠一分者罚俸一年，欠二分者降一级留任，罚俸一年，欠三分者降二级调用。盛京户部侍郎有总管之责，亦照统管屯数，作为十分，欠不及一分者罚俸三月，欠一分者罚俸六月，欠二分者罚俸一年，欠三分者降一级留任，罚俸一年。

征丁粮 027：乾隆五十九年奏准

直隶旗租银两经征州县官，照各省地丁钱粮例，欠不及一分者停其升转，罚俸一年，欠一分者降职一级，欠二分者降职二级，欠三分者降职三级，欠四分者降职四级，以上俱令戴罪征收。欠五分以上者革职。原欠不及一分，年限内不全完者降职一级，再限一年，如又不完，即降职二级，戴罪征收；原欠一分，年限内不全完者降职二级，再限一年，如又不完，降二级调用；原欠二分，年限内不全完者降职三级，再限一年，如又不完，即降三级调用；原欠三分，年限内不全完者降职四级，再限一年，如又不完，即降四级调用；原欠四分，年限内不全完者降职五级，再限一年，如又不完，即降五级调用。其督催之院司道府直隶厅州等官，初参，欠不及一分者停其升转，罚俸半年，欠一分者罚俸一年，欠二分者降职一级，欠三分者降职二级，欠四分者降职三级，以上俱令戴罪督催。原欠不及一分，年限内不全完者罚俸一年，如又不完，降俸二级；原欠一分，年限内不全完者降俸二级，如又不完，降职二级；原欠二分，年限内不全完者降职二级，如又不完，降职三级；原欠三分，年限内不全完者降职三级，如又不完，降职四级；原欠四分，年限内不全完者降职四级，如又不完，降职五级；以上俱停其升转，戴罪督催。至接征之州县及督催各上司之接任官，如于二参三参限内到任，不计分数，限满不完，州县官降职二级，停其升转，戴罪征收；道府厅州降俸二级，停其升转，戴罪督催，完日开复。至遇灾歉之年，分别蠲缓带征，限满不完，均按未完分数，一体查参。

征丁粮 028：乾隆五十九年又奏准

各省州县卫，有彼县民人置买此县地亩者，名为寄庄，令经征州县，于每年开征之始，将寄庄花户，逐一查明，开造村庄户名钱粮数目清册，移交住居之州县，代行催征。如至奏销未完，即将代征之员，开参议处。

征丁粮 029：乾隆五十九年三奏准

各州县经征耗羡银两，务与地丁正项随同报解，若有未完，照正项钱粮之例，按其未完分数，核参议处。

征丁粮 030：乾隆五十九年四奏准

州县官违例于上年豫征钱粮，该督抚查参，照私派例，将州县官革职拿问。司道府各官，明知不报者，将司道府各官革职。详报督抚不行题参者，将督抚降五级调用。其豫征钱粮，即准作为次年正项钱粮。〔今增为：上司不知情者，照不揭报劣员例议处。〕

征丁粮 031：嘉庆二年题准

浙江萧山等县牧地租钱，作满营孤寡养赡之需，照地丁正项钱粮例，于次年五月报销，依限全完，照例请叙。如有未完，即按分数查参，仍将未完钱文，著落经征之员赔缴。

征丁粮 032：嘉庆四年奏准

州县官经征一应起运本年有分数钱粮，不及三百两者，毋庸议叙，其三百两以上，不及一万两，于奏销前全完者纪录一次，一万两以上全完者纪录二次，三万两以上全完者纪录三次，五万两以上全完者加一级，十万两以上全完者加二级，果能三载全完，毋论钱粮多寡，于每年照例议叙之外，再加一级。督催知府、直隶州知州及经管钱粮道员，不及五万两全完者纪录一次，五万两以上全完者纪录二次，十万两以上全完者纪录三次，二十万两以上全完者加一级。督催布政使，不及五十万两全完者纪录一次，五十万两以上全完者纪录二次，一百万两以上全完者加一级。

征丁粮 033：嘉庆四年又奏准

积年拖欠钱粮之州县官，带征二年内全完，不及一万两者纪录二次，一万两以上者纪录三次，二万两以上者不论俸满即升。其知府、直隶州知州、经管钱粮道员，带征全完，不及二万两者纪录一次，二万两以上者纪录二次，四万两以上者纪录三次，六万两以上者不论俸满即升。布政使带征全完，十万两以上者纪录一次，二十万两以上者纪录二次，三十万两以上者不论俸满即升。〔今改为加一级。〕

征丁粮 034：嘉庆四年三奏准

经征官在奏销以后完解，上司所属，有一处在奏销以后完解者，均不准议叙。

征丁粮 035：嘉庆四年四奏准

凡拖欠在民钱粮革职降级官员，未经离任之先，如能将拖欠钱粮全完者，准其开复，仍留本任。如该督抚将离任官员题请留任之时，其员缺另拟有人，而未经奉旨者，将原官仍准留任。如原缺所补之人，已经奉旨，将新任官令其赴任，原官准其留省另补。

征丁粮 036：嘉庆五年奏准

参限内奉旨宽免钱粮分数者限满，止照现在未完分数处分。〔如二参限内宽免钱粮五分，州县官征完四分，限满即照原欠一分限满不全完例处分。〕至二参限内奉旨分年带征钱粮，原各员以钦奉恩旨之日为始，另起二限催征，如年限内完解不足所分之数，仍照例分别参处。

征丁粮 037：嘉庆五年又奏准

凡征追各项未完，后经分赔代赔，无征追之责者，该征追官原议之案，悉照案犯被邻境拿获之例，按其参限应得处分，减等议处完结。

征丁粮 038：嘉庆六年覆准

直隶旗租银两，凡本年应征旗租及每年带征分数，未经全完，经征州县并督催之院司道府、直隶厅州，以及接征接催各员，初参二参处分，均照地丁钱粮例办理。〔今增为：如能于奏销前全完，亦照地丁钱粮例议叙。〕遇灾歉带征银两，限满不完，均按未完分数，一体查参。

征丁粮 039：嘉庆七年奏准

钱粮未完各官，赴部引见，奉旨降革后，嗣据接任官续报全完者。仍准开复原官。

征丁粮 040：嘉庆九年议准

历年带征旧欠正杂钱粮，经征接征各官，按其参限，照例核办。如每年完不足数，即将经征各员，指名参处。系分数钱粮，将州县官降一级留任，督催不力之府州罚俸一年。系杂项钱粮，将州县官罚俸一年，督催不力之府州罚俸六月。

征丁粮 041：嘉庆十一年奏准

衙役侵欺钱粮，该管官捏作民欠申报者革职。该管知府不行详查，遽为转报者降一级调用，徇庇不参者降三级调用。

征丁粮 042：嘉庆十一年又奏准

嗣后钱粮未完各官，若钦奉恩旨，于二参限内缓征，或分年带征，其原参处分，悉照案犯被邻境拿获之例减等议结，仍于钦奉恩旨后，另行起限催征，如限满不完，照例分别参处。

征丁粮 043：嘉庆十一年三奏准

官员造报各项钱粮文册迟延，或限内卸事并违限不及一月及一月以上者，均罚俸三月，违限二月以上者罚俸六月，违限三月以上者罚俸九月，违限四五月以上者罚俸一年，违限半年以上者降一级留任，违限一年以上者降二级留任，违限二年以上者降三级调用。其文册遗漏重开数目舛错，或多开少造遗漏职名者，俱罚俸三月。该管各官未经查出，据册转报，罚俸一月，因舛错以致迟延三月以上者照迟延例议处，该管各官仍照据册转报例议处，未率转者免议。如屡经驳饬遵照更正之案，皆由该员不能悉心核对，以致稽迟，所有再次驳查，以致往返程途月日，概不准其扣除，仍按违限月日分别议处。至该管各上司亦不得故意驳饬，如违，即照应结驳查例议处。

征丁粮 044：嘉庆十一年四奏准

开报各项钱粮已未完年限职名文册迟延，照造报各项钱粮文册迟延例议处。

征丁粮 045：嘉庆十二年谕

户部奏：申定章程严催积欠一折。据称：各省丁赋，自嘉庆元年起至十一年止，除因灾缓带征外，仍有未完银八百八十六万一千八百余两，诚恐不肖官吏，有侵蚀亏挪情弊，应将钱粮未完处分，严定章程，如有参限将满，例应降革者，该督抚不得代为推卸，擅请调署等语。各省丁赋，关系度支经费，国家生齿日繁，费用倍增，我朝取民有制，从无加赋之事，惟藉此每岁正供，量入为出，岂容稍有亏欠？乃江南等省，自嘉庆元年以来至十一年止，尚有据报未完银八百八十六万余两，朕廑念民依，凡稍有灾歉之区，无不降旨施恩，立予蠲缓，现在户部折内，尚有各省缓征带征银三百八十六万余两，不在此例。小民具有人心，于岁入正供，自当输将踊跃，即间有拖欠，亦何至多至数百万两？总因地方官任意因循，征催怠惰，甚或有侵挪亏蚀情弊，皆未可知，而上司护惜属员，往往曲为地步，凡涉参限将满，俾接征之员另行开限，州县恃有此规避之法，又复何所儆畏？无怪乎各省积欠如此之多也。嗣后州县遇有钱粮处分，参限将满，户部随时知照吏部，不准调署他处，如该上司违例调署者，将该上司一并参处。督抚等务当豫饬所属，各行激发天良，于应征款项，按限催征，不得任意因循，罔顾国计。

征丁粮046：嘉庆十七年奏准

各直省经征督催各员，有未完处分，参后续报全完者，该督抚分别题咨，扣减扣免开复，于文内将收银月日及造入何年季册之处，详细声明，部中照数登记，即予开复，仍令该督抚于送部拨册内注明收银存库月日，两相核对，如有舛错遗漏，将承办衙门查取职名议处。

征丁粮047：嘉庆十七年议定

凡奏销钱粮，全凭册结磨对，必须随各案一并送部。如司道府州县官员，将册结迟延不送，或限内卸事，并违限不及一月者，均罚俸三月，违限一月以上者罚俸六月，二月以上者罚俸九月，三月以上者罚俸一年，四五月以上者降一级留任，六月以上者降二级调用，一年以上者革职。如司道府州县官员，将册结申送督抚，而督抚迟延违限五月以下者，亦照司道府州县官员例处分，如违限六月以上者降二级留任，一年以上者降三级调用。〔造报钱粮册籍迟延，应由户部随案声明，系按分数考核者，即照此例议处。如不作分数考核者，概照各项钱粮文册例办理。〕

征丁粮048：嘉庆十七年又议定

府州县官员，造报奏销钱粮册内，有数目舛错遗漏者，将该府州县官罚俸一年，督抚及转报之司道各罚俸六月。如督抚司道所造册内，有数目舛错遗漏者，亦各罚俸六月。

征丁粮049：嘉庆十七年又奏准

参限内奉旨豁免钱粮者，经征官原参现参处分概予查销。

征丁粮050：嘉庆十八年奏准

凡钱粮未完例应降革人员，于未奉部议之先，续报全完者，无论调缺选缺，俱准开复留任，毋庸送部引见。如续完在降革行文之后，经该督抚请将该员留任，系外省拣调之缺，文到在照限减半以内者准其留任，在限外者留省另补。系归部铨选之缺，文到在二十日截缺以前者准其留任，在截缺以后者留省另补，员缺归选。

征丁粮 051：嘉庆十八年议准

续报全完题请开复之案，经管衙门不列续完各官职名者，罚俸六月。

征丁粮 052：嘉庆十八年又议准

盛京旗余地亩，经征各官，如于五月奏销以后，十月开征以前，续报全完者，扣除免议。至十月开征以后，再有续报全完，虽于原参内扣除，仍取具迟延职名议处。

征丁粮 053：嘉庆二十一年奏准

江苏省苏松常镇所属赋繁州县，并直省各州县官，经征一应起运本年有分数钱粮，除银数不及三百两全完者毋庸议叙，其自三百两以上，未及一万两，于奏销前全完者纪录一次，一万两以上全完者纪录二次，二万两以上全完者纪录三次，三万两以上全完者加一级，五万两以上全完者加二级，八九十万两以上全完者不论俸满即升。督催之知府、直隶州知州及经管钱粮道员，各计所属不及五万两全完者纪录二次，五万两以上全完者纪录三次，十万两以上全完者加一级，二十万两以上全完者加二级，如所属州县有一处于参后全完者即不准并计议叙。其卫所屯粮经征之经历等官全完者，照州县例议叙。督催之同知、通判等官全完者，照府州例议叙。

征丁粮 054：嘉庆二十一年议准

署印官经征钱粮全完，按其一年、二年、三年、四年、六年、九年，照例分别议叙。

征丁粮 055：道光二年谕

户部议驳安徽省官垫民欠银两不应援案请豁一折。各直省应行豁免款项，俱当定以案据年月限制，核实稽查，方免辗转捏报之弊。此次安徽省奏报垫完民欠，从前并未奏明有案，若概予豁免，恐各省纷纷奏请，必致不肖州县，心存冀幸，任意侵挪，不可不防其渐。所有该省垫完民欠银四十一万余两，俱系该抚孙尔准、藩司陶澍，未经到任以前之事，无所用其回护。著该抚督同藩司核实查明，分别立限严追，如经手各员，仍藉词悬宕，即著据实查参，以重库项。

征丁粮 056：道光三年谕

户部奏：直隶奏销行查银款逾限未覆请旨饬催一折。直隶省地丁奏销案内行查各款，自嘉庆十一年至十九年，共银一千二百余万两，节经该部汇案奏催，该省并不上紧查办，且自嘉庆二十年至二十五年，复有未结各款银五百余万两，实属延玩。著蒋攸铦即督率藩司迅速将各年地丁奏销案内，行查未结各款银数，分析查明，造册登覆，并将办理迟延各职名送部核议，如有亏挪侵蚀及玩延不解情事，立即严参惩办，毋稍回护。

征丁粮 057：道光五年谕

前据户部奏，各省节年未完地丁正耗银两请饬该督抚藩司勒限严催，并饬将经征督催复参处分按限查参一折，已依议行矣。直省地丁钱粮，若非灾歉缓征，岂容任意拖欠，乃自嘉庆二十二年普免民欠后，又历年积欠至三百八十余万之多，总缘地方官经征不力，各上司不认真查催所致。即因灾缓带征钱粮，亦节年积至八百四十九万有奇，国家经费攸关，皆当依限征完报拨，业经该部查奏，饬令各督抚严饬藩司，迅即按年按限分别开具清单，先行送部查核，并将该部承办司员不按例查出行催者，定以参处，该督抚等自不容任听所属仍前延宕。本日又据奏：各省道光五年完欠钱粮比较内，直隶、福建、江西、安徽四省未完分数，较上年复又加多。藩司总核钱粮，如果认真严催，何至征收日益短少，除直隶省催解四五两年旗租多至十万有奇，该藩司功过尚可相抵，加恩免其议处外，其福建、江西、安徽三省藩司，著查取职名交部于奏销考成外，再行按照未完分数分别议处。广西、河南两省，奏报单内俱属违式，并著查取该藩司职名交部议处。

征丁粮 058：道光七年谕

御史常恒昌奏：请严禁外省官垫民欠及差垫未完银钱积弊一折。各省州县经征钱粮，往往因规避处分，垫完民欠，已易启亏挪之渐，且有差役垫欠，并非该花户输将不力，竟系书差为加倍取偿地步，致畸零小户，僻处编氓，更滋苦累。著直省督抚将官垫名目，差垫弊端，一体永远禁革，如有仍蹈前辙，以欠作完，挪移规避者，责成该管上司严行查察，有犯必惩。其差役垫欠，敢向花户苛索重利取偿，该管州县不即查明究办，别经发觉，除将书役按律治罪外，仍将该管州县从严议处，以重考成而恤民隐。

征丁粮 059：道光十年谕

盛京内外各城官兵随缺地租，除自行耕种者毋庸议外，所有交旗民地方官招佃取租者，照依旧有余地分别佃户，系旗人责成界官承催，系民人责成民员承催，一律造报考成，咨送盛京户部、奉天府府尹查核，十月内通完者，照例议叙，如催追不完，附题参处。

征丁粮 060：道光二十六年奏准

广东官筑屯田租项，由虎门同知专管催收，如有拖欠，照地丁钱粮例，按其分数分别议处。

征丁粮 061：道光二十七年奏准

各省地丁奏销，该督抚照依例定月分，于是月底具题。若督抚并未因公奏展，或司道府州县先已违限，致有迟逾，即令据实开报，分别照例议处。

征丁粮 062：道光二十八年谕

户部奏：请饬催积欠案内各省应解新旧银两，并报拨登记各款分别开单呈览一折。各省应解户部查办积欠案内银两，皆待用待拨要需，本应实贮在库，与一切欠项尚待追缴者不同，乃应解不解，任意耽延，当此制用孔亟之时，各直省大吏宜如何赶紧催提，力筹国计。前经叠降谕旨，严饬迅解，并令立限埽数通完。今据该部核实奏闻，其中已经报解之款，甚属寥寥，似此积习因循，不知缓急，直以紧要帑项，视为催欠具文，筹国疆臣，竟坐视耶？所有各省藩库应解部库，及属库应解藩库新旧积欠三百二十六万八千八百两零，制钱五千五十串零，著各该省督抚等督饬司道认真查催，应解部者迅即委员领解，先将起解日期报部，应解司库者严檄催提，咨部候拨。其积欠案内登记未经入拨之款，实与应解无异，各该省于春秋拨册内，并不将前项汇入，以致该部无从指拨，此项为数更钜，计积欠银一千十四万四千八百两零，制钱二千十六串零。著各该督抚等一体清厘，迅速报拨，毋许再有迟延。

征丁粮 063：道光二十八年又谕

户部奏积欠案内，各省未完地丁银两，延未报完，开单呈览，请旨饬催。另片奏：查历届恩诏蠲免之数，渐次加增，并请随时清厘各等语。地丁为国家正供，不容丝毫短绌，兹据户部查明各省未完地丁正耗，自普免道光二十年前逋赋之后，至今又积欠正征缓征银二千三百九十万余两之多，似此年复一年，各省大小官员，几将置钱谷于不问，积习相沿，伊于胡底！且道光二十年前逋赋，共免银九百三十余万两，民力不为不宽，乃地方官视为成例，积欠日多，完解日少。上次经户部奏催之后，各省大半完纳新款，其旧款则任意延宕，冀得届期蠲免，是以国家蠲租免赋之恩，藉遂有司侵蚀亏挪之计，思之实堪痛恨。所有户部单开各项，除本年报灾之区，著该督抚体察情形，分别办理，其余有前项积欠省分，自道光二十一年以后未完地丁正耗银两，务令勒限全完，缓征之款亦令遵照原展年限，随同正征完纳，迅速报解。倘查有不知愧奋，或有以完作欠情弊，立即从重奏参严议，以为玩视度支者戒。并著各督抚责成藩司，于该州县每年应征未完，及缓征届限各款，详细核查，毋得任听各属虚报欠数，有增无减，希冀蠲除，致滋流弊。

征丁粮 064：道光二十九年奏准

一官经征分数钱粮，能每年于奏销前全完，应于照常议叙之外，量加优叙，如数在三百两至二万两以上，系直省各州县，一官经征三年，于奏销前全完者，即准其加一级；系苏松各属赋繁州县，一官经征三年，于奏销前全完者，即准其不论俸满即升；其数在三万两以上，一官经征三年，于奏销前全完，及数在五万两以上，一官经征两年，于奏销前全完者，亦俱准其不论俸满即升；其数在三万两及五万两以上，系直省州县，一官经征六年，于奏销前全完者，准该督抚奏请送部引见，九年于奏销前全完者，准其指定应升之阶保奏，免其送部引见；系苏松常镇各属，一官经征四年，于奏销前全完者，准该督抚奏请送部引见，六年于奏销前全完者，准其指定应升之阶保奏，免其送部引见；务令该督抚核实咨部，不得率以参后续完之案，混行并计。其两年、三年、四年、六年、九年之内，或遇蠲缓年分，并非十分全完，或本员适有差委离任事故，并非一官全完，即将是年扣除，俟续有一手征完之年，准其前后接算，声请议叙。若该员虽于本年经征全完，而次年在任不能经征全完者，止准给予照常议叙，不准再以前后接算。至前案曾经优叙，均不得牵混合计。

征丁粮 065：咸丰二年奏准

直省布政使督催钱粮，合计所属，如上忙能完至三分，下忙能完至五分，免其议处；上忙完不及三分者罚俸一年，下忙完不及五分者降一级留任。如上忙完不及三分，业经议处，下忙五分以上全完，〔统计已及八分。〕将上忙议处之案查销，毋庸议叙。上忙能完至三分以上者给予纪录二次，下忙完不及五分，〔统计不及八分。〕即将上忙议叙之案查销，再予以罚俸一年。如上忙议叙业已另案销去，即将该员仍议以罚俸二年，上忙三分以上全完，给予纪录二次，下忙又五分以上全完，再给予加一级。如上忙已完至五分，下忙又完三分以上，并计已及八分以上，仍给予下忙完至五分以上应得议叙，上忙下忙八分俱已全完，其余二分复能于奏销前埽数全完，统计所属钱粮不及五十万两者加一级，五十万两以上者加二级，一百万两以上者加三级。倘所属州县，有一处不能于奏销前全完者，即不准统计并邀议叙。

征丁粮 066：咸丰二年又奏准

直省征收新赋钱粮，督催之布政使，既于上下两忙分别已完未完议叙议处，其旧欠带征，由户部于年终汇案比较，如欠数最多，即将该藩司参办。倘能全完，仍随案咨送吏部议叙。

征丁粮 067：咸丰八年奏准

地丁随本奏销等题本内州县未完处分，户部会同吏部核议，如该省续报全完银两，咨请扣除免议，应以送册到部之日起限。如咨文到在五十五日以内，户部转行吏部扣除免议，其咨文到在五十五日以外，应由该督抚照例题请免议，不得陆续咨请免议，致误题销限期。

征丁粮 068：咸丰九年谕

户部奏：各省征收上下忙钱粮请饬按限造报一折。国家经费，以地丁为大宗，乃各省于上下忙钱粮，竟有因一二州县未能征收，遂将全省钱粮数目概不报部，更有于所属州县二参届限时调署离任，巧为规避，延不开参，以为见好属员之计，殊属胆玩。著各督抚严饬该藩司，将历年未经造报者统限于明年二月以前，详细造册送部核办，其明岁上下忙钱粮，除云南、贵州二省向系征收全完后报部外，其余各省著于截止后，上忙限十一月底，下忙限次年五月底，分析成数报部。倘该州县依限全完，准其援照成案，量予议叙。如有不肖州县，藉词延宕，即从严参劾。倘敢瞻徇隐庇，即著该部将该藩司及经征不力州县指名严参，以惩玩泄。

征丁粮 069：同治元年谕

郑元善奏：请严饬该管府州督催钱粮一折。近年河南军需浩繁，被扰之区应完钱粮，又复叠经蠲缓，全赖完善地方实力征解，各该府州宜如何破除情面，严切督催，以期无误要需，若一味因循诿卸，于所属征收事宜，漠不关心，毫无觉察，朝廷又安用此惯惯之臣为耶！此后该省州县征收钱粮，著严责该管府州认真督催，不时亲赴所属，将征收红簿串根彻底清查，如有惰征侵挪等弊，立予揭参。若该管府州徇私护庇，即行一并严参。现在各直省或防剿本境，或协济邻封，需饷甚殷，尤恃正赋无缺，方足以资周转，各该府州恃无责成，即不免于所属征收意存推诿。嗣后各督抚于州县经征钱粮，均著责成该管府州实力督催，倘敢仍前疲玩，致令所属州县有惰征侵挪情事，即著一并从严参办。

征丁粮 070：同治十二年奏准

直省州县官经征本年钱粮全完，经该督抚以催科勤奋，奏请给予虚衔顶戴，奉旨允准者，即钦遵办理注册。其有保奏官阶者，仍应详查户部，分别年分额数，如与例未符，即声明请旨，以杜冒滥。

征丁粮 071：同治十二年又奏准

二参限内，遇有夏秋被灾，查明未完课赋，实系应行请缓，而于限外奏到奉旨者，经征官原参处分，仍准改照犯被邻境拿获之例减等议结，该督抚奏报迟延，仍照例议处。

征丁粮 072：同治十二年议准

地丁钱粮限二月开征，〔云南、贵州二省九月开征。〕四月完半，〔陕西、四川二省六月完半。凡钱粮在一两以下，准缓至八月全完。〕五月停忙，八月接征，〔福建省七月接征，山东、河南二省暨安徽之庐凤颍泗，六七两月听民完纳。〕十一月全完。〔云南、贵州二省，次年三月全完。〕

征丁粮 073：同治十二年又议准

地丁奏销，直隶、山东、山西、河南、陕西、甘肃限次年四月，奉天、安徽、浙江、江西、湖北、湖南、江南之苏州藩司限次年五月，福建、四川、广东、广西、云南、贵州、江南之江宁藩司限次年六月，山西之大同、朔平二府属经征米豆于次年年底奏销。如该督抚因公不能依限，准其具题请展。

征丁粮 074：同治十二年三议准

余地租银，有余地在彼州县拨补，而租银应归此州县征收者，即令余地坐落之州县官代为催征。如该州县官不行文代征州县催征，及有拖欠又不申报上司者，即将拖欠租银归入此州县正项钱粮内，一并作为分数议处，已行文、已申报者免议。

征丁粮 075：同治十二年四议准

官员署印不及一月者免议，一月以上有经征经催之分数钱粮未完，照现任官例处分，有接征接催之分数钱粮未完，照接征接催官例处分。若于署印卸事之后复来署印者，其未完钱粮，系属两任，即各按其在任未完分数，分案议处。

征丁粮 076：光绪十一年谕

户部奏：正供钱粮缺额过多，厘剔官吏经征积弊，又核对民欠，请颁征信册，并拟章程册式呈览，及立蠲缓征信册各折片。钱粮为国家正供，小民具有天良，无不争先输纳，其偶有抗欠者，不过千百中之一二，全在封疆大吏督抚、藩司、粮道认真考核，力杜官吏中饱之弊，上不亏短国课，下不朘削民生。户部综理度支，通权出入，自以清厘正赋，为国用之大经。现据详晰查明正杂各项赋税，每年短征在一千一百万两以外，推求其故，报荒不实，报灾不确，捏完作欠，征存不解，交代延宕。以上五弊，屡经该部陈奏通行，各直省锢习成风，因循怠玩，钱粮弊窦，愈积愈深，若不严申禁令，痛除宿弊，年复一年，伊于胡底？近年各省短征之数，据奏以安徽及江苏之江宁为最多，苏州、江西次之，河南又次之，其余各省除四川全完外，均亏缺一二分不等。此次该部折内既指出致弊之由，复缕陈除弊之法，著各该督抚查照该部所筹办法各节，严饬所属，逐一整顿，实心实力，期在必行。用人理财，为疆吏专责，果能政事修明，财用不患不足，倘以簿书为故事，视诰诚为具文，经征钱粮，仍前弊混，该管上司相率徇庇，即著该部将该督抚、藩司、粮道指名严参，决不姑容。其捏造民欠一节，蚩蚩愚氓，莫可控诉，允宜定一简便之法，俾民间共知共晓。该部所拟民欠及蠲缓征信各册，立法已为详备，然有治法赖有治人，若循颁发之名，无稽查之实，则一纸文书，仍无实济。著各直省督抚饬令该管道府州分散征信册，必须设法确付乡间，毋令稍有隔阂，仍不时下乡按册抽查，总期与民相亲，不惮烦琐，庶穷檐百姓报上之忱，纤悉必达，一切侵挪影射之弊，不难尽行革除。我朝政崇宽大，大兵大役，从未加赋于民，自钱粮收不足数，不得已而榷货抽厘，物价增昂，民用不裕，朝廷念切恫瘝，岂忍迫以追呼，致失爱民如伤之隐。现在清厘钱粮，专杜贪吏侵欺之弊，毫不扰累闾阎，倘有不肖州县，巧立名目，藉端苛敛，或刁劣绅士造言煽惑，包揽把持，均著执法严惩，以挽浇风而裕正课。但得钱粮渐次足额，厘金即可量减酌裁，与民休息，是为殷盼。至每年因灾蠲缓，一经督抚奏到，无不立沛恩施，而所叙灾区蠲缓各节，前后套搭，动辄牵混，适开胥吏舞弊之端。嗣后各省奏请蠲缓，务将各属银米等项，分县开单，俟降旨允准后，即照单开数目刊刻誊黄，遍行晓谕，庶使识字农夫，一览了然，应蠲应缓，丝毫无混，用副体恤民艰、实事求是之至意。

吏部处分 148：征收漕项钱粮〔例 38 条〕

征漕粮 001：康熙二年题准

漕白二粮及随漕轻赍等项，初参，州县卫所各官，欠不及一分者停其升转，罚俸一年，欠一分者降职一级，二分者降职二级，三分者降职三级，四分者降职四级，皆令戴罪催征，欠五分以上者革职。知府、粮道，欠不及一分者停其升转，罚俸六月，欠一分者罚俸一年，二分者降职一级，三分者降职二级，四分者降职三级，五分者降职四级，皆令戴罪督催，欠六分以上者革职。巡抚，欠一二分者罚俸三月，三分者罚俸六月，四分者罚俸一年，五分者降俸一级，六分者降俸二级，七分者降职一级，八分者降职二级，皆令戴罪督催，完日开复。

征漕粮002：康熙三年题准

白粮改折银，限文到半年内全完，如有不完者，督催之巡抚、布政使司、粮道及府州县官，皆照地丁钱粮考成例议处，将未完钱粮，再限半年完结，如限内又有不完者，亦照地丁钱粮限满例议处。

征漕粮003：康熙三年又题准

凡接征接催漕、白二粮之官，均连前官总作十分，以到任之日为始，接征州县等官亦限一年。接催粮道、知府等官限一年半催完，接催巡抚限二年催完，题参之日，仍照初参例处分。

征漕粮004：康熙三年三题准

徐、淮、临、德等仓钱粮，初参，经征州县官，欠不及一分者停升催征，欠一分者罚俸六月，欠二分者罚俸一年，欠三分者降俸一级，欠四分者降俸二级，欠五分者降职一级，欠六分者降职二级，欠七分者降职三级，欠八分者降职四级，皆令戴罪催征，停其升转，完日开复，欠九分十分者皆革职。布政使、道府、直隶州知州，欠不及一分者停升督催，欠一分者罚俸三月，欠二分者罚俸六月，欠三分者罚俸一年，欠四分者降俸一级，欠五分者降俸二级，欠六分者降职一级，欠七分者降职二级，欠八分者降职三级，欠九分者降职四级，皆令戴罪督催，停其升转，完日开复，欠十分者革职。巡抚，欠不及一分者停升督催，欠一分二分者罚俸三月，欠三分者罚俸六月，欠四分者罚俸一年，欠五分者降俸一级，欠六分者降俸二级，欠七分者降职一级，欠八分以上者降职二级，皆令戴罪督催，停其升转，完日开复。署印官，欠一分二分者罚俸三月，欠三分四分者罚俸六月，欠五分六分者罚俸九月，欠七分八分者罚俸一年，欠九分十分者降一级调用，欠不及一分并署印不及一月者免议。

征漕粮005：康熙三年四题准

徐、淮、临、德等仓钱粮被参后，州县官，限一年内全完，如原欠不及一分，一年内不全完者罚俸一年，欠一分二分一年内不全完者降三级调用，欠三分四分一年内不全完者降四级调用，欠五分六分一年内不全完者降五级调用，欠七分八分一年内不全完者革职。布政使及经管钱粮道员、知府、直隶州知州，限年半全完，如原欠不及一分限年内不全完者罚俸一年，欠一分二分限年内不全完者降三级调用，欠三分四分限年内不全完者降四级调用，欠五分六分限年内不全完者降五级调用，欠七分八分以上限年内不全完者革职。巡抚，限二年内全完，如原欠不及一分二年内不全完者罚俸一年，欠一分二分二年内不全完者降二级调用，欠三分四分二年内不全完者降三级调用，欠五分六分二年内不全完者降四级调用，欠七分八分二年内不全完者降五级调用，欠九分十分二年内不全完者革职。其接征接催官员，均以到任之日为始，接征州县官员，亦限一年。接催布政使、道员、知府、直隶州知州，限年半催完。接催巡抚，限二年催完。如不能完，题之日，照现在未完分数，以初参例处分。至带征积年拖欠钱粮之大小各官，不便与经征官一例限二年内全完，如二年内不全完，皆照定例分别职任处分。

征漕粮 006：康熙十四年题准

漕、白二粮被参后，州县卫所各官限一年，粮道、知府限一年半，巡抚限二年，其年限内不完者，不复作分数，照原参分数处分。如州县官原欠不及一分，年限内不全完者，降一级留任，再限一年，戴罪催完，如又不完，即照所降一级调用；原欠一分年限内不全完者降三级调用，如果能催征完至八九厘者降三级留任，再限一年催完，如仍不全完者降三级调用，原欠二分年限内不全完者降四级调用，原欠三分年限内不全完者降五级调用，原欠四分以上年限内不全完者革职。巡抚、粮道、知府等官，原欠不及一分者降一级，仍戴罪督催，其余皆照州县例处分。

征漕粮 007：康熙三十年议准

顺天、保定、河间、永平等属拨补地亩租银，经征催征州县卫所官，欠不及一分者停升催征，欠一分者罚俸三月，二分者罚俸六月，三分者罚俸一年，四分者降俸一级，五分者降俸二级，六分者降职一级，七分者降职二级，八分者降职三级，九分者降职四级，皆令戴罪催征，停其升转，完日开复，欠十分者革职。守道、知府，〔今改为布政使、道府。〕欠不及一分者免议，欠一分者罚俸两月，二分者罚俸三月，三分者罚俸六月，四分者罚俸一年，五分者降俸一级，六分者降俸二级，七分者降职一级，八分者降职二级，九分者降职三级，十分者降职四级，皆令戴罪督催，停其升转，完日开复。巡抚，〔今改总督。〕欠不及一分者免议，欠一分二分者罚俸两月，三分者罚俸三月，四分者罚俸六月，五分者罚俸一年，六分者降俸一级，七分者降俸二级，八分者降职一级，九分以上者降职二级，皆令戴罪督催，停其升转，完日开复。署印官，欠不及一分者免议，欠一分二分者罚俸两月，欠三分四分者罚俸三月，欠五分六分者罚俸六月，欠七分八分者罚俸九月，欠九分者罚俸一年，欠十分者降一级调用，署印不及一月者免议。

征漕粮 008：康熙三十年又议准

经征、催征顺天等地亩租银，州县卫所官，限一年内全完，如原欠不及一分一年内不全完者罚俸九月，欠一分二分一年内不全完者降二级调用，欠三分四分一年内不全完者降三级调用，欠五分六分一年内不全完者降四级调用，欠七分八分一年内不全完者降五级调用，欠九分十分一年内不全完者革职。巡抚，〔今改总督。〕限二年全完。守道、知府。〔今改布政使、道府。〕限年半全完。如原欠不及一分年限内不全完者罚俸六月，欠一分二分年限内不全完者降一级调用，欠三分四分年限内不全完者降二级调用，欠五分六分年限内不全完者降三级调用，欠七分八分年限内不全完者降四级调用，欠九分十分年限内不全完者降五级调用。其接征接催官，均以到任之日为始，将接征州县官亦限一年。接催布政使、守道、知府限年半，接催巡抚〔今改总督。〕限二年，如不全完者，题参之日，仍照初参例处分。其巡抚〔今改总督。〕二年限满，仍不全完者，降级调用之处，皆改为降级留任。〔今增为：原州县官不行文代征州县催征及不申报上司者，如有拖欠租银，归入正项钱粮分数内处分，已申报关催者免议。〕

征漕粮009：雍正五年覆准

浙省南秋等米，每年额征，共作十分核算，该抚另为一本题销，如各属完解不全，将已未完数目分析造册，送部查核，户部会同吏部，将承督未完各官议处。初参，州县官欠不及一分者免议，欠一分以上者罚俸六月，二分以上者住俸，三分以上者降二级，四分以上者降三级，五分六分以上者革职，皆令戴罪催征，完日奏请开复。其参后违限不完者加倍议处，如应罚俸六月者住俸，应住俸者降二级，应降二级者降三级，应降三级者革职，戴罪催征，完日题请开复，应革职戴罪者实降二级调用。署印官，照署徐淮等仓钱粮未完事例处分。督催之巡抚、藩司、知府等官，欠不及一分者免议，欠一分以上者罚俸三月，二分以上者罚俸六月，三分以上者住俸，四分以上者降二级，五分以上者降三级，六分以上者革职，皆令戴罪督催，完日奏请开复。其参后违限不完者，加倍议处，应罚俸三月者罚俸六月，应罚俸六月者住俸，应住俸者降二级，应降二级者降四级，应降三级者革职，戴罪督催，完日奏请开复，应革职戴罪者实降二级调用。

征漕粮010：雍正九年议准

催征南秋等米一千石以上至五千石，一年限内全完者，照地丁五万两以下之例，纪录一次；五千石以上至万石者，照五万两以上十万两以下之例，纪录二次；万石以上者，照十万两以上之例，纪录三次。督催粮道、知府、直隶州知州，万石以下，一年限内全完者，亦照地丁十万两以下之例，纪录一次；万石以上者，照十万两以上之例，纪录二次；二万石以上者，照二十万两之例，纪录三次。布政使，照地丁议叙之例计算议叙。

征漕粮011：雍正十一年覆准

江属地丁项下额征本色米豆，按额核作十分，每年于十月初一日开征，至次年三月终，以半年计算，如有完解不全，将已未完数目，开列职名，一并另册题销，将经征接征各官，按照未完分数议处。初参，州县官欠一分以上者罚俸六月，二分以上者住俸，三分以上者降二级，四分以上者降三级，五分六分以上者革职，皆令戴罪催征，完日题请开复。〔江宁于次年七月初一日起，苏州于次年六月初一日起，勒限三个月，全数征完，原参各官，准其开复。〕其参后违限不完者加倍议处。〔应革职戴罪者实降二级调用〕督催之巡抚司府，欠一分以上者罚俸三月，二分以上者罚俸六月，三分以上者住俸，四分以上者降二级，五分以上者降三级，六分以上者革职，皆令戴罪督催，完日开复，其参后违限不完者加倍议处。〔应革职戴罪者实降二级调用。〕至州县官，欠不及一分者，例不议处。督催等官，欠不及一分者，亦毋庸议处。其署印官，照署徐淮等仓钱粮事务例处分。

征漕粮 012：雍正十一年议准

大同、朔平、二府属各州县，应征本色及改征米豆，〔今增丰镇厅应征太仆寺牧厂地亩本色米豆。〕于次年年终另册奏销，凡经征督催各官，按其完欠分数，皆照江苏本色米豆另册奏报之例，分别初参、限满议处。

征漕粮 013：雍正十二年覆准

地丁、漕项、盐课等项钱粮奏销案内未完各官，该省督抚，照例题参到部，户部会同吏部议处题覆。如参后有续报征完，经户部议覆奉旨，该省已接准部文者，该督抚将该员议处之案，题请开复；若参后续完，未经题覆，该督均用咨文报部，即于本案奏销内扣除免议。其有部议已经奉旨，户部尚未行文，而该省参后全完咨文始行到部者，若驳令该省具题，徒滋往返，应据该督抚咨文，改缮题本，请旨开复。〔今增为：如续报全完各官，已另案革职及佐杂微员，该督抚毋庸概行具题，止用咨文报部分别办理。〕

征漕粮 014：乾隆三十年奏准

江省有漕各州县，将每年应征行月钱粮于十月内，按六分之数完解道库，给丁济运，如解不足六分之数，有误支放者，即行咨参，将催征之州县罚俸六月，再限三个月，解完六分之数，如仍不完，罚俸一年。〔今增若至奏销时仍有拖欠，即作为十分考成议处。〕浙江省嘉兴、湖州二府，催征白粮项下车夫等款钱粮，亦照此例查参议处。

征漕粮 015：乾隆三十五年覆准

山西右卫五旗牧厂余地应征租银，照地丁钱粮例，按限征收，另册题销。经征之和林格尔、清水河二通判，督催之归绥道及巡抚、布政使，均照大同、朔平二府粮石奏销之例，按其完欠分数、初参、限满，分别议处。

征漕粮 016：乾隆三十七年奏准

绥远城同知经征浑津黑河庄头粮石，朔平府同知承催驻马口外庄头粮石，均照地方有司官例分别议叙、议处。其土默特蒙古应交绥远城同知粮石，如蒙古官员经征不力，以该同知作为督催，一并开参。

征漕粮 017：乾隆三十七年又奏准

泰陵广恩库，典买直隶清苑等州县滋生旗地及内务府庄头退出地亩，租银未完，大小各官，或初参，或限满题参者，俱照直隶拨补租银例处分，遇有参后全完，分别题咨开复。

征漕粮 018：乾隆三十七年覆准

江苏海州、赣榆、清河、桃源、宿迁、沭阳、阜宁等七州县漕粮，民折官办，各州县所借司库银两，即行征收，其折漕价值，统按每石二两之数，随漕征办，于奏销前解司归款，如有催征不力，即照漕粮未完分数之例分别参处。傥承办官征收采买，稍有侵渔浮冒，以及产米地方官，扶同捏报等弊，即严参治罪。

征漕粮 019：乾隆五十四年覆准

江苏省所属之清河、阜宁、桃源、宿迁、海州、沭阳、赣榆等七州县，〔今增嘉定、宝山为九州县。〕民折官办漕粮，每年于十月内，即按照该省产米时价，于司道库领银采买起运，仍于民户摊征，十一月内照价起征，次年二月以前，征完归款。如逾限未解，即将经征接征各官，核明未完分数，随同地丁正项钱粮一并参处。

征漕粮 020：乾隆五十九年奏准

屯田赡运田租，佃欠不清，俱令该卫一面报明司道，一面移县勒追。其津贴银两，令各卫查明造册，如屯田钱粮，本系在卫征收者，此项津贴银两，即由卫随正征收。如裁卫归并州县征收者，即由州县随正征收，批解道库，按帮给发。如余租津贴等银，有惰征拖欠查参者，将该州县照正项钱粮未完分数分别议处。

征漕粮 021：嘉庆五年奏准

各省南秋等米，每年额征共作十分核算，另为一本题销。〔今定为：年内全完，至次年五月题销。〕初参，州县官欠不及一分者罚俸三月，欠一分以上者罚俸六月，欠二分以上者住俸，欠三分以上者降二级，欠四分以上者降三级，欠五分六分以上者革职，俱留任，戴罪催征，再限一年征完，完日开复，其参后违限不完者加倍议处，如应罚俸三月者罚俸六月，应罚俸六月者住俸，应住俸者降二级，应降二级者降四级，应降三级者革职，俱留任，戴罪催征，完日开复。应革职留任戴罪者降二级调用。三限不完，照二参例，再加倍议处。署印官照徐淮等仓署印官例处分。督催之巡抚、藩司、粮道、知府等官，欠不及一分者免议，欠一分以上者罚俸三月，欠二分以上者罚俸六月，欠三分以上者住俸，欠四分以上者降二级，欠五分以上者降三级，欠六分以上者革职，俱留任，戴罪督催，完日开复，其参后违限不完者加倍议处。三限不完，照二参例，再加倍议处。〔今增为：凡各上司督催限期照地丁例查参。〕

征漕粮 022：嘉庆五年又奏准

催征南秋等米州县官，一千石以上至五千石，一年限内全完者纪录一次，五千石以上至一万石者纪录二次，一万石以上者纪录三次。督催粮道、知府，一万石以下，一年限内全完者纪录一次，一万石以上者纪录二次，二万石以上者纪录三次。布政使照地丁例议叙，各上司督催限期悉照地丁例查参。

征漕粮 023：嘉庆五年三奏准

湖广省应征南秋等米，奏销时如有未完，照地丁钱粮初参之例题参议处，再定限三个月，限满仍有未完，亦照地丁钱粮一年限满不完之例，按其未完分数，与以实降离任，即欠不及一分者，亦照地丁一分之例议处。

征漕粮 024：道光二十七年奏准

直省地丁漕项，并直隶旗租等项钱粮，经征之州县卫所官员及督催各上司，均自本省奏销限满初参具题之日起，再限三个月，作为二参起限日期，其二参届满不完者，仍照原例限期参处。

征漕粮 025：道光二十七年议准

漕粮经征州县，于十月开仓，十二月兑完，依次起运。

征漕粮 026：道光二十七年又议准

漕粮及行月米石，总督衙门于隔年三月奏销。〔行月米石，另为一册。〕

征漕粮 027：道光二十七年三议准

漕仓奏销，德州、徐州二仓，限次年五月。淮安、凤阳、江宁三仓，限次年六月。临清仓系山东巡抚专管，钱粮于扣满一年奏销，完欠考成于年底奏销。

征漕粮 028：道光二十七年四议准

各省到通漕粮并江浙白粮二奏销，仓场衙门于次年五月具题。

征漕粮 029：道光二十七年五议准

各省漕白正粮，经征之州县卫所及督催之粮道、知府、直隶州知州各官，初参、二参，俱照地丁钱粮例，作为十分考成。布政使无催漕之责，免其参处。巡抚初参，欠一二分者罚俸三月，三分者罚俸六月，四分者罚俸一年，五分者降俸一级，六分者降俸二级，七分者降职一级，八分者降职二级，俱令戴罪督催，二参限满不完，照地丁钱粮二参例议处。

征漕粮 030：道光二十七年六议准

随漕轻赍等项钱粮，俱照漕白正粮之例处分。

征漕粮 031：道光二十七年七议准

江苏省苏、松等府所属粮重仓多，州县官不能兼顾，准遴点老成殷实书吏收漕，如有金派匪人以致侵蚀者，书吏照例治罪，州县官革职，侵蚀米石，即著落该官吏名下追赔。

征漕粮 032：道光二十七年八议准

州县收漕，遇有赢余米石，饬粮道不时盘验，将余米若干计算明白，存为修仓赈济之用，每年将存储动支数目，于年底造册报部，该抚仍不时查察，如粮道有扶同徇隐，及州县官吏借称余米名色，私加斛面，苦累小民者，即行严参，照私加私派例议处。

征漕粮 033：咸丰七年谕

前据晏端书奏：以各属被扰，请将七年分征收地丁钱粮完欠数目，并漕白钱粮，均免其开列比较，当并交户部查核具奏。兹据该部奏称：本年三月浙省被扰，已在下忙截数之后，该省欠数过多，已难辞催征不力之咎，即因各属被扰，不能催完，亦当分别办理，该抚遽将全省新旧两赋，均请毋庸比较分数，既为藩司开脱处分地步，尤恐各属恃无考核，纷纷侵移，流弊更多。著胡兴仁迅即查明七年分征收地丁钱粮，本年三月以后，奏销截止以前，已未被扰各郡县未完数目，分析开单，比较上三年完欠数目，速行具奏，并将本年旧赋及四五六等年带征旧赋，一并开列比较，随折补报，以杜蒙混。至浙省漕白钱粮，虽因衢州等六府属被贼滋扰，准予展缓，而实在应征及完欠数目，仍当确切查明，同未经展缓地方开列比较，何得概免比较，致与成案不符。并著胡兴仁将七年起运漕白钱粮奏销截止以前，分别已未被扰州县，缓征及完欠数目，比较上三年完欠分数具奏，其本年应征带征钱粮，一并开列，以昭核实而免侵挪。

征漕粮 034：同治四年谕

前因曾国藩等奏：请将苏松等属地漕钱粮一体酌减，当经谕令户部妥议具奏。兹据奏称：漕项一款，额征正银六十余万两，实为办运要需，历届海运成案，除动支漕赠等银外，尚须另提津贴，若将漕项随同正漕核减，必至运费不敷，多提津贴凑用，是减一分漕项，即增一分津贴，于民生仍无裨益。至地丁一款，额征正银一百四十余万两，该省每岁支销各项及一切水旱赈恤等款，咸取给于此，今若减去二成，仅岁存银一百十余万两，以苏藩之财，供通省之用，犹虞不给，而部库提项，邻封协济，又难保其必无转输无术，必至另设名目，重困闾阎，与其迫民间以额外之追呼，何如还民间以分内之输纳等语。所奏系属实在情形，苏松田赋最重，至我朝酌中定则，并两次蠲除浮粮六十五万两，上年苏省底定，复永减漕额数十万石，所以轸恤黎元者，无微不至。今曾国藩等所请地丁漕项并减二成之处，如果损上益下，有裨民生，亦何忍屯此膏泽？第国家制用有常，总当通筹全局，量入为出，方可行诸久远，况恤民之政，不在减定额，而在裁浮收。上年左宗棠奏：杭绍嘉湖四属地漕银一百八十二万余两，核减浮收银五十七万余两之多，可见该地方官平日违例取盈，重为民困。曾国藩、李鸿章等，惟当于苏省地漕等款，仿照浙省办法，斟酌情形，核实删减浮收，庶民力可望日纾，而正供不至亏缺。其如何酌量删减之处，即著该督抚等迅速筹办，妥议具奏。再，闻苏省征收银米，向有大小户名目，轻重不均，最为漕粮积弊，推原其故，总缘州县官违例浮收，地方绅衿得以挟持短长，包完短交，流弊百出，而驯良之户则官吏任意抑勒，以为挹彼注兹之计，事之不均，莫此为甚。并著该督抚等督饬州县各官，洁己奉公，不准丝毫妄取，倘仍有大户包揽短交等弊，即著该地方官执法严办，毋稍姑容。

征漕粮 035：同治四年又谕

马新贻奏：核减漕南浮收，禁革陋规，以肃漕政一折。浙省正漕，前经降旨分成核减，并准部议，以漕项筹抵运费，皆所以轸恤民艰。兹据马新贻奏称：请将额外浮收痛加裁汰，核实酌留耗余办公，以苏民困。计杭州府属共可减浮收米六万四千六百余石，嘉兴府属共可减浮收米二十八万五千三百余石，湖州府属共可减浮收米十三万六千八百余石，杭、嘉、湖三府南米共可减浮收折色钱二十四万七千余串，从前一切陋规，概行裁汰各等语。即著照所请，将留裁各款目，造册存案，并著该抚等明白晓示，勒石永禁。漕粮概完本色，其有情愿完折者，按照市价收纳，悉听民便。至杭属之新城、于潜、昌化等县漕粮，向收折色，官为办运，仍著照旧办理，按照市价征收。倘有不肖州县，仍敢蹈从前勒折浮收陋习，即著该督抚严参治罪。至所称浙省大户完漕，并不加耗，甚至有把持包揽等弊，经此次改定新章之后，绅民一律征收，不准有大小户名目，再分轩轾，倘有绅衿等恃势把持，仍前包揽短交，著一并从严参办。

征漕粮 036：同治四年三谕

户部奏：遵议江苏减免漕粮章程数目一折。江苏苏、松、常、镇、太五属，编征米二百二万余石，原系汇同漕赠行月南恤局粮等款一串征收，自应如李鸿章等所奏，无分起运留支，一体并减。至以科则之重轻，地土之饶瘠，为减成之多寡，办理亦尚妥协。加恩著照所请，所有苏州府属额编米豆八十七万七千五百六十四石零，著减三十二万六千六百三十二石零；松江府属额编米四十二万七千四百六十一石零，著减十一万六千五百四十四石零；太仓州属额编米豆十五万三千四百三十二石零，著减四万二千八百七十七石零；常州府属额编米三十五万五千九百八十石零，著减三万五千五百九十八石零；镇江府属额编米二十一万四千七百三十五石零，著减二万一千四百七十三石零；统计原额编征米豆二百二万九千一百七十四石零，共减米豆五十四万三千一百二十六石零，仍应征米豆一百四十八万六千四十八石零。著自本年为始，照减定数目征收，其各属派减米豆数内，尚有留为沿海瘠区加减之数，并著照章分别核派，应减科则，另行造报。经此次派减后，该督抚等务当督饬所属，认真征解，不准再有官垫、民欠名目，非实在旱潦为灾，不准请蠲请缓。如有捏报灾歉蒙混呈报者，即著严参惩办，其把持浮收等弊，并著永远革除，以裕民生而重赋课。

征漕粮 037：同治八年谕

户部奏：请饬各省整顿丁漕，按限奏报等语。国家惟正之供，以地丁漕粮为大宗，各直省自被兵以后，疮痍甫起，田地未尽开垦，征收钱漕势难骤复定额，自系实情，然理财之道，不外尽地力而务农功，果能设法招垦，次第推广，赋额自日见起色。本届江浙新漕，较之上年数目仍不相上下，各直省地丁所入缺额仍多，若不力图整顿，恐年复一年，正供半归亏欠，国用所关，岂容膜视。著各直省督抚严饬该地方官，将招垦开征诸事宜实力讲求，以期渐复旧额，并著自同治八年为始，督饬藩司，将全省一年上下两忙征收丁漕各实数，及上届征收总数，开具比较清单，详明专案奏报，统限各该年年底出奏，以备稽考，毋得迟逾。

征漕粮 038：光绪十一年谕

前据崧骏奏，江西、河南等省光绪九年分经征漕项，及漕米节省耗羡未完分数各职名，当令该部议奏。兹据户部等衙门奏，遵旨会议开单呈览一折。前因各省经征地丁盐漕钱粮未能依限全完，题本又多迟逾，经户部奏令各督抚一面具题，一面先将未完一分以上各员奏报，由部核实处分，以示惩儆。该经征人员，宜如何奋勉从事，实力征收，乃此次单开河南省经征光绪九年漕米节省耗羡初参未完分数各员内，仍有未完五分以上，并有未完十分者，殊属不成事体。所有未完五分以上之陈留县知县李清龄，未完十分之署鄢陵县知县候补知县孔繁洁，署兰仪县事内黄县知县王季球，均著照部议革职，余依议。嗣后各督抚务当严饬经征各员，将未完钱粮如期征收批解，毋任延迟滋弊，倘敢仍前玩泄，即著从严参办。其应奏未完分数各员，务必赶先奏报，毋事延宕，致同具文。

吏部处分 149：不作分数钱粮〔例 11 条〕

不分数粮 001：康熙十二年覆准

芦课钱粮未完大小各官，或初参或限满题参者，皆照徐淮等仓钱粮例处分。〔今增河道驿站钱粮及运官拖欠，发南追比漕粮未完，亦照此例处分。又增河银未完，经征接征各官，如现任者俱照经征官之例，署印者俱照署印官之例，分别处分。〕

不分数粮 002：康熙十五年议准

官员不作十分之杂项钱粮，如未完题参者降俸二级，戴罪督催，完日开复，如年限内不全完者罚俸一年，仍令督催。

不分数粮 003：康熙四十三年题准

凡不作分数钱粮限满不完，止将承追之官照例题参，其上司免议。〔今增降罚银两未完，亦照此例办理。如废员赔项未清，押回旗籍追缴，其原参承追各官降俸二级戴罪催追之案，改为罚俸一年完结。〕

不分数粮 004：康熙四十三年议准

本身应完不作分数之杂项钱粮，初限不完降俸二级，戴罪完纳，完日开复。如年限内不完，罚俸一年，仍令完纳。

不分数粮 005：乾隆三十年奏准

各州县春借常平仓粮，与借给籽种口粮，俱按年查核完欠数目，如有未完在一百石以上者，即将经征之员照杂项钱粮例咨参议处，其该年因灾停缓仓粮归入应征年分，统核完欠，分别开参。

不分数粮 006：乾隆三十年又奏准

雍和宫生息地租银两，直属州县如有拖欠，照杂项钱粮例议处。

不分数粮 007：乾隆三十七年覆准

各州县征收田房税羡银两，随收随解，如有延缓不解，该督抚查参，将该州县官罚俸一年，督催不力之上司罚俸六月。

不分数粮 008：嘉庆十七年奏准

各直省遇有缓征钱粮，统归应征年额，合计未完分数，按成扣算，俟催征限满，核明已未完数目，将经征督催职名分别查参。如年额应征银一万两，现征八千两，缓征二千两，其现征银两内，当年完银四千两，即作为完半，完银八千两，即作为全完。至缓征限期届满时，仍合前已征完之八千两，计算分数，如缓征数目内，又完银一千两，即以未完一成参处。

不分数粮 009：光绪十年奏准

凡定有额征银数杂税钱粮，如有未完，初参，州县官欠一分二分者罚俸三月，三分四分者罚俸六月，五分六分者罚俸一年，七分八分者罚俸二年，九分十分者降一级留任，俱令戴罪催追，完日开复。如参后违限不完，已罚俸三月者罚俸六月，已罚俸六月者罚俸一年，已罚俸一年者罚俸二年，已罚俸二年者降一级留任，已降一级者降二级留任，欠不及一分并上司俱免议，如能于奏销前一律全完者纪录一次。

不分数粮 010：光绪十年议准

吉林新城局屯田应征租钱，承催各员，每年如数催齐交纳，给予纪录一次，三年催齐，给予加一级。如有催交不齐，将该管官记过一次，如记过至二次者，将该管官罚俸一年，撤退另行更派。催缴大小租钱，每年限于十一月十五日以内交齐。

不分数粮 011：光绪十年又议准

河银内一年全完三百两以上者，纪录一次。

吏部处分 150：详请豁免〔例 10 条〕

请豁 001：康熙十五年题准

官员承追侵欺钱粮人犯，如家产果尽，不据实详请豁免，以致各犯父子夫妻分离者罚俸一年，巡抚罚俸六月。

请豁 002：康熙五十三年题准

凡亏空之人，如果家产全无，本人身故，妻及未分家之子不能赔补者，该地方官取具印甘各结，申报督抚，保题豁免结案。饶题后而本人别有田产钱财房屋人口，发觉尽行入官，将承追出结官革职，督催知府、直隶州知州各降二级调用，司道降一级留任，督抚罚俸一年，其所欠赃银米谷著落出结官赔补。如承追官员，不著落本人之妻，并未分家之子行追，藉端将亲族滥行著落追赔者，将承追官革职。

请豁 003：康熙五十三年谕

该管上司官员，如有逼迫出结之事，属官不行出首者，著从重治罪。

请豁 004：康熙五十三年议准

官员追比侵盗钱粮犯人私赃，若家产未尽，捏结家产已尽，被科道纠参，或被旁人首告，将捏结官降四级调用，不行确查转详之司道府等官降二级调用，督抚降一级调用。〔今改为：督抚降一级留任。如系该上司逼迫出结者，将上司革职。属官不行出首，听从出结者，仍照本例议处。〕

请豁 005：乾隆三十年奏准

本身亏空，革职解任人员系挪移等项，定例限内全完，准其开复，逾限不完，照例治罪。如蒙恩豁免，止应免其治罪，不准开复。至因祖父银两未完，解任追赔，或题参革职追赔，如查系挪移、分赔、代赔及民欠、开抵之项，不能依限全完者，既已豁免，俱准其一体开复。若伊祖父亏欠银两，查系侵欺钱粮及贪婪赃银，著落追赔，不能依限全完，虽蒙恩豁免，亦止免其治罪，均不准援例开复。

请豁 006：嘉庆八年议定

官员承追一切应完银两，如本人家产实在全无，不据实详请豁免，致令父子夫妻分离者罚俸一年，督抚罚俸六月。至旗员之该管官，不为据实具结咨部者，亦照此办理。若该旗业已咨报户部，而承办司员任听书役沉搁，不为汇题豁免者，亦照此例议处，堂官照督抚例议处。〔寻定：司官罚俸一年，堂官罚俸六月。〕止系迟延者，照事件迟延例议处。

请豁 007：嘉庆八年奏准

官员应追银两，于题请豁免之后，别有隐寄事发，除本人照例治罪财物入官外，将捏报家产已尽之出结地方官降四级调用，不行确查之府州降二级调用，道员降一级调用，两司降一级留任，督抚罚俸一年。如系由该管上司逼勒具结，而属员听从捏报，不行举首者，将该管上司革职，属员仍降四级调用。

请豁 008：嘉庆八年又奏准

官员应追银两，有实系无力完缴者，查明该员本任及历过任所俱无隐寄，取具各该地方官切结，移咨原籍确查，果系家产全无，原籍地方官亦即加结详请豁免。若不据实请豁，致该员父子夫妇流离者，将地方官罚俸一年，督抚罚俸六月。其或将分居析产之兄弟族属，暨事前并未分肥，事后并无寄顿之亲戚僚友，以及奴仆旁人，辗转株连勒追赔补者革职。

请豁 009：嘉庆八年三奏准

官员应追银两，系同案分赔者，各按本身应赔银数追缴，如实在无力赔补，即将该员名下应赔之数豁除，不得于同案各员名下重摊，并不得于通省各官养廉内分扣，更不得于承追省分著落赔还，违者以违制论。

请豁 010：嘉庆八年四奏准

官员承追一切应完银两，限内有奉旨豁免者，承追官原参现参处分概予查销。

吏部处分 151：承追亏空等项〔例 37 条〕

承追 001：康熙五十三年议准

凡追赔亏空赃罚银及分赔等项，悉于文到之日，定限一年，其限内追完三百两以上之案者，承追官每案纪录一次，督催知府、直隶州知州每三案纪录一次，道员每五案纪录一次，督抚布按每十案纪录一次。若不完，将承追官罚俸一年，督催知府、直隶州知州各罚俸六月，司道督抚各罚俸三月，皆戴罪督催。再一年限内不完，将承追官降一级留任，督催知府、直隶州知州各罚俸一年，司道督抚各罚俸六月，再限一年督催，全完开复。若不完，将承追官照所降之级调用，督催知府、直隶州知州各降一级留任，司道督抚各罚俸一年。其接任承追督催等官，仍各照到任之日扣限。

承追 002：康熙五十九年议准

凡追赔亏空赃罚银等项及分赔等项，除不及千两之案仍照三年之例参处外，至五千两以上之案，以十分为率，勒限五年，每年追完二分，五年之内十分全完，纪录一次。每年完不及二分者，初限不完降俸二级，二限不完罚俸一年，三限不完降一级，四限不完又降一级，皆留任戴罪承追。五年限满，能完至七分者，将所降之级准其开复，再行按年起限承追，如不完至七分者，照所降之二级调用。接任官以到任之日起限，有能于一年限内追完千两以上之案者加一级，〔今增为：督催之该管道员、知府、直隶州知州纪录二次，督、抚、布、按纪录一次。〕五千两以上之案者加二级，〔今增为道员、知府、直隶州知州加一级，督、抚、布、按纪录二次。〕万两以上之案者加三级，〔今增为：道员、知府、直隶州知州加一级、纪录二次，督、抚、布、按纪录三次。〕如能于一年限内，追完一万五千两以上之案者，以应升之官即用。〔今增为：道员、知府、直隶州知州加二级，督抚布按加一级。〕其督催五千两以上者，每案勒限五年，分数催追，递年完至二分者，免其处分，递年完不及二分者，知府、直隶州知州，每案初参降俸一级，二参罚俸六月，三参罚俸一年，四参降一级留任，皆令戴罪督催，五年限满，全完开复，如不完，降二级留任，〔今改为：再降一级留任。〕

戴罪督催。督抚司道每案初参罚俸三月，二参罚俸六月，三参罚俸九月，四参罚俸一年，五年限满无完，各降一级留任，仍再行按年起限督催，全完开复，余款仍照不及千两之例行。其督催亏空粮米道员，责成粮道为督催。督催亏空盐课道员，责成盐道为督催。其非管理粮盐道员，免其并参。

承追 003：康熙五十九年又议准

大兴、宛平，五方杂处，事务繁冗，一切承追案件，仍照不作分数钱粮例处分。如该县徇情推诿，不著力行追，或被旁人首告，或被部内查出，一并从重治罪，〔今改为：降二级调用。〕将犯人不行赔完之项，皆著落该县赔完。五城兵马司承追赃罚变产等项，应照大兴等县，承追一切赃欠银，皆照杂项钱粮例议处，倘限满无完，该城御史即将司坊官职名呈报都察院，咨行该部题参，照例议处。倘司坊官承追限满无完，而该城御史不将职名开送者，经都察院刑部查出，即行题参，将该御史一并交部议处，〔今改为：罚俸三月。〕仍令各该司坊官将屡年承追之项，造具清册三本，一送都察院，一送刑部，一存该城御史查核。

承追 004：雍正三年议准

官员亏空，如一人名下有侵欺又有挪移者，无论挪移、侵欺之案并发，及侵欺之案先发，挪移之案后发，均令其先完挪移之项，后完侵欺之项，以杜避重就轻之弊。若已完挪移数内足抵侵欺之数，其所余侵欺挪移之数委属力不能限内全完，暂停正法，仍再勒限监追。此等亏空之案，该督抚宜秉公确审，固不可以挪为侵，使人冤抑，其有以侵为挪，及非实在力量不足者，该督抚扶同徇庇，藉端巧为开脱，将该督抚照徇庇例议处。

承追 005：乾隆元年覆准

亏空人员，自不应听其开脱，如本员经管钱粮，所属有借支借领，与夫同官挪借，出有印领者，皆系亏空帑项，该员既已亏空题参治罪，借欠之员应分别追还。至其平日债负，或帮助亲友，以及同官私债，虽有文约，并无印领者，无论远年近年，有无确据，总系借贷交接之私情，并非有亏公帑，听其自行索讨，一概不准抵追。

承追 006：乾隆十五年议准

承追千两至五千两者，以四年为期，每年每案追完二分五厘，四年之内，十分全完，纪录一次。每年完不及数者，初参降俸二级，二参罚俸一年，三参降一级留任，戴罪承追，四年限满，全完开复，如不完，降一级调用。其督催各官，递年完至二分五厘者，免其处分，递年完不及数者，其初参、二参、三参、四参处分，悉照五千两以上初参、二参、三参、四参之例办理。

承追 007：乾隆二十六年覆准

官员赴选文册，地方官务须严查，毋致混冒，或有并非本籍，混行具详，日后本官有应查追事件，咨查到籍，地方官覆称并无其人，以致帑项虚悬者，即严行参处，将原详赴选之地方官革职。

承追 008：乾隆三十年奏准

两广带征商欠，州县官照承追亏空银两例议处、议叙，该管道府、直隶州知州照督催不力例议处。〔今改为：限满不完，该管府州罚俸六月，道员罚俸三月。〕广东省河各埠即以运司为督催，潮州各埠即以潮州运同为督催，高州茂名埠即以本管知府为督催，广西各埠即以盐道为督催，如督催不力，将运司等官照知府例议处。

承追 009：乾隆三十年奏准

亏空不准私债开抵，地方有司如有因嘱托徇情，听从开欠，妄拿无辜追比者，照故勘平人律治罪，受贿得赃者，计赃以枉法从重论，该管知府、直隶州知州降二级调用，司道降一级调用。〔今改为：道员降一级调用，两司降一级留任。〕其因规避处分指引开欠者，承追官革职，该管知府、直隶州知州降一级留任，司道罚俸一年。〔今改为：道员罚俸一年，两司罚俸六月。〕如任其朦胧开报，混行追抵者，承追官降二级调用，该管知府、直隶州知州罚俸一年，司道罚俸六月。〔今改为：道员罚俸六月。〕

承追 010：乾隆三十年三奏准

买卖人借用官银，交与地方官催追，俱于刑部文到之日，勒限六个月追完，若逾限六月将承追官罚俸六月，逾限九月将承追官罚俸一年，逾限一年将承追官降一级罚俸一年，再勒限六个月催完，不完者，将承追官革职留任，完日开复。

承追 011：乾隆三十年四奏准

地方官员详明咨部借用官银，应照依定限还完，限内不完，该督抚初次题参，令其离任，未完银两，限一年还完开复，若年限内，仍不能还完者革职，未完银两，著落家产还完，系旗员交与该旗催令还完，汉官交与该督抚催令还完。

承追 012：乾隆三十七年覆准

一切承追案件，该督抚一面督属严追，一面即行查该员历过任所，分咨各省严查，有无隐寄，其任所地方，自文到日起，勒限三个月，据实查明，申报该督抚，咨明原籍办理，并令该督抚严加督催，逾限查参，将该地方官照钦部事件迟延例议处。

承追 013：乾隆四十年覆准

离任人员，应追各项银两，勒令地方官按限著追，其有部减不符，及任所派赔不公等项情由，由本籍呈明，详咨任所核办，如地方官混为详请，自行赴任清理者，照瞻徇例降一级调用。至任所督抚，或有接准原籍咨文查核案情，实系款项纷繁，情节参差，不便文移往返，必须经手之员亲身质对原委，以期速结者，将缘由声明，移咨原籍，饬令该员前往清理，俟清理完竣，即行勒令回籍，如有藉端他往，扰累地方情事，该督抚据实查参办理。

承追 014：嘉庆七年谕

文武各官赔项，有应扣缴俸廉者，此后每年止须坐扣一半，不必全行扣缴，免其藉口索取，转遂其私。著为令。

承追 015：嘉庆七年议准

现任官员，有应追未完银两，查明委无产业，不能依限完缴者，将俸工养廉，按年止须坐扣一半，其一半留为办公之需，不必全行扣缴。如本系有力完缴，徒借坐扣之名，为延宕之计，一经查出，将本人革职，承追之员照徇情例降二级调用。

承追 016：嘉庆七年奏准

督抚所属官员，有应追赔银两，分毫无完，该督抚不查明家产有无，辄代请豁免者，降三级调用。

承追 017：嘉庆七年又奏准

凡追赔亏空侵盗赃罚等项银两，数在三百两以下者，于文到日限六个月追完，限内不完，将承追官降俸二级，再限六个月催追，若再不完，罚俸一年，另行起限。三百两以上至一千两者，于文到日限一年追完，限内不完，将承追官罚俸一年，督催知府、直隶州知州各罚俸六月，司道督抚各罚俸三月。〔今改为：司道罚俸三月，督抚罚俸一月。〕俱戴罪再限一年督催，限内不完，将承追官降一级留任，督催知府、直隶州知州各罚俸一年，司道督抚各罚俸六月，〔今改为：司道罚俸六月，督抚罚俸三月。〕再限一年督催，全完开复，若不完，将承追官照所降之级调用，督催知府、直隶州知州各降一级留任，司道督抚各罚俸一年。〔今改为：司道罚俸一年，督抚罚俸六月，俱另行起限，仍令督催。〕

承追 018：嘉庆七年议定

凡追赔亏空侵盗赃罚等项银两，一千两至五千两者，以十分为率，勒限四年，每年每案追完二分五厘，四年十分全完，免其处分，仍予纪录一次。递年每案完不及二分五厘，初参降俸二级，二参罚俸一年，三参降一级留任，戴罪承追，四年限满，全完开复，如不完，照所降之级调用。知府、直隶州知州，初参降俸一级，二参罚俸六月，三参罚俸一年，俱令戴罪督催，四参降一级留任，仍令戴罪督催，完日开复。督抚司道，初参罚俸三月，二参罚俸六月，三参罚俸九月，四参罚俸一年。〔今督抚初参改为罚俸一月，二参罚俸三月，三参罚俸六月，四参罚俸九月，俱另行起限，仍令督催。〕

承追 019：嘉庆七年又议定

凡追赔亏空侵盗赃罚等项银两，五千两以上之案，以十分为率，勒限五年，每年每案追完二分，〔今增为：州县官每年能追完二分者，免其处分，合五年而十分全完者，准予纪录一次。〕初限不完降俸二级，二限不完罚俸一年，三限不完降一级，四限不完再降一级，俱留任戴罪承追，五年限满，能完至七分者，照所降之级，准其开复，另照未完银数，按年起限承追，如完不及七分者，照所降二级调用。知府、直隶州知州，初参降俸一级，二参罚俸六月，三参罚俸一年，四参降一级留任，俱令戴罪督催，五年限满，全完开复，如不完，再降一级留任，戴罪督催，完日开复。督抚司道，每案初参罚俸三月，二参罚俸六月，三参罚俸九月，四参罚俸一年，五年限满无完，各降一级留任，仍另行按年起限督催，全完开复。〔今督抚初参改为罚俸一月，二参罚俸三月，三参罚俸六月，四参罚俸九月，俱另行起限，仍令督催。〕

承追020：嘉庆七年三议定

凡追赔因公核减及分赔代赔等项银两，数在三百两以下者，于文到日限六个月追完，限内不完，将承追官降俸一级，再限六个月催追，若再不完，罚俸六月，另行起限承追。三百两以上至一千两者，限一年追完，限内不完，将承追官罚俸六月，督催知府、直隶州知州各罚俸三月，司道督抚暂行免议，俱戴罪再限一年督催，限内不完，承追官罚俸一年，知府、直隶州知州罚俸六月，司道督抚俱罚俸三月，再限一年督催，若再不完，承追官降一级留任，完日开复，知府、直隶州知州俱罚俸一年，司道督抚俱罚俸六月。

承追021：嘉庆七年四议定

凡追赔因公核减及分赔代赔等项银两，一千两至五千两者，以十分为率，勒限四年，每年每案追完二分五厘，四年十分全完，免其处分，仍予纪录一次。递年每案完不及二分五厘，承追官初参降俸一级，二参罚俸六月，三参罚俸一年，四年限满不完，降一级留任，仍令戴罪催追，完日开复。督催知府、直隶州知州，初参罚俸三月，二参罚俸六月，三参罚俸九月，四参罚俸一年。督抚司道，初参免议，二参罚俸三月，三参罚俸六月，四参罚俸九月。

承追022：嘉庆七年五议定

凡追赔因公核减及分赔代赔等项银两，五千两以上之案，以十分为率，勒限五年，承追官每年每案追完二分，初参不完降俸一级，二参不完罚俸六月，三参不完罚俸一年，四参不完降一级留任，俱戴罪承追，五年限满，能完至七分者，将所降之级，准其开复，另照未完银数按年起限，如承追完不及七分者，照所降之级调用。督催知府、直隶州知州，初参罚俸三月，二参罚俸六月，三参罚俸九月，四参罚俸一年，俱戴罪督催，五年限满不完，降一级留任，戴罪督催，完日开复。督抚司道，每案初参免议，二参罚俸三月，三参罚俸六月，四参罚俸九月，五年限满不完罚俸一年。〔以上承追各官，凡降调有级可抵，不致离任者，俱按其未完银数，另起参限。〕

承追023：嘉庆七年六议定

接任承追督催等官，俱以到任之日扣限追完，不完，照承追官例一体处分。

承追024：嘉庆七年七议定

承追接追各官，能于一年限内，一任追完三百两以上之案者，每一案纪录一次，督催知府、直隶州知州每三案纪录一次，该管道员每五案纪录一次，〔今增为：司道每五案纪录一次。〕督抚每十案纪录一次。追完一千两以上之案者，州县官加一级，督催之该管道员、知府、直隶州知州纪录二次，督抚布按纪录一次。追完五千两以上之案者，州县加二级，道员、知府、直隶州知州加一级，督抚布按纪录二次。追完一万两以上之案者，州县加三级，道员、知府、直隶州知州加一级纪录二次，督抚布按纪录三次。追完一万五千两以上之案者，州县以应升之缺即用，道员、知府、直隶州知州加二级，督抚布按加一级。

承追 025：嘉庆十四年谕

给事中赵佩湘奏：各省亏空，辗转清查，多致悬宕，并提解节省银两，私增漕余名目，请严行饬禁一折。所奏俱是。各省州县，经管仓库钱粮，例应年清年款，申明该管各上司，随时核实查察，一有亏空，即当严行参办，原不应有清查名目。近年以来，各州县交代不清，监交各员，相为容隐，遂做成亏空，公然禀明上司，设法弥补，该管督抚竟奏明立局清查，至有二次、三次，并每隔数年又复奏请一次者，其于穷源截流之要，仍属空言无补，辗转相因，伊于胡底？总由该督抚藩司，掩饰催征不力，及查有州县亏缺，又复姑息养奸，或瞻徇亲故，或利其逢迎，包庇纵容，予以弥缝之名，巧为蒙蔽，以致国帑虚悬，甚至借名弥补，朘削民膏，种种弊端，均难逃朕洞鉴。至漕务积弊，节经明降谕旨，严查饬禁，如各州县征收漕粮，原应平斛响挡，令各粮户核实兑交，又安得有漕余之名？乃近日以弥补库项之计，巧增漕余名目，致令各州县任意浮收，有一石加至数斗，甚至加增一石，浮收不已，从而折色。不肖州县，既囊橐私肥，而该上司因而需索漕规。运弁旗丁，因而需索兑费。刁生劣监，亦遂乘机挟制，渔利包漕。此皆由该督抚、藩司以弥补为属员地步，而各州县遂藉口以济其私，流弊百出，尤应严行查禁。嗣后各省清查名目，务当永远革除。如各州县续有亏缺，即责令接任及监交之员，据实禀揭，勒令前任如数交纳。倘逾限不交，即监追治罪。有漕各省，务当严饬各州县，毋许借漕余为名，稍有浮收，以清弊源。

承追 026：嘉庆十五年谕

近来各省查办亏空，往往将丁忧去任之州县参奏办理，尚非核实准情之道。州县亏短仓库，法禁綦严，自应革职监追查抄严办，但州县之亏缺，多在平时，并非专在去任之际，则上司之查察，贵于先事，不应直至其交代之时。试思丁忧人员，猝遭父母大故，孰不思星奔归里，以尽人子之心，乃以公项羁留，监追不释，并将原籍查抄，此法制固亦不得不然，而其情究属可悯，且官员至去任之后，始行责令弥补，亦往往穷无设措，于帑项易致宕延。嗣后各督抚务当于各州县在任时，加意查察，一遇有亏短州县，即随时纠劾办理，毋稍假借，如此则仓库既可及早筹补，而遇有丁忧去任之员，又可遂其私情，不致办理两妨矣。

承追 027：嘉庆十七年奏准

应追赔项之降革解任人员，例准完日开复者，该督抚于完缴清楚后，核实咨报，到部之日，即将该员先予开复，不得以同案人多，驳令俟各员统行交齐，方准开复。

承追 028：道光三十年奏准

各省清查故员因公亏挪银两，著落子孙代赔之项，如限满无完，及完不及半，有官者无论现任及候选候补，俱先摘去顶戴，照原限酌展一半，仍按未完银数完缴，免其监追，若完八分以上，准其开复，下短银两，坐扣廉俸。其展限期内，候选候补人员，并免扣选停补，倘展限再满，原欠仍复无完，革职。

承追 029：道光三十年又奏准

地方官承追本身应完户属项下，采买脚价，解送运脚，驿站军需，及豫发垫支，事竣核减追缴并摊赔、分赔、代赔等项银两，均于文到日起，数在三百两以下者，限半年完缴，逾限不完，罚俸一年，另行起限承追。三百两以上至一千两者，限一年完缴，逾限不完，将州县官降二级留任，府州罚俸二年，司道罚俸九月，督抚罚俸六月，另行起限，仍令承追督催，完日将降留之案开复。一千两以上至五千两者，统作十分计算，勒限四年，每年以追完二分五厘为率，如州县官每年能追完二分五厘者，免其处分，合四年而十分全完者，纪录二次，若递年每案完不及二分五厘，初参降俸二级，二参罚俸一年，三参降一级留任，四参降三级留任，另行起限，仍令承追，完日开复；知府、直隶州知州初参罚俸六月，二参罚俸九月，三参罚俸一年，四参罚俸二年；司道初参罚俸三月，二参罚俸六月，三参罚俸九月，四参罚俸一年；督抚初参罚俸一月，二参罚俸三月，三参罚俸六月，四参罚俸九月，俱另行起限，仍令督催。五千两以上者，统作十分计算，勒限五年，每年以追完二分为率，如州县官每年能追完二分者，免其处分，合五年而十分全完者，给予加一级，若递年每案完不及二分，将州县官初参降俸二级，二参罚俸一年，三参降一级留任，四参降二级留任，仍令承追，五年限满，能完至七分者，将降留之案开复，按其未完银两，另作分数，按限承追，如完不及七分者，五参降二级调用；知府、直隶州知州初参罚俸六月，二参罚俸九月，三参罚俸一年，四参罚俸二年，五参降二级留任，另行起限，仍令督催，完日开复；司道初参罚俸三月，二参罚俸六月，三参罚俸九月，四参罚俸一年，五参罚俸二年；督抚初参罚俸一月，二参罚俸三月，三参罚俸六月，四参罚俸九月，五参罚俸一年，俱另行起限，仍令督催。

承追 030：咸丰元年奏准

承追官限满降调处分，凡有级可抵，不致离任者，俱按其未完银数，另起参限。

承追 031：咸丰元年又奏准

州县以上保题升调人员，该督抚将该员罚俸银两饬催补缴，数在三百两以下者定限半年，三百两以上者定限一年，一千两以上者定限二年，五千两以上者定限三年，一万两以上者定限五年。该督抚以奉到部文之日起，一面统计该员罚俸之案共有若干，核明银数多寡，按限饬追，一面造具案由清册，送部查核，如限满不完，该督抚即专咨报部，俱停其升调，戴罪完纳，完日开复。

承追 032：咸丰元年三奏准

现任官员，本身应完户属项下，采买脚价，解送运脚，驿站军需，及豫发垫支事竣核减追缴，并摊赔、分赔、代赔等项银两，均于文到日起，如数在三百两以下之案，限半年完缴，逾限不完，罚俸一年，另行起限。三百两以上至一千两之案，限一年完缴，逾限不完，降二级留任，另行起限，完日开复。一千两以上至五千两之案，统作十分计算，勒限四年，每年以完缴二分五厘为率，如每年能完至二分五厘者，免其处分，若递年每案完不及数，初参降俸二级，二参罚俸一年，三参降一级留任，四参降三级留任，另行起限，完日开复。五千两以上之案，统作十分计算，勒限五年，每年以完缴二分为率，如每年能完至二分者，免其处分，若递年每案完不及数，初参降俸二级，二参罚俸一年，三参降一级留任，四参降二级留任，五年限满，能完至七分者，将降留之案开复，按其未完银两，另作分数，再行按年完纳，如完不及七分者，五参降二级调用，仍勒限严追。一万两以上之案，勒限六年，二万两以上者再加一年，再有多者以次递加，至五万两止，统作十分计算，分四限，每限能完至二分五厘者，免其处分，若完不及数，初参降一级留任，二参降二级留任，三参降三级留任，四参限满，能完至七分者，将降留之案开复，按其未完银两，另作分数，再行按年完纳，如完不及七分者，四参降三级调用，仍勒限严追。六万两以上之案，勒限十一年，七万两以上者再加一年，再有多者以次递加，至十万两止，统作十分计算，分五限，每限能完至二分者，免其处分，若完不及数，初参降二级留任，二参降三级留任，三参降五级留任，四参革职留任，五参限满，能完至七分者，将降留革留之案开复，按其未完银两，另作分数，再行按年完纳，如完不及七分者，五参革职，仍勒限严追。至数在十万两以上，案非常有，或应统归数在十万两予限十五年，抑或另行酌予年限，临时由户部声叙情节，奏明请旨，交部办理。至原案系由该员一人贻误独赔，情节较重，限满不完，由该管上司据实参办，仍勒限严追完缴。

承追 033：咸丰元年四奏准

现任官应赔银两，逾限不完，该管上司照督追不力之上司议处，其顺天府四路同知照府州例处分。

承追 034：咸丰六年奏准

现任官应赔银两，限内未完，适遇终养、丁忧、告病、告假等事离任者，即由原籍督抚饬令该管地方官承追，将承追官另起初参，本员仍接前限，如有不完，一并参处。

承追 035：咸丰六年又奏准

官员应得养廉，在于本处耗羡内自行留支者，其坐扣一半银两，责令该管上司催追完结。

承追 036：咸丰六年三奏准

降革离任人员，有赔项未清，勒限三个月，于任所赔完，限满不完，该督抚将承追督催各员题参，照例议处，并催令该员归旗回籍，将未完款项分咨各部，转咨该旗籍著落追赔。如该员不即起程，州县官失察一二员者罚俸一年，三四员者降一级留任，五员以上者降一级调用，十员以上者降二级调用。府州失察一二员者罚俸九月，三四员者罚俸一年，五员以上者降一级留任，十员以上者降一级调用。道员失察一二员者罚俸六月，三四员者罚俸九月，五员以上者罚俸一年，十员以上者降一级留任。

承追 037：咸丰九年奏准

降革离任人员，赔项未清，押回旗籍追缴者，即将该管旗籍各官，另起承追限期，照例参处。其任所承追各官，原参降俸二级戴罪督催之案，改为罚俸一年完结。

吏部处分 152：报灾逾限〔例 8 条〕

报灾 001：顺治十七年覆准

夏灾限六月下旬，秋灾限七月下旬。〔今改为不出九月下旬。又，甘肃夏灾不出七月半，秋灾不出十月半。〕先将被灾情形题报，仍扣去程途日期，如详报到省在限外，而扣算程途日期，尚未逾限，免其揭参。若到省在限外，而计算应扣之程途亦已逾限者，即行照例参处。如州县官迟报，逾限半月以内者罚俸六月，逾限一月以内者罚俸一年，逾限一月以外者降一级调用，逾限两月以外者降二级调用，逾限三月以外怠缓已甚者革职。巡抚、布政使、道府等官，以州县报到之日起算，如有逾限者，一例处分。

报灾 002：康熙十五年议准

官员勘灾，不委厅官印官，乃委教官杂职查勘，或妄报饥荒，或地方有异，〔灾水旱等灾不在此内。〕不申报者，皆罚俸一年。若止报巡抚，不报总督，及报灾之时未缴印结，册内不分析明白者罚俸六月，督抚亦照此例处分。

报灾 003：康熙十八年议准

州县官不将民生苦情详报上司，使民无处可诉，其事发觉，将州县官革职，永不叙用。若州县官已经详报，而上司不题达者，将上司亦革职。

报灾 004：雍正六年覆准

各省如有被灾者，其被灾分数，限四十五日查明造册题报，照例扣算程途，将已未违限月日分析声明，如不依限造册题报，州县、道府、布政使、巡抚各官，亦照

前例议处。〔照报灾逾限例议处。〕

报灾 005：乾隆三十年奏准

州县遇有报潦之处，令地方官亲历确勘被潦根由，据实通报，如有隐瞒不报，及将成灾报作不成灾者，俱题参革职，永不叙用。如不实心确勘，少报分数者，照溺职例革职。至沿河州县报潦，令地方官会同河员确勘，如有查勘不实及隐瞒民灾等弊，将河员一并题参，照地方官例分别议处。

报灾 006：嘉庆十九年议准

州县地方被灾，该督抚一面题奏，一面于府州丞倅内遴委妥员，会同该州县迅诣履勘，将被灾分数，按照区图村庄，分别轻重，申报司道，由该道覆查加结，详请督抚具题。傥州县官与会勘之员，有将成灾田亩报作不成灾者俱革职，永不叙用。若增减分数，致有枉征枉免者俱革职，其非有意增减，止于分数不实，田在二十亩以上者，降二级留任。

报灾 007：道光三年议准

州县勘报续被灾伤，除旱灾以渐而成，仍另扣四十日正限勘报外，其原报被水、被雹、被霜、被风之地，续又被灾，距原报情形之日在十五日以外者，准于正限外展限二十日，在十五日以内者，统于正限内勘报具题，不准再展。若续灾在初灾勘报正限之后，准其另起限期。

报灾 008：道光十五年议准

凡地方被灾，该管官一面将田地成灾分数，依限勘报，一面将应赈户口迅速查明，另详请题。

吏部处分 153：蠲缓〔例 3 条〕

蠲缓 001：康熙十五年奏准

官员将蠲免钱粮增减造册者，州县官降二级调用，该管司道府官罚俸一年，督抚罚俸六月。如被灾未经题免之先，报册内填入蠲免者，州县官罚俸一年，该管上司皆罚俸六月。〔今增为：蠲免钱粮数目，于具题请赈之日起，再扣两个月造报题达，如有迟延，照造报各项文册违限例分别议处。〕

蠲缓 002：康熙十八年覆准

蠲免钱粮，州县官有借民肥己，使民不沾实惠等弊，或被旁人出首，或受累之人具告，或科道查出纠参，将州县照贪官例革职拿问，其督抚、布政使、道府等官不行稽察，令州县任意侵蚀者皆革职。〔今增为：督抚不将侵冒之员照例参请拿问者降三级调用。〕

蠲缓 003：康熙十八年议准

州县于接奉蠲免之后，即应出示晓谕，刊刻免单，按户付执，若不给免单，或给单而不填蠲免实数者革职。系失察胥役蒙混隐匿及藉端需索者降二级调用，知情纵容者革职。

吏部处分 154：赈恤〔例 12 条〕

赈恤 001：康熙四十四年覆准

各省州县养济院孤贫，饬令逐一严查，凡不愿居住院内，冒滥食粮之辈，悉行革除，将境内实系老疾无依之人，取结收院顶补，其余多者准作额外孤贫收养，悉令将实在人数注明年貌，按照额内额外造册出结，由府加结，转送上司备查。遇有汰革、病故、顶补、新收等项，随时报明上司，支放孤贫银米。如遇应行散给之期，正印官或因地方公事，不能亲身散给，即遴委诚实之佐贰等官亲诣给发，概不得令胥吏丐长经手，以致侵渔中饱，并专令该管道府，每年遇盘查之时，或踏勘公事，即带原送花名年貌册籍，赴养济院点验，如果系房屋完整，孤贫实住在院，并无冒滥情弊，出具印结，报明上司。如有房屋塌颓，孤贫不尽住院，或年貌不符，冒滥支粮者，将该管官照违例支给例降一级调用。道府不行查验，遽行加结转详，照违例支给之转详官例罚俸一年。若系纵令胥役丐长等代领，以致冒领侵蚀等弊，该管官照纵役犯赃例革职，道府不行查出，照豫先不行查出例降一级调用。倘道府有徇庇容隐及扶同率结者，皆照徇庇例降三级调用。

赈恤 002：乾隆元年谕

地方偶有水旱之事，凡查勘户口，造具册籍，头绪繁多，势不得不经由胥役里保之手，其所需饭食、舟车、纸张等项费用，朕闻竟有派累民间，并且有取给于被灾之户口者。嗣后直省州县，倘遇查勘水旱等事，凡一切饭食盘费及造册纸张各费，皆酌量动用存公银，毋得丝毫扰累地方，若州县官不能详察严禁，以致胥役里保仍蹈故辙，舞弊蠹民者，著该督抚立即题参，从重议处。

赈恤 003：乾隆元年奏准

凡遇赈灾，饬令有司豫将查明分数，赈恤事宜先行宣示，务令愚民洞悉规条，俾知大泽难以滥邀，非分不可妄冀。倘有聚众嚣陵情弊，令该管督抚详加确访，如果有司玩视民瘼，即行查明，照例严参。倘系不肖顽民藉端要挟，以及纵容妇女生事，即行按律分别究拟，毋得遽揭属官，以长浇风。

赈恤 004：乾隆四年覆准

地方时值偏灾，民食匮乏，蠲免赈济，倘有不肖书役，于蠲免赈贫之时，暗中扣克，诡名冒领，该州县漫无觉察者降二级调用。至平粜借谷，原因地方收成歉薄，米价腾贵，藉以惠济小民，如地方州县官不实力稽察，以致书役包买渔利，抑勒出入者，将该地方官降一级调用。如胥役人等有前项等弊，州县官既已觉察，而故为容隐者，将该州县官革职。

赈恤 005：乾隆二十二年谕

向来直省遇有偏灾，本邑正佐不敷分办，例委邻封州县及佐杂试用等官协同查办，原期体察周详，毋致遗滥，乃委员往往以例无处分，事非切己，不过扶同具结，虚应故事，甚非差委本意。委员既经派遣，则承办皆分内之事，自应与地方官功过一体。嗣后委员内如有查灾不据实结报，办赈不实心挨查，草率从事，仍前怠忽者，该督抚查明题参，照地方官查办灾赈不实，一体处分。著为令。

赈恤 006：乾隆三十年奏准

邻省歉收告籴，本地方官禁止米粮出境者，该督抚据实题参，将州县官降一级留任，不揭报之该管上司罚俸一年，不题参之督抚罚俸六月。傥本省歉收，米粮不敷民食，而奸民射利之徒，私行贩运出境，于民生亦有未便，令该督抚酌量情形，据实题明，许其暂行禁止。

赈恤 007：嘉庆五年奏准

州县遇查勘被灾等事，凡一切饭食盘费及造册纸张各费，俱动存公银两，不许丝毫派累地方。傥有胥役里保舞弊蠹民，将州县官照失察书役扣克例降二级调用。

赈恤 008：嘉庆七年谕

荒祲出于天灾，补救则全资人力，若地方官不实心经理，玩视民瘼，即当治以应得之罪。今直隶办赈各州县，自去夏至今，并无因赈被人控告之事，即间有一二饬查之案，亦全属虚诬，可见该州县官办理认真，尚无侵蚀等弊，并闻此次停赈之后，尚有自出己资，饮助灾民回籍者。地方官果能尽心民事，实属可嘉，应量加录叙，以示鼓励。所有直隶办赈各州县，著熊枚秉公详查，据实保奏，择其实心抚恤，舆情爱戴，并能捐资惠及穷黎者为最；其于赈务经理得宜，灾民受实惠者次之；其循分办理并无贻误者又次之。熊枚上年曾经周历各府州，见闻自为确切，即著分别开单具奏，候朕酌量加恩。

赈恤 009：光绪四年奏准

地方被灾赈恤，傥有不肖绅衿及书吏人等，暗中扣克，诡名冒领，州县官失于觉察者降三级调用，虽系公罪不准抵销，故为纵容者革职。傥于失察后尚未别经发觉之先，能自行查出检举究办者降二级调用。

赈恤 010：光绪四年议准

州县造送应赈户口清册，查赈官有挟私妄驳者革职。

赈恤 011：光绪四年又议准

地方设立粥厂、饭厂、米厂，该管官务令承领男妇鱼贯而入，挨次散给。如有任其拥挤，不加约束，以致伤毙人命者，该管官降一级调用，兼理官罚俸一年。

赈恤 012：光绪八年奏准

州县官查勘灾赈等事，凡一切饭食纸张杂费，俱动用存公银两，不许丝毫派累地方。倘有胥役里保舞弊蠹民，州县官失于觉察者降三级调用，虽系公罪不准抵销，故为容隐者革职。倘于失察后尚未别经发觉之先，能自行查出检举究办者降二级调用。

吏部处分 155：捕蝗〔例 9 条〕

捕蝗 001：康熙四十八年覆准

州县卫所官员，遇蝗蝻生发，不亲身力行扑捕，藉口邻境飞来，希图卸罪者革职拿问，该管道府不速催扑捕者降三级留任，布政使不行查访速催扑捕者降二级留任，督抚不行查访严饬催捕者降一级留任。协捕官不实力协捕，以致养成羽翼，为害禾稼者，将所委协捕各官革职。该管州县地方，遇有蝗蝻生发，不申报上司者革职，道府不详报上司降二级调用，布政使司不详报上司降一级调用。布政使司详报督抚，督抚不行题参，降一级留任。

捕蝗 002：乾隆十六年覆准

凡有蝗蝻地方，文武官弁合力搜捕，应时扑灭者，应行文该督，确实查明，果系即时扑灭，俟具题到日，准其纪录一次。

捕蝗 003：乾隆十八年谕

定例州县等官，捕蝗不力，藉口邻封，希图卸罪者，革职拿问，该管上司不速催扑捕者降级留任。向来督抚往往以该道府前经节次督催，现在揭报情由，于本内声叙，遂得邀免处分，以致道府玩视民瘼，并不留心督察，今岁直隶自春徂秋捕蝗未尽者，即由于此。嗣后州县捕蝗不力，应拿问者，皆应将道府一并题参，交部议处，该督抚等不得有心姑息，于本内滥为声叙，以为宽贷之地。

捕蝗 004：乾隆三十年奏准

州县官遇有蝗蝻不早扑除，以致长翅飞腾，贻害田稼者，均革职拿问，该管知府、直隶州知州不查报者亦革职，司道、督抚不行查参降三级调用。若不速催扑捕者，道府降三级留任，布政使降二级留任，督抚降一级留任。该督抚等不得以该道府前经节次督催，现在揭报，于本内声叙，邀免处分。协捕官不实力协捕，以致养成羽翼，为害禾稼者，将所委协捕各官革职。〔邻封协捕处分同。〕至州县官捕蝗，需用兵役民夫，并换易收买蝻子费用，应准其动公，若所费无多，自行捐办，而实能去害利稼者，该督抚据实奏请议叙，其已动公项，而仍致滋害伤稼者，奏请著赔。

捕蝗 005：乾隆三十五年谕

据胡文伯参奏，捕蝗懈缓之署宿州知州张梦班等一折，已批交该部严察议奏。至另折所称，前因蝻孽尚未飞腾远去，地方官皆督夫扑捕，未经参奏等语。是诚何言，甚属非是。地方偶有蝻孽萌生，或有先期雨泽稀少，更值天气炎蒸，势难保其必无，朕亦何尝因一经生蝻，遽科有司之罪。司民牧者，平日自当悉心体察，防于未然，及生发之初，即力为设法搜捕，原可不留遗孽，以人力胜之。果其捕除迅速，方当交部议叙，以示奖劝。若始事既已玩延，浸至飞扬滋蔓，渐益孳生，其为贻害田禾，将复何所底止？是以捕蝗定例綦严。朕于玩视民瘼之劣员，从不肯少为宽贷，而于捕治蝗蝻之实政，亦不容稍有稽延。即如今年夏，直隶近畿州县，多有蝻子间段长发，朕既责令大吏率属克期扑捕，有诿卸贻误者，令该督指名严参治罪，并特派侍卫等前往竭力会办，所至即随时净尽，不致伤损庄稼，可见捕蝗并非人力难施之事，任封疆者，岂可徇州县官诡饰之词，因循姑息，不亟亟为闾阎除大患乎！且蝗蝻自初生以至跳跃，俱有踪迹可寻，纵使长翅飞腾，究不离旁近地面，安能远越百余里外，成群停集，即或疆壤毗连，偶然飞入，地方官亦当上紧集夫扑灭，保卫农田，若意存畛域，藉口邻封，以致耽延日久，其与本境滋长者何异？况飞蝗所起之处，遗蝻必不能尽绝，原难掩人耳目，是办理捕蝗之事，止应就现有蝗蝻处所，视地方官之用力不用力，以定功罪，不必更问起自何方，若置现在而不论，转欲究所从来，则如裴曰修前次查捕武清、东安飞蝗，辄谓其生于河淀无人之地，为怠玩属员豫留开脱地步，不复切实跟查，岂可为训！今胡文伯所称尚未远去，冀为该知州宽免处分，其见与裴曰修相去无几，于事理全未体会，徒使黠猾之吏，以蝗不出境，苟幸无事为得计，谁复肯及时力捕，尽心民事乎！是胡文伯失察生蝗之处分尚轻，而为劣员文过之情节较重，胡文伯著交部严加议处。嗣后捕蝗不力之地方官，并就现有飞蝗之处，予以处分，毋庸查究来踪，致生推诿。著为令。

捕蝗 006：嘉庆七年谕

本年夏间直隶新城县地方，偶有飞蝗，知县胡永湛未即禀报，经熊枚参奏革职。兹据颜检奏称，胡永湛上年办理该县赈恤事宜，颇惬舆情，今夏境内飞蝗，立即扑捕净尽，秋收尚有九分，其咎止于未经禀报，且该县百姓于该督过境时，金称好官难得，环跪吁请，据情转奏等语。上年武清令朱杰，系被参后经该县民人合词禀请，加恩留任，今若再准行，恐各州县相率效尤，或有政绩不过中平，于去任时授意所属士民，具呈吁恳，其所称惠爱及民之事，亦未必尽属确实，且熊枚系署任总督，甫经参劾于前，及新任总督过境，该民人等辄复恳留于后，以地方官去留之柄，操之百姓，其风亦不可长。胡永湛著加恩发往直隶以县丞用，该督仍可藉资差委，以观后效。

捕蝗 007：嘉庆九年谕

前因京城广渠门外及通州等处，间有飞蝗，一面派范建丰前往查勘，一面谕令颜检将直隶地方有无蝗蝻滋长之处，详悉查明具奏。旋据该督奏称，均已扑除净尽，并称飞蝗止食青草，不伤禾稼，本不成话。嗣于前月二十九日，朕斋戒进宫，披览章奏，适一飞蝗集于御案，当令扑捕，续经太监等捕获十数个，因思宫禁既有飞入者，则郊原田野，不知更有几何？旋即派卿员四路查勘，并将御制《见蝗叹》及宫内捕得蝗虫，发交颜检阅看，复谕令赶紧饬查。兹据奏，驰赴宛平县属之水屯、八角二村，查看该处七八十亩之广，谷粟被伤，均有三四亩。复据大兴、宛平、通州、武清、新城、遵化、任邱、容城、涞水、固安、保定、满城等州县禀报，所属村庄，均有蝻子，现在上紧捕除，可见如许州县均有蝗蝻，若非特派卿员驰勘，经朕再四严饬，颜检仍未必据实直陈，前此所奏，实不免于粉饰。朕勤求治理，以家给人足时和岁丰为上瑞，至于前史所奏景星庆云之祥，犹皆鄙斥不言，惟于地方水旱虫伤等事，刻深萦廑，宵旰不遑，勤加咨访。祖考付朕天下，惟期丰年为瑞，岂好言灾祲，实以民瘼所关至重。朕早得闻知一日，即可立时办理，俾民早得一日安全，督抚等狃于积习，必不肯据实陈奏，是诚何心！若以隐匿不奏，藉此可纾宵旰焦劳，殊不知酿成大患，宵旰焦劳更甚，彼时朕一人承当，隐匿不奏者转得置身事外。言及此，实深畏惧，总之粉饰之习一开，则督抚等惟事敷陈吉语，而属员意存迎合，日久相蒙，必致一切国计民生之事，概不以实上陈。即如今年直隶麦收，颜检早经奏报十分，夫十分乃系上稔，岂可多得，彼时麦田尚未收割，而奏牍已豫为铺张，实未免措词过当。此次蝗蝻萌孽，又不先行入告，直待朕节次垂询，始一一奏闻，计所开村庄有三十余处之多，其中断非尽系降旨查讯后具报者。封疆大吏，若事事务求粉饰，其流弊必至于欺罔而后已，颜检奏请交部严加议处之处，本属咎所应得，姑念该督平素办事尚属认真，著加恩改为交部议处。嗣后惟当痛改前非，实心任事，遇有地方灾歉事务，尤当一面查办，一面据实陈奏，俾闾阎疾苦，不致壅于上闻，方为不负委任，若再有讳匿迟延，经朕查出，必当将该督严行惩处，不能曲为宽贷矣。

捕蝗 008：嘉庆十二年议准

州县捕蝗，轻骑减从，督率佐杂，处处亲到，不得派累供应。其上司亲往督捕，夫马供给，亦不得派自民间。如有滋扰需索，及纵容胥役科敛者革职，失于觉察者降二级调用。

捕蝗 009：道光三年议准

文武员弁搜捕蝗蝻，有能应时扑灭者，该督抚查实具题，各给予加一级。

吏部处分 156：失火〔例 6 条〕

失火 001：康熙二十二年议准

五城所属地方，如有失火延烧房屋至十间以下者，即行扑灭，各官免议。其延烧不能扑灭，十一间以上至三十间者，将该管官罚俸九月，吏目所管地方以吏目为该管官，副指挥所管地方以副指挥为该管官，巡城御史罚俸三月。延烧三十间以上者，将该管官罚俸一年，巡城御史罚俸六月。延烧三百间以上者，该管官降一级调用，巡城御史罚俸一年。延烧四百间以上者，该管官降二级调用，巡城御史降一级留任。延烧六百间以上者，该管官降三级调用，巡城御史降一级调用。

失火 002：康熙二十二年又议准

官员该管地方失火烧毁房屋者罚俸三月。如不能救援，以致延烧文卷及官仓米粮者罚俸一年。如将钱粮文册不储公所，妄藏私家，或交衙役，以致被焚者，降一级调用。

失火 003：乾隆十年议准

外省该管地方延烧民间房屋，如系城内，将该管之州县官照五城失火议处吏目、副指挥之例，按其延烧房屋间数分别议处，同城府道照议处巡城御史之例分别察议。如烧毁民房，又烧毁文卷仓粮，及钱粮文册妄藏私家，或交衙役被焚者，事属相因而致，应照例从重归结。〔今增为：如延烧民房十间以上，例止罚俸九月，因延烧官仓，议以罚俸一年。延烧官仓，例止罚俸一年，因延烧民房五百间以上，议以降一级调用。〕其城外之村庄失火，延烧民屋，除该管道府统辖各属，事务纷繁，僻远村庄，势难兼顾，应免察议外，至于州县官有专管地方之责，虽城乡相隔窎远，扑救不及，然既经失火延烧，自应与佐杂等官一例议处，但该处官弁无多，兵役有限，应酌减处分。嗣后村庄失火，延烧民房十间以下，即行扑灭，该管之州县佐杂等官免其议处。延烧十一间以上至百间者，州县佐杂等官，照城内失火延烧境内十一间以上至三十间例罚俸九月。延烧百间以上，照城内延烧三十一间以上例罚俸一年。延烧五百间以上者，照城内延烧三百间以上例降一级调用。

失火 004：乾隆三十七年奏准

外省城外村庄失火，该管道府免议，如延烧民房十间以下，即行扑灭，该管州县、驻扎佐杂等官亦免其议处。其无驻扎佐杂地方，延烧民房十间以上至一百间者，该管州县官罚俸九月，延烧一百间以上者罚俸一年，延烧五百间以上者降一级调用。有驻扎佐杂地方失火，将佐杂官照该管州县官例分别议处，州县照武职兼辖官例，延烧十一间以上者罚俸六月，一百间以上者罚俸九月，五百间以上者降一级留任。

失火 005：嘉庆十九年议准

仓库被火延烧，该管官罚俸一年，因而损失财物者，照监守不慎例议处。

失火 006：道光元年议准

监狱被火延烧，罪囚并无疏失者，该管官罚俸一年。若有疏失，照多差解役中途脱逃例，按其罪名，分别议处，仍令限缉。

吏部处分 157：朝会祭祀〔例 72 条〕

朝祭 001：康熙十二年题准

官员朝贺接驾不到，及常朝之日不朝，或朝服之日不具朝服，或违例错服者，皆罚俸一月。

朝祭 002：康熙十二年又题准

官员诈称上朝者罚俸一年，捏供同上朝之官罚俸两月，已注病而不在家者罚俸一年。

朝祭 003：康熙十二年三题准

凡坛庙祭祀，圣驾出入并升殿之日，上朝官员跟役肆行喧哗争竞，将官员冲突拥挤者，其主罚俸三月。其常朝之日，官员跟役肆行喧哗争竞，将官员冲突拥挤者，其主罚俸一月。其内府人并大臣侍卫之跟役犯者，各交与该管大臣治罪。

朝祭 004：康熙十四年题准

外官不辞朝赴任者，罚俸一年。

朝祭 005：康熙十四年又题准

恭遇行幸所过地方，守土官应几里以内迎接，该衙门先期奏定，若所定里数之内，一次迎接不到者罚俸一年，二次不到者降二级调用。

朝祭 006：康熙十四年三题准

官员不照部定礼节行文，彼此文移舛错者罚俸六月。

朝祭 007：康熙十四年四题准

凡坛庙等处赞礼舛错者，罚俸六月。〔寻增为：大朝赞引不齐，亦照此例议处。〕

朝祭 008：雍正四年谕

圆明园奏事，八旗及六部都察院内务府等衙门，分为九日，每日一旗一部，轮流奏事。遇直班之日，若该旗该部无应奏之事，亦著随班伺候。倘有紧要之事，许其不论班次启奏。

朝祭 009：乾隆二年议准

各衙门应陪祀官员，均令斋戒陪祀，于太常寺文到，由该堂官严行稽查，务令住宿衙署，斋戒陪祀，不得藉端规避。其实有疾病事故者，亦令该堂官秉公稽查，声明缘由，行文都察院。至会集处，都察院收取职名，倘并无事故，不行斋戒，或已开斋戒职名，不至会集处者，将该员照违令私罪律议处，该管官不行查出，照不行详察例议处。

朝祭 010：乾隆二十三年奏准

紫禁城，派王大臣分作六班，昼夜一体轮直，如遇巡幸各处，该班王大臣仍照例进内直班。〔寻增为：有旷误者降三级调用。〕如在圆明园御门，遇该衙门大臣俱有差遣，惟该班一人于本处奏事，应于前一日即行换班，不得夤夜弃班赴圆明园奏事。若白昼旷班及虽在该班处，而城内有应奏事件不即行具奏，查出俱交部严加议处。〔寻分为：擅离班所罚俸一年，应奏不奏降二级留任。〕

朝祭 011：乾隆二十六年奏准

顺天府属州县，承办祭祀牛只，本地不敷采买，具详府尹，转咨兵部，给予口票，遣派丁役，豫往张家口一带采买。如解送牛只，一二偶未合式，驳回补解。若办理不如法，以致未堪入选者，该收验处直年大臣会同顺天府衙门，将承办之州县查参，比照大祀牲牢玉帛黍稷之属不如法律罚俸一年。

朝祭 012：乾隆三十年奏准

直隶各省，祭祀斋戒之时，务须澄涤志虑，正肃威仪，必诚必敬，祭祀之日，务须敬谨躬亲，五鼓趋赴将事，不得托故转委。其朔望行香，亦须黎明谒庙，不得迟缓任意。司道府州县等官，怠于祀典，托故偷安，或斋期燕会临事跛倚者，许纠仪官据实揭报督抚，题参议处。〔寻议以革职。〕督抚不行查参，照徇庇例议处。若督抚祭不躬亲，斋戒弗虔，慢视行香，经科道访闻纠参，以不敬论罪。

朝祭 013：乾隆三十年又奏准

各州县每逢祭祀，一切品物，照依图制，敬谨陈设，不得缺略。如有缺略未备，临祭祀通融借用者，该上司查参，照违制律议处。

朝祭 014：乾隆三十年三奏准

凡遇大朝，部院寺堂官除实有事故不能到班，本衙门一体入册声明。至常朝之期，各堂官即遇本署奏事，仍留一人，率属就列，毋许旷阙。其有在内廷行走，及大学士等，每日清晨进内办事，均不坐班，其余或偶遇雨雪，并十二月二十五日素服，俱免坐班。又如上元端阳中秋等日，恭遇驻跸圆明园，各部院堂官，俱宜赴贺。或于常朝日期，适逢引见，均免坐班。此外如有托故旷阙者，即据实参奏，照失误朝贺例罚俸一月。

朝祭 015：乾隆三十七年奏准

遇有救护典礼，各部院堂官照常会集，如俱有行走兼管之处，不克一体入班，仍须酌以堂官一员，赴礼部太常寺行礼。其该司满汉官员，除有差使外，俱严饬会集，傥有概称入直本署，及推托事故者，礼部严查参奏，交部议处。

朝祭 016：乾隆三十年四奏准

满汉王公大臣，应入斋戒陪祀者，由都察院等衙门稽查，于岁底通行检核，如有托故三次不到，奉旨交议者，议以降一级留任，仍罚俸一年。其年逾六旬者，听其自行酌量精神，或致斋而不陪祀，或并不能致斋，一听其便，毋庸列入查奏汇核之内。

朝祭 017：乾隆四十九年题准

应行斋戒大臣，或有出差告假等事，务于册内注明，以凭核办。如并不详晰填注，至奉旨交议后，始行声请扣除，即将承办造册各员，照经手遗漏例议处，核对各员照不行详查例议处。

朝祭 018：乾隆五十九年奏准

应行谢恩官员，凡月选拣发拣补人员以引见后，特旨简放人员以奉旨后，月选佐杂以验看后，分发试用佐杂以掣签后，均于五日内，札知鸿胪寺，该寺于文到五日，传令该员等谢恩。其有丁忧患病等项事故，具呈到部者，即随时札知以凭扣除。其病痊销假补给凭照者，亦即札知该寺，补行谢恩。倘有无故不到者，该寺咨呈吏部，查明并无事故，严参议处，降一级调用。其有丁忧患病等项事故，未及在部呈报，及呈报错漏迟延，致被参处者，查明属实，仍罚俸一年。

朝祭 019：嘉庆五年谕

向来凡遇祭祀日期，随驾前引后护之大臣及侍卫并有执事官员人等，俱准午门外骑马。本日朕披阅刑部进呈修改律例，内载一品大臣跟役三人，二品大臣跟役二人，三品以下侍卫官员等俱跟役一人。骑马行走，限制綦严，乃近年以来，随扈之大臣官员所带跟役，在午门外骑者过多。朕从前随侍皇考诣坛时，目击随从大臣等，不特骑从纷阗，较之定例人数多至数倍，并有妄行驰骤者，实为纵肆，此皆日久因循，无人稽核所致。嗣后凡遇祭祀，驾出午门，所有随从大臣官员应带骑马跟役，俱应按照定例，著交护军统领查察，如有例外多带人数者，即行据实严参，照违制律治罪。

朝祭 020：嘉庆五年又谕

向来外省各督抚，递发本章及折奏事件，皆先行跪拜，亲授所差员弁捧赍，礼固宜然。至在京王公内阁部院八旗各营大臣等，应奏事件较多，固非外省可比，然亦应亲自递奏。乃近来王公大臣等，日久相沿，多不亲赴宫门，率令护卫、太监、司员、笔帖式、章京、骁骑校等代为递奏，殊非敬谨之道。嗣后各王公大臣等，于自行陈奏事件，务须亲自呈递，即如各旗衙门公递事件，亦应轮直堂官一人，递交奏事官员转奏，如有仍前派交护卫、太监、司员、章京等代递，并无一人亲到者，奏事官不准接收，并将该堂官交部议处。再，各王公及部院大臣等，于带领官员引见，往往即在丹墀之下传宣谕旨，而引见官员亦在乾清门内拥挤，殊非体制。此后每逢引见官员，并著御前大臣派出乾清门侍卫二三员，于官员引见后，告知带领引见之大臣官员等，令其退出乾清门，再行传知，即大臣中有在内廷行走者，亦应于宫门外传宣谕旨后再行进内。倘带领引见之大臣等，有仍前在丹墀下传旨者，即著御前大臣指名参奏。钦此。遵旨奏定：在京王公大臣不亲身递奏，照推诿旷班例罚俸一年。带领引见大臣在丹墀下传旨，照违令律罚俸九月。至圆明园带领引见，俟退出左门外再行传旨，如有在左门内传旨者，亦照违令律罚俸九月。

朝祭 021：嘉庆五年三谕

军机处为办理枢务，承宣密旨之地，首以严密为要。军机大臣传述朕旨，令章京缮写，均不应稍有泄漏。自去年正月以后，军机处颇觉整饬严肃，闲人亦觉稀少，近日又觉废弛，军机处台阶上下，窗外廊边，拥挤多人，藉回事画稿为名，探听消息，折稿未达于宫庭，新闻早传于街市，广为谈说，信口批评，实非政体，必应严定章程，以昭法守。此后军机大臣，止准在军机处承写本日所奉上谕，其部院稿案不准在军机处办理，本管司员不准至军机处回事，军机章京办事之处不准闲人窥伺，自王、贝勒、贝子、公、文武满汉大臣俱不准至军机处，同军机大臣谈说事体，违者重处不赦。自今日为始，每日著都察院科道一人轮流进内，在隆宗门内北首内务府直房监视，军机大臣散后，方准退直。如有前项情弊，即令直班科道参奏，候旨严惩。若科道旷班，或推故早散，亦准军机大臣指名参奏。再，此后有通谕王公大臣之事，俱在乾清门外阶下传述，不准在军机处传旨。此旨通谕各衙门敬谨懔遵，违者不恕。

朝祭 022：嘉庆五年四又谕

嗣后坛庙大祀，执事官员遇有错误，于参奏时，应请交部严议。

朝祭 023：嘉庆八年谕

嗣后遇有遣官祭祀，著礼部太常寺，按照定例时刻，传知行礼大臣及执事陪祀各员，一体遵照。其派出行礼大臣，是日即遇有直日奏事，亦不必因礼毕后尚须趋赴宫门呈递膳牌，将事过早，致有歧误。如有不遵传定时刻，率意迟早者，该御史照例纠参。

朝祭 024：嘉庆八年又谕

朕近见出入祭祀坛庙拈香日期，随朕之御前乾清门大臣侍卫等，豫备马匹之人，骑马俱离朕甚近，不成事体。嗣后凡遇朕幸各处，跟役人等豫备马匹，务须离远。现在朕明日诣先农坛行耕耤典礼，至更衣处不须闲散多人，傥有混行争前者拿究，将其主重处。

朝祭 025：嘉庆九年谕

内廷行走大臣，每日固应晨趋入直，而管理部旗事务者，亦应于散直后进署办事。朕驻跸圆明园时，惟军机大臣每日承直书谕，且外省由驿驰奏之折，不时呈递，早晚或有急宣，自无暇分身赴署。朕在宫内时，偶遇散直较早，犹必谕令到署办事，至总管内务府大臣等，多系部院堂官兼辖旗务，近来每以驻园豫备召见为词，概不进城赴署，况散直甚早，又不进城入署办事，在寓所坐待司官回稿，殊属非是。朕日常召见内务府大臣，不过一二人轮对，即有同时并宣之事，缺一二人有何不可，何必相率驻彼，致旷职任。嗣后朕在园时，内务府大臣内，除并不管理部旗事务者仍应每日伺候外，其管理部院旗务各堂官，著每日轮流一人进城到署办事，并赴紫禁城内，将宫内及各太监饭房一切事务就近办理，常川稽查，毋得稍有旷误。

朝祭 026：嘉庆十年奏准

王公文武大臣官员，凡进午门、东华门、西华门、神武门，其所带护卫仆从，亲王郡王令带十人，贝勒、贝子、公及一品文武大员令带八人，二品文武大员及三品京堂官令带六人，四五六品京堂官令带四人，文职五六七品、武职三四五六品官员令带二人，文职八品以下、武职七品以下令带一人。如有逾额多带者，查出议处，罚俸一年。

朝祭 027：嘉庆十年定

王公大臣等进内行走，除额带护卫官员，照旧随带外，其余仆从人等，自王以下至文职三品以上、武职二品以上大员，并内廷行走各官所带之人，许至景运门、隆宗门外，俱令于台阶下二十步以外停止，不得至附近台阶处所。此外跟随文职四品以下、武职三品以下官员者，概令于左翼门、右翼门台阶下为止，均责令管门章京带领护军，常川稽查，禁止踰越。其经由神武门者，出入俱令循东西夹道行走，毋许附近景运门、隆宗门外停立，违者将本人责处，仍将该管家主罚俸半年。

朝祭 028：嘉庆十年又定

东华门内三所西夹道向北行走，可以越过左翼门径至景运门外，应令护军统领拨派章京一员，带领护军二人，在彼查禁，毋许仆从人等出入行走。

朝祭 029：嘉庆十年三定

造办处及内务府衙门，人役众多，往来行走，可以径至隆宗门外。应由总管内务府大臣，每日各派司员二人，稽查出入，禁止闲杂人役在门外停留坐立，以杜混淆。

朝祭 030：嘉庆十年四定

左右翼门除官员进内执事行走者，其所带仆从，申令该管官校，概行禁止，毋许东西来往出入。至太和门外之协和门、熙和门，为东西来往必经之地，所有王公百官仆从，令各按定数，照常行走，仍令管门官校留心查察，其不应行走者，不得私行放入。至午门前之阙左门、阙右门附近禁城，除官役等准令照常行走，并令该管官校，禁止闲杂夫役人等任意径行，以昭严肃。

朝祭 031：嘉庆十一年谕

文武各衙门在圆明园轮流直日，向来御门日期，除刑部不推班外，其余各衙门皆系推班。因思御门理事，正以勤政敕几，是日各衙门堂官多有至圆明园者，若因御门办事，以次推班，是循例轮奏之事，转有压搁，殊失御门本意，且刑部并不推班，若云刑名事务较繁，岂此外各衙门皆系事简乎。嗣后逢朕在圆明园御门之期，所有应行直日奏事各衙门，均著毋庸推班。

朝祭 032：嘉庆十一年奏准

恭遇御门日期，该大臣官员等如有到班迟误及班次错误者，均罚俸六月，未到班者罚俸一年。

朝祭 033：嘉庆十一年又谕

向例尚书房师傅，春分以后于申正退直，秋分以后于申初退直，本有一定时刻，所以专课程也。近来尚书房师傅，竟不按向来例定时刻，退直甚早，意涉疏懈，且从前师傅等于散时，必将某时刻散去告知管门太监登记，以备稽核，而现在师傅等并不照旧日章程告知太监，太监亦置不问，均属不合。嗣后尚书房师傅，著遵照向例，春分后于申正散直，秋分后于申初散直，并将散直时刻告知管门太监，按日登记。其管理部院在尚书房行走大臣，如遇有部院应办事务及奉旨特派事件，应早散直者，亦著将因何早散缘由告知管门太监，随时登记，以备查核。傥经此次申谕之后，仍有任意疏懈情事，一经查出，必行严惩不贷。

朝祭 034：嘉庆十一年三谕

嗣后巡幸热河，凡除授官员例应递折谢恩者，外任官员仍著于奉旨后趋赴行在谢恩，请训赴任。其在京官员，均毋庸前赴行在，以示体恤。

朝祭 035：嘉庆十二年谕

前经降旨，令文武大臣年在六十以上者准其遣人代递膳牌，其六十以下者俱亲至宫门呈递。因思亲王、郡王爵秩较崇，著加恩无论年岁，俱准其遣人代递膳牌。如亲王、郡王及年逾六十之大臣，自行陈奏事件，仍应亲递膳牌，以昭敬慎。著将此旨传谕各亲王、郡王，并著毋庸前来谢恩。

朝祭 036：嘉庆十三年谕

向来内廷行走诸王，例应每日进内入直，惟念仪亲王系朕之长兄，现已年逾六十，冬间天气严寒，夙兴入直，实觉劳瘁，即时值夏令，亦不免于暑热，允宜特加优恤，以资颐养。嗣后仪亲王所管各处，遇有直日奏事及带领引见，并应行庆贺时节，仍照常进内呈递膳牌，其余无事之日，即不必进内，仍照旧在内廷行走，用示恩眷。成亲王俟将来年过六旬，亦一体加恩。至满汉文武一品大臣，年在七十以上者，遇奏事直班之期，除仍遵照前降谕旨，遣人呈递膳牌外，交冬以后，著于辰正进内，交春以后，著于辰初进内。其内廷行走年逾七旬之大臣，每日应入直者，亦准此例。

朝祭 037：嘉庆十三年又谕

本月恭值常雩祀典，朕前期诣坛斋宿，见站班各员内，除王公及一二品大臣，现在另派差事者，其余尚俱齐集，至三四品以下京堂，颇属寥寥。在伊等自因平日召对时少，以朕不甚熟识，遂尔相率偷安，大失敬事之义。此次朕已觉察，因人数过多，姑免查究。嗣后如遇大典，再有如此懈惰不到者，一经查出，即照本日德麟贻误视牲降罚之例，严行惩处，决不轻贷。

朝祭 038：嘉庆十三年三谕

据内阁学士德祥奏，向来留京办事王大臣，每日辰刻即全行散去，令属员代看合符，俟酉刻始行到班，请照六班之例，责令轮流昼夜在班，以符体制等语。所奏是。留京王大臣四人，每日赴文华门办事，如值事务简少，辰刻原可散去，但轮应直班者，有看守合符之责，关系紧要，若一同早散，止将合符派人看守，直俟至酉时始行到班，殊非慎重责守之道，姑念系相沿陋习，此时亦不必交议。嗣后留京王大臣，于文华门办事后，其非直班者，著于公事完后散出，其应于是日直班者，不得同散，即著竟日在内看守合符，俟次早交代合符，方准散出。著为令。

朝祭 039：嘉庆十四年谕

向来每届巡幸，各衙门文武大员，于启銮前一日及回銮次日，均通行呈递膳牌，豫备召见。因思各衙门文武大员，在园直班奏事，朕俱随时召对，至将届启銮之时，同日纷纷到园，岂能遍予召见，似此虚应故事，殊属无谓。嗣后凡遇启銮前一日，除应行直日各衙门，照旧呈递膳牌外，其余均不必呈递。惟回銮次日，在京诸臣久未召对，或有应行询问之事，仍著通行呈递膳牌，豫备召见。

朝祭 040：嘉庆十五年谕

朕在宫内之日，散秩大臣向例每日进内，该员等亦有兼管旗分营务者，日日入直，并有分管事务，未免积压，又以不能上衙门办事，藉口躲避，而文职各衙门，除六部、理藩院、都察院、大理寺、銮仪卫各有应奏事件，常川进内外，其余各卿员等事务较简者，冬三月竟无轮班进内之日，殊觉劳逸不均。嗣后散秩大臣，除并未兼管旗营及仅兼管一处之员，仍照旧每日入直，如有兼管二三处事务者，俱著于奏事之日进内，余日上衙门办事，毋庸进内。其宗人府、翰林院、通政司、詹事府、太常寺、光禄寺、太仆寺、鸿胪寺、国子监、钦天监各衙门，著于朕每年冬月进宫之次日为始，每日轮派一衙门直班，周而复始，至封印日止。直班之日，照在圆明园之例，呈递名单，以备召对，不必另递无事折片。如该衙门遇有应奏事件，除轮班之日，仍令不时陈奏，俾该员等不至习于安逸，并可随时召见，觇其人之器识。如遇朕出入天坛斋宫及至各庙宇拈香，并临莅西苑等处传膳办事，著推班一日，毋庸随往。其无执事之散秩大臣，亦毋庸随往。著为令。

朝祭 041：嘉庆十九年谕

嗣后紫禁城内直班王，并内大臣、文大臣、武大臣、前锋、护军统领，俱著恪遵定制，各于辰刻至景运门内九卿朝房面行交替，接班后仍著在景运门内外班房会集，毋许远离，至申酉之间始准各自散归直宿处所。如有怠惰偷安，不候交班，先行散去者，著接班之人立时具折参奏。如接班之人徇隐不奏，别经查出，一律斥革。至接班之人，若任意延玩，过辰刻尚不进内，亦著住班之人参奏。

朝祭 042：嘉庆十九年又谕

自此次为始，凡遇谒陵巡幸之期，派出留京王大臣，俱一体恭请合符，轮流直宿，每日卯时，四人公同进内，一人留直，余三人申初方准散归。所有留京王大臣出入时刻及轮应直宿日期，著派阿哥等公同稽查，如有迟误旷班者，具折附报参奏，不可稍迟时日。其余紫禁城内各该班王大臣等，著留京王大臣每日开列名单，呈送阿哥等抽查，或将直班之人传至乾清门面见，或派谙达等赴各直班处所查看，傥有迟误旷班及未见接班之人先行散去者，亦著阿哥等具折附报参奏。

朝祭 043：嘉庆二十年谕

朕驻跸御园，诸臣来园奏事，每询及时刻，多于子初兴起，自城内趋直，究其间夜过早之故，则因奏折膳牌，皆须亲诣宫门呈递，因而不敢稍迟。夫人之精神止有此数，当亥子之交，正安神休息之时，乃已颠倒衣裳，亟亟就道，虽身勤于外，未免心怨于内，因怨生怠，转致因循庶政矣。况散直回城，已届午刻，再至衙署办事，以疲惫之心神，欲其遇事寻源竟委，昭晰靡遗，盖亦难矣。部院各衙门事务，动关朝廷之得失，民生之利害，若不悉心考究，草草画诺，此虽终夜不寝，待漏禁门，闲谈寻常无谓之事，于国事奚裨乎！嗣后部院旗营文武各衙门奏折，俱准令司官代递，应递膳牌大臣，准令笔帖式代递。朕每日召见廷臣，本在卯正以后，诸臣俱于卯初到园，不致迟误。屏虚文，崇实政，宽其筋骸之劳瘁，正以养其心志之敬诚。朕恕以待下，推君臣一体之怀，恐诸大臣蒙犯霜露，宵寐不遑，俾得休养心神，任重致远，诸大臣亦当念朕未明求衣，宵旰勤劬，孜孜求治，务各竭忠殚智，为国为民，能使庶事不虞丛脞，海宇共底乂安，是即诸臣爱君之实效。若上以诚感，下不以诚应，但怀图逸之心，不畏素餐之诮，则威克厥爱，爱克厥威，朕固并行不悖也。

朝祭 044：嘉庆二十二年议定

如遇御门办事，内阁满洲学士读本错误者罚俸一年，不准抵销。

朝祭 045：道光二年谕

朕本日祭奉先殿，太常寺寺丞兼读祝官满兴，派读祝文，声音甚属低微，节次亦多断续，不胜读祝之任，著降补该衙门笔帖式。至太常寺堂官拣派不慎，本应交部议处，惟念该堂官等因满兴系向来奏派之员，是以照例呈递绿头牌，此次姑免置议。嗣后该堂官等若不慎加遴选，致派出之员于大祀时有愆仪之处，定将该堂官一并惩处不贷。

朝祭 046：道光二年又谕

朕于明年正月驻跸圆明园，内阁、六部、九卿衙门遇御门理事，及本衙门带领引见该班奏事日期，均著轮留堂官一人在署办事，不必全行赴园。著为令。

朝祭 047：道光四年谕

向例皇太后万寿圣节，告祭奉先殿并太庙后殿，典礼綦重。自道光元年以来，钦天监于祭祀册内，未将告祭日期敬谨载入，实属疏漏，钦天监堂官著交部议处。礼部于钦天监初次送到祀册，未能即时详查驳正，亦有不合，现经据实检举，所有该部堂官，著加恩改为交部察议。

朝祭 048：道光四年又谕

各部院衙门引见人员进乾清门时，向准执事人员同进，其闲人不得擅入。昨日引见官员进内，有镶红旗蓝翎长明海，随众混入乾清门，实属违制。明海著即照御前大臣等参奏重责，革去蓝翎长。其失察之该管护军统领音登额，著交部议处。乾清门直班章京景实，亦照所请罚俸三个月。嗣后各部院衙门旗营引见人员，应入禁门者，务各将应入人数开单，豫行咨送管门大臣，以备查核，倘仍疏懈致有混入者，一经查出，定行重处，决不宽贷。

朝祭 049：道光七年谕

昨因元旦朝贺礼成，百官甫退，有穿补服二人，自东而西，在太和门阶下趋过，降旨查询。本日据那清安等奏，向来朝会，有御史礼部司官侍卫等分列左右，纠察失仪，请将该员等察议等语。朝会大典，自应整齐严肃，该员等于任意趋走之人，竟不照例指拿，所司何事？并闻侍卫处久未派员，自系相沿积习，亦属疏忽，本应照例将该堂官惩处，姑念由来已久，并非起自近年，著吏部查取此次专司越班失仪御史及礼部司员各职名，照例察议。

朝祭 050：道光十二年谕

朕于本月二十日升殿，百官行礼后，新武进士未传胪之前，有三四人在品级山之下，自东而西，当经降旨查询。本日据都察院堂官纠仪科道鸿胪寺堂官等奏参，鸿胪寺序班引领武进士行走错误等语。该序班职司导引，率意趋走，非寻常疏忽可比。著该寺堂官查明何员，即行革退，耆英、多恒、董淳、吉勒章阿、叶绍本，俱著交部议处。

朝祭 051：道光十二年又谕

本日朕亲诣太庙致祭，所有前引大臣，应由南门引行，乃盛福、崇恩、淳寿等，误由北门引行，甚属疏忽。盛福、崇恩、淳寿等，俱著交部议处。

朝祭 052：道光二十五年奉旨

遵议都察院左副都御史广昌等，大朝失仪处分。奉旨：广昌在京当差多年，礼仪自宜娴熟，且此次升殿，职司纠仪，尤不容有失误，乃于百官行礼时，先自失仪，殊出情理之外，著改为降二级调用，太仆寺少卿魏襄，著照例罚俸六个月，不准抵销。

朝祭 053：道光二十五年奏准

恭逢升殿传胪时捧榜失仪者，罚俸六月。

朝祭 054：咸丰元年谕

都察院及纠仪科道等奏参，吏部侍郎明训，元旦朝贺错入班次，明训著交都察院照例议处。惟昨日行礼后，有一人由西向东，趋过班末，纠仪御史未阻，著查取职名，送吏部议处。

朝祭 055：咸丰元年又谕

嗣后坛庙大祀，朕饮福受胙及谢福胙时，陪祀之王公百官，有应由传赞官传赞随从行礼之处，俱著恪守旧章遵行。如传赞时有应行礼而不行礼者，或传赞迟误，即著纠仪各衙门查明参奏。

朝祭 056：咸丰三年奏准

官员于召见时碰头错误，或应行摘帽碰头，并未摘帽碰头者，均罚俸六月。

朝祭 057：咸丰四年谕

嗣后凡恭遇坛庙祭祀，其应行陪祀人员，如有无故不到者，即著各该衙门指名查参，以重祀典。

朝祭 058：咸丰七年奏准

凡告祭文内清文错误，缮写及校对之笔帖式等官，均罚俸六月。

朝祭 059：咸丰九年奏准

恭逢升殿时，如有紊越班行，自西而东，或自东而西之类，监礼御史未能拦阻，罚俸六月。

朝祭 060：咸丰十一年奏准

恭展祭文失仪者，罚俸一年。

朝祭 061：同治十二年奏定

恭遇御门大典，轮应侍班人员，如有接连告假至三次者，降一级留任。

朝祭 062：同治十二年奏准

王公大臣遇有自行陈奏及本身谢恩等事，不亲自呈递奏折者罚俸一年，奏事官率行接收罚俸六月。

朝祭 063：同治十二年又奏准

笔帖式呈递膳牌迟延，或堂官因公不到而误递者，均罚俸三月。若堂官已令呈递，而到迟散早，有误召见者，将堂官罚俸六月。

朝祭 064：同治十二年三奏准

承办司员带领班次不齐，或行走匆遽迟缓者，俱罚俸三月。

朝祭 065：光绪元年奏准

官员患有疯疾，虽已报痊，该管官仍察看一年，果不复发，方许上朝。若未过一年，任其上朝以致失仪者，将该管官罚俸九月。

朝祭 066：光绪九年奏准

每月初五十五二十五等日，为常朝坐班之期，除供奉内廷及军机处行走之大臣，并大学士每晨进阁办事，均不到班。又如七月二十五日，十二月二十五日，均系忌辰，例不坐班。或是日遇雨遇雪，或是日各衙门堂官适届奏事引见，均免其到班外，其余日期，应令该堂官一员，率属坐班，毋许阙旷，如有不到者罚俸一月，其轮派坐班查班之官员不到亦罚俸一月。

朝祭 067：光绪九年又奏准

圣驾巡幸所至，如有在官人役从仪仗中冲出妄行奏诉者，将失察之堂官罚俸三月。

朝祭 068：光绪十二年奏准

跸路经过地方，如有民人妇女冲突仪仗妄行奏诉者，将该地方官照约束不严例降一级调用。

朝祭 069：光绪十二年又奏准

凡一切应行告祭典礼，钦天监于祭祀册内将日期遗漏者，该堂官降一级留任。礼部失于察出，该堂官罚俸六月。

朝祭 070：光绪十二年三奏准

祭祀陈设器具，如盥盆棕荐之类，有不齐者，承办之员罚俸一年。

朝祭 071：光绪十三年奏准

凡各处祭告典礼，应由京颁发祝版香帛者，如颁发衙门遗漏行文豫备，承办之员降一级调用。若赍送香帛之员，沿途耽搁，致误告祭时刻者降一级留任，该堂官失于查察罚俸一年。

朝祭 072：光绪十三年又奏准

凡救护日月，各部院满汉堂官须酌定一员，赴礼部太常寺行礼，如有无故不到，及推托事故者，照斋戒不到例罚俸一年。

吏部处分 158：迎送诏书〔例 2 条〕

迎送诏 001：康熙二年题准

颁送诏书，经过五里以内官员，别无公事，在城不行迎送者降二级留任。若不探听颁诏官经过实信，以致迎送路途差错者罚俸一年。颁诏官不遵限缴诏，迟延三月以上者罚俸一年，半年以上者降一级调用，一年以上者革职。

迎送诏 002：康熙四十二年覆准

各省颁诏官员，于起程之日计算往返，直隶限十五日，山东限二十五日，河南、山西、河道总督限三十日，漕运总督限四十五日，江南限六十日，江西、浙江、陕西、湖广限七十五日，贵州限九十日，福建、四川、广东、广西限一百五日，云南限一百二十。〔寻改为：河东河道总督、奉天、河南、山西、限三十日，江南河道总督、漕运总督限四十五日，陕西、湖北限五十五日，江宁、江苏、安徽限六十五日，甘肃、湖南、浙江、江西限七十五日。〕该督抚将诏到日期，报部查核。其颁诏官员，如果江湖风阻，疾病耽延，取具经过地方官印结报部，傥有故意迟延违限者，照颁诏官不遵限缴诏例，分别议处。

吏部处分159：玩误耕耤〔例2条〕

误耕001：乾隆二年议准

各省管理耤田官员，如有将耤田荒芜，或听民佃种及工程祭器等项，并不留心经理者，将该管官题参革职，仍令该员逐一修治，整理无缺，始令回籍。

误耕002：乾隆九年议准

各省耕耤，凡建造置备，悉关动用钱粮。嗣后各直省地方官，傥仍有因循玩忽，以致坛宇倾圮，祭器缺失，除州县仍照例议处外，所有徇隐失察之各该上司，如不据实揭报题参，将徇隐之道府照徇情例降二级调用，失察之抚司照失于详察例罚俸一年。〔寻改为：府州降二级调用，道员降一级留任，两司罚俸一年，督抚罚俸六月。〕

吏部处分160：遗失制书〔例1条〕

遗失制书001：原定

官员遗失制书者革职，若毁失御书宸翰者照监守不慎例降一级调用，再罚俸一年。其碑碣联匾摹刻御书，致有毁失者降一级留任，如系被水火盗贼有显迹者免议。

吏部处分161：延搁誊黄〔例1条〕

延搁誊黄001：原定

内外文武衙门，奉到谕旨，内有宣示"中外知之"字样者，俱应即时刊刻誊黄，张挂晓谕，傥有不行宣示者，罚俸一年。若地方偶遇偏灾，奉旨赈恤蠲缓，地方官接到誊黄，不即宣示，十日以上者降一级调用，二十日以上者降二级调用，一月以上者革职。系恩诏赏赉常例蠲缓等事，地方官接到誊黄，不即宣示，十日以上者降一级留任，二十日以上者降一级调用，一月以上者降二级调用。

吏部处分162：捏造钞报〔例8条〕

捏报001：康熙五十三年议准

各省报房，在京探听事件，任意捏造言语录报，系官革职，该管官不行查出，一次罚俸六月，二次罚俸一年，三次降一级调用。〔后改为：任意捏造言语录报，系官革职提问，该管地方官不行查拿，罚俸一年。〕五城监察御史及五城司坊官，大、宛二县，不时稽察，觉有前项违禁之徒，从重治罪。该管官不行查出，后经发觉，照例议处。在京大臣贵近，亦须戒饬家人子弟，不得滥交匪类，觉有前项事发，将滥交匪类之家人子弟，并不行约束之家主，一并照例议处治罪。

捏报 002：康熙五十三年又议准

奸棍等匿名揭帖，妄行诈害，不系两造对理，布散部院衙门投送者，概不准行，出首送揭之人，缉拿移送刑部，照例治罪，不行拿送降四级调用。若接受具题审理者，将接受具题审理官革职。若不肖之官唆使劣棍，粘贴揭帖，或令布散投送，亦照粘贴布散揭帖之人例治罪。其匿名揭帖，不系两造对理，揭帖布散粘贴之人，该管地方官不行严加访拿，发觉，将司坊官罚俸一年，巡城御史罚俸半年。

捏报 003：雍正元年议准

在京书吏提塘人等，串通图利，讹造无影小钞，藉端吓诈，交与五城巡城给事中、御史、司坊官、顺天府、大宛二县，不时严行访拿，若不行严拿，事发，该巡城给事中、御史各罚俸一年，司坊两县官员各降二级调用。

捏报 004：乾隆十八年谕

前经降旨各省督抚，将传钞伪稿人犯，无论已未发觉，俱加恩免究释放，虽未尝区别官民言之，但传钞一事，在愚民无知，固有应得之罪，而首犯既伏厥辜，尚不妨曲为宽宥。若职官既列缙绅，见此大逆不道之词，当无不发指痛恨，且其真伪原属了然，岂有通仕籍阅钞报而不知此伪为者，是其罪实不得与愚蒙无识者等，正不可因有此旨，概置勿问也。今据江苏巡抚庄有恭奏，山阳县知县韩墉，湖南巡抚范时绶奏，提塘武进士萧引鹏，均于得稿之后，不据实首禀，辗转传阅，各请革职治罪，是各督抚原知职官之不与平民等也。韩墉、萧引鹏俱革职，照该抚等所拟治罪，并传谕各省督抚，自奉前旨以后，传钞各犯，除平民免究外，其已经究出到案之文员交吏部，武员交兵部，仍行照例定拟，汇齐归结，不必逐案具题。至于未经发觉者，俱从宽免究，用昭肆眚包荒至意。

捏报 005：道光十六年谕

近日外间传阅私钞，多有未经发钞之件，如本日某衙门直日，召见某人，科道某递封奏一件，此等探事恶习，本干例禁。朝廷政事，具有体制，其由内阁钞出各件，例得宣示，朕综理庶政，无事不可布告臣民。至事关严密，本非外间所得与闻，岂容任意讹传，概行宣播，且刊刻私钞，纤悉毕登，不但泄漏滋弊，甚非所以崇政体而昭严肃。嗣后著御前大臣饬令奏事处直班章京等，严行查禁，毋许再有讹传私钞，以昭慎密。觉查禁不力，仍蹈前弊，惟该大臣等是问。经此次饬禁后，如再有私行刊刻者，著步军统领衙门严拿究办，毋得视为具文。

捏报 006：咸丰三年谕

军机大臣面奏，查出刊刻报本，内有未经发钞折件，并将原折及报本呈览。朝廷政事，具有体制，凡内外臣工陈奏各件，其由内阁钞出者，例得宣示中外，至未经发钞之件，岂容任意传播。前据巡视五城御史凤宝等奏都城军备一折，军机处并未发钞，何以外间遽行刊刻，且字句间多有增减不符之处，其由何人私自传钞，必应严行查究。著内阁查明具奏，并著巡视五城御史明白回奏。

捏报 007：咸丰三年又谕

步军统领衙门奏：拿获刊刻并未发钞奏章人犯，请交部审办一折。罗祥、张义兴、王得均、王继远，均著交刑部审讯。所刊奏折，既据罗祥等供系吴廷溥交给刊刻，而凤宝等回奏折内，并未据实指名系何人发交，已属有心含混，且以报房前次漏刻谕旨等词牵砌入奏，尤为意存饰辩。给事中吴廷溥于并未发钞折件，辄即擅行刊刻，实属任意妄为，著先行交部严加议处。给事中凤宝、陈枚、玉山、联福，御史彭庆、钟隆庆、蔡征藩、孙鸣珂、志文，于回奏时声叙模糊，显有瞻徇情弊，均著先行交部议处。

捏报 008：咸丰四年谕

本日据军机大臣面奏，章京吴台朗，于昨日向恭亲王奕等禀称章京程恭寿，将柏葰审办伙买木植案内达谨等供单，私令供事钞录，送与庆锡家人，当将该员等传齐质问，委无确据，提讯该班供事，佥称程恭寿并未令伊等另行钞录，再三究诘，吴台朗亦自认怀疑，愿甘息事。复据程恭寿呈出自行钞录载龄等所奏沈祖望遗笔一纸，而于此次钞录供单，坚不承认，吴台朗意存攻讦，迨查无确据，辄敢起灭自由，谬妄已极。程恭寿于此案犯供，虽查无私钞实据，其呈出之件，亦系钦差查办要案，岂应钞录传播，其平日不知慎密，已属可见。光禄寺少卿程恭寿，礼部郎中吴台朗，均著即行革职。

吏部处分 163：遗漏行文〔例 1 条〕

漏文 001：同治二年谕

吏部对调知县，向系文选司移付考功司，查明有无事故分别准驳。此案戴锡福开复顶戴，系奉旨发钞之件，该司员漏未行文，亦未移付注册，及上年十二月间，文选司移付考功司查问戴锡福有无事故，该司员复不查明，率以戴锡福尚未开复处分付覆，实非寻常疏忽可比。所有经手遗漏之司员，著查取职名，交都察院严加议处。各该部院衙门分设各司，以专责成，遇有应行知会之处，理宜确切查明，随时知照，乃近来该司员等，因循疲玩，相习成风，于应办事件，漫不经心，毫无稽核，以致书吏夤缘为奸，藉滋蒙混，需索苟有不遂，虽以明奉谕旨之件，辄敢任意藏匿，迨公事办理两歧，始藉口遗漏以巧自掩饰，殊堪痛恨。嗣后各部院堂官，务须督饬司员，振刷精神，力除积习，稽察书吏，严定章程，傥仍有遇事延搁诸弊，即将经手司员严参，并将承办书吏严惩不贷，以清积弊。

吏部处分 164：严禁讼师〔例 6 条〕

禁讼师 001：雍正三年奏准

凡写呈词之人，止令写录实情控告，若教唆词讼，增减情罪诬告，并驾词越告，以致伤财害俗者，令地方官严拿，照律例从重治罪。若地方官失于觉察，该督抚访闻题参，将不报之地方官，照生监包揽钱粮该管官不行查出例罚俸一年。若明知讼师诱惑愚民，教唆诬捏等事，仍复徇畏不报，经上司访拿，将该地方官照奸棍不行查拿例降一级调用。

禁讼师 002：乾隆元年议准

嗣后如有讼师为害扰民，该地方官不能查拿禁缉者，如止系失于觉察，仍照定例议处。若明知讼师诱惑愚民，教唆诬捏等事，仍复徇畏不报，经上司访拿，将该地方官照奸棍不行查拿例降一级调用。

禁讼师 003：嘉庆十七年谕

州县为亲民之官，词讼原应速为审理，以免拖累，经朕时常降旨训饬，而外省因循疲玩，积习相沿，置若罔闻，或性耽逸安，怠于听断，或豫防翻案，冀免干连，以致讼师逞其伎俩，颠倒是非，往往起衅甚微，久且酿成巨案，而上控京控呈词，亦日渐增多，皆不肖州县官养成刁风，而督抚多徇情袒护，吏治民习，日坏一日，实深痛恨。督抚有整饬地方之责，著各严饬所属州县，尽心民事，以听讼之勤惰，断狱之迟速，分别劝惩，庶吏治修明，案牍渐稀，民风日臻淳朴。至缉捕要犯，定例分别初、二、三、四参处分，以次加严，原使承缉官自顾考成，不敢任意疏纵，乃近来州县官任内，有缉拿要犯之案，四参届限，往往设法通融，委署他缺，将处分移于接缉之员，遂至捕务废弛，奸徒漏网。嗣后各督抚于所属州县官，如有承缉要犯四参限满者，即按例题参，降调离任，毋得取巧瞻徇，通融规避，以严定制而肃官方。

禁讼师 004：嘉庆二十年谕

御史孙升长奏：严拿讼师以儆刁风一折。所奏是。狱讼之繁，多由讼师从中构衅，播弄愚民，拖累良善，并或勾通胥吏，把持官府，种种鬼蜮伎俩，为害滋甚。如该御史所奏，来京上控各呈词，字迹语句，如出一手，是其明证。朕闻都察院衙门附近，即有山东讼棍窝留其间，包揽词讼。城外各会馆庙宇中，亦有藏匿者。著步军统领衙门、顺天府、五城，一体密访严拿，获犯即交刑部严审重惩，外省地方官亦著严行查禁，以清讼源而正民俗。

禁讼师 005：道光五年谕

讼师包揽词讼案件，多方挑唆，以致一案化为数案，小案变成大案者，更为可恶。除访拿惩治外，凡案件审系虚诬者，必追究主唆之人，从严讯究。至京城辇毂之下，尤应肃清，前三门内外，如有奸棍讼师包揽京控之事，著步军统领、顺天府、五城，一体严拿务获，从重办理。

禁讼师 006：道光三十年四月谕

著通谕各省督抚学政，及在京步军统领衙门、顺天府、五城，各饬所属，认真访缉，查有刁衿、蠹胥、讼师、土棍，每犯必惩，严拿究办，以端风化而靖地方。

吏部处分 165：严禁淫词〔例 4 条〕

禁淫词 001：乾隆三年议准

凡坊肆内一应小说淫词，严行禁绝，将板与书一并尽行销毁。如仍有违禁造作刻印者，系官革职，买者系官罚俸一年。若该管官员不行查出，一次者罚俸六月，二次者罚俸一年，三次者降一级调用，仍不准藉端出首讹诈。〔后改为：该管官不行查出，每次罚俸六月，明知故纵者降二级调用。〕

禁淫词 002：乾隆三十年奏准

凡坊肆所刻《惊天雷相角》、《法家新书》、《刑台秦镜》及一切构讼之书，应尽行查禁销毁，不许售卖。如有仍行撰造刻印，该管官不行查出者，照禁止淫词小说例，每次罚俸六月。

禁淫词 003：道光十四年谕

御史俞焜奏：请申明例禁以培风俗一折。自来民俗之淳漓，由于平时之渐染，国家型方训俗，必将孝弟、忠信、礼义、廉耻大为之防，方可正人心而维风俗。如该御史所奏，近来传奇演义等书，踵事翻新，词多俚鄙，其始不过市井之徒乐于观览，甚至儿童妇女莫不饫闻而习见之，以荡佚为风流，以强梁为雄杰，以佻薄为能事，以秽亵为常谈，复有假托诬妄，创为符咒禳厌等术，蠢愚无识易于簧鼓，刑讼之日繁，奸盗之日炽，未必不由于此。嗣后著各直省督抚及府尹等，严饬地方官实力稽查，如有坊肆刊刻及租赁各铺一切淫书小说，务须搜取书板，尽行销毁，庶几经正民兴，奇衺胥靖，朕实有厚望焉。

禁淫词 004：同治十年谕

御史刘瑞祺奏：请饬销毁小说书板一折。坊本小说，例禁綦严，近来各省书肆竟敢违禁刊刻，公然售卖，于风俗人心殊有关系，亟应严行查禁。著各直省督抚府尹，饬属查明应禁各书，严切晓示，将书板全行收毁，不准再行编造刊印，亦不得任听吏胥藉端搜查，致涉骚扰。

吏部处分 166：举首诗文书札〔例 7 条〕

举首 001：乾隆三十年奏准

凡有举首诗文书札悖逆讥刺者，务令承审各官，细心推详。若止是诗文书札中字句一时失检，涉于疑似，并无确实形迹者，将举首之人，依律治罪。若承审各官，不行详察，辄波累株连成狱，将承审官照故入人罪律治罪。

举首 002：乾隆四十三年谕

据李湖奏：临湘县民妇黎李氏，呈控监生李大本私刻《资孝集》，语多僭越，又查出所作得失图，刊载坟山图形碑记，现饬提齐有名各犯，亲押赴省，彻底根究，从重定拟等语，并将图集进呈。朕详加披阅，《资孝集》中众人所作诗文，将伊母比之姬姜、太姒、文母，皆系迂谬不通之文，妄行用古，与今年巴延三所奏举人王尔扬代人作墓碑，率用"皇考"字样者，仿佛相似，并非狂悖不法如王锡侯之显肆悖逆者可比，本可毋庸深究，尤不宜概行提问，株累多人，但须讯明李大本平日武断滋事各款，如果属实，亦止须照现办刘翰之案问拟外遣，已足蔽辜。所有该犯亲属及集内有名之人，俱不必提究，仍将朕旨出示宣谕，俾众各晓，且令庸陋无识之徒，此后行文，各知检点，毋再故犯干咎。

举首 003：乾隆四十四年谕

据李湖奏：武陵县生员邓大廷，呈缴前任湖广提督俞益谟刊刻《青铜自考》一书，请销毁查办一折。阅其书，系俞益谟将伊历任奏疏及文移书启汇集而成，并无违碍，即该抚签出处所，亦止抬头款式未合，及字句偶失检点，此等乃常有之事，不足深责，况俞益谟本系武弁，原不能通晓文义，其所刻书籍，大抵皆庸幕及字识辈纂辑成帙，又岂能谙习体例，且刻出距今七十余年，其人物故已久，何必复行追究乎？但原书既经缴出，自应销毁，亦不必辗转深求，致滋纷扰。著传谕李湖不必查办。

举首 004：嘉庆四年谕

向来大逆缘坐人犯，按律办理，原以其实犯叛逆，自应申明宪典，用示惩创，至比照大逆缘坐人犯，则与实犯者不同，即如从前徐述夔、王锡侯，皆因其著作狂悖，将家属子孙，遂比照大逆缘坐定拟，殊不知文字诗句，原可意为轩轾，况此等人犯，生长本朝，自其祖父高曾，仰沐深仁厚泽已百数十年，岂复系怀胜国而挟仇抵隙者，遂不免藉词挟制，指摘疵瑕，是偶以笔墨之不检，至与叛逆同科，开告讦之端，复失情法之当。著交刑部，除实犯大逆应行缘坐人犯毋庸查办外，凡比照大逆人犯，其家属子孙或已经发遣，或尚禁图圄，即详细查明，注写案由，开单具奏，候朕核夺降旨。

举首 005：嘉庆四年又谕

据颜检参奏：原任工部主事魏若虚，因进京乏费，嘱托颜检出差通查牙行，以便各差役资送盘费等语，并将催办原札进呈。魏若虚以差查扰累之事，干请本省藩司，希图从中获利，颜检拒其所请，复敢以私书催促，实属卑鄙不堪。魏若虚著革职，交张诚基秉公审讯。

举首 006：道光八年谕

阮元等奏：查出谋刻石篆，并写造逆词之匪犯，分别缉拿审明办理一折。此案在逃之赵应陇，在越南小湖地方，起意谋为不轨，商同李映川编写逆词，至开化纠约，希图滋事，并王士林伪雕石玺，图往越南小湖，诓惑滋事，经生员李宗唐首报，该督等派委文武各员弁，将相连两起匪犯，访拿迅获，并案审明定拟。所办甚好。除李映川等犯，业经于审明后恭请王命，分别凌迟斩决枭示外，余著刑部速议具奏。生员李宗唐举首可嘉，著加恩赏给举人，准其一体会试。至王士林先后在滇黔犯事，现在首伙各要犯皆经拿获，仅逸余犯二三名，核其功过，尚足相抵。所有滇黔二省失察各地方官，俱著免其议处。其未获首逆赵应陇，是否匿迹越南，抑系潜逃内地，著该督等勒限严饬各属文武员弁，认真访缉，严拿务获，并在逃各犯及此外有无转纠逆犯，一体实力拿获究办，如限满无获，即著照例参处。

举首 007：同治五年谕

张开霁以湖北候补道员，献诗本省长官，内夹书函，语多要挟，及官文欲自行检举，咨明巡抚查办，该员复浼人央求，免其查办，实属不安本分。张开霁一员，著该督抚随时留心察看，如实有劣迹，即著逐令回籍，不准在湖北招摇生事，以肃官常。

吏部处分 167：修书错误〔例 11 条〕

修书 001：乾隆五十一年谕

四库馆进呈《八旗通志》一书，朕详加披阅，其《忠烈传》提要内，详载开国以来，列祖列宗褒奖功勋风励忠节之典，而于乾隆年间恩恤诸大政，俱阙而不载。如八旗阵亡官员，世职袭次已完，朕特加恩旨，赏给恩骑尉世袭罔替，而绿营官员阵亡议恤之例，止得难荫一次，非奉特旨加恩，不能得有世职，昨年降旨，凡阵亡人员，无论汉人及旗人之用于绿营者，总与旗人一体给予世职，即袭次已完，亦照例给恩骑尉，俾得赏延于世，盖以官员等力战敌忾，效命疆场，其义烈实堪嘉尚，是以特沛殊恩，使其子孙永承恩泽，懋答前勋，甚盛典也，乃《通志》内竟未登载，则将来此书之传，何足以羽翼国史，昭示来兹。再，志内所载壮尼大即护军校，他如昂邦章京阿思哈尼哈番之为子男，阿达哈哈番之为轻车都尉，拜他拉布拉哈番之为骑都尉，拖沙拉哈番之为云骑尉，虽不便擅改原文，亦当加按注明，或请朕指示，使后人开卷晓然，方为传信，岂多人无一思及此，但知迁延其事，以为领桌饭之计乎！是钞史非修史矣，前因辽金元三史，人地名原文俱系当时国语，而后之修史者不谙文义，率以不善语言为之译写，是以数年来，特命馆臣按照各史，不改其事，但将语言详加改正，锓板重修，遂使当时名爵山川，了如指掌。今以本朝之书，乃仍按原文开载，不为分析注明，开列凡例，以定章程，是为前史尽心改正，而于本朝反不经意，不几贻笑将来，传疑后世，办理太属疏漏。此书著交军机大臣会同该馆总裁，重加辑订，详细添注，加按进呈，候朕阅定后，再将文渊等阁陈设之书一体改正。所有承办此书之总裁及纂修等，俱著逐一查明，交部议处。

修书 002：嘉庆五年奏准

各馆修书，纂修官文理错误者罚俸三月，总裁罚俸一月。校对官不能对出错字，校刊官板片笔画错误，不能查出者，亦罚俸一月。

修书 003：嘉庆十年谕

昨据会典馆呈进事例，内有礼部冠服一本，抬头处于世宗庙号上一字写作"圣"字，当经签出，令总裁官自行议罪，并将纂修校对等官一并议罪。本日保宁等自请革职，并请将纂修汪德钺等革职，交刑部治罪等语。朕于各馆呈进书函，及各部院一切奏折本章，内有关系天祖典礼，必先盥沐启函，即寻常事件，恭遇列祖列宗庙号，自系大经大法所在，捧绎之余，敬畏严恭，实出于不自知，是以寓目倍加详慎，此内设有缮写错误字样，一经看出，若不指明查处，不惟朕心有所不敢，亦且有所不忍。从前屡有错误，节经降旨通谕，饬令一体敬谨详阅，免蹈愆尤。今进呈会典事例，于抬头字样复有讹写，可见诸事漫不经心，实非寻常错误可比，若照伊等自请处分，将大学士尚书八人概行罢斥，朕固不为已甚，然大臣等设豫存此见，以为即有错误，总可冀幸宽免，则此心即属不敬，遇事必多舛错，况进呈事件，钜细总当留意，若云伊等所管事务较多，无暇详阅，则朕躬揽万几，又何以事事必亲披览乎！此次书写抬头错误，既经朕指出，各总裁等安能辞咎？保宁、庆桂、董诰、朱圭、刘权之、德瑛、戴衢亨、长麟，均著加恩改为革职留任，八大臣中实心任事者必知悛改，因循保位者亦不过视为泛常，或谓朕过于苛细，亦未可知，自问于心，能无愧乎？朕于诸大臣恩意有加，现因书籍错误，大学士、尚书等八人，同时概予以革职留任，朕心已为之不怿，诸大臣等尤当仰体此心，时怀敬谨，用副成全，亦不但呈进书籍为然也。至总纂汪德钺，协修杨树基，校对边廷英，均系专办书籍之员，其咎更无可逭，均著革职，从宽免其交部治罪。嗣后该总裁等务须各思愧奋，于进呈书籍，倍当小心详阅。所有该馆进书章程，著保宁等另行妥议具奏，总在办理详慎，期于无误，不可欲速夸多，致涉草率。

修书 004：嘉庆十一年谕

前礼部进呈新修则例内，皇子谒陵典礼，所载袍服及仪注，有错误之处，特令详查更正。本日经礼部修改进呈，朕覆加披阅，内载"皇子至下马牌降舆马"字样，皇子从无坐轿之事，况谒陵乎？此又系率意混写，即"降"字亦非皇子所应用，则例内应将"降舆"字面删去，改为"至下马牌处下马"，以昭国家大体。又注内"琉璃门"讹写"璃琉门"，该部堂司官于遵旨改换书页，字数无多，竟不细心校勘，不知每日所看何书？所办何事？太觉疏忽，不以公事为重矣。礼部堂官，著传旨申饬，并交部察议，承办司员，著交部议处。

修书 005：嘉庆十七年谕

据武英殿御书处奏：校刻皇考《高宗纯皇帝圣训》告成，装函呈览。朕详细敬阅，内字画讹误处甚多，而讹误最重者，第二百四十四卷内世宗宪皇帝庙号，第十卷第三十一卷板心内高宗纯皇帝庙号，各讹写一字，并未详校刊正，大失敬谨之义。校书如扫落叶，鲁鱼亥豕，岂能无一字之讹，然在寻常书籍，过尚可原，至若实录圣训，关系祖宗谟烈所存，册府尊藏，用垂久远，校勘应倍加小心，况卷内恭书庙号之处，更当如何敬谨。朕每晨恭读实录，凡卷页内前后书写庙号徽称，必皆字字恭阅，如承昭鉴。近年来馆臣及部院衙门有讹写庙号者，并曾降旨严惩，且谆谆训诫，大小臣工自当共知儆惕，乃此次仍复漠不经心，急忽舛错，若律以大不敬之条，大小臣工，实不能当此重咎。此次格外从轻惩治，以昭炯戒。所有承校此三卷刻本之校对官大理寺评事曹江，内阁中书顾英，工部员外郎彭凤仪，俱著革职，发往乌鲁木齐效力赎罪，过六年后方准提奏，候旨施行。提调官编修陈鸿墀，在馆多年，兼办校勘，著革职。提调侍讲姚元之，到馆未久，著降为编修，仍罚俸二年。总裁英和、陈希曾二员，系翰林出身，校书悉所优为，乃不加敬慎，厥咎较重，亦应革职，姑念素行勤劳，著实降三级调用，英和仍留南书房行走，管理三山事务。仪亲王、大学士庆桂二人，系总理大臣，因年老不能照料周到，著退去管理武英殿御书处差使，仪亲王仍罚职任俸三年，庆桂仍罚俸三年。至其余讹错各处，内有"盱眙"二字讹写"日"字偏旁，查系原本错误，以致刊校相沿，此等处本无甚关系，若系寻常书籍，即可免议，惟系圣训内字画不能邀免，所有原充实录馆各总裁内，除庆桂、英和二人业已分别处分，德瑛、刘凤诰久经休致革职外，董诰、曹振镛，均著交部察议。此外承校错误应议各员，一并交部察议。

修书 006：嘉庆十七年又谕

嗣后实录圣训内，有字画讹误之处，其罚俸处分，俱毋庸议抵。

修书 007：嘉庆十九年奏准

各馆书成，奏请议叙，令总裁按其功课，分别一二三等造册，咨送吏部办理，概不准复用"超等"字样，违者降一级调用。

修书 008：嘉庆十九年谕

国史馆纂办臣工列传，向不按年分先后，以次进呈，其办理章程，本不画一。前日该馆进呈和珅列传，和珅逮问伏法，迄今已越十五年，始将列传纂进，已太觉迟缓，追详加披阅，其自乾隆三十四年袭官，以至嘉庆四年褫职，三十年间，但将官阶履历挨次编辑，篇幅寥寥，至伊一生事实，全未查载，惟将逮问以后各谕旨详加叙述，是何居心？不可问矣。和珅在乾隆年间，由侍卫洊擢大学士，晋封公爵，精明敏捷，原有微劳足录，是以皇考高宗纯皇帝加以厚恩，奈伊贪鄙性成，怙势营私，狂妄专擅，积有罪愆，朕亲政时，是以加以重罚。似此叙载简略，现距惩办和珅之时，年分未远，其罪案昭然在人耳目，若传至数百年后，但据本传所载，考厥生平，则功罪不明，何以辨贤奸而昭赏罚？国史为信今传后之书，事关彰瘅，不可不明白宣示，所有承办和珅列传之纂修官，著查明参奏，交部严加议处。其正副各总裁，校勘疏漏，均难辞咎，除陈希曾甫经到京，仍留原馆，毋庸交议外，董诰在馆年久，精神未能周到，著毋庸兼充正总裁，仍交部议处。景安现已年老，章煦甫经到馆，均免议处，毋庸兼充副总裁。著派曹振镛、托津、潘世恩，充国史馆正总裁，卢荫溥充国史馆副总裁，将该馆纂辑各事宜，妥立章程，加意整饬。其和珅列传，著另行详查，编次进呈。钦此。遵旨议奏：删纂和珅列传之编修席煜请革职审讯。奉谕：顾莼原纂和珅列传稿本内，本载有事实四条，皆和珅罪状，仰奉皇考高宗纯皇帝饬谕，加以谴责者，葛方晋节去三条，席煜节去一条，其居心实不可问。除葛方晋业经身故外，席煜前已革职，著即行押解回籍，交江苏巡抚张师诚严行管束，令其闭门思过，不准外出，并留心稽察，如有怨望诗文，即奏闻将该革员拿问治罪。

修书 009：嘉庆二十四年谕

朕前命纂办《石渠宝笈续编》，以南书房翰林英和、黄钺、姚文田三人董其事，复于翰林中选派吴其彦等八人随同编缉，书成时，英和自请捐赀缮录陈设本十份，并因伊所管事务较繁，奏明不能自行校对，仍责成吴其彦等八人分册详校，各于卷后注明何人恭校，以免推诿。嗣于装潢进呈后，将乙部一分陈设御园，以备披览，朕于几余不时检阅，藉以遣暇。此内吴其彦、张鳞、吴信中所校各册，讹误尚少，其余字画脱落，偏旁错误，经朕逐条签出者，每册多有。惟龙汝言所校，已积至百余处，均发交南书房随时更正，从未加以谴责。昨阅至第二十函第一册内，恭载高宗纯皇帝庙号，帝字脱落，非寻常错误可比，不可不加以惩处。英和虽未能自校，亦难辞咎，著罚尚书俸三年。龙汝言精神不周，办事粗疏，毋庸交部议处，著即革职回籍。

修书 010：嘉庆二十五年议准

武英殿修改误字，一千字限二十日。

修书 011：道光三年谕

庆祥奏：《新疆识略》校有误刻字样，请饬更正一折。《钦定新疆识略》书成，前经颁赏，该将军辄拣派废员陈孝宽照缮，签出各处误刻字样，将原本粘签进呈，万里之外，驰递已颁图书二函，已觉可骇，及至拆阅折奏，无非吹毛求疵，点画讹误，并无关于切要，曷胜愤闷。庆祥受皇考特达之知，畀以重任，虽日有孜孜，抚绥二万里之边陲，犹恐智不周而力不逮，不料伊反尽心校对文字，太不知轻重也。庆祥著传旨申饬，其递到《新疆识略》，经朕签驳多处，仍著发还。

吏部处分 168：僧道度牒〔例 9 条〕

度牒 001：乾隆四年奏准

僧尼道士，凡有事故，将原领牒照追缴，毋许改名更替，但恐地方官漫无觉察，以致不肖僧道，将已故之牒照暗行隐匿，将现在之牒照私相授受。应责成地方官不时稽察，其应缴牒照，年终汇缴，不得遗漏，如有隐匿影射情弊，地方官不行查出，照失察例罚俸三月，僧道勒令还俗。僧道必年逾四十，方准招受生徒一人，如年未四十，即行招受，及招受不止一人，地方官不行查明，照失察例罚俸三月，所招生徒勒令还俗。

度牒 002：乾隆四年又奏准

各省地方官，遇有真人府法官传徒散帖之事，不行拿究及混行详请咨部者，府州县官罚俸一年，督抚司道罚俸六月。至嗣教真人，如有差委法官前往各省开单传度之处，咨部请示，礼部堂司官混行咨准者，将该司官罚俸一年，堂官罚俸六月。

度牒 003：乾隆三十九年谕

僧道度牒，本属无关紧要，而查办适以滋扰，所有礼部奏请给发度牒之处，永远停止。

度牒 004：乾隆四十一年覆准

选充僧纲道纪，令地方官选择实在焚修戒法严明者，取结咨补，遇僧道官犯事，即将原结送之地方官，照不行查明给结例罚俸一年。

度牒 005：乾隆四十一年议准

各省地方官，遇有真人府法官在彼开坛度牒等事，不行查禁，将州县官罚俸一年，府州罚俸六月，道员罚俸三月。

度牒 006：嘉庆二十年谕

刑部连日研讯王树勋一犯。据供：前在广慧寺为僧时，开堂说法，曾有官员及举人生员等数人皈依受戒，现任仓场侍郎蒋予蒲，亦在受戒之列等语。该犯假说佛法，耸惑听闻，从前破案时，办理轻纵，兹经供指确凿，不可不加以惩处。蒋予蒲尔时已为内阁侍读学士，系四品京堂官，乃惑于异说，受彼五戒，实属有玷官箴，无颜出仕，蒋予蒲著即革职。此外被惑之人，除已故者毋庸置议外，其余俱应斥革，著刑部查明参办。其王树勋供词，审讯明确，著即按律定拟具奏。钦此。遵旨议奏：请将王树勋发往黑龙江充当苦差。奉旨：先在刑部枷号两个月，再行发遣。

度牒 007：嘉庆二十年又谕

张师诚奏：遵旨传询宋镕，据称前在京候补道员时，曾至广慧寺与僧人明心相识，并无受戒情事，后在芜湖道任内，伊来募化，给过银五十两，嘉庆十七年，有知府王树勋进京来谒，询知即系明心还俗捐官等语。宋镕前与僧人明心往来，并无受戒情事，尚不至干吏议，迨后王树勋来谒时，伊身任卿贰，且刑部职司法纪，如系僧人蒙捐职官，即应参奏，况曾经犯案枷杖，尤为有玷名器，乃匿不举发，实属有心徇隐，宋镕著交部严加议处。

度牒 008：嘉庆二十年三谕

马慧裕等遵旨明白回奏，并自请处分一折。王树勋以犯案僧人，改名蒙捐职官，洊升知府，在楚省多年，马慧裕等既风闻该犯从前有为僧之说，并闻人呼为妖道，且察其才具不胜方面之任，早应据实参奏，乃因循迁就，殊乖实心任事之义。马慧裕、张映汉，俱著交部议处。

度牒 009：道光三十年七月谕

此案薛执中以道士屡次改名易装，藉医招摇，行迹诡秘，到处煽惑人心，所写书信，擅议时政，妄谈休咎，情词尤为狂悖，即立正典刑，亦属罪无可逭。惟念朕御极之初，法外施仁，稍从末减，薛执中著从宽定为斩监候，秋后处决，仍著刑部随时查察，如该犯在监复有不法情事，即行奏明正法。

吏部处分 169：年号地名官名人名不准率行减写〔例 1 条〕

减写 001：光绪十三年谕

内外臣工章疏，声叙各省地名及臣下衔名等类，均应全写。溯查乾隆、嘉庆、道光年间，叠次钦奉谕旨训饬，不准率行减省，允宜永远恪遵，乃近来奏疏，往往任意减写，如科布多仅称为科，塔尔巴哈台仅称为塔，吉林、黑龙江、热河仅称吉、江、热之类，不胜枚举。至乌鲁木齐、乌里雅苏台，均称为乌，更属漫无区别。又如司道但称某司某道，府县但称某守某令，殊失君前臣名之义。本朝年号，尤应敬谨全书，如"乾嘉道咸"字样，私家著述，偶有省文，岂可登诸奏牍。嗣后内外各衙门陈奏事件，于年号、地名、人名等项，务当全行书写，不准减文，致乖体制。

吏部处分 170：服饰违例〔例 46 条〕

服饰 001：康熙十一年议准

凡违例越分僭用服色者，系官革职，其违禁之物入官。如该管官不行稽察，被旁人获首到官，审实，将违禁之物给予获首之人，其族长系官罚俸三月。若家下奴仆违禁者，奴仆之主，系官罚俸三月。其五城司坊官失察者，每次罚俸三月。该城满汉御史失察者，每事犯二次罚俸三月。直隶各省军民违禁，该督抚失察三次罚俸三月，司道失察二次罚俸三月，府州县官每次罚俸三月。

服饰 002：雍正五年议准

凡属员谒见上司，遇公服之日，止用补服，不许擅用朝衣，违者，皆照错误礼节例议处。

服饰 003：雍正七年谕

百官章服，皆有一定之制，所以辨等威昭品秩也，向来屡申禁约，不许逾分滥用，以开僭越之端，定例昭然，各宜遵奉。闻近来服色、顶戴及坐褥、顶马、繁缨之属，又有不按定例，任意僭越者。御史有稽察部院之责，而各御史中即有参差不齐之处，是己身先有逾分违例之咎，又何以弹劾他人。嗣后紫禁城内著三旗侍卫稽察，大城内著步军统领稽察，外城著五城御史稽察，倘有违例僭越之人，而侍卫、统领、御史不行参奏，别经发觉者，将稽察之员一并处分。

服饰 004：雍正八年谕

大小官帽顶、补服、坐褥等项，各宜遵照现任品级，不得僭越，从前已降谕旨，后因御史等查奏文武官员，内有补服与顶戴不相符者，朕又降旨，顶戴等项，各按本分品级，不得计算加级，所颁谕旨甚明。近闻文武官员，仍有越制擅用者，该管官查问时，则引从前准算加级之例，掩饰支吾，甚属不合。嗣后内外文武大小官员，顶戴、补服、坐褥，悉照本身现在品级，不得指称加级，以开僭越之端。在京著有稽察之责者严行稽察，在外著该管上司稽察，倘仍复不遵，除将本人议处外，其失察之员亦一并处分。

服饰 005：乾隆二年议准

各省官民服饰，自定制之后，凡有违者，王公由宗人府稽察参处，文武大臣由吏部兵部稽察参处，各衙门官员由该管官查参，按其情罪轻重，分别处分，违式之物入官。

服饰 006：乾隆四年覆准

官员违例错用帽顶、补服、坐褥者，〔寻增为：错用帽顶、补服、坐褥、顶马等项，无僭越情事者。〕皆罚俸六月。

服饰 007：乾隆五年奏准

京官礼部司务、〔寻增为：主事司务。〕太常寺博士、典簿、读祝官、赞礼郎、鸿胪寺鸣赞、光禄寺署正、署丞、国子监监丞、博士、助教、学正、学录等官，恭遇坛庙执事，殿陛侍仪之时，准其悬挂数珠，其平常在署，仍按会典定制遵行，不得越分擅用。如有寻常无事之日，悬挂数珠者，一经科道查参，照违制律议处。

服饰 008：乾隆十年覆准

吏员僭用补服，干谒地方官者，照例革去职衔。〔寻增为：地方官不能查出，照失于查察例罚俸一年。若已经查出，瞻徇情面，不即举报，照徇情例降二级调用。〕至州县佐杂等官，均有地方之责，理宜关防严肃，如有与在籍吏员，往来请托，有玷官箴者，事发，照因事嘱托例革职。

服饰 009：乾隆三十七年谕

御史条奏：七品以下官生帽顶，不遵定制，概用素金，嗣后编检、知县等官，改用蜜蜡顶一折。所奏原为慎重等威起见，但从前议定顶式，分别衔品，著在仪章，差等本为详备，今因官生等妄意希荣假借，乃不先惩其违制之咎，而转欲纷更品目。增出蜜蜡一顶，则事涉烦琐，可不必行，但内外督抚部臣，俱留心查察，即需次京城，未登仕版各员，亦有步军统领及五城御史等各衙门可以随时稽察。嗣后傥有故违成式，戴用混淆，不分金银花素，如该御史所奏，即行参革治罪，以重名器。

服饰 010：乾隆三十七年奏准

八旗官兵服制，礼部将旧定章程，刷印传示，各按品级服用，毋得争尚浮华，任意奢僭，如有不遵定制，即照违制律议处。

服饰 011：嘉庆五年谕

给事中邱庭澍奏：严禁僭用帽顶一折。据称：每月验看月选官，及新捐分发试用人员，八九品及未入流各官，俱僭用七品金顶。又近见街市各色人等，缨帽上俱用红绒结顶，并有棍徒等假冒官职，戴用金顶，均请严禁等语。所奏甚是。此弊由来已久，朕在藩邸，曾经目睹。国家设官分职，等威本自秩然，冠服仪章，岂容稍有僭越，《会典》所载甚明。乃近日八九品及未入流人员，往往僭戴七品素金顶，并有无职人员，随意戴用者，此等陋习，朕向有闻见，该给事中奏请严禁，甚为得当。嗣后八九品及未入流帽顶，俱谨遵《会典》分别戴用，其补服亦应按照定制，毋许稍有僭越。京城内外著交步军统领衙门及五城御史，各部院衙门著交该堂官，各省著交督抚等，留心查察，勒限更换，违者立即参奏示惩。至外间民人，凉暖帽上，俱用红绒大结，尤属非是，并著一体饬查，严行禁止，俾冠服各有等差，官联益昭整肃。其游手棍徒及逃匪等，有假充职官，戴用金顶者，亦照该给事中所奏，实力严拿，毋任宵小弊混。

服饰 012：嘉庆七年谕

番役专司缉捕盗犯，原与隶卒无异，凡各衙门皂役人等，例不准其为官，其子孙亦不准应试，则番役自应比照此例，以昭画一。乃从前步军统领，往往因番役拿获要犯，辄奏请赏给顶戴，如番子头目马凯，即浒赏守备职衔，且番役子孙，并有应试出仕者，殊不足以别流品而重名器。嗣后步军统领衙门，遇有番役缉捕勤奋，止准量加奖赏，即实有拿获要犯者，亦止可从优加赏，毋许给予顶戴，傥再行滥请，即以违制论。

服饰 013：嘉庆七年又谕

朝会大典，一切服色，岂容僭越。昨日派出喜起舞之三等侍卫世泰，向伊戚郑亲王乌尔恭阿借用带版，乌尔恭阿不应即将亲王朝带版借给，而世泰亦不当辄行僭用，均属非是。乌尔恭阿著交宗人府严加议处，世泰著交领侍卫内大臣严加议处。

服饰 014：嘉庆七年三谕

从前行营扈从之都统副都统等所穿马褂，均系各按旗色，原为所属人等易于辨识，今该员等多不按旗穿用，有失旧制。嗣后凡遇随围，除都统毋庸按旗穿用外，其未赏穿黄马褂之副都统等，俱照旧制穿用。著为令。

服饰 015：嘉庆八年谕

御史花良阿奏：外省知县，身膺民社，时有祭祀典仪，请仿照赞礼郎加衔之例，准戴六品衔顶，挂用朝珠等语。所奏殊属不通。向来恭遇坛庙大祀，朕亲诣行礼，赞礼郎等官，因在朕前执事，是以准换六品衔顶，挂用朝珠，并赏穿貂褂，以崇体制。至外省知县，虽有承祭礼仪，止系寻常祀典，获与执事，何得援引比例，辄请一体换用衔顶朝珠，变更旧例乎！原折著掷还。

服饰 016：嘉庆十一年谕

近来八旗子弟，往往沾染汉人习气，于清语骑射不肯专心练习，抛荒正业，甚至私去帽顶，在外游荡，潜赴茶园戏馆，饮酒滋事，实为恶习。嗣后八旗官员等，如有不戴顶帽，在外游荡者，是既不以职官自待，又与平人何异，该管地方官员，即当查拿究治，以示惩诫。

服饰 017：嘉庆十一年又谕

前因佟关保兄弟，以现任职官私去帽顶，在城外饮酒滋事，当经从严惩办，并明降谕旨，令旗员子弟等，务各谨慎自爱，以饬官方。乃甫阅数月，复有伦布在外揪扭，并不戴用顶帽之事，积习相沿，殊为可恶，若不明示例禁，仍恐不肖之徒，不自检束，必有复蹈故辙者。嗣后现任文武大员以及职官，如有私去顶戴，出外行走之事，是已不以职官自居，一经查明参奏，即著降调示惩。傥复另有游荡滋事情节，著先行革职，再候究办。即宗室王公，不自检束，竟有私行游荡之事，亦照此例办理。自此次训谕之后，各宜顾惜名器，慎毋自取侮辱，以副朕教诲谆谆至意。

服饰 018：嘉庆十一年三谕

近日有蓝翎侍卫伦布与笔帖式庆云，在街斗殴一案。因伦布并未戴翎顶，所以将伦布革职示惩，并特降谕旨训饬文武官员，嗣后傥有不戴翎顶闲行者，一经查出，即著降调，如另有游荡滋事等情，著即革职，再行审办。今伦布及从前在城门官厅咆哮之佟关保弟兄，皆系粘杆处侍卫蓝翎侍卫整仪尉，可见该领侍卫内大臣、銮仪卫大臣、粘杆处大臣，显系平日于该管之侍卫、章京，并不留心约束教导，虽经如此降旨训诫，该管大臣等不过将此旨阅看后，传令晓谕各侍卫、章京等而已，而各侍卫、章京等或竟有不得闻见者。著交领侍卫内大臣、銮仪卫大臣、粘杆处大臣等，务将该管侍卫、章京等传齐，著伊等恭传此旨，一一面加教导，训饬遵行。经此次训谕后，傥有违旨仍不戴翎顶，在外闲行，或游荡滋事者，一经拿获，先将该管大臣等曾否传旨训饬该员之处究问，如该管大臣等业经传旨训饬，止将该员照从前所降谕旨治罪。若该管大臣等并未传旨训饬，不但将该员治罪，并将该管大臣一并治罪，决不宽贷。再，随围之侍卫、章京官员内，朕曾见有不戴翎顶，及露首坐食街市者，即使无力，不能携带火食，亦当在街市买至下处食用，岂有身系职官，竟不戴翎顶坐食街市之理乎？著交总理行营王大臣等，通行晓谕，嗣后凡在行营随往之侍卫、章京官员等，傥仍有不戴翎顶，露首街市，游荡吃饭者，该总理行营王大臣等立即拘拿，指名参奏治罪，断毋徇隐。

服饰 019：嘉庆十一年四谕

成都将军庆成，此次陛见来京，朕于召对时，念及伊剿捕邪匪，曾经杀贼立功，身受两伤，节经施恩优渥，因降旨询问，曾否赏过双眼花翎，缘事革去。据庆成奏：伊于乾隆五十三年，在副将任内，随孙士毅出兵安南，曾经赏给总兵衔，得有双眼花翎，在任已经戴用，嗣奉谕来京，伊先见和珅，和珅告现已撤兵，不应戴用，伊是以不戴，屡蒙召见，总未言及。又嘉庆二年，剿捕邪匪，拿获贼首刘启荣解京时，高宗纯皇帝欲赏伊双眼花翎，又经和珅奏止等语。及询以此语闻自何人，又不能指出，因命军机大臣传旨询问，伊随征安南时，究因何事赏戴双眼花翎。据称：因带兵过富良江，直抵黎城，较众出力，是以赏给，并称此次恩旨，系孙士毅于具奏恳辞公爵及宝石顶戴折内，仰蒙朱笔批回等语，经军机大臣据以入奏。朕当觉其语涉荒唐，即庆桂等亦佥称所言未必可信，随命将从前办理安南军务时谕旨档案，并朱批孙士毅具奏原折，详细检查。本日据庆桂等奏称：详查谕旨奏折，俱无此事。朕亲自恭阅，实无此旨，奏折内亦无此朱批，因又命军机大臣传旨诘问，伊初犹托词系由孙士毅在彼札知，其原札因日久无存，迫加以驳询，始称委缘希冀邀恩，信口诳奏，今既查明，自问实属冒昧，恳求治罪等语。我皇考所行大经大法，朕实不逮万一，然亦非痴愚闇弱之主，庆成丧心病狂，任意面欺，殊出情理之外。双眼花翎，逾格懋赏，非将佐偏裨所可幸邀。庆成随征安南时，止系副将，因拿获贼匪陈名炳，经孙士毅保奏赏戴花翎，以应升之缺升用，并未先给总兵升衔，焉能遽邀旷典？如果曾经赏戴双眼花翎，伊回京时并未奏缴，彼时留京供职，洊擢副都统、侍郎，在乾清门侍卫上行走，岂有不蒙垂询之理？况当日果有特恩赏锡，岂和珅一语即能撤去？即如所言，庆成于拿获刘启荣时，业经用至大员，蒙赏双眼花翎，和珅尚行奏止，则伊在安南随征时，止系副将，和珅岂有转不奏止之理乎？是其前后所言，自相矛盾，理屈词穷，更无可置喙矣。庆成前在军营，曾获罪谴，经朕弃瑕录用，擢至成都将军，职分优崇，乃在朕前恣行欺罔，昧良辜恩，莫此为甚。伊前此带兵时，于一切奏报打仗杀贼，其谎饰之处，不知凡几，挟诈冒功，视为惯技，今于朕前，尚敢如此面欺，无所忌惮，竟系天夺其魄，使其虚诳之罪自行败露，实属罪由自取，受谴更何所辞？庆成若非屡立战功，且曾经受伤，应即拿交刑部，按欺罔律治罪，定拟上时，竟当即予正法，姑念庆成前在三省军营，虽多粉饰，但既受伤，朕心究觉不忍。功疑惟重，姑从宽赏其一线，庆成著革职，发往黑龙江效力赎罪，并著派乾清门侍卫格布舍阿那保，军机章京福绵，押交兵部，令其即日起身，其前日恩赏缎纱匹等件，均行追缴。朕念其劳，姑薄其罚，内外大小臣工，如有似此丧心欺罔者，必执法无赦，毋谓可以概邀宽典也。

服饰 020：嘉庆十一年五谕

玉庆奏：查出私赏土尔扈特和硕特通事顶戴，历任喀喇沙尔办事大臣一折。朝廷名器，如有应行鼓励人员，自应奏明赏给。乌尔图、纳逊那、清保、麒麟保，私赏通事四名六品顶戴，甚属非是。乌尔图、纳逊那、清保既已身故，麒麟保业经获咎，俱免深究。著玉庆晓谕该通事等，以尔等顶戴，皆系前任大臣私行赏戴，并未奏明，今经查出，应即裁撤，大皇帝念尔等数年来一切差使，均属奋勉，著加恩降一等，赏给七品顶戴。嗣后凡有当差奋勉，应赏顶戴者，该大臣等奏请先赏金顶，果能加倍奋勉，再行奏请赏给六品顶戴，不准私自赏给。

服饰 021：嘉庆十一年六谕

本日据领侍卫内大臣等参奏：御前大臣丹巴多尔济，因大学士朱珪召对之后，行至月华门，步履蹇滞，辄唤令南书房太监等用木橙昇出，大昧体制，请旨惩办等语。所奏甚是。前此嘉庆五年，朱珪因彭元瑞在西华门内坠马跌伤，不能行动，将轿唤入，令彭元瑞乘坐而出，经御史周杙参奏，将朱珪交部议处。彭元瑞系跌伤昏闷之时，情有可原，交部察议。彼时彭元瑞乘轿处所，附近西华门，不过在紫禁城之内，距大内尚远，即经御史参奏惩处，今月华门地方，距乾清宫咫尺，丹巴多尔济辄令用木橙将朱珪昇出，尤乖体制。在朱珪筋力衰颓，精神恍惚，当太监等昇出之际，伊亦全然不知，情稍可原，丹巴多尔济是何居心，紊乱体制，伊非不知轻重者可比。除太监二人重责发下贱当差外，丹巴多尔济著交部严加议处，朱珪著交部议处。

服饰 022：嘉庆十二年谕

前经降旨，令官员等不得私去顶戴，于酒楼茶社恣为嬉游，原统满官汉员概为禁谕。近来八旗官员，皆改从前积习，惟汉员尚有私去顶戴，便服赴园观剧及挟优饮酒等事，实于官箴有玷。著再行申禁，以肃官方，如再有违犯者，即当严行参办。

服饰 023：嘉庆十二年又谕

玉庆奏：确查弁兵越级戴用官顶缘由一折。据称：检查新疆档案，并部颁则例，回疆并无比照军营弁兵加等戴顶之例，亦无从前赏给弁兵加等戴顶之案，止查有乾隆五十六年，德勒克札布任内起，以及历任大臣，指放金顶随营外委各堂印执照，至守备姜大凌，从前所用四品顶戴，系明兴当堂分付，以回疆有加等顶戴之旧规，与外委周廷弼一同受赏，并无劳绩，亦无贿嘱情事等语。官员顶戴，名器攸关，岂容稍有僭越，闻新疆相沿陋习，文职部员及笔帖式等顶戴俱僭越二级，营员备弁以下顶戴俱僭越一级，以及兵书吏皆有顶戴之事，并未见诸例文，当日曾否奏明，奉有特谕，事隔多年，均无可考，此在新疆甫经平定之时，或因弹压外藩，藉肃观瞻，尚属一时权宜，今新疆久隶版图，与内地无异，中外大小官员，其品级皆有定制，岂可不明示等威，以彰画一，乃历任新疆办事大臣，均沿该处旧习，任听官员弁兵人等僭用顶戴，实属非是。著传谕各路新疆办事大臣，除将现在官员弁兵等所用越级顶戴革除外，此后不准再越级戴用，其未经年满书吏亦毋许擅给顶戴，外委不得例外增添，违者著照违制例加倍惩处。再，向来派往新疆守卡各员，因侍卫、章京人少，往往即派拜唐阿前往，该拜唐阿到彼后，皆戴用蓝翎侍卫顶戴，及年满回京，仍将翎顶撤去，似此翎顶忽戴忽撤，亦不成事，且近于虚伪，非所以崇尚实政。嗣后新疆管卡各员，均著由侍卫、章京派往，如侍卫等一时乏人，著即在拜唐阿内择其人才出色者，拟定正陪，带领引见，挑补蓝翎侍卫额缺，再行派往。至此事明兴、德勒克札布二员，前于玉庆初次查奏到日，传到军机处询问之时，据明兴称守备姜大凌，外委周廷弼，均未给予越级顶戴，德勒克札布亦称事隔多年，不能记忆清楚等语。今据玉庆讯明，姜大凌、周廷弼越级顶戴，系明兴当堂分付，伊二人所供相同，而该处给发虚顶执照，起自乾隆五十六年德勒克札布任内，明兴、德勒克札布给予弁兵等越级顶戴，犹系因循陋习，咎尚可宽，惟于传旨询问之时，并不据实登答，伊二人皆曾任大员，饰词卸过，不可不示以惩处。明兴、德勒克札布，均著革去笔帖式，发往热河充当马甲，交与庆杰严行管束差委。

服饰 024：嘉庆十五年谕

近来升擢各员，均于谢恩召对后，方换新衔顶戴，因思废员内有本无顶戴，现在加恩录用者，若于谢恩召对时不用顶戴，进内行走，殊于体制未协。嗣后如无顶戴之废员，经朕擢用，著即用新衔顶戴，赴宫门谢恩。倘遇朕赴园进宫及传膳办事之日，俱于道旁碰头后，再用顶戴，豫备召对。著为令。

服饰 025：嘉庆十七年谕

福克精阿奏：西宁办事大臣衙门主事笔帖式，请用加二级顶戴，并请将通事头目六名，准戴金顶一折。所奏非是。从前新疆甫隶版图，派往办事章京，有暂用加级顶戴者，嗣因该处办事大臣，有私给回目兵丁顶戴之事，改定章程，通饬不准私用加级顶戴，著为定例。至西宁尤属内地，福克精阿甫历外任，率请将该衙门主事笔帖式赏用加级顶戴，此端一开，若各处皆纷纷渎请，殊乖体制。福克精阿受人怂恿，妄意市恩，糊涂胆大，所请不准行，并著传旨申饬，仍交部议处。至通事头目六名，请赏戴金顶，亦属过多，著准其于通事头目中，择其能事出力者，赏给金顶二名，作为定额，遇缺拣补，以昭限制。

服饰 026：嘉庆二十一年谕

朕风闻鄂勒哲依图、索特纳木多布斋二人近日坐轿，并见鄂勒哲依图穿用皂靴。伊等均系蒙古，且现任御前大臣、领侍卫内大臣，亦属武职，并无坐轿之例。从前拉旺多尔济、丹巴多尔济坐轿，系特恩所赏，今鄂勒哲依图、索特纳木多布斋未奉谕旨，即私行坐轿，且鄂勒哲依图私穿皂靴，贪尚安逸，殊属不合，著传旨申饬，仍交理藩院议处。

服饰 027：嘉庆二十三年谕

朕恭阅皇考《高宗纯皇帝实录》，内载乾隆五年六月谕：国家章服之制，所以辨等威，重名器，朕访闻原任提督杨凯，原任总兵杨谦，俱系获罪革职之员，今在扬州本籍，仍戴红顶花翎，出入衙门，似此违越制度，不安本分，不可不加以惩儆。著将杨凯、杨谦，交该督抚照例拟罪，并通行各省督抚，遇有革职人员，妄戴顶帽花翎蓝翎者，据实题参等因。钦此。仰见我皇考慎重名器至意，朕本欲再行宣示，以肃朝章，本日适正红旗满洲都统仪亲王参奏原任总管常海，系部议降调应补护军校之员，仍戴三品翎顶，请交刑部办理。常海违制僭用翎顶，著交刑部照例治罪。朕并闻近日降调大员内，有仍僭用原官顶戴者，著该管官随时查察，如有似此违制僭越者，即行据实参奏，毋稍徇隐。

服饰 028：嘉庆二十五年谕

御史邱家炜奏：请定迎送官员服色一折。据称：本年正月初三日，各官诣午门前恭候跪送，或服蟒袍补褂，并有止服补褂，及常服挂朝珠者，至黎明时，始据礼部、鸿胪寺令穿蟒袍者排班，余皆撤退等语。礼部职司典礼，遇有迎送差使，自应将例穿服色，先行传知各衙门，以免参差，此次殊属疏略。嗣后銮舆出入，午门前迎送各官，是日应穿何章服，著礼部俱查明定例，先期知照各衙门一体遵行，用昭画一。

服饰 029：嘉庆二十五年又谕

本日据阿克当阿代庆郡王绵慜转奏：伊府中有毗卢帽门口四座，太平缸五十四件，铜路灯三十六对，皆非臣下应用之物，现在分别改造呈缴。国家设立制度，辨别等威，一名一器，不容稍有僭越。庆亲王永璘府第，本为和珅旧宅，此等违制之物，皆系当日和珅私置，及永璘接住以后，不知奏明更改，相沿至二十年之久，设当永璘在日查出，亦有应得之咎。今伊子绵慜，甫经袭爵，即知据实呈报，所办甚是。所有毗卢帽门口，该府业已自行拆改，其交出之太平缸、铜路灯，著内务府大臣另行择地安设，并通谕亲王、郡王、贝勒、贝子及各大臣等，《会典》内王公百官一应府第器具，俱有定则，以昭限制，如和珅之骄盈僭妄，必致身罹重罚，后嗣凌夷，各王公大臣等均当引以为戒，凡邸第服物，务恪遵定宪，敬慎自持，宁失之不及，不可稍有僭踰，庶几久膺爵禄，永保令名也。

服饰 030：嘉庆二十五年三谕

那彦宝奏：审讯已革教谕李训控案，该革员仍戴顶帽，不服审问，当堂挺立，大肆咆哮，现将该革员除去顶帽，锁铐收禁等语。此案自上年八月，据程国仁参奏，当即降旨将李训革职，交该抚审办，乃数月未经审结，已属迟延，又不将该革员摘去顶戴，严行管押，任其公然戴顶，出入自由，此与未经革职者何异？是该革员之敢于当堂咆哮，不服审讯，皆程国仁因循软弱，纵之使然。属员既不畏上司，小民复不畏官长，坏法乱纪，端有由开，程国仁岂能复胜侍郎之任？著以六部郎中降补，以为大员不遵法度，市惠沽名者戒。

服饰 031：道光二年谕

近来京外各官，遇有迁擢，皆于召见及接奉批折后，始换升衔顶戴，本非旧制。嗣后京外升任人员，京官自奉有谕旨，外官自接到部文后，著即换用升衔顶戴。

服饰 032：道光四年谕

富纶参奏：前任办事大臣私给布噜特等顶戴一折。从前玉德、巴哈布并未具奏，擅令布噜特、额依穆尔伯克等戴用金顶，甚属非是。玉德业经病故无庸议外，巴哈布著交部议处。布噜特、库渠桂等，帮办该部落事务尚好，今既多年，著加恩库渠桂、额依穆尔伯克、库纳克拜，仍赏戴金顶。嗣后遇有此等事，必须奏明，候朕施恩，如再有私给顶戴者，一经查出，定行交部严加议处。

服饰 033：道光六年谕

四子部落王伊什楚克噜布，被控僭用黄伞等款，均已供认。任性妄为，实属溺职，著即革职。

服饰 034：道光八年谕

前因七品以下人员，违例僭用素金帽顶，应严行禁止，谕令大学士九卿详查妥议。兹据奏查明历届改定章程，至嘉庆五年议准后，分明详备，实足以示区别而辨等威，所有七品用素金顶，八品用阴文镂花金顶，九品未入流用阳文镂花金顶，及由进士举人出身，除授八九品小京官教职者，仍用进士举人顶戴，其由进士举人出身，降补佐杂等官者，各照现任品级戴用，其大衔借补小秩者，各照本衔戴用各条，俱著照嘉庆五年原议，分别遵行。至举人一项，应照七品官例，戴素金顶。贡生一项，应照八品官例用阴文镂花金顶，毋庸更用银托。生员、监生，仍戴用银顶。武职八品以下顶戴，与文职同，俱著照所议画一办理，并著通谕内外各衙门，申明例禁，务当实力稽查，行之久远。在京文职各员弁，责成该部院寺各堂官及步军统领，各将所属随时查察，毋得视为具文。外省文武，由吏兵二部，行文各该省将军、都统、督抚、提镇，认真查办。生监等责成国子监堂官及直省学政，严切晓谕，俱著勒限半年，一体更换。如再有违例僭用者，一经发觉，即著照违制律严行参究。傥该管官失于查察，意存容隐，著科道据实纠参，定将该管官一并交部议处。其有无职人员，妄用顶戴者，并著一律查禁，以肃功令。

服饰 035：道光八年又谕

那彦成等奏：各城小回子戴用五六七品顶戴者甚多，并有戴用蓝翎之人，查系领兵将领随时给予，并无奏明案据，请祗准其顶戴荣身，与小回子一体纳粮当差等语。顶戴为名器所关，原不容稍滋冒滥，既据该督等查明前此带兵将领等随时给予，均无票据，若此时一律革除，其中有实在出力者，转致向隅。著加恩将此项回子，祗准其顶戴荣身，凡未经奏明，滥戴翎枝者，概令拔除，均著与小回子一律纳粮当差。

服饰 036：道光八年议准

官员应用朝服之日不服朝服，不应服用之日，错用朝服者，俱罚俸一月。

服饰 037：道光八年又议准

属员谒见上司，擅用朝衣，该上司即令其谒见者，均罚俸六月。

服饰 038：道光十年议准

文职县丞以下，武职千总以下，遇应穿蟒袍之日，有无力制备者，不必定行服用。

服饰 039：道光十二年议准

八旗现任官员，令该管大臣留心约束教导，如有私去翎顶，在外闲行，经该管大臣参奏者，降二级调用，傥另有游荡滋事情节，革职究办。

服饰 040：道光十三年议准

随围之侍卫章京官员，如有不戴翎顶，坐食街市者，令总理行营王大臣参奏治罪。

服饰 041：道光十三年又议准

内外衙门未满典吏，混戴顶帽，除将本人照律治罪外，若本管官未经查出，照失于查察例罚俸一年。系有意故纵，照徇庇例降三级调用。其地方官不能查出，亦罚俸一年。若已经查出，而瞻徇情面，不即举报者，照徇情例降二级调用。

服饰 042：道光十五年议准

内外已满吏员，僭穿补服，如从九品、未入流用七八品补服之类，除将本人革去职衔外，地方官如徇情失察，悉照前例分别议处。

服饰 043：道光十七年谕

有人奏：安徽省芜湖关书吏，僭用素金顶，即在本管官当面执事，相沿已久，习为固然，殊违定制等语。各衙门应役之人，并无顶戴，若如所奏，书吏纷纷僭用素金顶，实于体制有关，必当随时禁革。著该抚严密查访，如实有其人，一面惩办，一面据实奏闻。

服饰 044：道光二十年谕

吴寿昌由运副告降通判后，仍用五品顶戴一节。讯系该省历年告降改补人员，均于补缺后始行更换顶戴，相沿已久，殊于体制未协。嗣后告降人员，著于呈准咨部由该抚行司饬知后，即行更换顶戴，以昭核实，如有延不更换者，即著严行参处。

服饰 045：同治四年谕

近来降调革职人员，往往因未奉拔去翎枝谕旨，托词戴用。其另案开复各员，亦或恃无不准戴用原赏翎枝明文，辄图蒙混，殊属非是。嗣后因事降调之员，未奉旨拔去翎枝者，除一品至五品，仍准戴用外，大员降至六品以下，以及革职各员，一概不准戴用。其开复原官者，必须本案开复，或奉特旨赏还，及续有军功，经大臣督抚奏请开复翎枝，方准照常戴用。傥因另案开复，或捐复原官，仍不准冒昧戴用，以昭体制而杜僥幸。

服饰 046：光绪九年谕

向来已革人员，例不准戴用顶戴，近有仍行戴用者，殊属非是。嗣后官员因事降调，如曾经赏加顶戴，仍准戴用。至革职人员，概不准其戴用。其有弃瑕录用，因案开复，及捐复者，均不准仍戴前赏顶戴，以肃体制。

吏部处分 171：本章违误〔例 74 条〕

违误 001：康熙六年题准

本章被墨污者，将墨污本章之员罚俸一月。

违误 002：康熙六年议准

本章内错写官衔，或从旁添字，或错字者，将不加详对之主事罚俸一月，错写之笔帖式罚俸两月，堂官免议。〔今增为：督抚题本内，如有前项错误，亦罚俸一月。抬头错误，照此例议处。〕

违误 003：康熙九年议准

官员将题本遗漏印信者，罚俸一月。〔今改为：罚俸一年。〕

违误 004：康熙九年又议准

批写票签，如将工部知道，错批兵部知道等类者，大学士罚俸一月，学士〔今改为：批写之侍读中书。〕罚俸两月。

违误005：康熙九年题准

督抚将奉旨驳查案件，含糊具题者，降一级留任。

违误007：康熙九年又题准

督抚将会议事件，并未会同议定画题，遽称合辞题覆者，罚俸六月。

违误008：康熙十年题准

督抚本内紧要字，贴黄内遗漏，或贴黄内所有之字，本内遗漏者，罚俸三月。

违误009：康熙十五年议准

凡官员将庆贺表文计册舛错，或遗漏不奏，或遗漏字样及藉端推诿，或迟延及不差的当人途中耽误，以致水火盗失者，皆罚俸一年。如用印歪斜模糊颠倒失用，及缮写潦草，不列职名，或破裂染污者，皆罚俸六月。督抚亦照此例处分。

违误010：康熙五十四年议准

凡定议事件，间有两议者，每议各有满汉堂官署名具奏免议。如满堂官与满堂官一处，汉堂官与汉堂官一处，各自署名具奏，其奉旨准行者，免其议处。不准行者，罚俸六月。

违误011：康熙五十四年又议准

凡奉旨交九卿会议具奏者，九卿意见相同，照例画题。倘别有所见者，各书其意。另写一款，一并启奏。

违误012：雍正二年谕

嗣后本内援引新例之处，不可用"新例"字样，系何年所定之例，止将年分写入。传谕内阁，交各部衙门，通行各省。

违误013：雍正三年议准

地方民务，大小公事，皆用题本。本身私事，皆用奏本。如有应用题本而用奏本，应用奏本而用题本者，罚俸三月。

违误014：雍正六年议定

凡议革议降官员，除在京各官不必夹签，外官先经别案革职休致者，亦毋庸夹签外，其现在议处之外官，自知县以上，遇有降调革职案件，及外任补授之京官，因伊原任内案件议处降调革职者，查明该员从前何官升补，及奉有褒嘉谕旨，或经督抚保题，并曾奉特旨宽免者，均于本内夹签进呈。〔今增为：如系督抚司道任内，有降革留任处分，亦一并叙入。〕

违误015：雍正八年谕

各省文武诸臣奏折，经朕朱笔批示者，俱令呈缴，以备稽查，但向来未定呈缴之期，以致各员迟早不一，有二三月后乘便呈缴，有于年底汇齐呈缴者。夫既奉朱批查办此事，下次查办奏事之时，即应将朱批原折呈缴，以备朕之检阅。若具奏此事，而仍留朱批原折于外，则朕处无档案可稽，未免难于办理。著通行晓谕，凡接到朱批者，仍照旧乘便呈缴，若具奏此事，应将原批一并呈进。若所批查办之事，尚未就绪，准将朱批存留，俟办理具奏之时，一并呈缴。

违误016：雍正十二年覆准

凡各部院题奏内会稿事件，有应行之处，皆责令主稿衙门通行知会，不得推诿迟延，以专责成。如有推诿迟延及遗漏之处，将主稿衙门照例分别议处。〔今增为：武职驻扎地方，文衙门不能遍悉，听兵部自行行文。其余各部院会稿事件内应行之处，俱责令主稿衙门通行知会，推诿遗漏者，俱罚俸一年。迟延者，照事件迟延例，按月日查议。〕

违误017：乾隆四年奏准

属官呈请上司代题代奏事件，如将实在情节不行逐细声明，含糊呈请，将呈请之员降一级留任。

违误018：乾隆五年议准

凡交代迟延，承审迟延与承缉承追不力事件，该督抚不必具题，止照例限咨明各部，其处分入汇题完结。

违误019：乾隆五年又议准

钱粮盗案，限满之日，该督抚停其具题，止咨各部核明，听该部照例处分具题。

违误020：乾隆五年奏准

凡现任州同、县丞以下微员，遇有革职解任事故，年老有疾休致，并患病调理、丁忧、终养等项，经各督抚咨送到日，皆照例行文办理，一面开缺铨选，一面照例汇题。遇有降罚处分，亦照例汇题。降罚革职解任，均系一月汇题。老病休致、患病调理、丁忧、终养，均系半月汇题。其候补州同、县丞以下微末职衔，督抚咨参到日，照例据咨斥革，均附入一月汇题。

违误021：乾隆七年议准

凡题奏内校对册籍事件，如司官未经详查，致有遗漏舛错者，将司官照例议处，未经查出之堂官免议。

违误022：乾隆十三年谕

向来各处本章，有题本、奏本之别，地方公事则用题本，一己之事则用奏本，题本用印，奏本不用印，其式沿自前明，盖因其时纲纪废弛，内阁、通政司藉公私之名，以便上下其手，究之同一入告，何必分别名色。著将向用奏本之处，概用题本，以示行简之意。

违误023：乾隆十三年又谕

乡贤崇祀，所谓祭于瞽宗，必有功德可称，方足膺兹钜典，近来率以仕宦通显者当之，已非核实之道。今云南巡抚题请原任侍郎许希孔崇祀乡贤本内，则更有过甚其辞者，许希孔本一硁硁自守小心之人，在朝未有所建立，但曾为卿贰，或者居家孝友，滇省人物寥寥，节取充数，自无不可，而本内乃有"文堪华国"、"品足型方"二语，朕则知实非许希孔所能当！案呈内又以汤斌、陆陇其为比，许希孔何如人，岂可方之汤斌、陆陇其，拟人既不于其伦，且本朝臣工不书其名，而称为陆当湖、汤潜庵，尤非奏章之体。此等幕宾沿袭套语，明季已成滥觞，然彼时即军国重务，人君尚概不经目，何论寻常章奏。我朝家法，通本部覆，无不详细披览，督抚题奏事件，岂可剿袭陈言，任意草率，今后有似此者，必加处分。此本著发还该抚，另行具题。

违误024：乾隆十九年谕

户部议覆陕西巡抚奏：请估变西宁县库收贮缎匹一折。此案先经该抚咨请部示，户部以不便据咨遽议，驳令具奏到日，再行办理。一切政务，惟论其事之可行与否，若事在可行，督抚业已咨部，该部复行令具奏，及奏到之时，原不过照议覆准，徒多往返案牍之烦，甚属无谓，况部臣奏准，与督抚自行陈奏，又有何别耶？嗣后督抚咨商各部事件，著该部将应驳者即行咨驳，应准者亦即定议奏闻，毋得沿袭陋习，仍以具文从事。

违误025：乾隆二十四年议定

各部院题覆案件，无论科钞转咨，于具题本内，俱将原奉谕旨日期载入，以凭查核。

违误026：乾隆三十年奏准

各省督抚大臣，将应题应奏事件，违例移咨部院者，毋庸驳令题奏，即据咨文分别办理。应题者即行具题，应奏者即行具奏，仍将违例之督抚等随案查参，照违令律议处。如各部院衙门，不据咨题奏，任意推诿咨驳者，照推诿事件例议处。

违误027：乾隆三十年又奏准

部院将应结之事驳查者，该稽查之科道查出参奏，将该司官罚俸六月，堂官罚俸三月。

违误028：乾隆三十年三奏准

议叙案件，间有重复错误，原卷可以查明者，即查明改正，准予议叙，不得藉端驳查，巧为需索。如混行驳诘，照应结驳查例议处。或不肖官吏，藉此需索，交刑部治罪。

违误029：乾隆三十年四奏准

各部院衙门钦奉汉字上谕及行文外省事件，仍照例止用汉字，其余一切内行文移，务须兼写清汉，不得仍写汉字粘单。如仍有怠于缮写，令各堂官查参，照文册舛错例罚俸三月。

违误030：乾隆三十年五奏准

各部院所领三库银缎颜料等项，务于下月初十日内，造具细数总册，并原稿咨送都察院，交江南道按月查核，呈堂稽查，于年底汇题。傥不按月咨送，遗漏迟延，及数目不符，该道参奏，照部院衙门事件迟延注销遗漏例分别议处。傥有重支冒领等弊，该道不行查参，别经发觉者，将该道照不行详查例罚俸六月，该堂官照疏忽例罚俸三月。

违误031：乾隆三十年谕

内外各衙门题奏事件，遇有地名字面，理应遵照全写，乃向来章疏，止图省便，每将地名节称一字，其谬不可枚举。如热河之但称为热，多伦诺尔之但称为诺，则其尤甚者。嗣后凡有地名字面，一概全写，不得仅趋简易，致乖体制。

违误032：乾隆三十一年谕

前因各省奏报动用耗羡章程各折，批交该部知道者，仍令户部按例查核办理，不得仅以动支各数存案了事，并令将办过准驳各案，于年终汇奏。至于吏部甄别教职、佐杂，兵部之千总，定以六年俸满，分别保荐、留任、勒休，并令各督抚于年终汇奏，原恐督抚等或曲意姑容，致有衰庸恋栈，是以批令该部知道，以便比较查核，若一概存而不论，则亦毋庸批交该部矣。盖此等甄别年满员弁，其列入保荐者，合例与否，俱由部核议请旨，惟例应留任之员，该部止照督抚等所议存案，向未复加查核，但各员弁分别留任，初次定以六年，迨下次再行甄别时，前后已有十余年之久，其中岂无衰迈龙钟，年岁已逾定例之人，若该督抚等，或因循姑息，不行裁汰，该部又以向无查核之责，听其蒙混滥竽，殊非核实官方之道。嗣后著各该部遇有此等照例汇奏事件，及一切督抚等题奏，经朕批交该部知道者，将应否准驳之处，俱于年终详查核议具奏。

违误033：乾隆三十三年谕

嗣后八旗、宗人府，凡有行文外省事件，俱行该部转行，不得径行外省，将此永著为例。

违误034：乾隆三十三年奏准

各部院及八旗都统等衙门一应文移，俱令本衙门填写日期，傥有仅写年月，不填日期者，许收文衙门于每月注销时，送该科道验明，于注销本内声明附参，照造报各项文册遗漏例罚俸三月。傥各衙门有收受无日期文书，及自填日期，经该科道等查出，一并题参，将收文不行查出之员，照失察档案例罚俸两月。自填日期者，照增减官文书例罚俸九月。

违误035：乾隆三十四年谕

闻向来御门日期，奏事处人员遇各衙门及科道封口奏章，概不转递，此乃伊等拘泥旧例，甚属无谓。朕总理庶政，凡内外臣工奏章，无日不进御披览，岂有纳之于平时，而于御门听政之日，转却而弗纳之理？且御门不过片刻，既退仍照常办事，亦属两不相妨，而此等封口奏章，或系纠弹，或关建白，其中紧要之事，并有须即予施行者，若既至宫门，复行驳回，于公务既不无延缓，且恐无识者致疑封函有壅于上闻之事，于政体亦属未协。在前明朝政废弛，君上每不乐亲为听览，臣下望风希旨，往往藉故稽留，以售其蒙蔽之术。我国家纲纪肃清，朕夙夜孜孜，勤求治理，奏牍上陈，岂宜稍有屏遏。嗣后御门日期，凡有封奏事件，俱著一体接收呈览。著为令。

违误 036：乾隆三十四年议准

嗣后恭遇谕旨内有宣示中外知之者，令内外文武该管旗民各衙门，俱刊刻誊黄，张挂晓谕。傥仍前不行宣示者，照经手遗漏例罚俸一年。

违误 037：乾隆三十五年谕

雅德奏：查办收存糟旧盔甲，俟吉林等处需用铁斤时，按镕化净铁之数折给，应需驿车照例拨用，先经咨部请示，兹准兵部行令具奏再议等语。兵部所办非是。前因各部院将应行奏办事件，驳回该处，令其自奏，以致辗转稽延，最为恶习，屡经严切饬谕，并定有咨驳处分，今兵部办理此案，何得复行驳令自奏？著将该堂司官交部议处，并再行通谕部院八旗各衙门，嗣后凡遇该处请示咨报之案，除有例可循者，仍照常核议咨覆外，若系必须奏请定夺之事，无论应准应驳，即著据咨议准、议驳奏闻，并将应奏不奏之大臣等，附参交议，不得狃于推诿锢习，贻误公事。傥不知悛改，复蹈故辙，一经查出，定将违例咨驳之大臣等，一并严加议处。著为令。

违误 038：乾隆三十六年谕

昨阅工部题：销顺天庚寅科乡试添补器具等项一本。裘曰修即系兼管顺天府之人，乃于工部堂官内，仍行列衔，以自行报销之案，旋复自行考核，于事理实属未协。在同堂大员，秉公核实，或不敢彼此瞻顾，而司员书吏人等，以承办之人，现为本部堂官，豫操核销之柄，难保无畏惧迎合情事，何可为训？由此类推，如户、工二部，钱法堂侍郎专管局务，若遇本部核奏时，该侍郎亦行列衔，均非核实办公之道。嗣后在京各衙门，凡有似此者，俱著一体回避。著为例。

违误 039：乾隆三十六年又谕

前据范宜宾奏：各省藩臬陈奏事件，不应先行呈送督抚一折。曾谕令各该督抚明白回奏，今据先后奏到十余处，大率称督抚藩臬于奏报收成晴雨等事，恐其错误，往往互相质证，至条奏地方公事，两司亦有禀商督抚者，若不呈阅，亦不向其索看等语。朕殊不以为然。向来藩臬条陈，不过各就该省之钱谷刑名事件，撫拾敷衍，朕或批交督抚议覆，或批令告知督抚，酌量可行则行，是地方公务，原不妨彼此商榷，其事转无甚关碍。至收成晴雨等事，令藩臬亦得专折奏闻者，诚以水旱丰歉情形，事关民隐，冀得互相参核，不致粉饰欺蒙，以收兼听并观之益，若彼此商同入告，依样葫芦，无裨核实，则督抚一奏足矣，安用是重见叠出者为？至若督抚果有不公不法之事，藩臬闻见既真，原应据实入告，然朕并不以此责之两司，俾得钤制上官，致开告密之渐，而两司从未有劾奏督抚者，即如近年以来，良卿、方世隽等，枉法营私，为天道所不容，恶迹自然败露，各正刑诛，而该省藩臬，初何尝于朕前奏及一语，则大吏之自取重戾，又岂必待两司之举发乎？且督抚既膺委任，岂转不及藩臬之足信？朕亦不肯过为逆亿，若使藩臬中实有廉正可信，逾于督抚者，亦即以督抚任之，又何肯不加擢用，转令其隐为纠伺乎？总之整饬吏治之大要，惟恃朝廷纲纪肃清，自不敢有扶同蒙蔽之事，初不在乎设法峻防，若烛照稍有不周，则虽检制加严，适以滋弊，此为君之难也。即如近日范宜宾与胡文伯意见抵牾，朕因高晋奏到，留心查核，初未有所偏向，及见胡文伯在任办事，种种未协，难以复膺封疆重寄，因予罢斥，并非由范宜宾之劾奏，而范宜宾查奏捕蝗不力一事，彼亦同干吏议，又何尝因其不畏巡抚，特为奖赏乎？朕办理庶务，惟崇实政，不欲斤斤于禁令之具文。呈阅折稿一节，督抚与闻及不与闻，皆无关事理轻重，如两司慎密自矢，固属分所宜然，设欲藉此为诎事逢迎，亦彼自甘庸下，总不能逃朕之洞鉴。督抚等覆奏之初，曾交军机处汇齐再奏，今奏到定夺者已及大半，想续奏者亦不过如此，毋庸俟奏齐再为定议，即以此明降谕旨，通谕中外知之。

违误040：乾隆三十八年谕

本日御史天保马人龙奏：监考教习，查出代倩之弊一折。已交部查办。至其折内书衔，因天保在前，遂概称奴才，向来奏折满洲率称奴才，汉官率称臣，此不过相沿旧例，且亦惟请安谢恩及陈奏己事则然，若因公奏事，则满汉俱应称臣，盖奴才即仆，仆即臣，本属一体，朕从不稍存歧视，不过书臣觉字面冠冕耳，初非称奴才即为亲近而尽敬，称臣即为自疏而失礼也，且为君者，岂系臣下之称臣称奴才为荣辱乎？今天保、马人龙之折如此，朕所不取，若不即为指斥，恐此后转相效尤，而无知之徒，否或因为献媚，否或窃为后言，不可不防其渐。即如各部院衙门题奏折本，虽至微之笔帖式，无不称臣，又何用强为区别于其间耶？嗣后凡内外满汉诸臣，会折公事，均著一体称臣，以昭画一。著为令。

违误041：乾隆五十四年奏准

凡内外议处官员题本内，除奉特旨交部议处者，毋庸夹单外，其随案参处声叙职名，或未送职名查取职名，或咨送尚有遗漏补送职名者，吏部本上时，俱令摘叙案由略节，于本内夹单，一并进呈。

违误042：嘉庆五年奏准

京官三品以上，议叙、处分、开复，俱专案具题。四品以下，降革处分，专案具题。其降革、留任、罚俸处分以及议叙、开复，入于十日汇题。外官三品以上议叙、开复及降革处分，俱专案具题。道府降革处分及降革后开复原官者，俱专案具题。降调处分。有加级抵销者。亦专案具题。其降革、留任、罚俸等项处分，以及议叙，并开复、降革、留任等项，又数案降革止开复一二案者，俱入于十日汇题。丞倅、州县降革处分及降革后开复原官者，俱专案具题，其降调处分，有加级抵销，并降革、留任、罚俸等项处分，以及议叙、开复、降革、留任，又数案降革止开复一二案者，俱入于十日汇题。教职、首领、佐杂议叙、处分、开复，俱入于一月汇题，盗案处分另作一项，一月汇题。州县以上降调未补及革职官原任内处分，俱入于十日汇题，其降革之案，奉旨引见者，原任内复有降革处分，照丞倅、州县现任之例，分别专题汇题。

违误043：嘉庆五年又奏准

京官三品以上告病告休，由本衙门具奏奉旨后，知照吏部。四五品以下告病告休，具呈本衙门咨明吏部，由考功司移付稽勋司，入于半月汇题。督抚告病告休，自行具奏。藩臬告病告休，由本省督抚代奏。道府告病告休，由本省督抚具题。奉旨议奏者，吏部专案题覆。丞倅、州县告病告休，亦由该督抚具题。教职、首领、佐杂告病告休，该督抚咨明吏部，俱由考功司移付稽勋司，入于半月汇题。道府以下在京告病告休，具呈吏部，在途告病告休，由该省督抚咨部，道府专案具题，丞倅、州县以下，考功司移付稽勋司，入于半月汇题。

违误044：嘉庆五年三奏准

题奏应密不密，不应密而密者，俱各罚俸六月。

违误045：嘉庆五年四奏准

官员妄行条奏者，照言官摭拾具奏例降一级调用。妄行指摘者，照与前任不合有意苛求例降二级调用。

违误046：嘉庆五年五奏准

各处印文到部，该收文司员不行回堂，擅自驳回者，照不应重私罪律降三级调用。

违误047：嘉庆五年谕

嗣后凡遇斋戒日期，如圜丘、祈谷、常雩，亲宿斋宫之日，各部院仍照向例不进本章。至方泽、太庙、社稷坛致祭之日，内除刑部不必进本，及各部院外省本章有关涉刑名者俱不呈进外，其余寻常事件，著各该衙门照常进本，即以本年方泽大祀为始。著为令。

违误048：嘉庆五年又谕

向来外省各督抚，递发本章及折奏事件，皆先行跪拜，亲授所差员弁捧赍，理固宜然。至在京王公、内阁部院、八旗各营大臣等，应奏事件较多，固非外省可比，然亦应亲身递奏。乃近来王公大臣等，日久相沿，多不亲赴宫门，率令护卫、太监、司员、笔帖式、章京、骁骑校等代为递奏，殊非敬谨之道。嗣后各王公大臣等，于自行陈奏事件，务须亲自呈递，即如各旗衙门公递事件，亦应轮直堂官一人，递交奏事官员转奏，如有仍前派交护卫、太监、司员、章京等代递，并无一人亲到者，奏事官不准接收，并将该堂官交部议处。

违误 049：嘉庆五年议定

不亲身递奏，照推诿旷班例罚俸一年。

违误 050：嘉庆七年谕

近来臣工等遇有派令兼署部旗事务，或具折谢恩，或仅在道旁叩头，不复缮折陈谢，前经降旨令满汉文武大臣，有派令兼署部旗事务，仅在一月以内者，不必专折谢恩。嗣后满汉文武大臣，仍遵前旨，于署缺在一月以外者，均具折陈谢，以符体制。

违误 051：嘉庆八年谕

明亮奏：乌鲁木齐所属地方，应办刑名钱粮汉字事件较多，请仍令原任山西潞安府经历陈圣域办理一折。著照所请行。惟折内将乌鲁木齐截去下三字，于文义殊属不合。向来各省地名，如用汉文书写，已不应仅用一字，若于清文内率行裁截，尤不成话。嗣后内外各衙门，遇有陈奏事件，于应载地名，惟当全行书写，不得任意截去。

违误 052：嘉庆九年谕

嗣后外省各督抚，凡遇题本年月日，俱不准挖改，一有错误，即著另换一扣，粘尾接写，仍将粘接之处钤印，以杜弊端而符体制。

违误 053：嘉庆九年又谕

前因原任河道总督嵇承志具奏本章七件，均将本章后写"五月"字样，挖补盖印，特降旨令嵇承志明白回奏，并交徐端详查其中有无情弊。兹据徐端奏称：查得此项题本，均系循例应办之事，该本房经承先将正本填写四月，前因字页过繁，查对有需时日，至五月初二日始行拜发，是以挖补"五月"字样，系在未奉定例以前，委无别项情弊。此事虽查无弊窦，但嵇承志于进呈本章，并未敬谨详阅，任令书吏于用印处挖改，究属不合，嵇承志著交部议处。钦此。遵旨议准：嗣后本内挖补年月者，罚俸六月。

违误 054：嘉庆九年三谕

六部衙门，政务殷繁，臣工等理宜敬共朝夕，遇有应奏事件，随时陈奏，方免丛脞之虞。从前我皇祖世宗宪皇帝，因驻跸圆明园，道路稍远，特令文职各衙门，轮日奏事，原以示格外体恤之意，至进宫后，各衙门并不轮班直日奏事者，原以宫廷密迩，无难日日进内。乃近来各部堂官，意图安逸，每闻有御门日期，将应奏事件及引见人员，俱于是日汇齐奏办，其前后两三日间，竟不入内，奏事者绝少，朕留心察看，已非一次。朕未明求衣，灯下办事，同此劳者，惟军机内廷数人耳。别部堂官，遇应奏事件及应带领引见人员，延玩不奏，在家高卧，以避晓寒，于心安乎，于理得乎？京员如此怠惰，外任尚可问乎？即如本日御门后，吏部带领月官，正黄旗直日带领引见，俱属照例按期办理，而礼部、兵部及三库，亦均于此日带领引见，实属趁便。试思礼、兵二部，并非吏部月官可比，而三库引见之事，更属无多，何以必于今日带领？朕日理万几，从不稍延晷刻，并非因本日事多，略有惮烦，特因两日前，各衙门奏事，太觉寥寥耳。前月三十日，永思殿用膳办事，仅有都察院、步军统领衙门陈奏事件，昨日又止有镶黄旗引见官十三员，礼兵等部及三库应行引见人员，何不可移前带领，而必凑集于御门之日，谓非有心积压希图便逸而何？此内如内廷行走诸臣，每日进内，本无可偷安，自系外廷各员惮于早起，故乘御门奏事之便，相率为此，殊非敬事之道。至小京堂衙门，事务较简，该堂官甚至日高未起，而于进署办事，犹复各定堂期，此等积习，岂所谓靖共匪懈者乎？朕此时不难降旨令各部堂官，每晨趋直，以儆怠惰，但念此中尚有年老诸臣，趋走维艰，朕亦不为已甚。嗣后各部臣务宜力加振作，于应办之事，随时陈奏，即朕拜庙拈香各处所，无不照常办事，非务游观，各衙门尽可呈递奏章，其有可带领引见之处，并应酌量带领，何必因朕偶有临莅，辄称不便奏事，自耽安逸，转以为仰体朕躬耶！著将此旨通谕六部衙门各堂官共知儆省，各思夙夜在公之义，无负朕拳拳训诲至意。

违误055：嘉庆十年谕

每年十二月中，各省文武大臣及新疆各等处驻扎之将军大臣等，均有恭贺元旦奏折，自应以时呈递。嗣后外省及新疆各等处具奏庆贺元旦之折，著以十二月初十日以后，二十五日以前为率，总于此半月内一律递到，毋得前后纷歧，有乖体制。

违误056：嘉庆十一年谕

满汉文武大臣等，年逾六旬以外者，前经准令于趋朝入直之期，差人先递膳牌，以示体恤。至遇有自行陈奏事件，及本身谢恩等事，自仍当躬亲呈递，其年在六旬以内者，无论膳牌折奏，俱不准差人代递。该文武大臣等，各宜懔遵训谕，嗣后傥复有率意差人代递者，奏事官著不准接收。

违误057：嘉庆十一年奏准

督抚将奉旨驳查事件，含糊具题者，降一级留任。其属员呈请上司代奏代题事件，如不将实在情节，逐细声明，含糊呈请者，将呈请之员降一级留任。该上司并不查明，率行代为题奏者，罚俸一年。

违误058：嘉庆十二年奏准

各省具题本章，通政司于交送内阁之日，即将揭帖备文移送各衙门办理，并声明交送内阁日期，以凭查核，本内年月日，俱不准挖补，如盖印之处，有挖补痕迹，即照书写违式之例，票旨饬行，仍将经手人等，分别究办。

违误059：嘉庆十三年谕

朕每日召见各部院衙门尚书、侍郎及卿员等，询及该衙门事务，或伊等将现办案件，自行奏言，及退出时，转向同官传述，即为业经奏明，请旨遵办。朕轮次召对臣工，一时面谕之言，岂能向其同署诸臣遍行晓示，而本人一经传述，各同官又不敢复行请旨，其中每不免有随同迁就之弊，且各部院事件，如同官尚未公商定议，本不应于独对之时，先行奏探意旨，或其人先有异见，于召对时辄以意敷陈，及出述时，辞气抑扬轻重之间，复稍增减，而同官莫能辨正，则以影射渐启专擅，其弊尤不可不防。嗣后各部院衙门臣工，经朕于召见时，询及现办事件，或有面谕之言，本人退出后，传知各同官，俱著于次日公同缮片述旨，如所述不误，发下后再行遵办，或所述事件，其人面奏之辞，与该衙门现在公同商办之处，情节不符，即著于奏片内据实声叙，另候谕旨遵行。此系朕防微杜渐之苦心，各臣工等懔遵毋忽。

违误060：嘉庆十三年又谕

朕此次由热河回銮，于途次要亭时，部旗文武各衙门，尚有附本报陈奏事件者。至前日驻跸南石槽，各衙门即无附报具奏之折，本日朕回园已阅一日，惟吏部奏事带领月选各员引见，其余各衙门并无一陈奏事件者，岂有五日之久，在京文武各部院二十四旗，无一件可奏之事，在该堂官之意，自以为甫经回跸，若仍照常奏事，恐致披阅烦劳，殊不知转增朕之烦闷矣。朕综理庶务，从不厌繁多，乃各衙门将应奏事件，相率延搁，势必积压多件，并于一日呈递，转致丛冗。殊非朕万几无旷之意，本应加以惩处，惟念该衙门或有事务较简，本无应奏事件者，此次姑免逐一查究，但大小臣工，因循怠玩，甚有关系，不可不加以训诫。除吏部本日业经奏事外，余俱著传旨严饬，此后文武各衙门，若仍似此将应奏事件有意积压，必当随时惩处不贷。

违误061：嘉庆十三年三谕

朕因部院衙门，向来办事，每多因循延搁，节经降旨训谕。乃昨日递事者，仅止礼部会同内务府奏事一件，除此无一件陈奏者，又无一引见人员。本日则各衙门多有陈奏事件，并各带员引见。两日之间，事务繁简不同，殊非认真办公之道。嗣后各大臣务宜恪勤供职，随时办事，随时具奏，毋得稍存迁就观望，致有耽延，若再有积压不奏者，即以违旨论罪，其无悔。

违误062：嘉庆十四年谕

本日系刑部轮班直日，止有三名引见官员，并未奏事，当经召见尚书金光悌及满汉侍郎等，询以该部因何未有陈奏事件。据称，本日系恭写神牌吉期，若早间刑部递折，正与书写时候相值，是以未经专折奏事，刑名本章，仍照常恭进等语。所见殊属拘泥，该部即因本日系书写神牌吉期，或将处决重案，暂缓陈奏，其寻常事务，尽可于早间奏递，乃率将一切事件，全行搁压，因循疲玩。刑部堂官，均著传旨申饬。嗣后各部院衙门，如再有假托避忌，实图安逸者，定行惩处不贷。

违误063：嘉庆十四年又议定

各部院折奏事件，如有特降谕旨，应俟内阁发钞钦遵办理外，仍将原折并所奉谕旨，钞录移送内阁，与具题红本，一并收存，以备查核。其由奏事处口传旨意，该衙门于领出后，即于折面恭缮谕旨，钤盖印信，与奏稿一并存案，仍于月终将一月所奏事件，摘叙事由，并恭录所传谕旨，移交外奏事处，互相核对，以昭敬谨。

违误 064：嘉庆十五年谕

万承风具题：学政任满一本。朕详加披览，其年月未经另页书写，已照拟饬行矣。至其所书前衔有"内廷供奉"字样，尤为不合。《会典》所载官职，本无此等名目，若万承风因在尚书房行走，则周系英、黄钺，俱系尚书房南书房行走之员，同日题接替学政各本，并未列有内廷供奉前衔，万承风何得任意形诸章奏，著交部察议。伊原系尚书房行走，本欲俟到京之日，仍令其在尚书房行走，今观其近日情形，念念不忘内廷，殊属躁妄，不必在内廷行走。嗣后凡在内廷行走人员，于奏牍内止列本衔，不得再书"内廷供奉"字样，以符体制。

违误 065：嘉庆十七年奉旨

松筠等奏：因未亲递月折，请交都察院察议一折。昨日兵部呈递月折，有堂官三人到园，俱经召对，吏部呈递月折，堂官并无一人来园，奏事处未敢将月折接收，兹该堂官奏请处分，固系咎有应得，但查询松筠、邹炳泰，系在本部开印，桂芳、陈希曾、凯音布、帅承瀛，各赴内务府钱局本旗开印，尚非无故旷班，惟未曾公同商议，酌分一二人来园，其过止于疏忽，所有奏请察议之处，俱著加恩宽免，嗣后遇事各加意勤慎。

违误 066：嘉庆十七年谕

本月十八日，据明志、成格联衔具奏，现届军政之期，分赴保定、宝坻等处校阅驻防官兵，当即召见训谕，据奏定于二十二日起程，其明志所兼护军统领，成格所管钱法堂印钥，并已派员署理。本日明志、成格复联衔递折请训，殊属重复。嗣后在京大员出差，俱著于启程前一二日具折请训，召见后各按期前往，毋得重复具折。

违误 067：嘉庆二十一年议定

嗣后王公大臣及各衙门官员，如有已将奏折呈递，复向奏事处私行撤出者，照不应重私罪律降三级调用。奏事处官员，听其撤下，照不应重公罪律降二级留任。

违误 068：嘉庆二十四年谕

嗣后凡遇应用黄折奏事时，其刑名事件，俱毋庸粘贴黄面，以归画一。

违误 069：嘉庆二十四年议定

官员粘贴折面错误，照违令公罪律罚俸九月。

违误 070：道光四年奏定

题奏事件，如有止图省便，将官名、地名节称一字，如乌鲁木齐提督称为乌提，热河但称为热，多伦诺尔但称为诺之类，以及列衔列名不符体制者，如知州知县但书为某牧某令，止称某姓，不列其名之类，俱罚俸三月。

违误 071：道光四年又奏定

各省题奏命盗案件，当于州县之下，犯名之上添写"旗人、民人"字样，以清眉目。如有于州县下直接犯名，以及捏写字面，致乖文义者，如贼犯系属回民，即捏写为回贼之类，俱罚俸三月。

违误 072：道光八年奏定

部院衙门将特旨议处议叙事件，归入汇题者，司官罚俸六月，堂官罚俸三月。

违误 073：道光十年奏定

各省题本违式错误，通政司未经看出者，承办官罚俸三月，堂官罚俸一月。若内阁漏票饬行，亦照此例议处。

违误 074：道光十年又奏定

凡各衙门陈奏事件，奉有谕旨，除御前大臣、军机处、内务府、南书房四处，例准本日述递外，其余部院衙门，俱应于次早述旨。傥该堂官有于本日述递者罚俸六月，奏事官率行接收亦罚俸六月。

吏部处分 172：漏洩本章〔例 10 条〕

漏洩 001：康熙十七年议准

凡奉旨事件未到部之先，即行钞传报知者，将传报之人交部治罪，该科给事中罚俸六月。

漏洩 002：雍正五年议定

凡陈奏本章，除寻常通行事件照旧承办外，凡关涉紧要之事，督抚提镇陈奏本章，将副本揭帖，用“密封”字样投递，通政使司收到密封副本，堂官亲拆，别载册籍，封固收存。各部院收到密封揭帖，堂官亲拆，交司官密行收存，谨慎办理。其督抚提镇有紧要事件，及缉拿人犯之案，移咨各部院，亦密封投递，各部院堂官亲拆，交司官承办。在京各部院有紧要事件，文移咨呈亦必密封投递，其知照各省督抚提镇文书亦必密封递发，该督抚提镇亲拆收存。各省督抚提镇以至州县往来公文，亦将紧要事件密封投递，各本官亲拆收存。如将应密之事并不密封，以致漏洩者，将封发官查参。如收受承办官不行谨慎，以致漏洩者，将收受之承办官查参。事理重者，降一级留任；轻者，罚俸九月。科道官查出不纠参，罚俸六月。〔今改为：如封发官将应密之事并不密封，或收受承办官不行谨慎，以致漏洩者，降一级留任。稽查该衙门之科道官，不查出纠参，罚俸六月。〕

漏洩 003：雍正五年议准

凡提塘与衙役人等，漏洩密封事件，仍照定例分别议处外，其虽非密封，但未经御览批发之本章，即钞写刊刻图利者，该管官失于觉察，该管科道不行查参，皆照漏洩密封事件例分别议处。〔后改为：该管官罚俸一年，该管科道罚俸六月。〕其已经御览批发之本章，应令承办官详细校对，敬谨传钞奉行，如有增减错漏者，将承办校对之员，照错误本章例议处。

漏泄 004：乾隆十八年奏准

各省督抚、提镇、将军等，嗣后本箱用本官封皮粘固，锁口用印信加封，于火牌传牌内，将箱子数目明白开写，税务司验有封皮印信者，即知系本箱，不得擅开，当刻放行。如验无印信者，即确实验明，如夹带私货，立即报通政司等衙门，将承差送刑部治罪，庶弊端永绝，而本章亦不致泄漏矣。

漏泄 005：嘉庆四年谕

各部院衙门文武大臣，各直省督抚、藩臬，凡有奏事之责者，及军营带兵大臣等，嗣后陈奏事件，俱应直达朕前，不许另有副封关会军机处。各部院文武大臣，亦不得将所奏之事，豫先告知军机大臣。即如各部院衙门奏章呈递后，朕可即行召见，面为商酌，各交该衙门办理，不关军机大臣指示也，何得豫行宣露，致启通同扶饰之弊耶。将此通谕知之。

漏泄 006：嘉庆五年奏准

密奏事件，未经发钞，不得互相谈论。如有泄漏，照漏泄密封事件例议处。

漏泄 007：嘉庆九年谕

本日大学士满汉尚书及原审大臣会同议奏初彭龄等罪名一折。据称：初彭龄冒昧参劾，已属陈奏失实。此语非是，朕从不因言事罪人，最喜敢言之臣，此实素怀。至密陈面谕事件，私向高杞传述，竟照漏泄机密重事律，拟以斩监候，尤为过当，竟系诸臣欲杜言事者之口，必有不可令人知之事矣。此案先经初彭龄往见高杞，问及吴熊光操守，高杞答以实属廉洁，初彭龄不肯深信，议论吴熊光声名平常，旋据高杞告以秦泰馈送一事，初彭龄据以入奏，并密陈得受匣费，及吴熊光亲家李世望代为营运二款。迨召见时，朕谕以此事交全保查办，恐未肯和盘托出，伊奏称若严切降旨，全保自不敢稍为徇隐。朕又以吴熊光如果赃款属实，则李世望代为营运之处，亦当交汪志伊查办。初彭龄奏称，汪志伊查办甚好。伊出见高杞，即将召对所奉之旨，向高杞传述，其获罪实在于此。即照泄漏常事律加等，罪亦不过褫职远戍，何至辄引近侍官员漏泄机密重事律拟以大辟？况臣工必遇事敢言，方可祛除壅蔽，凡关系弊端及臣僚中不公不法等事，既有所闻，本应即行陈奏，候朕密为查察。若所奏属实，亦系分所当言，不足为功，设其中未尽确实，朕准情酌理，自有权衡，必不致无辜被累。若概透诸尚无确据，势必其事破露，罪状昭著，始行入告，何如早行发觉，转不致酿成钜案乎？初彭龄风闻不实，原无可罪。至于漏泄一节，亦当按事之大小，以定罪名轻重。朕召见臣下，所降谕旨，均不可视为泛常，然漏泄之罪，必视其所透漏者究属何事？关系何项紧要机宜？方可照漏泄机密重务拟罪。今初彭龄所漏泄者，止系将谕令全保、汪志伊查办之旨，向人传述，尚非别有重大情节，且亦尚未交汪志伊查办，若遽照前律拟斩，设遇有漏泄军国重务者，其罪更何以加乎？且现在预议该大臣中，即皆常经召对之人，试各扪心自问，岂能尽守口如瓶，毫无漏泄？设有一二传播之言，被人指摘，若俱照此例办理，既于政体有乖，亦甚非诸臣之福也。即如本日召见申谕之旨，诸臣自当祗服训辞，互相戒勉，正应向僚佐传说，亦岂得谓之漏泄乎？初彭龄平日陈奏各事，除现在所办铜案外，其余亦多非确实，然朕所以谆谆训谕，欲保全敢言之臣者，并非为初彭龄一人，诚以大臣中建白者少，而缄默者多，即多方激励，尚恐不肯尽言，若将初彭龄问拟重罪，恐外间无识之徒，妄生揣摩，或疑朕于初彭龄厌其多言，科以他罪，从此钳口结舌，惟事模棱，必致壅蔽日多，于政治大有关系。初彭龄本应革职，发往新疆，姑念其现有老亲，著革职，加恩令其在家养亲，闭门思过。此朕因初彭龄言事之心，尚属可原，是以格外施恩，亦所以风励臣工，勉为謇谔也。高杞以二品大员，本有言事之责，经朕再三询问吴熊光操守，伊既力保其廉洁，而于魏耀传说馈送之语，当时不行陈奏，转向初彭龄详述，实属巧诈，著照议发遣伊犁，令其自备资斧前往，交与将军松筠派委苦差，效力赎罪。魏耀惟知迎合上司，以毫无影响之赃私重情，污蔑总督，著即照拟总徒四年。除将预议大臣等面加训饬外，著将此案办理缘由，通谕知之。

漏泄 008：嘉庆九年又谕

昨日召见尚书德瑛，询以留京王大臣，遇有陈奏事件，何人缮办？据称：俱烦在京军机章京办理。殊属非是。从前军机大臣中有派令留京者，是以该章京随同办事，近年来留京王大臣，并无军机，然俱有该管衙门，其属员中岂无能办章奏之人，何必交军机章京代为办理？将应办公事，转似烦情耶！且与留京王大臣浃洽日久，恐不免有探听漏泄情事。朕在藩邸时，即确有闻见。嗣后留京王大臣，著于宗人府及所管之部，各派明白妥干二三人，承办诸务，以符体制。

漏泄 009：嘉庆十六年谕

向来九卿科道等，遇有条陈纠劾，俱系封章入奏，呈递时面交外奏事官，转交内奏事太监，直达朕前拆封，朕亲行披览，其折内所奏何事，无论外间不应有人传播，即内奏事太监等，亦无由得见，杜渐防微，立法至为严密。上月二十八日，御史韩鼎晋奏内城有开场聚赌之事，当命军机大臣传到该御史，询以所指何人？即于二十九日，由该御史自行覆奏，朕始谕令步军统领禄康等密行查拿。节据先后拿获赌局共一十六起，内有八起，于五月二十八、二十九两日散局，显系得信逃匿，此非有人泄漏，或有人探听御史条奏此事，潜向告知，致令逃逸而何？此时朕姑不深究其人，嗣后九卿科道等有条奏事件，如呈递之前，或奏事处及在朝之人，向其询问所奏何事，著即行指名参奏。若无人询问，而具折陈奏之后，或向外人叙说，亦著闻其言者，立即揭参，均当加之惩治，庶不致嘉猷入告，以采纳之资，启漏言之渐。盖君不密则失臣，朕断不肯先行晓谕，以致敢言之臣招怨，而臣不密则失身。近日此风甚炽，朕生平最恶者，探听朝政，先欲得信之人，枢机之发，荣辱所关，有不可不慎者，毋谓朕诰诫之不早也。如敢干犯，决不轻恕。

漏洩 010：道光十六年谕

近日外间传阅私钞，多有未经发钞之件。如本日某衙门直日，召见某人，科道某递封奏一件，此等探事恶习，本干例禁，且刊刻私钞，纤悉毕登，不但泄漏滋弊，甚非所以崇政体而昭严肃。嗣后著御前大臣，饬令奏事处直班章京等严行查禁，毋许再有讹传私钞，以昭慎密。傥查禁不力，仍蹈前弊，惟该大臣等是问。

吏部处分 173：遗失本章〔例 10 条〕

遗失 001：康熙六年题准

遗失科钞者，罚俸两月。

遗失 002：康熙十七年议准

遗失红本者，降一级留任。

遗失 003：康熙二十五年议准

官员将诰敕质当者，革职。或虫蛀损伤，或潮湿破坏染污，及差人道路差错者，皆罚俸六月。如被水火盗贼毁失者，免议，仍准题请重给。〔今增为：文武官员札付旗牌等项，被水火盗贼毁失者，亦照此例办理。〕

遗失 004：雍正二年

山西巡抚题参：河东运判护理运司将钦颁运司上谕，并未查收交代。奉旨：著免议，此不过朕之训饬谕旨，无甚关碍。嗣后朕之训旨，或致遗失水湿染污毁坏，该督抚提镇，行文内阁奏明给予，不必题参。

遗失 005：乾隆四年议定

凡已进呈之本章应行发出者，如批本处未发，内阁即行参奏，内阁未发，部院即行参奏，该部院未经行文，督抚即行参奏，不必转相询问。若将进呈后之本章，批本处及内阁遗漏未曾交出，别经发觉，始行查发，将经手遗漏之员，比照将表文遗漏迟延例，罚俸一年。同日该班不行检查之员，照不行详查例，罚俸六月。奏事处亦照此例。若已经交出到部，而遗漏不行知照该处，各咨行事件，已经议结，不行文该处者，将遗漏行文之员，照议处经手遗漏各员例察议。至于已经移咨该处，而他处或有遗漏，未经知照者，照遗漏行咨例罚俸两月。

遗失 006：乾隆四年议准

凡有降罚承追等案，一经奉旨，考功司即行文知照文选司，其补官日带于新任、降罚者，应于该员补官日，文选司行文知照。如有遗漏不行知照者，将司官照遗漏行咨例罚俸两月，书吏治罪。

遗失 007：乾隆三十年奏准

在内、在外、议降、议革大员，奉旨后，吏部将该员缘事原案备细钞录，一体行文原籍督抚，以便稽查。

遗失 008：乾隆三十年又奏准

历年准行条奏事件，如有沉搁未行者，即查明定限补行。若有不便行者，该衙门据实题明更正，并造具遵依清册，咨部查核。倘有阳奉阴违，遗漏沉搁等弊，一经发觉，查系遗漏，照经手遗漏例议处。如系沉搁，照沉匿官文书律查议。

遗失 009：乾隆三十年三奏准

吏部文选司题稿房、笔帖式科二处，专司满官铨选，往来文移，多系清字，拣选谙练事务掌稿笔帖式各二人掌管。如所办档案，有遗漏及舛错，照处分司官例议处。至隐匿印文，更改档案等弊，查出题参治罪。

遗失 010：乾隆三十年四奏准

除咨部院密奏事件，毋庸开送内阁外，其折奏事件奉旨准行之后，即将原折并所奉谕旨，一并钞送内阁，与具题红本一体收藏，以备稽查。

吏部处分 174：积压本章〔例 2 条〕

积压 001：嘉庆二十年谕

吏部等衙门奏：议处刑部积压本章堂司各官一折。各部院事件俱关紧要，朕历经训谕，令该堂官遇事随到随办，应题奏者即行题奏，应引见者即行引见，勿蹈因循疲玩之习，谆谆告诫，至再至三。刑部为刑名总汇，案牍繁多，尤当勤敏将事，乃本月初九日，刑部题本二十三件内，立决者多至二十二件，人犯多至五十二名，总缘平时积案既多，及将届封印，纷纷赶凑，未免草率，遂致一时丛集，且近日该部自请议处之案，不一而足。如曲朱氏，系应拟绞监候永远监禁之犯，误写为秋后处决。又，本年秋审册内遗漏二案。又，题本内十九年，误写为二十年。又，安徽省处决人犯，行文迟逾例限。种种错误，即予黜革，亦属咎所应得，但其中亦有区别。董诰现在因病告假，伊年逾七旬，精神不能周到，军机处事务繁多，不必管理刑部，著改为管理兵部事务。崇禄、韩崶、彭希濂，俱系刑部司员出身，且常川在署办事，其咎较重。崇禄著革去紫禁城内骑马，韩崶著革去花翎，俱降为二品顶戴，彭希濂降为三品顶戴，伊三人俱革职留任。恩宁、穆彰阿，年力方壮，派令兼署刑部，召见时谕令其留心学习，乃不思奋勉，于部务全不究心，甚属可恶，俱著降为三品京堂，再观后效。现有大理寺卿一缺，即著恩宁补授。穆彰阿著以正从三品京堂候补。卢荫溥在军机处，事务较繁，甚属尽心，暂署刑部，不能到署办事，此不过一时疏忽，著加恩改为降二级留任。汉本房系专办题本之处，各司交到本章，并不分析匀配具题，其咎尤重，主事得寿年、昌阿、隆文，俱著照部议革职。其各司承办迟延之候补郎中董斯福，员外郎丰伸、泰诚、龄章、庆治，候补主事赵协中，俱著从宽改为革职留任。

积压 002：嘉庆二十年又谕

昨因刑部本章积压，封印期内，不能呈进完竣，准令改题为奏，此不过暂时权宜，不可为例。若各衙门因可改题为奏，相率效尤，恐因循疲玩，将来积压之件愈多，不可不加以惩处。除刑部堂官及前案已议处各司员毋庸再议外，著刑部将逾限本章，逐一查明，将各该司员职名，咨交吏部概行议处。

吏部处分 175：遗失印信〔例 2 条〕

失印 001：康熙二十五年定

在外各官印信，如在署存储，或系行寓存储，被贼径行窃去，有印官革职。五日内自行拿获究办，开复原参处分；未经行用，减为降一级调用；已经行用，减为降二级调用。一月内自行拿获，未经行用，减为降三级调用；已经行用，减为降四级调用。如非自行拿获，仍不准减议。至适遇公出，派有员弁随行赍送，或乘船偶遇风浪沉溺，或被火延烧，有显迹者，一时仓猝失检，不能寻获，将转派员弁革职留任，本员未能先事豫防，议以降三级留任。若在署封储，遇有水火，猝不及防，以致毁失者，将本员革职留任。五日内自行寻获，开复原参处分，系革职留任者减为降一级留任，系降三级留任者减为罚俸二年。一月内自行寻获，系革职留任者减为降二级留任，系降三级留任者减为降一级留任。在京各衙门印信，系封储在署，当月直宿官员，专司监守，如有窃失，专司监守之员革职，有印官革职留任。五日内拿获究办，开复原参处分，未经行用，专司监守之员减为降一级调用，有印官减为降一级留任；已经行用，专司监守之员减为降二级调用，有印官减为降二级留任。一月内寻获，未经行用，专司监守之员减为降三级调用，有印官减为降三级留任；已经行用，专司监守之员减为降四级调用，有印官减为降四级留任。至在署封储，偶遇水火，猝不及防，以至毁失者，专司监守之员革职留任，有印官降三级留任。五日内寻获，开复原参处分，系革职留任者减为降一级留任，系降三级留任者减为罚俸二年。一月内寻获，系革职留任者减为降二级留任，系降三级留任者减为降一级留任。

失印 002：雍正三年议准

遗失印钥印牌之案，即将遗失之员降一级留任，不准抵销，遇有应行升转之缺，概停升转，三年无过，开复。其仅止迟误请领印钥，并无遗失情事者，罚俸一年。

吏部处分 176：误用印信〔例 2 条〕

误用 001：康熙九年议准

官员应用堂印事件误用司印，应用司印误用堂印，及署事官、兼辖官错用印信，皆罚俸三月。倒用印信，亦照此例处分。

误用 002：雍正三年议准

地方民务大小公事，皆用题本，用印具题。本身私事，皆用奏本，虽有印信之官，亦不准用印。若违定例题奏，通政使司衙门查参，交部照误用印信例罚俸三月。

吏部处分 177：漏用印信〔例 2 条〕

漏用 001：乾隆四年议准

地方各官往来文移，以及呈报上司事件，均于正面钤印，如有刮补字样，以及增注错落，于接扣之处，均钤盖印信。倘有遗漏钤盖者，照各衙门行移文书漏用印信律，罚俸一年。

漏用 002：乾隆三十七年奏准

各省督抚等拜发奏折，俱于夹板之外，用棉榜纸封固，接缝处粘贴印花，其奉差出京官员，照例领取兵部印花备用。如有遗漏粘贴印花者，照遗漏用印例，罚俸一年。

吏部处分 178：印信模糊〔例 4 条〕

模糊 001：康熙九年题准

印信模糊，或不请换，或本章咨文用印模糊，由部查出者，将不请换印之官罚俸六月。如督抚将更换情由不行咨题者，亦照此例处分，详请更换之官免议。如印信损坏，已换给新印，不将旧印缴送者，亦照此例处分。

模糊 002：雍正八年议准

铸印局铸造印信关防，笔画错误，将不行磨对之铸印局各官罚俸六月，不行验明之堂官罚俸三月。其领印之员，于领受之时，不将错误之处验看声明，日后被人查出者，将领印之员亦罚俸六月。

模糊 003：雍正八年又议准

属员请换印信，该上司收取使费者，革职。

模糊 004：乾隆二年议准

官员请领新印迟延，如逾四月以外，由礼部核明月日，咨明吏部，照钦部事件迟延例议处。其接到新印，不缴还旧印者，亦照事件迟延例议处。上司不行催领，及不行催缴者，俱罚俸三月。

吏部处分 179：盗用印信〔例 1 条〕

盗印 001：乾隆十年奏准

盗用印信之案，该管官自行查出者免议。若失察盗用，已行者降一级调用，未行者罚俸一年。如于行用后，自行查出究办，减为降一级留任。尚未行用，别经发觉，自能获犯究办，减为罚俸六月。

吏部处分 180：妄用印结牌文〔例 6 条〕

妄用 001：康熙十五年议准

官员豫给用印白结者，罚俸一年。〔今改为：降一级调用。〕

妄用 002：康熙十五年题准

职官擅写牌文给予族人者，革职。〔今改为：给予不应给之人者，革职。〕

妄用 003：康熙五十二年议准

滥给家仆门子印结，捐纳官职，及滥给因罪革退衙门人役印结，复入衙门者，皆革职。

妄用 004：雍正四年议准

地方各官，妄用印信，及非正印官而擅用印信者，皆降一级调用。

妄用 005：雍正十二年议准

各省藩臬、盐道、知府，设有经历，凡文移往来，令其公同用印。其经历印信，悉归经历自掌，如擅将经历印信收掌自用，致生挪移情弊，该督抚题参，将擅收经历印信自用之员，照妄用印信例，降一级调用。

妄用 006：雍正十二年又议准

五城一应晓谕禁约等事，应于各该地方通衢张贴印示外，其一切官民铺户门首，应令五城御史，严饬各该司坊官，不得滥给印示。倘有不肖之人，仍前滥给者，该御史一经见闻，立即题参，将该员照妄用印信例议处。若系吏役人等受贿，求托本官给发者，除该员照例议处外，并将吏役交刑部治罪。若该城御史见闻既实，并不参奏者，或别经查出，或被科道纠参，即将该城御史，照不行详查例议处。〔今改为：不行查参者罚俸一年。〕再，顺天府经历、照磨，及大、宛两县，间有出给印示者，一例严禁，倘有徇情滥给者，亦照司坊官之例议处。其不行查参之各该上司，亦照巡城御史之例议处。

吏部处分 181：空白印信〔例 2 条〕

空印 001：乾隆二年覆准

各部院衙门行移事件，司官回明堂官用印，将所行事件，并用印数目，登记号簿。其在外各衙门下行牌票，并上行平行文移，均令钤印编号，一应空白，悉令严行禁止。傥有仍用空白，事发，将不行稽查之在内堂官，在外督抚司道，照不行详查例，罚俸六月。〔今改为：罚俸一年。〕不行回明用印之司官，及仍用空白之府州县等官，皆照豫给用印白结例，罚俸一年。〔今改为：降一级调用。〕如有督抚司道，向州县提取空白文结者，亦照此例罚俸一年。〔今改为：降一级调用。〕

空印 002：乾隆五年覆准

内外大小凡有印信衙门，均于封印前一日，酌量件数，各用空白印纸，并文移封套，以备封印后遇有紧要公文之用，仍各登记号簿，在京衙门呈堂收存，外省衙门同印信在内衙存储，有紧要文书，方行填用。开印后，除用去者登记册籍外，将所存件数，各堂官及各印官，验明销毁。如有官吏藉端作弊，及该堂官、该督抚、各上司不行查出者，皆照禁止空白印信例，分别议处，书吏照例治罪。〔今增为：如失察书吏藉端作弊，该管官照失察书吏舞文弄法例议处，通同舞弊者革职，失察之该堂官及该上司，罚俸一年。〕

吏部处分 182：滥行出结〔例 12 条〕

滥结 001：康熙二十九年题准

地方官代顶冒人员出结者，革职。

滥结 002：雍正十二年覆准

候选拣选人员，例用同乡京官印结，凡出结各官，务令本衙门设立号簿，将出过印结缘由，登记簿内，每至月终，按照数目缘由，汇送清册呈堂，咨部查核，如册内无名，即传赴选人员究问，傥有豫用空白印结者，令该堂官照豫给空白例参处。

滥结 003：乾隆三十七年奏准

凡一切甘结，及同乡京官印结，向例不用印文，并户部衙门有关钱粮案件，照旧取结办理外，其余具题事件，及详咨移文内，向例于文外复取结者，停止印结。如遇有滥冒出结之案，各该衙门即据其文查明应议职名，开送吏部，照例议处。

滥结 004：嘉庆五年奏准

乡会试及一切考试入场之人，如有顶替情弊，出结官降一级留任。至入场后另有联号代倩等弊，出结官免议。如该省并无五、六品京官认识出结，即取具七品以下同乡京官图结，出具隔省五、六品京官印结投递，如有违碍，将出具图结之员，照本例议处，加具印结之员减一等议处。

滥结 005：嘉庆五年又奏准

凡身家不清及顶冒之人，有捐纳职官者，出结之同乡京官降一级留任。州县官不行查明，滥给文结赴选者革职，转详之府州降一级调用，督抚藩司罚俸一年。其赴部后另有顶替情弊，于地方官无涉者，即将出结之同乡京官革职。其有捐纳职衔贡监者，止系顶戴荣身，无关铨选，出结之同乡京官罚俸一年，州县官不行查明率行结报者降一级调用。〔今改为：降一级留任。〕如系现充该衙门皂隶之子孙，及本任内曾经犯案治罪者，查明系属纵容，加级不准抵销，转详之府州罚俸一年，督抚藩司免议。

滥结 006：道光九年谕

嗣后捐纳各官，例由本籍起文赴选者，著责成地方官取具该员族邻甘结，加具印结送部。其随任赴选人员，著责成本任官出具文结。至例由本员具呈注册铨选者，即责成同乡京官出具确实印结，均令于文结内详叙捐生出身履历，此内如有降革人员报捐，并令将该员从前曾任何项官职，缘事降调案由，一并详细注明，以凭查核。倘有徇隐，除将蒙捐原官之员随时奏明办理外，并将出具文结各官照徇隐例议处。

滥结 007：道光十二年奏准

各部院衙门司员，遇有本司办理事件，概不准其出结，如有率行出结者，照违令私罪律议处。

滥结 008：道光十二年议准

各省人员投供赴选，以及报考报捐等事，五城正指挥实授者，准其出结。其拣选候补署事代理者，不准出结。

滥结 009：道光二十九年议准

凡冒滥出结应行议处之案，由吏部径咨各该衙门，〔如捐纳则咨户部，考试则咨礼部之类。〕查取原出结官职名，照例议处，不必行查原籍。

滥结 010：咸丰十一年谕

给事中高延祜奏：捐官流品混杂，请饬令出结官认真稽查等语。近来捐例繁多，流品不一，全赖各省出结官认真稽查，以杜弊混，若如该给事中所奏，近日各官出结，多虚应故事，有名无实，以致身家不清白之人，皆得蒙捐出仕，无从指摘，更难保无匪徒混迹其间，实属有干禁令。嗣后各省有自俊秀贡监以及杂职虚衔捐官者，先令取具亲友互保，到局对认无误，方准出结。其余各项报捐人员，亦皆详究来历，毋任蒙混。倘有前项情弊，除出结官照例议处外，其管理印结局官员，该部查取职名，一并严加议处。

滥结 011：同治元年谕

御史兴奎等奏：请饬吏部查办职官冒名顶替，并严定出结官失察处分等语。职官冒名顶替，俗有"飞过海"之称，名是人非，相率为伪，实属大干法纪。著吏部认真查办，如何稽核祛弊，严定章程具奏。至各省京官印结，系为防弊而设，嗣后各省出结官员，如有失察捐生舞弊革职者，不准援照向例捐复，以重责成而除积弊。钦此。遵旨议准：嗣后有身家不清，假冒顶替之人，报捐以前，另犯奸赃不法等事，因案发觉，其同乡京官滥行出结，应查照定例，从严议处，失察者降三级留任，不准抵销；知情者降三级调用私罪；隐匿不举，并通同舞弊者革职，不准捐复。至总司查核之员，减等定拟。如查结官知情容隐，即议以降三级调用，通同舞弊者仍革职，不准捐复。

滥结 012：同治十三年定

捐纳候选京外各官，及各项分发人员，各省五、六品出结京官，旗员由本佐领出具图结，务须查明该员实系身家清白，并无隐匿犯案、改名、蒙捐等弊，方准铨选、分发。如有身家不清，及假冒顶替，同乡京官滥行出结者，照例议处。其报捐指省，及劳绩保举留省分发验看人员，应于印结内声明，并未在该省先行寄籍置买田产，并非向来流寓，及祖父亦未置有产业，本身及父子、胞兄弟、胞伯叔侄向未在该省开设典铺，及各项经商贸易，亦未曾在该省督抚司道府厅州县衙门襄办刑钱等事，方准验看分发，仍行文该省，查明有无隐匿等弊，专咨报部。如有隐匿不报，或捏称前项，希图改省者，将本员从严惩办，出结官照例议处。由俊秀监生初捐人员，及各馆供事、京外吏员出身者，无论月选、分发、拣选，概令取具同乡京官实系本身并无顶替印结，出结官于钦派验看大臣面前呈递，旗员由本佐领出具图结呈递，验看拣选分发到省后，令该员在省同乡官员识认取结，报部存案。捐纳人员内，如有报捐以前，犯有奸赃不法等事，因案发觉，其同乡京官滥行出结者从严议处，总司稽查之员减等议处。取结人员，有无各项违碍情弊，出结官须先期查明，再行出结，不准于验看及引见后，呈请扣留执照。业经铨选分发人员，有身家不清等弊，续经出结之员查出，准其据实检举，宽免处分。

吏部处分 183：给结冒领建坊银〔例 3 条〕

冒领 001：乾隆四年议准

凡请领节妇建坊银，如系再醮之人，应行议处出结官者，令各该处即将知情滥给，与并不知情之处，于咨疏内据实声明。如知系再醮，不应请领之人，滥行出结请领者，将出结之人，照徇情给结例降二级调用。如实系不知再醮缘由，冒昧给结，后经自行检举者，照不行查明给结例罚俸一年。不行详查之该管官，照不行详查遽为转报例罚俸六月。

冒领 002：嘉庆五年奏准

恭遇覃恩，如有各项违碍之人，同乡官不行查明，给予印结请领封典者，罚俸一年。其捐请封典者，亦照此例议处。

冒领 003：嘉庆五年又奏准

地方官结报节妇不实者降一级调用，转详之府州罚俸一年。

吏部处分 184：隔属用印买人〔例 1 条〕

买人 001：康熙八年题准

旗人买民人者，用本管地方官印信，若在隔属官用印，给予之官，照拿解良民例，降一级留任。如有将定例以后所买之人，诡作定例以前年月日，用印给予者，将地方官并买卖之人，皆加等治罪。

吏部处分 185：挪移年月用印〔例 2 条〕

移年月 001：康熙八年议准

凡将定例后事件，作为定例以前年月日期，用印给予者，将用印之官降一级调用。

移年月 002：乾隆二年议准

内外衙门案件，有挪移年月等弊，该管官知情用印者革职，止于失察者降一级留任。

吏部处分 186：禁止无印小票〔例 1 条〕

印票 001：乾隆六年覆准

各省文武大小衙门，凡一切差票，均令钤盖印信，如无印信衙门，即用钤记，所有朱标小票衔单，永行禁止。倘有仍用无印小票衔单者，令该上司不时查报题参，将出无印小票之员，照文移遗漏钤盖印信例罚俸一年。

吏部处分 187：科场〔例 90 条〕

科场 001：顺治十五年议准

顺天府暨各省布政使，解卷迟延十日者，罚俸两月，仍详查原文起解月日，系本官迟延者，责在本官，如与本官无涉，系解役迟延者，由该管官从重治罪。

科场002：顺治十五年题准

官员不将正身书手选送，或送雇替之人，或送不堪用之人者，罚俸一年。

科场003：顺治十五年又题准

墨卷错落题字，及文内失格违禁，后场违式，真草不全等项，应贴不贴者，受卷所官，各降一级调用。如受卷官将不应贴而贴出者，一卷罚俸三月，二卷罚俸六月，三卷罚俸九月。

科场004：顺治十五年三题准

誊写朱卷，系誊录官专责，亦有誊录所错落数行，对读所对出改正者，如竟不经心对读，任错不改，誊录、对读官，各罚俸九月。〔今改为：每卷各罚俸三月。〕

科场005：顺治十五年四题准

场内所取中卷，宜三场遍阅，有同考官蓝笔未经点到者，降一级调用。主考官不能觉察者，各罚俸一年。

科场006：顺治十五年五题准

场中如墨笔添改，罪在主考，将主考官降三级调用。蓝笔添改，罪在本房，将本房同考官降三级调用。

科场007：顺治十五年六题准

中式朱卷面，应先填举子名次，后填姓名。其墨卷面，虽有举子姓名，亦应填写名次，如违，主考官各降一级调用。

科场008：顺治十六年议准

誊录所用朱，对读所用紫，〔今改用赭黄。〕如擅用别色者，该所官降一级调用。

科场009：顺治十七年议准

卷面列主考本房同考官职名，各注批语，不得遗漏错乱。如有违式不列，及署名颠倒者，责在主考，将主考各降一级调用。〔今改为：各罚俸一年。〕

科场010：顺治十七年题准

各省乡试外帘官，将科目及正途出身之知县教官，〔今教官不开送。〕一并取用，傥有推托规避者罚俸一年，知府徇私不查报者罚俸六月。

科场011：康熙七年题准

墨卷题字，及四书五经文章策论表判内，字有错讹，誊录不照原字誊，自行改正，对读官不行对明，径送内帘，一卷，誊录对读官各罚俸九月；二卷，各罚俸一年；三卷，各降一级调用；四卷，各降二级调用；五卷，各降三级调用；六卷以上，革职。〔今改为：每卷各罚俸三月。〕其墨卷错字，朱卷已改正，内帘正副主考同考官均不知，免议。

科场012：康熙七年又题准

收卷官将卷面籍贯不明，不行详看驳回者，经管收卷官，各罚俸六月。弥封官将卷面籍贯不明，不行详看即错印者，经管弥封官，各罚俸六月。〔今改为：罚俸三月。〕主考官原照所编字号中式，如外帘错编字号，移送内帘，于拆看时未及查出者，正副主考官，各罚俸六月。

科场 013：康熙七年三题准

前场卷错印后场卷号，后场卷错印前场卷号者，其经管官，罚俸三月。

科场 014：康熙七年四题准

经管试卷用印官，将试卷号印重印，及用印模糊者，其经管用印官，各罚俸三月。经管木印官，将木号印重送，及移送木号印字模糊者，经管木印官，各罚俸三月。

科场 015：康熙九年题准

应试举人贡监生员等姓名，点名册内错写者，其司点名册官，各罚俸三月。

科场 016：康熙九年又题准

弥封所不将试卷用条记，移送誊录所者，弥封官各罚俸三月。誊录所见弥封所失印条记，不行呈明令其补印条记，私自差役投送者，誊录官各罚俸三月。誊录书手姓名，误写卷面者，誊录官查出不行呈明，及不行查出，各罚俸三月。

科场 017：康熙九年三题准

受卷所官，将书经卷误收诗经卷内，交送弥封所，弥封所官又不详查，错印诗经字号送内帘者，受卷弥封官各罚俸三月。如有自行检举，呈明改正者，免议。

科场 018：康熙十二年题准

墨卷未落，朱卷誊录遗句，主考抹出，同考官未经抹出者，罚俸六月。〔今增：主考官未经抹出者，罚俸三月。〕其举人行文笔误，罚停会试一科。傥未经抹出，同考官每一卷罚俸一年，正副主考各罚俸六月。

科场 019：康熙十二年又题准

册卷相同，错写贴示字样者，经管贴示官，罚俸三月。

科场 020：康熙十五年题准

主考官场内发题，如过卯辰二时，不将题纸全发出者，将正副主考官，各罚俸六月。

科场 021：康熙十五年又题准

正副主考官遗批"取中"字样，同考官遗漏"荐"字者，皆罚俸六月。

科场 022：康熙十五年三题准

正副主考官，一次出题错字，各罚俸三月，本经同考官各罚俸六月。〔今无本经同考官，处分删。〕正副主考官，二次出题错字，各罚俸六月，本经同考官各罚俸九月。正副主考官，三次出题错字，各罚俸九月，本经同考官各罚俸一年。自行检举者，正副主考官各罚俸三月，本经拟题同考官各罚俸六月。

科场 023：康熙十八年议准

闱中阅卷，每官阄分朱卷若干，即于卷面上打某经，〔今无某经木印。〕某房木印，如某房有弊，即将本房本官处分。如举子应黜革一名者，同考官即应革职；举子黜革二名以上者，同考官革职提问；举子黜革一名者，正副主考官降二级调用；黜革二名者，降三级调用；黜革三名以上者，革职。〔今改为：非因文字黜革者，同考主考官俱免议。〕举子罚停会试三科者，每一名，同考官降一级调用，正副主考官各罚俸一年。罚停会试二科者，每一名，同考官各一级留任，正副主考官各罚俸九月。举子罚停会试一科者，每一名，同考官罚俸一年，正副主考官各罚俸六月。〔今增为：罚停殿试者，亦照此例议处。〕

科场 024：康熙十八年又议准

考官私访聚谈荐卷，私通小帖，所阅朱卷，私带入房，主考、同考暗带主文幕友，随入内帘，将朱卷埋藏偷换，凡系场内目击情弊，御史〔今改内监试官。〕容隐，不行指名题参，别经发觉，将内帘御史〔今增内帘监试之道府等官。〕皆降二级调用。

科场 025：康熙二十五年议准

官员失落试卷者罚俸一年，如染污损裂者罚俸六月。

科场 026：康熙二十五年又议准

官员将黜革之人入考者，降一级调用。

科场 027：康熙二十五年三议准

各省主考官，出闱之后，许住省数日，刊刻试录，事竣，遵限回京，不得任意迟延。如有疾病事故，仍照例取州县官印结，报部存案。若无故在外任意耽延，不行即回者，各该衙门查参，照奉差不复任例议处。

科场 028：康熙二十六年覆准

官员奉文移取入帘，推托不赴者，罚俸一年。

科场 029：康熙三十九年覆准

中式冒籍举人，其收考、送考出结官并学臣，及地方官、教官，照定例处分，其主考官免议。如举人、贡监、生员，滥认父母，假冒籍贯，品行不端者，或被宗族邻里告发，或被科道纠参，查审明确，即行斥革，交送刑部。如有查核不详，草率令其考试者，照混行收考例，降一级调用。其行查不据实呈报者，照假冒出结例革职。如冒籍之父兄，在现任地方，令其子弟冒籍者，革职。若不肖之徒，贿买举人，及代为营谋者，事发，皆从重治罪。

科场 030：康熙六十年议准

保定等卫军户，仍照旧例考试，但恐不肖之徒，改名易姓，假冒卫籍，令该府县及教官查明，出具保结。中式后有冒籍顶名等弊，将顶冒之人，照假官例治罪，送考及出结官员照徇庇例处分。

科场 031：雍正元年议准

中式之人，有联号换卷，传递埋藏夹带文字等弊，审实，将不行查出之监临、提调、监试、巡查各官，照容隐例降二级调用，外帘搜检各所官照溺职例革职。如有通同作弊受贿者，交送刑部，计赃治罪。

科场 032：雍正元年议定

如有下第诸生，不安义命，妄行哄闹者，立即拿送刑部严审。若内帘外帘果有情弊，将各官照例严加治罪。若毫无实据，逞其私忿，将本人照光棍例治罪。如该管官不行查拿，照容隐例降二级调用。

科场 033：雍正元年覆准

考官出场，或正考官风闻中式之人，与副考官同考官有弊，正考官即行举奏，或副考官风闻中式之人，与正考官同考官有弊，副考官即行举奏，并同考官风闻中式之人，与正副考官别房同考官有弊，即行举首，将中式之人，请旨覆试，本官免其失察处分。傥主考同考官明知而不举，或经科道纠参，或被旁人首告，交刑部审实治罪。

科场 034：雍正六年覆准

科场除违式应贴之卷，收卷官照例呈明监临贴出外，其应送弥封所试卷，每十卷，收卷官即用纸包裹固封，送弥封所，如收卷官将试卷与提调等官先行翻阅，在京许监试御史，外省许监临指名题参，将收卷并提调等官各降二级调用。傥有指示改正等弊，将收卷官并监临官皆降三级调用。如监试御史、监临官，隐匿疏漏，不行题参，别经发觉，各降二级调用。其试官阅卷，必将后场试卷，尽行细加校阅，首场虽佳，而二三场草率者，不得取中。若首场虽属平通，而后场明确通达者，亦得取中，不得专重头场，忽略后场。如经磨勘，策判〔今无判。〕有剿袭雷同者，将主考房官一并题参议处。

科场 035：雍正十三年议准

乡试之年，应试诸生，如有因本房无官卷之例，捏造出继，或已经出继，因本房有官卷之例，改回本房，及本房已经降革，而子孙弟侄，犹指称官卷，并以恩养螟蛉，混入官卷者，或经告发，除本房革职，本生黜革，照例治罪外，将该教官、州县官，皆降二级调用，知府、直隶州知州降一级调用，布政使官降一级留任，巡抚、学政罚俸一年。

科场 036：乾隆元年议准

顺天乡试外帘官，将小京官及额外主事、守部进士〔今外帘官不行开列守部进士。〕等官内开列具题，其庶吉士停其开列，傥有推托规避者，罚俸一年。

科场 037：乾隆元年又议准

乡会试主考同考官，除同姓无服，〔嗣经覆准，无服本族，照旧回避。〕与郎舅中表等戚，不必回避外。〔嗣又议准：妻之兄弟胞侄，姊妹之夫，胞姑夫，俱回避。〕其有服同姓与翁婿甥舅，皆令回避，如不将应回避之人开出者，革职。

科场 038：乾隆三年议准

各学教官，务将科场条规，平时传集诸生，严行训谕，务使临场懔遵成宪。如有不遵约束，紊乱场规者，该监临官查参，将该教官降一级调用。若该学政于士子科举时，不凭文字之优劣，滥行收录，将该学政罚俸一年。

科场 039：乾隆三十四年覆准

场内取中试卷，有主考官未经点到者，主考官降一级留任。

科场 040：乾隆三十四年议定

磨勘乡会试卷各官，全无签摘，及签摘不当，塞责了事者，概不准予议叙。如磨勘官果能秉公纠举，经覆勘大臣校勘，俱各允当，奏准鉴定者，事竣后，礼部移咨吏部议叙，准其纪录一次。若奉特旨交部议叙者，准其加一级。

科场 041：乾隆三十四年又议定

外省乡试官卷冒考，道员降一级留任，罚俸一年。

科场 042：乾隆三十五年覆准

汇送总册错误者，学政罚俸六月。误填卷面经书及不填经书，年貌及"廪增"字样，与卷册互异者，教官罚俸六月，未经查出之学政罚俸三月。

科场 043：乾隆三十六年覆准

主考官仍用墨笔，房考官改用紫笔，〔今改房考官仍用蓝笔。〕如墨笔添改，罪在主考，将主考官降三级调用。紫笔添改，罪在本房，将房考官降三级调用。倘主考官未将紫笔添改处查出者，罚俸一年。

科场 044：乾隆三十七年议定

磨勘乡会试卷各官，分勘各卷，通行覆算，于疵谬之处，全未勘出，经覆勘大臣勘出，将原勘官降一级调用。若将疵谬字句，签出一二，虽覆勘时另有增易，毋庸复行交议。如派出磨勘之员，托故推诿者，罚俸一年，仍责令磨勘完竣，照例察议。若全无签摘，礼部将该员存记，俟下科再遇磨勘时，会核查办。如仍未签摘一卷者，疏漏实所难辞，仍照例处分。

科场 045：乾隆三十七年奏准

受卷官将不应贴而贴出者，罚俸一年。倘有墨卷挖补、错落题字，及文内失格违禁，污墨越幅，后场违式，真草不全等项，应贴不贴者，亦罚俸一年。〔今增为：其应示贴之卷，错写事由者，罚俸三月。〕

科场 046：乾隆三十七年又奏准

中式卷内，文诗策论，有全篇雷同剿袭者，正副考官，一卷各罚俸六月，二卷各罚俸九月，三卷各罚俸一年，四卷各降一级调用，五卷各降二级调用，六卷各降三级调用，七卷以上革职。同考官，一卷罚俸九月，二卷罚俸一年，三卷降一级调用，四卷降二级调用，五卷降三级调用，六卷以上革职。

科场 047：乾隆三十七年三奏准

主考同考官，有交通作弊，一应采名受贿、听情关节，夤缘中式，事发审实，将考官革职，交刑部从重治罪。其父兄为子弟作弊，有官者，亦革职提问。

科场 048：乾隆三十七年四奏准

场内经书，备有官板，其别项书籍，亦应取官板备用，如往书坊赁办者，经管官罚俸三月。

科场 049：乾隆三十七年五奏准

国子监肄业之贡监生，有紊乱场规者，将学正、学录等官，照教官例议处，该堂官照学政例议处。

科场 050：乾隆三十七年六奏准

商灶籍生员，及各卫军户，各省科场中式后，有冒籍顶名等弊，将造册送考之学政等官，均照混行收考例，降一级调用。保送之府州县及教官，照滥结例分别议处。

科场 051：乾隆四十年谕

科场条例，毋许临场条奏，文会试不得过上年冬月，武会试不得过本年春月。嗣后如再有违例临期陈奏者，该部将其事于议覆折内，一并将该员察议具奏。

科场 052：乾隆四十年覆准

中式试卷，解部磨勘，除字讹句落，止将该所官察议外，倘有全卷潦草，不成字体者，按照卷尾姓氏籍贯，行令该督抚查明原起送之地方官，严参议处。

科场 053：嘉庆五年奏准

考官出题，不拘忌讳，如仍出时下熟习拟题，及割裂小巧，牵连无理，或诗题引用僻书私集者，照出题错字例议处。

科场 054：嘉庆五年又奏准

策题每问过三百字，或自问自答，或以己见立说，或援引本朝臣子学问人品者，均照出题错字例议处。

科场 055：嘉庆五年三奏准

诗题正书赋得某题，旁注得某字五言八韵，遗漏违式者，照出题错字例议处。

科场 056：嘉庆五年四奏准

试卷内句股错误者，同考官罚俸一年，主考官未经改正者罚俸六月。

科场 057：嘉庆五年五奏准

庙讳、御名各偏旁字样，誊录不敬谨缺笔书写，主考官未经抹出，罚俸一年。同考官未经抹出，降一级调用。〔今增为：其有不谙例禁，直书本字者，主考同考官，

虽经抹出，仍照此例议处。〕

科场 058：嘉庆五年六奏准

试卷内字句疵谬，无关通体文义者，主考官未经抹出，每卷罚俸六月。同考官未经抹出，罚俸一年。诗内平仄失粘，亦照此例议处。其题目字画小差，或文内字句小疵，及无心笔误，不关弊窦者免议。

科场 059：嘉庆五年七奏准

内监试漏印荐条者，罚俸六月。试卷重用荐条者，同考官及内监试，均罚俸三月。朱卷应印第几房印记，如有重用漏用者，经管官罚俸三月。

科场 060：嘉庆五年八奏准

拨房中式之卷，有应行议处房考者，止将受拨之房考处分，原荐官免议。

科场 061：嘉庆五年九奏准

庙讳、御名各偏旁字，誊录不依原卷敬谨缺笔书写，对读未经对出者，誊录对读官，均罚俸一年。

科场 062：嘉庆五年十奏准

对读不查照原卷点句句股者，该所官罚俸三月。对读官对出错误，应用赭黄笔改正，有误用紫笔者，罚俸三月。

科场 063：嘉庆五年十一奏准

中式之人，如有埋藏夹带文字，责在外场搜检各官，将外场搜检官革职，所官免议。其联号换卷传递等弊，查系何所之事，该所官不能查出者，降一级留任。如各所有挪换洗补试卷等弊，该所官亦照此例议处。

科场 064：嘉庆五年十二奏准

文乡会试外帘官，外省令监临官将合例之员行文调取，在京令礼部行文各衙门，将合例之员，咨送开列具题。倘有奉文调取，推托不赴者，罚俸一年。该堂官、上司，不行查报者，罚俸六月。其外省内帘官推托不赴者，亦照此例议处。

科场 065：嘉庆六年奏准

房官批语，误用墨笔者，罚俸三月。

科场 066：嘉庆十一年奏准

大、宛二县，申送应试童生，经满汉御史覆审时，如有审音不实，滥行申送者，将原审音官照混行收考例，降一级调用。系属知情，降三级调用。〔今改为：知情者不准抵销，不知情者准其抵销。〕

科场 067：嘉庆十一年又奏准

文武生员，缘事革审者，系具题之案，部文到日，该督抚即行知会学政，系外结之案，承审官于事结后，限一月内钞招录案，申报学政，秉公查阅，分别除名、开复。如承审各官迟延不报，罚俸一年。倘遇乡试之年，因承审官迟延不报，以致该生尚未开复，有误考期者，降一级调用。

科场 068：嘉庆十三年奏准

从前冒籍已经出仕及未经出仕各员，均准其自行呈明，改归原籍。除吏员供事不准改归原籍外，其在寄籍由应试报捐议叙现任职官，及候补候选人员，并非土著，其系外省寄籍，而原籍地方尚有坟墓田庐，应改归原籍者，限一年之内，呈请改归原籍，毋许再跨寄籍。如在寄籍地方置有产业已至二十年以上者，限一年之内，照例呈请入籍，毋许再跨原籍。统俟部文到日为始，一年限内，自行呈明者，毋庸议处，如逾一年之限，始行呈明，照违令私罪例罚俸一年。倘经奏明以后，如再有寄籍，幸邀出仕，别经发觉者，即行革职。

科场 069：嘉庆十三年又奏准

大、宛二县考试，岁考廪保八名，科考六名，其寄籍补廪者，虽经呈明入籍已久，不准派充，考后不准托词补送，仍于每次考试时，令该廪保各出具并无假冒甘结，由教官查核加结，申送府丞学政衙门，于审音时，仍令该御史详加查核，如有假冒，即行严参。该管官不实力稽查，仍照例议处。

科场 070：道光十二年奉旨

嗣后各该旗，遇有应编官卷，其试卷应注明"官"字，如有混入民卷取中者，比照各省办理官卷蒙混出结，及蒙混造册各员处分例，查系本家漏报，将本官革职，本生黜革。查系佐领漏报，将该佐领降二级调用，并将不行详查之参领降一级调用。如墨卷本有"官"字，朱卷漏印"官"字戳记，将承办之员降一级调用。

科场 071：道光十七年奉旨

此案提调官顺天府治中资镇衡，于童生雯锦冒考，既经参领指出枪替，未能立时拘拿，以致乘间逃逸，非寻常疏于防范者可比。资镇衡著降一级留任，不准抵销。嗣后关涉科场处分，无论大小官员，俱著吏部照例议处，专折具参，将应否准其抵销之处，声明请旨，毋庸具题，以昭慎重。

科场 072：道光十七年谕

前因乡会试试卷繁多，弥封官四员，果否足敷办理，并如何责成知贡举、监临等稽查，酌定处分之处，降旨令军机大臣会同该部议奏。兹据奏称：科场定例，本极周详，弥封一所，关系甚重，止在经理之得宜，不在人数之增设。至知贡举、监临，总理场务，例有稽查之责，向无处分，即该所官处分亦轻，请从重定议等语。嗣后乡会试仍照例用弥封官四员，即责成知贡举、监临，择其年力富强，精明干练者，先行派定弥封，毋须与各所官掣签，以昭慎重。并著知贡举、监临，随时稽查，务令遵照定例，亲自印号，不准假手书吏。其有漏印条记，用印模糊，核与弊窦无关者，仍著照旧办理。至错印红号，有关士子中式者，每卷该所官，照遗漏舛错例罚俸一年。知贡举、监临失于查察，照疏忽例罚俸三月。三卷以上，该所官降一级留任，知贡举、监临罚俸九月，如查有情弊，立即严参。倘知贡举、监临不行参处，别经举发，除该所官照例究治外，知贡举、监临照徇情例降二级调用。以上各处分，俱不准其抵销。其外帘受卷、誊录、对读、收掌各所官，著一并责成知贡举、监临认真稽查，以归画一。

科场 073：道光二十三年奏准

誊录所官，一次无过纪录一次，三次无过加一级。

科场 074：咸丰九年谕

上年顺天科场一案，失察子弟递送关节条子之尚书陈孚恩等，应得处分，均经吏部照例议以降一级调用，并声明公罪，例准抵销，业已先后照议允准。朕思科场定例，向多从严，其失察子弟夤缘犯法，与寻常失察处分，亦当有所区别，若概议以公罪，似未允协。嗣后官员，凡遇子弟有于科场夤缘纳贿交通关节，失于觉察者，俱著降一级调用，照私罪例不准抵销。

科场 075：同治十三年奏准

中卷内全卷全篇蓝笔未经点到者，同考官每卷降一级调用，失于觉察之主考官罚俸一年。若墨笔未经点到，主考官每卷降一级留任，其仅止数行，或数句，蓝笔未经点到者，同考官每卷降一级留任，失于觉察之主考官每卷罚俸九月。墨笔未经点到者，主考官每卷罚俸一年。

科场 076：同治十三年又奏准

中卷内文艺诗策，有剿袭雷同者，本生罚停二科。如同在一房，同考官每卷降一级留任，主考官每卷罚俸九月。其全篇剿录旧文，幸邀中式者，本生斥革。如无雷同，主考官免议。雷同非在一房，同考官免议。

科场 077：同治十三年三奏准

磨勘官于所分各卷，全无签摘，礼部即将该员存记，若下科再派磨勘，仍未签摘一卷者，罚俸一年。签摘指应议签而言，不得以免议签合计。

科场 078：同治十三年四奏准

考官向磨勘官分送所刊闱墨，及磨勘官竟行收受者，均照不应重私罪律降三级调用。

科场 079：光绪六年奏准

州县官保送誊录，务选正身书吏之朴实善书者，毋许雇替。如有不善书写，及雇替之人，经收验官驳回，或于磨勘时查出全卷潦草，不成字体者，将起送之州县官，每名罚俸一年。验收之府尹、布政使等官，未能先期驳换，每名罚俸三月。

科场 080：光绪六年又奏准

对读所官，一次无过纪录一次，三次无过加一级。

科场 081：光绪六年三奏准

考试教习，正场及覆试，出结识认各官，如有托故不到者，除将该士子扣除点名外，其识认不到之员，照外帘官推托不赴例罚俸一年。

科场 082：光绪六年四奏准

印造乡会试卷，不依定例尺寸、篇幅，或多或少者，将监造官照违令公罪律，罚俸九月。

科场 083：光绪六年五奏准

受卷官吏，一手接卷，一手发签。如不即给发，以致拥挤遗失者，罚俸三月。

科场 084：光绪六年六奏准

弥封所戳印红号，墨卷号必与朱卷相对，头场号必与二三场号相对，卷号必与簿号相对，如有错印、漏印、重印者，每卷罚俸三月。

科场 085：光绪八年奏准

科场埋藏夹带，责在搜检；传递换卷，责在巡绰；其联号割卷、搀改、洗补等弊，责在四所。如搜检、巡绰及各所官，有失察夫匠、军役、书吏、家人舞弊者，降一级留任，明知故纵者革职，受贿者交刑部计赃治罪。其监临、提调、监试等官，失于查察，如搜检、巡绰及各所官，应革职者降二级调用，应降留者罚俸一年。

科场 086：光绪八年又奏准

士子夤缘纳贿交通关节者，从重治罪。其父兄为子弟作弊，有官者革职治罪。若主考同考各官，通同作弊，一并革职治罪。

科场 087：光绪八年三奏准

凡乡会试之年，该管衙门，先期出示严禁，如有棍徒假捏撞骗，污累考官，及士子等央浼营求，致被诓骗，并于发榜前后，挟雠造谤，匿名讦告，以及下第诸生，不安义命，往考官处肆行搅闹者，即行查拿治罪。如该管官失于查拿，降二级调用。

科场 088：光绪八年四奏准

直省布政使、顺天府官，将乡试中式朱墨卷解部磨勘，违限十日以上者，罚俸一年。

科场 089：光绪八年五奏准

同考官遗漏加批，至填榜时，误用墨笔补写者，每卷罚俸三月。朱卷内有墨笔浮签未去者，主考官每卷罚俸三月。有蓝笔浮签未去者，同考官每卷罚俸三月。

科场 090：光绪八年六奏准

凡有言责官员，条奏科场利弊，文会试不得过上年冬月，武会试不得过本年春月。如有临期条奏者，照违令公罪律，罚俸九月。

吏部处分 188：考核学政〔例 33 条〕

学政 001：康熙二年题准

学政据教官举报劣生，不行尽法惩处者，一名降四级调用，二名革职。

学政 002：康熙十八年议准

提学有积习十弊：一、童生未经府考，册内无名，钻求学政，径取入学，巧图捷便。二、考试各府州县卫所童生，额外溢取，拨发别学，明收冒籍，以占本学正额。三、弥封编号印簿，及场内坐号红簿，不发该府州县封存，乃收存学道署内，私查某卷某号系某人，对号贿卖。四、考完一府，不将红案速行发学，任意迟延，徇私通贿，更改等第，拔下作上。五、每考一处，令书办承差快手人等，出入过付，暗访生员稍有家资者，先开六等考单，吓诈保等，有银送入，准放三等。六、文童额少，武童额多，将文童充为武童，入学之后，夤缘改文，娼优隶卒滥行收取，善骑射者摈而不录。七、各府地方，设有考棚，惮于亲往，将生童远调考试，其各州县告病生员，扛抬验病，困苦难堪。八、纵容无赖教官，包揽生童，私通线索，效劳分润，名为作兴，大坏风教。九、曲徇上司同僚情面，并京师乡宦私书，及亲属朋友，随往地方，讨情抽丰，将孤寒之士，弃而不录。十、报部学册，将额外滥取入学之童生，未经科岁考试，豫附三等，其姓名不入新案，造入事故衣顶项下，以赵甲顶钱乙，混作实在之数，咨报礼部。嗣后考核学政之时，均注剔除此十弊，若不能剔除此十弊者，该督抚指参。有贪赃之弊者，照贪赃例革职提问。如无贪赃之处，照才力不及例降二级调用。〔今改为：照不应重杖八十私罪律，降三级调用。〕其考核疏内，不注"剔除此十弊"字样，并未有剔除而注写剔除者，由部查出，或科道纠参果实，将该督抚照不报劣员例降三级调用。至督抚有需索陋规者，被科道纠参果实，将该督抚亦照贪赃例处分。至上司、同僚、京官、乡宦私书，及亲族朋友随往地方，讨情抽丰，府州县官传递私书，乡绅投刺请席者，督抚科道题参，有官者革职，无官者交刑部治罪。

学政 003：康熙二十五年议准

学政考试迟延，限内不能完结者，降一级调用。

学政 004：康熙三十一年覆准

学政或有将祠生、赞礼生，额外滥行批设者，照滥取入学例议处。〔今改为：降一级调用。〕

学政 005：康熙三十九年议准

凡督抚勒索学院棚规，司道需索常规，及学臣与者，皆革职提问。如有势宦京官请托，及教官、巡捕、进士、举人说情，并书吏皂役之类讨赏，事发，有官者革职提问，无官者从重治罪。若学臣徇情市恩者，亦革职一并提问。知府如有包揽入学童生，要挟抑勒，将文理不通之童生考送者，或学臣申报，或督抚指参，将知府革职提问。学臣与提调知府扶同作弊者，一并革职提问。如督抚不行查参，学臣不行申报者，皆革职。再，督抚如有藉考名色，及开送秀才童生者，照勒索棚规例治罪。知县有贿荐案首，及各官效劳分肥，提镇等官说情，并学臣扶同，事发，皆照例治罪。如学臣遇有挟制干情者，准径封具奏上闻。再，奸胥猾吏，如有勾通恶劣蠹棍势仆、私亲密友招摇者，令该地方官查拿，照光棍例治罪。再，祖父伯叔父兄，为子孙弟侄营谋者，事发，除本童责革外，祖父伯叔父兄，有官者革职，无官者从重治罪。

学政 006：雍正五年议准

提调官如听学政贪墨，通同作弊，及引诱为非者，一经发觉，将提调官照贪官例，同学臣一并革职提问。如学臣暗通关节，私鬻名器，提调官虽无通同引诱情弊，而防范不严，照溺职例革职。如有猾吏奸胥，招摇撞骗，以及受贿传递等弊，提调官不行访拿究治，别经发觉，将提调官照失察衙役犯赃例议处。倘学臣操守清廉，杜绝情弊，而提调官不得遂其引诱，反行挟制把持者，准学臣即行指参，审实，将提调官照贪官例治罪。

学政 007：雍正七年谕

士子者百姓所观瞻，士习不端，则风俗何以得厚，是以考课士子，设立举优黜劣之典，以为移风易俗之道，所关亦綦重矣。而无如教官愚懦无能，学臣因循苟且，往往视为具文，奉行不力，每当学臣按试之时，教官辄以无优无劣，具文申详，草率塞责，如此则善者何由而劝，不善者何由而惩，夫善者之湮没不彰，一时尚难觉察，而不善之人，徼幸苟免于目前，不旋踵而劣迹败露，每见荡闲踰检犯法乱纪之士子，皆从前学臣教官之未曾开报劣行者，其间情罪虽难一一追究，然即此可知其中之容隐不少矣。嗣后若教官沽名邀誉，纵容劣生，不行举报者，经学臣查出，立即指参，将教官照溺职例革职。若学臣瞻徇情面，不行纠参者，一经发觉，将学臣照徇庇例降三级调用。将此永著为例。

学政 008：雍正七年议准

贡监生员，拖欠钱粮，经州县等官申报学政，即行黜革，照民例治罪。如学政徇隐不报者，降三级调用。

学政 009：雍正七年又议准

官生录科，学臣秉公严加考试，不许瞻徇情面，滥行录送入场。如官卷内有文理荒谬，幸邀科第者，发觉之日，将送考官照滥行收考例议处。

学政 010：雍正十三年覆准

枪手入场，经学政饬发鞠审，倘该提调官不实力严缉，照军犯脱逃例，初参罚俸六月，再限一年缉拿，限满不获，罚俸一年，照案缉拿。至枪手日久潜归，而原籍地方官，漫无觉察，仍听应考，或再经作弊事发者，照军犯私回不行查出例，将原籍地方官罚俸一年。

学政 011：乾隆元年覆准

学臣考试地方，如有奸棍聚众生事，陵胁官长等情，学臣系封锁衙门，内外隔绝，无由禁缉，该提调及地方官，并驻防武职等官，立即协拿务获，审实，照例分别首从治罪。若提调及地方官，事前不能豫先禁止，事后又不严拿，及批审之后，徒以一二软弱无辜，抵塞结案者，听督抚学臣据实题参，交吏部严加议处。〔今增为：照刁民聚众例，降三级调用。〕武职交兵部议处。其廪保不加详慎，滥保匪人，以致场内生事者，将该生褫革。

学政 012：乾隆元年又覆准

直省选拔贡生，咨送到京，钦点大臣严加考试，倘该学政〔今增督抚。〕不秉公核实，有徇情冒滥等弊，及咨送到京考试，有学问荒陋，人品不端，才具庸劣者，除本生褫革外，仍将该学政照例分别严加议处。〔今增为：有将文理荒谬，品行不端，才具平庸，徇情拔取者，降二级调用。如文有疵累，不称拔贡之选者，均照混行送考例，降一级调用。〕

学政 013：乾隆元年议准

生员偶有过愆，止应戒饬者，地方官会同教官，照例在明伦堂扑责，如有擅自呵叱饬责者，听学臣查参，以违例处分。〔今改为：降二级留任。因而致死者，降二级调用。故勘致死者，照例治罪。〕其有肆行不法等事，该地方官一面查拿，一面申详督抚学臣，革退审理。如地方官挟私妄报，查出，将地方官照例分别参处。如系生员恃衿横行，严审按律定拟。

学政 014：乾隆四年覆准

各省学政，将欠考各生，务令按次补考，即于汇报岁科学册内，分别补考一项，逐一细注，以凭查核。如有将数次止考一次，及径行附等之处，即照徇情例议处。〔今增为：系蒙混，降一级调用。〕

学政 015：乾隆二十四年覆准

各省学政发审事件，一面发提调官讯问，一面咨明督抚稽察，提调等官仍行具文通报，除例应当场完结者，听提调官随时发落，报明学政完结，并报督抚销案外，其枷责以上罪名，俱照例拟议，一报明学政，一详解藩臬核转，督抚分别批结咨题。如提调等官奉到学政批檄，不行通报，除罪有出入，分别故失，照例参处外，即罪无出入，亦照应申不申私罪律，罚俸九月。〔今照公罪律，改为罚俸六月。〕

学政 016：乾隆二十五年覆准

场外平民生童人等，有藉称买求考取名色，撞骗招摇，不行查拿，别经发觉者，提调官免其查议，〔今增为：罚俸六月。〕将失察之地方官，照失于查察例罚俸一年。如有徇隐姑容等弊，照徇庇例降三级调用。至提调与地方官，果能实力查拿，将罪犯

全行拿获者，将全行拿获之官纪录一次。〔今增为：若但经破案审办，案犯未能全获，免其处分。〕

学政 017：乾隆三十七年奏准

地方官果有不公不法，陵辱士子，及纵役殴辱等情，生童等身受其害者，准赴该管上司衙门控告，审实，即将地方官题参，按其情罪之轻重，照例议处。倘该管上司袒护地方官，不行准理，或徇情营私，剖断不公者，将该上司从重议处。如有聚众罢考挟制官长等事，除将同行罢考之生童照例惩治，地方官及该上司，均照刁民聚众例查办外，将董率无方，不能约束之该教官，照溺职例革职。倘学臣市恩邀誉，暗中寝息，或将罢考案内之人，滥行收考者，该督抚查参，将该学政照徇庇劣生例革职，该督抚通同徇隐者一并严处。〔今改为：降三级调用。〕倘于生童罢考之时，教官畏惧处分，为之调处，寝息其事者，一经查出，将该教官革职，交刑部治罪。

学政 018：乾隆四十年谕

据徐绩覆奏：体访该省学政一折，内称现任学臣庄存与抵豫未久，容悉心体访，届期据实具奏等语。殊不晓事。朕前谕各督抚于学政差满回京时，各就所见，秉公据实密奏，原指四品以下之翰詹、科道、部属等员，或其才具有可备道府及两司之用者而言，若侍郎、阁学及三品以上京堂，皆朕所简擢，其平日能否办事，素所深知，又何必复藉督抚之体察？况三品以上，官阶已崇，亦断无因督抚奏其娴于吏治，转用为道府及两司之理。今徐绩既有此奏，恐他省督抚亦有似此未能体会朕意者，著再传谕各督抚，嗣后各省学政，如系四品以下人员，均于其任满时，据实查核，分别密奏。若系三品以上大员，如考试不公不法之事，即随时纠参，不得稍存瞻徇。至其任满回京，止叙其在任声名若何，毋庸将其才情是否堪胜外任之处，琐屑叙入。

学政 019：乾隆五十三年谕

据大学士九卿等议覆御史条奏，申严学政考取拔贡事宜，已依议行矣。至折内称：令各该督抚随时稽察，如阳奉阴违，即将该学政参处等语。学政按考各属地方，俱系督抚所辖，如果该学政有考试不公贿卖生童等事，各督抚耳目甚近，自无难访查得实，前经降旨通谕各督抚，令将学政中之贪污者，据实指参，但外省习气，往往存官官相护之见，督抚等即明知学政声名狼藉，仍不肯据实参奏，若非瞻顾情面，扶同徇隐，必系各督抚在任，别有贪污款迹，恐被学政讦发其私，遂而意存顾忌，不敢列入弹章，二者必居一于此。方今纲纪肃清，督抚等俱受朕厚恩，简畀封圻重任，自宜洁己奉公，为通省官员表率，何至尚有败检营私之处，虑人指摘，惟是督抚等公正自持者，固不乏人，或竟有操守平常，转被学政挟持其短，遂不得不联为一气，互相弥缝，或惟知瞻徇私情，罔顾公义，于各省吏治学校，甚有关系。嗣后各督抚惟当益励廉隅，正己率属，设遇学政有贪污实迹，即行指名纠参，若仍事徇隐，缄默不言，或别经发觉，除将该学政按例治罪外，必将该督抚一并从重问拟，决不姑贷。并令督抚于年终将学政等有无劣迹，陈奏一次，若至别处发觉，则此不举之督抚，当得何罪，著自审，非朕不教也。

学政 020：乾隆五十七年覆准

州县考试童生，除徇情贿嘱，并任听幕友书吏勾通舞弊等事，另行据实严参外，其有将文理荒谬不通之卷，任意录送，至五十本以上者，听学政咨送督抚，查核属实，将原送之州县，照混行收考例降一级调用，滥送之府州一并照例议处。

学政 021：乾隆五十九年谕

前因学政考试生童，于衡文取士，未必悉能公当，是以降旨令各督抚，将该学政在任有无劣迹之处，于年终陈奏一次，原以重防闲而严查核，乃近年以来，各督抚于学政考试，多以并无劣迹，一奏了事，竟若具文。若果如所奏，则从前如谢墉、吴玉纶、潘曾起、徐立纲之声名平常，致滋物议者，又独非该督抚具奏无劣迹之学政乎？是各省学政中清慎自矢，甄拔得当者，固不乏人，而关防不密，约束不严，甚或有败检营私之事者，恐亦在所不免，各督抚近在同省，无难访察得实，于年终陈奏时，自应就见闻所及，据实直陈，方为核实之道，若不问其平日声名若何，率以并无劣迹具奏，竟成印板文章，又安用该督抚查奏为耶？今各该督抚相沿故套，率以虚词敷衍塞责，朕亦姑置不论，设将来学政中有营私舞弊之事，或经朕访闻，或被科道参劾，一经发觉，惟该督抚是问，不仅治以徇隐之罪也。

学政 022：嘉庆五年奏准

官员将黜革之人，及混冒流徙安插人犯嫡属子孙，并奴仆娼优及曾充皂隶禁卒之子孙收考者，降一级调用，知情者不准以级纪抵销，不知情者准其抵销。至该教官于各项出身不正之人，考试入学后，不行详查，遽行出结，亦降一级调用，照地方官例，分别抵销。

学政 023：嘉庆十一年奏准

岁科考前列试卷，有未知敬避庙讳，虽经缺笔，及直书庙讳并未缺笔者，学政虽均经圈出，每卷罚俸六月。如诗少一联者，未经抹出，罚俸六月。诗出韵失拈，并字句欠妥，或对策失口气者，学政未经抹出，大省每卷罚俸三月，小省每卷罚俸两月，已经抹出者免议。直隶、江南、浙江、江西、福建、湖北、湖南为大省，其余俱为小省。

学政 024：嘉庆十三年奏准

巡抚带署学政事务，即行考试者，罚俸一年。

学政 025：嘉庆十三年又奏准

学政误以岁贡作恩贡，以恩贡作岁贡者，罚俸六月。

学政 026：嘉庆二十年奏准

乡试诸生，本身并无应得官卷，捏称出继归宗恩抚，及本官已经降革，而子孙弟侄，犹指称官卷入场，所指之官，知情者革职，本生斥革治罪，教职及州县官均降二级调用，知府直隶州知州降一级调用，道员降一级留任，罚俸一年，布政使降一级留任，督抚学政罚俸一年。

学政027：道光八年谕

吏部议：将福申照纵容家人长随招摇诈骗例革职。福申以视学大员，关防宜如何慎密，乃不能严行约束家人，致萧三种种恣横，倚势妄为，岂竟形同聋瞶。从前陈嵩庆奉差典试，伊家人于途次逞凶滋事，虽经酿命，事起仓猝，尚得谓之失察。若福申到任两年有余，屡经出棚考试，于萧三到处诈索，肆行无忌，断不能诿为不知，又岂失察可比？福申著即照部议革职。

学政028：道光十五年谕

向来各直省学政阅文幕友，不准延请视学省分之人，至该学政延请本籍幕友，原属例所不禁，本日据鄂山将四川学政王笃阅文幕友姓名籍贯，照例开单呈览，朕详加披阅，该学政幕友六人，均系陕西籍贯，而籍隶韩城者居其五，实向来所未有。学政有教育人材之责，校阅自宜公明，而防弊尤须周密，若幕友尽系同乡，不但易滋物议，设遇有通同舞弊情事，稽察更恐难周，不可不防其渐。著王笃即将现在幕友酌量更易数人，并随时严加查察，以肃关防。嗣后各直省学政，务择品学兼优之士，襄校文字，不得专用本籍之人，致滋流弊。

学政029：道光十六年谕

前因御史郑世任参奏，湖南学政龚维琳信用门丁顾四随棚索赃，并索加棚规，勒缴自刻诗赋价银等情，当降旨交赵盛奎查讯究办。兹据该侍郎审讯明确，定拟具奏。学政为士林表率，自应公正廉明，关防严密，方为无忝厥职。此案湖南学政龚维琳，虽讯无加索棚规等项情弊，惟该学政衙门丁役无多，何难稽查约束，乃于门丁顾四到处挑斥需索，毫无觉察，并将自作诗赋刊刻板片，存留书铺，任其刷印售卖，大属非是。龚维琳著交部严加议处。

学政030：道光十六年又谕

上年因四川学政王笃阅文幕友六人，均系陕西籍贯，曾经降旨，令该学政酌量更易数人，以肃关防，并通谕各直省学政，嗣后不得专用本籍之人，致滋流弊。该督抚学政，自当共见共闻，恪加遵守。本日据梁章钜将广西学政丁善庆幕友姓名籍贯，照例开单呈览，该学政幕友五人，均系湖南籍贯，前降谕旨甚明，该学政岂未之见耶？丁善庆著交部议处，仍著更易数人，以肃关防。梁章钜于该学政延请同籍幕友，并未阻止，亦有不合，著交部察议。

学政031：道光二十四年谕

李莼奏：请酌增奉天学额一折。各省例定学额，为士子登进之阶，奉天设学二百年来，应考士子，自必较前日众，然历任府丞回京后，朕屡加询问，均称仅敷进额，且近科会试覆试及殿试朝考，该省士子并无考取前列者，今李莼独称其文风日盛，足与别省相抗，请增学额竟至过半，显系市誉于目前，留名于日后。所奏著不准行，李莼著交部议处。

学政 032：光绪九年谕

贵州学政孙宗锡，考试安顺府时，辄因供给将普定县知县彭亿清之子锁押，并索取童生规费，滥责生员龙登衢，复因考棚朽坏，勒令各新生捐银修理，实属不知检束。开缺贵州学政翰林院编修孙宗锡，著即行革职。前贵州学政林国柱，虽查无滥收冒考情事，惟于家丁需索供应，未能觉察，亦属不合，业经另案革职，即著毋庸置议。

学政 033：光绪十一年谕

前据翰林院侍讲学士梁耀枢、御史黄煦、鸿胪寺卿邓承脩，先后奏参广东惠州府科试，幕友串通舞弊，学政叶大焯贪利无厌等情，叠谕彭玉麟、张之洞确查具奏。兹据会同查明详晰覆奏：此案贡生戴罗俊、萨庭荫，经叶大焯延订校阅试卷，明知匪徒投买闱姓，辄敢玩法营私，乘学政患病之时，蒙混取卷，图得谢礼，虽赃未入手，仅予杖徒，不足蔽辜。戴罗俊、萨庭荫著革去贡生，杖一百、流三千里。叶大焯身任学政，衡文剔弊，是其专司，宜如何严密关防，杜绝弊窦，此案虽据查无贪黩情事，惟因偶尔患病，竟将阅卷委之幕友，任令勾串匪人，希图渔利，已属咎无可辞，且于提覆文童之时，意存苛求，缺额不补，以冀回护前非，实属有辜职守。翰林院侍读学士叶大焯，著即行革职。

吏部处分 189：考核教职〔例 26 条〕

教职 001：康熙四十三年议准

教职部选后，由抚臣考核，一二三等者给凭赴任；四五等者解任学习，三年再行考试；六等者革职。

教职 002：雍正四年覆准

各学教官所属文武生员，果能尽心劝导，阅俸六年之内，所属士子并无过犯，该督抚学臣据实保题，准其以应升之官，即行升用。

教职 003：雍正四年议准

凡计典内教官贤否，皆由知府具报，则教官贤否勤惰，知府原有稽察之责。令各省督抚转饬各府，必从实考核，如有姑息容隐，将该管知府，照徇庇例题参议处。

教职 004：雍正七年议准

教官除钱粮拆封，比较生员拖欠钱粮，并州县会审案件，凡有关戒饬生员之处，仍令赴州县衙门公同办理外，其一切地方事务，均不得干预。倘州县官不遵定例，仍传教官同办地方事务，而教官违例前往干预者，一经发觉，将州县官照将事务交与不应交之人例议处，教官照不应得为而为之律分别议处。

教职005：雍正七年又议准

新进武童新案到学，教官造册，移送驻防武职备案，每月定期传集诸生会同考验弓马，内有生疏者，宽限学习，限满仍未娴熟，面加训饬。如抗不赴考，或托故规避，移学责儆，其生事犯法者，据实会详褫革究拟。傥教官徇庇，不移会有司，转详学臣咨部，照徇庇劣生例革职。

教职005：雍正七年三议准

贡监生员，包揽钱粮，将不行查出之该管官，罚俸一年。

教职006：雍正十二年覆准

贡监生员，果有豪横不法，行止有亏者，地方官先报学臣褫革，以便审拟，一面咨详礼部，如日后审明无辜，实系牵连者，即详明开复。其拖欠钱粮，革后全完者，该地方官照例即详请开复。如抑勒索诈，不即详请，并故捏情弊，详革不实者，一经查出，将该地方官题参，皆照例分别议处。〔今改为：勒掯不即详请，照勒掯例降二级调用。索诈有据者，题参革审。详革不实者，照捏报劣员例降二级调用。〕

教职007：雍正十二年议准

各学教官，所属贡监文武生员，有窝匪抗粮，捏词生事，唆讼陷人，灭伦悖理等事，该教官即行详报州县及督抚学臣者，免其议处。若漫无觉察，或被府州县访出，及旁人首告，审实，不准补开详揭，将正副教官，照溺职例革职。如府州县官曲徇情面，于事发之后，仍令该教官补开详揭，将府州县官照徇庇例降三级调用。若教官于此等不法生监，有受贿徇隐及藉端勒索等弊，查出，将该教官革职，交与该督抚分别究拟，府州县不行申报者，亦照徇庇例议处。

教职008：雍正十二年又覆准

各学教官按月月课，四季季考，除实在丁忧、患病、游学、有事故外，其余生员，照定例严加考试，如有托故三次不到者，该教官即行严传戒饬，其有并无事故，终年不到者，详请褫革。如教官内不力行课试，经上司查出，揭报咨参，计其月课季考废弛次数，每一次罚俸三月，二次罚俸六月，三次罚俸九月，四次罚俸一年。若视为具文，将月课季考竟不举行者，革职。

教职009：雍正十三年覆准

文武生员，如有犯聚赌诱赌等事，该管教官，自行查出详报者，免其议处。其失于稽察者，罚俸一年。若明知赌博，不行查报，别经发觉者，将该教官革职留任。至教官失察士子造卖赌具，即照溺职例革职。〔今改为：明知不报者革职，仅止一时失察者降二级调用，自行访出者免议。〕

教职 010：乾隆三年覆准

各省教官，有仍前勒索赞见规礼，以致举报优劣不公，一经发觉，令该督抚学政核实参处，将该教官，照藉师生名色私相馈送例革职。倘别经发觉，将该督抚学臣，照不行详查例议处。

教职 011：乾隆十八年谕

向例各省教职，六年俸满，该督抚学政，公同甄别，堪膺荐举者，保题送部引见，其年力衰迈者，咨部休致，但督抚陋习，既不肯轻保举，亦不肯多咨革，是以保题者固属寥寥，而休致者亦不多见，惟使龙钟衰老之辈，滥竽恋栈，无所区分。盖视教官为无足轻重，初不计及为造士之根本也。前以选拔贡生为教职之阶，曾降旨训谕各督抚学政，令其加意慎重。嗣后教职除有劣迹者，随时参劾外，至六年俸满，堪膺民社者保题，其年尚强壮，精力未衰，可以留任者，出具考语送部引见。若准留任，俟六年再满，仍如是甄别。如年老人员，即著咨部休致，有愿来京引见者，照大计之例，该督抚声明给咨引见。至训导一官，例止得升县佐，该上司尤多忽略，嗣后甄别之例，与教谕同。著为令。

教职 012：乾隆二十五年覆准

生员内有串通窃盗，窝顿牛马，代写词状，阴为讼师，诱人卖妻，作媒图利者，该教官知情不报，照溺职例革职。如仅止一时失察，审无故纵情弊，降二级调用。州县官若瞻徇教职，竟将重犯曲为开脱，贻害良善，照故出人罪例分别议处。其有士子罪犯稍轻，教官有干处分，州县官曲为回护，降三级调用。

教职 013：乾隆三十七年奏准

贡监生员之内，如有学问优长，孝友可风，经府州县官及上司访闻得实，该教官勒掯不行举报者，照溺职例革职。如该管府州县官，不行查揭，故为徇隐，被上司访查，将该管府州县官，照徇庇例议处。倘所举优行，并无实据，混行详报，将该教官，照举报不实例降二级调用。

教职 014：乾隆三十七年又奏准

生员确有事故，出外游学，照《学政全书》定例遵行外，倘有假捏事故，并捏称随任出外，该教官徇情结报，或该生父兄叔伯代为捏报随任者，均降三级调用。若系失于查察，罚俸一年。

教职 015：乾隆三十七年三奏准

生员居住地方，如有霸占拦阻，私抽网利，强取民间房租者，该州县官及教官失于查察，不行详报，或经上司访出，或经旁人首告，将该州县，照劣生包揽钱粮不行查出例罚俸一年，该教官降三级调用。

教职 016：乾隆三十八年覆准

文武生员，缘事革审者，系具题之案，部文到日，该督抚即行移会学政，系外结之案，承审官于事结后，限一月内即钞招录案，申报学政，秉公查阅，分别除名开复。如承审各官，迟延不报，照查报迟延例罚俸一年。倘遇乡试之年，因承审官迟延不报，以致该生尚未开复，有误考期者，降一级调用。至由学详请褫革者，令各该学于奉文批革后，造具缘由清册，牒送各该州县备案，有冒充衣顶，及违禁滋事者，查明究治。各学教职，造送革生名册，偶有疏漏者，照经手遗漏例罚俸一年。有听嘱漏造，及全不造册者，照徇庇例降三级调用。

教职 017：乾隆五十八年奏准

文武生员，有犯奸及酗酒、斗殴致酿人命者，失察之教官，降一级调用，无关人命者降一级留任。如有代作枪手，顶名冒考等弊，系在本地方考试，教官当时举发者，免其议处，知情故纵者革职，失于查察者降一级调用。有在别处枪冒犯案者，原籍教官罚俸一年。

教职 018：道光三年奏准

直省拨入府学文武生员，除由附郭州县拨入者，概归府学管束外，其余各州县拨府生员，无论距府远近，即令本州县学严加管束，该府学一体稽查。如该生犯法滋事，将州县学教官议处，倘有徇纵情弊，将府学教官一并查参。

教职 019：咸丰元年谕

教职有考课诸生之责，增附生员，学业尚浅，骤令司铎，不足以示矜式。著即将增附捐教一条，永行停止。至前项捐生已经选补者，应不准其滥膺保荐，其应如何酌定限制之处，著该部议奏。钦此。遵旨议准：增附出身之教职，拟请俟二次六年俸满，方准保升。其有续经中式举人副贡者，照例扣满六年，以知县保升。

教职 020：咸丰元年议准

文武生员内，有窝隐窃盗、起灭词讼、造卖赌具，该教官访查详报者免议，失察者降二级调用。事发之后，补行详革者，亦照例议处，知情不报者革职。如府州县官为教官回护处分者，降二级调用。

教职 021：同治九年奏准

地方州县及各学教官结报节孝，失于查实者，降一级调用，转详之府州罚俸一年。若于本籍绅衿公举后，地方官藉端需索，故为批驳，及因需索不遂，竟延搁不报者，将地方官降三级调用。其止于详报迟延者，照事件迟延例议处。

教职 022：光绪五年奏准

直省府州县官，考试文武童生，令本籍廪生一体保结，如不令廪保识认，混行录送者，将考试官降一级调用。

教职 023：光绪五年议准

告给衣顶生员犯法，该学教官免其议处。

教职 024：光绪八年奏准

教职令督抚学政设立贤否总册，如有办事未妥，经学政申饬记过者，俱逐案注明，行知该府。其由督抚等衙门及本府申饬记过者，该府亦报明学政，互相登记。至循分称职，曾经嘉奖者，亦许学政知府互相登记，离任时造入交代，使新任易于考察。遇大计之年，知府即造入详细考语册内，以备上司查核，如有舛错遗漏，罚俸一年。

教职 025：光绪八年又奏准

教官造送学册内，将各生年貌及"廪、增、附"字样，并丁忧病故等项事故，遗漏舛错，或册卷互异者，俱罚俸六月，未经查出之学政罚俸三月。如系学政汇造总册舛错者，将该学政罚俸六月。

教职 026：光绪十二年议准

文武生员内，各项滋事，致酿人命者，失察之教官，降一级调用，无关人命者降一级留任，自行访查详报者免议。如府州县官为教官回护处分者，降一级调用。

吏部处分 190：军政〔例 125 条〕

军政 001：国初定

官员射箭不到者，罚俸两月。

军政 002：康熙十四年题准

凡战船官兵未坐者，系交与地方官看守，看守之官，不行谨慎看守，损坏一号二号者，将该看守之官降二级留任，损坏三四号者降二级调用，损坏五六号者降四级调用，坏至七号以上者革职。各该督抚、提督、总兵官等，仍委道、府、副、参等官，不时巡查，其官兵所坐之船，若杀贼以先，或败贼以后，闲住之时，交与各该督战各官，谨慎看守，不致损坏，大将军、将军等，并参赞大臣，仍委参领、总兵官等，不时巡查，如若损坏，将坐船督战大小各官，回兵之日，严加议处。〔今改为：照地方官例议处。〕

军政 003：康熙十九年议准

官兵民人等，如有私铸红衣等大小炮位，将失察之专汛官员革职，兼辖官降四级调用，该督抚降二级留任。〔今改为：失察之地方官革职，知府降四级调用，道员降三级调用，督抚藩臬降二级留任。〕

军政 004：康熙十九年又议准

官员制造紧急军需急用器物，迟延不行速完者革职。若迟延豫备军需者，降一级调用。

军政 005：康熙二十五年题准

土司番蛮交界之处，如有奸商将军器贩买与土司番蛮之人者，系官民兵丁，皆杖一百、发边远充军。如该管官知情故纵者，与军民一例治罪。如不知情者，州县官降四级调用，道府降二级留任，督抚罚俸一年。〔今增为：该管官自行拿获者免议，有能拿获贩卖军器者，照拿获私贩硝磺例议叙。〕

军政 006：康熙二十五年议准

各省备造需用盔甲、器械、战船等项，及有别项应用之处，动支钱粮，司道等官务须申详督抚，豫行题明动用，如不申详督抚豫为题明，竟行擅动，藉词军机紧急，竟造入奏册请销者，将擅动司道等官革职，其所用钱粮，均不准开销，令其赔还，代为奏销之督抚降四级调用。其司道等官申详，而督抚不行题明，擅令动用者，将申详之司道等官免罪，督抚照司道官处分例，革职赔还。惟有正在剿办逆贼之际，刻不可缓，如军需动用钱粮之事，督抚司道等官，一面具题咨报，一面动用，若不具题咨报，擅自动用，督抚司道等官各降五级调用，其所用钱粮，不准开销，令其赔还。若司道等官，并未申详督抚，而督抚径为题销者降二级留任，未经申详司道等官各降五级调用。申详督抚，督抚不行具题，或擅令司道动用，与司道无涉，免其处分赔还，将督抚照此例处分，令其赔还。其各省供应大兵俸饷米豆等项，承管钱粮官员，重支不行扣抵，将承放官员，不论重支银数多寡降三级调用，不行查报之司道等官降三级留任，不行查出之督抚各降一级留任。或司道等官，或督抚查出，免其议处。其重领官员，如将重领隐匿，不行举首者革职，将重领银米等项，照数赔还。不行查出之统兵参领等，俟回兵之日，照干没侵欺司道府等官豫先不行查出例分别议处。至一应制造采买等项，如有冒销侵欺事发，皆照户部军前供应米豆草束浮冒开销例议处。

军政 007：康熙三十年议准

凡交收战船时，武弁纵令兵丁人等，藉端勒索使费，道府等官通同徇隐，照徇庇例处分。〔今改为：失察之道府等官罚俸一年，如有通同徇隐者降三级调用。〕

军政 008：康熙三十八年覆准

各营放饷之时，在省令布政使、粮道，在外府州县令府州县正印官，将兵饷如数称足，会同封固，按名散给，仍令该督抚密委廉员，不时巡查，如有缺少扣克等弊，监放官失察者罚俸一年，知情不即申报者照徇庇例降三级调用，如有通同扣克者革职提问。

军政 009：康熙三十八年又覆准

武官内如有藉端科敛兵弁，以充私橐者，照贪赃例治罪。如督抚提镇不行指参，照不揭报劣员例处分。

军政 010：康熙三十八年三覆准

各省督抚、提镇，及副、参、游、都、守家下，如果有熟谙弓马，精健人丁，准其入伍充兵。傥有将薄弱不谙弓马之人，入营充数食粮，及不与本营额兵一同训练者，照虚冒兵丁例革职提问。管兵官员，将各营兵丁怠玩不行训练者，该督抚、将军、提镇等徇庇不行核参，一并从重议处。其督抚、将军、提镇，若有不将本标兵丁，不时训练者，亦从重议处。

军政 011：康熙四十七年题准

炮鸟枪等火器，特为行围出兵行伍而设，不得擅自私用。傥有私藏火炮，不行送库者，将失察之该管官罚俸一年。

军政 012：康熙五十七年覆准

督抚、提镇，务须严饬各营该管官，凡遇兵丁额缺，从公速补，应领粮饷，照数给发，毋得扣克侵蚀，冒充之人，严查逐退。如该管武职官员，不严行稽查，兵部照例议处外，该地方文职知情不报者降二级留任，该管道府不查明转报者降一级留任，该督抚不行题参罚俸一年。

军政 013：康熙五十八年覆准

水师修造战船，如有不肖营员，希图射利包修者，将承修官与该营将官皆革职，督修官照徇庇例降三级调用，督抚降一级调用。

军政 014：雍正六年议准

凡修造战船，不能坚固，未至应修年限损坏者，著落承修官赔修六分，督修官赔修四分，仍将承修官革职，督修官降二级调用。至修造战船，应于定限之外，稍宽限期，小修勒限四月完工，大修拆造勒限六月完工。广东、福建、浙江、江南、江西、湖广等省，凡届修造年分，各该协营，于修期两月之前，豫先估计，造册申报督抚，一面具题，一面檄行监修官，豫先拨银，即行办料。惟广东之琼州，福建之台湾，远隔重洋，于修期四月之前，领银备办。山东、天津所用物料，产自浙江，由海驾运，于修期八月之前，领银购买，则承修之官，得以从容办理。傥仍有违误船工，违限未及一月，承修官罚俸一年，督修官罚俸六月，督抚罚俸三月。违限一月以上，承修官降一级调用，督修官罚俸一年，督抚罚俸六月。违限二月以上，承修官降二级调用，督修官降一级留任，督抚罚俸一年。违限三月以上，承修官降三级调用，督修官降一级调用，督抚降一级留任。违限四月以上，承修官降四级调用，督修官降二级调用，督抚降二级留任。违限五月以上，承修官革职，督修官降三级调用，督抚降三级留任。如承修官玩视船工，将应领之帑，延挨请领者，照迟延豫备军需例降一级调用。傥该上司等，故意抑勒以致迟延者，将承修之官免议，其抑勒之该上司，照抑勒不收漕粮例降二级调用。如承修官将未经修完之船，捏以完工转报，承修官革职，督修官降二级调用，督抚降一级调用。如承修官申报未完，督修官作完申报者，督修官革职，承修官照限议处。如承修督修官申报未完，督抚捏报完工者，督抚革职，承修、督修官照限议处。

军政 015：雍正十二年覆准

凡车辆运送粮米及装载诸物，于回空时，验明车夫人数，填写印票，给予车夫，进口时，缴票呈验，官弁照票盘诘放行。如有夹带私逃兵役，即行拿解军营，仍将车夫照例治罪。倘该管官员，不实力奉行，致有夹带私逃，一经发觉，照守口各官不行盘查例罚俸一年。至该处稽查回空之车，如验无夹带私逃兵役立即放行，不得藉端抑勒留难。

军政 016：雍正十二年议准

兵丁有窃带饷米，盗骑马匹脱逃者，其逃兵之嫡属，一经移会州县，不论本省邻省，务饬该地方官，向家属名下严追拐逃钱粮马匹，照数赔补还项，仍令该州县严究实情，差役缉获。如该地方官以无关考成不行严究缉拿，照军犯私回不行查出例罚俸一年。

军政 017：雍正十二年又覆准

官兵马匹截旷银，除在省督抚城守标营，务令挨季扣清外，其余离省窵远各营，或因请领下季饷银之时，上季截旷银未能清算扣除者，皆隔一季销算，扣除完结。如仍有拖延沉搁等弊，该督抚等题参，将营员照亏空例议处，司道照干没侵欺司道不行查出例降一级调用。

军政 018：乾隆元年覆准

各省州县乡村，有应用鸟枪地方，令民人照营兵鸟枪尺寸制造，具呈该地方官，编号登册，以备稽查。如有私藏不编号鸟枪，或私造鸟枪发卖者，将不行查出之该管官，罚俸一年。

军政 019：乾隆三年覆准

各省内河修造巡哨船，比照修造战船之例，量为减轻，如承修官逾违不及一月者免其议处，一月以上者罚俸六月，两月以上者罚俸一年，三月以上者罚俸二年，四月以上者降一级留任，五月以上者降一级调用。督修官违限一月以上者罚俸三月，两月以上者罚俸六月，三月以上者罚俸一年，四月以上者罚俸二年，五月以上者降一级留任。督抚违限一月以上者免议，违限两月以上者罚俸三月，三月以上者罚俸六月，四月以上者罚俸九月，五月以上者罚俸一年。

军政 020：乾隆二十四年覆准

地方有私造私藏竹铳者，将失察之地方官罚俸一年。〔今改为：失察竹铳罚俸六月，失察铁铳罚俸九月。〕

军政 021：乾隆二十九年覆准

福建委员，赴山东办硝，东省派委丞倅人员，督同地方官协办，以该委员到东之日，勒限十个月办足，报明东省，起运回闽。如限满不能办足，即由东抚查参，将该委员降职一级，协办之丞倅地方官住俸，再限六个月办完，仍逾限不完，该委员革职，留于东省采办事竣，押令运回，方许回籍，不准开复，协办丞倅地方官均降二级调用，另行委员协办。

军政 022：乾隆三十年奏准

各省额外外委、千、把总，照经制原额添设一半，于兵丁内拣选拔补。如该督抚不于兵丁内选拔，滥将营外之人，给予千、把总委牌者，照徇庇例降三级调用。

军政 023：乾隆三十七年奏准

浙江省委员，前赴江南、河南二省采办硝斤，定限六个月运回，准其以到地之日，报明地方官起限，令该督抚饬令地方官协同委员采办，并派丞倅严加督催，按依定限，办足运回，仍将委员到境运回各日期，先行报部备查。如产硝之地方官，不实力督同采办，以及阻挠，并硝户将硝偷漏等情，许委员报明该管上司查催，如委员不上紧采办，或有意延误，该地方官即禀报本省督抚查参。其江南、河南产硝之地方官，如有瞻徇延误，一任过期不行办竣，初限不完，将该地方官住俸，限四个月赶办完竣，准其开复，如再逾限，降二级调用。〔今改为：如有逾限，将委员及协办之丞倅地方官，均照福建赴山东办硝之例议处。〕

军政 024：乾隆三十七年又奏准

山西私磺，山东、江南、河南私硝，不论出产与经过地方，该管各官失察者，照失察私盐例议处。〔今改为：照失察小伙私盐例议处。〕

军政 025：乾隆三十九年覆准

嗣后如有私制藤牌者，照鸟枪例治罪。失察之地方官，照失察鸟枪例罚俸一年。

军政 026：乾隆四十年覆准

各省营伍经钦派督抚大臣查阅之时，有以废弛参奏者，系提镇本标所管将备，将该提镇降二级留任，系督抚本标所辖将备，将该督抚降一级留任。

军政 027：乾隆四十七年覆准

各省地方，民间旧有编号鸟枪，令地方官查销，其有必须应用之州县，该地方官仍编号注册，以备稽查。如有失察私藏不编号鸟枪，及私藏鸟枪发卖者，州县官罚俸一年，该督抚随案声明，送部议处。其业经查禁之州县，一年内有失察私造私藏一次者降一级留任，二次者降一级调用。道府失察所属一次者罚俸一年，二次者降一级留任。该督抚于年终汇折具奏，将职名开参到齐时，吏部列为一本，议处具题。倘地方查销未尽，有旧存编号鸟枪发觉者，亦照此例议处。〔今改为：失察二次以上者，州县降一级调用，道府降一级留任。〕

军政 028：乾隆五十一年议定

军营逃兵，原籍原营地方官，以接到军营移咨之日起，勒限一年缉拿，限满不获，该督抚按其名数分案咨参。一二名以上不获者，专管官罚俸九月，兼辖、统辖官罚俸六月。五六名以上不获者，专管官罚俸一年，兼辖、统辖官罚俸九月。十名以上不获者，专管官罚俸二年，兼辖、统辖官罚俸一年，均再限一年缉拿。限满不获，一二名以上者，专管官降一级留任，兼辖、统辖官罚俸一年。五六名以上者，专管官降一级调用，兼辖、统辖官罚俸二年。十名以上者，专管官降二级调用，兼辖、统辖官降一级留任。如承缉官未经限满离任，接缉官限一年缉拿，限满不获，罚俸一年。督抚、藩桌于接到咨文之日起，统计所属一年内获不及半者，藩桌罚俸一年，督抚罚俸六月，均再限一年缉拿，一年内获不及半者，藩桌罚俸二年，督抚罚俸一年。拿获逃兵之日，讯明经过地方，不行查出之文武专管各官罚俸一年。若有潜匿境内，地方官不行查拿者，专管官降一级留任，该管官司罚俸一年。若兵丁经别处拿获，讯明该逃兵曾回原籍原营，该地方官未能查获者，专管官降二级调用，兼辖、统辖官降一级留任，督抚罚俸二年。

军政 029：乾隆五十二年覆准

江南省每年应用营磺，于前一年委员赴山西采办，统限五个月往回。应用硝斤，令徐州各属采办，以发批到日为始，限四个月交营。如有迟延，照运送铜铅迟延之例，逾限不及一月者降一级留任，一月以上者降一级调用，二月以上者降二级调用，三月以上者降三级调用，四月以上者降四级调用，五月以上者革职。至办硝之员，藩司详委后，亦限一月内领银起程，如延至一月以上者照逾限五个月例革职，委解不慎之上司照运送铜铅上司例议处。产硝州县，有不实力帮同采办，以致委员逾限，将该地方官一并参处。〔今改：照委员例议处。〕倘藩司详委迟延，亦即行查参。〔今改：照运送铜铅上司例议处。〕各省营所用硝磺，均照此办理。

军政 030：乾隆五十三年覆准

台湾地方，除熟番屯丁，应用器械及民间菜刀农具外，将弓箭、腰刀、挞刀、半截刀、标枪、长矛之类，一概禁止，倘有私藏寸铁，并私造旗帜者，即从重治罪。地方官失察私藏私造，俱应照失察军器例分别议处。

军政 031：乾隆五十九年奏准

台湾兵饷，令台湾镇官于每年十一月内，核明次年应抵应领银数，造册委员，限十二月内到省，藩司立时确核，于开印后发文差员，限二月初旬运至厦门。其接饷船只，亦限正月底二月初到厦，三月到台，如有延缓，查明何员迟延，照迟延兵饷例参处。

军政 032：嘉庆八年谕

向来军营带兵人员，于所辖官兵有脱逃情事，处分綦重。此次剿办教匪，将届七年，官兵跋涉险阻，昼夜奔驰，异常辛苦，此内私自潜逃者，固所不免，但亦有因受伤患病，以致不能随队行走，中途落后，或伤病身故，或遇贼戕害等情，皆不可知，并有该管之员，派兵寻觅，而寻觅之兵，又因他故久无下落，此与实在潜逃者，其情迥异，若因粮缺虚悬无著，即以脱逃具报，辄将该管之员照失察逃兵例，一律惩治，则诖议者未免漫无区别。现在大功将蒇，各路官兵，均次第凯旋，著额勒、登保等，详查各营内无著兵丁，或实系携带物件，私自潜逃，众证确凿，或拿获之后，审讯明确，无可支饰者，自应将该逃兵照律办理，其专管兼辖之官弁等亦属咎无可宽，均仍交部查议。如该兵丁等实系落后有因，不及归伍，查无有心脱逃情节，均可毋庸深究，其该管各员应得失察处分，均著加恩宽免，其虚悬名粮，即一面先行募补，以实兵额。钦此。遵旨议定：原籍原营承缉逃兵各员，如果查明该兵实系落后有因，不及归伍，并讯非有心脱逃情节，其原籍原营各员，准其与带兵人员，一体宽免参处。至报逃未获兵丁，仍按初参、二参立限，照本例酌减议处，俟逃兵拿获投首后，如审系有意潜逃，仍照例补议。若实系落后有因，将该员弁等缉限查销，其减等处分，一并宽免。

军政 033：嘉庆十一年谕

兵部议将闽省陆路各营协，请酌归将军统辖一折。著照所议。闽省除督标、抚标、提标各有专辖外，其余陆路各营协，均交该将军一体统辖，其训练操防各事宜，亦俱照所请办理。惟所议尚有未周之处，台湾远隔重洋，向来该处营伍，原有本省将军、总督、巡抚、提督分年亲往巡阅之例，乃近年来该将军等惮于涉险，因循废弛，殊非慎重海防之道。嗣后该省将军、总督、巡抚，及水师陆路两提督，均著自本年为始，轮次亲赴台湾，将该处各营汛操防等事，逐一认真详细查核，事竣专折奏报。本年已有将军赛冲阿渡台督剿，著于内渡时查阅具奏，将来该督抚等，即挨次遵照办理，务期训练精纯，操防严肃，用副朕整饬武备，绥靖海隅至意。

军政 034：嘉庆十四年奏准

贵州省古州屯军，令各该厅员于每年十月至正月，亲身巡历，督率简阅，该管兵备道仍不时委员稽察。如厅员不亲巡各堡督率简阅者降一级留任，道员不委员稽查者罚俸六月。

军政 035：嘉庆十四年又奏准

大兵紧要之时，遇有需用钱粮，督抚、司道等官，一面具题咨报，一面动用。若司道等官并未详明，擅自动用，一万两以下者降三级调用，一万两以上不及五万两者降四级调用，五万两以上者降五级调用，督抚代为题销者降二级留任。如司道已经申详，而督抚不行题明，擅令动用，将该督抚即照司道之例，按其银数，分别议处，责令赔还，司道等官免议。

军政 036：嘉庆十四年三奏准

地方紧要军需，该督抚不及题咨者，行令该州县，或挪公项，或垫己资，先行详明督抚，于办完军需十日之内，即照实价申详，院司道府限两个月内核实题销。倘州县报价不实，希图冒销者，将州县官革职治罪。该上司通同弊混，不据实核明者，俱一并革职。如并不知情，失于查察者，督抚、司道降三级调用。若止申详逾限，或题销逾限，经户部查明逾限月日，将迟延之员，照造报各项钱粮文册迟延例议处。

军政037：嘉庆十四年四奏准

司道府州县等官，如将应行解部之正杂钱粮、米豆草束，因紧急军需挪用，不报明督抚者降一级留任，著令赔补，赔完之日，听该督抚题请详核开复，如挪用存留钱粮者免议。

军政038：嘉庆十四年五奏准

领兵大员，纵令官兵将良民庐舍焚烧，掳掠子女财物，该督抚隐匿不参者，俱行革职。

军政039：嘉庆十六年奏准

出征官兵，除有不遵纪律，欺压良民，肆行掳掠子女者，按律治罪外，其余凯撤回营时，沿途遇有良民子女，并非逃失，而官兵等强行携带，即与掳掠无异，系官革职治罪，领兵之专管官失察者降二级留任，兼辖、统辖官失察者降一级留任。若系知情故纵，专管官亦革职治罪，兼辖、统辖官俱降二级调用。其有携带逃失子女者，系官革职，专管官失察者降一级留任，兼辖、统辖官失察者罚俸一年。若系知情故纵，专管官亦革职，兼辖统辖官降一级调用，子女给亲属领回。

军政040：嘉庆十六年又奏准

军营余丁脱逃，讯明实有确据，该原籍承缉督缉各官，俱照前例定议。若是否有心脱逃，尚无实据，系属情节未明之案，将承督各官，先行减等议处，如限满，一二名以上不获，州县官罚俸一月，府州道员免议；五六名以上不获，州县官罚俸三月，府州罚俸一月，道员免议；十名以上不获，州县官罚俸六月，府州罚俸三月，道员罚俸一月，均再限一年缉拿。限满不获，一二名以上者，州县官罚俸九月，府州罚俸三月，道员罚俸一月；五六名以上者，州县官罚俸一年，府州罚俸六月，道员罚俸三月；十名以上者，州县官罚俸二年，府州罚俸九月，道员罚俸六月。如承缉官未满初限离任，接缉官限一年缉拿，限满不获，亦照减等例罚俸三月，仍俟缉获逃丁，或闻拿投首之后，审系有心脱逃，再照前例补议。若实系受伤患病，落后有因，及或有中途被害情事，将减等议处并限缉之案，概行查销。

军政041：嘉庆十七年奏准

地方官拿获军营脱逃额兵，每一名纪录二次。如经过地方不行查出，将地方官罚俸一年。如失察潜匿在境不能查拿，将州县官降一级留任，府州罚俸一年。倘额兵曾经逃回原籍，州县官失于查拿，后经别处盘获，讯明逃回属实，将州县官降二级调用，府州降一级留任，道员罚俸二年，督抚罚俸一年。

军政 042：嘉庆十七年又奏准

地方官拿获军营脱逃余丁，每一名纪录一次。如经过地方不行查出，将地方官罚俸六月。若失察潜匿在境，不能查拿将州县官罚俸九月，府州罚俸六月。倘余丁曾经逃回，原籍州县官失于查拿，后经别处盘获，讯明逃回属实，将州县官降一级留任，府州罚俸一年，道员罚俸九月。

军政 043：道光二年奏准

兵丁缺出，该管武职不秉公速补，及冒充之人，不严查斥逐准地方文员，据实揭报。如州县官不行揭报，降二级留任，府州降一级留任，道员罚俸一年。督抚不行题参，罚俸六月。

军政 044：道光二年奏定

内河战船，自新造之年为始，届满三年，准其小修。再届五年，准其大修。又届五年，仍准小修。此小修之后，再届三年，如船只尚堪修理应用，仍准大修。若果朽坏不堪，该督抚查明，保题到日，准其拆造。

军政 045：道光二年又奏定

外海战船，自新造之年为始，届满三年，准其小修。再届三年，准其大修。又届三年，如船只尚堪修理应用，仍准大修。若果朽坏不堪，该督抚查明，保题到日，准其拆造。

军政 046：道光二年三奏定

将不应修理船只，限前率请修理者，府州县官降二级调用，转详之道员降一级调用。由府州转详者，府州照道员例，藩司降一级留任，具题之督抚罚俸一年。

军政 047：道光二年四奏准

山东登州镇水师营巡哨战船，遇应修造之年，由东省派委实缺州县一员，前往江苏上海县监造，予限一年，令各该督抚将委员起程及到江日期，先行报部查核。如该委员能于一年限内完工，回东之日，听该抚酌量升调。若扣足一年，尚有逾限，一月以上者罚俸三月，两月以上者罚俸六月，三月以上者罚俸九月，四月以上者罚俸一年，五月以上者降一级留任，六月以上者降一级调用。至工竣后航海驶回，由登莱青道验收，如有偷减情事，即行揭报题参，将该委员革职著赔，倘该道验收不实降一级调用。

军政 048：道光二年谕

孙玉庭奏：立限收缴私造鸟枪，并申明例禁，酌宽处分一折。民间私藏鸟枪，恐致日久贻患，自应加以重惩，俾知儆畏。惟是积习相沿，一旦搜拿治罪，不免有滋扰累，至地方官顾虑处分，转恐心存讳匿。著通谕各省出示晓谕，凡民间家有抬枪鸟枪火器者，予限半年，准其赴官呈缴给价，如逾限不缴，除贩私及逞凶斗狠，仍按律加重治罪外，其但止私造私藏，一经查获，著于按律拟杖之外，私造者加枷号两个月，私藏者加枷号一个月，以示惩儆。地方官虽平时失察，如能遇案查拿，连械起获惩办，著即免其议处。并著该部于例内添注，其原例内"应备不应备"字样，即行节删。至近山滨海地方，必应存留鸟枪守御者，报明地方官，于枪械上鋑刻姓名，编号立册存案，地方官能于半年限内收缴净尽，并著各该督抚核实记功注册，量予鼓励。

军政049：道光三年奏准

甘肃循化、贵德等处，如有沿边商贩夹带硝磺，私卖与野番者，将该管地方各官，照贩卖军器例分别议处。

军政050：道光四年奏准

官员修造军需甲仗等项，捏报价值开销者，将捏报之员革职提问，转详官各降四级调用，督抚降二级调用。能查出揭参者，上司督抚均免其处分。如督抚藩司道府通同多算价值者，俱革职提问。

军政051：道光四年又奏准

各省派委员弁赴别省采办硝磺，远省限十月办完运回，〔如福建之赴山东办硝。〕近省限六月办完运回，〔如浙江之赴河南办硝。〕邻省限五月办完运回，〔如浙江之赴江苏办硝。〕本省限四月办完运回，〔如江南之在徐州府办硝。〕该委员俱以到采办省分之日起限，该督抚即饬令地方官协同采办，并派委丞倅严行督催，按限办足起运，仍将委员到省及起运各日期，报部查核。如限满不能办足，即由该省督抚查参，将该委员降一级留任，协办之丞倅及地方官住俸督催，其原限十月者再展限六月，原限六月者再展限四月，原限五月者再展限三月，原限四月者再展限两月办完，如有逾限不完，将该委员革职留任，协办之丞倅及地方官降二级留任，该委员仍留该省采办，俟事竣运回之日，扣足四年无过开复。若该委员并不上紧采办，故意迟延，以致逾限，亦由该省督抚参奏，即行革职，亦仍留该省采办，俟事竣运回，方许回籍，不准开复。

军政052：道光四年三奏准

各省委员采办硝磺完竣后，依限运回交营，如有在途迟延，逾限不及一月者降一级留任，一月以上者降一级调用，二月以上者降二级调用，三月以上者降三级调用，四月以上者降四级调用，五月以上者革职。如沿途遇有阻滞，实在不能赶运，准其报明沿途地方官，出结转详咨部，以凭扣除。

军政053：道光四年四奏准

采办硝磺之委员，于藩司详委后，定限一月内领银起程。如迟延一月以上者革职，府州罚俸一年，道员罚俸九月，藩司罚俸六月，督抚罚俸三月。

军政054：道光四年奏定

修造船只，适因例价不敷，许承修官详请确估，若不据实详明，任令匠役搭用旧料，以致工程苟简，将承修官照不应重公罪律降二级留任，督修官降一级留任，查验官罚俸一年。

军政 055：道光五年奏准

炮位被劫，专管州县官降二级调用，盗犯交与接任官照案缉拿。兼辖之府州厅员，同城者降一级调用，不同城者降一级留任，统辖之道员无论同城与否均降一级留任。

军政 056：道光五年又奏准

匪徒制造裤刀，有鸡尾、鳝尾等项名目，藉为格斗行窃之用，若地方官查禁不严，致有裤刀伤人之案，罚俸一年，自行查拿究办者免议。

军政 057：道光六年奏准

官员出差赴任回籍，除鸟枪不准携带外，如有携带弓箭腰刀，途中防护者，在京由兵部给票，在外取具该管上司及地方官印票，将所带件数，于票内注明，以备沿途查验，俟到后一月之内，将原票呈缴，转送原发衙门查销。如有无票私带，或票外多带，及不缴还原票者，罚俸九月。

军政 058：道光七年奏准

出产硫磺省分，如有私贩偷漏，获犯后讯明来历，系报部开挖之山，私煎发卖者，州县印捕官失察一次，降一级留任，兼辖官罚俸一年。未经报部开挖之山，私行挖取煎卖者，州县印捕官失察一次，降一级调用，兼辖官降一级留任。其沿途经过地方，州县印捕官失察在境贩卖者，降一级留任，兼辖官罚俸一年。若止失察经由并无贩卖情事，州县印捕官罚俸一年，兼辖官罚俸六月。如系差役包庇，将失察之该管官，照约束不严例降一级调用，兼辖官降一级留任，自行拿获究办者免议。

军政 059：道光七年又奏准

出产硝斤省分，如有私贩偷漏，获犯后讯明来历，系囤积发卖者，州县印捕官失察一次，降一级调用，兼辖官降一级留任。系随时零煎出卖者，州县印捕官失察一次，降一级留任，兼辖官罚俸一年。其沿途经过地方，州县印捕官失察在境贩卖者，降一级留任，兼辖官罚俸一年。若止失察经由，并无贩卖情事，州县印捕官罚俸一年，兼辖官罚俸六月。如系差役包庇，将失察之该管官，照约束不严例降一级调用，兼辖官降一级留任，自行拿获究办者免议。

军政 060：道光七年三奏准

私贩硝磺匪徒，拒捕伤人，无论小伙大伙，及携带器械与否，统限四月题参，将州县印捕官降一级留任，府州罚俸一年，道员罚俸六月，俱限一年缉拿。限满不获，州县印捕官照所降之级调用，府州降一级留任，道员罚俸一年，均令照案缉拿。〔此指初参限满不能获犯及半者而言。〕

军政 061：道光七年四奏准

私贩硝磺拒捕伤人之案，承督各官，能于初参限内获犯及半者，将州县印捕官罚俸一年，府州罚俸六月，道员罚俸三月，再限一年缉拿，限内全获，免其复参，限满不获，州县印捕官降一级留任，三年无过开复，府州罚俸一年，道员罚俸六月，余犯照案缉拿。

军政 062：道光七年五奏准

参限内犯经邻境别汛全行拿获，承督各官，即行减等议结。如应降调者以照所降之级留任完结，应降留者以罚俸二年完结，应罚俸一年者以罚俸九月完结，应罚俸六月三月者以三月一月完结。若邻境别汛获犯未全，仍照前例，分别议处。

军政 063：道光八年奏准

顺天府所属州县，随地出产硝斤，令营汛员弁及官硝经纪，向煎硝各户尽数收买，其民间需用之硝，亦准其报明地方官买用。若有私相买卖，印捕官失察不及十斤者罚俸一年，兼辖官罚俸六月；十斤以上者，印捕官罚俸二年，兼辖官罚俸九月；五十斤以上者，印捕官降一级留任，兼辖官罚俸一年。如系差役包庇，将失察之该管官，照约束不严例降一级调用，兼辖官降一级留任，自行查出究办者免议，并令各州县按月查明出卖收买细数，填注循环号簿，出结申送上司查核，于年底汇册咨部。如造册迟延，不及一月者罚俸三月，一月以上罚俸一年，半年以上罚俸二年，一年以上降一级留任，若造册遗漏罚俸三月。

军政 064：道光八年又奏准

各省协拨兵饷，如系应付大军粮饷，协济别省钱粮，或误或迟者，经管之员均革职。支给本省兵饷，或误或迟者，州县官降三级，司道府州降二级，督抚降一级，俱令戴罪督催，完日开复。

军政 065：道光八年三奏准

应解协拨兵饷省分，定例将饷银作为五分，每年以四月解二分半，九月全解。如未曾起解，该督抚谎以起解具题者革职。至饷银起解之后，照例于四月底、九月底分析题报，该督抚不按月底题报者罚俸一年。

军政 066：道光八年四奏准

应征兵饷钱粮，不照定限于四月九月前豫将十分全征者，经征官降二级调用，督催之府州降一级调用，道员降一级留任，藩司罚俸一年，督抚罚俸六月。

军政 067：道光八年五奏准

各省留充协拨项下，或有因灾蠲缓，或部拨未到之先，已应付别项正用，或已解部在途，或部中误行重拨者，准该督抚一面动支别项钱粮，先行依限垫解，一面将借动某项钱粮缘由，声明题报。如不筹款抵解，以致迟误兵饷者，该管之员革职，布政司降三级调用，督抚降二级留任。

军政 068：道光八年六奏准

各省部拨钱粮，系关涉军需者，若限期紧迫，不能送到，督抚即豫题展限，如擅改部限，降二级调用。

军政 069：道光八年七奏准

台湾地方员弁给饷稽迟，以致兵逃兵哗，或将兵逃兵哗情由蒙匿不报，及报不以实者俱革职。若该管各官已将此等情由揭报，而督抚不行揭参，降二级调用，已经安定者免议。

军政 070：道光八年八奏准

各营应领官兵俸饷米折等银，按州县请领银两之例，数在一千两以上至一万两者，拨兵一名，民壮二名；一万两以上至二万两者，拨兵二名，民壮四名；二万两以上者，酌量派拨，逐程护送，并令于住宿处所，添派兵役，协同巡防，如有疏失，除承领之武职及上司，由兵部议处外，将沿途接护之地方官及该管之府、州、厅员、道员，均照疏失饷鞘之例议处，其所失银两，著落承领之武职分赔十分之六，失事处地方州县分赔十分之四。如承领之武职，力不能完，著落原委之上司赔补。

军政 071：道光八年九奏准

兵饷项下，应扣截旷银两，系月支者，按月清扣，其按两月及一季两季一支者，均令按期清扣。在司者由司扣存，在道府厅州县拨用地丁关税者由道府厅州县扣存解司。如道府厅州县官不即解司，照批解正项钱粮迟延例议处。若有干没侵欺，该藩司不行查出者，降一级调用。

军政 072：道光八年十奏准

各省采买大军应用米豆草束，俱照该省估定时价，如有于估价时多开者，原估官革职提问，转详之上司降四级调用，督抚代为奏销降二级调用。能查出揭参者，上司督抚均免其处分。若督抚藩司道员府州等官，通同多算价值者，俱革职治罪。

军政 073：道光八年十一奏准

民间运到米豆草束，州县官刁难需索，或州县解到米豆草束，司道府州等官刁难需索者，俱革职提问。如被害之人，已赴督抚前控告，而督抚不接准纠参者，亦革职治罪。若督抚未经查出，或被科道纠参，或被旁人举首，将该督抚降四级调用，司道府等官革职。

军政 074：道光八年十二奏准

米豆草束等项，解到军营，经收官刁难需索，或不收本色，勒掯折价者，经收官俱革职提问。将军及领兵大员并该督抚不行查出，各降四级调用，司道府州等官并该管武员俱革职。

军政 075：道光八年十三奏准

军营满汉文武大小官员，以及钦差、部差、官员、笔帖式、科道、翰林等官，自行贩买米豆草束等项，嘱托地方官多取价值，或将民间所卖米豆草束作为己物，嘱托地方官令其收买者，俱革职拿问。其有将马匹嘱托收买者，亦照此例议处。其经理采买之地方官，听受嘱托，徇庇收买者，亦革职拿问。

军政 076：道光八年十四奏准

各省采买米豆草束等项，地方官不给价银，或于部定价值内克扣短少者，革职拿问。前项情弊，若有出首之人，讯问得实，系职官，照伊应升之品加一等优升，系旗下民人，授为七品官，诬告者照律反坐。

军政 077：道光八年十五奏准

大兵需用船只，地方官全无解到者革职，解船短少者降一级调用，该管官不行督催罚俸一年。

军政 078：道光八年十六奏准

兵船需用纤夫，地方官不按站接替，堵门相阻，以致纤夫越站行走者，革职提问。如全误不行解到者革职，短少者降二级调用。

军政 079：道光八年十七奏准

大兵班师，地方官将回空盐船违例封解者，罚俸一年。

军政 080：道光八年十八奏准

官员将应给移扎官兵口粮船只迟延者，罚俸一年。

军政 081：道光八年十九奏准

出征官兵，有将逆犯家口携带者，情节更重，系官革职，酌量从重治罪，领兵之专管官失察者降二级留任，兼辖、统辖官失察者降一级留任。若系知情故纵，专管官革职，一并从重治罪，兼辖、统辖官降二级调用，逆犯家口照律缘坐。

军政 082：道光八年二十奏准

出征官兵所带跟役，如有病故逃走，必须在于经过地方典买民人使唤者，务令告知带领官员，呈明将军大臣，再行典买，若不行禀明，私行典买人口，系官照不应重私罪律降三级调用，失察之专管官罚俸一年，兼辖、统辖官罚俸六月，人口追出入官。

军政 083：道光八年二十一奏准

凡沿边、沿海及腹里州县城池失陷者，将守土州县官革职，拟斩监候，同城之知府及捕盗官俱革职拟军，同城之道员及佐贰官俱革职，不同城之知府革职，道员降三级调用，两司降二级调用，督抚降二级留任。其有两县分管一城者，以贼所入之地面坐罪，若本无城池，及虽有城池，劫掠后随即逃散，不系失陷者，俱不用此例。

军政 084：道光八年二十二奏准

奸细出入境内，不能查拿，州县官降四级调用，府州降二级调用。其京城内外，专责步军五营、五城司坊、大宛二县严拿，如被别项官员拿获，即照州县例议处。

军政 085：道光八年二十三奏准

州县官将叛逆人犯及其父母兄弟妻子纵放脱逃者，或逃逆未获，作为已获，有顶替情弊者，俱革职提问，转报之上司俱降四级调用，督抚降一级调用，知情者俱革职。

军政 086：道光八年二十四奏准

应行解部之逆犯家属，州县官或听其买赎，或谎称亡故者革职，府州降一级调用，道员降一级留任。如止系起解迟延，将州县官降一级调用，府州罚俸一年。

军政 087：道光八年二十五奏准

各省通缉之叛逆人犯，潜匿在境，地方官知情藏匿者，革职提问。如奉文后未能查出，以并无隐匿申覆，后经发觉者，系叛逆首犯，将州县官革职，府州降四级调用，道员降二级调用，两司降一级调用，督抚降一级留任。系案内重要人犯，州县官降二级调用，府州降一级留任，道员罚俸一年。系案内牵连军流徒罪人犯，州县官罚俸一年。

军政 088：道光八年二十六奏准

官员拿获叛逆首犯，由该督抚奏请送部引见，若交部议叙者，即加二级。系案内重要人犯，每一名加一级。系案内军流人犯，每一名纪录二次。系案内徒罪人犯，每一名纪录一次。

军政 089：道光九年奏准

军营额兵脱逃，讯明实有确据，该原籍承缉督缉各官，俱照前例定议。若是否有心脱逃，尚无实据，系属情节未明之案，应将承督官先行减等议处，如限满，一二名以上不获，州县官罚俸六月，府州罚俸三月，道员罚俸一月；五六名以上不获，州县官罚俸九月，府州罚俸六月，道员罚俸三月；十名以上不获，州县官罚俸一年，府州罚俸九月，道员罚俸六月，均再限一年缉拿。限满不获，一二名以上者，州县官罚俸一年，府州罚俸九月，道员罚俸六月；五六名以上者，州县官降一级留任，府州罚俸一年，道员罚俸九月；十名以上者，州县官降二级留任，府州罚俸二年，道员罚俸一年。如承缉官未满初限离任，接缉官限一年缉拿，限满不获，亦照减等例罚俸九月，仍俟缉获逃兵或闻拿投首之后，审系有心脱逃，再照前例补议。若实系受伤患病，落后有因，及或有中途被害情事，将减等议处并限缉之案，概行查销。

军政 090：道光九年又奏准

承缉额兵，督抚藩臬亦以接到军营咨文之日起，统计所属，初参限满，获不及半者，藩臬罚俸一年，督抚罚俸六月，均再限一年催缉。如再限届满，又获不及半者，藩臬罚俸二年，督抚罚俸一年，统俟所属限满之后，另行汇册咨部。

军政 091：道光九年三奏准

随征余丁脱逃，原籍地方官，以接到军营咨文之日起，限一年缉拿，限满不获，一二名以上，州县官罚俸三月，府州罚俸一月，道员免议；五六名以上，州县官罚俸六月，府州罚俸三月，道员罚俸一月；十名以上，州县官罚俸九月，府州罚俸六月，道员罚俸三月，均再限一年缉拿。再限不获，一二名以上，州县官罚俸一年，府州罚俸六月，道员罚俸三月；五六名以上，州县官罚俸二年，府州罚俸九月，道员罚俸六月；十名以上，州县官降一级留任，府州罚俸一年，道员罚俸九月。如承缉官未满初限离任，接缉官限一年缉拿，限满不获，罚俸六月。

军政 092：道光九年四奏准

军营额兵余丁，盗取粮饷马匹脱逃，经军营移知原籍，令拿该兵丁亲属追赔，州县官失于查拿罚俸一年，故纵者降二级调用。

军政 093：道光九年五奏准

官员谎称亲身招抚伪兵，呈请议叙，或虽有招抚而以少报多者，俱革职，代为题请之员降二级留任。

军政 094：道光九年六奏准

叛逆未灭，谎报已灭者，地方官俱革职提问，转报之上司各降四级调用，督抚降一级调用。

军政 095：道光十年谕

著各省督抚，严饬所属，出示晓谕，凡有私藏火器者，仍予限半年，勒令缴官。倘有逾限不缴，日后发觉者，照旧例加等治罪，失察官亦加等议处。至抬枪更非民间应有，如有私造私藏者，照私铸私藏炮位例治罪，失察官亦照失察私铸私藏炮位例议处。至江南凤、颍、淮、徐，毗连河南光州一带，凡有演习刀枪长杆者，亦应一体严禁。该督抚等务当饬属认真查办，不许扰累闾阎。

军政 096：道光十年奏准

官员能将本地兴贩济贼之人，盘获一名，究出伙党者，地方文武各官，俱免罪免议。其拿获本地贩卖之人，十名以上者纪录一次，二十名以上者纪录二次，三十名以上者纪录三次，四十名以上者加一级，五十名以上者加二级，一百名以上者加三级。倘地方官诬拿良民，指为兴贩济贼者，照律反坐。

军政 097：道光十年奏定

兴贩济贼之人，经邻境别汛文武官拿获，除讯出本地该管官，实系知情故纵者，仍照同谋律治罪外，若讯系实不知情，即照邻境别汛获犯之例，减等议结。

军政 098：道光十年又奏准

台湾道加按察使衔，例得自行奏事，责令每月将该镇将营伍是否整饬，兵丁曾否操演之处，呈报督抚查核。倘有营伍废弛，该道徇隐不报者，革职治罪。

军政 099：道光十年三奏准

台湾地方文职，自同知以下，有贪酷乖张情事，该道府失于揭报，知府降三级调用，道员降二级调用。若徇隐纵容，以致启衅生事者，革职治罪。如武职游击以下，有贪酷乖张之员，文职不告知提镇者，降一级留任。

军政 100：道光十年四奏准

台湾地方民人不法，许武员移送地方官究治。兵丁生事，亦许地方官关会营员责惩。如有彼此推诿者罚俸一年，有意徇纵者降三级调用。

军政 101：道光十年五奏准

台湾兵役，藉勾缉罪犯为名，或因催粮巡哨等事，抑勒良善，诈害闾阎，文武各官有姑息徇庇等情者革职，失于觉察者降一级调用。

军政 102：道光十年六奏准

台湾戍兵包庇娼赌，地方各官失察者降一级调用。如徇情容隐，不呈报镇道惩办，即照知情故纵律治罪，受财者计赃以枉法从重论。若已经呈报，而镇道不为究办，亦分别知情受财，按律定拟。

军政 103：道光十三年奏准

军营额兵脱逃系讯有实据者，原籍地方官，以接到军营咨文之日起，勒限一年缉拿，限满不获，该督抚按其咨到先后，名数多寡，分案咨参。一二名以上不获，州县官罚俸九月，府州罚俸六月，道员罚俸三月；五六名以上不获，州县官罚俸一年，府州罚俸九月，道员罚俸六月；十名以上不获，州县官罚俸二年，府州罚俸一年，道员罚俸九月，均再限一年缉拿。限满不获，一二名以上者，州县官降一级留任，府州罚俸一年，道员罚俸九月；五六名以上者，州县官降一级调用，府州罚俸二年，道员罚俸一年；十名以上者，州县官降二级调用，府州降一级留任，道员罚俸二年。如承缉官未满初限离任，接缉官限一年缉拿，限满不获，罚俸一年。

军政 104：道光二十一年谕

前据御史董瀛山奏，请查拿硝磺出境。当经降旨，饬令各该省认真查禁，并令吏兵二部议定地方文武各员失察处分。兹据该部悉心酌议，开单呈览，著即依议纂入则例遵行。惟现当剿办吃紧之时，所有失察硝磺出境文武官各处分，虽系公罪，亦著不准查级议抵。

军政 105：道光二十一年奏定

奸民兴贩硝磺，并无济贼情事，按律罪止军流徒杖。地方官拿获邻境兴贩人犯，并将硝磺起获者，如数在一千斤以上者纪录二次，二千斤以上者加一级，三千斤以上者加二级，五千斤以上者加三级，八千斤以上者送部引见。

军政 106：道光二十五年谕

向来武职引见人员，弓箭生疏，降旨将原保官交部议处，吏部议以降留，兵部议以降调，殊不画一。嗣后俱著定以降一级留任，可否准其抵销，声明请旨。

军政 107：咸丰元年奏准

地方官拿获邻境兴贩济贼人犯，罪应斩枭斩决者，每名加一级，三名以上者送部引见。或人犯虽不及三名，而兴贩硝磺，实系济贼，在一千斤以上者，亦送部引见。若获犯三名以上，并将硝磺起获在三千斤以上者，由该督抚指定升阶保奏。

军政 108：咸丰三年奏定

官役采办硝磺，兴贩偷漏，并无济贼情事，地方官能将该犯并硝磺起获，如数不及百斤者纪录一次，百斤以上者纪录二次，一千斤以上者加一纪，二千斤以上者加二级，三千斤以上者加三级，五千斤以上者准其送部引见。

军政 109：咸丰三年奏准

官役采办硝磺，私贩夹带，重复贩运，关津渡口兵役人等，有得规包庇，该管官知情故纵者革职拿问，不知情者革职。

军政 110：咸丰三年又奏定

官役采办硝磺，兴贩济贼，出产地方印捕官及采办委员，并该管各上司，均照奸恶商民将硝磺等物贩卖济贼例议处。

军政 111：咸丰三年三奏定

官役采办硝磺，影射夹带，重复贩运，并无济贼情事，出产地方印捕官及采办委员，知情故纵者革职治罪，不知情在百斤以上者革职，府州降四级调用，道员降二级留任，督抚降一级留任。不及百斤者降三级调用，府州降二级调用，道员降一级留任，督抚罚俸一年。

军政 112：咸丰三年四奏定

官役采办硝磺，经过地方，印捕各官并不悉心稽查，任令放行，如有印票不符及重复贩运，并夹带情事，别经发觉，经过地方印捕官降二级调用，兼辖官降二级留任。如系差役得规包庇，将失察之该管官降三级调用，兼管官降三级留任。

军政 113：咸丰七年奏定

城池失陷，州县官如有弃城逃避情事，责成该管道府等官，一面详报督抚，一面就近飞速查拿，解省审办。其或失于觉察，致稽禀报，即于该员等本例应得处分上，从严再议以降一级调用。如系有心回护，延不禀揭，照徇庇例再议以降三级调用。如奉饬查拿，辄敢徇纵不拘，照知情故纵律革职提问。如系查拿不力，照重犯脱逃限缉无获例即行革职。其降调处分，虽系公罪，不准抵销。

军政 114：咸丰九年谕

地方官失守罪名，定例綦严，前经降旨申谕，不准藉词开脱，乃各省督抚及各路统兵大臣，往往于贼陷城池之后，率将失事各员，藉端奏请留营效力，以为随同克复开脱罪名地步，甚有失守时不奏，至克复后始行具奏者，殊非所以严法纪而肃官常。嗣后著各路统兵大臣及该督抚等，破除积习，于失守地方文武员弁，随时奏明，按律治罪，不准饰词开脱，藉口留营。

军政 115：咸丰九年奏准

军饷筹拨之款，户部先期行令各省督抚豫为筹备，傥该省筹备不及，并不豫请改拨，以致临时迟误者，布政使降三级调用，督抚降一级留任。

军政 116：咸丰九年又奏准

筹解军饷报部之款，不候部拨，擅行应付别项，有误要需者，布政使照违例支给例降一级调用，督抚罚俸一年。

军政 117：咸丰九年三奏准

军营需用粮饷，该藩司接准奉拨部文，具批遴派妥员起解。如该藩司委解迟延，由户部确查文到月日，指明严参，违限一月以上罚俸一年，二月以上降一级留任，三月以上降一级调用，四月以上降二级调用，五月以上降三级调用，半年以上革职。

军政 118：咸丰九年四奏准

应付大军粮饷，户部指拨有着之款，饶始终不解，屡催罔应，经督抚查明故意延宕者，布政使照溺职例革职。督抚有心徇庇，不行揭参，降三级调用。如续行完解，即按照委解迟延本条议处。

军政 119：同治元年奏定

奸细出入境内，实系地方官自行首先访拿者，免其议处。如犯被邻境首拿，本员仅止会同协拿，无论曾否接到邻境知会，俱照例减等议处，改为降二级调用。若犯在本境潜匿住宿后，即逃往邻境，由本境跟踪首拿者，毋庸送部引见，止准免议，协拿者毋庸加级，止准减议。若案被别处发觉，审明曾在本境潜匿住宿，本员并未跟踪首拿，亦未协获，仍照正例议处。

军政 120：同治十二年奏定

兵丁滋事，武职袒庇，甚至有聚赌窝娼豢贼招匪者，均比照台湾苗疆之例，准由地方官关会营员责惩，或告知提镇惩办。如奉行不力，即分别失察容隐例参处。

军政 121：光绪十一年奏定

各省存储硝磺火药，如有亏短偷窃者，该管官、照监守不慎之例，降一级调用，再罚俸一年，令其赔补。

军政 122：光绪十一年又奏定

各省存储硝磺火药，该管官并不加谨巡防，以致失火被轰，伤毙人命者，该管官革职，该管上司降三级留任。如仅止轰燃余药，并无伤毙人命者，该管官降二级留任，该管上司罚俸一年。

军政 123：光绪十一年奏准

各省民间有私造私藏抬枪者，将失察之地方官及各上司，俱照失察炮位例分别议处。

军政 124：光绪十一年又奏准

官员修造军营急用器物，制不如式者革职。系豫备军营需用器物，不如式者降一级调用。如有偷工减料，捏报价值开销者，该管官严参奏办。

军政 125：光绪十一年三奏准

官员监造炮位，务令选铁精坚，如式铸造，傥制不如式及演放炸裂者，监造官革职，统辖官降二级留任。

吏部处分 191：马厂〔例 5 条〕

马厂 001：康熙十七年议准

每旗分设骟马厂各一厂，骒马厂各五厂，设立员外郎八员，专管马厂。将骟马厂分作十分，驯练不熟不堪用，一分以上者，将该管员外郎罚俸三月，二分以上者罚俸六月，三分以上者罚俸九月，四分以上者罚俸一年，五分以上者降一级留任，六分以上者降二级留任，七分以上者降三级调用。再，将骒马厂亦共分作十分，若于原给数缺额，一分以上者罚俸一年，二分以上者降级留任，三分以上者降二级留任，四分以上者降三级调用，五分以上者降四级调用。

马厂 002：雍正七年议准

马群官员，除正额马外，如有孳生至十匹以上者，将总管官员纪录一次，四十匹以上者纪录二次，七十匹以上者纪录三次，自百匹至百二十匹者加一级。骒马群若比原给数目，缺至一分以上者，将该管官罚俸一年，缺二分以上者降一级留任。又，养息牧管骟马群官员，如一年百匹马内，不至倒毙者加一级，倒毙自一匹至四匹者纪录二次，自五匹至八匹者纪录一次，自九匹至十二匹者毋庸议处议叙，倒毙自十三匹至二十匹者罚俸一年，倒毙自二十一匹至三十匹者罚俸二年，倒毙自三十一匹至四十匹者罚俸三年，倒毙自四十一匹至五十匹者降一级留任。如有倒毙数目再多者，照倒毙数目计算降级。

马厂 003：道光四年奏准

牧厂马匹，除口老残疾者照例变价外，其有盗卖盗买，俱交察哈尔都统、直隶总督、山西巡抚，并管关官员，严查拿究，如有将官马私行变价者，系官革职，不行查出之该管官罚俸六月，该管大臣等罚俸三月，知情不举者与犯同罪。

马厂 004：道光四年又奏准

官员派查马匹不到，照会勘事件约期不到例罚俸一年。派查马匹不实，照驿马缺额督抚不行查参例罚俸一年。

马厂 005：道光四年三奏准

车驾巡幸各处，部院各衙门所需官马，俱令该管职事人员亲身关领。其领马最多之员，如中途有倒毙走失一二匹者罚俸六月，五匹以下者罚俸一年，八匹以下者降一级留任，十一匹以下者降二级调用，十四匹以下者降三级调用，十七匹以下者降四级调用，十八匹以下者革职。其马匹蹶病损伤，五匹以下者罚俸六月，十四匹以下者罚俸一年，十五匹以下者降一级留任，二十匹以下者降二级调用，二十五匹以下者降三级调用，三十匹以下者降四级调用，三十一匹以上者革职。至领马最少之内阁中书、钦天监、太医院等官，如有倒失一二匹者罚俸一年，三四匹者降一级留任，损伤一二匹者罚俸六月，三四匹者罚俸一年。如各该员情愿照数赔补者，俱免其处分。

吏部处分 192：驿马〔例 4 条〕

驿马 001：顺治初年定

解送军前马匹官员，如病瘦三匹以下者免议，十匹以下者罚俸三月，二十匹以下者罚俸六月，三十匹以下者罚俸九月，四十匹以下者罚俸一年，五十匹以下者降一级留任，六十匹以下者降一级调用，比此数多者革职。

驿马 002：康熙五十四年覆准

各省运米马骡，如原购州县，不加意喂养，以致疲瘦者，皆照解送军前马匹病瘦例议处。嗣后如疲瘦五十匹以上者，将该管道府官罚俸三月，百匹以上者罚俸六月，百五十匹以上者罚俸九月，二百五十匹以上者降一级留任，三百匹以上者降一级调用。

驿马 003：乾隆三十六年议定

解送军营马匹，每百匹准其倒毙三匹，如倒毙至四五匹者罚俸六月，六七匹者罚俸一年，八九匹者降一级留任，十匹十一匹者降一级调用，十二匹十三匹者降二级调用，十四匹十五匹者降三级调用，十六匹至二十匹者革职，二十匹以上者革职、杖一百，三十匹以上者杖六十、徒一年，三十五匹以上者杖七十、徒一年半，四十匹以上者杖八十、徒二年，四十五匹以上者杖九十、徒二年半，五十匹以上者杖一百、徒三年。如有盗卖别情，从重治罪。至总理督解之员，合其督解总数，按其倒毙多寡，亦即照此分别议处治罪。

驿马 004：乾隆三十七年奏准

各省运米马骡，如原购州县，不加意喂养，以致疲瘦，三匹以下者免议，十匹以下者罚俸三月，二十匹以下者罚俸六月，三十匹以下者罚俸九月，四十匹以下者罚俸一年，五十匹以下者降一级留任，六十匹以下者降一级调用，比此数多者革职。该管道府，五十匹以上者罚俸三月，一百匹以上者罚俸六月，一百五十匹以上者罚俸九月，二百匹以上者罚俸一年，二百五十匹以上者降一级留任，三百匹以上者降一级、罚俸一年，三百五十匹以上者降一级调用。

吏部处分 193：偷贩马匹〔例 7 条〕

偷贩 001：康熙五年题准

直隶各省民人，或违禁贩马，或私作马牙，将马匹接卖，说合评价，州县官不行查出，罚俸一年，吏目、典史、驿丞并该管知府、同知、道员各罚俸六月，该督抚各罚俸三月。

偷贩 002：康熙十五年题准

官员奉差买马，于部发号票之外，多带马匹及假借号票带买贩卖者革职，所过地方官不行盘诘拿获者皆罚俸一年，若徇情纵放者革职，受贿者革职提问。其督抚差委官役买马，于马数之外多带者，将差买之督抚罚俸一年。

偷贩 003：康熙三十九年议定

凡奸徒偷盗马匹，经过地方官员职名，俱免其行查，其州县各官拿获偷盗马贼者，每案纪录一次。

偷贩 004：康熙三十九年议准

该管地方官所属境内，除宰杀病死马匹，照律不坐外，如有失察宰杀堪用马，一二匹者罚俸三月，三四匹者罚俸六月，五匹以上者罚俸九月，十匹以上者罚俸一年，三十匹以上者降一级留任。

偷贩 005：乾隆三十年奏准

贩马人等，暗结将军、督抚、提镇子弟，将疲惫不堪之马，坐索高价，而道府营守代为压派，甚至无驿站之州县管步兵之头目，一概派索，其所属之官，勉强收受，挪垫应付，将不行约束子弟之将军、督抚、提镇降一级调用，知情纵容者革职，勒派之道府降二级调用，被勒收受之员降一级调用，上司各官徇庇不行揭参者降三级调用。

偷贩 006：乾隆三十年又奏准

奸人图利，将马匹在接壤处所贩卖与贼，该管官员知情故纵者，以同谋论，拿交刑部治罪。如不知情者，州县官革职提问，道府降五级调用，督抚降三级留任。〔今改为：府州降三级调用，道员降二级调用，督抚降一级留任。〕其贩卖之人，由本汛拿获，各官俱免罪，拿获之官照拿获兴贩硝磺例议叙。

偷贩 007：乾隆三十七年奏准

营驿各官，不详请督抚，咨明兵部给发号票，即差人来京买马者，罚俸一年。

吏部处分 194：驿递〔例 53 条〕

驿递 001：康熙十一年覆准

督抚以下各官，违禁私用驿递夫马，并私发牌票支取夫马者，皆降二级调用。其司道以下各官，私用驿递夫马，并私发牌票，支取夫马，事觉者，将督抚降一级留任，驿传道〔今改为：按察使、道员。〕降二级调用，应付州县驿递官员革职。如州县驿递官员，将私牌票申送报部者，即将所报官员离任，于应升员缺，不论俸满即升。

驿递 002：康熙十一年题准

上司将自己马匹发与州县驿递官员，勒令输价者，降二级调用。督抚不行访察题参者，罚俸一年。

驿递 003：康熙十一年又题准

官员将不应给之官，滥给勘合，或违例多支驿站钱粮者，皆降一级调用。如多支随即扣解者，罚俸六月。

驿递 004：康熙十一年三题准

官员给发勘合火牌内，多填马一匹者罚俸六月，二匹者罚俸一年，三匹者降一级调用，六匹以上者降二级调用，十匹以上者降三级调用。

驿递 005：康熙十一年议准

官员将应拨之船，不详上司，私自拨给，或擅行估价者，皆罚俸一年。

驿递 006：康熙十四年议准

上司将应给驿递钱粮，不照额数给发，或本人告发，或科道纠参，审实，照侵欺钱粮例议处。

驿递 007：康熙十四年又议准

喂养驿递马匹，系府州县官专责，如有藉口应付不足，私令民间喂养帮贴者，降三级调用。

驿递 008：康熙十五年议准

凡差遣员役，兵部应给勘合火牌，尾后将多索驿马不行用印钤盖各处分缘由，兼写清汉一纸，粘贴于粘连处所，用印钤盖给发。若差遣员役，照数骑坐，并无多索者，该州县驿递官员，随到即于粘贴内，填明应付过马匹人数，用各该驿印信钤盖。若有藉称紧急事务，将勘合火牌不与验看，多骑驿马，骚扰驿递者，毋得用印信钤盖，一面申报各该督抚指名题参。若差遣员役，无经过州县驿印信钤盖者，任意多索驿马，按其多骑马数，照律处分。如州县驿递官员，迟挨不即行钤盖印信者，照稽迟应付例降一级调用。

驿递 009：康熙十六年议准

凡差使驰驿官员，不严束同行领催差官并跟役人等，以致将州县驿递人员，辱骂殴打，非系紧要而将驿马故意驰毙，驿站额马已足而乘骑越站，索诈财物者，将领去之官革职。〔今增为：该督抚不行劾参，照徇情例降二级调用。〕如系领催差官等，拿交刑部，从重治罪。至无勘牌谎称奉公差使，支取驿递夫马舟船应用，索诈财物，亦皆拿交刑部，从重治罪。此等情由，州县驿递官员，一面申报上司，一面报部，查核情实，将申报之官，照出首私牌票例，离任以应升即升。若应付迟误，反行捏款谎报，将所报之官，反坐革职。

驿递 010：康熙十六年覆准

恭遇銮驾行幸，各部院衙门取用马匹内，倒失一二匹者，将该执事领去官员罚俸六月，五匹以下者罚俸一年，八匹以下者降一级留任，十一匹以下者降二级调用，十四匹以下者降三级调用，十七匹以下者降四级调用，十八匹以上者革职。其马匹病伤，五匹以下者，将该执事领去官员罚俸六月，十五匹以下者罚俸一年，十五匹以下者降一级留任，二十匹以下者降二级调用，二十五匹以下者降三级调用，三十匹以下者降四级调用，三十一匹以上者革职。至骑驿马之内阁中书、钦天监、太医院等官，所骑马数既少，不过三四匹，如将所骑马匹病伤一二匹者罚俸六月，三四匹者罚俸一年，倒失一二匹者亦罚俸一年，三四匹者降一级留任。以上马匹倒伤等项，如该员情愿赔补者，免其议处。

驿递 011：康熙十六年又议准

凡驿站马匹，令州县官员用心看养。若驿丞专管之驿，则令驿丞喂养。若州县驿丞等官，有不照额补马及不用心喂养，以致驿站废弛者，该管布政使、驿传道、知府等，指名申报督抚题参，照例革职。若布政使、驿传道、知府〔今改为：管理驿传之按察使、道员及该管府州。〕不行申报者降二级调用，督抚不行查参者罚俸一年。

驿递 012：康熙十六年三议准

内府官员执事之人及各部院衙门官员人等，并无印信凭据，私将民夫等项，谎诈索取，该地方官即行拿获，一面申报该督抚具题，一面申报该部，若果情实，系官革职，领催执事人等拿交刑部，从重治罪。拿首地方官员，照出首私牌票例，于应升即升。

驿递 013：康熙十六年四议准

安塘笔帖式、领催、骁骑，如有令家人驰驿打围行走，刻剥州县驿递官役，将驿马故意驰毙，勒索好马，干预地方事务，扰害百姓等情，该督抚察访，指名题参，将笔帖式、领催、骁骑，皆从重治罪。该督抚徇情不参，将该督抚照徇情例降二级调用。

驿递 014：康熙二十七年题准

官员有骚扰驿站者，管站官徇情不行报部，事发，将管站官员照徇情例降二级调用。

驿递 015：康熙二十七年议准

官员因大兵班师，将回空盐船违例封解者，罚俸一年。

驿递 016：康熙四十五年覆准

给发勘合内，兵部均照题定程途，将应由省分，并中东西道途，填注明白给发，如奉差员役，不遵勘牌填注道途，枉道骚扰者，系官降二级调用，首先滥应驿站官降一级调用。〔今增为：凡遣发大兵运送红衣等炮，取路平坦，调拨官兵，取路顺便，例不拘分定省分由行者，不在此限。〕

驿递 017：康熙五十一年覆准

督抚司道府官家人，不持勘合私骑驿马者，州县官即行申报，从重治罪。若徇庇不报，违例应付，将私动驿马之上司，并滥应州县驿站官员，〔今增：失察之督抚。〕皆照私用驿递夫马例，分别处分。

驿递 018：康熙五十一年又覆准

如勘合火牌内，应用朱笔，乃用墨笔填写者，罚俸三月。少填官役姓名者，罚俸六月。

驿递 019：雍正元年议准

升任赴任，平常出差及驻防官员，携带家口赴任，一概停其给发兵牌。惟颁诏致祭，解送一切钦用物件，及差员领有敕印，并解送银缎等项，以及押解人犯，兵部仍照例给发兵牌，亦照勘合之例，兼写清汉字一纸，粘贴尾单，令沿途验票，取给兵丁，即于尾单内填明并无多索亦无迟误缘由，用印记钤盖。若有藉称紧要事务，将兵牌不与验看，多索兵丁，照多乘马匹，按数议处。骚扰营汛，照骚扰驿递例革职。其营汛官员，故意抑勒迟延，不行钤盖印记者，许其报明该管上司题参，交兵部议处。

驿递 020：雍正元年又议准

凡驿马无论接任署事，定限一月内交代清楚，如有逾限不行交代清楚，该督抚即将新旧各官交代迟延情由，分别注明指参，照例议处。交代马时，令该管上司，委官同新任或署印，与旧任从公验看，当受当退，即当点验出结，仍取具监看之员，并无偏袒徇庇印结存案。傥有授受不公，任意去取，以及故行推诿，许监看之员详报上司，该管上司即行题参。如旧任官有倖求等情，新任官并不点验，勉为收受，或隐忍不报，遽行出结者，不议前任之官，将新任官照前任官有事件未经清楚即放新任之例，降一级调用。如旧任官已经足额，而新任官故意求疵，不受交代，照无未完钱粮盗案，署官新任乘隙藉端抑勒迟延例降二级调用。如监看之员，有偏袒瞻徇等情，将监看之员照徇情例议处。

驿递 021：雍正元年三议准

各省驿马，饬令该驿道每年点验一次。其各府州，令其于每年奏销，并盘查仓库之时，一并亲加点验。傥有缺额疲瘦，即行揭报题参，如果膘壮足额，取具该管官印结，加具该道府州保结，申送督抚查核。如有捏饰徇隐情弊，该督抚将该管官，并驿道府州，一并题参，照例议处。〔今改为：如道员府州，于每年查验申报之时，有捏饰徇隐扶同出结者，降三级调用。〕

驿递 022：雍正六年谕

各省所设驿站夫役，原以豫备公事之用，国家岁费帑金，本欲使州县无赔累之苦，民间无差派之扰，官民并受其福也。但闻各省往来人员，有不应用夫而擅自动用者，该管之人，或畏其威势而不敢不应，或迫于情面而不得不应，积习相沿，骤难禁止，地方夫役，并受扰累，重负朕加惠官民之至意。嗣后惟兵部勘合，钦差大臣及督抚入境，学差试差，或知府下县盘查，及他员奉督抚差委盘查者，准其动用夫役，其余概不准动用。傥有违例安索者，著该管官即行揭报督抚题参，若该管官违例滥应，发觉之日，照例治罪。著各省管理驿站事务之道员，不时稽察，傥有徇隐，一并处分。

驿递 023：雍正十二年议准

盛京驿站正副监督，三年任满，能整饬驿务钱粮，不致浮冒，保题到部者，由部按其原衔，以应升之官即用。

驿递 024：雍正十三年议准

奉差员役，所有背包不许过六十斤，令头站驿员秤准斤数，开明印单，每夜住宿之站，该驿员详加核估，照例装载，并无重包，即于印单内填写"某驿验明并无重包"字样，日间经过驿递，即可验单应付。若有背包过六十斤，许驿官将重包斤数详揭，将擅带重包至七十斤者降一级调用，再有多者照此递降，每十斤降一级，重包至百斤革职。傥前站隐徇，被后站查出，将该驿官降二级调用。

驿递 025：乾隆七年奏准

营驿各官，不详请督抚咨呈兵部，私自差人来京买马者，罚俸一年。

驿递 026：乾隆二十一年奏准

向例官员多支驿站钱粮者，降一级调用，如多支后，随即扣解者，罚俸六月等语。但应付钱粮，有多寡之不齐，概议降调，未为允协。嗣后驿站应付钱粮廪给，多支至十两以内者降一级留任，十两以上者降一级调用，其银两追交藩库。如多支后，未及一年奏销之期，随即扣解者，仍照例罚俸六月。

驿递 027：乾隆二十五年覆准

州县起解饷鞘钱粮，先期知会前途文武衙门，豫派官弁兵役，备齐夫马车辆，按站呈送，毋得潜行僻路。如不豫先知会前途，任听解役潜行僻路，即饷银未失，经该督抚查参，将起解之州县官，照遗漏行文例罚俸一年。若已准移文，前途州县不照数拨给夫役，照不行拨役护送例罚俸一年。故意迟延勒掯者，照稽迟应付例降一级调用。

驿递 028：乾隆三十年奏准

差往盛京等处驰驿行走员役，有骚扰驿站者，亦照直省骚扰驿站例，许驿站官员、一面申报该将军，一面报部查核。如管站官徇情不行报部者，降二级调用。

驿递 029：乾隆三十年又奏准

出差员役，或该管上司，违禁滥索夫马，及无勘合印据人等，谎诈索取，骚扰驿递，俱许州县驿递官，一面申报该将军、督抚，一面报部察实，将申报之员离任，以应升之缺即用。〔今增为：不行申报者，降二级调用。〕如因应付迟误，捏款谎报者革职。督抚擅用夫马，及私发牌票索取，亦准径行报部，照例升用。

驿递 030：乾隆三十年三奏准

安塘笔帖式、领催、披甲，如有亲身不行驰递，令家人驰递者革职。至刻剥官役，故意跑死驿马，及沿途索换好马，勒取陋规，并干预地方事务，扰害百姓者，俱按律治罪。该督抚徇情不参，降二级调用。

驿递 031：乾隆三十年四奏准

管驿官将驿马亏缺，虚冒驿费者革职，按数追赔。如有驿马疲瘦，该督抚查明，果系地当孔道，山路崎岖，站头又远，差使繁剧者，题参之时，即于疏内声明，将本官暂行解任，仍以题参之日起，勒限一月赔补。其员缺遴委贤员署理，限内赔补全完，题请准其复任，限内不完，题参革职审追。

驿递 032：乾隆三十七年覆准

奉差人员，除奉特旨驰赴新疆，及新疆各处因有紧要事务，专差来京者，均当尽力趱行，毋庸定限外，其寻常派委人员，总以日行一百里为率，如有迟违，其由京赴新疆者令该处大臣查核参奏，由新疆来京者令该管大臣查核参奏，交部议处。其到京事竣，给领回文后，止予二十日之限，即令起程，如有托故逗遛者，查参议处。至由新疆解送贡品来京，不如空身单骑之便捷，听该处大臣酌定行走程期，于文内声明，以便查核。

驿递 033：乾隆三十七年又覆准

差遣官员，在内由兵部，在外由督抚，给予勘合火牌，将应给马匹人数，传知首站，转传下站，一体豫备，该司驿官，仍将应付过马匹人数，填注印花，按起申送该督抚汇齐，逐起按驿站先后，粘贴成本，按月送兵部查核。如差员跟役中途遇有事故，应行扣除者，令奉差官员，将勘牌付驿注明，即由该驿转传下站，一体扣除。如不于勘牌注明，即系差员冒支，将该差员参处，按其多乘马匹，照律处分。或申报遗漏，将司驿官参处，照失报事故例议处。至司驿官应付稽迟，该差员即随时具报，照稽迟应付例降一级调用。该差员有枉道逗遛等情，兵部仍凭督抚送到印花，按站稽核。

驿递034：乾隆三十九年覆准

军台官兵，有将报匣夹板及兵部加封事件拆动，以致泄漏事情者，该管大臣查究明确，无论官兵马夫，均按军法从事，其专管台站文武员弁革职拿问，该管台站大员降四级调用。至军营来往文移札禀，凡有关军需粮饷调遣兵马，及升调参革官员等项情事，各处发递时，俱用钉封，钤盖印记，如台站书吏人等，有将公文私自拆阅者，将私拆之人究明拟流。专管台站员弁，知情不举者降二级调用，失察者降三级留任，管站大员降二级留任。若下站官弁，接递公文，见有拆动形迹，不行呈报者降一级留任。如该管官及该管大臣，自行查出报明究治者免议。

驿递035：乾隆四十年谕

前因苏墧知上司访款劾参，计图反噬，捏款诬揭督抚司道等一案，擅用六百里驿马，交镇远县转发，该县李常吉违例遽为驰递，实属错谬，因令袁守侗等查明参奏，并谕兵部再行查例通饬。盖以此等揭报部科，止准其专人赍投，何得擅用驿马？李常吉以镇远首站，近在同城，苏墧平日之贪黩狼藉，该县岂无闻见，且既将苏墧通揭情形禀之督抚，则苏墧先发制人之举，该县皆所深知，乃复违例滥应，代为驰递，其咎实无可贷。至沿途各驿站，接准上站六百里公文，原不能知其中系何紧要事件，自不便擅意驳回，若亦治以滥应处分，于事理未为平允，且恐有驿各州县，因此心存畏避，设遇实系有关重大之件，亦不肯为之接递，于公务转滋贻误。所有各驿站驰递苏墧通揭文书各员，除首站镇远县知县照例议处外，其余均毋庸察议，凡有似此者，俱照此办理。

驿递036：乾隆五十三年谕

昨据奏：照料哈萨克来使之委署护军、参领、协领等，在直隶、山西、宁夏等处，共买子女十人，请交部议处等语。已降清字谕旨革职，并将失察之沿途督抚严行申饬矣。地方遇有灾祲，无业贫民，卖鬻子女，原属间有之事，其有派委差使由驿行走之人，俱应禁止民人不得私行售卖，并随时查察。此等官员，如有违禁私买携带者，即行严参治罪。将此通谕各督抚等，并谕伊犁将军及新疆办事大臣，一体严查，毋得仍前因循，致干咎戾。

驿递037：乾隆五十五年谕

大臣官员等奉使各省，驰驿往来，应给之马匹廪给及跟役口粮，各按品级，以为等差，于兵部勘合内，逐一填注，原不准例外多支，乃派出之大臣等多假钦差声势，骚扰驿站，随行官员，亦复不知敛戢，以致家奴跟役讹索多端者有之，各该省督抚，并不劾参，地方官惧其陵辱，惟求安静过站，曲加承应，违例滥支，即多用夫马车辆，勒取供给，亦不敢复行争较，而办差之家人胥役等，藉端派累民间，从中侵冒，其弊将无所不至。昨尹壮图折内即称，地方官办理差务，胥役滋扰，商民不无议论一节。所言纵或过当，然近年或因阮光平及各国陪臣入觐时，地方应付太过，故有此语，若不申明例禁，严示创惩，何以肃清邮政？况地方官办理差务，无论大小官员，皆宜恪遵定例，即朕省方所至，守土官吏，各有除道清尘之责，朕犹曲加体恤，切戒华靡，岂遣派办事之员，转可任性滋扰。即如近日旺亲班巴尔自京回伊游牧，以其送格格灵榇，令沿途酌量给夫，遂致例外多支，扰累驿站。伊不过一蒙古藩王，地方官尚如此畏惧，若朕派出之亲信大臣，又将何如供应耶？朕轸恤民隐，凡有赴京控告者，无不钦差大臣前往审办，今虽驰驿人员，间有骚扰之事，亦不能因噎废食，不行派遣，致小民含冤莫愬也。特此降旨剀切诫谕，嗣后钦差大臣官员，如敢于应得马匹廪给之外扰累，一经发觉，即行从严治罪。若该督抚等，任听属员违例滥付，希图见好，不行参劾者，亦即将该督抚等，一并严究，决不姑贷。

驿递 038：嘉庆五年谕

各省督抚节经降旨停止进贡，并删除一切应酬闲费，又从无罚项，伊等养廉丰厚，岂得于陈奏事件，尚存惜费之见，况现在军需络绎，驿马已极疲烦，更何得以寻常陈奏之折，逐案驰递，平日亦不可，况此时耶？岂督抚等惟自知吝啬，而于国家设立驿站，竟任意驱使乎！此后如有滥用驿站者，必将该督抚等一并交部严议。

驿递 039：嘉庆五年又谕

国家设立驿站，原为驰递军报及地方紧要事件，从前康熙年间剿办吴三桂时，有笔帖式赍信，由滇省十数日至京之事，彼时各省尚未通设驿站，是以该处官员亲行驰奏，嗣因军务紧要，恐致稽延，设立驿马，以备赍递，其非用兵省分，遇有地方要件，自应由驿驰奏，但必须权其轻重，岂能率意行用，其六百里奏报，非军报自不轻用，即用四百里奏报，由驿站经过，并不知其所奏何事，而沿途皆知其为某省所发之报，未免妄行拟度，徒骇听闻。定例擅用驿马，处分綦严，乃近来督抚等，往往以寻常奏事，亦附驿呈递，殊属非是。著再通谕各督抚等，于应行差人赍递之折，毋得靳惜小费，擅用驿马，即应由驿驰递者，其里数亦应斟酌事之缓急，毋得任意滥用，违者必当一律交部严议，决不稍贷。

驿递 040：嘉庆五年三谕

前因督抚等于地方寻常事件，往往由驿驰递，曾经降旨，通行饬禁。近闻各省积习相沿，无论公文紧要与否，概由驿递，即通问私书，属员贺禀，均用印封交驿，甚至有由六百里加紧加快驰送者，以致各驿站每日急递公文，多至数百件。各州县官设立驿马，专为递送文报，今擅递私书贺禀，以私事而用官驿马供其驰送，其流弊无穷。将见外任家眷驰驿赴京，岂不同前明之覆辙。且各驿站于此等现行之件，既视为泛常，必遇正项紧要文报，转多延搁，于邮政殊有关碍。外省私书贺禀，不过通问陋习，本不应擅用印封，更何得交驿递送，动辄填写五六百里，全不顾疲劳驿马，此皆由督抚、司道等首先作俑，臬司系专管之员，并不认真查察，属员因而效尤，不可不严行禁止。嗣后督抚大吏，务当先自检点，于驿递事件，权其轻重缓急，并严饬各衙门，除实系紧要之事，仍用五六百里递送外，其余寻常公文，应由马上飞递者，不得滥填五六百里。至私书贺禀，均不准擅用印封驿马，倘经此次严禁之后，地方官有仍蹈故辙者，著该管督抚、臬司严参惩办，若该督抚、臬司漫不经心，或自违例禁，别经发觉，必将该督抚、臬司一并交部严议。

驿递041：嘉庆五年奏准

驿站马匹，限一月内交代清楚，如有亏缺迟延勒掯等情，均照钱粮交代之例议处。

驿递042：嘉庆八年谕

大学士会同吏部议覆御史条奏内，如清查驿站一款。各省驿站安设马匹，原以应付办公，遇有大臣官员等奉差经过之时，若于例给马匹不能应付足数，或马匹羸瘦不堪驱使，以致耽延稽滞，此系玩误公事，自当将该州县等参办示惩。若应付本无不足，马匹膘壮，而奉差之员于例外多索，甚至纵容跟役人等，多方作践，横索使费，此又系差员有意骚扰，该州县即当申报上司，据实具奏，无论军机及在内廷行走大臣等，朕必严行究办。至外省督抚、司道等，遇公出之时，往往责令本省州县备办夫马，需索供应，书信往来，亦每由驿站驰递，辄填用四五百里，甚至长随家人等因私事外出，亦复骑用驿马，沿站需索，大为驿站之累。此皆朕所素知，督抚中未必肯效法岳起清苦俭朴，能不过于奢靡，亦可徐臻朴淳，大省民力矣。嗣后督抚司道等官，俱当力除积习，各自检束，设有前项情事，一经参奏，或经朕访查得实，必当加以严惩。

驿递043：嘉庆十一年奏准

官员递送公文，如有不依原行题写处所，错递他处者，系寻常公文，将首站官罚俸一年。如下站不行查出，辄行转递者罚俸六月。若系叩关公文，将首站官降一级调用，下站官降一级留任。

驿递044：道光四年奏准

司驿官造报应付过马匹人夫数目遗漏者，照失报事故例罚俸一年。

驿递045：道光四年又奏准

有驿州县造报应付过勘牌差使，粘贴印花缴销传牌等册，定限下一月申送到司，如正月分应付之册，应于二月三十日送司，由司详院，统限六个月出咨送部，余仿此。除去程途日期，如有迟延逾限，不及一月者罚俸三月，一月以上者罚俸一年，半年以上者罚俸二年，一年以上者降一级留任。

驿递046：道光四年奏定

官员所领勘合火牌，事竣即行缴销，如迟延三日以外不缴者，罚俸三月。

驿递 047：道光五年奏定

将不用粘贴印花事件误贴印花者，罚俸一年。

驿递 048：道光五年又奏定

凡内外衙门有应拨兵护送事件，填给部发兵票，令沿途营汛验明，照数拨给。若奉差官员，不将兵票持验，骚扰营汛者革职。倘有多索兵丁一名者，降三级调用，二名者降四级调用，三名以上者革职。如奉差官员照例执票验勘，并未多索兵丁，而营汛藉端迟延，不即钤印护送，许差官查详揭报，将营汛官交兵部议处。

驿递 049：道光六年奏定

督抚大员遇有赍送本章等项公务，俱填用部发勘合火牌，司驿官验明，方准应付。如督抚大员有私用驿递夫马，并差遣家人衙役，私发牌票支取夫马者，降二级调用。至督抚所属两司以下等官，有私发牌票支取夫马者，将本员降二级调用。司驿官违例应付，亦降二级调用。失察所属之督抚降一级留任，失察驿官之按察使、道员降二级留任。如本员并未私发牌票，而其家人衙役倚势索取夫马，系本员纵容者革职，失察者照失察家人犯法例降二级调用，其滥应之驿官仍降二级调用。若本员能自行查拿，或驿官据实揭报者，均准免议。倘驿官已经揭报，而该督抚不行题参，及经过地方之各上司，已据驿递揭报而容隐不参者，均降二级调用。

驿递 050：道光六年奏准

奉差员役，如于勘牌填给供应之外，多索马一匹船一只车一辆者，降三级调用，马二匹船二只车二辆者降四级调用，马三匹船三只车三辆以上者革职。至马一匹应折夫三名，如多索一名者降一级调用，二名者降二级调用，三名以上者降三级调用，六名以上者降四级调用，九名以上者革职。

驿递 051：道光八年奏定

军台往来折报，将报匣夹板及兵部加封事件，擅行拆动，以致漏洩事情者，专管台站文武员弁革职拿问，管辖官降四级调用。如有被水渍雨等情，仅止拆动奏折包封，并未漏洩事情者，专管台站员弁俱革职留任，管辖官降二级留任。其下站接递上站折报，见有拆动形迹，系有漏洩事情者，专管员弁，应即时行查上站，确究弊端，呈报上司究办，如不行查，专管员弁俱革职，管辖官降三级调用。如仅止拆动折报包封，并未漏洩事情，不即时行查呈报，确究实情，专管员弁降四级留任，管辖官罚俸一年。凡上站下站各员降调降留处分，虽系公罪，均不准其抵销。如该管台站各官能自行查出究办者，均予免议。

驿递 052：道光八年奏准

驿站马匹，不照定额补足及不用心喂养以致缺额者，将管驿官革职追赔。管理驿传之按察使、道员及该管府州不行揭报，俱降二级调用。督抚不行查参，罚俸一年。

驿递 053：道光十一年奏准

凡出差驰驿人员，沿途买带贫民子女者，降三级调用。若照料贡使人员，自行买带，及任听贡使人等买带者革职。

吏部处分 195：违误驿务〔例 19 条〕

驿务 001：康熙十一年题准

官员将奉旨特差重大事务及紧要军务官役，闭门不容进城，或不换驿马，或殴打差员者，皆革职提问。〔今增为：不行稽察之同城该管上司，降一级调用。〕若赍送上用物件，驿递应付稽迟者，府州县降二级调用。〔今增为：失察之同城该管上司，降一级留任。〕或稽迟应付，迟误奏章，或不按驿接代，彼此互越，或违例多给，或将他人马匹，充驿马驱使者，皆降一级调用。〔今增为：失察之同城该管上司，罚俸六月。〕

驿务 002：康熙十四年议准

官员于大兵需用纤夫，抗拒不给，致纤夫越站者革职提问，如全误不行解到者革职，如不照数雇给人夫与缺少者降二级调用。官员大兵经临，需用船只，全无解到者革职，如解船短少者降一级调用，该管官不力行督催，罚俸一年。

驿务 003：康熙十四年又议准

官员将应给移扎官兵口粮船迟延者，罚俸一年。

驿务 004：康熙十六年题准

迟误奏章及不按驿接代，彼此互越，府州县系同城，不行稽查者，皆罚俸六月。

驿务 005：康熙三十一年题准

铺兵传递往来公文，府州县等官不时巡查，令其依限速递，若有耽延沉匿诸弊，该督抚、御史指名题参，该管官每案罚俸三月，〔今改为：该管官每案罚俸一年。〕五案以上者降一级留任，十案以上者降一级调用。限行三百里者，照此议处。

驿务 006：康熙三十一年议准

安南国王如有叩关公文，必须开明事由，守关官员即为收接，报明该督抚。如抑勒不行收接，及转报迟延，该督抚即题参，将守关官员，照迟误奏章例降一级调用。〔寻增为：如无故递送迟延，逾限三刻以上，将驿站官员亦降一级调用。〕限行四五六百里者，均照此例议处。〔嗣改为：定限日行五百里四百里公文事件，迟延三刻以上者，管驿官降一级留任。〕

驿务 007：雍正三年奏

违误驿务之驿丞，照例降一级调用，无级可降，即行革职。若该驿丞迟误仅止数时，又值六月雨水之期，应否革职留任。奉旨：此所奏是，著革职留任。嗣后遇有如此等事，亦将情由缮折奏明。

驿务 008：雍正五年覆准

各省驿站递送公文，令管站官各立印信号簿，上站号簿用下站官员印信，于每月终，彼此移明考核，傥有沉匿稽延等情，即行详报该管上司，据实题参，不得故为容隐。其沉匿平常公文一角者，马夫照例杖六十，每一角加一等，罪止杖一百。提调吏典减一等，官又减一等。若事干军情机密文书沉匿者，不拘角数，马夫杖六十、徒一年，提调吏典杖一百、革役，司驿官革职。如有所规避者，各从其罪之重者论。

驿务 009：雍正七年议准

各省督抚，凡解送饷银，须豫行知会前途，除有大道可通之处，仍用车载骡驮外，一遇深山僻路，即严饬经过地方官，遵例一鞘两夫，如数拨给。傥州县官有不给夫，迟延抑勒者，即行指名题参，将不照数给夫之员，照运解饷鞘不照拨定兵丁名数护送例，罚俸一年。将迟延抑勒之员，照稽迟应付例，降一级调用。如解饷官员，有将人夫工价，折银侵蚀等弊，即饷鞘未至疏失，该督抚亦即题参，将通同折给银各官，一并议处。〔今改为：折银侵蚀者，革职审究。通同折给者，照违例支给钱粮例，降一级调用。〕

驿务 010：乾隆十五年谕

向来军机处交出公文，签出马上飞递者，定限日三百里，遇有最紧要事件，始以"日行六百里"字样加签。公文缓急，既有不同，则递送迟延处分，亦应分别差等，乃吏部议处此等案件，不按三百里、六百里之分，但查核时刻逾违，皆照叩关公文之例，议以降一级调用，此例殊未允协。现干例议积案甚多，著量加区别，沉匿军情机密事件，仍照驿站旧例议处外，其军机处交出寻常紧要事件，限日行六百里者，傥有逾限，照叩关公文之例议处。若系军机处常行事件，限马上飞递日行三百里者，逾限之处，照公文迟延例议处。著为令。再，军机处交递公文，原系酌量事件，以定限期，嗣后非遇最紧要事件，亦不得以六百里签发。

驿务 011：乾隆十六年覆准

恭遇銮驾巡幸，递送行在之本章，实在河水涨发，舟楫难施，以致迟延时刻者，令其随报声明，送行在兵部查核，仍令地方官确查实在情形，于结内声明送部，准其免议外，其余遇雨泥淖马惊堕跌等情，概不得援请宽免。

驿务 012：乾隆十八年覆准

凡马递公文，马夫因马惊跌毙，或渡河溺毙等项，实有显迹，难以托辞狡饰，与无故迟延者有间。嗣后凡马夫跌毙、溺毙等情，核验明确，取有印结报部，准其免议。其无故迟延，及因别项情由迟延至三刻以上者，仍照定例察议。

驿务 013：乾隆三十年奏准

沿途驿站各官，凡驰递本章及紧要文报，应有员弁押送者，务须亲身押送，如文报到时，查无员弁随同递到，即将不行押送之员，查明参奏斥革，并将该管之上司，照失于查察例罚俸一年。

驿务 014：乾隆三十年又奏准

各省督抚、将军赍送本章，差拨二人，按限递送。〔今增为：如有驰递迟延，降一级调用。〕如或中途遇有患病及堕马受伤等事，报明地方官查验，出具印结，送部考核。如有捏称稽留等情，将出结官，照不行查明给结例罚俸一年。

驿务 015：乾隆三十年三奏准

递送公文迟延，因中途猝遇大雨，或阴雨连绵，河水暴涨，路途泥淖，实在阻滞，及马夫因马惊跌毙，或渡河溺毙，取有地方官印结报部，并逾限一二刻者，俱准免议。其无故迟延，及因别项情由迟延至三刻以上者，俱照六百里、三百里例，分别议处。

驿务 016：乾隆三十年四奏准

事关军需紧要文报，应由军台按限加紧递送，其稍涉军需，无关紧要公文，及寻常奏折，仍由驿接递，不得限四五六百里，由军台驰送。倘有混行签发，一经查出，将签发之员，照勘合错误例，降一级调用。

驿务 017：乾隆五十四年谕

前因本月初四日，京中本报迟误，经兵部奏参，交直隶总督逐站挨查，于何处耽延。据刘峨查覆，系在密云迤北之沙峪沟、穆家峪、石匣、瑶亭至古北口一带，因山水陡发，耽延十五刻等因，业交在京吏、兵二部，将文武员弁议处。十九日复因本报迟到，亦经兵部参奏议处矣。本报驰递耽误，因山水骤发所致，尚非有心迟误可比。嗣后如有实因山水陡发，迟逾三日者，将文武各员弁查明议处，以示惩儆。若在一两日以内者，竟可免议，所有此两次文武员弁应行议处之处，俱著加恩宽免。

驿务 018：咸丰七年奏定

朝鲜贡使来京，派出照料之旗员，将何日可至何处地界，由各驿丞豫为报知地方旗民各官，计算日期，接至搭界处所，护送过界。若该驿丞不先报知，及地方官不按期接护者，均降一级调用。若不将接护交替日期呈报该管衙门者，罚俸九月。

驿务 019：咸丰七年又奏定

凡外国贡使抵境，该督抚即由驿具奏，一面派委文武大员约束照料，伴送进京，一面知会沿途督抚，派委大员接护，并饬知所过州县，豫备车船馆驿，按期迎至搭界处所，亲送过界，逐程交替。如各督抚不派大员伴送接护者，降二级留任。该州县不为豫备，或不亲往迎送，以致行走迟滞者，降一级调用。

吏部处分 196：边禁〔例 74 条〕

边禁 001：康熙十二年题准

外国之人，私自进口，该管地方官不行查报者，降一级调用，该管上司罚俸一年。

边禁 002：康熙十四年议准

土官地方失事，止限年缉拿，限满不获，降一级留任。如斩绞重犯脱逃，亦限年缉拿，限满不获，应降一级二级三级调用者止降一级留任，应降四级五级调用者止降二级留任，应革职者止降四级留任。如遇贪酷不法等罪，所犯重大，仍行革职。如讳盗因公诖误，例应革职等罪者，皆免革职，亦降四级留任。

边禁 003：康熙二十一年议准

土司地方，将逃人失察一名，或被别处土司拿解，或逃出之人，供在某土司处，将该土司降一级。〔今改为：每名降一级留任。〕若在伊所属地方，明知故为隐讳，不行出首者，照隐匿逃人例革职。

边禁 004：康熙二十二年议准

滇黔土司，无论逃人逃兵，有拿解六十名者，即加一级。如多获者，亦照此数递加。不及加级者，令该督抚酌量奖赏。

边禁 005：康熙三十年题准

土官凡有钦部案件奏销钱粮，及迟误进御表笺等项，皆应照处分流官定例，一例处分。但土官不食俸禄，如有罚俸、降俸等事，皆照其品级，计俸罚米，每俸银一两，罚米一石，移储就近常平仓，以备赈荒。〔今增为：广西省仍照例罚银。〕

边禁 006：康熙四十二年题准

湖广镇筸红苗，既设同知通判，分界管理苗务，其五寨司土官土民，应听该厅管辖，遇有逃盗等事，照例将土官一并处分。

边禁 007：康熙四十三年题准

红苗归诚纳粮，特设土官管辖，除苗人有犯轻罪者，仍听土官自行发落外，若有犯杀死人命，强盗掳掠人口，抢夺财物，及捉拿人口索银勒赎等情，责令土官将犯罪之苗，拿解道厅治罪。如土官将犯罪之人藏匿，不即行解送者革职。

边禁 008：康熙四十三年又题准

红苗捉人勒银取赎者，令土官将犯罪之苗，解送道厅衙门审理治罪外，其该管土官，虽不知情，但平日不严行约束，有一起者，将土知府知州罚俸三月，有二起者罚俸半年，有三起者罚俸一年。若该管官知情不行禁止者皆革职，责四十板，不准折赎。若系教令，或通同取利者革职，枷示三月，不准折赎。

边禁 009：康熙四十三年三题准

黔楚相接之苗，每因小忿，动辄操戈杀掳，彼此拿人，其该管土官虽不知情，但平日不严行约束，以致彼此互相构衅，分众不及五十人者，将土知府知州罚俸三月，至五十人者罚俸半年，至百人者罚俸一年，百人以上者革职。若系知情不行禁止者革职，不准折赎，枷示一月，责四十板。若系教令，或通同商谋，希图均分财物者，皆照首犯一例治罪。

边禁 010：康熙四十七年覆准

民人擅入苗地，民苗结亲往来，该管各官失于觉察者降一级调用，该管上司罚俸一年。

边禁 011：康熙四十七年议准

各省地方，遇有民苗争讼事件，该督抚严饬该管各官，作速查审完结。如地界两省，或有关提之人，或有会勘之处，两省大吏，务须和衷办理，不得互相推诿。如不肖有司，托故稽迟，巧为推卸者，该督抚指名题参，照例分别议处。若该督抚任其迟延推卸，不行题参，亦照例议处。

边禁 012：雍正二年谕

四川、陕西、湖广、广东、广西、云南、贵州督抚、提镇，朕闻各处土司，鲜知法纪，所属土民，每年科派，较之有司征收正课，不啻倍蓰，甚至取其马牛，夺其子女，生杀任性，土民受其鱼肉，敢怒而不敢言，莫非朕之赤子，天下共享乐利，而土民独使向隅，朕心深为不忍。然土司之敢于恣肆者，大率皆汉奸为之指使，或缘事犯法，避罪藏身，或积恶生奸，倚势横行，此辈粗知文义，为之主文办事，教之为非，无所不至，诚可痛恨。嗣后督抚提镇，宜严饬所属土官，爱惜土民，毋得视为鱼肉，毋得滥行科派，如申饬之后，不改前非，一有事犯，土司参革，从重究拟，汉奸立置重典，切毋姑容宽纵，以副朕子惠元元，遐迩一体之至意。

边禁 013：雍正三年覆准

凡土官病故，限六月内具题承袭，其该督抚未经具题之先，即令应袭之人，照署事官例，用印管事。地方官如有抑勒沉搁留难者，将该管上司照违限例议处。〔今改为：照事件迟延例议处。〕其土官支庶子弟中，有驯谨能办事者，许本土官详报督抚，具题请旨，酌量给予职衔，令其分管地方事务，其所授职衔，视本土官降二等，〔如本土官系知府则所分者给予通判衔，系通判则所分者给予县丞衔。〕照土官承袭之例，一例颁给敕印号纸。其所分管地方，视本土官多不过三分之一，少则五分之一，此后再有子孙可分者，亦再许其详报督抚，具题请旨，照例分管地方，再降一等，给予职衔印信号纸。

边禁 014：雍正四年议定

熟苗熟獞，一例编排保甲，不许容留面生可疑之人，地方官有不实力奉行，不能稽查盗贼，或别经发觉，将专管州县官降二级调用，兼辖官系同城降一级调用，不同城降一级留任，统辖官降一级，照旧办事，如上司揭报题参者免议。至岩疆交界地方，两地文武，互相稽查，使匪类不能潜聚，毋得彼此推诿，傥保甲乡勇人等，有疏纵奸徒，怠玩巡缉，及互相隐匿等弊，地方官未经查出，该督抚题参，照例议处。

边禁 015：雍正七年议准

无土官管辖之生苗为盗，地方各官，照野贼苗蛮之例议处。〔野贼苗蛮例，载兵部事例。〕其有土官管辖之熟苗为盗，劫杀掳掠男女财物，该土司明知故纵者革职，养盗殃民者革职提问。如实系失察，致苗蛮侵犯城池，及聚一二百人，或六七十人，城内为盗，村庄道路行劫，此等大伙盗贼，将该管土官亦革职。该地方官不实力缉拿，互相隐讳，将该地方官并该管各上司，照民人为大伙盗贼例议处。〔大伙盗贼例，载兵部事例。〕其苗蛮聚集人数无多，平常盗案，责该土官限一年缉拿，限满不获，降一级留任，俟获盗之日开复。该地方官初参停升，限一年缉拿，限满不获，罚俸一年，照案缉拿。至邻近苗蛮地方民人被盗，未经获贼之先，将该管各官停升，俟获盗之日，讯明来去踪迹，如盗起自内地，以文职为专管官，降二级调用，以武职为兼管官，同城者降一级调用，不同城者降一级留任，统辖官降一级，照旧管事。上司官已经报明参奏，免其议处。若盗自外来，武职照专管官治罪，文职照兼管官治罪。其土官中有能严行钤束，擒剿贼盗，一应案件，于一年内全结者，该督抚具奏，加一级，一年完结过半，该督抚酌量奖赏。

边禁 016：雍正七年又议准

凡奸民出入苗地，把守兵丁失于觉察，及知而故纵，皆照律治罪外，其商贾人等，已经验明，如兵役藉端抑勒索诈者，兵役治罪，该地方各官一并题参，照失察衙役犯赃例议处。

边禁 017：雍正七年三议准

私通土苗及容留外省流棍者，失察各官，照民人擅入苗地例议处。

边禁 018：雍正七年四议准

办理土苗事件，除不关紧要者，照常行文外，其紧要事务，有应行申报之处，及各土司有应行批饬之事，均由内署写就，钤印钉封饬发，仍于各内署，按年月日期，造具印册，密行挂号存案。其文武平行衙门，紧要文移，亦照此例，均不得经书吏之手。如仍令书吏钞写，以致泄漏，事发之日，将本官照泄漏密封例，分别议处。〔今改为：将本官降一级留任，上司罚俸六月，其寻常事件，仍照定例行。〕

边禁 019：雍正七年五议准

凡土苗夷倮，有犯命盗抢夺争讼等案，如该犯住居土官所辖地方，该土官经州县移会，徇庇不行拿解，该州县即揭报督抚题参，将该土官革职，择伊子弟之贤者承袭。如果案犯在逃，照内地承缉之例，六月限满不获，将该土官承缉不力职名咨参，

〔今改为：将该土官住俸。〕限一年缉拿，限满无获，将该土官降一级留任，俟缉获本案凶苗，或能拿获别案凶苗，准其开复。若应议降级留任，计至五案，将该管土司革职，择伊子弟之贤者承袭。如该犯居隔省隔邑，均以文到之日为始，限四月务行拿解，限满不解，如系庇匿，即将庇匿之员，指名题参，照徇庇例议处。若果系犯逃无获，照承缉凶犯例，六月限满，初参住俸，勒限一年缉拿，年限满日复参，降一级留任，计至五案，亦行革职。

边禁020：雍正七年六议准

土苗夷倮命盗等案，无论案之大小，皆照内地所定事件限期审结。承审案件，以获犯到官之日为始，盗案限十月，命案窃案限六月，杂案限四月，〔今改为：命案限六月，盗案及一切杂案限四月。〕限满不结，照例咨参，接扣限期完结，如仍不审结，该督抚题参，照易结不结例议处。至苗夷有犯军流徒罪，折枷责之案，仍从外结，即钞招咨送刑部查核。其罪应论死，并情关重大者，一概不准外结，亦不准牛马银抵偿，务按律定拟题结。如有不肖之员，或隐匿不报，或改捏情节，在外完结者，事发之日，将该员照溺职例革职，其失察之该管各官一并议处。

边禁021：雍正八年覆准

改土归流之土司家口，由各该督抚据实确核，其妻妾子女与应迁之父母兄弟，照例迁徙外，如该犯止有妻妾，并无子嗣，及子嗣幼小，又无应迁之父母兄弟，即将伊妻妾幼子免其迁徙，安插于本省省城，令地方官稽查管束，毋许生事。至犯军流罪，改土归流之土司家口，无论有子无子，照例随同本犯迁徙外，如本犯未迁之先身故，及子嗣幼小者，亦将伊妻妾幼子，免其迁徙，安插省城，令地方官稽查管束，毋许生事。该督抚即将应行迁徙，与应留本省情由，于疏内声明，取具地方官印甘各结，报部查核。如该地方官，有捏报并无子嗣，及子嗣幼小，别无应迁之父母兄弟等弊，将捏报之该管地方官，照军流人犯、无年老父母称有、有以次成丁称无之例，降二级调用，转详之上司罚俸一年，具题之督抚罚俸六月。

边禁022：雍正八年议准

土司并家口，迁于远近省安插者，饬令该地方官，不时稽查，毋许生事扰民出境。如疏纵土司木犯，将该地方官照军流罪犯取保脱逃例议处。如疏纵土司家口，照疏脱递回原籍人犯例议处。

边禁023：雍正八年又覆准

凡凶手盗首，逃匿土司地方，不拘本省邻省，该土司能解拿五名以上者纪录一次，十名至十四名纪录二次，十五名者加职一级，三十名者加职二级。如一年不敷议叙之数，准并次年接算议叙，不准三年合算。

边禁024：雍正八年三覆准

土司隐匿凶犯逃人，不行拿解，俟获犯之日，讯明如系土司受贿，将土司革职提问，不准亲子承袭，择本支伯叔兄弟子侄，取具宗图，并夷众信服印甘各结，题请承袭。如系隐匿不报革职，审无受贿情弊，仍照定例承袭。

边禁025：雍正十二年议准

新定苗疆地方塘汛兵丁，擅役苗民，需索强买等情，及各衙门差役，经由苗寨，擅动苗夫，科敛索诈，该管文员，如有故纵者革职提问，不行查出之该管知府降二级调用，兼辖之司道降二级留任，督抚降一级留任。〔今改为：不行查出之府州降二级调用，道员降二级留任，两司降一级留任，督抚罚俸一年。〕如该管州县，于差役滋扰事发不行申报，尚复曲为徇隐者革职，不行查出之府州降一级调用，道员降一级留任，两司罚俸一年，督抚罚俸六月。若该管州县，止系失于觉察者降一级调用，府州降一级留任，道员罚俸一年，两司罚俸六月，该管官能查出究办者均免议。如兵役滋事扰累，事发不行申报，复希图掩饰，曲为徇隐者，将该员革职，不行查出之该管知府降一级调用，兼辖之司道降一级留任，督抚罚俸一年。如并不知情，止于失察者，将该员降一级调用，不行查出之该管知府降一级留任，兼辖之司道罚俸一年，督抚罚俸六月。

边禁026：雍正十三年覆准

土司省分，其土官土人，如有差委公务，并缉拿逃盗等事，应远赴外省者，许呈明该管官，转报本省督抚，请领咨文牌照，知会所往省分，外省督抚，于伊事竣日，计程勒限，毋许逗遛，仍给予咨文执照，知会本省督抚。倘土官土人，不请咨文执照，私赴外省者，将土官革职，土人治罪，不行管束之本省该管文武各官降一级调用，失于查报之外省地方官罚俸一年。如土官土人，有潜往外省，生事为匪，别经发觉者，土官革职，土人治罪，不行管束之该管文武各官降二级调用，失于查报之外省地方官降一级调用。

边禁027：雍正十三年又覆准

贵州、云南、四川等省棍徒，勾串顽苗，捆掠人口，辗转贩卖，令地方文武巡缉各官，年终分别劝惩，如一年之内，有能拿获兴贩棍徒并顽苗十五名者纪录一次，拿获三十名者纪录二次，拿获四十五十名者纪录三次，拿获六十名者加一级，再有多获者照数递加纪录，至一百二十名者加二级，若拿获一百二十名以上者以应升之官即用。若一年之内，不能拿获，为别处拿获者，每五名罚俸一年，十名罚俸二年，十五名降一级调用，二十名降二级调用，满五十名者革职。该管土司，无降级之例，满三十名者革职。其所获兴贩棍徒顽苗，必将被掠人口，一并拿获，审实定拟报部，方准照数纪奖，如有以少报多者，将原报官照谎奏请功例革职。若该督抚及该司道等，容其蒙混者，照谎奏请功具题官例降二级留任。如有买嘱诬报，妄拿良民陷害者，照诬良为盗例，分别议处。

边禁 028：乾隆二年议准

台湾地方，如有民人不法等事，许令武弁移送地方官究治。如兵丁生事滋扰，亦许文员关会营伍责惩。如有彼此推诿者，照推诿例罚俸一年，并饬各该地方汛防员弁，实力奉行，彼此按月稽查，取具并无兵丁滋扰印结，转报该上司查核，如或有意徇纵，将该地方官照徇庇例议处。

边禁 029：乾隆二年又议准

台湾汉民，不得擅娶番妇，违者，土司通事照民苗结亲媒人减一等例，各杖九十，地方官照失察民苗结亲例，降一级调用。

边禁 030：乾隆三年议准

黔省苗民买卖子女，设媒用印，地方官于契上钤印时，不详查确实，将苗民男妇滥行用印，卖与川贩者，照外番私自进口地方官不行查报例，降一级调用。如来历分明，胥役家人于验契用印时，故意抑勒，藉端需索，许买主卖主，当官禀明，将胥役家人，计赃治罪。官系失察，照失察家人衙役犯赃例，分别议处。如系故纵，照纵役贪赃例革职。至印买苗口后，有带回原籍别地方者，令其报明地方官，给予路照，填注男女姓名年貌，关汛员弁，验明契照放行。如有兵役无故留难，勒索财物者，许其禀明，按律究治。傥并无用印契照，冒称良民，所买苗口，贿通关汛，纵放出境者，一经发觉，兵役计赃定罪，该管员弁亦按失察故纵受财各条，分别议处。

边禁 031：乾隆三年覆准

贵州省古州、都江、八寨、丹江、台拱、清江各厅员，所用通事，务宜慎选承充，止许奉差传译苗语，不得私至苗寨，需索扰累。一应苗民事件，许令赴该厅员衙门诉告，该通事如有把持蒙混等弊，立即严拿责革究治，仍令古州道不时留心访查，傥该通事有需索扰累情弊，该厅员失于觉察，比照新定苗地失察兵役滋事扰累例，降一级调用。如有意徇纵，不行究治者，将该厅员比照兵役滋事扰累良苗该管官曲为徇隐例革职。

边禁 032：乾隆五年覆准

归化城蒙古命盗等案人犯，系民人，由同知协理笔帖式申报都统，委蒙古官承缉。至事主尸亲报呈内，不开凶盗是蒙古是民人者，蒙古官虽无疏防之例，亦应与同知笔帖式分途缉获，勒限查参，俟拿获凶盗后，审明是蒙古，将不应参之该协理笔帖式等，原参议处各案，悉行销案开复。如审明凶贼系民人，将不应参之蒙古官记过之案注销，罚过之俸给还。傥有以蒙古报民，以民报蒙古者，一经查出题参，将申报之协理笔帖式，照讳盗讳命例革职，转报之同知等皆照讳盗讳命上司例分别议处，蒙古官亦照内地讳盗讳命之例革职。其大同、朔平二府卫所管辖地方，与西四旗杂处，该管文武卫弁，照例分别责成办理。至西四旗游牧总管所部蒙古，有犯命案者，查参到日，皆照八旗满洲官兵闲散互殴至死例，将专管之佐领骁骑校照八旗佐领骁骑校议处，兼辖之参领照八旗参领议处，总管等官照八旗都统副都统议处。其太仆寺马群官员，所部蒙古，如犯命盗案件，查参到日，专管之协领，兼管之翼长，统辖之总管等官，亦照此例分别议处。再，各协理笔帖式所辖地方，如有强劫及抢夺伤人，行劫拒捕，蒙古民人交涉案件，经事主告报到官，该笔帖式即移会蒙古官员讯供。如事主向蒙古官告报，该蒙古官亦即呈明都统，会同该笔帖式讯供，各通报各该上司，分别勒限协缉，仍分别盗犯是蒙古、是民人。系民人，将同知笔帖式等题参疏防，照盗案勒限缉拿，逾限不获，将笔帖式照承缉官例，该同知照督缉官例，按限议处。如系该同知自行承办事件，仍照承办官例议处。系蒙古，其承办之蒙古官员，交理藩院议处。其余抢窃并未拒捕伤人各案，亦令各行逐案通报，其承缉之笔帖式，将已未缉获各案，会报巡抚等衙门，分别饬记功过。蒙古官员，仍照例按限参处，傥应报之案，该笔帖式与蒙古官隐匿不报，或讳盗为窃，减重作轻者，查出，将承办官题参，该协理笔帖式，照讳盗例革职，该管上司亦照讳盗上司例议处，蒙古官亦照内地讳盗例革职。其余抢窃细事，如不据实申报者，将协理笔帖式罚俸九月。再，归化城蒙古民人交涉命案，应令就近各协理笔帖式，会同该管蒙古官，星驰往验，不必更由同知申报都统拣委，以致迟误。其各札萨克等处部落，亦令就近各协理笔帖式，驰赴该地方，会同该管官相验。至会审蒙古民人事件，究出实情之后，民人照内地律例治罪，蒙古照蒙古例治罪。如蒙古例内并无正条者，呈明都统，援引刑部律例治罪。如各该员拟罪不当，蒙古则由都统核正，民人则由同知核正，务使定拟罪名，归于平允，傥有彼此存私，偏执己见，该管上司访闻，即行题参。其会审限期，该都统已经委员，该员务于五日内起程，赴协理笔帖式衙门会审，即将会审日期，报明该管上司存案，仍照定例，命案扣限六月，盗案扣限十月，其钦部事件及一切限期，均照内地所定限期办理。如任意迟延，分别按限查参，傥有瞻徇推诿，以致案悬不结者，即照易结不结例参处。至归化城蒙古劫杀抢窃，应该都统等自行审理之案，皆以人犯到官之日为始，照内地钦部事件例，定限四月审结，咨送理藩院核拟具题，逾限不结，将承审迟延各官，据实指参。其有会同别旗及各札萨克官员审理者，道里相隔远近不等，仍照内地例，盗案统限十月，人命抢窃统限六月完结。〔今改为：命案限六月，盗案一切杂案限四月完结。〕

边禁 033：乾隆十九年覆准

台湾地方，逼近生番，虽设立界址，严密巡查，而突行戕杀之事，仍所时有，向来该督抚等，将该管文武员弁，开参疏防，均照民苗出入例，议以降一级调用，但内地命盗案件，均有承缉年限，限满不获，始行降调。至生番杀人之案，一经指参，即罢降调，恐承缉之员，明知降调在迩，不上紧设法缉拿，或畏避处分，有讳匿不报情事。嗣后生番杀人之案，照内地命盗承缉之例，皆扣限六月查参，将地方文武各官，议以降一级留任，勒限一年缉拿，限内拿获，准其开复，不获，照所降之级调用。

边禁 034：乾隆二十五年覆准

各省凡有土苗地方，如遇军流徒遣等犯内，有民人捏称土苗，事发之日，将该犯各依本律发配，各加枷号，分别治罪。地方有司官员，不实力查察，致被奸民欺蒙，若失察滥免实军实流发遣者，照军流等罪承问失出例罚俸一年，滥免实徒减为罚俸六月。土苗中有薙发衣冠与民人无别者，犯罪到官，悉照民例治罪。如有折枷免徒者，亦照失出例议处。

边禁 035：乾隆二十九年覆准

凡苗疆地方，民苗结亲，听从其便。如有商贾客民，未经入籍，踪迹无定者，不准与苗人结亲，以杜拐贩。如有擅入苗地，私相连结滋事，将失察之地方官降一级调用，该管上司罚俸一年。

边禁 036：乾隆三十年奏准

凡有苗省分土蛮地方，如有汉奸流棍，潜入滋事扰害，或私通土苗，教诱犯法，地方官自行查拿，据实究出者，不论年月远近，俱免议处。若别经发觉，将失察之地方印捕各官降三级调用，兼辖知府、直隶州知州等官降一级留任，道员、按察使罚俸一年，统辖之督抚罚俸六月。倘明知故纵，有意隐讳者，将该管之地方印捕各官革职，未经查出之兼辖知府、直隶州知州等官降一级调用，道员、按察使降一级留任，统辖之督抚罚俸一年。〔今改为：道员降一级留任，臬司罚俸一年，督抚罚俸九月。〕至土官延幕，不将姓名年貌籍贯，通知专辖衙门查验通报，私聘入幕，照违令私罪律，罚俸一年。私聘犯罪之人入幕，并纵令犯法者，革职治罪。该管州县佐杂，失察土官私聘，并查验不实，致犯罪之人，准其延请者，照失于查察例，罚俸一年。延请后有犯法作奸等事，照不能查缉奸民例，降二级调用。

边禁 037：乾隆三十年又奏准

安插土蛮瑶僮人犯家口地方，严饬文武官弁，稽查约束，造具年貌清册申送，于年底报部。倘地方官不尽心约束，以致疏脱者，将该管文武各官，照疏脱流犯例议处。再，蛮僮头目犯法，该地方官必根究勾引之人，审明确实，照律加等治罪，遇赦不宥，其失察勾引之地方官，照徇庇例议处。

边禁 038：乾隆三十年三奏准

归化城蒙古与蒙古命盗案件，令该同知通判验讯通报，即申请都统，就近派委土默特参佐领等员，会审起限，照例题咨完结。其蒙古与民人交涉命盗案件，申请都统，派委参佐领等员，会审起限，照例题咨完结，其一切限期，俱照内地定例办理。如再迟延，分别按限查参，倘有瞻徇推诿，以致案悬不结者，照易结不结例参处。

边禁 039：乾隆三十七年奏准

四川之啯噜，皆缘各省匪类潜入川省，滋生事端，如文武各官，有能于半年内拿获此等匪人一起者，即加二级，半年以外，功过相抵，不准议叙。如在该地方容留已过半年，并不实力查拿，或被邻境拿获，或别经发觉者革职。如失察虽在半年以内，犯该军流以上罪名，照失察奸民例降二级调用。如地方官访知入境，不即弋获究治，仅予驱逐，后经犯案究出，将经过之地方官，照盗贼经过不行穷追例，降一级留任。连界州县接到关会查拿，不即拿获，以致远扬，照盗贼连界州县协缉不力例，罚俸一年。邻境拿获，如罪应斩绞者，照拿获邻境凶犯例，每一名纪录一次。如罪止发遣者，照拿获邻境积匪例，每二名纪录一次，准其前后接算。

边禁 040：乾隆三十七年又奏准

湖南所属苗疆地方苗田，不许汉民置买，如有外来民人，或贪图苗土，或假称置有产业，携带眷口前来者，地方官不许给照，其经过塘汛亦不准放行。如地方官不行查察，滥准买卖者，其失察之地方官罚俸一年，该管知府罚俸六月。混行给照，以致夹带无藉之徒，冒入为匪者，发觉之日，将该地方官降一级调用，该管上司罚俸一年。

边禁 041：乾隆三十七年三奏准

广西土司地方，俱归各处州县厅员，就近兼辖，遇有失察疏防等事，即将兼辖之州县厅员，照例查参，该管知府以统辖议处，并令驻扎之佐杂，会同土官，带领各头目，将外籍流寓之人，一并清查造册，送交兼辖官稽察。如土司容留匪类，立拿重惩，佐杂土官藉端滋扰，亦即严参治罪。若兼辖官有意瞻徇，一并参处，仍于每岁冬季清查一次，造册通报督抚衙门查考。其向无佐杂同治之永定十二土司，应令知府遴委妥员，会同土官，一例查办，遇有土目事故，令土官申报兼辖官，查明另补。所有户婚田土及征收年例银米，仍照旧听土司自行办理，倘贪劣不职，兼辖官查揭详参。巡道有督率之责，如有应行议处事件，将该道职名一并开参。

边禁 042：乾隆三十八年谕

据达色奏：该处设立卡座，原为缉捕逃人，自三十四年拿获逃人一次后，近年以来，并未有拿获之案，请严饬卡上官兵实力查拿，伊亦不时亲往严查，并力缉捕等语。各处逃人甚多，而拿获者甚少。如库车系叶尔羌、喀什噶尔回境冲途，为逃人所必由之路，乃数年来未经拿获一人，可见伊等平日并不以严缉为事，即如伊犁、塔尔巴哈台等处逃人、定由乌鲁木齐、哈密、巴里坤经过，叶尔羌、喀什噶尔等处逃人，定由库车、哈喇沙尔、辟展经过，如果伊等实力缉拿，断无不获之理。其不上紧缉拿者，皆由逃人经过地方，官兵未经定有处分所致。嗣后各处拿获逃人时，著审明从何处经过，将该处办事大臣，并驻扎卡座官兵，应交部议处者即行议处，应治罪者即行治罪。其承缉不力之大臣官兵，应作何处分之处，著交该部详细定议具奏。钦此。遵旨议定：嗣后盘获逃犯，究出经过卡座地方未经查拿者，将失察经过官员，并失察之地方官降一级留任，该管大臣罚俸一年，兵丁鞭七十。如有经过地方，藏匿负罪潜逃之犯，将失察官员并失察之地方官降一级调用，该管大臣降一级留任，兵丁鞭八十。〔谨案：库车等回疆地方，于光绪十年，改隶新疆省辖。〕

边禁 043：乾隆四十年覆准

内地民人私越安南，〔今改越南。〕失察出口之专管官降二级调用，得贿私纵者革职治罪，兼辖官系同城降一级调用，不同城降一级留任，统辖官降一级，照旧管事。〔今改为：统辖官亦降一级留任。〕本籍地方官失于查察，一名至五名罚俸一年，六名以上降一级留任，十名以上降一级调用。

边禁 044：乾隆四十三年覆准

朝鲜国贡使入边之时，沿途轮站派官，带领兵丁弹压，查点护送来京，其住宿处所州县，酌派妥役，帮同看门巡更，其于何日可至何处之处，各该驿丞，豫为报知地方旗民各官，核计日期，接至搭界处所，照料过界，更递护送。若该驿丞不豫为报知，及地方旗民各官不核计日期，接至搭界处所照料护送者，降一级调用。如将交接月日，不行呈报该管衙门者，罚俸九月。该使等交商载运银两货物，有偷窃情事，将该地方官照道路村庄失事例议处。该使等随带银物，有偷窃情事，该地方官及护送官，均照饷鞘被失例议处，所失银物，著落地方官并兼统各上司，按股赔还。至迎送官、通官，令其接待外藩，通其言语，朝鲜人众，有不安本分，滋生事端者，令其严加约束，如有违犯，即据实具报该管衙门查办。倘迎送官、通官稍有疏忽，及扶同滋事者，降一级调用。地方官豫备店舍不周，约束不严者，罚俸九月。

边禁 045：乾隆四十八年覆准

台湾不法兵役，藉勾缉罪犯为名，或因催粮巡哨等事，多方抑勒，扰害闾阎，即无诈赃情事，亦照凶恶棍徒例发遣。倘或藉端诈赃，一经发觉，即从重严加治罪。地方文武各官，倘有姑息徇庇等情，该督等严参革职。

边禁 046：乾隆五十三年谕

台湾镇道各员，令将军、督抚、提督大员，于每年轮往查察，将镇、道、府、厅、县备弁佐杂各员，通行查核具奏。倘有贪纵殃民款迹，别经发觉，将未经参核之员，从重治罪。

边禁 047：乾隆五十三年覆准

台湾远在海外，道员加按察使衔，自行奏事。〔谨案：光绪十一年，设台湾巡抚。〕道员不奏事，将该镇将营伍是否整饬，兵丁曾否操演之处，按月呈报督抚查核。倘该道徇隐不报，即照故纵律治罪。

边禁 048：乾隆五十三年又覆准

台湾戍兵，包庇娼赌，照例治罪外，其该管地方文武员弁兵役人等，并邻汛弁目不行查察举报，即行分别严参治罪。该管地方各官，徇庇容隐，不行呈报镇道，或已呈报，镇道不行究办，照知情故纵律治罪。受财者，计赃以枉法从重论。其失于觉察者，照约束不严例，降一级调用。

边禁 049：乾隆五十三年三覆准

台湾地方，向有小典质押零星衣物，重利盘剥，令地方文武员弁一体严禁，违者，从重治罪。地方官任听开设及不行严究者，降一级调用，止于失察者降一级留任。

边禁 050：乾隆五十三年四覆准

台湾地方，遇有聚众抢夺及械斗案件，地方官据报不行查拿，照讳盗例革职。若有心故纵及获犯到案不行严惩，代犯开脱，或有增减改捏情弊，均照故出人罪例治罪。其止于失察不行查拿者，照不能查拿例，降一级调用。

边禁 051：乾隆五十九年奏准

台湾地方文职同知以下等官，有贪酷乖张，以致起衅生事者，将不行揭报之道府，降三级调用。瞻徇隐匿，不行告知督抚之武职，交兵部照例议处。武职游守以下等官，有以贪酷乖张生事者，文职瞻徇隐匿，不行告知提镇，均降一级留任。将不行揭报之副将、参将，不查参之总兵，俱交兵部议处。

边禁 052：乾隆五十九年又奏准

云贵川广等省苗疆地方，应令文武官弁互相稽察，如文职同知以下，武职游守以下等官，有将苗夷科派扰累，及将土目索诈陵辱等情，除该员弁参处治罪，其同城文武如敢徇情隐讳，将不行揭报之道府、副参，并不行告知督抚提镇之文武员弁，均照台湾例，分别议处。再，边地官兵出征，如不肖之员，并不亲往，将剿贼办粮重任，专委土弁经理，以致恶弁乘机抢夺生事，亦令文武官互相稽察，告知督抚提镇，严查重处，如有瞻徇隐匿，亦照台湾之例议处。

边禁 053：乾隆五十九年三奏准

台湾民人偷越番地，该地方文武员弁，如能实力巡查，一年之内拿获十名者纪录一次，再有拿获，按其名数递加议叙。倘有民人偷越，别经发觉者，照失察民人擅入苗地例降一级调用，上司罚俸一年。若有贿纵情弊，照私放出口例，将该管官革职，计赃论罪。如兵役受贿故纵，该管文武员弁，如系失察，照失察衙役犯赃例议处，系故纵照纵役贪赃例革职。

边禁 054：嘉庆五年奏准

归化城各厅所辖地方，蒙古民人命盗交涉案件，查明是蒙古、是民人，分别办理。系民人，将该厅官员及上司照例开参，按限议处。系蒙古，其承缉之蒙古官员，交理藩院议处。倘应报之案，该同知通判隐匿不报，或讳盗为窃，减重作轻，或以民人报蒙古者，将该同知通判及上司，照讳盗讳命例分别议处，蒙古官亦照内地讳盗例革职。其余抢窃细事，如不据实申报者，将同知通判等官罚俸九月。

边禁 055：嘉庆五年又奏准

归化城命盗等案，事主尸亲报呈内，不开明凶盗是蒙古是民人者，将该同知通判照例开参，俟拿获凶盗后，查明是蒙古，将该同知通判等原参议处记过各案，查销开复。

边禁 056：嘉庆五年三奏准

归化城命盗案件，一切限期，俱照内地定例办理。

边禁 057：嘉庆五年议定

凡边关隘口，令该管官弁，严行盘查，若民人并无用印文票，及有文票而人数浮多，情节不符，该管文员失察偷渡一二名者降一级留任，三四名者降一级调用，五名以上降二级调用，十名以上降三级调用，放出私贩人口者革职，受贿纵放者革职治罪。若夹带违禁货物，守口官徇纵放出者，按其所带之物，分别治罪。其有盗犯逃犯偷渡边口，失察一名者降一级留任，二名者降一级调用，三名以上者降二级调用，五名以上者降三级调用，十名以上者革职。至威远堡、凤凰城、法库等处边门边栅，如有失察贿纵等事，系文职专管，将文职照此例议处，系武职专管，兵部将武职照此例议处，其专管官应降级留任者，兼管之员罚俸一年。专管官应降级调用者，兼管之员降一级留任。专管官应革职者，兼管之员降三级留任。其各处水沟守口失察者，均应分别专管、兼管，悉照此例议处。其不由应出之口，越度堵塞边关者，失察之员，罚俸一年。

边禁 058：道光二年奏定

云贵川广等省苗疆地方，令文武大员互相稽察，如文职自同知以下，有将苗夷科派扰累，及将土目索诈陵辱等情革职。该管府州，失于揭报，降三级调用，道员降二级调用。若武职游击以下等官滋事，同城文员不告知提镇者，降一级留任。

边禁 059：道光二年又奏定

边地官兵出征，文武各官并不亲身前往，将剿贼办粮重任，转委土弁经理，以致恶弁乘机抢夺生事，亦令文武官互相稽察，告知督抚提镇，题参治罪。如失于揭报，亦照前例议处。

边禁 060：道光二年奏准

商贾人等往来苗地，已经验明照票，而兵役藉端勒掯索诈者，该管官分别失察故纵，照衙役犯赃例议处。

边禁 061：道光四年奏准

番人入内地为盗，将该管有俸之土司住俸，俟三年无犯，仍给予俸禄，若三年内连犯三案者革去职衔。其无俸之土司，失察一起者，降职一级，戴罪图功，俟三年无犯，准其销案，若三年内连犯二案者革去职衔。俱择应袭之人承袭，并令该督抚于疏防本内，将该土司有俸无俸之处声明，以凭核议。

边禁 062：道光四年奏定

贵州、云南、四川等省，顽苗捆掠人口，辗转贩卖，该土官失于查拿，一年内经别处拿获至三十名者革职。

边禁 063：道光四年又奏定

广西庆远等五府所属土目土民，不准典买土司官庄田亩，有不遵者，将违禁典卖之土司，降一级留任，田给原主，价追入官，该管知府失于查察，罚俸一年。若该土司有倚恃势力，抑勒土目土民承买情事，降一级调用，该管知府罚俸二年。

边禁 064：道光四年三奏定

贵州汉苗错处，自嘉庆三年清查田地以后，汉民不许典买苗田，苗人不得承买汉地，如地方官不行查察，将该管之员罚俸一年。

边禁 065：道光四年四奏定

近僮居住之生监，霸占僮地，州县官不行查出，罚俸一年。该教官知情不报者革职，失察者降一级留任。

边禁 066：道光四年五奏定

野贼苗蛮扰害地方，及无土官管辖之生苗为盗，如有攻陷城寨，烧毁仓库者，专管兼辖各官俱革职，统辖官降二级调用，督抚降二级留任。若焚劫乡村，抢掳男妇，杀伤兵民者，专管官革职，兼辖官降二级调用，统辖官降二级留任，督抚降一级留任。

边禁 067：道光四年六奏定

苗蛮杀劫，或倚山负险，或恃众窝藏，专汛文武员弁，各率兵役协力擒拿，如有缉捕迟延，藉端推诿，令该员弁互相揭报题参，将迟延推诿之员，降一级调用。

边禁 068：道光四年七奏定

熟苗侵犯城池，及聚众六七十人以上为盗，未经获贼之先，将该管文武各官停升，俟获犯后讯明来去踪迹，如盗自外来，将专管之武职降二级调用，兼辖之文职同城者降一级调用，不同城者降一级留任，武职统辖官降一级留任，文职统辖官罚俸一年。如盗自内起，将专管之文职降二级调用，兼辖之武职同城者调一级调用，不同城者降一级留任，文职统辖官降一级留任，武职统辖官罚俸一年。若系人数无多，寻常盗案，扣限四个月查参，将该地方官初参停升，限一年缉拿，限满不获，罚俸一年，贼犯照案缉拿。

边禁 069：道光四年八奏定

内地民人携带眷属前赴苗疆者，地方官不准给照，如有混行给照，以致夹带无藉之徒，冒入为匪，将给照之员降一级调用，上司罚俸一年。

边禁 070：道光四年奏准

台湾一郡，令地方官于居民内派委社长，阖社民人令其约束。如有扰累番民者，该管官照约束不严例，降一级调用。傥该管官于派委时，先有冒滥取结情弊，降三级调用。

边禁 071：道光十八年奏准

车辆装运人货出口，回空时，亦每车给予印票，该管官查验人数相符，方准放其进口。傥不行稽查，以致夹带私逃兵役入口，将专管官罚俸一年。如验无夹带私逃情弊，而藉端勒索者，该管官革职，兼辖官降二级调用。该管官藉端留难者，降二级调用，兼辖官降一级调用。

边禁 072：道光十八年又奏准

旗人私自出关，前往他省，将误行给予印照之员，降一级调用。

边禁 073：道光十八年三奏准

伊犁、塔尔巴哈台、叶尔羌、喀什噶尔等处盘获逃犯，审明该犯所过边卡地方，将失察经由之员，并该地方官，俱降一级留任，该管大臣罚俸一年。如该犯在边卡地方藏匿，已过半月以上，将失察各官俱降一级调用，该管大臣降一级留任。

边禁 074：咸丰元年奏准

出关之人，执有印票，人数相符，该管官弁，不即验票放行，稽迟勒掯者，降二级调用。其有吏役需索等弊，将该管官分别失察故纵，照衙役犯赃例议处。

吏部处分 197：海防〔例 58 条〕

海防 001：康熙十一年题准

凡官员兵民私自出海贸易，及迁移海岛盖房居住，耕种田地者，皆拿问治罪，该管州县知情同谋故纵者革职治罪，如不知情革职永不叙用，该管道府各降三级调用，总督统辖文武降二级留任，巡抚不管兵马降一级留任。文武官员有能拿获本汛出界奸民者免罪，拿获别汛出界奸民，十名以上者纪录一次，百名以上者加一级。督抚统辖全省，道府管辖数州县，该管地方文武官员拿获，或被兵民拿获者，督抚道府皆免议。至道府所属之人出界，如被上司拿获，或非本汛，系别处拿获者，仍照定例处分，督抚亦照此例。如将违禁出海贸易之人，不行举首，反以外海作为内地，或为隐匿，或擅给印票，往来侦探，通商漂海，皆革职提问，其转详并未经查出之道府各降三级调用，总督降二级留任，巡抚降一级留任。其出界晒盐者，亦照出界例处分。

海防 002：康熙十一年又题准

海贼杀劫村庄民人，地方文职州县官，与同城知府等官，各罚俸一年，该管同城道员罚俸六月，照案缉拿。

海防 003：康熙十二年题准

在洋行走之盗船，经过地方各官，并买货物之地方各官，知船经过，纵其行走者革职，不知者免议。

海防 004：康熙十二年议准

官员奉迁沿海居民，将不应迁之民妄迁，应迁之民不迁者革职。如未迁民之先，不报上司，或安插迁民，称地窄田稀，无可拨给者，各罚俸一年。

海防 005：康熙十五年议准

奸商于逆贼接壤处所，将硫磺焰硝等物贩卖与贼，不论官兵民人，皆拿问治罪，妻子家口入官。该管官知情故纵者，以同谋论，亦拿问治罪。其不知情者，州县官革职提问，府道各降五级调用，督抚降三级留任。将盐布等物贩卖与贼者，贩卖之人及知情故纵之该管官，皆照贩卖硝磺例治罪。其不知情者，州县官革职，府道各降三级调用，督抚降一级留任。若将由本汛贩卖之人盘获，其该管文武各官免罪，拿获之官议叙，十名以上者纪录一次，二十名以上纪录二次，三十名以上纪录三次，四十名以上纪录四次，五十名以上加一级，百名以上者加二级。若不系本汛地方，于别汛盘获贩卖之人，十名以下者纪录一次，十名以上者加一级，二十名以上加二级，三十名以上加三级，四十名以上加四级，五十名以上者不论俸满先行升用，百名以上者越升一级即用。至于盘获一人，审时供出伙党，系由捉获犯人审出，该管官免治罪。倘若诬拿良民，将诬拿之人，照例反坐。

海防 006：康熙十五年又议准

违禁将焰硝硫磺军器等物，私载在船，出洋贸易者，仍照例处分。防守地方该管官员，通同知情纵放者，亦照律治罪。如不知情者，专汛官革职，兼辖官降四级调用，统辖官降二级留任，督抚降一级留任。

海防 007：康熙二十三年题准

山东、江南、浙江、广东各海口，除夹带违禁货物，仍照例治罪外，商民人等，有欲出洋贸易者，呈明地方官，登记姓名，取具保结，给发执照，将船身烙号刊名，令守口官弁查验，准其出入贸易。

海防 008：康熙三十三年议准

内地商人往外国贸易，原坐去船损坏，更换船来者，到关时禀明地方官并海关监督，验看相符，准其进关。如坐去船不曾损坏，竟造船带来，或暗带外国之人，偷买违禁之物者，海关监督并防守海口地方官，不行查出，皆降一级调用。

海防 009：康熙四十二年覆准

出洋海船，止许用单桅，梁头不得过一丈，舵水人等不得过二十名，取鱼不得越出本省境界。未造船时，先行具呈州县，该州县询供确实，取具澳甲、户族、里长、邻佑当堂画押保结，方许成造。造完报县验明印烙字号姓名，然后给照，其照内仍将船户舵水年貌籍贯开列，以便汛口地方官弁查验，如有违例，将给照之州县降二级调用，加级纪录不准抵销。〔今改为：如有曾经为匪之人，误行给照，知情者，加级纪录不准抵销。〕船户舵水人等，如有越数多带，或诡名顶替者，汛口文武官员，盘查不实，亦降二级调用。〔今增为：若汛口无委员者，将该关吏役治罪，仍将失察吏役之该管官罚俸一年。〕内有夹带焰硝硫磺钉铁樟板等物接济奸匪者，其取结之州县官，汛口盘查之文武官弁皆革职，如系卖放者，革职、杖一百、流二千里。其内港取鱼五六人之小船，不在此例。

海防 010：康熙四十二年又覆准

商贾船许用双桅，其梁头不得过一丈八尺，舵水人等不得过二十八名，其一丈六七尺梁头者不得过二十四名，一丈四五尺梁头者不得过十六名，一丈二三尺梁头者不得过十四名。于未造船时，亦具呈该州县，取供严查，确系殷实良民，亲身出洋，船户取具澳甲、里族各长并邻佑当堂画押保结，然后准其成造。造完该州县亲验烙号刊名，然后给照，照内将在船之人，详开年貌履历籍贯，以备汛口查验，其有梁头过限并多带人数，诡名顶替，以及汛口盘查不实卖放者，罪名处分，皆照渔船加一等。惟夹带违禁接济物件，其罪名处分，与渔船一例。其有谋利之富民，自造商船，租与他人，及寒薄无赖之人租船者，失察之州县官罚俸一年。明知造船受租，而容其造者，降二级调用。又如隔县别府外省之人，欲造船者，必于各该本县呈明查实，该县具印结申详督抚，转饬沿海造船之地方州县成造，仍照例查验舵水杠棋，刊烙号数姓名，其违犯之罪名处分，皆照商渔船一例遵行。如有不遵例报官，私自偷造者，失察之州县汛口各官，降一级调用。〔今改为：私船租船，地方官明知不禁者降二级调用，失察者罚俸一年，以致出洋为匪者降一级留任，守口官照失察诡名顶替例，分别商船、渔船、小船议处。〕

海防 011：康熙五十一年覆准

内地往台湾之人，该县给发照单，如地方官滥给往台湾照单，经该督抚题参一次者罚俸六月，二次者罚俸一年，三次者降一级留任，四次者降一级调用。如有良民情愿入台籍居住者，令台湾府县查明，出具印文，移付内地府县，知照该县，申报该道稽查，仍令报明该督抚存案。若台湾府厅县官，不行查明，以致奸宄丛杂居住，经该督抚查出题参，照隐讳例议处。

海防 012：康熙五十一年议准

奸匪船只出入海口，若遇失事，将守口官罚俸一年。至盗从外洋窃发，原非守口官所能越汛稽查，遇有失事发觉，咎在分巡委巡，将守口官免议。至外洋行劫之后，散党登岸，混冒入口，守口官失于觉察者，仍照定例罚俸一年。其盗由海口以内，夺船偷越出洋，遇有失事发觉，即将失察守口各官，皆照海洋失事初参例，降一级留任。本案内如有逸盗，勒限一年缉拿，全获准其开复，限满不获，照所降之级调用。若本案已无逸盗，定以三年有能拿获别汛奸船，以及本汛并无失事者，皆令该督抚查明具题到日，亦一例准其开复。

海防 013：康熙五十三年覆准

渔船出洋，不许装载米酒，进口亦不许装载货物，违者严加治罪。其守口各官不行盘查者，照失察奸船出入海口例，罚俸一年。

海防 014：康熙五十五年覆准

凡内洋失事，专兼各官，仍照内地盗案定例处分。〔今改为：照内地无墩防处所武职之例，印捕官初参停升，二参罚俸一年，三参罚俸二年，四参降一级留任，兼辖统辖官初参罚俸三月，二参罚俸六月。拿获及半未获盗首，印捕官初参罚俸一年，二参罚俸二年。〕若果系外洋被劫，难定专汛兼辖，应将文职免其处分。倘系内洋失事，捏称外洋，后被事主告发，或查出之日，将专兼各官皆照讳盗例处分。既经事主告发，该管督抚若不查明据实揭报题参者，照徇庇例议处。

海防 015：康熙五十九年覆准

沿海各省出洋商船，炮械军器，概行禁止携带，如地方官不严查禁止，致商船仍行私带者，照失察鸟枪例，罚俸一年。

海防 016：雍正五年覆准

山东民人，往奉天贸易，及奉天民人有过海者，凡船出口入口，该州县给予印票，将客人姓名货物及卖货地方，同船户水手姓名，开载票内，守口官验明，挂号放行。其往奉天佣工人等，该州县查明姓名年貌籍贯，给予印票，方许航海，俟到卸船地方，守口官验对印票，年貌相符者，准其入口。回时该地方官于原领票内钤印，令其带回本地方察核。如贸易佣工人等，并无印票，或与票内年貌未符，及兵役人等刁难勒索，守口官自行查出者免议，如有疏纵等情，降二级调用。

海防 017：雍正七年议准

每年沿海各汛，出巡之后，督抚不时密加体访，倘遇洋面失事，文武官弁如有恐吓贿嘱不行通报情弊，该督抚访实题参，照讳盗例议处。

海防 018：雍正七年又议准

拿获偷渡过台人犯，问明从何处开船，将失察水汛及本地文武各官，照失察奸船出入海口例，罚俸一年。如文武衙门隐匿不报者，或被告发，或被上司查参，将该管之兼专文武各官，皆照讳盗例分别议处。

海防 019：雍正八年覆准

如有将黄金贩卖出洋者，照铁货铜钱等物私出外境下海律治罪。其督关官口官弁，受贿故纵者，与犯人同罪，失于觉察者照律参处。若官弁兵役，藉端留难，抑勒商民者，查参议处，分别治罪。

海防 020：雍正九年谕

据广东布政使奏称：铁器一项，所关綦重，不许出境货卖，律有明禁，乃粤东地方，出产铁锅，凡洋船货买，向未禁止，到任后检查案册，见雍正七八九年造报夷船出口册内，每船所买铁锅，少者自一百连至二三百连不等，多者买至五百连并有至千连者。按铁锅一连，大者二个，小者四五六个，每连约重二十斤不等，百连约重二千余斤，如一船带至五百连约重万斤，带至千连约重二万斤，计算每年出洋之铁为数甚多，诚有关系，请嗣后此项铁锅应照废铁之例，一并严禁，毋论汉夷船，概不许货卖出洋，违者该商船户人等，即照捆载废铁出洋之例治罪。官役通同徇纵，亦照徇纵废铁例议处。凡遇洋船出口，仍交与海关监督，一并稽查。至于商船每日煮食之锅，仍照旧置用，官役不得藉端勒索滋扰。如此则外洋之铁，不致日积日多，于防奸杜弊之道，似有裨益。至煮食器具，铜锅沙锅，皆属可用，非必尽需铁锅，亦无不便外夷之处，于朝廷柔怀远人之德意，原无违碍等语。尺铁不许出洋，例有明禁，而广东夷船，每年收买铁锅甚多，则与出洋之功令不符矣。所奏甚是。嗣后稽查禁止，及官员处分，商人船户治罪之处，悉照所请行。倘地方官弁，视为具文，奉行不力，经朕访闻，或别经发觉，定行从重议处。粤东既行查禁，则他省洋船出口之处，亦当一体遵行，著该部通行晓谕，永著为例。

海防 021：雍正十二年覆准

商人置货贩洋，由本籍地方取结给照，其中小本商民请照而往，迨从外番贸易回至内地，复欲奔回本籍请照，程途稍远，势所不及，又有已在本籍请照到厦，其报配之船，业至满载，欲搭别船，因照违碍，废时守候，于小商多有不便。饬令厦防厅，查明此等情节，即取具行户船主保结，准其赴厅请给印照前往，该厅将给照缘由，一面行知该地方官，其请照各商，仍俟回棹之日，赴厅销单。如该厅有蒙混给照，令该督抚严查题参，将该厅照盘查商船不实给照例降三级调用。如该厅胥役有勒索等弊，亦令该督抚分别知情失察题参，将该厅照衙役犯赃例分别议处。其该船舵水货客回棹之日，或有在番地因账目不清，及别项事故者，仍照例取具同乡邻船客商水手等甘结，报明厦防厅，移文该地方官存案，下期回日报销。

海防 022：雍正十二年又覆准

海洋重地，非内地可比，该汛地方文武官弁，拿获偷渡外番十名以上者，专管官纪录一次，兼辖官毋庸议叙；二十名以上者，专管官纪录二次，兼辖官纪录一次；三十名以上者，专管官加一级，兼辖官纪录二次；四十名以上者，专管官加二级，兼辖官纪录三次；五十名以上者，专管官以应升之官即用，兼辖官加一级。倘不实力稽查，以致疏纵十名以上者，专管官罚俸一年，兼辖官免议；二十名以上者，专管官降一级留任，兼辖官罚俸六月；三十名以上者，专管官降二级留任，兼辖官罚俸一年；四十名以上者，专管官降三级留任，兼辖官降一级留任；五十名以上者，专管官降一级调用，兼辖官降二级留任。至官弁兵役，如有徇隐贿纵，该督抚分别严参治罪，其各官弁有降级留任之案，倘能别案拿获，按其拿获名数抵销，如三年内并无过犯，稽查严密，本汛内果能肃清，令该督抚提镇查明保题，准其开复。若有偷渡人犯，希冀开复，捏饰讳隐，一经发觉，题参交部议处。〔今增为：照隐匿己身罪过详请开复例，罚俸一年。〕该督抚提镇不行详查，混行保题者，亦交部议处。〔今增为：照不行查明遽请开复例，罚俸六月。〕

海防 023：雍正十三年覆准

东省豆船，并无印票，装运出口及有匿票私卖，与原票不符，一经查出，根究明确，贩豆人等，按律分别治罪。该管官不行详查，致有偷漏私越情弊，别经发觉，照失察奸船出入海口例罚俸一年，仍令该督抚不时稽察，如有藉称给票验票名色，勒索留难，苦累商民等情，即行指名参处。

海防 024：乾隆元年覆准

各处汛口官，严诘贩米出海，如有地棍奸牙，将米谷偷运出口，及在洋接济奸匪者，该管文武各官，除通同受贿知情故纵，仍照违禁货物出口律治罪外，如或巡查懈弛，及偷越各处汛口，后经别汛拿获，审明失察偷运米百石以上，谷二百石以上者，将各该官弁皆降一级留任；米百石以下，谷二百石以下，罚俸一年；米不及十石，谷不及二十石者，罚俸六月。

海防 025：乾隆元年议准

船户贪图获利，在沿海地方私揽无照之人，装载偷渡过台，该地方文武官弁失于觉察者，照失察奸船出入海口例议处。如有意隐匿不报，照讳盗例议处。

海防 026：乾隆二年议准

过台商船舵水人等，令原籍州县官，将各该舵水年貌乡贯，填明照中，或因有事别雇，就地给单填注，取具船户行保甘结，汛口各官验明放行。台地各官，仿照内地设立十家牌，填注实在籍贯人口确数，并作何生理，遇有事故，一例开除，每月出具并无招揽游民结状，报明所司察核，如有违碍，一经发觉，将出结船户人等，照例治罪。不行实力稽查之地方各官，该督抚查明参送到日，照失察偷渡例分别议处。

海防 027：乾隆五年覆准

沿海关汛，所有文武官弁，巡查挂号之处，严行饬禁，不许藉端需索，故意留难，如有此等情弊，即行查参，将守口官弁，照衙役犯赃例分别议处。如守口官弁，藉端留难抑勒，苦累商民，别经发觉，将守口官弁，照藉端抑勒例降二级调用。该督抚提镇失于觉察，罚俸一年。

海防 028：乾隆十三年覆准

杂粮麦豆，偷运出洋接济奸匪者，其文武官弁，失察故纵处分，皆照偷运米谷出洋定例处分。

海防 029：乾隆十四年覆准

商民出洋货物，一应铜器废铜，皆严行禁止，不许携带各洋货卖。如将红铜黄铜私贩各洋货卖，其关汛文武官弁，不行搜检查拿，知情故纵者，皆照出洋渔船夹带硝磺钉铁等物汛口之文武官弁革职例革职。如系卖放者，照例革职治罪。若止于失察者，降一级调用。

海防 030：乾隆十九年覆准

各省商渔船在洋，除实系抢夺并未劫盗者，仍照抢夺办理外，如有盗劫之案，混以抢夺具报，希图规避处分者，将捏报之文武各官，照讳盗为窃例革职。

海防 031：乾隆三十年奏准

近海省分，宦绅之子弟家人，私给洋船图照，违禁犯法，本宦知情者革职，不知情者降二级调用。如系豪棍假托声势，攀援影射，与本宦毫无干涉者，本宦免其议处。

海防 032：乾隆三十年又奏准

台湾一郡，令地方官编排保甲，即于现在居民内，查有人材出众，实系随征出格效力者，移取印甘各结，给予外委功加札付，委为社长，阖社民人，令其约束，统属地方文武管辖，三年之内，果能约束有方，民番和辑，该管官出具考语，保送拔用。如有作威扰累番民，该管官约束不严，降一级调用。傥有冒滥情弊，将该管官照徇庇例降三级调用。

海防 033：乾隆三十年三奏准

一切废铁，除内地贩卖，听从民便，毋庸禁止外，如有将废铁铁货潜出外境，令沿海近边关隘文武员弁，立即拿究，照例定拟。傥有徇私故纵，该上司即行题参，照商渔船只夹带钉铁出口例议处。如系内地商民转相贸卖，而地方文武官员以及关津兵弁藉端索诈，一经发觉，仍计赃治罪。

海防 034：乾隆三十年四奏准

各省滨海地方，每船准带丝斤，俱照各该督抚奏定额数，无论官商客商，俱不准逾额多带。〔江南官商每船准带二三蚕丝一千二百斤，客商准带糙丝三百斤，浙江福建商船准配土丝一千斤、二蚕粗丝一千斤，广东洋船准带二蚕粗丝一万斤，本港洋船准带粗丝一千斤。〕缎棉绢，亦照定额，止许奏准之官商，每船照数携带，仍令各该关口文武各官，逐层查验，如有私贩缎棉绢，并于成额之外，多带丝斤，及官商逾额多带丝斤缎棉绢者，每百斤以上，照米一百石以上出洋之例，将失察之汛口文武各官降一级留任，不及百斤者罚俸一年，不及十斤者罚俸六月。

海防 035：乾隆三十四年谕

向来硫磺出入海口，俱有例禁，原因磺斤系火药所需，自不便令其私贩，若奸商以内地硫磺偷载出洋，或外来洋船私买内地硫磺载归者，必当实力盘诘治罪，乃定例于洋船进口时，亦不许其私带，殊属无谓。海外硫磺运至内地，并无干碍，遇有压舱所带，自可随时收买备用，于军资亦属有益，何必于洋船初来，多此一番诘禁乎。嗣后惟于海船出口时，切实稽查，不许仍带磺斤，以防偷漏之弊，违者照例究治。其各省洋船入口，禁止压带硫磺之例，概行停止。著为例。

海防 036：乾隆三十五年覆准

拿获偷渡过台客民，必严究沿海陆路，在何村镇客店会集，将该处文武员弁，或系知情，或止失察，悉照水汛失察偷渡原例，分别参处。至沿海陆路文武员弁，能于客店聚集时拿获，及首报偷渡客民者，虽在本汛，亦照拿获偷渡，按起奖励。若将并非偷渡之人，辄行妄拿，图功邀赏者，审实，即行从重参处。

海防 037：乾隆三十六年覆准

匪船不由汛口沿边私驾出洋者，将失察之地方官，并守口官降一级留任。如承审官于获犯时，意存回护，不将盗匪偷越地方，究明指出者，将承审官降二级调用。

海防 038：乾隆三十七年奏准

内洋失事，文武带同事主会勘，至外洋失事，听事主于随风飘泊之处，带同舵水赴所在不拘文武衙门呈报，该衙门即讯明由何处放洋，行至被盗处所，约有若干里数，将该事主开报赃单，报明该管文武印官，查照洋图，定为何州县营汛的辖，一面飞关所辖州县，会营差缉，其事主即行省释，毋庸候勘，并无论内外洋失事，总以事主报到三日内出详，驰递督抚衙门查核，行查海关各口，将税簿赃单，互相较核，有货物相符者，即将盗船伙党姓名呈报关拿。倘守口官弁有规避处分，互相推卸，或指使捏报他界者，将推诿之员弁，照申报盗案互相推诿例降一级调用。关口稽查之员役，如于奉文之后，按照单簿据实查出，飞移所在地方，将盗犯拿获，免其盘查不实处分。如于未经奉文之先，有能查出匪船，拿获禀报者，照拿获邻境盗犯例分别议叙。

海防 039：乾隆三十七年又奏准

江南小洋山一带，凡有赴山佣工贸易者，地方官给予印票，守口官弁稽查验放，并该山岙口六处，每岙官设厂头一名，分管约束，仍令该督严饬巡洋武弁，并轮巡道府守口员弁，严缉稽查，不使稍有偷漏。如仍有无照之人，混迹其间，将疏漏之守口巡山各员弁，分别参处。〔今增为：守口官照渔船盘查不实例降二级调用，巡山官照台湾失察逸盗逃遣藏匿例降一级调用。〕

海防 040：乾隆三十七年三奏准

海滨地方城乡口岸，渔船会聚之所，均仿照保甲编立字号，于渔船出入，严加查察，道员按季亲巡，督率府厅逐一稽查，据实揭报，遇有洋面失事之案，除盗犯并非在本处纠伙制械者，仍照向例议处外，其有土著居民，暨流寓匪徒，在该地方纠伙制械，出口行劫者，专管州县官，照编排保甲不实力奉行例降二级调用。未获盗犯，交与接任官严行缉拿。兼辖之府厅，系同城降一级调用，不同城降一级留任，统辖道员降一级留任。

海防 041：乾隆四十年覆准

山东沿海州县及巡查官，失察流民私行渡海，别经发觉者，一名至十名罚俸一年，十名以上降一级留任，二十名以上降一级调用。

海防 042：乾隆四十二年覆准

山东只身流民前赴奉天，积渐成伙，每易为匪作奸。嗣后凡有藉称寻亲觅食出口，并无贸易货物确有凭据者，地方官概不许给票。如不查明确实，滥行给票放行，以致有私刨樵采，并肆行邪教等事，别经发觉，将给票之地方官，照滥行出结例降二级调用。

海防 043：乾隆四十七年覆准

海洋盗案，地方官一有访闻，立即查勘缉拿，获犯审确定拟招解。倘拘泥观望，不即缉拿究治者，将该地方官照讳盗例革职。

海防 044：乾隆五十一年覆准

沿海揽载客货，有底无盖小船，应与渔船一体报官验烙，编号给照。如有将曾经为匪之人，不确切查明，率行验烙编号给照，以致复行为匪者，将地方官照渔船为匪例降二级调用。如未经报明地方官，未烙编号给照，私自揽载出口为匪者，将汛口官照盘查不实例降二级调用，加级俱不准抵销。〔今改为：知情者加级纪录不准抵销。〕若虽未为匪，或不遵例验烙编号给照，听其揽载，以及先未为匪，给照后在外为匪者，地方官均降一级调用，加级准其抵销。

海防 045：乾隆五十三年覆准

台湾每多偷渡，不如明设口岸，以便商民。将八里岔对渡五虎口，一体开设，令淡水同知〔今改为县。〕就近稽查船只出入，即行挂验。如有藉端需索，将专管官照海关需索故意留难例降二级调用，兼辖官降一级调用。

海防 046：乾隆五十四年谕

各海岛有无建房居住及人数多寡，着各该督抚于岁底具折奏闻。

海防 047：嘉庆五年奏准

各海岛有无建房居住及人数多寡，该督抚于年终咨报军机处，由部汇核具奏。

海防 048：嘉庆五年又奏准

拿获偷渡过台人犯，问明何处开船，将失察口岸官，无论名数多寡，系携眷渡台者降二级调用，系只身偷渡者降一级调用。如口岸各官隐匿不报，照讳盗例分别议处。

海防 049：嘉庆五年三奏准

逸犯逃遣窜入台湾，经口岸官拿获，每一名纪录二次。携带妻子脱逃之犯，全获者每一次加一级。

海防 050：嘉庆五年四奏准

逸犯逃遣藏匿台湾，失察之员弁降一级调用。自行拿获者，照汛口官例议叙。

海防 051：嘉庆五年五奏准

台湾流寓有妻室产业良民，情愿入台籍居住者，令台湾府县，查明出具印文，移明内地原籍府县申报海道稽察，仍令报明该督抚存案。其无妻室产业者，均逐令过水，如有缘事到官，犯该徒罪以上，及一应奸盗诈伪，恃强生事，习为游荡，素不安分者，不论有无妻室产业，一概押令过水，分别发落，交与原籍管束，不许再行越渡。如不行递逐，容留一二名者将该管官罚俸九月，三名以上者罚俸一年，五名以上者降一级留任，十名以上者降一级调用。该管地方官，不行查明，以致流寓奸宄，丛杂居住，聚众滋事者，题参革职。其因寻常事件到官，罪止杖笞，有妻室产业不能远离者，仍免其驱逐。

海防 052：嘉庆五年六奏准

内洋失事，地方官不会同武职赴洋速行会勘者，降一级调用。

海防 053：嘉庆七年奏准

出海贸易船只，分别梁头丈尺，以定携带炮械多寡，如船户领换照票时，领配炮械者，验明梁头丈尺，专案通详，移令附近营分，监督制造，深凿某州县某号船只姓名，制造年月，工竣，由州县验给，即于照首盖用携带炮械戳记及名目件数，沿途验放。其不愿请领炮械之商船及向给渔照船只，并采捕小摇等船，遇有船户领照，将照根随详呈送核验注册。如有不能随时专案详报，或不将照根随详送验，即将该印官记过一次，并由道员饬提玩违经承责处，以示惩儆，仍饬令于年终将各项给照出海船只，汇造总册，由道员详咨。倘该州县玩不造送，有误咨部定限，将最后造册迟延之州县附参，并严饬各地方官及守口员弁，遵照定例实力严禁沿海居民私造私渡，并于民厂造船处所，随时查察，如有澳甲人等，串通私造，偷越出口，即行拿究，守口员弁得贿纵放，照例参处。

海防 054：嘉庆七年议定

渔船出洋装载牲酒，进口装载货物，守口各官不行盘查，罚俸一年。

海防 055：道光十二年谕

粤东滨临大海，通洋水道甚多，现在白铅停止出洋，诚恐日久疏于防范，以致奸商贩运，复有偷漏营私等弊。着该督等严饬关津要隘地方各官，随时认真巡查，遇有私贩铅斤，即照违禁例分别严办，仍于年终取具关厂各官，并无出洋白铅切实印结，送部查核，并酌定稽查章程，报部核办。

海防 056：道光十二年又谕

嗣后该督抚、提镇等，务当严饬所属，各按定期，巡洋会哨，并责成该管巡道，临时查察，取结具报。倘各镇不亲赴会哨，立即据实揭参，如敢扶同捏饰，查出一并参办。

海防 057：道光十三年谕

嗣后闽浙督抚提镇，暨有洋面地方各督抚提镇，凡遇有海洋失事，将专汛、兼辖、统辖、统巡、总巡、分巡、委巡、随巡各员弁，均照例按限开参，勒令缉贼，不得一案祗参一二人，亦不得积至数案始行开参。倘仍蹈前辙，即将该督等交部照规避徇庇例，严参议处不贷。

海防 058：道光二十五年奏准

武职官员巡缉外洋，以总兵为统巡，副将游击为总巡，都守为分巡，该督抚责令亲身出洋，毋许推诿冒替，遇有失事，按其职任，依次开送议处。如有总兵不能兼顾之处，亦于咨内声明并无"统巡"字样，以备稽核。如不据实声明，系为该管官开脱处分者，将该督抚照题参属员声明失实例议处。

吏部处分 198：用刑违式〔例 19 条〕

用刑 001：顺治十八年议准
凡问刑衙门于狱内用枷床者，革职交部治罪。

用刑 002：康熙九年题准
官员将犯人除夹棍拶指之外，别用非刑者革职，如将妇女用夹棍者亦革职，该管上司不查实具报者降二级调用，督抚不行题参者降一级留任。犯妇有孕，亦不得用拶指，违者降一级调用。该管上司不查实具报者罚俸一年，督抚罚俸六月。又，官员将旗人擅自夹责者，降一级调用。

用刑 003：康熙九年又题准
官员将绞罪犯人误斩者，降二级调用。将应监候秋决正法人犯，即行正法者，降四级调用。如将立决人犯，于停刑之日，违例处决者，罚俸六月。

用刑 004：康熙十一年议准
审问小事不准用夹棍，内外审事官员，若将应夹案内，罪不至死之人被夹即死者罚俸一年，将不应夹讯之人擅行夹讯者降一级留任，被夹之人即死者降三级调用，恣意叠夹致死者革职。若有别项情由，照情由议罪。若将不应夹讯之人，回堂行夹，堂官不行详慎轻听夹讯者罚俸六月。

用刑 005：康熙十四年奏准
官员将监禁重犯，秋审不行解送，或已经解送，道路迟延，以致秋决愆期者，府州县官降一级调用，司道罚俸一年，督抚罚俸六月。

用刑 006：康熙四十五年覆准
五城副指挥、吏目，除逃人盗案照旧管理外，其一切民词，非奉御史批发，正印官移行，不得即行准理，动用刑法。傥有擅准民词及拘禁滥刑，纵役索诈等弊，照例议处。

用刑 007：雍正七年议准

各省督抚设立印簿，分发各问刑衙门，将某案某人，因何事用夹刑，及用刑次数，逐细填注簿内，于年终申缴督抚衙门详查。若有滥用夹棍，及用多报少情弊，查出指参，将滥用夹棍之员，照将不应夹之人行夹例降一级留任；将用多报少之员，照蒙混造册例降一级调用。

用刑 008：乾隆元年议准

凡内外问刑衙门，所用刑具，务皆按照定例式样制造。其在外各省州县，令该管道府，遇赴州县盘查时，将所用刑具，详加查验，傥有违例造用者，即详揭题参，将州县官照擅用非刑例革职。如道府不行详揭，发觉一并题参，将道府照不查实具报例降二级调用。督抚失于查参，经科道纠参，将督抚照失于觉察例罚俸一年。如道府已经详揭，而该督抚徇隐不行参奏者，将督抚照徇情例降二级调用。在京衙门，如有不遵定例式样，任意造用者，将用刑官照州县例议处。该管官失于查参者，照督抚例罚俸一年。如该管官明知徇隐不行查参者，亦照徇情例处分。至强盗及十恶谋杀故杀等重案犯，仍照例用铁锁杻镣各三道，其余斗殴人命等案罪犯，以及军流徒罪等犯，皆止用铁锁杻镣各一道，笞杖等犯止用铁锁，傥有违例滥用，即行题参，交部议处。

用刑 009：乾隆三十年奏准

佐贰微员，审理批发奉委事件，有应夹讯者，系上司批委，详明上司，改委印官审理；系印官批发者，呈明印官，撤回自行审理。傥该佐贰仍沿旧习，赴原委上司衙门请刑，该上司遽准夹讯者，令该督抚及该管上司严查确实，即行揭参。如夹讯之人已经致死者，佐贰官革职，原委上司降三级调用；未经致死者，佐贰官降三级调用，原委上司降一级调用。

用刑 010：乾隆三十年又奏准

凡佐贰杂职等官，擅用夹棍拶指等刑，其该正印官失于稽察者降二级调用，自行据实详揭者免议。

用刑 011：乾隆三十年三奏准

凡枷号旗下人犯，停其置放本旗门上，令城门尉等详验加封收受，或枷具脱松，或封皮拆皴，可以脱出者，将看封之司官，照杖罪人犯应禁不禁律罚俸六月，仍将该犯送部枷号，封固发门之后，如有将人犯枷号松脱散放，或枷具松疏，及封皮拆皴，可以脱出，巡查官员不行查出，照应申上而不申上律罚俸九月。

用刑 012：乾隆三十年四奏准

上司将所属佐贰官员，遇有事故，不行题参，任意笞辱者降二级调用，笞辱知县以上官员者降三级调用。

用刑 013：乾隆三十年议准

问刑官员用跪链等刑者，降一级调用。

用刑 014：乾隆三十八年谕

嗣后除寻常案件，仍照定例月日停刑外，其有凶盗逆犯，干涉军机，应行立决，及当加刑鞫者，均即随时办理，声明咨部，不得拘泥旧例。著为令。

用刑 015：乾隆四十九年谕

知县身膺民社，如于所管人役，有因私挟忿责处致毙情事，自应参奏革职治罪。如事属因公，按法责毙所属人役，该督抚止须奏请交部议处，部议时亦不过议以降级留任，已足示儆，不得遽行革职，致启书役刁恶之渐。

用刑 016：嘉庆五年奏准

官员将人犯于满杖之外，违例叠责致死者照擅用非刑例革职，将无辜之人杖责致死者革职严审，上司不查实具报者降二级调用，督抚不行题参降一级留任，未致死者照将不应夹之人行夹例降一级留任，上司免议。

用刑 017：嘉庆五年又奏准

犯妇有孕，不得用拶指，违者降一级调用。致死者，照另用非刑例议处。

用刑 018：嘉庆十五年谕

本日吏部具题：议处顺天府南路同知窦景燕，于审详案犯，辄用非刑，照例议以革职等因一本。已照签批发矣。朕详阅本内，该部所引例文，内称官员将人犯除夹棍拶指之外，另用非刑者革职，跪链压膝等刑者降一级调用等语。因思内外问刑衙门承审案件，原当虚衷研鞫，不得专事刑求，然遇有狡猾之犯，不供吐实情，承问官既不应遽用刑夹，亦不能不量加惩究，或拧耳跪链，或继以压膝，藉以得情定谳，尚不致伤其肢体，究非用木架撑执，或悬吊拷踝，及针刺手指等非刑可比也。若承审官审讯各犯，于案情未定之时，既不遽得确情，而一经拧耳压膝，即例有应得处分，则凡属问刑各员，竟无不干吏议者，似此名实不符，殊不足以昭平允。所有承审案犯各员非刑一条，应如何酌中定例之处，著该部详议具奏。钦此。遵旨议定：问刑官员，除刑部例载刑具之外，另用木架、拷踝、针刺以及小夹棍、木棒槌、连根带须竹板、联枷等项非刑，并例所不及赅载，任意私设者，照例革职，如将妇人用夹棍者亦革职，该管上司不察实具报者降二级调用，督抚不行题参降一级留任。其承审命盗抢窃及一切要案，如实系有罪之人，证据明确，犯供狡展，或用拧耳、跪链、压膝等刑者，免其置议。如系案内干连人犯，及无辜之人，妄被扳指，承问官不能虚衷研鞫，辄用拧耳、跪链、压膝等项刑求者，仍照向例降一级调用。或审理寻常案犯，率用拧耳、跪链、压膝等刑，亦降一级调用。如将孕妇用拶指者，亦降一级调用。该管上司不察实具报者罚俸一年，督抚罚俸六月。因而致死者，照擅用非刑例议处。

用刑 019：光绪十二年奏定

官员将应斩人犯误行处绞者，降一级调用。系属失出，有加级纪录，准其抵销。将应绞人犯误行处斩者降二级调用，将应斩绞监候人犯误行立决者降四级调用。系失入，虽有加级纪录，俱不准其抵销。如斩绞人犯错决至二名者革职。

吏部处分 199：部院承审事件〔例 28 条〕

院件 001：顺治初年议定

凡刑部现审案内，如系杖枷等罪，限十日完结。发遣军犯等罪，应入汇题者，限二十日完结。命盗等案，应会同三法司审理者，限三十日完结。如案内有应行提质人犯，准以传提到案之日扣限，若正犯患病，准以病愈之日扣限。傥该司官任意因循，或三法司官员不即会审，以致逾限，其承审司官及会审迟延之员，令该堂官查明，分别交部照例议处。再，现审案件，审结之日，除应行监禁人犯，照例监禁外，余皆即行发落，傥迟延不行发落，以致人犯淹禁，书役作弊者，除书役照例治罪外，承审之司官亦交部议处。

院件 002：康熙三十二年议准

凡行提控告案内人犯，咨行八旗，并总管内务府行提，于文到之日，即行送部。若越二日不行送部者，将该管官交部议处。若行提庄屯居住人等，及行直隶府州县等处提人者，每日定限五十里，以文到五日内起解，若不照限申解，将该管官题参，或有别故，详开报部。其到部事件，在京城地内者限一月审结，在外者以被证到齐日为始，限一月审结。如有内外移咨询问者，以回文到日为始。若刑部司官将应速结案件，不行完结，故意推诿迟延者，堂官指名题参，交部议处。

院件 003：雍正元年议准

凡现审事件，其人文送部，毋须又提犯证者，限十日内说堂完结。其提人质审，四五日内到部，毋庸会审者，限半月内说堂完结。若必须提人质审，并三法司会审，仍照定例一月限内完结。

院件 004：雍正元年覆准

五城司坊案件，随到随审，定限五日内完结详报。其巡城案件，扣限十日内完结，造册送都察院查核注销。若不每日进署，将案件丛积迟延，不于限内完结，照钦部事件迟延例分别议处。或有纵容衙役混行讹诈等事，一经查出，或被受害人首告，照衙役犯赃例分别议处。

院件 005：雍正元年奏准

司坊官职守，人命案件指挥管理，窃盗案件副指挥、吏目按地分理。遇有尸亲事主禀报者，该司官即行收受，一面报该城，一面亲往相验踏勘，其本案人犯，即行拿审解院，不得迟延时刻，如有推诿迟延，以致贼犯潜逃，及藉端滋事，拖累平民等弊，即将该司坊官照例参处。其逃人土娼，亦责令该坊官按地分查，一经告发，准其收受缉拿。

院件006：雍正元年又奏准

赌博打架，系议明司坊官应管之事。嗣后五城御史及该司坊官所属地方，有殴赌等事，固宜随拿随审，即别城隔属，途行夜宿，但遇酗酒骂街，口角打架，开场赌钱，小绺窃物等事，随见随拿，移交该管衙门审理，不得以地非所属，过而不问。至民间一切词讼，仍遵定例不许擅受，皆归该城御史衙门审理。

院件007：雍正五年议准

前三门内五城分管地方，除相验人命及斗殴活伤验报不实等案，仍将该管之各司坊官照例参处外，其赌博逃盗等案，均免司坊官失察处分。

院件008：雍正七年议准

户部八旗司，审理旗民房地家产主仆争告之案，亦照刑部现审之例，限一月内完结，如限内不完，将承审官员照钦件违限例议处。如有提人移讯之处，俟人文到日扣限。

院件009：雍正七年又议准

凡朝审，九卿詹事科道务必每日到班，若有要紧公事，及偶有疾病不能到班者，豫行知会，将该员未到会审之省分事件，不必列名。每遇审期，都察院委满汉御史各一人稽察，有无故不到者，指名题参，照推诿事件例罚俸一年。

院件010：雍正八年谕

两三处衙门会议会审之案，若一处曾经行催，而他处尚不办理，即著行催之衙门具折奏闻，将来迟误处分之时，免其议处。倘曾经行催而未奏闻者，日后因迟延议处，仍将该衙门一并交议。倘奏闻之后，以为既经具奏，此后迟延，与己无涉，以致事件仍复耽搁者，亦将该衙门一并议处。著通行各旗各部院衙门知之。

院件011：雍正十三年奏准

刑部凡有题咨案件，其细小事情驳正者，毋庸置议。如各省将应拟重罪人犯，竟令脱网，或无辜之人，罗织拟罪，刑部司官细心查核，驳行覆审，果得实情者，于呈堂行文之时，即将定稿司官注册，俟改正后，于每年十二月具题，交部议叙，每一案纪录二次。

院件012：乾隆四年奏准

凡旗人争控户口田房等事，于各该旗具呈，该旗查明册籍，讯明证佐，出具印甘各结，将人文咨送户部，详审定拟完结。如旗人控告民人者，令于各该旗具呈，民人控告旗人者，令于各该地方官处具呈，该管官取具原告确供，并出具印甘各结，转详咨送户部，转行被告之该管官，秉公取具被告确供，亦令出具印甘各结，转详咨部，户部详核两造确供，分别曲直，断理完结。如两造匿情不吐，碍难断理者，即行提审，会同刑部，严讯定议。其中或因地亩界址不清，必须两造亲身履亩，互相勘对，再将旗人押发州县，令该地方官会同该理事厅，审明报部完结。以上控告户口田房等事文移往返，八旗咨文定限于一月内覆部，直隶咨文定限于两月内覆部，如有逾限之处，户部取其职名，咨送吏部兵部核参，照钦部事件迟延例议处。如该管官有抑勒徇隐等弊，许受屈之人，据实声明，赴部控告，户部会同刑部严提审讯，或系该管官有意抑勒瞻徇，抑或扶同依附之处，查明参奏，将有意抑勒瞻徇及扶同依附之员，皆照会审事件偏袒不公例降二级调用。若并无冤抑，妄行控告者，按其所诬情节，交送刑部治罪。

院件 013：乾隆十八年谕

刑部指驳案情，必有首先立议之人，因思吏部司官，向因议处之案较多别部，仅将承办之满汉司官各一人开送议处，此虽非正例，然以吏部议罚，可以通刑部议叙，其于考课之法，方为平允。嗣后刑部各司，遇有因题驳议叙者，著照此旨行。

院件 014：乾隆三十年奏准

各司审理案件，如有应提之人，回堂提取，审明后，将应行监禁人犯，唤同司狱回堂收禁，余俱即行发落，应释放者回堂释放。倘有迟延不行发落释放，以致人犯淹禁者，照淹禁律，按日议处。〔过三日答二十，每三日加一等，罪止杖六十。〕若有擅行提禁释放，竟不回堂者，将司员并司狱俱照应申上而不申上律议处。〔答四十。〕

院件 015：乾隆三十年又奏准

提审事件，凡咨行内外衙门，有催文三次，全无回文者，刑部题参，照事件迟延例议处。

院件 016：乾隆三十年三奏准

户部八旗司，改为现审处。

院件 017：乾隆三十年四奏准

八旗有将伊祖父时或系养子，或系分户年久之人子孙复行混告者，该部题参，系官革职。如有讹诈逼勒等情，被害人告发审实者，照吓诈律治罪。

院件 018：乾隆三十年五奏准

八旗有将家人为养子分户开户之人，年久值伊原主之子孙庸懦，或至绝嗣，伊等自称原为养子，或谎称近族兄长，反行欺压，希图占产争告者，审明，系官革职治罪，将养子分户开户之档销毁，仍给予原主子孙为奴。

院件 019：乾隆三十年六奏准

法司凡遇一应称冤，及查出案内冤枉情节，并情罪有可矜疑者，即与辩理，具奏发落，毋拘成案。若明知冤枉，不与辩理者，以故入人罪论。

院件 020：乾隆三十年七奏准

刑部办理各督抚咨题案件，所引律例，罪无出入，司官妄行苛驳，致有出入者，刑部堂官随时查明参奏，请旨交与吏部，将主稿官照失出失入例分别议处，随同画稿官减等议处。

院件 021：乾隆三十四年奏准

刑部司官驳正案件，原定议叙纪录二次之处，改为纪录一次。

院件 022：嘉庆四年奏准

刑部核覆外省各项罪名，未经详查，驳令改拟，司官罚俸一年，堂官罚俸六月。

院件 023：嘉庆五年议准

刑部现审案件，审结之日，应行发落人犯，迟延不行发落，以致人犯淹禁，书役作弊者，除书役照例治罪外，承审司官照失察书役犯赃舞弊例分别议处。

院件 024：嘉庆五年奏准

刑部司官将应速结案件，不行完结，堂官指名题参，交部议处。逾限十日以上者，照州县官逾限不及一月例罚俸三月；二十日以上者，照州县官逾限一月以上例罚俸一年；三十日以上者，照州县官五月七月以上例降一级留任；两月以上者，照州县官逾限二参例革职。

院件 025：道光十年谕

嗣后在京衙门承审事件，限一个月完结。刑部现审事件，杖责等罪，限十日完结。发遣军流等罪，应入汇题者，限二十日完结。命盗等案，应会三法司者，限一个月完结。其斗殴杀伤之犯，到案后以伤经平复及因伤身死之日为始，行查及提质并案犯患病以查覆及提到并病愈之日为始，接审者以接审之日为始，仍将应行扣限及三法司会审日期，并于科道衙门注销内声明。傥司员因循，或法司不即会审，以致逾限，承审司员及会审迟延之堂司官，一并交部分别议处。内外移咨行查，如催文三次无回文者，照例题参。行文八旗、内务府、五城、顺天府提人，于文到三日内无故不行送部者，亦照例参处。并著该衙门纂入则例，永远遵行。

院件 026：道光十二年谕

嗣后顺天府衙门现审咨交案件，有关罪名者，注明收审日月，及已完未完，月终具奏一次，交吏科京畿道逐件核对，按限详查。若有应行扣限，于月折内注明，傥无故迟延，即据实核参。其余无罪可科之案，免其列入月折。该府尹等严饬承审之员，随到随结，如有逾限者，立即查取职名，送部核议。至该衙门遇有咨查各旗册档，及传质人证之件，著照户部现在奏定章程，于接准咨文之日起，限半个月咨覆，如仍任意迟延，致逾定限，即将该旗指参，照例议处。

院件 027：道光十五年谕

嗣后该省遇有咨查册档之案，著统以准到部覆之日为始，起扣承审委审限期。

其现审八旗地亩，必须勘丈之案，并以勘定之日为始，再行起限，仍先咨明户部暨都察院查照，该督务当严行督催，依限讯断，倘稍涉迁延，即行照例参处。

院件 028：道光十五年奏定

勘丈八旗地亩，俱照勘丈入官地亩例限，千亩以上限三月，百亩以上限两月，百亩以下限一月，绘图详报，即于勘竣之日，起扣承审限期，仍将何日起勘，何日勘竣，随文声叙，以凭查核。其实有一时难以勘丈之处，俱令先期分别咨报，酌请展缓，其展缓之期，不得过三个月，如有迟延，即行照例查参。

吏部处分 200：外省承审事件〔例 63 条〕

省件 001：雍正五年奏准

官员承审事件，命案限六月，盗案限一年，〔乾隆十五年奏准：盗案改限十月。〕钦部事件限四月，发冢抢夺窃贼事件皆限六月，〔乾隆十五年奏准：皆改限五月。〕其余案件，一切未经定有限期者，皆扣限六月完结，〔乾隆十五年奏准：皆改限四月。〕皆以人犯到案之日起限。如有隔属提人，及行文询问者，以人文到日起限。奉部交审事件，以州县奉文之日起限。

省件 002：雍正五年奏准

凡承审钦部一切事件，其四月限者，州县限两月解府州，府州限一月解司，司限二十日解督抚。〔乾隆十年奏准：四月限者，府州改限二十日解司，督抚以二十日，分别题咨完结。〕命案六月限者，州县限三月解府州，府州限一月半解司，司限一月解督抚。〔乾隆十五年奏准：六月限者，府州改限一月解司，督抚限一月，分别题咨完结。〕盗案一年限者，州县限七月解府州，府州限两月解司，司限一月半解督抚。〔乾隆十五年奏准：盗案改限十月，州县改限五月解府州，督抚限一月半，分别题咨完结。〕

省件 003：雍正五年议准

承审命盗钦部事件，二参限期，亦令州县限两月解府州，府州限一月解司，司限二十日解督抚。如逾此分限不能完结，系何官迟延，该督抚查明题参，即将何官照易结不结例议处。〔乾隆十五年奏准：府州改限二十日解司，督抚限二十日，分别题咨完结。〕

省件 004：雍正五年又议准

按察使自理事件，限一月完结。府州县自理事件，限二十日审结。上司批审事务，限一月审报。如有迟延，该督抚查参。〔乾隆三十年奏准：照事件迟延例分别议处。〕

省件 005：雍正五年又奏准

官员审理命盗钦部案件，如案内正犯及要证未获，情辞未得确实，及等候提拿犯证，或因隔省行查，限内实难完结者，承问官将此等情由，申详督抚，题明展限。至各省关取盗案口供，或黠盗不吐实供，希图延案，嗣后如有关取必须时日者，许该地方官申详督抚，咨部展限。

省件 006：雍正五年三议准

各省苗疆及边远地方，审理一切钦部命盗案件，其初限准展限两月，续参之四月亦照初参展限两月，以及解府解司日期，黔省分驻苗疆之州同、州判承审案件，由州解府者，初参覆参，均准其于展限两月之外，再展限一月。〔展限两月者，州县展限一月，府州展限一月。展限三月者，州同、州判展限一月，府州各展限一月。〕

省件 007：雍正五年覆准

官员审理事件，将人犯审解，除台湾琼州，各省苗疆，已经定有展限之例者，不准扣除程途日期外，其直省各州县，应核明各州县至府州，府州至省，水陆程途里数，先行登册，报部在案。各州县将人犯招解，每日限行五十里，遇有案件迟延，与原定道里日期相符者，令该督抚于限满查参时声明，免其议处。如解役中途逗遛者，除原限日期外，仍不准扣除。

省件 008：雍正五年四议准

地方案件，有二限必不能完结者，许该督抚于二参限满题参时，即将难结缘由疏内声明，将承审各官革职留任，再限四月审结，如再不能审结，题参革任。其一应易结事件，不得混行题请展限，仍照旧例遵行。

省件 009：雍正五年三奏准

承审事件，初参二参限内，如州县已经招解，上司将属官解到日期，故为改迟，或苛驳以致迟延，许受抑属官，详报督抚，据实题参，将故改日期上司，照推诿事件例议处；苛驳上司，照事件应结而故为驳诘例议处，属官免议。

省件 010：雍正五年四议准

州县审理案件，于二参限满不结后，无论难结易结，将该管之府州职名，一并开参。如系难结案件，承审之州县，议以革职留任者，将揭报之知府、直隶州知州罚俸一年。如系易结不结，承审之州县议以革职，并三限不能审结，议以革任者，将揭报之知府、直隶州知州降一级留任。如州县官承审案件，玩延不结，知府、直隶州知州并不揭报，照徇庇例降三级调用。其知府、直隶州知州自行审理案件，督催之道员，皆照知府例分别议处。至按察使为刑名之总汇，事务繁多，一时难以稽察，应准揭参免议。如有并非难结案件，该管府州捏饰难结缘由，蒙混详请展限者，令臬司查核揭参，将扶同捏饰之该管府州，皆照易结不结例革职。若臬司不行查出揭参，据详率转，经督抚查出，将按察使照徇庇例议处。若督抚将违限各官徇情不行题参，查出一并议处。至承审二次限内，除升迁事故，并差委紧要军务事件，许令委官署理外，若承审官夤缘卸事，照规避例革职，原委之督抚上司各官，照徇庇例各降三级调用。

省件 011：雍正八年议准

每岁农忙之期，例应停讼，凡州县官户婚田土等案，务于农忙停讼之前，逐一审结。傥有应加覆核者，暂将两造释归农业，具详各上司，俟农隙之时，仍照例扣限审结。

省件 012：雍正十二年覆准

州县自理户婚田土等项案件，限二十日完结者，各设立循环簿，于每月底将准告审结事件，填注簿内，开明已未完结缘由，其有应行展限及覆审者，亦即于册内注明，送该管知府、直隶州知州查核，循环轮流注销，俟岁终，该道、府、直隶州将所属并无违限，通详督抚藩臬衙门存案。傥有违限不行审结者，详请咨参，照迟延不结例议处。或道、府、直隶州申报不实，照不行详查例罚俸六月。其州县官委佐贰杂职审勘者，亦照不行详查例罚俸六月。若州县所送册内有蒙混造报者，照蒙混造册例议处。遗漏少报者，照造册遗漏例议处。

省件 013：乾隆四年议准

各省办理一切事件，务照定例扣限审结，如有实在应行展限缘由，该上司亦必确实核明，具题展限，不得仍前任意扣展，以杜藉词延搁之弊。傥该上司不恪遵定例，严加查核，任意扣展限期，查出，除将承办官照例议处不准扣限外，仍照滥详展限例，将转详之司、道、府并直隶州等官，各降一级留任，督抚罚俸一年。

省件 014：乾隆五年覆准

承审命盗钦部案件，州县府司，仍照定例分限审解，该督抚将州县府司起解年月日期，于疏内声明，以便查核。其正限内完结之案，逾分限一月以上者罚俸一年，逾分限不及一月者罚俸三月。〔州县府司皆照此例处分。〕其督抚如有迟延，照例计月处分，若正限之内，州县官不能审结，该督抚即将迟延之员，咨参到部，或限内并逾限不及一月者罚俸三月，逾限一月以上者罚俸一年，即于限满之日，接扣二参限期。

省件 015：乾隆五年又覆准

官员承审案件，遇有事故离任，新任署事接审州县官，如前官承审未及一月者，准其按审过日期，扣明展限，一月以上离任者，准其展限一月。其分限事件，前官承审扣限过半离任者，准其扣半加展。如前官于二参限内离任者，接审官准其以到任之日起，扣限四月审结，按照承审官例查参。其督抚司道直隶州新任之员，如属官尚未经招解者，仍照应得分限招解题结，如已经招解，前官遗交办理者，亦准照应得分限扣半加展。其展限各官，皆照定限审结，不得再起限期，如逾限未行审解，该督抚分析查参，按照定例，分别议处。

省件 016：乾隆六年覆准

地方案件，原问官审断未当，固执成见，必应改委别员承审者，将应行改委改限缘由，确切声明。如上司明知属官例限将届，故为别委，希图展限者，将别委之上司，照徇庇例议处。至案件发审之初，即委员会审，并部驳别委贤员审拟之案，准以该委员奉文之日，照例扣限审结，附招声明，毋庸别行咨题。

省件 017：乾隆七年议准

承审案件，如印官有扑捕蝗蝻，勘灾监赈，并奉调入闱，檄委会审会勘，以及查河防险，邻邑相验等事公出，概准其于本限内扣除，该督抚于咨内声明，以凭核议。其委署别邑之员，本任内应审之事，仍照原限覆参，不准照公出之例扣展。再，该管之道府厅员，如承审案件，属官已经审解，该管上司遇有公出，照州县之例扣展。

省件 018：乾隆九年议准

州县官承审案件，除众证明确，即应速为审拟，依限转解，不得故延外，如果正当招解之时，案内正犯，或紧要证佐染患沉疴，承审官即将患病日期及所患病证，报明该管上司，该上司即委官验看，患病属实，即拨医调治，取具医生刑禁人等甘结，承审官及委官加具印结详报，该管府州核明加结，详送抚司备案，俟该犯病愈之日起解。其该犯病瘥后，承审官有无报愈迟延，亦责令府州实力稽查，报明销案，其患病日期，准于原限内扣除。至府州审转案件，有犯证患病者，结报该管道员，稽查属实，加结核转。再，司道审转之时，或遇犯证患病，亦报明该管上司，委官验看，取结详报，皆准其扣除。若承审官及审转之府州司道，将人犯带病起解，以致中途病毙者，照解犯中途患病不行留养例，死一二名者罚俸一年，三四名者降一级留任，五六名者降二级调用。若无故迟延，捏报患病，及病已全愈而迟延不报，希图扣限者，照无故迟延例革职。委官及各上司通同徇隐者，照徇庇例降三级调用。

省件 019：乾隆十五年奏准

奉天府所属审理民人事件，于审限内扣除府司分限完结，如系旗人及旗民交涉事件，在徒罪以上，例归盛京刑部办理。若证供已经确实者，一面详报，即将人犯解部，如供证未确，一面详报，一面即行审讯，不必等候部覆，总以两月限内审解，奉天府限十日转解，其在京刑部驳审事件，以人犯递到该州县之日起，限一月审结解部，如有逾违，附参议处。

省件 020：乾隆十六年覆准

湖南乾州、凤凰、永绥三厅，审理苗案，自行完结，其余止须详报不必解犯之案，令该厅径自详司，毋庸由府核转。至命盗等项，应行解审重案，就近移解辰州府核转解司，该厅照州县分限审解，该府仍照知府分限办理。

省件 021：乾隆二十三年覆准

云南鹤庆、丽江、永北、顺宁四府厅州，本管境内命盗等案，由迤东道审转。景东、蒙化二厅，命盗等案，由迤西道审转。该府州厅照州县例扣限，该道照知府例扣限。其五嶍、思茅、大关、鲁甸、威远、中甸等厅，命盗等案，亦照州县例扣限。

省件 022：乾隆二十五年覆准

台湾承审事件，初参复参盗案，厅县限四月解府，府连海洋程途，共限四月解司，司限一月解督抚，督抚限一月咨题，统限十月完结。命案，厅县限三月解府，府连海洋程途，共限三月解司，司限一月解督抚，督抚限一月咨题，统限八月完结。其抢窃等项杂案，厅县限两月解府，府连海洋程途，亦限三月解司，司限一月解督抚，督抚限一月咨题，统限七月完结。其命盗重案，府审后，即解巡道勘问，解司审解，督抚题咨完结，巡道审转限期，即在府审三月限内通融扣算，如有逾限不完，即照内地承审例，将迟延之员，分别查参议处。

省件 023：乾隆二十六年奏准

盛京刑部提讯人犯，同城各衙门，奉文限十五日内，即行查缉送部，不同城者，除去程限外，限二十日内即传提送部，奉天府转查转提均定限十日，如有他故，具文报部。傥有不按限期，及任意稽延袒护等情，或被邻封查缉，或别经发觉，将该衙门官员查参，照例议处。不按限送部，照事件迟延例议处。任意袒护，照匿犯不解例降三级调用。

省件 024：乾隆二十七年覆准

距省遥远之州县解审案件，如有应行指驳之处，案情重大者，或令该管知府赴省再审，或委员会审，毋庸令原审州县官会审。其寻常指驳命盗事件，准令原审州县官赴省会审，均听督抚酌量办理，总不得发回原审州县另审，致稽时日。其州县官赴省会审之案，审明原审官并无出入者，即由附省知府审转，仍许原审知府，一体列衔申详。

省件 025：乾隆二十八年覆准

承审命案内，有卑幼擅杀期功尊长，属下人杀伤本管官，妻妾谋杀本夫，奴婢殴杀家长，并杀死三命四命等案，州县官限一月内审解，其知府、直隶州、臬司、督抚，各限十日审转具题。如州县官于正限届满，尚未审结，即于限满之日，接扣二参限期，州县限二十日，知府、直隶州、臬司、督抚，仍按限十日完结。如有迟延，即照例查参，分别议处。

省件 026：乾隆二十八年又覆准

各省有知府亲管地方审理事件，概照州县应得之限审解，其解司解道，均照直隶州之例行。

省件 027：乾隆二十九年覆准

民间词讼，赴督抚衙门控告，发藩臬两司审理，内有必须派员查案者，于取供后，仍由该司复加亲提研讯，定拟覆详。其控告官吏之案，一经批发，即亲身勘问，定拟具详，不得复派他员代勘。其民间控司之案，亦照此办理。道府奉到上司批发控词，无论事之巨细，均亲身勘讯，自行拟定具详，不得转委所属州县官，先行审拟。其民间控府控道之案，亦照此行，如有故违，即照告状不受理律议处。〔律内称：诉冤枉发原问官收问者，依告状不受理论罪。又，告状不受理，减犯人罪二等，罪止杖八十。〕

省件 028：乾隆三十年奏准

官员承审事件，如余犯到案，而正犯及要证未获，或盘获贼犯，究出多案，事主未经认赃，必须等候，方可审拟，或因隔省行查，限内实难完结者，承问官将此等情由，豫行申详督抚，分别题咨展限。若正犯要证已经到案，间有余犯未获者，即将现获之犯审究，按限完结。若承审期内，遇有续获之犯到案，仍在州县分限以内者，即行一并审拟，毋庸另展限期。如到案已在州县分限以外，不能并案审拟者，将续获人犯专案另扣，限四月审拟完结。如间有余犯到案，在州县分限将满者，准其扣满统限审解。如不遵定例，任意扣展限期者，除不准扣展外，已逾二参分限者，仍照二参例议处。如尚未逾违二参分限者，将任意扣展之承审官降一级调用，转详之司、道、府、直隶州等官各降一级留任，督抚罚俸一年。

省件 029：乾隆三十年又奏准

承审官将犯人招解，遇有迟延，该督抚将该州县解府解司程限日期，于咨题内声明，准其扣除。如有解役中途逗遛者，仍照原限日期扣除，不准将逗遛日期扣算。

省件 030：乾隆三十年三奏准

凡盗案果有虚实情形未分，盗赃未确，限内不能完结者，许承审官声明，详报咨部，展限四月。

省件 031：乾隆三十年四奏准

凡州县承审事件，申详司道府州者，俱用副详申报督抚，如有驳回之件，即将驳查缘由，并驳回月日，开明具报。倘有苛驳索诈，或捏改解到日期等弊，该督抚查明，将该上司各官题参革职。倘该督抚徇隐不参，降三级调用。

省件 032：乾隆三十年五奏准

督抚劾参属员，请旨革审者，系道府以上等官，于接到部文之日起，扣限两月审结。系同知以下等官，于具题之日起，亦扣限两月审结。如有迟延，照例查参。

省件 033：乾隆三十年六奏准

凡总督参劾之员，令该巡抚审理；巡抚参劾之员，令该总督审理。其湖南、陕甘、浙江、江西、山西、广西、贵州等省，督抚所参之员，即令原参该督抚自行就近审结。该布政、按察两司审转时，备详隔省督抚稽核，仍令审理之督抚，将审案移会隔省督抚，合词具题。无总督之省分，亦令巡抚自行审理。

省件 034：乾隆三十五年谕

外省督抚每遇应行审拟之案，动辄委员查讯，最为恶习。其在寻常案件，或可循用审转成规，若事关重大及案涉疑难，亦复假手下僚，则瞻徇蒙蔽，颠顸了事诸弊，皆所不免，狱情何由得明。嗣后督抚于应行提审紧要案件，务须率同司道等亲行研审，毋得仍沿委员陋习，自取咎戾。著为例。

省件 035：乾隆三十五年议定

各省案件，经督抚两司派员覆审，除细小事情及原覆审官所拟罪名不甚相悬者，毋庸置议外，如原问官承问不实，所拟罪名，以致生死失当，经委审官究出实情，按律更正，该督抚将何官廉实验正之处，随案声明，照刑部司员之例，准其纪录一次。若该委员等因有议叙之条，附会文致，故意苛求，仍令该督抚查明题参，照上司苛驳之例议处。

省件 036：乾隆三十七年奏准

各省命案详请检验，上司屡经驳查，方行批准。其实属迟延有因之案，该督抚声明报部，准其以开检之日起限。

省件 037：乾隆三十七年又奏准

承审卑幼擅杀期功尊长，属下人殴杀本管官，并妻妾谋杀本夫，奴婢殴杀家长，以及杀死三命四命之案，如有情节中变，或经上司驳饬，不及请展，以致有逾例限，该督抚于审题时，将此等情由附疏声明，吏部仍按其违限月日，照例察议，并将该督抚声明限内实难完结缘由，及可否免议之处，声明请旨，恭候钦定。

省件 038：乾隆三十七年覆准

凡士民告官之案，以控告之日起限，统限四月，承审之员分限两月，审转之各上司分限二十日，分别题咨，如有迟延，照例议处。

省件 039：乾隆三十七年三奏准

贵州贵阳、石阡二府，亲辖地方命盗等案，由粮驿道审转。黎平府亲辖地方命盗等案，由贵东道审转。该府照州县例扣限，该道照知府例扣限。其都匀、镇远、思南、思州、铜仁、安顺、兴义、大定等八府，亲辖案件，径解臬司审转。至永丰州分驻册亨州同一员，定番州分驻罗斛、大塘州判二员，普安州分驻黄草坝州判一员，所辖地方命盗案件，准其验勘通报，其人犯仍解各州承审招解，如有验报不实，将州同、州判议处，承审迟延，将该州议处。

省件 040：乾隆四十二年谕

刑部题覆：直隶省毛成问拟斩决，已依议行矣。而承审之知州，以会审检验，办差公出，更易三任，辗转稽诛，殊属非是。此等淫恶之徒，一经就获，自应速行审办，早正刑诛，俾凶顽知所惩儆，死者得以申冤，方合辟以止辟之义，乃迟至两年，始行审结，设该犯有监毙自戕等事，转得幸避显戮，即此可见外省吏治废弛，积习相沿，于地方紧要案件，全不依限速办，为上司者，又不实力督催，至扣限时，辄以会审办差纷纷藉口，尚复成何政体。况州县既有本任应审要件，即不应复差委会审别县之案，以致反迟其应审之本案也，督抚等何漫不经心若此。嗣后各省审办重犯案件，尤须上紧审转，依限题结，不得托故稽迟，倘有仍似此迟滞者，定将该管上司，交部从重议处。

省件 041：乾隆四十四年覆准

奉天十二州县，熊岳等处地方，凡遇旗民交涉命盗等案，属州县界内者，令州县承审，属同知通判界内者，令同知通判承审，遇有旗民应用刑讯之处，仍行刑讯，毋庸旗员会审，于讯明定拟之后，旗人笞杖等罪，移旗发落，徒罪以上，呈送盛京刑部核夺办理。其旗人笞杖等罪，不移旗发落者，照违令公罪律罚俸九月。

省件 042：乾隆四十七年奏准

州县自理户婚田土等项案件，定限二十日完结，仍设立号簿，开明已未完结缘由，该管府州按月提取号簿，查核督催，该道分巡所至，将该州县每月已结未结若干件，摘取简明一单，行知该州县，勒限完结续报，并将一单移知两司，申详督抚查核，如有违限不行审结者，照事件迟延例分别议处。号簿内有将自理词讼遗漏未经造入者罚俸三月，案由蒙混填注者降一级调用，系有心弊混匿不造入号簿或未结捏报已结者革职，府州查出揭参者免其议处。如不行查揭，州县应降调者，府州降一级留任；州县应革职者，府州降三级调用。巡道开报不实，罚俸六月，不随时查催者，降二级调用。查出弊混捏报不申详督抚者，降三级调用。至上司批审事件，即责成批审之上司，凡有已违一月之限，催提不覆者，即指案移司，详报督抚查参。

省件 043：乾隆五十二年题准

凡照盗案开参承缉处分者，审限俱照盗案例行。

省件 044：乾隆五十二年奏准

承审州县，于二参限内审解完结，命案并计初参历限已在七月以上，盗案并计初参历限已在五月以上者，降一级留任。

省件 045：乾隆五十五年奏准

原问官审断未当，或犯供翻易，该上司或另委贤员，或委员会同原问官审理，俱扣限一月，该管各上司，亦统限一月核转具题，总以两月完结。

省件 046：乾隆五十五年又奏准

督抚臬司应行提省审办紧要案件，以集齐人犯到省之日起，限一月完结。

省件 047：嘉庆四年奏准

各省命盗案件，州县官讳匿不报及不知情不行申报，仍照旧例办理外，至已据事主呈报，未即通详，因卸事移交后任，其诣验、诣勘，至卸事移交之日，在十日以内者免其议处，其迟延十日以外未及一月者，州县官降一级留任，该管府州罚俸六月；一月以上至二月以上未及三月者，州县官降二级留任，该管府州罚俸九月；三月以上者，州县官降一级调用，该管府州罚俸一年；四五月以上者，州县官降二级调用，该管府州降一级留任；半年以上者，州县官降三级调用，该管府州降二级留任；一年以上者，州县官照讳命讳盗例革职，该管府州照失察讳命讳盗本例议处。其准前官移交，未即通详，因卸事移交后任者，亦照此例议处。如迟至获犯后自行通详，及准前官移交，迟至获犯后自行通详者，均照事件迟延例议处。前官获犯未及通详，移交后任详报者，与未获犯者有间，亦应照事件迟延例议处。

省件 048：嘉庆五年奏准

官员承审案件，寻常命案统限六月。盗劫及情重命案，系斩绞立决命案，钦部一切杂案，俱统限四月完结，俱以人文到案之日起限。奉文查审事件，以州县奉文之日起限，如四月限者，州县两月解府州，府州二十日解司，司二十日解督抚，督抚二十日咨题。六月限者，州县三月解府州，府州一月解司，司一月解督抚，督抚一月咨题。如有迟延，逾限不及一月者罚俸三月，逾限一月以上者罚俸一年。承审州县至初参统限将满，始行审解，以致上司于正限外核转，即扣算违限日期，将州县官议处，系上司核转迟延即将上司议处。

省件 049：嘉庆五年又奏准

承审二参限期，即于初参统限届满之日起，再限四月完结，令州县两月解府州，府州二十日解司，司二十日解督抚，督抚二十日题咨。如再逾分限不能完结，系何官迟延，该督抚即将何官易结不结之处查参革职，不得于完结之后附参。府州自行揭报者免议，未经揭报者降三级调用。知府、直隶州自理案件，逾违二参，将督催之道员，亦照知府例行。初参、二参，该督抚将州县府司审转、核转日期，于咨题文内一一声明，以凭核议。

省件 050：嘉庆五年三奏准

州县官承审案件，如有案内正犯，或紧要证佐患病，承审官即将患病月日，具文通报督抚，该督抚即具文报部存案，准其展限一月。至府州司道审转时，或遇犯证患病，亦一例详报，准其扣除，亦不得过一月之限。如承审官及审转之府州司道，捏报犯病，希图扣限者，将该员及各上司，均照任意扣展之例议处。

省件 051：嘉庆八年谕

嗣后各督抚当严饬属员，于地方词讼申详事件，务须依限审结，不得迟逾，即自理词讼，亦须迅速完结，设有久延不结之案在本省上控，该督抚等尤当迅速催结，将延玩之地方官照例参处。倘督抚狃于积习，仍不秉公查办，任意延宕，以致小民抱屈含冤，远来呈诉，审明后，必将该上司一并严惩，不稍姑贷。

省件052：嘉庆八年又谕

　　恭查乾隆四十九年钦奉皇考高宗纯皇帝谕旨：各省民间词讼，经州县审断，复赴上司衙门控告者，该督抚司道等，往往仍批交原审之府州县审办，在该府州县心存回护，断不肯自翻前案，即派委邻近之府州县会办，亦不免官官相护。嗣后如有赴上司衙门控告者，该督抚即应亲提人证卷宗至省，秉公审办，设道路遥远，人证较多，恐致拖累，通省内岂无公正明干之道府大员，即当遴委前往研讯，毋枉毋纵，庶民情各得其平。仰见圣训谆谆勤恤民隐至意，允宜实力遵行。向来督抚寻常奏参各案，督参抚审，抚参督审，因其迹涉嫌疑，令原参者回避，立议綦严。至各省民间词讼，经州县审断不公，复赴上司衙门控告者，各督抚亦应令原审之州县回避，或亲提研鞫，或派员审办，方足以昭雪民冤。乃各督抚日久怠生，往往于上控之案，仍发交原审各员讯究，该州县心存回护，断不肯自翻前案，以致百姓抱屈莫伸，纷纷赴京呈控，朕亦常特派大员，驰往查审，以期务得确情。督抚等皆系简任大员，于地方事务，自应仰体朕怀，周察民情，不令少有屈抑。嗣后各省案件，如有离省较近地方，赴上司衙门控告者，即著督抚提齐人卷至省，亲率藩臬秉公审讯。其犯证较多，距省遥远，未便亲提者，若令邻近州县前往究办，或彼此袒护，亦不足恃，当于隔属道府内，择其公明干练者，派委办理，庶可以杜瞻徇之弊，而小民等亦不致冤抑难伸。特此再行申谕各督抚等，务宜遵皇考圣训及朕之旨办理，傥仍沿恶习，犹将控案发交原审官员，或经朕察出，或被人参劾，必当惩治不贷。

省件053：嘉庆九年议准

　　委审案件，原审官尚未招解者，无论六个月四个月之限，委审官俱照接审官扣限之例。如承审官未及一月，经上司提省委审者，委审官准其按审过日期扣展，历限一月以上者，委审官准其展限一月。历限过半者，委审官准其照承审官分限扣半加展，承审官已逾分限，委审官以委审之日起，无论四个月六个月事件，俱扣统限四个月审结。

省件054：嘉庆十二年谕

　　求治以勤政为本，朕亲政以来，钦遵皇考高宗纯皇帝圣训，宵旰励精，兢兢业业，不敢一事怠缓，不敢一念自宽，以是日理万几，尚无丛脞，即在京大小臣工，经朕时时训诲，亦尚能仰体朕心，于一切事务，不敢迟玩积压。朕犹恐日久玩惕，提撕儆觉，弗懈益虔，曾亲制《勤政殿记》、《勤政箴》，以之自勖，兼勖励臣下，曾经颁发各省大吏，一体懔遵。乃外省习气，督抚等养尊处优，不思勤以率属，其初到任时，亦往往以清理积案为言，迨在任既久，仍复狃于积习，相率效尤，所谓纸上谈兵，何益于事？以致属员等罔知儆惕，任意废弛，于地方事件，毫不介意，案件积压，狱讼滋繁，小民等冤屈莫伸，讦告愈炽，是以赴京控案，近更累累，阘冗因循，莫此为甚。即如本日金光悌奏到该抚到江西后，巡抚衙门未结词讼即有六百九十五起，藩司衙门未结者有二百六十八起，臬司衙门未结者有五百八十二起，盐粮各巡道未结者有六十五起。试思省城附近，已有一千六百余起未结之案，则其余府厅州县未结词讼，当有若干，殆不下万余起。似此案悬不结，拖累日多，无怪小民等冤案莫伸，而健讼刁翻技俩，抑且因此滋长也。巡抚两司大员，受朕委任，今吏治疲玩若此，不可不示以惩儆。该省巡抚内除景安、温承惠、张师诚等，或未经到任，或到任未久，毋庸交议外，秦承恩在该省巡抚任内最久，先福久任藩司，又屡护巡抚，此等积案繁多，伊二人无可辞咎，均著交部议处。其臬司任内系属何人最久，积案最多，并著金光悌查明奏闻，一并议处。所有江西省积案，著即照金光悌所请，在于省城设立总局，督同藩臬两司，遴派明干委员，赶紧清查，分别核办，勒限完结，毋再逾缓。其另片所称向来学政衙门发审事件，各属因无所稽查，均各任意延搁等语，亦系实在情弊，并著照该抚所请，凡有在学政衙门控告事件，一面批发，一面咨会督抚衙门，仍令该府厅州县等，于奉到批词及审结后，随时详报院司，认真查核。至江西一省如此，其余各省情形，大率相同，各督抚屡经朕训诫谆谆，岂得仍前泄泄，著各将自理及批发词讼，一一清厘审结，不许再有积压。每督抚莅任伊始，即将该省未结之案，通行详细查明，究有若干起，一面设法赶办，及早清厘，据实具奏，以便酌核办理，但该督抚等，又不可因江西省现因查出积案太多，各罹处分，遂不核实奏明，以多报少，更蹈欺饰重咎。

省件 055：嘉庆十二年又谕

嗣后凡人命重案，有经呈控到案，复由上司批委提讯者，若不亲为审理，迟延至半年以上，即著实降三级调用，毋庸查级议抵。内阁进本时，亦毋庸票拟双签。著为令。

省件 056：嘉庆十二年奏准

各省督抚司道各衙门，遇有自理及批发词讼案件，如有迟延，除仅止一二案，或在任不及一月者免其议处，自三案以上至十案者罚俸一年，自十一案至五十案者降一级留任，自五十一案以上至数百案者降二级调用。

省件 057：嘉庆十三年谕

近来外省地方官，办理词讼，率多怠缓因循，其至于命盗案件，有压搁数年，拖延不办者。即如本日安徽巡抚董教增参奏前署蒙城县知县张象鼎，及接任知县雷长春，于县民宋子康呈报被劫一案，既经拿获案犯，是劫是抢，均应研讯确情，迅速究办，乃自嘉庆十年十月中，经事主呈报，至今延搁三年，押毙四命，并不据实详报。试思此押毙四人，如果系强劫盗犯，仅听其在押病毙，则要犯转得幸逃显戮，傥止系寻常行窃，该犯等均罪不至死，岂非滥行拖毙，若竟系平人，则无辜更多冤抑，且在押病毙之人，均未据该县验报，更难保无刑拷致毙别情，不可不严切讯究。除前署蒙城县知县张象鼎，业于另案革职外，现任蒙城县知县委解川饷之雷长春，亦著革职，交该抚委员迎提，并提同张象鼎及案内有名人证，严审定拟具奏。该抚到任已久，并未早行查办，且事阅三年，前任巡抚及护抚等，均未能访查参奏，可见外省地方事件，似此疲玩耽延者，正复不少。著再通谕各督抚，务宜督率属员，恪勤供职，遇有案件，随时速办，力挽颓风，毋任稍有积压废弛，致干咎戾。

省件 058：嘉庆十五年谕

向来州县审理词讼，无论案情大小，定例俱有限期。近日各省不能实力奉行，州县承审大案，于通详时报有起限日期，尚知虑干参处，不敢迟延，其自理词讼，多不详报起限，往往任意延搁。嗣后各省州县自理词讼，将所收呈词，每月造报该管道府，按例起限，其前报各案，已结未结，俱于续报册内，陆续声明，即责成道府依限督催，于年底具结申报藩臬两司查核。如州县延搁案件，及该管道府有纵容徇庇等情，即当据实严参，以示惩儆。

省件 059：道光十年谕

嗣后著各该督抚府尹，均将京控咨交逾限未结之案，每届半年汇奏请旨，交部议处一次，以归画一，俾承办各员，咸知儆畏。至向例承审迟延，与提解迟延处分，轻重悬殊，并著各该督抚府尹，嗣后每届半年汇奏之期，确切查明，如系承审迟延，即行据实指参，不得概以提解迟延为词，致启避重就轻情弊。

省件 060：道光十年又谕

嗣后一切控案，著该抚督司清厘严催审解，如实系未能依限完结者，方准照例咨部展限。其余命盗控案，分别按限查参，概不准详咨展限，以杜挪延而清庶狱。

省件 061：咸丰五年奏准

地方官承审命盗等案，如必须提盗提赃及关提事主人证者，务于承审分限以内切实声明，由该督抚照例咨部展限。如分限内并未咨部展限，而承审逾限者，仍查照本例分别初参、二参议处。

省件 062：咸丰六年奏准

督抚承审亏空案件，应自题参出本后提齐人证之日起，扣限四个月完结，如有迟延，逾限不及一月者罚俸六月，一月以上者罚俸二年，半年以上者降一级留任，一年以上者降一级调用。接任之员，自到任之日起，亦照此办理。至亏空之员，即以定案之日，起限勒追。

省件 063：同治四年奏准

京控案件，督抚关提人证，地方官除去程途例限，尚未解到，督抚即将该地方官先行奏参，照违令公罪律罚俸九月，仍严饬催提，俟拿解到日，或咨覆到日，再按其逾限月日议处，迟延不及一月者罚俸一年，一月以上者降一级调用，半年以上者降三级调用。如有正犯潜逃，要证外出，仍令确切查明，取具族邻甘结，加具印结，详报上司备案，仍一面查明该犯证等现在何处，关提归案审办，总不得逾半年之限。倘有捏报正犯潜逃，要证外出者，即照不应重私罪律降三级调用，毋庸查级纪议抵。如该督抚扶同捏饰，即照徇庇例降三级调用。或承审迟延，诿之提解迟延者，即照规避例革职。

吏部处分 201：官员断狱不当〔例 96 条〕

断狱 001：康熙九年题准

凡官员将承问人犯，以应拟斩绞人犯而错拟凌迟，应秋后处决人犯而错拟立决者，府州县官降一级调用，司道罚俸一年，督抚罚俸六月。如将应拟军流等人犯错拟凌迟者，府州县官降四级调用，司道降二级调用，督抚降一级调用。如将军流等罪错拟斩绞者，府州县官降三级调用，司道降二级调用，督抚降一级留任。如将应绞人犯拟斩及将军流等罪以下错拟失入者，令该部改正，承问官免议。如错拟已决者，承问官革职，司道降四级调用，督抚降三级调用。如将无罪之人拟决者，亦照此处分。其初审复审官员，曾经定罪者，总一概处分。〔乾隆二十年议准：以上承问失入各官，不论已决未决，例应降调者，任内虽有加级纪录，俱不准抵销。嘉庆五年议准：如将应拟徒杖以下及无罪之人错拟军流者，府州县官降一级留任，司道罚俸一年，督抚罚俸六月，错拟失入徒杖以下者免议。〕若承问官将应凌迟人犯错拟斩绞者，府州县官降一级调用，督抚司道皆罚俸一年。如将应立决人犯拟为秋后处决者，府州县官罚俸一年，司道罚俸六月，督抚罚俸三月。如将应凌迟人犯错拟军流等罪者，府州县官降二级调用，司道降一级调用，督抚降一级留任。如将应拟斩绞人犯错拟军流等罪者，府州县官降一级调用，司道罚俸一年，督抚罚俸六月。如将军流等犯错拟徒杖笞罪者，府州县官罚俸一年，司道罚俸六月，督抚罚俸三月。如将有罪人犯不议罪竟免者，亦照此定罪之轻重处分。其将应斩人犯拟绞及军流等罪以下错拟失出者，令该部改正，承问官皆免议。

断狱 002：康熙九年议准

官员承审反叛人犯，未经审出实情，后经别官审出者，将未经审出各官革职，转详之司道降四级调用，未经查出之督抚降一级调用。若将应取紧要口供不行取供者，承问官降二级调用，转详之司道降一级调用，督抚罚俸一年。〔嘉庆五年奏准：凌迟人犯未经审出实情者，承问官降二级调用，司道降一级调用，督抚罚俸一年。若将应取紧要口供不行取供者，承问官降一级留任，司道罚俸一年，督抚罚俸六月。〕如将斩绞人犯，未经审出实情，后经别官审出者，将未经审出各官降一级调用，转详之司道罚俸一年，未经查出之督抚罚俸六月。若将应取紧要口供不行取供者，承问官罚俸一年，司道罚俸六月，督抚罚俸三月。如将军流等犯未经审出实情，后经别官审出者，将未经审出各官罚俸一年，司道罚俸六月，督抚罚俸三月。如将应取紧要口供

不行取供者，承问官罚俸六月，司道罚俸三月。〔嘉庆五年奏准：督抚免议，徒杖以下均免议。〕

断狱003：康熙九年又题准

督抚将应行赦免之斩绞人犯不与援免者降一级调用，如将不应赦免之斩绞人犯援免者罚俸一年，将应行赦免之军流等犯不与援免者罚俸一年，如将不应赦免之军流等犯援免者罚俸六月。至官员承问娄赃员役，因遇赦竟不提质，即行完结者，罚俸一年，转详之司道罚俸六月，督抚罚俸三月。

断狱004：康熙九年三题准

承问官错拟罪名，其正犯之罪，应与赦免者，将承问官免议。

断狱005：康熙九年四题准

督抚将重犯引律具题，或拟重，或拟轻，曾经三法司两议具题者，将督抚并承问官皆免议。

断狱006：康熙九年五题准

官员拟罪，将不应折赎之人，违例折赎，或将应折赎之人，不行折赎者，罚俸六月。

断狱007：康熙九年六题准

官员承问娄赃人犯，将原参赃银不行审出，复经别官审出，或本官审出之赃无几，又经别员审出多于前数者，将未经审出之府州县官降三级调用，转详之司道降二级调用，督抚降一级留任。如系督抚题参，其该督抚免议。〔嘉庆五年奏准：罪名有关出入者，照不能审出实情例议处。罪无出入者，照不取紧要口供例议处。〕如将审出赃银，私自删改者革职。

断狱008：康熙十四年奏准

官员承问事件，或将应追赔赃银，未断追赔，应给原主银，失断给原主者，罚俸一年，转详之上司罚俸六月。

断狱009：康熙十四年又奏准

官员将应减等人犯，遗漏未经减等者，罚俸一年，转详之司道罚俸六月，督抚罚俸三月。

断狱010：康熙十四年议准

官员将良民审为逃人，将奴仆错断为主，并以良家子断为奴仆者，或将应革应降之人不议革降者，皆罚俸一年。若将应承受家产之人不与承受，不应承受之人错断承受者，或将不应革降之人错拟革降者，皆罚俸六月。若将未革职之官，即拟杖罪折赎等事，并不叙供者，皆罚俸两月。

断狱011：康熙十四年三奏准

佐贰等官，凡词讼不许准理，如正印官批行事件，方许审理。如佐贰等官擅准词状，降一级调用，正印官不行揭报，罚俸一年。如印官将地方词讼不行亲审，曲徇情面，批发佐杂者，将印官照徇庇例降三级调用，该管各上司不行揭报降一级留任，督抚不行参奏罚俸一年。再，佐杂等官，凡巡缉捕盗，以及仓库驿站水利等项，其职分各有专司，如系伊专管之事，应行查勘者，亦准印官批行办理，仍令不时稽察，或有营私差扰等弊，立即揭报该督抚参革，照律治罪。若印官不行查参，亦照前定例议处。〔嘉庆五年奏准：或因滥批致毙人命者，印官革职，该管府州不查出揭报，降三级调用，不详报题参之司道督抚，均降一级调用。〕至或正印官公出，及不同城之佐杂，遇有窃盗赌博等事，许佐杂等拘拿，随即解送印官审理，如迟延不行解送者，照解犯迟延例罚俸一年。如有滥差需索苦累情事，正印官立即揭报，照佐贰官藉捕扰民例分别议处。〔乾隆三十年奏准：藉捕扰民，未经致死者，降三级调用。已经致死者革职，并失察之上司，俱照例议处。〕

断狱012：康熙十四年四奏准

官员审事时，容有罪之举人等坐审者，罚俸一年。

断狱013：康熙二十二年议准

督抚纠参贪婪官员，务将所得实赃年月，家人衙役，确注题参，倘督抚不行据实纠参，及纠参后不行据实审明，仍照赃银未经审出例处分。至承问官有将赃银挪移赦前后者，照赃银私自删改例革职。

断狱014：康熙二十五年议准

大小衙门问刑官员，将刑狱供招，不行速结，无故迟延者，将承审官革职，无故将平人久禁囹圄者亦革职。因而致死及故勘致死者，革职交部治罪。其改造口供，故行出入者，将承审官革职。拟以死罪已决者，革职交刑部治罪。其草率定案，证据无凭，枉坐人罪者，将承审官革职。

断狱015：康熙三十六年议准

承审各官，一应供招，不许擅自删改，其初取之供，亦宜详载揭帖。若承问官增减原供，臬司依样转详，督抚不行核参，蒙混具题者，各照例分别议处。

断狱016：康熙三十七年覆准

州县官之事，其易结难结，督抚知之最确，若不令督抚注明，不分易结难结，一遇违限之事，人人有革职之惧。嗣后令督抚将易结不结情由，详确注明题参，照例议处。如督抚将易结之事以为难结，不行注明，蒙混题参者，或经部察出易结不结情由，将该督抚照徇庇例处分。

断狱017：康熙三十九年题准

各省捕役诬良为盗之案，经该管官覆加研审，自行究出，未经致死者免议，致死者降二级留任。至盗贼诬良，承审各官，初次不能确审实情，经上司驳饬，自行改正，或被上司审出实情改正，如已经致死者，将承审之州县官降一级留任，未经致死者罚俸一年。道府不能详察，据招率转，经司驳饬，始行改正，或被上司审出实情改正，如已经致死者罚俸一年，未经致死者罚俸九月。按察使不细心严鞫，经督抚驳饬，始行改正，或被审出实情改正，如已经致死者罚俸九月，未经致死者罚俸六月。其不行查出具题之督抚，经部驳始行改正，如已经致死者罚俸六月，未经致死者罚俸三月。若州县官膜视悠忽，或经上司驳饬至再，始行改正，或被上司审出实情，如已经致死者，将承审之州县官降二级调用，未经致死者降一级调用。道府不能详察，据详率转，经司再驳，始行改正，或被上司审出实情，如已经致死者降一级调用，未经致死者降一级留任。按察使不细心严鞫，经督抚再驳，始行改正，或被审出实情，如已经致死者降一级留任，未经致死者罚俸一年。不行查出具题之督抚，经部再驳，始行改正，如已经致死者罚俸一年，未经致死者罚俸六月。若州县官自行审出，与饬驳之上司，皆照例免议。

断狱018：康熙五十二年议准

凡违限初参各官，援赦免议，内有例限又满，仍未审结，又应题参，其初参之案，既经援免，其复参者应照初参例处分。若未经遇赦免议之初参各官，以迟延复参者，仍照复参之例议处。

断狱019：雍正元年议准

刑部现审事件，其承审司分，惟该司之满汉司官承审，该司之笔帖式与书办登记口供，若容别司司官与笔帖式过司同坐，阳为间听，当面递话，暗拨供情者，将别司司官笔帖式，并容隐之承审司官，皆照纵容外人入狱走洩事情律议处。各司审理事件，有应提审之人，回堂提取，审明后即回堂释放，若情罪果有关系，唤同司狱，到堂回明，方准收禁。若有擅行拿禁释放，竟不回堂者，查出，将滥行送监之司官，并听从收禁之司狱，皆照应申上而不申上律议处。

断狱020：雍正元年奉旨

部驳事件，督抚每固执原题登答具奏，一经驳回，往返迟误数月，干连人等，多至受累。嗣后部内应驳事件，督抚若仍固执原题具奏，部内即将督抚一并议处奏闻，如不应驳事件，而部内故求疵隙题驳，该督抚将不应驳情由奏闻。

断狱021：雍正三年议准

凡谋叛谋反之罪，照律连坐籍没，其余情罪详载律内，皆应照律拟议，不得存心陷害，藉言情罪重大，诬指朋党，妄议株连父母兄弟妻子，籍没家产。若承审官于本罪外，捏造此等言语，株连父母兄弟妻子，籍没家产者，即照故入人死罪律治罪。

断狱022：雍正三年奏准

凡督抚具题事件，内有情罪不协，律例不符之处，部驳再审，该督抚虚心按照律例，改正具题，将从前承审舛错之处，免其议处。若驳至第三次，督抚不酌量情罪改正，仍执原拟具题，部院覆核，其应改正者，即行改正，将承审各官、该督抚，皆照失出失入例，分别议处。

断狱 023：雍正三年又奏准

凡将死罪人犯错拟军流等罪，军流等罪错拟死罪者，将承审错拟官员，仍照例议处。至军流等罪以下错拟者，该部即行改正，概免纠参。

断狱 024：雍正三年三奏准

承问官审理事件，错拟罪名，不拘犯人之罪，其错拟官员遇赦者，应免议。

断狱 025：雍正三年四奏准

凡遇各省特差恤刑之时，有审豁者，原问官皆免追究。

断狱 026：雍正四年议定

承审命盗各官，如有误定重罪，草菅人命，被接任官审出实情者，将草菅人命官革职永不叙用，审出实情官加一级。

断狱 027：雍正七年议准

顺天府所属州县，一切命盗事件，定案后，即解该管同知覆审，加看转司，如有扶同出入，照知府例议处。

断狱 028：雍正七年又议准

有司官谳狱时，用招房书吏，照供录写，将所录供辞，当堂读与两造共听，果与所供无异，方令画供。该有司即将供辞带入内衙，亲自定稿，传唤经承缮写，不许携至外廊。倘各该有司将所录供辞，不带入内衙亲自定稿，以致书吏得增删改易者，许被害人首告，该督抚即行题参，将该有司照承问官失入失出例分别议处。至凡供招内如字样不合者，承问官须照依文义改正，仍将改正之处声明。若有混行书写，不即改正者，承问官皆罚俸一年，督抚罚俸六月。

断狱 029：雍正七年三议准

刑部各司审事时，应令司务厅严行禁止家人衙役，毋许肆詈罪人，恐吓索钱，如有此等事发，该管官照失察衙役例处分，家人之主照约束不严例处分。

断狱 030：雍正十二年覆准

凡会审事件，如有偏袒迟延等弊，许其通揭上司会参，约期不到者，照推诿例罚俸一年。偏袒不公者，照徇情例降二级调用。将事件迟延不结者，照事件迟延违限日期，分别议处。

断狱 031：雍正十三年议准

兵丁为窃，承审之文员，将兵作民，代为开脱，照徇情例降二级调用。

断狱 032：雍正十三年覆准

官员承审赌博人犯，如已供出造卖之人，该地方官希图规避失察，蒙混结案者，或经上司查出，或经别官审明，将承审之员，照失察制造赌具例革职。如系该犯狡辞支饰，不将造卖之人据实供出，承审之员，亦不根究实情，后经查出审明，原承审官，并无规避失察情事，仍照不能审出实情例，按罪犯分别议处。

断狱033：雍正十三年又覆准

衙役犯赃内，除致死人命赃至满贯，罪应论死者，仍按律例定拟外，如有索诈贫民，致令卖鬻男女者，即十两以下，亦照衙门蠹役恐吓诈赃例治罪。至承审官将索诈实情审出，故为更改，避重就轻，将承审官照徇庇例议处。

断狱034：雍正十三年三覆准

各衙门承审案件，除律例内应行提取妇女收禁，照例提讯，其余小事牵连妇女，应提子侄兄弟代审。至如遇亏空追赔，搜检家产杂犯等案，一概不许提审妇女，永行禁止。傥官员阳奉阴违，侮辱妇女，或经告发，或经各该上司觉察，照违制律治罪。傥各该上司有徇庇及失察等情，一经发觉，并将各该上司分别议处。

断狱035：乾隆三年覆准

凡有赃赎银，无论内结外结，饬令该地方官先期出示，将应纳数目，明白晓谕，令各犯照数交纳。如有胥役人等，藉端苛索分肥者，将胥役人等，照律分别治罪。该管官知情故纵，照纵役贪赃例革职。若失于觉察，照失察衙役犯赃例分别议处。

断狱036：乾隆四年覆准

官员失察捕役诬窃为盗，及将曾经犯窃之人，指为现在强窃盗犯者，承审官自行查出，已经致死者，将承审之州县官降一级留任，未经致死者免议。

断狱037：乾隆五年奏准

州县官将应审理事件，不即审究，以致酿成人命，降二级调用。如不即审究，以致迟延者，照事件迟延例议处。

断狱038：乾隆五年又奏准

凡承问各官，如徇私枉法，颠倒是非，故出故入，情弊显然者，仍行指名参处。至于官员审理案件，有情罪不协，律例不符，失出失入，经上司查明，驳令再审，承审官虚心按律例改正，免其纠参。若承审错误之员，已经缘事离任，无从改正，后官遵驳，定期改正，或案件尚未招解离任，经后官审出者，令该督抚于咨题内声明，将从前之承审官一例免议。若上司饬驳之后，承审官实系错误，固执原拟具详，经上司委别员审出改正，或案件已经题咨完结，后经查出者，仍照失出失入例议处。如委员逢迎迁就，互有出入，后经发觉，亦照例议处。

断狱039：乾隆六年议准

凡地方呈词，未经在下控告，辄赴院司道府控告者，不得滥准。如院司道府滥行准理，照上司违例受理例议处。

断狱040：乾隆七年奏准

问刑官员审理案件，须确引一定律例，按照正律正例拟断，其有既引定例，而又云不便照此律此例治罪，而更议长其罪，及律例本有正条，问刑之官，不引正律正例，深刻定罪者，该部即行改正，引律例定罪，将更定重罪之员，依故入律定拟。

断狱 041：乾隆七年题准

凡斩绞重犯，如有以次成丁而称为无，捏报留养者，该管官不行查明，遽出印结，将出结之官降三级调用，转报之上司降一级留任，督抚罚俸一年。若地方官出结后，上司复令查出，或原官查出据实首送，准照检举定例办理。

断狱 042：乾隆十五年覆准

凡上司委官覆审事件，如审出原问官有徇私枉法，颠倒是非，故出故入等弊，仍照定例处分外，其有供情疏漏，或援引拘泥，实出无心之误，后经委员改正者，照审处错误例罚俸一年。

断狱 043：乾隆十九年覆准

凡官员被参革职发审者，审系全虚，该督抚并该衙门于本内声明，照例准其开复，不得称已经革职毋庸议完结。如革职发审之员，有别案降革者，本案审虚，止将审虚之案开复，其别案降革，不得概予开复。如革职发审之员，有别案革职留任，降级留任，及罚俸案件者，本案审虚，亦将审虚之案开复，照例于补官日仍将从前降革留任罚俸之案，俱带于新任。至原参重罪审虚，而该员尚有笞杖轻罪，例应降级罚俸者，亦令本内声明，将该员原参革职之案，准其开复，按其所犯轻罪，应降级者降级，应罚俸者罚俸，照例分别议处。其审案内事属因公，照坐赃致罪律定拟，并非入己者，由刑部核明，如系革职外之余罪，刑部即照律办理，若罪止杖笞，不至革职者，将原参革职之案，送吏部开复，仍按其所犯轻罪，分别议处。

断狱 044：乾隆二十二年议定

内外衙门一应事件，俱应按例发落，不许罚取纸札、笔墨、银朱、器皿、钱谷、银两等项，违者计赃论罪。若民间词讼案件，所犯之罪本轻，酌量示罚，以充地方桥道等工之用，亦须详报奏明，不许擅自批结。其所罚银两并米谷等项，总计数在百两以内，地方官不详明上司，擅罚者降一级调用，如已报上司，遽行批准，不行奏明，亦降一级调用。数在百两以上，地方官不详明上司，擅罚者降三级调用，如上司遽行批准，不行奏明，亦降三级调用。

断狱 045：乾隆二十二年覆准

凡州县带印公出，将详委代行之员，一并声明具报，一切地方事件，据报到案，即行拘提，分别保押，候印官回署之日审办，傥不行查究，致成人命，该督抚即将代行之员，照州县例参处。其有并不解送，及需索苦累情事，照佐杂分驻之例参处。

断狱 046：乾隆二十四年谕

嗣后各省督抚等参劾属员，务在虚公持正，悉心体访，固不得姑息示恩，亦岂容挟嫌诬奏。傥有所参重款，一加审讯，全属子虚者，将原参之人，作何议处？至审案已结，该员例得开复，而督抚不为题请，应准本人赴部告理，如所控不实，即治以虚捏之罪。若承审之员，或因原参已经去任，有意为之开脱，或回护原参，及挦扯一二轻款以实之，亦应分别议处，以示惩创。著该部妥议具奏。钦此。遵旨议定：督抚参劾属员，如所参重款审属全虚者，是其挟嫌诬奏，有忝封疆大臣之职，应将该督抚革职。系司道府等官挟嫌诬报者，将诬报官革职。至审案已结，事经昭雪，例得于本内声明，准其开复。或原参罪重审虚，而该员尚有轻罪，例应降级罚俸者，亦应于本内声明，将原参革职之案，准其开复，按其所犯轻罪，分别议处。傥拘牵斥驳，不为题请，准本人赴部告理，经部查核得实，除将本人照例题请开复外，将该督抚降二级调用。系承审官不详请开复者，将承审官降二级调用。如所控虚捏不实，将本人交刑部照例治罪。其或承审之员，因原参上司已经去任，有意审虚，使参员幸图开复，或原参重罪全属虚罔，承审官回护原参，不行审雪，有心锻链者，俱革职。并有重款虽已审虚，挦扯一二轻款以实之，代原参掩饰者，降二级调用。

断狱047：乾隆二十八年谕

地方文武，均有缉匪之责，乃州县捕役中之狡狯者，平时以篾贼为故智，或经弁兵首先躧获，既不利于己，而有司等亦以非获自捕役，未免心存畛域，辄于送审之时，任其狡展，巧为开脱。外省积习相沿，已非一日，若遇有翻供之案，令州县官移询原获弁兵，据实确讯，诡计自无可施，而营伍缉捕责成更专，于民生殊有裨益。

断狱048：乾隆二十八年覆准

佐杂等官，查出窝赌窝娼窝贼等事实据，准移送印官查缉，按法究处。傥并无指实，凭空将某家赌娼等事，以访闻移送印官者，革职究审，有诈赃情事者治罪。傥印官审出诬害，而代为含糊掩饰，私自了结者，将印官降三级调用。

断狱049：乾隆三十年奏准

州县原谳情罪，果与律例吻合，上司混驳，许承审官钞录原审供册，并批驳案件，直揭三法司、刑科，查核是实，将混驳之上司，照例议处。如上司批驳允当，州县官固执原拟，混行直揭三法司、刑科者，革职治罪。

断狱050：乾隆三十年又奏准

凡官员亏空事发，承问官藉称修理城池等项，审作挪移者，降二级调用。

断狱051：乾隆三十年三奏准

案内有名人犯，不候结案回原籍者，承问官罚俸六月。若现任官候补官不候问结，即行回去者，亦照此例议处。

断狱052：乾隆三十年四奏准

各省臬司，毋得将州县招详，删改增减，如有借简招妥招之名，故为删改，又令将改本缴销者，将该臬司革职。承审各官一任臬司删改，扶同改覆者，查出亦革职。

断狱 053：乾隆三十五年奏准

凡州县自理赎锾，岁底造册申报按察司，布按自理赎锾，岁底造报督抚，督抚岁底汇造清册，题报刑部查核。如有以多报少，及隐匿不报者，督抚参奏，以贪赃治罪。如遗漏未经造报，并无侵蚀情弊者，该督抚查参到日，照造册遗漏例罚俸三月。

断狱 054：乾隆三十五年又奏准

地方官遇有行查命盗等案内，犯人紧要口供，无故不速行关覆，以致重案不能完结者革职。其余寻常事件，不按限关覆者，照钦部事件迟延例分别议处。

断狱 055：乾隆三十五年三奏准

盗犯限满无获，州县官将别案盗犯，作为本案盗犯，或将邻邑所获别案盗犯，嘱令作为本案盗犯者，捏报及嘱托之州县官俱革职，道府等官不行揭报降三级调用。如系捕役串通盗犯，教供妄认，州县官不将串通情由审出者罚俸一年。至盗犯初获到案时，即讯明曾经行劫某处，同伙几人，共劫几次，审拟定案以后，不许听其任意狡供，悦续获之盗，另有供出之案，仍应行查，亦以初供为主。如有不肖州县，贿买盗供，辗转行查，希图销案者，照易结不结例革职。

断狱 056：乾隆三十六年奏准

官员审理盗案，如将诬拿妄扳人犯，并不虚衷研鞫，混以刑逼招认妄供者革职。

断狱 057：乾隆三十六年又奏准

地方官于人犯到案，一有拷逼痕据，即将差役照例治罪。若不行查验，别经发觉，降三级调用。

断狱 058：乾隆三十六年覆准

凡州县等官，遇有民间一应词讼细事，如田亩之界址沟洫，及亲属之远近亲疏，许令乡约地保呈报，地方官据覆核明，亲加剖断。如不行亲审，批令乡约地保处理完结者，罚俸一年。至一应命盗案内紧要情节，及重大事件，滥批乡约地保查覆者，降三级调用。

断狱 059：乾隆三十六年三奏准

地方官于窃贼诬扳之案，不将情由详报加等治罪者，系故出照律办理，系失出照失出例议处。

断狱 060：乾隆三十六年四奏准

凡窃盗三犯曾经刺字者，如州县官不依律究拟，从轻发落完结者，照失出例议处。其不照赃究拟者，亦照失出例议处。至承审窃犯，不依律刺字者，罚俸一年。

断狱 061：乾隆三十六年五奏准

有因地方被盗，希图销案，删改供招，督抚严查题参，照删改供招例革职，上司不行题参降三级调用。如上司审出改供情由，审出不即改拟者，照故入故出律治罪。若系失于查核，司道罚俸一年，督抚罚俸六月。

断狱062：乾隆三十六年六奏准

凡地方官所差衙役，将拘提审讯之犯，私用非刑拷逼致死者，将该管官降二级调用。若虽未用刑拷逼，而正犯及该犯家属，有因陵逼吓诈情急自尽者，将失察之该管官降二级调用。其止于用刑拷逼，索诈银钱，勒逼教供，未经致死人命者，将该管官降一级调用。或并未拷逼索诈，但因藉差滋事，酿成人命者，该管官亦降一级调用。并未奉差，因别项滋事，酿成人命重案者，该管官亦降一级调用。若滋事并未酿命者，该管官降一级留任。系已革衙役，及地方总甲、保正、乡约、甲长、墟长、社长等一切在官人役，滋事酿命者，亦降一级留任，滋事未酿命者罚俸一年。

断狱063：乾隆三十六年七奏准

官员私征私派，酷刑虐民，罪恶显著者，一经告发，即行题参外，若一二人，或三四十人，捏写姓名款件控告，及里长率领公同呈告，虚实未定者，俱交布按两司，秉公审明，再行题参。若上司因民控告，恐吓属员财物，或不合己意，阴嘱刁民控告等情，该督抚查出即行题参，革职审拟。

断狱064：乾隆三十七年奏准

佐杂等官，擅受而未致毙人命，及毙人命而实系例应缉拿之罪犯，畏罪自戕，事出仓猝者，仍照前例议处。如本非佐杂应理之事，因擅受致酿人命，将佐杂咨革，印官降一级留任。如印官规避处分，匿不具报，照讳命例革职。不得于已经毙命之后，以揭报为辞，声请免议。

断狱065：乾隆三十七年覆准

承审官将蠹役诈赃实情审出，故为改重就轻，以及应刺不刺，均革职。若系帮差之役，犯赃无多，承审官遗漏不刺，原犯十两以下者降一级留任，十两以上者降二级留任。

断狱066：乾隆三十八年谕

向来部驳案件，承问官仍令会审，改正后得免处分，揆之情理，原未允协。督抚臬司为通省刑名总汇，遇有部驳案件，势不能屡派钦差及邻省大员代办，自当仍令覆加审讯，改正后无论罪案大小，均可免其处分，即本管之道员，所辖地方较多，亦尚可令其会审免议。至于承审之州县，及核转之知府，案情由其勘定，若于凌迟斩绞立决要犯，不能细心推鞫，至于徒杖问拟，则罪名轻重悬殊，即非有心故纵，而入死出生，所系匪浅，若亦令仍与覆审，即已草率于前，复得幸免于后，庸劣之员，恃有此例，一切听断，皆以轻心掉之，吏治尚可问乎？其或监候以下等罪，一时援引失当，犹得以有司谳牍繁多，过出无心，曲为原谅，然欲如前次之滥厕改正宽免之例，亦断不可。第人材难得，或其人平日办事尚属勤能，乃以一眚概加镌调，亦未免稍觉可惜，自应略为分别。嗣后遵驳改正之案，督抚臬司道员，仍照旧例办理外，其承审之州县，核转之知府，于凌迟斩绞立决重案，拟罪失之过轻者，俱应照例实降。若监候以下罪名错误，有议应降调离任者，俱著该督抚出具考语，送部引见，候朕酌量降旨。著为令。

断狱 067：乾隆四十一年谕

向来各省地方官，有拿获邻省盗犯，尚令引见录用，以示奖励。若为知府直隶州者，能将审转之案，虚公研鞠，立予平反，则所属可无冤民，较之实心缉盗，尤有益于吏治。嗣后凡知府直隶州，有将生死关系出入大案，审出实情，改拟得当，经上司核定题达，部议准行者，交该部查明，奏请送部引见。著为令。

断狱 068：乾隆四十五年覆准

州县承问，定拟详报，经各上司改定，或驳回另拟者，即于咨题文内，据实声明，俟刑部核定后，若实系原审官错误，即将原审州县官，照部驳改正例，按罪名轻重，分别议处。如原拟本无错误，系该上司更改失当，将该上司亦照部驳改正例议处，原审官免议。若上司饬驳之后，承审官实系错误，固执原拟具详，后经上司或委员改正者，仍照各本例议处。

断狱 069：乾隆五十年奏准

盛京刑部审拟事件，内有案情不确，律例不符之处，部驳改正，及刑部径行改正者，将主稿司员，照外省承问官减等之例议处，随同画稿司员再减一等，主稿官应革职留任者，随同官降一级留任，主稿官应降级留任者，随同官罚俸一年，主稿官应罚俸一年者，随同官罚俸六月，主稿官应罚俸六月者，随同官罚俸三月，堂官照督抚之例免议。至承审官拟定罪名，系引律例正条，经刑部酌核案情，比照改拟者，承审官亦照前例议处。

断狱 070：嘉庆四年谕

罪名大小，律有明条，自应勘核案情，援引确当，务使法足蔽辜，不致畸轻畸重，方为用法之平。今既引本律，又称不足蔽辜，从重定拟，并有加至数等者，是仍不按律办理，又安用律例为耶？即案情内有情罪较重者，朕自可随案酌定，总之不足蔽辜之语，非执法之官所宜出。嗣后俱应恪遵宪典，专引本律，不得于律外又称"不足蔽辜及从重"字样，即"虽"字"但"字，抑扬文法，亦不准用。上谳后，经朕阅看案情，或有酌加增减者，亦不治以失出失入之咎，用副朕矜慎庶狱至意。

断狱 071：嘉庆四年奏准

各省秋审人犯，经刑部改拟，如原拟缓决，经刑部改入情实，咎止失出，概予免议。如原拟情实，经刑部改入缓决一二案者，仍毋庸议。其失入至三案者，将臬司巡抚降一级调用，加级不准抵销，四案者降二级调用，五案者降三级调用，如过此数，以次递减。其无巡抚省分之总督，照巡抚议处，会衔之总督藩司道员免其议处。

断狱 072：嘉庆四年又奏准

未定罪名押候审讯人犯，畏罪自尽者，将承审官照军流以下人犯中途自尽之例，降一级留任。

断狱073：嘉庆五年奏准

官员审理事件，错拟罪名，其正犯之罪，遇赦援免，承问官亦免议。此项应免议者，即援此例免议，毋庸另援恩诏。若正犯未经免罪，而承问官处分，遇恩诏宽免者，亦免议。此项若例应降调，恩诏内无宽免降调之文，仍照本例议处。若正犯遇恩旨减等，承问失入之员，仍照例议处，承问失出者，如应减之罪，与错拟之罪相等，如斩绞人犯，恩旨减流，承问官错拟罪名，即属军流之类，亦免议。如应减之罪，重于错拟之罪，如斩绞人犯，恩旨减流，承问官错拟徒杖之类，照检举之例，减等议处。此项出入，如恩诏宽免处分，仍准援恩诏，分别议减议免。

断狱074：嘉庆五年又奏准

一应供招，不许擅自删改，其初取之供，亦宜详载揭帖，若承问官增减原供，罪有出入者革职。臬司督抚不行查出改正者，各照失出失入例分别议处。罪无出入者，照不取紧要口供例，分别议处。

断狱075：嘉庆五年三奏准

官员审理命盗等案，录供通报后，覆审得实，定拟招解，与初详不符者，概免议处。若初审之员，案件尚未招解离任，经后官审出者，一体免议。

断狱076：嘉庆九年奏准

凡督抚具题事件，内有案情不确，律例不符之处，部驳再审，该督抚转饬覆审各官，遵驳改正具题，除审转之督抚司道免其议处外，承审及审转各官，原审律例不符者，照失出失入例减等议处。原审官未经审出实情，如罪有出入者，仍照失出失入例减等议处。罪无出入者，照不能审出实情例减等议处，例应革职者减为革职留任，例应降级调用者减为照所降之级留任，例应降级留任者减为罚俸一年，例应罚俸一年者减为罚俸六月，例应罚俸六月者减为罚俸三月。如系刑部径行按律改正具题者，照失出失入本例议处，毋庸减等。

断狱077：嘉庆九年又奏准

凡大小衙门问刑官员，于命盗案件，不虚心研鞫，刑逼妄供者革职。草率定案，证据无凭，枉坐凌迟斩绞重罪者革职，枉坐发遣军流者降四级调用，枉坐杖徒以下者降三级调用，毋庸查级议抵。至该管府州并各上司，不能平反，率据原招核转，该州县官应革职者，府州降四级调用，司道降三级调用，督抚降二级调用；州县应降四级调用者，府州降三级调用，司道降二级调用，督抚降一级调用；州县应降三级调用者，府州降二级调用，司道降一级调用，督抚降一级留任，亦毋庸查级议抵。如并非草率定案，枉坐人罪，仍照失出失入本例议处，如该上司有能驳审得实者，照例给予议叙。

断狱 078：嘉庆十年谕

朕阅各直省本年秋审人犯册内，由刑部改实为缓者三起，而改缓为实者，共有八十三起之多，数省如出一律，其故殊不可解。外省办案，狃于救生不救死之说，最为陋习，今部改各案，经朕一一详阅情节，多系按律改正，均属平允，并非刑部堂官有意吹求。朕矜恤庶狱，罪疑惟轻，从未谕令该部将秋谳案件，严行勘核。夫律文自有正条，该督抚臬司等办理各案，并不援照科断，转引他条迁就定拟，谓非有心轻减而何？护庇凶犯，不顾死者含冤，妄谓积阴功，不知获罪愈重矣。朕所以禁止从重定罪者，原指本律外加等问拟者而言，若舍本律而别引他条，则舛谬滋多，岂协中之义乎？况案情内或有一线可原之处，朕于勾到时，自有权衡，该督抚等总当依律定拟，不得率行末减，人命至重，岂容稍有偏畸？向例秋审失入一案及失出五案者，督抚臬司俱有处分，嗣经降旨宽贷，各省大吏，自因吏议既宽，更无瞻顾考成之虑，遂尔遇事从轻，欲博宽厚之名，而不思辟以止辟之道，于明刑弼教大有关系。嗣后著该部将办理秋审失入一案及失出五案者，仍照前定立处分，俾职司刑谳者，各知儆惕，遇事庶加详慎。本年系发令之初，所有此次定拟实缓错误失入一案及失出五案之各该省督抚臬司，姑从宽免其交议，仍于办理秋审完竣后，各传旨严行申饬，此后如有定拟错误者，均照定例议处。但各直省督抚等，不可因有此旨，辄又有意过严，致失持平之意，若妄事周内，则获咎更重。总当详核案情，确引律条，虚衷定谳，务期无枉无纵，以副朕执法用中谆谆训诫至意。

断狱 079：嘉庆十年议准

各省秋审人犯，原拟缓决，经刑部改入情实未至五案者，免其议处。如在五案以上十案以内者，将巡抚、臬司及兼管巡抚事之总督，均照承审失出例降一级调用，加级纪录，准其抵销，如无加级抵销者，照所降之级留任，俟六年无过，方准开复。至十案以上者，亦降一级调用，如过此数，仍计五案以次递加，其无加级抵销者，即行实降。五案之内，有一案系原拟情实改入缓决者，照承问失入例实降一级调用，二案者实降二级调用，如过此数，以次递加，虽有加级纪录，不准抵销。兼辖两省三省之会衔总督及藩司道员，系巡抚、臬司应行实降者，照所降之级留任，扣限六年无过，方准开复。其失出在十案以内，巡抚、臬司例止虚降者，统议降一级留任，三年无过开复。

断狱 080：嘉庆十一年奏准

凡盗贼诬良，承审官初次不能确审实情，经上司驳查，始行更正，或上司审出实情改正，所诬之人，已经拖累致死者，将承审官照不行审定以致将干连之人监毙之例，按名数分别议处，一人降一级调用，二人降二级调用，三人以上革职。若承审官经上司驳查，仍执原拟具详，经上司驳查至再，始行改正，及再驳之后，被上司审出实情，已经拖累致死，承审官再加一等议处，一人降二级调用，二人降三级调用，三人以上仍革职。若在审限之内，未经成招，因病致死者免议。审转官经臬司驳审改正者，减承审官一等，致死一人降一级留任，二人降一级调用，三人以上降二级调用。经臬司二次驳审改正者，致死一人降一级调用，二人降二级调用，三人以上降三级调用。臬司不行驳审，经督抚驳审改正者，再减一等议处，致死一人罚俸一年，二人降一级留任，三人以上降一级调用。经督抚二次驳审改正者，致死一人降一级留任，二人降一级调用三人以上降二级调用。不行查出具题之督抚，经刑部驳审改正者，再减一等议处，致死一人罚俸六月，二人罚俸一年，三人以上降一级留任。经刑部二次驳审改正者，致死一人罚俸一年，二人降一级留任，三人以上降一级调用。未经致死者，仍照部驳改正例，将承审官议处，审转各官均免议。

断狱081：嘉庆十一年又奏准

官员承审反叛人犯，未经审出实情者革职，审转官降四级调用，臬司降三级调用，督抚降一级调用。凌迟人犯，未经审出实情者，承问官降二级调用，审转官降一级调用，臬司降一级留任，督抚罚俸一年。斩绞人犯，未经审出实情者，承审官降一级调用，审转官降一级留任，臬司罚俸一年，督抚罚俸六月。军流人犯，未经审出实情者，承审官罚俸一年，审转官罚俸六月，臬司罚俸三月，督抚罚俸一月。徒杖人犯，未经审出实情者，承审官罚俸六月，审转官罚俸三月，臬司罚俸一月，督抚免议。其由臬司、道员审转之案，臬司、道员，照审转官例议处。

断狱082：嘉庆十一年三奏准

将应取紧要口供不行取供者，系反叛人犯，承问官降二级调用，审转官降一级调用，臬司降一级留任，督抚罚俸一年。系凌迟人犯，承审官降一级留任，审转官罚俸一年，臬司罚俸六月，督抚罚俸三月。系斩绞人犯，承审官罚俸六月，审转官罚俸三月，臬司罚俸一月，督抚免议。系军流人犯，承审官罚俸六月，审转官罚俸三月，臬司罚俸一月，督抚免议。系徒杖人犯，承审官罚俸三月，审转官罚俸一月，臬司督抚免议。其由臬司、道员审转之案，臬司、道员，照审转官例议处。

断狱083：嘉庆十一年四奏准

官员承问，引律不当，将应拟凌迟人犯，错拟斩绞者，承审官降一级调用，审转官降一级留任，臬司罚俸一年，督抚罚俸六月。如将应拟立决人犯错拟秋后处决者，承审官罚俸一年，审转官罚俸六月，臬司罚俸三月，督抚罚俸一月。如将应拟凌迟人犯错拟军流以下及免罪者，承审官降二级调用，审转官降一级调用，臬司降一级留任，督抚罚俸一年。如将应拟斩绞人犯错拟军流以下及免罪者，承审官降一级调用，审转官降一级留任，臬司罚俸一年，督抚罚俸六月。如将军流等犯错拟杖徒笞及免罪者，承审官罚俸一年，审转官罚俸六月，臬司罚俸三月，督抚罚俸一月。如将徒杖人犯错拟失出者，承审官罚俸六月，审转官罚俸三月，臬司罚俸一月，督抚免议。其由臬司、道员审转之案，臬司、道员，照审转官例议处。

断狱 084：嘉庆十一年五奏准

官员将斩绞人犯，遗漏未经减等者，降一级留任，转详之司道罚俸一年，督抚罚俸六月。如军流人犯，遗漏未经减等者，罚俸一年，司道罚俸六月，督抚罚俸三月。徒杖以下人犯，未经减等者，罚俸六月，司道罚俸三月，督抚罚俸一月。

断狱 085：道光六年谕

嗣后各省道府直隶州，务当激发天良，破除积习，毋徇情面，毋避嫌怨，果能于所属之案，审出实情，改拟得当，罪关生死出入者，著该督抚据实题奏，该部查明，随案奏请送部引见，以示鼓励。倘仍蹈徇庇故辙，致令冤狱难伸，一经发觉，定行加重治罪。钦此。遵旨议定：知府直隶州知州，能将州县审拟错误，有关生死出入大案，虚公研鞫，究出实情，改拟得当，经刑部核准后，交吏部查明奏请送部引见。

断狱 086：道光二十五年奏定

各省命盗等案，审拟招解，经督抚两司派员覆审委审，能将原问官审拟错误，有关生死出入大案，究出实情，改拟得当者，照审转官例，一体送部引见。如原问官拟罪有关出入，无关生死，委审官平反得实者，每案纪录二次。如原问官拟罪并无出入，止于未能审出实情，委审官研讯得实者，每案纪录一次。均由该督抚于定案时，将何官错误，何官驳正之处，随案声明。若该委员因有议叙之条，傅会文致，故意苛求，该督抚亦即查明题参，照上司苛驳之例议处。

断狱 087：道光二十八年奏定

一经获犯，该督抚特派委员审办，并无平反，仅止研讯出力者，如实系案情重大，非寻常命盗等案可比，凌迟斩绞立决之案准其加一级，斩绞监候之案准其纪录二次，均由该督抚保奏，将该委员如何出力之处，详细叙明，不得以委审出力，空言声请。

断狱 088：道光二十八年又奏定

委审人员研讯出力，实系一人审结要案至百案以上，内有凌迟斩绞立决之案，至十案以上者，由该督抚专折保奏，奉旨交议者，准照委审官平反得实之例，送部引见，如奉旨允准者，除仅止请加升衔毋庸核议外，如系有关升补，核与引见定例相符者，遵旨知照。如与引见之例不符者，即将不合例缘由，声明请旨。如委审并非一人，或案不及百起，并凌迟斩绞立决之案不及十案者，均照例给予级纪。

断狱 089：道光二十八年三奏定

应给加级人员，如审结不及十案者，每案给予加一级，案数较多者，酌加至十级为止。

断狱 090：咸丰九年奏准

各省秋审人犯，原拟缓决，经刑部改入情实，或奉特旨派员核议更改，及由覆勘朝审之员，奏驳更正者，其巡抚、臬司及兼管巡抚事务之总督，直隶、甘肃、四川三省，应议处分，就各该省秋审案数，合并计算，以五十起至二百五十起为率，五十起内失出一案至五案均降一级调用，六案至十案均降二级调用，以次递加。一百起内失出二案至五案均降一级调用，六案至十案均降二级调用，以次递加，一案免议。一百五十起内失出三案至五案均降一级调用，六案至十案均降二级调用，以次递加，二案以下免议。二百起内失出四案至五案均降一级调用，六案至十案均降二级调用，以次递加，三案以下免议。二百五十起内失出五案均降一级调用，六案至十案均降二级调用，以次递加，四案以下免议。至二百五十起以外，即毋庸分别起数，统按五案降一级调用，十案降二级调用之例核办。以上处分，系失出，加级纪录，准其抵销，其无抵销者，应降一级调用，改为降一级留任，六年无过，方准开复，应降二级调用以外者，即行实降。

断狱091：咸丰九年奏定

秋审会衔之督抚及藩司、道员，系失出者，无论案数多寡，俱各降一级留任，三年无过开复，有级纪者，仍准抵销。系失入者，每案俱各降一级留任，六年无过，方准开复。

断狱092：咸丰九年又奏定

各省秋审人犯，原拟情实，经刑部改入缓决者，将巡抚臬司及兼管巡抚事务之总督，每案俱各降一级调用，系失入，加级纪录，不准抵销。

断狱093：咸丰九年三奏定

各省秋审人犯，原拟情实，经刑部改为缓决，或奉特旨派员核议更改及由覆勘朝审之员，奏驳更正者，除一案二案仍照例办理外，至三案应降三级调用者降四级调用，四案降五级调用，均不准抵销，五案以上革任。

断狱094：咸丰九年四奏定

各省于题报秋审后尾时，将审定实缓之巡抚等官，均于疏内详细声明，由刑部咨送吏部核议。

断狱095：咸丰九年五奏定

刑部自行审理案件，定拟斩绞，归入秋审，分别实缓。如奉特旨派员核议更改及由覆勘朝审之员奏驳改定者，将总办秋审司员及该部堂官，均照外省巡抚、臬司之例，一律议处。如系失入，照外省失入例办理。如系失出，毋庸分别起数，每一案降一级留任，以次递加，至五案降一级调用。系失出，加级纪录，准其抵销，如无抵销者，降一级调用改为降一级留任，六年无过，方准开复。

断狱096：咸丰九年六奏定

刑部核议秋审招册，如定拟实缓错误，经奉特旨派员另核更改及覆勘朝审之员奏驳更正者，系失出一二案，司员罚俸一年，堂官罚俸六月；三四案，司员罚俸二年，堂官罚俸一年；五案，司员降二级留任，堂官罚俸二年；六七案，司员降三级留任，堂官降一级留任；八九案，司员革职留任，堂官降二级留任；至十案，司员降一级调用，堂官降三级留任；以上降调降留罚俸处分，加级纪录，准其抵销，如无抵销者，司员降一级调用改为革职留任，再罚俸一年。其降留革留之案，均扣限四年无过，方准开复。堂官应得降留处分，三年无过，方准开复。系失入一案，司员降三级留任，堂官降一级留任；二案，司员革职留任，堂官降二级留任；三案，司员降一级调用，堂官降三级留任；四案，司员降三级调用，堂官降一级调用；至五案，司员降五级调用，堂官降三级调用；以上降调降留处分，均不准查级议抵。司员降留者，八年无过，方准开复。堂官降留者，四年无过，方准开复。

吏部处分 202：提解人犯〔例 80 条〕

解犯 001：康熙九年题准

凡军流徒罪发遣人犯，或应本省发配，或应解部发遣，均以部文到日为始，定限两月起解，路途解送，每日定限五十里，如两月内不速行发解者罚俸一年，过一年者降一级调用，未经行催之上司罚俸半年。或将此等人犯，两月内不行发解，以致狱毙者降一级调用，未经行催之上司罚俸一年。至各省审结案内，应行解部之入官人口家产，亦立限两月，自该省起解，其解送人役，亦定行程限期，违者题参。若官员将应解人犯，错解别处者，罚俸六月。

解犯 002：康熙九年又题准

凡叛逆人犯及斩绞流徒笞杖等犯，原解未交之先，途路脱逃者，皆将原地方该管各官议处。其起解之犯，已经交与该府州县，脱逃者，原地方官免议，将承接府州县该管各官议处。其斩绞重犯，不加肘锁，少差解役，以致脱逃者，降一级调用。如军流徒罪等犯，不加肘锁，少差解役，以致脱逃者，罚俸一年，逃犯皆照案缉拿。如所差解役得重犯贿赂纵脱者，将本官照衙役犯赃失于觉察例议处。

解犯 003：康熙十四年议准

官员将未经题结之军流等犯，先行发遣者，降一级留任。

解犯 004：康熙十四年又议准

官员将军流徒罪人犯，令人取保脱逃者，降一级调用。或该犯私回，不行查出者，罚俸一年。如笞杖人犯脱逃者，罚俸六月。再，官员如给军流人犯出关印文，或给执照者，降四级调用。

解犯 005：康熙二十五年议准

凡军流徒犯及免死减等流犯，有祖父母父母老疾无倚，家无以次成丁者，如系大兴、宛平民人，该县出结，府尹确查报部；如属五城民人，掌印兵马司指挥出结，巡城御史确查报部；如属外省民人，州县官出结，司道府官转详督抚，督抚确查报部。如并无年老祖父母父母而称为有，实有以次成丁者而称为无，该管官不行查明，出具印结，将出结之官降二级调用，转详之上司罚俸一年，督抚罚俸六月。如有此等人犯，用财行贿，出具印结，将出结之官革职提问，转详之上司降三级调用，督抚降一级留任，兵马司照州县例议处。巡城御史、顺天府府尹照督抚例议处。若地方官出结后，上司复令查出，或原官查出据实首送者免议。

解犯006：雍正二年议准

外省解犯及解京与京发之犯，其情罪重大者，于批牌之上注明"此系要犯，应令官弁管押递送"字样，即从首先接递处，该千总等亲身押送出境交代，取收管存案。若该州县无设防之武弁，则令吏目、典史亲身押送出境交代，皆于取获收管内，注明某官某弁送交，倘有疏虞，该抚题参黜革。其寻常解犯，仍照定例选差押送。

解犯007：雍正二年又议准

凡奉旨缉拿之重犯，各省督抚及地方官，务须严行缉拿解部，如果所属地方无获，亦并无人隐藏，地方官于年终申报督抚奏闻，仍令地方官出具印结报部存案。若该地方官出具印结后，被旁人首获，审出曾在某处隐藏某家，将出具印结之该地方官革职，知府、直隶州知州降二级调用，道员罚俸一年，巡抚罚俸九月，加级纪录，不准抵销。若该地方各官，未出具印结之前，如有隐藏，被旁人首告拿获者，将该管地方官降二级调用，知府、直隶州知州罚俸一年，道员罚俸九月，巡抚罚俸六月，加级纪录，亦不准抵销。如该管各官知情听其隐藏者，与罪人一例治罪。如奉旨缉拿重犯，该地方官尽心拿获一名者，即准加一级。

解犯008：雍正三年议准

凡有斩绞重犯，州县官已加肘锁，多差解役，脱逃者降一级，限一年督缉，限内全获，准其开复，逾限不获，照所降之级调用。至军流徒罪等犯，如已加肘锁，多差解役，脱逃者罚俸六月，逃犯皆照案缉拿。

解犯009：雍正三年又议准

凡知府及直隶州知州所属州县，若山海巨盗，斩绞重犯，中途脱逃，有一二案者罚俸九月，三四案者罚俸一年，五六案以上者降一级，限一年催缉，限内全获，准其开复。逾限不获，照所降之级调用。若笞杖徒流等犯中途脱逃，有一二案者罚俸三月，三四案者罚俸六月，五六案以上者住俸，限一年催缉，限内全获，准其开复，逾限不获，降一级留任，仍照案缉拿。

解犯010：雍正三年奏准

发回原籍安插，并流徒充军等犯，有在中途患病者，即着该管地方官留养医治，内有随行亲属病者，亦准留养，俟病痊起解，将患病日期报部。如不留养医治，以致病故一二名者，将该地方官罚俸一年，三四名降一级留任，五六名以上降二级调用。至凡解部及递解外省人犯，中途患病，原解即报该地方官，验明委系患病，出具印结，如取结后病毙者，其官役免议，未取患病印结，途中毙一二名者，将金差之官罚俸一年，三四名降一级留任，五六名以上降二级调用。

解犯 011：雍正四年议准

满洲、蒙古、汉军之家奴犯军流罪者，止将本身发遣，令该督抚酌发有驻汛弁兵之处，给予兵丁为奴。若发遣处将犯人疏脱者，该管官照军流人犯脱逃例议处。有受贿纵放者，照主守故纵受财律治罪。

解犯 012：雍正五年议定

凡递回原籍，交与地方官收管之犯，果无生事出境，该地方官于每年冬底，出具印甘各结，并将递到人犯数目，及有无生事出境之处，一并造册报部察核。若递回人犯，该地方官不严行管束，致令脱逃出境者，一名罚俸一月，二三名罚俸三月，四名至六名罚俸六月，七名至九名罚俸九月，十名以上者罚俸一年，仍著落该地方官，勒限一年缉拿。如逾限不获，每一名罚俸三月，四名以上罚俸一年，十名以上降一级留任。倘业已脱逃，该地方官捏称并未出境，或遇别处发觉，或被旁人首告，将该地方官照溺职例革职。该管上司知而不报，照徇庇例议处。

解犯 013：雍正五年题准

问拟徒罪之犯，除顺天府所属州县民人，仍送该府尹衙门发配，其余各省民人，皆递回各该督抚衙门，照伊原籍应发地方发配充徒，年限满日，交与原籍地方官安插管束，不许出境。如该地方官管束不严，致令脱逃出境者，经别邑拿获，除将该犯照例治罪外，将该管原籍地方官，照递回人犯出境例议处。倘各该地方有容留潜住者，事发，将各该地方官，亦照原籍地方官例处分。

解犯 014：雍正五年又议定

凡犯法〔嘉庆五年奏准：斩绞改遣。〕后潜逃各犯，其藏匿之窝家，除不知情者，仍照律免议外，至若身系职官，而知情窝隐者，除革职外，仍照本犯原罪治罪，不准折赎。至于犯罪之人，在于所属境内藏匿，地方官怠忽因循，不实力稽查，或被旁人首发，或被邻境官司拿获，将该地方官降一级留任。如有属官藏匿罪人，该管上司不行查出揭参，该管上司亦照此例议处。

解犯 015：雍正六年议准

民间词讼，不于犯事地方呈告，则原告易驾虚词，而关提质审，被告又易于抗延支饰。嗣后户婚、田土、钱债、斗殴、赌博等细事，必令于犯事地方告理，不得于原告所住之州县呈告，原籍之官亦概不得滥准行关，彼处之官亦不得据关文即为拘发，违者，将该地方官详参，滥准行关者罚俸一年，据关拘发者罚俸六月。如有于犯事之地方官处告准关提质审，而彼处地方官匿犯不解者，照徇庇例降三级调用。

解犯 016：雍正六年又议准

州县递解人犯，点解之后，或私行雇替，或解役短少，该管官皆不能觉察，直待人犯脱逃而后，严参究审，已属无及。嗣后递解人犯。解到之州县，务将解差点验，如人数不足，或有雇替情弊，即令就近究明惩治。倘解到之州县，瞻徇邻封情面，不行究惩，或解至伊境内失囚，与金差不慎，少差解役之员，一并参处，著落缉拿。如起解地方官祖护衙役，因解到之州县，惩责其差，遂含怨致怒于邻封者，该督抚察访有据，即指名题参，将祖护之员，照徇庇例降三级调用。

解犯017：雍正六年三议准

凡发遣人犯，酌定名数，分起解送。如案内人犯众多，至五名以上者，每五名作一起，先后解送，至起解时，务必严加锁铐，倘解役人等受贿开放，若转解之该地方官，因前途未曾锁铐，不复稽查，听其散行，将该地方官与前途未曾锁铐官，皆按罪犯轻重，照不加肘锁脱逃例，分别议处。如解犯于经过处所，辱官诈财，生事不法，州县官隐匿不报者，降二级调用。该管各上司，未经查出者，罚俸一年。若地方官已经申报，而该管司道府不行揭报，督抚不行题参者，将该管司道府降二级调用，督抚降一级调用，其申报之州县官免议。

解犯018：雍正六年议定

凡军流人犯，单身逃遁者，该管各官仍照例处分外，如携带妻子脱逃者，初参将该管官罚俸一年，兼辖官罚俸六月，皆勒限一年缉拿，不行稽查之知府、同知等官罚俸三月。限满不获，将该管官降一级留任，缉获之日，准其开复，兼辖官罚俸一年。

解犯019：雍正七年议准

凡外省官员，解送犯人到部，限十日内给发批回，倘于限内不行查收，及不给发批回者，该堂官即行题参，将该司官照逾限例议处。

解犯020：雍正七年又议准

凡律载应流之犯内，如诈为制书，诈传诏旨，伪造印信，谋反叛逆，强盗私盐，及左道妖言，妄言煽惑，商渔船夹带违禁物件，谋杀出使官吏，漏泄机密事情，采生折割，毒药杀人，以药迷人各等案内流犯，皆属情罪重大，在配所脱逃者，该管官及兼辖官，除初参、二参，仍照原定例议处外，于二参限满之后，再限一年缉拿，限满不获，系单身脱逃之犯，该管官二参罚俸一年者，三参即降一级留任，缉获之日，准其开复；兼辖官二参罚俸六月者，三参即罚俸一年。系携带妻子脱逃之犯，该管官二参降一级留任者，三参即降一级调用，未获逃犯，交与接任官照案缉拿；兼辖官二参罚俸一年者，三参即降一级留任，缉获之日，准其开复。再，此等重犯，自配所脱逃，或私回原籍，或仍匿发遣地方，其各该地方官，原有缉拿之责，按限缉获，止应免其处分。至邻境各官，果能尽心协捕，应予议叙，以示鼓励。嗣后重罪流犯脱逃，于邻境经过之处，及潜匿之处，各该地方官将单身脱逃之犯盘获者，每一名纪录一次。将携带妻子脱逃之犯全获者，每一起纪录一次。其余别项流犯脱逃，该管各官并原籍地方官，仍照定例遵行。

解犯 021：雍正七年议定

凡充发烟瘴之军流人犯于解送之时，安插之所犯人不服拘管，或因约束过严，以致轻生毙命者，该督抚查明果无凌虐逼勒致死情弊，取具印甘各结，将地方官吏人等，概行免议。如此等充发烟瘴军流人犯于经过州县，及安插地方有妄行不法等事，州县官徇情故纵，隐匿不报者，降二级调用。或有疏防脱逃者，将该管官降一级留任，限一年缉拿，限内拿获，准其开复，逾限不获，即照所降之级调用，未获逃犯交与接任官照案缉拿。

解犯 022：雍正七年三议准

隔属提拿赃盗及命案内斩绞重犯，而彼处地方官膜视隔属重案，乡地邻保袒护本地方民人，以致奸徒得以肆行劫夺，许提拿之地方官，据实详明督抚，将纵劫之该地方官题参解任，俟此案获犯审明题结之日，将解任之员，出具考语，咨部引见，请旨开复。如在隔省，亦即详明本省督抚，移咨彼省督抚，会疏题参，将纵劫之地方官，摘印解任，俟此案人犯既获，审明题结之日，方准将解任之员，出具考语，咨部引见，请旨开复。至于隔属本无抢犯情弊，而捕役贿纵，捏称被劫者，除捕役照例治罪外，其误听捕役捏禀，以致将隔属官详揭题参者，审明之日，将原参之官即行开复，将误听捕役之员照误揭例降二级调用。

解犯 023：雍正七年四议准

各处免死减等发遣人犯，从发遣处逃回，其容留居住之房主，系官革职，不行查拿之州县官降一级、罚俸一年，该管知府、直隶州知州各罚俸一年，五城正指挥照知府议处，副指挥照州县官议处。

解犯 024：雍正七年五议准

凡盗案内，地方官有向隔属当铺起赃，当商或支饰不认，或匿赃先勒当本，其该管官袒护当商，不即起出移解，以致盗案迟延，许承审官详明该督抚，将袒护之地方官题参，照徇庇例降三级调用。隔省者，咨会题参，亦照此例议处。

解犯 025：雍正十三年议准

凡军流人犯到配，交地方官收领，令府厅严行稽查，如有乘间脱逃者，〔嘉庆五年奏准：一名单身脱逃，或二名同日单身脱逃。〕初参，将专管官罚俸六月，兼辖官罚俸三月，皆限一年缉拿，不行稽查之府厅罚俸三月。限满不获，专管官罚俸一年，兼辖官罚俸六月。〔军犯饬发该卫著伍，其出具收管之员即为专管官。至管辖卫所之府厅，若卫所已有兼辖官，则府厅照统辖官例处分，若知府系兼辖之员，则知府已照兼辖官例议以罚俸限缉，其失于觉察之处，例不重复议处，毋庸再议，止将该统辖厅员照例议处。〕至军流人犯到配，除专管官不时稽查外，仍令该印官，每月将人犯点验二次，并造具年貌籍贯册结，呈报府厅稽核，如该印官不行点验，以致脱逃者，将该印官罚俸一年。若军流人犯在配日久，或交通官弁，生事不法，贿嘱官吏，潜逃无踪，该府厅据实查报，止将州县官分别参处，该府厅免其核参。若该府厅漫无觉察，照失于觉察例罚俸一年，并将任其交通之州县等官，照徇情例降二级调用。

解犯 026：雍正十三年又议准

凡徒犯到配，发驿收管，仍令该印官不时稽查，倘该驿官将徒犯私自役使，印官即据实详参，将驿官罚俸九月。至如徒犯脱逃，〔嘉庆五年奏准：四名以下，同日脱逃。〕初参，将专管官罚俸六月，兼辖官罚俸三月，皆限一年缉拿，限满不获，专管官罚俸一年，兼辖官罚俸六月。〔有驿丞者，以该驿丞为专管，知县为兼辖。若该县无驿丞，系知县管理者，以该知县为专管，知府为兼辖。至该驿原有驿丞，或因事故离任，该县知县暂行兼管，遇有疏脱，将该县知县照一人兼两任例就一任处分，其兼辖职名，毋庸开参。再，属府辖之该驿丞，应以知府为兼辖，其知县职名，亦毋庸开报。〕若徒犯倩人替代，私自回籍，该驿丞受其贿嘱，私行纵放，将该驿官革职治罪，该印官觉察详报者免议，若并无觉察，将该印官罚俸一年。

解犯 027：乾隆元年覆准

军流人犯之妻，如有患病留养，本犯先行发遣者，其妻于病痊日补解时，许亲属随行，以免中途陵辱等弊。再，军流人犯之妻，如有年逾六十以上，本属老病，不能随行及患病遂成笃废，不能补解者，仍取具邻族甘结，该地方官勘验明白，加具印结，将不能随行及笃废不能补解缘由，申详该上司，应行报部者，报部查核，行文本犯遣所，俾令知之。倘有捏饰情弊，将具结之亲族里邻，照例治罪，犯妻立即补解，其不行详查出结转详之地方官，照谎报出结例降二级调用，转详之上司罚俸一年。

解犯 028：乾隆元年又覆准

各属应拿人犯，若果文武同心，速行差缉，罪犯自难越境潜踪。嗣后一应缉捕事务，如文员先行访知，即移会武弁，或武弁先行访知，即移会文员，皆各遴选兵役，合力协拿，不得推诿。如文员已移会武弁，而武弁不即差兵协拿，或武弁已移会文员，而文员不即差役协拿者，皆照迟延推诿例议处。至如邻邑、他省、沿边、沿海通缉人犯，如于文到之后，以隔属歧视，文员不移会武弁协拿者，照申报盗案互相推诿例降一级调用，或武弁不移会文员协拿者，亦照此例议处。再，文武官弁不行移会协拿，既定有议处，如能实力缉获，亦当量予议叙，如邻邑官弁接到关文之后，即能缉获罪犯，并他省沿边沿海官弁于文到之后，果能盘获匪犯者，皆照拿获邻境盗犯例，每案二名纪录一次。再，兵役人等，乘缉获人犯，最易藉端滋事，倘有妄指平民，骚扰索诈，以及贿纵者，依律从重治罪外，其失察徇庇之该管官，如系知情故纵，照纵役贪赃例革职，若失于觉察，仍照失察衙役犯赃例议处。

解犯 029：乾隆三年议准

隔省关提人犯，以文到日为始，限四个月拿解，邻封关提人犯，限文到二十日拿解，如无故逾限不发，该地方官照事件迟延例，逾限不及一月者罚俸三月，逾限一月以上者罚俸一年。听信地保差役捏称并无其人，并久经外出，以空文回覆，不发人犯者，该地方官照匿犯不解例降三级调用。〔嘉庆五年奏准：不能查出，系寻常案犯罚俸六月，系命盗等项重犯罚俸一年。或现有其人，地方官故意不肯发人者，系寻常案犯罚俸一年，系命盗重犯，照匿犯不解例降三级调用。〕

解犯 030：乾隆四年奏准

凡递回原籍无罪之人，途路脱逃者，将金差之员罚俸三月。

解犯 031：乾隆五年奏准

凡军流徒罪人犯，在配脱逃，有数案人犯同日脱逃者，〔乾隆三十七年奏准：军流二名以上，徒罪四名以下。〕脱逃虽有数人，地方官失于防范，实系一次，应并案察议。至一案内，数人分为数日，前后脱逃者，脱逃日期既有不同，地方官失于防范亦有数次，按其脱逃次数，计案议处。

解犯 032：乾隆五年又奏准

番役拘拿罪犯，虽无私拷情弊，但不将该犯即行送官，或关禁在庙，或锁系在家，私自取供，后送本官者，将私拷取供之番役，照例治罪。如该管官不行查究，将该管官照失于觉察例罚俸一年。

解犯 033：乾隆六年覆准

凡各衙门有差票事竣，即宜查销，如差票不销，以致衙役持票，恐吓乡民犯赃者，将该管官照失察衙役犯赃例处分。

解犯 034：乾隆六年议准

凡在京问拟笞杖枷责，解回原籍人犯，应令该地方官安插之后，加意稽查管束，毋许出境生事，如有复逃来京者，除初次、二次，本犯仍递回原籍安插，免其治罪，该地方官免其查参外，其复逃来京，至三次以上，怙终不悛之犯，拿获之日，虽审无犯案，亦按其原犯情罪之轻重，分别惩责，仍递回原籍，交与该地方官管束，如再犯案，从重归结。所有疏纵三次来京之地方官，照递回人犯出境例，分别议处。

解犯 035：乾隆八年覆准

凡军流人犯，除未经起解者，六月照例停遣外，已解至中途，如遇六月盛暑之时，沿途州县，即照例停遣，不得遣令前往。如到配将近，及单身人犯，自愿前进者，令该州县讯取确供，知会前途，一例接递，仍将该犯不愿停遣缘由，报部察核。

解犯 036：乾隆十年覆准

凡外省罪应徒者，除抵籍不远，即遇隆冬盛暑，仍行递解外，其离原籍一千里以上者，亦照军流之例，未经起解者，概行停解。若已至中途，初冬十月，经过地方，照常接递，至十一月初一日，一例停解，俟次年春融再递。如已将至原籍，讯明本犯情愿前进者，转移前途州县接递。六月盛暑之时，亦准留养。傥地方官违例发解，沿途州县滥行接递者，皆照应留人犯违例发遣例，罚俸六月。

解犯 037：乾隆十三年议准

地方官并营卫武职，拿获邻境逃犯，如系军流罪犯，单身脱逃者，每一名纪录一次。携带妻子脱逃之犯，全获者，每一起纪录一次。其拿获脱逃徒犯者，二名纪录一次。准其前后接算，声明议叙。〔乾隆三十年奏准：其拿获发往巴里坤种地，及新疆改遣人犯脱逃者，亦照此例分别议叙。〕

解犯 038：乾隆十三年覆准

军流人犯到配，若派拨州县等衙门充当夫役者，遇有脱逃事故，止将本管官劾参议处，初参罚俸六月，二参罚俸一年，该兼统各官，毋庸开送。至奉天徒犯，分拨州县衙门充当夫役脱逃者，亦照此例办理。

解犯 039：乾隆十四年议准

五城命盗重案，除未经到案脱逃，仍照定例议处外，如已经拿获到案，不行羁禁，擅行发保，未经脱逃者，将该司坊官罚俸一年，因而脱逃者，降一级留任，限一年缉拿，限内拿获，准其开复，限满不获，照所降之级调用，逃犯交与接任官，勒限一年缉拿，能于限内拿获者，准其纪录一次，限满不获，罚俸一年，逃犯照案缉拿。如别城及邻邑地方官，有能拿获此等逃犯者，每一名准其纪录一次。

解犯 040：乾隆二十四年覆准

军流徒罪及解回发落管束之犯，均于批解长文内，载叙事由，并开明该犯年貌、疤痣、箕斗，以备查核，如不行开载，罚俸九月。接解地方官不行查出，即行转解，罚俸三月。至中途有贿差顶替等事者，将金差之员，照失察衙役犯赃例议处。如原解地方已经开载，仍有贿差情弊，转解官不行查出，罚俸六月。

解犯 041：乾隆二十四年又覆准

在配军流徒犯，行窃为匪，该管官自行查拿者免议，如失于查拿，别经发觉者，每名将专管官罚俸一年，兼辖官免议。如行凶滋事，致酿人命者，专管官降一级调用，兼辖官罚俸一年。

解犯 042：乾隆二十八年覆准

军流在配脱逃，本籍地方官，于咨缉文到之日，即传该犯亲属邻保人等，逐一询问，根究下落，如果未经回籍，即取具甘结，咨送刑部，及配所省分存案，仍令亲属邻保，如取结后回籍，即禀官拿究，地方官仍不时侦缉，一经回籍，自行拿获者，免其议处，别经发觉者，即将取结之地方官降二级调用。如该犯逃回于未经咨缉之先，及逃回于取结地方官离任之后者，将失察之员罚俸一年。

解犯 043：乾隆二十九年覆准

直省所属，有并无监狱处所，遇有解犯到境，务令该管官即行接收，多拨兵役，于店内严加看守，毋致疏虞。如有藉词推诿，不收人犯，仅令原役看守，致犯脱逃者，该督抚即行严参，将该地方官照不应重私罪律降三级调用，虽有加级纪录，不准抵销，该管上司降二级留任。〔寻改：将该地方官照不加肘锁少差解役以致脱逃例议处。〕

解犯 044：乾隆三十年奏准

军流徒犯及安插为民，人犯脱逃，隐匿不报者，将配所该管官，初参降二级留任，限一年缉拿，限内拿获，准其开复，如限满不获，照所降之级调用。该管道府容隐不举，该督抚将该道府一并照此例参处。

解犯 045：乾隆三十年又奏准

凡系奉旨缉捕关系紧要人犯，该管衙门即行文八旗步军统领及五城察院，转行所属地方，严行缉拿，并牌行附京之涿州等处，一体盘缉，限一月缉获，限内拿获者免议，如限内不获，俱降一级调用，仍令接管官照案缉拿，若于一月之内，经管各官及该管上司大臣自行拿获，毋庸议叙。系他人拿获，将拿获之员，每一名纪录二次，在一月之外者，每一名纪录一次。如拿获之犯，审出在何地藏匿，不知情者，将该地方官降一级留任，如系知情容隐者，将该地方官革职，该管上司降二级调用。

解犯 046：乾隆三十年三奏准

旗民同处地方，有命盗造赌重犯，访知确实，不论旗民，一面行文关会，一面差役持票径行拘拿。该旗民官员，不即添差协拿，致使奸匪远遁，许令通揭该上司会参，将该管官降三级调用。若非命盗造赌紧要重情，并无的实证据者，旗民官员仍知会拘审，不得令差役径行拘拿，违者，照滥准行关例罚俸一年。致差役扰害地方者，照生事扰民例，分别议处。

解犯 047：乾隆三十年四奏准

诱拐等犯，勒限六个月缉拿，逾限不获，将该地方官罚俸一年，人犯照案缉拿。

解犯 048：乾隆三十年五奏准

番役拿解人犯，属提督管辖者，限即日送该管营弁，转送提督衙门。属巡城御史管辖者，亦限即日送该管官，转送该御史衙门审讯。倘番役人等，将拿获人犯锁系羁留，不即送官，拷逼勒索，私行取供，该管官自行查究者免议。如不行查究，别经发觉者，照失察捕役诬窃为盗例，分别致死未致死议处。如有得财纵放，照失察衙役犯赃例议处。如止私行取供，并无拷逼勒索等弊者，罚俸一年。

解犯 049：乾隆三十年六奏准

凡各省府州县所属大小案内人犯，如有窜入邻境，一面差役执持印票往拿，一面移文关会，添差协缉。倘该地方官明知逃匿邻境，以非其管辖，不急往拿，及邻境之该管官不行协缉者，系命盗等项重犯，均降三级调用，系逃窃窝赌窝娼等项寻常案犯，均罚俸一年。

解犯 050：乾隆三十三年奏准

新疆改发内地遣犯，如系携带妻子脱逃者，初参，专管官降二级留任，兼辖官降职二级，俱限一年缉拿，不行巡查之府厅罚俸一年，道员罚俸九月。限满不获，专管官照所降之级调用，兼辖官照所降之级留任，拿获之日，准其开复，不获，照例扣限开复，逃犯照案缉拿。如系单身脱逃者，初参，专管官降一级留任，兼辖官罚俸一年，俱限一年缉拿，不行巡查之府厅罚俸六月，道员罚俸三月。限满不获，专管官照所降之级调用，兼辖官降一级留任，拿获之日，准其开复，不获，照例扣限开复，逃犯照案缉拿。如专管官系无级可降之员，仍照例查询居官，居官平常者即行革职，居官好者改为革职留任，于正限满后，再限一年缉拿，限满不获，罚俸一年，仍限一年缉拿，再限不获，再罚俸一年，逃案照案缉拿，拿获之日，准其开复革职留任处分，不获，照例扣限开复。如前官已经离任，即将接任之员，照此按限参处。

解犯 051：乾隆三十三年谕

积匪猾贼，本系免死改发内地之犯，乃该州县等既不能严密周防于先，复不能密速追拿于后，致多犯久稽弋获，岂疏纵常犯可比？皆由向来督抚等，仅沿常例查参，直至四参不获，始行分别降调，以致地方有司，不知儆惕，事理实为未协。嗣后各省疏脱遣犯，如有逃逸多人，逾限不获者，其知县等官，均按依限期，从重参处。钦此。遵旨议定：改遣人犯，同日脱逃至五六名者，该管官革职留任，戴罪勒限一年缉拿，全获开复，逾限一名不获降二级调用，二名不获降三级调用，三名不获即行革职。

解犯 052：乾隆三十三年覆准

军流人犯，同日脱逃至三名以上，初参，专管官罚俸一年，兼辖官罚俸六月，俱限一年缉拿，限满不获，专管官降一级留任，拿获之日，准其开复，不获，照例扣限开复，兼辖官罚俸一年，逃犯照案缉拿。脱逃至六名以上者，初参，专管官罚俸一年，兼辖官罚俸六月，俱限一年缉拿，限满不获，专管官降一级留任，兼辖官罚俸一年，仍限一年缉拿，限满不获，专管官照所降之级调用，逃犯交与接任官照案缉拿，兼辖官降一级留任。府州厅员，均仍照前例议处。如专兼各官，疏脱三名六名以上，于限内拿获数名，未能全获者，仍按其未获名数，分别议处。〔如二参限满，未获在二名以下，专管官照二名同日脱逃二参之例罚俸一年，余仿此。〕

解犯 053：乾隆三十四年奏准

徒犯同日脱逃至五名以上，初参，专管官罚俸一年，兼辖官罚俸六月，俱限一年缉拿，限满不获，专管官降一级留任，拿获之日，准其开复，不获，照例扣限开复，兼辖官罚俸一年，逃犯照案缉拿。脱逃至十名以上，初参，专管官罚俸一年，兼辖官罚俸六月，俱限一年缉拿，限满不获，专管官降一级留任，兼辖官罚俸一年，仍限一年缉拿，限满不获，专管官照所降之级调用，逃犯交与接任官照案缉拿，兼辖官降一级留任，拿获之日，准其开复，不获，照例扣限开复。如专兼各官疏脱五名十名以上，于限内拿获数名，未能全获者，展参限满，按其未获名数，分别议处。〔如二参限满，未获在四名以上，专管官照四名同日脱逃二参之例罚俸一年，余仿此。〕

解犯 054：乾隆三十四年覆准

各省遇有紧要官犯等类，务择现任文武员弁，派委押解，其试用效力者，概不得派委。如有违例滥派，以致疏失者，除押解之员，按照律例分别议罪外，将原委之上司降一级调用，无有疏失者罚俸一年。

解犯 055：乾隆三十六年覆准

新疆改发内地遣犯，逃回原籍居住，别经发觉，查明原籍曾经奉文密缉者，无论已未详覆，将原籍地方官降二级调用；未经奉文密缉者，原籍地方官降二级留任。其原籍接缉之地方官，如有失察逃回原籍者，于应得降调降留处分外，再照从前未获年分，初限、二限各罚俸一年。若在别处逗遛一二名，在半月以上者，失察之地方官降一级留任；逗遛在三名以上，失察在半月以上者降二级留任，一月以上者降二级调用。

解犯 056：乾隆三十六年又覆准

拿获新疆改遣逃犯，至六名以上者，并无本境逃犯未获，照拿获邻境劫掠大案之例，该督抚奏请送部引见。如有本境改遣逃犯未获之案，停其送部，照例议叙。系前官任内未获逃遣，仍准奏请送部引见。

解犯 057：乾隆四十五年奏准

凡地方官因事累民，以致民情不服，聚众殴差者，将地方官严参究治外，系应行缉拿之案，凶徒恃众哄闹，夺犯殴差，未能即时擒获，将该地方官即照盗案例题参，疏防未获人犯，按限参处，傥有讳匿，亦即照讳盗例议处。

解犯 058：乾隆四十五年谕

嗣后发遣伊犁乌鲁木齐等处脱逃人犯，务须上紧查拿，傥不实力严缉，一经别处拿获，究出经过地方之官员，俱行治罪外，其各该管上司一并交部议处，仍将此等在逃人犯共有若干，拿获正法者若干，未经拿获者尚有若干之处，该大臣等于年终查明汇奏。

解犯 059：乾隆五十六年议准

各省年终汇奏逃遣人犯，将未获名数，分析声明，承缉、接缉各官，照凶首、盗首之例，一二名不获罚俸六月，三四名不获罚俸九月，五六名以上不获罚俸一年，再限一年缉拿，限满不获，仍照此例，按其未获名数分别议处，逃犯照案缉拿。道府、同知、通判、直隶州等官，总计所属地方，获不及半者罚俸六月。如承缉官本身不致离任者，仍按年汇题。

解犯 060：乾隆五十六年谕

嗣后拿获逃遣人犯，审明系由何省行走，即将沿途所过省分按察使一并议处，庶各省按察使知有处分，留心缉拿要犯。钦此。遵旨议定：拿获各省逃遣，讯明经由何省，将沿途所过省分之按察使罚俸六月。

解犯 061：嘉庆四年奏准

决不待时重犯，中途脱逃，系少差解役，未加肘锁者，将该管官革职；系多差解役，已加肘锁者，该管官革职留任，限一年缉拿，限内拿获，准其开复，不获，即行革任。斩绞监候重犯，中途脱逃，系少差解役，未加肘锁者，该管官降一级调用；系多差解役，已加肘锁者，该管官降一级留任，限一年缉拿，限内拿获，准其开复，不获，照所降之级调用。发遣新疆等人犯，中途脱逃，系少差解役，未加肘锁者，该管官降一级留任，限一年缉拿，限内拿获，准其开复，不获，照所降之级调用；系多差解役，已加肘锁者，该管官降职一级，限一年缉拿，限内拿获，准其开复，不获，照所降之级留任，逃犯照案缉拿。军流以下人犯，中途脱逃，系少差解役，未加肘锁者，该管官罚俸一年；系多差解役，已加肘锁者，该管官罚俸六月，逃犯俱照案缉拿。

解犯 062：嘉庆四年又奏准

凡该管知府、直隶州，遇所属州县有决不待时重犯，中途脱逃，州县官例应革职者，府州降一级调用，司道降一级留任，督抚罚俸一年。系斩绞重犯，州县官例应革职留任，府州降一级留任，限一年督缉，限内拿获，准其开复，不获，照所降之级调用，司道罚俸一年，督抚罚俸六月。系新疆改遣人犯，府州罚俸一年，司道罚俸六月，督抚免议。系寻常军流以下人犯，府州罚俸三月，道员免议。如属员于限内获犯，例得开复，该管上司，一体开复，职名尚未送部者，即予免议。

解犯 063：嘉庆四年三奏准

各省秋审发回监候及他省递解人犯，如系斩绞重犯，少差解役，不加肘锁，以致自尽者，该管州县及金差不慎之营员，降一级调用；系多差解役，已加肘锁，该犯仓猝自尽者，降一级留任。军流徒罪，少差解役，不加肘锁，以致自尽者，降一级留任；多差解役，已加肘锁，竟致自尽者，罚俸一年。其递至中途寄监自尽者，将该州县有狱、管狱官，照监犯自尽例议处，原解之员免议。若在村庄坊店歇宿自尽者，止将原解之员分别议处。〔原解之员应降调者，添解之员减为降留；原解之员应降留者，添解之员减为罚俸；原解之员应罚俸一年者，添解之员减为罚俸六月。〕其有在途仓猝跌毙、溺毙者，照监毙例议处。

解犯 064：嘉庆四年四奏准

改遣以上人犯，中途脱逃，承缉官未经限满离任者，逃犯交与接任官，限一年缉拿，限满不获，罚俸一年，再限一年缉拿，不获，再罚俸一年，逃犯照案缉拿。

解犯 065：嘉庆四年五奏准

解役与犯同逃者，亦照各项罪犯脱逃之例，一体限缉议处。如所差解役得受贿赂纵逃者，照失察衙役犯赃例议处。

解犯 066：嘉庆四年六奏准

凡各项起解人犯，递至邻境，未交之先，途路脱逃者，邻境地方官免议，将原佥差地方官议处。已交之后脱逃者，原佥差地方官免议，将邻境之地方官议处。

解犯 067：嘉庆五年奏准

各项逃犯逗遛不及半月者，地方官免议。

解犯 068：嘉庆五年又奏准

军流等犯遇赦减等发落，未准部覆，即行脱逃，刑部议以不准免缉者，疏脱之专管官罚俸六月，兼辖官罚俸三月，府厅免议。

解犯 069：嘉庆五年三奏准

官员将应拟徒罪人犯，令人取保脱逃者，罚俸六月。

解犯 070：嘉庆五年四奏准

军流人犯，负罪潜逃，逗遛在境，失察之地方官罚俸六月。

解犯 071：嘉庆五年五奏准

解役将文批遗失销毁者，佥差官罚俸六月。

解犯 072：嘉庆七年奏准

凡问发新疆及由新疆改发内地各遣犯，中途、配所脱逃，并逃回原籍，及逗遛在境，拿获之日，例应正法者，佥差护解各官，该管上司及专兼各官，失察之道府厅员，并地方官，均照新疆人犯脱逃之例办理。其遣犯拿获之日，仅止调发枷号杖责，例不正法者，应议各官，均照寻常军流遣犯脱逃之例办理。

解犯 073：嘉庆七年又奏准

凡拿获邻境问发新疆及由新疆改发内地遣犯，不论越狱、中途、配所脱逃，例不正法者，照拿获军流罪犯例，分别起数、名数议叙。如系例应正法之犯，拿获至六名以上者，仍准送部引见，其未及六名者，照缉拿重犯例，每一名准其加一级。如例不正法之犯，即获至六名以上，不准奏请引见。

解犯 074：嘉庆十八年奉旨

直省州县，各有疆界，定例拘传邻境人犯，必关移本地方官票传移解，原以杜冒名妄拿，扰害平民之弊。若案关重大，如现在缉拿逆犯，自应量为变通，免致稽迟时日，漏泄风声。嗣后如查拿逆案要犯，邻县蹿明住址，准其选派干役，就近速往掩捕，仍密具文移，另派妥役，关会本邑地方官，并免其不及协拿处分，庶冒充延搁之弊，可以悉除。其寻常命盗户婚田土案件关提人犯，仍著照旧例行。

解犯 075：道光二十七年奏准

决不待时重犯中途脱逃，系少差解役，未加肘锁者，该管官革职；系多差解役，已加肘锁者，该管官革职留任；限一年缉拿，限内获犯，准其开复，不获，即行革任。斩绞监候重犯中途脱逃，系少差解役，未加肘锁，疏脱一名者，该管官降一级调用，二三名者降二级调用，四五名以上者降三级调用；系多差解役，已加肘锁，疏脱一名者，该管官降一级留任，二三名者降二级留任，四五名以上者降三级留任；俱限一年缉拿，限内拿获，准其开复，不获，照所降之级调用。

解犯 076：道光二十七年又奏准

发遣新疆等处重犯〔此指脱逃拿获例应正法者而言。〕中途脱逃，系少差解役，未加肘锁，疏脱一名者，该管官降一级留任，二三名者降二级留任，四五名以上者降三级留任，俱限一年缉拿，降内拿获，准其开复，不获，照所降之级调用。系多差解役，已加肘锁，疏脱一名者，该管官罚俸一年，二三名者罚俸二年，四五名以上者降一级留任，俱限一年缉拿，限满不获，原议罚俸一年者降一级留任，罚俸二年者降二级留任，降一级留任者降三级留任，逃犯照案缉拿。

解犯 077：道光二十七年三奏准

寻常遣罪及军流以下人犯中途脱逃，系少差解役，未加肘锁，疏脱一名者，该管官罚俸一年，二三名者罚俸二年，四五名以上者降一级留任。系多差解役，已加肘锁，疏脱一名者，该管官罚俸六月，二三名者罚俸一年，四五名以上者罚俸二年，逃犯照案缉拿。

解犯 078：道光二十七年四奏准

递回原籍收管之人，中途疏脱一名者，该管官罚俸三月，二三名者罚俸六月，四五名以上者罚俸一年。

解犯 079：道光二十七年五奏准

该管上司，遇所属解犯脱逃之案，州县官应革职者，府州降一级调用，道员降一级留任，臬司罚俸一年，督抚罚俸六月。州县官应革职留任者，府州降一级留任，限一年督缉，限内拿获，准其开复，不获，照所降之级调用，道员罚俸一年，臬司罚俸六月，督抚罚俸三月。州县官应降调者，府州降一级留任，道员罚俸一年，臬司罚俸六月。州县官应降留者，府州罚俸一年，道员罚俸六月，臬司罚俸三月。州县官应罚俸一年者，府州罚俸三月。州县官应罚俸六月者，府州罚俸一月。〔光绪十二年奏准：参劾州县官应罚俸二年者，府州罚俸六月，道员罚俸三月。〕如属员于限内获犯，例得开复，其上司应得处分，亦一体准其开复，若职名尚未送部，即予宽免。

解犯 080：道光二十七年六奏准

各州县于递回收管流民，如有复行脱逃出边滋事者，一名罚俸六月，二三名罚俸一年，四名至六名罚俸二年，七名至九名降一级留任，十名以上降二级留任。其出边后，失察在境潜住地方官，亦照此例议处，仍著落原籍地方官，勒限一年缉拿，逾限不获，一名罚俸二年，四名以上降二级留任，十名以上降三级留任，逃后不行申报罚俸二年。若递回收管后，仅止出境，并未复行出边滋事者，仍照失察寻常递回收管人犯出境例议处。

吏部处分 203：命案检验〔例 21 条〕

检验 001：康熙九年题准

凡检尸官员，听信仵作，有伤报称无伤，或将打砍伤痕报称跌磕伤者，降二级调用，转详之上司罚俸一年。如上司批令复验，竟不复检，将伤痕不行全报者，降一级调用。

检验 002：康熙十四年议准

凡检尸毋得三检，如违例三检者，罚俸一年。

检验 003：康熙二十五年议准

委令武职典史等官检尸者，将委令之上司降一级留任。

检验 004：康熙二十五年又议准

凡命案实系殴伤致死，而捏报伤风及因他病死者，承问府州县官，降一级调用，司道罚俸一年，督抚罚俸六月。

检验 005：雍正三年奏准

凡人命呈报到官，该地方官立即亲往相验，止许随带仵作一名，刑书一名，皂隶二名，一切夫马饭食，均自行备用，并严禁书役人等，不许需索分文。如果系轻生自尽，殴非重伤者，即于尸场审明定案，将原被邻证人等释放。如该地方印官不行自备夫马，取之地者，照因公科敛律议处。书役需索者，照例计赃分别治罪。如故意迟延拖累，照易结不结例处分。

检验 006：雍正七年议准

嗣后在京五城内外地方，遇有命案，如系民地，总甲呈报；如系旗地，领催呈报。倘迟延不报，别经发觉，将应管之领催、总甲，照律治罪。如已报，而佐领兵马司互相推诿，查明地界，将该管官照推诿事件例议处。

检验 007：雍正七年又议准

凡控告人命，如有诬告情弊，将诬告人照律治罪，不得听其自行拦息，其间或有一时误听人言，情急妄告，于未经验尸之先，尽吐实情，自愿认罪，呈辞求息者，则是已知悔过，应予以自新之路，讯明该犯果无贿和等情，照例定拟完结，如有教唆情弊，将教唆之人，照律治罪。该地方官有徇私贿纵者，该督抚题参，照故出人罪例分别议处。

检验008：雍正七年三议准

按律内检验尸伤，若牒到不即检验，致令尸变者，将该地方官降一级调用。如邻邑代验迟延，亦照此例行。凡州县官如遇邻邑佐贰移请代验人命，将接文及起程时刻，于代验通报文内声明，据报人命之佐贰官，亦一面移请邻邑州县官相验，一面将移请代验情由，报明该管府州查核。如邻邑之州县官，并无别故，巧为诿卸，不往相验者，经上司查出，将邻邑之州县官，照不应重律降三级调用。如邻邑之州县官实在患病，并有紧要事务，不能前往代验者，该州县出具确实印结，并取同城官不致扶同捏结，通报上司存案，如有虚捏，将扶同出结之同城官，照徇情例降二级调用。

检验009：乾隆元年议准

凡人命呈报到官，如正印官公出，本邑与邻邑壤地相距不过五六十里，而邻邑印官未经公出者，即申报邻邑印官，代往相验。其或邻邑地处窎远，不能朝发夕至，或印官又经他往，势难兼顾者，即派委佐贰代验，仍听正印官审理，而代验之员，必系同知、通判、州同、州判、县丞等官，毋得滥委杂职，仍令该督抚饬令代验各员相验时，必须稽查严密，详细验看初供伤痕，毋许草率蒙混，苟且塞责。其有日后复将尸伤详请覆检，若检出别情，与初验伤痕不符，将代验官照检验不实例，分别议处。

检验010：乾隆元年覆准

凡斗殴重伤之人，除附近城郭，以及事简州县，可以往验者，仍令正印官亲诣验看外。其离城窎远之区，及繁冗州县，实系不能逐起亲验者，应委佐贰捕巡等官，速往据实验报，仍听州县定限保辜。倘佐贰捕巡等官验报不实，照例议处。〔乾隆三十年改：照检验不确例议处。〕如州县官实能往验，而怠弛推诿，概委之佐贰捕巡等官，致滋扰累捏饰等弊者，仍照定例议处。〔乾隆三十年改为：降一级调用。〕

检验011：乾隆六年覆准

人命案件，该州县官不立即亲诣相验，故意迟延，致滋扰累者，该管知府、司道、督抚不行揭报题参，将该管知府降一级调用，司道罚俸一年，督抚罚俸六月。

检验012：乾隆七年奏准

凡人命案内有致命伤痕，有不致命伤痕，或将致命伤痕报出，不致命伤痕遗漏未报，再或拳伤报称踢伤，木器伤报称铁器伤之类，罪无出入者，罚俸一年。

检验013：乾隆十二年覆准

黔省所属，有原无佐贰，及虽有佐贰，而府厅州县并不同城者，倘印官公出，准令经历、知事、吏目、典史等官，酌带谙练仵作，如法相验，写立伤单，一面仍请邻邑印官验明填报。至直省各督抚所属州县内，并无同城佐贰，及地方广袤，与黔省情形相似者，亦一例酌量办理，其余仍照定例遵行。倘经历、知事、吏目、典史等官，于初验时略有增减，后经查出，即将原验之佐杂等官，亦照检验不实例分别议处。

检验 014：乾隆三十年议定

凡人命呈报到官，该地方官亲往相验，一切夫马饭食，自行备用，并严禁书役人等，不许需索分文。如书役需索者，计赃治罪，该地方官照书役犯赃例分别议处。

检验 015：嘉庆五年议定

凡控告人命，如有诬告情弊，将诬告人照律治罪，不得听其自行拦息，如该地方官听其拦息不究，照失出例议处。

检验 016：嘉庆六年奏准

命盗案件，诣验诣勘后，即用印文通详，如先未通详，仅止通禀，于开送职名时，声称业经具禀，及于招解时声明通详者，均仍按详报迟延本例议处。

检验 017：嘉庆九年议准

凡例应详请委员相验之案，本员不遵例详请委验，并无别项情弊者，照违令公罪律罚俸九月。倘有规避蒙混等情，仍按其所犯各本例议处。

检验 018：嘉庆十一年奏准

州县官遇有详请开棺检验之案，无论上司驳查与否，俱准其以开检之日另起承审限期。至接奉上司批准后，如有开检迟延，应以奉文之日起，按其违限月日，照命案详报迟延例分别议处，迟延在十日以内者免议，迟延在十日以外未及一月者降一级留任，一月以上至二月以上未及三月者降二级留任，三月以上者降一级调用，四五月以上者降二级调用，半年以上者降三级调用，一年以上者革职。

检验 019：咸丰二年题准

云南永北厅经历，分驻旧衙坪地方，如有呈报人命，应令该管土司即时转报，由该经历带领仵作驰往相验，勒限协同严缉，倘有相验不实，增减伤痕情弊，分别照例议处。如凶犯限满无获，将该经历照土司例开参议处。

检验 020：咸丰六年奏准

直省州县，于民人呈报斗殴伤重之案，无论离城窎远，事务冗繁，如有令刑书仵作前往代验者，将州县官降三级调用。因刑仵代验，以致轻重任情，罪名出入者，将该州县官革职。

检验 021：咸丰十年奏准

地方人命案件，州县官于亲诣相验后，限五日内通禀，如迟至十日始行具禀者记大过一次，十五日记大过三次，二十日照应申不申律罚俸六月。倘有心讳匿不报，别经发觉，即照讳诣例议处。其通禀通详，均应以勘验之日起限，不准于通禀之后，再起通详之限。若已经获犯，延至二十日始行通禀，仍照应申不申律罚俸六月。查系详报迟延，照事件迟延例议处。

吏部处分204：命案缉凶〔例34条〕

缉凶001：康熙十五年题准

官员所属地方，有杀死人命，州县官知情隐匿，不行申报者革职，不知情不行申报者降一级留任。

缉凶002：康熙二十二年议准

旗下家人庄头等，倚势霸占，把持衙门，或将平民打死，此等事发者，若系内务府包衣下人，将该管官降一级留任；若系王贝勒贝子公家人，将该管理家务官亦降一级留任；若系民公侯伯大臣官员家人，将各主降一级留任；公侯伯无级可降，照例罚俸一年。

缉凶003：康熙四十二年谕

笔帖式等有打死家人，妄行不端之事者，著革退。

缉凶004：康熙四十七年覆准

凡遇命案，地方官从前不知不报，后即自行查出通报，将本案审明，不论年月远近，皆免其议处。若被上司查出，或被旁人告发者，仍照官员所属地方杀死人命不知情不行申报例处分。〔乾隆三十年改为：降一级留任。接任官不能查出，照失于查察例罚俸一年。嘉庆五年增：自行查出者免议。〕

缉凶005：康熙四十九年覆准

命案凶犯在逃，承缉官员，初参以六月扣限，核参将承缉官住俸，勒限一年缉拿，如限满不获，罚俸一年，再限一年缉拿，限满不获，罚俸二年，仍再限一年缉拿，限满不获，降一级留任，凶犯照案缉拿。其杀人凶犯，如果隐匿本境，该管官知而容隐，不行拿究，别经发觉，将容隐之官，照知情隐匿不行申报例革职。如该管官委不知情，系地方棍徒容隐者，止将容隐之人治罪。如先虽容隐，后仍自行出首，亦准免罪。

缉凶006：雍正二年议定

八旗官员，有奴仆违犯教令，依法决罚，仓猝致死及过失杀者，仍照律勿论外，凡官员将奴仆非故杀、责打身死者罚俸二年，故意殴杀奴仆者降二级调用，持刃杀死奴仆者革职治罪。将伊族中家奴非故意殴打致死者降二级调用，追人一口给付死者之主。故意殴杀族中家奴者降三级调用，追人一口给付死者之主。持刃杀死族中家奴者革职治罪。

缉凶007：雍正四年议准

凡地方有路死人命，即以雠盗未明通报，自报出之日起，扣限一年缉获，〔乾隆十五年改为：扣限六月。〕如逾限不获，将该地方官照缉凶不力例，查参议处。如缉获之后，审系雠杀，仍照例定拟，审系盗杀，仍将疏防职名补参。

缉凶 008：雍正五年议准

凡人命除实系因病倒卧自死无伤者，许地方官验详掩埋外，如将受伤身死之人，作为病毙，擅自掩埋结案者，发觉之日，将该地方各官，照殴死捏报病死例议处。再，有不肖官员，虑凶犯难缉，将雠盗命案，竟行隐匿不报者，事发之日，将地方各官并上司，皆照讳盗讳命例议处。

缉凶 009：雍正七年议准

凡京城内命案，除倒卧身死无伤者，许该管官验详立案掩埋外，如有受伤身死无名之人，令五城、大兴、宛平二县该管各官，一面报部，一面缉拿，即详开年貌服色，多张告示，招人识认，设立首报赏格，务期弋获，按其初报到官之日，扣限一年，缉拿凶犯，〔乾隆十五年改为：扣限六月。〕如限满不获，将承缉之该管本地方官，照缉凶不力例，指参处分。如日后查明实系盗杀，仍照京城盗案例，劾参议处。若协缉接缉等官，能于限内拿获凶犯一名者纪录一次，拿获数多者以次递加。如被旁人出首拿获者，给予奖赏。

缉凶 010：雍正七年又议准

命案内如诬告反坐，教唆假命及致死卑幼威逼自尽等案，原无抵偿之犯，如果情节明显，罪应军流者，各该督抚审明发落，仍将各案于年内汇题，原招送部查核，如有情节不符，分析题驳，令再行确审，查有弊端，照失出失入例议处。

缉凶 011：雍正七年三议准

凡命案凶犯在逃，承缉州县官，一面详报上司，一面备文移知附近邻邑，遍行访缉，如能拿获别县正凶，于审明结案后，将拿获之邻邑地方官，随招附入，题请议叙，拿获一名者纪录一次，二名者纪录二次，三名者纪录三次，至拿获四名以上者准加一级。

缉凶 012：雍正七年四议准

凡官员接缉命犯，能于一年限内，拿获一案首犯者纪录一次。一案之内，首从悉行拿获，纪录二次。至前官任内有杀人凶犯，隐匿不报，接任各官，以到任日为始，限三月查出揭报，如逾限不能查报，别经发觉者，将接任州县官降一级留任，同城知府罚俸一年，〔后增：道员罚俸九月。〕接任不同城知府在百里以内者罚俸九月，〔后增：道员罚俸六月。〕在百里以外者罚俸六月，〔后增：道员罚俸三月。〕接任直隶州知州照知府例议处，接署之官亦照此例议处，未及三月者免议。

缉凶 013：雍正八年议准

凡承缉命案之本官，未经缉获，内有升迁、降调、因事离任者，仍按限咨参分别议处外，其接任官命犯案件，如前任官有正凶未获者，以到任之日起，限一年缉获，限满不获，罚俸一年，逃犯仍照案缉拿。

缉凶 014：雍正十三年覆准

凡命案内之首犯脱逃，其承缉、接缉各官，在勒缉限内，仍扣限核参议处。至勒缉年限已满，照案缉拿后，该管各官不实力查缉捕获者，令该督抚于年终汇题册内核参，按其不获名数，分别议处。州县、吏目、典史各官，一年内二三名不获罚俸六月，四五名不获罚俸九月，六七名以上不获罚俸一年。以上应行议处官员，核参一次之后，即免其重复参处，仍令照案缉拿。若接缉之员，果能于照案缉拿之后，年终汇题之前，拿获凶首者，除承缉各官毋庸议叙外，将接缉之州县、吏目、典史等官，按其拿获名数，二三名以上者纪录一次，六七名以上者纪录二次。其承缉、接缉各官，一年内拿获之数与不获相当者，皆准其功过相抵，统令该督抚于汇题册内，将各案情由，以及承缉年分，一年内已获几名，未获几名，并各官职名，逐一声明，仍于贴黄内开叙简明总数，刑部细加查核，会同吏部察议。

缉凶 015：乾隆三年议准

官员故意殴死奴仆及殴死族中家奴，议以降调者，虽有加级纪录，不准抵销。

缉凶 016：乾隆七年议准

凡州县所属地方，有杀死人命，州县官知情隐匿，不行申报，该管上司明知属员有讳命情弊，隐匿不行揭参者，各降三级调用。不知情失于觉察者，同城知府降一级留任，司道罚俸一年，督抚罚俸六月；不同城在百里以内者，知府罚俸一年，司道罚俸九月，督抚罚俸六月；百里以外者，知府罚俸九月，司道罚俸六月，督抚罚俸三月；直隶州知州照知府例处分，仍令该督抚将知情与不知情，并道路远近，于疏内声明，以凭照例察议。州县官不知情不行申报者，降一级留任，上司免议。

缉凶 017：乾隆十一年覆准

凡承审命案，上司并无批驳情节者，仍令按限审解外，其有屡经驳查，方经批准。实属迟延有因之案，令该督抚据实声明报部，以检验之日扣限起，如有假捏展限情弊，照例参处。

缉凶 018：乾隆二十五年覆准

前官未获凶恶盗首，接缉官三参限满，本身未经离任者，仍照承缉凶首盗首例，入于汇题，按年核参，如一二名不获罚俸六月，三四名不获罚俸九月，五六名以上不获罚俸一年。

缉凶 019：乾隆二十八年覆准

外省通缉凶盗等犯，各该州县开载该犯姓名年貌，有无须痣，造册详送督抚，转咨各省，按照查缉。如该州县有遗漏开造者，照发遣人犯漏开年貌例罚俸九月。

缉凶 020：乾隆二十八年奏准

官员殴死赎身及放出奴婢，并该奴婢之子女者，照殴死族中奴婢例，减为降一级调用，故杀者照故杀族中奴婢例降三级调用，加级纪录，不准抵销。

缉凶 021：乾隆二十八年又覆准

命案内有减等发落，应追埋葬银两之犯，俱勒限三个月，将埋葬银照数追完，如审系十分贫难，照例量追一半，给付尸亲收领，或本犯尚有物产可抵，即令于三月限内速行变交，毋许藉端迟延。若限满勘实力不能完者，一面将该犯发配，一面取具地邻亲族供结，州县官详请督抚核实咨请豁免，俟豁免之后，如有资财隐匿，或经查出，或被尸亲告发，将出结之地邻人等，均照不应重律治罪，详请之州县官，照不行查明出结例罚俸一年。

缉凶 022：乾隆二十九年覆准

五城命案，司坊官照例承缉，其巡城科道，如一年之内，三案未获罚俸三月，五案未获罚俸六月，六七案以上未获罚俸一年。

缉凶 023：乾隆三十年奏准

人命案内之脱逃为首凶犯及盗案内之脱逃盗首，至勒缉年限一满，照案缉拿后，该管各官不实力查缉捕获者，令该督抚于年底汇题册内核参，命案首犯未获，将该州县官查参，盗首未获，将道府、同知、通判、直隶州州同、州判、州县、吏目、典史等官一并查参，俱按其不获名数，分别议处。接缉之州县、吏目、典史各官，一年内二三名不获罚俸六月，四五名不获罚俸九月，六七名以上不获罚俸一年。道府、同知、通判、直隶州州同、州判各官，总计所属地方被劫案数，一年内属员将首犯名数拿获不能及半者罚俸六月。以上应行议处官员，核参一次之后，即免其重复议处，仍令照案缉拿，如系承缉官四参，本身不致离任者，仍按年汇题，一名至二三名不获者罚俸六月，余照前例处分。若接缉及督接缉各员，果能于照案缉拿之后，年底汇题之先，拿获凶首盗首者，将接缉之州县、吏目、典史等官，按其拿获名数，二三名以上者纪录一次，六七名以上者纪录二次。督缉督接缉之道府、同知、通判、直隶州州同、州判等官，总计所属地方被劫案数，如能董率属员拿获过半者纪录一次。其承缉、接缉、督缉各员，一年内拿获之数，与不获之数相当者，俱准其功过相抵。

缉凶 024：乾隆三十年又奏准

命盗等项杂犯案内，在逃之伙盗从犯余党，情实重大，罪该斩绞重辟者，俱以结案咨题部覆文到日为始，勒限一年缉拿，逾限不获，照承缉凶首盗首之例，于年底汇题，将承缉之员核议，一二名不获罚俸六月，三四名不获罚俸九月，五六名以上不获罚俸一年，再限一年缉拿，限满不获，仍照此例，按其未获名数，分别议处，人犯照案缉拿，接缉官免议。

缉凶 025：乾隆三十年三奏准

命犯脱逃案件，如承缉官于初参限内离任者，接缉官限满不获罚俸一年，再限一年缉拿，二限不获再罚俸一年，凶犯照案缉拿。若系杀死三命以上之案，承缉官未届三参离任者，接缉官限满不获罚俸一年，再限一年缉拿，二限不获罚俸二年，凶犯照案缉拿。或接缉官未届二参，复因事故离任，令再接缉之官，限一年缉拿，限满不获罚俸一年，凶犯照案缉拿。

缉凶 026：乾隆三十年四奏准

凶徒聚众械斗，如系衅起一时，并非豫谋聚众者，将失察之地方官免其议处。其持械肆横，豫先纠众，该地方官有心故纵者，照溺职例革职。实系失于觉察，不行查拿者，照命案不知不报例降一级留任。如能将在场首从各犯，严拿全获，按律惩治者，从宽免其处分。若地方官于获犯到案时，不严行惩治，代犯开脱者，照故出人罪例议处。

缉凶 027：乾隆三十年覆准

各省沿河州县，遇有被伤尸身漂流过境，该地方官未经捞验，被下游收获，或别经发觉，或据凶犯供出，确有实据者，将未经捞验之各州县官，照失于查察例罚俸一年。或地保人等已经呈报，而该地方官讳匿不报，照邻邑巧为诿卸不往相验例降三级调用。

缉凶 028：乾隆三十三年覆准

卑幼擅杀期功尊长，属下人殴杀本管官，奴婢殴杀家长，并杀死三命四命之凶犯脱逃，初参，承缉官住俸，勒限一年缉拿，限满不获降一级留任，再限一年缉拿，再限不获，即照所降之级调用。

缉凶 029：乾隆三十七年奏准

官员将奴仆之妻妄行占夺，或图奸仆妇不从，毒殴致死，审明如有确据，及本主自认不讳者革职，照例治罪。若将奴仆打死，隐匿不行报部者革职。私用夹挦奴仆者降一级调用，致死者革职。用刀背打奴仆者降一级调用，加级纪录，不准抵销。

缉凶 030：乾隆四十五年奏准

凡地方有受伤身死无名之案，毫无失物者，照命案缉凶外，内有失物情形及盗田野谷麦菜果无人看守器物之案，至拒捕伤人致死者，俱照盗案题参，按限参处。

缉凶 031：乾隆五十九年奏准

官员祖母、母、妻将家奴殴打致死，及犯有过失，照官员例应罚俸者，俱照伊夫子孙品级罚俸。至伊夫子孙原有官职，身故后无俸者，照伊大子孙原官品级罚俸，交与该部追取银两。

缉凶 032：嘉庆九年奏准

凡卑幼殴打期功尊长，属下人殴打本管官，奴婢殴打家长，伤而未死，凶犯脱逃者，该督抚详核案情，如拿获之日，罪应斩绞军流者，将承缉官照寻常命案缉凶例，按限查参。

缉凶 033：道光二十五年奏准

官员首先拿获邻境杀死本管官凶犯，罪应斩枭斩决者，照拿获盐枭戕毙官弁例，送部引见。

缉凶 034：道光二十五年又奏准

地方官首先拿获邻境图财杀死一家二命下手致命凶犯，罪应斩枭斩决者，照拿获杀死事主盗犯例，送部引见。如仅止杀死一命者，给予加二级。

吏部处分 205：承缉叛逆〔例 6 条〕

缉叛 001：顺治十八年议准

同城失守，将道府州县印捕官皆革职提问，同知、通判、经历、照磨、知事、检校、州同、州判、县丞、主簿等官皆革职。属邑失守，将该管道员住俸催剿，知府既无兵马之责，如不同城者不议罪。

缉叛 002：顺治十八年又议准

承缉叛逆人犯官员，革职戴罪承缉，接缉官停其升转责缉，协缉官住俸戴罪协缉，督缉官罚俸六月催缉，将承缉官限三年缉拿，〔乾隆十五年改为：扣限二年缉拿。〕如不获降一级调用，如有加级纪录准抵，将盗贼仍照案缉拿。其接缉、协缉官员，以贼案发觉之日计算，如未满三年，仍停其升转缉拿，俟满三年，将接缉、协缉官员罚俸一年，督缉道员罚俸六月，皆免其停升，其未获贼犯，照案缉拿。或所属地方，有奸徒潜住，左道惑众，结党作乱，或造写妖书伪印迷惑等事，隐匿不报，皆革职提问，该管上司各降四级调用，督抚降一级调用。如将叛逆人犯及人犯之父母兄弟妻子纵放脱逃，及逃犯未获作为已获顶替者，叛逆未灭谎报已灭者，亦照此例处分。如地方叛逆伙党，有即能除灭，或将脱逃叛逆人犯即获者，皆免议。如叛逆家属不行解部，或听其买赎或谎称亡故，皆降二级调用。如起解迟延并叛逆人犯出入境内，不能查获者皆降一级调用，该管上司罚俸一年。

缉叛 003：顺治十八年三议准

接缉叛逆各官，停其具题，止将接管日期，咨部停升，俟年限满后，照例参处。

缉叛 004：顺治十八年四议准

官员将在逃反叛正犯并未查出，出具并无印结，后被旁人出首者，将未经查出之州县革职，知府降四级调用，司道降二级调用，督抚降一级留任。如斩绞人犯及重要人犯脱逃，未经查出，出印结后，被旁人出首者，州县官降二级调用，道府罚俸一年。如将在逃叛逆牵连之人及军流人犯，未经查出者，州县官罚俸一年。如官员将重犯自行藏匿者革职。至奸细出入境内，不能查拿者，州县官降四级调用，该管上司降二级调用。其京城奸细放火凶徒，专责步军、五城、三营、大兴宛平二县严拿，如被别处官员人等拿获者，该汛地官员，亦照此例议处。

缉叛 005：康熙十七年题准

凡亲身招抚伪官兵者，应行议叙，以示鼓励。若不行据实呈报上司，上司不行详查，以少称多，谎奏请功，将具题官降二级留任，谎报官革职。

缉叛 006：乾隆六年议准

聚众为匪人犯脱逃，各省通缉之案，不论本省及外省，有能将通缉人犯拿获者，该督抚具奏，每一名纪录一次。如拿获要犯，每一名加一级。

吏部处分 206：讳盗〔例 12 条〕

讳盗 001：顺治初年定

州县官若将盗案隐讳不报，或讳强为窃者，皆革职。

讳盗 002：康熙五年题准

州县官地方失事，勒令事主减报盗数，将未获贼犯，谎报溺死杀死者革职。司道府等官不行详查，遽以转报，罚俸一年。督抚不详查具题，罚俸六月。

讳盗 003：康熙十二年覆准

拿获盗贼审问时，供出从先行劫之处，审明，仍行文该督抚。若事主已经报官，将地方官照讳盗例处分。如事主未报失事，未有实据者，该督抚取具该地方官并无讳盗印结缴报。若报后被旁人告发，或被科道官纠参，确查讳盗情实，将该管地方官以讳盗不报例处分。

讳盗 004：康熙十五年题准

或本汛失盗，彼此推诿不报者，亦照讳盗例处分。如将盗案已经申报，彼此推诿者，将不应推诿之官降一级调用，转详官罚俸一年。如上司将州县申报盗数，擅自删减者，照州县例处分。如州县官不确查盗数申报，或不开载失事地方官职名申报者，皆罚俸一年。

讳盗 005：雍正二年覆准

州县有讳盗不报，该管之道、府、捕盗同知、通判，扶同徇隐者，降三级调用。如止失于觉察，将同城之该管等官降二级调用，不同城在百里内者降　级调用，不同城在百里外者降一级留任。至督抚不能稽察属官，任其隐讳，如系知情降一级留任，不知情罚俸一年，仍令各该督抚于题参疏内，将同城不同城及道里在百里内外，逐一声明，以便分别察议。

讳盗 006：雍正三年议准

如有地方官，畏疏防承缉处分，藉端吓阻事主，抑勒改供，讳盗不报者，勘实题参，照讳盗例革职。若事主以窃报强挟制官府，妄行控告者，亦即审明治罪。

讳盗 007：雍正三年又议准

州县官如有讳盗不报及以强为窃者，其捕盗之丞倅专官，查出即行揭报者免议，傥失察徇隐，分别议处。

讳盗 008：雍正七年议准

接任之官于到任三月内，务将前官讳，盗之案查出揭报，如逾限不能查出，或经发觉，将接任印捕官，皆革职留任，接任同城该管官降一级留任，接任不同城该管官罚俸一年，到任未及三月者免议。接署各官，亦照此例议处。

讳盗 009：乾隆元年议准

凡有呈报强劫盗案，仍照例令该管印官会同营员赴勘外，其以失窃具报者，讯供确实，毋庸会勘，仍出具并无抑勒讳饰印甘各结，随文申送该管上司存案，傥事主果有讳强为窃情弊，查出照例治罪。如该地方官有抑勒改报讳强为窃者，别经发觉，仍照讳盗例革职。

讳盗 010：嘉庆十一年奏准

各省命盗案件，州县官讳匿不报，及不知情不行申报，仍照旧例办理外，至已据事主呈报，未即通详因卸事移交后任，核其诣验诣勘。至卸事移交之日，在十日以内者免其议处，其迟延十日以外未及一月者，州县官降一级留任，该管府州罚俸六月；一月以上至二月以上未及三月者，州县官降二级留任，该管府州罚俸九月；三月以上者，州县官降一级调用，该管府州罚俸一年；四五月以上者，州县官降二级调用，该管府州降一级留任；半年以上者，州县官降三级调用，该管府州降二级留任；一年以上者，州县官革职，该管府州降一级调用。其准前官移交，未即通详，复因卸事移交后任者，亦照此例议处。其迟延至获犯后始行通详，及准前官移交，迟延至获犯后始行通详者，均照事件迟延例议处。前官获犯，未及通详移交后任详报者，与未获犯者有间，亦照事件迟延例议处。

讳盗 011：嘉庆十一年又奏准

捕役诬拿良民为盗及诬良为窃，私用非刑致死者，将失察之州县印捕官革职，道、府、直隶州、总捕厅官降二级调用，按察使降一级调用，督抚罚俸一年。诬良为盗未经致死者，州县印捕官降四级调用，道府等官降一级调用，按察使罚俸一年，督抚罚俸六月。诬良为窃未经致死者，州县印捕官降一级调用，道府等官降一级留任，按察使罚俸六月，督抚罚俸三月，上司查出揭参者免议。

讳盗 012：嘉庆十二年谕

民间呈报盗案，地方官虑干处分，往往恐吓事主，抑令报窃，或勒改呈词，或逼递悔状，间有报案，或因供证未确，情节稍歧，先将事主多方苦累，其派出捕役，并不上紧缉拿正犯，转先向事主之家，诛求无已，索取酒食，讲说规礼，一切盘缠花用，无一不取给于事主，小民计算呈控到官，为费不赀，辄相率隐忍不报，可见胥役之为害，甚于贼盗，而地方官置若罔闻，一任胥役横索，贻害无穷，无怪盗风愈炽，而上控之案愈多也。向例事主报盗，止许听审一次，认赃一次，法禁綦严。嗣后凡遇民间盗案，地方官躧看明确，立时缉办，如有讳盗不报者，即当严参治罪，俾知失察之咎轻，而讳饰之罪重，庶可挽回锢习。其捕役人等，尤当严禁需索事主，勒限缉拿，速为断结，毋任往返拖累。傥仍有讳盗勒改呈词，故勘事主，或任听胥役等恣意勒索等事，一经告发，或被人参奏，必将地方官从严惩治，其该管上司亦一体交部严议，决不姑贷。

吏部处分 207：京城缉捕窃盗〔例 23 条〕

京城缉捕 001：康熙十五年题准

京城关厢内，如有大盗二三十人，带弓矢将人砍伤，劫去财物，该管文职不便照平常盗案例议处，将该管之兵马司官革职，贼犯令接任官照案缉拿。〔乾隆三十七年增：接任官限满不获，照京城盗案例议处。〕

京城缉捕 002：康熙三十七年覆准

京城关厢内，遇白昼贼盗，致死人命，夺去财物，该管官员，将贼犯当场全获，以及一月之内全获者免议，如一月之内拿获一半者，将专汛官罚俸一年，兼辖官罚俸六月，贼犯照案缉拿。如一月内该管官员不行缉拿，致贼脱逃者，将专汛官降二级调用，兼辖官降一级调用，所有加级纪录，不准抵销，贼犯令接管官照案缉拿。其直隶各省城内，遇有白昼贼盗致死人命，劫去财物之事，该管各官不行严拿，照强盗入城池行劫之例议处。

京城缉捕 003：雍正七年议准

大兴、宛平二县，承缉之案，原系直隶总督参处者，仍听直隶总督照定例参处外，其有刑部现审内，行文五城、大兴、宛平缉拿之案，如关系偷盗仓库钱粮，并隐匿紧要重犯等项，查明该管地方，即于文内增注"要犯勒限缉拿"字样，该衙门于文到之日，按限缉拿，如限满无获，将该司坊官、大兴等县，初参降二级留任，罚俸一年，限一年缉贼，全获者准其开复，一年内缉贼一半者，免其议处，如一年之内，获贼不及一半，降三级调用，未获贼犯，交与接任官照案缉拿。其余现审内，寻常命盗行文缉拿之案，如限满无获，系司坊官承缉者，令该城御史呈报都察院，咨行该部题参；系大兴等县承缉者，令该府尹题参，皆照外省承缉不力例议处。傥该城御史不行呈报都察院，及顺天府不行题参，经刑部、都察院查出，将该御史、府尹题参，一并交部议处。〔乾隆三十七年增：照州县讳盗上司扶同徇隐例，降三级调用。〕

京城缉捕 004：乾隆三年覆准

五城地方，令巡城御史督饬该管司坊等官，实力缉捕盗贼，设法严比捕役，务获正贼究拟。如司坊官纵容捕役养贼，及苦累事主等弊，或经该城御史查参，或被受害事主告发，审实，将该司坊官照溺职例革职。如一年限内，所辖地方窃贼稀少，或窃案虽多，缉获过半者，准予记功，遇有保题之时，许其开明保奏。如一年限内窃盗甚多，拿获不能过半者，量予记过。其有玩盗殃民等弊，该管官题参，照例议处。

京城缉捕 005：乾隆六年奏准

五城三营地方，遇有被盗案件，彼此关会，于被盗报官之日为始，扣限三月缉拿，无获，都察院会同步军统领，合疏题参，交部察议。

京城缉捕 006：乾隆八年题准

五城地方，有失窃案件，该司坊官即行申报该城御史，及都察院山东道御史，于失事之日起，勒限四月缉拿，如限内全获及半者，免其参处。如四月之内，贼犯尚未全获，或虽拿获不及半者，该城御史参送到部，将该司坊官住俸，勒限一年缉拿，限内全获，或拿获及半者，准其开复。如逾限不获，该城御史按限题参，将该司坊官罚俸一年，贼犯照案缉拿。其未经照案缉拿者，先由山东道御史按限提比，其有废弛怠玩者，听山东道御史据实参奏。该巡城御史有不据实报参，山东道御史有不实力稽察者，令都察院将该御史等查明参奏，交部议处。

京城缉捕 007：乾隆十四年题准

五城地方，如有失窃案件，既经事主呈报，该司坊官隐讳不行详报，该城御史即行查参，将该司坊官照例降一级留任，窃犯限六月缉拿，限内拿获，准其开复，限满不获，降一级调用，窃犯交与接任官照案缉拿。其有未报，别经发觉者，免其讳窃处分，仍于发觉之日为始，将未获贼犯，限六月缉拿，限满不获，罚俸三月，窃犯照案缉拿，如贼已拿获者免议。

京城缉捕 008：乾隆十四年覆准

五城如有盗案要犯拿获到案，尚未审拟，该司坊官不行羁禁，擅自发保者，将该司坊官罚俸一年，因而脱逃者，将该司坊官降一级留任，限一年缉拿，如限内拿获，准其开复，限满不获，照所降之级调用，逃犯交与接任官，勒限一年缉拿，能于限内拿获者纪录一次，限满不获罚俸一年，逃犯照案缉拿。如别城及邻邑地方官，有能拿获此等逃犯者，每一名纪录一次。五城命案要犯取保脱逃，亦照此例分别议处。

京城缉捕 009：乾隆三十年议准

五城窃案，该城御史徇隐不参，照坊官例处分。如事主未报，照五城窃案例，以发觉之日起，将该坊官住俸，限一年缉拿，限内获犯及半，准其开复，如未及半，罚俸一年，窃犯照案缉拿。

京城缉捕 010：乾隆三十七年议准

五城坊官，上一年限满照案缉拿之犯，该城御史分别已获未获，于年终汇核咨部，照直省州县窃案记功记过例查议，有能拿获别城窃犯者，照邻近获犯例计案抵销处分。

京城缉捕 011：乾隆三十七年又议准

司坊官躧缉窃贼，能于二参限内拿获贼犯，本任内并无限缉之案者，每案二名纪录一次，每二名以次递加。如一年内承缉未及五案者，毋庸议处；承缉五案以上，未获一名者，该司坊官降一级留任；承缉十五案以上，未获一名者，降一级调用；至三十案以上，未获十分之二者，亦降一级调用；不得以已获一二案，即予免议，均于年终汇题案内，分析查办。

京城缉捕 012：乾隆三十七年奏准

凡五城地方，遇有家人偷盗其主财物，经事主呈明，该司坊官立即具详通报，按限查参，傥有隐匿不报，照讳窃例议处。

京城缉捕 013：嘉庆五年奏准

五城盗案限满无获，该坊官降三级留任，限一年缉拿，全获准其开复，拿获一半，兼获盗首窝家，免其复参，于获犯之日起，扣限三年无过，准其开复，限满获不及半，及全无获者，照所降之级调用，贼犯交与接任官照案缉拿，限内获贼及半，盗首窝家未获，照盗首未获例议处。

京城缉捕 014：嘉庆五年又奏准

司坊官躧缉窃贼，能于初参限内拿获贼犯，本任内并无限缉之案，每案二名纪录一次，每二名以次递加。

京城缉捕 015：嘉庆七年谕

缉捕事件，原系五城司坊官专责，如有拿贼多名，并缉获紧要之犯，办理果能迅速，经朕加恩，或将该员量予议叙，或赏给缎匹，皆非可援以为例。乃自上年以来，步军统领五城，多有拿获寻常案犯，辄即奏请恩叙者，殊觉过滥。嗣后遇有拿获寻常案犯者，俱不准奏请议叙。

京城缉捕 016：嘉庆十四年谕

近日五城等衙门，于缉获逃犯折内，往往将缉犯之员，附请奖励，朕核其案关重大者，间予降旨施恩，但思向来外省缉获邻境盗犯，有送部引见之例，其各项人犯，亦有计算拿获次数，分别给予议叙者。所有步军统领、五城、顺天等衙门，拿获逃犯亦应视其案犯之重轻，次数之多寡，分别等差，定立章程，俾勤于捕务之员，知所奖励亦复示以限制，不致妄生冀幸。著吏兵二部详查例案，悉心妥议具奏。钦此。
遵旨议准：凡议叙之等差，总以人犯罪名之轻重为断。嗣后五城司坊各官，拿获邻境逃犯，实系外来潜匿，罪应凌迟斩绞立决，并请旨即行正法者，准其送部引见，候旨升用。如系寻常斩绞监候人犯，每名加一级；系军流遣罪人犯，每名纪录一次；徒罪人犯，每二名纪录一次。如并非外来潜匿，止系五城命盗案犯，由别城地方官拿获，以及前官任内逃犯，经接任官拿获者，俱仍照向例，分别给予议叙。凡拿获逃犯，由该城御史奏请议叙，统俟刑部核覆罪名，知照过部，照例核办。至大兴、宛平二县，向来开参承缉，以及获犯议叙职名，俱由直隶总督查开咨部，惟该县等系属京县，驻扎内城，凡有奉旨通缉案犯，俱令一体限缉，其有拿获外来潜匿凶盗各犯，以及五城命盗等项案犯，由顺天府奏请议叙者，亦照五城司坊官之例，一律办理。

京城缉捕 017：嘉庆十七年奉旨

巡视南城御史恒麟等奏：吏目访获脱逃要犯，请交部审办，并将该吏目可否量加鼓励之处，请旨训示。吏目本有缉捕之责，所获人犯，并非要案重情奉旨指名侦缉之犯，该御史代为奏请鼓励，殊属非是。嗣后司坊各官拿获犯人，不准该御史市恩渎请。

京城缉捕 018：嘉庆二十二年谕

嗣后京城外七门以内，寻常窃盗案件，三月限满题参。如有执械吓禁强劫之案，二月无获，即行题参。其九门以内，寻常窃盗案件，二月题参。强劫之案，一月无获，即行题参。著为令。

京城缉捕 019：嘉庆二十二年定

京城外七门关厢以内，五城所属地方，遇有劫盗杀人之案，将专管地面坊官革职留任，予限两月缉拿，限内全获，准其开复，限满不获，题参革职。如系一二人行窃行抢，遇有杀人之案，勒限两月缉拿，限满不获，即行题参，将专管地面坊官革职留任，再限六个月缉拿，限内全获，准其开复，限满不获革职，盗犯交与接任官，限一年缉拿，限满不获，降一级留任，再限一年缉拿，限满不获，降一级调用，盗犯照案缉拿。

京城缉捕 020：同治元年奏准

五城劫盗案件，该坊官于报案时，不确查盗数，罚俸一年。若抑勒事主，减报盗数，及自行删减盗数者革职。该城御史失于查出，罚俸一年。至该坊捕役，如有拏贼分赃遇事包庇之案，该坊官明知不行查拿，或已经查拿，止藉端责革，不照例治罪，降四级调用，该城御史查知该坊官徇庇捕役，不行题参，降二级调用，如失于查察，降三级留任。倪捕役业已获盗，得财故纵，该坊官照失察书役犯赃例议处。

京城缉捕 021：同治元年又奏准

五城劫盗案件，事主呈报后，该地面坊官如讳匿不报革职，该城御史扶同徇隐，降三级调用，如系失于查出，减为降二级留任。如事主未经呈报，该坊官至获犯后始行补报，仍按其迟延月日，照事件迟延例议处。如该坊官未经查出补报，由别城地面获犯供出移查，始行申报，该城御史查明并无讳盗情事，即照地方命案不知情不行申报例降一级留任，该城御史罚俸一年。

京城缉捕 022：同治元年三奏准

五城盗劫案件，令该坊官按照呈报盗数，全行弋获，如获不及半，仍照例题参，若盗首不获，照承缉盗首例议处，傥能于参限内拿获及半，兼获盗首窝家，系革留之案，自获犯日起，扣限四年无过开复，降留之案，自获犯日起，扣限三年无过开复。至巡城御史于地面盗案，该坊官未获犯及半者，统归未获之案计算，其一年任内未获六七案以下，仍照罚俸之例议处，十案以上降一级留任。

京城缉捕 023：同治元年四奏准

刑部办理五城盗贼案件，如有在逃逸犯，于定案时，将该管地面官弁拿获盗贼名数，及逸犯名数，随案于稿尾声明，移咨吏兵二部，查核办理。

吏部处分 208：地方缉捕窃盗〔例 166 条〕

地方缉捕 001：康熙七年议准

凡强盗入城池仓库卫所，杀官劫民，抢夺狱犯，将承缉州县印捕官，并捕盗同知通判住俸，于题参疏防之日扣算，限一年缉拿，尽获，开复，若限满不获，降一级调用，有加级纪录，皆准抵销，未获贼犯，存案缉拿，若一月内擒获一半者，初参，免其议处，仍停升，余贼限一年缉拿，全获者免议，如所限一年内不全获罚俸一年，贼犯照案缉拿。接缉协缉官员，既非其任内所出之事，免其停升，照案缉拿。同城知府，亦照州县例议处，不同城者免议，兼辖道员罚俸六月，限一年催缉，限满不获，再罚俸一年，贼犯照案缉拿，署事官照离任官例罚俸一年。

地方缉捕 002：康熙九年题准

捕役诬拿良民为盗，私用非刑害人致死者，将该管官革职。如道府不行据实查报者降二级调用，按察使降一级调用，不行查出之督抚罚俸一年。如未经致死者，降四级调用，道府不行据实查报者降一级调用，按察使罚俸一年，督抚不行查出罚俸六月。

地方缉捕 003：康熙九年又题准

武职属官兼辖等官，如获贼讯明为盗情由，即速行交送有司官员审理，若不速行移送有司官，私用非刑审理，诬良为盗致死者，将不行查出之总督罚俸九月，若未致死者罚俸六月。〔乾隆二十七年奏准：如无总督省分，将巡抚亦照此例议处。〕

地方缉捕 004：康熙十年题准

督抚题参地方失事，应照四月六月之限，皆以失事之日为始，扣算具题，如该督抚将该管各官题参到部，本部不必具题，将所参各官，停其升转，俟兵部将武职核明后具题到部之日，将先经停升之案注销，照例议处。〔乾隆二十七年奏改：毋庸俟兵部核明再办。〕

地方缉捕 005：康熙十一年题准

官员约束不严，致本衙门捕役伙贼为盗，或捕役雇觅人役持票伙盗者，皆革职。

致抚绥之兵，复聚为盗者，降一级调用。〔乾隆三十七年议准：增直隶州知州、知府降一级留任，道员罚俸一年。〕

地方缉捕 006：康熙十四年议准

总督有统辖全省兵马之责，如城内失事及镇店道路劫去饷鞘，皆罚俸六月。如伙贼二三百人，掳掠乡村勒人取赎，降二级留任。

地方缉捕 007：康熙十四年又议准

白日内有贼党竖旗，总督照平常失事例题参，将总督罚俸六月。

地方缉捕 008：康熙十四年三议准

官员如二年之内，不论是否同伙，拿获别汛盗贼十五名者，将专管官加一级；拿获三十名者，不论俸满即升。其兼辖官员，访获三十名者加一级，访获五十名者，不论俸满即升，京官具呈刑部，外官具呈督抚，具题到日，俟刑部核明属实，与此例相符者，交部议叙。如藉端妄拿良民者，照诬拿良民例议处。

地方缉捕 009：康熙十五年题准

凡盗案如有必须问明事主之处，应准取问，不得因事主以强贼具报，反藉端吹求，纵役需索，更换衙门，将事主提审苦累。若有将事主苦累致死者，将该管官革职治罪，不行查报之上司各降三级调用，不行查参之督抚各降一级留任。若未致死者，将该管官各降三级调用，上司各降一级留任，督抚罚俸一年。

地方缉捕 010：康熙十八年题准

凡事主报明失盗，地方官不即行严缉，反勒索事主，被受害之人告发者，将该管官革职。如巡抚不行题参，别有纠参告发者，将巡抚降三级调用。

地方缉捕 011：康熙二十年议准

道路村庄被劫，承缉州县印捕官住俸，限一年缉拿，兼辖道员罚俸六月，免其停升，限一年催缉，限内拿获一半者免罪，余贼照案缉拿，若限满不获，州县官皆降一级留任，再限一年缉拿，道员罚俸一年，贼犯照案缉拿。同城之知府与捕盗同知通判管辖数州县，应照兼辖官员例，初参停升，罚俸六月，限一年缉拿，限内不获，罚俸一年，照案缉拿。同城知府以下，既有承缉知县，其知府应照同知通判例议处，不同城知府免其处分。三限不获，州县印捕官再留任一年，如一年内能获盗过半，照例开复，如再不获，照例降一级调用，贼犯交与接缉官照案缉拿，有加级纪录，准其抵销。若未满一年之限升迁，照离任官例罚俸一年，署事官照城内失事例议处。〔嘉庆五年增定：不同城府州兼辖道员，初参罚俸六月，限一年催缉，限内不获，罚俸一年，贼犯照案缉拿。〕

地方缉捕 012：康熙二十五年议准

直隶四路同知所辖地方失事，将该同知并失事地方官，仍照定例处分外，至该同知所属管辖地方失事，于失事之际，即行全获，或一月内全获者，该督审明，刑部核覆，五伙者纪录一次，十伙者纪录二次，二十伙者加一级。其该同知所辖地方盗案，应一年考核一次，如一年内所出盗案获完者，免其议处，获完一半以上者，降一级留任，不及一半者，降一级调用，竟不获者革职。令该督将各同知名下失事案件，获盗确数，扣算一年，明白造册，报部察核。

地方缉捕 013：康熙二十五年又议准

地方官遇有盗案，止报巡抚，不报总督者，罚俸六月。

地方缉捕 014：康熙二十五年三议准

捕盗同知通判等官，藉捕窃盗名色，及人命斗殴犯奸等事，滥差衙役，苦累小民致死者，将该管官革职，不行查报之上司降二级调用，不行查参之督抚各降一级留任。若未致死者，将该管官各降三级调用，上司降一级留任，督抚罚俸一年。

地方缉捕 015：康熙二十九年议定

地方遇有盗案，迟延呈报者，查明并无别故，照疏防例议处。

地方缉捕 016：康熙三十五年覆准

地方失事，限年缉贼之后，该员等捐纳加级纪录，概不准抵销。

地方缉捕 017：康熙三十六年题准

盗案初参并限满，该督抚将承缉之员，不照定例题参，仅以承查迟延题参，明系徇庇属官，规避处分，除该管官仍照盗案例处分外，将该管上司降三级调用，督抚降一级留任。

地方缉捕 018：康熙三十六年议准

直省督抚一切盗案，将获盗日期备载疏内，以凭详核，如有不行开载者，罚俸一年。〔乾隆二十七年议准：将失事地方在城在乡，有无防兵墩堡之处，遗漏声明，罚俸六月。〕

地方缉捕 019：雍正元年议准

承缉盗案各官，务期必获盗首，如限内不获盗首，虽获盗过半，于免罪之外，仍罚俸一年，再限不获盗首者罚俸二年，三限不获者降一级留任。如盗首果系病故在某处者，必须查验供认实有确据，方准免其处分。若假借别州县之盗，指为本案盗首，别州县亦扶同搪塞，或先报盗首脱逃，后经审出仍在该地方隐匿，或捏报盗首病故，后于别案发觉者，将从前假借扶同隐匿捏报之该地方官，照讳盗例革职。

地方缉捕 020：雍正元年又议准

凡邻境他省之地方官，有能拿获别案内首盗，质审明确者，该地方官加一级。若拿获失事州县案内伙盗者，每案二名纪录一次。

地方缉捕 021：雍正元年三议准

盗犯于初获到案时，即讯明曾经行劫某处，同伙几人共劫几次，审拟定案，以后不许听其任意狡供，傥续获之贼，复有供出之案，仍应行查，亦以初供为主。如有不肖州县，贿买盗供，辗转行查，希图销案者革职。

地方缉捕 022：雍正二年议准

押解盗犯，中途致有脱逃者，将金差不慎之该县，照例议处，所有加级纪录，不准抵销。

地方缉捕 023：雍正三年议准

地方遇有盗案，一面申报上司，即一面关会邻境州县官，遍处查缉，有能于一月内拿获邻境案内盗首者加一级，再纪录一次。拿获伙盗者，每一名纪录一次。至一月后拿获者，仍照前例议叙。

地方缉捕 024：雍正三年又议准

州县申报盗案，该厅员遍檄所辖地方，协同缉拿，三月内全获一伙盗犯者，将厅员纪录二次。

地方缉捕 025：雍正三年奏准

凡窃盗三犯曾经刺字者，如州县官不依律究拟，擅自轻纵，督抚指参，照失出例议处。若不照赃究拟，并不依律刺字者，亦照失出例议处。

地方缉捕 026：雍正三年又奏准

凡强盗惨杀事主，以及放火行奸，又或劫夺仓库城池衙门，并积至百人以上者，此等凶恶之盗首脱逃，虽系接缉之员，亦照承缉盗首之例，按限处分。

地方缉捕 027：雍正四年谕

安民必先弭盗，而捕盗之法，在于速拿。闻有交界地方失事，盗贼窜匿邻境，有司以地非管辖，不便径拘，必用移文关提，挂号添差，方许缉拿，以致濡迟时日，闻风远扬，即使日后拿获，而赃已花销，悬案不结。凡系地方官，均有弭盗之责，何分此疆彼界？嗣后交界地方失事，探实赃盗之处，无论隔县隔府隔省，一面差役执持印票即行密拿，一面移文关会，拿获之后，仍报明该地方官，添差移解。倘捕役藉端诬害良民，照例从重治罪。各该有司，务须协力稽查，使奸宄无可潜藏，以副朕息盗安民之至意。

地方缉捕 028：雍正四年议准

承缉盗犯官员，于获盗初审之时，如实无窝家之案，即于招内声明，毋得诬扳良民。其讯明盗犯有窝家者，于获盗过半之内，务获盗首，并获窝家，始准其免议。如年限内止获盗首，并获伙贼过半，而窝家无获者，将地方各官，亦照不获盗首例议处。若实有窝家之案，地方官畏避不获之处分，因将窝家删去，经上司审出，将该地方官照讳盗例议处。〔乾隆三十七年增定：未能审出窝家窝线者，罚俸一年。〕

地方缉捕 029：雍正四年题准

盗犯越狱及中途脱逃，并从遣所逃回，或从部发遣，在途脱逃之盗犯，地方官有能拿获一名者纪录一次，拿获二名者纪录二次，拿获三名者加一级，如有能拿获三名以上者应予加级纪录，按此递加。

地方缉捕 030：雍正四年议定

地方编排保甲，该地方官有不实力奉行，稽查盗贼者，专管州县官，照不能查缉奸民例降二级调用，兼辖官系同城降一级调用，不同城降一级留任，统辖官降一级留任，如上司揭报题参者免议。

地方缉捕 031：雍正五年议准

凡苗蛮杀劫，或倚山负险，或恃众窝藏，令专汛文武官弁，各率兵役，协力擒拿，如有缉拿迟延，藉端推诿，令文武互相揭报题参，将迟延推诿之官，降一级调用。

地方缉捕 032：雍正五年又议准

凡有呈报强劫盗案，责令州县印官，不论远近，无分风雨，立即会同营汛，飞赴事主之家，详验前后出入情形，有无撞门毁户，有无遗下器械油捻之类，事主有无拷撩捆扎伤痕，并讯地邻更夫救护人等有无见闻影响，当场讯取确供，皆填注通报文内。如州县官不亲诣详验，或竟将未曾目见之情形，捏作亲诣填报，将州县官照溺职例革职。该管道府与直隶州知州并管捕厅员，将不亲验情形之属官，徇庇不揭者，照徇庇例降三级调用。如遇地方失事，而印官公出，佐贰捕官，一面会同汛弁验看，先行缉捕，一面申请邻邑印官覆加验看，据实申报，傥邻邑印官推诿，不即赴验，或将未曾目见之情形，附会佐贰捕官，捏作亲验者，将邻邑印官，照徇庇例降三级调用。至外地民人，行商过客有失事者，亦责令居停及该船户，与事主一同据实报官，地方官亦即亲身飞赴验看情形，严缉务获，追赃给主。傥民人有捏报等情，及地方官有隐讳抑勒，与不行亲验等弊，皆照例分别议处。其盗案内果有虚实情形未分，盗赃未确，限内不能完结者，许承审官将限内不能完结情形，逐细声明，据实详报该管上司，上司各官详细查明，如果是实，即行报部，准其展限四月。傥该承审官，有将易结之盗案，不行速结，滥请展限，该督抚等不能详情度理，漫为咨部，经部察出，将滥请展限之有司官，照易结不结例革职，转详咨部之司道府并直隶州等官各降一级留任，督抚罚俸一年。

地方缉捕 033：雍正五年奏准

直省督抚，转饬府州县等官，将绅衿之家，一例编次保甲，听保长稽查，如有不入编次者，该地方官详报题参，比照脱户律治罪。地方官瞻徇情面，不据实详报者，照徇庇例议处。

地方缉捕 034：雍正五年又奏准

保正甲长，须选勤慎练达之人点充，如有豪横之徒，藉名武断者，该地方官徇纵不究，照徇庇例议处。

地方缉捕 035：雍正五年三议准

凡地方容留面生可疑之人者，许保正、甲长、牌头据实首告，照例给赏。若知而不首，照例治罪，仍令州县及捕盗等官，于所属地方，不时稽察密访，或有面生可疑之人，出入其家，即是窝主，立时究问得实，将该犯拿禁，照例拟罪，拿获之州县捕盗等官，照承缉盗犯每案全获例纪录二次。傥不实力奉行查访，或被别处拿获盗贼供出窝家者，将该管州县捕盗等官，仍照例罚俸一年。

地方缉捕 036：雍正五年四议准

凡道路村庄，劫失饷鞘，护送官革职，地方官革职留任，同城知府住俸，不同城知府免议，道员罚俸六月，皆限一年缉拿，全获开复。若限内获贼过半，已获盗首者，将地方官仍留任，同城知府降一级留任，道员罚俸一年，未获贼犯，皆照案缉拿。傥逾限一年，获贼不及过半，或过半而盗首无获者，将地方官革任，同城知府降一级调用，未获盗犯，交与接任官照案缉拿，有加级纪录，准其抵销。如一经失事，邻汛官员及地方官，即能获贼过半，已获盗首者，将地方官并同城知府及该管道员皆免其处分。至劫失钱粮，交与该部，照例行令分赔。

地方缉捕 037：雍正六年覆准

凡偷挖山矿聚集地方，除该管官知情隐匿，不严行缉拿者，仍照例革职外，如虽非知情隐匿，但失于查缉，以致矿徒聚众潜匿地方，及经发觉，又不上紧缉拿，以致矿徒逃遁，全未捕获者，将该地方官降三级调用，未获矿犯，交与接任官照案缉拿，若已经查缉，应按所获名数分别处分，其获犯未及一半者降二级留任，勒限一年缉拿，限满全获，准其开复。傥限内仅获一半者降一级调用，限满获犯仍未及一半者降二级调用，未获矿犯，交与接任官照案缉拿。如一经查缉，即获犯过半者降一级留任，勒限一年缉拿，限满全获，准其开复。傥限满仍止获过半者，再罚俸一年，带所降之级，照案缉拿，全获之日，准其开复。

地方缉捕 038：雍正七年议准

各省直隶州，遇有盗案疏防失事之后，将该管之州同，与专汛印捕各官，一并指参，其无州同者即以州判指参，皆照同知通判例分别议处，限年督缉，如限满不获，亦照同知通判限满之例处分。其本州境内逃盗等案，亦责成州同、州判协同缉拿，如地方失事，以及限满未获，皆照例查参。

地方缉捕 039：雍正七年又议准

文武官员衙署被窃，失事之员即行申报，其承缉承审文职，仍照窃盗定例处分。若不行申报，别处发觉，将不行申报之员降一级留任，窃犯限一年缉拿，限内全获，准其开复，限满不获，降一级调用。至衙署内实系强劫，或隐匿不报，及以强报窃，将本官题参革职，仍留该地方，勒令设法，出资悬赏，雇觅民壮，与接任官协同缉捕，如已获盗过半，准其回籍，若逾限不获，勒限协缉三年，方准其回籍。

地方缉捕 040：雍正七年覆准

盗案内窝线不获，止获伙盗者，承缉官照未获盗首例参处。

地方缉捕 041：雍正七年三议准

盗贼远扬他省窝藏，如已有实据，而隔省州县徇庇，不行实力擒拿，或纵令转窝邻境者，将州县印捕各官，皆照徇庇例降三级调用。

地方缉捕 042：雍正七年四议准

窃盗被获，将无辜良民挟雠诬陷，或指窝赃，妄行扳害，承审官随即讯明，除将被扳之人即行释放外，其诬扳平人之贼犯加等治罪。如地方官故意徇纵，不将窃贼诬扳情由详报加等治罪者，或经上司查出，或被受害之人告发，将承审官照失察诬良例，诬扳致死者革职，未经致死者降四级调用。

地方缉捕 043：雍正八年覆准

番人入内地为盗，该管之土司有俸者住俸，俟三年无犯，仍予俸禄，若三年内连犯三案者革去职衔。无俸土司，犯盗一案者降职一级，戴罪图功，俟三年无犯销案，如三年内连犯二案者革去职衔，择应袭之人承袭。并令该督抚于疏防本内，将土司有俸无俸之处注明，以便覆议。

地方缉捕 044：雍正八年议准

城内地方及村庄道路，设有墩铺者，如遇失事，无论伙盗多寡，文武一例处分。至偏僻村庄，旷野道路，向无防汛兵丁，并未设有墩铺者，如遇失事，无论伙盗多寡，文职仍照定例，武职照盗贼十人以下之例议处，督令兵捕协同缉捕，毋许推诿。其失事地方，有无防汛兵丁，设立墩铺之处，令该督抚等于疏防本内声明，以便察议。

地方缉捕 045：雍正八年又议准

捕盗同知通判等官，如有不以缉盗安民为念，所属州县，盗犯无获，并不按限提比，徇情玩忽，将同知通判照徇情例降二级调用。倘厅员提比，而州县徇庇捕役，不行解比，厅员据实通详，将州县官照徇庇例降三级调用。

地方缉捕 046：雍正八年又覆准

盗案接缉，向无处分。嗣后前官去任，将未获盗犯，交与接缉之州县印捕官，限一年缉拿，限满不获罚俸一年，贼犯照案缉拿。如限内有能获贼，虽不及半，亦免其议处。

地方缉捕 047：雍正十年议准

盗案疏防，获贼过半，该地方官应得开复者，若必俟该抚审题结案，刑部核覆后，始准开复，则盗案或有迟至数年未结，以致应行开复之员，不能升转，而应行议处之员，转得迁延。嗣后盗案疏防，照督抚所题，有应行开复者准其开复，如有应行议处者亦即为议处，仍知照刑部，如审题核覆之时，倘有徇隐捏报等弊，将地方官并各上司，照例从重议处。

地方缉捕 048：雍正十二年议准

窃盗结伙至于十人以上，虽不行强，地方官亦难辞咎，统以获犯讯供之日，起承审限期，其疏防讳盗等项处分，皆照强盗例查参议处。

地方缉捕 049：雍正十二年又议准

奉天各州县及旗庄各地方，照直省州县之例，令旗民官员，一例编立保甲，会同管束，互相稽查，倘有失事，同参疏防，一例处分。

地方缉捕 050：雍正十三年议准

凡一人打劫及一人行窃，临时行强之案，仍照旧例毋庸题参疏防，于限内拿获者，亦不得滥邀议叙。如限期已满不获，仍照例题参议处。

地方缉捕 051：雍正十三年覆准

凡盗案内首犯脱逃，其承缉接缉各官，在勒缉限内，仍扣限核参议处。至勒缉年限已满，照案缉拿后，恐该管各官，不实力查缉捕获，应令该督抚于年终汇题册内核参，皆按其不获名数，分别处分。州县、吏目、典史各官，一年内二三名不获罚俸六月，四五名不获罚俸九月，六七名以上不获罚俸一年，不能及半者罚俸六月。道、府、同知、通判、直隶州知州、州同、州判各官，应总计所属地方被劫案数，一年内属官将首犯名数，拿获不能及半者罚俸六月。以上应行议处官员，核参一次之后，即免其重复参处，仍令照案缉拿。若接缉及督接缉各官，果能于照案缉拿之后，年终汇题之先，拿获盗首者，除承缉各官毋庸议叙外，将接缉之州县、吏目、典史等官，按其拿获名数，二三名以上者纪录一次，六七名以上者纪录二次。督缉督接缉之道、府、同知、通判、直隶州知州、州同、州判等官，总计所属地方被劫案数，如能董率属官拿获过半者纪录一次。其承缉接缉督缉各官，一年内拿获之数，与不获之数相当者，功过相抵，统令该督抚于汇题册内，将各案情由，以及承缉年分，一年内已获几名，未获几名，并各官职名，逐一声明，仍于贴黄内开叙简明总数，刑部细加察核，会同本部察议。

地方缉捕 052：乾隆元年议准

地方如有一家先后被劫，一夜屡次被劫之案，虽不知是否一案盗伙，但地方屡遭劫掠，明系文武各官视同膜外，不实力弭盗安民，该督抚提镇立即指名题参，照不能查缉奸民例降二级调用。

地方缉捕 053：乾隆元年又议准

内洋失事，文武并参，外洋失事，专责官兵，文职免其参处。其内洋失事文职处分，照内地无墩防处所武职处分之例，初参停其升转，二参罚俸一年，三参罚俸二年，四参降一级留任。

地方缉捕 054：乾隆元年三议准

护送饷鞘官员，如有失鞘，若不由大道，不执票赴营伍州县挂号，拨兵护送，并分赔银限内不能赔补，及虽经分赔还项，而地方官尚未缉获贼犯者，该解官革职之案，不准开复。如解官经由大道，执票挂号，所失钱粮，限内赔还者，俟该地方官获贼之日，将解官一并附请开复。如贼犯虽未缉获，该解官果能限内竭力将所失钱粮独赔还项者，革职之案，亦准其开复。

地方缉捕 055：乾隆元年覆准

凡捕役豢养窃贼，坐地分赃，该管官平时不行稽查，或知风拿获，不依定例，按所豢名数多寡，分别治罪，止藉端责革者降二级调用，其该管上司不行查出，同城者降一级调用，不同城者降一级留任。

地方缉捕 056：乾隆元年又覆准

捕役人等，将平素虽曾犯窃，业经改悔，仍勒馈送，及地方偶有失事，任意私拿拷打者，除将捕役照例治罪，该管州县照例议处外，将不行察访之典史，亦照失察衙役犯赃例分别议处。若故纵者，仍照纵役犯赃例革职。其失察之总捕官，照失于觉察例罚俸一年。

地方缉捕 057：乾隆二年覆准

各省督抚、提镇饬行各营将弁，严饬塘兵，务于防汛昼夜巡逻，或遇抢夺劫掠，力行擒拿，傥有截劫不行救护，盗去不即尾追，甚至盗贼出没，漫不知觉者，该管官知情徇隐，照徇隐例降三级调用。或失于觉察，照失于觉察例罚俸一年。至恶役与盗贼声气相通，明知某案系某人偷窃，利贼馈献，抗不擒拿，应令各该督抚即令印捕各官，严加访察，如有前项不法情事，按律惩治，傥该管官知情故纵，照衙役犯赃知情故纵例革职。或失于觉察，照失察衙役犯赃例分别议处。

地方缉捕 058：乾隆三年议准

凡已革捕役，令地保加意稽查，如有窝匿滋事，地保畏威不首，扶同徇隐者，将地保人等照例治罪。如州县官不实心奉行，经督抚核参，将不实心奉行之州县，照不能查缉奸民例议处。

地方缉捕 059：乾隆三年覆准

各省州县申报窃案，令该管上司详载册籍，于岁终汇核，按其缉获多寡，量记功过，以为劝惩。其有地方缉捕案甚多，并不实力缉拿，以及纵捕养奸苦累事主等弊，该督抚据实题参，分别议处。

地方缉捕 060：乾隆四年议准

各衙门捕役，如将窃盗及为匪之人，不行详查，准其承充，将准其承充之本官，降一级调用。

地方缉捕 061：乾隆四年奏准

捕役诬拿曾经犯窃之人，指为现在躧缉之强窃盗犯，拷逼教供致死者，将该管官照诬良为盗例减为降三级调用，如拷逼教供未致死者减为降一级调用。

地方缉捕 062：乾隆四年又议准

凡盗案疏防，其州县印捕承缉等官，以及该管之各上司，如系带印公出者，初参免其处分，仍停升，勒限一年缉拿，如限满不获，仍照承缉限满不获例议处。若系交印公出，该督抚于疏内声明到部，免其承缉处分，毋庸停升限缉，回任之后，照接缉官察议。其丞倅等官，及各上司原无接缉处分者，皆免其议处，未获贼犯，照案缉拿。其署印官，照承缉官议处。

地方缉捕 063：乾隆四年又奏准

诱拐等犯，该地方官如不实力缉拿，经该督抚查参，将地方官罚俸一年，人犯照案缉拿。至承缉拐逃案犯，亦照承审奸拐等案之例，勒限四月缉拿，逾限不获，即照前例议处。

地方缉捕 064：乾隆五年议准

凡前任逸盗未获，接任厅员，能将前任全未拿获一案盗犯，缉拿全获者纪录三次，拿获过半者纪录一次，于获贼一半之外能获盗首者纪录二次。四路同知缉获前任逸盗者，亦照此例议叙。

地方缉捕 065：乾隆五年又议准

窃盗临时同伙拒捕与白昼伙众抢夺杀伤人者，若未经获贼，并虽获贼而为首及下手之凶犯未获者，皆照强盗案件，初限即将专兼统辖各官揭参疏防，勒限比缉，悉照强盗案件分别议处。若已获有为首下手凶贼，惟伙贼未经拿获者，免其概参疏防，伙贼照案缉拿，果能限内全获，审实附招议叙，亦照拿获盗犯例分别议叙。

地方缉捕 066：乾隆五年奏准

事主以强报窃之案，后经发觉，令地方官据实确核申报，该督抚取具专兼统辖各官，从前并无讳盗印结报部，其未经确核蒙混出结者，察出，将专辖官及扶同徇隐之出结各官，令该督抚参送到部，将捏结官照溺职例革职，扶同加结之该管官照徇庇例议处。

地方缉捕 067：乾隆五年题准

承缉官将一案盗犯，于四月限内全获者，每案纪录二次，如有一名逾限，不准议叙。

地方缉捕 068：乾隆五年三议准

凡盗田野谷麦菜果及无人看守器物之案，所有专兼统辖各官，皆免开参疏防。如拒捕伤人致死，正犯在逃，仍照命案例按限勒缉正凶，限满不获，照例参处。

地方缉捕 069：乾隆五年又奏准

事主呈报失窃，地方官详细研究，如有强劫情节，即会同营汛，亲诣事主之家，详细验看，果系强劫，据实通报。如实系窃案，出具并无抑勒讳饰印甘各结，随文申送该管上司。地方官申详窃案时，亦令将事主原报呈辞，备细钞录呈报，呈辞内如有强劫情节，该地方官并未声明亲诣验看者，令该上司指驳验看，如因事主报窃，即以失窃定案，后经查明原报呈辞内，原有强劫情节，而地方官并未亲诣验看，及该上司并不指驳验看者，参送到部，即将不亲诣之地方官降二级调用，不行指驳之上司降一级调用，删减强劫情形转报者革职。〔乾隆三十七年增定：扶同加结之上司降三级调用。〕

地方缉捕 070：乾隆六年覆准

凡老瓜贼在旷野地方肆行残害，不得以是髊非盗立案。凡道路掩埋无主身尸，如有背负及放气被勒戳伤情形，有系老瓜贼谋害者，查明确实，将专兼统辖文武各官，皆照盗案例揭参疏防，勒限缉拿，限满不获，照盗案例议处。倘有希图避重就轻，滥以是髊非盗立案者，查出，照讳盗例议处。其直隶各省地方，如有老瓜贼居住，令该地方官实力严督保甲访拿，如该地方官有能拿获一名者，照拿获邻境盗首例议叙，有拿获别汛老瓜贼者亦照此例议叙。倘地方官不能拿获，经犯事地方及别州县拿获，或指名赴本地方关拿者，将该地方官照不实力编排保甲稽查例议处。至拿获老瓜贼，已经供出窝隐之家，承问官有心隐讳，止图草率结案者，照盗案删去窝家例革职。如该员不能穷究窝家，后经别官审出，承问官照不取紧要口供例罚俸一年。

地方缉捕 071：乾隆七年议准

接缉官能将前官未获一案盗犯全获者准其加一级，拿获过半者纪录二次，于获贼一半之外能获盗首者纪录三次。

地方缉捕 072：乾隆七年又议准

各省盗案，督抚亲行确审，如地方官将良民拟盗改供，督抚将此等情由审出，不即改拟者，皆照故入例议处。如已改拟，不将地方官指参者，照徇庇例降三级调用。再，地方官或希图销案，删改供招，督抚严查题参革职，如督抚瞻徇不举，照徇庇例降三级调用。若失于确察，将不行详查遽以转报之司道罚俸一年，不详查具题之督抚罚俸六月。

地方缉捕 073：乾隆七年覆准

凡遇事主被盗，不行呈报，后经本管州县查出，或拿获盗犯，审明补报者，无论前任后任，仍照例取具印结缴报，免其议处。如经上司访闻，饬令拿获，或经别处获盗，供出移拿，始据查明具报者，将该州县照所属地方有杀死人命不知不行申报例降一级留任，该管府厅巡道，若访闻行拿，或本属州县查出补报者，皆免其议处。其别处发觉者，将同城之道、府、同知、通判等官罚俸一年，不同城在百里内者罚俸六月，不同城在百里外者罚俸三月。

地方缉捕 074：乾隆十五年覆准

本官失察捕役为窃降一级调用。如有将捕役为窃之案，讳饰不报者，一经发觉，即将该管官革职。至捕役为盗，例应革职者，自行查出，减为革职留任；捕役为窃，例应降一级调用者，自行查出，减为降一级留任。

地方缉捕 075：乾隆十六年谕

盗案承缉处分，例载印捕官限一年缉拿，若限满不获，州县等官降一级留任，至三限不获，州县印捕官再留任一年，如再不获，降一级调用，若未满一年之限升迁者，照离任官例罚俸一年，其遇告假丁忧等事离任，亦照此办理。因而承缉各官，于例应降调之先，告请病假离任，皆得按例仅以罚俸完结，是明予以规避之路也。缉盗乃地方官专责，其例应处分，自不得巧图幸免，如果系干练循良之员，该上司据实保题，自属可行，若曲为瞻徇，令得卸事自全，处分不及，盗案之尘积日久，未必不由于此。著该部将此例别行定议具奏。钦此。遵旨议定：嗣后凡州县官有承缉盗案，除该省遇有应行题补之缺，如无合例之人，不论何项参罚，均准保题，其特准升转与回避别补，及别案革职降调，丁忧治丧离任者，仍照定例处分。至告病请假及终养者，如初参未获，例应住俸，处分既轻，为期尚远，亦应照例办理外，其二参三参，例应降一级留任者，遇有病假终养离任，即议以补官日降一级留任，三年无过开复，其四参例应降一级调用者，遇有病假终养离任，即议以补官日降一级调用。再，官员任内，有承督未完事件，如承缉案犯，并征收承追钱粮等项，款目繁多，处分互异，若未经限满之先离任者，向例皆以罚俸一年完结，今既将盗案遵旨别行定例，其别项例有展参各案，亦应统照此例，如参限未满，告请病假及终养离任，例应住俸停升降级降俸，及罚俸三月、六月、九月者，仍皆以罚俸一年完结。其余处分，皆各照本例察议，不得概照离任官例仅议罚俸。凡例有展参之案，皆将离任官员，因何事故离任之处，该督抚于咨题文内，随案声明，以凭核议。

地方缉捕 076：乾隆二十九年谕

嗣后有能盘获劫掠等大案者，准督抚专折具奏，送部引见请旨。其查出寻常匪人贼匪，自一案至数案者，令各省于年终详具事实等差，汇折奏明，交部分别议叙，以示鼓励。

地方缉捕 077：乾隆二十九年议准

地方官拿获邻境劫掠巨盗，积年山海巨盗，并纠伙行窃，临时行强，捆殴事主案内首伙各犯，或系行劫数次之首犯，俱准该督抚等专折奏请引见。如所获之犯，止系行窃拒捕，并未捆殴事主，或系劫掠案内余盗，并非首盗，以及命案在逃之凶犯，止准照例议叙。

地方缉捕 078：乾隆二十九年奏准

拿获邻境盗犯人员，该上司奏请引见，查明该员有本任内逃盗未获，仍照例议叙，不准送部引见。若该员能于年限内将本境逸盗拿获，仍准奏请送部引见，前议加级纪录，即行注销。其逸盗未获，系接缉再接缉之员，并照离任官例议结者，仍准奏请送部引见。系逃逸盗犯未获者，亦准送部引见。

地方缉捕 079：乾隆二十九年又奏准

本境内有承缉逃盗未获，准将拿获邻境盗犯之案抵销，其有本任二三案以上未获，将拿获邻境之案抵销后，有多获邻境一案者，即准其送部引见。

地方缉捕 080：乾隆二十九年三奏准

拿获邻境盗犯，例应引见，该督抚声请议叙者，由部查核合例，即题请送部引见。

地方缉捕 081：乾隆二十九年四奏准

地方官拿获各项紧要人犯，钦奉特旨送部引见，到部时另有革职留任特旨限年开复，并特旨不准升用等项事故者，于带领引见折内声明，恭候钦定。

地方缉捕 082：乾隆三十年议准

解送饷鞘，地方官遴委员弁，将所派兵役名数交给委员，至前途营汛州县，执票挂号，文武衙门添派兵役委员护送，如有疏失，委解官革职，被失地方官如未接有委解官知会，无防护者，照盗案疏防例议处，如已接准知会，失事地方官革职留任，同知、通判、同城知府住俸，道员及不同城知府罚俸六月，俱限一年缉拿，限内全获，准其查销，逾限一年，获犯不及半，或及半而盗首无获者，地方官革任，同知、通判、同城知府降一级调用，道员及不同城知府降一级留任，未获贼犯，照案缉拿，若限内获贼及半已获盗首者，地方官革职留任之案，于获犯之日起，接扣四年开复，未获贼犯，照案缉拿，如于疏防限内获贼过半，兼获盗首，疏防之地方官及府厅道员俱免其处分。

地方缉捕 083：乾隆三十年又议准

委解官并不知会前途营汛州县，以致饷鞘有失者，金差官降一级，限一年缉拿，限满不获，照所降之级调用。已知会前途者，金差官免议。如原派兵役脚夫失鞘脱逃，无可质审，将金差地方官初参革职留任，一年限内获犯及半，兼获盗首，革职留任之案，于获贼之日起，接扣四年开复，限满获不及半者革任。所差兵役有代替潜回等弊，饷鞘未有疏失，委解官罚俸一年，金差官罚俸六月。

地方缉捕 084：乾隆三十年三议准

委解官失鞘，不由大路，不执票赴营汛州县挂号拨兵护送，并分赔银两未完，地方官未经获贼者，该解官革职之案，毋庸查办外，如由大路执票挂号，所失钱粮赔完，地方官获贼之日，系京员令其带革职之案在原衙门行走，系外任带革职之案赴原省差委，均不准食俸，四年无过开复。

地方缉捕 085：乾隆三十年四议准

饷鞘有失，总督及无总督之巡抚，俱罚俸六月。

地方缉捕 086：乾隆三十年五议准

地方遇有窃盗案件，将印票滥给本人，令其自缉者降一级调用。给票之后，致令藉票滋事，降三级调用。藉票滋事，酿成人命革职，该管上司罚俸一年。

地方缉捕 087：乾隆三十年六议准

直隶口外蒙古藩封，地方辽阔，人居疏散，并无墩台营汛，足资防守，遇有劫盗案件，免其题参疏防，照命案缉凶之例查议，其承缉接缉各官议处议叙，悉照命案例办理。

地方缉捕 088：乾隆三十年七议准

地方遇有发冢开棺见尸者，承缉接缉各官，照命案缉凶例查参。倘隐匿不报，及见尸捏作见棺，即照杀死人命知情隐匿不报例革职。

地方缉捕 089：乾隆三十年八议准

发冢止见棺椁之案，扣限六个月查参，将地方官罚俸一年，人犯照案缉拿。匿不详报者，亦罚俸一年。

地方缉捕 090：乾隆三十年九议准

邻邑地方官能拿获发冢开棺见尸案内为首凶贼者，每名纪录一次，至拿获四名以上者准其加一级。

地方缉捕 091：乾隆三十年十议准

旗民祖茔木植，如有家奴盗卖，他人偷砍，及不肖子孙自行砍卖者，不行查拿之地方官，罚俸一年。

地方缉捕 092：乾隆三十年十一议准

各属当铺起赃，该管地方官祖护当商，不即将当赃查出移解，以致审断迟延，许承审官详明该督抚，将祖护之地方官题参，降三级调用。隔省者咨会题参，亦照此例议处。

地方缉捕 093：乾隆三十年十二议准

各省申报窃案，令该管上司详记档案，于岁底汇查，量记功过，以为劝惩，统计一年内报窃之案，能拿获过半者，毋庸记功记过，其获不及半者，每五名记过一次；拿获及半之外复有多获者，每五名记功一次。凡记过至四次者罚俸六月，记功至四次者纪录一次，俱以次递加。如缉获前官任内窃案及本任内窃贼满贯之案，每一案记功一次，俱准其将记过之数抵销。其未过一年离任及接任之员，一体分别功过，均开单咨部查核。

地方缉捕 094：乾隆三十年十三议准

采生折割人犯，该地方文武员弁，如能拿获凶拐正犯，照拿获邻境盗首例分别议叙。若该管上司督缉拿获，道府、直隶州亦照厅员协同缉获之例议叙。倘该地方官不行查拿，经犯事地方及别州县拿获，指名赴籍关拿者，将专管之该地方文武官弁，兼辖统辖之道府、直隶州，照不实力编排保甲例议处。如该犯经过水陆地方及幽僻处所潜匿，不能拿获者，将地方文武官弁降一级留任，该管各上司罚俸一年。至此等凶犯潜住境内，或经首报，或别州县关拿，该地方官并不查拿，或捏称并无其人，均照讳盗例革职。

地方缉捕 095：乾隆三十年十四议准

如有光棍结伙轮奸妇女孩童之案，无论首从，脱逃不获，照道路村庄被劫之例，按限参处。劫盗轮奸，已获轮奸之犯，查系获盗及半，兼获首盗，未获余犯，并未轮奸者，仍准免参。如州县官讳匿不报，并该管上司徇隐不参，均照讳盗例分别议处。

地方缉捕 096：乾隆三十年十五奏准

一人强奸幼女幼童及妇女已成脱逃者，审非伙众，照窃盗满贯例，初参，扣限六个月承缉，限满不获，罚俸一年，再限一年缉拿，限满不获，罚俸二年，逃犯照案缉拿。

地方缉捕 097：乾隆三十年覆准

围场总管，有拿获盗伐木植偷打牲畜人犯，将失察之该管地方官及该管武弁，三案以内，每案罚俸六月；失察至四案以上者，自第四案起，每案降一级留任。该管道府、副将所属失察未至降级者免其处分，若属员例应降级者，该管道府、副将罚俸一年。至察哈尔蒙古人等，犯有砍木打牲之事，将该佐领暨捕盗官，亦照地方等官例议处，失察之该总管照道府等官例议处，该札萨克罚俸三月，协办台吉等各罚俸两月，无俸者各罚牲畜二匹。地方官拿获邻境砍木打牲人犯，每一案纪录一次。该管地方官并蒙古本佐领及捕盗官，自行拿获砍木打牲人犯者，每二案纪录一次。

地方缉捕 098：乾隆三十年又覆准

州县官将邻封差役及佐杂等官所获之犯，捏报自行拿获者，系重犯奉旨送部引见之案，将该员革职，知情徇隐之上司降三级调用，不知情者降一级留任。如系寻常加级纪录之案，将本员降二级调用，知情徇隐之上司降一级调用，不知情者罚俸一年。

地方缉捕 099：乾隆三十七年议准

衙门被窃，管辖兵民之地方官，毋论赃数已未满贯，罚俸一年。其无兵民责任之员，衙署被窃不报者，罚俸六月，已报者免议。

地方缉捕 100：乾隆三十七年覆准

地方缉捕案，经事主报官，州县官讳匿不报者，每案罚俸六月，不行查揭之府州罚俸三月。

地方缉捕 101：乾隆三十七年奏准

盗案疏防失事地方，系吏目、典史管辖，将吏目、典史查参；如系巡检管辖，止将巡检查参，以专责成。

地方缉捕 102：乾隆三十七年又覆准

湖北武穴镇，系武昌、黄州二府兼辖，其黄州府属之黄冈、蕲水、广济、蕲州、黄梅，武昌府属之武昌、大冶、兴国等八州县，除陆路城乡窃劫案件，仍责成各州县承缉外，其沿江一带地方，统令武穴镇同知率同沿江各该巡检，加意稽查，遇有疏防失察，分别查参，将该同知照知州例议处，该管之巡检照典史例议处。

地方缉捕 103：乾隆三十七年又议准

交界处所失事，呈报到官，地方官即关会接界州县公同踏勘，将该地方官开参疏防，限满不获，该管官照例查参，连界协缉之州县罚俸一年。倘连界官因非本官地方，不上紧查拿者，降一级留任。

地方缉捕 104：乾隆三十七年又奏准

地方遇有丢包贼犯，赃至满贯及拒捕杀伤人者，照白昼抢夺例，分别扣参议处。

地方缉捕 105：乾隆三十七年三奏准

州县失事，不同城之知府、直隶州，果能实力督缉，将一案盗犯，于三个月限内全获者，纪录二次。

地方缉捕 106：乾隆三十七年三议准

拿获邻境大盗窝主者纪录二次，拿获邻境小盗窝主者纪录一次。如不实力访察，被别处拿获，供出曾经潜匿某处境内，将该地方官罚俸一年。

地方缉捕 107：乾隆三十七年四议准

地方一应连劫之案，该管上司仍照盗案例议处，若地方官能于限内将一案盗伙全获者免其议处，不准议叙，能获过半兼获盗首者降二级留任。其内洋连劫，将地方官降二级留任，限内全获者免议，能获贼过半兼获盗首者罚俸一年。

地方缉捕 108：乾隆三十七年三奏准

捕役为窃，州县印捕官俱降一级调用，知府、直隶州知州罚俸一年，道员罚俸六月。如将捕役为窃盗之案讳饰不报者亦革职，若既经发觉，捏称革役在前，窃盗在后者降二级调用。为窃为盗月日，在该管官因公出境之后，事发于未回之前者免议。

地方缉捕 109：乾隆三十七年五议准

捕役豢窃分赃等事，月日在该管官因公出境之前，事发在回任一月之后者，照例议处。月日在该管官公出之后，事发于回任之前，及回任未及一月者，俱免议。

地方缉捕 110：乾隆三十七年三覆准

外省地方遇有被窃案件，自一百两至一百二十两，及已经满贯者，均勒限六个月缉拿，限满不获，一百两至一百二十两之案，将承缉官罚俸六月，再限一年缉拿，限满不获，罚俸一年，贼犯照案缉拿。已经满贯者，将承缉官罚俸一年，再限一年缉拿，限满不获，罚俸二年，贼犯照案缉拿，限内全获，或拿获首犯，俱免其参处。如全获伙犯，而起意为首之犯未获者，仍照例查参议处。如地方官将窃案赃物，勒令事主少报，冀免处分者，该上司查参，将地方官照不应重私罪律降三级调用。

地方缉捕 111：乾隆三十七年四奏准

城内被劫，将承缉州县印捕官并同城督捕厅员住俸，限一年缉拿，全获开复。若限满不获，降一级调用，未获贼犯，照案缉拿。同城府州，初参住俸，限一年督缉，全获开复，限满不获，降二级留任，贼犯照案缉拿。同城道员，初参罚俸一年，限一年催缉，限满不获，降一级留任，贼犯照案缉拿。不同城府州督捕厅员兼辖道员罚俸六月，限一年催缉，限满不获，罚俸一年，贼犯照案缉拿。

地方缉捕 112：乾隆三十七年五奏准

官署被劫，仓库监狱有失者，州县印捕官并同城督捕厅员，俱革职留任，限一年缉拿，同城府州降三级留任，道员降一级留任，均限一年催缉，全获开复，限满不获，州县印捕官及同城督捕厅员俱革职，府、州、道员照所降之级调用，贼犯交与接任官照案缉拿。不同城之府州、督捕厅员，初参降一级留任，限一年催缉，限满不获，降一级调用，贼犯交与接任官照案缉拿。不同城道员，初参罚俸一年，限一年催缉，限满不获，降一级留任，贼犯照案缉拿。其被劫之本署官，即照专管官例议处。仓库监狱无失者，承缉、督缉官照城内被劫例参处，本署官亦照专管官例议处。

地方缉捕 113：乾隆三十七年六议准

城外大小文武衙门失事，据实申报，该督抚照限参处疏防，该州县严行缉拿，一年限满，获盗未全，降一级留任，再限一年缉获，如已全获，准其开复，如未全获，但已过半，再降一级留任，余盗照案缉拿，俟全获之日，仍予开复。如二年限满，获盗尚不及半，降二级调用。其失事之本衙门官，有管辖兵民之责，亦一体议处。

地方缉捕 114：乾隆四十四年议准

诬良为窃，未经致死者，州县印捕官降一级调用，道府等官降一级留任，按察使罚俸一年，督抚罚俸六月，上司查出揭参者免议。

地方缉捕 115：乾隆四十四年又议准

捕役诬窃为盗及将曾经犯窃之人，指为现在强窃盗犯者，该管官自行访拿审出，已致死者降一级留任，未致死者免议。

地方缉捕 116：乾隆四十七年议准

白昼抢夺，未经伤人，赃至十两以上未满贯者，照窃案满贯例查议，不及十两者免议，赃至满贯者照盗案例查议。

地方缉捕 117：乾隆五十八年谕

吏部具题：福建省承缉盗案四参限满降调一本，已照依议签下矣。州县官身任地方，遇有盗劫案件，督率缉捕，是其专责，至四参限满，盗尚未获，其于初参时懈弛，并未认真查缉，已可概见，若仍送部引见，复邀录用，则州县等因有此例，心存冀幸，缉捕转不认真。嗣后此等承缉盗案，四参限满人员，该部议处具题，内阁止须票拟依议，毋庸另票送部引见双签。如有平日居官实能留心民事，熟悉地方情形，该督抚欲仍留本省者，准其专折具奏，仍送部引见，俟朕察其才具，酌量以县丞佐杂等官录用。总之地方盗案，全在州县等随案留心，于初二参限内，及早督缉，方可克期弋获，若迁延日久，盗犯必致远扬，而四参限满，仍可送部引见，幸邀录用原官，转非慎重缉捕之道。今如此办理，则州县自顾考成，遇盗劫一经破案时，即知实力缉捕，不致日久宕延，自干降黜，而平日奋勉者仍不致废弃，此朕于惩创之中，仍寓爱惜人才之意。著为令。

地方缉捕 118：乾隆五十八年议准

已革捕役，如有窝匪滋事，系豢养窃贼，地保徇隐不首，将不实心稽查之州县印捕官降二级调用。止于酗酒斗殴等项，致生事端者，州县印捕官降一级留任。

地方缉捕 119：嘉庆六年议定

盗犯连劫之案，将地方官查参，除无级可抵之员，仍照例降调，令接任官缉拿外，其有级可抵，本身不致离任之员，照初参限内接缉官之例，按其报劫起数，分案参处，限满不获，罚俸一年，再限一年缉拿，再限不获，罚俸二年。至内洋连劫之案，照初参限外接缉官之例，限满不获，罚俸一年，盗犯俱照案缉拿。

地方缉捕 120：嘉庆十年议定

失察私入围场，偷打牲畜，偷砍木植等案，一年之内，查系何员任内，该督于咨参时，将次数逐案声叙明晰，其次数以正月初一日起，至年底止扣算，次年复有失察之案，即另行起扣，毋庸递年接算。或一年而有两任，前任官之案，不与后任官并计，若一年内前官又复回任，仍将其前任之案，在一年内者，与回任后之案，前后接算，中间署任官之案，亦不与并计。一年内本任至失察四案以上，本员及上司照例议处。

地方缉捕 121：嘉庆十年谕

本日兵部议叙总兵罗江太等拿获盗船一案，已降旨照军功给予加级纪录矣。外省海疆地方官员，出洋巡哨，擒捕盗匪，与带兵打仗无异，其被戕者既照阵亡例赐恤，遇有奋勉出力之员，自应一体优加甄叙。嗣后闽粤等省官员，有在外洋捕盗，著有劳绩，特旨交部议叙者，该部核议时，均著给予军功加级纪录，以示奖励。

地方缉捕 122：嘉庆十一年奏准

城内失事及官署被劫之案，犯未弋获，承缉官无论初参限内限外离任，接任官均限一年缉拿，限满不获，罚俸一年，再限一年缉拿，二限不获，罚俸二年，盗犯照案缉拿。如接缉官未届二参，复因事故离任，再接缉之员，限一年缉拿，限满不获，罚俸一年，盗犯照案缉拿。

地方缉捕 123：嘉庆十一年又奏准

地方官拿获邻境劫掠巨盗，并纠伙行窃，临时行强，捆殴事主，案内首伙各犯，或系行劫数次之首犯，俱准该督抚专折奏请，送部引见。如所获之犯，止系行窃拒捕，并未捆殴事主，或系劫掠案内余盗，并非首盗，以及命案在逃之凶犯，止准照例声请议叙。

地方缉捕 124：嘉庆十一年三奏准

海洋盗犯，多系叠劫伤人情罪重大之犯，地方官果能留心缉获。或出洋巡缉拿获，数在三名以上，罪应斩枭斩决者，准该督抚奏请送部引见。傥所获实系重犯，罪应凌迟者，即一二名，亦准该督抚奏请送部引见。如所获系绞罪以下，并斩枭斩决等犯，未及三名，止准照拿获伙盗例议叙。

地方缉捕 125：嘉庆十二年谕

赵璠系试用知府，分发湖北后，尚未铨补实缺，若遽准送部引见，恐将来试用人员，妄生冀幸，开便捷之门，于吏治殊有关系。赵璠著交该督抚遇缺尽先补用，毋庸送部引见。嗣后试用人员，有似此拿获劫掠巨盗者，均著照此办理。

地方缉捕 126：嘉庆十二年奏准

附近陵寝之遵化、蓟州、平谷、密云、滦平各州县，如遇风水禁地，树株被窃私运入境等事，审明该犯籍贯，将该地方官降一级调用。

地方缉捕 127：嘉庆十三年奏准

凡道员果能留心缉捕，首先拿获邻境盗犯，核与丞倅以下等官引见之例相符者，给予加一级。其与引见之例不符者，仍照拿获伙盗例，每名纪录一次。傥所获之犯，若系督同属员协拿者，仍毋庸给予议叙。

地方缉捕 128：嘉庆十三年又奏准

丞倅以下等官，遇有拿获盗犯，核与引见定例相符者，无论实缺试用，均照例题请引见，仍俟给咨到部时，查明试用人员拿获盗犯题准引见之后，曾否补用实缺，于折内详悉声明，其如何加恩录用之处，恭候圣裁。如所获之犯，核与引见定例未符者，仍照例分别给予加级纪录。

地方缉捕 129：嘉庆十五年谕

军机大臣会同刑部议奏：私入围场偷窃牲只砍伐木植人犯罪名一折。此等人犯潜入围场，于牲兽木植，私行偷窃，并窃取茸角，不可不严行禁止。该犯等多系围场外附近居民及蒙古人等，该管官若查拿严密，自不致奸民屡干例禁。嗣后拿获此等人犯，如审系附近围场外居民，将该管厅县议处；如系蒙古，将该管札萨克议处。其如何立定处分，著原议军机大臣会同该衙门详议具奏。钦此。遵旨议准：围场附近居民，有犯偷打牲兽，盗砍木植，罪应拟徒者，将失察之该地方厅州县官及武弁俱罚俸六月；人犯罪应拟流者，该管官罚俸一年；人犯应发乌鲁木齐等处种地者，将该管官降一级留任；人犯应发乌鲁木齐给兵丁为奴者，将该管官降一级调用；该管道府、副将于所属失察仅止罚俸者免其处分，若属员例应降级者，该管上司罚俸一年。其承德府失察所属境内人犯，仍照州县例议处。如地方官有能拿获邻境偷窃牲木人犯者，仍照向例，每一案纪录一次；自行拿获偷窃牲木人犯者，每二案纪录一次。至察哈尔及札萨克旗下蒙古人犯，私入围场，偷打牲兽，盗砍木植，罪应枷责者，该管佐领捕盗官罚俸六月；人犯应发河南、山东者，该管官罚俸一年；人犯应发湖广等省者，该管官降一级留任；人犯应发云南等省者，该管官降一级调用；其该总管于所属官至降级者罚俸一年。附近围场之札萨克旗下蒙古，有犯偷打牲兽，偷砍木植，罪应枷责者，将失察之该管官罚牲畜一七，札萨克罚牲畜一五；人犯应发河南、山东者，该管官罚牲畜一九，札萨克罚牲畜一七；人犯应发湖广等省者，该管官罚牲畜二九，札萨克罚牲畜一九；人犯应发云南等省者，该管官罚牲畜三九，札萨克罚牲畜二九；其应罚牲畜，札萨克照例折抵罚俸，无俸者实罚牲畜，存公备赏。

地方缉捕 130：嘉庆十五年奏准

本籍绅衿，并无缉捕之责，其出洋捕盗，原为保护桑梓，如有首先拿获盗犯，数在三名以上，与地方官引见之例相符者，准其加一级；三名以下者，每名纪录一次。

地方缉捕 131：嘉庆十六年谕

毓秀、温承惠奏：查办围场北栅外店铺窝铺一折。所有北栅外旧有大道旁开设各店，即著照所议，分别留存拆挪办理。其该处租种蒙古地亩民人，亦应立定章程，不得在距栅木三十里以内招认开垦，搭盖窝铺，以杜透漏围场鹿只茸角。嗣后距栅木三十里以内，有开设店铺及开垦地亩者，如何责成查禁，其查禁不力之该管地方官，并召募民人开垦之蒙古札萨克章京等，作何查参办理，并著直隶总督会同热河都统，妥议章程具奏。钦此。遵旨议准：围场栅木三十里以内，蒙古札萨克王公等，此后再敢募民人私开地亩，并开设店座窝铺，责成该地方文武各官，随时查察，一面拆毁驱逐，一面据实申报热河都统衙门，将违禁租给之蒙古札萨克王公等职名查开，咨送理藩院议处。傥该地方官失于查察，别经发觉，即将该府州县各营汛各官查参，照管理围场章京员弁失察偷窃人数之例，分别议处，一名至五名者罚俸六月，五名至十名者罚俸一年，十名以上降一级留任，二十名以上降一级调用，三十名以上降二级调用。如有兵役受贿纵放，亦不论人数多寡，将该管官降一级调用，仍令该地方文武各员，将查明并无民人开垦地亩开设店铺之处，每月具结呈报热河都统、直隶总督衙门查核，并于每年岁底，由热河都统汇奏一次。

地方缉捕 132：嘉庆十六年奏准

拿获各项盗犯人员，如有捐升，吏部查明品级考，凡系该员应升官阶，即于该员原衔内叙入。若非该员应升之阶，止照原衔缮写，并于折尾及绿头签后，将该员并非应升之处声明，以杜取巧。

地方缉捕 133：嘉庆十六年奏定

凡拿获盗犯人员，该督抚于题奏结案之日起，即行查取职名，本员及接任之员，于奉文后限一月开报，该管上司，各限一月转详，该督抚统限一年内出咨。如业经开送职名到部，声叙未能明晰，经部行查者，即以接准部咨之日起，本员及接任之员，并该管各上司，亦各限一月，该督抚亦统限一年内出咨。如出咨在一年以外，查系本员开送迟延，即将获盗之案，无论例应引见及议叙级纪人员，概行注销，不准给予议叙。如系接任之员及该管上司迟延，将迟延之员，议以降一级留任。倘有勒掯情事，不为开报转详者，即议以降二级调用，不准抵销，本员获盗之案，仍照例核办，其拿获盗犯，题准送部引见人员，于奉文后，定限三个月请咨赴部，如实有经手未完事件，应请暂缓给咨者，该督抚专案报部，以凭核办。

地方缉捕 134：嘉庆十七年谕

直省驿路，安设墩铺营房，原以稽查盗贼，乃近日率皆有名无实，致令奸宄肆行，为害商旅，甚至将赍折员弁中途戕毙，废弛已极。著通谕各督抚，严饬所辖文武员弁，于驿站塘汛，认真整顿，实力巡缉，务使宵小屏迹，道途肃清，以靖盗风而安行旅。

地方缉捕 135：嘉庆十七年又谕

直省驿路通衢，设立塘汛，亭墩相望，即间有盗贼伏伺，而兵役巡逻，声气联络，不难立时擒捕，规制最为周密。乃近日奉行不力，渐就废弛，朕于来往奉使臣工，询问沿途所经，据称营房大半坍圮，兵丁驻守巡查者，甚属寥寥，甚至河南地方，竟有戕杀差弁之案，若不严加整饬，则奸宄肆行，尚复成何事体？向来各省塘汛辽阔之处，州县官并增设更铺夫役，往来梭巡，近亦相率裁汰，不以缉捕为事，宵小并无顾忌。著通谕各督抚，严饬所辖文武员弁，会同协办，将境内墩汛塘铺查明，一律修整，派拨兵役，常川守望稽查，如有疏纵失事者，严参究办。若督抚讳匿不举，查出一律惩处。

地方缉捕 136：嘉庆十七年奏准

知府系方面大员，其有拿获盗犯者，除试用知府拿获盗犯，与引见之例相符者，仍照例遇缺尽先补用，与引见之例未符者，仍照拿获别境首伙盗犯之例，按名数分别议叙外，其现任知府果有首先拿获盗犯，核与引见定例相符者，照道员拿获盗犯之例，准予加一级，所获盗犯，核与引见定例未符者，照道员拿获伙盗例，每名纪录一次，倘所获之犯，系知府督同所属协拿者，仍毋庸给予议叙。

地方缉捕 137：嘉庆十七年又奏准

海洋盗犯，多系叠劫伤人情罪重大之犯，地方官果能留心缉捕，拿获罪应斩枭斩决盗犯数在三名以上，并罪应凌迟者，即一二名，均准送部引见。傥所获罪应斩枭斩决未及三名，照拿获别境盗首例，每名加一级。如所获系绞罪以下，照拿获别境伙盗例，每名纪录一次。

地方缉捕 138：嘉庆十九年谕

定例地方官遇有盗劫之案，四参限满，即应降调离任，原以专其责成，若于参限将满之前，将本任之员移调他处，其承缉之案，转得置身事外，而接任之员，因无接缉降调之例，亦不认真缉捕，日久因循，盗风渐炽，必致奸民无所畏忌。嗣后地方官承缉盗劫等案，务责令专司缉捕，不得于四参限满之前饰词迁调，如巧为规避，一经查出，除将本员勒缉参处外，并将该上司一并严惩不贷。〔同治十二年奏定：盗劫等案，凡展参例关降调者，均应照不准迁调之例核办。限满不获例应降调，故不准饰词迁调。至以简调繁及专折保升之员，系因人地相需，应照铨选例载因公处分毋庸核计办理。〕

地方缉捕 139：道光二十六年奏准

广东虎门同知所辖番禺、东莞二县，遇有地方失事，将该同知照兼辖官例参处。

地方缉捕 140：道光二十九年奏准

盗案于未满疏防例限以前，经该督抚奏请先行交议，或摘去顶戴先行交议者，将该地方官照防范不严例，降一级留任。

地方缉捕 141：道光二十九年又奏准

城内被劫，城外官署被劫及寻常盗案，并疏防至二三案者，于未满疏防例限以前，经该督抚奏请摘去顶戴，勒限严缉，或先行交议，仍勒限严缉，或撤任勒限协缉，限满不获，从严参办者，俟限满严参到部，即将该地方官俱议以降一级调用，二三案并参者每案降一级调用。如奏请严加议处，或奉旨严加议处者，于降一级调用例上加等降二级调用。如并"无勒限严缉及限满不获从严参办"字样者，疏防限满，各照本例按限参处。

地方缉捕 142：道光二十九年三奏准

一夜连劫之案及疏防二三案并参者，于未经限满之前，经该督抚奏请摘去顶戴，勒限严缉，或先行交议，仍勒限严缉，或撤任勒限协缉，限满不获，从严参办者，俟限满严参到部，将该地方官议以降二级调用。如奏请严加议处，或奉旨严加议处者，于降二级调用例上加等降三级调用。如并无"勒限严缉及限满不获从严参办"字样者，限满开参到部，照各本例案限议处。二三案并参之案，分案议处。

地方缉捕 143：道光二十九年四奏准

衙署被劫，仓库监狱有失之案，于未经疏防限满以前，经该督抚奏请先行交议，仍勒限严缉者，先照本例议以革职留任，限满不获革职。

地方缉捕144：道光二十九年五奏准

实缺人员，如任内有承缉盗案尚在三参未满以前者，准其酌量委署，仍俟回任之日，前后接算例限按限开参，如三参期满，四参业已起限，概不准委署他缺。凡委署之员，令该督抚声明有无已起四参盗案，随时具奏，不得俟按季报部。

地方缉捕145：道光三十年奏准

城内城外寻常盗案，先经该督抚奏请摘去顶戴勒限严缉，或先行交议，仍勒限严缉，或撤任勒限协缉，如未经限满之先，获犯过半，仅止盗首未获者，将原参摘顶撤任之案查销，仍照盗案二参例降一级留任，再限一年缉拿，限满不获，再降一级留任。如该地方官于勒限之外，逾限在十日以内获犯者，应照勒限未获从严参办降一级调用例上减为降一级留任，逾限十日以外拿获者，仍议以降一级调用。

地方缉捕146：道光三十年又奏准

寻常盗案，先经该督抚奏请勒限严缉，或撤任勒限协缉，如于未经限满之先，因各项事故离任者，照离任官例罚俸一年上加等降一级留任。如告请病假离任，即照病假离任官例应降级调用者，即议以降几级调用。

地方缉捕147：道光三十年三奏准

各项盗案，于未经疏防限满之先，该督抚止将承缉印官奏请摘去顶戴，或先行交议，及勒限严缉者，承缉捕官及督缉各官，限满开参到部，仍照疏防本例议处。如捕官与印官一律严参者，即照印官议处。

地方缉捕148：道光三十年四奏准

寻常盗案，于未满疏防例限以前，曾经该督抚奏请勒限严缉，或撤任勒限协缉，限满不获，而该督抚不行严参，仍照道路村庄被劫例题参疏防者，吏部于题参疏防到部，将该地方官照盗案四参限满不获例降一级调用，并将应严参而不严参之督抚照应奏不奏公罪律议处。

地方缉捕149：道光三十年五奏准

连劫之案，例内扣限四个月查参，印捕官均应降调，如该督抚于印捕官参限将满之际，始行勒限两个月、三个月严缉奏参者，似属从严勒限，实乃展宽限期，应将该督抚奏请照徇隐例议处。如寻常盗案疏防限满，该督抚始行奏请摘顶勒限者，应照仅参摘顶之例议处。

地方缉捕150：咸丰二年奏准

云南永北厅经历，分驻旧衙坪地方，遇有抢劫盗案，应令该经历立即会同武弁亲往勘验申报，并飞移该管上司协同缉拿，倘贼盗限满无获，将该经历照土司例开参议处。

地方缉捕 151：咸丰六年奏准

近京西山一带，如有民人偷挖矿土者，严拿从重治罪。该管巡检，有隐匿情弊，革职提问。知县、同知、道员，不行详揭，俱革职。该督等不行指参，降三级调用。

地方缉捕 152：咸丰六年又奏准

偷挖金银矿砂拒捕杀伤人，及并未拒捕聚众至三十人以上者，每起，将失察之州县官降一级调用，知府降一级留任，道员罚俸一年。若未经拒捕，人数又未及三十名，每起，将失察之州县官降一级留任，知府罚俸一年，道员罚俸六月。如失察差保得规包庇，将州县官降二级调用，知府降一级调用，道员降一级留任。

地方缉捕 153：咸丰六年三奏准

该管地方民人，有犯窃窝窃以积匪猾贼论遣者，系本任查拿，或协同拿获，均免其处分，如别经发觉，将该管官每名罚俸三月。地方官有能拿获邻境积匪猾贼，审明罪应发遣者，每一名纪录一次。

地方缉捕 154：咸丰六年四奏准

民人有于蒙古地内偷挖黄芪者，除有拒捕夺犯情事，将地方官照例议处外，其止失于觉察，如犯该杖枷者地方官罚俸六月，犯该徒者地方官罚俸一年。

地方缉捕 155：咸丰六年五奏准

地方官约束不严，以致抚绥人丁于为民之后复行为盗，降一级调用。

地方缉捕 156：咸丰十年奏准

地方盗案，州县官于会营诣勘后，限三日内通禀，如延至十日始行具禀者，记大过一次，十五日记大过三次，二十日照应申不申律罚俸六月。傥系有心讳匿不报，别经发觉，即照讳盗例议处。其通报通详，均应以勘验之日起限，不准于通禀之后再起通详之限。若已经获犯，延至二十日始行通禀，仍照应申不申律罚俸六月，查系详报迟延，照事件迟延例议处。

地方缉捕 157：同治元年奏准

直省督抚于州县官拿获邻境逃盗应行议叙之案，速即议结，按限题咨，如州县盗案四参届满，即随案声明获犯月日，应否查抵，吏部据咨详核案由，将合例准抵者，声明请旨。

地方缉捕 158：同治元年又奏准

地方强劫重案，州县官会同营员缉拿，并令州县于月终将营汛有无获案，据实详报督抚备查，傥州县营员互相瞻徇情面，于获案时捏报协获，均照瞻徇例参处。如兵丁壮勇不愿联络，文武员弁各持意见，应均照偏袒不公降二级调用例查参议处。

地方缉捕 159：同治二年谕

向例获盗人员，俱系交部分别议叙，即所获盗犯较多，亦止于送部引见。自咸丰五年部议章程，凡获盗人员，有拿获斩枭斩决一案六名以上，或两案三案每案均在三名以上者，毋庸分案议叙，俱准该督抚核实保奏，给予应升官阶，免其送部引见，原以四方多故，盗贼横行，故奖励不妨稍优，庶缉捕可收实效。乃自此例一开，获盗请奖之案层见叠出，其认真缉捕者固不乏人，而诈伪日滋，竟或徇亲友之请托，以盗犯相赠赆，在予之者以首先获盗让人邀功，而自居协获仍免处分，在受之者毫无劳绩，优奖幸邀，似此贪缘为奸，巧于干进，殊于吏治有碍。嗣后获盗人员，仍著照旧例送部引见，其由督抚指定官阶专折保奏章程，著即停止，以杜幸进，而重名器。

地方缉捕 160：同治三年奏准

各省地方，如有骑马贼拦抢之案，虽无持械伤人及赃逾满贯情事，亦照盗案例题参疏防，将承缉督缉各官按限议处。

地方缉捕 161：同治三年又奏准

各省获盗人员，如系举发巨案，拿获著名大盗，劳绩与战功无异，经该督抚指实案由，声明获犯确切详叙情形，奏请破格奖励，将首先拿获之员，准其指定应升官阶，免其送部引见，协获之员准其加一级。〔系专指劫盗屡犯巨案，经盗伙供出姓名，久拿未获负嵎抗拒者而言，寻常获盗，不得援引。〕

地方缉捕 162：同治四年奏准

拿获马贼之案，如系大伙横行，攻围城寨，焚劫乡村，有抗拒官兵情事，地方官拿获著名马贼一名，或斩枭斩决马贼五名以上者，或两案三案每案均在三名以上者，俱照拿获捻匪之例，准该督抚保奏指定应升官阶，免其送部引见。拿获斩枭斩决马贼三名以上者，仍照例送部引见。其拿获斩枭斩决马贼不及三名，每名准其加一级。至各官任内如有疏防马贼之案，照例准将拿获邻境之案抵销，其案数多者，亦准其逐案查抵，如抵销完结后，再有获盗之案，即按其所获名数，给予奖励。凡将功抵过之案，总以案情之轻重，与获犯之多寡，分别查抵，其拿获斩枭斩决马贼三名以上者，准抵本任内降调革留之案；拿获著名马贼一二名，或斩枭斩决马贼五名以上及十名以上者，准抵本任内议革之案；若所获止系胁从之犯，罪不至斩枭斩决者，毋庸议奖，亦不准抵销。〔此系专指直隶、热河、奉天地方马贼肆扰窜入别省者而言，此外不得援引。如查与马贼情形迥异者，仍照获盗例办理。〕

地方缉捕 163：同治五年奏准

济宁州州同移扎湖团地方，专令分司缉捕，该地方编排保甲，稽查盗贼，奉行不力，并遇有劫窃等案，即将该州同照分防地面失事之例查参。

地方缉捕 164：同治七年奏准

五城司坊官，拿获邻境一案内斩枭斩决盗犯三名以上之案，准其核实保举，或保奏应升官阶，或酌予升衔，但不准两项并保。如任内已有应升官阶及得有升衔，止准于升阶上酌加班次，或给予加一级，概不准由升阶升衔上重复再保。未补实缺人员，或酌加班次，或保俟补缺后以应升之缺升用，亦不准两项并保。如任内已有保奏班次，及俟补缺后以应升之缺升用之案，止准给予加一级。如拿未及三名，仍照例给予加级纪录。如有同案出力人员，应由各城会衔保奏，首先获盗之人不得过一员，会同获盗之人不得过二员。如已有一处保奏在先，即将后次保奏之员奏请撤销，仍令各城将是否会衔之处，于保奏折尾声明。

地方缉捕165：同治八年奏定

直省各州县申报窃案，令该管上司详记册档，于岁底汇查，统计该州县一年内报窃之案，能拿获及半者，毋庸记功记过；其获不及半者，每五案记过一次；拿获及半之外复有多获者，每五案记功一次；凡记过至四次者罚俸六个月，记功至四次者纪录一次，俱以次递加，不及五案者俱毋庸议。如系缉获前官任内窃案及本任内窃赃逾贯之案，每一案记功一次，俱准其以记功之数，将记过之数抵销。其有未及一年离任之员，无论本任接任，均入于功过册内咨部查核。五城练勇局司坊各官缉捕功过，均照直省窃案功过核办。

地方缉捕166：光绪九年奏定

闽粤等省在籍绅衿，本无巡缉之责，其出洋捕盗，究属保护地方，如能首先拿获盗犯，核与州县官引见之例相符者每案准其加一级，与例不符者每名纪录一次。山西省在籍绅士，如能首先拿获盗犯，亦照此例办理。

吏部处分209：缉捕逃人〔例90条〕

捕逃001：顺治九年题准

州县官所属地方隐匿逃人者，每一名罚俸一月，至十二名罚俸一年，十三名降一级调用。知府所属州县内隐匿逃人，每十名罚俸一月，至一百二十名罚俸一年，一百三十名降一级调用。督、抚、按、〔巡按今裁。〕各道员，查该属隐匿多寡之数议处。

捕逃002：顺治九年又题准

州县官查解逃人十二名者纪录一次，二十四名者纪录二次，三十六名者俟应升时加升一级。知府所属州县内查解逃人至一百二十名者纪录一次，二百四十名者纪录二次，三百六十名者俟应升时加升一级。督、抚、按及各道等官，俟考察之日，查其报解多寡之数议功。

捕逃003：顺治十一年题准

凡州县官所属地方，隐匿逃人一名者革职。知府所属州县官内，有一官失察逃人革职者，知府降一级，道员罚俸九月，巡抚罚俸六月。

捕逃004：顺治十一年又题准

行提逃人窝主并质证之人，照地方远近立限，若行催三次不到者，将地方官指参。

捕逃 005：顺治十一年三题准

总督所属地方，有一员因逃人革职者，罚俸三月。

捕逃 006：顺治十一年四题准

凡官员赴任之后，家人窝隐逃人者，本官不知情免议，将窝隐之人断作窝家。

捕逃 007：顺治十一年五题准

窝家之父子兄弟有分居者，准地方官保结，免其入官。若假称分居，及隐留家产，不尽行解送者，该管地方官革职。

捕逃 008：顺治十三年题准

州县官查解逃人十名之后，若地方窝隐逃人一名者，功过不准相抵，仍革职。知府所属查解二十名之后，有一员革职者，功过不准相抵，仍降二级调用。道员所属查解三十名之后，有一员革职者罚俸一年，有二员革职者，功过不准相抵，仍降一级留任，有三员革职者降二级调用。巡抚所属地方，有一员至四员革职者罚俸九月，五员者降一级留任，若查解逃人至一百名者，功过相抵，准复一级，二百名者准复二级。

捕逃 009：顺治十三年又题准

凡总督所属地方，查解逃人，一百名者，纪录一次；二百名者，准加一级；四百名者，准加二级。照此数多解者，功过相抵。有一官革职者，罚俸六月；至十员者，降一级留任。

捕逃 010：顺治十三年三题准

凡州县官查解逃人十名者加一级，二十名者不论俸满即升。知府所属查解二十名者加一级，四十名者不论俸满即升。直隶州照知府例。道员所属查解三十名者加一级，六十名者不论俸满即升。巡抚所属查解五十名者纪录一次，一百名者加一级，二百名者加二级，如照此数多解者，递准加级，仍准功过相抵。盐运司所属拿获者，运司照道员例，分司照知府例，盐场官照典史例。内外钱局拿获逃人者，内钱局监督之司员照知府例，外钱局总理之布政司照道员例，分管之厅员照知县例。窑厂中拿获者，该管官照知府例。其同知、通判、吏目、典史等官，系有捕盗责任者，照各掌印官例议叙。

捕逃 011：顺治十三年议准

凡旗人民人，雇觅逃人作工及赁房与住，若有旗人民人作保者，地方官免议。其无保人，留住过十日，照例议处。

捕逃 012：顺治十三年四题准

凡逃人过一关，至二关拿获，或被首告拿获者，将不行盘获误放过关之官罚俸六月。

捕逃 013：顺治十三年五题准

凡行文地方官提逃人窝家及牵连人犯，不到者行催一次，又不到者地方官革职。

捕逃 014：顺治十四年议准

官员署任内，如拿获逃人、失察逃人者，皆各照所署之职，议其功过。

捕逃 015：顺治十四年又议准

口外蒙古逃人拿解者，咨送理藩院归结，窝家及地方官照例议处。

捕逃 016：顺治十五年题准

凡州县官查解逃人十五名之后，有隐匿逃人一名者，功过不准相抵，仍革职。知府所属查解三十名之后，有一员革职者，功过不准相抵，仍降二级调用。道员所属查解四十五名之后，有一员革职者罚俸一年，有二员革职者，功过不准相抵，降一级留任，有三员革职者，降二级调用，惟直隶、山东、山西、河南道员所属查解四十五名之后，有一员革职者降一级，带罪留任，若查解逃人四十五名，准复原降之级，余仍照他处道员例。巡抚所属地方，若有一员至四员革职者罚俸九月，五员者降一级留任，如查解逃人一百五十名者准复一级，二百名者准复二级，照此数多解者，功过相抵。其盐运司、内外钱局、窑厂及卫所营伍大小各官，隐匿逃人者，俱照新定各官之例，分别议处。

捕逃 017：顺治十五年又题准

凡查解逃人之司道，已升京堂，应加一级者纪录二次，应不论俸满即升者纪录四次。

捕逃 018：顺治十五年三题准

凡州县、吏目、典史等官查解逃人十五名者加一级，三十名者不论俸满即升。知府所属查解三十名者加一级，六十名者不论俸满即升。道员所属查解四十五名者加一级，九十名者不论俸满即升。巡抚所属查解七十五名者纪录一次，一百五十名以上者加一级，足三百名者加二级，多解者照数递加。其盐运使、分司盐场官、内外钱局、布政使主事、同知、窑厂地方该管官，通判、吏目、典史等官，查解逃人者，俱照新定各官之例，分别名数议叙。

捕逃 019：顺治十五年四题准

凡官员升任未离任之先，若有窝隐逃人事发，仍行议处。若先有获解逃人之功，仍准议叙。

捕逃 020：顺治十六年题准

凡拿解逃人窝犯及牵连人等，直隶、山东、山西、河南金差长解；陕西、湖广、四川、江南、江西、浙江、福建、广东、广西、云南、贵州远省地方，将批文限定日期，俱令递解，经过地方官，严加肘锁，差役押解。如地方官逾限及有疏失脱逃者，题参革职。

捕逃 021：顺治十七年题准

凡勒限拿获逃人，接任官将不获情由豫行申明者免议，如过限不行申报者罚俸六月，如申报不获之后，被旁人仍在先报之处拿获者，将接任官革职。

捕逃 022：康熙元年题准

凡移住别处窝隐逃人者，将移住之处两邻十家长地方及地方官，照例治罪。

捕逃 023：康熙元年又题准

凡行提逃人等犯，逾限一月者题参。

捕逃 024：康熙元年三题准

凡行文提取逃人等犯与空文行查，如各官违两次定限者，降一级调用。

捕逃 025：康熙二年题准

凡巡抚所属地方查解逃人二百名者纪录一次，四百名者加一级，比此数多者，照数记册加级。

捕逃 026：康熙四年议准

凡地方官唆令逃人指攀富室，行诈情实者，革职交部议罪。

捕逃 027：康熙四年题准

凡逃人逃在地方犯杀人等死罪，将逃人申解刑部，如申解三名以下，地方官每一名差有家产解役四名，严加肘锁申解。如逃人至三名以上，申报该督抚，酌量增差护解。如脱逃者，照脱逃强盗例议处。其窝家地方官功过，照常例办理。

捕逃 028：康熙五年覆准

凡各省总督、顺天府、奉天府府尹，逃人功过皆免议。

捕逃 029：康熙七年题准

凡各省递解逃人逾限者，地方官降一级调用。

捕逃 030：康熙八年题准

因逃人事件牵连议处官员，移咨该抚，取地方官口供到日议结，不取确供，徇庇发觉者，将该抚一并议处。

捕逃 031：康熙八年又题准

同省各府查获逃人，将失察之州具官并该管道府，照例参处。

捕逃 032：康熙八年三题准

凡逃人攀有窝家，行文地方官提解，具文申报无有，复行文巡抚详查，仍具文报称无有后，若窝家仍在彼处，被旁人出首是实者，前报无有之地方官并巡抚，照失察逃人例处分。

捕逃 033：康熙九年议准

官员于所属现任官内，有潜逃不行申报者，罚俸一年。

捕逃034：康熙十年题准

凡失察逃人题参，如系隔省拿获逃人，或被本主及旗下人拿获逃人者，将巡抚以下、吏目典史以上题参。若隔府拿获逃人，系别道员所属者，将道员以下，典史、吏目以上题参。若系一道所属者，将知府以下、典史吏目以上题参。若隔州县拿获逃人者，止将州县官及典史吏目题参。

捕逃035：康熙十年又题准

官员窝带逃人者革职。

捕逃036：康熙十年三题准

逃人无一定住处，或雇觅佣工，或赁住店房，未过十日者，其窝家邻佑等既经免罪，地方官亦免议处。

捕逃037：康熙十年四题准

凡州县、吏目、典史等官，失察逃人一名者降二级调用。知府及直隶州知州所属地方，二年内有一员失察逃人者罚俸一年，两员失察逃人者降一级留任，三员失察逃人者降二级调用。道员所属地方，二年内有一员失察逃人者罚俸九月，有二员者罚俸一年，三员者降一级留任，四员者降二级留任，五员者降三级调用。巡抚所属地方，二年内有一员失察逃人者罚俸六月，有二三四员者仍罚俸六月，五员以上者降一级留任。盐场失察逃人，将运使照道员例，分司照知府例，盐场官照典史例。在京钱局失察逃人，该管官照知府例。外省钱局失察逃人，布政使照道员例，钱局同知照知县例。窑厂中失察逃人，将该管官照知府例。五城地方失察逃人，兵马司掌印指挥照知府例，坊官副指挥、吏目照知县例。〔乾隆三十年改：司坊官照知县例。〕同知、通判有捕盗职任者，各照掌印官例处分。凡官员干系逃人事件处分，若有加级纪录，皆准抵销。

捕逃038：康熙十年五题准

凡地方官于所属地方，如不设立十家长，不给木牌稽查逃人者，将地方官降一级留任。

捕逃039：康熙十年六题准

凡州县官申解逃人，每一名差有家产正身解役二名押解。如所差正身解役不行押解，私自转交别人押解，或将逃人疏脱者，将佥差不慎之地方官罚俸一年。

捕逃040：康熙十年七题准

凡地方官将实在逃人指称民人，保结释放之后，或被本主识认，或被旁人出首，若果系逃人，将不行详察取保之官革职。

捕逃041：康熙十年八题准

凡地方官拿获逃人，即行解部，如监禁迟滞过一月者，将该地方官革职。如一月内不能查明申解者，豫行申报展限。〔乾隆三十年增：不豫行申报展限，罚俸六月。〕

捕逃 042：康熙十年九题准

凡地方官将未离原籍土著之民作逃人拿解者，降一级留任。

捕逃 043：康熙十年十题准

官员因逃人事件降级留任后，知府、知州、知县能拿解逃人，足不论俸满即升之数，道员所属地方足加二级之数，巡抚所属地方足加一级之数者，俱准复还所降之级。如州县卫所等官拿获逃人，不足加级之数者，不准议叙各该管上司之功。其盐运司并管内外钱局窑厂官、五城兵马司官，亦照此例。

捕逃 044：康熙十年十一题准

凡首告逃人，移咨巡抚，不行拿解，别经发觉者，巡抚降一级留任，该管官俱照失察逃人例议处。

捕逃 045：康熙十年十二题准

凡逃人无主识认者，地方官功过不议。至如面上刺字，无主识认之逃人，窝家及地方官功过，仍照例查议。

捕逃 046：康熙十年十三题准

凡父母带逃时十五岁以下之子女，如同父母拿获解来者，地方官不记功。别行拿获解来与拿获只身逃走十五岁之子女者，将地方官记功。若被伊主认获，及旁人出首者，将失察之地方官及窝家，仍照例查议。

捕逃 047：康熙十一年议准

凡粮船并回空船有窝隐逃人者，河南、山东之押运粮道罚俸一年，江西、浙江、湖南、湖北、江安、苏松等处押运通判罚俸一年。

捕逃 048：康熙十二年题准

凡文武官员获解逃人记功者，直省知会各该抚，奉天府所属移会府尹，令巡抚、府尹照督捕衙门移文，转行知照原拿获地方官议叙。

捕逃 049：康熙十二年又题准

凡逃人之主，不准私自差拿逃人，准其在部控告行提，或首告该地方官拿解。若违例私自往拿，地方官及窝家之罪毋庸议，逃人之主系官罚俸一月。

捕逃 050：康熙十二年三题准

逃人之主，私差家人往窝主家取讨衣物者，系官罚俸一月。

捕逃 051：康熙十二年四题准

凡逃走情实者，准递逃牌。其在庄屯居住，不曾逃走者，若递逃牌，其主系官照违令律议处。

捕逃 052：康熙十二年五题准

凡逃人之祖父母、父母或子孙出首者，不论初次二次，将逃人照自首例免鞭刺，不算逃走次数，地方官亦不记功。于申解逃人时，取实系祖父母、父母、子孙甘结及地方官印结，一并申送，情虚者，将为首之保人枷号一月、责四十板，其余每人责四十板，地方官降一级调用。

捕逃 053：康熙十二年六题准

职官逃走，该管官捏作常人投递逃牌者，罚俸一年。递过逃牌，谎供不曾逃走者，罚俸六月。

捕逃 054：康熙十二年七题准

凡官员错写逃牌投递者，罚俸一年。

捕逃 055：康熙十二年议准

凡公主等家下卖买人、庄屯人，在京居住之人，并所属正户逃走者，窝家、地方官皆照常例议。其口外蒙古之逃人，拿解者咨送理藩院归结，地方官功过毋庸议。

捕逃 056：康熙十三年题准

不肖官员觅买旗下奴仆带去，谎充逃人申解邀功者，革职拿问。如外省册报，或并无逃人，捏造空名移送邀功者，亦照此例。

捕逃 057：康熙十四年题准

凡逃人被获后，窝家将其妻子出首者，窝家、地方官一并免罪。若窝家不首，地方官不行察解者，仍照定例治罪。

捕逃 058：康熙十四年又题准

凡旗下人聘娶之民妇逃者，窝家、地方官俱免议。

捕逃 059：康熙十五年议准

凡逃人被别处及旁人拿获之后，窝家虽将逃人之妻子出首，仍照例断作窝家，地方官照例议处。若未被他处及旁人拿获之先，窝家将逃人妻子出首者，窝家免罪，地方官仍记功。

捕逃 060：康熙十五年又议准

凡府州县卫所官行文提取逃人窝主及窝主之妻子家产人口，并干连之人及空文行查百里以内者，往返限十日内解至。如不到，又照此定限十日行催一次，亦照此限内解至，二百里以内者限十五日解至，三百里以内者限二十日解至，四百里以内者限二十五日解至，五百里以内者限一月内解至，六百里以内者限三十五日解至，七百里以内者限四十日解至，八百里以内者限四十五日解至，九百里以内者限五十日解至，千里以内者往返限两月解至。如不到，各照定限行催一次，亦各照限内解至，千里以外百里者往返加四日扣算。如行提逃人窝家并牵连人犯及空文行查，违此两次定限不解不报者罚俸一年。

捕逃 061：康熙十五年三议准

凡旗下人聘娶民妇逃者，窝家、地方官照例议处。

捕逃 062：康熙十五年四议准

投诚官员弃札脱逃，地方官不行申报，或申报迟延者，州县官罚俸六月，知府、通判等官罚俸三月。

捕逃 063：康熙二十一年议准

滇黔土司，无论逃人逃兵，逆属旧人，拿解六十名者准加一级，多获者照数递加，不及加级者，该督抚酌量奖赏。

捕逃 064：康熙二十一年又议准

滇黔土司地方，有失察逃人一名，被别土司拿解，或逃人自行供出者，土司降一级。若知而隐讳者，照隐匿逃人例革职。其拿获逃人，照例解部发落。

捕逃 065：康熙二十四年题准

凡逃人潜住地方，州县官不行查拿，被旗主认出及他人已经拿获，地方官强行攘夺，冒称伊所拿获解部者，将州县等官各降一级调用。

捕逃 066：康熙二十五年议准

州县等官拿解逃人三十名者加二级。知府及直隶州知州拿解逃人三十名者加一级，六十名加二级。道员所属地方有拿解逃人九十名者加二级，于此数多者，各照数递加。巡抚所属地方拿解逃人二百名者纪录一次，四百名者加一级，于此数多者，亦照数加级纪录。其同知、通判、吏目、典史、指挥、盐运使分司、管盐场大使、钱窑厂等官，俱照例计数，分别办理，将功一年一叙，若不至加级之数者，又并一年议叙，若仍不足者，将前一年之功截去，止留一年之功，于次年接算，不准三年合算。

捕逃 067：康熙二十五年又议准

兵马司正指挥拿获逃人三十名，副指挥吏目拿获十五名，各加一级。如有特交缉拿之重犯，并逃人能照数拿获，准其加级。若止将逃人拿获，而不能拿获要犯者，不准加级。若知系逃人要犯，不行严拿，而纵容在地方者，事发，题参，照藏匿重犯例革职。

捕逃 068：康熙二十五年题准

凡旗人民人首告逃人，该管官即拿解者，将该管各官免议。如将实在所有之逃人，谎称无有，不行拿解，或被别衙门查知，或被旁人首告，或被他处拿获，控告之时，该逃人在脱逃地方情实，将该巡抚罚俸六月，该管各官照失察逃人例议处。又，行提逃人之妻，谎称病故，空文回覆者革职，不行详查转申之知府降一级调用。〔乾隆二十四年增：道员降一级留任。〕至逃人在脱逃地方所娶之妻，非系从家带逃，若以有为无，空文回覆者，将地方官降一级调用，转报之知府罚俸一年。〔乾隆三十四年增：道员罚俸九月。〕

捕逃 069：康熙二十五年又议准

拿解逃人及窝犯者，地方官严加肘锁，每一名差正身有家产解役二名押解。如不差正身有家产解役，及少差解役，以致疏脱，或解役同逃人逃走，并不加肘锁脱逃者，将该地方官降一级调用。如逃人一名，差有家产正身解役二名押解，严加肘锁，中途犯人疏脱，或同逃人逃走者，地方官免议。如解逃人无护送之牌，或将护牌及部文遗失，中途脱逃，禀知州县，不行追赶，或因解逃文书擦损不收，或行拿之部文已到，称为未到，或逃人虽未脱逃，但违例止差解役一名者，罚俸六月。其逃人未经审实，在途疏脱者免议，俟获日再议。至起解逃人，不加肘锁，致令在路途抢夺者，罪在解役，原起解官免议。

捕逃 070：康熙二十五年三议准

逃人不即转解，以致脱逃者革职。至凡拿获逃人，著令递解，仍将批文内限定日期，若逾限者，将逾限之地方官罚俸一年。

捕逃 071：康熙二十五年四议准

凡解送逃人，若有中途患病者，原解役即报地方官验明，许其暂留拨人看守，延医调治，报明该管上司，报部存案，俟病愈即转解前途。如将无病逃人谎报有病，故为留滞，将实在患病逃人不肯留养，或留养而不拨医调治，以致死亡，或病愈后不即行转解者，将任其谎报故为留滞，及病愈后不即行转解之员，照递解违限例罚俸一年。不留养患病逃人以致病故之员，照军流等犯不留养以致病故例，按人数分别处分。

捕逃 072：康熙二十五年五议准

凡官员将别官拿获之逃人，谎报系伊拿获，或将伊衙役拿获之逃人，谎报同别县拿获，或奉部行提之逃人，谎报未奉部文之先已经拿获者，皆降二级调用。如将逃人文册违限不解，报称赍送者罚俸一年。或将所获之逃人，不行解部，私自释放者革职。至凡窝逃之家产，解送一半，隐留一半不解者，将地方官罚俸一年。或将窝家未休之妇，称系休离回覆者，亦照此例。

捕逃 073：康熙二十五年六议准

凡粮船有窝隐逃人者，将失察之文职各官，皆罚俸九月。

捕逃 074：康熙二十五年七议准

官员将应赦逃人，误行刺字者，罚俸一月。

捕逃 075：雍正二年议准

州县拿获逃人，详报巡抚，请咨递解，该巡抚于每年四月内，将各州县拿获逃人数目核实，造具清册二本，一本汇送刑部查核，一本汇咨吏部备案，俟刑部查明咨部，照例议叙。

捕逃 076：雍正二年又议准

嗣后稽查匪类并旗下逃人，应令顺天府、直隶各省督抚，并口外热河波罗和屯等处总管，严行所属，设立十家长，给予木牌一面，细加清查。如地方不实力奉行，一经事发，照例题参。

捕逃077：雍正七年议定

旗下三品以上大员之家人及王公等之辛者库〔即府属管领〕人等，有犯命盗重罪脱逃者，该衙门查拿之时，即行知会本主，协同缉捕，如一年限满不获，令该衙门即行题参，并声明此案脱逃旗下凶犯协缉之家主系何职衔，该部即将协缉不力之家主罚俸一年。若系各王公等辛者库人等，将办理府属事务官员亦罚俸一年，其各该管王、贝勒、贝子、公等各罚俸一月，未获逃犯，仍令照案协同缉拿。

捕逃078：乾隆三年议准

逃人逃在地方居住，在六月以内者免议。六月以外，地方官不行查拿，邻佑窝家等不行出首，或被逃人之主控告，或被旁人出首被获者，将知州、知县、吏目、典史等官降一级留任，十家长、地方、邻佑、窝家照律责惩。若过一年，地方官仍未拿获，窝家邻佑等亦不行出首，或被逃人之主控告行提，或被旁人出首者，每一名将失察之知州、知县、吏目、典史等官降二级调用，十家长、地方、邻佑、窝家照例治罪，如不知情之窝家免议。

捕逃079：乾隆三年又议准

地方官明知逃人，不行拿解，而纵容居住者，照藏匿重犯例革职。

捕逃080：乾隆四年覆准

理事衙门所辖旗庄地方，如有屯庄户口不清，及入官人口，借名赎身，潜匿境内，未经察出者，将各官照脱漏户口例议处。

捕逃081：乾隆八年覆准

嗣后近京五百里以内，旗民杂处之州县文武各官，如遇失察逃人，在一年以内者免议，若失察已过一年者降一级留任，过二年者降二级调用，其明知故纵者仍照定例遵行。至古北口外四旗，承德等五厅，旗民杂处，实与近京州县无异，亦照此例，分别宽减。

捕逃082：乾隆三十年奏准

各省逃人，该地方官既准有该旗知会，不即票差协拿，其从前失察，虽在半年以内，亦照邻境不协拿逃犯例罚俸一年。如旗员知会一到，立即添差协同拿解，无论失察年月远近，均照拿获赇具例免议。

捕逃083：乾隆三十年又奏准

拿解逃人及窝犯者，地方官选差妥役，严加肘锁押解，如少差解役，并不加肘锁，脱逃者将该地方官降一级调用，未脱逃者罚俸六月。如不加肘锁，纵放路途抢夺者，将原起解官降一级调用。如多差解役，又加肘锁，脱逃者仍照金差不慎例，将地方官按逃人罪名之轻重，分别议处。

捕逃 084：乾隆三十年三奏准

凡现任休致各官及有顶戴人员，窝隐逃人者革职及职衔顶戴，仍交刑部治罪，地方官仍照失察逃人本例议处。

捕逃 085：乾隆三十年四奏准

凡窝逃之家产，例应入官，如地方官不行查出解送，致有隐留者，照徇庇例降三级调用。

捕逃 086：乾隆三十年五奏准

除失察逃人官员外，凡因逃人事件牵连议处官员，移咨该抚，取具地方官口供到日议结。该巡抚等若有徇庇不取确供，一并议处。

捕逃 087：嘉庆十一年奏准

逃人被获之后，如窝家未将其妻子出首者，地方官仍照失察逃人例议处。若已将逃人妻子出首者，将失察之地方官，按其失察年月远近，照邻境获犯之例，减等议处。至未被拿获之先，窝家将逃人妻子出首者，窝家免罪，地方官仍免议。

捕逃 088：嘉庆二十年谕

直年旗汇奏分赏八旗王公大臣官员等为奴人犯逃逸数目。此项分赏人犯，多系逆匪邪教案内之人，非寻常罪犯可比，该王公大臣官员等，理宜不时严行管束服役，毋致纵逸。嗣后凡分赏为奴，关系逆匪邪教案内人犯，若不守分为匪，即行送部加重治罪，一有逃窜，即行呈报该旗严行缉捕外，于年终汇奏之时，将逃逸人犯原案由开单具奏，此内设有关系逆匪邪教案内之人，将该失察之王公大臣官员等，交部从重议处。如寻常分赏为奴人犯，若有逃窜，失察之王公大臣官员等，仍照旧例查议。

捕逃 089：嘉庆二十年奏准

分赏王公大臣官员为奴之逆犯妻子脱逃，将承缉之该地方官与协缉之家主，俱勒限一年缉拿，限满不获，俱罚俸一年，逃犯照案缉拿，能于限内拿获者俱免议。

捕逃 090：嘉庆二十年又奏准

凡满洲、蒙古、汉军之家奴，罪该军流发配者，令该省督抚酌发有驻汛官弁之处，给予官兵为奴，若有疏脱，将该管官照军流人犯脱逃例议处，地方官有受贿纵放者革职治罪。

吏部处分 210：逃犯〔例 56 条〕

逃犯 001：康熙九年题准

凡军罪人犯在配所脱逃者。将该管官罚俸六月，统辖官罚俸三月。军流徒罪人犯私自逃回原籍，地方官不行查出者罚俸一年。

逃犯002：康熙九年又题准

凡官员将起解斩绞重犯，不加肘锁，少差解役，以致脱逃者降一级调用，军流徒罪人犯罚俸一年。如已加肘锁，多差解役，脱逃者，俱照越狱例，按罪犯轻重处分。若系差役得财，将人犯疏纵脱逃者，本管官照失察衙役犯赃例处分。原解未经交付之先，疏纵脱逃者，将原地方各官议处。如经交付明白，脱逃者，将承接该管各官议处。

逃犯003：康熙九年三题准

凡州县官有潜逃反叛正犯，未经查出，或出具并无印结，被人首发者革职，将该管知府降四级调用，司道降二级调用，督抚降一级留任。如系斩绞要犯，未经查出，或具结后被人首发者降二级调用，该府道罚俸一年。如系反叛牵连之人及军流人犯，未经查出者罚俸一年。若将紧要重犯官员，自行藏匿者革职。

逃犯004：雍正二年议准

押解盗犯中途致有脱逃者，将金差不慎之该县照例议处，其加级纪录，俱不准抵销。

逃犯005：雍正三年议准

嗣后该管知府并直隶知州所属州县，若山海巨盗、斩绞重犯中途脱逃，有一二案者罚俸九月，三四案者罚俸一年，五六案以上者降一级，限一年催缉，限内全获，准其开复，逾限不获，照所降之级调用。若军流徒杖笞等犯中途脱逃，有一二案者罚俸三月，三四案者罚俸六月，五六案以上者住俸，限一年催缉，限内全获，准其开复，逾限不获，降一级留任，仍著照案缉拿。

逃犯006：雍正三年又议准

山海巨盗斩绞重犯，州县官已加肘锁，多差解役，有致脱逃者降一级，限一年督缉，限内全获准其开复，逾限不获，照所降之级调用。若军流徒杖等轻犯，州县官已加肘锁，多差解役，有致脱逃者罚俸六月。

逃犯007：雍正四年议准

嗣后凡减等盗犯，从遣所逃回，与不严加肘锁，少差兵役，致盗犯中途脱逃者地方官俱仍照定例议处外，有能将别省越狱脱逃之犯，拿获一名者纪录一次，二名者纪录二次，三名者加一级，如有拿获三名以上者应与纪录加级，按此递加。

逃犯008：雍正四年又议准

嗣后藏匿罪人之家，除不知情者，仍照律遵行外，若系民人知情藏匿者，照本犯原罪治罪。若系职官知情窝隐者，除革职外，仍照本犯原罪治罪，不准折赎。若犯罪之人在境内隐藏，地方官怠忽因循，不实力稽查，或被旁人首发，或被邻境官司拿获，将该地方官照失察例议处。如有属员藏匿罪人，该管上司不行觉察纠参，将该管上司亦照失察例议处。

逃犯 009：乾隆三年议准

嗣后徒犯脱逃，照军流人犯在配脱逃例，初参，将该管官罚俸六月，兼辖官罚俸三月，俱限一年缉拿，限满不获，该管官罚俸一年，兼辖官罚俸六月。如有贿嘱故纵等弊，仍照定例议处。其军流徒罪人犯私回，不行查出之该管官，亦仍照定例议处。

逃犯 010：乾隆四年覆准

如旗人有犯一切赌博、私烧、私宰、逃盗、匪类、不法等事，其失察之该理事丞倅，如遇州县官同城驻扎，失于缉拿，与地方官一律处分。如遇州县非同城，有旗人不法等事，失于缉拿，照该管知府例分别议处。

逃犯 011：乾隆五年议准

嗣后徒犯脱逃，如有该管驿丞为专管，即以该县知县为兼辖。若该县并无驿丞，系知县兼管，应以该县知县为专管，该府知府为兼辖。至该驿原有额设驿丞员缺，或因事故离任，该县知县暂行兼管，遇有疏脱，应将该县知县照一人兼两任例，就一任处分，其兼辖职名，毋庸开参。再，属府辖之该驿丞，应以该管知府为兼辖，其知县职名，亦毋庸开报。

逃犯 012：乾隆十年议准

罪犯越狱及凶犯脱逃，并军流徒罪人犯在配脱逃，俱以准到刑部咨文之日，扣限查参。

逃犯 013：乾隆十二年议准

嗣后直隶各省，凡有疏脱流犯案件，除听其自为谋生，或发驿当差脱逃者，仍照定例遵行外，若各该犯拨派各衙门充当夫役，遇有脱逃事故，止将本管官查参议处，其兼辖各官职名，均免其开送。

逃犯 014：乾隆十三年议准

嗣后地方官并营卫武职拿获邻境逃犯，如系军流罪犯，单身脱逃者，每一名纪录一次；携带妻子脱逃之犯全获者，每一名纪录一次；其拿获脱逃徒犯者，二名纪录一次；准其前后接算，声明议叙。

逃犯 015：乾隆十四年议准

嗣后直隶州所属县分，遇有军流人犯脱逃，其州同、州判照厅员之例一体查参，照例分别议处。至直隶州州同、州判，凡遇州属知县，每月点验军流，饬令造具册结，报明该衙门查参，如有脱逃，督缉州同、州判照厅员之例，责令提比限缉。

逃犯 016：乾隆二十八年议准

决不待时之重犯遇有中途脱逃，该督抚即于查参文内声明，仍先由刑部核明，该犯情罪重大，即交与吏兵二部查办，将金差长解之地方官，及添差护解之地方文武各官，俱革职留任，自脱逃之日为始，限一年缉拿，限满不获，即行革任，如能于限内拿获者，准其开复。至发新疆等处人犯，其疏纵之地方官，亦照寻常斩绞脱逃之犯加等定议。嗣后遇有前项人犯中途脱逃，将金差解送之地方文武各官俱降二级留任，亦以脱逃之日为始，限一年督缉，如能于限内拿获者准其开复，限满不获，即降二级调用。

逃犯 017：乾隆三十年议准

嗣后遇有军流徒犯脱逃之案，俱扣限一百日，限满无获，即行查参。

逃犯 018：乾隆三十年奏准

满洲蒙古满军之家奴，犯军流罪发遣者，令该督抚酌发有驻汛弁兵之处，给予兵丁为奴。若在发遣地方，将犯人疏脱者，该管官照军流人犯脱逃例议处。地方官有受贿纵放者，照主守故纵受财律革职，交与刑部治罪。

逃犯 019：乾隆三十一年覆准

嗣后新疆人犯，若逃回原籍居住，别经发觉，应查明原籍，曾经奉文密缉者，无论已未出结，将原籍地方官，概议以降二级调用。其未经奉文密缉者，将原籍地方官，议以降二级留任。若在别处逗遛，计时在半月以上者，将失察之地方官，议以降一级留任。

逃犯 020：乾隆三十三年议准

新疆改发内地遣犯，遇单身脱逃者，向来专兼各官，俱例止罚俸处分。嗣后将专管官照金解重犯脱逃例，初参，降一级留任，限一年缉拿，获犯之日开复，如限满不获，照所降之级调用。兼辖官，初参，罚俸一年，限满不获，降一级留任。其不行查察之府厅，照不行详查例罚俸六月。

逃犯 021：乾隆三十三年又议准

嗣后除寻常军流人犯，同日脱逃一二名者，仍照例并案查议外，若脱逃在三名以上，专兼各官即照携带妻子脱逃之例，初参，该管官罚俸一年，兼辖官罚俸六月，俱限一年缉拿，限满不获，该管官降一级留任，缉获之日，准其开复，兼辖官罚俸一年。脱逃在六名以上者，即照重罪流犯携带妻子脱逃之例，初参，该管官罚俸一年，兼辖官罚俸六月，俱限一年缉拿；二参，该管官降一级留任，缉获之日，准其开复，兼辖官罚俸一年，仍限一年缉拿；三参，该管官降一级调用，逃犯交与接任官照案缉拿，兼辖官降一级留任，缉获之日，准其开复。如专兼各官于疏纵之后，实力缉捕，能于限内拿获一二名及获半者，仍按其未获名数，分别议处。

逃犯 022：乾隆三十四年议准

嗣后除徒犯同日脱逃五名以下者，仍照例并案议处，若逃至五名以上，即照军流同日脱逃三名以上之例，初参，将专管官罚俸一年，兼辖官罚俸六月，俱限一年缉拿，限满不获，专管官降一级留任，缉获之日，准其开复，兼辖官罚俸一年，仍限一年缉拿；三参，专管官降一级调用，逃犯交与接任官照案缉拿，兼辖官降一级留任，缉获之日，准其开复。如专兼各官于疏纵之后，百日限内拿获一二名及获半者，仍按其未获名数，分别议处。

逃犯 023：乾隆三十六年覆准

嗣后凡接缉、再接缉之员，如有拿获邻境盗犯者，仍准其一体奏请引见。至拿获邻境改遣重犯，此等人员，任内既有本境逃遣重犯未获之案，即照本境未获逃盗之例，一体停其送部。其前官任内未获逃遣，接缉官本无处分，如果拿获邻境逃遣多犯，仍照例奏请引见。

逃犯 024：乾隆三十六年奏准

嗣后改遣逃犯，除逗遛别处，该地方官失察在半月以上者，仍照例降一级留任外，其逗遛在三名以上，失察在半月以上者，该地方官降二级留任，失察在一月以上者降二级调用。

逃犯 025：乾隆三十八年议准

定例从九品、未入流，系无级可降之员，如遇一案内止于降三级调用者，照例询问居官，好者议以革职留任，三年无过，准其开复。若新疆改遣重犯，则管束防范，是其专责，且安插在城，非若盗犯之潜行乡僻，猝不及防可比，该员既不能严加防范，以致脱逃，复不上紧拿获，其居官之平常，不问可知。嗣后改遣重犯脱逃，限满不获，即将无级可降之专管捕官革职，毋庸询问居官。

逃犯 026：乾隆三十八年又议准

定例充徒年满及递回原籍取具收管之犯，该管地方官不严行管束，致令脱逃出境生事，一名罚俸一月，二三名罚俸三月，四名至六名罚俸六月，七名至九名罚俸九月，十名以上者罚俸一年。其容留潜住地方官，亦照此例，按名议处。仍著落地方官勒限一年缉拿，如逾限不获，每一名罚俸三月，四名以上罚俸一年，十名以上降一级留任。倘业已脱逃，该地方官捏称并未出境，或遇别处发觉，或被旁人首告，将该地方官革职，该管上司知而不报者降三级调用。

逃犯 027：乾隆三十八年三议准

嗣后除各省递回人犯出境生事，仍照定例议处外，其在京递回原籍安插人犯取具地方官收管，其人犯令该地方官逐一造册，仍于每月朔望日期按册点卯，如有私行脱逃出境来京者，无论生事为匪与否，该管官即申报该管上司，并原犯事地方官查拿，仍将疏纵之地方官查参，悉照各省递回人犯出境生事例议处。如有隐匿不报者，将地方官照应申不申公罪例议处。

逃犯 028：乾隆三十九年议准

嗣后遇有解役兵丁与犯同逃，即照案犯脱逃之例，按限严缉逃差务获，如逾限不获，亦照各项人犯脱逃之例一体议处。至解差兵丁，或受贿潜逃及畏罪脱逃，并文批是否遗失或销毁之处，均应俟缉获之日，讯明实情定拟，该督抚自可随案分析查参，吏部、兵部除将差役兵丁畏罪潜逃，讯无贿纵情弊者，即照案犯脱逃例限议处外，其差役兵丁贿纵及文批遗失销毁之处，仍照失察衙役犯赃及在官人役犯赃，与解送逃人牌文遗失，并沉匿公文之例，分别议处。

逃犯 029：乾隆四十九年奏准

分赏王公大臣在京官兵为奴之逆犯妻子逃走，勒限一年缉拿，逾限不获，协缉不获之家主罚俸一年，兵丁鞭六十，承缉不力之该地方官照不实力查访逃窃例罚俸一年，逃犯照案缉拿。如于限内缉获者，承缉、协缉官俱免议。

逃犯 030：乾隆四十九年又奏准

年终汇奏案内，脱逃应缉遣犯，脱逃时年已六十者，则勒限二十年未获，即可先行开除。年已五十者，勒限三十年未获，先行开除，不必概以四十年为限，后经缉获仍照例质明办理。

逃犯 031：乾隆四十九年议准

年终汇奏案内，邻省及本省逃徒及贼匪逃人，能获五名以上者列为一等，纪录二次；获至三名以上者列为二等，纪录一次；其三等之员，照例毋庸议叙。

逃犯 032：乾隆五十年谕

嗣后通缉人犯，于何省脱逃，但应责成该省州县，或问出本犯之原籍，亦止责成其原籍州县，实力缉捕，如仍年久无获，即当交部略予议处，此外无干之各直省州县，竟毋庸行文通缉，以省案牍而归核实，其应如何分别年分，比较命盗案件，酌量轻减予以处分之处，著大学士会同该部，详悉定议具奏。钦此。遵旨议定：逃遣之案，配所地方官于正限满后，再限一年缉拿，限满不获，罚俸一年，仍限一年缉拿，限满不获，再罚俸一年。如前官已经离任，即将接任之员，照此按限参处。其原籍接缉之地方官，如有失察逃回原籍者，于应得降调、降留处分外，再将从前未获年分，按照二限各罚俸一年。

逃犯 033：乾隆五十四年议准

各省徒犯，照安插军流之例，以吏目典史为专管，州县为兼辖，有驿州县仍以管驿之县丞等官为专管，分别办理。

逃犯 034：乾隆五十五年议准

凡新疆改发内地遣犯在配脱逃，该督抚特参奏请交部严加议处者，专管官革职，兼辖官降二级调用，加级不准抵销。不行查察之府厅降二级调用，道员降一级调用，均准抵销。

逃犯 035：乾隆五十五年又议准

嗣后决不待时及斩绞重犯中途脱逃，将金差之员革职留缉，限内拿获送部引见，请旨开复，不获照例拟罪。至发往新疆等处人犯，虽与决不待时者稍间，但此等要犯，情节较重，遇有中途脱逃，应将金差不慎之员降二级调用，加级纪录，不准抵销，该员果能自备资斧弋获，准其奏请开复。至该管上司，于所属人犯中途脱逃，向例仅止罚俸，嗣后如决不待时重犯脱逃，该管知府降一级调用，加级不准抵销，司道降一级调用，督抚降一级留任，均准其抵销。如系秋审发回，照例监候及解往归案审办，审明时罪应拟抵之犯，遇有脱逃，该管知府降一级调用，司道降一级留任，督抚罚俸一年。发往新疆遣犯脱逃，该管知府降一级留任，司道罚俸一年，督抚罚俸六月，加级俱准抵销。如有钦奉特旨交部严议者，该管知府例应降调之处，毋庸查级议抵。如属员于限内自行获犯，例得开复，而该管上司遇有降调离任者，一体奏请开复。其尚未送部议处者，俟咨送职名到部时，酌减议结，将例应降调之案减为降留，降留之案减为罚俸。

逃犯 036：乾隆五十五年谕

富纲等奏：遣犯在配脱逃，旋经拿获，请将失于防范之地方官职名另行送部等语。遣犯胡牛，于九月初四日脱逃，至初九日即行追获，该州等虽不能防范于前，而一闻该犯脱逃，即选派差役上紧追捕，甫五日即经拿获，不致要犯稍稽显戮，尚可量予从宽，若将应议职名仍行送部，则地方官于此等速行拿获脱逃要犯，终于不免处分，此后转致懈于缉捕，殊不足以示劝惩。所有此案应议职名，免其交部。

逃犯 037：乾隆五十六年谕

据吉林将军奏：通省节年发到遣犯名数清单，内称脱逃未获遣犯五百二十二名。此等遣犯积年脱逃未获，至五百余名之多，可见地方官于咨缉事宜，不过视为海捕具文，不能实力侦缉，但此等未获各犯，俱系各省通缉，且其中有年久之案，年年开单，照例汇奏，亦非核实之道。所有此项未获之犯，除行查各该犯原籍，有无潜逃回籍，一体严缉外，其应如何查核年分，分别停缉，并将承缉各员，再行酌定处分之处，著军机大臣会同吏刑二部，详晰核议具奏。钦此。遵旨议定：嗣后令各督抚于疏脱遣犯年终汇折内，声明已未获名数，即照凶首盗首未获之例，将承缉官一二名不获罚俸六月，三四名不获罚俸九月，五六名以上不获罚俸一年，再限一年缉拿，限满不获，仍照此例，按其未获名数，分别议处，逃犯照案缉拿。道府、同知、通判、直隶州等官，总计所属地方，获不及半者罚俸六月。如承缉官本身不至离任者，仍按年汇题。

逃犯 038：乾隆五十七年奉旨

恒秀等所奏：逃犯内拿获二人正法，其脱逃未获四犯，即严行缉拿。此等发遣人犯，如有逃者，该将军、副都统刻即派出能干之人，豫防各关隘哨探追拿，断无越省年久不获之理。现今逃犯六人内，已获二人，其未获刘八十儿等，想来不能远遁，将此交于该将军等，务必奋力缉拿，若不奋力查拿，经别省拿获，必将由某卡逃出审明，将玩忽该管官兵治罪。此后有逃者，俱照此例办理。

逃犯 039：嘉庆四年奏准

凡系改遣人犯以及斩绞决不待时人犯，遇有疏脱，专兼各官，均照旧例按限勒缉，分别题咨参处，通饬各督抚，不得用"严加议处"字样，违者，除将所参之员照例议处外，仍由部将该督抚参奏，照误揭属员例议处。

逃犯 040：嘉庆七年奏准

官员将押候审讯人犯脱逃，如众证确凿，罪无可疑者，即据实声明，按罪名轻重，分别议处。其应拟军流遣罪人犯在押脱逃者降一级调用，徒罪人犯在押脱逃者罚俸一年，笞杖人犯在押脱逃者罚俸六月。至供证未确，罪难悬拟者，亦于文内声明，照军流以下人犯中途脱逃例罚俸一年，俟日后获犯审明，仍按应得罪名，照各本例改议。

逃犯 041：嘉庆七年又奏准

凡问发新疆及改发内地遣犯脱逃，除拿获之日，例应正法者，疏脱之员，仍照旧例办理。其仅止枷号调发杖责，例不正法各犯，无论在途、在配及原籍逗遛，其失察各官，均照失察疏脱寻常军流遣犯之例核议。

逃犯 042：嘉庆七年三奏准

拿获命盗军流等犯之案，除协获之员，查系本境之犯，例有承缉督缉失察处分者，功过相抵，仍毋庸议叙外，如系缉获邻境之犯，其首先获犯之员，照例送部引见者，将协获之员加一级；首先获犯之员例应加一级者，将协获之员纪录一次；首先获犯之员例止纪录者，协获之员令该督抚入于年终功过案内分别等差，咨部办理。

逃犯 043：嘉庆八年奏准

督抚、藩臬于接到咨文之日起，统计所属，一年内获不及半者，藩臬罚俸一年，督抚罚俸六月，均再限一年督缉，一年内获不及半者，藩臬罚俸二年，督抚罚俸一年，仍俟各属扣足一年限满，年终汇册送部。

逃犯 044：嘉庆八年又奏准

军流徒杖笞等犯越狱，不论名数多寡，定限四个月，该督抚题参疏防，将管狱官革职留任，戴罪勒限一年缉拿，全获，开复，逾限不获，仍照例革职，逃犯交与接任官，勒限一年缉获。该管有狱曾仟俸，戴罪勒限一年督缉，全获，开复，逾限一二名不获罚俸一年，三四名不获降一级调用，五六名不获降二级调用，七八名不获降三级调用，九名十名不获者降四级调用，逃犯俱交与接任官，勒限一年缉拿。凡问发新疆及由新疆改发内地遣犯越狱，系例不正法之犯，管狱、有狱各官，悉照此例办理。

逃犯 045：嘉庆八年三奏准

前官未获越狱人犯，接任官以到任之日起，限一年缉拿，如山海巨盗、斩绞重犯，于一年限内，无论名数多寡，不拿获者罚俸一年，再限一年缉拿，限满不获，罚俸二年，仍再限一年缉拿，三限不获，降一级留任，未获逃犯，俱照案缉拿。如军流徒杖笞等犯，逾限一名至四名不获者罚俸三月，五六名不获者罚俸六月，七八名不获者罚俸九月，九名十名以上不获者罚俸一年，未获逃犯，俱照案缉拿。

逃犯046：嘉庆八年四奏准

斩绞重犯中途脱逃，金差、护解各官，如限内全获，题请开复，如限满不获，查系依法管解，偶致疏脱，仍议以降革完结，毋庸治罪。若审系解役受贿故纵者，概行革职，交刑部治罪。

逃犯047：嘉庆八年五奏准

凡解省覆审及邻邑归案审拟未定罪名人犯中途脱逃，除供证确凿，罪无可疑者，即据实声明，照例议处。至供证未凿，罪难悬拟者，亦于文内声明，照军流以下人犯中途脱逃例议处，俟日后获犯审明，如罪止军流，毋庸更议，傥系军流以上罪名，或罪止徒杖，即按本例议处。

逃犯048：嘉庆十一年奏准

各省府州县所属大小案犯，如有窜入邻境，一面差役执持印票往拿，一面移文关会添差协缉，傥该地方官明知逃匿邻境，以非其管辖，不急往拿，及邻境之该管官不行协缉者，系命盗等项重犯，均降三级调用；系逃窃窝赌窝娼等项寻常案犯，均降一级留任。

逃犯049：嘉庆十一年又奏准。

凡隔省关提人犯，以文到日为始，限四个月拿解。邻封关提人犯，限文到二十日拿解。如逾限不发，将该地方官照事件迟延例议处。若地保差役捏称并无其人，并久经外出，该地方官不能查出，空文回覆者，系寻常案犯罚俸六月，系命盗等项重犯罚俸一年。或现有其人，地方官故意不肯发人者，系寻常案犯降一级留任，系命盗等项重犯降三级调用。

逃犯050：嘉庆十六年谕

先福奏：县监绞犯越狱，即经拿获审明定拟一折。此案信丰县绞犯曾瘟里越狱脱逃，该县公出，典史亲督丁役，于三日内即将该犯拿获，尚属知惧知勉，若仍予革职，未免无所区别。黄思锦著革去顶戴，改为革职留任，四年无过，题请开复。嗣后管狱官遇有脱逃监犯，于五日内缉获者，即照此例办理，余著该部议奏。钦此。遵旨议定：凡山海巨盗、斩绞重犯，并问发新疆人犯越狱，不论名数多寡，该督抚即时题参，管狱官革职拿问，该管有狱官革职留任。如管狱、有狱各官，能于五日内亲督丁役，将脱逃监犯缉获者，管狱官革去顶戴，改为革职留任，四年无过，题请开复；有狱官改为降一级留任，一年无过，题请开复。如系五日限外，四个月疏防限内拿获者，管狱官免其拿问，仍革职；有狱官自拿获之日起，扣限一年无过，将革职留任之案，准其开复。如四个月限内不能全获，有狱官仍留任一年，戴罪督缉，全获者亦自拿获之日起，扣限一年，无过开复，傥逾限一年，尚有一名未获者降一级调用，二名未获者降三级调用，三名未获一名者革职，逃犯交与接任官，勒限一年缉拿，限满不获，照例议处。凡问发新疆及由新疆改发内地越狱系例应正法之犯，管狱、有狱各官，即照此例办理。

逃犯 051：嘉庆十七年奉旨

巡视南城御史恒麟等奏：吏目访获脱逃要犯，请交部审办，并将该吏目可否量加鼓励之处，请旨训示。吏目本有缉捕之责，所获人犯，并非要案重情，奉旨指名侦缉之犯，该御史代为奏请鼓励，殊属非是。嗣后司坊各员拿获犯人，不准该御史市恩渎请，若果能将要犯如马谭氏案内正凶设法缉获，该管官于折内声叙，朕必立予施恩，亦不待伊等陈请也。

逃犯 052：嘉庆二十年谕

直年旗汇奏：分赏八旗王公大臣官员等为奴人犯逃逸数目，此项分赏人犯，多系逆匪邪教案内之人，非寻常罪犯可比，该王公大臣官员等，理宜不时严行管束服役，毋致纵逸。嗣后凡分赏为奴关系逆匪邪教案内人犯，若不守分为匪，即行送部加重治罪，一有逃窜，即行呈报该旗严行缉捕外，于年终汇奏之时，将逃逸人犯原犯案由，开单具奏，此内设有关系逆匪邪教案内之人，将该失察之王公大臣官员等，交部从重议处。如寻常分赏为奴人犯，若有逃窜，失察之王公大臣官员等，仍照例查议。

逃犯 053：嘉庆二十年议准

凡旗下家人有犯命盗重罪脱逃者，系三品以上大员之家人，该衙门于查拿时，即知会伊主协同缉捕，如一年限满不获，令该衙门题参，并声明逃犯之主现系何官，将协缉不力之家主罚俸一年，仍令照案协同缉拿。若系王公等辛者库家人，一年限满，将办理包衣事务官员罚俸一年，其该管之王贝勒贝子公等罚俸一月，未获逃犯，亦令照案协同缉拿

逃犯 054：嘉庆二十年奏准

五城司坊官拿获命盗重犯，不即羁禁，转行发保者，将该员罚俸一年。若因发保或交役看押脱逃者，照保押人犯脱逃例议处。接任之员与别城司坊官，邻邑地方官，能将逃犯拿获者，每一名纪录一次。

逃犯 055：嘉庆二十年又奏准

官员将应拟斩绞人犯令人取保，或在押脱逃者革职留任，限一年缉拿，限内拿获，准其开复，不获，即行革任。军流遣罪人犯保押脱逃者降一级留任，限一年缉拿，限内拿获，准其开复，不获，照所降之级调用。徒罪人犯保押脱逃者罚俸一年，笞杖人犯保押脱逃者罚俸六月，人犯照案缉拿。

逃犯 056：道光二十二年议准

嗣后配所逃回人犯，另犯谋逆重案，罪应凌迟者，将配所专管官革职，罪应斩枭者降三级调用，罪应斩决者降二级调用。至并非谋逆重案，脱逃后另犯各项凌迟者

降一级调用，犯各项斩枭者革职留任，犯各项斩决者降三级留任，犯各项绞决者降二级留任，兼辖官依次递减，均系公罪，若能于另犯后自行拿获，照例免议。其谋逆重案，在酿成以后，虽经本员拿获，仍不准免议。

吏部处分 211：赌博〔例 39 条〕

赌博 001：顺治十五年覆准

凡赌博人犯，五城司坊官不行严拿者，交部议处。

赌博 002：康熙七年议准

凡赌博之人，不行查拿，被人首告，将失察之司坊官，每起罚俸三月，巡城御史至二起者罚俸三月。至家仆有犯赌，其主系旗员罚俸一月，系汉员罚俸三月，该管官免议。

赌博 003：康熙十五年议准

失察赌博之司坊官，每起罚俸一月，巡城御史至二起者罚俸一月。

赌博 004：康熙三十年议准

凡造卖纸牌骰子，俱限一月内销毁，其直隶各省，俟文到日，亦限一月内销毁。若有违禁仍然造卖者，地方官不行查拿，亦照不拿赌博例议处，但必有造牌骰子之器，开铺贩卖确据，方许查拿，不得藉端讹诈。

赌博 005：雍正四年议准

造卖赌具之人，地方官不严行查禁，发觉时罚俸三月。若官员无论赌银钱饮食等物，有打马吊、斗混江及与属员斗牌掷骰为乐者，皆革职治罪，永不叙用。至官员赌博，县属职官责之知县，府属职官责之知府，知府责之司道，司道责之督抚。如明知属官犯赌，不行揭参，别经发觉者，将专责之员，照徇庇例降三级调用。如止系失察属官犯赌，系同城者，将专责之官降一级留任，不同城者罚俸一年，其已经揭参者免议。

赌博 006：雍正四年又议准

各衙门书役犯赌，本官自行察出申报者免议，失于觉察者罚俸三月。如明知赌博，不行查究，别经发觉者，将本官罚俸一年。若别衙门书役犯赌，既已察出，而瞻顾同寅情面，相为隐匿，后经发觉者，将瞻顾情面之员亦罚俸一年。

赌博 007：雍正四年三议准

凡开鹌鹑圈、斗鸡坑、蟋蟀盆并赌斗者，照开局赌博例治罪，其该管官亦照开局赌博之该管官员例议处。

赌博 008：雍正四年四议准

民人贩卖纸牌骰子，地方官不严行查拿，一经发觉，将失察之地方官罚俸三月。

赌博 009：雍正七年议准

凡拿获赌博，其制造赌具之家，审明确有证据，出于某州县，若失察已过半年，别经拿获，将该州县并典史、巡检、吏目等官皆照溺职例革职，知府、直隶州知州、捕盗同知、通判、直隶州州同、州判等官皆革职留任，督抚司道等官各降一级留任。如失察未及半年，别经拿获，该督抚于劾参文内声明，皆免其议处。该上司未及半年者，亦免其议处。如制造赌具不过半年，即能实心稽察拿获者，州县、典史、巡检、吏目加二级，知府、捕盗同知、通判、直隶州知州州同、州判加一级，督抚司道纪录二次。若失察已过半年。虽经拿获。功过仅足相抵。止免其失察处分。不准送部议叙。倘境内有将牌版藏匿。并旧制赌具存留在家。该地方官在任半年以上。不行查出。降一级调用。

赌博 010：雍正七年又议准

凡拿获赌具，照拿获私铸例，文官拿获免同城武官处分。武弁拿获亦免同城文职处分，接壤邻邑拿获亦免失察地方官处分。如隔属州县，并非交界接壤者，仍将失察之该地方官议处。至本县有制造赌具之家，经别县访闻，差役拿捕，而本邑官差役协同拿获，或本县有制造赌具之家携往别邑贩卖，经本邑访闻，差役往拿，而彼邑官差役协同拿获，此等拿获缘由，令拿获之员申报上司，该督抚查核得实，即于咨疏内逐一声明，始免本地方失察处分。邻邑协拿之员，一起纪录一次，二起纪录二次，三起纪录三次，四起加一级。〔邻邑拿获赌具，亦照此例议叙。〕该管上司，功过相抵，不准议叙。若并未协同拿获，希图规避失察处分，捏称协拿，将捏饰之员，照规避例革职，扶同捏报之州县，并扶同隐饰之知府，皆照徇情例降二级调用；司道并无觉察，照不据实查报例罚俸一年；督抚照不行详核例罚俸六月。如该管知府，据详转报，并非有心扶同隐饰者，将知府照不据实查报例罚俸一年。〔嘉庆五年增：上司自行查出者，均免议。〕如本境有造卖赌具之人，该州县平日漫无觉察，被知府以上等官差役拿获者，将该州县照失察例议处，拿获之知府以上等官照本例议叙；后官拿获造卖赌具之人，查明前任官如失察未及半年离任者，将前官免其议处。如失察已过半年，仍将原失察制造赌具之地方官照例议处。至拿获之后官，其到任在半年之内，或因赌博发觉，究出现造之赌具，或系旧存之牌版，刷印不过半年，即能拿获者，皆予议叙。其该管上司，令该督抚核明到任离任日期，于咨疏内声明，分别议处、议叙。

赌博 011：雍正十年议准

凡失察赌具之员，该督抚于题参疏内，将该员先经拿获赌具几案，已经议叙之处声明，由部再加查核，从前止有拿获议叙一二案者，仍照例革职外，若曾经拿获议叙至三案以上者，将该员议以革职留任，俟三年无过，题请开复，如三年内有再犯失察赌具者，仍行革任。失察之州县，既因有拿获议叙之案，议以革职留任，其失察之该管上司，知府降三级留任，司道督抚各罚俸一年。

赌博 012：雍正十二年谕

从前拿获赌具官员议叙从优者，原为力禁地方赌风起见，倘该员但察究数案，为幸叨议叙之举，其余仍怠于稽查，是徒邀国家之恩，而于地方赌风实无裨益。凡大小官员等，有因拿获赌具邀恩议叙者，嗣后所属地方有赌博之事，失于觉察，除照例议处外，将从前议叙之加级纪录，俱照案销去，永著为例。钦此。遵旨议定：失察赌具各员，经部内议处时，核明该员从前拿获赌具议叙之加级纪录，无论几案，悉行注销。如该员已逾数任，后有失察赌博之案，将前任内拿获赌具议叙之纪录加级，一并注销。其该管上司，除因所属别员，拿获赌具议叙之纪录加级，毋庸注销外，如因失察赌博之属官，从前拿获赌具同案议叙之纪录加级，亦应尽行销去。若属官失察赌博时，或该上司先已离任，或该员调任别省，其失察之处，已与原上司无涉，所有该上司从前因该员议叙之纪录加级，免其注销。至上司亲身失察赌博，仍将从前所有自行拿获赌具议叙之纪录加级，并因属官拿获赌具议叙之纪录加级，尽行销去。其失察制造存留贩卖赌具等案，皆照此例行。

赌博 013：雍正十三年谕

各省拿获赌具，查其制造年月在半年之内者，大小官员有议叙之例，所以奖励臣工，使之实心禁约赌博也。今朕访闻各省拿获赌具，均称造卖在半年以内，迨细心根究，率多不实，盖地方官希冀议叙，未免支饰邀功，即新任、署任原在半年以内，毋庸支饰，又未免瞻顾前官失察之愆，为之改移迁就，不知造卖年月，既属改移，则贩卖之多寡，伙党之有无，何由得实？所恃上司稽核精详，庶几功过不爽，然上司又例得并叙，苟非公正不欺者，势必苟且雷同，此朕访闻最确者。夫赌博之害，最关风俗人心，澄源端本，则赌具在所必严，计效责功，则劝惩诚难偏废，然州县身任查拿，而上司则不过申严督率，本属分内之事，今因并叙之例，转滋徇捏之端，而不能收劝惩之实效，其应作何分别定例之处，著九卿悉心妥议具奏。钦此。遵旨议定：凡拿获赌具，除该犯制造未及半年者，仍照例议叙外，若制造已过半年捏称在半年之内，及旧存赌具捏称新制者，将捏详之地方官及转报之各上司，皆按其议叙之加级纪录，分别议处。如州县官例应议叙加二级者，因其捏报即降二级调用；知府、直隶州知州例应议叙加一级者，因其滥行转报即降一级调用；司道督抚例应议叙纪录二次者，因其不加详察即罚俸一年。其各该上司中，有能查出捏报情由揭参者，除捏报之员照例议处，仍核明本案拿获赌具，如该上司例应议叙，即将揭参之上司照例议叙，如例不准议叙者，因其查出揭参，亦照功过相抵例免其议处。至新任、署任官，拿获赌具在半年以内，或为失察已过半年之前任官，捏详未及半年查出，除该员本任内拿获赌具不准议叙外，仍照蒙混造册例降一级调用。若上司未经查出，知府、直隶州知州等官照不据实查报例罚俸一年，司道督抚照不行详察例罚俸六月，如上司已经查出者免议。同城文武各官拿获赌具，系文职首先访缉者将文职照例加二级，协拿之武职纪录二次；系武职首先访缉者将武职照例加二级，协拿之文职纪录二次；即同在文职武职中，此官首先访缉，彼官协同缉拿，亦照此例分别议叙；该管各上司系文职首先访缉，即将文职之上司议叙；武职首先访缉，即将武职之上司议叙，其协拿官之上司毋庸议叙。

赌博014：雍正十三年议准

拿获赌具，除拿获之地方官于本案议叙外，其该管各上司毋庸随案并叙。如该上司所属地方，一年内并无失察制造赌具及旧藏赌具，贩卖赌具与失察赌博等事，准其将所属拿获赌具之案，于岁终汇册报部，核明与例相符，知府、直隶州知州、同知、通判等官，每案照例加一级；司道督抚，每案照例纪录二次。若该上司所属地方，一年内有一案失察者，将别案拿获赌具，概不准议叙。如所属有失察等案，该上司皆能自行查出者，将查出之上司，按其查出起数，仍照例议叙。傥上司因所属拿获赌具，希图议叙，将别案失察等案，通同徇隐不报，别经发觉者，即将徇隐之上司，照徇庇例议处。

赌博015：乾隆四年奏准

外省官员失察赌博，照司坊官失察赌博之例，每案罚俸一月。其同城文武官员拿获赌博，亦援照同城拿获赌具之例免议。

赌博016：乾隆四年又奏准

京城内文武各官分管地方，亦照外省同城拿获赌具之例。凡京城内外地方有犯赌博，如该管文官拿获者免该管武弁处分，武弁拿获亦免该管文官处分。其拿获制造赌具之案，亦照此例办理。

赌博017：乾隆四年三奏准

地方有描画纸牌者，将失察之州县，照地方失察赌具原例减等降二级调用，知府、直隶州知州、同知、通判降二级留任，督抚司道罚俸一年。至描画已成之牌，出境贩卖，仍照贩卖赌具例罚俸三月。或存留在家，仍照存留赌具例降一级调用。其拿获描画纸牌之地方官，仍照拿获制造赌具原例议叙。

赌博018：乾隆五年议准

京城制造赌具之家，该管官及该管上司，失察未及半年，别经拿获，皆免议。若失察已过半年，别经拿获，本处未经差役协拿，仍照例议处。

赌博019：乾隆五年奏准

嗣后地方有制造赌具之家，经他邑差役查拿，如拿获之州县与失察之地方实系接壤邻邑，此县文武各官拿获，彼县亦免处分。如隔属州县，并非交界接壤者，仍照旧例差役协拿，始准免议。

赌博020：乾隆十三年谕

据潘思榘奏：请严压宝之禁，悉照制造赌具开场诱赌定例治罪，地方文武各官均定以失察处分，拿获议叙等语。向因赌博中牌骰最盛，故牌骰之禁甚严，要之凡涉赌博，皆当严禁，非牌骰当禁，而压宝之禁遂不必严也。今如潘思榘所奏，明立宝局至数百人，此正地方官所亟应重惩之犯，所有制造宝盒及聚赌匪类，一体照牌骰治罪，官吏纵容失察，即行纠参，亦何不可？又何必定为新例，始行遵照办理乎！夫好赌之人，何所不至，禁牌骰则兴压宝，禁压宝又必变而别立新名，定一名从而定一例，例可胜定乎？此等案件，止在地方文武各官实心协力，严拿重处，始知畏惧，务必令行禁止，方为有益，不在多定例条，任法不如任人，此之谓也。各省恐有似此者，著该督抚传谕知之。

赌博 021：乾隆十八年题准

嗣后除咨题案内，牵连赌博地方官员应行查参者，仍逐案咨题，随招附参，听候部议外，其仅止赌博，或斗殴自尽命案牵连赌博，例应外结者，该州县通报臬司衙门，即详记档案，俟审明之后，察其是否该员自行拿获，抑系别经发觉，统于季终摘叙案由，将失察之员汇齐咨参，照例议处。傥地方官隐匿不报，或经告发，或被访闻，将隐匿不报之员，照应申上而不申上私罪律罚俸九月。

赌博 022：乾隆二十一年谕

著交坐轿王大臣等，将抬轿人等，令其于各家左近居住，易于管辖，如令遥远居住，私设赌场，将该王大臣一并议处。此次降旨后，抬轿人等若仍私设赌场，著步军统领衙门查旗御史查参，从重议处。如不严查，仍蹈前辙，将失察衙门官员，一并治罪，断不宽恕。

赌博 023：乾隆三十年奏准

旗下家人有犯赌博，伊主系官罚俸两月，如有因公他往者免其议处。内外地方官失察赌博，俱照此例免议。

赌博 024：乾隆三十年又奏准

派出查拿赌博之员，如有失察者，每次罚俸一年。

赌博 025：乾隆三十年三奏准

嗣后压宝赌博之案，查明实系寻常日用之盒，并非宝盒者，毋庸以失察赌具查参，即经拿获亦不得滥请议叙。其确系雕镂铜锡等盒，专为压宝之用者，案内详悉声明，将失察及拿获文武各官，悉照牌骰例，一体议处、议叙。

赌博 026：乾隆三十一年奏准

嗣后首先拿获赌具之员，应加二级者改为加一级；协拿之员，应纪录二次者改为纪录一次。其失察制造赌具，例应革职者议以革职留任；描画纸牌，例应降二级调用者议以降二级留任；旧存赌具，例应降一级调用者议以降一级留任。至属员拿获赌具，督抚司道府厅毋庸予以议叙，属员遇有失察，亦毋庸将上司议处。

赌博 027：乾隆三十七年奏准

拿获赌博，必穷究赌具之所由来，其制造赌具之家，果审明确有证据，出于某州县，别经拿获，将该州县并吏目、典史均革职留任。如制造赌具，自行拿获，令拿获之员，将如何访闻情由，据实申详督抚，将州县、吏目、典史等官加一级。倘境内有藏匿牌版，并存留旧制赌具希图售卖者，该地方官不行查出，降一级留任。其将平日贩卖及聚赌之赌具存留在家者，别经发觉，将失察之地方官，照各本例议处。

赌博 028：乾隆三十七年又奏准

同城文武各官，拿获制造赌具，将首先拿获者加一级，协拿者纪录一次，即同在文职武职中，此官首先访缉，彼官协同查拿，亦照此例分别议叙。

赌博 029：乾隆三十七年三奏准

后官拿获造卖赌具之人，查明前官如有失察，仍将原失察赌具之地方官，照例议处。如新任、署任官拿获赌具，或为失察之前官捏详并未失察，查出，除该员本任内拿获赌具不准议叙外，仍照蒙混造册例降一级调用。若上司未经查出，知府、直隶州知州等官，照不据实查报例罚俸一年，司道照不行详查例罚俸六月，如上司已经查出者免议。

赌博 030：乾隆三十七年四奏准

拿获赌具，仍照例议叙外，若将旧存之赌具，捏称新制，将捏报之地方官，例应议叙加一级者，因其捏报，即降一级调用，转报之知府罚俸一年，司道、督抚罚俸六月。各该上司中，有能将捏报情由查出揭参者，免其议处。

赌博 031：乾隆三十七年五奏准

官员因承审赌博斗殴等案，究出赌具，始行拿获者，止应免其从前失察处分，毋庸议叙。

赌博 032：乾隆三十七年六奏准

奉天拿获造贩赌具之案，除案犯系外省民人，或案内兼有奉属民人者，仍逐案具题外，如案犯俱系奉天民人，例应枷责完结者，统于年底汇题，仍将原委另造清册，送部查核。再，盛京刑部、奉天将军拿获造贩赌具之案，例应拟绞，并应实军实流等罪，仍逐案具题，如案犯俱应折枷责完结者，亦照例年底汇题。其奉天旗民各员，如有拿获赌具及失察赌具外结各案，统于年底汇题报部，照各省地方官之例，分别议叙、议处。

赌博 033：乾隆三十七年七奏准

内务府官员虽无失察赌具处分，但能督同番役人等实力奉行，将制造赌具拿获，亦应酌予议叙。如能拿获一起者纪录一次，二起纪录二次，三起纪录三次，四起加一级。各省理事同知，照此例行。

赌博 034：乾隆三十七年八奏准

京城内外，凡公差之处，有犯赌博事者，官员照佐领例罚俸一月。若该班当差处赌博，即将该班处失察官员，照例议处。

赌博 035：乾隆四十四年覆准

凡花会诱赌聚众多者一二百人，少者或数十人，地方官能于旬日内拿获者，免其议处。遇有失察，即照失察赌具例革职留任。倘规避处分，讳匿不报，及有心纵容，经上司访拿，即严参革职，讯明如有贿纵情弊，照例治罪。

赌博 036：乾隆五十一年覆准

江西沿江匪船设局诱赌，或冒差抢窃案内未获人犯，结案时，令臬司摘出姓名记档，岁底视其拿获名数之多寡，汇册报部，统计一年内，能于拿获及半之外，复有多获者，每一名记功一次；其获不及半者，每一名记过一次；记过至四次者罚俸六月，记功至四次者纪录一次，俱以次递加。如有心玩纵者，即指名查参革职。

赌博 037：嘉庆五年奏准

坐轿王大臣等，令抬轿人等遥远居住，私设赌场，照家人犯赌例罚俸两月。步军统领、查旗御史，照失察赌博例罚俸一月。

赌博 038：嘉庆七年谕

本日军机大臣会同刑部审讯袁锡等开圈聚赌一案，将袁锡供辞进呈，内有曾托鄂罗锡叶勒图向明安说情，交给一千两银票等语，彼时朕以为必系鄂罗锡叶勒图从中取利，抑或明安家人藉端勒索，亦未可定。兹复经承审大臣讯据鄂罗锡叶勒图供称，因与袁锡素相认识，代伊转求明安，并言事后致谢，明安当即应允，数日后，明安向鄂罗锡叶勒图当面提及，伊即赴袁锡家内，取得票银一千两，是日明安正差家人在彼坐索，鄂罗锡叶勒图先将五百两交明安家人收去，存留多日，其余五封，暂存鄂罗锡叶勒图家，迨明安探听外面风声不好，遂将原银退还等语。是此案竟系明安听情受贿，殊出意料之外。明安本系世家旧族，向来在乾清门当差，行走尚勤，是以节次加恩，用为步军统领，原期于世族中成就一可用之材，以备任使，乃不料其徇法营私，竟不能全朕用人颜面，然朕于明安，亦非无先见之明也。上年明安曾奏请开采煤窑铜苗等事，朕彼时即觉其沾沾言利，嗣因欲请独对，炫耀高兴，叠经降旨严饬，冀其悛改，讵明安于袁锡开圈斗鹌之案，竟公然得受贿赂，虽先侵后吐，实已枉法得赃，则伊任提督一年以来，似此篚篚不饬之事，谅复不少，犹幸及早发觉，不至久玷要任。此皆仰蒙皇考默示启佑，益深钦感。明安以提督大员，而卑鄙无耻若此，实系自取罪戾，不能承受朕恩，此而不严加惩办，何以儆贪黩而肃官方。明安著革职拿问，交军机大臣会同刑部严审定拟具奏。鄂罗锡叶勒图、袁锡亦著革职拿问，李瀚清昌俱著革职，一并归案办理。嗣后大小臣工，务当洁己奉公，廉隅共矢，以明安为戒。倘不知检束，自蹈刑章，一经发觉，朕必执法严惩，断不稍贷。

赌博 039：同治四年奏准

盛京、吉林、黑龙江三省，遇有放头设局开场聚赌，并无抢夺酿命情事，地方官自行拿究者免议。如别经发觉，即照失察制造赌具例革职留任。如有讳匿及纵容情弊者革职，受贿者革职治罪。

吏部处分 212：禁止光棍〔例 9 条〕

光棍 001：乾隆七年议准

地方光棍潜住京城，流寓无定，其现在拿获地方，自难辞徇庇失察之咎，但从前或久居别坊，适值新迁发觉，则或以一二日失查，骤罹参处，而容留日久者反得脱然，不免有冤抑徼幸之处。嗣后拿获光棍，务将新旧寓处，逐一讯明，分别处分。

光棍 002：乾隆三十年奏准

凡地方官员所辖民人，弃耕聚众，习为不善之艺，地方官不能查缉，降二级调用。游手好闲之人，遍游街市，射利惑人，打降赌博，无所不至，该地方官不能查拿，照失于查察例罚俸一年。

光棍 003：乾隆三十年又奏准

地方官员所辖民人，有卦子等类，不务正业，聚众习为不善之艺，扰害良民，带领妻子马骡游走于外，滋事不法者，将专汛地方官，照不能查缉奸民例降二级调用，兼辖官系同城各降一级调用，不同城各降一级留任，统辖官亦各降一级留任。经过地方官，不行查拿，照盗贼经过伊汛不行穷追例降一级留任，上司各罚俸一年。如在别府州县地方，经年累月潜住，而该管地方各官并不查拿，将专管官、兼辖官亦照原籍地方官员议处。

光棍 004：乾隆三十年三奏准

地方有来历不明，生事妄行之人，潜匿境内，扰累地方，干犯法纪，在京令五城司坊、大宛两县，在外令府州县官，不时稽查，凡客店庵观寺院并通衢僻巷，赁房居住之所，遇有徇情受贿容留者，该管官立即查拿，究明旧寓何处，将不行查出之该管官参处。倘不行查拿，别经发觉，将新旧寓所之该管官，均照失于查察例罚俸一年，自行访查者免议。

光棍 005：乾隆三十年四奏准

扛抬揽头把持勒掯，或无藉之徒私立水窝名色，分定界址，把持卖水，不容他人挑取，该地甲役不即举报，通同容隐者，均照律治罪。倘该地方官，不行严禁，听无藉之徒指称揽头水窝等名色，肆行霸踞勒索者，照约束不严例降一级调用。

光棍 006：乾隆三十年五奏准

凡有游手好闲之人，轮叉舞棍，演弄拳棒，遍游街市，射利惑人，打降赌博，无所不至，一经拿获，将本犯照律治罪。五城、步军统领、顺天府、大宛两县拿获之衙门，即行发落，仍递回原籍，令该地方官查明安插，严行管束，不许出境。坊店寺院，民间房屋，如容留不行首报，地保人等不行查拿，均照律治罪。地方文武官奉行不力，一经查出，均照失于查察例罚俸一年。

光棍 007：乾隆三十五年议准

凡五城地方，如有恶棍，在街市藉端挟诈，勒骗钱财，搅扰市肆行凶等事，司坊官一有见闻，即行拿究，如知情不即严拿者革职，得财私纵者交刑部治罪。不知情者，将该管之司坊官降一级留任，巡城御史罚俸六月。

光棍 008：乾隆四十八年覆准

川省匪徒，制造裤刀，有鸡尾、鳝尾等项名目，随身藏带，藉为格斗行窃之用。令地方官实力查禁，如有私造私藏者，重加惩治。倘查禁不严，复致裤刀有杀伤之案，将该管官照失察私藏军器例议处。

光棍 009：嘉庆二十三年奏准

奸棍隐匿姓名，捏造揭帖，阴行诬陷，布散内外，及向各衙门投送，地方官不行严拿，降四级调用，接受具题而为审理者革职。如系有关军国重务，仍准密行陈奏，候旨密办。若不肖之官，唆使恶棍粘贴布散，除将本官按律治罪外，其布散粘贴之人，地方官不严行查拿，罚俸一年，该管上司罚俸六月。

吏部处分 213：禁止邪教〔例 25 条〕

邪教 001：康熙十四年奏准

官员该管地方，有愚民自称为神为佛，不能查缉者，降二级调用。或不能禁止邪教，以致聚众张旗鸣锣者，降一级调用。如给予此辈执照告示者革职，该管上司降一级调用，督抚罚俸一年。如愚民创建淫祠，不能查禁，反给告示者，罚俸一年。

邪教 002：康熙二十五年奏准

地方内有迎神进香，击鼓鸣锣，聚众张旗等项，肆行无忌，倡众为首者，若该管官不行查拿，如系民人，京城将司坊官，外省将府州县官，每案罚俸六月。京城巡城御史，外省司道，每案罚俸三月。总督巡抚，每案罚俸两月。若系僧道，将该管僧道官革职。

邪教 003：康熙三十年奏准

凡官员该管地方，有奸民自称为神为佛，传布符水经版，煽惑愚民，以致聚众敛钱张旗鸣锣者，降三级调用，该管上司降一级留任，督抚罚俸九月。或私行邪教，尚无敛钱聚众显迹，该地方官不行禁止者，降一级调用，该管上司罚俸一年，督抚罚俸六月。有道人聚众念经者，将该管官照不禁止服饰例罚俸三月。

邪教 004：康熙四十六年奏准

地方遇有邪教案件，州县官立赴搜讯，据实通禀院司，按核情罪轻重，分别办理。如有讳匿不报者，照讳盗例革职。曲法轻纵者，照故出律治罪。即罪止枷责，案无出入，亦照讳窃例加等议处，罚俸一年。

邪教 005：雍正十一年议准

凡奸匪将各种避刑邪术私相传授学习者，地方官不行查拿，照不禁止邪教例降一级调用。

邪教 006：乾隆十二年谕

朕闻闽省风俗，尚鬼信巫，偶遇雨旸失时，遂有无藉之徒，意在敛钱肥己，诡称某处神佛灵应，聚众迎赛，或将神像抬至街衢，挟令地方官跪拜迎送，种种恶习，殊属不经。凡地方官遇水旱，自督抚大吏以至州县有司，固当竭诚致祷，为民请命，岂有棍徒藉名聚众抬神，挟持官长，因而召争起衅，滋生事端，甚为风俗人心之害，此风断不可长。嗣后著严行禁止，倘有违犯即照律治罪，地方官倘或悠忽从事，姑息养奸，即著该督抚参处。他省或有似此恶习者，著该督抚一体办理。

邪教 007：乾隆十四年题准

凡失察邪教地方官，向例奸民自称为神为佛，不能查缉者，该管地方官降二级调用。或不禁止邪教，以致聚众张旗鸣锣者，降一级调用。如给此辈告示者革职，该管官降一级调用，督抚罚俸一年。若地方官止于失察降调，上司竟无处分，嗣后地方官失察邪教，例应降一级调用者，该管上司罚俸一年，督抚罚俸六月；地方官例应降二级调用者，该管上司定以降一级留任，督抚罚俸九月。

邪教 008：乾隆三十三年谕

昨因直隶省查出保安州逆犯孙显富等妄布逆词，希图复兴邪教一案，审拟时究出该犯于乾隆十五六年间，即有入教之事，该知州仅取改过甘结，从轻完案，实属姑息养奸，因交该督查参。今据杨廷璋将前任保安州知州乔淳参奏，已交部查议矣。邪教煽惑愚民，最为人心风俗之害，久经严禁，地方遇有此事，州县官一经访闻，即应禀明该上司彻底查办，该督抚等亦即当据实具奏，按律重惩，庶可尽绝根株，共知儆畏，若仅从轻完结，奸徒毫无顾忌，怙恶不悛，日久必复相煽诱，藉邪教以图敛钱财，深为闾阎扰累，而无识愚民，亦以获罪甚轻，仍易被其簧鼓，如保安州一案，即有司轻纵酿成之明验也。嗣后著各督抚通饬所属州县，如有潜倡邪教之案，立即查拿，报明上司，据实具奏，严行按法惩治，以靖奸匪而安善良。若州县讳饰不报，私自完结，即著该督抚查明参处。督抚等若存化有事为无事之见，匿不上闻，或徇庇劣员，不行纠劾，将来别经发觉，惟该督抚是问。

邪教 009：乾隆四十四年谕

据文绶奏：荣县富顺地方，访有奸民惑众之事，分饬司道前往各该处，率同该府县等严速查拿，并亲赴督办，已将收受伪照之毕登臣，及造谋为首之罗朝臣拿获，又续获要犯龚海、吴怀应、邓朝玉，及供出伙犯共五十八名，又起获绫片执照及黄布小旗，共五十九件，现在根究严缉，研讯确情，从重办理等语。奸民胆敢假造印记执照，捏写伪职，传布邪言，招人入伙，不法已极，该督一闻禀报，立即亲往该处，督同司道府等严速查拿，于数日内将首伙各要犯缉获，并究明造谋纠伙惑众各情节，所办甚属妥速。文绶及该道德克进布、陈奉兹、陈燮等，俱著交部，照勒尔谨办理河州王伏林一案之例议叙。所有荣县知县符兆熊，首先访拿破案，甚属可嘉，著于事竣时送部引见。

邪教 010：乾隆五十六年谕

据陕西解到八卦邪教案内刘照魁一犯，曾经喀什噶尔为邪教案内遣犯王子重传寄书信，因命军机大臣严加审讯，诘其如何出口。据供于乾隆五十五年四月内到陕西，五月到甘肃地方，打听出口的人，都要在甘肃肃州衙门起票，就假认王子重亲戚，带有家信，前往探望，到肃州衙门起票出口等供。王子重系八卦邪教案内重犯，发遣回疆，从前该犯由甘肃出口时，地方官行文递解，该省各衙门皆有案册可稽，刘照魁出口时，既公然自称系王子重亲戚前往探望，该州知州理应拿住解部审问，乃竟给予口票，俾得沿途照验，往来无阻，如此则邪教重犯，何必发遣为奴乎，若其私偷出口，则不过失察，其过尚轻，岂有公然令发遣重犯往来外域之理，其过甚大。已令勒保查明，将该州知州即行革职，拿送刑部治罪，并令勒保明白回奏矣。各省地方关隘，稽查奸究，最关紧要，今甘肃所属之肃州嘉峪关口，明知王子重为邪教发遣重犯，何得任听其亲属起票出口，传寄书信，何以错谬至此，设如反叛为从发遣者，亦与出口之票乎！可见各省督抚于稽查关隘缉拿邪教匪犯要务，视为具文，并不认真整饬，而该管地方官亦全不留心盘诘，一味废弛，殊属不成事体。嗣后各省督抚等，务须实力整饬，督率所属于各处关隘，严密查察，毋得疏纵，倘再有似此者，惟该督抚是问，恐不能当其咎也。

邪教 011：嘉庆八年谕

嗣后文武官员有失察邪教会匪滋事重案，其应议以降调者，均按所降之级实降，毋庸查级议抵。著为令。钦此。遵旨议定：官员该管地方，有奸民倡设邪教，以致酿成叛逆不法者革职，该管上司降二级调用，毋庸查级议抵，督抚降一级留任。自称为神为佛，传布符水经版，张旗鸣锣，煽惑愚民，聚众敛钱，并滋事而非重案者，该管官降二级调用，该管上司降一级留任，督抚罚俸九月。或私行邪教，尚无敛钱聚众显迹，地方官不行禁止者降一级调用，该管上司罚俸一年，督抚罚俸六月。如给此辈执照告示者革职，该管上司降一级调用，督抚罚俸一年。

邪教 012：嘉庆十六年奏准

地方有西洋人传教，刊刻经卷，倡立讲会，并内地民人转为传习西洋教，诵经立会者，不行查拿之州县官，降二级调用，该管各上司降一级留任，督抚罚俸九月。如州县能拿获过半兼获首犯者，免其议处。如西洋人在地方潜住，并无传教情事，及内地民人习西洋教，并未转为传习、诵经立会者，不行查拿之州县官降一级调用，该管各上司罚俸一年，督抚罚俸六月。如西洋人仅止过境，并未逗遛，失察之州县降一级留任，该管各上司均罚俸六月，督抚免议。如地方有西洋人传教，及内地民人转传西洋教，地方官讳匿不报者，照讳盗例革职，该管上司均照讳盗例分别议处。〔谨案：此例咸丰十一年删。〕

邪教 013：嘉庆十六年谕

外省地方本无需用西洋人之处，即不应有西洋人在境潜住，从前外省拿获习教人犯，每称传播始于京师，今京师已按名稽核，彻底清厘，若外省再有传习此教者，必系另有西洋人在彼煽惑，地方匪徒私自容留，不可不加之厉禁。除广东省有西洋人来往贸易，其居住之处，留心管束，毋任私行传教，有不遵禁令者，即按例惩治外，其余各直省，著该督抚等饬属通行详查，如现有西洋人在境，及续有西洋人潜来者，均令地方官即行查拿具报，一面奏闻，一面递交广东，遣令归国。地方官查办不力，致令传教惑众，照新定条例严参重处。若内地民人私习其教，复影射传惑者，著地方官一律查拿，按律治罪。

邪教 014：嘉庆十七年谕

据给事中叶绍楏奏：民间邪教，最干法纪，每因传播日久，奸宄丛生，请饬令各省督抚桌司出示晓谕，将律定罪名，刊刷通行，俾小民深知远害，自行改悟，并饬令各督抚体访各该省习俗所易犯而大干法禁者，一一摘录律文，明白晓谕，广为禁止等语。自古圣贤立教，惇叙彝伦，惟君臣父子之经，仁义礼智之性，为万世不易之道，朝廷之所修明，师儒之所讲习，必以此为正轨，故神佛祠宇，列入祀典，瞻礼祈祷，亦律所勿禁。至创立教名，私相授受，行踪诡秘，惟恐人知，斯则一二奸民，倡为邪说，其意专在传徒敛钱，而愚民无知，惑于祸福，其初不惜捐资破产，饱首恶之囊橐，迨经官府查办，则为从徒党，亦与为首之犯同罹法网，贻害多人，深堪悯恻。如近日直隶、江西、福建、广东、广西、贵州等省，每有奏办邪教及会匪等案，此等顽民，既经破案，不能不严行惩办，若先时化导，可冀其觉悟改悔，陷法者少。著该督抚各就该省情形，叙次简明告示，通行晓谕，使乡曲小民，群知三纲五常之外，别无所谓教，天理王法之外，他无可求福，从正则吉，从邪则凶，间有一二莠民，设法煽诱，而附和无人，奇邪自日渐熄灭，风俗人心，庶可日臻淳朴。将此通谕知之。

邪教 015：嘉庆十七年又谕

保甲为弭盗诘奸，历来奉行良法，此事编查切近，全在责成牧令，所谓有治人无治法。近来地方官视保甲为虚应故事，虽章程周备，亦属徒托空言。著通谕各直省，分饬所属，各就地方情形，参酌保甲旧章，认真经理，期于行之有效，毋得以具文塞责。至各省民风，良莠不齐，间有传习邪教匪徒，地方官随时查缉，将为首正犯访获重惩，使其余被惑之徒共知儆畏，从此加以化导，愚民觉悟顿开，自能革面革心，普臻经正民兴之治。将此通谕知之。

邪教016：嘉庆十八年谕

吏兵二部具奏：酌议失察邪教处分各折。直省地方，遇有奸民倡立邪教，惑众敛钱，甚至酿成叛逆重案，该管文武各官，如能先事觉察，及早查拿破案，自应宽其既往，以劝缉捕而杜讳饰。即如此次直隶、山东、河南三省，均有奸民纠众滋事，该管督抚温承惠、同兴、长龄及所属府县，均未治罪，此内如同兴能先事查拿，究出首犯林清姓名住址，又能将山东滋事贼匪迅速剿除，是以叠加恩赏，优予甄叙。至温承惠因所属地方有逆首林清突犯禁门，为从来未有之事，又复剿办迟延，是以明示惩处，赏罚各有权衡，非一律科以失察之咎也。朕详阅吏兵二部所议，如该管文武各官，于邪教叛案能先行访闻，将案犯迅速缉获，无论时之久暂，不特免其处分，亦毋庸照兵部所议送部引见，该督抚奏闻时，朕必立沛恩施，优加奖擢。或因匪党众多，职微力不能办，立时密报上司及咨会邻境查拿破案者，准其功过相抵，不必照本例减等议处。傥明知故纵，始终掩匿不报，事发从重治罪。若属员详报，而该上司隐饰不办者，则将该上司黜革治罪，详报之员概免议处。其在任毫无觉察，经后任官举发者，将前任官俱照原例降革。如此明定章程，嗣后该管文武各官，当晓然于失察过轻，讳匿罪重，认真缉捕，毫无瞻顾，庶奸匪不能潜匿，吏治民风，可期日臻整肃。

邪教017：嘉庆十八年又谕

各省邪教之起，其始止于烧香拜会，聚众敛钱，或由数人至数十人，多亦不过百余人，地方官一经访闻，随时拿获，按律惩办，邪说自可渐熄。无如州县因循怠玩，于所属村镇，匪徒夜聚昼散传教授徒等事，俱视为故常，不加究诘，久之奸民徒党众多，潜怀悖乱，养痈滋蔓，贻害至不可胜言。前特降旨宽免地方官失察处分，以除讳匿之弊，仍恐伊等存畏事之见，不认真查办，著再通行申谕。嗣后各直省州县官到任后，先周历村庄，稽查保甲，将境内有无邪教，申报该管上司，如访有萌蘖，立即查拿究办，毋稍玩泄。傥饰有为无，化大为小，经上司访闻，将该州县从重参处。若州县详报，而上司讳匿消弭，准该州县直揭部科，代为陈奏，将该管上司严惩不贷。

邪教018：嘉庆十八年奏准

地方奸民倡设邪教，夜聚昼散，潜谋不轨，州县官能先自访闻，迅速缉获，或因匪党众多，力不能制，立即密禀上司，关会邻境，查拿破案，俱准功过相抵，免其从前失察处分。如有怠玩因循，以致酿成叛逆重案，将州县官革职，府州降二级调用，道员降一级调用，两司降二级留任，督抚降一级留任，俱毋庸查级议抵。其或由上司邻境访拿在先，该员能随同拿获首犯者，即照本例减等议处，例应革职者减为革职留任，例应降调者减为照所降之级留任。倘州县官明知故纵，始终掩匿不报，事发之后，革职从重治罪。若属员已经详报，而上司隐饰不办，将该上司革职治罪，详报之员免议。其有前官在任毫无觉察，经后任州县查出举发者，即将前任官革职。

邪教 019：嘉庆十八年又奏准

邪教叛逆案内之匪犯脱逃，如系供有籍贯住址者，责令本籍州县，以奉文之日起，协同武弁，限一年缉拿，限满不获，将州县官降一级留任，匪犯照案缉拿，仍令本籍州县，以并无隐匿在籍详报咨部，倘具详后，该犯仍回籍隐匿，别经发觉，将州县官降二级调用。其无的实住址者，照通缉之例，行文各州县严缉，如一年后果无踪迹，亦令各自具详咨部，倘具详后，仍在该地方隐匿，别经发觉，亦将州县官降二级调用。若该犯一经隐匿，州县官即能访获究办，无论本籍、别籍、已详、未详，均一律免其议处。

邪教 020：嘉庆十八年三奏准

凡邪教案内，果有聚众焚劫伪称名号等事，经刑部依叛逆不法律定拟，并将其家属缘坐者，该地方官即应照邪教滋事重案例议处，不准抵销。如止系辗转传徒，歃血订盟，并无滋事实迹，系比照叛逆不法律定拟，并免其缘坐者，仍应照邪教惑众敛钱例议处，准其抵销。

邪教 021：嘉庆十八年四奏准

凡守业良民，讽诵释道常行经卷，止图邀福，并未学习邪教，编造符咒，传徒惑众敛钱者，不得妄行指拿。如地方胥役藉端诈害，本管官系失察者照失察诬执平民例分别议处，故纵者照借捕扰民例革职，自行查出究办者免议。

邪教 022：道光三十年谕

近来邪教流传，蔓延各省，始不过烧香敛钱，煽惑愚民，渐至聚众滋事，总因地方官平日化导无方，民间父兄师长又不能随时训迪，俾颛蒙服教畏刑，不致为邪说所惑。我皇考曾命儒臣恭阐圣谕广训，黜异端以崇正学一条，编撰四言韵文，颁行各省，启发愚氓。朕思性理诸书，均为导民正轨，著各直省督抚会同各该学政，转饬地方官及各学教官，于书院家塾教授生徒，均令以御纂性理精义，圣谕广训为课读讲习之要，使之家喻户晓，礼义廉耻，油然自生，斯邪教不禁而自化，经正民兴，庶收实效。各该督抚等，务当实力奉行，毋得视为迂阔具文，日久生懈，则风俗人心，蒸蒸日上，朕实有厚望焉。

邪教 023：咸丰四年谕

定例地方文武员弁失察习教传徒敛钱聚众重案，处分綦严，原以无业莠民，所在多有，查拿不力，每致酿成巨患，是以严定科条，使地方官自顾考成，随时觉察，该管文武果能认真查办，消患未萌，何至自蹈愆尤。乃近来地方官往往规避处分，因循讳饰，其有举发惩办者，该上司或又以遇事张皇，转加申饬，遂至相率弥缝，逆匪得肆其猖獗，推原酿乱之由，实堪痛恨。当此军务未竣，各省匪徒潜伏尚复不少，若地方官恐干吏议，仍存避就之心，何以除奸慝而安善良。著通谕各省督抚，嗣后遇有匪徒潜匿，及奸细勾结重案，无论被人呈告，或被邻境查拿，本地方官审有确据，即行申详严办者，准将应得处分奏请免议。其本地方官自行访拿首要逆匪及通贼奸细，实有劳绩可称者，并准其酌量鼓励。傥事前既不能查察，事发到官，又复畏难徇隐，即立予革职，治以应得之罪，决不宽贷。各该督抚务宜严加督率，惩劝兼施，痛改从前因循讳饰之锢习，以期尽绝奸萌，毋负朕谆谆诰诫之至意。

邪教 024：咸丰五年奏准

地方官于奸民倡设邪教，能立时访闻拿获，罪应拟斩首犯一名者准其加一级，伙犯每名准其纪录一次，拿获五名以上者准其送部引见，十名以上者准该督抚指定应升官阶保奏，免其送部引见。如犯由州县以下等官拿获，核与州县官引见之例相符，准其分别试用、实缺，或以遇缺尽先补用，或以应升之缺保题。核与州县官指定应升之阶、保奏之例相符者，亦准其指定应升之阶保题，毋庸送部引见。至邻境拿获邪教之案，照此一律办理。

邪教 025：咸丰五年又奏准

奸民倡设邪教，州县官能立时访闻拿获，经该督抚奏闻时，钦奉特旨指明以何官升用，或以何官尽先补用，应钦遵谕旨办理，其并非特旨恩施，系该督抚指明保奏以何官升用，或以何官尽先补用，奉旨允准者，仍由吏部奏明请旨。

吏部处分 214：禁止聚众〔例 15 条〕

聚众 001：康熙五十三年题准

凡有司牧民之官，平日失于抚字，激变良民，因而聚众者，仍照例治罪外，其刁恶顽梗之辈，假地方公事，聚众联谋，抗粮构讼，辱官塞署，或有冤抑不向上司控告，擅自聚众至四五十人者，地方官与同城武职，无论是非曲直，协同擒拿，解送上司，秉公审究。若不将实在为首之人拟罪，滥行指人为首，事发，将承审各官革职治罪。其该地方文职，不能弹压抚恤，以致百姓纠众妄行者，皆照溺职例革职。其该管之府道，徇庇不即申报者，令该督抚严查题参，照徇庇例议处。如督抚不行题参，事发，将该督抚亦照例议处。

聚众 002：雍正二年议准

地方如有借事聚众，罢市、罢考、殴官等事，其不行严拿之文武官弁，皆照溺职例革职。

聚众 003：乾隆三年奏准

嗣后凶徒逞凶结党，或雇募凶徒，持械肆横，该管地方文武各官知情故纵者，照溺职例革职。失于觉察不行查拿者，照不知不报例降一级留任。

聚众 004：乾隆八年谕

国家爱养斯民，惟恐一夫失所，为百姓者，正当奉公守法，以受国家惠济之恩。乃看近来情形，地方偶尔歉收，米粮不足，价值稍昂，督抚未尝不筹画办理，而刁顽之民，遂乘机肆恶，招呼匪类，公行抢夺，目无法纪。如果系穷民乏食，自当赴州县衙门告籴，若官员办理不善，亦当赴上司衙门申诉，岂有借谷少之名，遂扰害良善，挟制官长，逞其凶锋，行同光棍，此则乡邑之大蠹，不可不重加惩治，以儆颓风。乃无识之督抚，间遇聚众抢夺等事，欲自讳其平时化导之不力，与随时禁约之无方，止将州县官参劾一二员，以卸己责，而于抢夺之案，蒙混归结，毋怪乎刁风日长，而无有底止也。至于有司，或营私作弊，激成事端，或玩视民饥，困苦莫恤，该督抚自应据实严参，未有百姓罢市哄堂，恃强陵弱，而可以姑息养奸者。又如国家设立营制，原以弹压地方，乃近日汛地兵丁，遇有抢夺之事，类皆观望，淡漠视之，岂设兵卫民之本意。著督抚提镇严饬所属弁兵，协同文员实力查拿，若有推诿不前者，亦即严参交部议处。

聚众 005：乾隆十二年谕

山西万泉、安邑刁民聚众二案，经大学士讷亲审明，将倡首附和各犯分别治罪，并将起衅始末，详悉奏闻。揆厥滋事之端，由该地方官始则不能洞烛民隐，调协舆情，继则蒙蔽因循，希图不致决裂，迨构衅日深，声势渐炽，而地方官仍复畏葸退怯，于是刁民敢于肆意横行，及至钦差查审，文武员弁擒捕，一人不致漏网，可见百姓未尝不知有法，及以身试法，而不见法之可畏，是以无所顾忌，正子产所谓水懦弱民狎而玩之者，观此则地方官之办理不善，其奚所辞咎。朕初阅爱必达奏报，疑其过为张皇，措置失当，从事后观之，则其据实上闻，较之地方官惟以弥缝了事为心者，尚属有间，假使爱必达亦如伊等之迁延讳饰，尚不知更生何变端矣。古称善御者，必利其衔策，设当群情汹涌之初，有一二明干之员，能剖晰事理，使之豁然心折，自可立时散遣，即不然而擒首恶以儆余凶，亦可销萌于事后，此之谓化大事为小事，化有事为无事。不此之图，而惟事姑息养奸，致使蚩蚩之氓，骈罹重辟，司民社之谓何？而懦忕召侮　至此也。朕前已降旨明晰戒谕，该督抚等当严饬所属守令，俾殚心治术，宽猛适宜，民情傥有壅滞，必当明敏裁决，导之使迎，民俗稍或强悍，必当断制当机，折之使服，毋或委靡观望，养恶容奸，所冀去莠滋良，宁谧闾井，庶无负抚字循良之任。

聚众 006：乾隆二十七年奏准

嗣后如有衅起一时，并非豫谋聚众者，将失察之地方官免其议处。其持械肆横，豫先纠众，该地方官失于觉察，不行查拿者，仍照例降一级留任。如能将在场首从各犯严拿全获，按例惩治，从宽免其议处。如案犯未能全获，仍照例议处，以示区别。

若地方官有心故纵，一经查出，仍照知情故纵例革职。如于获犯到案时，不严行惩治，代犯开脱，即照故出人罪例从重议处。

聚众 007：乾隆三十七年议准

凡刁恶顽梗之辈，假地方公事，强行出头，逼勒平民，约会抗粮，聚众联谋，敛钱构讼，抗官塞署，妄行聚众至四五十人，罢市、罢考、殴官等事，地方官与同城文武，无论是非曲直，协同擒拿，解送上司，秉公审究，将地方官免议。如地方官于此等重犯，不即实力协拿，致令当场兔脱，将地方官降二级，戴罪限一年缉拿，限满不获，降二级调用。其该管地方州县官，平日漫无抚恤，或于民人审办不公，或陵辱士子，生童身受其害，以致士民纠众妄行罢市、罢考、殴官，将该管州县官革职。该管之道府，隐不即申报者，照徇庇例降三级调用。如督抚不将徇隐之道府一并题参，事发，将该督抚亦照徇庇例降三级调用。

聚众 008：嘉庆十年奏准

凶徒聚众械斗，如系衅起一时，并非豫谋聚众者，地方官免议。其持械肆横，豫先纠众，该地方官有心故纵者革职。失于觉察，不行查拿者，降一级留任。如拿获在场首要各犯，并将从犯拿获及半者，免其失察处分。

聚众 009：嘉庆十五年谕

方维甸奏：遵旨酌筹约束械斗章程一折。台湾远隔重洋，漳、泉、粤三处民人在彼错处，各分气类，动滋事端，必须约束严明，经筹久远，前经节降谕旨，谆饬方维甸到彼熟筹办理。兹据该督体察南北两路情形，酌议奏闻，内如总董一项，向在村庄包庇抗违，甚至地方官号令不行，诸多掣肘，而隶役等亦擅自分保，互相党护，不服拘传，最为该处恶习，自应亟行革除。所有方维甸奏请严禁总董，及本保隶役党护把持，立法究治，并金设约长族长，责令管束本族本庄等事，均照所议办理。嗣后傥有纠斗之案，即并未杀伤，亦将为首究办，如不听晓谕，即行派兵严拿，以示惩儆。至所请酌减官员处分一节，地方官遇有械斗会匪抢夺之案，其失察处分，均予降调，每有讳饰情弊。嗣后如该地方官果能随时访查，据实禀报，俾奸党得以破露，虽不能全宽处分，该督等具奏到时，朕尚可酌量加恩，免其实降实革。若能认真缉获首伙多名，办理迅速，则不但宽其处分，并当施恩鼓励。设仍前讳饰疏纵，即著照方维甸所奏，分别革职治罪不贷。

聚众 010：嘉庆十七年谕

著传谕各督抚，嗣后应严饬地方官，平日务当留心化导，俾无知小民，皆知安分畏法，如或有不肖匪徒，倡谋滋事，或小有抢掠，或造作逆词，该州县一有风闻，即当乘其未经蠢动之初，将为首者上紧缉拿，立时办竣，毋任彼此勾结，致启事端。即如博罗一案，幸该匪等尚未肆窜蔓延，得以克期捕获，然已歼戮多人，同案抵罪者，亦复不少，虽顽民自作不靖，而朕心良用恻然。该督抚等惟当勉思抚驭，禁暴戢奸，毋俾苞蘖潜滋，以副朕谆谆教诫至意。

聚众 011：嘉庆十七年奏准

愚民因事忿争，执持器械，互相格斗，致有杀伤者，谓之共殴。其或衅起一时，纠众往殴泄忿，虽亦执持器械，互相杀伤，而两造并非约期会斗者，谓之谋殴。二者准照命案例开参，不在械斗之列。如州县官将真正械斗之案，讳匿不报，或改作共殴、谋殴命案分起开报者俱革职。

聚众 012：嘉庆十七年又奏准

凶徒挟有宿雠，彼此约期聚众，持械肆斗，州县官知情故纵者革职。如系失于觉察，能于百日限内，将主谋之首犯并从犯拿获及半者，免其处分。能全获首从各犯者，准其加一级，倘限满获不及半降一级调用。

聚众 013：嘉庆十七年三奏准

邻境地方官，能将械斗案内主谋之凶犯拿获者，准其加一级。拿获从犯者，每名纪录一次。

聚众 014：嘉庆十七年四奏准

械斗之案，首重主谋，如承审官已将主谋之犯审出，而徇纵回护，不行查拿，辄将顶凶之人，草率定拟完案，别经发觉，即照故出入人罪律，参革治罪。或未能究出首犯，经上司及委员等审出，即按首犯应得斩绞军流等项罪名，照不能审出实情例，分别议处。

聚众 015：同治四年奏准

浙江台州府所属州县，遇有凶徒约期聚众械斗之案，除州县官知情故纵，讳匿不报，及百日限内拿获首从各犯及半或全获者，仍照各本例办理外，如仅止失于觉察，百日限内获不及半，降一级留任，限一年缉拿，限满不获，降一级调用。

吏部处分 215：匪徒滋事〔例 21 条〕

匪徒 001：康熙二十五年议准

地方如有豪强之人，窝养凶恶之徒，作为牙爪，该地方官不严拿查报，纵容隐匿者，照溺职例革职。该督抚徇庇不行题参，将督抚照徇庇例降三级调用。

匪徒 002：雍正元年议准

地方有歃血定盟，结连土豪及衙役兵丁为害良民，据邻佑乡保首告，地方官如不准理，又不缉拿，或致蜂起为盗，掳掠横行，将不行准理又不缉拿之地方文武各官，该督抚题参，革职治罪。其平时失察，迨首告之后，不自隐讳，即能擒获之地方官，免其议处。

匪徒 003：乾隆五年议准

地方有顽民倡设邪教，附和邪术，煽惑聚众，以致酿成不法，将平日漫无觉察之该地方官革职，该管上司降二级调用，督抚降一级留任。

匪徒 004：乾隆二十六年谕

前据熊学鹏奏：广西兴安县缉获湖南湘乡人邓廷贤等私刻印票冒差需索一折。以该犯楚人，历经楚地，该抚冯钤并未奏闻，传旨令其查覆。今据奏到自请交部议处，并将藩臬司道府州县等一概列参，未免惶遽失措，且以邻省获犯，不无中存芥蒂，均非封疆大臣持正奉公之道。督抚统辖全省，地方遇有匪徒越境滋事，在本县本府自不能辞失察之咎，至司道以上，所辖既广，即不当尽干严谴，况在抚臣，朕岂即以一二缉案督办不前，定其殿最耶？谅中外臣工所宜共喻者，是冯钤所奏过当之处，于率属已不得其平，若因此而归咎熊学鹏，自生嫌隙，则于政体官方，所系尤为重大。督抚同驻省会，凡事固当和衷共理，即地属邻封，其中咨会协济之处，在国家并非二事。如冯钤于此案知会到省，方当深服熊学鹏，嗣后每有见闻，共期实心欣助，方为见大，设以私心未化，因而膜视掣肘，几置公事于不问，在督抚为不知大体，在朝廷亦安用此大臣？从前鄂尔泰等，在封疆中已为不数见之材，然以意见不合，遂与李卫等抵牾生衅，特因朝纲整肃，势不能成党援门户之渐，然自来外吏畛域相持，久成恶习，不可不深引为炯戒也。

匪徒 005：乾隆三十六年谕

据钟音奏：拿获安溪县奸民王添送等分别定拟一折。所请将失察之文武大小各员交部察议之处，竟可不必。王添送等同谋纠党，未及一月，即经败露全获，尽法究治，办理颇为妥速，不得谓之失察，均毋庸交部。匪徒滋事不法，原当责成地方官，如平时漫无稽查，迨发觉后，又复迁延怠缓，不即勇往擒治，酿成事端，其咎自所应得。若当端倪初露，即能上紧查拿，迅速获犯结案，尚属有功无过，傥仍加以议处，既不足以昭劝惩，且恐庸劣员弁，遇有地方奸匪重案，惧干吏议，致启弥缝匿讳之渐，于除奸转为无益。嗣后凡匪犯纠众等案，如事在三月以内，即能查办擒捕者，毋庸复予失察处分。著为令。

匪徒 006：乾隆三十七年奏准

邪教案内之脱逃匪犯，如系供有住址者，责令本籍州县，实力查拿，限一年缉获，并知照武职一体协缉，限满不获，州县官降一级留任，人犯照案缉拿，仍令专管州县官以并无隐匿详报，傥具详后，该犯隐匿该处，别经发觉，将州县官降二级调用。其无的实住址者，照通缉之例严缉，一年后果无踪迹，专管官具详报部，傥具详后仍有隐匿，别经发觉，照前例降二级调用。

匪徒 007：乾隆三十七年议准

地方豪强之人，窝养凶恶之徒，作为爪牙，该地方官不行严拿查报，纵容隐匿者，照溺职例革职。该道府不行揭报，降三级调用。如地方官失察，降一级留任，自行查拿者免议。

匪徒008：乾隆三十七年又议准

地方有歃血订盟，结连土豪及衙役兵丁为害良民，该地方官平时失于查察，别经发觉者，降一级调用。

匪徒009：嘉庆八年谕

嗣后文武官员，有失察邪教会匪滋事重案，其应议以降调者，均按所降之级实降，毋庸查级议抵。著为令。

匪徒010：道光二十五年奏准

捻匪、幅匪，强当讹索，业已得财之案，无论人数多寡，地方官如有疏防讳匿，均照盗案例参处。

匪徒011：道光二十五年又奏准

地方官遇有本境捻匪、幅匪滋事之案，于一月限外获犯过半，兼获盗首者，功过相抵。若于一月限内获犯过半，兼获盗首，或俱系斩枭斩决从犯三名，或系斩决首犯一名，斩候绞候从犯四名，或系斩决绞决首犯一名，遣罪从犯六名，或系斩候绞候首犯一名，从犯八名，俱给予加一级。总以一案内获犯过半，兼获首犯，方准议叙，如仅拟军流徒罪等犯，俱毋庸给予议叙。

匪徒012：道光二十五年奏定

地方官拿获邻境捻匪、幅匪案内斩枭斩决首伙三名以上者，准其送部引见；五名以上者，准其给予应升官阶，免其送部引见。拿获斩枭斩决首犯，每名准其加一级，纪录二次。斩枭斩决从犯，斩候绞候首犯，每名准其加一级，纪录一次。斩候绞候从犯，每名准其加一级。遣罪首犯，每名准其纪录二次。遣罪从犯，每名准其纪录一次。军流徒杖以下人犯，毋庸给予议叙。

匪徒013：道光二十五年三奏准

邻境地方官遇有捻匪、幅匪滋事之案，不即协力堵拿，以致窜入本境滋事者，照本境疏防例开参。如已接到协拿知会，任令潜匿不为严缉者，降三级调用。

匪徒014：道光二十五年四奏准

地方士民有能确知捻匪、幅匪踪迹，随同官弁指线搜捕者，分别案情轻重，奏请给予职衔。其余并非捻匪、幅匪之案，概不得援以为例。

匪徒015：咸丰元年奏准

凡不逞之徒，歃血订盟，结为弟兄，为害良民，及并无歃血焚表情事，止序齿结拜弟兄之案，地方官或自行访闻，或因人首告，无论滋事未滋事，能于结拜一二月内查拿擒捕，或协同邻境及后任官，将首伙全行缉获，或获犯及半，兼获首犯者，准其加一级。三月以内，能获犯及半，兼获首犯，或半年以内，首伙全获者，毋庸议叙，免其议处。如三月以内，获犯尚未及半，尚有首犯未获，将该管官罚俸一年。半年以内，获犯及半，兼获首犯，仍议以罚俸一年。如已获首犯，而获犯未半，或获犯及半，而首犯未获，均议以罚俸二年，全未拿获即议以降一级留任。一年以内，始将首伙各犯全行拿获者，仍议以降一级留任，未能全获者降二级留任，全未拿获者革职留任。至一年以外，毫无查察，别经发觉，未滋事者降一级调用，业经滋事者降二级调用。若已据乡保邻佑人等首告，不为准理，又不会营缉捕，虽经邻境、别汛及后任官拿获，查系未经滋事者，地方官降三级调用，失察之该管府州降一级留任，道员罚俸一年，督抚罚俸六月。已滋事者，地方官革职，失察之该管府州降一级调用，道员降一级留任，督抚罚俸一年。若督抚意存讳饰，该管道府州及地方官迎合不办，以致酿成不法巨案者，均革职拿问。若属员已经禀报，而上司隐饰不办，禀报之员免议，该上司革职拿问。其有前官任内，经人首告，不为准理查拿，经后任官查出举发者，亦将前官照滋事未滋事，分别议处。如地方胥役，藉端诈害，诬良为匪，本管官失察者革职留任，故纵者革职。

匪徒 016：咸丰元年又奏准

拿获邻境香把匪犯，审系罪应斩绞立决者，每名加一级；罪应斩绞监候者，每名纪录二次；罪应军流者，每名纪录一次。若将邻境香把案内，歃血订盟，焚表结拜弟兄，数至二十人以上，首犯罪应斩绞立决，或仅止结拜弟兄，数至四十人以上，首犯罪应斩绞监候之案，获犯及半，兼获首犯之员，其拿获一案者，于加级纪录之外，量加优叙，准其不论俸满即升；其拿获二案者，系州县以上，令该督抚查明该员任内，如无失察匪犯滋事之案，准其送部引见；其拿获三案，令该督抚查无失察匪犯之案，准其指定应升之阶保奏，免其送部引见。若前案已经引见邀恩，尚未升补，其续获之案，仍准其按照罪名，每名给予加级纪录，不得再邀优叙。如已经升补者，仍准保奏，若每案内仅能拿获首犯从犯者，止照例按名给予加级纪录。

匪徒 017：咸丰元年三奏准

所获匪犯，如另有抢劫重案，杀死事主及轮奸妇女等情，罪应斩决斩枭，系照盗案定拟者，即照获盗之例请叙，毋庸再照匪犯给予级纪。如仍照匪犯本案从重定拟者，即不准比照获盗之例请叙。

匪徒 018：咸丰元年四奏准

该管道府、直隶州，能于一年限内，督饬所属拿获香把聚众之案，首伙全获，或获犯及半，兼获首犯，每三案加一级，十案以上准该督抚专折奏明，请旨加恩。

匪徒 019：咸丰元年五奏准

州县以下等官，如有拿获邻境香把匪犯，核与州县官引见之例相符者，准其分别试用、实缺，或以遇缺尽先补用，或以应升之缺升用保题。核与州县官指定应升之阶保奏之例相符者，亦准其指定应升之阶保题，毋庸送部引见。若仅能拿获首从犯，与州县官应行议叙级纪之例相符者，亦照例按名给予级纪。

匪徒 020：咸丰元年六奏准

拿获匪犯调取人员，如有另案升补者，均比照获盗之例给予限期，亦不准分案引见。

匪徒 021：光绪十年奏准

各省剿捕要匪之案，如系匪徒聚党盘踞，滋事不法，有焚劫抢掠抗拒官兵情事，经该督抚派兵剿捕，尽数斩擒，地方已就安谧，并详叙剿捕情形，择尤保奖，准其将出力各员，指定应升官阶，免其送部引见。不准越级保升，及免补、免选各项。

吏部处分 216：偏信地师〔例 1 条〕

地师 001：雍正十二年覆准

除民间有将已葬棺椁依礼改葬者，听其自便外，其有偏信地师之说，无故改葬，地方官勘明详报，须究出地师，不得隐讳宽纵。如有不实力究治者，经上司查出，将该地方官照不行查出讼师例罚俸一年。

吏部处分 217：私造假印〔例 4 条〕

假印 001：乾隆三十年奏准

地方有奸棍私造假印，执持假票，冒称系官，或谎戴羽翎，或假称差官，不行查拿者，该管官降一级调用，如给此等奸棍印结执照者革职。

假印 002：乾隆三十年又奏准

凡吏役有私造本官印信，将不行查拿之本管官，照失察书役舞文弄法例降二级调用。奸徒私雕假印，持往别处地方行用，其行用处之地方官，不能查拿者，照例降一级调用。失察潜匿雕刻，未经在本地方行用者，将地方官照失于查察例罚俸一年。行用之后，续经自行查拿者，无论访闻告发，概行免议。

假印 003：嘉庆十一年奏准

吏役私造本官印信，本官不行查拿，降二级调用。失察奸徒私雕假印，未经行用者，罚俸一年。已经行用者，查明在何处行用，将失察行用之地方官，降一级调用。行用之后，续经自行访拿者免议。若行用后，直至告发始行查拿者，减为降一级留任，未能拿获者仍降一级调用。

假印 004：嘉庆十七年议准

本官失察吏役雕造印信，于未经行用之先，自行访拿者免议；别经发觉，始行查拿，降一级留任；别经拿获，降一级调用。若已经行用，别经发觉，始行查拿，或自行访拿者，俱降二级留任；别经拿获，降二级调用。描摹印信，于未经行用之先，本官能先自访拿者亦免议；别经发觉，始行查拿，罚俸一年；别经拿获，降一级留任。若已经行用，别经发觉，始行查拿，或自行访拿者，俱降一级留任；别经拿获，降一级调用。至奸徒雕造印信，于未经行用之先，地方官能先自访拿者免议；别经发觉，始行查拿，罚俸一年；别经拿获，降一级留任。已经行用，别经发觉，始行查拿，或自行访拿者，俱降一级留任；别经拿获，降一级调用。描摹印信，于未经行用之先，地方官能先自访拿者免议；别经发觉，始行查拿，罚俸九月；别经拿获，罚俸一年。若已经行用，别经发觉，始行查拿，或自行访拿者，俱罚俸一年；别经拿获，降一级留任。

吏部处分 218：牙行客欠〔例 2 条〕

牙行 001：乾隆八年谕

民间贸易，官为设立牙行，以评市价，所以通商便民，彼此均有利益也，是以定例投认牙行，必系殷实良民，取有结状，始准给帖充应，盖殷实则有产业可抵，良民则无护符可恃，庶几顾惜身家，懔遵法纪，不敢任意侵吞，为商人之害。乃闻各省牙行，多有以衿监认充者，每至侵蚀客本，拖欠货银，或恃情面而曲为迟延，或藉声势而逞其勒掯，以致羁旅远商，含忍莫诉，甚属可悯。从前外省衙门胥役，有更名换姓兼充牙行者，已经降旨敕部定议，严行禁革，积弊始除，而衿监充行，其弊与胥役等。应将现在牙行，逐一详查，如有衿监充认者，即行追帖，令其歇业。永著为例。嗣后如有仍蹈故辙，而州县官失于查察者，著该上司查参议处，其如何定议之处，该部妥议具奏。钦此。遵旨议奏：从前有胥役更名换姓兼充牙行者，令该地方官严查确实，勒令歇业，若该地方官奉行不力，失于查察者，照一切无藉之徒违禁把持该地方官失于查察例罚俸一年；有意徇纵者，照徇情例降二级调用；如有受财故纵者，计赃以枉法从重论。至于衿监认充牙行，或依恃护符，侵吞客本，或凭藉声势，勒掯迟延，其扰市渔利，以为商民之害，直与胥役承充无异，不可不明定处分，以严考核。嗣后如有不肖衿监，藐视法纪，仍蹈前辙，州县官奉行不力者，令该管上司查参，俱照胥役兼充牙行例，分别失察、徇纵及枉法受赃等项，按照律例处分。

牙行 002：乾隆二十三年题准

嗣后遇有控追之案，令经理之员，按月册报巡道稽查，逾限不结者，听巡道按册提比。如怠忽从事，拖延累商者，该巡道据实揭报详参，照事件迟延例议处；有意徇纵者，照徇情例降二级调用；如有受财故纵者，计赃以枉法论。

吏部处分 219：重利盘剥〔例 3 条〕

重利 001：乾隆三十年奏准

兵民违禁重利放债，该管之文武官员等，如能实力查拿，及有官职之族长首报者，并计所查拿案数，每二案纪录一次。傥该管官不准自首，硬作查出者，将谎报之该管地方官降二级调用。若纵容兵丁民人违例放债者，将各该管文武地方官，均照徇庇例降三级调用。如该管文武地方官及有官职之族长，不能实力查拿，止于失察者，每案照失于查察例罚俸一年。

重利 002：乾隆五十年谕

前闻康熙雍正年间，外官借债，即有以八当十之事，已觉甚奇，今竟至有三扣四扣者，尤出情理之外。且向来文武官员出京赴任，均有在部借支养廉之例，自道府副参以至微末员弁，准借银数，自千两至百十两不等，已属优厚。此项银两，因恐需次人员，资斧缺乏，是以准其借支，原系格外体恤，在各该员果能自行撙节，已足敷用，若任意花费，正复何所底止，而市井牟利之徒，因得以重扣挟制，甚至随赴任所，肆意索偿，逼毙官吏，实属不成事体。嗣后赴任各官，务宜各知自爱，谨守节用，勿堕市侩奸计之中。若有不肖之员，不知节俭，甘为所愚，仍向若辈借用银两，亦难禁止，但总不准放债之人随往任所，并令各该督抚严行查察，如有潜赴该员任所追索者，准该员即行呈明上司，按律究办。傥隐忍不言，即致被逼索酿成事端，亦不官为办理，庶可杜市侩刁风，而不肖无耻之员亦知所儆戒。

重利 003：嘉庆四年谕

给事中德连奏：请严禁放官吏债一折。据称京官初膺外任及京中候补州县等官，每多借官吏债使用，以一千而除去扣头等项，所得不过数百两，不一二年间，遂至数千，抵任后亏挪库项，剥削小民，希图弥补，种种贪黩，自此而生。向来放债人等，私用短票扣折，重利盘剥，例禁綦严，乃日久废弛，仍行违例巧取，候选官员等，既不知自爱，堕其术中，又复自顾考成，隐忍甘受，遂使谋利之徒，罔知顾忌，而所借债账，日久累重，无以清偿，因而挪移官项，朘削小民，此等弊端，实所不免，不可不严申例禁。著步军统领、顺天府、五城各衙门，严行禁止，并密访查拿，傥有前项情事，即随时惩办，毋得阳奉阴违，致干咎戾。

吏部处分 220：卖空买空〔例 1 条〕

卖空 001：咸丰七年定

市侩仅凭虚言卖空买空，将失察之地方官，照兵丁民人重利放债失于查禁例罚俸一年，纵容者降三级调用。

吏部处分 221：看守疯病〔例 2 条〕

疯病 001：乾隆三十七年奏准

各省及八旗，凡有疯病之人，其亲属邻佑人等，即报明该地方官、该佐领处，令伊亲属严行锁锢看守。如无亲属，即责令邻佑、乡约、地方、族长人等严行锁锢看守。傥亲属、邻佑、乡约、地方、族长人等容隐不报，不行看守，以致疯病之人自杀及杀他人者，照律治罪。如亲属邻佑人等已经报明该地方官、该佐领，而该地方官、该佐领不严饬亲属邻佑人等严行锁锢看守，以致疯病之人自杀者，将该地方官、该佐领照看守疏防例罚俸三月。若致杀他人者，将该地方官、该佐领照防范不严例罚俸一年。

疯病 002：乾隆三十七年又奏准

凡永远锁锢之疯犯，在监坠链身死，管狱、有狱各官，照军流以下人犯在监自尽之例议处。

吏部处分 222：私宰耕牛〔例 1 条〕

宰牛 001：乾隆三十年奏准

地方有私宰耕牛，该管官不行查拿，将该州县照失察宰杀马匹例，一二只者罚俸三月，三四只者罚俸六月，五只以上者罚俸九月，十只以上者罚俸一年，三十只以上者降一级留任。若能拿获究治者，均免其处分。

吏部处分 223：禁止夜戏〔例 1 条〕

夜戏 001：雍正十三年覆准

城市乡村有深夜悬灯当街演剧者，应责成该地方文武各官力为严禁，傥该地方文武各官不实力奉行，照失于觉察例罚俸一年。

吏部处分 224：驱逐流娼〔例 1 条〕

流娼 001：乾隆三十七年奏准

民间妇女中有一种秧歌脚堕民婆，及土妓流娼女戏游唱之人，无论在京在外，该地方官务尽行驱逐回籍。若有不肖之徒，将此等妇女容留在家者，有职人员革职，照律拟罪。其平时失察窝留此等妇女之地方官，照买良为娼不行查拿例罚俸一年。

吏部处分 225：招摇挟制〔例 6 条〕

招摇 001：康熙九年议准
官员任所，如有亲戚朋友，听其招摇诈骗者，本官革职。

招摇 002：康熙十七年议准
官员将游客、星卜及优伶人等，转送府州县并贻书荐引者，俱分别议处。

招摇 003：康熙十八年议准
科道各官条奏，如隐附私情，希图作弊，互相嘱托，肆行妄为，外播威势，挟制恐吓督抚等官者，发觉之日，俱革职提问。至大臣、科道各官子弟，挟制地方官员，经督抚题参有据者，照例处分。在京父兄不行约束，俱革职。若果挟制有据，而督抚不行题参者，亦革职。

招摇 004：康熙二十五年覆准
科道官有希图利己，允受嘱托，妄行引奏，及交结朋党，作奸诬陷者，事发，革职，送刑部治罪。其告假、丁忧、终养之科道官，有包揽钱粮，干预词讼，侵害小民，及遍游各省晋谒督抚，挟诈有据者，令该地方官申报督抚题参，本官革职，交刑部治罪。如该地方官及督抚隐匿徇庇，不行揭报题参者，一并从重议处。

招摇 005：乾隆三十七年奏准
凡有职人员假借公事，挟制官府，及将暧昧奸赃事情，污人名节，报复私雠者，革职，审明按律分别治罪。

招摇 006：嘉庆十一年奏准
在籍官员有倚仗势力，干预公事，行凶不法，作害地方，或将奸赃暧昧之事污人名节，报复私雠者，革职治罪。地方官明知故纵者均革职，不知情者照不揭报劣员例分别议处，州县照同城知府例、知府照司道例议处。

吏部处分 226：家人私出扰害〔例 5 条〕

家人 001：乾隆六年谕
外吏之治，系于督抚，督抚果能清正公明，则属员咸知效法，而成大法小廉之治。朕御极以来，训谕督抚者屡矣，其间能体朕心者固不乏人，而持躬不谨，致蹈愆尤者，亦未尝无之。细察其故，固由于本人之居心不正，操守不坚，亦由于信用家人，为其所愚，日积月深，遂成尾大不掉之患。盖家人本系至庸极劣之人，识见生来卑鄙，心性又复贪污，日以小忠小信要结主心，及至用为堂官，凡文武官吏谒见禀事者，藉其先容，赖其传达，与之分庭抗礼，视若朋侪。若辈遂虚张声势，窃弄威柄，甚且导主营私，陷以不义，彼得从中舞弊，挟制要求，虽欲疏远之而不可得。更有赍送奏折之人，经过本省驿站，而不肖州县，希图探听信息，往往馈送盘费什物，得其欢心，其有不能应付周全者，则藉端需索，归向主人横加谗谤，奸蠹种种，不可悉数。是以我皇考洞悉其弊，严降谕旨，将堂官及家丁出入生事扰累属员之处，永行禁止。无如日久渐弛，颇有仍蹈前辙者，用是再降谕旨，通行训饬。嗣后各督抚等复用堂官，或差遣家人出入，在所属地方生事，若经朕查出，或御史参奏，必从重议处，决不宽贷，此亦澄清吏治之一端，毋得玩忽。

家人 002：乾隆三十年奏准

旗人违禁私自越出所居之地，需索财物，藉端挟诈，嘱托行私扰民等弊，系官革职治罪。若将家仆差出扰民者，本主系官革职。其取债探亲，系官革职。如将家仆差出者，本主系官罚俸一年。

家人 003：乾隆三十年又奏准

奴仆有犯殴寻官员者，本主系官罚俸两月。

家人 004：乾隆三十年议准

凡内务府包衣下及王、贝勒、贝子、公、大臣、官员家人，领本生理，霸占要地关津，不令商民贸易，倚势欺陵者，或旁人及受累之人具告，或科道查出纠参，其人若系内务府包衣下人，将该管官革职。宗室王以下公以上家人，将其家主交与宗人府从重议处，其管理家务官俱革职，系公侯伯大臣官员俱革职，该地方官不行查拿俱革职，兼辖官降一级调用，统辖官罚俸一年。至此等事发，差官稽查，若徇隐不据实回报者，亦俱革职。至于王公以下大臣各官，将银借贷民人，擅行贸易，霸占要地关津，倚强贻累地方民人者，亦照此例办理。内务府包衣下人及诸王、贝勒、大臣家人，所在指称名色，以网市利，干预词讼非法，有司不敢犯其锋，反行财贿，将行贿之官革职，其家主知情者，系官革职；内务府包衣、王贝勒家下，该管官知情者亦革职；王以下宗室以上，知情者交与宗人府从重议处。

家人 005：乾隆四十六年谕

各省督抚管门家人，有向属员需索门包陋习，而司道以下家人，亦相率效尤，积弊相沿，不可不力为饬禁，业经明降谕旨，令各督抚严行禁止，并著于年终汇奏一次。近又闻各省上司，留待属员饭食，有押席银两一项，更不应有此等陋习。其事尤可鄙笑，督抚等养廉优厚，用度宽余，即司道府厅等官所得分例，亦不为薄，乃既听家人索取门包，而又收受属员押席银两，此必督抚先开其端，以致上行下效，甚属无耻，实非整饬官方之道。况上司属员燕会，本干例禁，若藉此为婪取属员之地，尤大不可。此在巧于逢迎者，必欣然乐就，而无力者或转以为苦，甚至力有不支，取资百姓，则更于吏治民生，大有关系，自应一体严禁。著再行通饬各省督抚，务率属员一体遵照裁革，亦入于年终汇奏，如有阳奉阴违，仍蹈故辙，或经科道参奏，或于别事发觉，亦惟该督抚是问。

吏部处分 227：居官燕游〔例 4 条〕

燕游 001：康熙二十一年议准
在外官员居住各城，如偷安燕游，以致事务丛积，至夜办理者革职。

燕游 002：雍正二年谕
外官畜养优伶，殊非好事，朕深知其弊，非倚仗势力，扰害平民，则送与属员乡绅，多方讨赏，甚至借此交往，黩缘生事。二三十人，一年所费不止数千金，府道以上有司官员，事务繁多，日日皆当办理，何暇及此？家有优伶，即非好官。各省府道以上至督抚提镇，若各官家有优伶者，著该督抚访查指名密折奏闻，虽养一二人，亦断不可徇隐，亦必即行奏闻。其有先曾畜养，闻此谕旨，不敢存留，即行驱逐者，免其具奏。既奉旨之后，督抚不细访察，所属府道以上官员，以及提镇家中，傥有私自畜养者，或因事发觉，或被揭参，定将本省督抚，照徇隐不察之例，从重议处。

燕游 003：乾隆三十四年谕
朕恭阅皇考谕旨，有饬禁外官畜养优伶之事，圣谕周详，恐其耗费多金，废弛公务，甚且黩缘生事，敕督抚不时访查究参，虽有一二人，亦不可徇隐。圣谕久经编刊颁行督抚藩臬等，并存署交代，自当敬谨循遵，罔敢违越，何以近日尚有揆义托黄肇隆代买歌童之事？岂伊等到官后，于衙门尊藏上谕，庋之高阁，全不寓目耶！一省如此，他省之未经发觉者，恐尚不少。一事如此，他事之不能由旧者，并可类推。皇考十三年整纲饬纪，所为吏道人心计者，无微不至，朕每披寻谟典，省懔实深，诸臣何竟冥然罔觉，于训型成宪，视若弁髦乎？可见外省恶习，锢蔽已深，凡禁令所布，始则具文塞责，久且并具文而忘之，即朕所降谕旨，尚有阅数载而虚应故事者，似此玩不率教，何以副朕孜孜求治之意，思之实可痛恨。著通谕直省督抚藩臬等，各宜正己率属，于曾奉禁革之事，实力遵行，毋稍懈忽，若再不知儆悟，甘蹈罪愆，非特国法难宽，亦为天鉴所不容矣。

燕游 004：嘉庆四年谕
朕阅郑源璹供内，称署中有能唱戏之人，喜庆嬿客，与外间戏班一同演唱等语。民间扮演戏剧，原以藉谋生计，地方官偶遇年节，雇觅外间戏班演唱，原所不禁，若署内自养戏班，则习俗攸关，奢靡妄费，并恐启旷废公事之渐，况朕闻近年各省督抚两司署内，教演优人，及燕会酒食之费，并不自出己资，多系首县承办，首县复敛之于各州县，率皆朘小民之脂膏，供大吏之娱乐，辗转苛派，受害仍在吾民。湖南地方，虽尚未激变，而川楚教匪，藉词滋事，未必不由于此。嗣后各省督抚司道署内，俱不许自养戏班，以肃官箴而维风化。再郑源璹供内，有眷属人口几及三百人之语。伊系一藩司，而署内食指，如此其众，用度浩繁，其侵贪数逾八万两，亦势所必至。督抚中如书麟、朱圭，操守廉洁，署内不过数十人，所得廉俸，未尝不敷日用，此朕所素知者。地方大吏，惟当俭以养廉，不可从事奢华，以致箴箴不饬也。至藩司于收发库项，加增平余，任意克扣，恐不独郑源璹一人为然。州县等因藩司扣平过多，征收钱粮时，亦必多取于民，闾阎深受其累，所关甚重。并著通谕各直省藩司，务当洗心涤虑，悛改积习，勉为廉吏，毋负朕谆谆训诲至意。

吏部处分 228：官员犯奸〔例 3 条〕

犯奸 001：康熙二十三年议准

官员奸家下有夫之妇者，罚俸六月。

犯奸 002：雍正三年奏准

职官奸职官妻及奸军民妻者，皆革职治罪。

犯奸 003：雍正三年议准

官员奸家人有夫之妇者罚俸九月，奸军民妻者革职治罪。

吏部处分 229：禁狱〔例 99 条〕

禁狱 001：康熙三年覆准

凡提牢官有纵容狱卒陵虐罪囚及给以尘饭土羹者，指名题参，依律治罪。至各直省按察司及府州县等官，遇有罪不致死之人，久淹狱中，致狱官将犯人饿毙，并纵容狱卒私自拷打等弊，督抚查参议处。

禁狱 002：康熙六年题准

狱官防范不严，以致斩绞人犯执持铁器等物，在狱伤人者，如未经出狱，降一级调用，该管有狱官罚俸一年。

禁狱 003：康熙九年议准

官员将斩绞人犯越狱脱逃，隐匿不行申报，或不行羁禁，准人取保，以致脱逃者革职。或发到收监之犯，不收自监，推付别衙门，以致脱逃者，降四级调用。如该管上司不据实具报者，降二级调用。

禁狱 004：康熙九年题准

官员将斩绞人犯在狱不加杻锁，以致自尽者，降一级调用。上司不据实申报者，罚俸一年。如已加杻锁自尽者，免议。

禁狱005：康熙九年又题准

督抚所参贪劣官员，委官看守，如疏忽看守以致自尽者，将看守之官罚俸三月。

禁狱006：康熙九年又议准

官员凡承审案件，将正犯于限内并不取供，审理迟延，一案之内，监毙一二人者罚俸六月，三四人者罚俸一年，五六人者降一级留任，七八人者降二级调用，九人以上者革职。如将干连之人监毙一二人者罚俸一年，三人者降一级留任，四人者降二级调用，五人者革职，若上司不据实题奏，降二级调用。至逾限不行审结，将正犯监毙，虽已取口供，亦照限内不取口供致死例处分。若将干连之人监毙一人者降一级调用，二人者降二级调用，三人以上者革职，上司不据实题奏者降二级调用。若限内不能完结，再行展限，仍不能定，有淹禁致死者，亦照限内并不取供监毙例处分。

禁狱007：康熙九年三议准

官员将重罪要犯致死以图灭口者，革职提问。如上司不据实具报，降二级调用。

禁狱008：康熙九年三题准

凡官员将斩绞犯人在狱不加杻锁，以致脱逃者革职，上司不据实申报，降二级调用。若已加杻锁脱逃者，照越狱例，限一年缉拿，不获者照罪犯轻重处分。其起解斩绞重犯，不加杻锁，少差解役，以致脱逃者降一级调用，军流徒罪人犯罚俸一年，照案缉拿。如已加杻锁，多差解役，脱逃者俱照越狱例，按罪犯轻重处分。若系差役得财，将人犯疏纵脱逃者，本管官照失察衙役犯赃例处分。原解未经交付之先，疏纵脱逃者，将原地方各官议处。如已经交付，脱逃者，将承接该管各官议处。

禁狱009：康熙十一年题准

承问官将正犯取有口供，于限内不早行题结，监毙一二人者免议，三四人者罚俸三月，五六人者罚俸六月，七八人者罚俸一年，九人十人以上者降一级留任。其事结具题之后，将人犯监毙者免议。

禁狱010：康熙十四年议准

反叛斩罪人犯越狱，不论名数多寡，将狱官革职拿问，该管有狱官亦革职，戴罪勒限一年督缉，全获开复，逾限不全获者革职。

禁狱011：康熙十四年又议准

凡巨盗斩绞重罪人犯越狱者，不论名数多寡，将狱官革职拿问，该管有狱官革职，戴罪勒限一年督缉，全获者开复，逾限一名不获者降二级调用，二名者降三级调用，三名不获一名者革职。其越狱人犯，交与接管官，亦勒限一年督缉，如能全获者，不论俸次，即照其应升之官升用，如一名不获者罚俸三月，二三名者罚俸六月，四五名者罚俸九月，六名以上者罚俸一年，未获逃犯，照案缉拿。

禁狱012：康熙十四年三议准

笞杖徒流等犯越狱者，不论名数多寡〔乾隆三十七年增定，限四月题参疏防〕，将该管狱官革职留任，戴罪勒限一年缉拿，全获开复，逾限不获仍照例革职，逃犯交与接任官，勒限缉拿。该管有狱各官住俸，戴罪勒限一年督缉，全获者开复，逾限一二名不获者罚俸一年，三四名者降一级调用，五六名者降二级调用，七八名者降三级调用，九名十名者降四级调用。越狱人犯，交与接任官，亦勒限一年缉拿，全获者不论俸次，即照其应升之官升用，如一名至四名不获者罚俸三月，五六名者罚俸六月，七八名者罚俸九月，九名十名以上者罚俸一年，未获逃犯，照案缉拿。

禁狱 013：康熙十四年四议准

凡官员将逃犯正在缉拿之间，或经别案降革，及丁忧离任者，责令接任官，再限一年缉拿，前官全未拿获，接任官全获者，不论俸次，即照其应升之官升用，如前官止获一二名，其所余逃犯，接任官如能全获者，不论名数多寡，纪录一次，逾限不获，仍以罪犯之轻重，名数多寡，照接任官例议处。其原参有名戴罪督缉官员，年限之内，未经全获，照名数降级调用，如有纪录加级抵销，仍留原任者，应再限一年缉拿，如不获，照接缉官例分别议处，全获者，原系本任内脱逃人犯，不准议叙。

禁狱 014：康熙十四年奏准

官员将别案缉获贼犯，作此案越狱之犯，谎称被获、被杀、缢死、溺死者，皆革职。司道府等官，不行确查，遽行转详，罚俸一年。督抚不行详查具题，罚俸六月。至署事官在署事任内，有越狱之事，仍照现任官例处分外，凡虚革虚降官员，未满一年之限，正在缉贼之间离任者，皆照离任官例，罚俸一年。

禁狱 015：康熙十四年五议准

官员将越狱逃犯即行拿获，或被官兵追迫，投水而死，或自尽者，皆免其处分。

禁狱 016：康熙十四年六议准

斩绞重犯越狱，该管有狱各官因公出境，非系亲身在任越狱者，初参，应免其处分，仍限一年督缉，如逾限一二名不获者罚俸六月，三四名者罚俸一年，五六名者降一级调用，七八名以上者降二级调用。笞杖徒流等犯越狱，因公出境官员，初参，免其处分，亦限一年督缉，如逾限一二名不获者罚俸三月，三四名者罚俸六月，五六名者罚俸一年，七八名以上者降一级调用。至反叛人犯越狱，因公出境官员，仍照承缉官例处分。

禁狱 017：康熙十五年题准

凡有反叛人犯越狱，不论名数多寡，将狱官革职拿问，该管各官俱革职，戴罪勒限一年督缉，全获者开复，逾限不全获者即行革职。若系斩绞人犯越狱，不论名数，狱官革职拿问，自一名至五名者，将该管各官革职，戴罪照限一年督缉，全获者开复，限外一名不获者降一级，二名者降二级，三名者降三级，四名者降四级，俱调用，五名全不获者革职，六名以上者亦照例督缉，如限满不获，仍按名数多寡，分别议处。如原参戴罪督缉官员，限满降调，有抵销留任者，再限一年缉拿，如仍不获，照接缉官例分别议处，全获者免议。至接缉官，亦勒限一年缉拿，能全获者，不论俸满即升，一名不获者罚俸三月，二三名者罚俸六月，四五名者罚俸九月，六名以上者罚俸一年，人犯照案缉拿。若军流徒杖笞等犯越狱者，不论名数，狱官革职，该管各官自一名至十名者俱住俸，戴罪仍限一年督缉，全获开复，逾限不获一二名者照原品调闲散用，三四名者降一级，五六名者降二级，七八名者降三级，九名十名者降四级，俱调用，十一名以上者革职，戴罪照限督缉，限满不获，照例计名数多寡，分别议处。其原参戴罪督缉官员，限满降调，有抵销留任者，再限一年缉拿，不获，照接缉官例议处，全获亦不议叙，接缉各官亦勒限一年督缉，全获者不论俸满即升，一名至四名不获者罚俸三月，五六名者罚俸六月，七八名者罚俸九月，九名十名以上者罚俸一年，未获人犯，照案缉拿。凡署印官有越狱之事者，照现任官例处分。其虚革虚降官员，限内有事故离任者，即照离任官例罚俸一年，逃犯责令接任官，再限一年缉拿，如全获者，不论俸次即升，若前官已获一二名，接任官将所余逃犯全获者，不论名数多寡，纪录一次，逾限不获，仍按罪犯轻重，名数多寡，照接缉官例议处。至于监犯越狱，该管官当时拿获，或穷追自尽者，俱免处分。若将别案缉获贼犯，诈作越狱案内之犯，谎报已获已死者，俱革职，将转详官罚俸一年，具题之督抚罚俸六月。如该管官将斩绞重犯越狱隐讳不报者，即行革职。

禁狱 018：康熙十六年覆准

凡遇赦诏到日，将应赦人犯即行释放，如将应赦人犯仍滥行监禁，或应放人犯不即释放，迟误十日者，将该管官革职。其有未经法司核覆明白者，该法司核明，文到之日不即释放，亦革职。该管上司不行详查揭参者，皆降二级调用，督抚降一级留任。若有情罪可疑，该管官不于一月内详明奏请，违限一月以上者，降一级调用，该管上司不行详查揭参者罚俸一年，督抚罚俸六月。违限二月以上者，该管官降二级调用，该管上司降一级留任，督抚罚俸一年。违限三月以上者，该管官革职，该管上司降二级调用，督抚降一级留任。如有上司督抚迟延者，将上司、督抚，亦照此例处分，该管官免议。

禁狱 019：康熙二十二年议准

在京问刑各部院衙门承审官员，将问理案件于限内并不取供审理，迟延逾限，虽取供不行审结，及虽限内取录口供，不速行题结，以致犯人并牵连之人监禁毙命，或羁禁门监淹毙者，应照一案所毙人数，将承审司官，皆照外官之例处分。若堂官不据实题参者，照督抚之例处分。若禁卒守门人役，将羁禁门监人犯，恣行陵虐致毙，应处分司狱、城门尉等官，致毙三四人者罚俸三月，五六人者罚俸六月，七八人者罚俸九月，九人十人者罚俸一年，十一人以上者革职。

禁狱 020：康熙二十五年议准

司道府官未奉督抚行文，遽将无罪之官擅自拿禁，并将不至于拿禁之官拿禁者革职。

禁狱 021：康熙二十五年题准

贪婪革职官员，并提问之犯，不监候具题完结，纵回原籍，或听其散处脱逃者，皆革职，逃犯交与接任官，照越狱例，限一年缉拿。如解饷官失银，纵放脱逃，及挪用钱粮官，未经追完，纵往他处者，皆降一级留任，限一年缉拿，如限内不获，降一级调用。

禁狱 022：康熙二十九年覆准

刑部满汉司官，每年委一人，一同提牢，轮直点验，若不将监内严行约束，以致闲杂人等出入行走，将提牢满汉司员、司狱官，皆照纵容外人入狱律议处。

禁狱 023：康熙四十五年覆准

各府州县问刑衙门，原设监狱，除重犯羁监外，其余干连轻罪人犯，令地保保候审理。如有不肖官员，私设仓铺等项，怀挟私雠，受嘱恐吓，将轻罪犯人私禁致毙者，该督抚即行指参，将该管官照怀挟私雠故禁平人律治罪。

禁狱 024：雍正元年议准

山海巨盗及斩绞重犯越狱脱逃，将狱官革职拿问，该管官革职，戴罪勒限一年督缉，限内全获，准其开复，如逾限一名不获者降一级调用，二名者降二级调用，如三名不获一名者革职。至狱卒有受罪人雠家贿嘱，谋死本犯者，依谋杀首从律治罪，其失察之该管官，交与该部从重议处。再，狱官内果有堪膺荐举者，该督抚据实题奏，交该部酌加议叙。

禁狱 025：雍正元年又议准

狱卒有受罪人雠家贿嘱，谋死本犯等弊者，照律治罪，其失察之该管官革职。

禁狱 026：雍正二年题准

凡命盗等案有监毙人犯者，或随招附参，或监毙在具题之后，仍令补参，毋得于正案未经审结之先，咨参监毙，藉端销案。其有重犯已毙，毋庸具题者，务将原供全案，备细报部，刑部严加查核，不协者仍驳令改正，其允协者注明情罪允协，照该督抚所咨完结，其监毙职名，咨部照例议处。

禁狱 027：雍正三年议准

盗犯如已经取供审明后，管狱官并无致毙情事，在监病故，不论首盗伙盗，四名以下者，管狱官免其议处。至将一案内盗犯，监毙五名以上者，管狱官罚俸一年。凡强盗案件有监毙者，各该督抚务于本内分别声明。

禁狱 028：雍正三年又议准

在监人犯，有被禁卒人等陵虐需索者，将禁卒人等计赃治罪，仍追原赃，给还本人。提牢、司狱不行查出，事发，照失察衙役犯赃例议处。

禁狱 029：雍正三年三议准

嗣后该管知府并直隶州知州所属州县，若山海巨盗、斩绞重犯越狱脱逃，有一二案者罚俸一年，三四案者降一级，五六案以上者降二级，俱限一年催缉，限内全获，准其开复，逾限不获，照所降之级调用。若军流徒杖笞等犯越狱，有一二案者罚俸六月，三四案者罚俸九月，五六案以上者降一级，限一年催缉，限内全获，准其开复，逾限不获，再限一年，如不获，照所降之级调用。

禁狱 030：雍正三年四议准

凡拟死罪监候人犯之亲属，许于每月初二、十六入监探视，将现在监中重犯，逐一询明父母、妻子、嫡亲、弟兄、姓名、年貌，登记号簿。其各省解京，及刑部陆续审结各重犯，于未入监时，即行审明注册，交付狱官，遇放家口日期，详加验对放入。至未结案之犯，其亲属人等一概不许入监。如不应放之人，蒙混放入，查出，将管狱官照纵容外人入狱律议处。

禁狱 031：雍正三年五议准

书办、皂隶以及官员家仆，有擅自出入监所，私通消息，教令串改口供情弊者，提牢官、司狱立即拘拿回堂，将书吏责革，家人之主一并议处。若不行拘拿，被查出者，提牢官、司狱皆照纵容外人入狱律议处。

禁狱 032：雍正四年谕

魏二系为首恶盗，知县高大有并不严行监禁，竟至越狱脱逃，殊属不合，著交与该抚并高大有，务将魏二拿获，如不能拿获，将该抚议处，高大有从重治罪。至奏疏内称高大有因公出境，并未声明前往何处，著将高大有因何事派委前往何处等情，交与该抚察明具奏，傥有徇隐，将该管各上司一并治罪。再，各省似有此奏称因公出境者甚多，此内每有上司官员瞻顾情面，受属员请托，掩饰具奏等弊，部中不行详查，即照该督抚所请议覆，以致地方官员，俱漫不经心，疏忽怠玩，此等应如何分别议处之处，著定例具奏。钦此。遵旨议定：凡斩绞重犯越狱，该管官除赴部引见，委解钱粮，奉调审理案件，承办要务，因公出境，以及奉调入闱者，该督抚即于疏内声明，仍照因公出境例议处外。至该管官，或委署邻邑，或檄调赴省等项，此等公出，斩绞重犯越狱脱逃者，仍照越狱定例处分。至军流徒罪等犯，与斩绞重犯有间，该管官员或因公出境，一时防检偶疏，以致越狱脱逃，该督抚亦务将该员于某月日因何事公出何处逐一声明，送部查核，仍照因公出境例议处。如有并非因公出境，该管上司瞻顾情面，受属员请托，捏称因公出境，掩饰具奏，将该管上司照徇情例降二级调用，该管有狱官照规避例革职。

禁狱 033：雍正五年议准

狱卒陵虐罪囚，其司狱官、典史等知而不举，仍照例治罪外，若非陵虐而病毙者，如系斩绞重犯，一案内监毙一人者，管狱官罚俸一月，二人罚俸三月，三人罚俸六月，四人罚俸九月，五人以上罚俸一年。如系军流罪犯，一案内监毙一人者，管狱官罚俸三月，二人罚俸六月，三人罚俸九月，四人罚俸一年，五人以上者革职。徒罪以下人犯，一案内监毙一人者，管狱官罚俸六月，二人罚俸九月，三人罚俸一年，四人以上者革职。至于刑部，乃刑名总汇之地，案件繁多，非一州一县可比，其司狱官监毙斩绞重犯，一案内监毙三四人者，司狱罚俸一月，五六人者罚俸三月，七八人者罚俸六月，九人十人者罚俸九月，十一人以上者罚俸一年。军流罪犯，一案内监毙三四人者，司狱罚俸三月，五六人者罚俸六月，七八人者罚俸九月，九人十人者罚俸一年，十一人以上者革职。徒罪以下人犯，一案内监毙三四人者，司狱罚俸六月，五六人者罚俸九月，七八人者罚俸一年，九人以上者革职。如一案内一时监毙斩绞军罪徒流之犯数人以上者，照内外所定各条，分别议处。其徒罪以下人犯患病，狱官即行报明承审官，承审官即亲赴验看，患病果实，取具甘结，旗人交与该佐领骁骑校，民人交与该地方官，保出调治，病愈即送监审结。其外解人犯，无人保出者，令其散出外监医治。如本犯有病，而狱官不即呈报，将狱官照淹禁律治罪。如本犯无病，而串通狱官、医生捏报有病者，将本犯并狱官医生，皆照诈病避事律治罪。或病已痊愈，而该佐领骁骑校，该地方官，不即送监审结者，将本犯与该佐领骁骑校、该地方官，亦照诈病避事律治罪。若保出故纵者，将保人治以本犯应得之罪，疏脱者减一等，仍将取保不的之该佐领骁骑校、该地方官照例题参议处。以上各项内，若有受贿情弊，并计赃以枉法从重论。

禁狱034：雍正五年又议准

督抚题报监毙人犯，务将本犯所犯罪名，所患病症及有无陵虐，并轻罪人犯，曾否保释缘由，逐一声明，如有蒙混情弊，经刑部查出，将该督抚每案罚俸三月。若承审各官不行详报声明，各罚俸六月。

禁狱035：雍正五年三议准

刑部现审事件，令承审司官，每于月终各将所审案件，逐案开具简明略节，并监犯名数，收监日期，造具清册，其有行提应质人犯等项，不能依限完结者，将缘由一并造入册内，呈堂查核，若有滥行监禁，及无故迟延不结者，即将该司官指名题参，照例分别议处。若刑部不行题参，或被科道查出，或别经发觉，将堂官一并议处。其直省问刑各衙门，亦于每月造具清册，呈报督抚查核，如有滥禁等弊，该督抚即行题参，照例议处。若督抚不行题参，或被部院科道纠参，或别经发觉，将该督抚一并议处。

禁狱036：雍正五年覆准

递回原籍人犯内，凡犯笞杖等轻罪，递回原籍安插人犯，令承审衙门于递解文移票内，注明该犯罪名，并"不应收监"字样，其前途接递州县，如遇该犯住宿之夜，即遴选妥役，将该犯押交坊店歇宿，不许滥行监禁，仍取具前途收管，毋得疏纵。如接递之州县，将不应收监人犯滥行收监者，将该州县官照不应禁而禁公罪律罚俸一年。凡犯笞杖等轻罪，承审衙门于文内移明该犯原籍地方官折责，毋得先行杖责，致令长途苦累，如承审衙门先责后解者，将该州县官照违令公罪律罚俸九月。

禁狱 037：雍正六年议准

各省亏欠帑项人员，除侵欺不及三百两，挪移不及千两，应散禁者，如看守疏忽，以致自尽，仍照委官看守疏忽例处分。侵欺至三百两以上，挪移至一千两以上，应行监追人员，在监自尽者，仍照在狱缢死例处分外，其应行监追之犯，不行监追，令其在外居住者，将该管之州县官照溺职例革职。其令本犯在外居住，失于防范，以致自尽者，亦照溺职例革职，本犯应追银，家属不能完纳，即令该管官赔补。其该管司道府等官，如系同城，明知徇隐，不行揭报者，皆照徇庇例降三级调用。不同城之司道府等官，失于觉察者，照不知不报例降一级留任，如已有闻见，不行查明揭报，经督抚题参者，亦照同城例各降三级调用，直隶州知州照知府例分别议处。其督抚失于觉察者，照豫先不行查出例罚俸一年，傥已有闻见，不行题参，或被科道纠参，或别经发觉者，照徇情例降二级调用。

禁狱 038：雍正七年议准

承问官将盗犯取有口供，未经题结监毙者，令该督抚于疏内声明，无论首盗伙盗，一案监毙四人以下者免议，五六人者罚俸三月，七八人者罚俸六月，九人十人以上者罚俸一年。事结具题之后，监毙者免议。至其余监毙各项人犯，仍照原定例处分。

禁狱 039：雍正七年又议准

人命重案，正犯已获，证佐未明，难以定招者，将难结缘由，于初参文内声明，听部查核。二限之内，该犯病故者，照承审限内并不取供审理例，监毙一二人者罚俸六月，三四人者罚俸一年，五六人者降一级留任，七八人者降二级调用，九人以上者革职。若犯证已齐，承审官不讯取口供，以致该犯于限外监毙者，若系正犯，仍照承审限内并不取供审理例议处，若系案内证佐人等监毙者，照监毙干连人犯例，一二人罚俸一月，三人降一级留任，四人降二级调用，五人者革职。

禁狱 040：雍正七年三议准

州县监内斩绞重犯越狱，该管知府、直隶州知州，分别罚俸、降级，限一年督缉，如逾限不获，一二案者再罚俸一年，逃犯照案缉拿，三四五六案者照所降之级调用，未获逃犯，交与接任官照案缉拿。督抚、按察使，有一二案者罚俸三月，三四案者罚俸六月，五六案以上者罚俸一年，皆限一年督缉，逾限不获，一二案者罚俸六月，三四案者罚俸一年，五六案以上者降一级留任，逃犯照案缉拿，全获之日，准其开复。

禁狱 041：雍正七年四议准

越狱重犯，承审各官务究贿纵实情，若能究出，免其从前失察犯赃处分，如不严究实情，照未经审出赃银例降三级调用。

禁狱 042：雍正七年五议准

狱官及有狱各官，务须常诣监所察视，如不亲视，以致监墙倾圮，吏卒疏忽者，虽无越狱事犯，亦将狱官照禁役防范不严例降一级调用，该管有狱官罚俸一年。

禁狱 043：雍正七年六议准。

狱官于狱内重犯，能董率提牢吏役，严加防守，除一二名外，一年内有三名以上重犯并无疏失者，纪录一次，每三名加一等，十五名以上者加一级，再有数多而并未疏失者，以次递加。

禁狱 044：雍正七年七议准

重犯越狱，邻境文武正杂等官，有能拿获者，按其名数，照拿获盗首例，一月内拿获者，每一名加一级，再纪录一次，一月外拿获者，每一名加一级。

禁狱 045：雍正七年八议准

管狱之司狱司，不许滥行差调，吏目、典史除捕务外，亦不许滥行差调。如有滥行差调者，上司照虚悬城守例议处〔乾隆三十六年，增贵州省并无佐杂闲员，遇有紧要差务，典史、吏目准酌量委用，其吏目、典史如遇缉限届期例当降革，谋差展限者，将该员照规避例革职〕。至于官员署事任内，有重犯越狱脱逃，狱官、有狱官皆照现任官分别议处，勒限缉拿，如未经限满，即行离任者，仍照离任官例罚俸一年。

禁狱 046：雍正九年奏准

嗣后凡给发狱囚棉衣并口粮盐菜等项，该管官务须亲身照例散给，毋得假手胥役家人，以致狱囚有名无实，仍不时体察禁役人等，有无陵虐情弊。傥狱囚内有患病者，即令医生诊视调治，应取保者取保，应散禁者散禁，务使瘥可有期。如有医治不瘥，病故在狱者，务将刑禁人等严行究审，取具图结，详报该上司核实具题。傥有捏供详报者，即将该有狱、管狱各官照例指参。

禁狱 047：雍正十二年议准

未经拟定罪名人犯越狱脱逃，定限四个月题参疏防，该督抚先于限内，将所犯事由与应拟何罪之处，逐细严察。如取供已明，众证有据，虽经脱逃，而罪无可疑者，即于疏防文内，声明该犯应得罪名，以凭照例议处。如果系监候待质，供证未确，罪难悬拟者，亦于疏防文内据实声明，照军流等犯越狱例，初参，不论名数多寡，将狱官革职留任，戴罪勒限一年缉拿，全获开复，逾限不获，照例革职，逃犯交与接任官，勒限缉拿。该管有狱官，一名至十名皆住俸，戴罪勒限一年缉拿，全获开复，逾限一二名不获者罚俸一年，三四名不获者降一级调用，五六名不获者降二级调用，七八名不获者降三级调用，九名十名不获者降四级调用，未获逃犯，交与接任官，勒限一年缉拿。如越狱至十一名以上，初参，将该管有狱官革职，戴罪限一年督缉，全获开复，限满不获，仍照例计名数多寡，分别议处，其逾限未获十一名以上者革职，未获逃犯亦交与接任官，勒限一年缉拿。至越狱逃犯，有罪无可疑，仍捏称罪难悬拟者，将该管有狱官照规避例革职。该管上司不行确查具报者，知府、直隶州知州照失于觉察例罚俸一年，转详之司道罚俸六月，督抚罚俸三月。若受属员请托，代为转报者，知府、直隶州知州照徇情例降二级调用，转详之司道降一级留任，督抚罚俸一年。

禁狱 048：乾隆元年覆准

嗣后每省设立循环簿，饬令所属各州县，将每日出入监犯名姓，填注簿内，按月申送该府，逐一查阅，如有不应收禁之人，滥行监禁，及怀挟私雠，故禁平人者，均照律拟罪外，倘该州县故将收禁人犯隐漏不行填注者，照蒙混造册例降一级调用。如系遗漏未造，照造册遗漏例议处。倘吏卒人等索诈铺监使费，吓骗财物，除将该犯计赃以枉法从重治罪外，并将失察之该管官，照失察衙役犯赃例分别议处。如知情故纵者，照纵役犯赃例革职。

禁狱 049：乾隆三年覆准

各省州县监狱，系吏目、典史管理，如州县监狱遇有越狱之案，其人犯轻重，将吏目、典史俱照狱官定例议处。如三年之内并无疏失，亦照狱官定例议叙。

禁狱 050：乾隆四年奏准

越狱疏防案件，该管有狱官以及该管之各上司，如系带印公出者，仍照定例察议，若系交印公出，该督抚亦于疏内声明到部，免其承缉处分，毋庸限缉回任之后，照接缉官察议，其无接缉处分者，免其议处，未获逃犯，照案缉拿，署事官照承缉官议处。

禁狱 051：乾隆四年题准

军流徒罪人犯在狱伤人，管狱官降一级留任，有狱官罚俸九月。若系笞杖人犯，与干连应质之人散寄外监，狱官失于防范，以致殴伤人命者，罚俸一年，该管有狱官罚俸六月。

禁狱 052：乾隆五年谕

谳案务严滥及治狱无令淹留，所以重民命也。朕钦恤为怀，凡于刑狱案件，无不至详至审诰诚丁宁，期成协中之治，谅廷臣亦莫不共知朕心矣。惟是外省之监狱，核之在京，事势不同，缘督抚驻扎省城，府县散居远近不一，上司耳目不尽周知，虽有监犯月报之虚文，不无隐匿遗漏之积弊。每有一案，人犯证佐未齐，或拘唤不至，或关解不前，有司又不上紧催提，以致经时累月，囚系不释者有之。又有事涉牵连，因人诖误，有司不分轻重，概与正犯同系囹圄，遂有无辜受累，滥被拘禁者有之。是以圜扉之内，常见充盈，屋既湫隘，人复众多，浊气蒸薰，疾病传染，因此致毙者不一而足。其在问拟重罪，尚须附疏题达，然亦处分甚轻。若罪轻谴薄，及拖累干连之人，每至患病垂危，始令之属具保，详报在外病故，督抚无可纠参。至于州县自理事件，并不报闻，上司更无稽考，草菅人命，视为固然。此皆朕留心访察而知，种种情弊，外省实有不免者。朕矜全民命，每于重犯之中有一线可原者，必谕令廷臣往复商酌，而后定案，无如牧民之有司，不能仰体朕心，遂致刑狱不慎，上干天和，凡地方之旱涝灾祲，未必不由乎此。用是特颁此旨，著各督抚严饬司府州县，现在刑狱逐一清厘，有尘积经久未结者勒限审详，有一案牵涉多人者速为开豁，或应省释宁家，或应取保候质。其已经拟罪，应行监禁各犯，务饬该管官加意清查，毋使禁卒陵虐，至于困苦，并将牢狱不时扫除，以免疫疠传染。傥有狱各官奉行不力者，著上司即行查参，不得宽纵，以副朕哀矜庶狱之意。

禁狱 053：乾隆十年覆准

不肖有司，听信狱卒设立非刑，将囚徒排卧一头，于镣铐之中横穿长木，锁逼两头，压住手足，实为非法。嗣后直省督抚严切查禁，如有私用穿木束囚，并各项非法者，即行题参，照违制律论，该督抚失察者交部议处

禁狱 054：乾隆十五年奏准

凌迟重犯在监病毙，该管官处分，从前俱照监毙斩绞之犯办理，但此等罪犯，以监毙为幸，应较斩绞罪犯加重处分。嗣后监毙凌迟重犯，即照监毙徒罪以下人犯例议处，其不加杻锁，以致自尽者，将该管官降二级调用。

禁狱 055：乾隆十七年谕

朕命刑部查奏命盗等案内，赃证情节未明，监候待质者，共五十七案，康熙年间一案，雍正年间十一案，而自乾隆元年至十七年，统计已未入秋审者，积至四十五案，此非使无辜之人久系囹圄，即使应辟重犯，久稽显戮，而犴狴之中，淹禁多人，亦非所宜，皆因承审各官，不能实力查办。又或刑部司员，以有遵驳改正议叙之例，多寻罅隙，外省无以登答，转成疑案，一经题明监候待质，即束之高阁，而接任之员，又以非本任之事，率多因循，殊非明慎用刑而不留狱之意。著刑部将此陈案速行清理，嗣后内外问刑衙门，于一切命盗重案，各宜留心迅速查办，应缉拿者上紧缉拿，应定拟者即行定拟，毋至陈案日积，若本非难结之案，承审各官不能审出实情，惟以监候待质，为迁延时日之计，且藉得邀免处分，希冀录叙，该堂官督抚察出，即行参处，此亦清理庶狱之一法。可通行晓谕知之。

禁狱 056：乾隆二十一年奏准

嗣后斩绞罪犯，不加杻锁，以致自尽，该管官应降一级调用者，即将有狱官罚俸一年。凌迟罪犯，不加杻锁，以致自尽，该管官应降二级调用者，即将有狱官降一级留任。

禁狱057：乾隆二十二年谕

据鹤年奏称，疏防限满，留于地方协缉之革职知县何志倬，现在患病，请如部议，高晋折令回籍等语。阅之颇觉不当，因令详查原案，乃知雍正六年定例，重犯越狱，州县官限满不获者革职，仍留地方协缉，以惩疏玩，此实整饬吏治之道，法至善也。乾隆二年，稽曾筠、尹会一，先后奏停协缉之例，其时朕御极之初，于庶务情弊，实未周悉，遂依部议停止，今春高晋奏请仍复旧例，所奏甚是。朕令部议，该部自应准行，乃遽以乾隆二年业有成例议驳，得旨允行，此朕日理万几，一时疏忽之误。此本既下，不肖劣员，益得恃为护符，以致鹤年亦复援例为该革令奏请，不知监狱系地方有司专责，若重犯脱逃，迄无弋获，一经离任，辄得晏然以去，其何以儆玩纵而重职守耶？若谓留于地方，恐致滋事，则是以废员而重干法纪，益当重治其罪，岂可转为开脱之路？嗣后州县官疏防，限满著仍照雍正六年定例，革职留于该地方协缉，其蒙混议驳高晋折之该部堂官，著交部严加议处。鹤年并不权事理之轻重，遽尔奏请亦属不合，著一并交部议处。

禁狱058：乾隆二十二年奏准

旧例疏脱监狱重犯，定以降革协缉，限以三年，恐该革员不肯实力缉捕，嗣后改为五年，令其实力躧访，协同接任官缉捕，其限满分别开复、议处、治罪之处，仍照雍正六年之例办理。奉旨：嗣后协缉五年限满，仍不能弋获之革职州县，著该督抚等查明请旨。

禁狱059：乾隆二十二年又奏准

嗣后除管狱、有狱各官，遇有本任内疏防越狱处分，仍各照本例查议外，至州县正印暂行兼摄狱务各官员，遇有疏脱重犯之案，即照管狱官之例，题参革职拿问。倘能实心选差悬赏，上紧追捕，于百日限内缉获，请旨令该督抚给咨送部引见，酌量开复。

禁狱060：乾隆二十三年奏准

山海巨盗、斩绞重罪，并问发新疆人犯越狱，不论名数多寡，将管狱官仍革职拿问，该管有狱官革职留任，如能于四月疏防限内拿获者，管狱官免其拿问，仍革职，有狱官自拿获之日起，扣限一年无过，将革职留任之案，咨请开复。如四月限内不能全获，有狱官仍留任一年，戴罪督缉，全获者，亦自拿获之日起，扣限一年，无过开复。倘逾限一名不获者降一级调用，二名不获者降三级调用，三名不获一名者革职，逃犯交与接任官，勒限一年督缉。凡问发新疆、及由新疆改发内地越狱，系例应正法之犯，管狱有狱各官，仍照此例办理。

禁狱061：乾隆二十四年奏准

凡缉捕越狱重犯，遇有告病及终养等项，无论在任承缉及离任协缉，俱不准回籍外，其有承缉、协缉限内遇丁忧治丧事故，俱暂令回籍，给假百日，经理丧事，假满，原籍督抚催令起程，咨明任所督抚，仍留地方协缉，接扣前限，满日照例查办。

禁狱 062：乾隆二十九年覆准

嗣后接缉斩绞越狱重犯，除限内全获者，仍照原例，以应升之品级升用外，如一年限内，无论名数多寡，不行拿获者，即照凶恶盗首之例，罚俸一年，再限一年缉拿，限满不获，罚俸二年，仍再限一年缉拿，三限不获，降一级留任，逃犯照案缉拿。

禁狱 063：乾隆二十九年又覆准

嗣后除情重要犯乘机自戕，幸逃显戮者，听督抚等严行查参，分别治罪，至军流以下自尽之案，仍照例查参议处外，其斩绞人犯，在狱自尽，不论已未上有杻锁，管狱官降一级调用，有狱官罚俸一年，原例内已上杻锁免议之条，应行删除。

禁狱 064：乾隆二十九年三覆准

凌迟重犯在狱自尽，管狱官降二级调用，有狱官降一级留任，向例亦系已上杻锁即予免议，今斩绞人犯既不准照已加杻锁自尽即得免议，其凌迟人犯亦应一例办理。

禁狱 065：乾隆二十九年谕

辅德奏：参革安义县知县郭孙锦在监病故一折。虽该犯或系适当自毙，未必尽出畏罪戕身，然以滥毙无辜栽赃捏详之官犯，谳案未定，典守者不知防范，竟令自毙，虽经勘验结报，又焉知不与近日山东参革寿光县知县萧应柱闻参自缢，同一鬼蜮伎俩，此风断不可长。夫有司不能奉法，自干例议，其在情罪重大者，固当束身归罪，自伏厥辜，其事本非重谴，原可不至于死，甚至审属子虚，并可立予昭雪，何至一挂弹章，辄图乘隙自尽，盖由督抚等平时姑息疏玩，于此等劣员，每谓一经参劾，上司已无瞻徇，而监守不严，审拟不速，往往酿成懈弛，使罪大者不得明正典，刑罪小者不得昭雪，而地方无识之徒，未必不转为犯官负屈，或且重疑执法之苛，是非封疆大吏以宽纵之习，招严刻之尤乎！此于官常刑法大有关系，著传谕各督抚，嗣后务应悉心饬属防检，毋得甘蹈疏虞，自取罪戾。

禁狱 066：乾隆三十年奏准

州县监狱，重在坚固完好，以备疏虞，地方官入境之初，勘验明确，造册具结，申送上司存案，傥有废坏，即时修理，直省督抚转饬该管道府随时勘验。如所属州县，有本任之内，废坏不修，交代之时，捏饰结报情事，即行揭报督抚题参。废坏不修之员，照不亲诣监所察视以致监墙倾圮例降一级调用。如接任之员捏饰结报，照不行查报例降一级留任。如上司徇隐不报，照不据实揭报例罚俸一年。

禁狱 067：乾隆三十二年覆准

斩绞重犯越狱系贿纵脱逃者，除管狱官革职拿问，有狱官革职，留于地方协缉外，将该管府州革职，司道降一级调用，不行严参之督抚降二级留任，已经严参者降一级留任。并非贿纵者，将该管府州罚俸一年，限一年督缉，逾限不获，降一级留任，或前案发觉以后，及未经开复以前，又遇所属重犯越狱者，即降一级调用。督抚、司道，初参罚俸六月，限一年督缉，限满不获，罚俸一年。其问发新疆人犯越狱，俱照斩绞重犯越狱例议处。如军流徒杖笞等犯越狱，将该管府州随案查参，罚俸六月，道员罚俸三月。

禁狱068：乾隆三十三年谕

钱度奏：贺县疏纵逃军熊俊越狱脱逃一案，请将典史谢霖革职拿问，而于知县郑之翀请革职留任，殊属非是。该县监禁脱逃匪犯，既不上紧办理，又不严密巡防，致要犯黉夜兔脱，非寻常疏纵盗犯可比，自应将该县即行革职，仍留该处协缉，事理方为允协。今钱度初到粤西，辄尔心存宽纵，请将该县留任，使庸玩劣员，仍得优游恋栈，何足以示惩儆，明系钱度有意沽名，沾染外省恶习，不知悛改。钱度著交部严加议处，郑之翀著革职，仍留该地方协缉，嗣后有似此者，均照此办理。著为令。至改发新疆积匪猾贼，在配及中途脱逃，情罪甚为可恶，一经拿获，即应立正典刑，又何必关查原案，往返需时，致令匪犯在狱日久，得以乘间潜逃，办理本属未善。将来各省如盘获此等要犯，讯究明确，即行正法，毋致旷时贻误。

禁狱069：乾隆三十三年又谕

此案焦绍祖系亏空库银仓谷情实官犯，在狱自戕，非寻常监毙人犯可比，部议照例将化州知州呼延华国仅拟革职，高州府知府张若焌拟以降一级留任，尚未允协。臬司虽系刑名总汇，但通省州县甚多，其势自难遍及，至知府乃亲临上司，所属既有监候紧要官犯，并不严饬该州加意防闲，致令自尽，其玩慢旷职，咎无可逭，岂可与臬司同科。此而不予以重处，则官官相护，将来必有纵放而报以监毙者矣。至知州于监禁官犯，是其专责，乃竟任其畏罪投缳，安知无徇情故纵情弊，革职不足蔽辜。张若焌著革职，呼延华国著革职拿问，交该督等，与吏目韩培基一并严审具奏。著为令。

禁狱070：乾隆三十三年奏准

斩绞重犯越狱，限满不获，按其未获名数，照例分别议降、议革，将议以革职者饬令离任，降调者暂停补用，俱仍留该地方，协同接任官缉捕，如能于五年限内拿获，该督抚给咨送部引见，请旨开复。限满不能拿获，或不能全获，如系革职之员，该督抚奏明请旨，交与刑部，按其不能拿获与不能全获之处，分别治罪。如系降调之员，仍照未获名数，一名不获降三级调用，二名不获革职，二名不获后止拿获一名者仍降三级调用。

禁狱071：乾隆三十三年又奏准

署事官在署事任内，有越狱之事，如系州县正印官暂行兼摄管狱官事务者，遇有疏脱重犯之案，即照管狱官之例题参，革职拿问。倘能实心选差，于百日限内缉获，将可否令该督抚给咨送部引见之处，恭候钦定。

禁狱 072：乾隆三十三年三奏准

斩绞重犯越狱，限满不获，州县官降调，例应留于地方协缉五年。其有纪录、加级抵销，免其降调之员，仍限五年缉拿，逾限不获，照例查参，分别降革。

禁狱 073：乾隆三十三年四奏准

前官未获人犯，接任官以到任之日起，扣限一年缉拿，如能于限内将前官全未拿获人犯全获者，不论俸次，即照其应升之品升用。如前官已获一二名，其余逃犯，接任官如能全获者，不论名数多寡，纪录一次。如山海巨盗斩绞重犯，于一年限内，无论名数多寡，不拿获者罚俸一年，再限一年缉拿，限满不获罚俸二年，仍再限一年缉拿，三限不获降一级留任，未获逃犯俱照案缉拿。

禁狱 074：乾隆三十三年五奏准

文武正杂等官，如有拿获邻境越狱军流罪犯者，每一名纪录一次，徒罪人犯每二名纪录一次，准其前后接算，声明议叙。

禁狱 075：乾隆三十五年谕

据熊学鹏奏：应发新疆改发烟瘴之窃犯陆贵珑，在司监收禁，越狱脱逃，现经拿获正法，请将管狱各官分别革职议处一折。司狱华灿，于司狱所禁要犯，任其乘间脱逃，实属有乖职守，罪应褫革，固不待言。至按察使为通省刑狱总司，所属图圄，尤宜申严防禁，毋稍疏虞，方为无忝厥职，乃于专管之司监，毫无防范，致有越狱之犯，尚复成何事体，则其平日阘茸玩公，更可概见。曾曰理向为道府时，尚知黾勉，自擢任臬司以来，即意存满足，不肯实心出力，闻其近日办事，声名甚属平常，今复有此越狱之案，非寻常疏防可比。曾曰理即著革职，熊学鹏等著交部分别议处。

禁狱 076：乾隆三十七年奏准

官员造报狱内重犯文册，遗漏已决人犯未造者，罚俸一年。该管各官未经查出者，罚俸六月。

禁狱 077：乾隆三十七年又奏准

盐犯除大伙兴贩，持械拒捕，有窝囤地棍卖私店主者，仍照定限审结。至实系老幼贫难男妇，肩挑背负四十斤以下，易米度日者，例不缉捕毋庸监禁外，其余拿获私盐肩挑背负四十斤以上等犯，易结之案，该地方官将现获之犯，随获即行审结，其有迟延在四月内将人犯监毙者，该盐政会同督抚，将迟延缘由咨部，照承审官例议处。倘再有任意不结，拖累至四月以外，以致一案监毙至三人，一年监毙至三案者，该盐政会同督抚查参。将州县照狱官监毙例议处。

禁狱 078：乾隆四十一年谕

吴虎炳奏：于二月初二日到广西巡抚任后，查有革职道员秦廷基，因祖护属员，授意改供，拟斩监候，系旗人，应在部监禁之犯，尚未起解，当经饬催，据报患病调治。嗣据署臬司黄邦宁面禀，该犯在监病故，随率同司道等亲往相验，秦廷基实系生前自缢身死，并非病故，并访知该犯原寓省城边耳巷张姓公馆内，并未收监枷锁，以致在寓投缳。黄邦宁于该犯死后，连夜抬入司监各情节，请将署臬司黄邦宁、司狱宋绂，一并革职审拟，并自请严加议处等语。览奏殊堪骇异，实为从来未有之案。秦廷基系问拟斩候，应行解京监禁要犯，黄邦宁署理臬司，胆敢瞻徇同寅情面，任听安住旅馆，推病挨延，不即起解，已属玩法。及秦廷基自缢，复敢捏称在监病故，移尸狱中，希图掩饰，其情罪尤为可恶。黄邦宁著革职拿问，该抚即派委妥员，速行押解赴京，交刑部从重治罪。此案系熊学鹏任内之事，熊学鹏既将秦廷基授意改供情节审讯属实，拟以斩候，自应一面具奏，一面将秦廷基照例收监，乃自十一月二十一日定案后，任听其在省安居，并不即行收禁，致该犯得以在寓投缳，其事实由熊学鹏酿成。况秦廷基袒护改委一案，熊学鹏近在粤西，并未查出参奏，难保无徇情曲庇之处，直待李侍尧秉公参劾，熊学鹏乃不得不严行定拟，其隐微已不问可知。朕以熊学鹏素常办事尚属勤慎小心，是以调赴粤东大省，竟不料其荒唐一至于此，实为辜负朕恩。朕于督抚等公过处分，应行降革者，概予从宽留任，今熊学鹏敢于违例宽纵，系属私罪，难以曲为原宥。熊学鹏即著革职，发往川省办理军需奏销事务，其军营各员所有亏短官项，如温福遗失银米等款，若力不能完者，即著令熊学鹏赔补，以为督抚徇情沽名者戒。至司狱宋绂，虽系专狱之员，但将秦廷基抬尸入监一节，出自署臬司黄邦宁之意，该司狱一微末属员，其力自不能违抗，予以革职，已足蔽辜，毋庸审讯治罪。吴虎炳到任未及一月，即将秦廷基应行解部监禁之处，饬属严催，并将黄邦宁捏报监毙移尸入狱各情弊查出，据实参奏，颇属认真办事，其失察秦廷基原未收禁之处，尚可从宽，吴虎炳毋庸交部议处。又据苏尔德奏：身任藩司，近在同城，不能早为觉察，请一并交部议处等语。苏尔德若止系藩司，监狱之事与伊无涉，原可毋庸置议，但熊学鹏于正月初十日起程赴粤东新任后，苏尔德即护理抚篆，至二月初二日始行卸事，其间几及一月，既未将秦廷基未经收禁之处查明，又不催令将秦廷基解部，其罪实在于此，岂得仅以藩司同城为词，自行检举，思欲避重就轻乎。苏尔德著交部严加议处。

禁狱 079：乾隆四十三年覆准

问拟发遣之官犯易鸿猷，于按察司监自缢身死一案。奉旨：图思德著降一级留任，其署按察司粮驿道国梁，吏部以其系革职留任之员，无级可降，议以革任。向来降革之案，核其情节轻重，原有仍予留任注册者，今国梁于署臬司任内，重犯在监自缢者，前后共有两案，是该员于监狱重任漫无整理，不可不示以惩创，是以照议革任，并非以票签例不出名，未经详阅，率依部议也。因将其故明白宣谕，使各省臬司及有狱各官，咸知儆懔，毋稍疏略干咎。

禁狱 080：乾隆四十四年议准

嗣后凡秋审情实人犯，遇有病故，州县官立即详报，该督抚于接到详文之日，先行题报，总不得过十日之限。其派员相验及研讯禁卒人等，有无凌虐情弊等项，除去程途日期，总以一月为限，具文报部，如有逾违，即查取职名，交部议处。

禁狱 081：乾隆四十五年覆准

嗣后各厅州县有离省远者，遇有秋审情实人犯在监病故，令管狱官立即通详，该督抚于接文之日，一面先行题报，该管道府据报，一面速派邻近之员前往验讯明确，详请咨部，总以一月为限，如有逾违，仍照原奏查取职名，交部议处。

禁狱 082：乾隆四十八年谕

李世杰参奏：夏邑县知县李光德，典史刘应连，于殴死亲嫂化氏一家三命之凶犯欧阳十，既不赶紧审办，又不严行锁锢看守，以致该犯乘间磨铐欲逃，复殴死禁卒二命，请将李光德等革职一折。此等连杀数命之凶犯，一经拿获，自应立即审解，决不待时，况该犯自知罪重，既拼一死，必致逞恶行凶，乃情事所必有。今欧阳十杀死亲嫂化氏一家三命，收禁在狱，又磨铐欲逃，经禁卒喊拿，复逞凶殴毙二命，凶恶已极，欧阳十著即凌迟处死。至该县等于此等重案，既不赶紧审办，又不严行锁锢，以致酿成该犯复有在狱逞凶之事，实属怠玩。知县李光德，典史刘应连，固应革职。其该管知府，平日率属无方，督饬不力，非寻常失察可比，并著交部严加议处。看来外省迟缓懈弛恶习，牢不可破，即如查拿逃犯等事，并不认真办理，屡经降旨饬谕，亦不过以一奏塞责。至审办重案，动辄稽迟，致屡有越狱逞凶等事，竟成积弊。如豫省欧阳十之案，若该抚等早能督饬速办，又何至酿成事端耶！所有各省督抚，俱著饬行，嗣后各督抚务须督率属员，实力整顿，毋得仍前疏缓。

禁狱 083：乾隆四十八年又谕

萨载、闵鹗元奏：江苏按察司监犯邓二等五名一同越狱，于八月二十九、九月初三日，先后拿获，业经审明，问拟斩决，具题在案，其署按察司苏粮巡道秦学溥，交部严加议处等语。此案先经闵鹗元审明具奏，将邓二等五犯拟以斩决，即行正法，并将司狱刑禁人等讯明，尚无贿纵情弊，分别问拟发往伊犁新疆，已批该部知道矣。至邓二等俱系行劫重犯，收禁司监后，自应严密防范，乃该犯等竟敢扒墙越狱，同日脱逃至五名之多，实非寻常疏纵可比。秦学溥系朕特加擢用之人，署理臬篆后，自应留心督率，实力稽查，乃辜恩负职若此，不得以该犯等旋即拿获，宽其处分。秦学溥应如该督所奏，交部严加议处。至邓二等五犯在狱脱逃时，扳开栅木，扭拽锁铐，所有刑禁人等，何至竟无闻见？难保无知情贿纵之事，著萨载、闵鹗元，再行彻底究讯，如有别项情弊，另行从重定拟具奏，毋任丝毫狡卸。嗣后司监并各属监狱，务须严行稽查，小心防范，毋得再行疏虞，致干咎戾。

禁狱084：乾隆五十一年谕

据明兴奏：七月二十五日，历城县监禁斩绞重犯许四妮等九名，同时拧脱刑具，打伤禁卒，扒墙越狱，缒链逸出城墙，请将管狱之典史朱连杰革职拿问，知县宋其伟革职，留于地方协缉，济南府知府李昭一并革职，按察使杨廷桦交部严加议处，并自请交部严议等语。历城系省城首县，该处为审解要犯汇禁之地，理应严密防范，毋得稍有疏虞，乃许四妮等九名俱系斩绞重犯，辄敢同时拧脱刑具，打伤禁卒，缒城而逸，则是该地方官平日漫不经心，毫无防范，以致多犯赁夜脱逃，实属懈弛已极。典史朱连杰著革职拿问，知县宋其伟著革职，留于地方协缉。知府李昭，平日不能稽查防范，著革职，一并留于地方协缉。按察使杨廷桦，有通省监狱之责，历城近在同城，尤非隔属可比，乃省城同日越狱之犯多至九名，则其平日之废弛玩纵，已可概见。杨廷桦前于福建布政使任内因事降调，经朕加恩以按察使衔补授台湾道，令其随同黄仕简办理台湾械斗一案，彼时赖有黄仕简办理妥协，伊不过因人成事，朕念其微劳，事竣后复简用按察使，伊自应感激朕恩，愈加出力，以盖前愆，今于省城监狱，并不小心稽察，以致重犯脱逃九名，可见其从前办理台湾械斗一案，并无片长自效，不过随同出名而已。杨廷桦实属辜恩旷职，仅予革职，不足蔽辜，著革职拿交刑部治罪。明兴为该省巡抚，于省城监狱废弛至此，平日之漫无表率稽查可知，咎实难辞，著交部严加议处。至逸犯许四妮等，俱系斩绞重犯，辄敢越狱缒城，四出逃逸，则守城兵弁所司何事，俱著明兴查参治罪。

禁狱085：乾隆五十二年谕

闵鹗元奏：江都县监犯有葛小髻仔、王三仔、李二等三犯越狱脱逃，随即根究查拿，将葛小髻仔拿获正法，尚有王三仔、李二等二名未获，请将署江都县之甘泉县赵增革职，典史陈恭礼革职拿问，知府恒豫交部严加议处等语。葛小髻仔等，俱系戳伤人命及行劫逃遣重犯，该县理应加意防范，严密监禁，乃并不督饬禁卒小心看守，以致重犯同时脱逃，致有三名之多，未便稍为宽假。至恒豫近在同城，于首邑监狱，不能整顿稽查，以致重犯越狱多名，亦非寻常失察可比。典史陈恭礼、知县赵增俱著革职拿问，知府恒豫著革职，一并留于该省地方协缉，以为玩视监狱者戒。

禁狱086：乾隆五十三年议准

疏防重犯越狱脱逃，较之签差不慎，解审中途脱逃为尤重，乃例内止留缉五年，限满不获，管狱官亦止按例拟以杖八十、徒二年，未免轻纵。嗣后凡羁禁罪应凌迟、斩绞立决监候重犯越狱脱逃，将参革玩纵之管狱各官，俱勒限留缉，于该地方协缉十年，如限满不获，审系禁役受贿故纵，照所纵囚罪同科者，协缉各官从重发往军台效力赎罪。若审明并无受贿故纵情弊，止系偶致疏脱，例得减等定罪者，协缉各官俱于纵囚越狱本例杖八十、徒二年上，从重加等，拟以杖一百、徒三年。如所限期内，能将正犯全行拿获者，照旧例，该督抚给咨送部引见，请旨开复，傥有一犯不获仍照例科罪。

禁狱 087：乾隆五十五年奏准

凌迟及斩绞立决重犯在监自尽者，管狱官革职，有狱官降三级调用。斩绞监候人犯自尽者，管狱官降三级调用，有狱官降二级调用。军流人犯以下自尽者，管狱官降一级调用，有狱官降一级留任。

禁狱 088：乾隆五十七年谕

归景照奏：参革知县严承夏，于五月三十日晚押解到省，因时值深夜，暂委按察使照磨张克谦看守，饬于次早收禁，不料严承夏即于是夜自缢身死，请将照磨张克谦革职拿问，署按察使事杭嘉湖道良柱革职，一并严审，并自请交部等语。严承夏系因署守备，林凤鸣等听从贿嘱帮争网地放枪滋事一案，匿不禀报特旨拿问之员，一经解到，即应收禁，何得复交照磨看守，竟是虚语，又不小心防范，致令自缢，实出情理之外。省城重地，以拿问官犯，辄任自尽，此而不严加惩创，设有大员拿问，亦复徇情宽纵，与以自戕之暇，尚复成何事体。张克谦著革职拿问，交与福崧提同看守人役，将有无知情受贿之处，严审定拟具奏。良柱著革职，讯明后，发往军台效力赎罪。至归景照不过一循分供职之员，因念其系尚书归宣光之子，不次加恩，擢用藩司，现护抚篆，又近在同城，乃于此等拿问官犯，并不留心查察，委蛇取誉，致有要犯自尽之事，其罪实无可逭。归景照亦著革职，发往军台效力赎罪。福崧并无紧要必须面奏事件，冒昧起程来京陛见，转置地方于不问，酿成重案，殊属非是，福崧即著交部严加议处。

禁狱 089：嘉庆四年谕

据陈嗣龙奏：州县积弊一折。外省州县于审办案件，延搁不讯，藉端需索，又复祖役病民，株连搜剔，种种情弊，皆朕所深知，前已明降谕旨，严行饬禁，以肃吏治而儆官邪。至私设班房及自新所名目，滥拘滥押之事，本干例禁，从前久经声明，入于汇奏，近年改为汇咨，或地方官日久玩生，视为具文，又复萌其故智，拖累无辜，不可不严行查察。著通谕各督抚，饬属一体查禁，如有阳奉阴违，私行设立者，即当严参究办。若大吏祖庇属员，有心徇隐，一经查出，必当一并治罪不稍宽贷。

禁狱 090：嘉庆五年奏准

问刑衙门差役人等私设班馆，押禁轻罪干连人犯在官署内者，该管官照故禁平人杖八十私罪律，降三级调用，因而致死者革职治罪，失察之府州降一级留任，司道罚俸一年。在官署外者，该管官罚俸一年，因而致死者降二级留任，失察之府州罚俸九月，司道罚俸六月。

禁狱 091：嘉庆五年又奏准

直省亏欠仓谷侵欺至三百两以上，挪移至一千两以上，拟斩情实应行监追之员，在监自尽者，管狱、有狱官革职拿问，府州不行揭报者革职，同城司道仍降三级调用，不同城司道仍降一级留任。如已有见闻，不行揭报，降三级调用，督抚罚俸一年。如有见闻，不行题参，亦降二级调用，将应行监追之员，令其在外居住自尽者，州县以上官，亦照此例议处。

禁狱 092：嘉庆五年议定

刑部现审事件，承审司官若有滥行监禁，及无故迟延不结者，照不应禁而禁公罪律，罚俸一年。

禁狱 093：嘉庆八年议准

斩绞重犯越狱，管狱官系专司狱务之员，应即行革职拿问，除四月限内拿获，免其拿问外，如有不能全获，留于地方协缉，五年限满不获，系禁役贿纵脱逃者，发往军台效力赎罪，若审明禁役并无贿纵故纵情事，果系依法看守偶致疏纵脱逃者，拟以杖一百、徒三年。至有狱官系兼辖之员，与专司狱务者有间，暂行革职留任，俟四月限满不获，仍留任一年督缉，如再不获，按其未获名数，议降议革，留于地方协同接任官缉捕，五年限内拿获，题请开复，限满不获，系禁卒受贿故纵者，无论名数多寡，概行革职，交刑部发往军台效力赎罪。若并无贿纵情弊，系降调之员，仍照未获名数，分别降革完结，系革职之员，交刑部拟以杖一百、徒三年。至一案内止系一名脱逃者，有狱官革职留任，四月限满不获，仍留任一年督缉，如再不获，即行革任，留于该地方协缉，五年限内拿获，题请开复，限满不获，审系依法看守偶致疏纵者，仍革职完结，系禁卒受贿故纵，交刑部拟以杖一百、徒三年。

禁狱 094：嘉庆十一年议准

凡问拟凌迟斩绞立决及监候重犯越狱，管狱、有狱各官协缉限内，除告病、终养等事仍不准回籍外，如遇丁忧治丧事故，管狱官应照旧例暂行给假百日，令其回籍，经理丧事，假满，原籍督抚催令起程，咨明任所，仍留地方协缉，接扣前限满日，按例查办。如有狱官于未经革职之先，遇有丁忧治丧事故，照现任官员丁忧治丧之例，回籍守制，服满后，仍赴任所，协同接任官，接扣前限缉捕。若该督抚等参奏革职，留于地方协缉，奉旨准行，及奉特旨革职留缉官员，并有狱官于革职后协缉限内，遇有丁忧治丧事故，俱照管狱官之例，给假百日，回籍经理丧事，假满，仍赴协缉地方协缉。至接任官将应缉人犯拿获者，其给假回籍各官，限满应降调革职并革职留任者，悉照邻境获犯之例，酌减议结。

禁狱 095：嘉庆十七年奏准

凡刑部监犯患病沉危，医生呈报救治，即令提牢司员回堂，移会满汉查监御史，赴部查验。至监毙之犯，无论因刑身死及猝患暴病身死，不及呈报究治之犯，俱移会查监御史率领指挥一员，限一日内赴部，会同刑部司员相验，若实系因病身死，或应行刑讯之犯，承审各员依法拷讯，邂逅致死及受刑后因他病身死者，均照律毋论。倘有非法拷打及将不应刑讯之人滥行致毙，并禁卒有陵虐罪囚各情事，即据实参奏究办。其各衙门送部之案，务将人犯是否患病，及曾否刑讯受伤之处，于文内详晰声明，若送到人犯受有刑伤及病势沉重者，刑部立即会同查监御史，亦于一日内赴部查验立案，俾有稽考。

禁狱 096：咸丰五年奏准

书差私设仓、铺、所、店及班馆、押保店等项名目，押禁轻罪干连人犯，致毙人命，如本管官知情故纵者，革职提问；未经致死，知情故纵者，降三级调用；如仅止失于觉察，因而致毙人命者，降二级调用；未经致死者，降二级留任；自行查出究办，未经致死者免议；查出在致毙人命以后者，仍照例议处。

禁狱 097：咸丰五年又奏准

臬司、道府、直隶州，失察所属私设班馆等项名目，同城之府州降一级留任，道员罚俸一年，臬司罚俸九月。其不同城之府州罚俸一年，道员罚俸九月，臬司罚俸六月。

禁狱 098：咸丰五年三奏准

每逢夏季热审届期，该督抚遴选诚实佐贰人员，委赴各州县明察暗访，如有书差私设班馆等情，立即密禀查参，如无私设情事，由该委员出结存案，倘日后仍有私设管押，别经发觉，或被人控告审明得实者，该督抚将委员职名随案附参。如系扶同捏饰，照徇隐例降二级调用；如仅止未能查出，降二级留任。倘委员有藉端勒索情事，由该地方官揭报该督抚，严参究办。

禁狱 099：同治二年奏准

刑部监狱如有疏失，直班之提牢降三级调用，不直班之提牢减为降一级调用。

吏部处分 230：修造〔例 36 条〕

修造 001：顺治初年定

各直省通衢大路紧要堤桥，不行豫修，以致冲决损坏者，府州县官各罚俸一年，该抚罚俸六月。如有城池不豫先修理，以致倒坏者，罚俸六月。

修造 002：康熙三年议准

官员捐资修理城郭、楼台、房寨、器械等项，该督抚亲身详加查验，保奏后，若有不坚固不如式，三年以内坍坏者，仍令该督抚并督工官赔修，捐资本工官销去纪录，免其处分。若限内坍坏，该府州县官隐匿不报，被旁人出首者，将该管官革职。如该管官申报督抚，督抚隐匿不报，将该督抚各降二级留任。

修造 003：康熙九年题准

官员解送一应匠役，或名数短少，或不择良工，以老病不谙之人塞责者，罚俸六月。

修造 004：康熙九年又题准

官员解送金砖杉木，不选择精美，以不堪用者解送，或折损，或迟延，皆罚俸一年，布政使、巡抚各罚俸六月。

修造 005：康熙九年三题准

官员于安插官兵居住房屋，不行修理安插，以致占住民房者，罚俸一年。

修造 006：康熙十五年题准

官员织造缎匹不精好者，降一级调用。

修造 007：康熙十五年议准

官员修造炮台、边界烽墩，不速行修造完结者，降一级留任。修完之日，仍还其所降之级，不行催之上司罚俸一年。

修造 008：康熙五十八年覆准

水师修造战船，如有不肖营员，希图射利包修者，将承修官与该营将官皆革职，督修官照徇庇例降三级调用，督抚降一级调用。

修造 009：康熙六十年题准

在京各处修理工程，工价五十两以内，物料价值二百两以内者，照依各处印文，准其修理。其工价五十两以上，物料价值二百两以上者，由该修理处料估启奏，工部差官覆核，会同该处官员首领监修，将用过钱粮，管工官名下销算，如多用钱粮，不行启奏，即令承修者将行文与承修堂司各官，皆照应奏不奏例降三级调用。

修造 010：雍正元年覆准

各省修理行宫，并直省仓廒等项工程，一应动用钱粮事件，皆令该督抚奏闻，工部议覆，再行修理，工完之日，该督抚查明，造册具题，工部详加核算题销。如有关系钱粮，应启奏事件不行启奏，擅自咨部请销，而该部据咨完结者，即行题参，照修理工程不行奏请例议处。

修造 011：雍正五年议准

各省城垣，督抚验明新旧倒塌，如城垣本属修整，偶有些小坍塌，令地方官于农隙及时修补，务令坚固。若漫不经心，致坍塌过多，该督抚查参，将该地方官照修造炮台等项迟延例降一级留任，修完之日，仍还其所降之级。其原坍塌已多，必须备办物料者，该地方官量行捐修，工竣后，将丈尺详报督抚，委官勘明，具结申报，如果工程坚固，将捐修各官，造册具题，交部议叙。如各地方官正在兴修，尚未竣工，遇有升迁事故，将所修城垣丈尺，报明督抚，造入交盘册内，移交接任之人，俟续修完竣，将修理之工程丈尺数目，分别新旧，造具总册报部。傥地方官因循怠忽，不实心任事，将未修城垣，捏报修完者，照修造战船未经修完捏报完工例革职。甚至借修城名色，科派民间者，照私派例革职治罪。

修造 012：雍正六年议准

凡修造战船，不能坚固，未至应修年限损坏者，著落承修官赔修六分，督修官赔修四分，仍将承修官革职，督修官降二级调用。至修造战船，应于定限之外稍宽限期，小修勒限四月完工，大修拆造勒限六月完工。广东、福建、浙江、江南、江西、湖广等省，凡届修造年分，各该协营于修期两月之前，豫先估计，造册申报督抚，一面具题，一面檄行监修官，豫先拨银，即行办料。惟广东之琼州，福建之台湾，远隔重洋，于修期四月之前，领银备办。山东、天津所用物料，产自浙江，由海驾运，于修期八月之前，领银购买，则承修之官，得以从容办理。傥仍有违误船工，违限未及一月，承修官罚俸一年，督修官罚俸六月，督抚罚俸三月。违限一月以上，承修官降一级调用，督修官罚俸一年，督抚罚俸六月。违限二月以上，承修官降二级调用，督修官降一级留任，督抚罚俸一年。违限三月以上，承修官降三级调用，督修官降一级调用，督抚降一级留任。违限四月以上，承修官降四级调用，督修官降二级调用，督抚降二级留任。违限五月以上，承修官革职，督修官降三级调用，督抚降三级留任。如承修官玩视船工，将应领之帑，延挨请领者，照迟延豫备军需例降一级调用。傥该上司等故意抑勒，以致迟延者，将承修之官免议，其抑勒之该上司，照抑勒不收漕运例降二级调用。如承修官将未经修完之船，捏以完工转报，承修官革职，督修官降二级调用，督抚降一级调用。如承修官申报未完，督修官作完申报者，督修官革职，承修官照限议处。如承修、督修官申报未完，督抚捏报完工者，督抚革职，承修、督修官照限议处。

修造 013：雍正七年议准

一应工程，该管工官不依定限完工者，工部查参，照玩误工程例议处。如不照限呈递销算清册，而该司亦不依限据实核销者，皆照迟延事件例参处。如该管工官或有因限期已届，修理未完，而规避处分，捏报工竣者，查出，别行指参，按所得之罪议处。其有应缴银两，不遵定限缴库完结者，即将该员参奏革职，勒限催追，限内全完，准其开复，逾限不完，交部照侵蚀正项钱粮例治罪，仍著落家属追还。如该司官员通同遮掩者，亦照承追亏空不力例议处。此外或有工程浩繁，办料维艰，其工料银数至三万两以上，难以依限完工者，缮折奏闻，再行定限修竣。

修造 014：雍正七年奏准

京都城墙上下，应令步军统领会同工部，各委官一员，凡有应行葺补修理之处，勘明报部，务于雨水之前，坚固修葺。其所委之官，俟一年任满，再委官更代。傥官员不加紧修理，及不实力查勘者，一经查出，即行题参，照造作迟延例议处。

修造 015：乾隆二年覆准

各省墩台、营房，如有坍塌倾圮之处，傥武职不行详报，照承查迟延例议处；文员不行修造，照修造迟延例议处。

修造 016：乾隆三年议准

嗣后除修造战船仍照定例议处外，其内河巡哨船，照战船原例量为减轻，如逾违不及一月者免其议处，一月以上者罚俸六月，两月以上者罚俸一年，三月以上者罚俸二年，四月以上者降一级留任，五月以上者降一级调用。督修之员，违限一月以上者罚俸三月，两月以上者罚俸六月，三月以上者罚俸一年，四月以上者罚俸二年，五月以上者降一级留任。督抚违限一月以上者免议，违限两月以上者罚俸三月，三月以上者罚俸六月，四月以上者罚俸九月，五月以上者罚俸一年。

修造 017：乾隆四年议定

凡修建工程所需物料，不必拘泥从前造报物料定价，悉照时价确估造报，工竣之日，该管上司委官验看，并取印结详报，该督抚等确访时价核明，题咨到日，工部再行核销。傥承办各官浮开捏报，该督抚即照冒销钱粮例指参。如委官验看不实，即以扶同徇隐例参处。

修造 018：乾隆五年覆准

采买一切物料，工部照定例发价，如承办官侵蚀入己者，查出，照冒销例参处。傥有匠作搬运等费，许承办官将缘由呈明，以听核夺，如该员并不呈报，经工部查出参奏，照应申上而不申例罚俸九月。

修造 019：乾隆二十二年奏准

修造河营浚柳船只，令徐、扬二道会同河营参将，派委守备二员，公同承修，责成河营参将、游击督修。如修造苇营石船，派令苇左右营守备轮直承修，责成苇营参将督修，于两月前豫行估计，领银办料。苇营石船，遇大修拆造定限四月完工，小修限三月完工。河营浚柳船只，遇大修拆造定限三月完工，小修限两月完工。如有迟延，将承修等官咨参，交兵部照例议处。该管之总河道员，如不行查催，违限一月以上者免议，两月以上者罚俸三月，三月以上者罚俸六月，四月以上者罚俸九月，五月以上者罚俸一年。

修造 020：乾隆三十年奏准

沿海炮台边界烽墩等项，如遇损坏，该营员查明，移报州县亲往查勘，报明督抚兴修，如违限不完，该督抚查参，仍照前例议处。其僻在内港炮台，如有坍塌处所，即随时修理，仍按季造报。

修造 021：乾隆三十年又奏准

凡奉旨修理紧急工程，不及先行料估核算者，酌量工程之大小，给发钱粮，派员速行修竣呈报，自工竣之日起，限十日内呈递销算清册，限十五日内该司核算呈明。至于一应寻常非关紧急工程，俱令按工部定限，如式完工，即行呈报查验，再于原办工所，或另有续估之处，仍著原管工官承办者，按所领钱粮日期，逐案报销，不得借续派名色，前后牵混，以致挨延，自完工之日起，亦定限十日呈递销算清册，该司官员按限核算明白，即行照例题销。凡有应缴银两，均令各司等处于工竣核销后，即行开明数目，限内如数交库。其一应工程，该管工官员或有不依定限完工，照修造迟延例议处。

修造 022：乾隆三十年三奏准

各省修建工程，该督抚等酌量定限，于估报案内，声明委员赶办，逾限不完，承修官降一级留任，修完之日开复，督催不力之上司罚俸一年。其估报迟延者，亦照此例议处。所需物料，按照时价造册详报，该管上司另行委员查勘结报，该管官细加核对详报，该督抚等确访时价，核明题咨，到日工部再行核销。如有驳查，即将咨驳情节，按限补造，倘有迟延，照造册迟延例分别议处；若驳查再三，不行据实造报，该督抚查明情弊，如系承办各员浮开捏报，照冒销钱粮例指参；查验不实之委员，照扶同徇隐例降三级调用；核对之该管官，照豫先不行查出据详代为开销例降一级调用；如果造册详明，官吏有故意驳查刁难勒索情弊，查出，照勒掯迟延例降二级调用。

修造 023：乾隆三十年四奏准

河南、山东河工堡房，如遇州县官升迁事故，令其造入工程钱粮项下，接任官亲诣堤工验明完固，造册具结咨送，如有破坏，接任官即行揭报咨参，照炮台边界烽墩等项不修例议处，堡房仍令赔修，完日开复。如该管之厅员徇纵不加督查，经该管道员揭报，照炮台等项督催不力之上司例罚俸一年。如接任官因循接受，即著接受之员赔修，如堡房完固，接受官故意勒掯，照前官已将钱粮彻底清白造册交代而新任官推诿不接例罚俸一年。

修造 024：乾隆三十年五奏准

直省督抚各该属官，遇有官事所用工料食物，务照时价、工价给予铺户、工役，倘有不肖贪鄙官员肆行科派，扰累小民者，该管上司指名题参，照官员应给民价竟不给例革职。如该管上司隐匿徇庇，不行题参，将该管上司照徇庇例降三级调用。

修造 025：乾隆三十年六奏准

各省督抚及有属员等官到任，其属员派累兵民，修理衙署，备办铺设，及州县等官到任，其属下人役豫为铺设，修理衙署，派及兵民，并官员每年指称添换器物，修饰衙署，派累兵民，该管上司即行指实题参，照科敛律治罪。如该管上司徇庇不参，或勒令属员修理衙署，添换器物，发觉之日，将该上司一并交部分别议处。再，官员升任或去任，除自置器皿外，署内一应物件，皆须清载簿籍，移交接任官员，倘将在官物件被家人毁盗，著落旧任官照数赔补。

修造 026：乾隆三十年七奏准

因公讹误革职人员，情愿出资垦田者，准其自备资本垦田开复外，至被参贪婪不法革职拟罪之员，后虽完赃免罪，例应回籍，如有该员因堤工、城工等类，捏称情愿效力，蒙混具呈，希图逗遛原任地方，该地方州县及司道府督抚等官不行查逐，及混行收呈，代为咨请留工者，将混行收呈代为咨请之员，照容留废员例分别名数议处。

修造 027：乾隆三十三年奏准

各省承办城垣、仓库房间，以及堤岸、闸坝等工，令各督抚拣派妥员，将应修应减之高长宽厚丈尺，详细查明，据实确估，报明各该督抚查核，工竣报销。城垣由督抚亲验收工，其余各项工程，银数在一千两以上者，由督抚覆核题销，若造册笼统，不将高宽丈尺，逐一分析，将造册之员与率转之上司，并该管督抚，均照钱粮造册不分析明白例议处。若银数在一千两以下者，该督抚派委妥员，详细查验，咨部核销，傥仍行笼统，未经分析开造，将造册之员，并将派出查核之该司道府等，亦照前例议处，督抚免议。至于零星修补房屋墙垣等项，或有款项做法开报未详，或将所用物料丈尺斤重遗漏未开，原与造册笼统者有间，工部随案粘签指驳，令其更正，毋庸一律查取职名。

修造 028：乾隆三十五年覆准

报修京仓，自文到日起限，由工部派员查勘，令于二十日内造册呈递，该承办之司核计钱粮，亦于二十日内缮送清册，咨送巡查都统会奏。通仓亦于文到日起，由该衙门令通永道等官查勘核计，统于四十日内造册呈送仓场侍郎核题。傥原报修册内与应修处所不符，必须驳查者，另行扣限。至于造送估册之后，并于二十日内令巡查都统、仓场侍郎、御史等即行题奏，以便及时兴修，如查估题奏逾限，照估报迟延例分别议处。

修造 029：乾隆三十七年议定

各直省通衢大路紧要工程，不行豫修，以致冲决损坏者，府州县官罚俸一年，道员罚俸九月。

修造 030：乾隆三十七年又议定

官员修理城郭、楼台、房寨、器械等项，该督抚详加查验，保奏后，若有不坚固不如式，三年以内坍坏者，仍令该督抚并督工官赔修。若限内坍坏，该府州县官隐匿不报，被旁人出首者，将该管官革职，该管道员隐匿不报降三级调用。

修造 031：乾隆四十年覆准

凡官员豫借廉俸兴修衙署，系旧料移建他处，或全行拆卸，另行建盖者，于工竣后保固十年限内，有些小损坏，现任官自行粘补，遇有坍塌倒坏，令后任查明前修原案，估计工料，详明上司，委勘切实，著落原办官照数赔缴，并将委验出结之员，报部参处，照不行查明给结例罚俸一年。

修造 032：嘉庆十二年谕

温承惠等奏：会议商捐官拨船只，分派沿河州县经管一折。此项官拨船只，既据该督等查明，所需津贴费用，该商等情愿仍照原数报捐，并据称此项船只，自归并通州、武清、天津三州县承管，因船数过多，照料难周，遂致损失，今既筹议章程，仍应分派沿河十八州县经管，以图经久等语。所奏自系实在情形，著照所请办理，但船只既分派各州县经管，恐该州县等因系官捐之物，不甚留心爱惜，致易损坏，自应酌议保固限期，严定考成，以船只之多寡，日期之久暂，为处分之轻重，其如何明立章程之处，著该部妥议具奏。钦此。遵旨议定：沿河州县所管之船，分作十成，计经管年分，即自新船解到接收之日起，至十年保固限满之日止，限内损失仅止一二成者，责令赔补，免其议处。船只拨运已届八九年者，遇有损失，仍责令赔补，亦应免其议处。其拨运在六七年之内，损失至三四成者，经管之州县罚俸一年，该管道员罚俸六月；五成以上者，经管之州县降一级留任，该管道员罚俸一年。其拨运未满五年，损失至三四成者，经管之州县亦降一级留任，该管道员亦罚俸一年；五成以上者，经管之州县降一级调用，该管道员降一级留任，损失船只，俱责令经管州县照数赔补。

修造 033：道光六年奏准

各省修建工程，承办官实系有心捏报浮开工料例价，希图冒销，查明情弊显然者，革职提问，查验不实之委员降三级调用，核对之该管官降一级调用。如承办官于应用工料，不能详核例案，以致多开银两，经工部签驳后，始行遵驳核减者，将承办之员及查验、核对各官，俱照承问失入部驳改正例减等议结，如例应革职者减为革职留任，例应降级调用者减为照所降之级留任。若因物料运脚时价昂贵，今昔情形不同，承办官应于请销时，随案切实声明，以凭查核，如于部驳核减后，始行声覆者，将承办官降一级留任，查验之委员罚俸一年，核对之该管官罚俸六月。

修造 034：道光六年又奏准

工程完竣，有匠作搬运余剩料件等费，许承办官将缘由呈明，于赢余银两内核销，如不行呈明，即自支给，照应申不申公罪律罚俸六月。

修造 035：道光六年三奏准

天坛望灯杆木，运送到通，交地方官敬谨收管，于高旷处所支垫风晾，俟木性干透更换，以资经久，如任置放河干，不加支垫，迨工用之时，尚形潮湿者，将收管不慎之通州知州，照不应重公罪律降二级留任，该管之通永道降一级留任。至竖立以后，交太常寺奉祀官等常川查看，豫为防护，如不能觉察，直至糟蛀剥落，始行呈报，将奉祀官等降二级留任，该寺堂官降一级留任。

修造 036：道光六年四奏准

官员恭办大差，道路桥梁不能坦平坚固，致有水冲泥淖者，降一级调用。

吏部处分231：河工〔例79条〕

河工001：顺治初年定

黄运两河堤岸修筑不坚，一年内冲决者，管河同知、通判、州县等官降三级调用，分管道员降一级调用，总河降一级留任。如异常水灾冲决者，专修、督修官俱住俸修筑，完日开复。本汛堤岸冲决，隐匿不报，另指别处申报者，加倍议处。如一年外冲决者，管河等官革职，戴罪修筑，分管道员住俸，督修完日开复。本汛堤岸冲决，隐匿不报另指别处申报者，管河等官降二级调用，分管道员降一级调用，总河不行详确具题罚俸一年。如地方冲决少而申报多者，具报官降三级调用，转详官降二级调用，总河不行详查具题降一级留任。至冲决地方，限十日申报，过期始报者降二级调用。其沿河堤岸，豫先不行修筑，以致漕船阻滞者，经管官降一级调用，该管上司罚俸一年，总河罚俸六月。

河工002：顺治初年又定

经征河银，一年内全完三百两以上，纪录一次。

河工003：顺治十六年定

河工各官，无论升迁降调，俱将任内修防事宜开明，候交代离任，如本汛堤岸冲决，将该管官参处。

河工004：顺治十七年题准

修筑堤岸工完，各具伏秋无虞印结，同册奏销，如本年冲决者，指参议处。

河工005：康熙元年题准

凡修筑黄河堤岸，一年内冲决者，参处修筑之官；一年外冲决者，参处防守之官。运河堤岸，三年内冲决者，参处修筑之官；三年外冲决者，参处防守之官。如限年之内，修筑之官已去，而防守之官不行料理，致有冲决者，将防守官一并参处。

河工006：康熙八年谕

河工原有额设钱粮，近闻沿河居民因河工苦累，此皆该地方大小官员不念民艰，纵役侵克所致，若督抚等官实心料理，则贪官蠹役安得吓骗苛派，肆害百姓。以后有此情弊，被访查发觉，定将该地方大小官员，从重治罪不恕。

河工007：康熙九年题准

官员奉修冲决地方，雇夫不发，或令挖浅不行挖者，或称非本汛推卸者，或将柳埽桩木等物不行速办，以致迟延河工者，州县官降三级调用，道府官降一级调用。

河工008：康熙十五年议准

修筑黄河堤岸定限一年，运河堤岸定限三年。如黄河堤岸在半年内冲决，运河堤岸在一年内冲决者，其防守之员，如即系修理之员将经修防守之同知、通判、州县等官皆革职，道员降四级调用，总河降三级留任。如黄河堤岸过半年限内冲决，运河堤岸过一年限内冲决，防守之员即系经修之员者，将经修防守之同知、通判、州县等官皆降三级调用，道员降二级调用，总河降一级留任。如过黄河定限一年，运河定限三年冲决者，将管河各官皆革职，戴罪修筑，道员住俸督修，至工完之日开复，总河罚俸一年。若黄河半年运河三年限内，经修之员已去，而防守之官疏忽，致有冲决者，将原修及防守之同知、通判、州县等官一例处分。其黄河半年，运河三年限内，本官所修堤岸，如遇冲决，隐匿不报，别指他处申报冲决者，将经修防守之同知、通判、州县等官革职，司道降五级调用，不行确查具题之总河降三级调用。

河工 009：康熙十七年议准

沿河知府有地方之责，如遇有冲决等事，照道员一例处分。凡堤岸工程，均限半年完工，如限内不完，将承修官罚俸一年，督修道府罚俸半年，再限三月完工，如再不完，将承修官降一级调用，督修道府罚俸一年。如系革职戴罪承修之官，半年限内不完，降一级调用，其降调官工程，别委官限三月完工，如不完，罚俸一年。督修道府所属官员工程，一年内不完，降一级调用，如限内不完，总河不行题参，罚俸三月。若系限内难完之大工，总河豫先题明。至于分管官所筑堤工，有一处不坚固，盛水即漏，并有一二丈不丰满合式者降一级调用；两处不坚固，盛水即漏，并有三四丈不丰满合式者降二级调用；三处不坚固，盛水即漏，并有五丈以上不丰满合式者革职。监理官所辖分管官，有因筑堤不坚固合式，一人议处者罚俸一年，二人议处者降一级调用，三人议处者降二级调用，四人以上议处者将监理官革职，如议处、议叙相同者，准与抵算，如系监理官揭参者免连坐。如兴举大工，附近地方官不协同募夫，不将急需料物，速即协买，上紧解运，以致迟误河工者题参，将州县官降三级调用，道府官降一级调用。

河工 010：康熙二十年谕

河道漕运，关系重大，所关河漕一应情罪，俱不免赦。

河工 011：康熙二十三年议定

堤岸冲决，河流迁徙者，仍照旧例处分。至河水漫决，河流不移者，限年之内，令经修官赔修。如过年限漫决者，令防守官赔修。

河工 012：康熙三十九年议准

嗣后侵帑误工，如分管微员，照例惩处，其现在河员及在工效力旗员，题参革职。

河工 013：康熙三十九年又议准

河工堤岸冲决，如河流不移者，将管河各官皆革职，戴罪勒限半年赔修，道员各降四级督赔，完工开复。如限内不完，将赔修官革职，道员降四级调用，总河降一级留任，未完工程，仍令赔修。如限内不完，道员不行揭报，总河不行题参，照徇庇例议处。

河工 014：康熙三十九年三议准

嗣后排桩购木，令该道厅赴工验看，是否与原估尺寸相符，令承筑人员，桩用整木签钉，埽用整柴镶塞，如修筑不坚，该道厅揭报徇隐，一并究参，汛弁斥究。

河工 015：康熙三十九年四议准

嗣后挖河之土，尽堆原估堤上，层层杵硪成堤，不许估计散土，以滋堆高假河之弊。倘挑挖不深，以致引水淹漫，虚报淤垫者，除钱粮不准开销外，以侵帑误工题参拿问。

河工 016：康熙三十九年谕

河工积弊，汛官利于堤岸有事，修建大工，得以侵冒河帑，又希图修桥建闸，兴无益工程，于中取利。著严饬各官，痛改前非，加谨修防，倘有故违，定行正法，以示惩戒。其地方有司官员，膜视河工，致有贻误者，题参到日，将地方官亦行正法。

河工 017：康熙三十九年五议准

嗣后河工官员，实心任事，修筑坚固者，该督抚保题现任者以应升之缺即用，候选官以应补之缺即用，其怠玩虚冒者，该督题参革职拿问。

河工 018：康熙四十六年议准

修防工程，道员按工发帑，厅员领帑作工，其微员末弁以及效力人员，止令防守险工，催趱夫役及押运料物，不得轻给帑金，如该厅亲具保结，申详该道，转详该督，方准给发。〔乾隆二十四年增：遇有紧急工程，办员不敷，必须添派佐杂等官趱办者，取具该道厅等切实保结，并将承办官员职名，报明工部查核。〕如滥委匪人，以致工程不完，亏缺帑金，将本身革去职衔，限一年追完，完日开复原职，逾限不完，将该厅官革职，戴罪勒限一年，俟赔完日开复，再逾限不完，将该厅官革职，该道降四级，勒令赔完，完日该道准其开复，如又限内不完，将该道降四级调用，该督降一级，与该道厅同赔，完日准其开复，不完将该督每案罚俸一年，仍令该督及道厅同赔还项。〔乾隆三十四年增：各省修做一切工程，均照此办理。〕

河工 019：康熙四十九年覆准

河南堤工，系巡抚就近料理，如遇水长，即严饬管河等官，率领堡夫抢护，如怠玩贻误，将该地方官照黄河例议处，仍查明年限，著落赔修。

河工 020：康熙五十二年覆准

河督严饬各厅豫备料物，及时修理，其卷下埽个，如不坚固，外新内旧，杂以烂草，以及短少丈尺者，该督亲勘题参，从重治罪，该督不参，照徇庇例议处。

河工 021：康熙五十四年谕

江堤与黄河堤塍不同，黄河水流无定，时常改移，故特设河官看守，江水并不改移，故止交与地方官看守。如江水间一泛涨，亦非人力所能保，湖广堤岸，引黄河看守堤工例议处，地方官员之处著详查再议具奏。钦此。遵旨议定：嗣后湖广堤岸冲决，府州县官员各罚俸一年，该抚罚俸六月。

河工 022：雍正二年议准

河工修筑不坚，致有冲决，力能赔修者，别委官督令赔修，不能赔修者，题参革职，别委贤员，给发钱粮修筑，将所用钱粮，勒限一年，令其照数赔还，如限内赔完，仍准其开复，如逾限不完，题交刑部治罪。

河工 023：雍正三年议准

豫东、江南蓄水诸湖，栽苇官员栽苇一顷者纪录一次，二顷者纪录二次，三顷者纪录三次，四顷者加一级。殷实之民种苇四顷，给予九品顶戴荣身，次年验明栽种活数，造册题请议叙。

河工 024：雍正四年议定

河工承修官员，估计工程总河及该督抚等，委官确勘工段丈尺，桩埽料物，如果与所估数目相符，核实具题，发帑兴修。如估计过多存心浮冒，查出将承修之官照溺职例革职，验看之官不实心勘验，扶同徇隐，照徇庇例议处。至工完之日，该总河、督抚等再行确勘，如工程单薄，料物克减，钱粮不归实用，以致修筑不坚，不能保固，将承修之官，照侵欺钱粮例分别治罪，其侵欺银两，勒限著落该员家属追赔还项。至所修单薄工程，该员既经浮冒，工程必难保固，令总河、督抚等别委贤员，动帑坚固修筑，工完题销，但河防重大，水性无常，傥一时水势暴涨，人力难施，致有冲决，该总河、督抚查明具题，仍照黄、运两河冲决例，分别年限处分。

河工 025：雍正四年议准

直隶一切河道工程，令该管官各分工段，照例保固，如有堤岸修筑不坚，以致冲决者，该督查明题参，系一年内冲决，将该管官降三级调用，管河道员降二级调用，总督降一级留任；一年外冲决者，该管官皆革职，戴罪修浚，道员住俸督修，完日开复。若河工冲决，例应参处知府者，知府亦照道员例处分。

河工 026：雍正五年谕

河工关系国计民生，朕宵旰焦劳，屡颁谕旨。向来河员之怠忽不堪，朕所悉知每谆谆训饬，齐苏勒仰体朕意，实心料理，李世彦、孙国瑜二人，以旗员而膺河工之任，理当黾勉效力，今仍怠忽若此，应加重惩，以为怙恶不悛者戒。著将李世彦、孙国瑜，即于工所重枷枷号示众，俟伏秋水汛过后，请旨释放。著齐苏勒查明李世彦、孙国瑜在工几年，揆其力量，酌令出资效力。向闻河工不肖之员，竟有将完固堤工故行毁坏，希图兴修，藉端侵蚀钱粮者，此等罪恶，尤可痛恨，著交与齐苏勒时加访查，傥再有此等不法之员，著即奏闻，于工程处正法示众。

河工 027：雍正五年又谕

凡堤工事务，承修官与地方有司均有责任，定例昭然。嗣后直隶河道工程，著河员与地方官协同承修防护，务期保固无虞，如限内有冲决之处，著落河员与地方官照例赔修，倘再敢怠忽推诿，著一并革职，照南河河员李世彦、孙国瑜之例，枷号工所，仍令赔修，以为忽视工程之戒。钦此。遵旨议定：黄河一年之内，运河三年之内，堤工陡遇冲决，而所修工程，实系坚固，工完之日，已经总河、督抚保题者，止令承修官赔修四分，其余六分准其开销。如该员修筑钱粮，均归实用，工程已完，未及题报，而陡遇冲决者，该总河、督抚将冲决情形，并该员工程果无浮冒之处，据实保题，亦令赔修四分，其余皆准开销。如黄河一年之外，运河三年之外，堤工陡遇冲决，而该管各官实系防守谨慎，并无疏虞懈弛者，该总河、督抚核明具题，止令防守该管各官共赔四分，内河道、知府共赔二分，同知、通判、守备、州县共赔一分半，县丞、主簿、千总、把总共赔半分，余六分准其开销，其承修防守各官，皆革职留任，戴罪效力，工完之日，方准开复。倘总河督抚有保题不实者，后经查出，照徇庇例议处，所修工程，仍照定例，勒令各官分赔还项。

河工 028：雍正五年覆准

嗣后办料一百万斤，限十日交工；二百万斤，限二十日交工；照数递增，依限报完。如逾期不完，将承办迟延职名题参。

河工 029：雍正五年又覆准

各河同知转发各员，承办物料，取具分办人员照数领足价值印甘各结，申送查核，如无各结，即将该同知侵扣短少之处查参，汛官领银不能如数交足，查明题参，分别治罪。

河工 030：雍正五年三覆准

嗣后采买岁修、抢修物料，厅汛各官互相称收，印官分办者亦令厅官称收，取具并无短少印甘各结存案，如有徇隐，将该厅汛官题参，加倍治罪。

河工 031：雍正五年议准

嗣后沿河州县，遇有被淹之处，令地方官会同河员，亲历确勘被淹情由，据实通报，如有隐匿民灾者，照报灾怠玩例议处，查报不实者，照溺职例议处。

河工 032：雍正五年四覆准

沿河府州县有才娴河务者，准河臣会同抚臣保题升任河工道厅；其河工厅汛有才守兼优者，准河臣会同抚臣保题升任沿河府州县。倘徇情升调贻误者，除该员照例治罪外，仍将保题不实之上司，照滥举匪人例议处。

河工 033：雍正七年议准

江南苏、松等府兼管水利各官，一年内果能实力奉行，疏浚河道，修筑堤岸，均有成效，该管道员申报督抚，该督抚核实保题，准加一级；二年内能无误工程，准其加衔一等；三年内始终无懈，于河道实有裨益，该督抚保题到日，以应升之缺即用。其玩视兴修，致河道淤浅，堤岸倾圮者，该督抚即指名题参，〔乾隆三十年增：照河工堤岸豫先不行修筑例，降一级调用。〕所用钱粮，责令赔补。

河工 034：雍正十二年覆准

江南黄运两河堤，令河道总督转饬经管厅汛各官，督率在工兵夫，各照本汛应积土方数目，逐渐堆积，土所以资工用，〔除寒暑两月免其积土外，其余每月黄河一堡二夫，责令堆土十五方；运河一堡二夫，除粮船往返修补犁沟橛银外，责令积土十二方，以一年合算，计积土十万余方。〕每月查明细数，报总河衙门，不得渐次短少。除河兵所积土方入于该备弁交代项下，其堡夫所积土方，每月造于新土册内，汇报算入交代。倘不能如数挑积，专汛官罚俸一年，该管厅员罚俸半年；若挑积不及一半，将专汛官降一级，暂留原任，戴罪趱挑，〔乾隆三十年增：如数挑积之日，准其开复。〕该管厅员罚俸一年。

河工 035：乾隆元年谕

嗣后南北两河，凡有效力人员，该河道总督，严加申饬，不时访查，务令循分自安，毋得仍蹈旧习，与绅监人等密迩亲昵，以启地方豪猾生事滋扰之渐。如有干犯禁令，交结作弊者，该督抚即查明劣迹，据实参奏，不得稍为徇隐，并将交结之人，一并惩治。

河工 036：乾隆二年覆准

豫省应修水利地方，如系动帑修筑工程，承修各官果能实力办理，修筑坚固，钱粮并无糜费，俟保固三年之后，该督抚将该员功绩核定，造册题请，交部分别议叙。其专辖监修、统辖督修之员，果能督率有方，各属内毫无怠忽，照河工秋汛平稳之例，量加议叙。倘承修之官膜视悠忽，不豫期修筑，以致田亩被淹者，照河工堤岸豫先不行修筑例降一级调用，专管监修之官罚俸一年，统辖督修之官罚俸六月。倘有虚冒钱粮，侵蚀入己，以致工程不坚者，将承修之官，照侵欺河工钱粮例革职治罪，该管各官徇隐不报，照徇庇例议处。

河工 037：乾隆三年覆准

河南、山东沿河文武官弁，于沿河地方，有能自出己资，捐栽成活小杨五百株者纪录一次，千株者纪录二次，千五百株者纪录三次，二千株者加一级。其滨河民人，有情愿在官地内捐栽成活小杨二千株，或在自己地内栽成千株者，该管官申报河督，勘明成活数目，造册报部，给以九品顶戴荣身。如不及议叙之数，准其次年补栽，仍将栽成杨树，责令汛官收管培养。如厅汛各官，有将民地指为官地，强占栽种，希图议叙者，查出严参，〔后增：革职。〕照强占官民山场河泊律治罪。

河工 038：乾隆四年奏准

江南水利工程，准其将具呈情愿效力之候补、候选人员内，拣选年力富强，身家殷实者，列名具题，吏部、兵部查明与例相符，准其留工效力。其废员中果系因公讳误，熟悉水利，有愿赴工效力，亦令其一体具题，收录效力，俟工竣之日，将题准效力人员，查明实在劳绩，题请议叙。傥有草率误工之处，即行查参。

河工 039：乾隆六年覆准

凡工程完竣，应追核减银，照依杂项钱粮例，计以年限著追，如限满不完，将承追官初参降俸二级，戴罪督催完纳，复参罚俸一年。如承办之员，遇有升迁事故，于任所原籍催追，限满不行完缴者，该督抚指名查参，分别议处。

河工 040：乾隆九年覆准

江南丰砀、铜沛二厅，购办苇柴，甚属艰难，将丰砀、铜沛二厅旧例，酌量变通，就近全办秫秸，照河东之例，务于七月内酌定银数，给发该府，分发各州县承办，定限十月完半，年内全完，到工时该员随到随收，傥印官办料迟延，短价累民，以及厅官重秤称收，掯勒守候等弊，即行参处。其办料交工之时，派令附近不管河工之同知、通判等官，监守查验，据实称收。傥所办秫秸青湿不干，监收之员即行揭报请参。傥监收之员通同徇隐，该督抚查访确实，即将监守之员指名查参，仍令监收查验之该同知、通判出具并无短少青湿抑勒加派印甘各结，详报存查。

河工 041：乾隆十二年议准

湖北堤岸，严饬所属印河各官，加意稽查，堤长止许传唤，雇工毋许滥行科派，如有旷误行私，勒索滋扰，经受害之人首告，或上司查参，将该印河各官，均罚俸一年。

河工 042：乾隆十五年奏准

各省河工岁修，有迟至次年二三月始行题估，六七月始行题销者。又，另案各工，工完之后，竟有迟至二三年始行题销者，更有工程已经报销，经工部驳查，竟迟至四五年不行题覆者。嗣后令各该督抚逐一清查，于文到之日三个月内，即行造册具题，如再迟逾，将承修督催及该管各上司，照例指名题参，严加议处。

河工 043：乾隆十七年覆准

山东省运河纤路，堤工顶冲受险，并单薄残缺各工，令该管道府，会同运河道亲临照估，按段验修，如有偷减草率，不如式坚固，将承修官照修工不坚例议处。官堤土石各工，豫先不行修筑，致有残缺，降一级调用。民埝不实力修防，致有残损，照紧要堤桥不行豫修以致损坏例，罚俸一年。

河工 044：乾隆十八年议准

河工同知、通判等官交代，皆系工程物料，向因核算需时，并未定有限期，往往任意迟延。嗣后厅员遇有升调事故，皆限三月内，将一应经手钱粮，并岁修抢修工程，统行交代清楚，出具切结呈报，如有钱粮繁多，应展限者，咨部请展，傥有亏缺逾限等事，即行分别揭参，该管道员督催不力亦照例议处。

河工 045：乾隆十九年奏定

杨桩为河工必需要料，前经总河栽成八万余株之后，至今十余载，仅添栽一万四千余株，枯损缺少者甚多。嗣后如有劝捐无术，培养失宜，致有枯损缺少至一千株以上者，令该督将厅员职名同汛官一并参处，著令赔补。至监生中有于官地内捐栽杨树四千株，及在自己地内捐栽杨树二千株者，照例免其考职，给予主簿职衔。

河工 046：乾隆二十年奏准

南河捐栽杨柳，每托河工兵弁经理，有名无实。嗣后捐栽杨柳议叙之例，即行停止，以杜冒滥。

河工 047：乾隆二十年议准

河工柳株一项，既有捐栽，又有兵夫额栽，易于混冒，惟杨桩、苇草二项，并无兵夫额栽，易于核验，不致有名无实，且定例以来，官民捐栽杨树苇草者寥寥无几，应督令各处力行劝捐，以裕工料。嗣后河南、山东官民捐栽杨柳，照依南河之例，停止议叙，以免冒滥。其杨树、芦苇二项，河东与江南稍有不同，势不能照依南河一例停止，仍令该督，嗣后官民捐栽杨苇，务须委官查验实在成活数目，取具造册送部，题明分别议叙，毋使牵混影射，致滋冒滥。

河工 048：乾隆二十一年谕

黄河两岸，当夏秋水势盛涨之时，往往刷成支河，若不于水落时，即行堵筑，一遇水发，则就下之势，必冲突夺溜，于河防农田均有关系。向时之武阳，近日之孙家集，皆其明鉴也。嗣后该总河等应督率厅汛，逐一查勘，实力堵筑，于次年桃汛前完竣，其有承办不力者，将该管员弁查参，交部议处。其作何分别惩劝，著河道总督会同该督抚详议具奏。钦此。遵旨议定：江南、山东、河南等省，黄河两岸滩地，冲刷支河，每年于霜降水落之后，厅营各官即将各汛内滩地冲刷支河几道，长宽深浅丈尺，应筑土坝几道，高矮长宽丈尺，逐一亲加确勘，移会地方官覆勘，核计土方，分派兵夫堵筑，如兵夫额数不敷，即拨民夫堵筑，统限霜降后一月内，会造清册，详道核转，定限次年春融兴工，桃汛前如式完竣，结报该管河道亲验转详，经过伏秋汛后，如厅印各官所筑土堤坚实，漫滩之水足资抵御，并无坍塌者，验明确实，照修筑堤工已有成效例议叙。如厅营各官于水落后，不即亲加估计，移会印官覆勘，如印官推诿，不即查勘堵筑，及桃汛前不能完竣者，即行查参，照堤岸豫先不行修筑例议处。至堵筑不坚致有坍塌及冲突夺溜情事，亦即查明承筑各员，并监理兼管营汛各官，照营筑堤工夯杵不坚盛水即漏例议处。每年九月后，该管河道验明上年所有支河堵筑土坝，经历伏秋大汛，如果坚实完整者，即取结具题议叙；如有承办不力，以致冲突坍卸夺溜者，照河水漫决例议处。又，黄河两岸堤工内外居民，无论本省隔省，如有需用修防之处，即知照地方官一体调拨，傥地方官不行调拨，照协办大工迟延例议处。

河工 049：乾隆二十二年覆准

河工修做岁抢各工程，全资料物接济，嗣后头关柴秸等项，总于七月内发办，其秸料限十月内完半，年内全完；柴料限十月完半，次年正月内全完；二关秸料于九月内发办，十一月完半，次年正月内全完；其柴料于十一月内发办，次年正月内完半，三月内全完。如承办料物各员，逾限不完，及完不足数，将该承办官停升住俸，再扣限两个月完足，如限内照数全完，准其开复，倘再逾限不完，照例降三级调用，该管道府罚俸一年。至未完料物，如果实欠在民，及留存在荡，即著落接任之员，查明比追运交，倘有侵挪亏缺等弊，仍照亏空钱粮例严参治罪。

河工 050：乾隆二十三年议准

运河额夫，照河兵例，每名栽柳二十株，于运岸两旁签栽成活，并令堤后坦脚栽植杂果树木，仍令该督等，将每年栽过柳株数目，及所栽基址地名，造册咨报工部存案。如栽不及数者，将专管官罚俸一年，兼辖等官罚俸六月；栽不及半者，专管官降一级，暂留原任，戴罪补栽，兼辖官罚俸一年；枯损在一百株以内者，责令该管官赔补；至一百株以上者，降一级留任，俟赔完日开复。

河工 051：乾隆二十三年覆准

河工每年销算岁修抢修等工，该总河自行核减银两，题销之日起限，数在三百两以下者，扣限三月追完；三百两以上者，扣限六月追完；数在三百两以下，限满不完及完不足数者，将该员降一级留任，再展限三个月，如果全完照例开复，倘仍不完，照亏空例革职监追；数在三百两以上，限满不完及完不足数者，将该员罚俸一年，仍接扣三个月，如再不完，降一级留任，再接扣三个月，如果全完，照例开复，倘再不完，照亏空例严参革职监追，从重治罪。其该管河道督催不力，亦应分别察议，如本员罚俸一年者，将该管河道罚俸六月，本员降一级留任者，该管河道罚俸一年，本员革职者，该管河道降一级留任，三年无过开复。

河工 052：乾隆二十三年又覆准

南河现任办工员弁，凡有核减分赔等项银两，准其责令该道厅、参游、守备等官，以奉到部咨之日为始，分别勒限严追完报，其有应支俸廉人员，即于该员应得俸廉内，尽数扣抵，报明工部及户部查核，倘扣不足数，或系不支俸廉之员，逾限不完，将该员弁分别察议，如系现任，停其升调，系效力人员，停其补授，勒限完纳，再逾限不完，现任人员暂行解任，效力人员暂行革去职衔，仍留工令其完纳，完日开复，如仍不完纳，现任人员即行革职，效力人员即行革去职衔，监追治罪，并于该员任所旗籍，查封财产变抵。至承追不力之厅员、守备、游击及河库道，初参、复参，仍照承追杂项钱粮定例议处。

河工 053：乾隆二十三年议准

河南、山东，卫、漳两河民埝工程，责令该地方官亲诣履勘，劝谕居民岁加修补，不得虚应故事，致使坍卸，年终出具完固印结，详报该总河等查核，报部存案。如有失时不修，及捏报完固者，将失时不修之该管官，照河工堤岸豫先不行修筑例降一级调用。如捏报完固，照修造战船未经修完捏以完工转报例革职。沂、泗、府、洸、白马冲、魏、清、赵、马颊、徒骇、老黄等河，各该地方官于每年汛后，逐一查勘，如有浅阻梗塞之处，立即督率民夫，挑浚深通，使之畅流无阻，并劝谕本乡绅士有业居民，搭盖木桥，以便行走，年终出具印结，申送该总河等查核存案。如有失时不治，堕废前功者，将该管官照紧要堤桥不行豫修例罚俸一年，兼辖官罚俸六月。

河工 054：乾隆二十四年奏准

江南河道，必须宽深足资宣洩，淮、扬、徐、海等属，所挑水利干支各河，地方河官各按所管河道分任，遵定章程，善为经理，于每岁秋冬水落之时，详加查勘，造册通报。如有淤垫阻塞之处，或劝用民力，或动帑开疏，责令该管道府，遍历稽查，报明督抚督率妥办。如有不详报挑浚，以致淤浅者，将专管官照河工堤岸豫先不行修筑例降一级调用，兼辖官罚俸一年。

河工 055：乾隆二十四年覆准

河南、山东沿河附近印河文武员弁，并滨河民人于沿河官地，及自己地内，出资捐栽杨苇，准其将成活数目，造册报部议叙，仍将栽成杨苇，责令汛官收管培养，倘有枯损偷盗等事，即将该管汛官查参议处，仍令赔补。如厅汛各官有将民地指为官地，强占栽种，希图议叙者，察出严参革职，照强占官民山场河泊律治罪。

河工 056：乾隆二十六年题准

河工烧毁物料，该管官有藉端捏饰情弊者，革职严审究追。其巡查不力，以致烧毁料物，价在一千两以下者，初参，将该管官罚俸一年，勒限一年赔完，限满不完，降一级留任，再限一年赔完，限内全完，准其开复，如限满不完，及完不足数，降一级调用；一千两至五千两者，初参，将该管官降三级留任，戴罪赔补，限一年内赔完开复，限满不完，及完不足数，照所降之级调用，其离任后，仍限一年赔完，无完革职；至五千两以上者，初参，该管官革职，暂免离任，戴罪赔补，限一年内赔完开复，限满不完，及完不足数者革任。其降调、革职、革任人员，俱留工交与河道总督，转饬该地方官，勒限一年追完，如不赔完，著落家属追赔。

河工 057：乾隆二十八年覆准

河工购办苇柴，于四五月间发办，秋秸于七月间发办，均限十二月底全数到工，如逾限不完，将承办之该厅州县降三级调用，该管府道罚俸一年，仍将未完料物查明，如果实欠在民、在荡，著落接任之员，押令参员催追完报，倘有侵挪亏空，照亏空钱粮例严参治罪。

河工 058：乾隆二十八年又覆准

河工办料修工，责令文武厅营，分别专管兼管，互相稽查，如厅员豫备料物，岁内不能依限全到，许守备据实揭报题参，将专管办料之厅员降三级调用，守备奏明免议；傥守备容隐不报，经该管上司查参，将兼管之守备降一级留任。守备修做埽工，不能如式，许厅员据实揭报题参，将专管办工之守备降一级调用，厅员奏明免议；傥厅员容隐不报，经该管上司查参，将兼管之厅员罚俸一年。再，办料办工，虽经分隶厅营，仍责成该管各道，不时亲身赴工，实力查勘，毋得据文率转，及委员结报塞责，致滋推诿捏饰迟延等弊。如厅员办料依限到齐，守备办工柴土如式，即行出具切实印结，呈报该督亲往查勘，傥所报不实，除处分厅营外，将该管道员一并查参。如系办料迟延，厅员降三级调用者，将道员降二级调用。如系修做不能如式，守备降一级调用者，将道员降一级留任，赔修完竣，准其开复。

河工 059：乾隆二十九年覆准

河工遇有失事，保固限外，陡然冲决，将用过钱粮，除照例准销十分之六外，其余应赔四分钱粮，向例派作四股分赔，〔今改作五股。〕道员赔一股，知府、参、游共赔二股，厅、营、州、县共赔一股半，文武汛员并赔半股。

河工 060：乾隆三十年奏准

现修工处不坚固，怠忽草率，该上司查参，责令赔修，于赔修之前，暂停治罪，如赔修坚好，免其议处，傥赔修之处，又不坚固，仍怠忽草率，则治其罪。

河工 061：乾隆三十年议准

河工监收料物，向奏定十六两准秤，至河臣因公防汛，自应轻骑减从，自给资斧，不令属员供应，岂可令其浮收料物，以为弥补陋规地步。嗣后河道总督，凡有巡查公出，将家人兵役标弁人等加意查察，严加约束，如有仍前需索，将官弁立即参处，家人兵役人等从重治罪。并饬该管道员，于查验料物之时，照依奏定准秤称收，傥各员仍暗地浮收，立即纠参治罪。

河工 062：乾隆三十年又奏准

直隶水田沟洫，经工员营治完竣，交与地方官收管，应令各州县官将所管水利营田亩顷数目，实在有无修废，于每年底逐一造册，申报该管河道查核。如有该管州县官不能经理修浚，以致河道沟洫淤塞坍塌，已开水田复有荒废者，照垦地后复荒之例，将州县官降三级住俸，该管道员降一级住俸，俱勒限一年，督令疏浚开垦，限内开完者，准其开复，不完州县官降三级调用，道员降一级调用。如该州县规避处分，造册不实，照溺职例革职，该管道员徇隐不行揭报，或已经揭报，该督抚不行题参者，皆照徇庇例议处。

河工 063：乾隆三十年三奏准

河南省卫河，自百泉而下，历仁、义、礼、智、信、五闸，各设闸夫八名，责成管河道员、同知、通判、县丞、主簿等官不时稽查，傥有盗塞官渠，壅水自利及河官通同作弊，闸官照故决盗决山东江南漕河律治罪；稽查不力之员，照黄河半年运河一年内冲决之例，分别议处。

河工 064：乾隆三十年四奏准

河工官员或因工程屡修屡塌，赔累甚多，以致亏空者，初参时，该道揭内声明，免其离任，照现行追帑之例，勒限半年，赔完免议，如不完，解任，再限一年全完，准以原官补用，限内完数及半者，减等议处，若逾限不完，照例治罪。

河工 065：乾隆三十一年奏准

嗣后江南河道总督，每年于冬月水涸之时，遵照定例，饬委该管河员，督令河兵豫将坍入河内之石块搬移清理，以利运行，仍将石块堆存岸旁，以护埽工。傥该管河员仍前玩视，并不实心经理，以致粮艘到此损坏，即将管河各员，照例严参议处。

河工 066：乾隆三十三年奏准

嗣后河库，每年于四月工程奏销后，及新旧道员交代，河臣就近赴库盘查一次，依地方司道盘库之例，如无亏空，据实保题，傥有侵挪情弊，立即严参。

河工 067：乾隆四十年议准

嗣后河工岁报钱粮，俱着次年全数查明，于第三年正月开印后具题，如有逾期，该部查明参处。

河工 068：乾隆五十二年奏准

山东赵王等河新挑各工，令州县官随时疏浚，傥不实力奉行，致有淤垫，即将该州县官查参，照河工堤岸豫先不行修筑例降一级调用，兼辖官罚俸一年。捏报挑浚者，州县官革职，兼辖官降一级调用。

河工 069：乾隆五十三年谕

嗣后东省运河，竟不必复拘大小挑之例，惟当责成东河总河、山东巡抚、巡漕御史，于每年回空将次过竣时，确加履勘，若河道并无停淤，即毋庸挑挖，以节糜费；若河道果有受淤，或积淤甚厚，即当确切估计，据实奏闻，认真办理，亦不拘于银数。或该督抚因地方河道官员是其所属，意存瞻徇，任令从中浮估偷减，以为侵渔地步，抑或因循玩误，于应挑之工而不奏明挑浚，巡漕御史系特派之员，俱无所用其回护，自当据实参奏，傥该御史知而不举，随同隐饰，或误漕运，或任浮冒，一经查出，即将该御史一并从严议处。

河工 070：嘉庆八年议定

河工每年销算岁修事工核减银两，以奉到咨文之日起，扣限追完，数在三百两以下者，勒限六月完缴，限满不完，及完不足数，系现任者停其升调，效力者停其补授，再限六月完缴，限内全完，准其开复，如再不完，将该员降一级，戴罪完缴，再限六月，全完准其开复，傥仍不完，革职监追；数在三百两以上者，勒限一年完缴，限满不完，及完不足数，将该员罚俸一年，现任人员停其升调，效力者停其补授，再限六月完缴，全完准其开复，如再不完，将该员降一级，戴罪完缴，再限六月，全完准其开复，倘仍不完，亦革职监追。其该管河道督催不力，如本官应罚俸一年者道员罚俸六月，本官降一级留任者道员罚俸一年，本官革职者道员降一级留任，三年无过开复。至丁忧、终养、告病、回旗、回籍人员，通查旗籍任所无隐寄者，准其于补官日完缴。其河工分赔银两未完，照户属项下分赔代赔例议处。

河工 071：嘉庆八年奏准

凡工程完竣应追核减银两，限满不完，将承追官照杂项钱粮例议处，初参，降俸二级，戴罪督催完纳，复参，罚俸一年。

河工 072：嘉庆十三年奏准

各省修建工程，实系有心捏报，浮开工料例价，希图冒销，查明情弊显然者，革职提问，查验不实之委员降三级调用，核对之该管官降一级调用。如应用工料，承办官不详核例案，以致多开银两，经工部签驳后，始行遵驳核减者，承办之员及查验、核对各官，俱照承问失入部驳改正例减等议处。〔如例应革职者减为革职留任，例应降调者减为照所降之级留任。〕若因料物运脚时价昂贵，今昔不同，承办官应于请销时，随案声明，以凭查核，如于部驳核减后，始行声覆者，承办官降一级调用，查验不实之委员降一级留任，该管上司罚俸一年。

河工 073：道光二十五年奏准

湖北江汉堤工，如水势骤涨，漫溢堤顶，并无溃决者，免其参处。因而致溃者，将该地方印汛各官，及专防委员，均降一级留任。若未漫堤，遽被冲溃者，仍照黄运河堤失事例议处。

河工 074：同治三年奏准

河工每年额办料银，并岁麻例价银两，责成藩司于年内先拨四成，春间再拨六成。其防险银两，于四五月间先拨二成，伏秋汛内分拨六成，其余二成，于霜降安澜后找拨。如该藩司逾限未能支发，降二级调用。

河工 075：同治三年又奏准

特旨严追之款，如数在一千两以上之案，于文到日起，限一年完交，初参不完，罚俸二年，再限一年完缴，二参不完，罚俸三年，仍再限一年完缴，三参不完，降二级留任，另行起限，仍令完纳，完口开复。一千两以上之案，统作十分计算，勒限四年，分四限，以一年为一限，每年能完至二分五厘者，免其处分，若完不及数，初参，罚俸二年，二参，罚俸三年，三参，降一级留任，四年限满，能完至七分者，将降留之案开复，按其未完银两，另作分数，再行按年完纳，如完不及七分者，四参，降一级调用，若完不及七分之半，降二级调用。五千两以上之案，统作十分计算，勒限五年，分四限，以一年三个月为一限，每限能完至二分五厘者，免其处分，若完不及数，初参，罚俸二年，二参，降一级留任，三参，降二级留任，五年限满，能完至七分者，将降留之案开复，按其未完银两，另作分数，再行按年完纳，如完不及七分者,四参,降二级调用,若完不及七分之半,降三级调用。一万两以上之案,统作十分计算,勒限六年,分四限,以一年半为一限,每限能完至二分五厘者,免其处分,若完不及数,初参,降一级留任,二参,降二级留任,三参,降三级留任,六年限满,能完至七分者,将降留之案开复,按其未完银两,另作分数,再行按年完纳,如完不及七分者,四参,降三级调用,若完不及七分之半,降四级调用。五万两以上之案,统作十分计算,勒限十年,分五限,以二年为一限,每限能完至二分者,免其处分,若完不及数,初参,降一级留任,二参,降二级留任,三参,降三级留任,四参,降四级留任,十年限满,能完至七分者,将降留之案开复,按其未完银两,另作分数,再行按年完纳,如完不及七分者,五参,降四级调用,若完不及七分之半,降五级调用。十万两以上之案,统作十分计算,勒限十五年,分五限,以三年为一限,每限能完至二分者,免其处分,若完不及数,初参,降二级留任,二参,降三级留任,三参,降四级留任,四参,降五级留任,十五年限满,能完至七分者,将降留之案开复,按其未完银两,另作分数,再行按年完纳,如完不及七分者,五参,降五级调用,俱另行起限,仍令完纳,完日开复,若完不及七分之半,即行革职,仍勒限一年严追,不得以家产尽绝,率行咨部请免,倘仍延不完缴,即从严参办,奏明请旨。如革职后,能如数全完,系厅员题请开复,系督抚大员奏明请旨。其子孙代赔,如有未完,亦照此办理。

河工 076：同治六年奏准

河工属员分赔、〔系销六赔四之款。〕代赔、〔系子孙代祖父赔缴之款。〕摊赔〔系上司代属员赔缴之款。〕等项银两未完,数在一千两以下之案,于奉到咨文之日起,限一年完缴,初参不完,罚俸九月,再限一年完缴,二参不完,罚俸一年,仍再限一年完缴,三参不完,降一级留任,另行起限,仍令完纳,完日开复。一千两以上之案,统作十分计算,勒限四年,分四限,以一年为一限,每年能完至二分五厘者,免其处分,若完不及数,初参,罚俸九月,二参,罚俸一年,三参,罚俸二年,四参,降一级留任,另行起限,仍令完纳,完日开复。五千两以上之案,统作十分计算,勒限五年,分五限,以一年为一限,每年能完至二分者,免其处分,若完不及数,初参,罚俸九月,二参,罚俸一年,三参,罚俸二年,四参,降一级留任,五年限满,能完至七分者,将降留之案开复,按其未完银两,另作分数,再行按年完纳,如完不及七分者,五参,降一级调用。一万两以上之案,统作十分计算,勒限六年,分四限,以一年半为一限,每限能完至二分五厘者,免其处分,若完不及数,初参,罚俸二年,二参,降一级留任,三参,降二级留任,六年限满,能完至七分者,将降留之案开复,按其未完银两,另作分数,再行按年完纳,如完不及七分者,四参,降二级调用。五万两以上之案,统作十分计算,勒限十年,分五限,以二年为一限,每限能完至二分者,免其处分,若完不及数,初参,罚俸二年,二参,降一级留任,三参,降二级留任，四参，降三级留任，十年限满，能完至七分者，将降留之案开复，按其未完银两，另作分数，再行按年完纳，如完不及七分者，五参，降三级调用。十万两以上之案，统作十分计算，勒限十五年，分五限，以三年为一限，每限能完至二分者，免其处分，若完不及数，初参，降一级留任，二参，降二级留任，三参，降三级留任，四参，降四级留任，十五年限满，能完至七分者，将降留之案开复，按其未完银两，另作分数，再行按年完纳，如完不及七分者，五参，降四级调用，俱勒限严追。以上降调处分，如系有级可抵，不致离任之员，另行起限，仍令完纳，完日开复。至子孙代祖父赔缴之项，如有未完，无论其现在子孙官阶之大小，总以祖父系在何任内获咎，即照何例议处。

河工 077：同治九年奏准

督抚总河河工分赔、〔系销六赔四之款。〕代赔、〔系子孙代祖父赔缴之款。〕摊赔〔系上司代属员赔缴之款。〕等项银两未完，以奉到咨文之日起，如数在一千两以下之案，于文到日起，限一年完缴，初参不完，罚俸九月，再限一年完缴，二参不完，罚俸一年，仍再限一年完缴，三参不完，罚俸二年，另行起限，仍令完纳。一千两以上之案，统作十分计算，勒限四年，分四限，以一年为一限，每年能完至二分五厘者，免其处分，若完不及数，初参，罚俸九月，二参，罚俸一年，三参，罚俸二年，四参，降一级留任，另行起限，仍令完纳，完日开复。五千两以上之案，统作十分计算，勒限五年，分五限，以一年为一限，每年能完至二分者，免其处分，若完不及数，初参，罚俸九月，二参，罚俸一年，三参，罚俸二年，四参，降一级留任，五参，降二级留任，另行起限，仍令完纳，完日开复。一万两以上之案，统作十分计算，勒限六年，分四限，以一年半为一限，每限能完至二分五厘者，免其处分，若完不及数，初参，罚俸二年，二参，降一级留任，三参，降二级留任，四参，降三级留任，另行起限，仍令完纳，完日开复。五万两以上之案，统作十分计算，勒限十年，分五限，以二年为一限，每限能完至二分者，免其处分，若完不及数，初参，罚俸二年，二参，降一级留任，三参，降二级留任，四参，降三级留任，十年限满，能完至七分者，将降留之案开复，按其未完银两，另作分数，再行按年完纳，如完不及七分者，五参，降一级调用。十万两以上之案，统作十分计算，勒限十五年，分五限，以三年为一限，每限能完至二分者，免其处分，若完不及数，初参，降一级留任，二参，降二级留任，三参，降三级留任，四参，降四级留任，十五年限满，能完至七分者，将降留之案开复，按其未完银两，另作分数，再行按年完纳，如完不及七分者，五参，降二级调用，俱勒限严追。以上降调处分，如系有级可抵，不致离任之员，另行起限，仍令完纳，完日开复。至子孙代祖父赔缴之项如有未完，无论其现在子孙官阶之大小，总以祖父系在何任内获咎，即照何例议处。

河工 078：同治九年又奏准

河工溢领银两，〔系办料未足，领银易钱未缴，或领银未办各款。〕以奉到咨文之日起扣，如数在三百两以下者，勒限两月完缴，限满不完，及完不足数，系现任人员停其升调，效力者停其补授，再限两月完缴，限内全完，准其开复，如再不完，现任人员暂行解任，效力人员暂革职衔，再限两月完缴，限内全完，准其开复，傥仍不完，革职监追，仍令完纳，全完开复。数在三百两以上者，勒限四月完缴，限满不完，及完不足数，将该员罚俸一年，系现任人员停其升调，效力者停其补授，再限四月完缴，限内全完，准其开复，如再不完，现任人员暂行解任，效力人员暂革职衔，再限四月完缴，限内全完，准其开复，傥仍不完，革职监追，仍令完纳，全完开复。傥该管道员催追不力，如本员应停升、停补者，道员罚俸六月，本员应解任、暂革职衔者，道员罚俸一年，本员应革职者，道员降一级留任，三年无过开复。

河工 079：同治九年三奏准

河工溢领银两未缴身故，责令该管上司摊赔，数在三百两以下者，限六月完缴，初限不完，罚俸一年，再限一年完缴，二限不完，降一级留任，再限一年完缴，三限不完，降一级调用。如数在三百两以上者，限六月完缴，初限不完，罚俸二年，再限一年完缴，二限不完，降二级留任，再限一年完缴，三限不完，降二级调用。若有级可抵，不致离任之员，另行起限，仍令完纳，完日开复。